AUTHOR INDEX
to
HANDBOOK OF
LATIN AMERICAN STUDIES

Nos. 1-28

1936-1966

COMPILED BY

FRANCISCO JOSÉ AND MARIA ELENA CARDONA

OF THE

UNIVERSITY OF FLORIDA LIBRARY

FOR

THE HISPANIC FOUNDATION

IN

THE LIBRARY OF CONGRESS

62226

Gainesville

University of Florida

1968
MEMPHIS
THEOLOGICAL SEMINARY
LIBRARY
168 EAST PARKWAY SOUTH
MEMPHIS, TN. 38104

L. C. Card Number: 36-32633

A UNIVERSITY OF FLORIDA PRESS BOOK
COPYRIGHT © 1968 BY THE BOARD OF COMMISSIONERS
OF STATE INSTITUTIONS OF FLORIDA

PRINTED BY CONVENTION PRESS AND BOUND BY
UNIVERSAL-DIXIE BINDERY, INC., JACKSONVILLE, FLORIDA

Preface

The *Handbook of Latin American Studies* is a selective, annotated, annual bibliography, prepared cooperatively by a number of scholars and the Hispanic Foundation. Since its inception in 1936 it records a wealth of information on the significant writings in and about the humanities and social sciences concerning Latin America. The 28 numbers of the *Handbook* published during the past thirty years contain more than 100,000 titles by more than 50,000 authors. Publication of this cumulative Author Index to the *Handbook of Latin American Studies* Numbers 1-28 substantially enhance the utility of the *Handbook* as a research and teaching aid.

Because each number of the volume tries to include works of continuing or permanent value, indexes to such contributions over three decades mirror important changes and developments in the area and in the scholarly community concerned with Latin America. In a sense the author index provides a skeletal who's who of Latin Americanists, while the subject index gives clues to the shifting emphases and concerns of that group.

These cumulative author and subject indexes to the annual numbers of the *Handbook* have long been recommended by numerous groups of scholars, librarians, and professional associations. The compilation of such cumulative indexes by the small *Handbook* editorial staff itself has previously been precluded by their increasing workloads. In 1963, the Ford Foundation granted funds to the Library of Congress to enable the Hispanic Foundation to expand its programs of service to the research community. Prominent among the special programs was preparation of this Author Index and a companion Subject Index to *Handbook* numbers 1-28. The Subject Index is currently in preparation and scheduled for publication in the near future.

For various reasons it was decided to have the indexing done outside the Hispanic Foundation, and several circumstances converged to place the program at the University of Florida. Its Press has published the *Handbook* since 1948; the Director of its libraries, Mr. Stanley West, has served as Consultant to the Hispanic Foundation, and indicated a special interest in supervising this important indexing undertaking. Under a 1964 contract between the Library of Congress and the University of Florida, Mr. West was able to secure the professional services of Francisco and María Elena Cardona, to whom we are indebted for this compilation.

In addition to expressing our appreciation to Mr. West and the Cardonas I should like here also to thank others who aided the enterprise. Earl Pariseau, formerly Editor of the *Handbook,* Donald F. Wisdom, Assistant Director of the Hispanic Foundation, and Henry E. Adams, currently Editor of the *Handbook,* provided valuable guidance and technical assistance during the various phases of the project.

The Hispanic Foundation would also like especially to express its gratitude to the Ford Foundation for providing the fiscal support essential to multiplying the utility of the *Handbook* through these carefully prepared indexes.

Howard F. Cline
Director
Hispanic Foundation

Introduction

This cumulative author index to the first 28 numbers of the *Handbook of Latin American Studies* includes over 50,000 corporate and individual author entries which cover well over twice that many works listed and annotated in the *Handbook* during 31 years of publication. A companion work provides a subject index to the more than 100,000 entries in the *Handbook* from 1936 through 1966.

Personal names in this *Index* follow as a rule the most complete form used in the *Handbook*. Identical names are differentiated by dates or nationality.

In the preparation of the author index utmost care has been given to the reconciliation of variant author entries and variant spelling of Brazilian names. The latter are fully cross-referenced and entered under the last surname, e. g., Oliveira, Antônio Castilho de Alcântara Machado de. This entry would have three cross-references, one for each of the other surnames. In some instances there are as many as six cross-references for one individual name, one or more of which could correspond to a pen name.

No attempt was made to index the contents of the annotations of the works reviewed in the *Handbook*, except when the annotations listed significant books not covered in the main body of the bibliographic entry. However, in addition to main authors, the index includes joint authors, prologuists and translators which appear in the main body of the entry.

The volumes and items citations are given in the following form:

Mariátegui Oliva, Ricardo. 17:448, 449; 18:452-454.

Numbers 17 and 18 indicate the particular *Handbook* volume number; these are followed by the item number. The connecting dash indicates that Mariátegui Oliva is the author of items 452, 453 and 454. To indicate that he is the author of items 452 and 454 only, a comma, instead of a dash, would have been used between the two item numbers.

Official publications are entered under the corresponding country and corporate author following the general rules of the American Library Association for this type of author entries, i.e., Mexico. Secretaría de Educación Pública. In the case of a change of name from a Secretaría to a Ministerio, Dirección or Oficina, entries were made under the name found in the latest volume of the *Handbook*.

All Academies, Institutes, Museums, Societies, etc., are entered directly under the first word of their name followed by their location, if it is not included in the name itself, i.e., Academia Argentina de Letras; but, Academia Nacional de la Historia, *Caracas*. Libraries are entered following the same principle, except in the case of National Libraries which are entered under the corresponding country and followed by the city where they are located, i.e., Biblioteca Americana de Nicaragua; Biblioteca de San Felipe, *Sucre;* but, Chile. Biblioteca Nacional, *Santiago*.

Universities are also entered directly under their names followed by their location. The faculties, institutes and other dependencies of a university are entered as a subdivision under the established entry for the university, e.g.,

>Universidad Central del Ecuador, *Quito*
>Escuela de Bellas Artes.
>Facultad. de Estudios Administrativos.
>Etc., etc.

Periodical publications, which are also included in the index, are entered directly under their titles followed by the place of publication, i.e., *Revista de Agricultura y Comercio,* Panama; *Seguros, Banca y Bolsa,* La Habana. International organizations and Congresses are entered under their English name.

We wish to express our sincere appreciation to Mr. Stanley West, Director of Libraries at the University of Florida, for his constant interest and helpful encouragement in the preparation of this index.

University of Florida Library Francisco José Cardona
Gainesville. May, 1967 María Elena Cardona

Aagesen, Aage. 19:2669; 28:101
Aarons, John. 23:2593; 25:2299
Abad, Diego José. 20:3720
Abad, Luis V. de. 6:1058, 1072; 7:770, 1101, 1108, 1115; 8:955, 956, 1262-1264, 3609; 9:1127-1128; 10:991
Abad, Plácido. 3:2165; 9:746; 10:3089
Abad Carretero, Luis. 24:6104
Abad de Santillán, Diego. 11:1571
Abad Gómez, Héctor. 22:4247
Abad y Queipo, Manuel. 13:1116
Abadía Arango, Sergio. 9:1185
Abadie Santos, Horacio. 1:1654
Abadie Soriano, Roberto. 2:2262; 4:1809; 6:2042; 7:1882
Abalo, J. L. 5:2078, 4102; 6:3689
Abarca, Mariano. 10:1094
Abarca, Rica de. 7:5290
Abarca de Bolea, Pedro, conde de Aranda. 7:3014
Abascal Brunet, Manuel. 2:1326; 5:1850, 3641; 6:4011; 7:4586; 8:2458; 13:924; 15:1200; 17:2846; 20:4237
Abascal y Vera, Horacio. 7:2797; 14:2132; 20:2903, 2924
Abaunza, Antonio. 6:4986
Abbad y Lasierra, Íñigo. 17:1475; 22:3257
Abbagnano, Nicola. 20:4878; 24:6108, 6109
Abbate, María. 16:1066
Abbeville, Claude d'. 11:2595
Abbey, K. T. 4:2896
Abbey Book Shop, Los Angeles. 6:91
Abbink, John. 5:1212; 8:957
Abbot, George C. 27:1534, 1985, 1985a, 2769
Abbot, Jane. 8:4347
Abbott, R. Tucker. 24:2836
Abbott, Roger S. 17:1314
Abecía Baldivieso, Valentín. 5:2507; 20:3021
Abel, James F. 4:1719
Abel, Theodora M., 21:457
Abel, Wilhelm. 25:1654
Abeliuk Manasevich, René. 19:5434, 5524; 27:3696
Abella, Arturo. 24:4162
Abella, Domingo. 21:2500
Abella, Rosa M. 28:1882a
Abella Caprile, Margarita. 16:2688; 27:1702
Abella Trías, Julio C. 24:6400; 27:2284
Abello Roca, Carlos Daniel. 20:3500
Abello Salcedo, Rafael. 19:3899
Abelson, Milton. 8:1022
Aben-Attar, Netto. 2:1467a
Aberastury, Marcelo F. 9:1006
Aberg Cobo, Martín Axel. 1:1515; 9:3240; 10:4012
Abi-Saber, Nazira Péres. 27:2581
Abitia, Luis J. 6:2225
Abitia Arzapalo, José Alfonso. 24:4849
Abitol, José. 4:928
Aboal Amaro, José Alberto. 21:2375
Aboim Dias, J. See Dias, J. Aboim.
Abonnenc, E. 18:134
Aboy Benítez, R. 5:1023
Abraham, William I. 27:1630
Abrahams, Peter. 21:5020
Abrahamsohn, Humberto. 7:4151
Abrahamson, Arne. 27:1385
Abramo, Livio. 28:378
Abrams, Marvin D. 24:1548
Abranches, Augusto dos Santos. 22:5530
Abranches, Dunshee de. 11:2638
Abraszewski, Andrzej. 26:77
Abreu, Adriano de. 12:2870

Abreu, Álvaro. 2:1241; 17:826
Abreu, Casimiro J. M. de. 4:4249; 6:4390; 9:4414; 10:4364; 11:3423; 15:2557; 18:2783; 19:5329
Abreu, Diódres Santos. 28:1326
Abreu, Horácio José, Marqués de. 15:2481
Abreu, Jaime. 19:2200, 2201; 23:2350, 2440; 25:2199h; 27:2550-2550c, 2582, 2603-2603c
Abreu, João Capistrano de. 4:3339, 4103; 7:538, 10:3156; 20:3240; 21:3306
Abreu, José Vicente. 23:5110
Abreu, Manoel de. 2:2956; 12:2809
Abreu, María Isabel. 28:1500, 1501
Abreu, Modesto de. 3:3456; 4:4104, 4258a, 4264; 5:3877; 9:4295; 28:2394
Abreu, Sylvio Fróes. 2:948, 1407; 3:1618; 4:696, 697, 2043; 5:1903, 1904, 1923; 6:1639, 2336, 2472; 7:1647, 2348; 8:1804, 1805, 2520, 2575; 9:2312; 10:1427, 2227, 2228; 11:1757; 12:1230, 1449, 1450; 15:1228; 18:1390, 1501; 20:2083; 21:2100; 22:1600; 23:1925, 2645; 25:1708
Abreu, Zequinha. 9:4677
Abreu Albano, Ildefonso d'. See Albano, Ildefonso d'Abreu.
Abreu Albano, José de. See Albano, José de Abreu.
Abreu Bergó, Maria Estella de. See Bergó, Maria Estella de Abreu.
Abreu do Nascimento, José. See Nascimento, José Abreu do.
Abreu e Silva, Florêncio Carlos de. See Silva, Florêncio Carlos de Abreu e.
Abreu e Silva, Modesto Dias de. See Abreu, Modesto de.
Abreu Farias, Gelasio. See Farias, Gelasio de Abreu.
Abreu Filho, Júlio. 7:2370, 2439; 8:837
Abreu Gómez, Ermilo. 1:1931, 1946, 1947, 1990; 2:2475; 3:3113-3115; 4:3794, 3795; 5:3547; 6:3902; 7:4504; 8:4044; 10:683; 11:3014-3016, 3325; 12:2430-2432, 2492; 14:2619, 2948; 15:220, 1096, 2922; 16:2561; 17:2110a, 2280, 2285, 2432, 2433, 2494a; 18:2500; 21:3800; 22:4715; 23:4900; 24:4700 25:4313; 26:1546; 28:2204
Abreu Medeiros, F. L. d'. See Medeiros, F. L. d'Abreu.
Abreu Mendes, Edith Gama e. See Mendes, Edith Gama e Abreu.
Abreu Pessôa, Corina de. See Pessôa, Corina de Abreu.
Abreu Prates, J. Egon d'. See Prates, J. Egon d'Abreu.
Abreu Ramos, Plinio de. See Ramos, Plinio de Abreu.
Abril, Xavier. 7:4769; 9:4108a; 21:4050; 25:4428; 26:1785; 28:2205
Abril Amores, Eduardo. 3:1086
Abrines, María Delia. 10:1095
Abrisqueta, Francisco de. 5:770; 6:1194-1195; 7:1236,-1237, 4205,-4206; 8:1344; 10:1034; 11:845-847; 12:831, 1099
Abrodos, Manuel Aníbal. 10:4349; 11:3771
Ab'Saber, Aziz Nacib. 15:1229; 16:1249; 17:1235; 18:1391, 1434; 19:2600, 2670; 20:2050-2050e, 2122-2123; 23:2646; 27:2892
Abside. México, D. F. 16:2562
Abt, Seymour T. R. 12:1258, 1276-1277; 13:857; 14:855
Abu-Merhy, Miguel E. 8:1870

Abu-Merhy, Nair Fortes. 10:1544, 1545; 11:1316; 13:667; 19:2202
Abud, Salomón. 11:2443
Academia Argentina de Geografía. 22:2350
Academia Argentina de Letras. 5:3450; 6:3834; 7:4425; 15:2112
Academia Brasileira de Letras. 3:3454, 3455; 4:4105; 7:4848; 8:4165
Academia Carioca de Letras. 7:4849, 4850
Academia Cearense de Letras. 23:5556
Academia Chilena. 5:3451; 6:3835
Academia Chilena de la Historia. 2:1898
Academia Colombiana. 5:3452, 3530, 3531; 20:3625
Academia Colombiana de Historia. 9:3040, 3308; 10:2421; 16:1399; 17:1563
Academia Costarricense de la Historia. 25:3199
Academia de Ciencias Exactas, Físicas y Naturales de Madrid. 26:344
Academia de Geografía e Historia de Costa Rica. 18:1734
Academia de la Historia, Buenos Aires. 17:1781
Academia de la Historia, Madrid. 20:2400
Academia de la Historia de Cuba. 1:2318; 4:3095; 18:1989; 19:3700
Academia Dominicana de la Historia. 28:812a
Academia Dominicana de la Lengua. 6:3836; 7:4426
Academia Ecuatoriana. 5:3454, 3532; 6:3837
Academia Guatemalteca. 5:3533
Academia Interamericana de Derecho Comparado e Internacional, La Habana. 13:2617; 17:2660, 21:4500; 24:4912
Academia Maranhense de Letras. 24:5800
Academia Mexicana. 19:4700; 21:3801
Academia Mexicana de Jurisprudencia y Legislación. 1:1468
Academia Mexicana de la Historia. 8:2854; 19:3200
Academia Nacional de Artes y Letras, La Habana. 18:2002
Academia Nacional de Bellas Artes, Buenos Aires. 5:645, 646; 8:542, 615; 9:687-689; 11:513-515, 518; 14:661-664, 681, 682; 15:538; 16:488; 26:192
Academia Nacional de Ciencias Económicas, Buenos Aires. 4:3014
Academia Nacional de Historia y Geografía, México. 28:673
Academia Nacional de la Historia, Buenos Aires. 4:2514, 3135; 8:3039, 3040; 9:3340; 10:2145; 22:3527; 28:1004, 1059
Academia Nacional de la Historia, Caracas. 18:1810; 24:4164; 25:3526, 3538 27:3625; 28:861-861n, 968, 968a
Academia Nicaragüense de la Lengua. 6:3838
Academia Portuguêsa de História. 6:3557
Academia Salvadoreña de la Historia. 1:1085
Academia Venezolana. 6:3839; 7:4427
Academias de la Lengua Española, Congreso, I, México, 1951. 17:2255
Acarete du Biscay. 9:2920
Acauã, Antônio. 14:3034
Accame, Nicolás C. 4:2976; 5:1791; 10:2815
Accioli, João. 3:3563; 9:4270
Accioli de Cerqueira e Silva, Ignacio. See Silva, Ignacio Accioli de Cerqueira e.
Acciolo, Roberto. 22:2068

Accioly, Aristóphanes. 16:2992; 17:801
Accioly, Breno. 16:2919; 20:4358; 21:4332; 26:1956
Accioly, Hildebrando. 1:1749, 1750; 2:2339, 2418a; 4:2029, 3441, 3648, 3699; 11:2620, 2639; 12:3245; 14:2319; 15:1864; 19:4247; 23:2750
Accioly, Mário. 7:5162; 8:4494
Accioly Borges, T. Pompeu. See Borges, T. Pompeu Accioly.
Accioly Carneiro, Augusto. See Carneiro, Augusto Accioly.
Accioly de Sá, Carlos. See Sá, Carlos Accioly de.
Accioly de Sá, Paulo. See Sá, Paulo Accioly de.
Accioly Netto, Antonio. 20:4359, 4418
Acción Anticomunista Ecuatoriana. 25:2809
Acción Católica Argentina. 21:1700
Acción Cooperativa, Bogotá. 9:957
Acción Económica, Buenos Aires. 7:1560
Acción Social, Santiago de Chile. 7:1487
Accre (State). Departamento de Geografía e Estatística. 7:1731
Acerboni, Argentino V. 11:675, 2444
Acereto, Albino. 14:2141
Acevedo, Alain de. 19:5305
Acevedo, Carlos Leónidas. 5:2770; 17:1337
Acevedo, Edberto Óscar. 18:1895; 20:2780, 2994; 21:2762; 22:3442, 3481, 3482; 24:4140-4143; 25:3508, 3577; 26:885a, 885b, 970; 28:853, 853a, 938a-939a, 1004a, 1024
Acevedo, Francisco de. 11:2958
Acevedo, J. E. 4:4470; 6:3339; 8:4501
Acevedo, Jorge Luis. 6:1338
Acevedo, Olga. 14:2854
Acevedo, Pedro Tadeo. 1:823, 1145
Acevedo, Rafael. 12:2157
Acevedo Álvarez, Eduardo. 1:1249; 2:2263; 3:948, 949; 8:3360; 9:3365; 11:2300; 16:1978
Acevedo Álvarez de Gallinal, Carmen. 25:4009
Acevedo Amaya, Valmore. 20:4555
Acevedo Cervantes, Julio. 15:2740
Acevedo Cuevas, Josefina. 22:2389
Acevedo Díaz, Eduardo. 5:3738; 7:3550; 9:3101; 11:2871, 2872, 3229; 14:2969; 15:1648; 20:2004; 21:3900, 3901; 28:125
Acevedo Díaz, Mario. 11:2139
Acevedo Escobedo, Antonio. 1:29, 998; 10:3714, 3737; 18:2501; 20:1450
Acevedo Gutiérrez, Antonio. 6:917
Acevedo Hernández, Antonio. 3:1478; 4:4020; 5:1590, 3803; 12:638a; 13:1966; 14:2728a; 18:2502; 19:5634; 28:2262
Acevedo Laborde, René. 9:4515
Acevedo Latorre, Eduardo. 9:2988; 10:397; 18:1265; 20:1973; 22:2252; 24:4344
Acevedo López, Santos. 19:5643
Acevedo Mijares, José F. 17:162
Acevedo y de la Llata, Concepción. 28:673a
Aceves Barajas, Pascual. 21:959
Achá, Eduardo de. 12:3148; 20:4603; 24:4925
Achá, Juan. 26:243
Achá Álvarez, Enrique. 24:4305
Achá V., Juan W. 24:1754
Acheson, Dean Gooderham. 15:1910; 23:2751
Achille, Aristide. 19:6044

Achille-Delmas, F. 5:4473
Achilles, Paula. 3:1366; 14:3055
Achury Valenzuela, Darío. 22:4700, 4722; 28:1700
Acierto, *pseud*. 13:414
Acioli, João. 14:3054
Acker, Leonardo van. 20:4805
Ackerknecht, Erwin H. 15:426
Ackerman, Adolph J. 19:2632
Ackermann, Fritz. 4:4105a; 5:3878; 9:4109
Acoglia, Rodolfo M. 20:4806
Açor, Jôgo do. 11:351
Acossano, Benigno. 21:3027
Acosta, Agustín. 5:2081; 14:2965; 21:4099
Acosta, Cecilio. 3:2448; 6:4158; 18:3341; 26:1449; 28:1058a
Acosta, César. 24:4391
Acosta, César R. 10:3460; 16:3341
Acosta, Jorge R. 5:225; 7:345; 8:174, 210; 9:257; 10:195; 11:175; 15:158; 19:95; 20:86; 21:69; 23:160; 24:229-231; 25:171, 1100, 1101; 26:100; 27:189, 271, 272
Acosta, José de. 6:2802; 19:3100, 3101; 25:606; 27:677
Acosta, José Julián. 22:3282
Acosta, Julio. 11:634; 12:581
Acosta, Mario. 25:3288
Acosta, Óscar. 26:1703
Acosta, Ricardo. 27:1861a
Acosta, Roberto. 12:1792; 14:1679; 20:2300
Acosta, Silvio. 23:1468
Acosta, Tomás de. 6:2862
Acosta, Walter P. 21:4513
Acosta, Wladimiro. 2:354
Acosta Amador, Julio. 7:5284
Acosta de Samper, Soledad. 12:1880, 2493
Acosta Enríquez, José Mariano. 11:2960
Acosta L., Agustín. 18:740; 21:1450, 1451
Acosta L., Ignacio. 18:740
Acosta Ortegón, Joaquín. 5:499; 11:519: 12:1608; 13:818
Acosta Ortiz, Pablo. 4:2448
Acosta Quintero, Ángel. 28:823
Acosta Rodríguez, Luis. 12:1202
Acosta Saignes, Miguel. 4:1660a; 7:891; 11:151, 1542; 12:162, 170, 196, 469; 15:345, 471-472; 16:91, 238; 17:1564; 18:135, 1811; 19:250, 292, 821-822, 20:268, 2708; 21:572, 3585, 3625; 23:323, 851-853; 24:4701; 25:3448a; 27:1362-1362b
Acosta Sarmiento, Carlos. 18:2890a
Acosta Solís, Misael. 3:1748-1749; 6:1540; 7:2289; 9:2208, 2294; 10:2092-2094; 11:1043; 1701, 2929; 13:936; 18:1297; 20:2034; 22:2417; 23:2601, 2602, 27:2815
Acosta V., Lorenzo. 13:465
Acosta y Esquivel Obregón, Julio d'. 14:3192
Acosta y Lara, Eduardo F. 20:382; 26:886
Acosta y Lara, Manuel. 4:3934
Acquarone, Francisco. 5:555; 7:721; 8:4470; 9:4395; 16:568
Acquarone, Ignacio. 20:1018
Acre (Territory). Departamento Estadual de Geografia e Estatística. 9:1679
Acre (Territory). Diretoria de Educação, Estatística e Biblioteca. 4:824
Acta Americana, Washington, D. C. 9:195
Acta Venezolana, Boletín Publicado por el Grupo de Caracas de la Soc. Interamericana de Antropología. Caracas. 11:120
Actis, Francisco C. 9:2874

Acuña, Alfredo. 9:4483
Acuña, Ángel. 2:2030, 2172; 4:1722; 5:2924; 7:1894, 3402; 8:3969; 11:2448
Acuña, Carlos. 8:3970
Acuña, Cristóbal de. 8:3419
Acuña, José Basileo. 13:2142
Acuña, Juan Antonio. 21:3500; 25:2763
Acuña, Juan Enrique. 21:4200; 26:1828
Acuña, Julia Helena. 25:3639
Acuña, Luis Alberto. 3:333, 8:2108-2110; 10: 531. 532; 13:1967; 15:2113; 17:2112, 2113; 26:1652; 28:175
Acuña, Manuel. 15:2344, 2345, 2434
Acuña Anzorena, Arturo. 2:2998
Acuña de Figueroa, Francisco Esteban. 11:3321
Acuña de Mones Ruiz, Primavera. 10:2054; 14:1448
Acuña Escobar, Francisco. 6:3224; 11:3840; 12:3423
Acuña Estay, Jorge. 6:1512
Acuña Ramos, Rafael. 13:1933
Adam, Luciano. 6:397
Adam y Silva, Ricardo. 13:1566
Adame, Enrique Bautista. 9:2508
Adames, George E. 9:1750, 1751
Adami, Giuseppe, 12:3373
Adams, Agatha Boyd. 11:57
Adams, Chrysostomos. 3:303
Adams, Eleanor B. 4:2645, 2716; 6:384, 2948; 8:3933; 10:3550; 11:2055; 12:1792a 14:752; 16:167; 18:1734a, 2431; 19:3202, 3203, 3368a, 4656; 21:2501, 2531; 22:598, 2978; 23:3187; 24:3764; 25:685; 26:461
Adams, Frances McStay. 12:1177
Adams, H. 2:470
Adams, Inez. 24:711
Adams, James Truslow. 6:4422
Adams, Mildred. 13:2243; 27:3001
Adams, Patsy. 27:1322, 1386
Adams, Paul. 6:2172
Adams, R. G. 5:2344
Adams, Richard Edward Wood. 23:100; 25:172; 27:273-275, 389
Adams, Richard Newbold. 17:239; 18:243; 19:6088; 20:400; 21:403-407; 23:812; 2752; 24:620, 621; 25:100-103, 408; 27:100, 101, 868, 869, 1631, 4000, 4028a
Adams, Robert M., Jr. 19:96; 24:272; 25:173
Adamy, Othilo. 6:2444
Adán, Martín. 5:3589; 6:3928; 7:4542; 8:4136; 10:3746
Adasiewicz, Leo. 18:3274
Addiego Bruno, Rafael. 12:2154
Addor, Carlota. 5:380, 389, 1851-1853; 6:2337; 10:2055
Adduard, Luis. 12:925
Adelhofer, Otto. 27:851
Adeline, J. 10:533
Aderaldo, Mozart Soriano. 14:3001; 15:735
Aderaldo Castelo, José. *See* Castelo, José Aderaldo.
Ades, Raphael. 19:4500
Adhemar, Jean. 13:1704
Adhin, J. H. 24:888
Adis Castro, Gonzalo. 27:2415
Adler, Alfred. 5:4474; 7:5713
Adler, Betty. 7:4572
Adler, John Hans. 15:867; 17:585, 835; 18:741
Adler, María Raquel. 3:3278; 4:4020a, 4020b; 10:3794a; 16:2689; 17:1755
Adler, Selig. 6:3810

Adlercreutz, C. 25:3539
Administração Pública, São Paulo. 9:2421
Adolphus, Lalit. 25:3
Adonias, Isa. 24:4445; 25:2391; 26:1188; 27:2891; 28:309, 1224
Adonias Filho, *pseud. See* Aguiar Filho, Adonias.
Adoum, Jorge Enrique. 15:2346; 17:2434; 21:2244, 4051; 23:4943; 25:1211a; 26:1704
Adrián-La Rosa, Mariano. 9:4523
Adrián R., Luis. 23:4901
Adriani, Alberto. 3:1189, 2072
Adrianzén Trece, Blanca. 12:3275
Adriazola, Néstor. 5:1284
Adriazola, Ximena. 26:1653
Adrogué, Carlos A. 9:4484a; 12:3054
Aduriz, Joaquín. 9:4986; 15:2935; 25:2134
Adverbio, Santa Fe, Argentina. 22:4799
Aerovías Nacionales de Colombia. 7:1229
Aethgen, Raúl F. 1:1512
Affonso da Costa, Newton Carneiro. *See* Costa, Newton Carneiro Affonso da.
Afonso, Martim. 22:4547
Afrânio Peixoto, Júlio. *See* Peixoto, Afrânio.
Aftalión, Enrique R. 3:3636; 5:4121; 9:4963; 17:2664; 20:4525
Aga-Oglu, Kamer. 20:284
Agard, Frederick B. 16:2462
Agassiz, Elisabeth C. 3:2849
Agassiz, Luis. 3:2849
Agea, Francisco. 14:3382
Agete y Piñero, Fernando. 6:1325, 1326
Agía, Miguel. 13:1426
Agilda, Enrique. 24:5646
Agnew, Arlene. 20:650
Agogino, George A. 27:1514
Agoglia, Rodolfo Mario. 16:3239; 17:2864; 24:6017; 25:5358
Agosti, Héctor Pablo. 4:3867a; 11:2445; 22:5400; 25:2689, 2700, 5306
Agostinho, C. d'. 3:535; 11:1170
Agostini, Alberto María de. 5:1792; 7:2051, 2053, 2232, 2233; 10:2056; 11:1665, 1666; 12:1444; 15:1185; 17:1106; 21:2060; 22:6116
Agostini, Víctor. 21:3902; 28:1883
Agostini de Vilalba Alvim, Mariana. *See* Alvim, Mariana Agostini de Vilalba.
Agrait, Gustavo. 24:5484
Agramonte Loynaz, Ignacio. 8:3888
Agramonte y Pichardo, Roberto. 1:1226, 1965; 3:1791c, 3068, 3146; 7:5677; 10:3497, 4495; 11:2970, 3863a; 13:2715; 14:2665, 3413; 15:95, 2850; 16:3268; 17:2915; 18:1784b, 3105; 19:6094; 20:4900, 4981 21:4929; 24:6300; 27:4001
Agranovsky, Anatoli. 20:189
Agraz García de Alba, Gabriel. 16:1400; 22:3004
Agreda y Sánchez, José María. 20:2517
El Agricultor Venezolano, Caracas. 8:1435
Agricultura, San Jacinto, México. 3:1558; 5:835
Agricultural Experiment Station, *Río Piedras*. 9:2148-2150; 12:1354; 13:875
Agricultural Society of Trinidad and Tobago. 6:1154
Agriculture in the Americas, Washington, D. C. 7:771
Agrinier, Pierre. 23:223; 27:333
Agripino Gutiérrez, Jesús. 12:2003
Agro Cubano, La Habana. 9:1275

Agrupacio d'Ajut a la Cultura Catalana, Buenos Aires. 5:41
Agrupación Mexicana para el Estudio de la Hematología. 25:799
Agrupación Nuevas Bases, *Montevideo*. 25:2848
Aguado, Pedro de, *Brother*. 20:2708a; 28:861f
Aguascalientes (State). *Laws, statutes, etc.* 14:3228
Aguayo, Alberto de, *Brother*. 9:4976
Aguayo, Alfredo M. 3:1428
Aguayo, C. Guillermo. 16:222
Aguayo, Jorge. 4:4555; 5:4288-4290; 6:4790-4792; 8:4660-4662; 9:4594, 4595; 10:4216, 4217; 11:1, 3658; 12:1; 16:1046
Aguayo, Luis. 4:2121a
Aguayo, Miguel. 28:1812
Aguayo, Samuel. 7:5488; 10:4492
Aguayo Spencer, Rafael. 6:2887; 7:2940; 12:2; 13:2040; 14:1680; 19:3553; 20:4050
Agudelo Ramírez, Luis E. 26:1006
Agudo Freytes, Raúl. 13:2077; 14:2217, 2814
Agüero, Luis. 26:1558
Agüero, Oscar. 16:2368
Agüero Aguirre, Mario. 20:4507
Agüero Blanch, Vicente Orlando. 27:486
Agüero Chaves, Arturo. 24:4702-4705; 26:1300; 28:1502
Agüero Hugel, Luis Sergio. 11:2822
Agüero Sole, Omar. 20:1320
Agüero y Echave, Juan Manuel de. 25:3514
Aguerrevere, Ángel Demetrio. 4:2437; 19:5588a
Aguerrevere, S. E. 3:1593; 4:1919; 5:1789a; 6:2188; 12:1319
Aguiar, Brás Dias de. 8:2206, 2230; 10:2141;
Aguiar, Enrique. 6:3281
Aguiar, Francisco Gonçalves de. 3:1619
Aguiar, Henoch D. 2:3058; 5:4151; 24:6008
Aguiar, José. 2:2402a; 3:1691a, 2732
Aguiar, Manoel Pinto de. 8:4663; 22:1601, 1602; 23:1650, 5717; 24:2052, 4439, 5700; 25:1400; 26:1222, 1223
Aguiar, Mário. 15:1785
Aguiar, Martins de. 3:3576
Aguiar, R. José. 9:3482
Aguiar, Ricardo W. de. 27:1696, 2328
Aguiar, Thereza da Silva. 26:2098
Aguiar Almada, Agustín. 10:949, 950, 1961
Aguiar Costa Pinto, Luiz de. *See* Pinto, Luiz de Aguiar Costa.
Aguiar Dias, Floriano. *See* Dias, Floriano Aguiar.
Aguiar Dias, José de. *See* Dias, José de Aguiar.
Aguiar Filho, Adonias. 12:2871; 18:2765; 22:5515; 23:2879; 24:5778; 26:1275a, 1957, 1958, 2104; 28:2436b
Aguiar Frota, Paulo. *See* Frota, Paulo Aguiar.
Aguiar Whitaker, Edmur de. *See* Whitaker, Edmur de Aguiar.
Aguilar, Arturo. 6:3108
Aguilar, C. 7:1895
Aguilar, Cristóbal de. 16:2518
Aguilar, Eduardo. 13:361
Aguilar, Francisco de. 4:2613; 9:2699; 19:3204; 22:5800, 5831; 23:5854; 24:6057

Aguilar, Gustavo F. 6:973, 3293; 12:1651
Aguilar, José. 22:2200
Aguilar, Juan de. 5:475
Aguilar, Juan María. 6:1221; 9:2744
Aguilar, Lucio F. 2:1253, 1351
Aguilar, Miguel. 19:5635
Aguilar, Octavio. 20:3900
Aguilar, Sinforoso. 6:3801; 7:3778
Aguilar Aguilar, Jorge. 12:1576
Aguilar Aguilar, Octavio. 12:3145
Aguilar Almeida, Fernando Leopoldo. 9:4472; 12:3008
Aguilar Argandoña, Guillermo. 6:2030
Aguilar de Billicich, María. 7:4732
Aguilar Ferreira, M. 10:503
Aguilar G., José Ignacio. 5:1725
Aguilar Gorrondona, José Luis. 24:4827; 27:3655, 3656
Aguilar Gutiérrez, Antonio. 24:4828
Aguilar Guzmán, Jorge I. 14:3193
Aguilar J., Emanuel. 1:1086
Aguilar Monteverde, Alonso. 17:836; 18:910, 911; 19:1985; 27:1632, 1912
Aguilar Moreno, José María. 26:362
Aguilar Navarro, Mariano. 15:1930; 21:3400
Aguilar P., Carlos H. 12:143; 14:121; 18:309; 19:97
Aguilar Paz, Jesús. 16:1018
Aguilar Pinel, Carlos. 15:1153; 20:1950
Aguilar Priego, Rafael. 16:2528
Aguilar Revoredo, J. F. 2:1252; 4:1176; 9:2209
Aguilar Rosas, Alejandro. 7:269
Aguilar Torres, Juan B. 26:1760
Aguilar Uranga, Manuel. 15:741-743; 16:919, 919a, 919b; 18:912
Aguilar Vázquez, Aurelio. 7:2645
Aguilar y Machado de Chocano, Margarita. 2:2770
Aguilar y Maya, Jorge. 10:3943
Aguilera, Ana Margarita. 25:5200
Aguilera, Emiliano M. 20:2520
Aguilera, Fito. 28:1883a
Aguilera, Francisco. 6:3999; 7:4577, 4580; 8:3962; 9:3835; 10:3601; 12:2459; 13:2110; 14:2666; 15:22, 2214a; 17:3089, 3090; 18:3298
Aguilera, Honorio. 21:2753
Aguilera, Miguel. 1:920; 2:1976; 3:284, 2559; 5:2527; 7:3516; 9:3309; 17:987; 18:2432; 21:3125; 24:4156
Aguilera, Santos. 8:4096
Aguilera Camacho, Alberto. 27:3854
Aguilera Camacho, Bernardo. 15:923
Aguilera Malta, Demetrio. 1:2032; 6:4238; 9:3914; 12:2745; 14:2949; 20:3901; 21:3903, 3904; 23:5300; 26:1596; 28:2391
Aguilera Martín, René. 27:3855
Aguilera Patiño, Luisa V. 13:1968; 17:2114; 18:302; 21:3626
Aguilera Uranga, Manuel. 17:837
Aguirre, Agustín. 7:5238; 9:4560
Aguirre, Enrique. 12:2285
Aguirre, Francisco. 23:1255, 1256
Aguirre, Juan Bautista de. 9:3763
Aguirre, Juan Francisco. 15:1591; 16:1750
Aguirre, Julio Leónidas. 25:5386; 28:3335
Aguirre, Leonel. 16:1979
Aguirre, Lily. 15:53
Aguirre, Luis. 11:906
Aguirre, M. C. 19:3205
Aguirre, Manuel Alberto. 1:2109
Aguirre, Manuel Jesús. 24:3846
Aguirre, Margarita. 25:4395; 28:2011

Aguirre, María Esther. 10:2953
Aguirre, Nataniel. 9:3291
Aguirre, Porfirio. 16:187, 208, 212
Aguirre, Raúl Gustavo. 18:2568
Aguirre, Sergio. 9:3184; 26:724
Aguirre, Severo. 27:1986
Aguirre, Yolanda Montecinos de. 24:5940
Aguirre Achá. José. 1:1182
Aguirre Achiburú, Luis. 25:3685
Aguirre B., Rafael. 7:1220
Aguirre Beltrán, Gonzalo. 6:347; 10:2450, 2545; 11:1998; 12:197, 1793, 1794; 13:103; 18:258-261; 19:1, 624, 625, 634, 3000, 6082; 20:460-462; 21:400; 23:604; 24:622; 25:5600; 26:428; 27:678, 2383
Aguirre Berlanga, Manuel. 7:634
Aguirre Céliz, Julio Argentino. 10:1096
Aguirre Cerda, Pedro. 5:2025; 7:2589, 4110
Aguirre Costilla, Virgilio. 28:575a
Aguirre Echiburu, Luis. 12:60
Aguirre Elorriaga, Manuel. 2:1977, 1978; 3:2470, 2471; 7:2798; 10:2745; 12:1935
Aguirre G., Alfonso. 11:1296, 1297
Aguirre Gamio, Hernando. 27:3514
Aguirre Godoy, Mario. 15:1921; 17:2685; 25:4032
Aguirre González, Juan Manuel. 9:958
Aguirre Humeres, Alfonso. 9:3299
Aguirre Larreta, Aureliano. 16:1380
Aguirre Lavayén, Joaquín. 17:2346
Aguirre Molina, Raúl. 16:1973
Aguirre Obarrio, Eduardo. 22:4617
Aguirre Palancares, Norberto. 4:1274; 5:836; 6:1289
Aguirre Prado, Luis. 28:576
Aguirre Rodríguez, Carlos. 5:1995
Aguirre Santoscoy, Ramiro. 27:2416
Aguirre y Salinas, Osmín. 10:2377
Agulla, Juan Carlos. 26:2318; 27:4079
Agurto Calvo, Santiago. 11:293
Agurto Montesino, Claudina. 15:1201
Agustini, Delmira. 6:4192; 10:3704; 28:125
Aguzzi, Aldo. 1:333
Ahl, Frances Norene. 5:157; 7:2065
Ahlborn, Richard E. 25:1124a, 1153
Ahlbrink, W. 24:232; 25:289
Ahlfeld, Federico. 7:1439, 2290, 2291; 8:1629; 15:1220; 24:2953
Ahlmann, H. W. 22:2500
Ahrens, Gualterio E. 27:3171
Ahrensdorf, Joachim. 23:1651
Ahumada, Aurelio. 5:837
Ahumada, Guillermo. 16:850
Ahumada, Juan Antonio. 14:3428
Ahumada C., Jorge. 16:920; 17:838; 19:1850; 21:1400; 22:1465; 27:1363, 1633, 1633a, 4080
Ahumada Mattassoglio, Tucapel. 7:3838
Ahumada P., Hermes. 8:3750
Aiken, George D. 23:2836
Aikman, Duncan. 6:163; 7:772
Aillón Tamayo, Carlos. 8:1963
El Aillu, Revista Peruana de Antropología, Etnología, Folklore, Lingüística e Historia, Cuzco. 11:121
Aiquel, Angelito A. 25:4087
Aiquel, Jamil A. 25:4087
Airas, Saira. 11:2779
Aires, Matías. 8:4177
Aires Belo, Rui de. *See* Belo, Rui de Aires.
Airó, Clemente. 17:2347

Aisenstein, Salvador W. 3:793a; 6:1417; 8:1544
Aita, Antonio. 4:3955, 4015; 10:3608
Aita, Giovanna. 19:5220
Aitken, Thomas. 27:3459
Aitken, W. Ernest. 8:3132; 9:2989; 10:2730, 2731; 12:1881a, 1881b; 13:1379
Aiton, Arthur S. 3:2366; 5:2320, 2321, 2345; 6:2845; 8:2940
Aiton de McMahon, María. 22:887
Aíub, Alberto. 10:1325a
Aizaga, América. 14:1269
Aizpurúa, Armando. 20:2869; 25:3331
Aja Jorge, Pedro Vicente. 16:3287; 17:2903; 18:3106; 19:5723, 2797; 21:4750; 25:2098, 5300
Ajedrón, Feliciano Francisco. 14:1820
Ajia Keizai Kenkyûjo, Tokyo. 27:4300, 4301
Ajofrín, Francisco de. 2:1798
Akademiia Nauk SSSR. Institut Latinskoi Ameriki, Moscow. 26:64a; 27:1987; 28:1, 101a, 461a
Akashi, K. 22:365
Aked, George D. 6:2258
Akester, A. Roger. 22:997
Alade. Boletim da Associação Latino-Americana de Educadores. 23:2351
Alagôas (State). Departamento Estadual de Estatística. 6:1876; 7:1732; 10:2251
Alagôas (State). Diretória Geral de Estatística. 2:971; 4:823
Alain, Hermano. 23:2496
Alaluf, David. 27:2211, 2847, 2847a
Alamán, Lucas. 10:2594; 13:1522, 1580; 14:2081
Alambert, Sílvia B. 20:1792
Alameda, Julián. 1:1146
Alamilla, Guillermo. 1:1687
Álamo, Antonio. 8:3368; 9:3360
Álamo Ibarra, Roberto. 7:2166; 12:856
Álamos Junemann, Fernando. 15:993
Álamos Santa Cruz, Julio. 7:3506
Alandia Barrón, Alberto. 27:3808
Alanís Patiño, Emilio. 6:984, 1290; 8:1046, 1070; 9:1038, 3723; 10:882; 13:1945; 14:342, 938; 16:921, 921a; 17:902; 18:913, 914; 19:1851, 1930, 1931; 20:1451, 1452; 23:2000
Alaniz B., Fernando. 6:1025
Alanza T., Oscar. 3:931
Alarco, Luis Felipe. 9:4922, 5003; 10:1620, 4540; 19:2000, 5766
Alarcón, Abel. 1:1917; 2:2632; 14:2855
Alarcón, Alejandrina. See Ponce de León, Alejandrina.
Alarcón, Esperanza. 6:4919
Alarcón, José C. 26:809
Alarcón Fernández, José. 20:3284
Alarcón M., Adolfo. 5:838; 7:948; 9:959; 10:798
Alarcón Pino, Raúl. 13:1071
Alarcón Robledo, Sabás. 25:1535
Alarcón S., Sixto. 25:2122, 2123
Alarcón Sáenz, Oscar. 8:3875
Alarcón Solís, Adolfo. 17:2728
Alardín, Carmen. 25:4441
Alari, Julio G. de. 10:665
Alario di Filippo, Mario. 28:1503
Alas, Ciriaco de Jesús. 9:4705
Alascio, Blas V. 7:2234
Alatorre, Antonio. 16:1476; 19:4693; 20:3727, 4360; 28:1320
Alatorre, Margit Frank. 19:4501
Alatriste, Sealtiel. 23:2018; 27:1834

Álava, José María de. 22:4712
Alayza Escardo, Luis. 12:1416; 13:942
Alayza Paz Soldán, F. 5:1423
Alayza y Paz Soldán, Luis. 1:2033; 3:2519, 3044; 4:518, 566; 6:4012, 4013; 7:3535, 3536; 8:3349, 9:105, 3329; 10:2095, 3073; 11:313, 2276; 12:3076; 13:943; 15:1764; 17:199; 18:2117a; 19:4626, 4850, 4851; 20:2038; 24:2987, 4072, 4374-4376; 25:3738
Alba, Alfonso de. 16:2598
Alba, Armando. 5:2508; 12:672, 2103; 20:4066
Alba, Eduardo de. 4:1438, 1439
Alba, Fernando Álvarez de Toledo, duque de. 15:1356; 19:3102, 3103
Alba, Germina. 8:1992
Alba, José R. 7:5217
Alba, Pedro de. 2:2530; 4:2928; 5:2925; 6:3711; 9:3134, 4027; 10:2976, 3490; 12:2433; 15:1357; 22:5401; 23:4800
Alba, Víctor. 19:2850, 4300; 20:1250, 3501; 22:2600-2602; 23:2753-2755; 24:3400; 25:2600; 27:1634, 1634a, 3002, 3002a, 3378, 3487; 28:102
Alba C., Manuel María. 1:824; 13:236; 17:240; 22:800
Alba Hermosillo, Carlos H. 15:2587; 21:4904
Albagli, B. 6:587, 588
Albájar, Amparo. 20:4879b
Albán Gómez, Ernesto. 25:4236
Albán Mestanza, Ernesto. 9:1485
Albán Mosquera, Ernesto. 16:2810a
Albanell MacColl, Norah. 19:6400; 21:5200; 22:5832
Albano, Ildefonso d'Abreu. 6:1775
Albano, José de Abreu. 16:1920; 22:5461
Albano, Ricardo C. 3:1791d
Albareda, Ginés de. 23:5100
Albareda, José Daniel. 17:839; 19:1985a, 5452; 20:1453; 27:3822
Albarracín Crespo, Alfonso. 7:3995; 18:2249
Albarracín Godoy, Jorge. 3:3651
Albarracín Sarmiento, Carlos. 25:508, 3578
Albarrán, Antonio. 5:2674; 16:1760
Albear, Jesús Francisco de. 7:2186
Alberdi, Juan Bautista. 4:2188; 8:3230, 3230a, 3372; 10:3684; 14:1751, 2221; 18:2052; 19:3818; 22:4645, 25:3579, 4554
Alberini, Coriolano. 19:5748; 28:3336
Alberti, Altana. 19:5000
Alberti, M. H. 3:3443; 20:4893
Alberti, Rafael. 11:3095; 21:949; 28:232
Alberto, Álvaro. 18:1131
Alberto, Carlos. 18:1620
Albertos Betancourt, Raúl. 14:1644
Alberts, Hugo W. 9:1589, 2134; 10:1875; 13:944
Albi, Fernando. 19:5400
Albiez, G. 3:1750
Albino de Souza, Washington Peluso. See Souza, Washington Peluso Albino de.
Albion, Robert G. 18:1625
Albisetti, César. 14:476; 20:650a; 27:1197
Albizu Miranda, Carlos. 22:401, 6048
Albónico Valenzuela, Fernando. 16:3109
Álbores G., Eduardo J. 12:2004; 24:273; 28:558
Alborno, Pablo. 7:1976
Albornoz, Alejandro, h. 8:1; 9:1
Albornoz, Álvaro de. 7:2668
Albornoz, Aurora de. 26:1786

Albornoz, Daniel D. 12:2984
Albornoz, Mario. 8:3133
Albornoz, Miguel. 11:2277, 3276; 12:1659
Albornoz, Orlando. 27:4081
Albornoz, Santiago E. 11:2330
Albornoz, Víctor Manuel. 6:3048, 3049, 3953; 7:3118; 9:3320; 14:2891; 17:2465; 18:2593; 19:3445; 23:3819; 24:2973, 4361
Alborta, Julio C. 6:1622
Alborta Velasco, Óscar. 19:2548
Albrecht, Karl. 23:1652
Albuja Mateus, Augusto. 24:4104; 25:3480
Albuquerque, A. P. de. 19:1215
Albuquerque, Acir Tenório d'. 3:3577, 3578; 7:3572; 8:4166; 11:2923, 3349; 13:1968a, 2257; 14:2563; 15:2459, 2460; 19:5200, 5201; 23:4401; 25:3900-3902; 26:1301
Albuquerque, Amarylio de. 24:4480
Albuquerque, Epitácio Pessôa Cavalcanti de. 4:2258; 7:2531, 2532; 8:2667
Albuquerque, Irene de. 18:1132
Albuquerque, J. Militão de. 8:4520
Albuquerque, João de. 13:1888
Albuquerque, José Antônio de. 13:593
Albuquerque, José Figueiredo de. 28:1225
Albuquerque, José Joaquim de Campos da Costa Medeiros e. 8:3461
Albuquerque, José Joaquim Pires de Carvalho e. 16:2164
Albuquerque, Leda Maria. 9:4222
Albuquerque, Luis Mendonça de. 28:1279
Albuquerque, Luiz Rodolfo Cavalcanti de. 10:2252
Albuquerque, Maria Izabel. 16:2072-2074
Albuquerque, Mário de. 5:1998
Albuquerque, Matheus de. 2:2816, 2816a; 13:2318; 23:5449, 5557
Albuquerque, Paulo de. 3:522
Albuquerque, Paulo de Medeiros e. 7:722-724, 4851
Albuquerque, Pedro de Alcântara Cavalcanti de. 5:1471; 6:1940
Albuquerque, Sebastião Cavalcanti. 3:638a
Albuquerque, Ulysses Lins de. 23:3934; 26:2018; 27:1198
Albuquerque, Teresinha Lins. 27:2547
Albuquerque Coelho, Duarte. See Coelho, Duarte Albuquerque.
Albuquerque Lima, Sílvio Júlio. See Lima, Sílvio Júlio Albuquerque.
Albuquerque Maranhão, João de. See Maranhão, João de Albuquerque.
Albuquerque Mello, Felix Cavalcanti de. See Mello, Felix Cavalcanti de Albuquerque.
Albuquerque Nascimento, Vamireh Chacon de. See Nascimento, Vamireh Chacon de Albuquerque.
Albuquerque Nascimento, Vicente Pinto de. See Nascimento, Vicente Pinto de Albuquerque.
Albuquerque Pedrosa, Milton de. See Pedrosa, Milton de Albuquerque.
Alcácer, Antonio de, *Father*. 23:1426; 28:894a, 1033
Alcalá, Marcos. 22:4000
Alcalá Anaya, Manuel. 16:1588; 23:4719
Alcalá de Armas, Eleazar. 25:4059
Alcalá González, María Guadalupe. 18:2375
Alcalá Quintero, Francisco. 25:1536; 27:1835
Alcalá Zamora y Castillo, Niceto. 1:669; 4:2559; 10:2451, 2452; 11:3469; 13:2419; 25:4010
Alcalá-Zamora y Torres, Niceto. 12:3237; 15·2191

Alcalde, Alfonso. 25:4349
Alcalde Mongrut, Arturo. 20:3060
Alcântara, F. L. 6:2716; 7:2723
Alcântara, Marco Aurélio de. 25:2172
Alcântara, Waldemar. 18:1133
Alcântara Avellar, Hélio de. *see* Avellar, Hélio de Alcântara.
Alcântara Avellar, Pedro de. *See* Avellar, Pedro de Alcântara.
Alcântara Bomfim de Andrade, Noemi. *See* Andrade, Noemi Alcântara Bomfim de.
Alcântara Cavalcanti de Albuquerque. Pedro de. *See* Albuquerque, Pedro de Alcântara Cavalcanti de.
Alcântara Machado, Antônio de. *See* Machado, Antônio de Alcântara.
Alcântara Machado, José de. *See* Machado, José de Alcântara.
Alcântara Machado de Oliveira, Antônio Castilho de. *See* Oliveira, Antônio Castilho de Alcântara Machado de.
Alcântara Nogueira, Francisco. *See* Nogueira, Francisco Alcântara.
Alcântara Silveira, Hovanir. *See* Silveira, Hovanir Alcântara.
Alcaraz, Ramón. 18:1915
Alcázar, Manuel del. 11:2523
Alcázar, Moisés. 12:1542
Alcázar J., Guillermo. 11:981
Alcázar y Molina, Cayetano. 11:1949
Alcedán, Víctor C. 6:2383
Alcides Pinto, José. *See* Pinto, José Alcides.
Alcina Franch, José. 17:200; 19:440, 21:39, 2502; 22:57, 500; 23:880; 24:150; 25:174, 3023, 3023a; 27:1, 102, 103, 190
Alcívar Castillo, Gonzalo. 9:1579
Alckmin, José Geraldo Rodrigues de. 17:2677; 24:4850
Alcobre, Manuel. 22:5100
Alcocer, Ignacio. 2:2272, 2507
Alcocer, José Antonio. 22:2939
Alcocer, Mariano. 17:840; 18:1735; 19:1965a
Alcochete, Nuno Danpiás de. 28:1280
Alcorta Guerrero, Ramón. 7:141, 2825; 13:1; 14:1332
Aldama, José Antonio de. 2:1422
Aldama C., Álvaro. 6:991; 11:793
Aldana, Cristóbal de. 19:3206
Aldana, Lorenzo de. 6:2984
Aldana-H., Alfredo. 17:994
Aldao, Martín. 9:3915, 3952; 21:3905
Aldao de Díaz, Elvira. 17:1782
Aldazábal, Ricardo Vicente. 22:2628
Alden, Dauril. 23:3919; 24:4440, 4441; 26:1224; 27:2891a; 28:1281-1281b
Aldenburgk, Johannes Gregor. 28:1282
Aldereguía, Gustavo. 22:2670
Alderete, Jesús R. 13:783
Aldrich, Earl M., Jr. 26:1607, 1608
Aldunate, Arturo. 9:4015a
Aldunate, María Elena. 26:1654
Aldunate Carvallo, Guillermo. 15:897, 2735
Aldunate Errázuriz, Carlos. 2:823
Aldunate Errázuriz, Fernando. 13:1812
Aldunate Phillips, Raúl. 21:2241
Aldunate Romero, José. 11:1216
Aldunate Videla, Sergio. 13:2613
Alduvín, Ricardo D. 2:2141, 2445
Alecrim, Octacílio. 7:5345; 18:2841; 19:5408
Alecrim Tavares, Murilo. *See* Tavares, Murilo Alecrim.
Alegre, Francisco Javier. 7:361, 2931; 23:881, 3141

Alegría, Ciro. 1:2034; 4:3867b, 3867c; 5:3739; 7:4688, 4728; 8:4067; 9:3953, 3970; 10:3747; 11:3229a, 3230; 18:2613
Alegría, Claribel. 14:2856; 20:4051; 25:4247
Alegría, Fernando. 2:2531; 7:4587; 9:3842, 3916; 10:3748; 11:3041, 3140; 12:2494; 13: 2078; 16:2655; 19:4657, 5041, 5042; 22:4900; 23:5029; 24:5280, 5295, 5485; 25:4396, 4540; 26:1655, 1675; 28:1756, 2012
Alegría, José S. 15:2275; 26:793
Alegría, Paula. 2:1180; 8:3830, 3842
Alegría, Ricardo E. 15:321; 16:235; 17:154; 19:280, 695, 4502; 20:251, 484; 22:402; 24: 458; 26:1302
Alegría M., Ceferino. 28:969
Aleixandre, Vicente. 15:2352
Aleixo, Pedro. 24:4820
Alejo Vignati, Milcíades. 10:1835; 14:587
Alekseyev, V. 9:3554a
Alem, José d'. *See* Werneck, Francisco José dos Santos.
Alem, Leandro N. 6:3340; 15:1729; 19: 3819
Alemán, Hugo. 14:1309; 15:2390
Alemán, Miguel. 4:2410; 12:1577; 13:1792; 15:769, 1326; 16:922, 1372; 17:887, 1350, 2233
Alemán Bolaños, Gustavo. 9:3917; 10: 2894, 2896; 14:2142, 2143, 2667; 22: 5187; 24:5486
Alemán Ruiz, Antonio. 6:4793
Alemán y Fortún, Juan. 8:1330; 12:3188
Alemandri, C. S. 10:4350; 17:2821
Alemandri, Próspero G. 15:1022
Alemann, Juan E. 27:1635
Alemar, Luis E. 4:1992a; 5:1758a; 7:2189; 8:2967; 9:2745; 10:2779
Alembert, Jean-Baptiste Le Rond d'. 19: 5802; 20:4750
Alemparte R., Julio. 2:1887; 6:3021; 28: 999
Alencar, Edigar de. 8:4321; 28:3040
Alencar, Gilberto de. 21:4333; 25:4626; 26:1959
Alencar, Heron. 27:2616
Alencar, José Arraes de. 28:1504
Alencar, José Martiniano de. 2:2924; 6:4359; 7:4942-4944, 5111; 9:4223-4225; 10:3866, 3867; 12:2872, 2873; 14:3035; 18:2766; 19:5249; 21:4285; 28:5523; 23:5558, 5559; 26:2080; 28:2436c
Alencar, Mário de. 9:4279
Alencar, Renato de. 23:4402; 24:4706; 25:3903; 26:1303
Alencar Araripe Júnior, Tristão de. *See* Araripe Júnior, Tristão de Alencar.
Alencar Araújo, Diniz. *See* Araújo, Diniz Alencar.
Alencar Bianco, Breno. *See* Bianco, Breno Alencar.
Alencar de Vasconcelos, Dora. *See* Vasconcelos, Dora Alencar.
Alencar Fernandes, Adaucto de. *See* Fernandes, Adaucto de Alencar.
Alencar Lima, Mário Werneck de. *See* Lima, Mário Werneck de Alencar.
Alencar Neto, Meton de. 9:1776; 12:1218c
Alencar Pinto, Aloysio de. *See* Pinto, Aloysio de Alencar.
Alencaster Rueda, Alejandro. 15:2711
Alencastre, Amilcar Gomes de. 22:4618
Alencastre G., Andrés. 19:811; 20:651
Alencastro Graça, Lydia de. *See* Graça, Lydia de Alencastro
Alencastro Guimarães, Napoleão de. *See* Guimarães, Napoleão de Alencastro.

Alende, Óscar E. 20:1300
Alers-Montalvo, Manuel. 23:6035
Alessandri Besa, Arturo. 12:3211
Alessandri Palma, Arturo. 2:803, 1483; 3:2679; 4:2299; 7:3507; 11:2505; 15: 2050; 16:708, 1947; 18:2093
Alessandri Rodríguez, Arturo. 1:1555; 2: 3074; 6:4624, 4625; 7:5232; 8:4652; 9:4513; 12:3113
Alessandri Rodríguez, Fernando. 1:1499; 3:3668; 6:4565, 4626; 17:2686; 27:3729
Alessandri Rodríguez, Jorge. 5:1302
Alessi de Nicolini, Julia C. 24:6100
Alessio, Nicolás Alfredo. 6:4884
Alessio, Roberto d'. 6:5038
Alessio Robles, Miguel. 1:1006-1008; 3:2569; 4:3039; 5:2856; 12:2005; 15:1671, 1672
Alessio Robles, Vito. 1:737; 2:2078, 2079; 3:2366a, 2570, 2571, 2996; 4:2521, 2614, 3040; 5:2346, 2399, 3604; 6:2793; 7:2816, 3166; 9:2746, 2747; 11:2334, 2335; 12:2006; 13:1534, 1546; 14: 1681; 15:1358; 16:1401; 18:1735a; 20:2800, 2801
Alexander, Alberto. 2:1352
Alexander, Alfonso. 3:2607
Alexander, Charles S. 22:2281; 27:1364
Alexander, J. L. 9:2335
Alexander, Hartley B. 28:400
Alexander, Robert Jackson. 8:2598; 13:1031; 15:1291a; 16:2317; 17:522, 1294; 19:2871; 20:3271; 21:2200; 22:2646; 23:2813; 24:1976, 4306; 25:1402, 1403, 1502-1504, 2201, 2601, 3782; 26:402a; 27:1636, 1636a, 2666, 3003, 3003a, 3553; 28:1059a
Alexander, Ruth Mary. 22:801
Alexander de Azevedo, Walter. *See* Azevedo, Walter Alexander de.
Alexander Jordán, Alfredo. 7:1440; 15:885
Alexanderson. Joublanc, Luciano. 26:508
Alexandersson, Gunnar. 22:1603
Alexandre, Francisco. 6:1794; 22:4668; 23:1900
Alexis, Gerson. 22:403; 25:480
Alexis, Jacques Stéphen. 11:2663; 12:1609; 15:1624; 19:5375; 23:6300; 25:4757; 26:2119, 2120
Aley, Phillip P. 3:1601
Alfaro, Anastasio. 8:2968
Alfaro, Carlos. 27:2
Alfaro, Eloy. 1:1751
Alfaro, Gregorio. 27:1934, 1955
Alfaro, Margarita. 23:101
Alfaro, Ricardo Joaquín. 4:3567; 5:2916, 3325; 6:3712; 9:3538; 11:1898; 12: 2269-2271, 3250; 14:2564; 16:2463; 18:2320; 19:4259; 24:4014
Alfaro, Simeón Ángel. 8:2305
Alfaro de la Cerda, Enrique. 4:4488
Alfaro Jovel, Graciela M. de 11:3096
Alfaro Morán, Agustín. 4:567
Alfaro Olivares, Aníbal. 5:2026
Alfaro Rendón, Rubén. 15:54
Alfaro Siqueiros, David. 8:825; 9:770, 820; 10:622-624, 686, 688, 695; 11:616; 14:811, 812; 16:534; 17:463; 18:493, 498; 24:1734, 3569
Alfaro Zamora, J. M. 15:1115
Alfau, Antonio Eugenio. 9:2748
Alfau de Solalinde, Jesusa. 9:3777
Alfau Durán, Vetilio. 11:2249; 14:2136; 15:2236; 19:5043; 20:2579, 2942-2942b, 2944, 5020; 21:2623, 2941; 22:3248, 3249; 23:3430; 25:4319; 28:813

Alfieri, Bruno. 26:285, 286
Alfonsín, Quintín. 16:3110; 19:5585a, 5586; 27:3847
Alfonso, Eduardo. 22:2800
Alfonso, Guillermo. 18:1074
Alfonso, Luis. 5:188; 7:4430; 26:1304; 28:1505
Alfonso, Paco. 20:4200; 23:5301
Alfonzo, Julio. 5:1647
Alfred, Serge N. 28:2682
Algara, Ignacio. 4:3041
Algarra, María Luisa. 21:4210
Algodón: Boletín de la Cámara Algodonera del Perú. 7:1534
Ali, M. Said. 14:3002
Aliaga Loayza, Yecid. 8:2662
Aliaga Sarmiento, Rosalba. 6:2990
Aliaga Suárez, Héctor. 7:4022
Alianza, Montevideo. 6:164
Aliber, A. 23:5302, 5303
Aliber, B. 23:5302
Alice, Antonio. 1:1147, 2173
Alienes Urosa, Julián. 7:1095a, 1109, 1110; 8:1265, 1266; 11:826; 12:809; 13:415; 15:841, 842; 16:658, 659; 17:602, 603
Alincourt, Luiz d'. 16:2075; 19:4000
Alió, Baudilio. 14:82, 83
Alisky, Marvin. 21:2800; 23:4801; 27:3488
Aljure Chalela, Simón. 19:4717
Allamand, Maité. 12:2495
Allan, P. 20:340
Allard, Harry A. 14:1412
Allard, Howard F. 14:1412
Allard, Pierre. 23:700
Allee, Ralph H. 23:6020; 25:2050
Alleg, Henri. 27:3379
Alleger, Daniel E. 28:733a
Allemand, Maurice. 27:276
Allen, Cyril. 21:2846
Allen, Devere. 9:106, 3683
Allen, Fred H., Jr. 21:842; 25:734
Allen, Frederick. 4:2371
Allen, Henry Easton. 5:2347
Allen, Henry J. 4:1275; 6:770, 1239
Allen, Hervey. 6:4423
Allen, John Houghton. 9:4096
Allen, Marinaje. 28:1736
Allen, Martha. 14:2815
Allen, Phyllis. 13:1191
Allen, Robert Loring. 23:1653, 2756; 24:1900
Allen, William Ray. 8:2411
Allende, Andrés R. 8:3231; 11:2446; 23: 3746-3748; 25:3580, 3674
Allende, Guillermo Lorenzo. 27:3657
Allende, Oliverio de. 12:632
Allende, Pedro Humberto. 6:4852; 10:4437; 11:3820
Allende, Roque. 2:1423
Allende, Salvador G. 8:3749
Allende Iriarte, Jorge. 19:5424
Allende Lezama, Luciano. 8:4880; 13: 2760
Allende Navarro, Nicanor. 8:1718
Allende Posse, Justiniano. 2:775; 11:907; 26:1057
Allende Sarón, Adolfo. 11:3821
Allenspach, Max. 21:40
Alleyne, Mervin C. 24:712; 27:1387
Allison, Esther. 8:3934
Allison, R. V. 5:1667
Allú Fernández, Ricardo. 9:4553
Almada, Francisco R. 4:2615; 3127; 5:2348, 2349, 2453; 3457; 6:3294; 9:2, 2749, 3020; 12:1364, 2007, 2008; 18:1626; 1627; 19:3207, 3208; 20:5045;
21:2503; 22:3005; 23:3142, 3211-3215; 26:509
Almada, José de. 13:1727
Almafuerte, *pseud.* See Palacios, Pedro Bonifacio.
Almagià, Roberto. 2:1784; 3:2214, 2215
Almagro, Diego de. 5:2463; 17:1588
Almagro, Víctor. See Ramos, Jorge Abelardo.
Almanaque Agrícola Nacional, Habana. 6: 1327
Almanaque da Revista do Globo, Pôrto Alegre. 2:2817; 3:3459
Almansur Haddad, Jamil. See Haddad, Jamil Almansur.
Almanza, Héctor Raúl. 16:2604
Almarante, Antonio de los Santos. 7:1118
Almaraz, Sergio. 22:1460
Almarza, Camilo. 20:3523
Almazán, Pascual. 28:1813
Almazán de Pérez Barrera, María Helena. 28:1814
Almazán Rodríguez, Ángel. 9:1315
Almeida, A. Tavares de. 9:1605
Almeida, Abílio Pereira de. 22:5524
Almeida, Aluisio de. 6:1828; 8:2545, 3462; 9:3388; 10:3160; 11:2596; 13:1728; 2258; 16:2076; 18:531, 2820; 28:2437
Almeida, Antônio da Rocha. 24:4416
Almeida, Antônio Figueira de. 3:1470; 6: 2567; 7:3593
Almeida, Antônio Paulino de. 2:1659; 11:1786; 12:479, 2194; 14:754, 2247; 15:1786; 18:1435; 20:3200
Almeida, Benedito Pires de. 5:1608; 7:5531; 13:1737
Almeida, Carlos Fernando Fortes de. 25: 4627
Almeida, D. 3:523
Almeida, Dimas Rodrigues de. 21:4580 24:4850
Almeida, Elpídio de. 27:2892a; 28:1226
Almeida, Enrique P. 19:5731
Almeida, Fernando Flávio Marqués de. 9: 2313; 10:2142; 12:1466; 14:1523; 16:1250; 17:1169; 19:2601-2603; 20:2051, 2124
Almeida, Fernando Henrique Mendes de. 24:4829
Almeida, Fernando Mendes de. 4:1876; 5:1607; 6:2120, 4273; 28:2396
Almeida, Filinto de. 12:2909
Almeida, Francisco José Maria de Lacerda e. 10:3140
Almeida, Guilherme de Andrade e. 2:2818; 4:4250; 5:4034, 4035; 7:4987; 8:4322, 4323; 9:4351, 4403; 10:3895, 3896; 13:2277, 2338, 28: 1284, 2570
Almeida, Hé'io Pólvora de. 23:5487; 25:4628
Almeida, Horácio de. 9:900; 10:741, 742; 22:3800
Almeida, J. Nicanor de. 18:2939
Almeida, Jesse de. 3:3564
Almeida, João Carlos de. 5:1454; 8:1867; 11:1317; 19:2203, 2204
Almeida, João Vieria de. 28:1257
Almeida, José Américo de. 1:2201, 2202; 2:2925; 3:524, 1642; 4:4211
Almeida, José de. 28:1506
Almeida, José de Araújo. 6:5039
Almeida, José Rangel de. 24:4855
Almeida, José Valentim Fialho de. 8:4178
Almeida, Josias de. 1:1298
Almeida, Julia Lopes de. 4:4227

Almeida, Lucia Machado de. 8:4471; 9:4396; 18:516; 21:4334; 25:1261, 5700
Almeida, Luis A. de. 15:1280
Almeida, Luis Ferrand de. 21:3284
Almeida, Luiz Castanho de. 8:3411
Almeida, Manoel Antônio de. 7:4945; 23:5450
Almeida, Manoel José de. 16:1080
Almeida, Manuel Lopes de. 16:2077; 2078
Almeida, Maria da Gloria Maia e. 6:1931
Almeida, Mário Monteiro de. 17:1847
Almeida, Miguel Osório de. 1:2138, 2139; 3:3460; 4:3331, 4107, 4108; 5:4051; 6:201
Almeida, Moacir de. 9:4271
Almeida, Napoleão Mendes de. 8:4167
Almeida, Oscar de. 3:1367
Almeida, Paulo Mendes de. 1:1489; 25:1306, 4612; 26:312
Almeida, Ramiro de. 5:4486
Almeida, Renato. 1:2160; 2:2819; 3:3459; 4:4109; 5:3879; 6:4892; 8:4782; 9:1994, 1995; 11:3809; 14:3351; 16:3210; 18:2995; 20:4706; 22:5548, 5719; 27:1199
Almeida, Rômulo Barreto de. 4:419; 7:1648; 8:1806; 9:1606; 11:676; 27:1771
Almeida, Rubens de. 11:1113
Almeida, Rui Guimaraes de. 7:1762; 10:1489, 3801
Almeida, Sandoval Carneiro de. 8:1821
Almeida, Theodoro F. de. 24:4481
Almeida, Theóphilo de. 24:4417
Almeida, Tito Franco de. 10:3161
Almeida, Vincente Unzer de. 17:2981; 27:4212
Almeida, Víctor d'. 8:4324
Almeida, Waldemar de. 7:5532
Almeida Azevedo, Salvio de. See Azevedo, Salvio de Almeida.
Almeida Barbosa, Waldemar de. See Barbosa, Waldemar de Almeida.
Almeida Barreto, Manuel de. See Barreto, Manuel de Almeida.
Almeida Braga, Luiz de. See Braga, Luiz de Almeida.
Almeida Campos, Paulo do. See Campos, Paulo de Almeida.
Almeida Cintra, Antônio de. See Cintra, Antônio de Almeida.
Almeida Correa de Sá, José d'. See Sá, José d'Almeida Correa de.
Almeida Cunha, Luiz de. See Cunha, Luiz de Almeida.
Almeida Filho, João Batista Pereira de. 10:4030
Almeida Garrett, João Baptista da Silva Leitão de Almeida. See Garrett, João Baptista da Silva Leitão de Almeida.
Almeida Júnior, Antônio Ferreira de. 2:1147; 3:1368; 5:1455; 6:3558, 4274; 7:5325; 10:1490; 12:1217, 1217a, 1218d; 15:1032, 1033; 17:1031; 18:1134; 19:2205-2207; 20:1767; 22:2006; 23:2353, 2354; 25:2148, 2149
Almeida Júnior, João Mendes de. 6:4548
Almeida Júnior, Joaquim de. 7:2533
Almeida Júnior, José B. 15:60
Almeida Leite Guimarães, Hilda de. See Guimarães, Hilda de Almeida Leite.
Almeida Lousada, Wilson de. See Lousada, Wilson de Almeida.
Almeida Magalhães, Bruno Flávio de. See Malgalhães, Bruno Flávio de Almeida.
Almeida Magalhães, Dario de. See Magalhães, Dario de Almeida.
Almeida Magalhães, João Paulo de. See Magalhães, João Paulo de Almeida.
Almeida Mattos, Joaquim de. See Mattos, Joaquim de Almeida.
Almeida Moroes Júnior, Antônio d', Abp. See Moraes Júnior, Antônio d' Almeida, Abp.
Almeida Morato, Francisco Antonio de. See Morato, Francisco Antonio de Almeida.
Almeida Moura, Genesio de. See Moura, Genesio de Almeida.
Almeida Moura, Pedro de. See Moura, Pedro de Almeida.
Almeida Nobre Filho, Fernando de. See Nobre Filho, Fernando de Almeida.
Almeida Nogueira Pôrto, José Luís. See Pôrto, José Luís d'Almeida Nogueira.
Almeida Oliveira, Sebastião. See Oliveira, Sebastião Almeida.
Almeida Pacheco, João de. See Pacheco, João de Almeida.
Almeida Paes Leme, Pedro Taques de. See Leme, Pedro Taques de Almeida Paes.
Almeida Pinto Chaves, Eunice. See Chaves, Eunice Almeida Pinto.
Almeida Pintos, Rodolfo. 16:2215
Almeida Prado, Antônio. See Prado, Antônio Almeida.
Almeida Prado, Décio de. See Prado, Décio de Almeida.
Almeida Prado, Francisco. See Prado, Francisco Almeida.
Almeida Prado, João Fernando. de See Prado, João Fernando de Almeida.
Almeida Prado, José Nascimento de. See Prado, José Nascimento de Almeida.
Almeida Prado, Orlando de. See Prado, Orlando de Almeida.
Almeida Prado, Ruth Alcântara de. See Prado, Ruth Alcântara de Almeida.
Almeida Prado Penteado, Fausto de. See Penteado, Fausto de Almeida Prado.
Almeida Rios, José de. See Rios, José de Almeida.
Almeida Rocha. 12:2931
Almeida Rolff, Aníbal Marqués de. Rolff, Aníbal Marqués de Almeida.
Almeida Santos, José de. See Santos, José de Almeida.
Almeida Simões, Ruth Mattos. See Simões, Ruth Mattos Almeida.
Almeida Toledo, Silvio de. See Toledo, Silvio de Almeida.
Almeida Tôrres, Artur de. See Tôrres, Artur de Almeida.
Almeida Vasconcellos, Manoel de. See Vasconcellos, Manoel de Almeida.
Almeida Vieites, Moisés. 1:1636
Almeida Vítor, Edgar d'. See Vítor, Edgar d'Almeida.
Almela Meliá, Juan. 17:1412
Almela Vives, Fernando. 16:501
Almendra, Manuel Gaioso. 18:1473
Almendros, Herminio. 18:1116; 23:5030
Almendros, Néstor. 22:4300a
Almeyda, Aniceto. 3:2228; 6:3022, 3023; 7:2832; 9:2958, 3805; 10:3551; 11:3018; 15:1583; 19:3467a; 21:2450; 22:2830; 24:4199
Almeyda Arroyo, Élías. 10:2096; 11:1572, 1712; 16:1202; 18:1628; 19:3467b; 22:2390
Almeyda Medina, Clodomiro. 14:1570; 22:2662

Alminate, Juan Antonio. 5:4291; 7:5350; 8:4664; 10:4218
Almirante, *pseud.* See Foreis, Henrique.
Almiro, Affonso. 14:1161
Almoina Mateos, José. 11:2056; 12:1795; 13:1299; 14:2634; 16:1881; 19:3209; 22:5188; 28:497
Almonacid, Pedro N. 7:2235, 2246
Almond, Gabriel A. 24:3401
Almonte Arrangoiz, J. N. 15:1679
Almquist, Don. 28:535
Almuni, Carlos Alberto. 12:864, 3027
Aloé, Carlos. 28:1060
Aloia Jamarde, Maria D'. See Jamarde, Maria D'Aloia.
Aloisi, Enzo. 18:2703
Aloja, Ada d'. 5:508, 509; 8:441
Alomar Esteve, Gabriel. 25:3904
Alomía Llori, Antonio. 3:2975, 3024
Alone, *pseud.* See Díaz Arrieta, Hernán.
Alonso, Amado. 1:1966; 2:2532, 2771; 3:3384, 3385, 3444; 4:3707-3709; 5:3458-3461, 3513, 3535, 3536, 3820, 3821; 6:3841-3846, 3929, 4240; 7:4431-4433, 4467, 4490, 4771, 4812; 8:3971; 9:5024; 11:2873-2875; 13:1969; 15:2114; 17:2115-2118; 18:2325; 19:4503
Alonso, Annibal Martins. 15:2741; 24:4893, 4918
Alonso, Antonio. 9:3949
Alonso, Artur. 22:2007
Alonso, Aurelia. 4:2781
Alonso, Carlos. 28:2004
Alonso, Carmen de. 16:2605; 26:1656
Alonso, Dámaso. 21:3627
Alonso, Delnida Martínez. 25:2392; 27:2893
Alonso, Dora. 26:1560
Alonso, Enrique. 21:4862
Alonso, Fernando Alonso. 25:5813
Alonso, Fernando Pedro. 26:1489
Alonso, Isidoro. 27:3004, 3504
Alonso, José. 8:1606; 9:1316
Alonso, L. 10:4604
Alonso, María Rosa. 23:4403
Alonso Ávila, Antonio. 27:3856
Alonso Cortés, Narciso. 6:3984
Alonso de Ávila, José. 28:1815
Alonso de Rodríguez, Josefina. 24:1733
Alonso Gamo, José María. 17:2475
Alonso Pedraz, Martín. 22:4301; 25:3905
Alonso Piñeiro, Armando. 22:5189; 23:3749, 5164; 24:4247
Alonso Pujol, Guillermo. 7:2628
Alonso Román, Hugo. 28:1816
Alonso Sánchez, Hilario. 17:2103
Alonso Torres, Rafael. 5:2174
Alpenfels Ethel J. 16:349; 18:262
Alpern, Hymen. 20:4201
Al'perovich, Moisei Samoilovich. 23:3216; 24:3570; 25:3120, 3215; 28:576a, 577, 674
Alpert, Leo. 5:1759; 7:2190; 11:1549, 1644
Alphen, A. van. 24:4083
Alphonse, Emile J. 25:4758
Alphonse, Ephraim S. 21:650
Alphonsus, João. 1:2203; 3:3586; 4:4212; 9:4226; 24:5812
Alpi, G. 4:4278
Alsedo y Herrera, Dionysio de. 14:1995
Alsenstein, Salvador. 15:649
Alsina, Arturo. 28:2274
Alsina, Hugo. 9:4447; 22:4581
Alsina, Ramón. 3:3637; 9:4964

Alsino Atienza, Dalmiro A. 1:1516; 9:4503; 11:3470
Altamira, A. F. d'. 16:3051
Altamira, Luis Roberto. 8:703; 10:604, 3521; 13:1417; 15:1359, 1589, 1649; 16:1402, 1908, 1909; 17:417; 18:470, 2053; 20:918; 21:911
Altamira, Pedro Guillermo. 8:4544; 14:1586; 27:3736, 3809
Altamira Cunha. 6:4294
Altamira y Crevea, Rafael. 2:1751, 1752; 4:2560, 2561; 5:2266, 2289, 2290; 8:2881; 11:1950; 12:3, 1711; 13:1192; 14:1682, 1758; 3111, 3112; 15:120, 2588; 17:1451, 2119, 2661; 19:5587a; 21:4930
Altamirando, Christoval. 22:802
Altamirano, Alberto I. 3:3365
Altamirano, Ignacio Manuel. 6:3295; 9:3954, 4782; 10:3682, 3683; 14:2144, 2729; 15:2215, 2276; 16:83, 2599; 17:1695; 22:4952; 24:5100; 26:1547
Altenfelder Silva, Fernando. See Silva, Fernando Altenfelder.
Alter, Gerald M. 14:859
Alterach, Salvador. 11:3548
Alterman P., León. 12:926
Altieri, Radamés Andrés. 3:238, 239, 1751; 4:349; 5:390, 476, 477; 7:2267, 3071
Altman, Ralph C. 27:329
Altmann, Robert. 11:600
Altmann Smythe, Julio. 10:4130
Altmeyer, Arthur J. 8:3680; 9:3571; 11:2739; 21:3582
Altoberro, María Celia. 16:1019
Altolaguirre, Manuel. 5:3875; 9:838; 12:2619
Altolaguirre y Duvale Ángel de. 19:3210, 3416
Altschuler, Milton. 22:50
Alumni, José 8:3151; 17:1379; 19:3001
Alurralde, Carlos de. 18:1680; 27:2123, 3754
Alurralde, Nicanor. 3:830
Alva, Mário d'. 12:2215
Alva Martínez, Carlos. 20:1463
Alva Orlandini, Hernán. 28:1042a-1043
Alva Plasencia, Juan Luis. 27:2417
Álvar López, Manuel. 26:1305
Alvarado, Aníbal Lisandro. 21:3802
Alvarado, Benjamín. 5:1090; 7:2148-2151; 16:1137
Alvarado, Carlos Alberto. 10:1888, 2057
Alvarado, Florencio. 18:2321
Alvarado, Francisco de. 25:607
Alvarado, Frank. 19:6613
Alvarado, Gabriel. 19:2918
Alvarado, José. 19:4852; 21:3906
Alvarado, Juan Antonio. 1:229
Alvarado, Juan G. 3:2040; 4:2397
Alvarado, Julio. 8:2663
Alvarado, Lisandro. 6:3501; 7:2817; 8:2866; 9:541; 11:395, 1410; 16:3318; 19:4504-4506; 20:3085; 21:572; 22:3571
Alvarado, Luis. 17:430
Alvarado, Manuel A. 3:1147; 4:1569; 7:5330; 10:4056
Alvarado, Miguel Antonio. 5:922a, 2771
Alvarado, Pablo. 3:2456
Alvarado, Pedro de. 17:1518, 19:3104, 3211
Alvarado, Rafael. 7:1499, 3792; 8:3638; 14:2420; 15:1211, 2001
Alvarado, Salvador. 28:674a
Alvarado de Ricord, Elsie. 26:1451, 1787
Alvarado Fránquiz, Juan. 13:827

Alvarado G., Luis. 6:4675
Alvarado Garaicoa, Teodoro. 12:1567, 3247; 13:1818; 15:1947; 21:4250; 23:2757; 25:2603
Alvarado García, Ernesto. 2:1831; 3:2367; 4:2616; 5:158; 11:2987; 19:3212; 21:2577; 23:3347; 28:732
Alvarado Garrido, Artidoro. 5:1360; 6:1591
Alvarado Jahn, Raúl. 24:447
Alvarado Lang, Carlos. 5:766
Alvarado Quirós, Alejandro. 5:2069, 2772
Alvarado R., Martín. 17:1024, 1380; 23:3348
Alvarado Rubio, Mario. 12:647
Alvarado Sánchez, Jerónimo. 5:2605
Alvarado Sánchez, José. 7:3315; 8:4137; 9:4444
Alvarado Tezozomoc, Fernando. 10:2867; 15:197
Alvarenga, Manoel Ignácio da Silva. 9:4272; 22:5462
Alvarenga, Oneyda. 7:5533; 9:1996, 4751; 13:2681; 14:3360; 15:2799; 16:554, 3173-3175; 21:4717
Alvarenga Borges, Wilson. See Borges, Wilson Alvarenga.
Alvarenga Peixoto, Inácio José de. See Peixoto, Inácio José de Alvarenga.
Álvares, Demosthenes. 13:1738
Álvares, Walter T. 4:3394; 6:3667; 27:3857
Álvares Castro, Iolanda. See Castro, Iolanda Álvares.
Álvares da Silva, Paulo Eleuterio. See Silva, Paulo Eleuterio Álvares da.
Álvares de Azevedo, Manuel Antônio. See Azevedo, Manuel Antônio Álvares de.
Álvares Pereira Coruja, Antônio. See Coruja, Antônio Álvares Pereira.
Álvarez, Agustín. 10:3685
Álvarez, Agustín J. 17:2970
Álvarez, Alejandro. 4:3526; 9:4580; 13:2593
Álvarez, Concha. 28:1817
Álvarez, Doris Heyden de. 23:102; 24:1100
Álvarez, Eduardo. 10:2954
Álvarez, Federico. 23:1400
Álvarez, Florencio. 4:3218
Álvarez, Francisco M. 7:3956
Álvarez, Gloria B. de. 5:2802
Álvarez, Gregorio. 27:1163
Álvarez, J. Rey. 27:2297
Álvarez, Jesús H. 14:2082
Álvarez, José, *Mexican*. 4:2372; 11:2057
Álvarez, José, *Peruvian*. 6:542, 543; 9:550; 20:651a
Álvarez, José de J. 17:388
Álvarez, José María. 15:1673
Álvarez, José Rogelio. 19:3554; 24:1735
Álvarez, José Sixto. See Fray Mocho, *pseud*.
Álvarez, Juan b. *1878*. 2:2031, 2174-2176 3:2640; 7:3403; 9:3220; 14:2565; 15:2115
Álvarez, Juan. 9:3562; 10:2298, 2299
Álvarez, Juan C. 9:4485
Álvarez, Justino. 7:2236
Álvarez, Luis Fernando. 5:3804; 6:3690;
Álvarez, M. C. de. 8:2420
Álvarez, María Edmée. 20:3626
Álvarez, Mario Roberto. 25:1196
Álvarez, Martins d'. 3:3531; 6:4391
Álvarez, Miguel Ángel. 9:3217; 10:2895
Álvarez, Miguel Héctor. 7:3957
Álvarez, Óscar C. 16:2405
Álvarez, Prudencio. 10:3961
Álvarez, Ricardo A. 1:1787

Álvarez, Silvestre Santiago. 12:1848
Álvarez, Teodoberto. 19:2851
Álvarez, Tomás A. 4:3136
Álvarez Acevedo, J. M. 8:1228
Álvarez Acosta, Miguel. 5:2857; 18:2503, 2570
Álvarez Ahumada, Zelanda. 27:2124
Álvarez Alonso, Isidro. 19:5330
Álvarez Alonso, Salvador. 21:4581
Álvarez Álvarez, Manuel. 9:2460
Álvarez Andree, Edgar. 12:1578
Álvarez Andrews, Óscar. 2:812; 17:3012; 18:2322; 21:4900; 22:6033
Álvarez Angulo, Tomás. 14:2430
Álvarez Azcúe, María Luisa. 17:1638
Álvarez Baragaño, José. 28:2075
Álvarez Barret, Luis. 4:2373; 5:1545; 13:656; 28:690a
Álvarez Basurto, Herminio. 9:2509
Álvarez Bravo, Manuel. 11:633
Álvarez Brun, Félix. 17:2303; 22:4901
Álvarez Calvillo, Andrés. 10:4371
Álvarez Comas, Modesto. 4:3137
Álvarez Conde, José. 15:330; 17:148, 149; 18:120, 1990; 19:261, 3701; 20:252; 22:2297; 24:459-461, 2851
Álvarez Cruz, Conrado. 15:772
Álvarez Daguerre, Andrés. 15:1770
Álvarez de Bayona, Inés. 2:3079
Álvarez de Toledo, Fernando, *duque de Alba*. See Alba, Fernando Álvarez de Toledo, *duque de*.
Álvarez del Castillo, Enrique. 25:1505
Álvarez del Castillo, Juan Manuel. 24:3847
Álvarez del Real, Evelio. 8:2742
Álvarez del Vayo, J. 1:1186
Álvarez del Villar, José. 7:1899
Álvarez Díaz, José R. 25:1599a; 26:741; 27:1988
Álvarez Díaz de Vivar, J. César. 11:2447
Álvarez D'Orsonville, J. M. 22:4800
Álvarez Elizondo, Pedro. 13:1554
Álvarez F., Mercedes M. 28:969a
Álvarez Fuentes, Germán. 18:1991
Álvarez G., Zacarías. 13:1563
Álvarez Gleasson, Miguel. 5:839
Álvarez González, Francisco. 18:3073, 3078; 19:5700, 5732; 21:4786; 23:5897; 28:3200
Álvarez González, Humberto. 9:1441
Álvarez Hayes, José M. 8:4665
Álvarez Herrera, Félix María. 25:3000
Álvarez Jonte, Antonio. 1:975
Álvarez Lejarza, Emilio. 2:1593; 4:3673; 6:401; 7:3779; 8:2107; 9:390; 10:2763, 2896; 23:4525
Álvarez Lejarza, Macario. 7:3283
Álvarez Lleras, Antonio. 2:2676; 11:3141, 3326; 12:2746
Álvarez Lleras, Jorge. 10:1966-1968
Álvarez López, Enrique. 1:825; 8:2882, 2883; 9:2635; 12:1712; 18:1736; 19:3476; 21:2376
Álvarez Madrid, José. 27:3700
Álvarez Mainardi, Opinio. 6:2313
Álvarez Marín, René. 22:2391
Álvarez Mejía, Juan. 20:2401; 21:2377
Álvarez Nazario, Manuel. 22:4302; 23:629; 25:5601; 26:794, 1306; 28:1507
Álvarez Noval, Miguel. 6:4668
Álvarez O., Gabriel. 2:1888
Álvarez-Osorio, F. 1:74
Álvarez Pedroso, Antonio. 10:143, 3187; 12:122; 14:2035; 17:1452
Álvarez Pedroso, Armando. 8:2884, 2885; 10:2453, 2454; 12:1660

Álvarez Restrepo, Antonio. 17:679; 18:677
Álvarez Restrepo, Mary. 26:1
Álvarez Ríos, María. 23:5304
Álvarez Rubiano, Pablo. 7:3125; 9:3135; 12:1858; 17:1504
Álvarez Santín, Tulia. 24:5487
Álvarez Segura, Juan. 16:449
Álvarez Tabío, Fernando. 12:3070; 20: 4542; 27:3380
Álvarez-Torre, Juan Asencio. 4:4034
Álvarez Urquieta, Luis. 2:409; 9:685
Álvarez Vázquez de Prada, Enrique. 9:1442
Álvarez Vignoli de Demicheli, Sofía. 12:3125
Álvarez Villa, Manuel. 25:4062
Álvarez Villablanca, A. 11:1232
Álvarez y Álvarez de la Cadena, Luis. 11:1376
Álvarez y Gasca, Pedro. 18:263
Alvariño Herr, Francisco. 7:4378
Álvaro Dória, Antônio. See Dória, Antônio Álvaro.
Alvarus, *pseud*. See Cotrim, Álvaro.
Alvear, Carlos de. 22:3566
Alvear, Marcelo T. de. 3:1792; 4:2189; 6:2532
Alvear Acevedo, Carlos. 23:3217; 27:3858
Alvear y Escalera, Diego de. 12:1914
Alves, Alberto A. 11:1249; 14:1199; 15:1106
Alves, Aluisio. 7:3693; 15:2036
Alves, Amil. 9:4273
Alves, Antonio de Castro. 4:4251; 7:4988; 8:4325; 9:4274; 13:2339; 14:3077; 18:2784; 22:5546; 23:5502; 24:5772, 5773
Alves, Antônio Frederico de Lacerda. 5:4181; 27:2617
Alves, Artur Alfredo da Mota. 5:3177
Alves, Audálio. 21:4374; 26:2020
Alves, Benedito. 23:2688
Alves, Eduardo de Drummond. 4:4302
Alves, Fernando. 17:1915; 28:2438
Alves, Guarino. 27:2298
Alves, Isaías. 2:1148-1150; 5:1457, 1458; 6:1932; 11:1318; 23:3935
Alves, João Luiz. 1:1538; 22:4552
Alves, Joaquim. 5:1459; 14:2248; 15:2477; 16:2824; 18:1474
Alves, José. 9:2303
Alves, Márcio Moreira. 27:3241
Alves, Marieta. 14:2249; 18:517, 518; 19:1216; 23:1554; 25:1287
Alves, Mário. 27:2376
Alves, Osvaldo. 8:2004
Alves Borges Júnior, João. See Borges Júnior, João Alves.
Alves Câmara, Antônio. See Câmara, Antônio Alves.
Alves de Araújo, Hélio. See Araújo, Hélio Alves de.
Alves de Lima, Miguel. See Lima, Miguel Alves de.
Alves de Lima, Octaviano. See Lima, Octaviano Alves de.
Alves de Mattos, Luiz. See Mattos, Luiz Alves de.
Alves de Meneses, J. See Meneses, J. Alves de.
Alves de Moraes, Rubens Borba. See Moraes, Rubens Borba Alves de.
Alves de Morais, Nilo. See Morais, Nilo Alves de.
Alves de Moura, João. See Moura, João Alves de.
Alves de Oliveira Bello, Luiz. See Bello, Luiz Alves de Oliveira.
Alves de Siqueira, Antônio. See Siqueira, Antônio Alves de.
Alves de Siqueira, Paulo. See Siqueira, Paulo Alves de.
Alves de Souza, Antônio José. See Souza, Antônio José Alves de.
Alves de Souza, Henrique Capper. See Souza, Henrique Capper Alves de.
Alves Filho, Francisco M. Rodrigues. 4:4110; 5:3227; 6:3559, 3607; 7:2534; 20:2245, 2245a
Alves Neves, José Caetano. See Neves, José Caetano Alves.
Alves Nogueira, Manuel Tomás. See Nogueira, Manuel Tomás Alves.
Alves Possa, Jorge. See Possa, Jorge Alves.
Alves Prazeres, T. See Prazeres, T. Alves.
Alves Ribeiro. 2:2904
Alves Simões, Eudes. See Simões, Eudes Alves.
Alves Teixeira, Emilio. See Teixeira, Emilio Alves.
Alvéstegui, David. 25:3675
Alvial Ibarra, Blanca. 6:594
Alviano, Fidelis de. 10:369; 18:348; 22:803
Alvim, Agostinho Neves da Arruda. 1:1490 17:2740
Alvim, João Carlos. 27:3242
Alvim, Mariana Agostini de Vilalba. 8:1868; 10:1491
Alvim, Paulo de T. 15:1230; 19:2604
Alvim Corrêa, Roberto. See Corrêa, Roberto Alvim.
Alvim Corrêa, Sérgio Nepomuceno. See Corrêa, Sérgio Nepomuceno Alvim.
Alvim Pessôa, H. E. See Pessôa, H. E. Alvim.
Alvin, Rodrigo Ferras. 1:1384, 1546
Alvin Martin, Percy. See Martin, Percy Alvin.
Alvira D., Ramón. 3:1929
Alviro, Alfaro C. 2:1241
Alvizo Porras, Ramón. 27:3658
Álzaga, O. W. 4:2782
Alzamora, Román. 11:3467
Alzamora Silva, Lizardo. 10:4053; 11:3467; 12:2979
Alzamora V., Gerardo. 25:5235
Alzamora Valdéz, Mario. 9:4949; 10:4516, 4541; 19:5435
Alzate, José Antonio de. 9:3764
Alzate Noreña, Luis. 7:5176
Alzayza Escardo, Luis. 23:2611
Alzina, Ismael d'. 23:1444
Alzuget Heguy, Pedro. 14:2443
Amábilis Domínguez, Manuel. 3:2572; 20:40
Amadeo, Mario. 21:2210, 3028; 23:2758
Amadeo, Octavio R. 2:2177; 6:3647; 11:2448; 13:1678
Amadeo, Rómulo. 2:1572; 4:876, 4319; 5:1969; 6:2533; 7:2499
Amadeo, Santos P. 9:2385
Amadeo, Tomás. 2:685
Amadeo Aracena, Luis. 7:1463
Amadeo Artayeta, Enrique. 3:210
Amado, Genolino. 5:3881; 12:2227, 2810, 2811
Amado, Gilberto. 7:4946; 8:4266; 14:2250; 19:2208, 5221, 5222, 6700; 20:4296; 22:5481; 23:3936; 24:5801; 27:2318b
Amado, Gildásio. 22:2034, 2069; 23:2404
Amado, James. 15:2520
Amado, Jorge. 1:2140, 2160, 2204; 2:2820-2823, 2926, 2927; 3:3461, 3532; 4:1819, 4111-4113, 4279; 5:3960; 6:683, 4179, 4360, 4361, 4434; 7:4852, 4853; 8:3463, 4179; 9:4227; 10:750,

3868-3870; 11:2575, 3404; 12:2874; 13:2356; 17:2598; 19:5301; 21:4335; 22:6403, 6100; 23:5545; 24:3489, 5739, 5778; 25:1307, 4629, 4644; 26:2053; 28:390, 2439-2441, 2505
Amado, Miguel. 2:1529a; 11:2876; 15:2116
Amado Berino, Ignacio. 7:1509
Amado Ferreira, Arnaldo. *See* Ferreira, Arnaldo Amado.
Amadon, Dean. 19:2362; 24:2926
Amador, Armando C. 9:3525; 15:744
Amador, Fernán Félix de. 8:713
Amador, Graciela. 3:459; 8:818
Amador Navarro, Esteban. 12:3189; 20: 4556; 23:4641; 24:4877; 27:3755
Amador Sánchez, Luis. 20:2904
Amaniel, D. de 18:3312
Amaral, Afrânio do. 6:1685; 12:1064
Amaral, Antônio José Azevedo. 2:928, 1023, 1024; 4:608, 2265; 7:2462, 2535
Amaral, Attila do. 8:3464
Amaral, Carlos Soulié do. 28:2571
Amaral, E. Gurgel do. 2:950; 12:1451
Amaral, Edgardo L. 21:3029
Amaral, Edmundo Franco. 2:951
Amaral, F. Pompeu do. 7:1755, 9:1706 23:4274
Amaral, Hermano de Villemor. 4:671; 11: 3638
Amaral, Ignácio Manuel Azevedo do. 28: 1227
Amaral, Irnack Carvalho do. 5:1910
Amaral, Luís. 2:929; 6:1675, 1676, 3532, 3608; 7:1603, 1711; 11:1134; 13:100; 15:691, 1247; 24:4418
Amaral, Luís Avelino Gurgel do. 3:3533; 13:1739, 1811; 23:3937
Amaral, Max Tavares d'. 16:2016
Amaral, Nelson. 27:2290, 3547
Amaral, Oswaldo Pinto do. 7:5163
Amaral, Rubens do. 28:1285
Amaral, Santiago M. 1:2260
Amaral, Serafina Traub Borges do. 22:4302a
Amaral, Tarsila do. 9:4305; 18:558
Amaral Agramonte, Raúl. 1:1114
Amaral Braz, Hermenegildo do. *See* Braz, Hermenegildo do Amaral.
Amaral Fontoura, Afro. *See* Fontoura, Afro Amaral.
Amaral Gurgel, Heitor Luis do. *See* Gurgel, Heitor Luis do Amaral.
Amaral Gurgel, J. do. *See* Gurgel, J. do Amaral.
Amaral Gurgel, L. do. *See* Gurgel, L. do Amaral.
Amaral Insiarte, Alfredo. 4:1; 24:4248
Amaral Júnior, Amadeu. 6:2083, 2106; 11:354; 15:2558
Amaral Lapa, José Roberto do. *See* Lapa, José Roberto do Amaral.
Amaral Meira, Leopoldo de. *See* Meira, Leopoldo de Amaral.
Amaral Netto, Fidelis. 26:1188a
Amaral Peixoto, Alzira Vargas do. *See* Peixoto, Alzira Vargas do. Amaral.
Amaral Peixoto, Maria Luiza. *See* Peixoto, Maria Luiza Amaral.
Amaral Pereira, Kleide Ferreira do. *See* Pereira, Kleide Ferreira do Amaral.
Amaral Santos, Moacyr. *See* Santos, Moacyr Amaral.
Amaral Soares, Rubens. *See* Soares, Rubens Amaral.
Amarante, Alberto Pires. 25:2337
Amarante, João. 5:1460

Amarante La Tardé, Antônia de. *See* La Tardé, Antônia de Amarante.
Amarante Romariz, Dora de. *See* Romariz, Dora de Amarante.
Amarilla Fretes, Eduardo. 5:1331; 7:3531; 8:3073; 9:3323
Amat, Elena. 8:3955
Amat, Manuel de. 8:3071
Amat Olzával, Hernán. 23:448
Amato Agoglia, Francisco F. 7:1418; 12:1242
Amattler Díaz, Gustavo. 7:5320
Amavet, José Enrique. 15:2635
Amaya, Juan Gualberto. 13:1524, 1525, 1581; 14:2145; 17:1653
Amaya, Lorenzo. 5:1989
Amaya Morán, Arturo. 18:1917
Amaya Ramírez, Guillermo. 7:1191
Amaya Rojas, Agustín. 10:1035; 13:549
Amaya Topete, Jesús. 3:2019, 3386, 3387; 17:1505; 18:1916; 22:2967, 2968; 23:3253
Amaya Valencia, Eduardo. 13:1977
Amazonas (State). Departamento de Estatística e Publicidade. 4:825; 6:1697, 1877
Amazonas (State). Departamento Estadual de Estatística. 9:2422; 12:1082
Amazonas (State). Diretoria Geral da Instrução Pública. 2:1151
Amazonas, Ceçary. 24:3005
Amazonia Colombiana Americanista, Sibundoy. 6:527
Amberger, Carl W. 3:525; 4:609
Ambriére, Francis. 6:4014
Ambrogi, Arturo. 10:1813; 19:4853; 23:4802; 24:5200
Ambroise, Alix L. 17:1738
Ambroise, Fernand. 3:2628
Ambrosetti, Juan Bautista. 13:306
Ambrosini, Antonio. 15:2750
Ambrósio. Manoel. 11:3405
Ameghino, Florentino. 10:3685; 22:3351
Ameglio Arzeno, A. 3:3691
Amenábar de Alemparte, Laura. 17:2847
Amenábar Vergara, Tomás. 13:1117
Amendola de Tehaldi, H. 1:1187
Amendolla. 14:2083
Amengual Astaburuaga, René. 10:4372; 11:3781; 16:3165; 17:2829; 18:2997
América Ilustrada, Lima. 6:165
América Indígena, México. 7:239
American Academy of Political and Social Science. 19:1465, 6000
American Advisory Economic Mission to Venezuela. 7:1309
American Assembly, XVI, 1959. 23:2759
American Association of School Administrators. 5:1437
American Automobile Association. 3:1546; 25:2252; 27:2746
American Aviation Publications, Inc. 23:2450
American Bar Association. Section of International and Comparative Law. 24:4801
American Bibliography for 1936. 2:2463
American Book and Printing Co., S. A. 24:2878
American Conference of National Committees on Intellectual Cooperation, *I, Santiago de Chile, 1939*. 5:159; 163a
American Council on Education. Committee on the Study of Teaching Materials on Inter-American Subjects. 10:1461
American Federation of Arts. 11:494

American Geographical Society. 1:534; 2:1276; 3:1557; 10:1886, 1887; 11:1569; 19:2350; 20:2035a
American Heritage, *New York*. 28:500
American Historical Association. 24:2800
American International Association for Economic and Social Development. 24:1903
American Library Association. 6:100; 7:122; 8:4666
American Library Association. Committee on Library Cooperaion with Latin America. 4:4539; 5:4264, 4265; 8:2, 3
American Library Association. Committee on the Union Catalog of Latin American Books. 4:4541; 5:4266
American Map Co., *New York*. 21:1900; 24:2856, 2900
American Regional Committee of Social Security Actuaries and Statisticians. Meeting, *I, Buenos Aires, 1961*. 24:6219
American Technical Mission to Cuba. 8:1267
American Universities Field Staff. Reports Service. 27:3005a, 3005b.
American University. Washington, D. C. Foreign Areas Studies Division. 28:102a
American University. Special Operations Research Office, *Washington, D. C.* 27:2172, 2797, 3005, 3310
Americano, Jorge. 1:1490; 6:4549; 7:5164; 13:2594; 25:3819; 28:1327, 2662
Americano, Odin S. do Brasil. 9:4532
Americano Franco Domingues de Castro, Amelia. *See* Castro, Amelia Americano Franco Domingues de.
Americanus, *pseud*. 8:1048
The Americas, Washington, D. C. 10:2392 15:1905; 19:6720
Ameringer, Charles D. 26:696
Amerlinck y Zirión, Teodoro. 25:3266
Ames, David W. 16:350
Ames, F. C. 27:2956
Ames, Oakes, 18:1250
Ames González, Edmundo. 23:5873
Amésquita de Almeida, Josefina. 25:4105
Amesti, Luis. 2:1889; 23:3731
Amézaga, Carlos Germán. 14:2857
Amézaga, Juan José. 15:2694
Amézaga, Mariano. 18:1101
Amézaga Aresti, Vicente de. 22:3425; 28:862a-862c
Amézaga Carranza, Daniel. 25:4113
Amézaga Borja, Francisco. 9:4707, 4783
Amiama, Manuel A. 19:5483
Amiama Tío, Fernando A. 10:2; 17:2785
Amicale du Lycée Petion, Port-au-Prince. 23:6306
Amico, Carlos d'. 19:3820
Amighetti, Francisco. 14:813; 16:2703; 28:1909
Amigó Jansen, Gustavo. 11:3853; 14:2133
Amigos del Arte, Montevideo. 26:121
Amigos del Museo de Bellas Artes de Caracas. 26:179
Amilibia, Eustasio de. 20:4892a
Amillano, Antonio. 5:1236a
Amo, Julián. 10:3, 3609; 11:3
Amoedo, Julio A. 7:2500
Amor, Guadalupe. 20:4052; 21:4140; 23:5111
Amor y Vásquez, J. 23:4720; 28:1701
Amora, Antônio Soares. 14:3066; 15:2551; 19:5223, 5224; 20:4312; 28:2397
Amora, Paulo. 28:1328
Amores de Pagella, Angela Blanco. 24:4707
Amorim, Aníbal. 3:2803
Amorim, Clovis. 1:1299

Amorim, Deolindo. 3:2899; 17:1305; 24:4482
Amorim, Enrique. 4:3935; 7:4689; 9:3971; 10:3659; 11:585, 3176; 12:2496; 16:2781; 18:2504, 2505; 20:3903, 3904, 4053; 23:4902; 24:5281, 5282; 25:4442; 26:1683
Amorim, Moacir Freitas. 27:2618
Amorim Lima, Alexandre Delfino de. *See* Lima, Alexandre Delfino de Amorim.
Amorim Sánchez, Felipe. 13:1778
Amorós Guiott, Roberto. 5:1545; 17:841
Amoroso Lima, Alceu. *See* Lima, Alceu Amoroso.
Amoroso Neto, João. 14:2985; 16:2818
Amórtegui, Octavio. 11:3177; 21:3907
Ampuero González, Rina. 27:3756
Amram, David W., Jr. 3:165; 14:1333
Amsden, Monroe. 3:106
Amuchástegui, Carlos J. 28:1757
Amuchástegui, Nicolás R. 3:1813, 2641; 5:2926, 2927, 4088
Amuchástegui Keen, José Antonio. 11:3549
Amunátegui, Gabriel. 16:3034; 19:5484
Amunátegui, Gregorio Víctor. 4:3247
Amunátegui, Miguel Luis. 1:1203; 12:2114
Amunátegui Jordán, Gabriel. 3:2680; 4:4499; 5:1524a, 4244
Amunátegui Jordán, Gregorio. 11:3178, 3179
Amunátegui Lecaros, Miguel Luis. 9:2461
Amunátegui Reyes, Miguel Luis. 2:2032, 2210; 3:2520, 2681, 3116; 4:3767a, 3867e; 9:107
Amunátegui Stewart, Felipe. 25:4063; 27:3737
Amunátegui Solar, Domingo. 1:826; 2:1890, 1959, 2211, 2212; 3:2248; 4:3248, 3249; 5:2689, 3036-3039; 6:3024, 3442; 7:1847; 8:3303; 9:2210, 2592, 3090; 10:3029; 11:2302, 2510; 12:1981, 1982, 2109a; 13:1497
Anabalón Sanderson, Carlos. 10:3990; 12:2999
Anais da Biblioteca Nacional, Rio de Janeiro. 4:3399; 6:3566, 3567, 3618, 3619, 3671, 3672; 15:1787; 16:2017, 2080
Anais do Instituto do Nordeste, Fortaleza. 24:3006
Anais do Itamaratí, Rio de Janeiro. 4:3332
Anais do Ministério da Educação e Saúde. Rio de Janeiro. 10:1492
Anais do Museu Histórico Nacional, Rio de Janeiro. 12:699
Anais do Museu Paulista, São Paulo. 7:3592
Anales de Antropología, México. 27:104
Anales de Economía y Estadística, Revista de la Contraloría General de la. Rep., Bogotá. 14:976; 16:749
Anales de la Academia Nacional de Ciencias Económicas, Buenos Aires. 10:1097
Anales de la Asociación Indigenista del Paraguay, Asunción. 11:385
Anales de la Facultad de Arquitectura de la Universidad de la República del Uruguay. 11:660
Anales de la Facultad de Ciencias Jurídicas y Sociales de la Universidad de la Plata. 7:3828
Anales de la Facultad de Comercio y Economía Industrial de la Universidad de Chile. 3:856
Anales de la Facultad de Derecho y Ciencias Políticas de la Universidad Nacional, Bogotá. 1:1861
Anales de la Facultad Latinoamericana de Ciencias Sociales, Santiago de Chile. 27:4

Anales de la Secretaría de Comunicaciones y Obras Públicas, México. 7:998
Anales de la Universidad de Chile, Santiago de Chile. 3:1752
Anales de la Universidad de Cuenca. 11:58
Anales de la Universidad Nacional Mayor de San Marcos, Lima. 15:1101
Anales del Archivo Nacional de Historia y Museo Único, Quito. 5:541
Anales del Conservatorio Nacional de Música, México. 7:5594
Anales del Instituto de Arte Americano e Investigaciones Estéticas, Buenos Aires. 14:622
Anales del Instituto de Derecho de Gentes, Rosario. 8:4634
Anales del Instituto de Historia y Disciplinas Auxiliares, Mendoza. 16:1910
Anales del Instituto de Investigaciones Históricas, Mendoza. 9:650, 2629; 10:504
Anales del Museo Social Uruguayo, Montevideo. 6:166
Anales Mexicanos, 14:202; 15:1456
Anales Parlamentarios, Tegucigalpa. 7:3284; 16:1825
Anales Tolteca. 15:199
Anales Tolteca Chichimeca. 15:198
Analista, P. 11:2058
Anaqueles, San Salvador, 17:3074; 22:6275
Anastasi, Atilio. 22:4303
Anastasi, Leonidas. 4:4320; 7:5338
Anaya, Laureano O. 9:1317
Anaya, Rafael. 20:652
Anaya, Ricardo. 12:2273; 15:886; 18:640, 3137
Anaya A., Franklin. 11:3807; 22:5720
Anaya Cárdenas, Raúl Enrique. 19:1932
Anaya de Urquidi, M. 3:1479
Anaya Ibarra, Pedro María. 20:2802
Anaya Juárez, Elsa. 19:4703
Anaya Monroy, Fernando. 15:25; 23:882; 27:679
Anaya-Sarmiento, Héctor. 26:1829
Ancell, Carlos F. 8:523
Anchieta, José de. 6:4392; 7:608; 12:2195-2197, 2910; 16:412, 2916, 2921; 21:4375
Anchieta Nogueira Júnior, José de. *See* Nogueira Júnior, José de Anchieta.
Anchorena, Carlos A. 6:4729
Anchorena de Acevedo, Inés. 28:1937
Ancieta, Felipe. 12:1433
Ancilla Domini. *See* Guimarães, Hilda de Almeida Leite.
Ancira, Carlos. 20:4202; 21:4210
Ancira, Erasmo. 21:3908
Ancísar Sordo, Jorge. 8:1374, 1375
Ancízar, Manuel. 2:2677; 21:1969
Anda, José Guadalupe de. 3:2573; 8:4045
Anda, Leandro. 7:3922
Anda, Luis F. de 22:1701
Anda Aguirre, Alfonso. 26:849; 28:899a
Anda Aguirre, Martín. 15:1602; 16:1713
Andérez Fuentes, R. 24:4926
Anders, Ferdinand. 27:680
Anderson, A. Hamilton. 10:215; 20:41; 23:161
Anderson, A. W. 25:1625
Anderson, Arabelle. 22:804
Anderson, Arthur J. O. 14:203, 204; 16:211; 17:276; 29:220; 20:241; 21:123; 22:119; 501, 600, 911; 23:883; 24:1101, 1147; 27:681, 834
Anderson, Chandler P. 2:2420
Anderson, Charles L. G. 10:2546

Anderson, Charles W. 27:1866, 3494, 4125
Anderson, Clinton P. 6:2916
Anderson, Doris G. 27:1388
Anderson, E. 25:3370; 26:723
Anderson, Edgar D. 9:196, 231
Anderson, Gerald. 25:3024; 26:713
Anderson, H. Dewey. 10:3236
Anderson, Helene Masslo. 28:2206
Anderson, J. L. 11:1613
Anderson, John Q. 24:5914
Anderson, L. 1:1910
Anderson, Lambert. 22:805; 27:1389
Anderson, Lawrence Leslie. 4:545a; 7:270; 8:541; 21:921
Anderson, Lorrie. 27:1390
Anderson, Luis. 4:3650; 5:3404, 4218
Anderson, Richard Clough. 28:961a
Anderson, Richmond K. 11:240; 12:495
Anderson, Selma E. 23:884
Anderson, Sumner M. 14:1320
Anderson, Theodore. 24:4708
Anderson, William Marshall. 23:3218
Anderson Imbert, Enrique. 5:3640; 8:3972; 12:3450; 14:2668; 15:2321; 17:2304; 18:2580; 19:4659, 4704, 4705; 20:3800; 22:4801; 23:5100a; 25:4237; 26:1420
Andersson, Theodore. 2:2799
Andía, Teófilo. 9:2211
Andia, Beatriz de. 25:2338
Andic, Fuat M. 27:1836, 1989
Andicoechea, José A. 9:1406
Andrä, Helmut. 22:3801; 26:1189
Andrade, Bonifácio José Tamm de. 26:1255; 27:3243
Andrada, Carlos dos Anjos Duarte de. 19:2209
Andrada, Ernesto M. 9:2391
Andrada, Rodrigo M. F. de 28:333, 345
Andrada e Silva, José Bonifacio. *See* Silva, José Bonifacio de Andrada e.
Andrada e Silva, Raúl de. *See* Silva, Raúl de Andrada e.
Andrade, A. Pereira de. 8:1869
Andrade, Adalberto G. 22:4525
Andrade, Adalmo de Araújo. 22:2603
Andrade, Almir de. 3:3463, 3464; 4:4114, 4115; 5:452a, 3123, 3882; 6:3609, 4275, 4444, 4477; 7:3595; 8:2669, 4454; 9:2424; 10:3871, 3932; 16:879; 23:1901; 28:313b
Andrade, Antonio de. 2:1799
Andrade, Antônio Navarro de. 3:579
Andrade, Carlos Drummond de. 6:4393; 8:4326; 9:4364; 10:3818; 14:3056; 17:2599, 2623, 2624; 18:2726, 2785; 19:5331; 20:4392, 4393; 21:4286; 24:5775; 25:1308, 4630, 4695; 26:2081, 2082; 28:2572, 2662a, 2664
Andrade, Celeste Souza. 18:3188
Andrade, César D. 9:1486
Andrade, Cesário de. 10:1493
Andrade, Darcy Bessone de Oliveira. 6:4607a; 24:4830, 4831
Andrade, Delmiro Pereira de. 12:2178
Andrade, Edgard Lage de. 27:1248
Andrade, Edmundo Navarro de. 5:1909; 7:2349
Andrade, Francisco. 8:2886; 10:398; 11:1919; 17:1381
Andrade, Francisco J. 22:1702
Andrade, Gilberto Osório de Oliveira. 9:4129; 14:1571; 20:2052; 21:3285, 3311; 22:2501, 3873; 23:2647-2649; 24:3007; 27:2893a, 2941a
Andrade, Humberto R. de. 7:2371
Andrade, Ignacio. 24:4392
Andrade, João Pedro de. 9:4130

Andrade, Joaquim de Sousa. 28:2641a
Andrade, Joaquim Inojosa de. 25:4731
Andrade, Jorge. 20:4419
Andrade, Laércio Caldeira de. 16:2165
Andrade, Luis Antônio de 4:2254a; 18:2915
Andrade, Luis Ignacio. 14:991
Andrade, Manuel Correia de. 21:3312; 22:2502; 27:2894-2894c, 2950c
Andrade, Manuel J. 2:470a, 470b, 1197, 1590, 3085; 3:982a, 982b, 3683, 3684, 3761; 4:193, 1276, 2393, 4402, 4403, 4450; 6:4576, 4577; 9:4427, 4562, 4563; 11:3610; 12:193, 199, 252, 253, 3220; 14:3107; 15:2618
Andrade, Manuel José. 20:652a
Andrade, Maria Julieta Drummond de. 12:2875
Andrade, Mário de. See Andrade, Mário Raul de Morais.
Andrade, Mário Raul de Morais. 1:1300; 3:304, 366; 4:1820; 5:1617, 3883, 4370-4371a; 6:4893; 7:663a, 725, 1951, 5534; 8:855, 856, 910, 4180, 4783; 9:4131-4133, 4752, 4877; 10:712, 3872, 4418; 12:686; 13:2319, 2684; 14:622a, 3078-3080; 17:2839; 22:5547; 23:5400, 5560, 5712; 24:5740; 25: 1309, 4696; 26:2083; 28:360, 3042
Andrade, Miguel Montenegro de. 17:1170
Andrade, Noemi Alcântara Bomfim de. 6:1937; 8:1870
Andrade, Olegario Víctor. 9:3986; 11:3424
Andrade, Olímpio de Souza. 16:2232; 24:4483
Andrade, Onofre de. 3:1659
Andrade, Oswald de. 4:4213, 4280; 7:4947; 9:4228; 10:751; 11:3358-3360, 3406, 3425; 19:5225, 5226
Andrade, Otávio Carvalho. 28:2442
Andrade, Paulino de. 26:2084
Andrade, Primo Nunes de. 23:2355
Andrade, Raimundo Ozanan. 16:1081
Andrade, Raúl. 22:2666
Andrade, Roberto. 3:2712
Andrade, Rodrigo Melo Franco de. 2:2824, 2928; 4:420; 8:839; 9:860-864; 10: 743; 14:685; 18:519, 520; 19:298; 20: 3272; 22:1306; 24:6406; 28:345
Andrade, Theóphilo de. 3:669; 4:767; 6:1686, 1776; 7:1635-1637, 2372; 9:1665 9:1665
Andrade, Vasco de. 7:4080
Andrade, Vicente. 7:1238, 4193; 10:2300
Andrade, Víctor. 5:4368; 7:4012, 4013; 9:3605, 3621
Andrade, Walter Masson Pereira de. 7:1582
Andrade Álvarez, Francisco. 12:2497
Andrade Azuara, J. Aníbal. 4:2374; 19:2400
Andrade C., Abdón. 16:2464
Andrade Chiriboga, Alfonso. 16:1
Andrade Coello, Alejandro. 1:837, 1967, 1968; 2:2771a; 3:3117, 3118, 3118a; 5:3642; 7:4588, 4589; 8:3339; 9:3778
Andrade Crispino, Antonio. 13:550
Andrade de Pombo, Helena. 21:3126
Andrade e Almeida, Guilherme de. See Almeida, Guilherme de Andrade e.
Andrade Fernandes, João Batista Ribeiro de. See Ribeiro, João.
Andrade Filho, Bento de. 19:2001; 21:1787
Andrade Geywitz, Carlos. 11:1861; 27:3757
Andrade Labastida, Germán. 10:1814
Andrade Lima, Dárdano de. See Lima, Dárdano de Andrade.

Andrade Lima, Luiz Ignacio. See Lima, Luiz Ignacio Andrade.
Andrade Lleras, Gabriel. 27:2040
Andrade M., Carlos. 24:3848; 25:1537
Andrade Marchant, Edgardo. 13:1485
Andrade Marconi, Marina de. See Marconi, Marina de Andrade.
Andrade Marín, Carlos. 7:4245, 4246, 4259; 11:2824, 2840, 2841
Andrade Marín, Jorge. 6:5018; 19:423
Andrade Marín, Luciano. 11:1702; 16:1213; 18:1298
Andrade Muricy, José Cândido de. See Muricy, Andrade.
Andrade Oliva, Carlos. 17:2786
Andrade Pinto, Gilda de. See Pinto, Gilda de Andrade.
Andrade Racioppi, Vicente de. See Racioppi, Vicente de Andrade.
Andrade Ramos, J. R. de. See Ramos, J. R. de Andrade.
Andrade Ramos, Mário de. See Ramos, Mário de Andrade.
Andrade S., Francisco. 25:3716
Andrade Sobrinho, José Moacir de. 7:4071
Andrade Souza Netto, Francisco. See Souza Netto, Francisco Andrade.
Andrade Toledo, Lourdes. See Toledo, Lourdes de Andrade.
Andrade V., Mario. 4:3796
Andrade y Arizaga, Ignacio. 4:3273; 7:4813
Andrade y Cordero, César. 9:4100; 17:2451; 18:2570a; 19:4706
André, José. 5:4358
André, Marius. 6:3093; 8:3167
Andrea, Flávio Fortes d'. 27:2533
Andréa, Júlio. 20:3201
Andrea, Miguel de. 9:2386; 21:5250
Andréa dos Santos, Raimundo Fortuna. See Santos, Raimundo Fortuna Andréa dos.
Andréa Frota, Guilherme de. See Frota, Guilherme de Andréa.
Andreani, Juan. 2:1141; 14:1211
Andrée, Carlota. 6:1524
Andreieff, Leonide. 8:4348
Andreoni, João Antônio. 20:3241
Andreozzi, Manuel. 2:747a; 5:1247; 8:1559, 3610; 9:2387, 2921; 10:2386; 17:2697
Andrés, Fernando J. 15:518
Andrés, Paul. 2:1613a, 1613b
Andrés-Bonn, Fredrich. 5:349
Andrés Marcos, Teodoro. 6:2772; 8:2887; 14:1797
Andrés Mulet, Francisco J. 15:1190
Andreu, Armando. 11:1639
Andreu, Enrique. 2:414
Andreu Iglesias, César. 19:2852; 20:3905; 24:5230, 5231
Andreve, Guillermo. 24:4014
Andrews, C. F. W. 2:503; 4:1436
Andrews, David H. 26:4
Andrews, E. Wyllys. 4:122, 154, 155; 5:226; 6:318; 7:315, 316; 8:166; 9:285, 17:123; 22:108; 25:175-177; 27:277, 386
Andrews, Henrietta. 15:365
Andrews, Kenneth R. 20:2301; 23:3409; 26:714
Andrews, O. A. 1:460
Andrianov, Vasilii Vasil'evich. 27:1990
Andueza L., Juan. 2:3106
Andueza Silva, Juan. 13:1900
Anduze, Pablo J. 24:891
Anesi, José. 12:1393; 19:2505; 27:2822a, 2822b

Anet, Claude. 7:5017; 9:4300
Áñez, Herberto. 7:3987
Áñez, Jorge. 18:3010
Anganuzzi, Nelly L. de 10:4320
Angarita Arvelo, F. 8:2838
Angarita Arvelo, Rafael. 4:3867f; 5:3643; 13:2179; 26:1761
Angarita Niño, Marco J. 19:1416
Angarita R., Roberto. 9:1180
Ángel, Ángel de. 20:3502
Ángel de Flórez, Raquel. 27:2738
Ángel G., Carlos Julio. 2:1583a; 4:1570; 6:4633; 7:2593; 10:4036, 4158; 11:1872; 12:3068
Ángel Montoya, Alberto. 1:2080
Angelelli, Victorio. 3:1692; 9:1318; 16:1168
Ángeles Caballero, César Augusto. 17:2220; 19:4508; 20:653; 21:651, 3628, 3722; 22:4922; 24:5944; 26:1024; 28:3
Angeli, Giorgio de. 12:983, 984; 15:953
Angelini, Arrigo Leonardo. 18:1135; 19:2210; 27:2529
Angelis, Juan Luis de. 14:3489
Angelis, Pedro de. 1:2292; 7:3430; 8:3284; 12:2168
Angelis, Raoul Maria de. 12:61
Angell, Alan. 27:3008
Angell de Lama, Luis Felipe. See Lama, Luis Felipe Angell de.
Ángelo, Iván. 25:4631
Ángels, Cipriano. 4:1806; 14:1293
Anghiera, Pietro Martire d'. See Mártir de Anglería, Pedro.
Anglin, Douglas G. 27:3009
Anglo-American Caribbean Commission. 9:1125; 11:1637
Anglo-American Caribbean Commission. United States Section. 9:1126
Angueira, Juan R. 3:2249
Anguiano, Raúl. 23:103
Anguín, Nimio de. 24:6097
Anguita, Eduardo. 1:2081; 11:3294; 15:2277
Anguita Anguita, Alfonso. 2:813
Angulo, Andrés. 16:325; 23:885; 25:3216
Angulo, Domingo. 2:1891; 3:2229, 2230; 5:646a, 2483, 2585; 15:1404
Angulo, Humberto G. 12:754
Angulo, Violeta. 28:843
Angulo A., Jorge M. 20:3503; 25:4134
Angulo A., José. 9:1878, 1879
Angulo Ariza, F. S. 3:2096; 11:2726
Angulo B., Francisco de. 3:1188, 3717
Angulo C., Francisco. 11:2140
Angulo G., Juan B. 9:4556; 12:3267
Angulo Guridi, Javier. 19:5150
Angulo Íñiguez, Diego. 1:670; 8:2888; 9:686; 10:544; 11:506; 12:582; 14:655, 656, 846; 15:556; 16:482, 483; 18:432, 459; 20:900, 1013
Angulo Pasos, Alberto. 7:2463
Angulo Valdés, Carlos. 17:185; 20:276; 27:585-587
Angulo y Pérez, Andrés. 1:1415; 4:2184; 5:2080; 9:3185
Angyone Costa, João. See Costa, João Angyone.
Anisio, Pedro. 7:726; 8:4472
Anitúa, Santiago de. 23:5165
Anjos, Augusto Carvalho Rodrigues dos. 8:4327; 11:3426; 12:2911; 24:5776; 28:2573
Anjos, Cyro Versiani dos. 3:3543; 4:4214; 12:2952; 19:5302; 22:5484; 26:2085

Anjos, Rui Veloso Versiani dos. 10:3111; 11:2597
Anjos, Waldemar Versiani dos. 25:4732
Anjos Duarte de Andrada, Carlos dos. See Andrada, Carlos dos Anjor Duarte de.
Anna Amelia. 17:2625; 23:5528
Annaes do Archivo Público da Bahia. 3:2748
Annales, Paris. 15:121
Annals of the Organization of American States, Washington, D. C. 15:1931; 16:2233
Annes Dias, Carmen de Revoredo. See Dias, Carmen de Revoredo Annes.
Annis, Verle L. 15:581
Annuaire de la Martinique, Fort de France. 2:588
Annual General Report of Jamaica. 4:1528; 5:1012; 6:1142
Annual Meeting of the Society for the History of Discoveries, V, *Bloomington, Ind., 1965.* 28:410a
Annual Report on the Social and Economic Progress of the Bahamas. 3:1138; 5:1046
Annual Report on the Social and Economic Progress of Barbados. 3:1136; 4:155; 5:1047
Annual Report on the Social and Economic Progress of Bermuda. 3:1137; 4:1556; 5:1048
Annual Report on the Social and Economic Progress of British Guiana. 4:1699; 5:1700; 6:1155
Annual Report on the Social and Economic Progress of British Honduras. 3:1033; 4:1395
Annual Report on the Social and Economic Progress of Jamaica. 3:1112; 4:1529; 5:1013
Annual Report on the Social and Economic Progress of Santa Lucia. 6:1157
Annual Report on the Social and Economic Progress of Trinidad and Tobago. 3:1130
Annunzio, Gabriele d'. 9:4301
Añorga Larralde, Joaquín. 12:2307
Anquín, Nimio de. 9:4977; 18:3041, 3116
Anrod, Luis. 10:1730
Anselm, Saint. 11:3933; 16:3321; 19:5803
Anselmi, Jorge. 4:4416
Anselmo, Manuel. 5:3884, 3885; 8:4181; 9:4134
Antelo, Mario. 4:3527, 4461; 6:3713
Antequeda Monzón, Alejandro. 2:3010
Antero de Carvalho, João. See Carvalho, João Antero de.
Antezana E., Luis. 27:3217
Antezana Paz, Franklin. 6:1624, 1766; 8:1630; 9:1415, 1416, 1496; 10:1197, 1198; 21:1343
Anthropological Papers, Smithsonian Institution, Washington, D. C. 27:105
Anthropological Society, Tokyo. 6:419
Antiasov, Marat Vasilevich. 24:3402; 28:462
Antigua Librería Robredo de José Porrúa e Hijos, México, 5:1-4; 6:1-4; 7:1-5; 19:3002
Antillano, Sergio. 24:1757; 25:4585
Antille, Armando G. 1:367, 1620; 2:723; 10:2307
Antioquia (Department). Auditoría general. 2:594
Antioquia (Department). Contraloría General. 3:1148
Antioquia (Department). Dirección de Educación Pública. 2:1162; 13:727
Antioquia (Department). Dirección de Estadística. 2:595, 1607; 3:1149; 4:1571-1573; 6:1222

Antioquia, (Department). *Laws, statutes, etc.*
1:1405
Antioquia (Department). Secretaría de
Educación Pública. 3:1410
Antioquia (Department). Secretaría de
Gobierno. 3:1944; 5:2046; 6:2602;
7:2595; 9:2469
Antioquia (Department). Secretaría de
Hacienda. 1:302; 3:1150; 6:1223
Antioquia (Department). Superintendencia de
Rentas Departamentales. 2:596
Antioquia: Gaceta Departamental. 5:2250
Antipoff, Helena. 10:1494; 11:1319;
13:653; 17:1032, 19:2211
Antoine, Yves. 28:2683
Antokoletz, Daniel. 4:4462; 5:1969a, 4089;
7:3829; 10:4172; 11:3644; 14:3287
Antolínez, Gilberto. 4:550; 6:468; 7:240,
576, 1987; 9:538, 539, 3007; 10:429,
1795; 11:1396, 1449; 12:470, 471;
16:2529
Antolínez Wilches, Jesús. 8:3134, 3135
Anton, Ferdinand. 24:1600; 25:178, 367, 608
Anton, Werner. 5:3411
Antón Quesada, Héctor. 25:4493
Antoni, Norberto. 16:1324
Antonietta, Eduardo. 26:2303
Antonil, André João, *pseud. See* Andreoni,
João Antônio.
Antonini, Emilio. 25:3820
Antonio, Francisco de. 23:1503
Antônio José, O. Judeu. *See* Silva, Antônio
José da.
Antonio, Juan. 14:768
Antonio Manuel, *Brother.* 18:1812
Antonioletti, Mario. 7:774, 1472, 3801; 9:960,
1443, 1444; 10:799
Antropología, Santiago de Chile. 27:106
Antropológica, Caracas. 27:107
Antuña, José G. 1:644; 2:2374; 4:3306, 3768;
5:3412, 7:4772; 14:2212
Antuñano, Estevan de. 20:2803
Antunes, Alair. 3:1393
Antunes, David. 21:4336
Antunes, Dioclécio de Paranhos. 2:1723;
3:2782; 5:3219; 8:3466; 9:901, 3420; 15:521;
16:569; 21:3250
Antunes, J. Pinto. 7:4057; 10:3375
Antunes de Moura, Americo Brasiliense.
See Moura, Americo Brasiliense Antunes de.
Antunes de Sequeira. 10:3135
Antunes Ribeiro, Paulo. *See* Ribeiro, Paulo
Antunes.
Antúnez, Francisco. 17:241; 18:481
Antúnez C., Rubén. 1:122; 3:1055a, 2617;
21:3629
Antúnez de Mayolo R., Santiago Erik.
5:647; 11:1071; 24:1315
Antúnez Echegaray, Francisco. 9:2047
Antunha, Elsa Lima Gonçalves. 27:2646
Antze, Gustav. 6:431
Anuario Algodoeiro, São Paulo. 7:1583
Anuario Azucarero de Cuba. 4:1463; 5:968;
8:1242; 9:2119; 10:992; 15:843; 16:660;
27:1991
Anuario Bibliográfico, La Plata. 3:1337
Anuario Bibliográfico, Tegucigalpa. 26:51
Anuario Bibliográfico Colombiano. 22:6268;
26:5
Anuario Bibliográfico Costarricense. 22:6269;
26:6; 28:4
Anuario Bibliográfico Cubano. 22:6271, 6272
*Anuario Bibliográfico de la Facultad de
Filosofía y Educación de la Universidad
de Chile,* Santiago de Chile. 28:4a

*Anuario Bibliográfico de la República
Argentina.* 25:5800
Anuario Bibliográfico Dominicano. 22:6274
Anuario Bibliográfico Peruano. 15:1; 17:3075;
22:6284; 27:56
Anuario Bibliográfico Puertorriqueño. 22:6286;
26:7; 28:5
Anuario Bibliográfico Uruguayo. 16:2; 22:6287
Anuario Bibliográfico Venezolano.
16:2a; 22:6289; 26:8
Anuário Brasileiro de Literatura. 3:3462;
6:4276; 7:4854; 9:4135; 10:3819
*Anuário da Escola Livre de Sociologia e
Política de São Paulo.* 14:1228
Anuário da Literatura Brasileira. 23:6200;
24:5802; 26:2086
Anuário da Pontifícia Universidade Católica,
Rio de Janeiro. 25:2197; 27:2636
Anuário da Universidade do Paraná.
14:1229
Anuario de Biblioteconomía y Archivonomía,
México. 26:9; 28:5a
Anuário de Estatística Mundial. 6:1878
Anuario de Estudios Americanos, Sevilla.
11:1920
Anuario de Estudios Atlánticos, Madrid-
Las Palmas. 20:2402
Anuario de Filosofía, México. 9:4884
Anuario de Geografía, México. 27:2747
Anuario de Historia Argentina, Buenos Aires.
6:101
Anuario de la Prensa Argentina, Buenos Aires.
25:5801
Anuario de la Prensa Chilena, Santiago de
Chile. 27:19
Anuario de "La Razón," Buenos Aires.
3:29
*Anuario de la Sociedad Cubana de Derecho
Internacional.* 10:4179
Anuario de la Sociedad Folklórica de México.
14:88
Anuario de Legislación Ecuatoriana. 8:4497
Anuário de Legislação Federal, Rio de Janeiro.
6:4523a
Anuario de Letras, México, 26:1548
Anuario de Publicaciones Periódicas Chilenas.
27:19a
Anuario del Cuento Mexicano.
25:4300; 26:1549
*Anuario del Departamento de Historia de
la Universidad Nacional de Córdoba.*
28:1060a
Anuario del Instituto de Derecho, Rosario.
4:4471; 7:5315; 10:4173
*Anuario del Instituto Paraguayo de
Investigaciones Históricas.* 23:3607; 24:4151
Anuário do Café, Rio de Janeiro. 3:670
*Anuário do Ministério da Educação e Saúde
Pública,* Rio de Janeiro. 11:1320
Anuário do Museu Imperial, Petrópolis.
12:700
Anuário do Museu Nacional de Belas Artes,
Rio de Janeiro. 12:680, 681
Anuario Económico Peruano, Lima. 4:1152
Anuario "El Siglo," Guía General del Uruguay.
6:167
Anuario Ercilla, Santiago de Chile. 6:168
Anuario Estadístico, Demógrafo-Sanitario,
Caracas. 1:625
Anuário Estatístico, São Paulo. 3:710;
7:1638; 9:1666
Anuário Estatístico do Brasil, Rio de
Janeiro. 27:2499
Anuario Financiero de México, México. 15:745;
16:923

Anuario General del Perú, Lima.
4:41; 1153; 5:1423
Anuario Geográfico del Perú, Lima. 27:2869
Anuario Kraft. 6:1382
Anuario Municipal de Buenos Aires. 5:2222
Anuario Plástica, Buenos Aires. 11:571;
12:549; 14:623, 624; 15:522
Anuario Prensa Argentina y Lationamericana.
8:4; 12:4
Anuario Socialista, Buenos Aires. 14:1587
Anunciação, Miguel Arcanjo da. 6:636
Anuncibay, Francisco de. 26:825a
Anza, Juan Bautista de. 2:1865
Anzalaz, Fermín Alfredo. 27:1164
Anzaldúa R., Roberto. 19:1933
Anze, Fidel. 7:1441
Anze Matienzo, Eduardo. 10:3243
Anzoátegui, Ignacio B. 6:2991; 18:2571;
26:1616
Anzoátegui, Yderla G. 19:2872
Anzoategui (State). Constitution. 10:2381
Anzoategui (State). Laws, statutes, etc. 4:1661
Anzoategui (State). Secretaría General de Gobierno. 4:2245; 5:2193; 6:2711; 7:2719;
8:2811; 9:2552
Anzola, David. 10:4219; 19:6500
Anzola, Nicasio. 2:597
Anzola Álvarez, Elías. 10:3749
Anzola Gómez, Gabriel. 12:1165-1168;
25:2069
Anzola Samper, M. T. 6:4634
Anzures, Rafael. 22:1132; 25:1185
Aparicio, Cristina C. M. de. 15:586
Aparicio, Ernestina de. 24:1726, 1727
Aparicio, Francisco de. 2:163-168; 3:1694;
4:255, 256; 5:367; 6:410, 411; 8:284,
285, 2862, 3041, 3042; 9:450; 10:280;
12:297; 14:346, 347; 23:2567; 24:2927
Aparicio Valdéz, Felipe. 15:2623
Aparicio Valdéz Germán. 15:2623
Aparicio y Aparicio, Édgar Juan. 24:3831;
26:408
Aparicio y Gómez Sánchez, Germán.
2:3087; 3:3727; 6:4654; 7:5244; 13:2429;
15:2623
Apatzingan. Constitution, 1814. 28:591
Apel, Willi. 10:4396
Apenes, Ola. 2:69; 3:132, 133; 4:156; 5:251;
9:258; 13:1118; 19:198
Apocalipse, Geraldo G. M. 9:1707
Apodaca, Joseph L. 5:771; 7:775
Apolinar María, Brother. 5:3543; 11:2930
Aponte, Leandro. 23:3800
Aponte, Salvatore. 13:45
Apostólico Colegio de Propaganda Fide de
San Fernando, México. 12:1743a
Appel, John C. 21:2900
Appleton, Nathaniel. 13:1193
Appleyard, José Luis. 28:2070
Apraiz, Antonio. 10:700
Apstein, Theodore. 11:3142; 18:2704
Apun, Karl F. 25:2274
Apure (State). Secretaría General de
Gobierno. 3:2082; 4:2447; 5:2194; 6:2713;
7:2722
Aqueche, F. E. 15:1710
Aquiles, Aristeu. 7:2536
Aquinas, Thomas, Saint. See Thomas Aquinas, Saint.
Aquino, Enrique. 10:2897
Aquino, Flávio de. 14:780; 19:1268;
26:295, 315
Aquino, Ivo d'. 9:1777
Aquino, J. B. 5:1461; 8:4637
Aquino, Pedro Benjamín. 11:3327
Aquino, Rubim Santos Leão de. 26:1256

Aquino Barbosa, Manoel de. See Barbosa, Manoel de Aquino.
Aquino Corrêa. Francisco de, Arbp. See Corrêa, Francisco de Aquino, Arbp.
Aquino de Magalhães, Athos. See Magalhães, Athos Aquino de.
Ara, Guillermo. 20:4118; 25:4361, 4362;
28:1938
Arabena Williams, Hermelo. 12:2434;
16:2563
Aragão, Antônio Moniz Sodré de. 4:4430
Aragão, B. de. 13:624; 15:692
Aragão, Henrique de Beaurepaire. 11:2640;
16:1403
Aragão, João Guilherme de. 23:1902;
24:5701; 27:3244
Aragão, Maria Luiza Moniz de. 15:2040
Aragão, Mário B. 21:2101; 23:2650
Aragão, Pedro Moniz de. 12:2216; 24:4484
Aragón, Agustín. 7:282
Aragón, Arcesio. 3:3618; 6:2774; 7:2799;
13:1479; 18:1075
Aragón, Leopoldo. 25:2831
Aragón, Luis Ángel. 18:2973a
Aragón, Víctor. 19:5461; 23:1448
Aragón Quintero, Alonso. 6:2621
Aragone Leonardi, L. 4:2089
Aragua (State). Secretaría General de
Gobierno. 2:1549; 4:2448, 6:2715; 7:2724;
8:2813
Araguarí, Nelson, pseud. 10:4364
Arai, Alberto T. 6:4958; 7:5668;
22:1133
Arais, Juan Carlos. 28:940
Aramayo A., Eduardo. 8:1935
Aramayo Alzérreca, Óscar. 15:1922; 19:5465;
27:3758
Aramayo Ávila, Cesáreo. 23:1811
Aramayo, Mariano. 3:1791e
Aramburu, Julio. 1:1148; 3:1480; 5:2928,
2929; 6:2056; 8:4046; 11:1450
Aramburu, Marcelo S. 7:963; 8:1071
Aramburu, Manuel. 7:2237
Aramburu, Pedro Eugenio. 13:77
Aramburu, Sara. 5:3605
Aramburu Díaz, Marcelo G. 8:1152;
9:1060; 15:746, 1137
Arametz, Daniel. 4:1077
Aramoni, Aniceto. 25:5615
Arana, Enrique. 3:2159, 2250; 19:3821;
21:3030
Arana, Luis Rafael. 28:531
Arana Osnava, Evangelina. 22:807; 24:1102,
1301; 27:1391
Arana Sialer, Andrés. 4:1196
Arana-Soto, Salvador. 28:823a, 2178
Aranda, Silvino. 27:1837
Aranda, Ximena. 25:1669
Aranda Álvarez, Guillermo. 27:2173
Arandia, Tomás de. 21:3420
Araneda Bravo, Fidel. 13:1119; 15:1737;
17:3108; 18:2094; 19:3004; 20:2260
Araneda Dörr, Hugo. 21:1319
Araneda Ibarra, Fernando. 11:1002
Arango, Daniel. 9:4028; 12:2677, 2678
Arango, Gonzalo. 24:5600; 28:2076
Arango, Jorge Luis. 4:3816; 17:186, 412;
18:422
Arango, José Miguel. 5:2051
Arango, José Santiago. 8:2145; 10:1762
Arango, Marco Aurelio. 3:1146
Arango, Rodolfo. 8:1233; 9:1276; 13:525;
22:1487
Arango, Rubén. 5:1793; 6:2266
Arango Bueno, Teresa. 20:277

Arango Ferrer, Javier. 6:4015; 7:207, 4590; 9:4029; 10:3734
Arango H., Rubén. 16:2514
Arango Mejía, Gabriel. 5:2528
Arango Ospina, Héctor. 11:848
Arango Rojas, José. 20:1464
Arango Uribe, Alberto. 26:1588
Arango Velásquez, Jaime. 3:1941-1942
Arango Vélez, Carlos. 14:1572
Arango Vieira, Antonio. 7:3049
Arango Villegas, Rafael. 26:1588
Arango y Parreño, Francisco de. 18:1629
Aranguren, Carlos M. 28:940a
Aranha, José Maria de Graça. 4:4224
Aranha, José Pereira da Graça. 9:4229, 4416; 17:2569; 20:4360; 22:5548
Aranha, Oswaldo. 1:1389; 3:1844a; 6:3802; 7:3701; 8:1832, 3487; 9:3483; 14:2372; 22:4043
Aranha Bandeira de Mello, Oswaldo. *See* Aranha, Oswaldo.
Aranha de A. Campos, Dario. *See* Campos, Dario Aranha de A.
Aranha de Rezende, Maria José. *See* Rezende, Maria José Aranha de.
Araníbar, Carlos. 28:1042a, 1043
Aranjo, Juan Bautista. 4:2473
Arantes, Tarcísio B. 27:2299
Aráoz, Ernesto M. 9:2408; 10:2955
Aráoz Alfaro, Gregorio. 4:3138, 3139; 5:2930; 11:1264; 2177
Aráoz Anzoátegui, Raúl. 28:2077
Aráoz de Lamadrid, Gregorio. 10:3685
Araripe Júnior, Tristão de Alencar. 22:5531; 24:5702
Arata, Roberto Mario. 12:3081
Arauco, Ana. 28:1939
Arauco Camacho, Florencio. 13:396; 16:460
Araújo, A. A. 8:683
Araújo, Alceu Maynard. 14:3361, 3362; 15:2517, 2800; 20:4963; 22:6049; 23:717; 27:1200; 28:3043
Araújo, Alfonso. 9:1162
Araújo, Alfredo. 2:1583b
Araújo, Antônio de. 14:477; 19:4032
Araújo, Antônio Gomes de. 16:2018
Araújo, Benito. 21:4337
Araújo, Carlos da Silva. 7:3632; 14:781; 16:2201
Araújo, Carlos María de. 24:5777
Araújo, Christovam. 16:2865
Araújo, Deusdedit. 13:1895
Araújo, Diniz Alencar. 23:2738
Araújo, Ely Goulart Pereira de. 16:1273; 17:1203
Araújo, Heitor O. 16:2019; 19:6063
Araújo, Hélio Alves de. 26:1960
Araújo, Heraclídes César de Souza. 21:3341; 26:1257
Araújo, Ignez Barreto Correia d'. 4:3515
Araújo, J. A. dos Santos. 16:2874
Araújo, Jayme Benedito de. 5:1897
Araújo, João Hermes Pereira de. 24:4913; 28:1329
Araújo, José de Sousa Azevedo Pizarro e. 11:2576; 12:2179; 14:2274; 24:4443; 25:1273
Araújo, Juan. 9:2048
Araújo, Lucincredo. 8:4267
Araújo, Luis. 4:182; 7:283, 284
Araújo, Luzio. 16:3027
Araújo, Manuel María de. 21:4338
Araújo, María. 19:5826
Araújo, Maria Carolina Nabuco de. *See* Nabuco, Carolina.
Araújo, Maria Emília Soares de Souza. 13:2025
Araújo, Miguel Ángel. 3:3018
Araújo, Moisés Xavier. 18:1136
Araújo, Murillo, 1894-   . 5:3887, 4038; 6:4479; 18:2727, 2786; 19:5332; 23:5401; 24:5778; 28:2676a
Araújo, Murilo. 7:2373
Araújo, Nelson Correia de. 23:5474, 5546
Araújo, Orestes. 14:3288; 15:2695; 18:2950; 22:4604
Araújo, Orlando. 23:5166; 28:1758
Araújo, Oscar Egídio de. 6:1796, 1829, 1830, 1871; 7:1712-1714, 2374, 3874, 4089; 8:1855, 3730; 9:1609, 1684, 1685; 10:1375, 1428; 11:1114, 1142, 1143, 1171, 1195
Araújo, Roberto Assumpção de. 5:1462; 12:2217
Araújo, Rui Calasans de. 2:3130
Araújo, Wilson A. 19:2604
Araújo Almeida, José de. *See* Almeida, José de Araújo.
Araújo Braga, Mauro de. *See* Braga, Mauro de Araújo.
Araújo Castro, Raimundo de. *See* Castro. Raimundo de Araújo.
Araújo Cavalcanti, J. M. dos Santos. *See* Cavalcanti, J. M. dos Santos Araújo.
Araújo Dias, Rubens. *See* Dias, Rubens Araújo
Araújo Diniz, Almério de. *See* Diniz, Almério de Araújo.
Araújo Espinosa, Graciela. 19:4690
Araújo Fabricio, José de. *See* Fabricio, José de Araújo.
Araújo Falcão, Amilcar de. *See* Falcão, Amilcar de Araújo.
Araújo Filho, J. R. de. 20:2084; 21:2102
Araújo Filho, Joaquim de. 26:2021
Araújo Gomes, Francelino de. *See* Gomes, Francelino de Araújo.
Araújo Guimarães, G. d'. *See* Guimarães, G. d'Araújo.
Araújo Jorge, Arthur Guimarães de. *See* Jorge, Arthur Guimarães de Araújo.
Araújo Jorge, José Guilherme de. *See* Jorge, José Guilherme de Araújo.
Araújo Lago, Paulo Fernando de. *See* Lago, Paulo Fernando de Araújo.
Araújo Lima, Claudio de. *See* Lima, Claudio de Araújo.
Araújo Lima, José de. *See* Lima, José de Araújo.
Araújo Lopes da Costa, Alfredo de. *See* Costa. Alfredo de Araújo Lopes da.
Araújo Mendizábal, Roberto. 16:1364
Araújo Pinho, José Wanderley de. *See* Pinho. José Wanderley de Araújo.
Araújo Pôrto-Alegre, Manuel de. *See* Pôrto-Alegre, Manuel de Araújo.
Araújo Sampaio, Renato. *See* Sampaio, Renato Araújo.
Araúz, Amado. 25:2271
Araúz, Julio. 12:334; 13:272, 273; 14:376-379; 15:266-268, 314
Aráuz, Mateo F. 17:1798
Aráuz, Próspero. 24:1302
Aráuz Aguilar, Federico Guillermo. 17:2073
Aráuz L., Bolívar. 25:416
Araya, Bernardo. 25:2754
Araya, Carlomagno. 7:4734
Araya, Enrique. 14:2730; 16:2606; 18:2506; 20:3906
Araya, Guillermo. 28:3356

Araya, José L. 4:4417; 7:5316; 8:4565; 11:2780; 13:2400
Araya Arias, Pablo. 1:461
Araya R., José Rafael. 8:4788
Araya Vergara, Efrén. 17:3029
Arbaiza, Genaro. 3:1791f, 2967; 4:1154; 28:209
Arbeláez, Tulio. 2:2231
Arbeláez Camacho, Carlos. 28:125
Arbeláez M., Juan M. 7:1215
Arbeláez U., Bernardo. 7:553
Arbeláez Urdaneta, Carlos. 7:3739
Arbelot, Guy. 28:402
Arbenz, Guilherme Oswaldo. 16:469
Arbenz Guzmán, Jacobo. 17:1339; 18:1590; 20:1341
Arber, Agnes. 6:348
Arbesmann, Rudolf. 11:2188
Arbo, Higinio. 5:1240; 9:3325; 13:1101
Arbo, Julia Helena. 11:2529
Arboleda, Arturo. 3:2251
Arboleda, Gustavo. 1:1217; 2:2232-2233; 23:3618
Arboleda, José Rafael. 9:497; 10:2724a; 27:1276
Arboleda, Julio. 2:2003, 2708; 12:1962
Arboleda, Sergio. 2:2678
Arboleda Llorente, José María. 8:3043; 10:2733; 11:2141, 2142; 12:1610; 14:1759; 15:1535; 18:1813; 23:3810, 3811
Arbos, Ph. 12:1467
Arbousse Bastide, Paulo. See Bastide, Paulo Arbousse.
Arbulu Vargas, Ricardo. 12:3276
Arbuthnot, Joan. 1:576
Arca Parró, Alberto. 2:1532; 8:462, 1718a, 2220; 9:1502, 1503; 10:1865; 11:1072, 1713
Arcanjo da Anunciação, Miguel. See Anunciação, Miguel Arcanjo da.
Arcas, Juan Antonio. 16:1980
Arcay, Luis Augusto. 18:513
Arcay, Luis Guillermo. 27:3607
Arcaya, Pedro Manuel. 1:1253; 2:1548, 2269; 5:2181; 8:4609; 11:2566, 3612; 15:1633; 19:3417; 20:4543; 28:863, 863a
Arce, Alberto G. 9:4575
Arce, David N. 16:2564; 17:2286; 21:3803, 5201; 22:5190; 23:5180; 26:510
Arce, Enrique J. 4:2741; 6:2803; 9:2593; 23:3816
Arce, Facundo A. 9:3091; 12:1983; 13:1590; 17:1814; 25:3561, 3581
Arce, Francisco de. 9:2891
Arce, Henrioue J. 9:2593
Arce, José. 10:3321; 11:2706, 2781; 16:2257; 17:1996; 25:3582
Arce, José M. 13:1984; 14:2815a
Arce, José María. 10:2789
Arce, Juan de. 3:3445
Arce, Luis A. de. 6:3089; 11:1881; 19:3702
Arce, Luisa. 12:3305
Arce, Magda. 8:3973; 9:3843, 4596; 12:2679
Arce, Manuel José. 7:3300; 13:1555; 24:4015
Arce, Manuel José, h. 20:4054
Arce Brown, Carlos. 24:4851
Arce de Vázouez, Margot. 2:1198, 2533, 2534; 5:3462, 3822; 12:2680; 15:2117; 16:2565; 24:5488; 28:2206
Arce Ibarra, Roxana. 15:747; 16:924; 19:1856
Arce Mas, Jorge. 4:1177
Arce Páiz. Armando. 23:1266
Arce T., Manuel María. 6:622
Arce y Valladares, Manuel José. 9:3987
Archanio dos Santos, Samuel. See Santos, Samuel Archanjo dos.

Archer, Alford. 24:2801
Archer, Andrew W. 3:1586
Archer, Maria. 21:3251; 27:3245
Archer, William H. 16:2684
Archero Júnior, Achiles. 3:34
Archila, José Antonio. 2:3080; 4:4337; 7:5204
Archila, M. Antonio. 1:562
Archila, Ricardo. 7:4404; 18:3320; 19:6402; 20:3086; 22:3568; 25:3449
Archilla, Gustavo E. 4:3817
Archives Ethnos, Buenos Aires. 14:94, 348
Archivo Francisco de Miranda, Caracas. 1:2341
Archivo Mizque, Bolivia. 1:2276
Archivo José Martí, La Habana. 7:4515
Archivo Judiciário, Rio de Janeiro. 1:1843
Archivos da Sociedade de Medicina Legal e Criminologia de São Paulo. 1:1844
Archivos de Medicina Legal, Buenos Aires. 1:1825
Archivos de Medicina Legal e Identificação, Rio de Janeiro. 1:1845
Archivum, Buenos Aires. 9:2594
Archivum, Paris. 19:3022
Arcila Farías, Eduardo. 5:3644; 10:2746; 11:2210; 12:1864, 1928; 13:1300; 14:1761; 16:808, 925, 1473; 19:3169; 21:2708, 3177; 25:3121, 3754, 3776; 28:401
Arcila González, Antonio. 13:2521
Arcila Robledo, Gregorio. 1:922; 2:1979; 4:2762; 15:1536; 17:1565; 20:2709; 21:2709
Arcila Vélez, Graciliano. 9:587; 11:365; 12:516; 13:267; 16:284; 17:358; 19:893, 894; 21:213; 23:319, 1286; 27:1602
Arcilla Ponte, Pedro R. 7:5609
Arcilla Uribe, Arturo. 7:1230
Arciniega, Rosa. 2:1893; 5:2606; 10:2755; 11:3661; 12:1895; 20:2403, 3728; 21:2379; 25:4215
Arciniegas, Germán. 1:2035; 2:379, 380, 2535, 2679; 3:30, 4:2783; 5:386, 2350, 2529, 2691, 3645; 6:2775, 3060, 3126; 7:2833; 8:3136, 3137; 9:2636; 10:2455, 3611; 11:59; 12:62, 1610a, 2435; 15:1291b, 1612, 2278; 16:1962; 18:1536, 1537; 19:2853; 20:2975 21:2380; 23:2761; 24:3700; 25:2606, 4200; 26:827; 28:1737
Arciniegas, Ismael Enrique. 6:3985; 7:4735
Arciniegas, José Ignacio. 17:2763
Arcken Ospina, Valentín van. 21:4901
Arco, Ricardo del. 13:1301
Arcocha, Juan. 26:1561
Arcondo, Aníbal B. 28:1061
Arcos, Gualberto. 4:298
Arcos, Juan. 6:771; 7:4473
Ardao, Arturo. 4:3298; 11:3873; 12:3451; 16:1067, 3269; 18:3107; 20:4770, 4778, 4779, 4855; 22:5833; 23:5874; 24:4165, 6025; 25:5335; 26:2304; 28:3234, 3253
Ardao, María Julia. 17:1815; 19:3892; 24:4206
Ardener, Shirley. 27:1001
Ardévol, José. 9:4697, 4769; 11:3783, 3784, 3826; 12:3351, 3395; 15:2773; 23:5721; 24:5923
Ardila B., José Joffre. 15:924
Ardila Casamitjana, Jaime. 8:3974
Ardila Díaz, Benjamín. 8:3138
Ardila Díaz, Isaías. 23:3812
Ardiles Gray, Julio. 18:2507, 2508
Ardissone, Romualdo. 2:1327; 3:1695-1697; 4:257, 2059; 5:1687, 1688; 6:412; 7:2238; 8:286, 2421; 9:2015; 10:281; 11:1667; 17:1107, 1113; 18:1281; 9:374, 2506; 20:653a; 21:2000 22:2201, 2352, 2353, 2362; 27:2823-2823b
Ardón, Juan Ramón. 4:3128

Ardón, Víctor F. 23:5349
Ardouin, Beaubrun. 24:4034a
Ardura, Ernesto. 14:2134; 20:2928
Arduz E., Fernando. 13:1874
Arduz Eguía, Gastón. 7:1442, 1449, 3988, 3996; 9:3754; 10:3333; 13:1875
Arecha, Waldemar. 14:3260
Arellano, A. R. V. 12:144, 496, 497; 14:136; 17:389
Arellano, Jesús. 25:5409; 26:1705; 28:2099
Arellano Belloc, A. 5:840
Arellano Belloc, Francisco. 25:3217
Arellano Bonilla, Roberto. 8:1192
Arellano Fischer, José. 11:629
Arellano Garza, Humberto. 23:1476
Arellano Moreno, Antonio. 10:4165; 11:2211; 12:1865; 13:1372; 21:2300; 24:2046; 28:816j, 885
Arellano Schetelig, Lorenzo. 4:2617, 2910; 5:2676; 6:2888
Arellano Z., Manuel. 28:630
Arena, Francisca E. 8:2359
Arena, Luis. 14:1512
Arenal, Humberto. 26:1562; 28:1884
Arenal, Rose B. 26:214
Arenas, Antonio Vicente. 15:1320, 2658; 22:4605; 24:4868
Arenas, Braulio. 25:4398
Arenas, Olimpo. 6:1359
Arenas Betancur, Rodrigo. 9:671
Arenas Calvete, Ricardo. 15:1317, 2657
Arenas Delgado, Antonio. 10:1620; 18:1102
Arenas Fraga, Abelardo. 9:3222
Arenas Guzmán, Diego. 1:1009; 20:2804; 26:592
Arenas Luque, Fermín V. 6:3084; 11:2449; 12:2067; 16:2008, 2515; 17:1755; 21:2211; 25:3584
Arenas Paz, Belisario. 4:1574
Arenaza, Carlos de. 7:3975
Arends, Tulio. 19:924; 20:750, 804; 21:805, 806, 846, 847; 22:1005, 1006; 23:1284; 24:1561, 1569; 25:732, 795, 813; 27:1573-1573d, 1575, 1575a
Arenys de Mar, Zenón de. 2:1800
Ares Somoza, Paulino. 27:3172
Aretz, Isabel. 7:5421; 9:4670; 12:3374; 14:560, 3392; 18:2981, 2988; 21:573; 22:5721; 23:5739, 5740; 25:5248, 5249; 26:2246, 2252; 27:1365, 1365a, 1370a; 28:2089, 3135, 3136
Aretz Ramón y Rivera, Isabel. *See* Aretz, Isabel.
Aretz Thiele, Isabel. *See* Aretz, Isabel.
Arévalo, Juan José. 3:1338; 5:4475; 8:1998; 11:1217, 1886; 13:1092, 1093; 14:1638, 1671; 16:1362; 17:994, 1339, 1341; 19:2916; 20:3420, 3421; 21:2945; 23:2762; 24:3403; 27:3010, 3311
Arévalo, Santiago. 21:2614
Arévalo, Teresa. 14:2816; 25:4320
Arévalo Cedeño, E. 4:2457
Arévalo Correal, Benjamín. 11:849
Arévalo Martínez, Rafael. 3:1, 1512, 2368, 2369, 2465. 3032; 4:3937; 5:2114, 3740; 7:5364; 9:2595; 13:2143; 17:2348; 22:5101; 24:5201, 5202
Areza, Carlos. 4:3711
Argaña, Luis A. 3:3726
Argaña, Luis María. 25:4033
Argañarás, Héctor D. 9:2922; 10:2957
Argañarás, Manuel J. 15:2606
Argandoña Olivares, René. 16:2362
Argeliers, León. 25:5232
Argensola, Bartolomé Leonardo de. 6:2889

Argentina. Comisión Nacional de Museos y de Monumentos y Lugares Históricos. 5:762, 2950, 2951; 8:3249; 9:3235; 10:2970
Argentina. Comisión Nacional del Antártico. 13:894, 1805; 14:1454, 2424
Argentina. Comisión Nacional del Censo General Agropecuario. 4:911
Argentina. Comisión Nacional del Censo Industrial. 2:752; 3:796; 4:983
Argentina. Comisión Nacional Ejecutiva. 150° Aniversario de la Revolución de Mayo. 24:4212
Argentina. Comisión Nacional Monumento al Teniente General Julio A. Roca. 4:3153; 5:2952-2955
Argentina. Comisión Organizadora de la Primera Gran Exposición del Territorio Nacional del Chaco en la Capital Federal. 7:1324
Argentina. Comisión Popular Ejecutiva de Homenaje a Ricardo Rojas. 20:3812
Argentina. Comisión Protectora de Bibliotecas Populares. 3:1342; 4:4516; 5:1443, 4241; 6:4759; 7:5353; 11:3663
Argentina. Comisión Redactora del Estatuto Orgánico de los Partidos Políticos. 11:1826
Argentina. Comisión Reguladora de la Producción y Comercio de la Yerba Mate. 3:754; 4:912; 5:1214; 6:1482; 7:1371
Argentina. Comisiones Argentinas Demarcadoras de Límites. 22:4058
Argentina. Comité Nacional de Geografía. 10:2058
Argentina. Congreso. Biblioteca. 2:1462; 4:4518; 8:5; 9:4597, 4598; 25:4064; 27:1637
Argentina. Congreso. Cámara de Diputados. 2:734; 3:1810, 2139; 4:2215, 3594; 5:1984; 8:2624, 2625
Argentina. Congreso. Cámara de Diputados. Comisión Especial Investigadora de las Concesiones de Eléctricos de la Capital. 8:1753
Argentina. Congreso. Cámara de Diputados. Comisión Investigadora de Actividades Anti-Argentinas. 7:3764; 8:3591-3594; 9:3531
Argentina. Congreso. Cámara de Diputados. División Archivo, Publicaciones y Museo. 16:3016 20:2210
Argentina. Congreso. Cámara de Senadores. 3:1811; 8:2626, 2627; 17:1296, 1997; 26:971; 28:1005
Argentina. Congreso. Comisión Especial Parlamentaria para el Estudio de una Ley de Seguro Agrícola. 8:1534
Argentina. Congreso Nacional. 8:3597
Argentina. Consejo Agrario Nacional. 10:1119; 11:348, 926
Argentina. Consejo Federal de Inversiones. 27:2125-2125d
Argentina. Consejo Nacional de Desarrollo. 27:2125e
Argentina. Consejo Nacional de Educación. 2:1139; 3:1357; 4:1724; 5:1444; 8:1922, 1923; 11:1218; 12:1144, 1145; 14:1215, 1217, 1219
Argentina. Consejo Nacional de Investigaciones Científicas y Técnicas. 25:5802, 5803; 27:5
Argentina. Consejo Nacional de Postguerra. 11:924
Argentina. Constitution. 8:2632, 3250; 10:2387; 15:1301-1305; 25:4019
Argentina. Contaduría General. 1:375; 2:738; 7:1363; 9:1336

Argentina. Departamento de Economía
Rural y Geografía Agrícola. 7:1404
Argentina. Departamento de Justicia. 5:1972;
6:2539
Argentina. Departamento General de Policía.
Archivo. 1:2244
Argentina. Departamento Nacional del Trabajo.
3:819, 820; 6:1453-1455, 1483; 7:1422,
1423, 3887, 3908, 3926; 8:3693, 4639;
9:1340, 1341, 3576, 3594
Argentina. Dirección de Contralor de la
Producción Frutícola. 3:755
Argentina. Dirección de Economía Rural
y Estadística. 1:361, 6:1407; 7:1337;
8:1535; 11:998
Argentina. Dirección de Estadística. 11:932
Argentina. Dirección de Estadística Social.
11:2766, 2767; 12:881; 13:1861, 1862
Argentina. Dirección de Estadística y
Personal. 8:1930
Argentina. Dirección de Frutas y Hortalizas.
4:916; 8:1536
Argentina. Dirección de Geología. Servicio
Geológico. 16:1186
Argentina. Dirección de Impuestos y
Contribuciones. 16:2991
Argentina. Dirección de Informaciones y
Publicaciones Ferroviarias. 12:882
Argentina. Dirección de Minas y Geología.
1:406; 4:985; 5:1219; 6:1485, 1486;
7:1396, 1397; 8:1585, 2233; 10:1878;
12:883; 15:1222; 24:2931
Argentina. Dirección de Parques Nacionales.
3:1548a; 4:2061; 5:1894a; 8:2422
Argentina. Dirección de Publicidad
Ferroviaria. 4:1028
Argentina. Dirección del Registro de
Créditos Prendarios. 5:1204
Argentina. Dirección General de Aeronáutica
Civil. 4:1029, 1030, 1230
Argentina. Dirección General de Correos y
Telégrafos. 2:772; 3:2140; 4:1031-1033,
2081b; 5:1253; 6:1466; 7:1405
Argentina. Dirección General de Cultura.
22:1100; 26:187; 28:233
Argentina. Dirección General de Enseñanza
Primaria. 16:1038
Argentina. Dirección General de Estadística.
1:403; 2:754, 764; 3:798, 798a, 825,
826; 4:986, 987, 1046; 5:1220-1223,
1254; 6:1434-1437, 1487; 7:1373-1375, 1424;
8:1562-1567, 1607; 9:1384-1387; 10:1124-
1131; 11:934, 935
Argentina. Dirección General de Meteorología
Geofísica e Hidrología. 6:4813; 10:2060
Argentina. Dirección General de Navegación
e Hidrografía. 10:1847; 20:2005a
Argentina. Dirección General de Navegación
y Puertos. 3:799, 835. 1706; 5:1797;
7:1406; 9:1344; 10:2059
Argentina. Administración General de
Contribución Territorial. 5:1200
Argentina. Administración General de
Impuestos Internos. 6:1416
Argentina. Administración General de Parques
Nacionales y Turismo. 16:26, 1189; 20:2005
Argentina. Administración General de
Vialidad Nacional. 9:1314; 17:765; 18:827
Argentina. Archivo General de la Nación.
1:2235, 2240-2242; 2:1892; 8:479; 13:1419;
28:6
Argentina. Biblioteca Nacional. Buenos Aires.
1:1962, 2246, 2247; 2:20; 4:2550, 4498;
7:3139, 5411; 11:3662
Argentina. Bolsa de Cereales. 2:689-689a

Argentina. Caja Nacional de Ahorro Postal.
1:398; 4:946; 17:762
Argentina. Caja Nacional de Jubilaciones
y Pensiones Civiles. 4:1005, 1006, 1226;
5:1970, 2220; 8:3700
Argentina. Caja Nacional de Jubilaciones y
Pensiones de Empleados Ferroviarios.
2:779; 3:966; 4:1007
Argentina. Casa de Moneda. 2:736; 3:781;
6:1422
Argentina. Centro Nacional de Documentación.
18:3042
Argentina. Comisión Argentina de Fomento
Interamericano. 10:1118
Argentina. Comisión Central de
Investigaciones sobre la Langosta. 2:704
Argentina. Comisión de Folklore y
Nativismo. 14:3401
Argentina. Comisión de Homenaje a los
Libres del Sud. 5:2948
Argentina. Comisión de Homenaje al Dr.
Pedro Goyena en el Centenario de su
Nacimiento. 9:3234
Argentina. Comisión para Estudiar las Posi-
bilidades Comerciales con el Japón y Otros
Países del Extremo Oriente. 2:751
Argentina. Comisión de Urbanismo de la
Ex-Dirección Técnica de Reconstrucción
de San Juan. 11:578
Argentina. Comisión Especial para
Coordinación de Transportes de la
Ciudad de Buenos Aires. 4:1024
Argentina. Comisión Honoraria de
Reducciones de Indios. 2:280
Argentina. Comisión Investigadora sobre los
Antecedentes de los Símbolos Nacionales.
8:3217
Argentina. Comisión Nacional de Ayuda
Escolar. 5:1442
Argentina. Comisión Nacional de Bellas
Artes. 5:680, 681
Argentina. Comisión Nacional de Casas
Baratas. 2:780; 4:1008, 1227; 6:1451,
1452; 7:1421; 8:3708
Argentina. Comisión Nacional de Climatología
y Aguas Minerales. 4:2060; 5:1794, 1796
Argentina. Comisión Nacional de Cooperación
Intelectual. 5:161, 2974, 3731; 7:142; 8:6;
9:4887; 13:46
Argentina. Comisión Nacional de Cultura.
2:26; 3:31; 4:2, 42; 14:625
Argentina. Comisión Nacional de Granos y
Elevadores. 2:693, 694; 4:905-910; 5:1187,
1188; 6:1406; 7:1336; 8:1532, 1533
Argentina. Comisión Nacional de Homenaje a
Alberdi. 4:3152
Argentina. Comisión Nacional de Homenaje
a Sarmiento. 5:2949
Argentina. Comisión Nacional de Homenaje
al Libertador General San Martín. 16:526
Argentina. Comisión Nacional de la Vivienda,
20:3569
Argentina. Dirección General de Pesca y
Conservación de la Fauna. 16:863
Argentina. Dirección General de Relaciones
Culturales y Difusión. 22:5733
Argentina. Dirección General de Yacimientos
Petrolíferos Fiscales. 3:800; 4:1004, 2081c;
6:1489; 7:1398, 3973; 8:1586, 3710;
10:1132; 11:979, 2816; 12:890
Argentina. Dirección Nacional de Vialidad.
2:770, 774; 3:836; 5:1242; 6:1467,
1490; 7:1407; 8:1594, 1595; 24:2928
Argentina. Dirección General del Gas del
Estado. 16:875

Argentina. Dirección General del Impuesto
a los Réditos. 6:1423; 9:1345; 10:1133
Argentina. Dirección General del Servicio
Estadístico Nacional. 17:3056
Argentina. Dirección General del Registro
Nacional. 16:876
Argentina. Dirección General Impositiva.
17:764
Argentina. Dirección Nacional de Bellas
Artes. 3:446; 8:615a
Argentina. Dirección Nacional de Construcciones Portuarias y Vías Navegables. 18:830
Argentina. Dirección Nacional de Geología
y Minería. 27:2824
Argentina. Dirección Nacional de
Investigaciones Científicas y Técnicas.
20:4944
Argentina. Dirección Nacional de Minería.
18:831; 22:2356
Argentina. Dirección Nacional del Servicio
Estadístico Nacional. 16:864; 18:828, 829;
19:1400, 6251
Argentina. División de Pesca y Piscicultura.
5:1255; 6:1491; 8:1613
Argentina. Ejército. 20:2005b
Argentina. Ejército. Dirección General del
Instituto Geográfico Militar. 17:1116
Argentina. Ferrocarriles del Estado.
2:773, 1126; 3:834; 5:1239, 1399b; 8:1590,
1754; 9:1343; 10:1167; 11:939
Argentina. Inspección General de
Enseñanza. 5:1446
Argentina. Inspección General de Justicia.
7:1561
Argentina. Instituto Agrario Argentino.
7:1562; 9:1373, 2185, 2186; 10:2071;
11:1668
Argentina. Instituto Argentino de Promoción
del Intercambio. 16:865; 18:832
Argentina. Instituto Cartográfico. 27:2824a
Argentina. Instituto de Economía y
Legislación Rural. 6:1410
Argentina. Instituto de Estadística. 10:1153a
Argentina. Instituto de Estudios Biográficos.
11:60
Argentina. Instituto de Estudios de la
Marina Mercante Argentina. 22:1456
Argentina. Instituto de Estudios del
Transporte. 7:1425; 8:1615; 9:1374;
11:947
Argentina. Instituto de Estudios Históricos.
13:1494
Argentina. Instituto de Suelos y Agrotécnica.
14:1464; 27:2824b
Argentina. Instituto Experimental de
Investigación y Fomento Agrícola-Ganadero.
6:1411
Argentina. Instituto Geográfico Militar.
5:1798-1800; 6:4814; 9:2171; 12:1243;
16:1180, 1184; 18:1284; 19:2507-2509;
20:2005c, 2005d; 21:2001; 23:2569; 25:2288
Argentina. Instituto Movilizador de
Inversiones Bancarias. 6:1427; 7:1365;
9:1375; 10:1154
Argentina. Instituto Nacional de Bellas Artes.
21:4210
Argentina. Instituto Nacional de Estudios
de Teatro. 10:3612; 11:3772
Argentina. Instituto Nacional de Previsión
Social. 14:2476, 3239; 15:2025; 18:2245
Argentina. Instituto Nacional de Previsión
Social. Sección Jubilaciones y Pensiones
Civiles. 15:2024; 16:2336; 17:2034; 18:2246
Argentina. Instituto Nacional de Previsión
Social. Sección Jubilaciones y Pensiones
Ferroviarias. 13:1864; 14:2474; 15:2025

Argentina. Instituto Tecnológico del Sur.
18:2055
Argentina. Junta de Planificación Económica.
25:1662
Argentina. Junta Nacional del Algodón.
1:363; 2:691-692, 695, 701; 4:918-921,
1235-1237; 5:1229, 1395; 6:1412; 7:1342,
1343
Argentina. Junta Nacional de Carnes. 2:686,
1120; 3:760
Argentina. Junta Nacional para Combatir
la Desocupación. 2:782; 4:1009; 6:1620
Argentina. Junta para el Estudio de la
Situación Económica y Financiera de los
Ferrocarriles. 1:378
Argentina. Junta Reguladora de Granos.
1:358; 9:1376
Argentina. Junta Reguladora de la
Industria Azucarera. 6:1620a
Argentina. Junta Reguladora de Vinos.
2:702; 3:763; 4:922; 5:1230, 1396; 6:1441;
7:1344
Argentina. Laws, statutes, etc. 1:368, 374,
387, 388, 1487, 1662, 1665, 1789, 1824;
2:696, 700, 707a, 747b, 756, 766, 3067;
3:795a, 3654; 7:3979, 3984; 8:3711, 4611-
4613; 9:2395, 3581, 4449, 4450, 4501,
4502; 10:3937a, 3937b, 3966-3969, 4060,
4101; 11:3449, 3450, 3479-3481, 3509,
3554, 3590, 3614; 12:3085, 3172, 3203,
3253; 13:2403, 2538, 2565; 14:2468, 3128;
15:2669, 2672, 2673, 2677, 2701, 2722;
16:3073, 3124, 3130; 17:2675, 2676, 2736,
2770, 18:2932, 2933; 20:3568, 4549, 4596; 22:
4681; 23:4610, 4617, 4618, 4665; 24:4869,
4878, 4900; 25:4034, 4135; 27:3600, 3659,
3738, 3759-3762, 3823-3826, 3858, 3869
Argentina. Laws, statutes, etc. (Indexes).
7:3895, 3901; 9:4422
Argentina. Matadero y Frigorífico Municipal
de la Ciudad de Buenos Aires. 2:1123
Argentina. Mercado Consignatorio de Yerba
Mate Nacional Canchada. 4:923
Argentina. Ministerio de Agricultura.
2:696, 703; 3:750, 764-767; 4:924-927;
5:1175, 1192; 6:1392, 1413, 1492; 7:1345;
8:1541, 2645; 9:1562; 20:2005e; 22:2357
Argentina. Ministerio de Agricultura.
Biblioteca. 10:4223
Argentina. Ministerio de Agricultura.
Sección Comercial de la Fruta. 1:362
Argentina. Ministerio de Agricultura.
Sección Publicaciones e Informes. 3:970
Argentina. Ministerio de Agricultura y
Ganadería. Secretaría General.
Departamento de Bibliotecas. 19:6404
Argentina. Ministerio de Asuntos Técnicos.
18:833, 834
Argentina. Ministerio de Comunicaciones.
18:835
Argentina. Ministerio de Educación y
Justicia. 16:53; 17:983; 18:1070
Argentina. Ministerio de Educación y
Justicia. Academia Provincial de Cultura.
18:471
Argentina. Ministerio de Educación y
Justicia. Departamento de Informaciones,
Biblioteca y Estadística. 17:983
Argentina. Ministerio de Educación y
Justicia. Junta Nacional de Intelectuales.
15:2
Argentina. Ministerio de Guerra. 2:1339;
4:2062; 8:2423; 10:1164; 13:901
Argentina. Ministerio de Hacienda. 1:380,
407, 408; 2:741, 742, 1127; 3:784,
787; 4:959-968, 1049, 1050; 5:1399; 6:1393,

1429, 7:1367; 8:1519, 1551, 1756; 9:1383; 10:1123, 1165; 11:954; 12:891; 14:1045; 16:871-874; 17:763, 764, 1298; 18:836, 837; 20:1301; 22:1450
Argentina. Ministerio de Industria de la Nación. 19:1401
Argentina. Ministerio de Instrucción Pública y Fomento. 6:750, 751
Argentina. Ministerio de Justicia e Instrucción Pública. 1:1628; 2:1143; 3:1351, 1352; 4:2201, 2478; 5:1448; 6:751; 7:5128; 8:1928, 1929, 4492; 12:2300; 13:686, 687
Argentina. Ministerio de Marina. 4:1036, 1037
Argentina. Ministerio de Marina. Administración General de la Flota Mercante del Estado. 10:1166
Argentina. Ministerio de Obras Públicas. 2:776; 3:742, 838; 4:1011, 1038; 5:1243; 6:1472; 17:765
Argentina. Ministerio de Relaciones Exteriores y Culto. 1:2251; 2:2454; 3:2923, 2976; 7:3743; 8:3578; 9:108; 11:2319; 12:2252-2254; 13:1809; 14:2400; 15:1923, 1948, 1984; 17:1984; 18:2182a; 23:2850; 28:952
Argentina. Ministerio de Relaciones Exteriores y Culto. Biblioteca. 1:2250, 2251
Argentina. Ministerio de Trabajo y Previsión de la Nación. 19:4301; 20:3504; 21:3544
Argentina. Ministerio de Trabajo y Seguridad Social. 25:1506
Argentina. Ministerio de Transportes. 16:1185; 19:2510
Argentina. Ministerio del Interior. 2:1466; 3:292, 1799; 4:2202; 5:1978; 8:2646, 2843; 9:2403; 12:55
Argentina. Ministerio del Tesoro. 23:4611
Argentina. Misión Científica Argentina. 4:2183
Argentina. Poder Ejecutivo Nacional. 4:2206a
Argentina. Prefectura General Marítima. 4:1039; 6:1474
Argentina. Presidencia. Dirección General del Registro Nacional. 16:3075
Argentina. Presidencia. Secretaría de Prensa. 16:1334; 24:6401; 27:2125f
Argentina. Presidencia de la Nación. Control de Estado. 16:27
Argentina. Registro Nacional de la Propiedad Intelectual. 2:9a; 4:57 5:189; 25:5804
Argentina. Sección de Investigaciones Económicas. 11:969
Argentina. Secretaría de Aeronáutica. 12:1239; 13:909
Argentina. Secretaría de Asuntos Económicos. 20:1303
Argentina. Secretaría de Asuntos Técnicos. 21:5300
Argentina. Secretaría de Hacienda y Administración. 14:3175
Argentina. Secretaría de Salud Pública de la Nación. 13:1873
Argentina. Secretaría Técnica. 12:905
Argentina. Servicio Hidrográfico. 8:2424
Argentina. Servicio Meteorológico Nacional. 19:2511
Argentina. Subsecretaría de Instrucción Pública. 13:688
Argentina. Telecomunicaciones Internacionales de la Nación. 3:841
Argentina. *Treaties, etc.* 1:400, 1788; 2:709, 714; 8:1506; 9:3555; 14:2414
Argentina. Unión Ferroviaria. 4:1040

Argentina Económica e Industrial, Rosario. 10:1098
Argentine Chamber of Commerce in Great Britain, London. 5:1166
Argentine Financial Service. 10:1099; 11:908
Argentino Golz, Adolfo. 19:4854
Argentores, Buenos Aires. 12:2769
Argerami, Omar. 28:3326
Argerich, Guillermo. 9:1554
Argibay, Héctor Jorge. 14:3470
Argimon, Carlos R. 21:1250
Argolo Ferrão, V. A. See Ferrão, V. A. Argolo.
Argonz, Joaquín. 7:2502; 9:2409; 11:2765
Argos, *pseud.* 9:690
El Argos de Buenos Aires. 3:2521; 7:3404
Argote, Guillermo. 6:4844
Argote Valdés, José. 1:1567; 7:5181
Argoytía Roiz, Miguel. 25:5616
Argudín, Manuel. 6:958
Arguedas, Alcides. 3:2166, 2179, 2673, 2674; 5:3024; 11:3231; 25:3676
Arguedas, José María. 1:2036; 4:1851, 4021; 6:4941; 7:565-567, 4690, 5596; 15:2279; 16:2656; 20:654; 21:568, 569; 23:1499; 24:858; 25:568, 4350, 5617, 26:244, 1609; 27:1323, 1341; 28:125a
Arguedas, Samuel. 5:3463
Arguedas, Sol. 25:2764
Arguedas R. de la Borbolla, Sol. 19:98
Argüelles, Hugo. 21:4201; 22:5300; 25:4555; 26:1830
Argüelles, Manuel. 10:4517
Argüelles, Mariano. 10:1036
Argüelles, Pedro. 7:931
Argüello, Agenor. 4:4022; 6:169; 8:4138
Argüello, Isauro P. 3:3653, 3745; 8:4566; 11:3471
Argüello, Juan. 10:2910
Argüello, Leonardo. 1:1707
Argüello, Santiago. 1:1969, 1970, 2082; 3:3366; 4:1484a; 10:3750
Argüello Castañeda, Francisco. 12:753
Argüello Hurtado, Roberto. 19:5513
Argüero, Luis E. 7:3405; 9:4582
Argüeta, Lisandro. 27:3627
Argul, José Pedro. 8:616; 15:622; 23:1500; 25:1247
Argumosa, J. A. de. 27:1366
Argus, Federico. 10:3446
Arias, Abelardo. 21:3909; 22:5403; 28:1940
Arias, Alejandro. 23:4903
Arias, Alejandro C. 4:3867g; 6:5068; 7:4591, 5714; 14:3414; 17:960
Arias, Harmodio. 1:1088; 6:3743; 22:4674
Arias, Héctor D. 26:1059
Arias, Jorge B. 27:875, 1535, 2418, 2716
Arias, José. 2:3054; 5:4152; 8:4567; 18:2899
Arias, José F. 7:1868; 10:1325; 13:754
Arias, Juan de Dios. 5:3047; 9:3041; 10:1771; 11:1233; 13:2026; 19:5044
Arias, Teresa. 22:989; 23:1252; 25:804
Arias Águila, Rubén. 12:1579
Arias Almaraz, Camilo. 27:2419
Arias Argáez, Daniel. 1:923; 3:2560, 2561; 4:2931; 17:2476
Arias B., Jorge. 25:409
Arias Barbé, Óscar. 19:5506
Arias Delgado, Clodoaldo. 8:1234
Arias F., José Abdiel. 9:1110
Arias-Larreta, Abraham. 1:2037; 3:3279; 6:4266, 4942; 13:2180; 14:2669; 18:1; 28:1738, 1739
Arias Larreta, Felipe. 15:2348; 16:2690
Arias M., Arnulfo. 6:2698, 2699; 7:2703, 2704

Arias Maldonado, Rodrigo. 6:2850
Arias Mejía, Gerardo. 9:4589
Arias Robalino, Augusto. 1:828, 1971; 2:2536, 2537, 2772; 3:2713, 3120, 3121; 4:3867h; 7:4592; 10:3063; 11:3322; 14:2197; 15:2264, 2342, 2391; 18:2376; 21:2901, 3723; 22:5102; 25:3218
Arias Solís, Enrique. 16:1404
Arias Trujillo, Bernardo. 23:4904
Aridjis, Homero. 24:5410; 28:2100, 2101
Ariguanabo, San Antonio de los Baños. 10:4225; 11:3665
Arinos, Afonso. *See* Franco, Afonso Arinos de Melo.
Arinos, Paulo. 3:3466
Arinos de Melo Franco, Afonso. *See* Franco, Afonso Arinos de Melo.
Arisa, A. 20:2905
Arismendi, Juan Bautista. 12:1946c, 2160
Arismendi, Rodney. 12:1588; 13:416; 23:2782; 25:3091
Arisso, Ana María. 5:2803; 6:3848
Arístegui, Abel J. 20:4480
Aristeguieta, Jean. 22:6118
Aristeguieta Badaracco, Francisco. 3:2097; 4:2469
Aristi, Isidoro. 2:1599
Aristide, Achille. 18:1621; 20:432-434; 21:445
Aristotle. 9:4974, 4975; 10:4563; 12:3520; 14:3448; 20:4878a
Ariza, Gustavo. 9:692
Ariza, Sander. 5:2103
Ariza, S., Alberto E. 16:1703; 28:715, 886a, 983
Arizábalo y Oribio, José de. 25:3545
Arízaga, Rafael María. 23:4508
Arízaga, Reginaldo María. 11:3097; 28:2179
Arízaga, Rodolfo. 28:3016
Arízaga Vega, Carlos. 23:4508
Arizola Tirado, Gonzalo. 5:4402
Arizti, Cecilia. 28:3089
Arjona, Doris King. 9:3765
Arlas, José A. 16:2979; 18:2918
Arlt, Mirta. 28:1941
Arlt, Roberto. 28:1941
Armand, F. 6:5069
Armando, Silvio J. 4:2064
Armando Vasseur, Álvaro. 10:4518
Armanet, Daniel. 1:462; 5:1288; 7:1473
Armani, Aquiles. 3:1706; 4:2063
Armas Alfonzo, Alfredo. 23:1504; 25:1130
Armas Arias, Guillermo. 16:599
Armas Chitty, José Antonio de. 15:1360; 17:1566; 22:3426; 25:3450; 27:1367, 1367a; 28:864, 1508, 2078
Armas Lara, Marcial. 28:3103
Armas Medina, Fernando de. 16:1474; 17:1589; 18:1681; 19:3436; 20:2404; 22:2814, 3226; 24:3779 26:363, 725
Armas Méndez, Luis L. 18:2872
Armas Ron, C. de. 3:2088
Armas y Cárdenas, José de. 1:1972
Armaza, Emilio. 23:5181; 24:5489
Armellada, Cesáreo de. 8:2315; 9:540; 10:1901; 14:2566; 16:400; 25:3435; 26:828
Armendaris, Luis A. 5:3065; 9:2212
Armendáriz, Alejandro Román. 22:4953
Armengol, J. Rovira. 20:4898, 4899
Armenta, Antonio Luis. 8:1376
Armenta, J. 24:233
Armenteros, Carlos F. de. 4:2338a
Armijo, Leoncio. 9:1039
Armijo Pineda, Alejandro. 7:1056; 8:1193
Armijo Suárez, Julio. 26:1019
Armijos Carrasco, Daniel. 12:3354

Armillas, Pedro. 10:196-199; 11:1437; 12:145; 13:129; 14:137-139; 15;159, 360, 366, 748; 16:122-124, 185; 17:51, 52; 20:87; 21:1, 2, 2303; 22:2815; 23:3008; 24:151; 27:192, 682
Armistead, Samuel G. 24:5915
Armitage, João. 9:3421
Armond, Luis de. 17:1655; 19:3468
Armond Marchant, Annie d'. *See* Marchant, Annie d'Armond.
Armonía, Panamá. 9:4806
Armour Research Foundation. 9:1320; 15:749; 16:626
Armstrong, A. MacC. 19:5738
Armstrong, John M. 14:528
Armstrong, M. Teresa S. de. 7:4183
Armstrong, Margaret. 9:4302
Armstrong, T. R. 4:1277, 3615
Armstrong, William. 7:3202; 21:3178
Armytage, Frances. 19:3005. 3106
Arnade, Charles W. 19:3555a, 3859; 21:2569, 3100; 22:2647, 3535; 23:3115-3118; 24:4307, 4321; 25:1131, 2280, 3151-3153, 3527, 3677; 26:462; 27:3218
Arnáiz Amigó, Aurora. 23:5865
Arnáiz y Freg, Arturo. 3:2631; 4:459, 5:2351, 2858; 19:3556; 20:2805; 26:409, 593; 28:577a, 675
Arnal, Pedro. 16:1145; 24:2907
Arnao, Aurelio. 6:3953a, 4182; 8:3934a
Arnau, Frank, *pseud. See* Schmitt, Heinrich.
Arnaud, Expedito. 24:807; 27:1201
Arnaud, L. 10:545
Arnaud, Vicente Guillermo. 16:1749
Arnault, Jacques. 27:3381
Arno, Ciro. 15:1788
Arnold, Arthur. 5:727
Arnold, J. R. 16:91a
Arnold, Samuel Greene. 17:3131
Arnoldo, Fr. M. 20:401
Arnolds, Alfonso. 15:1202; 27:2825
Arnoldsson, Sverker. 21:2381; 22:2816; 23: 3009; 24:3713; 28:411
Arnott, Juan. 5:443
Arns, Evaristo Paulo. 22:2060
Arnulfo, Irmão. 20:4285
Arocena, Fausto. 19:3107
Arocena, Luis A. 15:2184
Arocha, José Ignacio. 15:1157
Arocha, Manuel. 9:3042
Arocha Moreno, Jesús. 18:2089
Arocha Morton, Carlos A. 19:5793; 20:4526
Aroche, José. 16:2521
Aron, Raymond. 12:3545
Arona, Juan de, *pseud. See* Paz Soldán y Unanue, Pedro.
Arosemena, Alcibíades. 17:1377
Arosemena, Juan Demóstenes. 4:2417; 5:3288
Arosemena, Justo. 3:2052; 5:3413; 15:2922; 26:697; 28:732a
Arosemena, Leopoldo. 4:1433, 2419
Arosemena, Mariano. 16:1893; 23:3349
Arosemena G., Diógenes A. 22:4674; 23:3312
Arosemena Garland, Geraldo. 11:2538; 12: 2142; 13:2622
Arosemena Quinzada, Juan. 28:733
Arouet, Jean François Marie. *See* Voltaire.
Arpee, Levon H. 3:160
Arquin, Florence. 14:809
Arquivos, Manaus. 15:1789, 1790
Arquivos, Recife. 18:2148
Arquivos da Universidade da Bahia, Salvador. 19:6726
Arquivos do Instituto de Antropologia, Natal. 27:107a

Arquivos do Instituto de Direito Social, São Paulo. 14:2483
Arquivos Econômicos, Rio de Janeiro. 20:1402
Arraes de Alencar, José. See Alencar, José Arraes de.
Arrais, Raimundo Monte. 1:1390; 3:554; 4:4117; 5:3251; 7:2537; 9:2425-2427, 2457; 27:2300
Arráiz, Antonio. 3:3280; 4:3938; 5:3048, 3823, 3873; 7:4808; 9:3918; 16:2607; 17: 1094, 19:3418, 21:3910; 23:3838
Arráiz, Rafael Clemente. 8:3975
Arrango y Parreño, Francisco de. 2:2469
Arrate y Acosta, José Martín Félix de. 15:1457 28:769
Arratia, Alejandro. 23:4913
Arrau, Carlos Allienda. 2;1350
Arrázola, Roberto. 9:3988; 26:923; 28:983a
Arrazu, Ángel de. 28:3069
Arreaga, Alberto. 11:241; 12:254
Arreaga Calatrava, P. F. 4:1662, 2444; 6:2712
Arreche, Cándido C. 7:1157
Arredondo, Alberto. 6:1328; 7:1098, 4593; 8:1235, 1243, 2743; 9:1129, 1130; 10:993
Arredondo, Faustino. 28:3337
Arredondo, Horacio. 17:177, 418, 3030; 23: 1446
Arredondo, Joaquín de. 14:2033
Arredondo A., Sofía. 7:578; 8:320
Arredondo y Miranda, Francisco de. 28:769a
Arredondo y Pichardo, Gaspar de. 14:1683, 2137
Arregui, Domingo Lázaro de. 12:1744
Arregui, Mario. 25:4422; 28:2044
Arreguín Vélez, Enrique. 17:2982
Arreola, Juan José. 15:2280; 18:2509; 20:4203; 21:4210; 25:4301; 26:1549a; 28:1818
Arreola Cortés, Raúl. 8:4139; 14:2817; 28:2207
Arria Salas, Alberto. 16:2435
Arriaga, Antonio. 28:629a
Arriaga, Jesús. 28:900
Arriaga, Ponciano. 18:915
Arriaga Andrade, Adán. 3:1903; 10:2335; 11:2834
Arriaga Pina, Fernando. 20:4527
Arriaga Rivera, Agustín. 17:2088
Arriagada, Próspero. 14:613; 16:462
Arriagada, René. 18:1573
Arriagada Augier, Julio. 18:2614
Arriagada Bruce, Roberto. 8:1688
Arriagada H., Carlos. 9:1445; 12:927
Arrieta, Rafael Alberto. 3:3122; 5:3590; 7:3508; 8:3204, 4097; 9:4008; 11:3292; 13:65, 2144; 14:769, 2670; 19:4707; 20:3801; 21:3008; 23:4803; 24:5101; 25:3585
Arrieta Orjeda, Eduardo. 11:1714
Arrieta Rossi, Reyes. 3:2978
Arrieta Yúdice, Ernesto. 4:4411
Arrigoitía, Luis de. 28:1893a
Arrigunaga y Peón, Joaquín de. 19:3214
Arrillaga, J. 6:1339
Arriola, Jorge Luis. 7:4434; 20:3627; 21: 408, 409; 24:674; 25:3332; 27:1401, 4082
Arriola, Juan José de. 19:4648; 21:3707
Arriola Grande, F. Maurilio. 14:2892
Arriola Ledesma, Abelardo. 1:2114
Arriola Torres, Antonio. 6:937
Arriví, Francisco. 19:5151; 20:4204, 4205; 21:4202; 23:5350, 5351; 24:5601, 5602, 5647; 25:4582, 4586; 26:1831, 1832; 28:2341
Arroba, Gonzalo. 14:2477; 16:2338; 18:2290; 24:6260

Arrojado R. Lisbôa, Miguel. See Lisbôa, Miguel Arrojado R.
Arrom, José Juan. 7:4543; 9:3807, 3808; 10:3552, 3613; 11:3143; 12:2409; 13:2244; 14:2635, 2666; 15:2192, 2214a, 2447, 2448; 16:2538; 17:2221, 2272; 19:4649, 5179; 20:3729; 22:5404; 25:4216, 4217, 4238; 26:1452; 28:1759
Arronches, João de, Brother. 1:1339
Arroniz, Joaquín. 23:3143; 24:3749, 3849
Arropar, Alois. 15:2216
Arróspide de la Flor, César. 6:721; 7:5608; 11:540
Arróspide y Loyola, Jorge. 3:925
Arrot, Charles R. 19:582
Arroyave, Guillermo. 22:990; 24:1538, 1547
Arroyave, Julio César. 8:400; 13:2716; 15:2851; 18:3043
Arroyo, Anita. 8:774; 18:2377, 2378
Arroyo, Antonio Luna. 2:2080, 2081
Arroyo, César E. 7:4614
Arroyo, Esteban, Brother. 20:957; 24:1675
Arroyo, Ignacio. 24:3850
Arroyo, Jaime. 21:2710
Arroyo, Juan José. 12:3161
Arroyo, Leonardo 16:2875; 19:1200; 24:5741; 26:1225; 28:1286
Arroyo, Luis. 16:1714; 18:1682; 20:2738
Arroyo, Max. Edg. 2:900
Arroyo, Miguel Antonio. 14:756
Arroyo, Ricardo. 27:2126
Arroyo Álvarez, Eduardo. 18:2402
Arroyo Buitrago, Carlos. 8:4600
Arroyo Ch., Agustín. 24:3571
Arroyo de Anda, Luis A. 25:104
Arroyo de la Parra, Miguel. 5:350
Arroyo del Río, Carlos Alberto. 6:2652; 7:2646, 2650, 4247; 8:2759; 9:2498; 12:1568; 14:1636, 2198
Arroyo Delgado, Enrique. 15:2070
Arroyo Lameda, Eduardo. 15:1607
Arroyo Ponce, Gamaliel. 20:654a
Arroyo Posadas, H. 12:1589
Arroyo Ruano, Luis G. 23:5112
Arroyo S., Víctor Manuel. 19:4510
Arroyo Torres, Ledo. 11:3587
Arroyo y Márquez, Pedro N. 5:969
Arrubla, Gerardo. 4:3277
Arrubla, Juan Manuel. 20:2405
Arruda, João. 1:1381; 2:3026
Arruda, José Rodrigues. 4:1735
Arruda, Joy. 9:1778
Arruda, Maria Elisa. 27:2583
Arruda Alvim, Agostinho Neves da. See Alvim, Agostinho Neves da Arruda.
Arruda Botelho, Antônio Roberto de. See Botelho, Antônio Roberto de Arruda.
Arruda Dantas, Antônio. See Dantas, Antônio Arruda.
Arruda Ferrer Correia, Antônio de. See Correia, Antônio de Arruda Ferrer.
Arruda Miranda, Darcy. See Miranda, Darcy Arruda.
Arruda Penteado Junior, Onofre de. See Penteado Junior, Onofre de Arruda.
Arruda Pereira, Armando de. See Pereira, Armando de Arruda.
Arrufat, Antón. 26:1833; 28:1884a, 1953, 2342, 2343
Arrús, Óscar F. 1:472; 3:922; 9:1504; 10:800; 11:677
Ars, San Salvador. 17:3158
Arsandoux, H. 12:104
Artayeta, E. A. 7:2005
Artayeta, Julio. 5:2938
Artaza, Evaristo. 5:1801

Artaza, Policarpo. 12:2135; 25:2836a
Arte, Revista Mensual, México. 7:5575
Arte y Decoración, Buenos Aires. 6:845
Arteaga, Consuelo. 18:379; 21:812, 832, 833
Arteaga, Cristina de la Cruz de, *Sister.* 25:3121a
Arteaga, José Maria. 16:940
Arteaga Garza, Beatriz. 15:1458; 24:1103; 25:1216
Arteaga Ortega, José. 17:604
Arteaga Pérez, R. 22:1009
Arteche, Miguel. 16:2691; 21:4052; 25:4443; 28:2013
Artigas, José Gervasio. 6:620a; 12:1985; 16:1983; 17:1814a
Artigas Soriano, Rosa. 9:1446
Artigas-Washington, Montevideo. 11:3666
Artiles Rodríguez, Jenaro. 9:2750; 10:2631; 11:2059; 12:1858a; 13:1355
Artola, Miguel. 17:1548, 1749; 18:1683
Arts Council of Great Britain. 20:901, 902
Arueste Levy, Samuel. 2:805
Arup, Ove. 28:269
Arvelo, Perina. 25:3393
Arvelo, Rafael. 20:4055
Arvelo Torrealba, Alberto. 6:4195; 22:5103
Arvis, Julio Albert d'. 10:2097
Ary, Franca. 13:975
Ary Dillon Soares, Gláucio. *See* Soares, Gláucio Ary Dillon.
Arzabe Reque, Antonio. 25:3678
Arze, José Antonio. 6:544; 7:241; 10:72; 12:1602; 14:2401; 17:1372; 19:2, 6001
Arze Loureiro, Eduardo. 10:1199; 11:982
Arze Quiroga, Eduardo. 3:845a; 6:1498; 10:2711; 25:3906
Asaf, Jorge. 4:1575
Asamblea de Archiveros del Caribe, *I, Habana, 1944.* 11:489
Asamblea de los Notables, *México.* 15:1674
Asamblea Latinoamericana de la Ciencia del Suelo, *I, México, 1953.* 20:1900
Ascanio Buroz, Nicolás. 11:2212
Ascanio Guevara, Alfredo. 27:3554
Ascarelli, Tulio. 10:4030
Ascasubi, Hilario. 10:3684; 20:4056
Ascasubi, Luis de. 5:1854; 20:655
Ascenção Palmério, Mário de. *See* Palmério, Mário de Ascenção.
Ascencio, José. 21:2504
Ascher, Robert. 24:234, 500
Aschinger, Franz. 27:2250, 2301
Aschmann, Herman P. 12:200; 27:1392
Aschmann, Homer. 15:367; 23:162; 25:127; 27:1368
Aschmann, Pedro. 15:368
Ascone, Vicente. 5:4309; 8:4734; 9:4874
Asencio, José; 10:2456; 12:1661; 19:4660
Asencio Álvarez-Torre, Juan. *See* Álvarez-Torre, Juan Asencio.
Asencio-Camacho, Fernando. 22:6000
Asenjo, Conrado. 2:569; 8:2360; 15:122
Asenjo, Patricio. 22:4908
Asensio, Eugenio. 15:1410; 17:1590; 19:4616
Asfora, Permínio. 6:4362; 17:2600; 23:5451
Asfura, Antonio. 7:5291
Ashburn, Frank D. 13:1194
Ashburn, P. M. 13:1194
Ashby, Charlotte M. 19:3006
Ashby, Joe C. 26:594
Ashehov, Nicolás. 27:2815a
Ashford, Gerald. 20:2806
Ashton, Edwin George. 16:1119
Ashton, John. 7:1067, 2137
Asiaín Márquez, Carlos. 25:3707
Asís, Amador de. 6:802

Askinasy, Siegfried. 2:471; 4:215; 5:286
Asla Moreno, Raquel de. 19:4855
Aslakson, Carl I. 9:2213
Asociación Amigos del Arte, *Santa Fe.* 23:5705
Asociación Amigos del Museo Nacional de Bellas Artes, *Buenos Aires.* 26:245
Asociación Argentina de Críticos de Arte. 28:234
Asociación Argentina de Productores Agrícolas. 22:1452
Asociación Bibliográfica Cultural de Cuba. 5:4272, 4273
Asociación Bibliotecaria Cubana. 7:5377
Asociación Cafetalera de El Salvador. 6:1038
Asociación Chilena de Pintores y Escultores. 28:256
Asociación Cívica Yucatán. 20:2807
Asociación Colombiana de Universidades. 27:2420
Asociación Cultural Hispano-Americana, *Madrid.* 6:3760
Asociación de Agrimensores del Uruguay. 9:4570
Asociación de Autores y Amigos del Libro Nacional, *Guatemala.* 26:65
Asociación de Bancos del Uruguay. 23:1844; 27:2285
Asociación de Banqueros de México. 7:984, 5258; 8:1117; 16:926; 17:842, 843; 18:916, 917; 19:1966, 1966a; 22:1704; 23:2001; 24:2089-2091
Asociación de Bibliotecarios Argentinos. 8:4670
Asociación de Bibliotecarios Diplomados del Uruguay. 11:3667
Asociación de Bienestar Infantil, *Guatemala.* 24:6228
Asociación de Colonos de Cuba. 4:1464
Asociación de Comerciantes del Perú. 4:1167
Asociación de Cultura Musical, *San José.* 10:4442
Asociación de Educación Musical de Chile. 21:4708
Asociación de Fabricantes de Cemento Portland. *Argentina.* 18:825
Asociación de Ingenieros de Minas, Metalurgistas y Geólogos de México. 27:1838
Asociación de Ingenieros del Uruguay. 12:3281
Asociación de Maestros de la Provincia de Buenos Aires. 10:1472
Asociación de Profesionales Especializados en los Estados Unidos de América. 28:148
Asociación Española de Amigos de la Arqueología Americana, *Madrid.* 1:30
Asociación Folklórica Argentina. 9:1833
Asociación Nacional Automovilística, *México.* 24:2879; 27:2748, 2748a
Asociación Nacional Cívico-Cultural, *Guatemala.* 23:5101
Asociación Nacional de Industriales. *Colombia.* 27:2041
Asociación Nacoual de Contadores, *Montevideo.* 9:1520
Asociación Nacional de Cosecheros, *México.* 16:926a
Asociación Nacional de Escritores, Artistas, e Intelectuales del Perú. 10:3269
Asociación Nacional de Ganaderos de Venezuela. 6:1250
Asociación Nacional de Hacendados de Cuba. 9:3187

Asociación Nacional de Importadores y Exportadores de la República Mexicana. 17:844
Asociación Nacional de Maestros Primarios, Lima. 10:1621
Asociación Nacional de Universidades e Institutos de Enseñanza Superior, México. 27:2421
Asociación Nacional Pro-Restauración del Crédito Cubano. 5:4228
Asociación para el Mejoramiento de Hatos Lecheros de Río Piedras. 8:1306
Asociación para la Defensa de los Derechos Ciudadanos, La Habana. 2:535a
Asociación Peruana de Ingenieros Agrónomos. 9:1549; 27:2251
Asociación Ver y Estimar, Buenos Aires. 26:188; 28:235
Aspiazu, Miguel. 21:2726
Aspinwall, Sir Algernon Edward. 1:541; 5:1689; 6:170; 8:2339
Assael Camhi, Morris M. 18:2919
Assaf, José E. 3:3123; 6:4016
Asprey, G. F. 19:611
Aspurz, Lázaro de. 12:1662, 1663
Assis, Alfredo de. 8:2090
Assis, Ariosto Pacheco de. 7:1763
Assis, Armando de. 17:2049
Assis, Dilermando de. 11:1205; 17:2578
Assis, Joaquim Maria Machado de. See Machado de Assis, Joaquim Maria.
Assis, L. M. de. 25:743, 745
Assis Bastos, Uacury Ribeiro de. See Bastos, Uacury Ribeiro de Assis.
Assis Bastos, X. Tocary. See Bastos, X. Tocary Assis.
Assis do Carmo, Celio. See Carmo, Celio Assis do.
Assis Figueiredo, Affonso Celso de. See Celso, Affonso.
Assis Figueiredo, Affonso de. See Figueiredo, Affonso de Assis.
Assis Figueiredo, F. P. See Figueiredo, F. P. Assis.
Assis Moura, Mário de. See Moura, Mário de Assis.
Assis Ribeiro, C. J. de. See Ribeiro, C. J. de Assis.
Assis Ribeiro, Paulo de. See Ribeiro, Paulo de Assis.
Assis Rocha, Leduar de. See Rocha, Leduar de Assis.
Assiz, Pedro de. 7:5535
Associação Brasileira de Educação. 7:1764; 10:1496; 12:1218e; 23:2357
Associação Brasileira de Metais. 21:1264
Associação Commercial de Santos. 3:671
Associação Commercial do Amazonas. 10:2143
Associação Commercial do Rio de Janeiro. 4:611; 6:1641; 22:3857
Associação dos Geógrafos Brasileiros. Seção Regional de São Paulo. 22:2503
Associação Paulista de Bibliotecários. 7:5355
Association for Latin American Studies. Mid-West Council. Annual Conference, Kalamazoo, 1963. 27:876
Assumpção, Herculano Teixeira d'. 16:2166
Assumpção de Araújo, Roberto. See Araújo, Roberto Assumpção de.
Assumpção Nascimento, Heloisa. See Nascimento, Heloisa Assumpção.
Assumpção Santiago, Sindulpho de. See Santiago, Sindulpho de Assumpção.
Assumpção Santos, José Francisco de. See Santos, José Francisco de Assumpção.

Assunção, Acácio. 26:2078
Assunção, Fernando O. 22:3483; 27:1359; 28:1211, 1509
Assunção, Octavio C. 16:1751; 23:1447
Astaburuaga Gálvez, Alfredo. 12:928
Astelarra, José L. 11:909
Astesano, Eduardo 28:1061a
Astete Abrill M., Antonio. 5:4476
Astete Chocano, Santiago. 3:240, 347
Asti Vera, Armando. 13:2760; 15:2906; 24:6110, 6140
Astigueta, Fernando Diego. 28:3017
Astigueta, José Manuel. 7:2503
Astol, Eugenio. 2:1191
Astolfi, José C. 5:2931
Astorquiza, Eliodoro. 9:3961
Astorquiza de la Maza, Jorge. 7:1474
Astorquiza Sazzo, Juan. 9:3300
Astort, A. P. 6:1449
Astort, Alberto J. 11:910
Astrada, Carlos. 5:4436; 8:4886; 9:4950; 14:3442; 15:2910, 2911; 16:3288; 18:3044; 19:5701; 20:4758; 21:4783; 24:6017 25:5301, 5319; 26:2253; 28:3201, 3284
Astrosa Herrera, Renato. 10:4200
Astudillo, Alberto. 27:3173
Astudillo, Óscar. 27:3341
Astudillo Menéndez, Eulalio. 6:3345
Astudillo Ortega, José María. 20:1044; 21:4700
Astudillo y Ursúa, Pedro. 16:1395
Asturias, Francisco. 7:3780
Asturias, Miguel Ángel. 3:118; 5:331; 7:404; 12:255, 2498; 13:176; 14:2731; 15:2281, 2349; 16:2608, 2659; 17:2443; 20:3907, 4057; 21:4203; 23:4900, 5182; 24:5203; 28:1885, 2263
Asturias Colom, Óscar. 16:3114
Astuto, Philip Louis. 21:2727; 24:5029; 25:3026; 27:79, 3011
Asuar, José Vicente. 26:2197; 28:3000
Asúnsolo, Enrique. 6:4196; 11:3328
Ataíde, J. B. de. 25:1274
Ataíde, Tristão de, pseud. See Lima, Alceu Amoroso.
Ataliba Nogueira, José Carlos. 4:4424
Atanasiú, Andrés Homero. 26:1617
Atayde, Raymundo A. de. 10:3180
Atenea, Concepción. 18:3321
Atenea (Indexes), Concepción. 19:6440
Ateneo, Tuxtla Gutiérrez. 17:3159
Ateneo de Cienfuegos. 6:102
Ateneo Nacional Agronómico, México. 19:1934
Ateneo Popular de Temuco. 12:2436
Athayde, Belarmino Austregésilo de. 9:4128; 14:3003; 17:1851; 24:5757
Atías, Guillermo. 21:3911
Atias, Waldo. 23:4905
Atienza, Antonio. 6:4541
Atienza, J. 12:1663a
Atkinson, William Christopher. 11:61; 24:5049; 26:843
Atkinson, William Walker. 8:4349
Atl, Dr., pseud. See Murillo, Gerardo.
Atlantic Research Corporation, Alexandria, Va. 28:462a
Atlántico (Department). Dirección de Educación. 5:1528
Atlántico (Department). Secretaría de Gobierno. 5:2047; 8:2720
Atlántico (Department). Secretaría de Hacienda. 3:1150; 6:1224
Atlántico: Gaceta del Departamento. 5:2251
Atlântico, Revista Luso-Brasileira, Lisboa. 8:102; 12:63, 709, 710

Atria, Sergio. 12:2620
Atria Ramírez, Guillermo José. 2:3032
Attico Leite, Antonio. *See* Leite, Antonio Attico.
Attolini, José. 8:775, 4044; 13:466; 14:1334; 15:750, 751; 16:928, 928a; 17:997; 19:1857
Attuch, Salim Abib. 7:1649
Attwell de Veyga, Eduardo. 21:4053
Atwater, Mary Meigs. 12:648
Atwood, Elmer Bagby. 26:1307
Atwood, Roberto. 12:3270; 19:1946
Atwood, Rollin S. 1:127; 3:72
Atwood, Wallace Walter. 1:563; 6:2189; 8:2244, 2245; 10:73, 1903
Aub, Max. 19:5045; 24:5400
Aubert de la Rüe, Edgar. 9:2092; **16:392**; 19:2633; 22:2504; 23:2653; 27:2896
Aubier, Dominique. 23:4725; 24:1115
Aubourg, Michel. 17:155; 20:435; 21:228; 22:418; 24:713; 27:1002
Aubréville, A. 19:2605; 22:2505
Aubrey, H. G. 15:752
Aubrun, Charles Vincent. 2:1980; 19:4708; 20:3855; 21:3724; 28:2208
Auchmuty, James J. 3:2449
Auclair, Marcelle. 22:4931
Auderut Barbeito, Arturo. 4:2065
Audivert, P. 14:2785
Audrin, José M. 28:1330
Auer, Väinö. 5:1803; 14:1449; 16:1169; 17:1108; 22:302, 2202, 2358; 27:2826, 2826a
Auernheimer, Raoul. 8:4350
Aufricht, Hans. 25:1585
Augelli, John P. 20:1966; 22:2506, 2507; 24:714, 2858, 2903; 25:2226; 27:1003-1005, 2668, 2896a
Augier, Ángel I. 6:103, 2890, 3920; 10:3751; 28:1770, 2102, 2209
Augier, F. R. 28:761a
Augis, Marc. 24:4431
Auguste, Barry B. L. 25:2607
Auguste, Charles A. 19:2068
Auguste, Gérard Bonaparte. 23:6025
Augustine, *Saint, Bp. of Hippo.* 11:3932; 12:3256; 19:5804; 20:4878b
Augusto, Artur. 6:4277
Augusto, Huberto. 6:4443
Augusto, José. 9:1611, 1612; 10:1344; 14:1200; 22:2008; 23:3938; 25:2711
Augusto, Mario. 14:2732; 26:1563
Augusto Urbina, René. 27:1935
Aujourd'hui, Paris. 28:312
Aulas, Bogotá. 17:988
Auler, Guilherme. 9:4135a; 24:4485; 26:278, 1258
Auler, Hugo. 22:4526
Aulestia O., Alfonso. 24:2032
Aulet Sastre, G. 12:1664
Aulicino, Domingo. 26:1308
Aulie, Wilbur. 21:652
Aulmann, Hans. 6:4532
Aumuller, Adalberto. 7:4821
Aunós, Eduardo. 8:2619
Aureli, Willy. 14:41a; 15:2522; 28:1331
Aures, N. 28:368
Aurora, Santiago de Chile. 27:3012
Aurrecoechea, José María de. 28:970
Austen, Jane. 6:4424; 8:4352
Austin, M. H. 6:4017
Austin, Stephen F. 23:3219
Australia. Legation. Chile. 15:3
Austregésilo, Antônio. 2:2829; 3:311. 3468; 5:4416; 6:5040; 12:2812; 16:2876

Austregésilo, Myriam Ellis. 16:2081, **2082**; 24:4453
Austregésilo de Athayde, Belarmino. *See* Athayde, Belarmino Austregésilo de.
Austria, José de. 24:4164
Auten, John H. 23:1654
Automóvil Club Argentino. 8:2214, 2425; 19:2512; 22:2359; 23:2570; 25:2289-2993; 27:2827
Automóvil Club Boliviano. 18:1291
Autores Alagoanos, Maceió. 6:104
Autran Dourado, Waldomiro. *See* Dourado, Waldomiro Autran.
Auxier, George W. 5:3414
Auza Arce, Carlos. 9:510; 12:454
Avalía, M. P. 4:2977
Avalle-Arce, Juan Bautista. 26:364, 1400, 1400a; 28:1723
Ávalos, Raymond. 24:4073
Ávalos Ansieta, Benigno. 21:4251; 26:180
Ávalos de Matos, Rosalía. 17:365, 366
Ávalos Guzmán, Gustavo. 8:3024
Ávalos Guzmán, Juan. 23:886
Ávalos Vez, León. 19:1946
Ávalos y Figueroa, Diego. 18:2426
Avato, Antonio. 6:4553
Avé-Lallement, Robert Christian Berthold. 20:3260; 25:3821
Avelar, Romeu de. 6:637; 8:4394
Aveleyra-Arroyo de Anda, Luis. 14:140; 16:126, 219a, 220a; 18:26; 19:98-100, 856; 20:88-90, 759; 23:163; 25:179, 180; 26:101, 102; 27:193, 278-284, 419, 1515; 28:128
Avelia, Francisco. 14:1980
Aveline, Nelson. 13:641; 15:693
Avelino, Andrés. 6:5026; 7:5669; 8:4887; 10:4542
Avellán Vite, Alberto. 22:4675
Avellaneda, Jacinto. 9:2214
Avellaneda, Nicolás A. 2:1134, 1138; 4:1723; 23:4804
Avellar, Hélio de Alcântara. 28:1287
Avellar, Pedro de Alcântara. 9:4551
Avellar, Sylvio Corrêa de. 18:1568
Avellar Marqués, J. Q. de. 9:1588
Avellino, F. Ivor D. 8:7
Avenarius, Richard. 14:3473
Avendaño M., Óscar. 7:4157; 8:3750
Avendaño Sepúlveda, Óscar. 22:2392
Avendaño Valdéz, Jorge. 28:1043a
Averkieva, Iu P. 27:129a, 902
Avgherino, Elise. 6:5082; 8:4929
Ávila, Arístides. 4:4281; 10:3148
Ávila, Cruz. 10:4494
Ávila, Federico. 3:2738; 7:1443, 2527, 3761; 9:109; 10:74; 12:1389; 13:969; 24:2954
Ávila, Fernando Bastos de. 19:2634; 20:2108; 27:1646
Ávila, Fortunato. 8:1708
Ávila, Francisco de. 2:1894; 8:415
Ávila, Francisco J. 7:3190; 27:2384
Ávila, Jefferson. 9:922
Ávila, José Bastos d'. 1:1301; 4:394, 395; 5:527; 6:589, 590; 9:588, 589; 10:453; **11**:425, 426; 16:439; 18:1137; 19:2212, 22:950
Ávila, Julio Enrique. 22:4902
Ávila, Pedro. 13:2245
Ávila, Segundo. 1:1663
Ávila C., Fernando. 19:1986
Ávila Camacho, Manuel. 6:2662; 7:949, 2669, 2694, 3702, 3703; 8:1049, 1143, 1461, 2768, 2783, 3554, 3555, 3805; 9:2519; 10:3189

Ávila Camacho, Maximino. 4:2407; 6:2690
Ávila da Luz, Aujor. *See* Luz, Aujor Ávila da.
Ávila de la Vega, Francisco. 16:921a
Ávila Figueroa, Fernando. 12:1507
Ávila Fredes, Sergio. 14:3274
Ávila G., Ramón. 25:2099
Ávila Hernández, Mario. 17:1071
Ávila López, Tomás. 6:3091
Ávila Martel, Alamiro de. 12:1664a, 2970; 13:1624; 14:2180; 24:4127; 25:3561, 3586
Ávila Melo, Newton d'. *See* Melo, Newton d' Ávila.
Avilés, Alejandro. 20:4099a; 23:5113
Avilés, René. 12:1186, 1187; 26:511
Avilés, Santos. 25:4321
Avilés Ballote, Pascual. 7:382
Avilés Blonda, Máximo. 23:5317
Avilés Moreno, Hermógenes. 6:1625, 1626
Avilés Pérez, Luis. 3:2472, 3124; 13:1438
Avilés Solares, José. 2:70
Avilés y del Fierro, Gabriel de. 25:3501, 3503
Avis S., Julio Alberto d'. 10:74a; 25:4106
Avramovic, Dragoslav. 23:1655
Awer, E. 25:737, 738
Axelrod, D. I. 6:2226
Ayala, Eusebio. 18:2115
Ayala, Francisco. 7:2464; 10:4581, 4593; 14:3475; 16:2657; 25:4601
Ayala, Francisco Javier de. 12:1665; 13:1195, 1426; 15:1411
Ayala, José Ramón, h. 2:2538; 11:3656b
Ayala, Juan Antonio. 20:4119
Ayala, Juan de. 28:762
Ayala, Manuel Josef de. 11:1951; 14:1798
Ayala, Miguel Ángel. 7:1851
Ayala, Miguel de. 6:3332b
Ayala, Ramón. 5:2206; 6:2739; 7:2743
Ayala, Segundo F. 8:3639
Ayala, Walmir. 25:4697; 26:2022, 2087; 28:2444, 2663a
Ayala Arce, Arturo. 22:2393
Ayala Báez, Emigdio. 6:4378a
Ayala Duarte, Crispín. 1:1973; 2:2539; 3:3125; 4:4282
Ayala E., Narciso A. 11:816
Ayala E., Roberto. 22:3006
Ayala Echávarri, Rafael. 10:3553; 13:3; 14:1811; 15:1361
Ayala Gauna, Velmiro. 18:2510; 19:4856; 20:3908; 22:4903; 23:4906
Ayala Manzo, Livier. 14:3322
Ayala Mercado, Ernesto. 10:75; 21:2242
Ayala Mercado, Hernán. 5:1410; 7:1444
Ayala Mercado, Manuel. 27:2174
Ayala Michelena, Leopoldo. 16:2782
Ayala Moreira, Rogelio. 23:3785
Ayala Paredes, César M. 26:1706
Ayala Torales, Julio. 12:1244, 1245
Ayala Vergaro, Helio. 16:929
Ayala Z., Alfredo. 13:916, 917; 23:2589; 24:2955
Ayape, Eugenio. 5:2530, 2556-2558; 7:3126; 15:1537, 1538
Ayarragaray, Carlos Alberto. 8:4510; 9:4448; 11:3472-3474; 12:2985; 15:2607; 16:2964; 22:4582; 27:3701
Ayarragaray, Lucas. 1:1143; 3:1793, 2642; 27:14
Ayarza de Morales, Rosa Mercedes. 11:3852
Ayasta González, Julio. 7:5210
Aydelotte, Frank. 8:2969
Ayearst, Morley. 25:2608
Ayensa, Alfonso. 19:1858; 27:1839

Ayestarán, Italo. 17:1384
Ayestarán, Lauro. 7:5518; 9:4821; 11:3801a; 13:2700-2702; 14:3395; 15:2193, 2825; 16:2738, 3199; 19:5646; 25:5245; 26:2170; 28:3001
Ayllón Morgan, Julio. 12:2621
Aylwin Azócar, Patricio. 9:4468; 12:2294; 18:2863; 25:4060
Ayón, Tomás. 20:2302
Ayora, Augusto Mario. 19:4857
Ayres, Fred D. 24:573
Ayres, Lula Cardoso. 25:1301
Ayres de Casal, Manuel. *See* Casal, Manuel Ayres de.
Ayrosa, Plinio. 1:1339; 2:2830; 3:305, 2749, 2789, 2853, 2854; 4:338, 356, 357, 4267, 4283; 9:477, 478; 10:369a, 3146; 16:373, 374; 17:338; 19:750
Ayrosa, Plinio Marqués da Silva. *See* Ayrosa, Plinio.
Ayub M., Alejandro R. 23:2519
Azambuja, Darcy. 2:1478; 3:1893; 5:3961a; 6:4363; 8:2599, 3412, 4898; 11:1806; 22:5485; 24:5742
Azambuja, David X. 3:386
Azancot Vallejo, Alfredo. 25:4065
Azanza J., F. Alberto. 11:1044
Azar, Héctor. 23:5305; 26:1834, 1853
Azara, Félix de. 9:2923, 2924
Azarany Bofanini, Darcilia. *See* Bofanini, Darcilia Azarany.
Azarloza, Ramón. 26:1569
Azarola Gil, Luis Enrique. 2:2033; 4:2784-2786; 6:2992, 2993; 9:2546; 23:3805
Azcárate, Patricio de. 7:5695; 9:4974; 10:4572
Azcárate Rosell, Rafael. 6:3333; 7:440
Azcárate y Rosell, Carlos. 6:4510
Azcuy, Aracelio. 19:2906
Azcuy Alón, Fanny. 14:2893
Azebes, Ángel Héctor. 26:1788
Azéma, Marc Antonin. 19:2513; 21:2003
Azeredo, Carlos Magalhães de. 2:2831, 2832; 6:4278; 16:2897
Azeredo, G. de Carvalho. 11:3558
Azeredo Coutinho, José Joachim da Cunha de. *See* Coutinho, José Joachim da Cunha de Azeredo.
Azeredo Penna, Leonam de. *See* Penna, Leonam de Azeredo.
Azeredo Santos, Theóphilo de. *See* Santos, Theóphilo de Azeredo.
Azevedo, A. da Silva d'. 7:4948
Azevedo, Aldo Mário de. 3:597; 4:1736; 9:1671; 10:1376; 11:1144; 12:1016
Azevedo, Aluízio. 4:4118; 7:4949; 9:4230-4233; 14:3036
Azevedo Antônio Rodrigues de. 10:1388; 11:1206
Azevedo, Armando Dias. 8:4899
Azevedo, Aroldo Edgard de. 7:2375; 8:2521; 10:1421, 1422, 2144-2146; 11:1769; 12:1468; 16:1251, 1295; 17:1204, 1205, 1236; 18:1475, 1476; 19:2672, 2673; 20:2109, 2139; 21:2103-2105; 22:2503, 2508; 25:524; 27:2897; 28:1332
Azevedo, Artur Nabantino Gonçalves de. 20:4420; 23:5547
Azevedo, Carlos de. 19:1201; 20:1158
Azevedo, Carlos Xavier de. 3:3575
Azevedo, Fernando de. 3:1369-1371; 6:5041; 9:109a, 847, 1779; 10:1497; 12:1217b-1217d, 1218f; 14:1180; 16:912, 2021, 3326, 3364; 18:2729, 2730, 3250; 19:2213; 20:1758, 3202,

21:1750; 22:2009; 23:1903, 2359-2362; 25: 2150; 28:1228
Azevedo, Francisco Ferreira dos Santos. 16:2811
Azevedo, Francisco José de. 9:4603
Azevedo, Hilário Bispo de. 28:2446
Azevedo, J. Cordeiro de. 3:526
Azevedo, José Afonso Mendonça de. 11:2598
Azevedo, José Fonseca. 21:1763
Azevedo, Luis Octavio Viotti de. 23:2863
Azevedo, Luiz Heitor Corrêa de. 1:1325; 4:1854; 6:4894-4898; 9:1880, 1881, 4758-4760; 10:1697, 1698, 4422-4427; 11:3811, 3812; 13:2684; 14:3363; 17:2840; 18:2993, 22:5700, 5701; 23:5700; 24:5900; 25:5201; 26:2186
Azevedo, Luiz Manoel. 3:2805
Azevedo, Manuel Antônio Álvares de. 7:4989; 8:4184a; 9:4275; 21:4376; 23:5504
Azevedo, Murillo Nunes de. 28:2575
Azevedo, Olmiro. 2:2957
Azevedo, Oswaldo Benjamin de. 7:1695; 10:1397; 11:1165, 1186
Azevedo, Pedro Cordolino Ferreira de. 17:1852
Azevedo, Philadelpho. 7:5221, 5222, 5268; 14:3131; 15:2612
Azevedo, Raul de. 8:4185; 9:1752; 13:2320; 14:2251, 3004
Azevedo, Salvio de Almeida. 6:1642; 7:1726, 2376; 10:2253
Azevedo, Thales de. 7:539, 2006; 10:1637; 13:397; 15:1278, 1832; 17:3053, 3054; 19:2699, 4033, 6064; 20:1, 3203, 4957, 4958; 24:808, 6327; 25:525; 27:1516, 4213
Azevedo, Tupinambá de. 28:2595
Azevedo, Vicente de. 1:1382, 23:4577
Azevedo, Víctor de. 8:3467; 9:3389
Azevedo, Walter Alexander de. 14:2275; 28:1005a
Azevedo Bastos, Sebastião de. See Bastos, Sebastião de Azevedo.
Azevedo Branco, Nelson de. See Branco, Nelson de Azevedo.
Azevedo Cardoso, Brício Maurício de. See Cardoso, Brício Maurício de Azevedo.
Azevedo Côrrea, Celso Augusto de. See Côrrea, Celso Augusto de Azevedo.
Azevedo Correia, Raimundo da Mota de. See Correia, Raimundo da Mota de Azevedo.
Azevedo de Silveira Neto, Manuel. See Silveira Neto, Manuel Azevedo de.
Azevedo do Amaral, Ignácio Manuel. See Amaral, Ignácio Manuel Azevedo do.
Azevedo Filchtiner, Maria de. See Filchtiner, Maria de Azevedo.
Azevedo Filho, José Bueno de Oliveira. 6:3611
Azevedo Franco, Ary. See Franco, Ary Azevedo.
Azevedo Leão, Manoel. See Leão, Manoel Azevedo.
Azevedo Marques, Manuel Eufrázio de. See Marques, Manuel Eufrázio de Azevedo.
Azevedo Neto, Roberto Marinho de. 28:2576
Azevedo Neto, Vasco. 10:2188
Azevedo Pizarro e Araújo, José de Sousa. See Araújo, José de Sousa Azevedo Pizarro e.
Azevedo Sodré, Ruy de. See Sodré, Ruy de Azevedo.
Aznar, Luis. 2:1753; 6:4978; 7:2993; 25:5387
Aznar, Manuel. 17:1555

Aznar Barbachano, Tomás. 11:2337; 14:2084
Aznárez, Jorge. 5:1827
Aznárez, Julio Gregorio. 9:1529
Azócar, Ricardo de. 21:2212
Azócar, Rubén. 5:3741
Azócar Gauthier, Octavio. 17:644, 1025
Azofeifa, Isaac Felipe. 3:3388, 3389
Azogue Rivero, Susana. 28:3039
Azopardo, Mercedes G. 28:1062
Azorim, Neston. 16:3027
Azpilcueta, Tomás F. 5:2607
Azpurúa, Ramón. 4:2929
Azpurúa Feo, F. 3:2092
Azpurz, Lázaro de. 19:3288
Aztiria, Enrique. 14:3283
Azuaje, José. 15:1005
Azuela, Mariano. 1:960, 1990, 2038; 3:3231; 4:3980, 3988-3990; 5:3742, 3774, 3775; 6:4128; 7:4691, 4711; 8:2970; 10:3660; 11:3232-3235; 12:2499; 13:2079; 14:2818; 15:2282; 19:4858; 23:4805, 4907; 25:4021; 26:1550
Azuela, Mariano, Jr. 23:2032
Azuela, Salvador. 24:3851, 3973
Azuela Arriaga, María. 19:4959
Azula Barrera, Rafael. 11:2278; 12:2000; 21:2262
Azzarini, Emilio. 26:2171
Azzini, Juan Eduardo. 12:1000; 18:782; 23:1845

B. B. A. A. (Boletín Bibliográfico de Antropología Americana), México. 27:118
Baare-Schmidt, H. C. 5:3384
Baarsch, Hildegard. 27:2302
Babcock, Charles E. 6:146; 8:8
Babelon, Jean. 19:3216; 25:3027
Babín, María Teresa. 12:2308; 20:4238; 22:3215, 4802; 23:5141, 5352
Babin, S. 24:2938
Babini, José. 10:1473; 14:3457; 15:1362; 19:5739, 6701; 20:4750; 21:4814
Baçados, Pedro Donoso. 4:4336
Bacalao Silva, P. 5:2197
Bacarreza, Zenón. 22:808
Bacas, Constantina. 18:1896
Baccino Pons, Víctor. 22:4509
Bacelo, Nancy. 23:5114
Bach, Federico. 1:197; 4:1277a, 3616; 5:841; 6:918; 7:912, 913; 9:1079; 12:754
Bachelard, Gastón. 14:3457
Bachiller y Morales, Antonio. 3:1477a, 3331; 16:1879; 20:2303
Bacigalupo, Alfredo. 21:2304
Bacigalupp, Jorge. 3:1698
Baciu, Stefan. 25:3394; 27:3382
Back, Kurt W. 23:630; 25:5646; 27:4083
Backheuser, Alcina. 3:1372
Backheuser, Everardo. 3:1373; 7:1765; 8:1871, 3468; 9:1780; 10:1498, 2148, 2254; 11:1321; 12:1218g, 1452; 13:694
Backhouse, Hugo. 16:28
Backström, Erik. 27:1640
Backus, Richard C. 4:2305, 4298; 12:2964
Bacon, Francis. 7:5697; 12:3527; 14:3474; 15:2929
Bacon, Ruth E. 3:2911
Bacqué, Norberto Carlos. 4:4352
Badanelli, Pedro. 24:4250
Badano, Víctor M. 6:413, 414; 8:2426; 11:279; 14:349; 20:303; 25:334

Badaracco, Agustín J. 2:201; 5:391; 6:432, 545
Badel, Dimas. 9:2102
Badía, Nora. 16:2783
Badía Malagrida, Carlos. 14:1325
Badía-Margarit, Antonio M. 20:3628; 26:1309
Badii, Líbero. 28:236
Badillo, Víctor M. 21:1980
Bado, Augusto C. 1:486; 2:1542
Bad'ura, Bohumil. 28:478a
Baegert, Johann Jakob. 8:233; 18:264
Baella, Humberto. 17:2776
Baer, Barbara. 14:2819
Baer, Kurt. 22:1149, 1150; 26:143
Baer, Mary. 14:267; 15:369; 24:623
Baer, Phillip. 14:267; 15:369; 24:623
Baer, Werner. 25:1405; 27:1641, 2303-2303d, 2897a
Baeres, María. 25:1507
Baerle, Kaspar van. 6:638, 3564
Baeta Neves, Lourenço. See Neves, Lourenço Baeta.
Baethgen, Raúl E. 10:4210; 15:1340b
Báez, Carmen. 25:4302
Báez, Cecilio. 2:1513, 2341, 2999; 4:1146; 7:5141; 10:2817
Báez, Jorge, h. 26:1162
Báez, Juan Romualdo. 3:1699; 6:2338
Báez, Mauricio. 20:4945; 25:1639
Baéz Acosta, Pedro. 27:2241
Báez Allende, Amadeo. 6:2000; 8:3074
Báez-Camargo, Gonzalo. 1:1030; 10:1606
Báez Castro, Zadit. 7:5312
Báez Soler, Osvaldo. 14:1266
Baeza, José. 6:2891
Baeza Flores, Alberto. 3:3281; 5:3824; 7:4773, 4774; 8:4098, 4099; 9:4030; 10:3705; 11:2988, 3277; 12:2051; 20:2906; 21:4054, 4055, 4099; 23:5115; 24:5490; 25:2609; 28:2013a
Baeza Gajardo, Mario. 21:4056; 28:3070
Baeza Goñi, Arturo. 23:4200
Baeza Marambio, Mario. 10:4201; 26:2198
Baeza y Acévez, Leopoldo. 2:3120; 16:3077
Baginsky, Paul H. 5:98; 6:105
Baglai, Marat Viktorovich. 23:4500
Bagley, William C. 7:5079
Bagliano, María Teresa. 26:189
Bagrow, Leo. 2:2273
Bagú, Sergio. 3:2643; 4:3867i; 5:2745; 15:1412, 1413; 16:3342; 18:1684; 26:1060
Báguena Visconti, Enrique. 9:1447
Baguidy, Joseph D. 19:5376
Bahamonde, Antonio. 6:919, 2663
Bahia, Juarez. 28:2399
Bahia, Renato. 20:3204
Bahiana Machado, José Carlos. See Machado, José Carlos Bahiana.
Bahiense, Norbertino. 18:532
Bahlis, Jorge. 3:60; 4:81
Bahlsen, Gerhard. 25:3219; 26:410
Bahoz Ramírez, Julio. 11:983
Bahr, Carlos. 9:1781
Baia. Arquivo Municipal. 16:2113, 2114, 2206-2209
Baia (State). Arquivo. 4:3446; 11:2621; 26:1190
Baia (State). Bôlsa de Mercadorias e Valôres. 7:1756
Baia (State). Departamento de Estatística Geral e Publicidade. 4:826
Baia (State). Departamento Estadual de Estatística. 4:868, 869; 6:1880; 14:629; 17:1256

Baia (State). Secretaria da Educação e Saúde. 14:2495; 16:581
Baião, Antônio. 2:1661, 1895
Baidaff, León. 7:3142
Baigué, Jaime. 7:1143; 8:1307; 18:776
Bailão, Jamil Munhoz. 19:1725
Bailby, Edouard. 27:2304
Bailey, Alfred M. 7:2095
Bailey, Helen Miller. 18:3343; 21:5021; 24:18, 624
Bailey, Jessie Bromilow. 6:2892
Bailey, Martin J. 25:1668
Bailey, Norman A. 27:2120, 3013
Bailey, Richard Eugene. 10:2868
Bailey, Stephen K. 10:3236
Bailey, Thomas A. 2:2421; 4:3681
Bailey, W. Diffie. 3:2256
Bailly, Gustavo Adolpho. 4:699, 4296
Bailly, Luiza. 6:3811
Bainbridge, Douglas. 21:800
Baiocco, Pedro J. 6:1417; 8:1544; 15:650
Bairão, Reynaldo. 16:2898; 23:5505
Baird, Joseph Armstrong, Jr. 20:958, 959; 21:922; 23:1430; 25:1154; 26:144
Bairon, Max A. 8:375; 11:1689
Baity, Elizabeth Chesley. 17:2
Baja California (Territorio Norte). Gobierno. 17:1347
Bajarlía, Juan Jacobo. 7:3406; 10:2958, 2959; 16:2739; 18:2615; 22:5191
Bajma, Teresa. 22:5104
Baker, E. C. 28:7, 835a
Baker, James A. 27:3763
Baker, Kenneth W. 11:881
Baker, Nina Brown. 15:1675
Baker, R. E. D. 6:2215; 10:2033
Baker, Ray Stannard. 5:3415
Baker, Robert G. 27:194
Baker, Wallace R. 19:5545
Baker, G. A. & Co., New York. 7:123
Bakkegard, B. M. 24:5916
Baklanoff, Eric N. 27:1642, 2121; 28:103, 1333
Bákula Patiño, Miguel. 24:4343
Bal, Rosita. 13:2662
Bal y Gay, Jesús. 6:4920; 13:2663; 15:2783, 2812; 16:3157; 24:5901
Balach, José. 6:3346
Balaguer, Joaquín. 10:3614; 14:2567; 16:1882, 1894, 2539; 19:4709; 21:2264, 3804; 23:3410; 25:3371
Balán, Américo Abraham. 20:1019
Balanço Econômico, Rio de Janeiro. 16:897; 17:781
Balarini de Ogueta, Dagoberto. 23:4631
Balassa, Béla. 27:1643
Balay, Esteban. 5:1248
Balay, Marciano A. 21:2004; 25:2294
Balboa, Alfonso. 28:1819
Balboa, Manrique. 21:3912
Balboa, Manuel. 27:2127
Balboa Troya y Quesada, Silvestre de. 8:3889; 28:1724
Balbontín, Manuel. 22:3007
Balbontín Moreno, Manuel G. 26:1136; 28:1176, 1176a
Balbuena, Bernardo de. 20:3721; 28:1725
Balbuena, Gerardo. 8:2798
Balcázar, Juan Manuel. 23:3600
Baldana, Juan. 11:3475; 12:3082
Baldasarre, Pedro B. 5:4090; 10:4059; 15:1292
Baldassari, Ernesto. 6:2339; 7:2239
Baldeon L., D. G. 18:1306
Balderrama, Bernardino, 9:2889

Balderrama González, Adalid. 24:2016; 27:2175
Baldessarini, Francisco de Paula. 9:4533
Baldessarini, Hugo. 23:2864
Baldinger, Kurt. 28:1510
Baldinger, Wallace S. 16:535
Baldomir, Alfredo. 5:2229; 6:2710; 7:2718; 9:2549
Baldorioty de Castro, Román. 20:2971
Baldrich, Alberto. 16:3387
Baldry, R. A. 4:2122
Baldus, Herbert. 3:221, 353; 4:339, 358, 1821; 5:435, 436; 6:517, 518, 2057, 3533; 7:540, 1977; 8:383, 3541; 9:479, 507; 10:370-374, 2149; 11:352-354; 12:312, 385, 386, 416; 13:301, 312-314; 14:478-480; 15:432; 16:375-377; 17:342; 18:139, 328, 329; 19:751, 764, 765; 22:450; 23:718-721, 3940, 6201; 24:809; 25:526; 27:108, 109, 531, 1202-1202c, 1216b, 1248
Baldwin, Faith. 8:4353; 9:4304
Baldwin, Hanson W. 5:3360; 7:3704
Baldwin, Leland Dewitt, 9:2597
Baleato, Andrés. 26:850
Baleeiro, Aliomar. 2:968; 4:733; 16:3028; 18:2171a; 22:1601, 2648; 23:4642; 24:4901
Balem, João Maria. 7:3596
Balen, Willem Julius van. 5:1774; 21:5003
Balesta, Luis M. 4:2234
Balestra, Juan. 1:1149
Balestrini Filho, Jorge. 21:3252
Balhana, Altiva Pilatti. 21:2106; 22:6022; 26:1259
Balharry, Adriana A. de. 24:3517
Baliari, Eduardo. 16:523
Baliñas, Ricardo. 19:4859
Baliño, Carlos. 7:2629
Ball, Mary Margaret. 25:2610
Ball Lima, Guillermo. 6:4583; 8:2620
Balla, Andrés. 24:5603, 5612
Ballagas, Emilio. 1:2083; 6:4197; 9:3989; 12:2622, 2681; 19:5003
Ballantyne, R. M. 8:4354
Ballester, Juan. 11:297
Ballester, Rodolfo E. 7:1431
Ballesteros, Julián de. 11:3043; 14:2671
Ballesteros, Pío. 12:1666
Ballesteros Beretta, Antonio. 8:2855, 3028; 11:1949, 1952; 13:1197, 1198; 15:1414; 16:1475; 19:3108, 3210
Ballesteros Gaibrois, Manuel. 2:1754; 6:2804; 9:2638; 11:4; 13:1173, 1196, 1204a, 1223; 14:1843; 15:1415; 16:1517; 19:441, 3109, 3419; 20:2406; 22:2817; 25:105, 252, 609, 3039, 3372; 27:103, 833; 28:531a
Ballesteros Porta, Juan. 27:1840
Ballesteros Usano, Antonio. 6:2031; 10:1462; 14:1842
Ballesteros Zendejas, José L. 11:739
Balli, Juan Bautista. 16:1549, 2519
Ballinas, Juan. 17:242
Ballinger, Rex Edward. 17:2305; 24:5641
Ballivián, M. V. 1:2274
Ballivián Calderón, René. 5:2509; 6:1627; 7:3705; 9:1417, 1418; 11:984; 12:911
Ballivián S., Armando. 12:3042
Ballivián y Rojas, Vicente de. 1:2269
Ballón Benavides, Federico. 6:3714
Ballstaedt, Élio. 19:5227
Ballvé, Faustino. 22:4583
Balmaceda de Josefé, Esperanza. 10:3447; 13:654
Balmaceda Toro, Pedro. 7:4775
Balmaceda Valdés, Eduardo. 7:3509

Balmacedo Cardoso, Plinio. See Cardoso, Plinio Balmacedo
Balmori, Clemente Hernando. 7:4435
Balogh, Thomas. 25:1406
Balsa Antelo, Eudoro. 8:4568; 27:3764
Balseiro, José Agustín. 8:4087; 13:2213; 15:1715; 23:5116; 25:4239; 26:715; 28:1760
Balsells Rivera, Alfredo. 23:4908; 24:5203a
Balser, Carlos. 21:204, 211; 22:209; 23:300; 24:405, 1601; 25:290, 1102; 27:420, 421, 448; 28:144
Balta Hugues, José. 10:1285, 2098
Baltar, Antônio Bezerra. 17:1171; 24:6328
Balthasar, Juan Antonio. 10:2547; 23:3119
Baltimore Museum of Art. 23:1351
Baltra Cortés, Alberto. 2:793; 23:1656; 25:3696; 27:1644
Balzac, Honoré de. 8:4355; 9:4305
Bálzamo, José de. 27:3246
Balzer, C. A. 6:806
Balzer, Carmen. 28:3253a
Bambill, Benjamín A. M. 19:2873
Bañados, Guillermo M. 5:1855
Bañales Lizaso, Miguel. 17:2222; 24:4709
Banas, Geraldo. 20:1401; 22:1604
Banaskiwitz, Geraldo. 13:605; 18:864
Banchero, Anderssen. 28:2045
Banchs, Ireneo Ernesto. 15:2667
Banco Agrícola de Bolivia, La Paz. 16:701
Banco Agrícola del Perú, Lima. 4:1168 5:1351; 10:1286
Banco Agrícola Hipotecario, Bogotá. 4:1576
Banco Agrícola Hipotecario, Guatemala. 4:1420, 1420a
Banco Agrícola y Pecuario, Caracas. 15:975; 17:722; 18:800, 801
Banco Capitalizador de Monterrey, 16:930
Banco Central de Bolivia, La Paz. 2:787; 3:846; 4:1056a; 5:1267; 7:1445, 1446, 1566; 8:1637; 9:3617; 10:1200; 11:985; 12:912; 15:887; 16:702; 17:641, 642; 18:641, 642
Banco Central de Bolivia. Sección Estudios Económicos y E tadísticos. 18:642
Banco Central de Chile, Santiago de Chile. 1:452; 2:794; 3:857, 872; 4:1069, 1078; 5:1297, 1298; 6:1516; 7:1475, 1476, 1571; 8:1677; 9:1447a, 1448; 10:1225; 11:1003; 12:929-931; 14:1059, 1060; 15:898; 16:710-712; 17:645 647; 18:656-658; 20:1311
Banco Central de Costa Rica, San José. 17:574; 18:700, 701; 19:1466; 21:1328
Banco Central de Guatemala, Guatemala. 6:1008; 7:1043; 8:1470; 10:951
Banco Central de Honduras, Tegucigalpa. 17:590; 18:750, 751
Banco Central de la República Argentina, Buenos Aires. 1:370; 2:722, 727; 3:729, 774, 775; 4:877, 936, 5:1168, 1201, 6:1384, 1418; 7:1319, 1359; 8:1544; 9:1321; 10:1100; 11:911; 16:866; 17:758; 18:838; 24:4879
Banco Central de la República Argentina. Oficina de Investigaciones Económicas. 5:1168; 12:865
Banco Central de la República Dominicana, Santo Domingo. 16:675; 17:624; 18:717
Banco Central de Reserva de El Salvador, San Salvador. 4:1458; 10:984; 12:805; 15:866; 16:627; 17:581; 18:731, 732
Banco Central de Reserva del Perú, Lima. 1:473, 474; 2:868, 871-873; 3:905, 923; 4:1169; 5:1343; 9:1505; 10:1287, 1288;

11:1073; 15:954-956; 16:783; 17:704, 705; 18:761-763; 23:1841
Banco Central de Venezuela, *Caracas.* 7:1269; 8:1449; 9:1204; 11:882; 12:847; 13:565, 566; 15:976-978; 16:809; 17:723; 18:802, 803; 20:1354; 25:1640
Banco Central de Venezuela. Departamento de Investigaciones Económicas y Estadísticas. 20:1354
Banco Central del Ecuador, *Quito.* 1:463; 2:854, 854a; 3:898, 899; 4:1129; 6:1541, 1542; 7:1500; 9:1487; 10:1266; 11:1049; 12:958; 14:1073; 15:941, 942; 17:693; 18:722-724; 25:1633
Banco Central del Ecuador. Departamento de Investigaciones Económicas, *Quito.* 21:5319
Banco Central del Paraguay. Departamento de Estudios Económicos, *Asunción.* 21:1340-1343
Banco Central do Brasil, *Rio de Janeiro.* 3:632
Banco Central Hipotecario, *Bogotá.* 4:1577; 5:1059
Banco Central Hipotecario del Perú, *Lima.* 4:1170; 8:1719; 9:1506
Banco Centroamericano de Integración Económica. *Tegucigalpa.* 27:1936, 1936a.
Banco Comercial, *Montevideo.* 27:2286
Banco Comercial do Estado de São Paulo. 3:637, 734
Banco de Bogotá. 4:1578; 5:1060
Banco de Colombia, *Bogotá.* 5:1061
Banco de Comércio e Indústria de Minas Gerais, *Bello Horizonte.* 3:636
Banco de Comércio e Indústria de São Paulo. 3:633
Banco de Crédito da Amazônia, *Pará.* 18:865
Banco de Crédito del Perú. Oficina de Estudios Económicos, *Lima.* 16:784
Banco de Crédito Hipotecario Nacional de Guatemala, *Guatemala.* 3:1043; 6:1317
Banco de Crédito Industrial Argentino, *Buenos Aires.* 11:912; 14:1035; 16:867; 17:759
Banco de Guatemala, *Guatemala.* 16:632; 18:742, 25:1612
Banco de la Nación Argentina, *Buenos Aires.* 2:728, 1114; 3:776; 4:937; 5:1202; 6:1419; 7:1360; 9:1322; 10:1101 11:913, 914; 12:866; 16:868; 17:760, 761
Banco de la Provincia de Buenos Aires, *Buenos Aires.* 4:938; 8:1546
Banco de la Provincia de Córdoba, *Córdoba.* 17:739; 18:839
Banco de la Provincia de Tucumán, *Tucumán.* 4:939; 8:1547
Banco de la República, *Bogotá.* 1:303; 2:598; 3:1152; 4:1579; 5:1062; 6:1186, 1360; 8:1397; 10:308; 11:850; 16:750, 751; 17:680, 681; 18:678-680; 23:1657; 28:984
Banco de la República del Paraguay, *Asunción.* 6:1561; 7:1510; 8:1709
Banco de la República Oriental del Uruguay, *Montevideo.* 1:487; 3:953; 4:1203; 5:1376; 6:1604; 7:1551; 8:1741; 9:1530; 10:1315; 11:1099; 12:1001; 15:963, 964; 16:796; 17:712; 18:783, 784; 26:246 28:300
Banco de México, *México.* 6:974; 7:964; 8:1118; 10:3448; 12:755; 13:467; 14:940, 947; 15:753; 16:930a; 17:845; 18:918; 19:1859, 1967; 20:1465; 22:1706; 23:2004; 24:2110; 25:1538, 1559
Banco de México. Biblioteca. 23:2004

Banco de México. Departamento de Investigaciones Industriales. 21:1453, 1454; 22:1400, 1707, 1708; 23:2005, 2006; 24:2095
Banco de México, Oficina de Investigaciones Industriales. 19:1935
Banco de México. Oficina de Productividad Nacional. 22:1708
Banco de Nuevo León, *Monterrey.* 16:930b
Banco de Reserva de la República Dominicana, *Santo Domingo.* 13:533; 16:676, 835
Banco de Seguros del Estado, *Montevideo.* 3:954
Banco de Venezuela, *Caracas.* 2:656; 4:1663, 1664; 5:1113; 6:1255; 10:1072
Banco del Paraguay, *Asunción.* 10:1274; 15:949; 17:701; 18:759
Banco del Perú y de Londres, *Lima.* 5:1356; 9:1507
Banco do Brasil, *Rio de Janeiro.* 1:415; 4:735, 736; 7:1585; 8:1829; 9:1613; 12:1110; 13:611; 15:664, 665; 16:880, 881; 17:782, 783; 19:1701; 20:1402; 21:1401, 5301; 23:1904
Banco do Brasil. Carteira de Exportação e Importação, *Rio de Janeiro.* 17:807; 18:866, 867
Banco do Brasil. Museu e Arquivo Histórico. 28:379
Banco do Estado da Guanabara. 25:1300
Banco do Estado de São Paulo, *São Paulo.* 3:634, 635; 4:737; 18:868, 27:2372
Banco do Nordeste do Brasil, *Fortaleza.* 22:1605; 23:1905; 25:1709
Banco do Rio Grande do Sul, *Pôrto Alegre.* 2:989, 738, 739; 14:1130; 16:898; 18:869
Banco Hipotecario de Bogotá. 4:1580; 5:1063
Banco Hipotecario de Chile, *Santiago de Chile.* 7:1572; 8:1658; 9:1449
Banco Hipotecario de Colombia, *Bogotá.* 4:1581, 1703
Banco Hipotecario de El Salvador, *San Salvador.* 7:1085; 8:1215; 10:985; 17:582
Banco Hipotecario de Nicaragua, *Managua.* 4:1433; 6:1026
Banco Hipotecario del Uruguay, *Montevideo.* 3:955; 4:1204; 5:1377; 7:1580; 16:797; 17:713; 18:785, 786
Banco Hipotecario Nacional, *Buenos Aires.* 2:729, 730; 4:940; 5:1208; 6:1420; 7:1362; 8:1530, 1548; 10:1102; 16:869, 870
Banco Hipotecario Nacional, *Cochabamba.* 3:847; 4:1057; 5:1268; 9:1419
Banco Industrial de Jalisco, *Guadalajara.* 16:930c
Banco Industrial del Perú, *Lima.* 7:1535; 11:1074; 16:785
Banco Interamericano de Desarrollo. *See* Inter-American Development Bank.
Banco Italiano-Lima, *Lima.* 8:1735
Banco Mercantil, *La Paz.* 9:1420
Banco Mercantil de Monterrey. 16:930d
Banco Mineiro do Café, *Bello Horizonte.* 3:638
Banco Minero de Bolivia, *La Paz.* 3:848; 5:1269, 1332; 6:1499; 7:1447; 8:1638; 9:1421; 15:888; 16:703; 21:2029
Banco Minero del Perú, *Lima.* 16:786; 18:765
Banco Nacional de Bolivia, *Sucre.* 4:1058; 7:1567
Banco Nacional de Comercio Exterior, *México.* 5:842; 6:959; 15:754; 17:846; 847; 18:919, 920; 19:1936, 1937; 21:1455; 22:1401, 1709-1711; 23:2007; 24:2137; 25:1539; 27:1645, 1841; 28:503a, 774

Banco Nacional de Costa Rica, *San José.* 3:1036; 4:1400; 8:1156; 11:794, 795; 13:496; 14:892; 15:860, 861; 16:620; 18:702
Banco Nacional de Crédito, *Guayaquil.* 1:464; 2:853, 858-861; 3:900
Banco Nacional de Crédito Agrícola, *México.* 3:983; 4:1278, 1279; 5:843; 6:974a; 7:985; 9:1222; 15:755; 16:975; 17:848; 22:2913, 2914
Banco Nacional de Crédito Ejidal, *México.* 4:1709-1712; 5:844; 8:1119-1121, 1462; 10:883; 11:740; 15:756; 16:930e; 17:849; 19:1967a; 22:1712
Banco Nacional de Cuba, *La Habana.* 16:662; 17:605; 18:707; 19:1426; 21:1330
Banco Nacional de Desenvolvimento Econômico, *Rio de Janeiro.* 27:2313
Banco Nacional de Fomento, *Quito.* 16:766; 17:694; 27:2069
Banco Nacional de México, *México.* 15:757; 16:930f; 17:850; 18:921; 19:1968; 20:1466-1472; 24:2096
Banco Nacional de Panamá, *Panamá.* 2:524; 4:1439
Banco Nacional del Comercio Exterior, *México.* 16:930g
Banco Nacional del Ejército y la Armada, S. A., *México.* 16:930h
Banco Nacional do Desenvolvimento Econômico, *Rio De Janeiro.* 21:1402
Banco Nacional Hipotecario Urbano y de Obras Públicas, *México.* 4:1280, 1281; 16:930i, 2421; 17:851; 23:2008; 28:3106
Banco Nacional Obrero de Fomento Industrial, *México.* 4:1282
Banco Regional del Norte, *Monterrey.* 16:930j
Banco Venezolano de Crédito, *Caracas.* 8:1450
Báncora Cañero, Carmen. 22:3444
Bancroft, Howland. 5:772
Bancroft, Huldah. 9:621
Banda C., Francisco. 3:891; 4:2123; 9:2215
Banda Farfán, Raquel. 23:4909, 4910
Banda y Vargas, Antonio de la. 28:183
Bande, Jorge. 19:1350
Bandecchi, Pedro Brasil. 25:3783, 3805; 28:1271, 2577
Bandeira, Antônio Rangel. 14:784; 19:5333; 20:4299, 4394; 22:5549; 23:5403; 26:316
Bandeira, Geraldo Rangel Tôrres. 7:4856
Bandeira, Luiz Alberto Moniz. 23:5506; 27:3247
Bandeira, Manuel. 1:2144; 3:2750, 3469, 3566; 4:422, 423, 4119, 4120; 5:570, 3890; 6:4279-4281, 4394; 7:666, 5074; 8:840, 4186, 4358, 4444; 9:4118, 4276; 10:3820; 11:3427; 12:2813, 2912; 14:3057-3060; 15:69, 2217; 16:2920, 2922; 17:2626-2628; 18:2716, 2722, 2731; 19:5228-5230, 5334, 5335; 20:4300, 4395; 21:4288; 22:5450, 5451; 23:5563; 25:4698, 4734; 26:1453, 1924, 2023; 28:2578-2581, 2613, 2664
Bandeira de Mello, Affonso de Toledo. *See* Mello, Affonso de Toledo Bandeira de.
Bandeira de Mello, Francisco. *See* Mello, Francisco Bandeira de.
Bandeira de Mello, Lydio Machado. *See* Mello, Lydio Machado Bandeira de.
Bandeira de Mello, Manoel Caetano. *See* Mello, Manoel Caetano Bandeira de.
Bandeira de Mello, Oswaldo Aranha. *See* Aranha, Oswaldo.
Bandeira Duarte, Margarida Estrela. *See* Duarte, Margarida Estrela Bandeira.
Bandeira Duarte, Oto Carlos. *See* Duarte, Oto Carlos Bandeira.

Bandeira Filho, Manuel Carneiro de Sousa. *See* Bandeira, Manuel.
Bandeira Ryff, Beatriz. *See* Ryff, Beatriz Bandeira.
Bandeiras, Luis Alberto Moniz. 28:1334
Bandelier, Adolph F. 6:433
Bandera, Manuel M. de la. 23:2954
Bandera Molina, Juan. 10:884; 11:827
Banderas Cañas, Héctor. 3:468
Bandin Hermo, Manuel. 17:1591
Banegas Galván, Francisco. 4:2522, 3042; 5:2859; 6:3296; 23:2929
Banfi, José. 9:5019
Banfield, A. F. 20:2034a
Bangham, Walter N. 13:500
Banks, E. P. 20:428, 655a
Banks, Nathan. 4:133
Banner, Horace. 24:810
Bannister, Bryant. 27:285
Bannon, John Francis. 5:2352; 11:2060; 13:1121, 1302; 20:2501; 26:345; 28:532a
Baños, José M. 3:1826
Banque Française et Italienne pour l'Amérique du Sud, *Paris.* 25:1408
Banque Nationale de la République d'Haïti, *Port-au-Prince.* 8:1293, 1294; 9:1154; 10:1026; 11:838, 839; 12:819, 820; 13:538; 14:928, 929; 15:852; 16:648; 17:629, 630; 18:748, 749
Banquerizo Moreno, Alfredo. 6:2647
Bantug, José P. 18:1631
Bañuelos, J. Félix. 4:2413
Bañuelos, Juan. 28:2103, 2104
Baptista, César O. 25:1540
Baptista, Federico G. 19:1458
Baptista, João. 11:3810
Baptista, Priscilla. 27:1393
Baptista, Trino. 3:2102
Baptista, Víctor Manuel. 5:2216; 6:2754; 7:2756
Baptista da Luz, José. *See* Luz, José Baptista da.
Baptista de Lima, Manuel C. *See* Lima, Manuel C. Baptista de.
Baptista de Magalhães, Mário. *See* Magalhães, Mário Baptista de.
Baptista de Oliveira. 8:4234
Baptista Filho, Olavo. 5:3188; 18:3165
Baptista Gumucio, Mariano. *See* Gumucio, Mariano Baptista.
Baptista Magalhaes, Homero. *See* Magalhaes, Homero Baptista.
Baptista Martins, Pedro. *See* Martins, Pedro Baptista.
Baque, Santiago. 2:3127
Baqueiro Anduze, Oswaldo. 7:383
Baqueiro Fóster, Gerónimo. 7:384; 8:4776, 4799-4803; 10:4454, 4455; 12:3413; 26:2227; 28:3107, 3108
Baquerizas, José Manuel. 21:2213
Baquerizo Maldonado, J. M. 23:2251
Baquero, Gastón. 10:3522; 12:1172
Baquero, Jenaro. 27:1992, 1992a
Baquero C., José A. 6:1543; 17:1327
Baquero Lazcano, Emilio. 21:3441
Bara, Modesto. 20:2407
Barabino, Américo. 14:2609; 16:2465
Baragaño, José Álvarez. 22:1124
Barager, Joseph R. 23:3750; 25:3587
Barahona, Rubén. 6:3887; 16:1405
Barahona J., Luis. 19:4511, 6065
Barahona López, Ernesto. 9:2523
Barahona S., Orlando. 13:468; 14:2402
Barahona Streber, Óscar. 13:1925; 14:2532
Baraibar, Bolívar César. 27:1585

Barajas, Manuel. 9:4784, 4785, 4878
Barajas Manzano, Javier. 22:1713
Baralis, Lorenzo. 7:1320
Baralt, Blanche Z. de. 11:2989
Baralt, Luis Alejandro. 14:2970; 15:2852; 20:4200; 26:1852
Baralt, Rafael María. 5:2267; 21:3630; 28: 2105
Barandiarán Kruger, Estela. 24:4089
Baranson, Jack. 27:1937
Baraona, Rafael. 25:1669
Barata, Antero Barradas. 9:4378
Barata, Antonio. 8:4420
Barata, Francisco José Rodrigues. 10:2046
Barata, Frederico. 10:729, 744; 16:242, 248; 17:170; 18:578; 19:299; 20:311;
Barata, Hamilton. 6:4282; 8:4268
Barata, Joaquim de Magalhães Cardoso. 10: 2255
Barata, Julio. 4:2277
Barata, Mário. 7:649, 681, 3597; 8:887; 9:1968; 10:713; 18:533; 19:1202; 22:1301; 23:1555, 1566; 25:1262, 1263, 1310, 1311; 26:262, 263, 279, 280, 287, 288, 296, 317; 28:313-313b, 336, 340, 364, 380-380b
Barata, Rui Guilhelme. 9:4277
Barata Vianna, Sylvio. See Vianna, Sylvio Barata.
Baratta, Augusto. 9:286; 11:212
Baratta, María de. 3:460; 6:4911; 8:2054; 9:4706; 16:3186; 18:310, 3035; 19:3217
Baratta, Mario C. 23:4600
Baraya Borda, Guillermo. 28:887
Baraza, Agustín. 17:1816
Barba, Antonio. 28:770
Barba, Enrique M. 2:2422; 3:2252; 7:3407; 8:3233; 11:2166, 2451, 2467, 2572; 17:1756; 21:2763
Barba de Piña Chan, Beatriz. 20:91; 21:52; 25:459
Barba González, Silvano. 7:2682; 8:2779; 21:2801; 25:3220
Barba Jacob, Porfirio, pseud. See Osorio, Miguel Ángel.
Barba Salinas, Manuel. 22:4803; 23:4911
Barbacci, Rodolfo. 4:49; 7:5576; 11:3845; 15:2793, 2822
Barbachano, Manuel. 17:1656
Barbachano Ponce, Miguel. 28:1820
Barbagelata, Aníbal Luis. 16:1381
Barbagelata, César. 12:722
Barbagelata, Héctor-Hugo. 17:2096; 18:1605, 2951; 19:1469, 5507, 5575
Barbagelata, Hugo David. 2:1619; 3:3127; 13:2562; 14:2820; 24:5491
Barbagelata, José. 11:2542; 14:847
Barbagelata, Lorenzo. 11:2303
Barbalho, Gilberto Guerreiro. 25:3784
Barbanson, W. de. 18:311
Barbará, Federico. 11:404
Barbará, Julieta. 6:4485
Barbarito, Severio. 4:2446
Barbêdo, Alceu. 14:1672
Barber, Charles H. 5:845, 1690, 1705
Barberena, Santiago I. 16:128
Barbero, Giuseppe. 25:1665
Barbey, Daniel. 17:1101
Barbieri, Célio Salles. 24:4903
Barbieri, Honório. 8:4671; 9:4648
Barbieri, Lázaro. 26:392
Barbieri, Sante Uberto. 24:3740
Barbieri, Vicente. 11:3098; 23:5306
Barbieri de Santamarina, Estela. 11:1684; 12:1385; 13:896, 974; 15:1133; 23:2571

Barbis, René. 25:1401
Barbosa, A. L. M. 23:2688
Barbosa, Alberto Lemos. 3:306; 15:2462; 17:339; 21:686; 22:809
Barbosa, Almiro Rolmes. 7:4930; 9:4234, 4235; 20:4364
Barbosa, Amador Parreira. 10:2150
Barbosa, Claudio Tavares. 12:2876; 22:5463
Barbosa, Domingos Caldas. 22:5464
Barbosa, Edgar. 26:2088
Barbosa, Enrique. 9:413
Barbosa, Florentino, Father. 12:2198; 15:1791
Barbosa, Francisco de Assis. 9:4136; 15:2523; 18:2732; 19:4002; 21:4285; 23:3941; 24:3490; 26:46, 1202; 28:314, 369, 2573
Barbosa, Getúlio Vargas. 27:2898, 2898a
Barbosa, J. C. Horta. 14:1189, 1190
Barbosa, J. Tomás. 6:1562
Barbosa, Jorge. 5:4490
Barbosa, José Celso. 21:2953
Barbosa, José Rodrigues. 7:5536
Barbosa, José Telles. 12:3141
Barbosa, M. A. Caldas. 9:1782
Barbosa, M. Gomes. 14:1118
Barbosa, Manoel de Aquino. 16:2022, 2192; 17:1853
Barbosa, Mário de Lima. 16:2202
Barbosa, Mário do Nascimento. 25:4061
Barbosa, Nair Durão. 8:1872
Barbosa, Octávio. 5:1654, 1908; 6:1734, 1739, 2473; 7:1675; 9:2304, 2314; 17:1172; 19:2603; 27:2899
Barbosa, Raymundo Rodrigues. 18:2849
Barbosa, Rodolpho Pinto. 27:2899a
Barbosa, Ruy. 5:3125; 6:3675; 10:3113; 11:2641; 12:2180; 13:695, 1740-1745; 14:2320-2322, 2339, 2340, 2348, 3308-3310; 15:1965, 1886-1888, 2589, 2680, 2705; 16:2023, 2193, 2194, 2968; 17:1924d, 1924e; 18:2166a, 2172-2175; 19:4003, 4068, 4080-4085, 5231; 20:3205, 3261, 3273-3279; 21:3313-3316; 22:3858-3860; 23:3942, 3943; 24:4486; 25:3822; 28:1335
Barbosa, Waldemar de Almeida. 28:1229
Barbosa Coelho, Arnaldo. See Coelho, Arnaldo Barbosa.
Barbosa da Silva, Alexandre. See Silva, Alexandre Barbosa da.
Barbosa da Silva, José Fabio. See Silva, José Fábio Barbosa da.
Barbosa de Faria, João. See Faria, João Barbosa de.
Barbosa de Oliveira, Albino José de. See Oliveira, Albino José Barbosa de.
Barbosa de Oliveira, Américo Leonidas. See Oliveira, Américo Leonidas Barbosa de.
Barbosa de Oliveira, C. A. See Oliveira, C. A. Barbosa de.
Barbosa Leite, João. See Leite, João Barbosa.
Barbosa Lessa, Luís Carlos. See Lessa, Luís Carlos Barbosa.
Barbosa Lima, Adroaldo. See Lima, Adroaldo Barbosa.
Barbosa Lima Sobrinho, Alexandre José. See Lima Sobrinho, Alexandre José Barbosa.
Barbosa Moreira, José Carlos. See Moreira, José Carlos Barbosa.
Barbosa P., Julio C. 2:3107
Barbosa Rodrigues, Dilke de. See Rodrigues, Dilke de Barbosa.
Barbosa Rodrigues Pereira, Renato. See Pereira, Renato Barbosa Rodrigues.
Barboza, Enrique. 5:4403; 6:4987, 4988; 8:4900; 9:4922a; 10:1622

Barboza de la Torre, Pedro A. 23:324; 25:1259
Barboza Mello, Iris B. de. See Mello, Iris B. de Barboza.
Barboza Mello, José. See Mello, José Barboza.
Barbour, George B. 20:92
Barbour, Martha Isabella Hopkins. 2:2083
Barbour, Philip L. 6:170a
Barbour, Philip Norbourne. 2:2083
Barbour, Thomas. 2:521, 1318a; 6:2294; 11:1638
Barbour, William R. 8:2258
Barbuy, Heraldo. 7:5710; 17:2865
Barçante, Itagyba. 12:1065
Barcelar de Oliveira, Wilson. See Oliveira, Wilson Barcelar de.
Barcellos, Fernanda Augusta Vieira Ferreira. 18:3229
Barcellos, Jayme de. 7:5097
Barcellos de Magalhães, Roberto. See Magalhães, Roberto Barcellos de.
Barceló, Antonio R. 7:2007; 8:2111
Barcelona, Fidel de. 20:656, 1974
Barcelona. Cámaras Oficiales del Libro. 2:19
Barcelos, Ramiro Fortes. 28:2611
Bárcena Echeveste, O. 14:1664, 2200
Barcia, Roque. 5:3464
Barcia Bonifatty, Emilia. 4:1805; 14:1294
Barcia Carballido y Zúñiga, Andrés Gonzáles de. 17:1477a
Barcia López, Arturo. 6:4584-4586
Barcia Trelles, Augusto. 7:2800; 13:1830; 17:1757
Barcia Trelles, Camilo. 9:3545; 15:1416; 24:4030
Barclay, Hartley W. 4:2375; 5:846, 2126
Barclay, Lillian Elizabeth. 4:1822
Barclay, Wade Crawford. 11:2723
Barco Peña, José. 4:4317
Barcos, Julio R. 9:961; 26:1061
Bard, Samuel A., pseud. See Squier, Ephraim George.
Bardales B., Rafael. 16:1018; 19:2071
Bardález, Héctor. 4:2124
Bardallo, Julio R. 18:2974; 25:4120, 4121
Bardasano, José. 27:742
Bardi, Pietro Maria. 14:799a; 20:1150; 20:1150; 21:1170; 22:1325; 23:1567; 28:370
Bardi, L. Bo. 16:578
Bardin, James C. 6:3930; 7:4516, 4517; 8:3935
Bareilles, Óscar S. 17:2833, 2838; 24:5930
Bareiro Saguier, Rubén. 28:2071
Barella, Carlos. 12:932
Barfield, Louis. 24:526
Bargalló, Modesto. 20:2408
Bargallo Cirio, Jorge E. 8:4569
Bargallo Cirio, Juan Miguel. 25:5326
Bariani Ortencio, W. See Ortencio, W. Bariani.
Barili, Roberto T. 26:1062
Barillier, Pedro. 6:3235
Barina, Augusto. 21:2382
Barinas (State). Secretaría General de Gobierno. 5:2196; 6:2717; 8:2814; 9:2555
Baring, Maurice. 9:4306
Barioli, Eduardo. 4:3712
Barisani, Blas. 26:1063
Barja, César. 6:4959; 11:3853a
Barker, Eugene C. 14:2106
Barker, George C. 13:1970; 16:2466; 19:4661
Barker, James. 20:576
Barker, Nancy Nichols. 23:3221

Barker, Paul. 24:462; 27:451, 1006
Barkmeier, J. H. 5:824
Barletta, Leónidas. 9:3919; 11:3180, 3181; 21:3913; 22:4904; 23:4912; 24:5283; 25:4587; 28:1942
Bar-Lewaw, Itzhak. 24:5492; 25:4493a; 26:1454
Barlow, Nora. 22:2203
Barlow, Robert Hayward. 9:231-233, 2685, 2703; 10:154, 170-172, 207, 208, 547, 548, 594; 11:152, 153, 191-194, 1377, 1398, 1399, 1427; 12:146-149, 162, 163, 171-173; 13:104-106, 130-132, 152, 180, 201, 1122, 1255, 1275, 1303; 14: 141, 205-207, 210, 237, 268, 1803, 1829; 15:200-204; 16:188, 320; 18:111; 19:626; 20:190, 191, 656a; 22:502; 25:610, 611; 27:683-685
Barlow, Samuel L. M. 9:4766; 10:4397
Barnardi, Alessandro Luciano. 22:2282
Barnaya Gálvez, Francisco. 5:1561
Barnes, Malcolm. 21:2407
Barnes, Nancy. 9:3154
Barnes, William Sprague. 27:1805, 3827
Barnes and Noble, Inc. 6:92
Barnetche, Alfonso. 16:931
Barnett, Clifford R. 25:3413; 27:3418, 4144
Barnett, Homer Garner. 20:2
Barnett, L. 3:1100; 4:1465
Barnett, O. H. 6:2459
Barney Almeida, Carlos. 19:6026
Barney Cabrera, Eugenio. 28:259
Barnhart, Donald S. 22:1475
Barnhart, Edward N. 25:2611
Barnola, Pedro Pablo. 11:3044; 19:4710; 20:4003; 23:3619; 24:4157, 4164; 28: 2106
Barnouin, Jack. 24:1905
Barnoya Gálvez, Francisco. 9:3021
Barnstone, Willis. 27:688a
Barnum, Phineas Taylor. 8:4356
Baroffio, Orestes. 8:3976; 14:842
Baron, Maurice. 9:4662
Baron, Salo W. 20:3259
Barón Castro, Rodolfo. 1:1089; 8:1216; 9:2751; 11:62; 12:1667, 1796; 14:208; 16:1589; 21:653, 3631; 23:3350; 25:3028; 26:698
Barón S., Campo E. 5:1063a
Barona Lobato, Juan. 17:2729, 3031
Baroni, Thopazio. 7:2442
Barquero, Efraín. 20:4058; 21:4057;
Barquero, Sara Luisa. 3:2608; 11:2373
Barquín, María del Carmen. 12:2814
Barr, Jr., A. H. 10:628
Barra, Emma de la. 4:3991
Barra, F. L. de la. 4:3528a
Barra, Felipe de la. 14:1685; 23:461, 3824; 24:4377, 5210, 1025; 28:297
Barra, Luis León de la. 8:2971a; 9:2752
Barra, Luis Prestes. 18:1392
Barra y Valenzuela, Pedro. 10:244; 19:199
Barrabé, L. 2:1255
Barraclough, Solon. 25:1409
Barradas Barata, Antero. See Barata, Antero Barradas.
Barrado, Arcángel. 22:3471
Barragán, Estela V. 24:274
Barragán, Luis. 18:482
Barragán, Manuel L. 8:3827
Barragán Rodríguez, Juan. 12:2009
Barral, Basilio María de. 22:810, 935
Barral, Germinal. See Don Galaor, pseud.
Barral Souto, José. 22:2360

Barrales V., José. 22:2699
Barran, José P. 28:1027a
Barrancos, Leonilda. 8:3751
Barranquilla. Empresas Públicas Municipales. 4:1605
Barrantes, Emilio. 6:2058; 12:1194
Barrantes Ferrero, Mario. 22:2263; 25:3200
Barras de Aragón, Francisco de las. 1:829; 2:1981; 7:4566; 12:1668; 13:1256; 16:1650; 17:1507; 18:1292, 1737, 1786, 1992; 21:2383
Barrau, José. 8:1508, 2621; 9:1323; 21:1300
Barraza, Carlos F. 7:2994
Barraza Meléndez, Martín. 28:1887
Barreda, Carlos A. 10:2099
Barreda, Ernesto Mario. 3:3232
Barreda, Felipe Alberto. 20:3061; 23:3825
Barreda, Flavio. 3:3728
Barreda, Gabino. 7:5614
Barreda, J. Alberto. 11:1715; 18:2974a
Barreda, Nicolás de la. 23:887; 27:1394
Barreda, Octavio. 3:476; 5:722, 3825; 10:696; 11:635; 12:649
Barreda, Pedro F. 25:2249
Barreda Bedoya, Augusta. 24:4928
Barreda y Laos, Felipe. 3:3069; 5:2608; 8:3234; 9:2639; 10:2457, 2960; 11: 2304, 2452; 12; 1912a, 1986; 13:1199, 1779; 14:1762, 2421; 19:3823; 23: 2763
Barredo, Antonio O. 14:1036
Barreira, Dolor Uchôa. 14:3005; 17:2579; 20:4301
Barreiro, A. J. 1:671
Barreiro, José P. 4:3219; 6:3347, 3348; 9:4885; 13:1447; 17:1758, 2324, 2936
Barreiro, Luis María. 13:681
Barreis, David A. 16:93
Barrenechea, Ana María. 17:2223; 19:4512; 21:3085; 28:1943
Barrenechea, Julio. 1:2084; 9:4101; 11:3278; 20:4059; 21:5014; 24:5411; 26:1707
Barrenechea, Mariano Antonio. 5:4456; 7: 5518a; 10:4493
Barrenechea Núñez, Rubén. 24:5251
Barrenechea Torres, Adráin. 24:4308
Barrenchea y Raygada, Óscar. 7:3537; 13:1653, 2595; 14:2434
Barrera, Carlos. 21:2802
Barrera, Claudio. 17:2452
Barrera, Héctor. 17:2477
Barrera, Isaac J. 1:1932, 1974; 5:2692, 3776; 6:3050; 7:3191; 10:3554; 13: 2027, 2181; 15:1634, 1753; 19:4662; 20:3802 21:2305, 3806; 24:4158; 25: 3732; 26:1455
Barrera Aceves, Joaquín. 6:1314; 19:3218
Barrera B., Jaime. 3:234; 6:3051; 13:1921
Barrera Fuentes, Florencio. 15:2345; 16: 1365; 20:2808
Barrera Graf, Jorge. 9:4564; 21:4548; 22:4619; 27:3765
Barrera Osorio, Abelardo. 25:3201
Barrera Reyes, Arturo. 20:3400
Barrera Romero, Manuel. 27:2212
Barrera V., Humberto. 3:1753; 6:2190, 2384; 7:2294, 3089; 15:1126
Barrera Valverde, Alfonso. 22:5105; 23:5117
Barrera Vásquez, Alfredo. 1:31, 2:87; 4: 123, 197, 243; 5:252, 253, 324, 4256; 7:285, 286, 385, 386, 1985; 9:318, 377, 1943; 10:245; 11:532; 12:123, 244; 14:209, 259; 15:205; 16:358; 17:53,
124; 22:109; 23:888, 908; 25:612; 27: 418, 686, 687
Barrera y Álvarez, Gabriel de la. 17:53
Barrera y Domingo, Francisco. 19:3378a
Barreras y Martínez Malo, Antonio. 2:3036; 6:2628, 4511
Barrero Pérez, Juan G. 24:4035
Barres, Francisco. 8:1591; 9:1324; 10:1103
Barret, Paul. 1:113; 2:1; 3:3; 5:190; 13:78; 15:357, 358
Barret de Nazario, Esther. 8:3183
Barrêto, A. Rocha. 6:1791
Barreto, Abeillard. 26:1191
Barreto, Abilio. 3:3470; 8:4269; 16:2024
Barreto, Adolpho Castro Paes. 4:813; 5:1463; 9:1699, 1700; 13:1009; 19:2674
Barreto, Afonso Henriques de Lima. 1881-1922, 9:4236; 14:3037, 3038; 15:2523; 16: 2877; 17:2602; 19:5232-5234; 23:5564
Barreto, Aníbal. 22:3802
Barreto, Arnaldo Oliveira. 9:4398-4402
Barreto, Benedicto Bastos. See Belmonte, pseud.
Barreto, Benito. 28:2447
Barreto, Carlos Eduardo. 23:4501
Barreto, Carlos Xavier Paes. 2:3027; 4:2284a; 13:1746; 24:4442; 25:3823
Barreto, Ceição de Barros. 4:1738; 5:4372; 9:4753
Barreto, Emilio G. 2:875, 876; 6:1583; 9: 1518; 12:979
Barreto, Felícitas. 23:722
Barreto, Félix G. 11:2453
Barreto, João de Barros. 4:613, 614; 6:1852; 13:1889; 14:1154
Barreto, Lêda. 27:2306, 3249
Barreto, Manuel de Almeida. 21:3253
Barreto, Paulo Thedim. 3:367; 4:417; 19: 1217, 1218
Barreto, Plinio. 13:585, 1736
Barreto, Romano. 11:1451
Barreto, S. Silva. 28:2582
Barreto, Ubirajara Pereira. 7:1604
Barreto Correia d'Araújo, Ignes. See Araújo, Ignes Barreto Correia d'.
Barreto da Silva, Amaro. See Silva, Amaro Barreto da.
Barreto de Almeida, Rómulo. See Almeida, Rómulo Barreto de.
Barreto de Menezes, Tobias. See Menezes, Tobias Barreto.
Barreto Falcão, Pedro. See Falcão, Pedro Barreto.
Barreto Filho, João Paulo de Melo. 5:3175; 7:3573
Barreto Filho, José. 7:5630, 5659; 13:2278; 17:2868; 19:5253; 20:4312; 23:5416
Barreto Guimarães, Antônio. See Guimarães, Antônio Barreto.
Barreto Pinto, Edmundo See Pinto, Edmundo Barreto.
Barrett, Linton Lomas. 11:3045; 12:2815; 13:2028; 14:2611; 15:4; 17:2224, 2580; 20:4391; 23:5450; 24:4003; 26:1210; 27:1236, 2953a
Barrett, Maude T. 19:4435
Barrett, Rafael. 9:3955
Barrett, Ralph P. 22:900
Barrett, S. A. 7:1900
Barrett, W. 27:2770
Barrett, William E. 4:3288; 6:3468; 18:2116
Barri, León, h. 24:2618; 5:2322; 16:1651
Barría Serón, Jorge I. 26:1137; 27:2213
Barrial Domínguez, José. 18:1993
Barrientos, Alfonso Enrique. 21:3914; 26:1564
Barrientos Arango, José. 27:1277; 28:1511
Barrientos Gutiérrez, Pablo H. 13:1625

Barrientos R., Juvenal. 9:610, 611
Barrientos Restrepo, Samuel. 19:5535
Barriga, Juan Agustín. 7:4712
Barriga, Víctor M. 5:2460, 7:633; 10:505, 549; 13:1427; 14:1937; 15:1559a; 17:1385; 18:444, 1849; 20:2739
Barriga Alarcón, Julio. 9:3043
Barriga Boggiano, José Manuel. 2:3075
Barriga Errázuriz, Luis. 15:2047
Barriga M., Guillermo. 22:2428
Barriga Rivas, Rogelio. 18:2511, 2512
Barriga Villalba, Antonio María. 4:1645
Barril, Esperanza F. de. 28:1512
Barriobero y Herrán, E. 8:4927
Barrionuevo, Roberto. 26:1610
Barrionuevo de Morote, Lelia. 10:1689
Barrionuevo Imposti, Víctor. 15:1186, 1590, 2118; 19:3824
Barrios, Eduardo. 3:3333; 5:3777; 10:3661; 14:2734; 16:2609; 17:2349; 22:4905 23:4913; 28:2014
Barrios, Gilberto. 16:2692
Barrios, Gonzalo. 27:3555
Barrios, Luis A. 5:464
Barrios, Modesto. 13:1555; 24:4015
Barrios, Valentín. 17:2350
Barrios Berumen, Ernesto. 19:3219
Barrios Cruz, Luis. 20:4060
Barrios de Ángelis, Dante. 17:2730; 20:4544
Barrios Díaz, Luis. 17:1095
Barrios E., Miguel. 16:326; 19:627
Barrios Klee, Hugo. 25:3333
Barrios Mora, José Ramón. 14:2672
Barrios Pintos, Aníbal. 28:1212
Barro y Segura, Antonio. 9:1131; 10:994
Barroetaveña, F. A. 6:3340
Barros, A. B. Buys de. 7:4036; 10:3349; 11:2868
Barros, Aida Osthoff Ferreira de. 25:2339
Barros, Álvaro. 22:3528
Barros, C. Paula. 16:3176
Barros, Carlos S. de. 27:3810
Barros, Daniel. 22:1453
Barros, Domingos Borges de. 12:2926a
Barros, Dora C. de. 6:1934
Barros, Edgard de Vasconcelos. 7:2377
Barros, Ernani Thimoteo de. 18:3189
Barros, Eudes. 4:4215
Barros, Eudoro H. Lins de. 22:1606
Barros, Fausto Ribeiro de. 10:2151; 18:1431
Barros, Fernando Corrêa de. 27:2954a
Barros, Francisca de. 16:2826
Barros, Francisco José da Costa. 7:2378
Barros, Frederico Pessoa de. 26:1925
Barros, Geraldo Mendes. 23:1906
Barros, Gessner Pompílio Pompeo de. 11:1856
Barros, Gilberto Leite de. 20:2125
Barros, H. Víctor de. 4:1205, 3682
Barros, Haidine da Silva. 27:2900
Barros, Henrique de. 19:1702
Barros, J. Leitão de. 16:2923
Barros, Jacy Rêgo. 5:3153; 8:3386; 20:2246
Barros, Jaime de. 2:2834; 4:3683; 7:3706-3708; 8:9; 9:3464, 3526, 3527, 4137; 10:3821
Barros, João Alberto Lins de. 21:3317
Barros, João de. 2:1629, 1663; 3:2751, 3471, 3472; 4:4121
Barros, José Miguel. 28:1062a
Barros, Juan. 3:3332
Barros, Laércio D. de. 7:2397
Barros, Luis. 27:1618
Barros, Luiz Teixeira de. 10:3141
Barros, M. da Costa. 4:2036
Barros, Manuel. 7:2240
Barros, Manuel de. 25:4699
Barros, Maria da Gloria. 4:1737
Barros, N. C. Brito. 19:2214
Barros, Nelson Lobo de. 11:1115
Barros, Oscar C. 3:3689; 8:2799
Barros, Richomer. 9:1614
Barros, Romualdo M. de. 10:2152
Barros, Roque Spencer Maciel de. 24:4419
Barros, Ulpiano de. 6:2568
Barros A., Raquel. 25:5219, 5220; 26:2199; 28:3071
Barros Aldunate, Diego. 17:654
Barros Arana, Diego. 8:3304; 24:3701
Barros Barreto, Ceição. See Barreto, Ceição de Barros.
Barros Barreto, João de. See Barreto, João de Barros.
Barros Barreto, Osvaldo. 16:1948
Barros Borgoño, Luis. 2:2423; 3:2522; 4:2978, 3140; 9:3092; 14:31
Barros Braga, Belmiro Belarmino de. See Braga, Belmiro Belarmino de Barros
Barros Brotero, Frederico de. See Brotero, Frederico de Barros.
Barros Carvalho, Mauro de. See Carvalho, Mauro de Barros.
Barros Cavalcanti, Mário de. 15:1214
Barros de Orrego, Martina. 8:3305
Barros Ferraz, Manoel. See Ferraz, Manoel Barros.
Barros Ferreira, Miguel Angelo. See Ferreira, Miguel Angelo Barros.
Barros Filho, Theotônio Monteiro de. 4:795
Barros Granco, José Miguel. 16:2292
Barros Grez, Daniel. 23:5307; 26:2200
Barros Hurtado, César. 9:2388, 16:1318, 2222
Barros Jarpa, Ernesto. 2:3128; 8:4652; 20:4591; 23:2901
Barros Latif, Miran Monteiro de. See Latif, Miran Monteiro de Barros.
Barros Lins, Álvaro de. See Lins, Álvaro de Barros.
Barros Lins, Ivan Monteiro de. See Lins, Ivan Monteiro de Barros.
Barros Machado, Labieno de. See Machado, Labieno de Barros.
Barros Martins, Fernando de. See Martins, Fernando de Barros.
Barros Monteiro, Washington de. See Monteiro, Washington de Barros.
Barros Ortiz, Diego. 14:1514; 20:3909
Barros Paiva, Tancredo de. See Paiva, Tancredo de Barros.
Barros Penteado, A. A. de. See Penteado, A. A. de Barros.
Barros Pinto, José de. See Pinto, José de Barros.
Barros Prado, Eduardo. 16:30
Barros Santos, Osvaldo de. See Santos, Osvaldo de Barros.
Barros Sierra, José. 6:4921, 4922; 7:5577
Barros y Arana, María Celina. 28:1063
Barros y Arango, Francisco de los. 16:84
Barroso, Antônio Girão. 5:3891; 16:2899
Barroso, Geonísio Carvalho. 24:2053
Barroso, Gustavo. 1:1273, 1346; 2:1469, 2837; 3:1845, 1846, 2806; 5:3189, 3892, 4037; 6:3612; 7:3598, 8:888; 9:4118, 4237; 12:2789; 15:2518; 21:1164, 3254; 22:3803, 3804; 25:3785, 4634
Barroso, Maria Alice. 28:2448

Barroso, Octavio. 3:638b
Barroso, Paurillo. 7:5448
Barroso, Sebastião M. 3:2753
Barroso Cid, Rafael. 8:4531
Barroso Leite, Celso. *See* Leite, Celso Barroso.
Barroso Ramos, Julião. *See* Ramos, Julião Barroso.
Barrozo, José. 22:1607
Barrozo Netto, Joaquim Antônio. 9:4842, 4843
Barruel de Lagenest, H. D. *See* Lagenest, H. D. Barruel de.
Barrueto H., Renato. 6:1634
Barry, Alfredo M. 4:878
Barry, William. 11:63
Barsante dos Santos, Antônio. *See* Santos, Antônio Barsante dos.
Barsky, León. 5:1249
Bartas, Jolanda. 7:1978
Bartels, J. 6:2385
Barth, Fredrik. 14:527
Barth, Gilbert. 27:3076
Barth, Helen A. 27:1862
Barth, Pius Joseph. 11:2061
Barth, Rudolph. 27:2900a
Barthel, Thomas S. 17:125; 18:106, 197; 19:200, 201; 20:192, 193, 657; 21:103; 22:503; 23:432, 433, 781, 782, 813, 25:253; 27:110, 111, 1257-1257b
Barthelmess, Artur. 27:2901
Bartholomeu, Hermes. 9:1783, 1784
Bartholomew, Roy. 20:4061
Bartlett, Christopher J. 21:2902
Bartlett, Frederic P. 10:1033; 12:1341
Bartlett, Katharine. 8:2972
Bartlett, Ruhl J. 11:1948
Bartolomeo Carlomagno, Roberto. 17:2791; 18:2964
Bartoloni Ferro, Abraham. 1:1477; 5:4133; 10:3962; 11:3476
Barton, D. R. 7:271
Barton, G. T. 21:229
Bartonio, Ludovico. 20:657a
Bartos, Lubomír. 28:1513
Bartos, Robert E. 27:3383
Bartra, Agustín. 27:688; 28:2103
Bartra, Enrique T. 28:1043
Baruch, José. 15:2721
Barufaldi, Rogelio. 28:2210
Barvozamen, Enrique. 5:4402
Barwick, Steven. 16:3211; 28:3109
Bary, David, 21:4141; 25:4494, 4514; 26:1789; 28:2211
Barzun, Jacques. 28:120
Bas, Jorge. 26:916
Bas Torriente, Eladio. 19:3703
Basabe Castellanos, Carlos. 4:1265; 9:1531
Basadre, Jorge. 1:1234; 2:4, 2464; 3:5, 2198, 2199, 2254, 3649; 4:3779, 3850, 4522; 5:1548a, 2587, 3079, 3256, 4201, 4258; 6:116, 2805, 3473-3476; 7:3565, 4594; 8:3350, 3351; 9:110, 2640, 3330, 3331, 4604; 10:3074, 3075, 4227-4230; 11:2539, 2540, 3668; 12:2143; 13:1654; 14:1938, 2152; 15:1765; 16:1076; 17:1354, 1386; 20:4230, 4723; 23:3826; 25:3739, 4008; 26:811, 1026, 1027
Basadre y Chocano, Modesto. 20:3062
Basagoda, Roger. 7:4491
Basaldúa, Héctor. 16:525; 26:1635; 28:1937
Basaldúa, Ismael. 14:3238
Basaldúa, Pedro de. 27:3014

Basalenque, Diego. 28:558a
Basalo, Miguel A. 18:1814
Basas Fernández, Manuel. 28:854
Basauri, Carlos. 2:116; 7:427; 8:223; 10:1638; 18:265
Basave Fernández del Valle, Agustín. 14:2386; 22:5860; 24:3852, 6013, 6026; 25:5302, 5320, 5321; 26:2319; 28:3241, 3254
Basbaum, Leoncio. 12:3546; 21:3318, 22:3861; 23:1907
Basbaum, Naum. 23:5455
Basch, Samuel. 9:3155
Bascom, Burt. 22:900
Bascom, Wiliam R. 16:351; 18:238; 19:575
Bascumán Echeverría, Jorge. 4:1095
Bascuñán, Arturo. 5:1856
Bascuñán Valdés, Aníbal. 11:1862; 14:3316; 17:2435; 19:5409; 27:3608
Basehart, Harry. 27:112
Basel (City). Museum für Völkerkunde und Schweizerisches Museum für Volkskunde. 27:286
Basílico, Ernesto. 27:3174
Basilio, Concepción. 22:504; 889; 24:152
Basillo, Hermano. 24:448
Basombrio, Juan Luis. 1:1610, 1611; 3:924
Basper, Gabriel Segundo. 17:2351
Bass, W. L. 2:547
Bassagoda, Roger D. 10:5753; 17:2478
Bassave, Luis de. 8:705
Basseches, Bruno. 24:4420
Bassetti, Gian. 16:129
Bassewitz, Maria Pavão V. 9:1785
Bassi, Ángel C. 8:3235
Bassi, Hugo G. L. 18:1285; 19:2514
Basso, Hamilton. 18:2168a
Basso Maglio, Vicente. 6:3769
Bassols, Clementina B. de. 24:3949
Bassols Batalla, Ángel. 19:2413; 22:2264; 23:2009; 24:2880; 25:2253-2255; 27:1842
Bassols Batalla, Narciso. 14:941; 17:1956; 18:915; 25:3221
Bastani, Tanus Jorge. 22:3805
Bastardi, Francisco. 28:2344
Bastert, Russell H. 23:2764
Bastian Pinto, Luís. *See* Pinto, Luís Bastian.
Bastian Pinto, Oscar. *See* Pinto, Oscar Bastian.
Bastianciz, Agostino. 4:2125
Bastida R., Luis. 9:1568
Bastidas, Luis I. 5:4202; 8:4610
Bastidas Villota, Antonio. 15:1318
Bastide, Paulo Arbousse. 3:1364; 10:1495; 22:2212
Bastide, Roger. 5:3126; 8:4187; 9:1786, 4138; 10:375; 11:3361; 12:387; 16:3365; 17:339a, 490, 2994; 18:521, 3154, 3213-3214, 3230; 19:5305, 6066; 21:4919, 4920; 23:724, 6000, 6026; 24:811; 25:4240
Bastien, Lisa. 20:1046
Bastien, Rémy. 10:228; 12:278, 3409; 17:54, 243, 2995; 18:3220
Bastin, Edson E. 7:2096
Basto Ferrer, Anêmona Xavier de. *See* Ferrer, Anêmona Xavier de Basto.
Basto Girón, Luis J. 19:3437
Bastos, A. C. Tavares. 3:1655, 2893; 4:3508
Bastos, A. D. Tavares. 23:5543
Bastos, C. Tavares. 4:3388
Bastos, Abguar. 3:3535; 6:1646, 3539, 4486; 7:5035, 5081
Bastos, Anadye do Nascimento. 3:3550

Bastos, Arthur de Miranda. 3:527; 7:1650 1651, 2379; 8:1808, 1809, 3469; 9:1753; 10:1429; 13:628; 14:1167; 15:683; 20:1403, 2086
Bastos, Danilo. 4:4122; 5:607
Bastos, Haydée Di Tommaso. 12:701
Bastos, Humberto. 4:615; 5:1464; 6:1677, 1700-1704; 7:1652, 1653, 2352, 2380, 4857; 8:1762, 4188; 10:1327, 1377, 1499; 14:1090; 15:1889; 18:870; 19:1703, 1704; 22:1608
Bastos, João Pereira. 23:4632
Bastos, M. E. Fernando. 3:1665
Bastos, Murillo de Miranda. 6:2493
Bastos, Reynaldo. 5:1999
Bastos, Sebastião de Azevêdo. 21:3255
Bastos, Uacury Ribeiro de Assis. 25:3824
Bastos, X. Tocary Assis. 28:3338
Bastos Barreto, Benedicto. See Belmonte, pseud.
Bastos d'Avila, José. See Avila, José Bastos d'.
Bastos de Avila, Fernando. See Avila, Fernando Bastos de.
Bastos de Menezes, Durval. See Menezes, Durval Bastos de.
Bastos de Menezes, Osvaldo. See Menezes, Osvaldo Bastos de.
Bastos Meira, Cecil Augusto de. See Meira, Cecil Augusto de Bastos.
Bastos Ribeiro, María José. See Ribeiro, María José Bastos.
Bastos Silva, Geraldo. See Silva, Geraldo Bastos.
Bastos Tigre, Heitor. See Tigre, Heitor Bastos.
Bastos Tornaghi, Hélio. See Tornaghi, Hélio Bastos.
Bastos Villas-Boas, Naylor. See Villas-Boas, Naylor Bastos.
Basulto Jaramillo, Enrique. 19:5478
Basulto Verduzco, Daniel. 27:1647
Basurto, Luis G. 8:619 18:2680; 20:4206; 21:4204; 23:5343; 24:5604; 26:1882
Basurto G., Alfredo. 7:1869
Bataillon, Claude. 27:2749; 28:577a
Bataillon, Marcel. 16:1476; 17:1508; 18:1685-1687, 1737a; 19:3110, 3220; 20:2409-2411, 2740; 21:2384, 2728; 23:890; 24:4084, 5030; 25:3481; 26:365, 1401; 28:854a
Batalha, Jair Rocha. 18:1477
Batalha, Wilson de Souza Campos. 19:5499; 25:4107, 4131
Batchelor, C. Malcolm. 19:5235; 20:4302; 22:5532
Bateman, Alfredo D. 6:2267; 7:4215; 20:3026; 21:1970; 27:2739
Bates, Henry Walter. 10:3114
Bates, Margaret J. 8:4672; 11:3668a; 12:2682; 13:2279; 21:4142, 4913
Bates, Marston. 14:1376; 18:1231
Bates, Nancy Bell. 14:84
Batini, Tito. 7:4950; 9:4238; 11:3407; 12:1121; 25:4635
Batis-Martínez, Agustín Huberto. 28:1761
Batista, Djalma. 25:2340
Batista, Eugenio. 21:972
Batista, Geraldo de Faria. 11:2800
Batista, Juarez da Gama. 28:2400
Batista, Nair. 5:563; 6:639; 7:666a
Batista, Raul. 18:2733
Batista, Zótica. 6:4550
Batista Ballesteros, Isaías. 25:2832
Batista C., Juan B. 8:9a
Batista de Oliveira, F. See Oliveira, F. Batista de.

Batista Filho, Olavo. 18:1502
Batista Mota, Dina. See Mota, Dina Batista.
Batista Pereira, Antônio. See Pereira, Antônio Batista.
Batista y Zaldívar, Fulgencio. 5:2098, 2804; 10:2350; 24:5328; 25:2765, 2766; 27:3384
Batiz, Juan de Dios. 3:1447
Batiza, Sarah. 28:1821
Batiza Berkowitz, Rodolfo. 7:2670; 19:1968a, 5514; 22:4548
Batlle, Lorenzo. 14:2213
Batlle Berres, Luis. 15:1340c
Batllori, Miguel. 18:1632, 1688; 19:5767; 20:4820; 28:9, 956
Batres, Marco Antonio. 3:2152; 7:4270;
Batres Jáuregui, Antonio. 21:2847; 22:4702
Batres y Montúfar, José. 10:3707
Batschelet, Clarence E. 24:2801
Batt, William L. 8:1275
Battione Chiarino, J. A. 21:2056
Battistessa, Ángel J. 1:1933; 3:3389a; 5:3465; 8:3977; 11:3098; 28:1514
Baucke, Florián. 1:830; 10:346
Baudelaire, Charles. 9:4307
Baudez, Claude F. 23:301; 24:1602; 25:292, 294; 27:422, 424
Baudin, Louis. 2:202; 3:234, 241; 9:551, 2968; 19:4, 5; 24:6424; 25:569; 26:887; 27:2869a 28:941
Baudizzone, Luis M. 7:3234; 9:4810
Baudón, Héctor R. 1:1368; 5:4091; 7:2465; 21:3032
Baudouin, Julio. 17:2859
Baudrit González, Fabio. 20:3803
Bauer, Peter-Paul von. 22:2394, 2395; 24:2965; 27:2848
Bauer, Walter. 9:1053
Bauer, Wilhelm P. 27:1119
Bauer Paiz, Alfonso. 15:2078
Baukassov, S. 6:2191
Baulina, Ángel V. 7:2504
Baum, John A. 27:2423
Baum, Vicki. 7:5018; 8:4357; 10:3919
Baumgarten, Alexander Gottlieb. 20:4878c
Baumgarten, F. 3:2450
Baumgartner, José. 3:1700
Baumgartner, Juan. 27:1383, 1615, 1618
Baur, John E. 15:1716; 20:2954
Baus, Ruth. 21:6149
Baussan, Georges. 13:539; 19:5579
Bauta, Juan F. 27:4002
Bautista, Gonzalo. 6:920; 7:2694
Bautista Chapa, Juan. 25:265
Bautista Plaza, Juan. 23:5741
Bauzá, Carlos A. 17:408; 23:1316
Bauzá, Ernesto A. 18:787
Bauzá, Julio A. 15:2105; 18:2293, 2294
Bauzá Araújo, Álvaro. 20:4602; 21:4625; 27:3861
Bauzer, Riva. 20:1794
Bauzer Medeiros, Ethel. See Medeiros, Ethel Bauzer.
Bavasso Roffo, Juan Carlos. 27:3702
Baxter, Glaister. 3:1065
Baxter, Thomas R. 28:762a
Bay, Juan. 17:459
Bay Sevilla, Luis. 5:759; 6:722, 723, 772; 7:4236; 8:546-550, 620; 9:691; 10:534, 605, 672
Bayaguana. Archivo Real. 23:3415
Bayardo Bengoa, Fernando. 27:3739
Bayer, Sixto. 13:1591
Bayitch, Stojan A. 20:4475; 23:4666; 24:1

Bayle, Constantino. 1:672; 2:1896, 1897; 6:2806, 3052; 8:2973, 3139; 9:2641, 2754, 3830; 11:1953; 12:1669, 1669a; 1712a; 13:1356; 14:1812, 1844, 1930; 15:1417, 1418, 1539, 1540; 16:1477, 1478; 17:1387, 1453-1456; 18:1010, 1689-1692; 19:1010, 1689-1692; 19:3111, 3112
Baylen, Joseph O. 17:1702; 9:3668, 3669
Bayley, Edgar. 26:1708
Bayly, Jaime. 24:1755
Bayma, Antônio da Cunha. 2:1025; 23:2654-2656
Bayo, Alberto. 16:1826; 27:3015
Bayón, Damián. 23:1418
Bayón, Damián Carlos. 25:4444; 26:1709
Bayona Posada, Jorge. 7:3192; 11:2200
Bayona Posada, Nicolás. 5:3655; 8:3978
Bazán, Armando. 4:3867j; 5:3080, 3646; 8:3201; 9:3920, 3975; 20:4780
Bazán, F. Mario. 23:3827; 26:1028
Bazán, Juan F. 23:4914
Bazán, Juan Francisco. 27:2424
Bazán, Pedro. 10:1104
Bazán Alarcón, Alicia. 28:497a
Bazant, Jan. 16:1590; 24:3853; 28:559, 578
Bazarte Cerdán, Willebaldo. 16:3056; 27:3703
Bazil, Oswaldo. 4:2349; 9:4031
Bazin, Germain. 14:799a; 15:541; 17:491; 19:1219; 20:1159; 22:1307; 26:272
Bazin, Henry. 27:1993
Bazin, René. 10:3920
Bazin, Robert. 19:4711
Bazzanella, Waldemiro. 20:4977; 22:6003; 23:2711; 25:5642; 27:2307, 4003, 4214
Bazzano, Oreste G. 9:4951
Beach, Edward L. 28:443a
Beacham, Hans. 28:224
Beachey, R. W. 22:3262
Beal, Carl Hugh. 14:1335
Bealer, Lewis E. 3:2523-2529; 2562
Beals, Carleton. 1:170, 171, 645, 647, 1010, 1011; 3:32, 984, 2968, 3128; 4:3595-3597; 5:3416; 6:171, 3691; 7:2381; 8:103; 9:111, 112; 10:3270; 11:64, 12:2301, 14:59; 21:5041; 24:800; 26:393; 27:3010
Beals, Ralph Leon. 1:154, 2:115; 6:338; 7:357; 8:222, 234; 9:347, 348, 351-353, 1872; 10:240, 246, 247, 1839; 11:242, 243; 12:194, 201, 1226; 13:177; 14:260; 18:351; 19:6089, 6090; 20:4982; 24:625; 27:113, 877
Bean, Ellis Peter. 19:3557
Beard, Charles A. 7:5079
Beard, J. S. 8:1479, 2395; 10:2034, 2035, 12:1356
Beardley, Grace C. 25:439
Bearn, A. G. 25:793
Beasley, David. 22:811; 23:814
Beattie, John W. 8:4777, 4784, 4790, 4822
Beatty, W. Donald. 16:1424
Beatty, Willard W. 10:143a
Beaujeu-Garnier, Jacqueline. 21:2107; 27:2902, 2902a
Beaulac, Willard L. 17:1925; 27:1648
Beaumont, J. A. B. 23:3751
Beauregard, A. T. 7:2241
Beauregard, Pierre Gustave Toutant. 20:2809
Beaurepaire Aragão, Henrique de. See Aragão, Henrique de Beaurepaire.
Beaurepaire-Rohan, Henrique de. 24:4710
Beazley, C. Raimond. 28:449a
Bec, Marie. 16:2946

Beçak, M. L. 25:765
Beçak, W. 22:971; 25:765; 27:1559, 1559a
Beccaglia, Juan María. 25:4556
Beccar Varela, Horacio, h. 11:3651
Becco, Horacio Jorge. 14:2858; 16:2467; 17:2225; 18:2323, 2433; 19:5004; 23:5031, 5822; 24:5290; 25:3588, 4245; 26:1618; 27:1165-1165b; 28:1232
Becega Ortega, José. 26:1565
Becerra, Berta. 15:1419; 22:3264; 23:3431, 5701
Becerra, Francisco S. 12:2010
Becerra, Gustavo. 18:2998; 19:5636; 25:5221; 28:3072
Becerra, Héctor Julio. 17:2707
Becerra, José Antonio. 14:1979
Becerra, Marcos E. 5:287; 11:176; 20:3629
Becerra Acosta, Manuel. 11:3182
Becerra Bautista, José. 10:4162; 11:3538
Becerra González, J. de Jesús. 23:4915
Becerra González, María. 27:3862
Becerra López, José Luis. 28:498
Becerril, Oscar M. 21:1456
Bechara, Evanildo. 28:1515
Becher, C. C. 25:3222
Becher, Hans. 19:395, 766; 21:2108; 22:451; 23:701, 2657; 24:813; 25:527; 27:114, 1119a
Becí, Gaston. 18:3045
Beck, Hanno. 23:3047, 3048
Beck, Maximilian. 14:3475
Beck, Vera F. 18:2705, 2706; 19:5180
Beck Bernard, Lina. 1:1150
Becker, Carlos. 14:881; 18:840
Becker, Hans von. 13:300
Becker, Henry F. 9:1096
Becker, Idel. 8:4435
Becker, Juan Bernardo. 11:915
Becker, Rudolf. 4:3450
Becker, Stephen. 22:6161
Becker-Donner, Etta. 16:265, 18:174; 21:273; 22:312; 24:814; 27:115, 195, 878; 28:129
Becket, James. 27:2214, 3342, 4084
Beckett, Grace. 6:846
Beckford, G. L. F. 27:2669
Beckmann, Johannes. 28:498a, 499
Beckwith, H. Rea. 5:1857
Béclard d'Harcourt, Marguerite. 7:5489, 5490
Becú, Carlos Teodoro. 19:5546
Becú, Teodoro. 6:106; 7:3050, 3408; 10:4231; 11:5; 12:2068; 17:3083
Bedegral, Gonzalo. 7:4595
Bedford, Sybille. 19:6602
Bedoya, A. 8:2128
Bedoya, Manuel. 7:3859
Bedoya, R. Gobalero de. 1:1752
Bedoya, Víctor A. 5:2531; 11:2189; 19:404; 28:898a
Bedoya Reyes, Luis. 6:434
Bedoya Sáez, Gerardo. 8:416
Bedran, Elías. 25:4092
Bedregal, Yolanda. 3:3282; 6:4199; 8:4101; 16:2693
Bedregal Gutiérrez, Guillermo. 23:3786; 26:1127; 27:2176-2176c, 3219-3219c
Bedriña, Francisco C. 11:65
Bee de Dagum, Estela M. 27:1649, 2128
Beebe, Gilbert W. 8:1326
Beebe, William. 4:1947
Béeche, Héctor. 5:4210; 8:3780; 11:3573; 15:2696; 17:3026
Beeche A., Octávio. 1:1446; 2:2993
Beeche Cañas, L. 9:612
Beegle, J. Allan. 23:6014

Beekman, John. 24:626, 627
Beers, Clifford Whitingham. 8:4358
Beers, Henry Putney. 3:2370; 4:2514a
Beesley, Claude A. 9:1834
Beeson, Kenneth H., Jr. 28:532
Bega Reyes, Armando de la. 3:3390
Begricht, P. Martin. 3:2807; 4:3398
Béguez César, José A. 10:2911
Behar, Corina. 21:3562
Behar, David. 13:4
Béhar, Moisés. 19:874; 22:990; 24:1538
Behar, Raúl. 13:4
Behm Rosas, Héctor. 8:3759
Behre, Charles H. 20:2034a
Behrend, Jeanne. 26:2154, 2155
Behrendt, Gerd. 23:2612
Behrendt, Richard Fritz Walter. 3:1066; 4:569, 570; 5:773, 3361; 6:847, 1031, 2259; 7:208, 777, 778, 3765; 9:5, 962-964, 984, 2598; 10:4, 801, 979-981, 2393; 11:678, 679, 817; 12:723; 14:855a; 15:5; 16:933; 25:1410, 3334; 27:1650
Behrhorst, Carrol. 27:1611
Beidler, Paul. 18:27
Beiguelman, Bernardo. 25:744; 27:1574, 1586, 1603
Beiguelman, Paula. 25:3825; 26:1226
Beinhauer, Werner. 26:1310
Beinhorn, Elly. 2:136
Beirão, Caetano. 1:1321
Beisiegel, Celso de Rui. 25:2180
Beitscher, Henry. 10:1050
Béjar de Núñez del Prado, Luisa. 10:1718
Bejarano, Francisco. 13:1200
Bejarano, Jorge. 8:1480; 11:366; 16:3381; 18:2264; 19:4455
Bejarano, Julio. 25:1625
Bejarano, Ramón César. 27:1315, 3509; 28:1195
Bejarano Díaz Horacio. 21:3807; 24:5000, 5493; 25:4515
Bejarano Rubiano, Carlos. 27:3362
Beke, Alice. 3:83
Beker, Ana. 21:5042
Bekkedahl, Norman. 11:1758
Belaieff, Juan. 6:537; 8:364, 410; 12:374; 23:710
Belalcázar, Sebastián de. 16:1740
Belalcázar B., Benjamin. 7:3127
Bélance, Aline. 22:5575
Bélance, Réne. 13:2365
Bélanger, Maurice. 6:1077, 1091
Belasco, Lionel. 9:4662
Belaúnde, César A. 1:482
Belaúnde, César H. 7:3921; 9:1555
Belaúnde, Víctor Andrés. 2:2540; 4:2933; 5:2460, 3289, 3290; 6:3477; 8:2800, 3640, 4901; 11:1899; 16:3224; 17:2866; 18:1850; 24:4159; 25:2612, 3740; 26:1029; 27:178, 3515; 28:1043
Belaúnde Guinassi, César. 15:2102
Belaúnde Guinassi, Manuel. 6:3033; 11:2190
Belaúnde Terry, Francisco. 10:2818
Belaúnde y Diez Canseco, Rafael. 10:3271
Beláustegui, Casimiro. 11:1219
Beláustegui, E. F. 1:334
Belaval, Emilio S. 2:2314; 12:2500; 20:4207; 25:4582
Belaval, José S. 8:1326
Belbey, José C. 21:2222, 4252
Belchior, Elysio de Oliveira. 28:1288
Belden, A. 2:1276a
Beleato, Andrés. 28:900a
Belen'kii, Aleksandr Borisovich. 23:3222

Beleño C., Joaquín. 17:2352; 25:4322
Belevan García, César. 6:2022
Belezky, V. 18:1400
Belfiore, Carlos J. 27:2129
Belfort de Mattos, Dalmo. See Mattos, Dalmo Belfort de.
Belfort de Oliveira. 7:1676; 8:3621; 11:1202
Belgeri, Francisco. 24:4711
Belgique Amerique Latine. 3:499
Belgodere, Francisco Javier A. 5:4437
Belgrage, Cedric. 27:3016
Belgrano, Manuel. 3:2530; 20:2995
Belgrano, Mario C. 1:961; 2:2034-2036, 2041; 4:2979; 6:3349; 7:3232, 3409, 3410; 10:2819; 11:2305; 13:1668; 23:5875; 24:6075; 26:1064
Belio, J. Refugio. 27:2425
Belitt, Ben. 25:4516
Belknap, S. Yancey. 25:5202
Bell, Alejandro. 3:2733
Bell, George I. 17:1102
Bell, Robert E. 23:444, 445; 24:561
Bell, Wendell. 27:1007, 3460, 3460a, 4085
Bell, Whitfield J., Jr. 5:3127, 3417
Bell Escalona, Eduardo. 25:4114
Bellalta Bravo, Ramón. 10:1227
Bellamy, H. S. 20:340
Bellán, José Pedro. 28:125
Bellán, Óscar Pedro. 3:777
Bellani Nazeri, Rodolfo. 9:1835; 10:550; 12:1413, 1603, 2136; 15:1766
Bellard Pietri, Eugenio de. 21:1981; 24:449
Bellas Artes, Lima. 9:772
Belle, Minnie. 10:3247
Bellegamba Muguerza, Luis. 18:2869
Bellegarde, Alceu Toledo Piza. 2:3029
Bellegarde, Dantés. 2:1520a; 3:2629; 4:3116; 5:2677, 2834, 3327; 6:848, 8:958; 9:965, 3022; 13:2361; 14:2403; 17:2652; 19:3007, 3008, 5377, 6603; 25:3395; 26:2121
Bellemare, Guret. 15:1730
Bellemare, Louis. 11:2337a
Bellesteros, Juan. 23:2003
Belleza, Newton. 3:3567; 4:4216; 21:4377; 26:2025
Belli, Próspero L. 6:435; 7:475; 10:324, 1820; 11:314; 24:574
Bellido B., Eleodoro. 19:2536; 21:2044
Bellinger, Louisa. 19:443; 21:292
Bellini, Guiseppe. 21:3713, 3717; 23:5353; 24:5494; 26:1456; 28:1702
Bellini, Mario. 28:2281
Bellizzi, Ataliba Macieira. 23:1300
Bello, Andrés. 2:2508; 3:3391; 9:3845; 11:3279; 12:1866, 3238; 14:3415; 15:2221, 2228; 17:2867; 18:2324, 2325, 2572; 19:5005, 5702; 20:3630; 23:2565; 24:4322; 27:1177, 2106
Bello, Daniel J. 23:2080
Bello, Enrique. 22:1118
Bello, José Luis. 9:692
Bello, José Maria. 2:2838; 3:528, 2900; 4:616, 4124; 5:3128; 6:3613; 7:3633-3636; 16:2827; 18:2734; 24:2503; 28:1336
Bello, Juan E. 16:2988
Bello, Julio. 4:4123; 14:2252
Bello, Luiz Alves de Oliveira. 6:3668; 7:3599; 9:3391; 16:2083
Bello Codecido, Emilio. 20:2261
Bello de Carvalho, Hermínio. See Carvalho, Hermínio Bello de.
Belloc, Hilaire. 5:4477

Bellomo, José Pedro. 6:485
Bellón, Carlos A. 22:2361
Belloni, Alberto. 27:3175
Bellucci, Carlos Alberto. 8:4568; 27:3764
Belmar, Daniel. 14:2735; 15:2312; 16: 2610; 17:2353; 21:3915; 22:4906, 4907; 26:1657
Belmar B., Aida. 6:1634
Belmont, G. E. 1:81
Belmont, Nicole. 27:1144a
Belmont Arias, Jorge. 9:1422
Belmonte, pseud. 5:3164, 3893, 4039; 6:3565; 9:3390; 14:2341
Belmonte, Edmundo Félix. 8:959, 1097, 2974
Belmonte, Pedro Luis. 20:3027
Belnap, David. 22:1461
Belo, Antônio Raimundo. 13:1705; 14:2276; 15:1833; 16:2084
Belo, Rui de Aires. 20:1768
Belser, Carlos. 19:101
Belshaw, Michael. 27:2750, 3489, 4086
Beltrame, A. 2:1220
Beltrame, José. 3:831, 12:867
Beltrán, Alberto. 24:1131; 27:260
Beltrán, Bernardino. 5:2860, 4383
Beltrán, Enrique. 5:847; 14:1428; 15:370, 1137; 17:3109; 19:1938; 22:2900; 24:2881; 28:675a
Beltrán, Ernesto. 10:1617
Beltrán, Germán. 19:4860; 24:2022
Beltrán, Godofredo F. 8:1050
Beltrán, Gregorio. 18:3182, 3183
Beltrán, José N. 8:2146
Beltrán, Juan G. 1:1274; 2:1574
Beltrán, Juan Jerónimo. 7:4285
Beltrán, Juan Ramón. 3:2255; 4:2787
Beltrán, Naftalí. 4:509
Beltrán, Óscar R. 6:3954; 7:4713; 9:3223; 16:2009
Beltrán, P. P. 9:1287
Beltrán Ávila, Marcos. 24:4190
Beltrán de Heredia, Vicente. 19:3379
Beltrán de Heredia y Castaño, Pablo. 12: 1712b
Beltrán Farrera, María Elena. 27:1843
Beltrán Gigena, Alberto A. 10:1105
Beltrán Guerrero, Luis. 6:3955; 18:2456, 2457; 19:4712, 5704; 20:3087, 4856; 24:4395
Beltrán Heredia, B. Augusto. 27:1182; 28:3036
Beltrán Mago, Luis. 20:4062
Beltrán Martínez, Román. 18:1738; 19: 4691; 20:3748
Beltrán Morales, Carlos. 14:2673
Beltrán Núñez, Rosario. 2:2793
Beltrán Prieto Figueroa, Luis. 23:2205, 2815
Beltraneja, Luis. 5:3291
Beltrão, Luiz. 16:2878; 23:4806
Beltroy, Manuel. 8:2005; 9:3809
Belvedor, Juan de. 1:539
Belzoni, Guido C. 9:966; 11:1573
Bem Veiga, Albino de. See Veiga, Albino de Bem.
Bemelmans, Ludwig. 7:209
Bemis, Samuel Flagg. 1:640, 673, 2226; 2:2341a; 4:2619; 5:3257, 3362; 9: 3518; 10:3228; 15:1363; 16:2296
Benaerts, Pierre. 5:3265
Benaion, Raphael. 5:4463
Benarós, León. 23:5118, 5119
Benarroch, E. L. 6:1264
Benassini, Aurelio, 8:1063
Benavente, Darío. 17:2694

Benavente, Toribio de, Brother. See Motolinía, Toribio, Brother.
Benavente Boizard, Mario. 10:2863
Benavento, Gaspar L. 26:1311
Benavides, Alonso de. 19:3221
Benavides, Óscar R. 3:2056
Benavides, Rodolfo. 16:2611
Benavides Correa, Alfonso. 22:2706; 23: 2946; 27:2252
Benavides Patrón, Juan. 8:1405
Benavides Rodríguez, Alfredo. 2:359; 8:551; 15:523; 16:492, 493; 20:940; 25:1132
Benavides Salas, Hernán. 11:1004
Benavides Vega, Carlos. 20:4063
Benayas, Juan. 17:201
Benchetrit, A. 24:4345
Benchimol, Samuel. 11:1770, 12:1469
Bencomo, Eva R. 11:1411
Bendaña Silva, Julián. 13:2427
Bender, F. 23:2658
Bendersky, Mario J. 23:4550; 25:4035
Bendezú, Francisco. 24:5418
Bendicente, Francisco C. 2:667; 3:1701; 5:1166a; 7:1419; 11:916; 12:724
Bendixen, Berthold. 27:2253
Bendor-Samuel, John T. 27:1395, 1395a
Benechetrit Medina, Jorge O. 13:2401
Benedetti, Adolfo Alberto. 26:699; 27:3313
Benedetti, Eloy. 28:734
Benedetti, Lúcia. 14:3039; 16:2879; 18:2815; 21:4340, 4341; 26:1961
Benedetti, Mario. 15:2283; 16:2658; 17:2354; 24:5284, 5285; 26:1835; 28:1762, 2107
Benedetto, Antonio di. 24:5286
Benedict, Burton. 25:481
Benedict, Francis G. 3:202
Benedict, Ruth. 5:4478
Benedictis, Michele de. 27:2903
Benegas, Eduardo. 26:1065
Benegas Echeverría, José María. 7:1310, 1311, 1316
Benegas Lynch, Alberto. 27:2110
Béneke, Walter. 20:4208; 23:5308
Benelli, Alejandro. 6:107
Benet y Castellón, Eduardo. 22:5106; 23:5120; 28:1887a
Benevides, Artur Eduardo. 16:2900; 18:2735; 22:5465, 5486
Benevides Pinho, Diva. See Pinho, Diva Benevides.
Beneyto Pérez, Juan. 10:2458; 22:3263; 25:3001
Bengoa, José María. 7:4417; 8:1456; 17: 3032; 24:1500
Bengoa, Juan León. 2:2178, 2633; 4:3220; 16:2784; 17:2551
Bengoa Lecanda, José María. 6:1261; 9:3752
Bengolea, María R. 21:4850
Bengolea Zapata, Jorge. 6:4678; 12:3083
Bengt, Danielsson. 27:1604
Benham, Frederic Charles. 23:1658
Beni, Mário. 2:1026, 1027; 7:1730
Benincasa, Vicente. 10:3963
Benisovich, Michel. 4:437; 8:889; 9:866; 12:687; 20:1171
Benites, Tulio. 18:1589
Benites Vinueza, Leopoldo. 6:2994; 13:2080; 17:3160; 28:2212
Benítez, A. T. 10:1933
Benítez, Aurélio 28:2449
Benítez, Carlos H. 10:885
Benítez, Cristóbal. 4:2438, 3684; 8:3164

Benítez, Fernando. 2:2541; 11:3183; 16:1406; 17:2306; 18:1738a; 19:3222; 20:1473; 23:2905, 4916; 25:411, 3223; 26:1551; 28:499a
Benítez, Hernán. 15:2937
Benítez, Jaime. 16:2726; 25:2613
Benítez, José Antonio. 22:2707
Benítez, José María. 8:4047
Benítez, José R. 8:2975-2977; 12:64; 14:715; 28:10, 578a, 676
Benítez, Justo Pastor. 4:2788; 9:3324; 10:3641; 13:1651; 15:1760; 18:1994; 21:4902; 22:3555-3557, 6116; 26:1161
Benítez, Leopoldo O. 13:302
Benítez, Luis G. 26:1162
Benítez, Rafael E. 21:1993
Benítez Bravo, Ramón. 11:2146
Benítez de Aldama, Enrique. 7:2801
Benítez Delorme, Carlos. 9:2043
Benítez Gámez, Santos. 9:1080
Benítez Gil, Marco Tulio. 23:1833
Benítez Giraldo, Darío. 22:5722
Benítez González, Manuel. 27:2866
Benítez Miura, José Luis. 17:1457
Benítez S., Jorge. 7:1512
Benítez Sánchez, Santiago. 18:2946; 23:4601
Benítez Zenteno, Raúl. 27:1535a, 4087, 4088
Benito, José L. de. 8:3900; 10:2459; 25:3029
Benito, Juan Ignacio. 22:303
Benito y Durán, Ángel. 19:3113
Benjamin, Abraão. 19:2215
Benjamin, Elsie. 10:2029
Benjamin, Georges J. 17:1926; 23:631
Benjamin, Harold. 6:1928; 7:1760; 8:1866b; 13:655; 14:1201, 1213; 15:1006; 25:2199m; 27:2385
Bennett, Charles F., Jr. 25:412; 27:879
Bennett, David. 10:4378
Bennett, Ernest. 13:2362
Bennett, H. H. 5:1667; 8:2246
Bennett, Hope Ranslow. 10:415
Bennett, Isabelle M. 4:1079
Bennett, J. Harry, Jr. 17:244
Bennett, John W. 10:159
Bennett, Peter D. 25:2202
Bennett, Robert L. 27:1844
Bennett, W. Tapley. 18:2205
Bennett, Wendell Clark. 1:121; 2:178, 203-205; 3:205, 242, 243, 282; 4:253; 5:364, 392; 6:405; 7:434; 8:321; 9:197, 427; 10:309, 325; 11:315; 12:95, 318, 322, 335, 338; 14:350, 384-386; 15:232-234, 275, 426; 16:294, 295; 17:3; 19:350, 351, 442, 752; 21:293
Bennion, E. G 10:1073
Bennyhoff, James. 17:95; 18:198; 25:221
Benoist, Jean. 23:1275; 24:715; 27:1008-1010, 1504, 1587, 1605, 4004
Benoît, Louis Marie Pierre. 26:2128; 28:2699
Benoit, Luis J. 13:945
Benoit, Max. 23:632
Benoit, Pierre V. 19:1467
Benquís Camhi, Heriberto. 27:3848
Benquís Camhi, José. 27:3848
Benrubi, J. 8:4934
Bens-Arrarte, José M. 5:761; 8:552; 9:2850; 10:551; 11:2062; 12:574, 621; 14:703
Bensin, Basil M. 1:1501
Benson, Jesse Guy. 19:5401; 21:4549; 27:3766

Benson, Nettie Lee. 11:2338; 12:1947; 13:1257; 14:2085; 16:1575; 20:2810, 4497; 24:3854; 28:588
Bentenmüller, Gustavo Linhares. 9:1615
Bento, Antônio. 10:757; 16:579; 19:1203, 28:381
Benton, Frederick L. 19:3114
Benton, William. 24:2802
Bentzon, Fridolin Weis. 27:1304
Benvenuto, Eleonora Luisa. 26:2172
Benvenuto, Luis. 6:4952
Benvenuto, Ofelia M. B. de. 2:1542a; 8:3901; 9:3779
Benvenutto Murrietta, Pedro M. 2:2509; 5:3466, 3467
Benz, Anton Maria. 20:2514
Benz, Ernst. 20.4751
Bequaert, Joseph C. 4:133, 138
Berardinelli, W. 2:262, 263; 4:398a
Berardo, Carlos V. 14:1037
Berardo, Rodolfo. 17:1295
Beras, Francisco Elpidio. 24:4048
Berástegui, Pedro. 8:3047
Beraza, Augustín. 26:972, 973
Berbert de Carvalho, A. See Carvalho, A. Berbert de.
Berbusse, Edward J. 20:2811; 23:3223; 28:824a
Berçaitz, Miguel Ángel. 9:4486; 12:3028
Berchem, Horace van. 22:1160
Berchesi, Nilo R. 12:1002; 17:714
Bercovich Rosenblut, Raúl. 8:2709
Berdeja Galeana, Sergio. 14:2404
Berdiales, Germán. 18:2681
Berdichewsky Scher, Bernardo. 27:554-556
Berdonneau, Robert. 23:1275
Berduc Sardá, Alfredo Martín. 21:4626
Berdugo y Oquendo, And és. 26:836b
Berendt, C. Hermann. 8:258; 26:496
Berenguer, Amanda. 26:1710
Berenguer Carisomo, Arturo. 6:3913; 8:4140; 11:3144; 12:2599; 13:2246; 16:2740; 17:2479; 19:4713; 23:5309; 25:3509; 26;1457
Berenhauser Júnior, Carlos. 11:1145; 12:1124; 17:820, 1206; 20:1404; 22:1616
Berenquer, José Raúl. 3:2924
Beret, Angélica. 14:3483
Bereterbide, Fermín. 24:6273
Berford, Álvaro Bittencourt. 10:2319
Bergadá, Evangelina. 20:4120
Bergadá, María M. 18:3145
Bergalli Sóñora, L. N. 4:2089
Bergallo, Andrade. 1:1378
Bergamín, José. 6:5088; 8:823; 9:839
Bergamini de Sá, Waldemar. See Sá, Waldemar Bergamini de.
Bergara, Eugenio P. 6:3715
Bergeiro, José María. 9:2295; 13:970; 16:1233
Berger, Eneida. 24:4487
Berger, John A. 14:1845
Berger, Margaret Robinson. 12:2683
Berger, Max. 13:1123
Berger, Paulo. 24:4487; 28:1230, 1263
Bergés, Consuelo. 19:5802, 5809
Bergez, José Antonio. 4:2190
Berghe, Pierre Van den. 21:4920; 24:634
Bergmann, O. 8:789
Bergna, Luis María. 16:440
Bergó, Maria Estella de Abreu. 6:1640; 18:1478
Bergo, Vittorio. 8:4168
Bergse, Paul. 3:236; 4:299; 23:311

Bergson, Henri. 5:4479; 8:4934; 9:5004, 5005; 10:4584, 4585; 12:3547; 21:4847
Bergstrom Lourenço Filho, Manoel. *See* Lourenço Filho, Manoel Bergstrom.
Berguido, Carlos, Jr. 16:3121
Beringe, H. von. 23:4612
Berino Martínez, Ignacio A. 26:888
Beristain de Souza, José Mariano. 13:5
Berkeley, George. 5:4457; 11:3936; 15:2930; 19:5805
Berkes, Ross N. 8:3611
Berkowitz, Marc. 18:561; 26:318; 28:382
Berlanga Delgado, Amílcar. 18:2273
Berle, Adolph A., Jr. 5:3328; 7:3709; 25:2614
Berler, Beatrice. 26:1550
Berlin, Brent. 27:1396-1396b
Berlin, Enrique. 10:2509
Berlin, Heinrich. 6:398; 8:706; 9:235, 339a, 2704; 10:174, 215a, 552; 11:530; 12:150-152; 13:107, 108, 1304; 14:210, 716-718, 1443; 15:557; 16:189; 17:55-57, 126, 245; 18:28, 29, 460, 461; 19:102, 103, 188, 3223; 20:93-96, 194, 960; 21:104, 410; 22:505, 1151; 23:891; 24:275, 1676; 25:254-256, 613; 26:145; 28:184
Berlin, Lawrence H. 25:1623
Berlin, Overton Brent. 25:702
Berlinck, Cyro. 22:6050
Berlinck, Eodoro Lincoln. 14:2253; 21:3256; 25:2151
Berlinck, Horacio. 1:1672
Berliner, J. J. 7:142a
Berman, Albert H. 10:802, 3376
Berman, Ira Bertram. 5:1706
Berman, Tomás. 15:979
Bermejo, Ildefonso Antonio. 4:3289
Bermejo, Jaime. 9:1389; 12:893; 14:1038
Bermejo, Manuel M. 5:4384; 9:4786; 11:3831
Bermejo, Rogelia. 27:1588
Bermejo, Vladimiro. 10:416; 11:2541; 14:2736; 23:3828; 24:5401; 26:1790
Bermejo de Capdevila, María Teresa. 14:1686
Bermejo de la Rica, Antonio. 8:3075
Bermeo C., Jack. 27:2861a
Bermúdez, Antonio J. 19:1939-1941; 23:2002; 27:1845
Bermúdez, José Alejandro. 3:3646; 4:3313, 4312
Bermúdez, María Elvira. 19:6067
Bermúdez, Ricardo J. 14:2764; 26:1711
Bermúdez, Sergio Wáshington. 5:3468; 7:4492
Bermúdez Camacho, Diego. 20:2448
Bermúdez Hernández, Pedro J. 5:1789b
Bermúdez M., Antonio. 4:3651; 6:4575
Bermúdez Miral, Óscar. 13:1072; 22:2396; 25:2300; 26:873; 28:1178
Bermúdez Plata, Cristóbal. 6:2807; 8:2889; 9:2682; 12:1670, 1848a, 2410a; 13:1201; 15:1450; 16:1518; 17:1458
Bermúdez Silva, Jesús. 28:3082
Bermúdez V., Luis A. 7:1182; 8:1353, 1948
Bernabé, José Miguel. 10:3937
Bernabé Nolla, José Antonio. 8:1308
Bernabó, Corina. 13:1177
Bernabó, Delia. 10:4418
Bernabó, Héctor Julio Paride. 25:529; 26:321, 2010; 27:1143
Bernal, Arcadio. 28:3300
Bernal, Emilia. 3:3283; 4:4023; 19:5348

Bernal, Francisco José. 11:2147
Bernal, Ignacio. 13:109; 14:142; 15:160-162; 16:130, 132, 219b; 17:58; 18:20-22, 35; 19:550, 628; 20:90; 21:70; 22:51, 52, 506-509; 23:104, 105, 979, 1352, 1353, 24:200; 25:106, 181, 614, 615, 1103; 26:103-105; 27:196-198a, 287, 688a, 689, 748; 28:507
Bernal, Rafael. 8:4804; 12:2501-2503; 14:2738, 2739; 25:4557
Bernal, Segundo. 27:1278
Bernal A., Juan de J. 3:1413a
Bernal Benítez, Juan. 4:3685
Bernal de Reisgo, Alfonso. 10:1587
Bernal Correa, Alberto. 10:1969
Bernal de León, J. 6:3761
Bernal del Riesgo, Alfonso. 10:1587
Bernal Jiménez, Miguel. 7:5481; 8:553; 18:3018
Bernal Jiménez, Rafael. 6:2517; 15:1119; 18:3231
Bernal M., Nazario. 21:3128
Bernal Medina, Miguel. 14:2510
Bernal Medina, Rafael. 16:2010
Bernal Molina, Julián. 13:469; 14:3278; 22:1714
Bernal R., José. 25:2070
Bernal Ulecia, B. 2:1785
Bernal Villa, Segundo. 20:566-569
Bernáldez, Andrés. 28:423a
Bernaldo de Quirós y Pérez, Constancio. 12:3149; 14:3250; 15:2712; 16:3078; 18:2943; 21:4613
Bernaldo de Quiroz, Juan. 21:3572
Bernales, Luis E. 4:2126
Bernales, Manuel Montero. 3:913
Bernales Corpancho, Néstor Voto. 6:2438
Bernanos, Georges. 8:4270
Bernaqui Jaureguy, Carlos Alberto. 9:4525
Bernard, Florence, *pseud.* 22:5487
Bernard, Gildas. 21:2385
Bernard, Jean. 28:836
Bernard, Luther Lee. 3:3; 17:3033
Bernard, Régnor C. 19:5378
Bernard, Tomás Diego. 25:4036; 27:3609
Bernard, Tomás Diego, h. 21:2306
Bernard, Ursula. 26:120; 27:266
Bernardes, Arthur da Silva. 10:3350; 24:3506
Bernardes, Lysia Maria Cavalcanti. 16:1274, 1296; 17:1173, 1174, 1207, 1237, 1238; 18:1393, 1394; 19:2606, 2607, 2675; 20:2110, 2126; 21:2109; 22:2509; 24:3008; 25:2341, 2342
Bernardes, Manuel. 12:2816-2818
Bernardes, Nilo. 16:1274, 3329; 17:1175, 1207, 1208; 18:1479-1481; 20:2123; 21:2110; 23:2659-2661; 24:3009; 25:2343; 27:2903a
Bernárdez, Francisco Luis. 9:4091; 11:3280; 12:2623; 14:2942; 15:2350; 17:2453, 28:2108, 2159
Bernárdez, Manuel. 28:125
Bernárdez Jacques, Elbio. 6:4018; 20:4064, 4257
Bernardi, Mansueto. 21:3257; 23:3675
Bernardino Gonzaga, João. *See* Gonzaga, João Bernardino.
Bernardo, Héctor. 7:2466; 15:1299
Bernardo Núñez, Enrique. 16:1695
Bernaschina González, Mario. 6:2518; 8:1944; 9:2462, 2463; 10:4037; 11:1862; 22:2663
Bernasconi, Pierre. 23:106
Bernate, Alejandro. 3:1152a, 1922

Bernath, Ernesto L. 4:2127
Bernd, Mario. 6:3614
Berndtson, Carl Arthur Emanuel. 15:2853; 17:2916; 18:3046; 19:5703
Bernedo Málaga, Leónidas. 15:276; 23:815
Bernegg, A. S. von. 2:1398
Berner, Heinrich. 4:3568
Bernet, Jean. 23:1930
Bernhard, Guillermo. 22:4620; 25:1706, 3396, 4119
Berni, Antonio. 8:707, 708, 776; 10:664
Berni, Giorgio. 27:1846
Berninger, O. 12:1246
Bernstein, Bart. 27:3406
Bernstein, Edward M. 16:934; 27:1651
Bernstein, Harry. 3:2256; 4:2620, 3818; 5:2668; 9:3465, 3539; 10:76, 2869; 11:1921; 12:1745, 2411; 13:1439; 14:2007; 15:1603; 22:3008; 24:3702, 3855; 27:3017; 28:11, 411a, 463
Bernstein, Marvin D. 18:922, 1920; 24:1906; 28:479
Bernstein, Sylvia Pollack. 10:3301; 12:724a
Bernstein C., Enrique. 12:2274
Berquó, Urbano C. 2:1028
Berra, Francisco A. 17:1775
Berraz Montyn, Carlos. 18:1548;19:2854
Berrêdo Carneiro, Paulo E. See Carneiro, Paulo E. de Berrêdo.
Berredo de Menezes. 20:4409
Berrien, William. 2:2542; 6:4864, 4865; 15:27, 2471
Berrios, R. H. A. 9:1284
Berrizbeitia A., José Ramón. 10:3948
Berro, Antonio. 4:3713
Berro, Roberto. 4:4346; 10:3302
Berro, Román. 9:747
Berro García, Adolfo. 3:3391a; 4:98, 3714, 3769; 5:3469; 9:2016; 25:3907; 28:1516, 1516a
Berroa, Francisco Rubén. 8:3111
Berroa, Josefina. 25:3224; 26:10, 595
Berroeta, Pedro. 11:3236
Berrón Mucel, Raúl. 2:471a; 4:4350
Berrueto Ramón, Federico. 26:512
Berruezo, Juan J. 18:2513
Berruti, Alejandro E. 28:2264
Berruti, P. 19:5607
Berrutti, José J. 2:1135; 5:1440; 6:3692; 7:1761; 8:1921
Berry, Charles. 28:227
Berry, Edward W. 5:429, 1742, 1761
Bert Bedoya, Magda. 6:4627
Bertacchini, Carlos. 12:3481
Bertagnoli, Afonso. 14:3217
Bertel, Carlos Tueche. 1:1115
Berthe, Jean-Pierre. 23:3146
Berthet, Luis Arthaud. 23:1908
Berti, José. 11:3184; 19:4861
Bertillion, L. D. 3:1482
Bertín R., Edmundo. 12:1006
Bertino, Joaquim. 8:1810-1812
Bertomeo, Carlos A. 9:3921
Bertoni, Guillermo Tell. 5:470, 3470; 6:2061, 2340, 2341; 7:560, 561; 8:1710; 11:1528
Bertoni, Moisés S. 6:538; 7:562
Bertoni Zamora, Bruno. 7:4130
Bertora, Héctor Raúl. 20:4557
Bertorelli C., Francisco José. 9:4592
Bertot, Teresita. 22:1125
Bertotto, José Guillermo. 2:1136; 17:978
Bertram, Kate. 14:42
Bertram, Richard. 14:42
Bertrand, Lewis. 17:1827

Bertres, Raúl. 7:2510
Bertullo, Víctor H. 11:1100
Beruti, Juan Manuel. 8:3058; 9:2898, 3114; 11:2476; 12:1922
Berveiller, Michel. 22:6104
Bervera Alba, Horacio. 16:935
Bervin, Antoine. 12:2052; 19:4260
Berzuna, Carlos R. 10:1934
Berzunza Pinto, Ramón. 16:1895; 21:2803; 26:596; 28:579
Bès, Gabriel G. 28:1517
Besa Lyon, Carlos. 21:3117
Besasso, M. V. 1:351
Besault, L. de. 2:1509b
Besio, Alfredo B. 9:5019
Besio Moreno, Nicolás. 5:1250, 2932; 9:2172, 3224
Besouchet, Lídia. 6:3615, 4018a; 7:4858; 8:3236, 3470; 9:3422; 11:2622, 2634; 12:2819; 13:2280, 2281; 15:1890; 16:2311; 21:3501; 25:4636
Bessa, Luiz de. 7:2443
Bessault, Lawrence de. 7:2640
Besselaar, J. J. van den. 28:1518
Besso, Henry V. 14:10b
Besson, Juan. 9:2599
Bessone, Riéffolo. 18:2057
Bessone de Oliveira Andrade, Darcy. See Andrade, Darcy Bessone de Oliveira.
Best, Ethel L. 2:586
Best, Félix. 4:2980; 24:4251
Best, William R. 23:1287; 25:806; 27:1588
Best-Maugard, Adolfo. 4:528, 15:611
Betances, Ramón Emeterio. 20:2960
Bentancor Ortiz, Sylvia. 18:2974
Betancourt, Augustín. 7:2932
Betancourt, Amadeo. 7:1004, 4318, 4331
Betancourt, Cayetano. 22:5874
Betancourt, Félix. 9:2374; 10:77; 11:3464
Betancourt, Isabel. 14:1281
Betancourt, José Victoriano. 7:4505
Betancourt, Juan René. 20:4959; 21:4737
Betancourt, Justo G. 5:2225a
Betancourt, Rómulo. 6:1240, 2519, 2719; 13:756, 1111; 15:1341, 1349, 1779; 17:1370; 21:1353; 22:2711; 24:2047, 3597-3599, 25:2852; 27:3556, 3901
Betancourt Díaz, J. 15:1364; 25:5364
Betancourt Jaramillo, Carlos. 27:3660
Betancur, Belisario. 22:1954
Betancur, Cayetano. 5:3292; 18:3117; 19:5794; 21:4815; 24:4811; 28:3242
Betancur Arias, Carlos. 13:2496
Betanzos y Quiñones, Gerónimo de. 25:1150
Betencourt, José de Souza. 23:6015
Betencourt Sosa, Francisco. 23:3839
Beteta, Armando F. 27:3767
Beteta, Arturo. 7:1102
Beteta, Ignacio M. 3:2020; 19:3352
Beteta, Ramón. 1:1012; 3:985; 4:244; 6:3812; 8:1098; 13:417, 418; 15:758; 16:936, 1763; 17:852-855, 1072; 18:923-925; 24:2098; 25:2819; 26:597; 27:1847
Beteta B., A. Eduardo. 24:1907
Bethel, Paul D. 27:3385, 3386
Bethencourt, João. 28:2665
Béthencourt Massieu, Antonio. 17:1459, 1916; 21:2386; 23:3147; 25:3202
Bethlehem Steel Company, Inc. 22:2510
Betim Paes Leme, Luis. See Leme, Luis Betim Paes.
Bett, Virgil M. 21:1458
Bettencourt, Carlos. 28:2655

Bettencourt, Gastão de. 7:3574, 5537; 13:2357; 21:552
Bettencourt Machado, José. See Machado, José Bettencourt.
Betti, Atilio. 25:4558
Bettini, T. M. 27:2861a
Beus, J. G. de. 4:1283
Beust, Nora E. 8:10
Beutler, Gisela. 25:4218; 28:1519
Bevan, Arthur. 8:2362
Bevan, Barnard. 4:199
Beveraggi Allende, Walter Manuel. 19:5546a; 24:2007
Beverina, Juan. 2:1899; 3:2723; 8:3202
Bevilacqua, Otávio. 7:5538; 15:2840
Bevilaqua, Achilles. 4:4373, 4376; 6:4524; 8:4578; 10:4073; 11:3452; 12:3104; 13:2544, 2545; 14:3268
Bevilaqua, Clovis. 1:1539, 1540; 3:3640; 4:4374, 4375, 4459; 5:3129, 3190; 6:3616, 4608; 7:5223, 5224; 8:4579; 9:3370; 10:4074; 12:3105
Beyer, Hermann. 1:82, 83; 2:71-76, 94; 3:134, 135; 4:157-159, 5:238a; 6:319; 7:287, 288, 346; 9:319-321; 20:97, 98, 195; 27:690
Beyer, Robert Carlyle. 8:960; 14:977, 978
Beyhaut, Gustavo. 28:103a, 843a
Beyle, Marie Henri. See Stendhal, pseud.
Beytia Geisse, Carlos G. 5:2022
Bezares, Abel. 15:1327
Bezerra, Acrisio. 6:591
Bezerra, Alcides. 2:286, 1575, 1630, 1631, 1734, 2839, 2840; 3:2808, 2855, 2901, 3474, 3475; 4:410, 4125; 9:3392
Bezerra, Antônio, 28:1337
Bezerra, Aristóteles. 6:1935
Bezerra, João. 6:3617
Bezerra, João Clímaco. 14:3040; 23:5436; 28:2667a
Bezerra, José Joffily. 11:1146
Bezerra Baltar, Antônio. See Baltar, Antônio Bezerra.
Bezerra Cavalcanti, Alcides. See Bezerra, Alcides.
Bezerra Dantas, Christovam. See Dantas, Christovam Bezerra.
Bezerra de Freitas, José. See Freitas, José Bezerra de.
Bezerra de Medeiros, José Augusto. See Medeiros, José Augusto Bezerra de.
Bezerra de Menezes, Adolpho Justo. See Menezes, Adolpho Justo Bezerra de.
Bezerra dos Santos, Lindalvo. See Santos, Lindalvo Bezerra dos.
Bezerra dos Santos, Ruth Simões. See Santos, Ruth Simões Bezerra dos.
Bezerra Gomes, José. See Gomes, José Bezerra.
Bezie, José. 19:5804
Biaggini, Ángel. 3:2101
Biagioni, Amelia. 22:5107
Biagosch. M. E. 8:4925
Bialek, Robert W. 26:850a
Bianchi, Alfredo A. 3:3129; 4:3867k
Bianchi, Enrique. 18:2616
Bianchi, Mabel R. de. 27:1186
Bianchi, Manuel. 2:2543; 10:3244
Bianchi, William J. 22:4059
Bianchi Gundián, Víctor. 13:768
Bianchi Rosas, Álvaro. 13:1838
Bianchini, Gino. 2:731
Bianco, Breno A'encar. 7:5067; 9:4385, 4386
Bianco, Francisco. 11:3522
Bião de Cerqueira, Renato. See Cerqueira, Renato Bião de.

Biard, F. 11:2623
Biasey, Mario de. 19:2525
Biasutti, Renato. 22:2362; 25:800
Bibiloni, Homero C. 14:3122
Bibiloni, Juan Antonio. 6:4587
Bible. N. T. Chol. 24:1324
Bible. N. T. Conob. 24:1300
Bible. N. T. Acts. Chinantec. 24:1318
Bible. N. T. Acts. Chontal. 24:1310
Bible. N. T. Acts. Popoluca. 24:1319
Bible N. T. Acts. Quechua (Ancash). 22:812
Bible. N. T. Acts. Zapotec. 24:1311, 1317
Bible. N. T. Gospels and Acts. Aymara. 22:813
Bible N. T. James. Mazateco. 21:654
Bible. N. T. James. Popoluca. 24:1303
Bible. N. T. John Huichol. 24:1345
Bible. N. T. John. Quechua (Ancash). 22:814
Bible. N. T. John. Quechua (Cuzco). 22:815
Bible. N. T. John. Tzotzil. 24:1341
Bible. N. T. Luke. Aguaruna. 22:816
Bible. N. T. Luke. Popoluca. 24:1346
Bible. N. T. Luke. Quechua. 22:817, 818
Bible. N. T. Mark. Mixe. 24:1323
Bible. N. T. Mark. Mixtec. 24:1343
Bible. N. T. Mark. Otomi. 24:1335
Bible. N. T. Mark. Quechua (Cuzco). 22:819
Bible. N. T. Matthew. Quechua (Cuzco). 22:820
Bible. O. T. Genesis. Mixtec. 24:1320
Bible. O. T. Genesis. Tojolabal. 24:1322
Bible. O. T. Psalms. Miskito. 24:1337
Bibliografía, Caracas. 26:11
Bibliografía, Quibor, Venezuela. 10:4321
Bibliografía, Rio de Janeiro. 27:6, 116
Bibliografía, Argentina de Artes y Letras, Buenos Aires. 25:5806; 26:13; 27:9
Bibliografía Argentina de Filosofía y Ciencias de la Educación, La Plata. 24:6000
Bibliografía Argentina de Historia, La Plata. 28:11a
Bibliografía Boliviana, La Paz. 26:48
Bibliografía Brasileira, Rio de Janeiro. 22:6261; 23:6202
Bibliografía Brasileira de Agricultura, Rio de Janeiro. 27:2308
Bibliografía Brasileira de Ciências Sociais Rio de Janeiro. 23:6203; 26:14; 28:12
Bibliografía Brasileira de Educação, Rio de Janeiro. 23:6204; 27:2501
Bibliografía Cartográfica do Brasil, Rio de Janeiro. 23:6211
Bibliografía de Centroamérica y del Caribe, La Habana. 25:5807; 23:6414
Bibliografía de Centroamérica y del Caribe, Madrid. 22:6250
Bibliografía de História do Brasil, Rio de Janeiro. 23:6207; 26:1191a
Bibliografía de Yacimientos Petrolíferos Fiscales Bolivianos, La Paz. 27:2177
Bibliografía Geográfica do Brasil, Rio de Janeiro. 23:6212; 27:2904a
Bibliografía Mexicana, México. 4:5; 26:18
Bibliografía: Obras de Edición Argentina. 26:12
Bibliografía Paraguaya, Asunción. 22:6282
Bibliografía Venezolana, Caracas. 22:6288
Bibliograma, Buenos Aires. 25:5808
Bibliography of Agriculture, Washington, D. C. 8:961
Biblión, Santo Domingo. 7:5356

Bibliophile, pseud. 28:2684
A Biblioteca, Rio de Janeiro. 11:3669
Biblioteca Americana de Nicaragua. 10:4286; 11:28, 3660; 14:2
Biblioteca Artigas-Washington, Montevideo. 11:3670
Biblioteca Benjamín Franklin, México, D. F. 10:4282; 15:8
Biblioteca Bernardino Rivadavia, Bahía Blanca. 4:4513, 4514; 7:5351, 5352; 10:4220
Biblioteca Cepeda, Mérida, México. 1:2327
Biblioteca Cívica Berio, Genoa. 28:40a
Biblioteca de Autores Nacionales "Carlos A. Rolando," Guayaquil. 5:4250
Biblioteca de Cultura Peruana Contemporánea. 27:11
Biblioteca de la Unión Industrial Argentina. 11:3672a
Biblioteca de San Felipe, Sucre. 1:2279
Biblioteca del Centenario, Cali. 4:4523; 5:4245
Biblioteca Ecuatoriana Mínima. 24:4191, 4362-4365
Biblioteca Histórica Cubana. 2:2315
Biblioteca Ibero-Americana de Bellas Artes, México, D. F. 4:4531
Biblioteca Infantil, São Paulo. 8:4677-4679
Biblioteca Lingüística Mexicana. 2:159
Biblioteca Municipal, Quito. 23:6408
Biblioteca Municipal de la Habana. 6:4768
Biblioteca Obrera Juan B. Justo, Buenos Aires. 11:3673
Biblioteca Pedagógica Infantil "Eudora Díaz," Rosario. 8:4667
Biblioteca Popular Asociación Sarmiento, La Plata. 7:5354
Biblioteca Popular "Bernardino Rivadavia", Cañada de Gómez. 4:4515; 6:4758
Biblioteca Popular "Domingo Faustino Sarmiento," Mercedes. 4:4519, 4520; 6:4762; 8:4668; 10:4221
Biblioteca Popular Franklin, San Juan, Argentina. 7:5355, 5412; 9:4647; 11:3744
Biblioteca Popular Mariano Moreno, Santa Fe. 11:3674
Biblioteca Pública, Bayamo. 4:4524
Biblioteca Pública, Recife. 23:3928
Biblioteca Pública de Guadalajara. 25:3131
Biblioteca Pública de Pernambuco. 6:3568
Biblioteca Pública "Mártires de la Libertad", La Habana. 7:5378
Biblioteca Pública Municipal, São Paulo. 11:3738, 3739; 15:34
Biblioteca Pública Municipal "Doctor Menéndez", Pergamino. 5:4303
Biblioteca Pública Municipal y Liceal, Montevideo. 10:4311
Biblioteca y Libros, Cali. 3:2257; 4:4523
Bibliotecario, Santa Fe. 7:5357; 9:4606
Bibliotecología, Buenos Aires. 12:3282
Bibliotheek der Rijksuniversiteit, Utrecht. 14:27
Bibliotín, Montevideo. 11:3675
Biblos, Buenos Aires. 7:150; 8:15; 11:9; 15:9; 16:5; 25:5809
Bice, Hubert E. 15:634
Bichón, María. 12:572
Bickley, James G. 9:3837
Bicudo, Hélio Pereira. 23:4585
Bicudo, Joaquim de Campos. 8:1873, 1874
Bicudo, Virginia Leone. 13:315
Bidabehere, Fernando Arturo. 3:730, 964; 4:879; 6:1450; 21:4550
Bidart Campos, Germán José. 27:3704
Bidney, David. 19:6

Bidwell, Percy W. 4:571; 5:774, 825, 3363; 6:849; 7:779, 780, 3710; 8:962, 1035; 9:967
Bieber, Ralph P. 1:1028
Biedma, José J. 1:2230, 2236-2239; 6:3350
Biedma, Juan Martín. 26:973a
Biedma R. Antonio M. 1:1788-1789
Bielke, C. G. 24:1908
Bielsa, Rafael. 1:1369, 1478; 2:1457, 1572a, 1600; 3:1794, 3446, 3604-3606; 4:1043, 4292; 5:1169, 2933, 4092, 6:1421, 1480, 2534-2536, 4498, 4499, 4533, 7:2467, 3143, 5145, 5315; 8:4545; 9:2389; 10:2308, 4013, 4014, 4181; 11:3477; 12:2971, 3029; 13:2443; 18:2860; 20:4481, 4545; 21:4529, 4627; 22:4646; 25:4000, 4011, 4108; 27:3610
Biemel, Walter. 21:4756
Bienbar, Arthur M. 7:2806
Bienvenú, María Cristina. 15:1014
Bienvenú Herrera, Eduardo Luis. 8:3824
Bierck, Harold A., Jr. 12:1936; 13:1467, 1480; 17:1827; 19:3009, 3800, 3900
Biermann, Benno M. 24:3832; 25:3030; 26:366; 28:412, 720a
Bierrenbach Lima, Gastão César. See Lima, Gastão César Bierrenbach.
Bierrenbach Lima, João. See Lima, João Bierrenbach.
Biersack, Hans. 1:529
Biery, Donald H. 16:1058
Biesanz, John Berry. 10:78; 15:408; 16:3343, 3366, 3367; 17:3034; 18:757, 1622, 1980; 20:485, 5046; 24:628; 26:700
Biesanz, Mavis. 10:78; 20:485, 5046; 24:628; 26:700
Biese, Leo P. 25:291; 27:425
Biese, Walter. 16:1203
Bietti, Oscar. 7:4776; 9:4032, 4033
Bigarela, Iris Koehler. 24:542
Bigarella, João José. 13:976, 977; 16:249; 18:1503; 22:2511
Bigelow, John. 1:724
Biggers, Earl Derr. 8:4359-4361, 4473
Biggs, James. 16:1992
Bignami, Ariel. 28:1944
Bignardelli, G. Oreste. 5:2287
Bignell, L. G. E. 5:1361
Bignozzi, Juana. 28:2109
Bikkal, Dionisio. 23:4201
BIL. Bibliografia e Informações para Leitores, Rio de Janeiro. 20:4275
Bilac, Olavo. 4:4126; 17:2629
Bilac Moreira Pinto, Francisco. See Pinto, Francisco Bilac Moreira.
Bilate, Anver. 23:5457
Bilbao, Francisco. 7:2468
Bilbao, Jorge. 9:3225
Bilbao, Manuel. 2:2253; 9:3225
Bilbao, Víctor. 11:2250
Bilbao la Vieja, Genaro. 20:3910
Bilbao la Vieja, J. 3:3652
Bilbao. Archivo y Biblioteca de la Diputación de Viscaya. 25:3760
Bill, Alfred Hoyt. 13:1526
Billa Esguerra, Jaime. 26:206
Billard, Juan J. 10:1106
Billes, D. G. 7:2203
Billi di Sandoro, Amalia. 19:3438
Billig, Otto. 13:221; 14:307
Billinghurst, A. 15:503
Billini, Francisco Gregorio. 28:1888
Bilinski, Donald. 18:3274
Billmyer, James H. S. 12:1340

Billomo, José Pedro. 6:2342
Biloni, José Santos. 9:2173
Binayán, Narciso. 4:3141; 19:3010; 24:4208, 4252; 26:973b
Binda, Ricardo. 27:1397a
Bindhoff de Sigren, Cora. 28:3002, 3003
Bingham, E. W. 14:1451
Bingham, F. 14:1380
Bingham, Hiram. 1:2227; 8:2459; 14:387; 16:296; 20:17
Bingham, Jonathan B. 20:3422
Bini Frías, Honoria. 16:274; 17:202
Binkley, William C. 18:1921
Binns, Harold Howard. 9:4110
Bins, Alberto. 2:1603a, 1709
Biocca, Ettore. 10:454; 13:264, 398; 16:250; 17:378; 19:767; 20:774
Biondi, Mario. 16:2989
Bioy Casares, Adolfo. 6:4129; 11:3185; 12:2563; 15:2343; 20:3911; 21:4206; 28:1945
Birabent, Mauricio. 4:3221; 7:625, 2242
Birchenall, José. 3:1916, 3774
Bird, Augusto. 12:1342
Bird, Esteban A. 16:834
Bird, Junius B. 4:257a, 288b; 9:410; 12:298, 319, 320, 431; 14:388, 389; 15:275, 312; 17:175, 203, 204; 18:199; 19:352, 443, 812; 20:3; 23:2; 24:575; 25:353, 368; 27:611
Birdseye, Signey H. 1:1753; 3:1576
Birgin, A. 2:748
Birket-Smith, Kaj. 10:336
Birney, Hoffman. 8:3112
Birnfeld, Walter de Campos. 3:3747
Biró de Stern, Ana. 5:1609; 8:373, 374; 9:1927; 10:282, 347; 11:280
Birot, Pierre. 23:2662; 25:2344
Birrell, Verla. 27:612
Bischoff, Efraín N. 16:1913; 18:1897; 20:2996; 25:4588; 28:1063a
Bischoff, Gerhard. 27:2816
Bischoff, Henry C. 19:3670
Bishin, Bernard. 10:3190
Bishko, Charles Julian. 18:1694
Bishop, Crawford M. 1:1754; 8:48; 10:3935
Bishop, Dwight R. 17:811
Bishop, Elizabeth. 11:601
Bishopp, D. W. 4:1912, 1914
Bispo de Azevedo, Hilário. See Azevedo, Hilário Bispo de.
Bisquertt S., Luis. 3:1404; 12:1131
Bissainthe, Max. 17:2650; 22:6277; 26:2122; 27:11a
Bissell, Malcolm H. 16:1214
Bissett, C. S. 3:1087; 7:1103
Bistoury, André F. 22:4549
Bitar, Orlando. 17:2722
Bitar Letayf, Marcelo. 28:580
Bitsch, Jørgen. 22:6150
Bittencourt, Adalzira. 19:4004
Bittencourt, Ademar. 25:2152
Bittencourt, Agnello. 13:993; 15:1263; 16:1252; 17:1257; 27:2905
Bittencourt, Aluysio Guedes Regis. 10:3245
Bittencourt, C. A. Lúcio. 15:2613
Bittencourt, Clemente Mariani. 13:695a; 15:1060; 20:1761; 22:1642
Bittencourt, Dario de. 2:2841; 4:3334
Bittencourt, Edgard de Moura. 25:4037
Bittencourt, H. V. de C. 9:1754
Bittencourt, Liberato. 6:4960; 13:2282
Bittencourt, Orlando Baptista. 3:638a

Bittencourt, Pedro Calmon Moniz de. See Calmon, Pedro.
Bittencourt, Raul. 19:2216
Bittencourt Berford, Álvaro. See Berford, Álvaro Bittencourt.
Bitterling, Richard. 23:3049
Bittignoli, Justo. 4:370
Bivar Câmara, Mayr de. See Câmara, Mayr de Bivar.
Bixio, Alberto L. 24:6132
Bixio, Roberto. 22:5914
Bizzarri, Edoardo. 20:4303
Björnberg, Alf. 21:294
Björnberg, Arne. 23:1812
Black, Clinton V. 18:2026; 19:3011; 28:805
Black, Glenn A. 15:163
Black, Joseph E. 27:3018
Black, W. H. 5:1743
Blacker, Hope. 27:735
Blacker, Irwin R. 26:1421; 27:735; 28:500
Blackmer, Henry Myron, II. 18:2210
Blackwell, Alice Stone. 3:3361
Bladh, C. E. 16:1949
Blair, Thomas Lucien. 20:4960; 23:6036
Blaisdell, Lowell L. 19:3558; 20:2812; 25:3225
Blaisten, Raú J. 9:1325
Blake, Dean. 3:1559
Blake, Emmett Reid. 19:2401
Blake, Judith. 24:716; 27:1011
Blake, N. M. 7:3802
Blakemore, Harold. 28:1179
Blakiston, A. H. 5:1700
Blanca París, M. 14:2057
Blancarte Meléndez, Juan Ramón. 23:4227
Blanch, Willy de. 11:2990
Blanchard, Linn R. 8:16
Blanchard, Paul. 13:1032
Blanchard, W. O. 3:1577; 6:2260
Blanchet, Jules. 3:2630; 4:1519; 19:6059
Blanck, Guillermo de. 14:1818
Blanck, Olga de. 23:5726
Blanco, Ana T. 12:1343
Blanco, Andrés Eloy. 9:3990; 13:1662; 16:2694; 19:5006; 22:5108
Blanco, Antonio Nicolás. 23:5121
Blanco, Enrique M. 8:3175
Blanco, Eugenio A. 20:1304-1304b; 22:1454
Blanco, Guillermo. 16:3321; 21:3412; 22:4908; 24:3517; 28:2015
Blanco, José Félix. 24:4164
Blanco, José María. 3:2232; 5:2588
Blanco, Juan Carlos. 5:3091
Blanco, Julio Enrique. 5:4438; 6:4989; 9:3484; 10:3191; 11:2664, 3854
Blanco, Marcos M. 6:4019; 7:3411; 8:3237; 11:2454
Blanco, Máximo. 5:2773
Blanco, Tomás. 1:1134; 2:1619a, 2544-2546, 2773; 3:189; 4:4069; 6:1130, 2893; 20:4258; 22:4304; 26:795
Blanco Acevedo, Pablo. 2:2037; 5:2746; 6:2759; 10:2692; 16:1981
Blanco Aguinaga, Carlos. 25:4219
Blanco Amor, Eduardo. 17:3133; 19:5152; 26:1125
Blanco Amores, Carmen. 22:5109
Blanco Amores de Pagella, Ángela. 13:2252; 28:2345
Blanco Barzaga, Margarita. 18:3012
Blanco Boeri, Edmundo. 10:1746
Blanco Castilla, Fidel. 20:2412; 23:3010
Blanco de la Rosa, Rafael. 4:2328; 10:1970

Blanco-Fombona, Rufino. 1:674; 3:2093, 2473, 3130; 4:2934; 5:2693; 8:3165, 3166; 9:3044, 3136; 13:1502; 20:2413; 22:4804; 24:4166
Blanco Galeno, C. 5:1744
Blanco Gil, Joaquín. 13:1527
Blanco-González, Manuel. 26:1458
Blanco Juste, F. J. 1:675
Blanco Macías, Gonzalo. 6:939, 940; 15:759; 16:937
Blanco Moheno, Roberto. 21:2804; 22:4805; 23:3224, 3225; 24:3856; 28:676a
Blanco Peñalver, Francisco. 21:4058
Blanco Peñalver, P. L. 20:3088; 21:3179
Blanco Segura, Ricardo. 25:3203
Blanco Sánchez, Jesús L. 26:974
Blanco Villalta, J. G. 7:3051; 9:3780
Blanco y Geiger, Enrique Tomás. 2:1801; 13:1305
Blanco y Sánchez, Alberto. 1:1416, 1514; 7:5239
Blandón, Fernando. 4:139
Blankenburg, Mary Angela, Sister. 13:1420
Blanksten, George I. 17:1328; 18:1538; 19:2874; 22:2604; 28:122
Blanquel, Eduardo. 26:394; 28:677
Blanquier, Pedro. 2:806
Blanton, Wyndham B. 8:2978
Blaquier Cásares, César. 4:2894
Blas, Camilio. 5:410
Blas González, Héctor. 28:237
Blasco Ibáñez, Vicente. 9:4344
Blase, Melvin. 27:2268
Blasetti, Alberto Claudio. 12:2624
Blasi, Oldemar. 20:322; 24:536; 26:1227; 27:532-534
Blasi Brambilla, Alberto Óscar. 26:1712, 1791
Blasier, S. Cole. 16:1347
Blásquez L., Luis. 7:2102; 9:2049; 10:1935
Blau, Josef. 22:3829
Blaut, James M. 23:702
Blay, Maria Luisa G. de. 26:1043
Blaya Alende, Joaquín. 6:220
Blecua, José Manuel. 23:4711
Bledel, Rodolfo. 13:2440; 27:2130
Bleeker, Sonia. 24:201; 27:199
Bleiler, Everett F. 14:350
Blelloch, David H. 7:781, 782, 3818, 3819, 3883
Bleron, Eleanor. 4:2742
Blest Gana, Alberto. 1:2126; 2:2680; 4:3992; 8:3203; 11:3237; 13:2081; 16:2612; 21:4205; 22:4952; 26:1658
Bley, João Punaro. 4:2479
Bliss, Charles A. 7:783
Bliss, Horacio W. 14:3212; 16:3045; 19:5490
Bliss, Robert Woods. 1:1732; 13:87; 21:3; 28:141
Blitz, Rudolph C. 27:2215
Blixen, Olaf. 6:5042; 21:655; 24:1305, 1306
Blixen Ramírez, José Pedro. 12:2770
Bloch, Ernst. 15:2931
Bloch, Hans. 11:1614
Block, Harry. 8:1051, 3557
Bloch, Pedro. 9:4139; 22:5525
Bloch, Peter. 23:2546
Bloem, Ruy. 4:4127; 8:4189; 19:2887
Bloise, W. 25:745
Blom, Frans Ferdinand. 1:32, 33, 245; 2:29, 77; 3:122a; 5:200, 217; 6:253, 2145; 10:175; 11:154; 12:124; 15:228, 371; 16:133; 19:104, 857; 20:196, 961; 21:71, 411; 23:107; 25:182

Blomberg, Héctor Pedro. 6:4241; 8:3345a; 16:2695
Blomberg, Rolf. 3:340; 18:3329; 20:2034b, 2034c; 22:452; 23:725; 24:815
Blond, Georges. 26:429
Blondel, Maurice. 7:5715
Blonval López, Adolfo. 20:4546
Bloom, Lansing B. 1:738-740; 3:2371; 5: 2353; 6:2894; 10:2548, 2610; 11:2106
Bloom, Leonard B. 7:2933
Bloom, Paul E. 7:892
Bloom, Sol. 23:4202
Bloomer, Stephen S. 15:1675
Bloomfield, Louis M. 19:4275
Blow, Richard Marco. 20:4901
Blücher, Wipert von. 22:3529
Bluder, F. 24:3010
Blue, George Verne. 1:676
Blue Book for the Island of Jamaica. 3:1114; 6:1143
Blue Book of Antigua. 3:1139
Blue Book of British Honduras 4:1369
Blue Book of Granada. 3:1140 5:1051
Blue Book of the Bahama Islands. 3:1141; 4:1565
Blue Book of the Leeward Islands. 5:1052
Blue Book of Trinidad and Tobago. 3:1131; 4:1548
Blum, Albert A. 27:1691
Blum, Sigwart. 23:1455; 26:190; 28:238, 238a
Blum, Vincent. 6:2278
Blumberg, Arnold. 28:580a
Blumberg, Bohuck S. 24:1572; 25:797
Blume, Friedrich. 21:4701
Blume, Helmut. 25:2227; 27:1994
Blumenau, Hermann. 16:2174
Blumenfeld, Walter. 6:4990; 15:2938; 17:2904; 21:4816; 25:5327
Blustein, Manuel I. 4:941; 11:917
Bly, Robert. 26:1757
Blym, Hugo. 3:3233; 6:4130; 23:4917
Bo, Adriana T. 14:3488
Bó, Efraín Tomás. 14:785
Boadella Garros, José. *See* Garros, José Boadella.
Boamorte, Lauro. 8:2670
Boas, Ernest A. 27:2309
Boas, Franz, 22:821
Boatright, Mody C. 3:1492a; 10:1686
Boavista, Paulo T. 9:923
Bobadilla, Emilio. *See* Fray Candil, *pseud*.
Bobadilla, Francisco. 15:655
Bobadilla, Perfecto H. 2:1300; 3:2633; 6:2253; 9:2086; 10:1964
Bobadilla, Simplicio. 23:4918
Bobadilla y Briones, Tomás. 4:3117
Bobb, Bernard E. 14:1763; 19:3224; 26:430
Bobbio, Norberto. 15:2939; 20:4879
Bobbio, Pedro Vicente. 17:2800
Bobes, Ortega, Evelina. 17:2355, 2356
Bocanegra, Matías de. 19:4649
Bochenski. I. M. 15:2940
Bock, Carl Heinz. 28:581
Bock, Hans-Joachim. 26:394a
Bock, Peter. 5:2354
Bocquel, Juan. 18:1786a
Bodart, Roger. 22:6151
Bode, Barbara. 25:420
Bodenheimer, Guillermo. 7:4436
Bodenbender, Otto E. 4:2068
Bodenheimer, F. S. 18:2

Bodle, Ralph R. 10:1883
Bodmer, Walter, 12:1929
Bodziak Júnior, Carlos. 18:1504
Boecio, Severino. 9:4976; 10:4564
Boeckel, Florence Brewer. 8:104; 10:3192
Böckh, Alberto. 21:1982
Boehm, Eric H. 25:2, 3
Böhm, Günter. 14:1974; 28:928
Böhm de Saurina, Ketty. 27:1167
Boehrer, George C. A. 19:4005; 22:3862; 24: 4421; 4488; 25:3826; 26:1260; 28:1231
Boekelman, Henry J. 1:59; 3:119
Bölau, Edm. 16:1253
Boeldeke, Alfred. 22:6152
Boer, Michiel George. 13:1239
Börgel Olivares, Reynaldo. 25:2302
Boerger, Albert. 2:687; 8:2427, 2577
Boero, Felipe. 7:5422, 5600; 8:4735; 10:4352
Boero, Jorge A. 13:971
Boersner, Demetrio. 27:3557
Boesch, Hans Heinrich. 18:3330; 23:2663
Boesen, Richard M. 19:5571
Boethius, Ancius Manlius. 20:4879a
Böttger, Rudolf. 5:1664, 1858
Boettner, Juan Max. 21:4738
Bofanini, Darcília Azarany. 12:2938
Boffi, Jorge Alberto. 15:1187; 16:1166
Boffi, Pedro Luis. 25:4001
Boffi Boggero, Luis María. 8:4570; 16:3043; 24:4812; 25:4002
Bogdanoff, A. 2:1353
Boggiani, Guido. 11:354
Boggio, René. 14:3207
Boggs, Ralph Steele. 3:1483, 1484; 4:1824, 1846; 5:1563-1566, 1623; 6:115, 229, 2062-2064; 7:1901-1904, 2008, 2009; 8:2006, 2147, 2161; 9:1836-1838, 1969; 10:1639-1641, 1772, 4392; 11:1378-1381, 1452; 12:6, 1132, 3363; 13:6-8; 14:3, 3352; 15:10, 2791; 16:3169; 17:2830; 18:2982; 19:4663, 5600; 20:3631, 3737, 4700; 21:4702; 22:4305; 23:5706; 24:5902; 25:4253; 27:691, 1143
Boggs, S. Whittemore. 4:1948, 3652; 11:2658
Boggs, Stanley H. 9:287-289; 10:216, 217, 221; 11:213, 215; 12:125; 15:164; 16:134, 135
Boglár, Luis. 20:550; 23:703
Bogliano, Jorge. 18:2458
Boglich, José. 3:751; 4:903; 27:2131
Bogliolo, Rómulo. 15:656; 16:846
Bognoli, José Clemente. 20:3730
Bogotá (Archdiocese). Archivo Arzobispal. 7: 3001
Bogotá (Archdiocese). Secretariado Permanente del Episcopado. 21:3127
Bogotá. Consejo Municipal. 4:2523
Bogotá. Contraloría Municipal. 9:1163; 10:1037
Bogotá. Departamento de Estadística e Investigación Social. 7:1244
Bogotá. Dirección Municipal de Estadística. 5:1064; 6:1225
Bogotá. Observatorio Astronómico Nacional. 2:1432
Bohan, Merwin L. 3:848a
Bohme, Frederick G. 23:3226
Bohning, William H. 11:3099
Bohórquez, José Ignacio. 26:70
Bohórquez Casallas, Luis Antonio. 21:1704
Boilés W., Charles Lafayette. 28:3110
Boiso, Jorge. 4:982a
Boisson Cardoso, Ofelia. See Cardoso, Ofelia Boisson.
Boissonneault, Lorette. 27:1744
Boit, Bernardo. 8:2482
Boiteux, Henrique. 1:1347; 3:2856, 2857; 7: 3637; 8:2522, 3387; 9:3424; 10:714

Boiteux, Lucas Alexandre. 2:1664; 3:2809; 4:3453; 5:1917; 6:3620; 9:3425; 16:2085; 19:4034, 4069; 20:3262; 24:4489
Boizard, Ricardo. 14:1616, 2674; 16:1348; 21:3033
Boj, Silverio, pseud. See Wéyland, Walter Guido.
Bojano, Clement de. 6:1853
Bojórquez, Juan de Dios. 4:3046; 7:914; 12:1259; 28:677a
Bolaño, José Constante. 12:2820
Bolaño, José María. 17:2963; 18:3267
Bolaño e Isla, Amancio. 13:1306; 2037
Bolaños, Federico. 1:482
Bolaños, Manuel, h. 8:1217
Bolaños, Pío. 8:3979; 10:2898; 16:1827
Boletim, P. M. C., Curitiba. 8:2671
Boletim Baiano de Geografia. 25:2345
Boletim Bibliográfico, Belo Horizonte 27:12, 2503
Boletim Bibliográfico, Recife. 27:2502
Boletim Bibliográfico, São Paulo. 9:12; 10: 3802; 13:9; 16:6; 17:3077
Boletim Bibliográfico Brasileiro, Rio de Janeiro. 19:6445; 22:6263; 23:6206; 26:21
Boletim Bibliográfico da Biblioteca Nacional, Rio de Janeiro. 19:5202; 22:6262; 23:6205; 28:19
Boletim da Biblioteca da Câmara dos Deputados, Brasília. 28:20
Boletim da Indústria Animal, São Paulo. 9:1728
Boletim da Sociedade Brasileira de Geografia, Rio de Janeiro. 16:1310
Boletim da Sociedade Brasileira de Autores Teatrais, Rio de Janeiro. 13:2682
Boletim da Sociedade dos Amigos de Machado de Assis., Rio de Janeiro. 23:5565
Boletim da Superintendência dos Serviços do Café, São Paulo. 9:1729; 14:1172; 15:694
Boletim de Filologia, Rio de Janeiro. 12:2782
Boletim de Recursos Naturais, Recife. 27:2905
Boletim do Centro Latino-Americano de Pesquisas em Ciências Sociais, Rio de Janeiro. 25:5602
Boletim do Conselho Federal de Comércio Exterior, Rio de Janeiro. 12:1090; 13:625; 14:1105
Boletim do Departamento de Estradas de Rodagem do Estado de São Paulo. 3:679a
Boletim do Departamento Estadual de Estatística, São Paulo. 4:2005; 6:1908; 9:1720
Boletim do Impôsto de Consumo, Rio de Janeiro. 16:916
Boletim do Instituto de Pesquisas Pedagógicas, Recife. 27:2505
Boletim do Instituto Histórico e Geográfico Brasileiro. 3:3665
Boletim do Instituto Joaquim Nabuco de Pesquisas Sociais (Indexes). 28:21
Boletim do Instituto Nacional de Tecnologia, Rio de Janeiro. 17:795
Boletim do Instituto Nacional do Mate, Rio de Janeiro. 6:1909; 9:1731
Boletim do Ministério da Agricultura, Rio de Janeiro. 6:1910; 9:1732
Boletim do Ministério das Relações Exteriores, Rio de Janeiro. 10:1430; 11:1207
Boletim do Ministério do Trabalho, Indústria e Comércio. Rio de Janeiro. 6:1911; 7:1745; 9:1733; 10:1431; 17:2041
Boletim do Museu Paraense Emílio Goeldi, Belém. 27:117
Boletim do Setor da Produção Industrial, Rio de Janeiro. 9:1735
Boletim do Serviço de Economia Rural, Rio de Janeiro. 9:1734
Boletim Estatístico, Rio de Janeiro. 20:5002

Boletim Estatístico, São Paulo. 10:1449; 11:1215
Boletim Estatístico do Banco do Brasil, Rio de Janeiro. 14:1144
Boletim Estatístico do Instituto Brasileiro de Geografia e Estatística, Rio de Janeiro. 9:1721
Boletim Estatístico do Instituto Nacional do Sal, Rio de Janeiro. 9:1722
Boletim Estatístico do Ministério da Fazenda, Rio de Janeiro. 9:1723
Boletim Geográfico, Rio de Janeiro. 9:1730
Boletim Geográfico do Estado do Rio Grande do Sul, Pôrto Alegre. 24:3011
Boletim Informativo USP, São Paulo. 27:12a, 2504
Boletim Internacional de Bibliografia Luso-Brasileira, Lisboa. 23:3900 26:22
Boletim Municipal, Pôrto Alegre. 5:2010
Boletim Paranaense de Geografia. 25:2346
Boletim Pluviométrico, São Paulo. 8:2595
Boletim Semanal da Associação Comercial, São Paulo. 9:1736
Boletín Bibliográfico, Cuenca, Ecuador. 23:6413
Boletín Bibliográfico, Huancayo. 7:5359
Boletín Bibliográfico, Lima. 3:5; 4:6; 5:106, 4258; 6:116; 9:15; 11:10; 16:9; 17:3078; 22:6283
Boletín Bibliográfico, México. 27:13
Boletín Bibliográfico, Mendoza. 9:16
Boletín Bibliográfico, Rosario. 26:23
Boletín Bibliográfico, San José. 16:7, 8; 22:6270
Boletín Bibliográfico Argentino, Buenos Aires. 3:6; 4:7; 5:107; 6:117; 9:17; 12:7 16:10; 17:3079
Boletín Bibliográfico Bolivariano, Medellín. 7:151, 5360; 8:18; 10:11
Boletín Bibliográfico Boliviano, La Paz. 28:22
Boletín Bibliográfico de Antropología Americana, México. 3:61; 4:83; 5:201; 8:271; 12:96; 13:79; 14:95; 15:132, 16:92; 17:1; 18:3
Boletín Bibliográfico de la Biblioteca de la Facultad de Derecho y Ciencias Sociales de Montevideo. 1:1900
Boletín Bibliográfico de la Biblioteca del Ministerio de Agricultura, Buenos Aires. 10:4223
Boletín Bibliográfico de la Cámara de Diputados, Lima. 9:14; 10:10; 11:10
Boletín Bibliográfico de la Librería Universitaria, México. 11:53
Boletín Bibliográfico de la Secretaría de Hacienda y Crédito Público, México 8:17
Boletín Bibliográfico de Legislación Federal Fiscal. México. 5:848
Boletín Bibliográfico del Centro de Estudios Filosóficos, México. 6:4961; 7:5615; 8:4832; 9:4888; 10:4496
Boletín Bibliográfico del Ministerio de Agricultura, Buenos Aires. 9:13
Boletín Bibliográfico Dominicano, Santo Domingo. 11:11
Boletín Bibliográfico Mensual, Mendoza. 6:4761; 7:5361
Boletín Bibliográfico Mexicano, México. 6:118; 9:18; 10:12; 12:8; 13:10; 14:4; 15:11; 22:6278
Boletín Bibliográfico Nacional, Buenos Aires. 19:6403; 22:6258; 25:5810
Boletín Bibliotécnico, La Habana. 4:4556; 5:4268; 6:4793
Boletín Bimestral de la Comisión Chilena de Cooperación Intelectual, Santiago de Chile. 5:160; 6:173
Boletín Comercial, La Paz. 7:1448

Boletín de Agricultura y Comercio, Panamá. 7:1286
Boletín de Arqueología, Bogotá. 11:122
Boletín de Agricultura y Ganadería, Corrientes. 8:1531
Boletín de Bibliografía Americana, Quito. 6:119
Boletín de Bibliografía Yucateca, Mérida. 4:8; 5:108, 4256; 6:120; 7:152; 9:19
Boletín de Difusión Cultural, León. 7:5362
Boletín de Difusión Económica, Guayaquil. 20:1334
Boletín de Estadística, Bogotá. 7:1200
Boletín de Estadística, Managua. 20:5013
Boletín de Estadística, México. 7:932; 9:1040
Boletín de Estadística, Santo Domingo. 13:534
Boletín de Estadística, Órgano de la Federación Nacional de Cafeteros, Bogotá. 6:1206
Boletín de Estadística Peruana, Lima. 12:980; 14:1079; 20:5016
Boletín de Estadística y Jurisprudencia, Buenos Aires. 1:1826
Boletín de Estadísticas, La Habana 16:663; 20:5005
Boletín de Estudios de Teatro, Buenos Aires. 12:2771
Boletín de Estudios Geográficos, Buenos Aires. 14:1320a
Boletín de Exportación de Café, San José. 3:1037; 7:1025
Boletín de Filología, Montevideo. 3:3392; 4:3715; 16:54
Boletín de Fomento y Obras Públicas, San Salvador. 3:1076
Boletín de Ganadería, Bogotá. 5:1065
Boletín de Geología, Caracas. 17:1096
Boletín de Hacienda, San Salvador. 3:1077
Boletín de Hacienda, Santo Domingo. 16:678
Boletín de Historia Puertorriqueña. 15:1366
Boletín de Historia y Antigüedades, Bogotá. 4:2790, 2791
Boletín de Información General, Quibdó. 5:1066
Boletín de Información Municipal, Bogotá. 8:1409
Boletín de Informaciones de la Biblioteca del Centro Social y Biblioteca Popular "Villa Colón". Montevideo. 9:4607
Boletín de la Academia Argentina de Letras, Buenos Aires. 4:3716; 5:3450; 11:2877; 12:2309
Boletín de la Academia Chilena. 4:3769a; 5:3451; 11:2878
Boletín de la Academia Chilena de la Historia. 3:2682
Boletín de la Academia Colombiana. 2:2547
Boletín de la Academia de Ciencias Políticas y Sociales, Caracas. 3:2158
Boletín de la Academia Dominicana de la Lengua. 5:3454; 11:2879
Boletín de la Academia Nacional de la Historia, Buenos Aires. 7:3412; 12:2069
Boletín de la Academia Nacional de la Historia, Caracas. 16:1993
Boletín de la Academia Nacional de la Historia, Caracas (Indexes). 16:1468
Boletín de la Academia Nacional de Letras, Montevideo. 12:2310
Boletín de la Academia Nacional de Música "Alcedo", Lima. 10:4478
Boletín de la Academia Venezolana, Caracas. 5:3534
Boletín de la Biblioteca de la Universidad Mayor de San Andrés. La Paz. 23:6400

Boletín de la Biblioteca del Congreso de la Unión, México. 10:4235
Boletín de la Biblioteca del Congreso Nacional, Buenos Aires. 3:23; 5:4236; 6:4756
Boletín de la Biblioteca del Instituto Cultural Anglo-Uruguayo, Montevideo. 9:4608; 11:3760
Boletín de la Biblioteca Ibero-Americana y de Bellas Artes. 5:4255
Boletín de la Biblioteca Nacional, Caracas. 22:6290
Boletín de la Biblioteca Nacional, Lima 11:3676; 16:85
Boletín de la Biblioteca Nacional, Montevideo. 10:4236; 11:3677
Boletín de la Biblioteca Nacional, Santiago de Chile. 5:4305
Boletín de la Biblioteca Nacional de El Salvador. 4:4506; 5:4259; 6:4776; 10:4237
Boletín de la Bibloteca Nacional de Guatemala. 4:4505; 5:4252; 6:4769
Boletín de la Biblioteca Pública "Mártires de la Libertad", La Habana.
Boletín de la Biblioteca y Archivo Nacionales, Tegucigalpa. 5:543, 4253; 6:617; 8:488; 10:489; 11:460
Boletín de la Cámara Algodonera del Perú, Lima. 6:1577
Boletín de la Cámara de Comercio, Tegucigalpa. 7:1284
Boletín de la Cámara de Comercio Argentino-Paraguaya, Buenos Aires. 7:1317
Boletín de la Cámara de Comercio de Caracas. 16:810
Boletín de la Cámara de Comercio e Industria de El Salvador, San Salvador. 8:1218
Boletín de la Cámara Nacional de Comercio e Industrias de Managua. 7:1068
Boletín de la Comisión Cartográfica Militar, México. 17:1073
Boletín de la Comisión Nacional Bancaria, México. 7:986
Boletín de la Comisión Nacional de la Academia de Ciencias, La Habana. 27:1995
Boletín de la Comisión Nacional de Museos y de Monumentos y Lugares Históricos, Buenos Aires. 5:2950
Boletín de la Comisión Panamericana de Cooperación Intermunicipal, La Habana. 6:2521
Boletín de la Comisión Protectora de Bibliotecas Populares, Buenos Aires. 7:5363; 8:4675; 9:4610; 10:4238; 11:3678
Boletín de la Dirección General de Estadística, Guatemala. 20:5009
Boltín de la Dirección General de Impuestos Internos, Asunción. 7:1513
Boletín de la Junta Auxiliar Jaliscience de la Sociedad Mexicana de Geografía y Estadística. 16:55
Boletín de la Junta Consultiva de Abogados, Buenos Aires. 1:1827
Boletín de la Junta de Estudios Históricos. de Quilmes. 10:2961
Boletín de la Junta de Historia y Numismática Americana, Buenos Aires. 3:2655
Boletín de la Municipalidad de La Plata. 3:1832
Boletín de la OSM, México. 6:4923
Boletín de la Real Academia de la Historia, Madrid. 14:1846
Boletín de la Secretaría de Educación de la Nación Argentina, Buenos Aires. 14:1214
Boletín de la Secretaría de Industria y Comercio, Buenos Aires. 10:1107
Boletín de la Secretaría de Sanidad y Beneficencia, Santo Domingo. 7:1119
Boletín de la Sociedad de Antropología, Buenos Aires. 11:347
Boletín de la Sociedad Mexicana de Geografía y Estadística. 7:915
Boletín de la Superintendencia Bancaria, Bogotá. 16:752
Boletín de la Superintendencia de Bancos del Ecuador. 6:1544; 14:1074
Boletín de las Leyes y Decretos del Gobierno, Santiago de Chile. 1:1857
Boletín de Minas y Petróleos, México 7:992
Boletín de Museos y Bibliotecas, Guatemala. 7:5364
Boletín Jurídico-Bibliográfico, Medellín. 11:11a
Boletín Jurídico Bibliográfico, México. 6:122
Boletín Jurídico Militar, México. 1:1886
Boletín Latino-Americano de Música, Bogotá. 4:49
Boletín Latino-Americano de Música, Montevideo. 8:4769
Boletín Médico-Social de la Caja de Seguro Obligatorio, Santiago de Chile. 10:3392
Boletín Mensual de Estadística, Bogotá. 20:5004
Boletín Mensual de Estadística, Buenos Aires. 20:5000
Boletín Mensual de Estadística, Caracas. 7:1248; 8:1431; 10:1074; 14:993; 20:5019
Boletín Mensual de Estadística, La Habana. 11:828
Boletín Mensual de Estadística, Managua. 4:1434; 12:797
Boletín Mensual de Información Económica y Estadística, Bogotá. 3:1153
Boletín Mensual de la Dirección de Economía Rural, México. 8:1072; 9:1041; 13:470
Boletín Mensual de Libros Americanos, Montevideo. 5:59; 6:51; 7:78
Boletín Mensual del Banco Central de Chile, Santiago de Chile. 16:709; 17:646; 18:657
Boletín Mensual del Banco Central de Honduras, Tegucigalpa. 16:643
Boletín Mensual del Banco Central del Ecuador, Quito. 5:1322; 6:1546; 7:1501; 9:1488; 10:1267
Boletín Mensual del Banco de la República del Uruguay, Montevideo. 9:1532
Boletín Mensual del Banco Central de Chile, Santiago de Chile. 9:1450
Boletín Mensual del Semanario de Ciencias Jurídicas y Sociales, Buenos Aires. 1:1829
Boletín: Minas y Petróleo, La Paz. 5:1270
Boletín Minero de la Sociedad Nacional de Minería, Santiago de Chile. 4:2128
Boletín Municipal, Huancayo. 7:2765
Boletín Municipal de la República (Chile). 3:1902
Boletín de Música y Artes Visuales, Washington, D. C. 17:3161
Boletín de Salud Pública y Previsión Social, Santo Domingo. 17:2066
Boletín del Anuario Bibliográfico Cubano. 5:109, 4269; 6:121; 8:19
Boletín del Archivo General de la Nación, Caracas. 3:2258; 4:2552; 5:550, 2461; 6:621, 3077; 7:624, 3000; 8:493, 3055; 9:642; 10:494; 11:465, 466; 14:1689; 15:1400; 16:1692; 28:844
Boletín del Archivo General de la Nación, México. 5:545; 6:619; 7:618; 8:490; 9:637; 10:491; 11:462; 13:1250a; 14:1692; 15:1451, 1537

Boletín del Archivo General de la Nación, México (Indexes). 16:1417
Boletín del Archivo General de la Nación, Santo Domingo. 4:2551; 5:540; 6:615; 7: 614; 8:486; 9:633; 10:485; 11:455; 14 1691; 15:1717; 16:1882a
Boletín del Archivo Histórico de la Municipalidad de Valencia, Valencia. 9:648; 10: 501; 11:473
Boletín del Archivo Histórico de la Provincia de Mérida, Mérida. 9:649, 2600; 10:502; 11:474; 16:1693
Boletín del Archivo Histórico de Miraflores, Caracas. 24:4393; 28:1049a
Boletín del Archivo General del Gobierno, Guatemala. 1:17; 5:542; 6:616; 7:616; 8:487; 9:634; 10:488; 11:459; 14:1913; 16:1652
Boletín del Archivo Nacional, La Habana. 5: 539; 6:614; 8:485; 9:630; 10:479 11: 451; 12:1611; 14:1693; 15:1401; 16:1854
Boletín del Archivo Nacional (Indexes), La Habana. 12:1635
Boletín del Archivo Nacional de Historia, Quito. 16:1479, 1715
Boletín del Banco Central de Bolivia, La Paz. 12:913; 14:1054
Boletín del Banco Central de Reserva del Perú. 4:1155; 5:1357; 6:1584; 7:1537; 9:1508; 14:1080; 16:787; 18:761
Boletín del Banco Central de Venezuela, Caracas. 7:1270; 9:1205; 14:992; 16:811; 18:802
Boletín del Banco Central del Ecuador, Quito. 14:1073; 16:767; 17:693; 18:722
Boletín del Banco Hipotecario del Ecuador, Quito. 6:1545
Boletín del Banco Hipotecario del Uruguay, Montevideo. 16:798; 17:713; 18:785
Boletín del Banco Minero de Bolivia, La Paz. 8:1631
Boletín del Centro de Documentación Científica y Técnica, México. 22:6251
Boletín del Centro Histórico Larense, Barquisimeto. 8:3369
Boletín del Comité de Abogados de los Bancos de la Capital Federal, Buenos Aires. 1:1828
Boletín del Departamento de Estudios Etnográficos y Coloniales, Santa Fe. 11:123
Boletín del Departamento Nacional del Trabajo, Bogotá. 6:1196
Boletín del Folklore Dominicano, Santo Domingo. 12:2311
Boletín del Grupo de Renovación Musical, La Habana. 9:4770
Boletín del Instituto Caro y Cuervo, Bogotá. 11:2880; 12:2312
Boletín del Instituto de Cultura Latino-Americana, Buenos Aires. 3:6a, 3035; 4:3774
Boletín del Instituto de Estudios Económicos y Financieros, La Plata. 22:1458
Boletín del Instituto de Historia Argentina "Doctor Emilio Ravignani", Buenos Aires. 23:3608
Boletín del Instituto de Intercambio Nacional e Interamericano, México. 11:66
Boletín del Instituto de Investigaciones Folklóricas, Panamá. 10:4475
Boletín del Instituto de Investigaciones Históricas, Buenos Aires. 7:3413; 11:1922
Boletín del Instituto de Sociología, Buenos Aires. 9:113
Boletín del Instituto de Urbanismo de Valparaíso. 3:1895
Boletín del Instituto Indigenista Nacional, Guatemala. 11:262
Boletín del Instituto Nacional de Antropología e Historia, México. 23:108
Boletín del Instituto Nacional de Investigación y Fomento Mineros, Lima. 16:788
Boletín del Instituto Sudamericano del Petróleo, Montevideo. 9:968; 11:902
Boletín del Instituto Técnico Administrativo del Trabajo, México. 20:3514
Boletín del Ministerio de Agricultura, Comercio e Industrias, Asunción. 7:1514; 9:1497
Boletín del Ministerio de Obras Públicas, San Salvador. 20:1337
Boletín del Ministerio de Relaciones Exteriores y Culto de la Nación Argentina. 12:2245; 13:1804
Boletín del Ministerio del Tesoro, Quito. 14: 1075; 15:943; 16:768
Boletín del Museo Arqueológico de Colombia. 9:198
Boletín del Museo de Arte Colonial, Bogotá. 21:945; 28:176
Boletín del Secretariado Permanente de Entidades Fiscalizadoras, La Habana. 20:1328
Boletín del Seminario de Cultura Mexicana. 9:114
Boletín del Tesoro, Asunción. 7:1515
Boletín Estadístico, Buenos Aires. 11:918; 12:868; 14:1039
Boletín Estadístico, La Paz. 19:6254; 20:5001
Boletín Estadístico, La Plata. 12:869
Boletín Estadístico, Quito. 20:5007
Boletín Estadístico de la Secretaría de Hacienda y Crédito Público, México. 16:938
Boletín Estadístico del Paraguay. 20:5015; 27:2242
Boletín Estadístico Mensual del Banco Central de Costa Rica, San José. 16:621
Boletín General de la Sociedad Mexicana de Geografía y Estadística (Indexes). 13:22
Boletín Histórico del Valle, Cali. 3:2259
Boletín Indigenista, México. 7:242; 8:145
Boletín Informativo, Caracas. 24:450
Boletín Informativo de la Biblioteca Rivadavia de Bahía Blanca. 5:4235; 6:4755
Boletín Informativo de la Comisión Nacional de Granos y Elevadores, Buenos Aires. 5: 1186; 6:1405; 7:1335; 12:870
Boletín Informativo del Instituto de Estudios Económicos, Jurídicos, y Sociales, Buenos Aires. 5:1167
Boletín Informativo del Ministerio de Economía Nacional, La Paz. 8:1621
Boletín Informativo sobre Estudios Latinoamericanos en Europa, Amsterdam. 28:23
Boletín Interamericano de Música, Washington, D.C. 24:5903
Boletín Judicial, México. 1:1885
Boletín Judicial, San José. 1:1870
Boletín Judicial, Santo Domingo. 1:1882
Boletín Oficial de Bolivia, La Paz. 9:2417
Boletín Oficial de la Provincia de Buenos Aires. 4:2486
Boletín Oficial de la Provincia de Camaguey. 4:2508
Boletín Oficial de la Provincia de Catamarca. 4:2487
Boletín Oficial de la Provincia de Córdoba. 4:2490
Boletín Oficial de la Provincia de Corrientes. 4:2491
Boletín Oficial de la Provincia de Entre Ríos. 4:2492
Boletín Oficial de la Provincia de Jujuy. 4:2494
Boletín Oficial de la Provincia de La Habana. 4:2509

Boletín Oficial de la Provincia de La Rioja.
4:2500
Boletín Oficial de la Provincia de Matanzas.
4:2510
Boletín Oficial de la Provincia de Mendoza.
4:2495
Boletín Oficial de la Provincia de Oriente.
4:2511
Boletín Oficial de la Provincia de Pinar del Río.
4:2512
Boletín Oficial de la Provincia de Salta. 4:2501
Boletín Oficial de la Provincia de San Juan.
4:2502
Boletín Oficial de la Provincia de San Luis.
4:2503
Boletín Oficial de la Provincia de Santa Clara.
4:2513
Boletín Oficial de la Provincia de Santa Fe.
4:2505
Boletín Oficial de la Provincia de Santiago del Estero. 4:2506
Boletín Oficial de la Provincia de Tucumán.
4:2507
Boletín Oficial de la República Argentina.
2:1552
Boletín Oficial de la Secretaría de Hacienda, La Habana. 6:1045
Boletín Oficial del Territorio de Chubut.
4:2489
Boletín Oficial del Territorio de Formosa..
4:2493
Boletín Oficial del Territorio de la Pampa.
4:2498
Boletín Oficial de Territorio de Misiones.
4:2496
Boletín Oficial del Territorio de Neuquén.
4:2497
Boletín Oficial del Territorio de Río Negro.
4:2499
Boletín Oficial del Territorio de Santa Cruz.
4:2504
Boletín Oficial del Territorio del Chaco. 4:2488
Boletín Oficial del Territorio Nacional de los Andes. 4:2484
Boletín Oficial del Territorio Sur de Baja California. 3:2108
Boletín Rural, San José. 7:1026
Boletín Trimestral de la Biblioteca del Jockey Club, Buenos Aires. 10:4222
Bolgár, Lajos. 27:1203-1203b, 1398
Bolinder, Anders. 21:2005
Bolinder, Gustaf. 3:227, 334; 8:314; 21: 5043; 22:6153
Bolio, Edmundo. 10:79; 26:598
Bolinger, Dwight L. 12:2313; 18:2326
Bolio de Peón, Dolores. 15:2284
Bolívar, Simón. 3:2451, 2475, 2515; 6: 3092, 3093; 7:628, 3194, 3195, 3243; 8:3155, 3167; 9:3097, 3138, 3139; 12: 1964a; 13:1440, 1441; 14:2014; 17: 1826, 1827; 18:2140; 19:3801; 21: 3183; 26:963; 28:864a, 952a
Bolívar Coronado, Rafael. 14:2222
Bolívar (Department). Asamblea Nacional. 3:1923
Bolívar (Department). Dirección de Educación Pública. 4:1781
Bolívar (Department). Laws, statutes, etc. 5:2224
Bolívar (Department). Secretaría General de Gobierno. 3:1946; 4:2450; 5:2050; 7: 2726; 8:2816; 9:2470, 2557
Bolívar (Department). Secretaría de Hacienda. 4:1582
Bolívar, Bogotá. 17:3162
Bolívar: Gaceta Departamental. 5:2252

Bolívar, Revista Americana, Santiago de Chile.
6:174
Bolivia. Archivo General. 1:2272
Bolivia. Biblioteca Nacional. Archives. 1:2278
Bolivia. Caja de Seguro y Ahorro Obrero.
2:787a; 7:4004, 4016; 14:2478-2480
Bolivia. Comité de Investigación del Estaño.
2:788
Bolivia. Consejo Nacional de Educación. 8: 1936, 1937; 10:1484
Bolivia. Constitution. 4:2249; 14:1606, 3208
Bolivia. Contraloría General. 4:1248
Bolivia. Convención Nacional, 1938.
4:2251a-2253; 6:2760
Bolivia. Corporación Boliviana de Fomento.
9:1425
Bolivia. Departamento de Educación Rural.
13:693
Bolivia. Dirección General de Aduanas. 7: 1568
Bolivia. Dirección General de Economía Rural. 12:915-917; 19:1408
Bolivia. Dirección General de Estadística.
2:790; 3:849; 4:1060-1063; 5:1277; 6:1501; 7:1450-1453; 8:1634, 1640, 1643, 1759, 3873, 3874; 9:2216, 2217; 10: 1205, 1206; 12:918; 19:6254
Bolivia. Dirección General de Estadística y Censos. 19:6254; 20:5001
Bolivia. Dirección General de Ferrocarriles.
17:1139
Bolivia. Dirección General de Presupuesto.
9:1428
Bolivia. Dirección General del Trabajo. 4: 1064
Bolivia. Dirección Nacional de Información.
19:1409; 27:3220
Bolivia. Instituto Boliviano de Seguridad Social.
15:2029
Bolivia Junta de Gobierno. 10:3332
Bolivia. Laws, statutes, etc. 2:789; 7:3998; 9:3612, 3614-3616; 11:3451; 13:2450, 2572; 14:3254; 17:2039; 19:5593; 20: 4598; 27:3863
Bolivia. Ministerio de Agricultura. 12:920
Bolivia. Ministerio de Agricultura. Dirección General de Tierras y Colonización. 16: 1198
Bolivia. Ministerio de Economía Nacional.
11:993
Bolivia. Ministerio de Educación y Asuntos Indígenas. 2:1146; 3:1363
Bolivia. Ministerio de Educación y Bellas Artes. Departamento de Publicaciones y Difusión Cultural. 12:1951
Bolivia. Ministerio de Guerra. 27:3220a
Bolivia. Ministerio de Hacienda. 3:852; 5: 1281; 6:1504
Bolivia. Ministerio de Minas y Petróleo. 7: 1570; 27:2178
Bolivia. Ministerio de Obras Públicas. Dirección General de Vialidad. 16:1197; 23:2590
Bolivia. Ministerio de Relaciones Exteriores.
1:1199; 7:3763, 3803; 8:3646; 15:2002, 2003; 27:3220b, 3220c
Bolivia. Ministerio del Trabajo, Salubridad, y Previsión Social. 8:1647; 18:2250
Bolivia. Presidencia. Dirección Nacional de Informaciones. 24:3485; 27:2178a
Bolivia. Servicio Forestal y de Caza. 21:2030
Bolivia. Superintendencia General de Bancos.
5:1283; 9:1438; 14:1058
Bolivia. Treaties, etc. 9:3555; 14:2414; 16: 2278, 2282
Bolivia. Yacimientos Petrolíferos Fiscales Bolivianos. 3:855; 4:1249

Bolivian Indian Mission. 20:669a
Bolkhovitinov, Nikolai Nikolaevich. 23:2765
Boll, Marcel. 5:4473
Bollini Shaw, Carlos M. 2:3129; 3:3775; 15:1989; 16:3119
Bollo, Sarah. 4:3867l; 9:4034; 10:3754, 3755; 12:2747; 17:2326, 2480; 28:2213
Bollo Cabrios, Palmira S. 24:4282
Bologna, Ítalo. 27:2604
Bolognesi, Arnoldo J. L. 4:1023
Bolognesi, Francisco. 24:4380
Bolsa de Cereales, *Buenos Aires.* 3:794
Bolsa de Comercio de Buenos Aires. 3:778; 4:942; 7:1321
Bolsa de Comercio de Buenos Aires. Cámara de Subproductos Ganaderos. 6:852
Bolsa de Comercio de Chile, *Santiago de Chile.* 7:1573; 12:933
Boltin, Lee. 27:217
Bolton, George. 27:1653
Bolton, Herbert Eugene. 1:648, 741, 2322, 2328, 2329; 2:1755, 1802; 3:2167, 2372; 5:2269, 2355; 15:1487; 17:1477a, 1547; 18:1739; 23:3011; 28:532a
Boltshauer, João. 25:1275, 3002; 27:4005
Bolz, R. E. 25:2055
Bolzán, J. E. 26:2294
Bombal, María Luisa. 4:3939; 14:2741, 2843
Bombal, Susana. 23:4919
Bomchil, Miguel. 6:4679
Bomfim, Benedito Calheiros. 11:2804
Bomfim, Manuel. 6:4283
Bomfim, Paulo. 13:2340; 21:4378; 22:5466; 24:5803; 25:4700; 26:2026; 28:2583
Bomfim, Pedro Calheiros. 6:1935; 10:1500
Bomfim, Sócrates. 24:2054; 25:1710
Bomfim de Andrade, Noemi Alcântara. *See* Andrade, Noemi Alcântara Bomfim de.
Bomilcar, Álvaro. 8:4833
Bon, Antoine. 21:5022
Bon Espasandín, Mario. 25:5603; 27:4215
Bonafina Dorrego, Andrés. 27:2426, 3176
Bonanni, Pedro J. 8:1611
Bonaparte, *pseud. See* Auguste, Gérard Bonaparte.
Bonardi, Silvio E. 28:1064
Bonastre, Valerio. 2:2179
Bonaventura, *Saint.* 23:5910
Bonavía B., Duccio. 23:449, 450; 24:576, 577; 27:613, 634
Bonavides, Paulo. 23:1909, 2865; 25:5328
Bonavit, Julián. 6:2776; 10:553
Bonavita, Luis Pedro. 20:3083; 24:3595, 4333; 26:1181
Bonazzi, Augusto. 14:444
Bonazzola, Julio César. 20:4508
Bondar, Gregório. 4:701, 702; 7:1654; 15:1231; 16:1275, 1276; 18:1395
Bondeli, Elsa de. 9:4611
Bondoni, Néstor. 23:4920
Bonelli, Juan M. 20:2006
Bonequi, Rojas S. Jesús. 4:2376
Bonet, Carmelo Melitón. 2:2774; 14:2568; 15:2265; 23:4807
Bonet Correa, Antonio. 11:584; 28:164, 185
Bonet de Sotillo, Dolores. 20:2414; 28:1050
Bonfanti, C. 21:1980
Bonfiglio, Gladys J. 16:508
Bonfil, Ramón G. 7:1883
Bonfil Batalla, Guillermo. 25:413; 27:880
Bonfils, Constante G. 17:1109; 19:2515
Bongiovani Laffioti, Heleieth. *See* Laffioti, Heleieth Bongiovani.

Bonhomme, Colbert. 20:4459; 24:4049
Bonhomme Seymour Waden, Carlos de. *See* Waden, Carlos de Bonhomme Seymour.
Bonifacio, José. *See* Silva, José Bonifacio de Andrada e.
Bonifaz, Miguel. 14:1939, 1981; 16:1480; 19:5589; 21:4504
Bonifaz Nuño, Alberto. 23:4921
Bonifaz Nuño, Rubén. 21:4059; 25:4445
Bonifaz Stagnaro, Jorge. 12:3078
Bonilla, Abelardo. 26:1459
Bonilla, Antonio. 4:2621, 3044
Bonilla, Conrado. 15:206
Bonilla, Evangelio. 20:4482
Bonilla, Frank. 20:4978; 24:3012; 27:1654, 2552, 4006
Bonilla, José. 24:2944
Bonilla, José María. 4:3045; 11:1470
Bonilla, Manuel, Jr. 26:599
Bonilla, Manuel Antonio. 8:3980; 11:3100; 13:2082; 14:2675
Bonilla, Manuel C. 10:2820; 17:1592
Bonilla, Marcelina. 11:1601; 12:270; 19:2402
Bonilla Amado, José. 8:2461; 20:4483; 25:4351
Bonilla Atiles, José Antonio. 12:1559, 2053
Bonilla Domínguez, Celia. 19:629
Bonilla Echeverrí, Óscar. 27:3864
Bonilla Gutiérrez, Alfonso. 7:1300
Bonilla Marín, Gabriel. 11:2740
Bonilla-Naar, Alfonso. 28:2080
Bonilla Ruano, José María. 1:1975; 5:3472; 10:3708; 21:3633; 22:4306; 23:3351
Bonino, Emilio Osvaldo. 1:1786; 6:4520
Bonnard, Roger. 4:2256
Bonnefous, Edouard. 20:5063
Bonnerjea, Biren. 27:119
Bonnet, J. A. 13:873; 16:1151, 1152
Bono, Humberto Miguel. 16:1037
Bono, José M. 25:2242; 27:2771
Bonome, Rodrigo. 20:1019; 25:4363, 4364; 28:1946
Bonow, Iva Waisberg. 17:1033
Bonsignore, José Félix. 20:1353
Bontá, Marco A. 6:773; 14:627
Bonumá, João. 12:2996
The Book Center, Inc., *New York.* 7:124
Book Publishing Bureau, *New York.* 9:175
Boole, George. 24:6110
Boos, Frank H. 27:288, 289
Bopp, Raul. 4:2031, 2032; 13:2341; 17:2630; 22:4044
Booy, T. de. 20:2040a
Booz, Mateo. *See* Correa, Miguel Ángel.
Bopp, Marianne O. de. *See* Oeste de Bopp, Marianne.
Bopp Blu, Gustavo. 14:3251
Boracrès, Paul. 5:3385
Borah, Woodrow Wilson. 7:2934; 8:497; 9:2755; 11:2063; 14:1694; 15:760, 1488; 17:1388, 1509, 1510, 1657; 19:3115, 3225, 3559; 20:2415; 2:2505, 2513; 22:6024; 23:892, 893, 909, 3148, 3160; 25:616, 617, 3032; 26:483, 484, 486; 27:726; 28:533 559a
Borba, Jenny Pimentel de. 6:4364; 7:4951; 8:4271; 9:4239; 10:3873
Borba, Joaquim. 27:2310
Borba, José César. 7:4859
Borba, Osório. 7:4860; 12:2821
Borba, Rosy Frontini de. 19:1271
Borba Alves de Moraes, Rubens. *See* Moraes, Rubens Borba Alves de.
Borba Filho, Hermilo. 13:2283; 21:4326, 4342; 28:2450

Borba Tourinho. 19:1736; 20:1444, 2107
Borbón, Eulalia de. 21:2903
Borchard, Edwin M. 1:1755; 5:3294; 17: 2787
Borchers, Philipp. 1:626
Borda, Guillermo A. 12:3084; 19:5489; 20:4509; 21:4582; 23:4551; 24:4832, 4833; 25:4038; 27:3661-3664
Borda, Julio C. 4:2069
Bordallo da Silva, Armando. *See* Silva, Armando Bordallo da.
Bordalo da Silva, Bolívar. *See* Silva, Bolívar Bordalo da.
Bordas, A. F. 8:449
Bordato. E. E. 6:3888
Borde, Jean. 21:4908; 22:2398
Borde B., Juan. 17:1140
Bordenaue, E. 4:2981
Bordenave, Pedro. 28:1161
Bordes Vega, Delfina. 18:2289
Bordolli Danero, Cándido. 10:4239; 11: 3679
Bordón F. Arturo. 8:2428; 25:2283; 27: 3510
Bordoni, Mario G. 9:4612
Bórea, Domingo. 14:3298
Borello, Rodolfo A. 26:1460; 28:1520
Boren, Charlotte. 22:6120
Borga, Ernesto Eduardo. 9:4432, 4965
Borge, Jorge. *See* López, Jorge Heriberto.
Borge González, Emilio. 24:3585
Borgen, José Francisco. 10:4471
Borges, Analola. 24:4090; 25:3452; 28: 865-865d
Borges, Carlos. 21:3809
Borges, Durval Rosa Sarmento. 14:2490
Borges, João Alfonso. 24:4929
Borges, João Eunápio. 23:4613
Borges, Jorge Luis. 1:1976; 3:3250; 5:3826; 8:4048; 9:3991; 10:3662; 15:2285; 16: 2566; 17:2357, 2358, 2473; 18:2327, 2460; 19:4863, 4864, 5007, 5008, 5046, 5047; 20:3804, 3912; 21:3810, 4083, 4206; 22:4806; 23:4919; 25:4365, 4366, 4446; 26:1543, 1644; 28:1521, 1764, 1947, 1991, 2007, 2109a, 2214
Borges, José Carlos Cavâlcanti. 16:2924; 28: 2649
Borges, Milo Adrián. 1:1448; 2:2994; 3: 3629; 4:4306; 6:4528, 4529; 15:2580; 18:2842
Borges, Pedro. 20:2416; 22:2818; 23:3012; 25:3033, 3034; 26:367, 368; 28:412a
Borges, Rafael. 22:5110
Borges, T. Pompeu Accioly. 20:1405, 4946; 22:1609, 1657; 24:3013
Borges, Wilson Alvarenga. 21:4379
Borges Costa, Esdras. *See* Costa, Esdras Borges.
Borges da Fonseca, Mario. *See* Fonseca, Mario Borges da.
Borges da Rosa, Inocéncio. *See* Rosa, Inocéncio Borges da.
Borges de Barros, Domingos. *See* Barros, Domingos Borges de.
Borges de Macedo, Dulval. *See* Macedo, Dulval Borges de.
Borges de Macedo, Luiz Carlos. *See* Macedo, Luiz Carlos Borges de.
Borges do Amaral, Serafina Traub. *See* Amaral, Serafina Traub Borges do.
Borges dos Reis, Solon. *See* Reis, Solon Borges dos.
Borges Fortes, Almir. *See* Fortes, Almir Borges.
Borges Fortes, Betty Yelda Brognoli. *See* Fortes, Betty Yelda Brognoli Borges.
Borges Fortes, João. *See* Fortes, João Borges.

Borges Fragamon, Carlos. *See* Fragamon, Carlos Borges.
Borges Júnior, João Alves. 7:1655; 8:1813
Borges Ribeiro, Maria de Lourdes. *See* Ribeiro, Maria de Lourdes Borges.
Borges Schmidt, Carlos. *See* Schmidt, Carlos Borges.
Borges Teixeira, Mauro. *See* Teixeira, Mauro Borges.
Borget, Auguste. 25:1186
Borghini, F. 24:1650
Borgman, Donald M. 27:1399
Borgonio Gaspar, Guadalupe. 20:198
Borhegyi, Stephen F. de. 16:136-140; 17: 59-61; 18:30, 31; 19:7, 51-56, 105, 3012; 20:42, 43, 99-101; 21:72; 22:68, 69, 330; 23:109, 164, 165, 894; 24:235, 629; 25:128, 129, 183, 3122; 27:200, 201, 290-294
Borhegyi, Suzanne de. 25:184; 27:201
Borja, Luis F. 10:2725, 3064; 12:2158
Borja, Rafael. 15:1221
Borja Illescas, Eduardo. 13:1919
Borja Martínez, Manuel. 22:4550
Borja Soriano, Manuel. 5:4196
Borja y Borja, Ramiro. 16:3037; 17:2731; 18:1585; 27:3628; 28:991
Borjas, Arminio. 13:2435, 2436
Borkenau, Frans. 7:5716
Borman, M. B. 27:1400
Bórmida, Alfredo. 9:1326
Bórmida, Marcelo. 15:241-243, 485, 502; 16:266, 276; 18:373; 19:876; 20:775; 21:250, 251, 834; 27:487, 488, 670
Born, Esther. 3:416
Born, Wolfgang. 3:166
Bornholdt, Laura. 10:3272; 15:1604
Borome, Joseph A. 20:2417
Bórquez, Djed, *pseud. See* Bojórquez, Juan de Dios.
Bórquez, Yolanda. 25:2124
Borragán, María Teresa. 3:986; 4:1284; 11:1400
Borrás, Eduardo. 22:5301
Borrego E., Enrique. 2:137
Borrero, Arturo. 24:5495
Borrero, Dulce María. 11:3101
Borrero, Eusebio. 20:3028
Borrero, José María. 23:3752
Borrero, Manuel María. 26:924, 1020
Borrero Crespo, Maximiliano. 28:413
Borrero Echeverría, Esteban. 3:3334
Borrero Vega, Antonio. 3:1995
Borro, Juan. 10:2953
Borromeu, Carlos. 8:4785
Borruat de Bun, Martha. 27:1166
Borthagaray, Juan Manuel. 23:1456
Borthen, Leif. 25:5701
Borzacov, F. 8:2415
Borzutzky F., Rodolfo. 15:2716
Bosanquet, Bernard. 15:2941
Bosch, Beatriz. *See* Bosch Vinelli, Julia Beatriz.
Bosch, Felipe. 9:4548; 16:3090; 21:3035; 26:1067
Bosch, Jorge Tristán. 10:4015; 12:3030; 17:2674
Bosch, José M. 27:3461
Bosch, Juan. 3:3335; 4:3993; 5:3577; 20: 3913; 24:3553; 25:3363; 27:3462
Bosch, Mariano Gregorio Gerardo. 3:2531; 6:3956; 9:3781; 10:3523
Bosch, Rafael. 7:5347
Bosch García, Carlos. 10:176; 12:1861; 13: 1528, 1529; 15:1367; 18:1922; 24:3858
Bosch García, Pedro. 13:471; 20:1474
Bosch Gimpera, Pedro. 12:1182; 22:1

Bosch Vinelli, Julia Beatriz. 4:3222; 6:3353; 8:3238; 9:2175, 3226; 11:2456; 14: 2223, 2224; 21:3034; 24:4253, 4254; 25:3589; 26:1066; 28:1064-1065
Boschetti, Luis R. 19:4865
Bosco, Eduardo Jorge. 14:2225; 18:2461
Bosco, María Angélica. 19:4866; 22:5910; 23:4922
Bosco Guedes Filho, João. See Guedes Filho, João Bosco.
Bosco Pinto, João. See Pinto, João Bosco.
Bose, Fritz. 21:4703; 22:5723
Bose, Walter B. L. 1:831; 2:831; 4:2792; 5:2356, 3106a; 6:2995; 7:3052, 3316, 4544; 8:2890, 2891, 3239, 3240, 3288; 9:1327; 11: 2457; 13:1307; 17:1460
Bosi, Alfredo. 26:2072
Bosisio, Anecto J. 4:2070
Boskaljon, R. 23:5722
Boson, Gerson de Britto Mello. 22:2653
Bosque, Fernando del. 13:1258
Bosque, Jesús Mario del. 14:1645
Bosques, Gilberto. 3:2021
Bossano, Guillermo. 23:4526
Bossano, Luis. 8:224; 22:6001
Bossart, Roland A. 23:1930
Bossio, Nélida. 13:368
Bossuet, Jacques Bénigne. 11:3937
Boston, Barbara. 5:2357; 7:2935
Boström, Joel. 24:6428
Botas Arredondo, Andrés. 20:4484
Botelho, Antônio Roberto de Arruda. 7:4861
Botelho, Carlos de Castro. 19:2635
Botelho, Marcos. 13:612, 1890
Botelho, Pedro de. 15:2925
Botelho de Magalhães, Amílcar Armando. See Magalhães, Amílcar Armando Botelho de.
Botelho de Oliveira, Manuel. See Oliveira, Manuel Botelho de.
Botelho Gosálvez, Raul. See Gosálvez, Raul Botelho.
Botelho Maia, Álvaro. See Maia, Álvaro Botelho.
Botelho Vieira, Clovis. See Vieira, Clovis Botelho.
Botella Asensi, Juan. 7:993
Botello, Consuelo. 24:6027
Botero, Ebel. 28:2180
Botero de la Calle, Marco. 10:1038
Botero Isaza, Valerio. 2:599a; 3:1153a; 7:1201
Botero Londoño, Julio. 8:1427
Botero Londoño, Roberto. 7:1239
Botero M., José Manuel. 5:1736; 7:2214
Botero Saldarriaga, Roberto. 5:2532; 8:3168
Bothwell, Lyman D. 3:1122, 1602
Bothwell, Reece B. 25:3373
Boti, Regino. 25:1600
Botmiliau, A. 13:1660
Botsford, Ward. 24:202
Botta, Vicente Raúl. 14:1695
Bottaro, Raúl H. 27:14
Bottini, Emilio B. 18:841
Botto Elmore, Miguel. 21:3580
Bottura, C. 25:743, 745-747, 766; 27:1560-1560c
Bouças, Valentim F. 2:990; 3:640, 654; 4:617, 741, 742; 6:1705, 1755, 1918; 7:1656; 8:2546; 10:1398, 1432; 11:1116, 1172; 12:1053, 1100; 14:1116; 16:894
Bouchard, Paul. 24:3703
Bouchardon, Pierre. 4:4332
Bouchaud Lopes da Cruz, Ruth. See Magnanini, Ruth Bouchaud Lopes da Cruz.
Boucher, Henri. 17:1101
Boucher, Hercules. 16:2993

Bouchereau, Madeleine G. Sylvain. 10:1604; 17:3013; 25:3364
Boucinhas, J. Costa. 11:1117, 1191
Boudet Rosell, F. 1:1449
Boudeville, J. 27:1736
Boudin, Max H. 15:433
Boudot, Eugenio. 9:1640
Bouge, L. J. 14:122
Bouglé, Celestino. 17:2963
Bouhid, Waldir. 27:2311
Boully, Víctor Domingo. 13:2739
Boulton, Alfredo. 18:3331; 20:903, 2976; 22:3515; 23:3694; 24:4164; 25:1182; 26:176; 28:217, 222
Boulton, Laura C. 9:4723
Bourbakis, Roberto. 17:2552
Bourdon, Léon. 22:3863
Bourgeois, Julia F. 9:236
Bourgois, Jean-Jacques. 23:633
Bourguignon, Erika E. 19:589, 590; 20:436, 437; 22:404; 27:1012, 1013
Bourne, Edward Gaylord. 25:3035
Bourne, W. Clinton. 13:803
Bouroncle Carreón, Alfonso. 27:1324
Bourricaud, François. 24:2988; 25:1530, 2843; 27:1325, 2870, 4089
Bousonde, Luis H. 7:1884
Bousquet, G. H. 6:5083
Bousquet, Manuel A. 3:211
Boussy, Rufino Abel. 27:3811
Bouton, Roberto J. 24:6402
Boutroux, Emile. 9:5007, 5018a
Bouts, Camille. 9:4923
Bouts, Paul. 9:4923
Bouvier, Jean. 27:734a
Bouvier-Ajam, Maurice. 22:1402
Bouza, Luis Alberto. 1:1655
Bouza Brey, Fermín. 19:3116
Bovet, Pierre. 6:2032
Bow, Frank T. 17:1355
Bowen, Dimas Burbano. 7:4261
Bowen, J. Donald. 28:1642
Bowen, W. H. 4:2793
Bower, Bethel. 12:202; 14:269
Bowers, Claude G. 9:3093; 21:3412
Bowie, William. 1:517
Bowker Co., R. R. 26:57
Bowler, James W. 10:1986
Bowles, Oliver. 6:850; 12:725
Bowles, Paul. 5:4341; 6:4877, 4925; 7:5578, 5579
Bowman, Charles H., Jr. 24:4167
Bowman, Elizabeth. 22:822
Bowman, Heath. 1:547
Bowman, Isaiah. 3:500; 5:1895; 6:2386; 7:2297; 8:2209, 2462, 2463, 3641
Bowman, J. N. 12:1611a; 18:1633; 24:3714; 28:533a
Box, Harold E. 5:1775
Box, Pelham Horton. 2:2403; 23:3801
Boxer, Charles R. 13:1710; 14:2281; 15:1834; 16:2086; 18:2160; 19:4035; 20:3242; 21:3286, 3287; 25:3806; 26:1228; 27:4216; 28:1232, 1289-1289c
Boyacá (Department). Asamblea. 3:1924
Boyacá (Department). Contraloría General. 4:1583
Boyacá (Department). Dirección de Educación Pública. 3:1411
Boyacá (Department). Secretaría de Gobierno. 3:1947
El Boyacense, Órgano Oficial del Departamento de Boyacá. 5:2253
Boyd, E. 28:3013
Boyd, Mark F. 4:2622; 7:2882; 17:1461; 19:3226, 3227

Boyd, William C. 5:505, 506; 16:421
Boyd, Willis D. 20:2955
Boyd-Bowman, Peter. 18:2328, 2329; 20: 3632-3634; 24:4712; 28:413a, 1522
Boyer, Helen May. 4:1993; 5:970, 1667, 1762
Boyer, Mildred. 28:1764, 2109a
Boynard, Aluízio Peixoto. 22:2512
Boyrie Moya, Emile de. 18:123, 124; 19:281, 282; 20:253; 21:230; 22:405
Boytel Jambu, Fernando. 13:292
Boza Masvidal, Aurelio. 15:2392; 27:3019
Bozo, Claudio. 26:255
Brabo, Francisco Javier. 25:1174; 26:167
Bracaccini, O. 9:2174
Bracet, Heitor. 11:1787; 12:1036, 1037
Bracewell, Smith. 2:1244; 4:1913; 7:2178; 13:836
Bracho, Ángel. 11:630
Bracho, Carlos. 2:417; 10:679
Bracho Sierra, Martiniano. 23:5122; 28:2110
Bracho Valle, Felipe. 23:2520; 25:2255a
Brackmann, Robert W. 24:816
Braconnay, Claudio María. 6:3486; 7:3551; 9:3341
Brada, Pater W. 26:806a
Bradburn, Adelaide. 19:5601
Braddy, Haldeen. 25:3908
Brade, A. C. 17:1176; 21:2111
Braden, Spruille. 11:2661; 12:2272; 23:2766
Braden Copper Co., Santiago. 25:1689
Braderman, Eugene Maur. 4:3047
Bradfield, Robert B. 23:1288; 24:1558
Bradford, Saxtone E. 9:3532
Bradford, Winifred. 20:349
Bradley, Anita S. 7:3804; 8:2856
Bradley, C. Paul. 27:3463
Bradley, David H. 9:1104, 1104a
Bradley, L. H. 27:15
Bradley, Philips. 5:3364
Bradomin, José María. 20:1951
Brady, Agnes Marie. 7:4437; 27:1765; 28:104
Brady, Cyrus Townsend, Jr. 15:67
Brady Roche, Elvira. 11:3627
Braga, André Duarte. 6:1649, 1778
Braga, Antônio Pereira. 9:4459; 11:3490
Braga, Belmiro Belarmino de Barros. 25:4701
Braga, Cincinato. 14:1091
Braga, Dirceu Duarte. 3:530
Braga, Edgard. 25:4702
Braga, Ernani. 7:5601; 10:4365
Braga, Francisco. 7:5449; 9:4844; 15:2829b
Braga, Francisco Saturnino. 10:2256
Braga, Genesino. 23:3944
Braga, Henriqueta Rosa Fernandes. 28:3044
Braga, Leopoldo. 22:4500
Braga, Levi. 10:1747; 12:3385
Braga, Lourenço. 8:4189a
Braga, Luiz de Almeida. 5:3880
Braga, Mauro de Araújo. 11:1322
Braga, Murilo. 4:1739
Braga, Newton. 28:2666
Braga, Odilon. 3:599, 1847; 6:1938
Braga, Osvaldo Melo. 14:3090; 18:2149
Braga, Otávio. 24:5804
Braga, Plínio Paulo. 3:1385
Braga, Renato. 25:3828
Braga, Roberto. 21:4343
Braga, Rubem. 4:618; 6:2084, 2103, 4413; 9:4140; 10:3874; 14:3006; 15:2480; 19:1272, 5236; 23:5566; 26:2089
Braga, Rubens. 27:2906
Braga, Theodoro. 8:841
Braga, Valério. 8:1856
Braga Cavalcanti, Filinto Alcino. See Cavalcanti, Filinto Alcino Braga.

Braga de Souza, Antônio Manoel. See Souza, Antônio Manoel Braga de.
Braga Júnior, Benjamín de Carmo. 7:5326
Braga Mello, N. M. de. See Mello, N. M. de Braga.
Braga Montenegro, Joaquim. See Montenegro, Joaquim Braga.
Braga Neto, Benjamín do Carmo. 7:5326
Bragaglia, Anton Giulio. 7:5019
Bragança, Carlos Tasso de Saxe-Coburgo. 25:1294
Braida, Lisímaco. 16:2613
Braidwood, Robert J. 25:107
Brainerd, George Walton. 8:211; 12:126; 14:143, 211; 17:62, 205; 19:57, 58, 72, 424; 21:412; 22:70
Braithwaite, Lloyd. 19:700, 701; 24:762; 25:499; 27:1094, 1106, 1542
Brajnikov, Boris. 15:1232; 17:1177, 1258
Brambila, Alberto M. 3:3393-3395
Brambila, Crescenciano. 28:678
Brambila, David. 19:630; 20:658
Brambila Jáuregui, Orencio. 14:3245
Brame, Charlotte. 8:4362
Brameld, Theodore. 22:1900
Bramón, Francisco. 11:2959; 18:2434
Bramont Arias, Luis. 16:3080
Bramuglia, Juan Atilio. 7:1420; 17:2698
Brañas, César. 11:3281; 12:2436a, 2684; 18:2543a; 23:4808
Brancante, E. F. 19:1220; 20:1177
Branco, Carlos Castello. See Castello Branco, Carlos.
Branco, Eurico Castello. See Castello Branco, Eurico.
Branco, João Castelo. See Castelo Branco, João.
Branco, Joaquim. 3:307
Branco, José Moreira Brandão Castello. See Castello Branco, José Moreira Brandão.
Branco, Nelson de Azevedo. 3:691
Branco, Pandiá H. de Tautphoeus C. 4:410
Branco, Plínio A. 7:2539; 8:2671a; 9:2586
Branco, R. P. Castelo. See Castelo Branco, R. P.
Branco, Renato Castelo. See Castelo Branco, Renato.
Branco, Victorino Prata Castelo. See Castelo Branco, Victorino Prata.
Branco Ribeiro, Eurico. See Ribeiro, Eurico Branco.
Brand, Andrés. 7:584; 8:2406
Brand, Donald Dilworth. 1:49; 2:1233; 3:1560; 5:227; 7:243, 548-550, 2097; 9:199, 259, 332, 354, 354a, 969; 10:1840; 12:203; 14:96; 17:246, 1074, 2973; 18:266; 20:2502; 23:3149; 24:1104, 2882, 2883; 25:3155; 27:295
Brand, Max. 6:4899; 7:5450; 8:4363
Branda, Adolfo. 26:1619
Brandão, Alfredo. 1:1307; 3:222
Brandão, Alonso Caldas. 13:2451; 14:2484, 3266; 15:2033, 2728; 16:2994, 3029, 3030; 22:4551
Brandão, Álvaro Soares. 16:2087
Brandão, Ambrósio Fernandes. 9:4141; 26:1229
Brandão, Átila. 28:2451
Brandão, Cláudio. 6:3564; 28:1523
Brandão, Darwin. 22:6100
Brandão, Ilda. 27:2584
Brandão, José Vieira. 15:2829b
Brandão, Manuel Antônio de Pimentel. 22:1335
Brandão, Maria David de A. 27:2619
Brandão, Mário de Pimentel. 9:3529
Brandão, Octávio. 20:4304; 22:5533
Brandão, Paulo José Pires. 1:1292; 4:3491

Brandão, Paulo Rebouças. 24:3071
Brandão, Ricardo. 26:2027
Brandão, Théo. 19:5336; 20:4276; 27: 1204, 1204a
Brandão, Wellington. 8:4328
Brandão Castello Branco, José Moreira. See Castello Branco, José Moreira Brandão.
Brandão Cavalcanti, Themistocles. See Cavalcanti, Themistocles Brandão.
Brandão da Silva, Carlos. See Silva, Carlos Brandão da.
Brandão da Silva, José Calasans. See Silva, José Calasans Brandão da.
Brandão da Silva, Oswaldo. See Silva, Oswaldo Brandão.
Brandão Filho, A. 19:2217
Brandão Filho, Francisco de Moura. 18:2254; 27:3865
Brandão Lopes, Juarez Rubens. See Lopes, Juarez Rubens Brandão.
Brandão Torres, Mário. See Torres, Mário Brandão.
Brande, Dorothea. 7:5020
Brandenburg, Frank R. 23:2010; 26:599a; 27:881, 1655, 1848-1848b, 3490; 28: 678a
Brandenburger, W. H. 5:1939
Brandes, E. W. 7:2066; 10:803
Brandon, William. 25:126
Brandt, B. 10:2257; 12:480
Brandt, Carlos. 18:2139
Brandt, Celso. 21:4718
Brandt, Nancy. 28:679
Brandt, Otto. 1:832
Branisa, Leonardo. 24:2953
Brannon, Maximiliano P. 3:1078; 9:1117
Brannon de Beers, Carmen. See Lars, Claudia, pseud.
Brannon de Samayoa, Carmen. See Lars, Claudia, pseud.
Brans, Isolde. 28:3048b
Brantes de Castro, Sylvio. See Castro, Sylvio Brantes de.
Brantjes, J. M. J. 23:2664
Brasão, Eduardo. 16:2203
Braschi, Wilfredo. 20:4239
Brasil, Abelardo de Paula. 7:4072
Brasil, Ávio. 9:4552; 10:4109
Brasil, Étienne. 3:3710; 10:4197; 17:2777
Brasil, Francisco Souza. 6:1980
Brasil, Geraldino. 20:4396
Brasil, Pedro, pseud. 27:3290
Brasil, Themistocles Paes de Souza. 3:320
Brasil Bandecchi, Pedro. See Bandecchi, Pedro Brasil.
Brasil Açucareiro, Rio de Janeiro. 6:1912; 7:1746; 9:1737
Brasil Americano, Odin S. do. See Americano, Odin S. do Brasil.
Brasil Constroi, Rio de Janeiro. 15:591
Brasil Musical, Rio de Janeiro. 10:4419
Brasileiro, Francisco. 2:2842; 4:4131; 13: 2321; 15:2524; 24:5743
Brasiliano, Rúbio. 1:1320; 11:1789
Brasiliense Antunes de Moura, Américo. See Moura, Américo Brasiliense Antunes de.
Braslavsky, Berta P. de. 27:2427
Brassard, D. 4:675
Brassert, H. A. 7:1541, 2298
Brasseur de Bourbourg, Charles Étienne. 27: 1401
Brasseur de Bourbourg, H. 11:263; 13:162
Brathwaite, Edward. 28:104a
Brathwaite, Percy A. 28:3068
Brathwaite, Serena U. 28:3068
Bratter, Herbert M. 5:776; 10:804

Bratton, Sam T. 5:925
Brattström, Hans. 16:1204; 17:1141
Brau, Salvador. 20:2959
Braudel, Fernand. 28:414
Brauer, Adalbert. 26:1138
Braun, Bertoldo. 3:2810, 3476
Braun, Eitel H. Gross. 24:3014; 25:2347; 27:2906a
Braun, Otto. 6:418
Braun, Walter A. G. 25:2348
Braun Menéndez, Armando. 1:833; 2:2180; 3:2739, 2740; 4:3142, 3314; 5:2935; 6:486, 3185; 7:2225, 2243; 9:3301; 10:3030, 3106; 17:2769; 21:3429; 25:3590
Braunholtz, Hermann J. 4:301; 17:4; 18:190; 20:338
Bravo, Abel M. 7:4453
Bravo, Carlos. 3:1412; 9:1839
Bravo, Domingo A. 21:656
Bravo, José Helidoro. 7:4493
Bravo, José R. 13:465
Bravo, Mario. 6:3693; 9:3227
Bravo Adams, Caridad. 21:3916
Bravo Araúz, Bolívar. 25:5702
Bravo B., José M. 25:2231
Bravo de Rueda, Yolanda. 23:1288
Bravo Garzón, Roberto. 26:1836
Bravo Izquierdo, Donato. 14:2086
Bravo Jiménez, Manuel. 15:629; 18:926, 927; 19:1860, 1942; 20:1475; 25:1541
Bravo Jofre, Luis. 10:1228
Bravo Kendrick, Aníbal. 12:2110
Bravo Mejía, Gonzalo. 16:1020
Bravo Morán, E. T. 1:475
Bravo Pinto, César A. 10:2100
Bravo Poblete, Alberto. 10:1229
Bravo Ríos, Leónidas. 20:2262
Bravo Ugarte, José. 7:2802, 3167; 9:3023, 3156; 10:2443; 12:1796a, 2011; 13:1530; 14: 2087; 15:1435; 16:2525; 17:1658; 18:1634; 21:2387; 23:2929, 3228, 3229; 24:3783, 3859, 3860; 25:618, 3114; 26:485; 28:479a, 480, 581a, 582, 679a
Bray, Arturo. 9:3325; 11:2529
Bray, Donald W. 24:3446
Bray, James O. 25:1670
Bray, Warwick. 27:588
Braz, Cézar Augusto de Oliveira Moura. 18:1702
Braz, Hermenegildo do Amaral. 3:2898; 4:3445; 6:3560; 7:3594; 8:3384; 16:2079, 2169
Braz Ribeiro, Joaquim. See Ribeiro, Joaquim Braz.
Brazão, Eduardo. 28:1290
Brazil. Arquivo Nacional. 1:1345, 2288-2291; 8:480, 3385; 10:469-474; 19:1236, 4036; 24:4491, 4491, 4492; 28:1234
Brazil. Biblioteca Nacional, *Rio de Janeiro*. 1:2293-2298; 4:3400, 3401, 3516; 6: 3566, 3567, 4765, 4815; 9:3423; 10: 3142; 11:2598a, 2598b, 3680; 13:12, 1706-1709; 14:2277-2280; 16:2109-2112; 18:534; 19:5202; 26:283, 284, 2195; 28:328, 3045, 3046
Brazil. Biblioteca Nacional. Divisão de Obras Raras e Publicações, *Rio de Janeiro*. 15: 1836-1839; 17:1891-1893; 18:2160a, 2717, 3276-3278; 19:4006-4008, 6407; 20:3206; 22:3806
Brazil. Caixa Econômica Federal. 18:881; 24:2058
Brazil. Campanha de Aperfeiçoamento e Difusão do Ensino Secundário. 19:2218; 27:2647, 2658
Brazil. Campanha de Assistência ao Estudante. 26:1192

Brazil. Campanha de Inquéritos e Levantamentos do Ensino Médio e Elementar. 19: 2263-2267
Brazil. Campanha de Aperfeiçoamento de Pessoal de Nível Superior. 19:2219; 20: 1784; 27:2620b
Brazil. Campanha Nacional de Educação de Adultos. 18:1139
Brazil. Campanha Nacional de Educação Rural. 19:2220; 27:2585
Brazil. Centro Brasileiro de Pesquisas Educacionais. 20:4903; 23:2434-2436
Brazil. Comissão Brasileira de Cooperação Intelectual. 6:4488
Brazil. Comissão Brasileira de Turismo. 25: 2349
Brazil. Comissão Brasileira dos Centenários Portugueses. 7:3695
Brazil. Comissão Censitaria Nacional. 8:1865; 12:1037; 14:1123, 1173
Brazil. Commissão de Abastecimento do Nordeste. 19:1705; 21:1411
Brazil. Comissão de Desenvolvimento Econômico de Pernambuco. 20:1416
Brazil. Comissão de Educação e Cultura. 23:2364
Brazil. Comissão de Estudos de Assistência Social aos Servidores do Estado. 13:1891
Brazil. Comissão de Estudo dos Textos da História do Brasil. 11:2585; 12:2185; 13:1688; 16:2033; 19:4009; 20:3207; 23:6207
Brazil. Comissão de Estudos e Projetos Administrativos. 25:2712
Brazil. Comissão de Geografia Regional. 27: 2907
Brazil. Comissão Executiva do Plano Siderúrgico Nacional. 7:1660
Brazil. Comissão Executiva Téxtil. 12:1067
Brazil. Comissão Incombida de Elaborar o Código Brasileiro de Catalogação de Bibliotecas. 11:3761
Brazil. Comissão Interestadual da Bacia Paraná-Uruguai. 22:1615-1618, 2513; 23:2665
Brazil. Comissão Nacional de Folclore do IBECC. 14:3364
Brazil. Comissão Nacional de Pecuária de Leite. 24:2055
Brazil. Comissão Nacional de Política Agrária. 20:4902
Brazil. Comissão Supervisora do Plano dos Institutos. 27:2620c
Brazil. Congresso. Câmara dos Deputados. 23:2363; 28:1339
Brazil. Congresso. Câmara dos Deputados. Commissão de Agricultura. 3:600
Brazil. Congresso. Câmara dos Deputados. Comissão de Finanças e Orçamento. 2:992
Brazil. Congresso. Câmara dos Deputados. Commissão de Instrução Pública. 27:2530
Brazil. Congresso. Senado. 27:3866
Brazil. Conselho de Imigração e Colonização. 7:4059; 15:726
Brazil. Conselho do Desenvolvimento. 23:1911
Brazil. Conselho Federal de Comércio Exterior. 6:1779; 10:1414; 11:1166
Brazil. Conselho Federal de Educação. 16:1083, 1084; 20:1759; 27:2620
Brazil. Conselho Federal do Serviço Público Civil. 6:2571a, 2571b
Brazil. Conselho Nacional de Economia. 18:871; 20:1407, 1408; 22:1619
Brazil. Conselho Nacional de Estatística. 6:1882; 13:596-598; 17:1306; 22:1620; 24:6286, 6287

Brazil. Conselho Nacional de Geografia. 8: 3501; 9:2351; 10:3123; 15:1233, 1249, 1250; 18:1395a; 20:2054-2059; 21:2112, 4946; 23: 2666; 2667; 25:2350-2353
Brazil. Conselho Nacional do Petróleo. 14: 1524; 15:1234; 16:905; 17:824; 18:872; 19:1706
Brazil. Conselho Nacional de Proteção aos Índios. 16:413
Brazil. Conselho Técnico de Economia e Finanças. 6:1758, 1759
Brazil. *Constitution*. 3:1874, 1877; 4:2278, 2284; 7:2771; 9:2429; 11:1910-1912; 13:1059, 1060, 2452; 18:1569, 2893; 19:2889; 22:4527; 27:3629, 3630
Brazil. Contadoria Central. 1:433; 4:743; 13: 622; 17:793, 794
Brazil. Contadoria Geral da República. 10: 1402; 20:1409
Brazil. Departamento Administrativo do Serviço Público. 6:2572, 2761; 8:2675-2677; 9:2433, 2434; 10:2389; 13:12; 14:1615; 18:1570
Brazil. Departamento Administrativo do Serviço Público. Serviço de Documentação. 21:1403; 23:6208
Brazil. Departamento de Aeronáutica Civil. 3:711
Brazil. Departamento de Aeronáutica Civil. Divisão de Tráfego. 6:1789
Brazil. Departamento de Cultura. 4:4268; 5:1475
Brazil. Departamento de Educação. Divisão de Educação Física. 10:1547
Brazil. Departamento de Geografia, Terras e Colonização. 24:3019
Brazil. Departamento de Imprensa e Propaganda. 3:536; 4:2262; 5:2001; 6:1945; 7:4062; 8:105, 106, 2678; 22:3864; 23:6209
Brazil. Departamento de Informação e Estatística. 12:1019
Brazil. Departamento dos Correios e Telégrafos. 1:437; 3:680
Brazil. Departamento Nacional da Indústria e Comércio. 6:1720
Brazil. Departamento Nacional da Previdência Social. 13:1892
Brazil. Departamento Nacional de Educação. 6:1943; 13:699-702; 14:1234-1236; 17:1039; 19:2221
Brazil. Departamento Nacional de Educação de Adultos. 22:2001
Brazil. Departamento Nacional de Estradas de Fêrro. 14:1170; 18:873-875
Brazil. Departamento Nacional de Estradas de Rodagem. 10:1450; 25:2354, 2355; 26:319
Brazil. Departamento Nacional de Imigração. 7:4065, 4066; 9:1701
Brazil. Departamento Nacional de Produção Mineral. 16:906; 19:2700; 24:3020
Brazil. Departamento Nacional de Seguros Privados e Capitalização. 8:1858
Brazil. Departamento Nacional do Café. 1:438, 1796; 2:1037; 6:1691, 1692; 7:1639, 1640; 8:1800; 10:1365; 11:1792
Brazil. Diretoria da Produção Mineral. 24:3021
Brazil. Diretoria de Aeronáutica Civil. Divisão do Tráfego. Secção de Estatística. 19:1707
Brazil. Diretoria de Estatística. 5:1476
Brazil. Diretoria de Estatística, Indústria e Comércio. 3:715; 10:1451
Brazil. Diretoria de Estatística da Produção. 4:58, 682
Brazil. Diretoria de Estatística Econômica e Financeira do Tesouro Nacional. 4:829

Brazil. Diretoria de Saneamento de Baixada Fluminense. 5:1899
Brazil. Diretoria de Terras e Colonização do Rio Grande do Sul. 27:2907i
Brazil. Diretoria do Ensino Comercial. 22: 2052, 2053; 23:2370
Brazil. Diretoria do Ensino Industrial. 23:2371
Brazil. Diretoria do Ensino Secundário. 19: 2222-2228
Brazil. Diretoria do Ensino Secundário. Fundação do Ensino Secundário. 19:2229
Brazil. Diretoria do Patrimônio Histórico e Artístico Nacional. 24:4443
Brazil. Divisão de Águas. Seção de Fiscalização e Estatística. 10:1390; 19:2700
Brazil. Divisão de Geologia e Mineralogia. 20:2060; 24:3022
Brazil. Divisão do Amparo à Maternidade e Infância. 5:1477
Brazil. Embaixada. *Switzerland*. 27:2313a
Brazil. Grupo de Trabalho para o Desenvolvimento do Nordeste. 23:1913
Brazil. Inspetoria Federal das Estradas. 6:1790
Brazil. Inspetoria Federal de Obras Contra as Sêcas. 4:872
Brazil. Instituto Brasileiro de Administração, Divisão de Pesquisas. 20:2249
Brazil. Instituto Brasileiro de Bibliografia e Documentação. 21:5202; 23:6210; 26:24; 27:16, 120, 2907j
Brazil. Instituto Brasileiro de Educação, Ciência e Cultura. 18:2825
Brazil. Instituto Brasileiro de Geografia e Estatística. 5:1940; 6:1650-1652, 2494; 7:1779-1781, 2402; 8:2529; 9:2587; 11:1795; 13:594, 595, 1016; 14:1197; 15:82-84, 123, 738, 1046, 1047; 16:1312, 3332, 3333; 22: 2514-2516, 23:1914, 2668-2671; 24:3015-3018; 27:1204b, 2907a-2907i, 3251
Brazil. Instituto Brasileiro de Geografia e Estatística. Conselho Nacional de Estatística. 12:1043; 14:1147, 1149, 1169; 16:52h, 1115; 17:789, 3057; 18:876, 877, 1436-1439; 19: 2232-2236, 6045, 6046, 6255-6257; 20: 5002; 21:5302, 5303; 22:2010, 2035
Brazil. Instituto Brasileiro de Geografia e Estatística. Conselho Nacional de Geografia. 17:1264; 19:2636, 3637; 21:2116
Brazil. Instituto Brasileiro de Geografia e Estatística. Divisão de Cartografia. 21:2115
Brazil. Instituto Brasileiro de Geografia e Estatística. Serviço Gráfico. 17:2983
Brazil. Instituto de Aposentadoria e Pensões dos Bancários. 22:1630
Brazil. Instituto de Aposentadoria e Pensões dos Industriários. 10:3366; 14:2494; 16:2353
Brazil. Instituto de Biologia e Pesquisas Tecnológicas. Serviço de Geologia. 20:2067
Brazil. Instituto de Óleos. 15:704; 16:909, 918; 17:817, 818; 18:878
Brazil. Instituto de Pesquisas Tecnológicas. 19:1708
Brazil. Instituto de Previdência e Assistência dos Servidores do Estado. 16:2354, 2998; 23:4275
Brazil. Instituto de Resseguros do Brasil. 18: 879, 880; 19:1709
Brazil. Instituto do Açúcar e do Álcol. Seção de Estatística. 3:722; 6:1729; 7:1613, 1735, 1736; 9:1757; 13:599; 14:1183-1188; 15:705; 16:908; 17:814, 815; 20:1410; 21:1404, 3293
Brazil. Instituto Geográfico de Agostini. 20: 2068
Brazil. Instituto Geográfico e Geológico. 24: 3023

Brazil. Instituto Nacional de Estatística. 2:1106, 1107; 3:33, 717, 718
Brazil. Instituto Nacional de Estudos Pedagógicos, Rio de Janeiro. 5:1488-1490; 6:631, 1952-1957; 7:1782-1789; 8:1881-1892; 10: 1514, 1515; 11:1333-1339; 12:1217n, 1218n, 1218p; 14:1239; 15:1048-1054; 16:1088-1105; 17:1040-1043; 18:1149-1152; 19:2262, 2268; 20:1770, 1775, 1776, 1797, 1798
Brazil. Instituto Nacional de Pesquisas da Amazônia. 26:24
Brazil. Instituto Nacional do Livro. 6:4794; 7:169, 5366; 8:4676; 10:4240; 13:13; 19:6408, 6409; 20:5021, 5022; 21:5203, 5204; 28:2392
Brazil. Instituto Nacional do Mate. 8:1818; 15:706; 17:816; 19:1710
Brazil. Instituto Nacional do Pinho. 15:707
Brazil. Instituto Nacional do Sal. 8:1819
Brazil. *Laws, statutes, etc.* 2:1061b, 1067, 1068; 4:2261, 2271; 6:1717, 1718, 1732, 1797, 1805-1807, 1834, 1835, 4525, 4552, 4663, 4697, 4732, 4738, 4739, 4748; 7:1859, 5269-5271; 8:3733, 4523, 4529, 4623, 4651; 9:4458, 4531; 10: 3342, 4111, 4199; 12:2998, 3180 3206, 3260; 13:2453, 2455, 2575, 2609; 14: 1162, 2729, 3219, 3271; 15:2584, 2681; 16:1342, 3032, 3033; 17:2050; 18:2911, 2912, 2939; 19:5402, 5407, 5556; 20: 4576; 22:4552, 4606, 4647, 4682; 24: 4902; 25:4122; 27:2553, 3631, 3665-3667, 3740-3742, 3768-3770, 3812, 3828, 3829, 3867-3870
Brazil. Ministério da Agricultura. 2:944; 18:3178
Brazil. Ministério da Agricultura. Serviço de Economia Rural. 10:1546
Brazil. Ministério da Agricultura. Serviço de Informação Agrícola. 21:1405
Brazil. Ministério da Educação e Cultura. 3:1473; 5:619; 6:630; 7:1810-1812; 8:952, 953, 1900; 9:943, 1796; 14:797; 15:1039, 1063-1065; 19:2237-2239; 21: 1165, 1753; 22:2000, 2050, 2051, 23: 2367-2369, 2430; 25:2152, 2153, 2173, 2181, 2198, 2394; 27:2507-2507b, 2553a-2553e, 2605, 2620a
Brazil. Ministério da Educação e Cultura. Programa de Emergência. 27:2647a
Brazil. Ministério da Educação e Cultura. Serviço de Documentação. 17:1056; 19: 2240; 22:3865, 3866; 23:2372
Brazil. Ministério da Educação e Cultura. Serviço de Educação de Adultos. 23:2373
Brazil. Ministério da Educação e Cultura. Setor de Divulgação. 23:2374
Brazil. Ministério da Fazenda. 12:1058; 16: 903; 17:803, 804, 810; 19:5441; 22: 1644
Brazil. Ministério da Justiça e Negócios Interiores. 7:1813; 9:20; 23:3901; 24: 4491, 4492
Brazil. Ministério da Justiça e Negócios Interiores. Diretoria de Estatística Geral. 2:1472
Brazil. Ministério da Marinha. 6:3549; 11: 2652
Brazil. Ministéro da Marinha. Serviço de Documentação da Marinha. 14:2265; 16:2049, 2197, 2214
Brazil. Ministério da Saúde. Departamento Nacional da Criança. 21:1801
Brazil. Ministério da Viação e Obras Públicas. 20:1411, 2062; 22:1645

Brazil. Ministério da Viação e Obras Públicas. Serviço de Documentção. 21:1406, 1407
Brazil. Ministério das Relações Exteriores. 3:553, 2977, 2998, 3025; 5:3146a; 6:2528; 7:3811; 8:894, 3647; 10:15, 2270, 3237; 13:586, 1068; 15:1282, 1283, 1946; 16:883; 1407, 2307; 18:2150; 19:2242; 26:25, 2090
Brazil. Ministério das Relações Exteriores. Biblioteca. 24:4444; 26:25; 2090
Brazil. Ministério das Relações Exteriores. Departamento Cultural e de Informações. 25:1312
Brazil. Ministério das Relações Exteriores. Instituto Rio-Branco. 16:1407
Brazil. Ministério das Relações Exteriores. Mapoteca. 24:4445
Brazil. Ministério das Relações Exteriores. Serviços Econômicos. 4:846
Brazil. Ministério de Agricultura. Diretoria de Estatística da Producção. 2:961, 1109
Brazil. Ministério de Guerra. Diretoria do Serviço Geográfico. 20:2061
Brazil. Ministério de Guerra. Secretaria Geral. 19:4070; 27:2907k
Brazil. Ministério do Planejamento e Coordenação Econômica. 27:2313c, 2313d
Brazil. Ministério do Trabalho, Indústria e Comércio. Biblioteca. 17:3080
Brazil. Ministério do Trabalho, Indústria e Comércio. Departamento de Estatística e Publicidade. 3:695b
Brazil. Ministério do Trabalho, Indústria e Comércio. Serviço de Documentação. 24:1977
Brazil. Presidência. 27:2313e, 2546, 2907m
Brazil. Presidência. Conselho Nacional do Petróleo. 14:1194; 15:724
Brazil, Presidência. Departamento Administrativo do Serviço Público. 16:1344, 1345
Brazil. Presidência. Serviço de Documentação. 23:1915; 24:2056, 2057, 3493, 4422; 25:1711, 3786, 3830
Brazil. Secretaria da Justiça e Negócios do Interior. 18:2255
Brazil. Secretaria do Interior. 5:1512
Brazil. Secretaria dos Negocios da Educação e Saúde Pública. 4:1764
Brazil. Serviço de Documentação Geral da Marinha. 20:3208, 3209, 3262, 3280
Brazil. Serviço de Educação de Adultos e Serviço de Informação Agrícola. 16:1114
Brazil. Serviço de Estatística da Educação e Cultura. 5:1514; 6:1978; 14:1310; 17:1059; 19:2241; 20:1786; 21:5304; 22:2036; 23:2375-2378
Brazil. Serviço de Estatística da Previdência e Trabalho. 12:1120; 13:1887; 14:2496; 16:2349
Brazil. Serviço de Estatística da Produção. 12:1048
Brazil. Serviço de Estatística Econômica e Financeira do Tesouro Nacional. 2:999; 3:651, 664, 719, 720, 728; 4:838-845; 6:1786, 1787; 7:1694, 1696-1698, 1739, 1740, 1757; 12:1049-1051, 1089; 13:603, 627; 14:1111, 1112, 1141, 1150, 1151; 23:1916, 1917
Brazil. Serviço de Proteção aos Indios. 10:2280
Brazil. Serviço Geográfico do Exército. 15:1287
Brazil. Serviço Geológico e Mineralógico. 5:1914

Brazil. Serviço Nacional de Aprendizagem Comercial. 22:2054, 2055; 27:2655
Brazil. Serviço Nacional de Aprendizagem Industrial. 13:717; 14:1251; 25:2179
Brazil. Serviço Nacional de Educação Sanitária. 14:1238
Brazil. Serviço Nacional de Recenseamento. 10:1337; 18:3190; 21:5305; 22:1629
Brazil. Serviço Social da Indústria. Departamento Regional da Bahia. 16:2361
Brazil. Superintendência de Ensino Profissional. 5:1515, 1516
Brazil. Superintendência do Desenvolvimento do Nordeste. 27:2313f, 2313g
Brazil. Superintendência do Ensino. Divisão Técnica. 21:1773
Brazil. Superintendência do Ensino Rural. 21:1754
Brazil. Superintendência do Plano de Valorização Econômica da Amazônia. 20:1412
Brazil. *Treaties, etc.* 1:435; 15:1976, 1979; 16:2283
Brazil Nikkeijin Jittai Chôsa Iinkai, *Tokyo*. 27:4216a, 4302
Brazil Today, New York. 6:1913; 1738
Brazil Trade Journal, Rio de Janeiro. 12:1091; 14:1106
Brazil-United States Joint Economic Development Commission. 19:2647
Brazilian Embassy, *Washington, D. C.* 22:1610, 4621; 23:1912, 2365; 25:2357
Brazilian Government Trade Bureau. 11:1790
Brazilian Songs. 7:5498
Brebbia, Roberto H. 16:3072; 25:4136; 27:3668
Brebner, J. Bartlet. 5:3330
Breceda, Alfredo. 7:3381
Brecher, Edward. 4:4557
Breda, Emilio Alberto. 26:889; 27:1120
Bregazzi, Violeta E. 19:2050, 2054
Bregman, Samuel. 16:799
Bregni, Eduardo. 23:1271; 25:789
Bréhier, Émile. 8:4913; 10:4565; 19:5806
Brejon, Moisés. 19:2243, 2302; 23:2379; 27:2606
Bremauntz, Alberto. 20:4547; 24:3572, 3861; 26:600
Bremer, Fredrika. 25:5730
Brena, Avelino C. 14:2058
Brena, T. G. 6:3762
Brend, Ruth M. 27:1451
Brendel, José. 28:1065a
Brener, Isidoro. 3:3732
Brenes, Carmen Olga. 25:4201
Brenes, Roberto, h. 11:900
Brenes, Víctor. 22:5861
Brenes Córdoba, Alberto. 3:3396; 4:4501; 6:4643
Brenes Mesén, Roberto. 2:2548; 7:2469; 13:2214; 16:2561
Brenes O., Carlos 1:1090
Brenner, Anita. 6:774; 8:611; 9:115; 10:3693
Brenner, Leah. 6:4926
Brenner, Rodolfo R. 21:5023
Brent, Robert A. 19:3560
Brentano, Francisco. 12:3548
Brenton, Thaddeus R. T. 25:5703
Brescia Camagni, Ángel. 8:3595
Bressan, Alma. 26:1837
Bresser Pereira, Luiz Carlos. *See* Pereira, Luiz Carlos Bresser
Bresslau Aust, Carolina. 28:1340
Bressman, Earl N. 7:785; 10:805, 806, 1904

Breton, André. 12:650
Bretón Fontecilla, Cecilia. 8:4806; 11:1501
Breuer, G. 5:4134; 13:2535
Breuer Moreno, Pedro C. 12:3162; 21:4551
Breves, Iolanda Jordão. 8:4329
Brew, John Otis. 15:1510; 19:59
Brewer, Forrest. 27:1402
Brewer, Jean G. 24:1402
Brewster, Paul G. 27:1014
Brezzo, Luis M. 12:1003
Brian, Doris. 6:686, 687
Briano, Juan A. 6:2192; 12:726
Briante, Miguel. 28:1955
Brice, Ángel Francisco. 14:2053; 17:2687; 18:2040; 19:3802; 24:4164, 4182; 25: 3538, 3540, 3755; 26:346, 925; 28: 970a
Briceño, Alfonso. 20:4752
Briceño, Arturo. 4:1890; 6:4131
Briceño, Manuel. 13:1637; 20:3089
Briceño, Olga. 1:924
Briceño, Pedro. 24:1758
Briceño, S. 8:4500
Briceño Iragorry, Mario. 9:3012, 3045; 12: 1964, 2159; 13:1373, 1481, 2083; 15: 346, 473, 1635; 18:3342; 19:2855, 2942, 4248, 4714, 6501
Briceño Parilli, A. J. 13:567
Briceño Perozo, Mario. 16:1994; 21:3180, 3181; 25:3453, 3538; 26:829; 28:861e, 861n, 971
Briceño-Picón, Mario. 28:866
Briceño Valero, Américo. 5:2648, 3102; 17: 1389; 18:1635
Brickell, Herschel. 11:64; 2322; 12:2301; 15:1912
Bridgeman, Loraine I. 27:1403
Bridges, Esteban Lucas. 4:325; 14:43
Brie, R. J. 28:1066
Brieba, Liborio E. 11:3238-3240; 12:2504
Briede, Kathryn C. 3:2373
Briegleb, Phillip A. 10:2101
Brien, Richard H. 27:1656
Brierre, Jean F. 13:2366; 14:3095; 16:2935, 2936; 17:2651; 19:5379, 5380; 22:5576; 28:2685
Brigard Silva, Camilo de. 12:2685; 16:2234
Briggiler, Segundo Ramiro. 18:2514
Briggs, Elinor. 27:1404
Briggs, Moacyr Ribeiro. 7:2541 8:2672; 25:2747
Brigham, William Tufts. 28:735
Bright, William. 20:658a, 659
Brightman, Edgar Sheffield. 5:4404; 9:4889, 4890; 12:3549
Briglia, Tomás Enrique. 10:3709; 11:3282
Brignole, Alberto J. 5:3837
Brigole, A. 5:1466
Brigole, Alexandre. 7:3638
Briguiet, F. e Cia., Rio de Janeiro. 7:106
Brinckerhoff, Sidney B. 28:534
Brindis de Salas, Virginia. 13:2215
Brindis Estrada, José Inés. 15:2751
Brindley, Mary E. 8:2
Brineman, John H., Jr. 8:2218, 2325, 2326; 9:2059, 2107
Bringas, César. 1:2085
Bringas, Salvador. 26:1439
Bringas Ceballos, Sergio. 14:3246
Brinton, Daniel Barrison. 3:1485; 6:381; 25:662
Brinton, Ethel. 28:1879
Brinton, M. 8:2107
Brion, Marcel. 4:302; 11:1954
Briones, Carola. 26:1713
Briones, Guillermo. 25:2086; 27:4090-4092
Briones, Juana. 26:1713

Briones Torres, Ignacio. 24:4016
Brioso Candiani, M. 7:3383
Briquet, Raul. 10:1501
Briseño, Ramón. 6:107
Briseño Sierra, Humberto. 20:4548
Brisolla, Carlos Monteiro. 7:2542
Brisolla, Ciro Monteiro. 5:4374
Brister, William C. 11:681
Brites, Joaquín E. 15:2581
British Bulletin of Publications on Latin America, the West Indies, Portugal and Spain, London. 24:2; 28:25
British Chamber of Commerce for Brazil, *Rio de Janeiro.* 19:5442; 20:4575
British Chamber of Commerce of São Paulo. 15:725; 16:884
British Guiana. Department of Lands and Mines. 24:2962
British Guiana. Geological Survey. 27:2772 2772a
British Guiana. Lands and Mines Department. 27:2772b
British Honduras. Archives. 1:1087
Britnell, George E. 17:587; 19:3671; 22: 1499
Brito, Alfredo. 12:3048
Brito, Andrés. 11:2567
Brito, Francisco de Sá. 18:2167
Brito, Glauco Sá. 25:4703
Brito, Jessé Guimarães. 26:264
Brito, João Rodrigues de. 15:1866
Brito, José Ciro. 14:144
Brito, José do Nascimento. 11:1173
Brito, José Gabriel de Lemos. 3:2858; 6: 3673; 14:3081
Brito, Làsinha Luís Carlos de Caldas. 18: 2768; 21:3288, 4344; 28:2488, 2489
Brito, Manuel Thomaz de Carvalho. 16:2204
Brito, Mário da Silva. 18:2792; 19:5237, 5349; 23:5404, 5469, 5507; 25:1302, 4612, 4637; 26:320
Brito, Mário Paulo de. 5:1467; 18:1138
Brito, Oscar da Silva. 5:1956; 11:1208
Brito, Raimundo de Farias. 17:2868; 19: 5703a, 5703b; 26:2285
Brito, Raymundo. 4:4425
Brito, Raquel Soeiro de. 27:2979
Brito Barros, N. C. *See* Barros, N. C. Brito.
Brito Broca, José. *See* Broca, José Brito.
Brito Conde, Hermino de. *See* Conde, Hermino de Brito.
Brito da Cunha, Alda. *See* Cunha, Alda Brito da.
Brito de Souza, Raymundo. *See* Souza, Raymundo Brito de.
Brito Figueroa, Federico. 24:4091; 25:598, 3454, 3756; 28:414a, 866a
Brito Filho, Francisco Saturnino Rodrigues de. 2:930
Brito Filho, J. S. 18:1011
Brito Inglês, José de. *See* Inglês, José de Brito.
Brito Pinheiro, Zélia. *See* Pinheiro, Zélia Brito.
Brito Reis, L. J. de. *See* Reis, L. J. de Brito.
Brito Sansores, William. 27:692, 693
Brito Stéfano, Rogelio. 19:3477; 21:2764
Brito y Mederos, Lincoln E. 9:4516
Britos, José Clemente. 28:1196
Britto, E. Chermont de. 1:2205; 24:5744
Britto Guerra, Paulo de. *See* Guerra, Paulo de Britto.
Britto Mello Boson, Gerson de. *See* Boson, Gerson de Britto Mello.
Britto Velho, Victor de. *See* Velho, Victor de Britto.
Britton, J. C. 2:590
Brivio, Ernesto T. 19:6604
Brizuela, Harmodio Efraín. 24:6200

Brizuela, Pedro de. 22:3436
Brncic, Zlatko. 18:2707
Broadbent, Sylvia M. 25:304; 27:589
Broca, José Brito. 8:3982; 9:2336, 4142-4144; 18:2736; 20:4305; 21:4289
Brochado, José Idalino Ferreira da Costa. 24:4446
Brochado da Rocha, Francisco. See Rocha, Francisco Brochado da.
Brochard, Victor Charles Louis. 6:5058; 11:3926
Brochu, Michel. 20:2087; 22:2517; 23:2672; 25:2358
Brockington, Donald L. 22:71; 25:185
Brockway, Earl. 27:1405
Broderick, Francis L. 23:3230
Brodermann, Jorge. 11:1639
Brodkorb, Pierce. 9:2050
Broeders, A. N. See Arnoldo, Fr. M.
Broggi, Jorge A. 9:2218-2223; 10:2102; 12:1418
Broglie, Luis de. 5:4480
Brognoli Borges Fortes, Betty. See Fortes, Betty Yelda Brognoli Borges.
Broide, Julio. 10:807; 15:651; 16:851; 17:741; 27:1657
Brom, Juan. 22:5925
Broman, Vivian L. 22:74; 25:236
Bromfield, Louis. 6:4425; 10:3921
Bromley, Juan S. 8:498; 9:2878; 10:2460; 11:2542; 14:847; 17:1608; 20:2418, 2740a; 23:3637, 3638; 27:2870a 28:905
Bromley Seminario, Juan. 21:2729
Bromsen, Maury A. 25:3686
Bromundo, Baltasar. 5:683
Brondo Whitt, E. 1:1977; 4:2623; 6:3297; 9:1882, 1913
Brønsted, Johannes. 20:2305
Brontë, Charlotte. 8:4364, 10:3922
Brook, Paulita. 23:5310
Brooke, Winifred M. A. 22:997
Brookings Institution, *Washington, D.C.* 8:1284
Brooklyn Institute of Arts and Sciences, *Brooklyn, N.Y.* 8:554
Brooks, Charles F. 2:1258, 1299, 1301
Brooks, Janeiro V. 7:5368
Brooks, Philip C. 1:742
Brooks, R. H. 27:296
Broom, Leonard. 19:612
Brophy, John. 9:4308
Broquen, Eduardo Ángel. 1:1517; 2:748a
Brossard, Alfredo de. 8:3241
Brossard Chandler de. 8:914
Brossard, Dario. 12:1054
Brossard, Edgar B. 8:963
Brotero, Frederico de Barros. 13:1747; 14:2254; 17:1854; 24:4447
Brothers, Dwight S. 27:1849, 1924
Brothwell, D. R. 22:997
Brothwell, Don. 27:121
Brouder, Carlos. 20:4528
Brouillette, Benoit. 27:2773
Broussard, Ray E. 28:582a
Brouwer, Leo. 28:3090
Brouwer, Pompilio A. 16:2383
Brown, Alan K. 26:481
Brown, Bob. 8:2407
Brown, Charles B. 4:2129; 17:2571
Brown, Elsie. 8:2356; 18:3298
Brown, F. Martin. 3:73; 8:2464
Brown, Francis J. 5:3285
Brown, Guillermo. 21:3035
Brown, H. L. 1:198, 199, 224, 230, 231, 246, 247
Brown, Harriett McCune. 18:3343
Brown, Herbert H. 11:1652, 1657
Brown, Isaac. 4:398a
Brown, Jack. 27:882
Brown, John P. 4:2624
Brown, Joseph R. 23:3795; 26:1139
Brown, K. S. 22:978
Brown, Karl. 10:1653
Brown, Lyle C. 22:3009; 26:26
Brown, Milton. 6:688
Brown, Paul A. 25:3909
Brown, Rich F. 27:330
Brown, Robert K. 27:3015
Brown, Robert T. 23:3796
Brown, Rose. 8:2407; 12:2234
Brown, Sadie. 25:380
Brown, Sebastião. 8:3734
Brown, William Adams, Jr. 6:851; 20:3423
Brown, William L. 19:256
Brown Castillo, Gerardo. 9:3188; 13:47, 1116; 18:1994a
Brown University. Library. 18:3279
Browne, J. R. 2:515
Browne, James R. 15:2393
Browne, W. A. 4:1285
Browning, Harley L. 22:6023
Brownlee, Roland Holt. 11:811
Bruand, Yves. 26:297; 28:371
Bruce, James. 19:6605
Bruch, C. 4:333
Brüggen M., Juan. 3:1754; 4:1120, 2130; 5:1859; 9:2224, 2225; 10:1858, 2103; 12:1394; 13:925, 926, 972; 14:1483; 16:1205, 1206
Bruening, Margaret. 11:670
Brüning, Walther. 19:5750; 22:5862; 24:6058
Bruera, José Juan. 10:4552; 12:3504; 16:3289; 19:5795; 23:5823; 24:6001
Bruet, Edmond. 9:2092
Brüzzi da Silva, Alcionílio. See Silva, Alcionílio Brüzzi da.
Brugés Carmona, Antonio. 10:1971; 11:118
Brugger, Ilse. 9:5026; 11:3951; 24:6134
Brughetti, Romualdo. 3:3284; 8:622; 10:629; 11:565; 13:2182; 14:770, 771; 18:406; 19:4701; 5001, 5048; 20:4259; 23:1457 24:1712; 25:130; 26:191, 215
Bruguière, Émile. 7:786
Bruhn, Angelo. 3:396
Bruijning, Conrad Friederich Albert. 21:5004
Brulé. Heléne. 23:2380
Brull, Mariano. 7:4736
Brum, Baltasar. 2:1594
Brum, Blanca Luz. 5:3805; 11:2560
Bruman, Henry J. 3:33a; 10:144; 11:2064; 14:212, 1847
Brumpt, Lucien. 5:1614
Brun, Lélio. 18:2829
Brundage, Burr Cartwright. 27:614
Brunengo, Pedro. 10:1108
Brunet, Domingo. 3:3131
Brunet, Marta. 8:3983, 3984; 12:2505; 15:2286; 26:1659; 28:2016
Bruni Celli, Blas. 23:3699; 28:844a, 867
Brunini, Vicente C. 5:1185
Brunner N., Helmut H. 4:3569, 4469
Bruno, Aníbal. 10:3803
Bruno, Ernâni Silva. 10:745; 16:2027; 19:1221; 23:3902; 24:5805; 26:1261
Bruno, Francisco. 2:1494; 1499
Bruno, Giordano. 7:5698, 5699
Bruno, Harold. 21:4290
Bruno, Jorge. 20:4209
Bruno, Pedro Mariano. 26:1838
Bruno, S. D. B. 26:890
Bruno Quijano, Ismael E. 22:4622
Bruno Ruíz, Luis. 21:4731; 23:4923
Brunori, Pier Giovanni. 21:2117

Brunschvicg, León. 11:3952; 20:4879b
Brunschwig, Henri. 18:1787
Brunstein, Frances. 8:21
Bruschera, Óscar H. 27:3539
Brush, Charles F. 27:297
Brushwood, John Stubbs. 20:4004, 4085; 23:3231
Brusiloff, Constant. 11:2881
Brusone, Julio J. 26:726
Brutus, Edner. 14:1279
Brutus, Timoleón C. 13:1498, 1573
Bruxel, Arnaldo. 22:3830; 23:3676, 3677; 24:4144; 26:1230
Bruyand, W. G. 3:542; 4:644
Bruzual, Narcisa. 11:3187
Bruzzi, Nilo. 15:2481; 17:2581; 18:2787; 23:5405; 27:2314
Bruzzone, Pedro. 4:1255
Bryan, Alan Lyle. 24:533
Bryan, C. R. 9:970
Bryan, G. S. 7:2081
Bryan, Kirk. 11:412
Bryant, William C. 28:1703
Bryson, Lyman. 23:2752; 25:103
Buarque, A. de Paula. 4:3455; 6:3534
Buarque, Felício. 25:3831
Buarque, Mary. 7:5112
Buarque de Holanda, Sérgio. See Holanda, Sérgio Buarque de.
Buarque de Hollanda Ferreira, Aurélio. See Ferreira, Aurélio Buarque de Hollanda.
Buber, Martín. 15:2942; 17:2960
Bucareli y Ursúa, Antonio María. 25:3174
Bucarelli y Ursúa, Francisco. 7:3010
Bucca, Salvador. 18:3140
Buccino, Raúl A. 6:4952
Buceta Basigalup, Juan Carlos. 9:748, 3366
Buch, Alfred. 27:2871
Buch, René A. 17:2553
Buch López, Ernesto. 13:1125
Bucheli, Mario. 23:1846, 1853
Bucher, Mark. 2:1803
Buchler, I. R. 27:1015, 1016
Buchler, Walter. 7:1296
Bucich, Antonio J. 4:3223, 3143, 3315, 3867o; 7:3414; 17:1759; 25:1197; 26:1068
Bucich Escobar, Ismael. 1:962, 1151; 5:533, 2747; 7:605, 3233, 3243; 9:3228; 16:1927
Buck, Fritz. 3:136, 218; 5:393; 8:322
Buck, Irvin F. 27:176
Buck, Pearl S. 6:4426
Buckley, John. 2:1665
Bucovich, Marius von. 8:526
Budd, Charlotte, R. 10:1962
Budowski, Gerardo. 23:400; 24:2822, 2823
Büchele Júnior, Carlos. 18:1440; 19:2608
Buechner, Christina. 17:3185
Bühler-Oppenheim, Alfred. 14:390
Bühler-Oppenheim, Kristin. 14:390
Buelink, J. H. 18:928
Buell, R. L. 1:1117
Bülow, Tulio von. 10:2510; 11:2000
Buen, Fernando de. 7:2098
Buen, Rafael de. 13:1240
Buenahora, Luis. 3:1912
Buenaño, E. A. 2:732
Buenaventura, Enrique. 26:1839
Buenaventura, Manuel María. 6:3457
Bueno, Antônio Sylvio Cunha. 21:2248
Bueno, Bruno Pereira. 4:3488
Bueno, Francisco da Silveira. 10:3804, 3805, 3822, 4241; 11:2954a; 12:2783; 15:2557; 25:3910, 4638
Bueno, Gonzalo. 3:3285; 11:3276
Bueno, Jerônimo Coimbra. 19:2703
Bueno, Jesús A. 16:1138

Bueno, José Antonio Pimenta. 23:4547
Bueno, José Silvado. 12:1491
Bueno, Lucillo. 4:3517
Bueno, Luis Eduardo. 23:4809
Bueno, Miguel. 21:4751; 23:5800, 5893; 24:6098; 25:5329; 26:2271; 27:2428; 28:3202, 3203, 3243
Bueno, Zei. 9:1642
Bueno Concha, Maximiliano. 6:4705
Bueno de Camargo, Odécio. See Camargo, Odécio Bueno de.
Bueno de Oliveira Azevedo Filho, José. See Azevedo Filho, José Bueno de Oliveira.
Bueno dos Reis, João de Deus. See Reis, João de Deus Bueno dos.
Bueno Menéndez, Salvador. 11:3046; 12:2600; 16:2568; 19:4715, 6410; 20:2907, 2907a, 3914, 4240; 21:2904, 3811; 22:4807, 4808, 4969; 28:770a, 1889
Bueno Ortiz, Armando. 10:2104
Bueno Vidigal, Luis Eulalio de. See Vidigal, Luis Eulalio de Bueno.
Buenos Aires. Biblioteca Nacional. 5:4301
Buenos Aires. Bolsa de Comercio. 27:2132
Buenos Aires. *Cabildo.* 14:1982
Buenos Aires. Caja Municipal de Previsión Social. 3:816; 10:1109, 3322; 14:2473
Buenos Aires. Secretaría de Cultura y Policía Municipal. 14:44; 15:536
Buenos Aires. Corporación de Transportes de la Ciudad. 8:1593
Buenos Aires. Intendencia Municipal. 2:2657; 14:848
Buenos Aires. *Laws, statutes, etc.* 15:2608
Buenos Aires. Municipalidad. 2:1601, 1927; 3:731, 1819; 4:1051, 2221-2223a; 18:1286
Buenos Aires. Policía de la Capital Federal. 2:1602; 3:1820
Buenos Aires. Real Audiencia. 4:2805
Buenos Aires. Secretariado de Asistencia Social. 13:1869
Buenos Aires. Sociedad de Beneficencia de la Capital. 2:2203
Buenos Aires (Province). Archives. 1:2261
Buenos Aires (Province). Cámara de Diputados. 1:2243; 3:2137; 13:2183
Buenos Aires (Province). Cámara de Diputados. Archivo. 1:2243
Buenos Aires (Province). Comisión de Investigación Científica. 27:2828
Buenos Aires (Province). Comisión Provincial de Bellas Artes. 5:686
Buenos Aires (Province). Comisionado Federal. 7:2505
Buenos Aires (Province). *Constitution.* 1:1377; 3:1815
Buenos Aires (Province). Convención Constituyente. 3:2138
Buenos Aires (Province). Courts. Suprema Corte de Justicia. 1:1822-1823
Buenos Aires (Province). Departamento del Trabajo. 3:818; 9:1328, 3588
Buenos Aires (Province). Dirección de Agricultura, Ganadería e Industria. 3:752, 965; 4:904; 10:1110
Buenos Aires (Province). Dirección de Geodesía. 27:2828a, 2828b
Buenos Aires (Province). Dirección de Museos, Reservas e Investigaciones Cultural. 23:1401, 1410
Buenos Aires (Province). Dirección General de Escuelas. 3:1339; 14:1218
Buenos Aires (Province). Dirección General de Estadística. 3:732; 6:1385; 7:1432
Buenos Aires (Province). Instituto de Colonización. 3:829; 4:1234; 7:1563

Buenos Aires (Province). Junta de Planificación. 23:1800; 27:2132a
Buenos Aires (Province). Junta Representativa. 2:1458
Buenos Aires (Province). *Laws, statutes, etc.* 1:1438, 1624, 1625; 16:2966; 25:4066
Buenos Aires (Province). Ministerio de Educación. 27:2429
Buenos Aires (Province). Ministerio de Gobierno. 3:753, 817, 821, 1340, 1341, 1823, 1824; 4:2226; 5:4239; 9:1329; 11:919
Buenos Aires (Province). Ministerio de Hacienda. 3:779, 780; 4:943, 944; 18:842
Buenos Aires (Province). Ministerio de Obras Públicas. 3:832; 5:1252
Buenos Aires (Province). Ministerio de Salud Pública y Asistencia Social. 16:2331; 17:2036
Buenos Aires (Province). Senado. 2:1459-1461
Buenos Aires Literaria, Buenos Aires. 18:2462
Buenrostro, Francisco. 28:583
Buentello, Humberto. 9:1952
Bürg, G. 3:335
Bürgl, Hans. 22:210
Buero, Juan Antonio. 9:2226
Buerón Rivero de Bárcena, María. 24:3863
Buesa Oliver, Tomás. 22:4308; 28:1524
Buescu, Victor. 15:2482
Buettner-Janusch, John. 24:846, 1532, 1537; 27:1117
Bufano, Alfredo R. 1:1152; 17:2454
Buffo, Guido. 13:2223
Bugeda Lanzas, Jesús. 20:4510; 21:1331, 4552
Buggenhagen, Erich Arnold von. 17:2572
Buitrago, Edgardo. 28:3126
Buitrago, Fanny. 28:2265
Buitrago, Guillermo. 8:2132
Buitrago, Jaime. 4:3941
Buitrago, Mauricio Rafael. 22:5111
Buitrago, Nicolás. 22:4501
Buitrago, Pedro. 4:2235
Buitrago, Roberto. 22:4501
Buitrago de Santiago, Zayda. 19:2423
Buitrago Morales, Fernando. 17:2227; 27:883
Buitrón, Aníbal. 11:124, 379; 13:347; 15:458; 19:828, 6031; 27:1294, 4093
Buitrón, Barbara Salisbury. 11:379
Buitrón, Juan B. 9:4787; 14:1696, 1848
Buitrón Chaves, Aníbal. 8:317; 14:2526 15:458
Bujaldón, Aurelio R. 10:1763
Bula Píriz, Roberto. 17:2481
Bulatkin, Eleanor Webster. 28:1704
Bulcão Vianna, Maria Sophia. *See* Vianna, Maria Sophia Bulcão.
Bulcock, Frank W. 7:1605
Bulhões, Augusto de. 8:2600; 14:1163; 15:681
Bulhões, Octávio Gouvêa de. 3:643, 644; 10:1399, 1400; 12:1101; 13:613; 14:1131; 16:885; 17:3196; 25:1411; 27:1658
Bulhões Carvalho, da Fonseca, Emi. *See* Fonseca, Emi Bulhões Carvalho da.
Bulhões Carvalho, Francisco Pereira de. *See* Carvalho, Francisco Pereira de Bulhões.
Bull, James H. 28:583a
Bull, Nina. 9:3974
Bull, Susan Lydia. 7:787, 788
Bull, Thelma H. 22:72 24:406
Bull, W. F. 2:582
Bullard, Fred M. 10:1936; 13:785, 786
Bullard, William R., Jr. 18:32; 19:106, 195; 20:84, 181; 23:166, 221, 222; 25:247; 27:298, 299, 407

Bullbrook, J. A. 15:344; 16:236; 19:283; 21:4; 24:463, 717
Bullejos, José. 19:1861, 1986a; 20:1476; 22:1403; 23:2011; 26:601
Bullen, Ripley P. 19:257; 23:333; 27:426, 452-455
Bulletin de L'I. F. A. L. 11:67
Bulletin de Statistique, Port-au-Prince. 10:1026a
Bulletin of the Institute of Social and Economic Research, Panama. 10:808
Bulletin of the International Committee on Urgent Anthropological and Ethnological Research, Vienna. 27:121a
Bulletin Trimestriel de Statistique, Port-au-Prince. 20:5010
Bullington, Maudie. 23:220
Bullock, Dillman S. 4:289 10:303; 17:182; 20:323; 21:283
Bullock, G. H. 5:1323
Bullón Noroña, Gustavo. 9:2227
Bullón y Fernández, Eloy. 1:677
Bullot, Ivan. 12:65, 1247
Bullrich, Francisco. 28:239
Bullrich, Jorge E. 27:2145b
Bullrich, Rodolfo. 2:748b; 6:4680; 8:2601
Bullrich Palenque, Sylvina. 17:2359; 19:4867; 20:3915; 26:1620
Bulnes, Francisco. 18:3344
Bulnes, Gonzalo. 23:3797
Bulnes Aldunate, Luis. 9:1451
Bulnes Calvo, Alfonso. 5:3647; 11:2220; 12:2111, 2392; 13:1499; 16:1950; 23:3665
Bumgartner, Louis E. 26:394b; 28:735a
Bunau-Varilla, Philippe. 3:2999a; 27:3314
Bunbury, W. H. 3:1100; 4:1465
Bundy, P. A. 9:2103
Bunegina, Irina Aleksandrova. 23:1823.
Bunge, A. 7:1895
Bunge, Alejandro E. 1:335; 2:668, 749; 3:733, 734, 770, 824; 4:879a, 945; 5:1170, 6:1386, 1401; 7:3907; 9:1330; 10:1111; 11:1306; 12:871
Bunge, Édouard. 14:213
Bunge, Mario Augusto. 10:4519, 4535; 14:3478; 22:5888; 23:5894, 5898; 26:2352, 2353; 28:3357
Bunge, O. D. E. 1:130
Bunker, F. H. 8:1321
Bunkley, Allison Williams. 14:2715; 16:1914; 18:1549, 2058
Bunn, Harriet, 12:1133
Buño, R. B. de. 25:811
Buño, Washington. 19:3228
Bunse, Heinrich A. W. 22:4309; 23:4404
Bunster, César. 16:1040
Bunster, Enrique. 9:3094; 10:2821; 12:2112, 2780; 21:3917; 22:2399; 23:4924, 4925
Bunster Briceño, Álvaro. 14:3252
Bunte, Hans. 25:4352
Bunzel, Ruth Leah. 6:385; 18:244; 25:414
Buona, Eugenio. 22:5112
Buonocore, Domingo. 7:5369-5371; 8:4680-4682, 4723; 9:4615; 10:2962; 18:2330; 26:27; 28:61
Buonocore, Michael G. 27:176
Burbank, Addison. 5:926; 6:175
Burbank, W. S. 13:856
Burbano, Édgar. 26:207
Burbano de Lara, Luis F. 24:4803
Burbano Martínez, Héctor. 23:6027
Burbano R., Jaime. 3:1755; 9:1580
Burbure, A. de. 21:2388
Burchfiel, William, Jr. 11:1624
Burci, Gladys. 25:4447

Burckhardt, Jacob. 9:5008
Burden, W. A. M. 9:116
Burdon, Sir John Alder. 1:1087
Bureau for Economic Research in Latin America. *Cambridge, Mass.* 1:175; 2:438
Bureau International des Universités, *Paris.* 27:2387
Burelli-Rivas, Régulo. 11:3102
Buren de Sanguinetti, Luisa. 6:2996
Burga, Napoleón M. 2:2476; 6:546
Burgaleta, Vicente. 9:1423
Burgess, Blandford C. 12:1292
Burgess, Paul. 6:292
Burgin, Miron. 6:135, 1383; 7:154, 155, 1322, 3415; 8:22, 23; 9:22; 10:16, 1112, 2952; 11:682, 685; 12:1526, 2065, 2070; 13:419, 420, 1587; 14:11, 1032, 15:630
Burgoa, Francisco. 12:1731, 1732
Burgoa, Ignácio. 9:4478; 12:3015; 19:5479, 5480; 27:3732
Burgos, Fausto. 3:3234; 12:2506
Burgos, Joaquín. 7:1058; 8:1194; 9:1105; 10:1279
Burgos, Juan Jacinto. 17:1110, 1111; 22:2370
Burgos, Paul Isidro. 2:1212
Burgos Brito, Santiago. 23:3232
Burgos Jiménez, Filiberto. 12:2507, 2639
Burkart, Arturo. 7:2226
Burke, Malcolm K. 19:402
Burke, William. 24:4164; 25:4012
Burkhart, Ford. 28:105
Burkinski, Francisco. 19:2244
Burkland, Edgar R. 7:789
Burks, David D. 23:2767; 26:727; 27:3141, 3388
Burlá, Eliezer. 9:4240
Burlamáqui, Jorge Leal. 10:809
Burlamáqui Köpke, Carlos. *See* Köpke, Carlos Burlamáqui.
Burlamarqui, Paulo L. 4:781
Burland, Cottie Arthur. 13:110, 111; 14:214; 15:229; 16:141; 17:63, 127, 187; 18:33; 19:107, 202; 20:199, 200, 659a, 1160; 21:105, 657; 22:510, 511; 23:1354; 24:1105-1107; 25:619; 27:694
Burle Marx, Roberto. *See* Marx, Roberto Burle.
Burle Marx, Walther. *See* Marx, Walther Burle.
Burleson, Jesse Isaac. 19:3561
Burlingame, Roger. 21:2389
Burma, John H. 19:6068
Burmeister, Gustave. 8:964; 13:460, 461
Burmeister, Herrmann. 6:2193 18:2167a
Burn, W. L. 17:1373, 1390
Burnet, John. 10:4566
Burnet-Merlin, Alfredo R. 20:2007
Burnett, Ben G. 24:1978, 1993, 1994
Burnett, Whit. 17:2455
Burney, James. 15:1420
Burnight, Robert G. 20:463, 4947, 4956
Burns, Alan C. 19:3013
Burns, Archibaldo. 28:1822
Burns, E. Bradford. 26:1231; 28:1235, 1235a, 1291, 1341, 1341a
Burns, R. 4:2131
Burr, Mildred Phoebus. 7:893; 12:1004
Burr, Robert N. 19:4249; 24:3404; 25:3717; 28:401a, 1180
Burret, M. 4:2033
Burri, C. 2:1246
Burri, René. 23:711
Burrus, Ernest J. 15:1461; 18:1739a; 19:3014, 3229-3231, 3294, 3562, 4627; 20:2514; 21:2506; 22:512, 2915; 23:881, 3000, 3141, 3150, 3151; 24:3765, 5031; 25:3036; 26:463-465; 28:552a

Burson, Caroline Maude. 6:2895
Burt, Elinor. 4:1879
Burt, William Henry. 4:1964
Burton, Richard F. 7:3639
Burton, W. G. 15:301
Burton, Wilbur. 3:1791g; 179lh; 7:317
Bury, John B. 15:542, 543; 16:558; 19:1222, 1223
Burzio, Humberto F. 3:2644; 11:2183; 14:1940; 15:1421; 17:1760; 19:3484; 21:2390, 3036; 24:1909
Busaniche, Hernán. 8:555; 20:912
Busaniche, José Carmelo. 11:3448
Busaniche, José Luis. 2:2181; 4:2524; 5:2936; 7:3235, 3416, 8:3204, 3890; 9:3230; 10:606; 11:2458; 13:1680; 14:2154; 15:1654; 16:1915; 17:3131; 21:3008, 3037; 24:4168; 26:1069
Busch, Germán. 4:2251
Busch, W. 9:4403
Buschiazzo, Félix E. 26:216
Buschiazzo, Mario José. 1:678; 2:360; 4:424, 460, 461, 461a; 5:648-651, 760, 2937; 6:724-729; 7:1979, 3011; 8:556-559, 709, 733; 9:693, 706, 749; 10:554; 11:495; 507, 514; 12:560, 561; 14:659, 680; 15:538; 16:482, 485; 17:422-424, 18:413, 414, 462; 20:900, 932, 1009, 1010, 1014; 23:3601; 24:1661, 1662; 25:1133; 26:134, 135
Buse, Hermann. 23:2613; 24:578, 579, 2989; 25:369; 27:615
Buse de la Guerra, Hermann. 5:4402, 8:3352
Busey, James L. 19:3563; 22:2605; 24:1910, 3526, 4017
Bush, Archer Corbin. 16:2396
Bush, Guy L. 7:2244
Bushnell, David. 19:2901, 3232, 3803; 20:3029; 27:80
Bushnell, Geoffrey H. S. 12:336; 17:5, 197, 206; 18:192; 19:353; 20:329; 21:295, 296; 23:451; 24:580, 1603
Bushnell, John. 24:630
Bushong, Allen David. 25:14
Business Conditions in Argentina, Buenos Aires. 17:742
Business International, *New York.* 27:1659 1659a, 2043
Buso, Roberto. 23:1276
Bussada, Wilson. 21:4553; 23:4552, 4602; 27:3669
Bussio, Agustín R. 14:2475
Bussinger, Nicéa Moreira. 25:2183
Bustamante, Carlos María de. 15:1676; 19:3564; 23:3233; 25:4020; 26:513; 28:560
Bustamante, Cecilia. 20:4065
Bustamante, Eduardo. 15:761; 16:939, 939a; 19:1987, 1987a; 20:1477; 22:1715, 1716; 25:3226
Bustamante, Eleonora Louisa. 26:2156
Bustamante, Enrique T. 14:3123
Bustamante, Fernando Machado de. 21:2118
Bustamante, José Ángel. 21:446; 22:406
Bustamante, José de. 6:3117
Bustamante, José Ignacio. 10:669; 19:5009
Bustamante, José Luis. 8:3242
Bustamante, José Rafael. 24:5252
Bustamante, Manuel E. 8:2091; 9:4811; 10:1719
Bustamante, Miguel E. 6:991
Bustamante, Octavio. 5:1691
Bustamante, Pedro. 19:5768
Bustamante Carlos Inca, Calixto. *See* Concolorcorvo, *pseud.*
Bustamante Cisneros, Ricardo. 6:1578; 27:3705

Bustamante de la Fuente, Manuel J. 19:3439a
Bustamante Fontoura, Amaury de. *See* Fontoura, Amaury de Bustamante.
Bustamante Maceo, Gregorio. 17:1703
Bustamante Muñoz, Antonio. 25:4123
Bustamante Pérez, Mario. 16:713
Bustamante Ruíz, Carlos. 23:4248; 24:6261
Bustamante Y., Marco A. 18:1299
Bustamante y Fernández, Luis Jorge. 7:209a; 11:2882; 14:1849, 2569
Bustamante y Montoro, A. S. de. 12:3505
Bustamante y Rivero, José Luis. 13:1104, 1105; 14:1663; 15:1339, 1767; 17:1927; 23:3829
Bustamante y Sirvén, Antonio Sánchez de. 11:2703; 13:2596
Bustamante y Vivero, Manuel de. 17:1506
Bustelo Vázquez, Manuel. 18:2873
Bustillo, José María. 10:1140
Bustillo García, Leonardo. 2:2549
Bustillo Oro, Juan. 14:2950
Bustillo R., Augusto C., h. 1:123; 6:4780
Bustillo Reina, Guillermo. 17:2456; 22:2901
Bustillos, Ángel R. 8:2831
Bustillos Carrillo, Antonio. 21:41; 24:3862
Bustillos Salomón, Gerónimo. 22:4607
Bustinza Menéndez, David V. 23:452
Bustíos Gálvez, Luis. 21:2466
Busto, Ángel del. 9:4873; 10:4383
Busto, Dolveo E. del. 18:1550, 3150
Busto, Inocencio del. 25:1151
Busto, Jorge del. 10:4444
Busto D., José Antonio del. 24:4105; 28:1042a-1043a
Bustos, Alfredo O. 16:839
Bustos, Aburto, Óscar. 3:1405, 1406; 5:1432; 11:1251
Bustos Acevedo, Julio. 2:820; 6:1529a; 7:4158; 8:3681, 3752, 3753; 10:3393, 3394; 11:2825; 13:1903, 1904; 14:2506; 15:2051; 17:2055; 18:2259
Bustos Berrondo, Raúl. 13:1592; 24:2929, 6429
Bustos Cerecedo, Miguel. 11:3304
Bustos Chávez, Cristóbal D. 27:2871a
Bustos Concha, Ismael. 15:2590; 28:3245
Bustos Fierro, Raúl. 9:4433, 4947
Bustos García, Ramón. 10:3273
Bustos L., Mariano. 7:4136
Bustos Losada, Carlota. 15:1547; 17:1593, 1594; 18:1830, 1851
Bustos Pérez, Vicente. 4:3250; 5:3040; 9:2228
Bustos Valdeavellano, Hugo. 3:876
Bustos Várgas, Jorge del. 10:4586
Bustos Várgas, María. 14:270
Buteler, José A. 5:4153
Butinov, N. A. 27:1258
Butland, Gilbert J. 17:648, 1142, 3163; 22:2400; 24:2803
Butler, George Howland. 11:2665
Butler, George O. 13:542-544
Butler, Horacio. 16:525
Butler, Hugh Alfred. 9:3519, 3521; 10:3229
Butler, John W., Jr. 8:2306
Butler, Mary. 1:60, 61; 2:47, 48, 95; 3:107; 6:280; 7:318; 17:64; 23:110
Butler, Ruth Lapham. 3:2160, 2191; 5:112; 7:156; 8:3413; 9:3394; 16:1408
Butler, Samuel. 9:4309
Butondieck, Haraldo. 10:2105
Butt, Audrey J. 20:580, 581; 22:337; 23:803; 25:599; 27:1301, 1301a
Buttari Gaunaurd, J. 19:3704
Butte, Woodfin L. 7:790
Butterfield, Marvin E. 20:2503
Butterlin, Jacques. 16:1153

Butterworth, Donald S. 25:415
Butterworth, Douglas. 25:620; 27:773
Buuck, Detlev Adolf. 27:2315
Buve, Raymond. 26:807
Buvelot, Louis-Auguste. 9:902
Buxton, L. H. Dudley. 4:380
Buys de Barros, A. B. *See* Barros, A. B. Buys de.
Buzaid, Alfredo. 9:4460; 17:2678; 18:2909
Buzó Gómez, Sinforiano. 9:3992
Byden, Alf. 16:580
Byé, M. 27:1736
Byers, Douglas S. 27:300
Byrnes, James. 24:236
Byrnes, James F. 11:2695

C.I.O. Committee on Latin American Affairs. 12:1527, 2246
Caamaño, Manuel F. 5:2057
Caamaño, Roberto. 28:3018
Cab Baz, Lilio. 7:387; 11:1471
Cabada, Dancourt O. 1:834
Cabada, Juan de la. 2:1181; 6:4132
Cabada, Teodosio. 10:3076
Cabada H., Eulogio. 27:616
Cabal, Juan. 8:2892; 9:2756
Cabal, Justo I. 6:4541
Cabal Vergara, Miguel. 7:1240, 4207
Caballero, César Ángeles. 24:4106
Caballero, Francisco de Asís. 21:2426
Caballero, José. 19:5010
Caballero, Ricardo. 19:3825
Caballero, Santos, *pseud. See* Toussaint, Manuel.
Caballero C., Rafael. 8:1481
Caballero Calderón, Eduardo. 7:3417; 9:2027, 3846; 10:80; 11:3047; 14:2676, 15:2218; 16:2569; 18:2573; 22:2802; 24:4074, 6409; 26:1589
Caballero Calderón, Lucas. 5:3049, 3418; 11:2512
Caballero D., Vicente A. 25:416
Caballero Escobar, Enrique. 5:2559
Caballero Farfán, Policarpo. 9:4812; 13:2711
Caballero Martín, Ángel S. 3:2216; 6:2997
Caballero Mejías, Luis. 12:1203
Caballero Solares, Arturo. 15:2764
Caballero y Rodríguez, José Augustín, *Father*. 1:1934-1936, 1943; 10:3496, 3497, 4497, 4498
Caballo de Fuego, Santiago de Chile. 11:3103
Cabañas, Pablo. 14:2660
Cabanellas, Guillermo. 11:3457; 12:2137, 2959, 3195; 15:2020; 24:4933; 27:3601
Cabanillas de Rodríguez, Berta. 20:2306; 26:796
Cabarico, Epímaco. 5:2694
Cabassa, Stella Leonardos da Silva Lima. 8:4340; 25:4712, 4713; 26:1979, 2046, 2047; 28:2614, 2615
Cabaza, Berta. 19:4518
Cabello, Benjamin Soares. 21:1408
Cabello, Octavio. 20:4948; 22:2401
Cabello Balboa, Miguel. 18:2435
Cabello Branott, Samuel. 8:1052
Cabello de Carbonera, Mercedes. 14:2822
Cabello Reyes, Carlos. 10:2822
Cabera Arca, Hugo. 14:1081
Cabero, Alberto. 6:176; 14:2181
Cabeza de Vaca, Alvar Núñez. *See* Núñez Cabeza de Vaca, Alvar.

Cabeza de Vaca, Manuel. 20:3442
Cabezas, Juan Antonio. 11:3172
Cabezas de Domínguez, Berta María. 25:4323
Cabienes Donoso, Manuel. 27:3558
Cabieses, Fernando. 27:1524
Cabon, Alphonse, *Father*. 16:1653
Cabot, John M. 19:4201, 4257; 22:4025
Cabot, Thomas D. 5:1737
Cabral, Anita de Castilho e Marcondes. 12:1217e, 3481a
Cabral, Astrid. 28:2452
Cabral, Carlos Castilho. 25:2713
Cabral, Francisco Marcelo. 15:2538
Cabral, João C. da Rocha. 4:4187, 4188
Cabral, João Passo. 3:1847a, 3477; 6:4395; 7:1948
Cabral, Manuel del. 21:3918, 4060
Cabral, Nelson Lustoza. 27:2908
Cabral, Oswaldo Rodrigues. 3:1643, 2754; 7:2382; 17:2841; 23:762, 3946; 25:3832
Cabral, Romeu M. 27:2316
Cabral da Rocha Werneck, Heloisa. *See* Werneck, Heloisa Cabral da Rocha.
Cabral de Melo Neto, João. *See* Melo Neto, João Cabral de.
Cabral de Moura, Isnar. *See* Moura, Isnar Cabral de.
Cabral del Hoyo, Roberto. 20:4099a; 23:5124
Cabral Texo, Jorge. 3:3638; 8:3230a; 15:2636
Cabrales, Luis Alberto. 3:1061, 2609; 4:4070; 25:4430
Cabrera, Ana S. de. 6:4885; 7:1905
Cabrera, Ángel Lulio. 7:2226; 12:1652; 21:2006
Cabrera, Daniel. 25:3226
Cabrera, Emanuel S. 18:1071
Cabrera, Francisco. 26:217
Cabrera, Guillermo. 6:1111
Cabrera, Juan. *See* Danke, Jacobo, *pseud*.
Cabrera, Justo Salvador. 19:258, 272
Cabrera, Lucio. 19:3015
Cabrera, Luis. 3:2022, 2023, 2574; 4:2377, 3048; 14:2112; 26:602
Cabrera, Lydia. 6:2080; 13:244; 19:576; 20:423; 21:658 23:634
Cabrera, Miguel. 12:1849
Cabrera, Pablo. 1:835
Cabrera, Rafael. 11:3965; 16:2696
Cabrera de Tablada, Nina. 19:5049
Cabrera Domínguez, Arturo. 3:3100a
Cabrera Infante, Guillermo. 26:1566
Cabrera Ipiña, Octaviano. 25:3156
Cabrera Ipiña de Corsi, Matilde. 23:3152; 24:3863; 25:3156
Cabrera la Rosa, Augusto. 9:2024; 12:1419
Cabrera Macia, Manuel. 11:3912; 19:5796
Cabrera Malo, R. 9:3752
Cabrera Moreno, Gerardo. 8:1424
Cabrera Oropeza, Jenaro. 27:202, 695
Cabrera Ortiz, Wenceslao. 10:1972; 24:435
Cabrera Piñón, Querandy. 14:2057
Cabrera Romero, Sinforso. 27:3221
Cabrera Saqui, Mario. 11:2962; 13:2216
Cabrera Torrens, Luis. 19:258
Cabrero Fernández, Leoncio. 25:621, 3039, 3374; 27:696
Cabrián, A. 11:3948
Cabrices, Fernando. 5:3648; 9:3782
Cabús, José D. 10:2912
Cacavelos, Juan M. 5:2938
Cáceres, Alfredo. 6:4149
Cáceres, Estelvina M. 6:3354
Cáceres, Esther de. 13:2145; 22:5113; 25:4448
Cáceres, Eudoro. 12:1585
Cáceres, Jesús A. 8:2040

Cáceres, José Ignacio. 7:2524; 8:2656
Cáceres, Julián R. 4:1427; 9:3485
Cáceres, Julio Alfonso. 15:2219
Cáceres, Vicento. 3:2011
Cáceres de Fuentes, Carmen. 23:1288
Cáceres Diez Canseco, Mercedes. 17:3080a
Cáceres Freyre, Julián B. 4:258; 6:230, 486; 7:157; 8:146; 9:1970; 21:252, 2007, 2008; 24:1604; 26:1312
Cáceres L., Carlos. 12:1260
Cáceres Lara, Víctor. 18:2515; 28:715a
Cacici, Américo S. 5:4170
Cadaval, Alfonso G. 5:849
Cadena G., J. Ivan. 21:3129
Cadavid Restrepo, Tomás. 12:2314
Cadavid Uribe, Gonzalo. 17:2228; 18:2331; 20:3635; 23:4405; 24:4713
Caddeo, Rinaldo. 11:1959
Cademártori, José. 27:1660, 3020
Cadena d'Acosta, Alfredo. 2:1506; 4:2332
Cadenhead, Ivie E., Jr. 18:1923; 23:3153; 25:3124; 26:603; 28:680, 680a
Cadenillas Gálvez, Francisco J. 11:1220; 18:1012
Cadernos, Rio de Janeiro. 10:3823
Cadernos FCE, Belo Horizonte. 22:6002
Cadilla, Carmen Alicia. 3:3290; 5:3806; 7:4737
Cadilla de Martínez, María. 2:1834; 4:1875; 6:196, 475a, 2085, 4878; 7:1906, 2010; 9:4829; 10:1773, 1801; 11:1382; 13:245; 16:3200
Cádiz, L. 14:3458
Cadogan, León. 14:544; 15:465; 19:768; 22:823-825, 4310; 23:712; 24:856, 1307, 1308, 4714; 25:703; 27:1316-1316d, 1406, 1406a
Cady, John Frank. 9:3229
Caeiro, José. 2:1666
Caetano, Álvaro. 10:2153; 18:1505
Caetano, Manoel. *See* Mello, Manoel Caetano Bandeira de.
Caetano, Marcelo. 9:3371; 13:1766
Caetano Bandeira de Mello, Manoel. *See* Mello, Manoel Caetano Bandeira de.
Caetano Dias, Antônio. *See* Dias, Antônio Caetano.
Cateano Martins, Luis. *See* Martins, Luis Caetano.
Café Filho, João. 19:2245
El Café de El Salvador, San Salvador. 6.1039
Caffarel Peralta, Pedro. 19:4878; 20:4121
Cafferata, José Ignacio. 18:2900, 2901
Cafferata, Juan F. 2:690, 765; 11:2171
Caffese, María E. 28:1006
Cafiero, Antonio F. 25:3591; 27:2133
Caggiano, Antonio. 14:1589, 1764; 17:1462, 1639
Cagliolo, Alberto. 17:1110
Cagorla, Alberto. 19:910
Caiado, Valporê de Castro. 7:5165
Caicedo, Álvaro. 1:1623
Caicedo Castilla, José Joaquín. 7:4194; 8:3762; 10:4169; 14:2373; 15:1945
Caicedo Rojas, José. 2:2754
Caiger, Stephen Langrish. 17:3164
Caignet, Félix B. 16:2697
Caillet-Bois, Horacio. 8:560; 9:773; 11:513, 547; 20:1020
Caillet-Bois, Julio. 3:3132; 6:3957; 7:4771; 10:2964; 13:2084, 2112; 14:2894; 19:4628; 23:5102; 24:3801; 25:4202
Caillet-Bois, Ricardo Rodolfo. 2:2038, 2182; 4:2795, 2982, 2982a; 5:2748-2750, 2939; 6:2998, 3094, 3186; 7:3053, 3054, 3236, 3237, 3418-3421; 8:3076-3078, 3414, 3936; 10:2965, 2966; 12:2169; 14:1697;

19:3826; 21:2301, 2765; 23:3679; 24: 4145, 4255; 26:395, 911, 917; 28:1006
Caillet-Bois, Teodoro. 1:1153; 3:2563, 2645, 2741; 5:2940; 7:3238, 3243, 3278, 3422, 3423; 8:3243; 9:462; 14:1452
Cailleux, André. 23:2673
Caillois, Roger. 5:4481
Caillois, Roland P. 13:2761
Caiuby, Amando. 7:4952; 15:1867
Caja Reyes, Víctor. 24:3868, 3869
Cajal, Alberto. 13:2085
Cajiao Vejarano, Francisco. 10:4038
Cajicá, José M., Jr. 17:2681
Cajigal, Juan Manuel de. 28:971a
Cajigas Langner, Alberto. 19:6606; 26:2228
Cajueiro, Ivan Turgueneff. 27:4217
Cajueiro, José Cavalcanti. 15:1007
Calabrese Leonetti, Rogelio. 9:4616, 4649
Calado, Manoel. 8:3415
Calancha, Antonio de la, Brother. 5:2589, 3561
Calás, Nicolás. 19:27
Calás Jamasmi, Armando. 16:2363
Calasans Brandão da Silva, José. See Silva, José Calasans Brandão da.
Calasans de Araújo, Rui. See Araújo, Rui Calasans de.
Calasans Rodrigues, O. See Rodrigues, O. Calasans.
Calatayud, Pablo. 1:1518
Calatrava, Osorio. 6:3716
Calazans Falcon, Francisco José. See Falcon, Francisco José Calazans.
Calcagno, Alfredo D. 9:2176, 2177; 15:1008; 17:995
Calcagno, Alfredo Eric. 21:2201
Calcagno, Elsa. 7:5423
Calcagno, Miguel Ángel. 24:5102
Calcaño, Eduardo. 8:4829
Calcaño, José Antonio. 5:4397; 12:3431; 22:5724; 23:5742; 26:2247, 2248; 28:861d
Calcaño, Julio. 16:2468
Calcavecchia, José. 14:914
Caldas, A. J. 12:439
Caldas, Celso. 18:1397
Caldas, José Antônio. 17:1885
Caldas, Lincoln de Carvalho. 15:1279
Caldas, Miguel Enrique. 27:3779
Caldas, Ney Ulrich. 27:2317
Caldas, Onestaldo de Pennafort. 6:4467; 23: 5508, 5719; 24:5728
Caldas, Otaviano. 4:4284
Caldas, Tito Livio. 23:4630
Caldas Barbosa, Domingos. See Barbosa, Domingos Caldas.
Caldas Barbosa, M. A. See Barbosa, M. A. Caldas.
Caldas Brandão, Alonso. See Brandão, Alonso Caldas.
Caldas Brito, Lásinha Luís Carlos de. See Brito, Lásinha Luís Carlos de Caldas.
Caldas Lins, Rachel. See Lins, Rachel Caldas.
Caldas Medeiros, Aluízio. See Medeiros, Aluízio Caldas.
Caldas Renault, Léo. See Renault, Léo Caldas.
Caldas y Tenorio, Francisco José de. 2:2681; 19:3410
Caldas (Department). Dirección Departamental de Estadística. 2:600; 4:1585; 5:1067; 6:1226; 7:1245
Caldas (Department). Secretaría de Gobierno. 1:1219; 5:2052, 2225; 6:2604
Caldas (Department). Secretaría de Hacienda. 1:304
Caldas (Department). Secretaría de Obras Públicas. 1:305

Caldas: Órgano de Publicidad del Departamento. 5:2254
Caldcleugh, Alexander. 9:3230; 20:5051
Caldeira, Almiro. 26:1962
Caldeira, Clóvis. 10:1346, 1347; 11: 1771; 16:3368; 19:6003; 20:4930, 4971; 25:2184
Caldeira, Eny. 20:1790; 23:2381, 2382
Caldeira, Nelson Mendes. 7:791, 1766
Caldeira de Andrade, Laércio. See Andrade, Laércio Caldeira de.
Caldeira Filho, João da Cunha. 7:5539
Caldenius, Carl. 6:2154
Calder-Marshall, Arthur. 5:1040
Caldera, Daniel. 22:5302
Caldera, Elizabeth. 27:4173
Caldera, R. R. 1:1978
Caldera Rodríguez, Rafael. 5:1114a; 13: 2589; 19:6002; 25:2100, 4137; 26:1038, 1426; 27:3021
Calderaro, José D. 7:3566
Calderío, Francisco. See Roca, Blás, pseud.
Calderón, Abdón. 5:1272
Calderón, Arturo. 28:2111
Calderón, Enrique. 16:1378
Calderón, Eustorgio. 6:386
Calderón, Fernando. 23:5311; 24:5605
Calderón, Héctor. M. 27:697
Calderón, José Tomás. 5:959; 7:4388
Calderón, Juan F. 16:2469
Calderón, Lisandro. 4:1796
Calderón, Luis. 27:4008
Calderón, Luis B. 15:1731
Calderón, Mauro. 24:3864
Calderón, Q. B. P. S. 25:804
Calderón, Valentín. 27:535
Calderón Agez, Julio. 3:975
Calderón Baldivieso, Roberto. 5:1411
Calderón Cabrera, Consuelo. 17:2482
Calderón de la Barca, Pedro. 21:3725
Calderón Guardia, Francisco. 7:4218
Calderón Guardia, Rafael A. 6:2624, 7: 2623, 2419; 8:2738, 2739
Calderón M., Alfonso. 10:1591
Calderón Mendoza, Félix. 8:2465
Calderón Quijano, José Antonio. 9:2757; 10:2549, 2632; 11:2001, 2065; 12: 1745a, 1850; 15:1489; 19:3233; 20: 962; 21:2391; 23:3026; 28:415
Calderón R., Enrique. 4:2482
Calderón Ramírez, Salvador. 1:1091; 23: 4926
Calderón Serrano, Ricardo. 10:4208; 13: 2619
Calderón Vega, Luis. 20:2278
Calders, P. 11:531
Caldiz, Juan Francisco. 19:4960
Caldumbide, Alberto G. 8:2623
Caldwell, Elsie Noble. 12:1478
Caldwell, Helen. 23:5406; 26:1988; 28:2443
Caldwell, R. G. 9:3466
Calella, Plácido de. 4:361
Calella Sanz, Miguel G. 12:3214
Calero Orozco, Adolfo. 6:4133
Caletti, Oberdán. 7:5691; 8:4938
Caley, Earle R. 27:301
Calheiros Bomfim, Benedito. See Bomfim, Benedito Calheiros.
Calheiros Bomfim, Pedro. See Bomfim, Pedro Calheiros.
Calhoun, C. H. 7:319
Calhoun, R. D. 3:2405
Cali, Américo. 13:2402
Cali, François. 25:1134
Calichio, Mario H. 24:6125
California State Library. Sutro Branch, San Francisco. 6:2777; 7:2803

Calixto, Benedicto. 2:1667
Call, Tomme Clark. 19:3565
Callado, A. C. 9:926
Callado, Antônio. 19:5307, 5352; 20:4421; 21:4345; 22:1327; 25:3833, 4644
Callage, Fernando. 4:3337; 5:3131; 7:4029, 4030
Callaghan, Catherine A. 25:704
Callau Bargery, Ignacio. 18:2516
Callcott, Wilfrid Hardy. 2:2083a; 8:3648; 26:514; 28:584
Calle, Arturo. 27:4008
Calle, Jorge A. 4:3145
Calle H., Emilio. 24:6416
Callegari, Guido Valeriano. 3:156; 4:84, 259; 17:6
Calleja, Diego. 2:2084; 3:3100b
Calleja del Rey, Felix María. 14:2030; 15:1459
Callens, Paul L. 23:3154
Calleros, Cleofas. 17:1511
Calles Villarreal, Raúl. 8:3828
Calliari, Luis. 17:743
Callois, Roger. 12:2674b
Callon, E. McC. 7:2181
Callorda, Pedro Erasmo. 5:3419; 6:177, 4021
Calmon, F. M. de Góes. 15:1866
Calmon, Pedro. 1:1322, 1323, 2141; 2:1632; 3:387, 1871, 2755; 4:2525m, 3338, 3402, 3403, 3456-3458, 4481; 5:3132, 3133, 3165, 3191; 6:3537, 3569, 3674; 8:3473, 3543, 4550; 9:3372, 3426, 4145, 10:3183a 3274; 13:1729, 1730, 2284, 2322, 2454; 14:2323; 15:1835, 2483, 2591; 16:2088, 2089, 2090, 2091; 17:1886, 2723; 18:2168; 21:4291; 2:3810, 3867; 24:4423; 26:1926
Calmon de Passos, José Joaquim. See Passos, José Joaquim Calmon de.
Calmon Moniz de Bittencourt, Pedro. See Calmon, Pedro.
Calnek, Edward. 25:622
Calógeras, João Pandiá. 1:1288; 2:1646; 5:3134; 13:1008; 25:1712
Calógeras, Miguel. 5:3426
Calou, Juan Pedro. 21:3913, 4083
Calusio, Juan Carlos. 7:2245
Calvache, Antonio. 6:1073; 10:995
Calvalho, Afrânio de. 14:1537
Calvão, Augusto César da Costa. See Tozzi, César, pseud.
Calvente de Helmbold, Ana María. 5:3772
Calvento, Mariano G. 5:2941; 6:3355
Calverton, V. F. 1:1013
Calvet Fagundes, Mário. See Fagundes, Mário Calvet.
Calvet Fagundes, Morivalde. See Fagundes, Morivalde Calvet.
Calvete de Estrella, Juan Cristóbal. 16:1716
Calvetti, Jorge. 22:5114
Calvetty, pseud. See Álvarez Calvillo, Andrés.
Calvillo, Manuel. 10:3732; 20:2867
Calvillo Madrigal, Salvador. 11:3329
Calvin, Ross. 17:1659
Calvinho, Luis A. 24:4834
Calvo, Carlos. 3:2326; 7:2804
Calvo, César. 25:4449
Calvo, Eduardo. 26:1461
Calvo, José. 11:240; 12:495
Calvo, Julián. 18:1740; 19:3325, 3326
Calvo, Pilar. 25:609
Calvo Marroquín, Octavio. 7:5261
Calvo Ramírez R. 1:1466
Calzada Flores, Miguel. 15:1933

Calzadíaz Barrera, Alberto. 24:3865; 25:3227; 28:681
Calzadilla, Juan. 23:1505, 1506; 24:1759; 26:256, 257; 28:304
Calzadilla Valdez, Fernando. 9:1302; 14:2742
Calzado, Bernardo María de. 11:2960
Calzatti, Hugo. 2:1138
Camacho, A. 22:1002-1004
Camacho, Diego. 6:3923
Camacho, Efrairi. 2:1982
Camacho, J. A. 18:2151; 22:4026
Camacho, José D. 24:6059
Camacho, José María. 9:472, 2025; 10:366
Camacho, Olinto. 10:1629-1631
Camacho, Pánfilo Daniel. 2:2145; 13:1567; 14:2036; 15:2854; 18:1995; 20:2908
Camacho, Ramiro. 4:2666; 9:2758
Camacho, Roberto B. 10:1113
Camacho, Viriato. 17:39
Camacho Carrizosa, Guillermo. 1:1220; 2:2233a
Camacho Carrizosa, José. 2:2233a
Camacho Clemente y Bolívar, A. E. 4:2935
Camacho Fajardo, Jorge. 7:1870
Camacho Gamba, Guillermo. 4:1924; 7:1231; 8:1482; 17:682
Camacho Guerrero, Abel. 16:2614
Camacho Henríquez, Guillermo. 25:4138
Camacho Lara, René R. 24:2956, 2957
Camacho Leiva, Ernesto. 28:105a
Camacho M., Óscar. 7:4025
Camacho Montoya, Guillermo. 9:3046
Camacho Porcel, Adrián. 2:3068
Camacho Ramírez, Arturo. 1:2086
Camacho Roldán, Salvador. 2:2683; 14:2226
Camacho Trillo, Carlos. 12:2625
Camaño Rosa, Antonio. 2:912a; 10:4131; 12:3159; 13:2433; 15:2717; 22:4608
Camaño y Bazán, Joachim. 3:149
Câmara, Adauto da. 7:3641
Câmara, Aluízio de Lima. 10:3179
Câmara, Antônio Alves. 10:2229
Câmara, Antônio Manoel Corrêa da. 3:2874
Câmara, Antônio Neves. 3:316
Câmara, Aristoteles de Lima. 6:1841; 7:2383, 2384
Câmara, Arruda. 18:2910
Câmara, Francisco. 21:413
Câmara, Héctor. 10:4100; 12:3163; 13:2537; 19:5547; 20:4558; 21:4554; 27:3670
Câmara, Hélder, Bishop of Olinda. 3:1374; 4:1742, 1743; 7:1767; 8:1875; 10:1502
Câmara, Horacio J. de la. 21:2009; 24:5469
Câmara, José Aurélio. 13:1740-1742; 14:2321; 22:3831
Câmara, Juan Antonio. 11:3785
Câmara, Lourival. 6:1831, 2445; 10:1328; 14:1132, 1195, 1545; 15:677, 1248
Câmara, Mayr de Bivar. 4:780
Câmara, Nícea. 7:2354
Câmara, Rinaldo Pereira da. 28:1342
Câmara Barbachano, Fernando. 12:204, 205; 13:178, 212; 18:267, 268; 19:631, 6027; 24:631; 27:885; 28:480a
Câmara Cascudo, Luís da. See Cascudo, Luís da Câmara.
Câmara Cunha, Ayres. See Cunha, Ayres Câmara.
Câmara de Matos Peixoto, Almir. See Peixoto, Almir Câmara de Matos.
Câmara Júnior, Joaquim Mattoso. 8:4169; 23:4406, 5407; 26:1313-1315, 1927; 28:1525, 1526, 1636
Câmara Leal, Antonio Luis da. See Leal, Antonio Luis da Câmara.

Câmara Reys, Emma Romero Santos Fonseca. *See* Reys, Emma Romero Santos Fonseca da Câmara.
Câmara Zavala, Gonzalo. 2:471b; 13:2247; 17:431
Cámara Agrícola de Venezuela. 17:725
Cámara Algodonera del Perú, 7:1536; 11:1075
Cámara Argentina de la Construcción. 18:843
Cámara Argentina del Libro. 7:48
Cámara Chilena de la Construcción. 25:4093
Cámara Comercial, Industrial y Agrícola del Estado de Trujillo. 8:1285
Cámara de Comercio de Bogotá. 5:1069; 6:1361; 7:1202; 14:980
Cámara de Comercio de Caracas. 17:724; 18:804; 22:1516
Cámara de Comercio de Cuba. 4:1468; 7:1104; 8:1269; 18:711; 22:1488
Cámara de Comercio de Guayaquil. 9:1489
Cámara de Comercio de Lima. 1:476; 4:1258
Cámara de Comercio e Industrias Regionales, *Concepción.* 8:1667
Cámara de Comercio, Industria y Agricultura de Panamá. 7:1079-1081
Cámara de Comercio, Industria y Navegación, *Cienfuegos.* 4:1470
Câmara de Comércio Teuto-Brasileira, *Rio de Janeiro.* 3:537
Cámara de la Industria Farmacéutica Venezolana. 27:2082
Cámara Minera de México. 19:1943
Cámara Nacional de Comercio e Industria, *México.* 4:1286; 5:850; 7:965; 24:1968
Cámara Nacional de Industrias, *La Paz.* 5:1273
Cámara Nacional de la Industria de Transformación, *México,* 13:472; 15:817a; 18:929, 930; 19:1944 27:1850
Câmara Portuguesa de Comércio e Indústria do Rio de Janeiro. 4:870
Camarão, Maria Leonor. 27:2508
Cámaras Oficiales del Libro De Madrid y Barcelona. 1:2
Camarena, R. 6:2387
Camargo, Cândido Procópio Ferreira de. 18:3221; 23:2383; 24:817; 25:5636; 27:4218
Camargo, Christovam Torres de. 6:3621; 7:4953, 4989a; 25:3834
Camargo, Felisberto Cardoso de. 16:1297; 18:1508; 23:2674
Camargo, Joracy. 4:4218, 4285; 11:3440-3442; 17:2645
Camargo, José Francisco de. 22:6019, 6038; 23:1918, 2675; 26:1262
Camargo, Lenita Corrêa. 25:1713
Camargo, Odécio Bueno de. 11:2599
Camargo, Odorico Silva. 6:4609
Camargo, Paulo Florêncio da Silveira. 24:4448; 28:1292
Camargo, Pedro Pablo. 24:4914
Camargo, Rafael María. 2:2684
Camargo, Rogério de. 19:1712
Camargo, T. de. 4:2033a
Camargo, Theodurete. 7:1032
Camargo Caballero, Vicente. 4:4389; 27:3671
Camargo Gámez, Eduardo. 9:1181
Camargo Guarnieri, M. *See* Guarnieri, M. Camargo.
Camargo Guarnieri, Rossine. *See* Guarnieri, Rossine Camargo.
Camargo Júnior, S. D. 15:1900
Camargo M., Domingo. 12:1204
Camargo Mendes, Josué. *See* Mendes, Josué Camargo.

Camargo Pérez, Gabriel. 1:627; 4:322; 21:3130; 26:1007
Camarillo y Roa de Pereyra, María Enriqueta. 1:2087
Camarinha, José. 19:2246
Camarinha da Silva, Mario. *See* Silva, Mario Camarinha da.
Camavitto, Dino. 1:124
Camba, Julio. 1:1637
Cambaceres, Eugenio. 10:3685; 20:3916
Camberos Vizcaino, Vicente. 19:3566
Cambino Crevani, Hugo. 22:4630
Cambours Ocampo, Arturo. 5:3807; 14:2951; 15:2351; 18:2463; 28:1766
Cambra, Clemente F. 1:1519
Cambronero Salazar, Miguel Ángel. 25:2125
Camello, C. Nery. 6:4284
Camelo Arredono, Rosa de Lourdes. 28:186
Camelo M., Julio. 3:1413a
Cameron, C. R. 1:265, 591
Cameron, J. W. 8:260
Cameron, R. A. 2:522, 608, 609; 3:1067, 1068, 1157, 1158
Cameron, William R. 23:3120
Caméu, Helsa. 27:1205; 28:3047
Camín, Alfonso. 1:1014; 7:1116; 10:2550
Caminada Manuel-Gismondi, Pedro. *See* Manuel-Gismondi, Pedro Caminada.
Caminha de Lacerda, Maurício. *See* Lacerda, Maurício Caminha de.
Caminha Filho, Adrião. 6:1707-1709, 1855; 10:1348
Camino, Dionisio del, *Brother.* 21:2709
Camino B., Daniel. 2:1568
Camino Calderón, Carlos. 8:4049; 22:4909
Caminos, Julio A. 14:2157
Caminos de Artola, Aurora Rosa. 26:1070
Camiro, Max. 11:783
Camiruaga Churruca, José Ramón. 14:3140, 3142
Cammarota, Antonio. 8:4571; 13:2478
Cammarota, Federico. 26:1316
Camousseigt Torres, Daniel. 11:2741
Camp, André. 17:3134
Camp, Charles L. 28:477a
Camp, Jean. 13:2178; 17:3134; 18:1768a; 25:3228
Camp, John R. 12:848, 1320
Camp, Robert J. de. 10:810
Campa, Arthur León. 3:1486; 7:1952; 12:3364; 24:5917
Campá, R. 23:535
Campa, Ricardo. 28:105b
Campa y Caraveda, Miguel Ángel. 10:3246
Campal Gómez, E. F. 4:2089
Campaña B., Aníbal. 21:3567; 23:4249
Campanella, Andrés. 9:2017
Campaño, Arnaldo R. 23:4203
Campbell, Carlos. 23:1370
Campbell, Carolina de. 16:3344
Campbell, David Stephen. 8:2363, 2364; 13:545, 874
Campbell, Donald F. 8:2466; 15:1280
Campbell, H. Murray. 5:2861; 18:1924
Campbell, J. Howard. 14:787
Campbell, John C. 8:965, 2602, 2603; 15:1906
Campbell, Margaret V. 25:4399; 26:1140
Campbell, Robert. 15:2943
Campeche (State). *Constitution.* 22:4528
Campello, José. 7:1606
Campello Machado da Silva, Raul. *See* Silva, Raul Campello Machado da.
Campelo, José. 6:640
Campelo, Virgínio. 7:2355
Campêlo, Zacarias. 21:3265
Campero, Miguel M. 3:1839; 4:2248; 5:1994

Campero Echazú, Ocatavio. 8:4102; 16:2698; 23:5125
El Campesino, Santiago. 25:1671
Campiglia, G. Oscar Oswaldo. 21:1154
Campillo Balboa, Narciso. 24:4715
Campillo Sáinz, José. 18:2890; 22:1717; 23:2012; 27:1851
Campo, Ángel de. 23:4927, 4928
Campo, Aníbal del. 10:4595; 25:5336
Campo, Carlos L. del. 5:1860; 6:177a
Campo, Cupertino del. 3:3286
Campo, Estanislao del. 6:4160; 8:4103
Campo, Isabel María del. 20:4703
Campo, Juan. 6:1372; 18:805
Campo, Juan del. 6:4200
Campo, K. del. 25:3336
Campo, Luzán del. 10:1642
Campo, Pedro A. 20:4753
Campo, Ricardo del. 8:2162, 2163
Campo, Santiago del. 25:5222
Campo Belo, Henrique. 1:1324
Campo Lacasa, M. Cristina. 28:824a, 825
Campo Wiff, Mario del. 24:4835
Campo Wilson, Estanislao del. 22:4529
Campoamor, Clara. 10:3524
Campoamor, Fernando G. 7:4519; 21:2905
Campobassi, José Salvador. 26:1071; 28:1066a
Campobello, Gloria. 6:840, 4927
Campobello, Nellie. 6:840, 3298, 4927; 15:2287
Campodónico, Luis. 28:2046
Campofiorito, Quirino. 7:729; 14:788; 26: 265, 290; 28:351, 361
Campolongo. E. 10:4594
Campomanes, José Francisco. 25:3229
Campos, A. B. Carneiro de. 7:5327
Campos, Agostinho de. 14:2986
Campos, Alejandro Manco. 3:3287
Campos, Alfredo R. 18:2127; 20:1011 22: 3516; 26:891
Campos, Antônio. 23:4643
Campos, Ápio. 28:1527
Campos, Augusto de. 24:5703; 28:2641a
Campos, Cândido de. 26:1963
Campos, Carlos da Silva. 12:3570; 18:3118; 27:3611; 28:3204
Campos, Daniel. 20:4066
Campos, Dario Aranha de A. 5:3124; 6:1832
Campos, Diná M. de Sousa. 21:1806, 1807
Campos, Dulce de. 14:2282
Campos, Eduardo. 9:4241; 12:2877; 14:3074; 21:4947; 27:1206, 1206a; 28:2453
Campos, Eleazar Soares. 10:3983; 14:3132
Campos, Ernesto de Souza. 6:1981; 7:1768, 3575; 10:1503; 12:2199; 14:1231, 2283; 19:2247; 22:3832
Campos, Fusébio. 21:1254
Campos, Flavio de. 5:3962
Campos, Francisco. 3:1872; 6:1939, 2570, 3763, 4285; 7:2543; 20:1772, 4498; 21: 4555, 4583; 23:4633
Campos, Geir. 21:4380; 23:5548; 24:5745, 5779; 25:4704; 28:2587. 2667
Campos, Guilherme de. 23:5509
Campos, Haroldo de. 16:2901; 23:5408 28:2641a
Campos, Humberto de. See Veras, Humberto de Campos.
Campos, Ipê de. 9:4111
Campos, J. 11:4
Campos, J. L. de. 6:4417; 10:3808, 4031
Campos, J. Narino de. 26:1263
Campos, João da Silva. 3:2888, 2908; 8:857; 15:434
Campos. João Vicente. 7:5251; 18:2961; 27:3771
Campos, Joaquim Pinto de. 23:3947

Campos, Jorge. 14:2677; 28:415a
Campos, José A. 7:1323
Campos, José Maria Moreira. 28:2454
Campos, Josimo. 7:2445
Campos, Julio. 10:2956
Campos, Leopoldo. 5:1433; 16:1591
Campos, Luis Felipe Gonzaga de. 9:2316
Campos, Manoel França. 11:3559
Campos, Maria Jacinta Trovão de. 5:3991
Campos, Mário Pinto de. 5:3178
Campos, Martín. 26:1714
Campos, Mauricio M. 9:694
Campos, Milton Soares. 16:913; 26:1255; 27:3243
Campos, Murillo de. 2:302
Campos, N. 10:3964
Campos, Nilton. 22:5863
Campos, Paulo de Almeida. 20:1773; 21:1751; 1764; 23:2384
Campos, Paulo Mendes. 15:2484; 18:2788; 22:5467; 26:2091; 2092; 28:2668
Campos, Pedro Moacyr. 26:1928
Campos, Renato Carneiro. 23:5409; 24:5806 25:1314, 2185
Campos, Ricardo D. 10:3090; 12:1987, 2151
Campos, Roberto de Oliveira. 19:2888; 22:1611; 23:2768; 24:1911; 25:2714; 27:1661, 2318-2318b, 3022
Campos, Rubens Malta. 2:1199; 3:167, 1487; 4:1891; 12:3414; 17:1209
Campos, Sabino de. 12:2878
Campos, Susana de. 14:3061
Campos Andapia, Antonio. 27:1852
Campos Artigas, Alfonso. 18:1096
Campos Ávalos, Antonio. 4:4489
Campos Batalha, Wilson de Souza. See Batalha, Wilson de Souza Campos.
Campos Bicudo, Joaquim de. See Bicudo, Joaquim de Campos.
Campos Birnfeld, Walter de. See Birnfeld, Walter de Campos.
Campos da Costa Medeiros e Albuquerque, José Joaquim de. See Albuquerque, José Joaquim de Campos da Costa Medeiros e.
Campos de Carvalho, Walter. See Carvalho, Walter Campos de.
Campos de Medeiros, Mauricio. See Medeiros, Mauricio Campos de.
Campos Ferreira Lima, Henrique de. See Lima, Henrique de Campos Ferreira.
Campos Harriet, Fernando. 13:1486; 17:1315; 22:2402; 25:2303; 28:928a, 999a
Campos Júnior, J. L. 12:2784; 17:2573
Campos Lennon, Diva de. See Lennon, Diva de Campos.
Campos Menéndez, Enrique. 8:3206; 15:2288; 28:2017
Campos Morlas, Alberto. 4:2132
Campos Moura, Paulo de. See Moura, Paulo de Campos.
Campos Ponce, Xavier. 4:1287
Campos S., M. A. 25:5337
Campos Salas, Octaviano. 10:886; 19:1862; 20:1481; 22:1718, 1719; 23:2013, 2014; 24:2099
Campos Tourinho, Octávio de. See Tourinho, Octávio de Campos.
Campos Varela, Casper de. See Varela, Casper de Campos.
Campos Veras, Humberto de. See Veras, Humberto de Campos.
Campos Vergueiro, Nicolau Pereira de. See Vergueiro, Nicolau Pereira de Campos.
Camposano Echegaray, Gladys Raquel. 14:2444
Camposortega, Carlos. 16:940
Camprubí Alcázar, Carlos. 24:4192; 28:1044
Camps, Ignacio J. 23:3738, 3753

Campuzano, Juan R. 8:4050; 17:2360; 28:584a
Camus Riquelme, Francisco. 11:1006
Camus y Pérez, Pedro. 13:2618
Canabarro, Nemo. 16:1319
Canabrava, Alice Piffer. 4:660; 10:16a, 2395; 15:1868; 16:2092, 2093; 17:812; 26:1264
Canabrava, Luiz. 20:4365; 26:1977
Cañadas, F. Adán. 12:3257
Canadian Geographer, Toronto. 24:718
Canal, Julio de la. 13:2554
Canal Feijóo, Bernardo. 4:1892; 5:1626, 4271; 6:2065, 2066; 8:2007; 9:1971; 10:1774; 17:3009; 22:6039; 23:4527; 24:5648; 26:1840, 2343
Canal Ramírez, Gonzalo. 15:2289; 19:5410
Canales, José Alberto, 16:359
Canales, José Carlos. 28:1293
Canales, José María. 8:1219
Canales Montejano, G. 6:3299
Canales Salazar, Félix. 13:1831; 23:3352
Canales Toro, Clemente. 25:5223
Canals Frau, Salvador. 3:286d; 4:289a, 326; 6:487; 7:519, 520; 8:365-367, 11:125; 12:375-377; 14:588, 589; 16:94, 267, 441; 18:365; 19:8, 375, 829; 20:341; 21:253-255, 2016; 25:517
Cañas, Alberto. 26:1841
Cañas, Salvador. 16:2659, 2660
Cañas Montalva, Ramón. 21:2062; 27:2848a
Canasi, José. 18:2902
Canaveri, L. 1:2248
Canby, Joel S. 17:65
Cancela, Arturo. 11:3273
Cancela Femenías, Pedro. 19:262
Canchola, Antonio. 21:4931
Cancian, Francesca M. 27:886
Cancian, Frank. 27:887
Cancino, José M. 6:1593
Cancio, V. Loriente. 2:1756
La Canción, Buenos Aires. 8:4778
Canclini, Arnoldo. 21:4856
Candanedo M., César A. 27:888
Candela, P. B. 9:600
Candía, Isidro. 4:2409; 5:2163; 6:2692
Candía G., Alfredo. 24:4309
Candía N., René. 8:1624
Cândido, Antônio. 11:3362; 13:2296; 17:2996; 19:2248, 5225, 5292; 21:1813, 4292; 22:5545; 23:5445; 24:5736; 25:4682
Cândido de Mello e Souza, Antônio. See Cândido, Antônio.
Cândido de Morais, C. See Morais, C. Cândido de.
Candioti, Alberto María. 7:3193, 3518; 24:3475
Cané, Luis. 2:2484
Cané, Miguel. 2:2685; 9:3956; 20:3917; 22:4952; 24:4209
Caneda y Acosta, Cecilio Abelardo. 9:4473
Canedo, Águeda. 15:2220
Cañedo, Diego, *pseud*. See Zárraga, Guillermo.
Canedo, Lino Gómez. See Gómez Canedo, Lino.
Canedo Reyes, Raúl. 10:1202
Canelas López, René. 14:1605, 2481
Canelas O., Amado. 27:2179, 3023, 3222
Cañellas, Marcelo G. 10:1114; 15:652; 20:4559
Canellas Casals, José. 22:2283
Cánepa, Enrique P. 11:682a
Cánepa, Luis. 9:3231; 10:4405; 19:3827
Cánepa, Luis Rodolfo. 8:1532
Canessa, Francisco. 23:4929
Canessa, Julio V. 8:1584; 14:2466
Canet, Gerardo. 15:1166; 16:1157; 25:2243

Cañete y Domínguez, Pedro Vicente. 5:2510; 18:1852
Caneva, Rafael. 25:4241
Canfield Delos, Lincoln. 1:1912; 7:4438; 16:2470; 18:2332; 19:4514, 4515; 24:4716; 25:3911, 3912; 26:1317, 1318; 28:1528
Canilleros, Miguel Munõz de San Pedro. 21:2712
Cañizales-Márquez, José. 19:5050; 21:4253, 5024
Cañizares, Leandro J. 12:2012; 13:48
Cañizares y Quirós, Rafael. 16:1858
Cannabrava, A. P. 11:2577
Cannabrava, Euryalo Vianna. 7:4862, 5631; 15:2855; 17:2948; 18:3047; 19:5239, 5779; 20:4306, 4758, 4871; 23:5801; 27:2621
Cannal, João de. 8:4190
Cannon, Calvin. 25:420
Cannon, Mary M. 8:3690a; 9:3575; 13:1883, 1950, 1952
Cano, Celerino. 7:1841, 1842
Cano, Guillermo. 27:2725b
Cano, Guillermo C., h. 1:399, 1370; 2:735; 5:3111
Cano, Guillermo G. 4:2239a
Cano, Guillermo Jorge. 7:3424; 10:4017, 4183
Cano, Luis. 2:2404
Cano, Melchor. 21:2462
Cano, Rafael. 23:3754; 26:1072
Cano, Roberto Huapaya. 4:1185
Cano, Washington. 17:444; 18:1293
Cano Llopis, Manuel. 16:3064; 18:2920
Cano Pérez, Pedro. 6:3034; 3957a, 3957b
Cañon, José J. 19:1417, 6083
Cañon Artigas, Raúl. 14:1061
Canosa, Ada S. de. 15:1188
Canosa Capdeville, Yamandu. 26:2295
Canoutas, Seraphim G. 9:2642
Canseco, Francisco. 5:2127, 2128
Cansinos Assens, Rafael. 11:3085; 13:2086
Cantaluppi, Orestes J. P. 4:2071
Cantanhede, Plínio. 11:2807
Cantaño Calatayud, Sandra. 22:4553
Cantarell Dart, José. 3:3397; 5:3107, 11:2932
Cantarero, Luis Augusto. 10:4129
Cantarero P., Gualberto. 3:2011, 2152
Canter, Domingo. 4:2072
Cánter, Juan. 1:1918; 3:2532, 2646; 4:2796, 3148, 3819; 7:3425-3428; 8:93, 3244a: 9:3137
Canto, Estela. 11:3188, 3189; 19:4868; 21:3919
Canto, Gilberto de Ulhôa. 21:4538
Canto, Jorge del. 27:1662
Canto, Patricio. 5:3473; 23:5802
Canto, Rosa. 19:4869
Canto e Mello, Pedro do Castro do. See Mello, Pedro do Castro do Canto e.
Canto López, Antonio. 22:2; 27:698
Cantón, Alfredo. 12:2508; 21:1719; 28:1889a
Cantón, Darío. 28:1067
Cantón, Wilberto L. 13:1556; 16:2741, 2785; 20:4210, 4241; 21:4207; 23:5312; 25:4559; 28:2266, 2267
Cantón Rosado, Francisco. 4:2600; 5:2862; 6:3300; 8:710; 10:2444
Cantoral Hernández, Mariano. 8:2770
Cantos Abad, Francisco de. 18:931
Cantú, A. 9:4845
Cantu, Caesar C. 28:500a
Cantwell, John J. 13:1147
Canudas y Orezza, Luis Felipe. 9:4479

Canyes Santacana, Manuel. 10:3193; 11: 2696; 12:3365; 14:2357; 15:1934; 17: 1957; 18:2185a; 19:4213; 20:3401, 3405; 25:2615
Caó, Epitácio. 23:2867
Caó, José. 15:1891
Capa, Cornell. 27:1340
Capablanca, Enrique G. de. 25:4571
Capablanca y Graupera, Ramiro. 4:2184; 5: 2080; 6:2629
Capanema. Gustavo. 3:1398; 15:1035
Caparroso, Carlos Arturo. 9:3783; 15:2394; 23:5183; 25:4495; 26:1763
Capdevila, Arturo. 1:2088, 2110; 2:88, 2550, 2551; 4:224, 2982b; 5:2744, 3649; 6: 2217, 3356, 3849; 7:3231, 3404, 4777; 8:3232, 3937; 9:3993; 10:3756; 11: 2306, 3104, 3145; 12:2626, 2686, 2687; 14:2744 15:67; 17:1761; 18:2574, 2575, 2708; 12:3038, 3634, 3920, 4061; 22: 5405
Capdevila, Ramón Rafael. 21:3635
Capdevila y Melián, Pedro. 5:1591, 4352
Capdeville C., Lucila. 13:719
Capehart, Homer E. 24:3466
Capella Segreda, Yolanda. 15:2449
Capella y Pons, Diego. 2:912b
Capelle, Enrique J. 8:1560
Capelleti, Mauro. 25:4021
Capelli, Juan A. 3:3692; 4:4353
Capelli, Luis S. 3:3692, 4:4353
Capellino, Antonio M. P. 5:1805
Capello, Alejandro E. 19:2515
Capello, Jorge. 26:1621
Cáper Alves de Sousa, Henrique. *See* Sousa, Henrique Cáper Alves de.
Capestany, Pedro Luis. 12:1796b
Capetillo y Servín, Rafael. 4:1288
Capillas de Castellanos, Aurora. 19:3892; 24: 4206, 4334; 26:975; 28:1028
Capistrano, Francisco Martins. 3:3536
Capistrano de Abreu, João. *See* Abreu, João Capistrano de.
Capitaine Funes, Carlos. 23:4930
Capitanelli, Ricardo G. 21:2010, 2027; 27: 2829
Caplán. Benedicto. 5:2633; 14:1041; 15:659; 18:844
Caplow, Theodore. 27:1017, 4094
Capo, José María. 11:2425, 2992; 21:2947
Capoche, Luis. 23:3639
Capote, Higinio. 18:2403; 19:4665
Capote Díaz, José. 5:2081
Cappannini, Dino A. 22:2358
Cappelletti, Angel J. 18:3068; 22:5845; 23:5844; 24:6042-6044, 6111; 26:2296; 27:2430; 28:3255, 3273, 3274, 3285, 3301
Cappelletti, Martín S. 3:1702
Capriles, Carlos L. 6:2043, 2044, 4022
Capriles Rico. Remberto. 7:1449, 3988; 9: 3754; 13:1879
Capuñay, Manuel A. 19:3886
Capuñay Mimbela, Carlos. 8:3245; 11:1076; 12:981; 21:4530; 27:2254
Capurro, Adán. 22:2427
Capurro, Federico E. 16:1982; 27:3540
Capurro, Fernando. 14:753
Capurro Calamet, Federico. 5:1388
Caraballo, Isa. 6:4201; 9:4103
Carabobo (State). Secretaría General de Gobierno. 3:2083; 5:2198; 6:2720; 7: 2729; 8:2818; 9:2559
Caracas (Arzobispado). Archive. 28:975
Caracas. *Cabildo*. 9:641, 2873; 16:1691; 28:862
Caracas. *Capitanía General*. 10:2670

Caracas. Comisión Organizadora del Cuatricentenario de Caracas. 28:868
Caracas. *Consulado*. 4:2960; 28:979a
Caracas. Distrito Federal. Consejo Municipal. 3:2085, 2090; 4:2453, 2454; 6:2724; 9:2562; 21:5209
Caracas. *Gobernación*. 10:2670
Caracas. *Province*. 12:1969, 1979
Caracas. *Real Consulado*. 3:2508
Caraco, Alberto. 7:4990
Carafa D'Andria, Ettore. 5:778
Caraffa, Pedro I. 4:3149
Carámbula, Adhémar H. 6:4730; 16:2990, 3004
Carámbula, Rubén. 18:3032
Caramés Ferro, José M. 2:3059; 27:3612
Carande Theobar, Ramón. 12:1713; 16: 1519; 18:1695, 1696; 20:2419
Caravelle, Toulouse, France. 27:16a
Caravia Montenegro, Enrique. 22:1125, 1134
Carayon, Marcel. 3:3133
Carbacho M., Jorge. 7:4161
Carbajal, Ángel. 23:2930
Carbajal, Carlos. 3:3000; 14:1698; 20:3443; 21:3921
Carbajal, J. N. 5:1806; 8:2429
Carbajal, Raúl. 3:212; 5:368
Carbajal González, Rafael. 22:4530
Carbajal Victorica, Juan J. 20:2294;
Carbajales, Eduardo. 9:1331
Carballa, Juan B. 10:4009; 15:2106; 17: 2764
Carballal de Torres, María Teresa. 28:3256
Carballido, Emilio. 20:3918, 4211, 21:4208, 4208a, 4210; 22:5303; 23:5310; 5313, 5314; 24:5606; 26:1842-1844; 28:2268, 2269
Carballo, Emmanuel. 19:4763; 23:5300; 28:1823, 1824
Carballo, Nicanor. 3:3398
Carballo Cabrera, Apeles. 7:3319
Carballo G., Armando. 2:1610
Carballo R., Sergio. 6:1000
Carbano de Kretschmer, Elba. 19:1713
Carbia, Rómulo D. 1:679, 2231; 2:1786, 2183; 3:2217; 5:2270, 2291; 6:2778, 3095, 3097; 9:2601; 11:2307; 12:1714
Carbó, Luis Alberto. 19:3880
Carbone, M. 9:4434
Carbonel Tortós, Francisco de A. 25:1441
Carbonell, Diego. 1:926; 3:2474; 4:2553; 6:231, 3096; 8:3169; 9:4035; 13:1440; 17:1825
Carbonell, Francisco. 3:531
Carbonell y Rivero, Néstor Leonelo. 12:2437; 13:1471; 14:2037; 17:1709, 1710; 18:1996
Carboni, Ángelo. 18: 2412
Carbonnel Barberán, Ramiro. 5:4185
Cárcano, Miguel Ángel. 2:2184; 4:880; 17: 3165; 25:3592; 28:1067a
Cárcano, Ramón José. 4:3150; 5:2942, 2943, 3259; 8:3246; 9:3232; 26:1073
Cárcer y Disdier, Mariano de. 12:3439; 14:215; 15:207; 20:2420; 21:3292, 2393; 25:257
Cardarelli Bringas, Alberto. 14:1588, 3195
Carden, Poe. 24:5470
Cardeña, Jaime. 28:1825
Cardenal, Ernesto. 14:2895; 16:2773; 26: 1792
Cardenal Argüello, Luis Gonzaga. 25:3337
Cardenal Argüello, Salvador. 9:1883; 11:1485
Cardenal de Iracheta, Manuel. 19:3441
Cárdenas, Antonio de. 5:288
Cárdenas, Antonio José. 24:4346
Cárdenas, Bernardino de. 9:2925
Cárdenas, Daniel N. 19:4516, 20:3636; 24:4717, 4718

Cárdenas, Fortunato E. 9:2229
Cárdenas, Horacio. 20:4857
Cárdenas, José C. 24:1912
Cárdenas, Juan de. 11:2961
Cárdenas, Lázaro. 1:1056,1057; 2:1525; 3:987a, 988-990, 2030-2032; 4:245, 1289, 1290, 2378-2380, 2390, 3048-3052; 5:2129-2131, 3386; 6:349, 2668, 2669, 2689, 3781, 3813; 27:3583
Cárdenas, Martín. 6:2388, 7:2299; 11:297; 17:1136
Cárdenas, Nancy. 23:5354
Cárdenas, Parmenio. 3:1950
Cárdenas, Ramiro. 17:2361
Cárdenas, Raúl de. 7:3320; 8:966
Cárdenas, Raúl F. 11:683
Cárdenas, Rodolfo José. 24:3600
Cárdenas Acosta, Pablo Enrique. 10:2734; 11:2201, 2202; 13:1380; 25:3455; 28:887a
Cárdenas Becerra, Antonio. 22:1513
Cárdenas Becerra; Humberto. 16:813
Cárdenas C., Luis A. 9:1206; 12:849
Cárdenas de Monner Sans, María Inés. 6:4176; 28:2346
Cárdenas de Pérez de la Riva, Rosario de. 18:1636
Cárdenas Escobar, Alberto. 11:439
Cárdenas García, Jorge. 24:3521
Cárdenas Gutiérrez, Isauro. 1:1584
Cárdenas Nannetti, Jorge. 10:1039
Cárdenas Ojeda, Mauro. 19:6095
Cárdenas Valencia, Francisco de. 3:2356
Cárdenas Vera, Rolando. 28:2112, 2113
Cárdenas Villarreal, Carlos. 24:274
Cárdenas y Benítez, Nicolás de. 10:2780
Cardich, Augusto. 22:2429; 23:453, 454; 27:617, 2872
Cardiel, José. 7:2227
Cardiel Reyes, Raúl. 28:3339
Cardim, Elmano. 5:3192; 8:3474, 4246; 15:1892
Cardim, Fernão. 5:453
Cardini, Eugenio Osvaldo. 27:3672
Cardo, S. 1:1479
Cardona, Miguel. 6:1564; 12:967; 27:1370, 1370a
Cardona, Rafael. 22:1960
Cardona, Roberto. 8:1361
Cardona, Segundo. 23:4407
Cardona Copper, José Luis. 8:259
Cardona Jaramillo, Antonio. 11:3190
Cardona Lazo, Antonio. 6:1315, 2334; 11:1610
Cardona Peña, Alfredo. 16:2699, 2742; 17:2287; 18:2576; 19:4716; 20:3805; 21:4062; 23:5126; 24:4719; 28:2114
Cardona Puig, Félix. 4:1935; 5:1672; 11:396
Cardos de Méndez, Amalia. 22:513
Cardoso, Alfonso. 16:941; 19:1863
Cardoso, Armando Levy. 23:3920; 24:4720
Cardoso, Brício Maurício de Azevedo. 10:3806
Cardoso, Clodoaldo. 13:1686
Cardoso, Clodomir. 4:619
Cardoso, Fernando Henrique. 22:2011; 23:2385; 24:6329; 25:1508, 1530, 2154, 3787; 27:2319, 2531, 2642c, 4219
Cardoso, Jaime. 9:4146
Cardoso, Joaquín. 14:1850; 19:3567
Cardoso, José P. 6:3769; 18:1604
Cardoso, Leontina Licínio. 10:3181; 19:6502
Cardoso, Lúcio. 1:2160; 2:2929; 4:4219; 5:3963, 4040; 6:4365, 4424; 7:4991, 5095; 8:4375; 9:4242, 4316; 10:3898;
11:3443; 12:2879, 2880; 15:2555; 22:5488, 5489; 24:5807
Cardoso, Luis. 6:4821
Cardoso, Meroveu. 21:4628
Cardoso, Ofelia Boisson. 9:1787; 11:1324; 13:696; 20:1774
Cardoso, Onelio Jorge. 26:1567
Cardoso, Plínio Balmacedo. 1:2145; 8:4632
Cardoso, Vicente Licínio. 3:2757
Cardoso, Wilton. 22:5534
Cardoso Ayres, Lula. See Ayres, Lula Cardoso.
Cardoso Barata, Joaquim de Magalhães. See Barata, Joaquim de Magalhães Cardoso.
Cardoso da Silva, Teresa. See Silva, Teresa Cardoso da.
Cardoso de Camargo, Felisberto. See Camargo, Felisberto Cardoso de.
Cardoso de Gusmão, A. See Gusmão, A. Cardoso de.
Cardoso de Gusmão, Sady. See Gusmão, Sady Cardoso de.
Cardoso de Mello, Geraldo. See Mello, Geraldo Cardoso de.
Cardoso de Melo, João de Deus. See Melo, João de Deus Cardoso de.
Cardoso de Oliveira, J. M. See Oliveira, J. M. Cardoso de.
Cardoso de Oliveira, Moacyr Velloso. See Oliveira, Moacyr Velloso Cardoso de.
Cardoso de Oliveira, Roberto. See Oliveira, Roberto Cardoso de.
Cardoso Filho, Jesuino. 4:4482
Cardoso Filho, Joaquim Lúcio. See Cardoso, Lúcio.
Cardoso Gaitán, Aníbal. 15:2658
Cardoso Júnior. 15:2476; 16:2820; 17:2576; 18:2723; 20:4294
Cardoso Mejía, Carlos. 24:2100
Cardoza y Aragón, Luis. 3:472, 473; 4:512-514; 6:775, 812; 8:4765; 10:689, 3757; 11:674; 14:814, 815; 16:2228; 19:585, 3672, 4269; 20:1048; 23:1477, 1478; 25:1217; 27:699; 28:279a
Cardozo, Antonio M. 9:2471
Cardozo, Efraím. 2:1901; 4:2562, 2797, 2798, 2983, 2984; 6:2999; 7:3055; 3239; 15:1761; 18:2128; 20:3058a; 21:3146, 3147; 23:3678; 25:3562; 28:854b, 1197
Cardozo, Francisco Malta. 6:1678, 4694, 4695; 25:1715
Cardozo, Joaquim. 5:564; 9:867; 10:760; 12:688; 25:1276; 26:298, 313, 2028; 28:2650
Cardozo, Manoel da Silveira Soares. See Cardozo, Manoel S.
Cardozo, Manoel S. 1:26 4:3429, 3430; 6:3571; 7:3576, 3600, 5372; 8:3417; 12:2200, 2001; 13:1711; 16:2094; 19:4071; 24:4493; 27:2388
Cardozo, Manuel. 7:1257, 4411; 8:1436
Cardozo, Ramón Indalecio. 5:1434, 2580
Cardozo Biritos, Dennis. 25:5354
Cardozo de Mello Neto, J. J. See Mello Neto, J. J. Cardozo de.
Cardozo de Oliveira, Carlota. See Oliveira, Carlota Cardozo de.
Cardwell, Guy Adams. 14:2844
Carel, E. 3:2811
Carella, Tulio. 20:3806; 21:4209; 26:1622
Carelli, Antonio. 5:2634
Caretta, Mario R. 12:1372
Carew, George. 28:1742
Carey, Eluse B. 27:2648
Carey, James C. 27:3491. 3516
Carey Jones, N. S. 19:1468
Carías, Fernando G. 21:2579
Carías, Rafael. 7:1278

Carías Andino, Tiburcio. 2:1521, 1522; 3:2013, 2014; 4:2366; 5:2123; 7:2666, 2766; 9:2504; 12:1574
Carías Reyes, Marcos. 2:2634; 4:183; 9:4036; 11:3241
Caribbean Commission. 14:887, 888; 15:12, 838-840; 16:653; 17:2025, 3166
Caribbean Economic Review, Port-of-Spain. 16:652
Caribbean Organization. Central Secretariat. 27:1996; 28:27
Caribbean Research Council. Committee on Agriculture, Nutrition, Fisheries and Forestry. 12:748, 1254, 1327, 1328; 13:457-462, 841-845
Caribbean Studies, Río Piedras. 27:17
Caride, Vicente P. 8:411; 18:509; 23:1458
Carilla, Emilio. 9:3784, 4037; 12:2386, 2412, 2413; 14:2626; 15:2194, 2195; 17:2307, 2325; 18:2379, 2617; 20:2782, 3701, 3807; 23:4810, 5355; 24:5471, 5496; 25:3593, 4220; 26:1074, 1462; 28:416a, 1705, 1767
Carilla, Miguel. 10:3556
Cariola, Carlos. 22:5304
Carl, J. H. 4:2380
Carlberg, B. 1:559, 598
Carlemagne, Roberto Bartolomeo. 15:2745
Carlés, Fernando J. 16:2308
Carles, Rubén Darío. 15:1490; 16:1828; 23:3199; 24:3835; 28:716
Carleton de Millán, Verna. 19:4870
Carli, Carlo. 27:3706
Carli, Enzo. 22:211; 24:1605
Carli, Gileno de. 2:955; 4:620; 6:1712-1716, 1856, 1857; 7:1611, 1612, 2358; 8:1783-1787; 9:1644, 1645; 10:1351, 20:1413; 25:2715
Carlino, Carlos. 20:4212; 24:5607
Carlino, Reynaldo F. 5:1391
Carlos, Adriano, 8:4330
Carlos, Eduardo B. 23:4579
Carlos, Hélio Lima. 4:4135
Carlos, M. 7:5678; 8:4191, 4888; 11:3913
Carlos, Manuel de. 15:1107
Carlota, *Empress of Mexico*. 10:2870
Carlson, A. J. 7:2067
Carlson, Fred A. 2:1276b; 4:4559; 8:2344; 9:2026; 14:1419; 19:2351-2353
Carlson, Reynold E. 14:891; 17:785, 808; 25:1412, 3090
Carlton, Robert G. 28:28
Carluci, María Angélica. 19:753; 24:570; 25:358, 518; 27:593, 1121, 1300a
Carlyle, Thomas. 3:2723a
Carmagnani, Marcello. 25:3504; 28:929
Carmen Muro C., José del. 23:2614
Carmichael, A. 1:1015
Carmichael, Gertrude. 17:1391; 20:2307, 2308
Carmichael, James H. 22:514
Carmin, Robert Leighton. 19:2676; 27:2908a
Carmo, A. Gomes. 2:936
Carmo, Celio Assis do. 28:2656
Carmo, J. Massias do. 3:1674
Carmo, José Arimatéia Pinto dos. 8:3390; 9:3373; 10:3115; 14:1608; 21:4278; 24:4880
Carmo Braga Júnior, Benjamin do. *See* Braga Júnior, Benjamin do Carmo.
Carmo Braga Neto, Benjamín do. *See* Braga Neto, Benjamín do Carmo.
Carmo Corrêa Galvão, Maria do. *See* Galvão, Maria do Carmo Corrêa.
Carmona, Fernando. 21:3573; 22:1720
Carmona Nenclares, F. 10:2480; 24:5497

Carmona Romay, Adriano G. 18:2031; 19:3705
Carmona Yáñez, Jorge. 12:2113; 17:1787; 18:2095, 2096
Carnahan, A. S. J. 17:1985
Carnaxide, Antônio Sousa Pedroso. 6:3602
Carne, Martín. 11:1710
Carnegie Endowment for International Peace. Division of Intercourse and Education. 4:3529; 8:3579
Carnegie Endowment for International Peace. Division of International Law. 9:3486; 20:3448
Carnegie Institution, *Washington, D. C.* 1:20, 168a, 172; 641; 2:146; 3:74, 75, 127; 4:194; 9:223; 11:148; 20:102
Carneiro, André. 15:2539
Carneiro, Araken. 8:1876
Carneiro, Augusto Accioly. 8:3475
Carneiro, Cecílio J. 7:4954; 8:4272; 10:3875; 14:3041; 23:5458
Carneiro, David A. da Silva. 6:642; 8:3391; 12:1612, 2202; 25:3788, 3835; 28:1343
Carneiro, Dulce G. 20:4397
Carneiro, Edison. 1:1307; 2:288, 2845-2847; 3:308, 3480, 3579; 4:1906; 6:2108; 7:2012, 5060; 8:4376, 4423; 9:1972, 4382; 13:1712, 2285; 15:476; 16:2028, 3330; 17:2582; 21:553, 1409; 22:3833; 23:728, 6213; 27:1207, 1207a, 4220; 28:1236
Carneiro, Edison de Souza. *See* Carneiro, Edison.
Carneiro, Erymá. 16:2995; 23:4614; 24:4903; 27:3828
Carneiro, J. L. 12:537
Carneiro, Jorge. 20:4366
Carneiro, José Fernando. 4:4136; 11:1187; 12:388; 13:316; 14:2255; 16:3331; 18:1506, 3251; 19:5240-5242, 21:3258; 25:3836
Carneiro, Julio César de Moraes. 16:2029
Carneiro, Levi Fernandes. 3:1873; 4:4137; 11:3647; 20:3210; 21:4293
Carneiro, Luiz Rainho da Silva. 18:1398
Carneiro, Nelson de Souza. 17:2740a; 18:2914
Carneiro, Newton. 16:570
Carneiro, Octávio Augusto Dias. 22:1612, 4027; 25:1716, 1717
Carneiro, Orlando Leal. 28:1529
Carneiro, Paulo E. de Berrêdo. 17:3167
Carneiro, Robert Leonard. 23:729, 730, 2676; 24:818; 25:509, 528; 27:1122, 1123, 1326-1326d
Carneiro, Virginia Thereza Diniz. 13:1748
Carneiro Affonso da Costa, Newton. *See* Costa, Newton Carneiro Affonso da.
Carneiro Campos, Renato. *See* Campos, Renato Carneiro.
Carneiro da Gama Malcher, José. *See* Malcher, José Carneiro da Gama.
Carneiro de Almeida, Sandoval. *See* Almeida, Sandoval Carneiro de.
Carneiro de Campos, A. B. *See* Campos, A. B. Carneiro de.
Carneiro de Mendonça, Anna Amelia de Queiroz. *See* Anna Amelia.
Carneiro de Mendonça, Marcos. *See* Mendonça, Marcos Carneiro de.
Carneiro de Sousa Bandeira Filho, Manuel. *See* Bandeira, Manuel.
Carneiro Giffoni, O. *See* Giffoni, O. Carneiro.
Carneiro Guimarães, Ruy. *See* Guimarães, Ruy Carneiro.
Carneiro Lacerda, João Manoel. *See* Lacerda, João Manoel Carneiro.

Carneiro Leão, Antônio. *See* Leão, Antônio Carneiro.
Carneiro Leão, Isaura. *See* Leão, Isaura Carneiro.
Carneiro Leão, Múcio. *See* Leão, Múcio Carneiro.
Carneiro Leão, Nilzardo. *See* Leão, Nilzardo Carneiro.
Carneiro Leão de Vasconcellos, César. *See* Vasconcellos, César Carneiro Leão de.
Carneiro Maia, Paulo. *See* Maia, Paulo Carneiro.
Carneiro Mendonça, Marcelo Taylor. *See* Mendonça, Marcelo Taylor Carneiro.
Carnelli, Lorenzo. 8:4511; 10:3965; 12:2985; 18:3131
Carnelutti, Francesco. 16:31
Carner, José. 7:5705, 5712
Carner-Ribalta, Josep. 13:1308
Carnero Checa, Genaro. 20:3424; 23:1686
Carney, James J., Jr. 5:2292
Carniado, Enrique. 14:2538; 16:2406
Carnicelli, Mick. 19:1208
Carniol, S. Enrique. 1:1480, 1520; 9:4504
Caro, Herbert. 24:5808
Caro, José Eusebio. 19:4717
Caro, Julio. 4:1587
Caro, Julio de. 28:3019
Caro, Miguel Antonio. 2:2775; 7:4738; 9:1164, 3847; 17:2725; 20:2701, 3722; 22:1476, 4347; 26:2254
Caro, Néstor. 19:5466; 24:5232
Caro, Víctor E. 2:2703a; 11:2883; 28:1768
Caro Álvarez, José Antonio. 26:211
Caro de Delgado, Aida R. 26:797; 28:826
Caro Molina, Fernando. 20:1975, 3030; 22:4729; 24:4092; 25:4221
Carominas Vigneaux, Alberto. 7:5292
Caron, P. 5:2271
Carone, Edgard. 28:1344
Carone Dede, Francisco. 25:3397
Carou, M. A. 9:3759
Carpani, Ricardo. 24:1713; 26:194
Carpeaux, Otto Maria. 7:4863; 8:4192; 9:4147; 12:2822; 14:799a; 15:2521; 17:2627; 18:2718, 2749; 19:5203; 28:2393, 2579
Carpena, Elías. 19:4871; 20:3919; 26:1623
Carpenter Edwin H., Jr. 4:2625; 13:1259; 18:1741a; 19:3234; 20:963
Carpenter, Frances. 8:108; 16:1119a
Carpentier, Alejo. 10:4445; 12:3396, 3397; 21:3922-3924; 23:5707; 24:5233
Carpilovsky, J. C. 24:1524; 27:1564
Carpio, Adolfo P. 18:3079; 22:5801; 24:6118; 28:3205
Carpio, Alfredo. 2:242; 8:323
Carpio, Campio. 10:3758; 11:3363; 18:2618
Carpio Castillo, Rubén. 24:2824
Carpio de McQueen, Aurora del. 27:2431
Carpio Valdés, Roberto. 9:4872
Carr, Albert H. Z. 28:736
Carr, Andrew T. 19:702; 20:475
Carr, Archie. 19:2403
Carr, Philip. 8:3596
Carr, Robert F. 25:186
Carr, Stella. 28:2589
Carracedo, Orlando. 25:3563
Carracera, Cayetano de. 3:2260
Carral, Félix B. 10:963-965, 2551
Carral Tolsa, Esther W. de. 9:2296
Carrancá y Trujillo, Camilo. 6:3903; 11:2972; 19:6716
Carrancá y Trujillo, Raúl. 3:3762; 4:2563; 7:5293, 5294; 8:3559; 10:4125; 14:2457; 17:3168; 19:6716; 20:4529, 4530
Carrancedo, Fidel. 19:3147

Carranco Cardoso, Leopoldo. 26:515
Carranza, Adolfo S. 3:795, 3733
Carranza, Alberto Salinas. 2:2085
Carranza, Ángel Justiniano. 7:3429; 28:845a, 1068
Carranza, Arturo B. 4:3151
Carranza, Bartolomé. 21:2462
Carranza, Carlos P. 14:1573; 25:1413
Carranza, Eduardo. 5:3827; 6:4202, 4242, 4243; 7:4520; 14:2896; 19:5010
Carranza, Enrique F. 4:948; 19:5411
Carranza, Pedro de. 27:700
Carranza, Samuel Ángel. 6:3000
Carranza, Venustiano. 3:2024
Carranza B., Alejandro. 4:2800; 5:2533; 6:3061; 7:3128
Carranza Pérez, R. 3:495; 9:1332; 12:872
Carranza Sánchez, Fortunato. 17:1010
Carranza Siles, Luis. 23:5803
Carrasco Ángel. 14:2227
Carrasco, Benigno. 16:1946; 26:1128
Carrasco, Elisa. 23:4408
Carrasco, Jacinto. 9:3233
Carrasco, Manuel. 11:2308; 24:4310; 28:1168
Carrasco, Ricardo. 11:1955; 16:2258; 17:1828
Carrasco, Salvador R. 5:2132
Carrasco, Sansón. 28:125
Carrasco Barrios, Mario. 2:3108
Carrasco de la Vega, Rubén. 28:3302
Carrasco Domínguez, Selim. 26:1141
Carrasco Hermonza, Alberto. 6:2001
Carrasco Limas, Apolonio. 21:3156
Carrasco Pizana, Pedro. 10:246, 247; 11:1401; 13:218; 16:190, 327; 17:247; 18:269; 19:632, 633; 21:418; 24:632; 25:258, 418, 419, 623; 27:701-706, 889; 28:560a
Carrasco Puente, Rafael. 11:3681; 14:32, 2088; 15:13, 98; 16:1537a; 17:3081; 25:3230-3232; 28:28a
Carrasco R., Ella. 27:1329b
Carrasco T., Emiliano. 22:865
Carrasco Toledo, Marta. 14:3284
Carrasquero D., Felipe. 5:1116
Carrasquilla, Rafael María. 1:2039; 19:4718; 23:4701; 25:5304; 26:1008
Carrasquilla, Tomás. 1:2040; 2:2806; 3:3370; 20:3920
Carrato, José Ferreira. 25:3807; 26:1232
Carrazedo, Renato Octavio. 28:2455
Carrazzoni, André. 5:3193; 7:2544; 8:4193
Carrejo Aguirre, Juana María. 23:4931
Carreño, Alberto María. 4:2525a, 3053, 3054; 5:2358, 2454, 2863; 6:730, 2896; 7:2883, 2884, 3384, 4494; 8:499, 561, 711; 9:2759-2761; 10:506, 2512, 2526, 2553, 2632a, 2765; 11:2339; 12:673a, 1797, 1798; 13:14, 75, 1260, 1309, 1310, 1535; 14:1804, 1813, 1851, 1852, 2089, 2146, 2637; 15:2182; 16:1550, 1762, 3345; 17:1463, 1512, 1654, 1660; 18:1742-1743a, 1787a, 1919; 19:3016, 3235, 3236, 3345, 3555; 20:2504, 2820; 21:2508; 22:3019; 23:3234, 3235; 25:2138, 3125, 3137, 3178; 26:28, 411, 431, 516; 28:561;
Carreño, Ángel. 9:1867, 2969
Carreño, Eduardo. 7:4778; 8:766; 17:2483 22:3572
Carreño, Francisco. 13:2705
Carreño, Mario. 15:606
Carreño, Pedro María. 5:2028; 7:2769
Carreño, Virginia. 21:3925; 26:122
Carreño Reves, Rodrigo A. 10:399
Carrera, Gustavo Luis. 23:5032; 25:4423, 5251; 27:1370a

Carrera, Julieta. 6:4023, 4244; 7:4779; 10: 3759; 20:3808
Carrera, Óscar G. 18:2333
Carrera, Pilar A. de. 25:5251
Carrera Andrade, Jorge. 1:2089, 2090; 3:3288; 5:3828; 6:4203-4205; 7:4811; 9:2230, 4038, 4039; 11:3283; 3284; 12:2674, 2688; 13:2184; 14:2897; 15:2388; 16:2736; 17:2457; 18:2577; 21:3726, 3727; 24:2974; 26:1463
Carrera Damas, Germán. 23:2931; 24:4394, 6076; 25:3547, 3757-3759; 28:868a, 868b, 972, 1051
Carrera de Ried, I. 6:3187
Carrera Jústiz, Francisco. 6:2630
Carrera M., Lelia. 6:3053
Carrera Stampa, Manuel. 8:712; 11:2002, 2066; 12:583, 1861; 13:1126; 14:1814, 2638; 15:762, 1139, 1367a, 1402, 1403, 1491; 16:1654; 17:1513; 18:1637, 1638, 1744, 3281; 19:3017, 3237, 3322, 3568; 20:2304; 21:2509; 22:515; 23:3013; 24: 1108, 3803; 25:624, 3126, 3233; 26: 604, 605; 27:707; 28:481a
Carrera T., Armando de la. 7:1492; 12:1006
Carrera Vergara, Eudosio. 7:2013
Carreras, Carlos N. 17:3110
Carreras, José Urbano M. 28:463a
Carreras, Juan. 7:2471
Carrero, Telésforo. 16:2441
Carreto, V. 13:794
Carreto León, Rosa María. 17:2288
Carri Pérez, Julio. 24:4210
Carrianzo, Juan de M. 28:423a
Carricarte, Arturo R. de. 6:3252
Carrié, Pierre. 14:3099
Carriedo, Juan B. 15:1368
Carriedo Rosales, Roberto. 5:2133
Carriego, Evaristo. 10:3685; 16:2700
Carriegos, Ramón C. 12:1988
Carril, Bonifacio del. 10:2309; 19:3117; 20: 919, 2200; 23:3755; 24:3475a; 27:3177; 28:171
Carril de Güiraldes, Adelina del. 26:1504, 1644
Carril Echevarri, José. 10:1232
Carrillo, A. 2:2552
Carrillo, Adolfo. 17:1677; 23:3302
Carrillo, Alejandro. 4:1291, 3617; 6:2670, 3764; 8:2771; 10:2362
Carrillo, Alfonso. 9:1093
Carrillo, Francisco. 25:4431
Carrillo, José. 13:656; 20:2909, 4122
Carrillo, Julián. 5:4342, 4385; 9:4788; 10:4375; 16:3212
Carrillo, Pedro. 12:3196
Carrillo, Rafael. 11:3914; 13:2769
Carrillo, Ramón. 7:2235, 2246; 13:1873
Carrillo Batalla, Tomás Enrique. 4:2439; 27:2083-2083b, 3772
Carrillo Flores, Antonio. 5:4109; 7:916, 2672; 8:1122; 10:2301; 11:1265, 1807; 14:942; 15: 763, 764; 16:942, 942a; 17:856, 857; 18:932-934; 19:1351, 1864-1866, 1923, 1945, 1969, 1969a; 20:1482; 21:1459, 1460; 22:2696; 23:1659, 2071
Carrillo Gil, Alvar. 20:1062
Carrillo Herrera, Gastón. 26:1319; 28:1530
Carrillo Meza, Raúl. 23:4932, 4993; 24: 5204; 25:4334
Carrillo Narváez, Alfredo. 22:5834
Carrillo Ramírez, Alberto. 5:1861; 7:2300
Carrillo Ruíz, Emilio. 8:3902
Carrillo Salazar, Salvador. 10:1958
Carrillo y Ancona, Crescencio. 3:150; 4:246; 7:244; 10:265; 15:1492

Carrillo y Gariel, Abelardo. 10:701; 12:584; 15:207a, 558; 16:473, 502; 18:433, 1697; 20:964; 23:1355; 25:1155
Carrillo y Gariel, Antonio. 14:1853
Carrillo y Pérez, Ignacio. 12:1745b
Carrington da Costa, Rui. See Costa, Rui Carrington da.
Carrió de la Vandera, Alonso. See Concolorcorvo, pseud.
Carrión, Alejandro. 3:3289, 5:3829, 3830; 6:4024, 4245; 11:3285; 14:2859; 15: 2395; 22:4720, 5192; 24:5472; 26:1715
Carrión, Benjamín. 4:4098; 5:3650, 3831; 16:2661; 21:3812; 22:4809; 23:5876 24:4366, 5253; 25:4345
Carrión, Francisco M. 8:4903
Carrión, Jorge. 18:2464
Carrión, Justina. 6:1132, 1340
Carrión, Miguel de. 25:4324
Carrión Cachot de Girard, Rebeca. 6:436; 8:324; 13:274; 14:391-393; 15:277; 17:207; 19:444; 21:297; 23:111, 455, 816; 24:1606
Carrizo, César. 1:2041; 2:1328; 7:1394
Carrizo, Juan Alfonso. 2:1221; 3:1489; 5: 1592, 4359; 6:2086, 2127; 7:1907, 1953; 8:3937a, 3985, 4779; 9:1997, 2926; 11:3020; 15:2794; 19:4517
Carrizo Simbrelo, Joaquín. 16:2407
Carrizo Valdés, Jesús María. 6:2112; 9:2011
Carrizosa, R. G. 27:1571
Carro, J. Eugene. 10:417
Carro, Venacio Diego de. 12:1671, 1715; 18:1698; 19:3118
Carro Martínez, Antonio. 22:2606, 4001
Carrocera, Buenaventura, Father. 24:4093, 4094; 28:86li, 869, 869a
Carrocera, Cayetano de, Brother. 9:3008; 24:4095
Carroll, Charles D. 9:1928; 25:1187
Carroll, H. Bailey. 17:1661; 18:1744a
Carroll, John Alexander. 23:3011
Carroll, John B. 20:26
Carroll, Mitchell B. 7:792
Carroll, Thomas F. 24:1913; 25:1414; 27: 1663
Carroll, Vern. 26:62
Carroll, Víctor W. 11:3579
Carruthers, Ben Frederic. 10:673
Cars, Maurício. 27:2909
Carsch, H. 23:895
Carse, Robert. 22:2819
Carsi Z., Francisco. 20:4560; 21:4519
Carson, Charles F. 10:811; 11:684, 685, 883; 13:421, 422
Carson, James S. 2:454, 2341b; 5:779; 6:853; 9:972
Carsuzán, María Emma. 20:3809
Carta Informativa, La Paz. 8:1633
Carta Semanal, México. 8:1053
Cartagena, Alberto de. 20:660-661
Cartagena Portalatín, Aída. 10:3710, 20: 4067
Cartago. Ayuntamiento. 17:1699
Cartago. Cabildo. 6:2847; 14:1832; 19:3201; 23:3198
Cartas y Villalobos, Celso. 22:4623
Cartas de Datas de Terra, São Paulo. 3:2758
Cartas Pehuenches, Chile. 26:964a
Cartaxo, Ernani. 7:5166
Carter, Albert E. 7:210
Carter, Boyd George. 18:2619; 20:3828; 23:4811; 24:5473; 25:4517; 26:1762; 28:1769
Carter, Clarence E. 3:2374
Carter, George F. 11:316; 12:97; 16:117, 20:4
Carter, H. Adams. 21:2011

Carter, Hodding. 28:535
Carter, J. E. L. 9:409
Carter, James R. 1:62
Carter, Joan L. 28:1769
Carter, John F. 6:1144, 2305
Carter, William D. 25:2304
Cartín G., Luis. 6:3109
Cartografía Peuser, *Buenos Aires*. 24:2930
Carton de Wiart, H. 4:1949
Cartosio, Emma de. 28:2115
Carulla, Juan E. 8:2112; 9:2390
Carus, Clayton D. 4:3530
Caruso, John Anthony. 19:3569
Carvajal, Alberto. 3:3101; 19:3420
Carvajal, Armando. 5:4310
Carvajal, Gabriel. 25:4242
Carvajal, Gaspar de. 8:2893, 3419; 20:2700
Carvajal, Jacinto de. 21:2700
Carvajal, Mario. 3:1513, 3134, 3135; 5:2293, 3808; 12:2601
Carvajal, Morayma Ofyr. 15:46
Carvajal, René. 20:4983
Carvajal, Vicente E. 8:1442
Carvajal de Arocha, Mercedes. *See* Palacios, Lucila, *pseud.*
Carvajal Peralta, Alonso. 23:2252
Carvajal Quesada, I. 10:4398
Carvajal Salazar, J. A. 7:1027
Carvajal y Robles, Rodrigo de. 16:2520
Carvajaleno, Manuel E. 5:1070
Carvalhal, José Francisco. 9:1789
Carvalhal, Thomaz. 1:1491
Carvalho, A. Berbert de. 6:1756
Carvalho, A. Dardeau de. 16:3031
Carvalho, A. Mosca. 8:4851, 4889
Carvaiho, Afonso de. 3:532, 2860; 4:3459; 5:3896; 6:3622; 7:4864; 8:3478, 4194
Carvalho, Alberto de. 18:1507
Carvalho, Alceu Vicente Wightman. 23:2677; 24:6330
Carvalho, Alcides. 10:1905
Carvalho, Anna Dias da Silva. 22:2518, 2550; 23:2678; 25:2359, 2360
Carvalho, Antônio Gontijo de. 1:1350; 2:1711; 3:2766; 6:3638; 21:3319; 24:4494
Carvalho, Antônio Pinto de. 21:4834, 4858; 22:5920; 24:6066; 28:3275
Carvalho, Ayrton. 8:858
Carvalho, Beatriz de. 10:2154
Carvalho, Benedito de. 27:3673
Carvalho, Beni. 1:1459; 9:4534
Carvalho, Benjamin de A., 24:1801
Carvalho, C. A. de. 25:764
Carvalho, Carlos Miguel Delgado de. 3:1377; 7:2385, 2386; 8:2523; 24:4495; 27:3252
Carvalho, Daniel de. 9:1617; 10:1329, 1330, 1401; 12:1017; 18:1508; 20:2088; 21:1410, 3320; 24:4496; 26:1265; 28:1237
Carvalho, Dinorá de. 15:2829b
Carvalho, Edgar. 2:2930
Carvalho, Edson de. 23:3948
Carvalho, Eduardo de. 24:4881
Carvalho, Eloísa de. 17:1210; 18:1441, 1482
Carvalho, Epaminodas de. 7:4037
Carvalho, Estêvão Leitão de. 16:904; 23:2868; 28:1345
Carvalho, F. Curio de. 8:4170
Carvalho, Fernando Livino de. 23:5549; 28:2627
Carvalho, Fernando Mibielli de. 8:1763, 1849, 2547; 10:1423; 11:1772; 13:614; 14:1107, 1108
Carvalho, Flávio de Rezende. 2:2848; 5:609.
Carvalho, Francisco Pereira de Bulhões. 6:4551; 21:4554
Carvalho, Hermínio Bello de. 26:2029; 28:2590
Carvalho, Hernani de. 17:2974

Carvalho, Irene da Silva Mello. 10:1504; 13:697; 17:1035; 19:2249; 22:2037
Carvalho, Itala Vaz de. 2:2917
Carvalho, J. R. de Sá. 10:2230
Carvalho, Jarbas de. 2:1735; 16:2880
Carvalho, João Antero de. 6:1795; 11:3621; 17:2042
Carvalho, João Luiz. 9:1618
Carvalho, Joaquim Bertino de Moraes. 2:952, 953; 10:812; 13:1713; 14:1191; 15:695; 17:818; 19:1714; 25:2174
Carvalho, Joaquim de. 24:6028
Carvalho, Joaquim de Montezuma de. 24:5123
Carvalho, José Cândido de. 5:3964; 7:5113; 28:2458
Carvalho, José Cândido de Melo. 15:435; 17:340; 20:555, 556
Carvalho, José Mesquita de. 3:3537; 12:2953
Carvalho, José Sebrão de. 7:5627
Carvalho, José Zacarias de Sá. 9:1790
Carvalho, Juvenal de. 19:2704
Carvalho, Ladário de. 2:954; 4:703, 704; 6:1710, 2461
Carvalho, Laerte Ramos. 12:3451a; 18:3093
Carvalho, Laerte Souza. 26:1964
Carvalho, Luiz Antônio da Costa. 3:3664; 4:4333; 7:5167; 13:2546
Carvalho, M. Cavalcanti de. 6:1800; 7:2545, 4049, 4052, 4102; 8:1845; 10:3351, 3352; 21:3551
Carvalho, Manoel Pacheco de. 18:1483
Carvalho, Manuel Marques de. 11:1325
Carvalho, Maria da Conceição Vicente de. 9:2337; 10:2155-2157
Carvalho, Mário Orlando de. 8:1764, 1833; 9:1619; 10:4242, 4322; 11:1174
Carvalho, Mário Teixeira de. 2:1714; 3:2797
Carvalho, Mauro de Barros. 12:1217f
Carvalho, Menelíck de. 7:2546, 2547; 8:3479
Carvalho, N. Resende. 1:2158
Carvalho, Orlando Magalhães. 3:1644, 1882; 7:2548; 16:3141; 22:2649, 2653; 23:2896
Carvalho, Oswaldo de. 20:5023, 5024; 21:3259
Carvalho, Paulino Franco de. 3:601; 1613; 7:2356
Carvalho, Paulo Pinto de. 9:1755; 11:1118
Carvalho, Pedro Egydio de. 1:422; 4:816, 2012
Carvalho, Péricles de Mello. 6:1833; 7:2387
Carvalho, Pérola de. 20:4879d
Carvalho, Plácido de Sá. 12:2997
Carvalho, Renato de Miranda. 5:1907
Carvalho, Ronald de. 1:2160, 2207, 2208; 3:3481; 9:4148; 24:5809
Carvalho, Ruy. 28:2459
Carvalho, Septembrino de. 16:2030
Carvalho, Theófilo Feu de. 3:407
Carvalho, Tito. 28:2460
Carvalho, Vicente Augusto de. 8:4331; 28:2591
Carvalho, Virgilio Antonio de. 8:4619
Carvalho, Walmir A. Teixeira de. 22:1613
Carvalho, Walter Campos de. 7:4822; 20:4367; 25:4639; 28:2456, 2457
Carvalho Andrade, Otávio. *See* Andrade, Otávio Carvalho.
Carvalho Azeredo, G. de. *See* Azeredo, G. de Carvalho.
Carvalho Barroso, Geonísio. *See* Barroso, Geonísio Carvalho.
Carvalho Brito, Manuel Thomaz de. *See* Brito, Manuel Thomaz de Carvalho.
Carvalho Caldas, Lincoln de. *See* Caldas, Lincoln de Carvalho.
Carvalho da Fonseca, Emi Bulhões. *See* Fonseca, Emi Bulhões Carvalho da.

Carvalho da Silva, Domingos. *See* Silva, Domingos Carvalho da.
Carvalho Damasceno, Orlando de. *See* Damasceno, Orlando de Carvalho.
Carvalho de Mendonça, José Xavier. *See* Mendonça, José Xavier Carvalho de.
Carvalho de Mendonça, Manoel Ignacio. *See*, Mendonça, Manoel Ignacio Carvalho de.
Carvalho de Noronha, Maria Amélia. *See* Noronha, Maria Amélia Carvalho de.
Carvalho de Oliveira, João Baptista. *See* Oliveira, João Baptista Carvalho de.
Carvalho do Amaral, Irnack. *See* Amaral, Irnack Carvalho do.
Carvalho dos Santos, João Manuel. *See* Santos, João Manuel Carvalho dos.
Carvalho e Albuquerque, José Joaquim Pires de. *See* Albuqurque, José Joaquim Pires de Carvalho e.
Carvalho e Silva, Antônio F. de. *See* Silva, Antônio F. de Carvalho e.
Carvalho Filho, Aloysio de. 10:4110; 17: 2631; 21:3321; 23:5417
Carvalho Filho, José Luiz de. 13:2342; 22:5510
Carvalho Franco, Francisco de Assis. *See* Franco, Francisco de Assis Carvalho.
Carvalho Júnior, J. M. de. 6:4415
Carvalho Leite, Ciro de. *See* Leite, Ciro de Carvalho.
Carvalho Machado, Paulo Affonso de. *See* Machado, Paulo Affonso de Carvalho
Carvalho Mendanha, Domingos de. *See* Mendanha, Domingos de Carvalho.
Carvalho Monteiro, Osvaldo de. *See* Monteiro, Osvaldo de Carvalho.
Carvalho Mourão, J. C. de. *See* Mourão., J C. de Carvalho.
Carvalho Neto, Paulo de. 17:373a; 22:304; 23:5356; 26:2240; 27:1208, 1208a, 1259, 1295, 1295a, 1317-1317c, 1360-1360c, 4095; 28:3048
Carvalho Neves, Edgard de. *See* Neves, Edgard de Carvalho.
Carvalho Pinto, Carlos Alberto A. de. *See* Pinto, Carlos Alberto A. de Carvalho.
Carvalho Ribeiro, Adão. *See* Ribeiro, Adão Carvalho.
Carvalho Rocha, Germano. *See* Rocha, Germano Carvalho.
Carvalho Rodrigues dos Anjos, Augusto. *See* Anjos, Augusto Carvalho Rodrigues dos.
Carvalho Silva, Oswaldo M. S. *See* Silva, Oswaldo M. S. Carvalho.
Carvallo, Inocente. 4:1813
Carvallo, Manuel. 8:3306; 14:2182
Carvallo, Temístocles. 17:3111
Carvallo Castillo, Ignacio. 28:2181
Carvallo de Núñez, Carlota. 6:4822; 12:3428
Carvallo Hederra, Sergio. 11:1007; 14:1034; 16:718, 718a; 18:3241; 22:4624
Carvallo Soto, Jaime. 10:4085
Carvbé. *pseud. See* Bernabó, Héctor Julio Paride.
Casa, Enrique C. de la. 8:3986
Casa A. Barreiro y Ramos, *Montevideo*. 5:42; 6:34; 7:49
Casa América, Moreno, Sánchez y Cía., *Asunción*. 7:50
Casa Arthur Napoleão, Sampaio Araujo e Cía., *Rio de Janeiro*. 7:107
Casa Belga, *La Habana*. 6:19; 7:34, 35
Casa de la Cultura Ecuatoriana, *Quito*. 11: 68; 22:4005; 25:3484, 28:35a
Casa de las Américas, *La Habana*. 25:2767
Casa de los Duques de Frías. Archivo, *Madrid*. 20:2421

Casa de Montalvo, Ambato. 10:4243
Casa Editora Vecchi, *Rio de Janeiro*. 6:69
Casa Especializada em Mapas, *São Paulo*. 27:2909a
Casa Jacobo Peuser, *Buenos Aires*. 7:52
Casa Zamorano y Caperán, Librería y Editorial, *Santiago de Chile*. 7:53, 54
Casablanca, Marta. 18:2152
Casaccia, Gabriel. 28:2072
Casaccia Bibolini, D. 4:3942
Casadevall, Domingo F. 22:5335; 25:4589
Casado, Arístides. 6:1644
Casado, Ricardo A. 6:1329; 8:1245
Casado Fernández-Mensaque, Fernando. 17:1515
Casado Jorge, María. 18:3299
Casado Soler, Ramón Rafael. 6:3282
Casaes, Henrique de. 1:1348
Casafranca, José. 23:456
Casagrande, Adolfo. 28:2116
Casagrande, Joseph B. 27:1296
Casais, José. 6:3535; 7:2357, 2388; 8: 4365, 12:1479; 19:2677
Casais Monteiro, Adolfo. *See* Monteiro, Adolfo Casais.
Casal, Aurelio R. 10:3525
Casal, Horacio Néstor. 28:1948
Casal, Julián del. 11:2962; 15:2157; 28:1770, 1890
Casal, Julio J. 6:4206; 17:479
Casal, Manuel Ayres de. 9:3395; 11:2578
Casal, Pedro S. 11:1660
Casalduc de Miranda, Ismael. 2:1191
Casali, Carlos. 14:943
Casals, Jorge. 10:3526
Casals M., Juan F. 27:2862
Casamiquela, Rodolfo M. 22:826; 24:514; 25:335; 27:1168, 1168a
Casana R., Teodoro. 22:2430
Casanova, Aura Celina. 13:1442
Casanova, Eduardo. 2:179; 4:260-263, **283**, 323; 5:365; 8:288, 289; 9:405; 10:283; 12:299; 16:268
Casanova, Indá Soares. 26:2030
Casanova, Juan A. 5:2635
Casanova, Néstor A. 7:3964
Casanova Vicuña, Juan. 9:4862
Casanova y Diviño, José M. 6:1330
Casanovas, Domingo. 5:4417; 7:5616, 5617, 5717; 9:3848, 4966, 5027; 10:4520; 11:3874; 17:2869; 19:5704
Casanueva, Caupolicán. 14:2422
Casanueva R., Manuel. 3:1756
Casapia Toro Lira, José. 21:4063
Casaravilla Estrada, Rodolfo. 4:4412
Cásares, Ángel Jorge. 24:6105; 26:2320; 28:3276
Cásares, Tomás D. 1:1453; 6:5061
Casariego Fernández, Jesús Evaristo. 12:1672
Casarino Viterbo, Mario. 1:1500; 16:2980
Casarrubias, Vicente. 11:2067
Casartelli, Manuel A. 21:2766
Casas, Augusto. 15:1493
Casas, Bartolomé de las. *Bp. of Chiapas*. 2:1765; 7:2835; 8:2894; 11:1956; 14:1941; 16:1495; 1756; 17:248, 1464, 1465; 19:3119; 21:2394, 2395; 22:3445; 24:3766; 28:428, 861a
Casas, José Joaquín. 2:2553, 2686
Casas, José María. 1:1623
Casas, Juan de. 5:2697
Casas, Manuel Gonzalo. 14:3449; 20:4754; 23:5804; 28:3257
Casas, Myrna. 25:4582
Casas, Roque. 11:69
Casas Alemán, Fernando. 5:2164; 6:2694
Casas Briceño, Antonio. 10:813

Casás Cadilla, Rogelio. 10:1087
Casas Chávez, Fidel. 6:921
Casas Fernández, Baldomero. 19:1427
Casas Grieve, Luis Felipe de las. 12:726a; 23:2947; 25:2842
Casas Peralta, Elías. 15:2606
Casas-Rincón, César. 12:3129
Casas Rodríguez, César M. 13:526
Casas Z., Eduardo. 12:2316
Casasanta, Guerino. 5:1470
Casasanta, Mário. 3:3594, 3595; 7:4823; 20:4307; 23:2387; 26:1320
Casasanta, Simão Pedro. 22:1614
Casasola, Gustavo. 23:3100; 24:3866; 28:482
Casasús, Juan José Expósito. 3:1087a, 1986, 3677; 4:1469; 12:3071; 14:3146; 16:1855; 22:3227
Casaubón, Juan Alfredo. 22:5864; 23:5855
Casavilca, Alberto. 2:1902; 5:394, 395; 6:2389; 23:457
Cascajo Romero, Juan. 13:1311; 14:1942
Cascarini, José M. 24:6201
Cascella, Armando. 4:3943
Casco, Eneida M. 6:2023
Cascudo, Luís da Câmara. 1:1302; 2:289; 3:353a, 2756, 2859; 4.1825, 3453a; 5: 1586, 1618, 3893a; 6:519, 2110, 3570, 4414; 7:1933, 2011; 8:2164, 2165; 9: 1840, 1873, 1988; 10:1690, 1818, 1834, 3116; 11:1383; 12:389, 481, 2784a; 13:1687; 16:1298, 2095; 18:2738; 19: 4010, 5204, 5243, 5626; 20:3211, 4282; 21:4948; 22:3807, 5464; 23:2679, 5567; 25:4602; 28:1238, 2648
Cascudo Rodrigues, João Batista. See Rodrigues, João Batista Cascudo.
Case, Lynn Marshall. 2:2424
Casella, Alberto T. 27:2134
Casellas, Roberto. 28:1826
Caselli, Carlos F. 26:823c
Casey, Alfredo. 24:5474
Casey, Calvert. 26:1568; 28:2347
Casey, Daniel L. H. 11:920
Cash, M. C. 9:672, 774
Cash, William. 4:2627
Casiello, Francisco. 9:3589
Casiello, Juan. 14:1589; 19:5475
Casillas, José Alberto. 24:3867
Casimir, Jean. 27:1018, 1997
Casimiro, Augusto. 2:1668
Casis, Manuel José. 8:1377
Caskey, William. 15:65
Casletes, José C. 2:1464
Caso, Alfonso. 1:50; 2:41; 3:61, 84, 203; 4:83, 107, 108, 109; 6:233, 320; 8:175, 176, 212, 225, 832, 2113; 9:237, 238; 10:177; 11:193 1384; 12:152a, 174; 13: 112-114, 133, 1261; 14:97; 5:208; 16: 191, 192, 219c; 17:128, 395, 397; 18: 34, 35; 19:108, 203, 204, 551, 552, 634; 21:107; 22:110, 111, 516-522, 2916; 23:224, 225, 896-900, 1356; 24:1109, 1110; 25:259, 610, 625; 27:203, 408, 708-712
Caso, Ángel. 1:1467; 16:3097, 3122
Caso, Antonio. 5:254, 289, 4482; 6:3932, 5019; 7:5632, 5679, 5718; 8:4904; 9:4891, 4988; 11:3875; 20:4755; 22:5802; 26:2344
Caso, Francisco. 16:2570
Caso, Pedro. 16:2570
Caso, Ricardo. 16:2570
Caso-Mier, Vicente de. 1:131
Casorla, Buenaventura. 1:1447
Caspar, Franz. 18:330, 331; 19:769; 23:731
Cassa-Logroño, José. 6:4514
Cassagne Serres, Blanca Azucena. 11:2459; 15:2668

Cassaigne, Héctor. 19:1946
Cassani, Juan E. 11:1234, 1257
Cassaretto, Mary. 20:2813
Casserly, F. L. 3:1115, 1142; 4:1397; 5: 1014
Casses, Niel Aquino. 28:2611
Casséus, Maurice. 16:2937
Cassiano Gomes, Ordival. See Gomes, Ordival Cassiano.
Cassidy, Frederic G. 19:613; 24:719
Cassinelli Munoz, Horacio. 20:1350; 21:1350, 4556
Cassinoni, Mario A. 23:2253
Cassirer, Ernst. 9:4989; 11:3953; 13:2779; 14:3453, 3454; 19:5807; 22:5902
Cassoll, Jean. 5:2669
Cassorla L., Isaac. 1:453
Cassou, Jean. 14:799a; 18:483; 22:1145
Cassullo, Celina. 25:3913
Castagnino, Antônio Souto. 4:2286, 4305
Castagnino, Eduardo Hugo. 28:1009, 1009a
Castagnino, Raúl H. 7:3431; 10:3615; 11: 3146, 3147; 16:2540, 2797, 2798; 19: 5181; 22:5336; 24:4256, 5628, 5649; 26:976, 1464; 28:2348, 2349
Castagno, Antonio. 23:4528
Castaingt, Jean. 26:563
Castañé Decoud, Carlos. 26:1163
Castañeda, Alfonso Manuel. 3:3399
Castañeda, Andrés Enrique. 7:5191
Castañeda, Carlos Eduardo. 1:743, 744; 2: 1804, 2470; 3:2374a; 4:2526, 2564, 2601, 2628; 5:113, 2359-2361, 3553; 6:124, 2963, 4025; 7:5373; 8:512; 10: 2633; 15:1677; 17:2289; 18:1898; 19: 3120, 4668; 20:2862; 22:3014
Castañeda, Daniel. 8:4766, 4807; 9:1844, 4040
Castañeda, Héctor-Neri. 26:2354
Castañeda, Jorge. 20:3435; 21:3425; 22: 4045, 4046; 27:3492
Castañeda, Jorge Eugenio. 9:4568; 11:3584; 13:2561; 15:957
Castañeda, José Luis. 6:321
Castañeda, Orlando. 12:2046; 20:2911
Castañeda Alatorre, Fernando. 10:3267
Castañeda Alderete, Margarita. 16:1053
Castañeda Aragón, Gregorio. 6:4207; 11: 3105; 15:1664
Castañeda Batres, Óscar. 23:3236; 26:517, 518
Castañeda Castro, Salvador. 13:1090; 14:1665
Castañeda Paganini, Ricardo. 22:53, 2984, 4069; 23:606, 901
Castañeda Rangel, Alfonso. 7:4357, 4379; 8: 3354
Castañeda Suazo, Gustavo A. 5:2774; 11: 2374; 12:2028
Castañeda y Alcover, Vicente. 13:1531; 14: 1990; 25:3015
Castanho, César Arruda. 16:2881
Castanho de Almeida, Luiz. See Almeida, Luiz Castanho de.
Castanien, Donald G. 19:4666; 22:4970; 23:4721
Castaño, Luis. 22:4531
Castaño, Roberto. 10:1963
Castaño, Rosa de. 23:4933
Castaño Piñán, Alfonso. 20:4880a, 4880b, 4884a, 4893a
Castañón, Elsa. 7:4521
Castañón, Gamboa, Fernando. 14:2982; 17:1516
Castañón R., Jesús. 23:2015
Castedo, Leopoldo. 19:3031; 28:316

Castejón, Federico. 16:2955
Castelán Flores, Adolfo. 18:3179
Castelazo Ayala, Luis. 24:1539
Castelblanco Salamanca, Beatriz. 22:4512
Castellani, L. 5:1441; 7:1895
Castellani, Leonardo. 10:4562; 11:3925; 12:3540
Castellano, Pablo. 7:4299, 4300; 8:3613
Castellanos, A. 25:2361
Castellanos, Alberto. 11:1669
Castellanos, Alfredo. 4:384; 8:2430 9:582; 10:284, 1906, 2062; 17:1112
Castellanos, Alfredo R. 25:1248
Castellanos, Alfredo Raúl. 18:3322; 19:3477a
Castellanos, Aurora. 23:1288
Castellanos, Aurora C. de. 17:1815
Castellanos, Daniel. 20:104
Castellanos, Florentino. 7:3430
Castellanos, Francisco Xavier. 25:3204; 27:1853
Castellanos, Israel. 1:1638, 1639; 3:129
Castellanos, J. Humberto R. 8:527; 9:2762, 4780; 15:2826
Castellanos, Jacinto. 10:1897
Castellanos, Jorge. 11:2402
Castellanos, Juan de. 20:2701, 3722; 21:2396, 3708; 28:861b
Castellanos, Julio. 6:3357, 3358; 18:2054; 20:1049
Castellanos, Luis Arturo. 20:3827
Castellanos, Rosario. 16:2701; 20:4099a 23:4934; 24:5412, 5413; 25:4303, 4450; 28:1827
Castellanos de Goa, Alida. 20:5030
Castellanos Esquiú, Francisco. 21:3039
Castellanos García, Gerardo. 2:1835, 2146, 2316; 3:2619, 2620; 4:2629; 5:2805; 6:3254, 3334; 8:684; 14:1699
Castellanos R., Carlos. 2:3043; 3:3681
Castellanos Tena, Fernando. 10:2363; 24:4870
Castellanos V., Rafael Ramón. 21:3182
Castelldosrius, *Marqués de. See* Oms de Santa Pau Olim de Sentmanat y de Lanuza, Manuel de.
Castelli, Agustín. 7:598
Castelli, Elena. 20:2211
Castello, Julio. 25:2814
Castello Branco, Carlos. 15:592; 19:5306
Castello Branco, Eurico. 6:4661
Castello Branco, José Moreira Brandão. 15:1264; 16:1277; 17:1259; 19:2705; 22:3808; 23:3945; 24:4424; 25:3829
Castello Branco Rangel, Leyla. *See* Rangel, Leyla Castello Branco.
Castello da Costa, Leonidas. *See* Costa, Leonidas Castello da.
Castellón, H. A. 6:3226
Castells, José C. 3:1825
Castells, Ramón A. 27:3178
Castells Capurro, Enrique. 17:480
Castellví, Marcelino de. 4:362; 5:465, 500; 7:1908; 8:401, 3140; 10:400, 1802, 2735, 2736; 20:656, 661a; 27:1279, 1407
Castelnuovo, Elías. 3:3136
Castelo, A. de Viana do. 3:602, 603; 6:2486; 7:1658
Castelo, José Aderaldo. 15:2464, 2559; 16:2828; 18:2739; 19:5244-5249; 23:5402; 24:5704, 5705; 25:4603, 4742; 26:1929-1932, 2050; 28:2401-2404, 2610a
Castelo, María. 4:2739; 5:2451; 6:2886; 7:2929; 12:1790
Castelo, Plácido Aderaldo. 8:3431
Castelo Branco, João. 17:832
Castelo Branco, R. P. 6:3623; 7:1657, 2444, 2540; 8:3471

Castelo Branco, Renato. 14:3042
Castelo Branco, Victorino Prata. 23:4578
Castelo de Zavala, María. 13:1127
Castelpoggi, Atilio Jorge. 21:4064; 26:1465, 1716
Casteñada, Julio C. 2:1268
Castera, Pedro. 16:2615; 22:4952
Castex, Alberto E. 4:2191
Castex, Eusebio R. 4:3717; 5:3474, 3475; 6:3850
Castex, Mariano R. 4:2183; 27:1565; 28:3277
Castex Filho, Carlos. 4:676
Castiglione, Antonio. 1:1790
Castiglione, José Francisco Luis. 8:2628; 10:1474
Castiglioni, J. M. 5:1196
Castilho, Antonio Feliciano de. 9:4311, 4390
Castilho, Artur. 10:2260
Castilho, Ataliba T. de. 26:1321
Castilho, Guilherme de. 8:4195
Castilho Cabral, Carlos. *See* Cabral, Carlos Castilho.
Castilho de Alcântara Machado de Oliveira, Antônio. *See* Oliveira, Antônio Castilho de Alcântara Machado de.
Castilho e Marcondes Cabral, Anita de. *See* Cabral, Anita de Castilho e Marcondes.
Castilhos Goycochêa, Luiz Felippe de. *See* Goycochêa, Luiz Felippe de Castilhos.
Castilla, A. 21:3709
Castilla, Carlos M. 7:3931
Castilla, César A. 25:1542
Castilla, F. Jorge. 14:3474
Castilla, Manuel J. 23:4935
Castilla, Ramón. 14:2204; 18:2121; 20:4886a, 4891a; 22:3563
Castilla, Santiago H. del. 9:2392
Castilla Barrios, Olga. 19:4719
Castillejo, Roberto. 17:7; 18:3252
Castillero, Porfirio del. 19:3570
Castillero Calvo, Alfredo A. 25:3338; 28:984a
Castillero Pimentel, Ernesto. 27:3315
Castillero Reyes, Ernesto de Jesús. 1:262; 2:2125, 2126, 2425; 3:1336, 2634, 3001; 4:2744; 5:2775, 2796, 3269; 7:3285, 8:1206, 4683; 9:2593, 4807; 10:982, 3051; 11:817, 2375; 12:1653, 1964b; 13:1128, 2224; 14:2054; 16:1893; 17:66; 18:36; 19:3018; 21:2848; 22:3083, 3084; 25:3339; 28:716a, 736a
Castillero S., Andrés. 11:2426
Castillo, Abel Romeo. 12:2689; 13:1154; 18:1853; 20:3051; 22:3550; 24:4018, 5511; 25:3482
Castillo, Abelardo. 25:4560; 28:1949, 2270
Castillo, Antonio del. 9:4557; 23:2769
Castillo, Carlos. 10:3491
Castillo, Carlos Manuel. 22:1721; 25:1596
Castillo, Domingo B. 5:1151; 27:2084
Castillo, Francisco del. 11:2963
Castillo, Hernán. 27:1327-1327c, 4096, 4097
Castillo, Homero. 20:4123, 24:5103, 5286a; 25:4400-4402; 26:1466, 1467, 1660; 28:2078a, 2350
Castillo, Ignacio B. del. 9:2763
Castillo, Jesús, 5:4380; 8:272; 10:4453
Castillo, José F. del. 8:1451
Castillo, Ignacio Manuel del. 6:350; 11:244
Castillo, Juan Lino. 16:3005
Castillo, Leopoldo. 11:3645
Castillo, Luis. 2:1354
Castillo, Luis Augusto. 6:5020
Castillo, Mário di Lucia. 27:2649
Castillo, Melquíades. 27:2255-2256
Castillo, Moisés. 12:2509
Castillo, Ramón S. 6:4588; 7:2519
Castillo, Santos R. 5:1807; 6:2343

Castillo, Teresa. 27:1327b, 1327c, 4096, 4097
Castillo Armas, Carlos. 21:2268
Castillo B., Gabriel S. del. 23:817; 24:859
Castillo Calero, Alberto. 7:933
Castillo Castillo, Arístides. 24:4904
Castillo Chávez, Luis. 10:3449
Castillo Cordero, Clemente. 20:1952
Castillo de Aza, Zenón. 25:3398
Castillo de González, Aurelia. 22:5305
Castillo de Luca, Antonio. 9:2010
Castillo F., Ricardo. 13:2225
Castillo Farreras, José. 27:679
Castillo González, Clara. 26:2321
Castillo González, Epifanio del. 10:1720, 1748; 11:1426
Castillo Grajeda, José del. 12:1746
Castillo Ibarra, Carlos. 11:2376; 23:2770
Castillo Infante, Fernando. 21:4265
Castillo Jácome, Julio. 9:193
Castillo Lara, Lucas G. 10:3102
Castillo Larrañaga, José. 12:3022
Castillo Ledón, Amalia de. 18:2199, Castillo Mathieu, Nicolás del. 21:3131; 28: 888
Castillo Maury, Eduardo S. 8:3816
Castillo Nájera, Francisco. 2:472, 2426, 2510; 5:3295; 12:2295; 13:1532; 14: 2090, 2102; 15:1911; 16:2743
Castillo Negrete, Francisco del. 10:2871
Castillo Negrete, Gustavo del. 7:4280
Castillo Negrete, Luis del. 23:3237
Castillo Negrón, Mamerto. 13:1129
Castillo Pimentel, Ernesto. 20:2870
Castillo Rodón, Ernesto. 27:1998
Castillo S., Benigno del. 7:5310
Castillo Tejero, Noemí. 24:1111; 27:391
Castillo Torre, José. 20:44
Castillo V., Julio. 9:2231; 11:1703
Castillo Velasco, Jaime: 19:2856
Castillo Vélez, Othon. 9:1490
Castillo y Bahena, Raphael V. del. 17:2792
Castillo y Guevara, Francisca Josefa de. 14: 2617; 22:4721, 4722; 28:1700
Castillo y Piña, José. 1:1017; 5:2455; 6: 2897; 7:3385; 9:2051; 10;506, 2512
Castillo y Rada, José María del. 18:681
Castineiras, Julio R. 6:2002
Castle, William R., Jr. 5:3331
Castorena, José de Jesús. 8:4659; 15:2087, 2435
Castrillo C., Aminta. 20:5031
Castrillo Gámez, Manuel. 13:1557; 28:737
Castrillón Arboleda, Diego. 11:2280; 15: 2290
Castro, Alfonso. 4:507, 2306
Castro, Almerindo Martins de. 8:4196
Castro, Almir. 4:614; 6:1852
Castro, Aloysio de. 8:4197; 18:2789; 21:3322
Castro, Amelia Americano Franco Domingues de. 18:1013
Castro, Américo. 6:3717; 7:4440
Castro, Antonio P. 5:2944; 8:3248; 10: 608; 13:1130, 1443, 1666; 16:1916; 21:3040
Castro, Augusto Olympio Gomes de. 2:1576a; 11:3523; 16:2969
Castro, Celestino. 8:1986
Castro, Christovam Leite de. 6:1919, 2489; 9:2306; 11:1791; 12:1477a; 13:1006
Castro, Dolores. 20:4099a; 24:5414
Castro, Eduardo de Lima. 7:5028; 19:4078, 4086
Castro, Eduardo Schmidt Monteiro de. 21: 1774
Castro, Emma. 12:11, 3283
Castro, Enio de Freitas e. 6:4823; 7:5541; 10:4429, 4430

Castro, Ernesto L. 9:3923; 14:2745; 19:4872
Castro, Eugenio de. 3:62a, 1660, 2760, 3580; 4:4138; 6:2490; 7:2389, 4824
Castro, Eusebio. 21:4787
Castro, F. A. Veiga de. 3:2848
Castro, Fernando de. 25:4640; 28:2461
Castro, Fernando Pedreira de. 4:3422; 21: 3331; 27:3289
Castro, Francisco, I. 17:2229
Castro, Francisco José Viveiros de. 8:4620
Castro, Genoveva de. 8:4104
Castro, Gonzalo Lázaro. 11:430
Castro, Guiomar Alcides de. 28:1239
Castro, Héctor David. 2:2127
Castro, Hernán R. 6:2762
Castro, Iolanda Álvares. 7:1769
Castro, Isaac Emilio. 3:2648
Castro, J. 5:2000
Castro, J. Mendonça. 17:1887
Castro, José. 4:1852
Castro, José Cândido. 23:2386
Castro, José María, *Argentinian Composer*, 12:3337, 3435; 13:2628; 15:2769
Castro, José María, *Pres. of Costa Rica*. 3: 1966
Castro, José R. 5:3832
Castro, Josué de. 1:436; 3:1660a, 3482; 4: 374, 614; 6:1852; 11:1385; 14:1546-1548; 15:436; 16:2205; 17:492; 19: 2678; 22:6043; 24:3405; 27:1619
Castro, Juan José. 7:5424-5426; 12:3337, 3435; 14:3399; 15:2829a
Castro, Juan Modesto. 8:4051
Castro, Juan Pedro. 27:3824
Castro, Julio. 4:3298; 6:2045; 11:1275
Castro, Julio, *b. 1836*. 20:3052, 3053
Castro, Juventino V. 19:5436
Castro, Lauro Sodré Viveiros de. 4:782
Castro, Luis Gabriel. 2:2234; 5:3050; 9:2093
Castro, Luis Paiva de. 28:2592, 2593
Castro, Luiz Cláudio de. 20:4368
Castro, Luiz Joaquim de Oliveira e. 14:2311; 19:4064
Castro, Manuel Antonio de. 11:3478
Castro, Manuel de. 5:3816, 3833; 17:2362; 21:3926; 26:1684, 1718
Castro, María Antonieta de. 5:521
Castro, Martha de. 8:714; 9:696, 697; 10: 556; 14:704; 15:582; 21:900
Castro, Martín. 23:5128
Castro, Máximo. 3:3653
Castro, Miguel. 2:822
Castro, Moacir Werneck de. 9:4359
Castro, Oscar Oliveira. 20:3212
Castro, Paulo de. 27:3024
Castro, Raimundo de Araújo. 1:1383, 1675; 4:2255; 6:1799; 7:1716, 2549, 4053
Castro, Regina L. R. de. 25:772
Castro, Rudolfo. 2:1329
Castro, Sergio de. 9:4671
Castro, Sílvio. 23:6200; 28:2462, 2594
Castro, Sylvio Brantes de. 14:3218
Castro, Torquato. 8:4521
Castro, Vitório de. 10:2184
Castro, Washington. 12:3435; 13:2629; 15: 2829a
Castro, Zaide Maciel de. 26:2187
Castro A., José Luis. 7:2586
Castro Aguilar, Pedro. 5:852; 14:832
Castro Aguirre, Constancio de. 27:4098
Castro Álamos, Fernando. 5:4182
Castro Alves, Antônio de. *See* Alves, Antônio de Castro.
Castro Arenas, Mario. 24:5254; 26:1611
Castro Bastos, Leonidas. 25:2321; 27:3517
Castro Botelho, Carlos de. *See* Botelho, Carlos de Castro.

Castro Burga, Julián. 25:377
Castro Caiado, Valporê de. See Caiado, Valporê de Castro.
Castro Calvo, José María. 15:2396; 16:2603
Castro Cancio, Jorge de. 5:351; 6:2763
Castro Castro, A. 5:1884
Castro de Morales, Lilia. 16:1879; 17:3104; 18:1993, 3309; 19:3706, 6410, 6411; 20:2309; 21:2907; 23:3432
Castro Delgado, Enrique. 24:3406
Castro do Canto e Mello, Pedro do. See Mello, Pedro do Castro do Canto e.
Castro E., Guillermo. 24:5205
Castro e Almeida. 2:1669
Castro e Silva, Democrito de. See Silva, Democrito de Castro e.
Castro e Silva, Egydio de. See Silva, Egydio de Castro e.
Castro e Silva, Egydio Moreira de. See Silva, Egydio Moreira de Castro e.
Castro Esquivel, Arturo. 22:3061
Castro Esteves, Ramón de. 1:836; 4:2802, 2803; 5:3007; 10:2968; 17:1762
Castro Estrada, Rubén. 16:943
Castro Faria, Luiz de. See Faria, Luiz de Castro.
Castro Fernandini, Juan P. 6:4746
Castro Filho, J. Ribeiro de. 7:1717; 8:1846
Castro Flores, Celestino Alberto. 26:552; 27:2432, 3619
Castro Guevara, Carlos Antonio. 19:227, 635, 691; 22:828; 25:705; 26:1717
Castro Harrison, Jorge. 7:476; 11:317
Castro Horta, Maria Helena de. See Horta, Maria Helena de Castro.
Castro Leal, Antonio. 1:2127; 5:3808a, 3834; 6:3904; 8:777, 3903; 9:3785, 4041; 10:3194, 3760; 11:3221, 3254, 3266, 3319; 12:2387, 2438; 13:1543; 14:816, 2751, 2848, 2945; 17:2497; 19:5023; 23:962, 4937; 25:1240, 4304, 4311; 26:2230; 28:1726, 1813
Castro Leal, Paloma. 22:5115
Castro Lima, Herman de. See Lima, Herman de Castro.
Castro Loayza, Arturo. 20:662
Castro Mantecón, Javier. 25:1156
Castro Maya, Raymundo de. See Maya, Raymundo de Castro.
Castro Mayer, Antônio de. See Mayer, Antônio de Castro.
Castro Melo, Leonidas de. See Melo, Leonidas de Castro.
Castro Monsalvo, Pedro. 3:1951
Castro Morales, Efraín. 22:1152; 23:1431; 24:1679; 25:3179; 26:146, 489; 28:187
Castro Nájera, Miguel Antonio. 27:3674
Castro Nery, José Pedro de. See Nery, José Pedro de Castro.
Castro Nestárez, Raúl. 13:748
Castro Nevares, José María. 4:949; 7:5249
Castro Nogueira, Paulo. See Nogueira, Paulo Castro.
Castro Nunes, José de. See Nunes, José de Castro.
Castro O'Shea, Elizabeth. See O'Shea, Elizabeth Castro.
Castro Osorio, Anna de. See Osorio, Anna de Castro.
Castro Ossandón, Hernán. 10:3195
Castro Pacheco, Fernando. 18:2503; 19:4721
Castro Padilla, Simón. 24:2022
Castro Paes Barreto, Adolpho. See Barreto, Adolpho Castro Paes.
Castro Paiva, Cecilia. See Paiva, Cecilia Castro.
Castro Palma, Baltazar. 9:3922; 12:2510; 16:2616; 22:4910; 26:1661; 27:3343

Castro Pineda, Lucio. 26:854a; 28:1531
Castro Pozo Hildebrando. 8:418; 12:455; 13:1953
Castro Quesada, Rafael. 4:2630
Castro R., Horacio. 8:4590
Castro Ramírez, Manuel. 3:2978; 13:2526
Castro Ramírez, Miguel. 21:3525
Castro Romero, Carlos. 1:2042-2043
Castro Ruibal, Mario. 15:965
Castro Ruz, Alfonso. 16:2408
Castro Ruz, Fidel. 22:2671; 24:3529, 3530; 25:2768-2771; 26:728-731; 27:3389-3398d; 28:771-772
Castro Ruz, Raúl. 24:2852
Castro Saavedra, Carlos. 26:1845; 28:2117
Castro Saborio, Octavio. 23:3353
Castro Santos Filho, Lycurgo de. See Santos Filho, Lycurgo de Castro.
Castro Seoane, José. 11:2068; 15:1494; 16:1717; 18:1699, 1700; 19:3121, 4667; 20:2422; 22:2820, 2917; 23:3014; 24:3715; 25:3037; 26:369; 28:417
Castro Silva, José Vicente. 1:925; 3:2218, 2261, 3137
Castro Silva, Juan María. 10:966, 2372; 15:878
Castro Soares, Lúcio de. See Soares, Lúcio de Castro.
Castro Tosi, Norberto de. 7:2936; 8:2943, 2979, 3162; 9:2764; 10:2513, 2766; 12:1613; 1799; 14:1854
Castro Turbiano, Máximo. 15:2856; 16:3241; 19:5723, 5797; 20:4833; 22:5803
Castro Ulloa, Guillermo. 20:1483
Castro Viana Júnior, J. O. See Viana Júnior, J. O. Castro.
Castro Zagal, Óscar. 6:4134; 10:3663; 11:3191; 16:2617, 2702; 17:2363; 18:2578; 22:4911-4913; 23:4936
Castroverde, Salvador W. de. 9:4474
Casullo, Fernando Hugo. 22:4311; 28:1532
Casullo de Carilla, Celina Ester. 16:3293
Casuso, Teresa. 25:2772
Catalá, Raquel. 8:3904
Catalán, Diego. 26:1322
Catalán U., J. Luis. 10:3196
Catalano, Edmundo Fernando. 12:3252; 16:3123; 24:4930
Catalano, Hugo A. 11:943
Catalano, Luciano R. 4:2074-2076; 5:1213; 7:1395, 2247; 9:1333
Cataldi de Sousa, Iguatimozy. See Sousa, Iguatimozy Cataldi de.
Catalogne, Gérard de. 7:2770; 27:3463a
Catálogo de las Minas de Antioquia. 6:1358a
Catani, Enrique. 26:1846
Catani, R. A. 17:1194
Catania, Carlos. 28:2271
Catão, D. Duque. 10:1433; 24:2059
Cater, J. C. 5:1776; 13:457
Caterwood, Frederick. 27:2766
Catharino, José Martins. 9:1686; 17:2043
Cather, Willa. 9:4310
Catherwood, Frederick. 3:2611
Cathoud, Arnaldo. 1:1303; 4:400
Catlin, George Gordon. 12:3528
Catlin, Stanton Loomis. 8:623, 817; 20:1050; 23:1450; 28:223
Catoira, Gómez Hernández. 28:911
Cattáneo, Atilio E. 24:4257
Cattáneo, C. 7:3011; 8:562
Cattáneo, Nelio B. 11:921
Cattaneo di Tirano, Pino. 26:1624
Catunda, Eunice. 12:3343

Caturelli, Alberto. 17:2937; 18:3080; 19:5769; 20:4807, 4858; 21:4817; 22:5804, 5852; 25: 2126, 5322; 26:2267, 2305; 28:3234a, 3258
Caturla Brú, Victoria. 9:3189; 21:2908
Caudmont, Jean. 20:663-665a; 21:560, 659; 27:1408
Cauduro Piccoli, Ivo A. See Piccoli, Ivo A. Cauduro.
Caughey, John Walton. 4:2631; 15:1460; 23: 3101
Caulin, Antonio. 23:3622
Causse Pérez, José N. 28:772a
Cavagna Martínez, Ildefonso F. 19:5548
Cavalcante, José C. M. 24:2082
Cavalcante, Pedro. 11:2666
Cavalcanti, Adalberto de Lyra. 10:1505
Cavalcanti, Alcides Bezerra. See Bezerra, Alcides.
Cavalcanti, Atenor 5:2016
Cavalcanti, Augusto. 8:4369
Cavalcanti, Carlos. 8:859, 890; 26:322
Cavalcanti, Carlos de Lima. 9:1620; 20: 1410
Cavalcanti, Djalma. 12:1218i; 15:1036; 18: 1140
Cavalcanti, Emiliano di. 21:1172; 26:323; 28:2669
Cavalcanti, Filinto Alcino Braga. 10:2261
Cavalcanti, Geraldo H. 28:2594a
Cavalcanti, J. M. dos Santos Araújo. 8:2604; 12:1018, 1463; 13:646; 19:2244; 20:2259a; 21:2251
Cavalcanti, Jerônimo. 6:2446; 7:2057, 2390; 8:2548
Cavalcanti, Joaquim Nunes Coutinho. 25:1718
Cavalcanti, Lia. 6:4432; 7:5025
Cavalcanti, Marina A. de A. 24:1517; 25: 777, 778
Cavalcanti, Pedro de Oliveira. 16:2882
Cavalcanti, Povina. 9:4149
Cavalcanti, Salvador B. 7:5633
Cavalcanti, Themístocles Brandão. 3:3616; 4:4483; 5:4178; 6:2569; 8:4551; 9:4488; 10:4032; 14:3201, 3202; 15:1310; 22:4513, 4532, 4648; 23:4529
Cavalcanti, Tito A. de A. 14:1154
Cavalcanti, Valdemar. 8:4422; 10:2262; 24:5810
Cavalcanti, Zaida Maria. 27:2659, 2659a
Cavalcanti Albuquerque, Sebastião. See Albuquerque, Sebastião Cavalcanti.
Cavalcanti Bernardes, Lysia Maria. See Bernardes, Lysia Maria Cavalcanti.
Cavalcanti Borges, José Carlos. See Borges, José Carlos Cavalcanti.
Cavalcanti Cajueiro, José. See Cajueiro, José Cavalcanti.
Cavalcanti de Albuquerque, Epitácio Pessôa. Alcântara. See Albuquerque, Pedro de de.
Cavalcanti de Albuquerque, Luiz Rodolfo. See Albuquerque, Luiz Rodolfo Cavalcanti de.
Cavalcanti de Albuquerque, Pedro de Alcântara. See Albuqurque, Pedro de Alcântara Cavalcanti de.
Cavalcanti de Albuquerque Mello, Félix. See Mello, Félix Cavalcanti de Albuquerque.
Cavalcanti de Carvalho, M. See Carvalho, M. Cavalcanti de.
Cavalcanti Filho, José. 18:1141
Cavalcanti Filho, Theóphilo. 19:5751; 28: 3339a
Cavalcanti Lins, Abalberon. See Lins, Abalberon Cavalcanti.
Cavalcanti Neto, João Uchôa. 21:4346
Cavalcanti Nogueira, W. See Nogueira, W. Cavalcanti.

Cavalcanti Pontes de Miranda, Francisco. See Miranda, Francisco Cavalcanti Pontes de.
Cavalcanti Proença, Manoel. See Proença, Manoel Cavalcanti.
Cavaleiro de Macedo Klautau, Aldebaro. See Klautau, Aldebaro Cavaleiro de Macedo.
Cavalheiro, Edgard. 2:2850; 3:3483; 4:4139-4142; 6:4286; 7:4865-4868; 9:4234, 4276; 10:3824; 11:3364; 12:2823; 19:5250, 5251; 20:4308; 21:4347, 4396, 4397; 23:5469, 5574
Cavallini Quirós, Ligia. 16:1830; 19:3238
Cavallo, Adolph S. 24:581
Cavallo, Miguel Ángel. 21:3041
Cavallone Brebbia, Adolfo. 10:1115
Cavallos, Miguel. 25:2127
Cavalo Azul, São Paulo. 28:2670
Cavazos Flores, Baltasar. 18:2285
Cavazos Garza, Israel. 15:1678; 18:1639; 19:4629; 25:265; 28:535a-537, 585, 672a
Cave, A. J. E. 5:510, 511
Cave, Hugh Barnett. 19:6607
Cavelier, Germán. 13:551; 15:1746, 1924; 19:1418, 5561; 27:3773
Cavelier, Jean. 4:2676
Cavero, Luis E. 20:5047; 23:3830
Cavero Alayza, Jorge. 15:2637
Cavero Egusquiza, Ricardo. 9:2535
Cavero Mariátegui, Amalia. 10:18
Cavers, David Farquhar, 23:1660
Caviedes L., César. 27:2849
Caviglia, Buenaventura. 3:3400; 4:3718; 5:3476; 7:4495
Cavina, Romalo. 3:585
Cavo, Andrés. 15:1461
Cawkell, E. M. 14:2932; 25:3510
Cawkell, M. B. R. 24:2932; 25:3510
Cawley, Leo P. 27:1590
Caxa, Quirício. 12:2203; 22:3834
Cayado, Enrique. 5:687
Cayama Martínez, Rafael. 7:3560
Caycedo, Bernardo J. 26:953
Caycedo, Domingo. 9:651
Cayman. Annual Report on the Social and Economic Progress. 4:1557
Caymmi, Dorival. 13:2343; 14:3400
Cayo Cordova, Percy. 28:1042a
Cayuelo, José. 21:3728
Cazazola P., Efraín. 28:801
Cazón Vera, Fernando. 24:5415
Ccosi Salas, Luis. 14:394
Cea, José Roberto. 26:1692
Ceará (State). Constitution. 1:1402
Ceará (State). Departamento Estadual de Estatística. 2:970; 4:827; 6:1881
Ceará (State). Laws, statutes, etc. 6:2571
Cearense, Catullo da Paixão. 4:4252, 4253; 8:4332; 9:4278, 4279; 10:3900; 12:2914-2916
Ceballos, Celia de. 23:4812
Ceballos, Mariano P. 4:2227
Ceballos, Miguel A. 5:4432; 7:5665
Ceballos Araújo, Alberto. 12:520
Ceballos Maldonado, José. 28:1828
Ceballos Novelo, Roque J. 1:34; 4:247; 6:259, 339; 8:235; 11:177
Ceballos Pareja, Segundo P. 6:1054; 8:1474
Cebollero, Pedro Ángel. 19:2011
Cebreiro Blanco, Luis. 9:2643
Cebriá, A. 10:4583
Ceccatto, G. do N. 9:1756
Ceccherelli, Claudio. 19:3239
Cecchi, Camilo. 22:6040; 24:6331
Cecchi, César. 28:3073
Cecco, Sergio Amadeo de. 28:2272
Ceceña, José Luis. 18:935; 19:1988; 25:1543
Cechin, Irene. 28:1532
Cederstrom, D. J. 7:2050, 2202

Cediel Ángel, Ernesto. 9:4514
Cedillo, Víctor José. 4:3867p; 20:3093
Cegalla, Domingos Paschoal. 19:5252
Cejas, Horacio E. 14:3212; 16:3044, 3045; 19:5490
Cela, Camilo José. 20:3637
Celery, Arturo. 7:3432
Celesia, Ernesto. H. 1:963; 7:3231, 3404, 3433; 19:3828
Celestin, Clement. 23:3434; 24:4050
Celestin-Mégie, Émile. 23:5650
Celis Briceño, Pablo. 5:2183, 4112
Celis Muñoz, Luis. 18:3108
Celis Paredes, J. D. 8:2825
Céliz, Francisco de. 1:756
Celorio Celorio, Felipe. 15:1328
Celso, Affonso. 1:1351; 2:2851; 4:3462
Celso, María Eugênia. 1:2141; 3:3568; 4:4254; 21:4381
Celso de Assis Figueiredo, Affonso. See Celso, Affonso.
Cen Peón, Jumberto. 7:934
Cencio, Luis. 6:488
Ceniceros, José Ángel. 1:1055, 1756, 2:472a, 3121; 7:5295; 19:2075, 2076, 3593, 5538
Cenitagoya, Vicente de. 10:418
Centeno, Fernando. 16:2703
Centeno, Francisco. 1:903
Centeno de Osma, Gabriel. 4:3780
Centeno-Grau, M. 11:1625
Centner, Charles W. 8:3207; 9:3095
Cento Sanz, Benjamín. 21:3700
Centragolo, Zulema C. de. 5:369, 370
Centro, San Luis Potosí. 17:3169
Centro Azucarero Argentino, *Buenos Aires.* 8:1561; 10:1116
Centro Bancario de Guadalajara. 16:944
Centro Cristobal Colón, *Villa Colón, Montevideo.* 10:4315
Centro de Documentación Económico-Social, *Lima.* 27:2256, 2256a
Centro de Estudiantes de Derecho, *Santa Fe.* 24:4882
Centro de Estudios Bibliotecológicos, *Buenos Aires.* 11:3762
Centro de Estudios Histórico-Militares del Perú. 23:3
Centro de Estudios Históricos, *Madrid.* 1:745
Centro de Estudios Monetarios Latinamericanos, *México.* 22:1404; 23:1661; 24:1904; 25:1544; 27:1664, 1664a
Centro de Historia de Santander, *Bucaramanga.* 8:3327
Centro de Información y Sociología de la Obra de Cooperación Sacerdotal Hispanoamericana, *Bogotá.* 27:3024a
Centro de Investigaciones Históricas, *Guayaquil.* 2:1900
Centro de Servicio Social de Empresas, *Uruguay.* 24:6275
Centro di Azione Latina, *Milan.* 28:105b
Centro Italiano di Studi Americano, *Rome.* 4:42a
Centro Latinoamericano de Economía Humana, *Montevideo.* 27:2287
Centro Latino-Americano de Pesquisas em Ciências Sociais, *Rio de Janeiro.* 25:5613; 27:81, 1665, 4008a; 28:29
Centro Mexicano de Escritores. 23:4813
Centro para el Desarrollo Económico y Social de América Latina, *Santiago de Chile.* 27:1666
Centro Protección Chóferes. Biblioteca Social, *Montevideo.* 10:4312
Centro Regional de la UNESCO en el Hemisferio Occidental, *La Habana.* 20:4756

Centro Regional de Pesquisas Educacionais do Recife. 25:2155
Centro Social y Biblioteca Popular "Villa Colón," *Montevideo.* 7:5374; 8:4715, 4716, 10:4313, 4314 11:3683
Centurión, Carlos R. 9:4042; 13:2029; 14:2614; 15;2167; 16:1376; 17:2325a; 25:3594; 28:106, 1006a
Centurión, Juan Crisóstomo. 10:3070; 11:2530
Centurión Miranda, R. 11:3340
Cepeda Adán, José. 19:3122; 28:417a
Cepeda Peraza, Manuel. 16:1795
Cepeda Villareal, Rodolfo. 1:1585
Cepero, Rafael. 19:272
Cepero Bonilla, Raúl. 15:1665; 25:3375; 27:3390; 28:773
Ceppi, Héctor. 4:2077
Ceram, C. W., *pseud.* 18:3
Cerda, Gilberto. 19:4518
Cerda, Manuel Antonio de la. 16:1841
Cerda Catalán, Alfonso. 28:1213
Cerda Catalán, Mario. 15:900
Cerda Lemus, Jorge de la. 12:3000
Cerda Pantoja, Omar. 5:3809; 8:4532
Cerda Rodríguez, Juan B. 3:1406a
Cerda Silva, Roberto de la. 6:351-353; 7:362, 378; 8:236; 9:356-358; 12:207; 27:1854
Cereceda, Feliciano. 6:2779
Cereceda, J. Dantin. 2:1756
Cereceda, Raúl. 25:3019; 27:3025
Cereceda, Verónica. 14:2952
Cereijo, Ramón Antonio. 16:2223
Cerejeira, Manuel Gonçalves. 13:698
Cereti, Carlo. 5:3332
Cerezo Dardón, Hugo. 13:736; 15:2222; 17:67; 18:1745; 19:160; 20:955; 24:5466
Cerillo y Gariel, Abelardo. 24:1677, 1678
Cerini, Roberto Luis. 7:2248
Ceriotto, Carlos L. 21:4752
Cerna Guardia, Rosa. 24:5416
Cernadas, Juan Lucio. 4:2192
Cerón, José de. 13:2661
Cernuda, Luis. 18:2465; 24:5500
Cerqueira, Carlos Valeriano de. 16:2032
Cerqueira, Dionysio. 7:3642
Cerqueira, João da Gama. 1:1492-1493
Cerqueira, José Maria. 23:5511
Cerqueira, Renato Bião de. 15:1311
Cerqueira César, Manoel. *See* César, Manoel Cerqueira.
Cerqueira e Silva, Ignácio Accioli de. *See* Silva, Ignácio Accioli de Cerqueira e.
Cerqueira Falcão, Edgard de. *See* Falcão, Edgard de Cerqueira.
Cerqueira Leite, Manoel. *See* Leite, Manoel Cerqueira.
Cerquinho, A. Galvão V. 1:1494
Cerrato Valenzuela, Armando. 14:1280; 23:3354
Cerretani, Arturo. 3:3235; 19:4873; 21:3927, 3928; 23:4938; 25:4367; 28:3020
Cerro de Pasco Corporation. Departamento Geológico (Peru). 19:2537
Cerruti, José Luis. 10:3969
Cerruti Aicardi, Héctor Julio. 18:2921; 22:4555; 27:2288
Cerruto, Óscar. 1:2044; 10:1483; 14:2898; 21:4065; 24:5417
Certad, Aquiles. 17:2554
Ceruti Crosa, Pedro. 10:4521
Cervantes, Carlos A. 3:3105; 10:4244
Cervantes, Dagoberto de. 19:5153
Cervantes, Enrique A. 2:355, 362, 363; 4:2632, 3055; 11:636; 13:1262; 15:2174
Cervantes, Federico. 24:3870; 28:681a

Cervantes, Manuel. 20:1484
Cervantes, Rafael. 22:2939
Cervantes, Vicente. 22:2821
Cervantes Ahumada, Raúl. 19:1970, 5565; 22:4625; 28:3243a
Cervantes Concha, Juan. 24:4931
Cervantes de Salazar, Francisco. 5:2362, 2363, 3562; 7:388; 18:1745a; 19:4668; 28:501
Cervantes Delgado, Alejandro. 21:1461; 22:1723; 23:1545
Cervantes Mejía, Rodolfo. 19:1867
Cervantes Riestra, Octavio. 22:4533
Cervantes Saavedra, Miguel de. 9:4311, 4312; 21:2397
Cervantes y Cristóbal, Román. 11:1502; 14:271
Cervantes, Bibliografía Mensual, La Habana. 5:114; 6:125; 9:24
Cervecería Unión, *Medellín*. 8:1484
Cervera, Federico Guillermo. 24:4258
Cervera, Manuel M. 4:2806; 6:3085; 10:2693; 11:2460; 12:1912b
Cervera Andrade, Alejandro. 9:2602; 13:2248
Cervera Gamboa, Juan. 21:4584
Cervera Martínez, Lilia. 19:4457
Cervera Sánchez, Jorge. 16:1562
Cerwin, Herbert. 13:49; 26:432; 27:713
Césaire, Aimé. 25:3376; 26:2123; 28:807a
César, Abelardo Vergueiro. 2:3073; 6:1757-1757b
César, Afonso. 20:2247
César, Augusto. 1:1250-1251
César, Getúlio. 7:1988
César, Guilhermino. See Silva, Guilhermino César da.
César, Guillermo. 6:4487
César, Juan Nepomuceno. 23:3238
César, Julio, *pseud*. See Silva, Hugo.
César, Manoel Cerqueira. 12:2917
César, Nirceu da Cruz. 17:813; 20:1414
César da Silva, Guilhermino. See Silva, Guilhermino César da.
César da Silveira, Valdemar. See Silveira, Valdemar César da.
César Piccione, Cayetano. See Piccione, Cayetano César.
César Veiga, Augusto. See Veiga, Augusto César.
Césares, Julio. 7:4439; 11:2884, 2885; 12:2315
Cesari, Cesare. 5:3340
Cesarino, Hilario. 4:621
Cesarino Júnior, Antônio Ferreira. 6:1801, 1802; 7:4038, 4039; 8:4647, 4648; 11:2798, 2802; 13:1884; 14:1609; 16:2342
Ceselli, Juan José. 21:4066, 4067
Céspedes, Ángel María. 2:2687
Céspedes, Augusto. 2:2635; 12:2511; 22:3536; 27:3219c
Céspedes, Carlos M. de. 5:761
Céspedes, Carlos Miguel de. 28:773a
Céspedes, Cruz A. 2:1355
Céspedes, Francisco S. 13:747
Céspedes, Miguel Ángel. 10:3337, 3338
Céspedes de Escanaverino, Úrsula. 14:2860
Céspedes del Castillo, Guillermo. 11:1957; 13:1241, 1428; 15:15; 18:1746; 20:2742-2742b, 2761a
Céspedes Espinoza, Hernán. 14:2678
Céspedes Ponce, Silvia M. 15:2223
Céspedes y Céspedes Manuel de. 1:2318
Cestau, Saúl D. 22:4556
Cestero, Mariano Antonio. 22:3250
Cestero, Tulio M. 6:3329; 12:2439
Cestero-Burgos, Tulio A. 17:1322; 24:4051; 25:3399

Cetto, Max L. 28:149
Cevallos, Fernando P. 14:2746
Cevallos, José Antonio. 25:3340
Cevallos, Pedro Fermín. 24:4365
Cevallos García, Gabriel. 9:4777; 23:3820; 24:4075, 4124, 6077; 26:851; 28:846, 1038
Cevallos Tovar, Walter. 2:1356
Cevedo, Eugenio J. 14:2158, 2431
Ceviotto, Carlos L. 28:3303
Cézar, Filiberto Oliveira. 4:1844
Cézar, Osório. 10:1643
Cézar, Ramón Luis de Oliveira. 21:3987
Chabalier, Clotilde. 28:1950
Chabes, Mario. 12:2104
Chabot, Frederick C. 3:2574a; 4:3129; 7:3168
Chacel, Julian Magalhães. 20:1415; 27:2320
Chacel, Rosa. 26:1402, 1625
Chacín Sánchez, Santos. 28:1051a
Chacón, Francisco Gustavo. 18:2334
Chacón, Gabriel. 9:537
Chacón, Jacinto. 8:3307
Chacón, Jorge. 7:2805; 16:2744
Chacón, Lucas Raúl. 9:1097
Chacón, Vamireh. See Nascimento, Vamireh Chacón de Albuquerque.
Chacón Corona, Juan. 6:1530
Chacón Nardi, Rafael. 17:998; 21:4068
Chacón Prieto, Alberto. 14:1673
Chacón Siliceo, Emma Isabel. 15:764a
Chacón Torres, Mario. 21:953; 23:1425; 24:1718; 25:1139, 1140; 26:137a; 28:173
Chacón Trejos, Gonzalo. 1:1092; 3:1514, 3371; 23:4939
Chacón y Calvo, José María. 1:680, 910, 911; 3:2199a, 3045, 4:2565; 6:3335, 3987, 3988; 7:4522, 4522a; 9:1774a, 3190; 11:3084; 12:1799a; 13:2107; 15:2249, 2252, 2313, 2397, 17:2467; 18:2466; 19:2065); 21:2910; 22:5116; 23:4722; 24:5501
Chadwick, Robert. 27:714
Chagas, Carlos. 27:2389, 2622, 2622a
Chagas, Dorcas Ferreira. 24:3050; 27:2943
Chagas, Paulo Pinheiro. 9:3427; 12:2228
Chagas, Valnir. 22:2012; 23:2388; 27:2623
Chagas, Wilson. 17:2583; 28:3243a
Chagas Pinto Coelho, Francisco das. See Coelho, Francisco das Chagas Pinto.
Chaires González, Félix. 2:1611; 10:887
O Chalaça. See Silva, Francisco Gomes da.
Chalbaud, Román. 28:2273
Chalbaud-Cardona, Esteban. 7:3196
Chalmers, Henry. 2:441, 2342; 7:793; 8:967; 9:973; 10:814
Chalon, Pablo F. 21:298
Chalons, Manuel. 3:1757
Chamber of Commerce of the United States. 4:602, 3570; 10:815
Chamber of Commerce of the U. S. in Argentina. 3:744; 7:1372; 12:873; 17:744
Chamberlain, Eugene Keith. 17:1663; 19:3571, 3572
Chamberlain, Henriqueta. 10:3811; 11:3419; 13:50
Chamberlain, Henry. 9:904
Chamberlain, Robert S. 3:2192; 4:2633, 5:325, 2294, 2364; 9:2765; 10:2747, 2872; 11:1958, 2005, 2006, 2069; 12:1673, 1746a, 1800, 1801; 13:1313, 1314; 14:302, 1815; 1855-1857; 15:1495, 1496; 16:1831; 17:129, 1518; 19:705, 3240, 3241; 24:3804, 3805
Chamberlin, Thomas W. 3:1603; 6:2148, 2295
Chambo, Mariano. 25:5335
Chambrun, René de. 7:5022
Chamfort, Sébastien Roch Nicolas. 9:4313
Chamico, *pseud*, See Nalé Roxlo, Conrado.
Chamie, Mário. 26:2031

Chamisso, Adalberto de. 6:3188
Chamorro, Diego Manuel. 4:3653
Chamorro Cardenal, Pedro Joaquín. 14:2551; 23:3355; 26:702
Chamorro Ch., Claudio. 2:2213
Chamorro Garrido, Gustavo. 2:3136
Chamorro Zelaya, Pedro Joaquín. 4:2634, 3654, 4071; 5:2776; 6:3851; 11:2251; 13:1315; 17:1704; 28:737a
Champfleury, Guy de. 7:5023; 8:4366
Champion, Emilio. 1:2091; 4:4024, 4072; 6:3933
Champourcin, Ernestina de. 10:158; 17:2627
Chan Choong, P. A. 10:2047
Chancy, Hermann. 10:3942
Chandías, Mario E. 20:4492
Chandler, Charles Lyon. 1:964; 6:3189; 9:3374; 12:2204
Chandler, Michael John. 28:29a, 837
Cháneton, Abel. 1:1154; 3:2327, 2649; 5:3108; 7:3056; 9:2644; 10:2969
Chang, Kwang-Chih. 21:5
Chang Laos, Consuelo. 24:4378
Chang Marín, Carlos Francisco. 24:5206
Chang-Rodríguez, Eugenio. 23:5033; 27:3096
Changmarín, pseud. See Chang Marín, Carlos Francisco.
Chans Caviglia, Juan C. 16:2432
Chaoul, Elóra Possólo. 13:2323
Chapa, Sóstenes N. 24:3750
Chaparro, Álvaro. 23:6020; 25:2050
Chaparro, Félix A. 5:2945; 14:570; 17:1763; 18:2059
Chaparro Ruminot, Leoncio. 5:1292; 9:1569
Chapin, Heath McBain. 24:527
Chapin, James P. 2:1357
Chapin, Theodore C. 16:1162
Chapman, Allan D. 26:31
Chapman, Anne MacKaye. 22:524; 23:112, 113, 902, 903; 24:3833; 27:715
Chapman, Arnold. 14:2823; 19:5051; 25:4518
Chapman, Charles E. 2:2343; 3:2168
Chapman, Dorothy. 11:1716
Chapman, Emmanuel. 9:4925
Chapman, Esther. 17:3135
Chapman, Frank M. 3:1594
Chapman, Mary Patricia. 19:3673; 22:3053
Chapman, Paul W. 8:1037
Chapman, V. J. 6:2306, 2312
Chapoy Bonifaz, Dolores Beatriz. 25:1509
Chappell, John. 28:3014a, 3139b
Charad Dahud, Emilio. 16:3006
Chard, Chester S. 16:95
Chardón, Carlos E. 5:1745; 7:894; 2055, 2082, 2167; 8:1309; 15:1369
Chardon, Roland E. 24:2884
Chareska, Natalja. 2:1259
Charles, Carmin. 26:2124
Charles, George. 5:559, 566
Charles, Hermann Louis. 26:787
Charles, Hubert. 9:4663
Charles, Joseph D. 15:2574
Charles, Paul-Émile. 19:5381
Charlesworth, James C. 27:82, 3025a
Charlier, Étienne D. 19:3019, 3379a
Charlin Ojeda, Carlos. 4:2133, 2134; 12:3387; 13:927
Charlone, C. 2:912c
Charlone Ortega, César. 26:1849
Charlot, Hermann. 18:1248a
Charlot, Jean. 5:688, 739, 750; 6:713; 11:193, 548, 637; 12:651; 14:817; 16:536-538; 17:464, 465; 20:1051; 23:1479; 25:1125; 26:218
Charnaud MacDonald, Augusto. 11:1887
Charney, Hugo. 27:3774
Charnley, M. Bertens. 20:3638; 21:3636

Charpentier Herrera, Eduardo. 28:3127
Charria Tobar, Ricardo. 26:1468
Charry Lara, Alberto. 21:3132; 22:1477
Charry Lara, Fernando. 8:4141; 15:2352
Charry Samper, Héctor. 25:2616; 27:3633
Charteris, Hugo. 23:648
Chasca, Edmund de. 12:2317
Chase, Allan. 9:3533; 10:101
Chase, Gilbert. 7:5505-5507; 8:2055; 4767, 4780, 4786, 4791-4793, 4830; 9:4730-4733, 4755, 4771; 11:3792, 3793; 16:3170; 21:4739; 25:5203, 5204; 26:2157-2159; 28:3014a, 3139b
Chase, Kathleen Barantzen. 19:445
Chase, Stuart. 17:631; 20:26
Chase Sardi, Miguel. 27:1124
Chase Manhattan Bank, New York. 17:523a, 25:1437
Chassagne, Roland. 26:2125
Chateaubriand, Francisco de Assis. 9:928; 14:2346
Chateaubriand, François René. 9:4314
Chatelain, Abel. 14:1326
Chatelain, Verne E. 7:2937
Chattopadhyay, K. P. 5:437
Chaumette, Max Gustave. 3:2970; 10:3197
Chaunu, Huguette. 20:2310, 2424-2426
Chaunu, Pierre. 15:1409; 16:1481; 17:1631; 18:1746a; 20:2310, 2424-2426, 2783; 21:2398; 23:3155; 24:3716, 4107; 26:346a; 28:402
Chauvet, Fidel de J. 13:1263; 14:1858, 1859; 16:1592; 17:1517
Chauvet, Marie. 19:5382; 22:5577; 25:4759
Chauvet, Mme. Pierre. 13:2363
Chauvet, Pierre. 13:539, 19:5579
Chauvet, Stephen. 12:1395
Chávarri, A. 1:1521, 1771
Chávarri, Juan N. 22:3010; 24:3871
Chavarría, Juan Manuel. 26:1075
Chavarría, Lisímaco. 7:4814
Chavarría Flores, Manuel. 18:1118
Chavero, Alfredo. 5:2365, 2864; 14:1805; 15:2100; 18:1757; 27:717
Chaverri R., Martín. 21:1950
Chaves, Albino Lázaro. 17:2801
Chaves, Antônio. 11:3639; 18:2965
Chaves, Antônio F. 13:850; 15:1167; 19:2423
Chaves, Crisanta. 10:229
Chaves, Eunice Almeida Pinto. 18:1509
Chaves, Fernando. 13:2536; 19:4875; 25:3733
Chaves, Guillermo Edmundo. 12:2318, 2512
Chaves, José María. 21:1706
Chaves, Julio César. 4:2985; 8:3343; 12:2138; 15:1760; 20:3059; 21:3042, 3148, 3149; 23:3802; 24:4211; 25:3564, 3565, 3701, 3702; 26:1164; 28:1198
Chaves, Luiz. 2:2852; 14:2284
Chaves, María Concepción L. de. 7:563; 22:3558
Chaves, María Renée. 16:1039
Chaves, Milcíades. 11:367, 1561; 12:518, 520; 13:341, 342; 17:1090; 19:2425; 23:785, 786
Chaves, Nelson. 19:2250
Chaves, Nina. 23:6009
Chaves, Omar Emir. 9:3546
Chaves, Osvaldo. 22:5805
Chaves, Ramiro. 11:549
Chaves, Ruth Maria. 21:4382
Chaves de Melo, Gladstone. See Melo, Gladstone Chaves de.
Chaves Neto, Elías. 25:2716, 2717
Chaves V., Luis Fernando. 27:1667, 2085, 2798-2798b, 4009
Chaves Villa, Jairo. 18:424

Chaves Wanderley, Rômulo. *See* Wanderley, Rômulo Chaves.
Chaves y Mendoza, Juan de. 18:1747
Chávez, Alfredo. 10:4245
Chávez, Angélico, *Brother*. 14:1860, 1861; 23:3121
Chávez, Antonio. 16:1539
Chávez, Arlindo. 9:1707a
Chávez, Carlos. 1:132; 5:4343, 4386; 6: 4824, 4867; 7:5580; 9:4868, 4869; 12: 3355, 3356; 14:3383, 3384; 15:2784, 2785; 16:3158, 3213; 17:2853; 18:3019; 21: 905; 23:5734; 24:5904; 26:2229
Chávez, Cástulo. 9:1424
Chávez, Ezequiel A. 3:2575; 7:3386; 9: 2766, 2767, 3786; 22:1964; 23:3156, 3157, 3239-3241; 25:3114a
Cháves, Fermín. 20:2997; 25:4519; 28:1069
Chávez, Gilberto, Jr.14:2747
Chávez, Ignacio. 13:1131; 27:2433
Chávez, José Carlos. 5:2865
Chávez, Leopold N. 8:3793
Chávez, R. 14:606
Chávez, Tobías. 9:25
Chávez A., Ligdano. 14:1270; 18:1082; 21:3568
Chávez Alfaro, Lizandro. 28:1890a
Chávez Ballón, Manuel. 20:342; 25:370
Chávez Barriga, Erlinda. 27:1810
Chávez Calderón, Plácido. 28:585a
Chávez Campomanes, María Teresa. 25:108
Chávez Cisneros, Esteban. 20:5048
Chávez Franco, Salvador. 18:2274
Chávez González, Rodrigo A. 3:62; 9:1929
Chávez Granja, Jaime. 22:5806
Chávez Guerrero, Herminio. 19:4876; 25: 3234
Chávez Hayhoe, Arturo. 8:2980; 9:2768; 19:3242
Chávez Hayhoe, Salvador. 2:3045; 3:3685; 10:2555; 14:1862
Chávez Landeros, Carlos. 23:4940
Chávez León, Fernando Luis. 3:940
Chávez Orozco, Luis. 1:746; 2:2274; 4:2527, 3056; 5:2866; 6:402, 2033, 2898; 7:363; 8:3027; 9:2769; 10:2634, 2757; 16:1551; 17:249, 1519; 18:936; 19:3243; 22:2821, 2913, 2914; 25:1517; 26:519; 28:586
Chávez Peralta, Saúl. 24:4169
Chávez R., Sabino. 23:2521
Chávez Ruiz, Alejandro. 16:450; 18:393
Chávez Suárez, José. 10:367
Chávez Velasco, Waldo. 28:1890b
Chávez y González, Luis. 12:577
Cházaro, Gabriel. 10:1827; 28:1878
Chazarreta, Andrés A. 7:1954, 5602
Chazarreta, Juan D. 7:2249
Chebataroff, Jorge. 10:1899; 17:1064, 1178; 19:2354; 20:2000; 25:2281
Checa Drouet, Benigno. 2:1960, 2405
Chediac, Abelardo. 6:2808; 7:2836
Chediak, Antônio J. 8:3482; 9:3428; 13:1749
Chediak y Ahuayda, Natalio. 1:1688; 7:5336
Cheesman, E. E. 7:1167; 9:1581; 10:1907
Cheiner, Sophie. 11:3832
Cheke, Marcus. 13:1731
Chenault, Lawrence R. 4:1535; 7:1165, 2199
Chencinsky, Jacobo. 26:1417, 1469; 28:2287
Chenet, Gérard. 27:1018a
Cheney, Sheldon. 8:951
Chenoweth, Vida. 28:3104
Chéradame, André. 7:3766
Cherbuliez, Antoine-E. 22:5708
Cherdron, Otto P. 7:211
Chermont de Britto, E. *See* Britto, E. Chermont de.
Cherrington, Ben M. 5:160a

Chertudi, Susana. 27:1169-1169d; 28:1533
Chessal, Luis. 14:719
Chessi, Livio. 6:2261
Chessman Jiménez, Javier. 18:2404, 2405, 2436
Chesta Aránguiz, José. 26:1847
Chester, Edmund A. 19:3707
Chevalier, Auguste. 4:1999, 2034
Chevalier, François. 9:2770; 10:2514, 2712; 12:65a; 13:1316; 16:1552; 18:1747a; 22:979; 23:3110, 3158; 26:412; 27:4099
Chevalier, G. A. 4:2635
Chevallaz, G. 12:1142
Chevallier, André F. 2:2166; 16:2938
Chevrier, Raymond. 13:51
Chi, Gaspar Antonio. 7:389
Chiacchio, Carlos. 3:3484; 6:4287; 15:1792
Chiaffarelli, Liddy. 13:2684
Chianelli, Pascual. 1:394; 3:972; 8:1592; 11: 922; 12:874
Chiappe, Delfor Horacio. 25:336
Chiappini, Félix. 20:1071
Chiáppori, Atilio Manuel. 21:3929
Chiara, Vilma. 27:1209
Chiaramonte, José Carlos. 24:6078; 28:1069a
Chiari, Eduardo. 11:1898
Chiarini, João. 13:2683
Chiarino, Juan Vicente. 6:4727; 12:1014
Chica, Miguel de la. 17:1627
Chicago Public Library. 9:26
Chicharro Valdosera, Santiago. 10:2106
Chichkov, Vasilii M. 25:2773
Chico Alatorre, Carlos. 19:2922
Chico Goerne, Luis. 13:1582
Chiesa de Pérez, Carmen. 25:5719
Chihuahua (State). Constitution. 16:1367
Chihuahua (State). Departamento de Economía. 22:1738
Chihuahua (State). *Laws, statutes, etc.* 16: 3007
Chilam Balam. *French.* 20:206
Chilcote, Ronald H. 27:18, 2135
Child, Sargent Burrage. 22:6154
Childers, Norman F. 11:1588
Childs, Herbert. 3:2741a
Childs, James B. 4:2185; 5:2082 6: 2520; 7:158, 2599; 9:27; 10:2302; 11: 13-15; 14:10b; 27:51
Childs, St. Julien Ravenel. 7:2995
Chile. Archivo Nacional. 1:2305, 2306; 10: 475; 12:1614; 18:1640
Chile. Archivo Nacional. (Indexes). 3:1767
Chile. Biblioteca Nacional, Santiago de Chile. 1:2307-2310; 8:118; 18:3283; 19:6412; 20: 3023, 3024; 22:6265; 25:4; 26:359, 964a; 27:19, 19a; 28:1000-1000d
Chile. Caja Autónoma de Amortización de la Deuda Pública. 2:1115; 3:974; 4:1080, 1081; 7:1477; 8:1678; 9:1452, 1453; 10: 1230, 1231; 11:1005; 15:910; 16:714
Chile. Caja de Colonización Agrícola. 3:867
Chile. Caja de Crédito Agrario. 3:868, 869; 9:1453a; 16:715
Chile. Caja de Crédito Hipotecario. 4:1082; 5:1299; 7:1478; 8:1659; 9:1454; 17:649; 18:659
Chile. Caja de Crédito Minero. 4:628; 5: 1300; 6:1517; 15:899; 16:716
Chile. Caja de la Habitación Popular. 11:2819
Chile. Caja de Seguro Obligatorio. 3:885; 7:4159; 10:3395; 14:2507-2509
Chile. Caja Nacional de Ahorros. 16:717; 17:650
Chile. Capitanía General. Archives. 1:2304
Chile. Comisión Chilena de Cooperación Intelectual. 3:454; 5:162; 19:4261
Chile. Comisión de Agricultura de Post-Guerra. 10:2107

Chile. Comisión de Cambios Internacionales. 6:1518
Chile. Comisión de Planeamiento Integral de la Educación Chilena. 27:2216
Chile. Comisión Organizadora de la Semana del Folklore Chileno. 12:3388
Chile. Comisión Reorganizadora de los Servicios Públicos. 5:2223
Chile. Congreso Nacional. 16:1951
Chile. Congreso Nacional. Cámara de Diputados. 3:1896; 4:1250; 10:2326; 11:1863; 17:652
Chile. Congreso Nacional. Cámara de Senadores. 3:1897; 9:2589
Chile. Consejo de Defensa Fiscal. 4:1122; 6:1519; 7:1479
Chile. Consorcio de Administraciones Agrícolas. 11:1008
Chile. Constitution. 2:1583; 10:2327; 11:1864; 18:2891; 27:3632
Chile. Contraloría General. 2:796-797; 4:1084; 5:1301; 7:1480; 14:1062; 15:901; 16:721; 17:653; 18:660
Chile. Corporación de Fomento de la Producción. 6:1515; 9:1456; 11:1010, 1011; 21:1320; 25:1694; 27:2434
Chile. Corporación de Fomento de la Producción. Fundación Pedro Aguirre Cerda. 16:723; 17:2984
Chile. Corporación de la Vivienda. 22:4651
Chile. Corporación Nacional de Inversiones de Previsión. Departamento de Estudios y Previsión. 23:1819
Chile. Departamento de Caminos. 15:1203
Chile. Departamento de Minas y Petróleos. 4:1116
Chile. Departamento de Navegación e Hidrografía de la Armada. 23:2594
Chile. Dirección de Bibliotecas, Archivos y Museos. 27:19a
Chile. Dirección de Estadística y Censos. 27:2216a
Chile. Dirección del Registro Electoral. 8:2712; 11:1865
Chile. Dirección General de Bibliotecas, Archivos y Museos. 4:4499, 5:4244; 6:4766; 7:5414
Chile. Dirección General de Educación Primaria. 13:720
Chile. Dirección General de Estadística. 2:798, 814, 815; 3:858, 859; 4:1073, 1074, 1097, 2297; 5:1290, 1303, 1304, 2023; 6:1514; 7:1464, 1465, 1483; 8:1651, 1660, 1668, 1669, 1679, 2847; 9:1458, 1459; 10:1236-1239; 11:1013-1015, 2820, 2826; 12:936-939; 14:1064; 16:52i; 17:656, 3058; 18:661, 662; 19:6258
Chile. Dirección General de Impuestos Internos. 4:1085; 8:1680; 22:4658; 24:4905
Chile. Dirección General de los Servicios de Agua Potable y Alcantarillado. 4:1123
Chile. Dirección General de Obras Públicas. 2:834; 4:1110; 5:1312-1313
Chile. Dirección General de Obras Públicas. Departamento de Caminos. 14:1484a
Chile. Dirección General de Previsión Social. 18:2260
Chile. Dirección General de Producción Agraria y Pesquera. Departamento de Economía Agraria. 22:1466
Chile. Dirección General de Servicios de Beneficencia y Asistencia Social. 13:1908
Chile. Dirección General del Trabajo. 7:1488, 4111, 4117, 4122-4124, 4132, 4152; 8:3735, 3736, 3741, 3742
Chile. Ejército. 14:1485; 21:2754

Chile. Ejército. Jefatura de Bandas. 9:4690
Chile. Ferrocarriles del Estado. 4:1098, 1124; 6:1534, 1535; 7:1494; 15:905; 16:32; 17:659
Chile. Fondo Histórico y Bibliográfico José Toribio Medina. 18:3292; 22:3473
Chile. Instituto de Guía y Orientación Profesional. 13:722
Chile. Instituto de Investigaciones Geológicas. 24:2966
Chile. Instituto Geográfico Militar. 9:2233; 13:930; 15:1206; 16:1210, 1209; 20:2026; 23:2595, 2596; 24:2967
Chile. Junta de Beneficencia. Escuela de Servicio Social. 5:1525
Chile. Laws, statutes, etc. 1:1681; 2:820a; 3:885a, 3669; 4:1093; 5:1412; 6:1531; 7:4145, 4146, 4169, 4184, 4185, 4188, 5203; 8:1681, 3761; 9:4424, 4467; 10:3991, 4086; 11:3453; 13:2457, 2576, 2614-2616; 14:2498, 3183, 3317; 15:2045, 2583; 17:2701; 20:3579, 3580; 21:3558; 23:4502, 4553, 4580, 4603, 4615, 4634, 4667-4669; 27:3775, 3776, 3813
Chile. Ministerio de Agricultura. 2:811; 5:1319; 11:1029; 25:1672-1674, 2305
Chile. Ministerio de Educación Pública. 7:159; 11:1258; 25:2081
Chile. Ministerio de Fomento. 4:1102, 1103
Chile. Ministerio de Fomento. Departamento de Ferrocarriles. 2:842
Chile. Ministerio de Hacienda. 1:457; 4:1089; 9:1468; 14:1067; 15:912; 16:736; 25:1678
Chile. Ministerio de Hacienda. Dirección de Presupuestos. 27:2216b
Chile. Ministerio de lo Interior. Archives. 1:2311
Chile. Ministerio de Relaciones Exteriores. 2:817, 2345, 2455; 3:882; 4:1104; 5:1414; 8:3649; 11:2712; 13:1813; 15:1954, 1955 17:1986, 2007; 18:2183, 2224; 22:4002; 27:3344
Chile. Ministerio del Trabajo. 7:4114, 4147
Chile. Ministerio del Trabjo. Departamento de Cooperativas. 3:886
Chile. Oficina del Presupuesto y Finanzas. 11:1030
Chile. Oficina Meteorológica. 9:2234
Chile. Oficina Técnica del Presupuesto y Centro de Planificación Económica. 27:2434a
Chile. Real audiencia. Archives. 1:2312; 9:623
Chile. Secretaría General del Censo. 9:1460
Chile. Servicio Meteorológico. 11:1708
Chil. Servicio Nacional de Estadística y Censos. 20:5003; 21:5306-5308
Chile. Servicios de Beneficencia y Asistencia Social. Sección Estadística. 11:2828
Chile. Sociedad Constructora de Establecimientos Educacionales. 16:1042
Chile. Superintendencia de Bancos. 2:804; 3:875; 4:1091, 1092; 6:1522, 1523; 7:1481; 8:1684-1686; 10:1261, 1262; 12:957; 14:1070, 1071; 15:917; 17:663
Chile. Superintendencia de la Casa de Moneda y Especies Valoradas. 9:1479
Chile. Treaties. 2:2344; 15:1966
Chilean Nitrate Sales Corporation, New York. 9:1454a
Chillida, Luis Alberto. 9:583; 10:446
Chimalpahin, Domingo. 15:209; 16:193; 22:525, 878
Chimalpahin Quauhtlehuanitzin, Domingo Francisco de San Antonio Muñón. See Chimalpahin, Domingo.
Chimalpopoca, Faustino. 15:1462

China, José B. d'Oliveira. 2:304; 3:319
Chinard, Gilbert. 17:1393
Chinarro, Andrés. 28:3020
Chinchilla Aguilar, Ernesto. 15:1422; 17:250; 18:1748; 19:3244-3246; 23:904; 24:3834, 6079; 25:3205; 26:123, 413; 28:150
Chioino, José. 15:2436
Chissone Lares, Germán. 19:5589a
Chiozza, Elena M. 22:305; 27:4100
Chipman, Donald E. 28:561a
Chira C., Magdaleno. 9:2235; 24:4379
Chiriboga, Gerardo. 24:5029
Chiriboga, Julio. 5:4405
Chiriboga Bustamante, Francisco. 10:2790
Chiriboga Navarro, Ángel Isaac. 2:1903; 9:3096; 10:3066; 11:2281; 15:269, 2696; 16:1965; 20:2580; 28:1038a
Chiriboga Ordóñez, Leonardo. 11:2525
Chiriboga Villagómez, José Ricardo. 7:1502; 24:3559
Chirinos, Rosendo. 4:1806
Chirinos Pacheco, Benjamín. 13:1832
Chirinos Soto, Enrique. 28:1043
Chirre Danos, Ricardo. 7:1955
Chisholm, Hester D. 4:2000
Chittaroni, Aldo V. 8:1554
Chizzini Melo, Leopoldo. 21:3930
Chmyz, Igor. 27:534, 536-539
Chocano, José Santos. 1:2124; 3:3317; 4:3986; 6:4102, 4103; 7:4739, 4740, 4815; 10:3739; 24:5418
Chocó, Colombia (Intendencia). 2:1490; 7:2600
Chocó, Órgano de Publicidad de la Intendencia. 5:2256
Chocrón, Isaac. 26:1848
Chofre, Francisco. 26:1569
Cholvis, Francisco. 19:5549
Chomé, Ignace, Father. 22:884
Chonay, Dionisio José, Father. 16:205; 19:197, 3213
Chonchol, Jacques. 21:1462; 24:2102; 25:1601; 27:1668, 1999, 4101
Chopitea, María José de. 23:607
Choquehuanca, José Domingo. 15:1340
Chorley, Katharine. 21:2003
Chouhy Terra, José L. 9:3529
Chowning, Ann. 20:105, 106
Choy, Emilio. 23:458; 24:5032; 25:327
Chrisphonte, Prosper. 22:5578; 23:5651
Christelow, Allan. 5:2366; 7:2837; 8:2895; 12:1674; 13:1202
Christensen, Asher N. 13:1033; 14:1574; 15:1293, 1300; 17:1274
Christensen, Bodil. 3:168; 5:290; 11:3256; 16:328; 19:636
Christensen, John G. 22:1802
Christensen, Ross T. 17:198, 208; 18:200; 19:60, 425, 446; 20:330
Christian Brothers. 26:2147
Christiano de Sousa, Cicero. See Sousa, Cicero Christiano de.
Christiansen, Paige W. 25:3235
Christie, Christina. 9:4112
Christie, E. W. Hunter. 17:1998
Christina, pseud. 23:5569
Christinat, Jean-Louis. 27: 1210
Christino, Waldomiro G. 17:3140
Christlieb Ibarrola, Adolfo. 27:3871
Christoffel, H. M. 12:1321
Christofoletti, Antônio. 27:2910
Christophersen, Alejandro. 2:437; 5:704
Christophersen, Pedro F. 3:735, 2650; 8:2848; 11:1825
Christophersen, Ricardo. 9:1533
Christovich, Stanley. 21:1321
Chuaqui, Benedicto. 7:2002; 8:2159; 12:2513, 2613
Chucid, Sarah. 25:2726
Chudoba, Bohdan. 18:1701
Chueca, Felipe. 9:3748
Chueca Goitia, Fernando. 17:1437
Chuerada, Héctor C. 2:2039
Chumaceiro Chiarelli, Fernando. 23:4509
Chumacero, Alí. 8:3987; 21:4069; 23:4805; 25:4451
Church, Clarence. 24:1342
Church, J. E. 14:1453
Church, Katherine. 24:1342
Churchill, Winston. 7:5024, 5025
Ciadoncha, Marqués de. See Rujula y de Ochotorena. José de, Marqués de Ciadoncha.
Ciasullo, Aldo L. 26:1470
Ciattino, Oreste. 4:4418
Ciaurriz, Carlos de. 28:898a
Cibes Viadé, Alberto. 28:826a
Cicco, Gabriel de. 27:739
Cicco, Januario. 3:3538
Cicero, Manoel. 4:3342
Cicerol S., M. 6:281
Cicerón, Marco Tulio. 8:4367; 10:4567
Cichero, Mario Alberto. 6:4678; 9:4582
Cid, María Trinidad del. 11:2376a
Cid Celis, G. 7:3240
Cid Fernández, Enrique del. 23:3159; 24:1672; 25:3206
Cid Pérez, José. 18:2709; 23:5373
Cid y Mulet, Juan. 25:5236
Cidade, F. de Paula. 6:2447, 3538; 9:2338
Cidade, Hernâni. 7:3694; 16:2096; 22:3835
Cidade Moura, Helena. See Moura, Helena Cidade.
Ciencias Políticas y Sociales, México. 25:2617
Ciencias Sociales, Cumaná. 27:4010, 4102
Ciencias Sociales, Washington, D. C. 17:3170
Cieza de León, Pedro de. 9:2970
Cifre de Loubriel, Estela. 26:798
Cifuentes, Abdon. 2:2214
Cifuentes, Antonio. 1:446
Cifuentes, José Ignacio. 6:5027; 7:5673
Cifuentes, José Luis. 20:4068; 21:973; 25:4520
Cifuentes, José María. 12:1989; 28:1184
Cifuentes, Santos. 4:2937
Cifuentes Betancour, Claudio. 16:720
Cifuentes García, Luis. 12:2360
Cifuentes Grez, Fernando. 13:2776
Cifuentes H., Gabriela. 11:1301
Cifuentes S., Alberto. 9:1455
Cifuentes y Gutiérrez, Alfonso. 13:2690
Cigliano, Eduardo Mario. 21:265; 23:413, 1310; 24:515, 516; 25:337, 342; 27:489-494, 508
Cignoli, Francisco. 17:3194; 19:3020, 3247
Ciguela, José María. 24:6060; 26:2297
Cimorra, Clemente. 12:1913
Cinéas, J. B. 8:2201; 14:3100
Cintra, A. B. de Ulhôa. 1:422; 25:764
Cintra, Antônio de Almeida. 8:2579
Cintra, Antônio Paes. 15:1793
Cintra, Francisco de Assis. 2:1707; 6:643; 11:2624
Cintra, Manuel Pedro da Cunha. 26:1271
Cintra Ferreira, Pedro. See Ferreira, Pedro Cintra.
Cintra Paashus, Gustavo. See Paashaus, Gustavo Cintra.
Cione, Otto Miguel. 3:3372; 4:3944, 3994
Cioranescu, Alexandre. 25:2202a, 3038
Ciordia, María A. 17:2832
Cipolletti, Emilio Domingo. 13:1047
Ciprotti, P. 4:2528

Ciranna, Camillo. 12:875
Circular Mensual Informativo del Centro de Estudios Bibliotecológicos del Museo Social Argentino, Buenos Aires. 12:3284
Círculo de Solaridad Panamericana, Santo Domingo. 7:3744
Círculo Femenino Boliviano de Cultura Hispánica, La Paz. 26:181, 324
Círculo Literario "Carlos Mondaca Cortés". La Serena, Chile. 22:5117
Cirell Czerna, Renato. 18:3119
Cirelli, Alberto D. 8:2630
Cirerol Sansores, Manuel. 9:239, 340
Ciria, Alberto. 28:1070
Cirigliano, Gustavo F. J. 27:2435
Cirne Lima, Carlos. See Lima, Carlos Cirne.
Cirne Lima, Ruy. See Lima, Ruy Cirne.
Cisneros, José. 18:1753
Cisneros, Joseph Luis de. 5:2651; 16:1695
Cisneros, Luis Benjamín. 3:3291; 6:4183
Cisneros, Luis Fernán. 12:2295
Cisneros, Luis Jaime. 18:2406; 19:4630, 4631; 20:666; 21:2399, 2730; 23:4409, 4410; 28:1043a
Cisneros Cisneros, César. 14:542, 601; 15: 457, 2071; 23:793, 4250
Cisneros Ulloa, Raúl. 13:2558
Cisternas, Raquel. 13:63
Ciudad Real, Antonio, Brother. 25:280
Ciudad Vázquez, Mario. 16:3242; 21:4753; 25:5359; 26:2306; 28:3206
Ciudad, Buenos Aires. 20:3810
Ciulla, Luiz. 13:657
Civeira Taboada, Miguel. 24:3872
Civrieux, Marc de. 21:1986; 23:855; 27:1371
Clagett, Helen L. 10:3936; 12:2958; 13: 2373, 2376, 2377a, 2381, 2383, 2386, 2387, 2389, 2390; 13:3103, 3104; 15:2582; 18: 1539, 2850, 2966
Clancy, Herman. 3:3632
Claps, Manuel Arturo. 16:3270; 22:5835
Clara, Alejandro. 27:2134
Claraval, Bernardo. 10:2364
Clare, Dardo E. 11:2659
Clare Júnior, Horacio. 27:3316
Claremont Colleges, Claremont. 9:28
Clariá Olmedo, Jorge A. 11:3589
Clariana, Abelardo. 22:4914
Clarice, Rubens. 28:1534
Clark, Alexander L. 16:399
Clark, Bonnie Jean. 14:426
Clark, Charles Upson. 3:285; 8:2931; 20: 2743
Clark, Dan E. 3:2375
Clark, Du Wayne G. 2:672-673
Clark, Evans. 7:5504, 5508
Clark, G. J. 27:2000
Clark, George R. 10:3027
Clark, J. M. 9:1582
Clark, James Cooper. 4:195
Clark, Lawrence. 25:706; 27:1409
Clark, Leonard Francis. 19:2538
Clark, Lew B. 6:854; 11:741; 15:765; 16:945, 945a; 17:858
Clark, Lorenzo. 24:1309
Clark, Marjorie R. 1:201, 8:1300
Clark, Oscar. 3:1375; 6:1942; 9:1791
Clark, Simon. 22:6155
Clark, Sydney Aylmer. 6:178, 2344; 7:2068; 10:82; 12:66, 67; 13:52; 15:56 25:5720
Clark, Thomas D. 23:2452
Clarke, Dorothy Clotelle. 18:2380
Clarke, Edith. 19:614; 21:447
Clarke, Rufus R. 16:628
Clarkson, Richard B. 5:1763
Claro, Alberto. 4:2807

Claro, Herbert. 6:4471
Claro, João. 6:4396
Claro, Samuel. 26:2201
Claro Solar, Luis. 1:1556
Claros, Eufemiano. 23:2257
Clastres, Pierre. 27:1125, 1125a, 1318
Clasullo, Aldo L. 13:1795
Claudel, Paul. 3:2971; 4:4167
Claunch, John M. 27:3027
Clavell Borrás, Javier. 27:3600, 3860
Clavería, Carlos. 12:2690
Clavero, Ángel. 10:2694
Clavery, Edouard. 1:927
Clavijero, Francisco Javier. 3:2376; 4:2636; 10:2556; 28:501a
Clavijo Aguilera, Fausto. 14:2515
Clavijo Martínez, Ezequiel. 15:2072
Cleare, L. D. 7:2179
Clearly, Edward J. 10:2108
Cleland, Robert Glass. 15:1704
Clemen, Rudolf A. 3:2922
Clemence, Stella R. 2:1904
Clemens, René. 19:572
Clément, André. 1:35; 4:254
Clemente, Horacio. 21:4070
Clemente, José Edmundo. 18:2327; 23:1402, 4814; 28:1521
Clemente Travieso, Carmen. 17:3112; 21:2307
Clementi, Cecil. 3:2678
Clements, Thomas. 6:2269; 24:203
Clements (John A.) Associates. 25:3761
Clemmer, Myrtle M. 27:1789, 4057
Clendenen, Clarence C. 25:3236
Clendenin, T. P. 17:859
Cleophas, João. 10:1349; 14:1109; 18:1510
Clérico Santos, Alfredo. 25:1250
Clériga Vera, Xavier. 12:756; 13:473
Clerk, Gerald. 27:3026
Cleto, Marcelino Pereira. 14:2285
Cleven, N. Andrew Nels. 3:1795, 1848, 2168a, 2477, 2478, 3002; 6:2391, 2563
Clifford, Roy A. 19:6011
Clifton, Violet Mary. 13:1393
Clifton Goldney, Adalberto A. 14:2228
Clímaco Bezerra, João. See Bezerra, João Clímaco.
Cline, Howard F. 10:248; 12:208, 1802; 13:80, 1533; 14:944, 1769, 2091; 15:1430, 1497; 18:270; 19:637, 3248, 3469, 3573; 21:414, 2510, 2511, 5205; 22:2842; 23:887, 905, 906, 917, 2200; 24:3, 1112, 2303, 3573, 3574, 3873, 3873a; 25:1510, 2228, 3180, 3237; 26:568; 27: 719-724, 753, 1394; 28:29b, 106a, 418, 502, 502a, 508, 537a
Cline, W. B. 6:437
Clinton, Sylvia Medrado. 15:1815
Clío, Santo Domingo (Indexes). 15:1815
Clissold, Stephen. 19:6608; 20:2427; 28:107
Cloin, Tiago G. 22:6034
Clothier, William J., II. 9:428
Clough, Jonas. 21:2563
Cloward, Davis J. 27:3317
Clozel, José. 9:1792
Club de Rotarios de La Habana. 20:1325
Club del Libro A. L. A., Buenos Aires. 7:55
Clulow, Ana Amalia. 14:1300
Clulow, Carlos Alberto. 8:4273
Clulow, Guillermo E. 18:3032
Clune, Doris. 24:237
Clune, Francis J., Jr. 24:234
Clusellas, Rodolfo J. 12:3164
Cluzeau Mortet, Luis. 7:5493; 13:2666; 17:2551
Coalson, George O. 18:1925
Coan, Carl A. S. 25:1652

Coaracy, Vivaldo. 6:4478; 9:4387; 10:3143; 16:2883, 2926; 18:2740; 20:4310; 22:5550; 25:4733; 26:2093
Coatti, Virginia Cecilia. 26:1365
Cobb, Carl W. 26:1793
Cobb, Gwendolin Ballantine. 11:2184; 15:1560; 20:3213
Cobb, June. 24:3403
Cobb, W. Montague. 7:582
Cobián y Macchiavello, Alfonso. 24:6061
Cobo, Armando J. 19:4961
Cobo, Bernabé. 1:876; 20:2428
Cobo Velasco, Alfonso. 25:3718
Cobos, José Antonio. 16:946
Cobos, María Teresa. 28:30, 888a
Cobos D., Bernardo. 21:3502
Cobos Mancebo, Emilia. 23:3412
Coca, Joaquín. 27:3179
Cócaro, Nicolás. 18:2579; 23:5103; 26:1694
Cocca, Aldo Armando. 12:2071; 14:2158; 2431, 3196; 16:1917
Cocchia, Roque. 28:813a
Cochius, F. 25:1415
Cochran, Hamilton. 3:2103
Cochran, Thomas C. 22:3278; 24:720; 25:1655
Cochran, William P., Jr. 7:973
Cochrane, James D. 27:1938, 3028, 3317a
Cock A., Víctor. 9:1186
Cock Arango, Alfredo. 1:1772; 6:4674; 10:3955; 14:3289
Codas Papalucá, Alcides. 17:3036
Codazzi, Agustín. 23:2474; 25:3766
Codazzi, Giovanni Battista Agostino. 25:2275
Codeceira Lopes, José. See Lopes, José Codeceira.
Codex Baranda. 22:110
Codex Barberini. 1:37
Codex Becker. 11:237; 24:1113
Codex Borgia. 26:118
Codex Calkini. 22:109; 23:908
Codex Chimalpopocatl. 12:191
Codex Cuernavaca. 17:1520
Codex Florentine. 22:600
Codex Mendoza. 17:269
Codex Mérida. 6:2953
Codex Mexicanus. 18:107
Codex Osuna. 13:1264
Codex Plancarte. 22:526
Codex Ramírez. 10:2515
Codina de Giannoni, Iverna. 21:4071; 22:4915
Codovilla, Victorio. 8:2631; 10:2310; 12:2247; 13:1115; 21:2214
Cody, Bertha Parker. 7:469
Cody, Morrill. 9:3743
Cody, W. F. 19:4692
Coe, John. 14:2445
Coe, Michael D. 15:165; 20:45, 46, 107; 21:108; 22:73; 23:167-169; 24:238; 25:131, 292-294, 371, 627; 27:204-205, 302-304, 371, 424, 428, 618, 725; 28:141
Coe, William R. 15:165; 18:37; 19:61, 109; 20:107; 21:73, 200, 415; 22:74; 23:170, 171; 25:187, 188, 240; 27:305-309
Coelho, Arnaldo Barbosa. 21:1158
Coelho, Arthur. 2:290; 3:3485; 5:3897
Coelho, Carlos Gouvêa. 25:2199n
Coelho, Djalma Polli. 18:1399; 19:2679, 2706
Coelho, Duarte Albuquerque. 10:3144
Coelho, Elói do Egito. 19:2251
Coelho, Francisco das Chagas Pinto. 23:2696
Coelho, Iphygenio Soares. 18:1400; 23:2688
Coelho, José Francisco. 17:2632; 18:2790
Coelho, José Maria. *Father*. 17:1921
Coelho, Jurandyr. 18:882

Coelho, Lucinda Coutinho de Melo. 17:1239
Coelho, Luiz Lopes. 22:5490; 25:4641
Coelho, Nelson. 26:1965
Coelho, Olga. 23:5714
Coelho, Ruy. 18:312
Coelho, Vicente de Faria. 7:1718; 15:2682 18:2913; 23:4569
Coelho de A. Lima, Mário. See Lima, Mário Coelho de A.
Coelho de Oliveira, Benjamín. See Oliveira, Benjamín Coelho de.
Coelho de Souza, J. See Souza, J. Coelho de.
Coelho de Souza, José Pereira. See Souza, José Pereira Coelho de.
Coelho de Souza, William Wilson. See Souza, William Wilson Coelho de.
Coelho de Souza Keller, Elza. See Keller, Elza Coelho de Souza.
Coelho Filho, Antônio Pereira. 28:2463
Coelho Mesquita, Myriam Gomes. See Mesquita, Myriam Gomes Coelho.
Coelho Moreira, Ziede. See Moreira, Ziede Coelho.
Coelho Neto, Antônio da Silva. 25:764, 812
Coelho Netto, Henrique. 4:4236; 26:2075
Coelho Netto, Marcos. 17:2827
Coelho Netto, Paulo. 8:4198; 20:5025; 21:4295; 28:2651
Coelho Netto, Zita. 28:2671
Coelho Pereira Leite, Cília. See María Olívia, *Sister*.
Coelho Pinto, José Saldanha da Gama. See Pinto, José Saldanha da Gama Coelho.
Coelho Senna, Caio Nelson de. See Senna, Caio Nelson de Coelho.
Coelho Vieira, Maurício. See Vieira, Maurício Coelho.
Coeli, Jayme Pacini. 7:4825; 23:2870
Coello, Augusto C. 4:3021
Coello Ramos, Rafael. 4:1853
Coén, Augusto. 17:2826
Coén Anitúa, Arrigo. 14:2570
Coepla, Compañía Editora del Plata. 6:35; 7:56
Coester, Alfred. 1:1990; 3:3138; 5:3569; 7:1956
Cofferata, Juan F. 9:3598
Coffman, F. L. 18:1242
Cofresí, Emilio. 17:2985
Cogen, Joan. 11:1412
Cogeshall, L. T. 10:2263
Coghlan, Eduardo A. 6:1481; 7:3942; 9:3602; 10:3324; 11:1308; 12:1143
Cogolani, Roberto Dante. 25:4561
Cohan, Oscar. 24:6137
Cohen, Alvin. 27:2257
Cohen, Félix S. 8:2858
Cohen, J. M. 26:370a; 28:1741
Cohen, Jerome. 27:1343a
Cohen, José Benedito. 10:3897
Cohen, Marcel. 19:28
Cohen, Mildred. 4:1847
Cohen, Morris R. 19:5808
Cohen, Wilbur J. 13:1905, 1940
Cohen, Yehudi A. 19:615; 20:453, 454; 24:721
Cohn, Oscar. 6:5072
Cohnen, Ilse Valerie. 27:20
Coicou, Clément A. 13:2367; 14:3096
Coimbra, Gil. 7:530, 568; 8:376, 2092; 11:592
Coimbra, Jorge. 25:3679
Coimbra, Juan B. 12:2105
Coimbra Bueno, Jerônimo. See Bueno, Jerônimo Coimbra.
Coiner, Mary S. 11:1626, 12:1281

Coing, Helmut. 23:4510
Coirolo, Hipólito. 16:1074
Coiscou Henríquez, Máximo. 1:912; 9: 2706; 10:2635
Cojedes (State). Secretaría General de Gobierno. 4:2452; 6:2722; 7:2731; 8:2820; 9:2561
Coke, Van Deren. 28:299
Colán Secas, Hermógenes. 8:2066; 9:1945, 1989
Colbacchini, Antonio. 9:549
Colbert, E. H. 8:273
Colbert, L. O. 10:1908
Colborn, Paul A. 19:5585; 21:4552, 4564
Colby, Bainbridge. 5:3296
Colby, Benjamin N. 24:633, 634; 25:628
Colcord, J. C. 1:216
Colcord, Lincoln. 7:2301
Cole, E. W. 12:1802a
Cole, John P. 20:2039-2039d; 21:2045; 25:2203; 28:107a
Cole, Merl Burke. 20:2814
Cole, Monica M. 22:2519; 24:3024; 25:2362
Coleção Recôncavo. 17:510
Colegio Alemán, La Paz. 21:5206
Colegio de Abogados de Buenos Aires. Biblioteca. Archives. 1:2248
Colegio de Abogados de Buenos Aires. Instituto Bibliográfico. 12:12
Colegio de Abogados de Chile. 21:4630
Colegio de Abogados de México. 25:4124
Colegio de Abogados del Distrito Federal, Caracas. 7:5335
Colegio de Ingenieros Agrónomos y Azucareros (Cuba). 23:1826
El Colegio de México. Seminario de Historia Moderna de México. 28:586a
Colegio de San Carlos de Buenos Aires. 11:2317
Colegio de San Fernando de México. 14:1826
Colegio de Santa Cruz de Tlaltelolco, México. 14:1817
Colegio de Tesoreros del Tolima. 3:1948
Colegio del Salvador. Biblioteca, Buenos Aires. 1:2249
Colegio Libre de Estudios Superiores, Buenos Aires. 14:1311; 19:3829
Colegio Nacional, México. 20:3811
Colegio Nacional Bolívar, Ambato, Ecuador. 25:3731
Colegio Nacional de Arquitectos de México. 20:175, 909; 25:1238
Colégio Santa Clara, Goiânia. 9:1799a
Colégio Pedro II, Rio de Janeiro. 5:1472
Coleman, A. P. 1:577
Coleman, Allan B. 27:1810
Coleman, George C. 18:1926
Coleman, James S. 24:3401
Coleman, William Jackson. 16:2172; 19:3862; 21:3108
Coleti, Juan Domingo. 28:901a
Colimon, Marie-Thérèse. 28:2686
Colín, José R. 11:742; 13:474; 14:2092; 15:766
Colín, Mario. 15:1329; 28:482a
Colín Sánchez, Guillermo. 28:587
Colina, José de la. 23:4941
Colina, Manuel G. 10:3970
Colina, Rafael de la. 16:947
Colindres, Jorge. 11:1574
Colini, G. A. 11:354
Coll, Edna. 14:2824; 28:1829
Coll, Jorge Eduardo. 3:3740; 4:4327; 6: 3190, 3359; 11:2459; 13:2480
Coll, Pedro Emilio. 14:2748

Coll Reyna, Adrián. 6:2279
Coll y Prat, Narciso. 24:4164
Coll y Toste, Cayetano. 21:2954
Collado, E. G. 2:912d-912e
Collado, J. Antonio. 7:2250
Collado y López, Olga. 20:2912
Collantes de Terán, Juan. 25:4368; 26: 1323
Collard, Andrée. 23:5034
Collard, Elizabeth Scott. 27:1410
Collard, Howard. 27:1410
Collares Júnior, João Dias. 6:4288
Collart Valle, Ángel Antonio. 16:633; 19: 2404
Collarte, Juan Carlos. 27:2219
Collazo, Ariel B. 27:3541
Collazos Chiriboga, Carlos. 20:797; 23:1288, 1295; 24:6262
Colles, H. C. 6:4869a
Collet, André. 23:1275
Collet, Lino. 18:1142
Colley, Benjamin N. 27:4202
Colli, Néstor S. 14:2159; 23:3756; 28:1070a
Collier, Donald. 9:397; 426; 10:279; 12:296, 337; 13:253; 14:380; 16:316; 19:447; 22:338; 23:114, 115, 459, 1357; 24:1607; 25:372; 27: 619, 620
Collier, John, Jr. 7:245; 11:126; 13:81; 15:458
Collier, Margaret. 26:147
Collingwood, Robin George. 16:3314; 24:6112
Collins, Dwane R. 19:2252
Collins, G. W. 3:161
Collins, J. L. 17:8
Collins, Sydney. 22:407; 23:6045
Collió Huaiquillaf, Martín. 7:550
Collis, Maurice. 19:3249
Colloque sur le Problème des Capitales en Amérique Latine, Université de Toulouse, France, 1964. 27:4010a
Collor, Lindolfo. 4:3463; 24:4497
Colman, J. 6:2307, 2312
Colman, Narciso R. 3:345a; 4:1893; 9:2023
Colmeiro, Manuel. 8:2858a
Colmenares, Abigaíl. 4:2471
Colmenares, Octavio. 25:5711
Colmenares del Castillo, Rafael. 7:2601; 11:3599
Colmenares Díaz, Luis. 26:1039
Colmenares Peraza, J. R. 6:1275
Colmo, Alfredo. 2:2999a; 10:4061; 25:4039
Colmont, B. de. 1:164
Coloane, Francisco A. 8:4088; 11:3192, 3193; 14:2847; 21:3931; 26:1662
Coloma González, Fidel. 28:2238
Coloma Silva, Enrique. 11:1045
Coloma Silva, Luis. 6:5059
Colombán Rosario, José. 6:1132, 1340
Colombia. Archivo Histórico Nacional, Bogotá. 1:658; 2:2248; 13:1381; 14:1931; 17:1610
Colombia. Archivo Histórico Nacional. (Indexes). 2:1744; 3:2189d; 12:1884, 1885
Colombia. Biblioteca Nacional, Bogotá. 4:4500; 6:172, 4767; 8:4685, 4724; 9:4651; 19:6413
Colombia. Caja de Crédito Agrario, Industrial y Minero. 3:1154; 4:1584; 14:979; 16:753; 20:1313
Colombia. Comisión Cartográfica. 23:2474
Colombia. Comisión Corográfica. 25:2232
Colombia. Comisión de Asuntos Penales y Penitenciarios. 2:3113; 6:4567
Colombia. Comisión de Estudios Constitucionales. 19:5485
Colombia. Comité de Desarrollo Económico. 18:682, 1077
Colombia. Comité Nacional de Planeación. 20: 1314
Colombia. Congreso. 27:3633

Colombia. Congreso. Archivo y Biblioteca. 2:1488
Colombia. Congreso. Cámara de Representantes. 2:604-607, 1489; 3:1155, 1156, 1413, 1925-1927, 3718; 5:1068, 2027; 10:2336
Colombia. Congreso. Cámara de Representantes. Comisión de Asuntos Sociales y Cuestiones Obreras. 2:601
Colombia. Congreso. Cámara de Representantes. Comisión Especial de Impuestos. 2:602
Colombia. Congreso. Cámara de Representantes. Comisión Especial de Petróleos. 2:603
Colombia. Congreso. Cámara de Representantes. Comisión Especial de Reformas Constitucionales. 2:1584
Colombia. Congreso. Cámara del Senado. 1:1404; 3:1922, 1930-1932; 5:2044; 6:2619; 8:2733; 13:1913
Colombia. Congreso. Cámara del Senado. Comisión de Negocios Constitucionales. 2:1586
Colombia. Congreso. Cámara del Senado. Comisión de Relaciones Exteriores. 2:2406
Colombia. Congreso General, 1821. 2:1987
Colombia. Consejo Administrativo de los Ferrocarriles Nacionales. 8:1410
Colombia. Consejo de Estado. 1:1501; 5:2029; 7:2602; 8:2723; 10:3941
Colombia. Consejo de Gobierno. 8:3328
Colombia. *Constitution.* 1:1407, 1409-1411, 1445; 2:1984, 1985; 3:1935; 10:2338; 11:1873, 1877; 17:2726; 27:3635
Colombia. *Consulado. Guatemala.* 7:3781
Colombia. Contraloría General. 1:311, 577a; 2:599, 610, 613, 614; 3:1163, 1230; 4:1592-1596; 5:2030; 6:1187; 7:1222; 8:1398; 9:1177, 1182, 2094; 11:853, 854; 14:1377, 2511; 15:925, 926; 16:754. 755. 1139; 17:683, 684, 1091; 18:683; 19:1419, 6414
Colombia. Corte Suprema de Justicia. 7:5188
Colombia. Departamento Administrativo Nacional de Estadística. 19:1420, 6259, 6260; 20:1315, 5004; 21:1325, 5309-5312; 25:3719
Colombia. Departamento de Agricultura. 5:1072; 13:560
Colombia. Departamento de Educación Campesina. 19:2062
Colombia. Departamento de Irrigación. Sección de Meteorología y Aforos. 10:1977; 14:1378
Colombia. Departamento de Justicia. 4:1599
Colombia. Departamento de Prisiones. 2:1494; 5:2031, 2032
Colombia. Departamento de Territorios Nacionales. 3:1905, 1906; 5:2056
Colombia. Departamento Nacional de Educación Vocacional. 14:1261
Colombia. Departamento Nacional de Higiene. 3:1170; 4:1600
Colombia. Departamento Nacional de Provisiones. 4:1601
Colombia. Departamento Técnico de la Seguridad Social Campesina. 27:2044a
Colombia. Dirección de Educación Vocacional. 8:3764
Colombia. Dirección de Extensión Cultural y Bellas Artes. Sección de Cultura Popular. 7:1885
Colombia. Dirección de Información y Propaganda. 19:2902; 21:3818
Colombia. Dirección General de los Censos. 5:1077; 6:1201; 7:1243; 8:1421; 13:553, 554; 14:981
Colombia. Dirección Nacional de Educación Física. 22:1952
Colombia. Dirección Nacional de Estadística. 2:611, 612, 618; 3:1171-1173; 4:1602-1604; 5:1078-1084, 1152; 6:1172, 1208; 7:1184, 2603; 8:1345, 1346, 1380, 1487; 10:1041-1044; 11:855, 856, 1874; 12:834-834, 857; 14:982, 2511; 16:52j, 52k, 756; 17:685; 18:684, 685
Colombia. Dirección Nacional de Planeación Económica y Fiscal. 19:1421; 20:1316, 1317
Colombia. Dirección Nacional del Censo Industrial. 11:857
Colombia. División Nacional de Minas. 20:1318
Colombia. Ferrocarriles Nacionales. 4:1606; 25:1628
Colombia. Flota Mercante Gran Colombiana. 15:883
Colombia. Fondo Nacional de Ganadería. 5:1085
Colombia. Imprenta Nacional. 1:9; 3:1909
Colombia. Inspección Nacional de Cedulación. 3:1910
Colombia. Instituto Colombiano de Antropología. 20:277, 1983, 1983a
Colombia. Instituto Colombiano de la Reforma Agraria. (INCORA). 27:2044b
Colombia. Instituto Colombiano de Seguros Sociales. 16:2377
Colombia. Instituto de Crédito Territorial. 8:3765; 22:1479
Colombia. Instituto de Fomento Industrial. 10:1088; 13:556, 14:985; 15:931; 16:761; 17:689; 18:686
Colombia. Instituto Geográfico "Agustín Codazzi". *See* Instituto Geográfico de Colombia "Agustín Codazzi"
Colombia. Instituto Geográfico Militar y Catastral. 10:1882, 1892, 1893; 12:1236; 16:1142, 1144; 21:1971-1973; 22:2255
Colombia. Instituto Nacional de Aprovechamiento de Aguas y Fomento Eléctrico. 18:687
Colombia. Interventoría Nacional de Petróleos. 2:263; 4:1609; 6:1218; 7:1217
Colombia. *Laws, statutes, etc.* 1:312, 1406, 1443, 1634, 1780, 1801, 1862, 1865-1867; 2:609a, 642a, 645; 3:3756; 4:1588, 1610; 7:4197, 5204; 8:4495; 12:3268; 13:1909, 1912, 2378; 14:2513, 3190; 15:2658; 16:1045, 3003; 19:559a; 20:4577; 24:4852; 26:918; 27:3777-3779, 3830, 3872-3876
Colombia. *Laws, statutes, etc. (Indexes).* 2:2990
Colombia. Ministerio de Agricultura y Comercio. 2:625; 3:1179; 4:1617
Colombia. Ministerio de Comercio e Industrias. 5:1073; 8:1486; 14:989
Colombia. Ministerio de Correos y Telégrafos. 2:626, 627; 3:1914; 4:1618, 1619, 1984; 8:2312
Colombia. Ministerio de Educación Nacional. 1:1261, 1268; 2:1165; 3:1419, 1420; 4:1783; 5:1529, 1530, 3651; 8:624, 1949, 1950; 10:1579-1581; 11:1221; 12:1169, 1170; 13:728; 14:1262, 1263; 8:1076
Colombia. Ministerio de Educación Nacional Extensión Cultural y Bellas Artes. 16:529
Colombia. Ministerio de Fomento. 17:690; 20:1319
Colombia. Ministerio de Fomento. Dirección General de Estadística. 9:1184
Colombia. Ministerio de Gobierno. 1:1414; 2:1502-1504; 3:1915, 1954; 4:2313, 2314; 5:2035; 6:2610; 7:2608; 8:2724; 9:2473, 2474; 10:2340; 12:1556; 24:4821
Colombia. Ministerio de Guerra. 2:1311
Colombia. Ministerio de Hacienda y Crédito Público. 2:628-632; 3:1180; 4:1621-1625; 5:1091, 1103; 6:1174; 7:1187, 1232; 8:1404; 11:1566; 13:558; 15:932; 18:688, 1271, 2106; 22:4649

Colombia. Ministerio de Industrias y Trabajo. 1:1685; 2:633; 3:1181; 4:1626
Colombia Ministerio de la Economía Nacional. 5:1092; 6:1175, 1180, 1209; 7:1188, 1207, 1304; 8:1349; 10:1058, 1089; 11:860, 861; 13:559; 14:990
Colombia. Ministerio de la Economía Nacional. Sección de Turismo. 10:1983
Colombia. Ministerio de Minas y Petróleos. 1:58a, 584a; 3:1169, 1169a; 4:1982; 5:1074, 1075; 6:1219; 8:1394; 9:1188; 14:988; 15:933; 18:689
Colombia. Ministerio de Obras Públicas. 2:634; 3:1182, 1545a; 4:1627; 5:1093; 6:1231; 7:1233; 14:991; 15:934; 16:1143; 20:1976
Colombia. Ministerio de Relaciones Exteriores. 1:1710; 2:635, 2346, 2425; 3:2937; 4:1628, 3531, 3571; 10:3198; 14:2363; 16:2294, 3115; 17:1937, 2793; 20:3402; 23:2903, 4657
Colombia. Ministerio de Relaciones Exteriores. Oficina de Longitudes y Fronteras. 7:2034-2036, 2069, 2069a, 3782-2784; 9:3547; 10:1846, 1987
Colombia. Ministerio de Relaciones Exteriores. Sección Comercial. Servicio de Información. 1:548b
Colombia. Ministero del Trabajo. 5:1076, 1094, 2036; 6:1181, 2611; 7:1241, 2609; 8:2725; 11:2832, 2833; 13:1910; 18:2265; 19:4302; 24:1915; 25:3541
Colombia. Observatorio Nacional de San Bartolomé. 2:1313
Colombia. Oficina de Caminos, Catastro y Estadística. 8:1354
Colombia. Policía Nacional. 3:1916; 7:2615; 8:2727; 18:1578
Colombia. Procuradoría General. 2:642
Colombia. Registraduría Nacional del Estado Civil. 27:3636
Colombia. Revisoría Fiscal de Instituciones Oficiales de Crédito. 9:1178a, 1178b
Colombia. Secretaría del Tesoro y Comercio. 5:1104
Colombia. Servicio Geológico Nacional. 13:824; 24:2838; 27:2740e
Colombia. Superintendencia Bancaria. 2:622; 4:1649; 5:1108, 1109; 6:1192; 7:1227; 8:1407; 11:873; 17:692; 18:690; 19:1422
Colombia. *Treaties, etc.* 12:845; 15:1962, 1968; 16:2279, 2288
Colombia, Paris. 3:1159
Colombia en Cifras, Bogotá. 7:1183
Colombian-American Chamber of Commerce. 11:851
Colombo, Carlos J. 8:4513; 9:4451; 10:4062
Colombo, Celia. 23:3005
Colombo, Cristóforo. 10:2485; 14:1799; 18:1701a, 1712a; 28:418a, 419
Colombo, Francisco A., *Buenos Aires.* 26:195
Colombo, Leonardo A. 10:4102
Colombo, Luis. 2:749a, 750; 9:1334
Colombras, Ernesto F. 1:823, 1145
Colombres, Nicanor Eduardo. 24:4259
Colombres, René Gastón. 7:5196
Colombres Mármol, Eduardo L. 6:3097
Colombres Mármol, Eduardo L., h. 13:1444
Colomer, A. 5:972
Colón, Antonio. 17:460; 20:1031; 24:1651
Colón, Cristóbal. 21:2400
Colón, Eduardo Dimas. 8:1310; 14:931
Colón, Fernando. 11:1959; 13:1203
Colón, Jesús. 19:3750
Colón, José M. 15:2314
Colón, Ramiro L. 9:2135
Colón Torres, Ramón. 5:1764; 7:2193

Coloquio Dedicado al Mestizaje en la Historia de Ibero-América, *Stockholm, 1960.* 28:402a
Colóquio Internacional de Estudos Luso-Brasileiros, *IV, Salvador, 1959.* 22:1338
Colóquio Internacional de Estudos Luso-Brasileiros, *V, Coimbra, Portugal, 1963.* 27:83, 122; 28:108
Coloquio sobre la Federación Internacional de Sociedades de Filosofía, *La Habana, 1955.* 20:4756
Colorado, Antonio J. 11:79; 20:2962
Colotti, Julio E. 10:3317; 11:3550; 12:3197- 3199; 13:2563; 15:2021; 17:2030
Coltharp, Lurline. 28:1535
Coluccio, Félix. 11:1291; 13:1971; 14:470, 471, 2571; 15:99; 16:2471; 20:5
Columba, Ramón. 18:1551
Columbia University. School of Law, *New York.* 27:2217
Columbia University. Teachers College. Institute of Field Studies. 16:1061
Colvin, Gerard. 25:2229, 3341
Comadrán Ruiz, Jorge. 20:2784; 21:2767, 3043; 24:4146-4148; 25:3511; 26:891a; 27:21; 28:845, 941a
Comas, Juan. 6:575; 7:1863; 8:147, 237, 442; 9:200, 360, 573, 574, 613-615; 10:436, 438, 440, 1592, 1889; 11:127, 413, 444; 12:487-491, 538; 13:369; 14:98, 572, 579; 15:486; 16:96, 422, 434; 17:9-10a, 379, 380, 1395, 1396; 18:170, 366, 367, 380, 381; 19:9-9c, 850, 6052; 20:6, 7, 47, 207, 402, 751, 752; 21:42, 801, 813, 814; 22:951-953, 980, 994, 2822, 3264; 23:704, 1257, 1258, 1358, 5701; 24:154, 1501-1503, 1540, 6301; 27:123-124, 206, 890, 1505-1506; 28:503
Comas Calvet, Pedro. 12:799
Comas Ros, Joaquina. 25:3789
Combate. San José, Costa Rica. 24:3874
Combs, Jerry W. 18:3191, 3192
Comercial. Industrial. Económico. Financiero, México. 6:922
Comercio, Órgano Oficial de la Cámara Central de Comercio, Valparaiso. 8:1666
Comercio Exterior, Montevideo. 8:1743; 9:1534
Comércio Exterior do Brasil, Rio de Janeiro. 9:1726
Comercio Exterior Ecuatoriano, Quito. 16:769; 18:723
Comercio Industrias, Bogotá. 6:1207
Comercio Mexicano, México. 17:868
Cometta Manzoni, Aída. 5:3608; 6:4267; 8:3988; 15:2315; 27:1126
Comhaire, Jean L. 18:4; 19:591; 20:438, 439; 25:3400
Comhaire-Sylvain, Jean. 18:250; 20:440; 22:409; 27:1020-1022
Comhaire-Sylvain, Suzanne. 3:1490; 4:1881, 1894; 5:1628; 18:249, 250; 19:5389; 20:440; 22:408, 409; 24:722, 723; 25:482; 26:1019-1022
Comini, Luis. 4:2070
Comisión Argentina pro Fomento del Intercambio. 18:845
Comisión Central de Música Sacra de México. 16:3188
Comisión Central Pro-Monumento a Martí, *La Habana.* 4:3096
Comisión Colombiana de Mineros. 3:1545
Comisión del III Congreso de la Confederación Interamericana de Defensa del Continente. 21:2243
Comisión Mixta Boliviano-Estadounidense del Trabajo. 9:3607

Comisión Mixta de Negocios Internacionales. 16:2313
Comisión Mixta Límites Argentino-Paraguayo. 11:1547
Comisión Mixta Peruano-Ecuatoriana Demarcadora de Límites. 13:888
Comisión Nacional Cubana de la UNESCO. 26:16; 27:1669
Comisión Técnica de Demarcación de la Frontera entre Guatemala y Honduras. 3:2980
Comitas, Lambros. 27:1023
Comité Argentino de Bibliotecarios de Instituciones Científicas y Técnicas. 8:26; 11:3685, 3686
Comité Consultivo de Emergencia para la Defensa Política. 13:1796, 1797
Comité de Estudiantes Universitarios Anticomunistas *(Guatemala)*. 20:2269
Comité de Estudiantes Universitarios Anticomunistas *(Honduras)*. 19:2947
Comité France-Amérique de Panamá. 24:4019
Comité Interamericano de Seguridad Social. 20:3551; 24:6202
Comité Jurídico Interamericano. 10:4171; 13:1788
Comité Liberal Demócrata de Honduras en México. 10:2361
Comité Nacional de Bibliografía Adolfo Blen. *(Costa Rica)*. 26:6
Comité Permanente Interamericano de Seguridad Social. 19:4412
Commercial Retirement and Pensions Fund Institute, *Rio de Janeiro*. 1:444
Commissione Scientifica del Comitate Onoranze ad Amerigo Vespucci, *Firenze*. 20:2429
Committee for Economic Development, *New York*. 24:1916; 27:1939
Companhia de Armazens e Silos do Estado de Minas Gerais. 24:2060
Companhia Editôra Nacional, *São Paulo*. 5:75; 76; 6:70-72; 7:108, 109
Companhia Hidro-Elétrica do São Francisco. 18:883; 21:1412
Companhia Melhoramentos de São Paulo. 6:73; 7:110, 111; 17:1266, 1270; 24:3025; 27:2910a
Compañía Argentina de Cemento Portland. 5:1216
Compañía Colombiana de Tabaco. 13:552
Compañía de Acero del Pacífico, *Santiago de Chile*. 12:934
Compañía de Petróleos de Chile (COPEC). 27:2850
Compañía General Editora, *México*. 7:6
Compañía Guipozcoana. Archives. 10:2658; 14:1925
Compañía Internacional de Seguros del Perú. 4:1186
Compañía Librería Mexicana, *México*. 5:5
Compañía Peruana de Negocios Internacionales, *Lima*. 8:1721
Compañía Shell de Venezuela. 20:1987; 25:2276; 27:2799
Comprés Pérez, Rafael. 23:2922
Compton, Carl B. 23:226, 227
Compton, George C. 24:1704
Comte, Auguste. 2:300; 9:5018b; 19:5809
El Comunista, La Habana. 6:1332
Conanela Fontanilles, José. 5:2084; 13:1472; 17:1711; 20:2913; 22:3228
Concannon, C. C. 3:797, 879, 932
Conceição, Carlos. 2:1399-1400
Conceição, Diamantina Costa. 20:1754; 21:1755
Conceição Menezes, Francisco da. *See* Menezes, Francisco da Conceição.

Concepción (Province). Inspección Provincial de Educación Primaria. 16:1041
Concepción del Río Cuarto. Cabildo. 13:1416
Concha, Carlos. 9:2536
Concha, Fernando de la. 23:3124
Concha, Jaime. 28:2216
Concha Contreras, Edmundo. 12:2514; 20:4124; 24:6072
Concha Lois, Jaime. 17:651
Concha Posadas, Rafael Rubén. 3:2726
Concheso, Aurelio. 1:1118
Concolorcorvo, *pseud*. 4:3781; 8:3890; 12:2385; 23:3614, 4712; 28:1727
Concurso Esso de Artistas Jóvenes, *Lima, 1964*. 28:221
Condamine, Charles Marie de la. 8:2408; 10:3148, 3149
Conde, Bertho Antonino. 18:2874
Conde, Hermino de Brito. 9:4417; 28:1346
Conde, José Ferreira. 22:5491; 23:5459; 24:5747; 26:1966; 28:2464
Conde Ochoa, J. 11:1399
Condeza Guerrero, Edgardo. 2:833
Condillac, Étienne Bonnot de. 21:4848; 23:5805; 24:4164
Condomines, Ramón María. 28:2293
Conduru Pachêco, Felipe, *Bp*. *See* Pachêco, Felipe Conduru, *Bp*.
Conely, James E. 28:698
Coney, Donald. 9:120
Confalonieri, Orestes D. 20:2212
Confederação Nacional da Industria. *(Brazil)*. 11:1147; 23:2680, 2681
Confederação Nacional do Comércio *(Brazil)*. 21:1413; 23:1920
Confederación Argentina del Comercio, de la Industria y la Producción. 2:669
Confederación de Cámaras Industriales de los Estados Unidos Mexicanos. 14:1014; 15:767; 17:866, 867; 18:937; 19:1868
Confederación de Cámaras Nacionales de Comercio e Industria, *México*. 5:855, 856; 6:924; 17:868
Confederación de Maestros de Córdoba. 3:1343
Confederación de Trabajadores de América Latina. 4:574; 8:969, 979, 1035a, 1035b; 10:816, 3303; 11:2742; 12:1541, 2258; 14:2446-2448
Confederación de Trabajadores de Chile. 5:1289
Confederación de Trabajadores de México. 4:1292-1294; 7:1005, 4286, 4287; 8:1055, 1144, 3808; 17:2080a
Confederación de Trabajadores de México. Comité de Defensa Económica. 8:1054
Confederación de Trabajo de Cuba. 8:1277
Confederación Patronal de la República Mexicana. 15:768
Confederation of Workers of Latin America. *See* Confederación de Trabajadores de América Latina.
Conference of American States Members of the International Labor Organization, *V, Rio de Janeiro, 1952*. 18:2227, 2231
Conference of American States Members of the International Labor Organization, VII, 24:1964
Conference of Commissions of Inter-American Development. *I, New York, 1944*. 10:824, 824a
Conference of the International Labor Organization, *New York and Washington, 1941*. 7:3820
Conference on Inter-American Relations in the Field of Education, *Washington, 1939*. 5:1435, 1436

Conference on International Trade and Investment, II, New Haven, Conn., 1962. 27:1670
Conference on Latin America, London, 1964. 27:1670a
Conference on Latin America in Social and Economic Transition, Albuquerque, 1943. 9:121
Conference on Latin-American Fine Arts, Austin, 1951. 18:3345
Conference on Legal Problems of Trade and Investment in Latin America, Columbia University, 1963. 27:1670b
Conference on Tax Administration, Buenos Aires, 1961. 27:1670c
Conference on the Cultural Development of the Maya, Burg Wartenstein, Austria, 1962. 27:125
Conferencia Argentina de Coordinación Cartográfica, I, Buenos Aires, 1937. 4:2183a
Conferência das Classes Produtoras, Teresópolis, 1945. 11:1119, 1120
Conferencia de Abogados de la Ciudad de Buenos Aires, I, 1943. 9:4584
Conferencia de Directores de Educación, Ibagué, 1944. 10:1576a
Conferencia de Directores de Educación, Bogotá, 1952. 18:1078
Conferencia Económica Grancolombiana. 15:882
Conferencia Nacional de Abogados, IV, Tucumán, 1936. 2:752a, 3012, 3013; 3:3634
Conferência Nacional de Educação, I, Rio de Janeiro, 1941. 7:1772
Conferência Nacional de Educação, X, Rio de Janeiro, 1950. 17:1036
Conferência Nacional de Educação. XII, Salvador, 1956. 20:1750
Conferência Nacional de Pecuária, II, Rio de Janeiro, 1936. 4:692
Conferencia Nacional de Rectores y Decanos de Universidades, II, Bogotá, 1952. 18:1081
Conferencia Nacional de Segunda Enseñanza, México. 18:1087
Conferência Nacional do Currículo, I, Rio de Janeiro, 1963. 27:2603c
Conferencia Nacional sobre Analfabetísmo, Buenos Aires. 1:1259
Conferencia Panamericana del Café, II, La Habana, 1937. 4:600
Conferencia Regional de los Países del Plata, Montevideo, 1941. 7:3763
Conferencia Regional sobre la Educación Gratuita y Obligatoria en América Latina, Lima, 1956. 20:1650
Conferencia Sindical Regional de Trabajadores, Caracas, 1939. 7:1273
Conforti, Emilio. 16:1299, 1300
Congote, Juan de la C. 5:2534
Congrains Martín, Enrique. 22:4916
Congres International du Froid, VI, Buenos Aires, 1932. 2:781
Congreso Americano de Maestros, IV, Santiago de Chile, 1943. 10:1465
Congreso Americano de Medicina del Trabajo, IV, 1958? 21:3528
Congreso Argentino de la Población, I, Buenos Aires, 1940. 7:3894
Congreso Argentino de Urbanismo, I, Buenos Aires, 1935. 4:1052
Congreso Argentino de Vialidad, III, 1937? 3:842
Congreso Bibliográfico Mexicano, I, México, 1936. 3:54
Congreso Chileno de Asistencia Social, VI, Concepción, 1942. 7:4178
Congreso Chileno de Urbanismo, I, Valparaíso, 1938. 4:2301-2303

Congreso Científico Americano, VII, México. 2:18
Congreso contra la Infiltración Soviética en América Latina, I, México, 1954? 21:3409
Congreso contra la Intervención Soviética en la América Latina, II, Rio de Janeiro, 1955. 22:4003
Congreso de Academias de la Lengua Española, I, México, 1951. 18:2335
Congreso de Academias e Institutos Históricos sobre el Pensamiento Constitucional, de Latinoamérica 1810-1830, Caracas, 1961. 28:464
Congreso de Alcaldes de Panamá, I, Colón, 1937. 4:2418
Congreso de Archiveros, Bibliotecarios y Conservadores de Museos del Caribe. 10:4281
Congreso de Bibliotecas Populares del Sur de Santa Fe, I, Firmat, 1940. 7:5414a
Congreso de Delegados de Trabajadores Afiliados a la Caja del Seguro, I, Quito, 1945. 11:2843
Congreso de Economía Nacional, I, Lima, 1957. 23:1843
Congreso de Escritores Martianos, La Habana, 1953. 19:3708
Congreso de Historia Argentina del Norte y Centro, Córdoba, 1941. 10:2396
Congreso de Historia de Cuyo, I, Mendoza, 1937. 4:40, 3175
Congreso de Historia de los Pueblos de la Provincia de Buenos Aires, I, La Plata, 1950. 17:1438; 18:1641
Congreso de Historiadores de México y los Estados Unidos, I, Monterrey, 1949. 16:1410
Congreso de Industriales del Ecuador, Ambato, 1935. 2:845
Congreso de Inspectores de Enseñanza Primaria, Montevideo. 15:1108
Congreso de Instituciones Hispánicas, I, Madrid, 1963. 27:1670d; 28:1536
Congreso de la Confederación Americana del Magisterio, V, México, 1947? 14:1312
Congreso de la Economía de las Provincias de Tarapaca y Antofagasta, I, Iquique, 1943. 9:1472, 1473
Congreso de la Población, I, Buenos Aires, 1940. 7:1428; 8:1758
Congreso de Mejoras Públicas (de Colombia), III, Medellin. 1:1225
Congreso de Municipalidades de la Provincia de Mendoza, II, Mendoza, 1938. 5:1993
Congreso de Municipalidades de la República de El Salvador, II, San Salvador, 1941. 10:2391
Congreso de Municipalidades de Nicaragua, I, Managua, 1939. 5:2165
Congreso de Municipalidades Ecuatorianas, II, Quito, 1951?. 17:1329
Congreso de Universidades Bolivianas, I, Sucre, 1941. 11:1314
Congreso Extraordinario de Agricultores, Bogotá, 1959. 27:1670e
Congreso Forestal de Colombia, I, Bogotá, 1945. 12:833
Congreso General Constituyente de las Provincias Unidas del Río de la Plata. 2:2029
Congreso Hispanoamericano de Historia, Cartagena. 1:681
Congreso Hispanoamericano de Historia, Madrid, 1949. 19:3021
Congreso Histórico-Municipal Interamericano, IV, Buenos Aires. 15:525a; 16:552
Congreso Iberoamericano de Seguridad Social, I, Madrid-Barcelona, 1951. 17:2014

Congreso Iberoamericano de Seguridad Social, *II.* 19:4413; 20:3552
Congreso Iberoamericano de Seguridad Social, *III, Quito, 1958.* 23:4206, 4207
Congreso Iberoamericano y Filipino de Archivos, Bibliotecas y Propiedad Intelectual, *I, Madrid, 1952.* 18:3306
Congreso Indigenista Interamericano, *I, Patzcuaro, México, 1940.* 14:92
Congreso Indigenista Interamericano, *II, Cuzco, 1949.* 15:131; 16:115
Congreso Indigenista Interamericano, *III, La Paz, 1954.* 20:673a; 21:550
Congreso Indigenista Interamericano, *IV, Guatemala, 1959.* 27:4103
Congreso Indigenista Panameño, *I, Panamá, 1956.* 23:6028
Congreso Interamericano de Estadística, *II,* 16:530
Congreso Interamericano de Filosofía, *III, México, 1950.* 16:3237; 18:3048
Congreso Interiberoamericano de Educación, *I, Madrid, 1949.* 18:1014
Congreso Internacional de Catedráticos de Literatura Iberoamericana, *III, New Orleans, 1942.* 10:3653
Congreso Internacional de Filosofía, *XIII, México, 1963.* 28:3207
Congreso Internacional de Historia de América, *II, Buenos Aires, 1937.* 3:2179; 4:39
Congreso Internacional de Historia de América, *III, Buenos Aires, 1960.* 26:812
Congreso Internacional de la Democracia Cristiana, *V, Lima, 1959.* 23:2948
Congreso Internacional de Sociedades Bolivarianas, *I, Caracas, 1960.* 26:38, 931
Congreso Jurídico Guatemalteco, *I,* 25:4003
Congreso Latinoamericano de Filosofía y Filosofía de la Educación. *I, Quito, 1953.* 20:4757
Congreso Latinoamericano de Química, *VII, México, 1959.* 24:4932
Congreso Latinoamericano de Sociología, *VI, Caracas, 1961.* 27:4011
Congreso Latinoamericano del Trotskismo, *I, Santiago de Chile, 1960.* 27:3029
Congreso Marítimo Nacional, *I, Valparaíso, 1940.* 6:1537
Congreso Mexicano de Ciencias Sociales, *II, México, 1945.* 12:86
Congreso Mexicano de Derecho del Trabajo y Previsión Social. 15:2088
Congreso Mexicano de Derecho del Trabajo y Previsión Social, *México, 1949.* 16:2409
Congreso Mexicano de Historia, *VIII, México.* 15:1369a
Congreso Mexicano de Historia, *XI, Culiacán, 1955.* 24:3875
Congreso Minero Nacional, *I, México 1948.* 14:964
Congreso Nacional de Archiveros, *I, México, 1944.* 10:524, 4309
Congreso Nacional de Bibliotecarios, *III, México, 1944.* 10:4309
Congreso Nacional de Cooperativas en Bogotá, *II, 1945.* 11:870
Congreso Nacional de Directores de Institutos y Liceos Oficiales de la República, *Montevideo, 1951.* 18:1119
Congreso Nacional de Facultades de Ciencias Económicas y Financieras, *Potosí.* 16:2339
Congreso Nacional de Filosofía, *I, Mendoza, 1949.* 16:3222
Congreso Nacional de Historia, *I, La Habana, 1942.* 9:2623
Congreso Nacional de Historia, *IV, La Habana, 1948.* 14:2135
Congreso Nacional de Historia, *XII, La Habana, 1956.* 25:3401
Congreso Nacional de Historia, *XIII, La Habana, 1960.* 25:3402
Congreso Nacional de Historia del Libertador General San Martín, *Mendoza, 1950.* 20:2978
Congreso Nacional de Historia del Perú, *II, Lima, 1959.* 23:3
Congreso Nacional de Historia para el Estudio de la Guerra de Intervención, *I, México, 1962.* 26:520a
Congreso Nacional de Ingeniería Agronómica y Azucarera, *II, La Habana, 1948.* 14:916
Congreso Nacional de Pedagogía, *I, La Paz, 1961.* 25:2136
Congreso Nacional de Servicio Social, *I, Lima, 1947.* 14:2464
Congreso Nacional de Sociología, *I, Bogotá, 1963.* 27:4104
Congreso Nacional de Sociología, *VI, Morelia, 1956.* 20:4904
Congreso Nacional del Partido Aprista Peruano, *IV, Trujillo, Peru, 1962.* 27:3518
Congreso Nacional del Trabajo, *III, Cali, 1938.* 4:1591
Congreso Nacional Revolucionario de Derecho Agrario, *I, México, 1945.* 12:757
Congreso Nacional Tabacalero, *I, La Habana, 1938.* 5:976
Congreso Panamericano de Arquitectos, *IX, Caracas? 1958.* 24:1703
Congreso Panamericano de Carreteras, *IV, México, 1941.* 9:1034
Congreso Panamericano de Carreteras, *V. Lima, 1951.* 18:584
Congreso Panamericano de la Prensa, *I, México, 1942.* 8:133
Congreso Panamericano de la Vivienda Popular, *I, Buenos Aires, 1939.* 16:2321
Congreso Panamericano de Municipios, *I, La Habana, 1938.* 5:2110
Congreso Panamericano de Servicio Social, *I, Santiago de Chile, 1945.* 11:2757
Congreso Panamericano de Servicio Social, *IV, San José, 1961.* 24:6204
Congreso Panamericano de Viajantes, Vendedores y Representantes Comerciales, *II, Rio de Janeiro, 1940.* 7:773
Congreso Panamericano del Niño, *VII, Mexico, 1937.* 4:1339.
Congreso Peruano de Química, *I, Lima, 1938.* 4:1187
Congreso Provincial de Bibliotecas Populares, *I, La Plata.* 18:1072
Congreso Regional de Economía, *I, Escuintla, 1945.* 12:789
Congreso Sudamericano de Ferrocarriles. Asociación Permanente, *Buenos Aires.* 7:784
Congreso Sudamericano del Petróleo, *I, Lima? 1947?* 14:882
Congreso Venezolano de Petróleo, *I, Caracas, 1962.* 27:2086, 2010
Congreso Venezolano de Salud Pública, *II, Caracas, 1961.* 24:6251
Congresso Brasileiro de Direito Social, *I, Rio de Janeiro, 1941.* 10:3340
Congresso Brasileiro de Direito Social, *I, São Paulo, 1941.* 7:4045
Congresso Brasileiro de Economia, *I, Rio de Janeiro, 1943.* 9:1607
Congresso Brasileiro de Ensino Comercial, *IV, Rio de Janeiro.* 27:2607
Congresso Brasileiro de Filosofia, *I, São Paulo, 1950.* 16:3223
Congresso Brasileiro de Hidro-Climatologia, *I, Sao Paulo 1935.* 3:1658

Congresso Brasileiro de Língua Vernácula, Rio de Janeiro, 1957. 23:4411
Congresso Brasileiro de Organização Científica, II, Sao Paulo, 1951. 18:1143
Congresso de História da Bahia, I, Salvador, 1949. 16:2034; 17:1849
Congresso de História da Revolução de 1894, I, Curitiba. 10:3179
Congresso de História e Geografia Sul-Rio-Grandense, II, Rio Grande do Sul, 1937 3:2769
Congresso de História Nacional, II, Rio de Janeiro, 1931. 12:2236
Congresso de História Nacional, III, Rio de Janeiro?, 1942? 8:838
Congresso de História Nacional, IV, Rio de Janeiro, 1949. 16:2035; 17:1850
Congresso Estadual de Educação, I, Ribeirão Preto, 1956. 20:1751, 1752
Congresso Internacional de Filosofia, São Paulo, 1954. 20:4758
Congresso Jurídico Nacional Comemorativo do Cinqüentenário da Faculdade de Direito de Pôrto Alegre. 17:2665
Congresso Nacional de Educação de Adultos, I, Rio de Janeiro, 1947. 16:1082
Congresso Nacional de Filosofia IV, Fortaleza, Brazil, 1962. 28:3208
Congresso Nacional dos Estabelecimentos Particulares de Ensino, III. 14:1232
Congresso Sul-Riograndense de História e Geografia, III, Pôrto Alegre. 6:3543
Coni, Bazán, Fernando A. 17:1113
Coni, Emilio Ángel. 1:336, 352, 838; 3:2169, 2263; 7:3057; 8:2166; 12:2170; 21:2768
Conil Paz, Alberto. 28:1071
Conitzer, Gert. 6:4199
Conjuntura Econômica, Rio de Janeiro. 14: 1145; 15:666; 16:886; 17:786; 18:884; 25:2363
Conklin, Glenn M. 8:2396
Conklin, Harold C. 27:2670
Conn, Stetson. 1:1144; 25:3092
Connally, Ernest Allen. 28:216
Connell, Neville. 21:901; 25:316
Connell-Smith, Gordon. 16:1482; 17:1466; 19: 3123
Conner, S. Grant. 20:1782
Connolly, C. J. 15:489
Connor, Jeannette Thurber. 28:556
Cono, Agustín. 10:2640
Conover, Helen F. 19:6415
Conquet, Paul. 11:586
Conrad, Joseph. 2:2969; 5:4017, 4018; 8: 4368; 9:4315
Conroy, Victoria. 21:5200
Consejo Inter-Americano de Comercio y Producción. 11:686-688, 1007a, 1101, 1102, 1109, 1109a, 1110; 16:975a; 19:869; 27:2289
Consejo Interamericano Económico y Social. 14:856; 23:1663
Consejo Permanente de Asociaciones Americanas de Comercio y Producción, *Montevideo*. 9:975-977, 1335; 10:817, 850
Consejo Superior de Misiones, *Madrid*. 14:88a
Consejo Superior Universitario Centroamericano, *San José*. 25:2101; 27:2436-2436b
Conselho de Educação Superior das Republicas Americanas. 25:2051
Conservatoria, La Habana. 9:4772
Conservatorio Brasileiro de Música, *Rio de Janeiro*. 20:4706
Conservatorio Municipal de Música, *La Habana*. 10:4446
Conservatorio Nacional de Música, *México, D. F.* 7:5594
Considine, John Joseph. 22:2608
Cónsole, Alfredo. 3:1344; 4:4573; 5:116, 4292, 4293; 6:4795, 7:5375; 5376; 8:4687-4689, 4725, 4726; 10:4248; 11:3687; 12:2440, 3286, 3287
Consoli, Maximiliano. 14:3176
Consorte, Josildete Gomes. 22:2038; 25:2186
Constandse, Anton L. 21:5006; 28:774a
Constantine, Mildred. 8:626
Constantini, Celso. 5:640
Constantini, Humberto. 26:1626
Constantino, Antonio. 4:4220; 5:3965
Constanzó, Alida M. 12:1373
Constanzó, María de las Mercedes. 6:489, 7:588; 8:368, 450-452; 9:584; 10:447, 458; 11:431, 445; 12:508, 539
Constructora Norberto Odebrecht, *Salvador, Brazil*. 23:1550
Consuegra Higgins, José. 24:2023
Consumer Price (Cost-of-Living) Indexes of the American Nations. 27:1671
Contardo Leyton, Andrés. 10:1233
Conte, Alberto. 3:34; 14:3007
Conte Agüero, Luis. 24:4052; 25:2619; 27: 3030, 3391
Conte Bermúdez, Héctor. 2:1905; 6:3128; 25: 3341a; 28:962
Conti, Haroldo. 28:1951, 1952
Conti, Marcelo. 4:913
Contín Aybar, Néstor. 11:2252
Contín Aybar, Pedro René. 9:3994; 13:2185
Continental-Allied Company Inc., *Washington*. 27:1940
Continente, Buenos Aires. 15:593
Contreiras Rodrigues, Félix. *See* Rodrigues, Félix Contreiras.
Contreras, Agustín. 17:3136
Contreras, Bienvenido. 25:2139
Contreras, Carlos. 3:417; 5:1963; 12:652
Contreras, Daniel. 25:3349
Contreras, Eduardo. 19:111
Contreras, Francisco. 3:3336; 11:3194
Contreras, Guillermo. 20:4716; 26:219
Contreras, Hilma. 26:1570
Contreras, L. 14:606
Contreras, Lidia. 28:1537
Contreras, Raúl. 24:5419
Contreras A., Cesáreo A. 19:5515
Contreras A., Hilario. 10:255
Contreras Arias, Alfonso. 6:2227; 7:2099; 8:2242; 10:1895
Contreras de la Vega, Humberto. 8:2710
Contreras Estrada, Tomás. 22:2697
Contreras García, Edna. 15:2196
Contreras García, Irma. 21:3814
Contreras Gómez, Domingo. 10:3032
Contreras Gómez, Donato. 7:987
Contreras Guzmán, Víctor. 8:3308
Contreras Iturrieta, Hernán. 26:1324
Contreras Labarca, Carlos. 4:3598
Contreras Lara, Ramiro. 16:722
Contreras Niño, Víctor. 25:1626
Contreras Parra, Armando. 14:1484
Contreras R., J. Daniel. 17:1705
Contreras y López de Ayalá Juan. 8:716, 717; 9:698, 750; 11:496; 23:1445; 25:3142
Convención de Gobernadores, *IV, Caracas, 1961*. 25:2853
Convención de la Unión Panamericana de Técnicos en Ciencias Económicas, *II, Montevideo?, 1946*. 12:744
Convención de Maestros Salvadoreños-Guatemaltecos, *Santa Ana, 1945*. 12:1183
Convención de Orientación Social de Puerto Rico, *X, Rio Piedras, 1957*. 23:4243

Convención Interamericana de Recursos Minerales, *I, México, 1951.* 18:938
Convención Nacional Bancaria, *XIV, Tijuana, 1948.* 14:945
Convención Nacional de Cámaras y Asociaciones de Comercio y Producción, *Caracas, 1944.* 11:884
Convención Nacional de Ciencias Económicas y de Administración, *I, Montevideo, 1944.* 11:1106
Convención Nacional de Cultivadores de Piña, *México.* 4:1295
Convención Nacional de Inspectores del Trabajo, *II, Caracas, 1950.* 16:2436
Convención Nacional de la Asociación de Banqueros de México, *XXIII, México, 1957.* 22:1729
Convención Nacional Fiscal, *III, México, 1947.* 14:974
Convers Fonnegra, Carlos. 2:1906; 3:2264
Conway, Ainslie. 13:937
Conway, Frances. 13:937
Conway, George Robert Graham. 5:2324; 6:2854; 9:2711; 11:3021
Cony, Carlos Heitor. 25:4642, 4643; 28:2465, 2466
Conzelmann, Paulwalter. 24:4149
Cook, Herbert J. 10:215
Cook, Melville Thurston. 3:1115a; 5:1765
Cook, Mercer. 15:2575; 17:2652
Cook, O. F. 3:348; 4:322a
Cook, Pauline. 16:2541
Cook, Robert C. 19:851; 21:802; 24:2804; 25:5604; 27:4105
Cook, Sherburne F. 3:2377; 4:381; 8:2896; 9:2771; 12:176, 177, 498, 499, 1803; 13:134; 14:1863; 15:372, 373, 770; 21:2505, 2513; 22:80, 981, 986, 6024; 23:893, 909, 3148, 3160; 24:504, 635; 25:617; 26:483, 484, 486; 27:726
Cook, Warren. 20:2744; 22:3464
Cook de Leonard, Carmen. 13:118; 16:217, 360; 18:38; 19:638, 639; 20:108-110, 208, 2506a; 21:74; 22:527; 23:172, 228, 910, 1359; 25:189, 266
Cooke, C. Wythe. 9:2044
Cooke, John William. 14:1590
Cooke, Juan Isaac. 12:2248, 2249; 14:2435
Cooke, Morris Llewellyn. 10:85
Cooke, T. Dickerson. 17:68
Cool, P. 4:1986
Coolidge, Dane. 5:291
Coolidge, Mary Roberts. 5:291
Cooligán, Sanguinetti, María Luisa. 21:2332
Cooman, María Augusta. 3:1386
Cooper, Catherine. *pseud.* 22:6105
Cooper, Donald B. 25:3181, 3403; 28:504
Cooper, John Montgomery. 5:458; 8:358, 2009; 11:128, 339; 12:362, 378, 432-435; 15:426
Cooper, Leonard. 22:1108
Cooperadora de Derecho y Ciencias Sociales, *Buenos Aires.* 27:3877
La Cooperativa, Bogotá. 3:1163a
Cooperativa de Municipalidades de Antioquia. 5:2053
Cooperativa Instituto de Pecuaria da Bahía. 3:532a
Cooperativismo, México. 6:942
Coopersmith, Jacob Maurice. 11:3828; 15:2827
Coornaert, E. 2:1633
Copderiello, Guntrano. 1:1505
Copello, Mario Alberto. 11:3458
Copello, Santiago Luis. 10:2971
Copete, Hernán. 5:1071; 7:5234
Copete, Ignacio E. 6:4635
Copete Lizarralde, Álvaro. 17:2727; 24:4822

Copland, Aaron. 5:4344; 7:5581; 8:4768
Coplow, Theodore. 24:6305
Coppola, Horacio. 21:1159
Cóppulo, Nicolás. 2:2987
Coqueiro, Edmundo. 8:3483
Coquet, Benito. 5:292
Coquibús, Juan Emilio. 25:4067
Cora, Luis M. 7:3434
Corachán García, Manuel. 6:1373
Corain, Sebastião. 13:629
Coral Luzzi, Pascual Federico. 16:3082
Corbató, Hermengildo. 8:3938; 9:3810; 15:2197; 16:1593
Corbazzo, Alberto P. 9:3236
Corbella, Juan E. 21:3815
Corbellini, Enrique C. 3:1791i; 16:1918
Corbet France, Eugenio. 4:2986; 7:3058, 3059
Corbett, John Maxwell. 7:472; 9:436, 438; 17:209; 19:426, 489
Corbett, P. E. 3:2974
Corbisier, Roland. 25:3837
Corbitt, Duvon C. 2:1837; 3:2378, 2379, 2621; 4:1475, 2637; 5:2325, 2367; 6:3255; 7:2938, 3169, 4441; 8:2859; 12:1851; 14:1863; 19:3250; 20:2914, 2914a; 26:732
Corbitt, Roberta. 12:1851; 19:3250
Corção, Gustavo. 12:2824; 17:2604; 21:4296; 23:5454
Corchón, Juan Francisco. 15:2670
Corcoran, Mary Helen Patricia, *Sister.* 1:1944
Corcoran, Thomas F. 11:804, 818-820; 12:790; 13:497
Cord, William O. 28:1771
Cordan, Wolfgang. 21:43; 23:608; 25:629; 27:718, 727-732
Cordeiro, Benjamin I. 27:3223
Cordeiro, Cruz. 7:3602
Cordeiro, Francisca de. 28:2405
Cordeiro, H. 3:1662
Cordeiro, José Pedro Leite. 16:2097-2099; 2829, 2866; 24:4425, 4449, 4450
Cordeiro, Maria Luísa. 11:3408; 12:2881; 15:2525
Cordeiro, Mário. 12:2944
Cordeiro Álvarez, Ernesto. 7:5307; 8:4638; 12:3086; 24:4836
Cordeiro de Andrade. 5:3961
Cordeiro de Azevedo, J. *See* Azevedo, J. Cordeiro de.
Cordeiro de Moura, S. J. *See* Moura, S. J. Cordeiro de.
Cordeiro de Souza, Otacílio Pinto. *See* Souza, Otacílio Pinto Cordeiro de.
Cordeiro Machado, Celso. *See* Machado, Celso Cordeiro.
Cordeiro Ramos, Gustavo. *See* Ramos, Gustavo Cordeiro.
Cordero, Armando. 17:2917; 19:4458; 20:3553, 4781; 26:2277
Cordero, Carlos J. 2:2185
Cordero, Gregorio. 14:429
Cordero, Héctor Adolfo. 21:3044; 24:5502; 28:1772
Cordero, José Abdulio. 28:717
Cordero, Luis. 7:3527; 21:661
Cordero, Rafael de J. 18:775
Cordero, Roque. 23:5708; 28:3128
Cordero, Salvador. 3:3401
Cordero, Serafín. 24:619
Cordero A., Rafael. 28:1830
Cordero Alvarado, Leopoldo. 24:4721
Cordero B., Luis. 1:1622; 2:825a
Cordero de Farias, O. *See* Farias, O. Cordero de.
Cordero Espinosa, Jacinto. 20:4069; 23:5167
Cordero Palacios, Alfonso. 23:4412
Cordero Torres, José. 23:3001

Cordero y León, Ramona María. 5:117; 7:3119 12:2628
Cordero y León, Rigoberto. 13:2186; 22:5118
Cordero y Torres, Enrique. 9:3995; 14:2094
Cordido, Francisco M. 12:1205
Cordillera. Revista Boliviana de Cultura, La Paz. 23:6401
Cordini, I. Rafael. 4:2079; 6:2176; 14:1455; 16:1170
Cordiviola, Cleopatra. 8:1924
Córdoba, Alberto. 7:4442; 18:2517
Córdoba, Antonio S. C. 9:2927
Córdoba, Diego Luis. 2:2407
Córdoba, Enrique. 3:2978
Córdoba, Horacio de. 22:2690
Córdoba, Hugo. 9:4079; 14:2025
Córdoba, Juan B. 19:2427
Córdoba, Juan de. 9:395; 10:2516
Córdoba, Luis. 3:1344a
Córdoba, Manuel. 13:1972
Córdoba, Pedro de. 11:2009
Córdoba F., Cristina. 3:8; 7:160; 8:28; 9:29; 10:20; 11:17; 12:13
Córdoba Ladrón de Guevara, Darío. 14:1647
Córdoba Mendoza, Edgar E. 25:1440
Córdoba Ortiz, Jorge. 27:3707
Córdoba Romero, Guillermo. 13:2226
Córdoba Tirado, Francisco. 23:2020; 24:3876
Córdoba U., Eusebio. 7:477
Córdoba y Salinas, Diego de. 21:2401, 2731; 23:3640
Córdoba, *Archivo Municipal.* 18:1899; 28:1024a
Córdoba, *Cabildo.* 25:3512
Córdoba (Province). Caja Popular de Ahorros. 4:947
Córdoba (Province). *Constitution.* 15:1306; 16:3017
Córdoba (Province). Dirección General de Bibliotecas. 9:4600
Córdoba (Province). Dirección General de Estadística. 3:736; 6:1488; 8:1509; 11:925
Córdoba (Province). *Laws, statutes, etc.* 16:2965; 25:4068
Córdoba (Province). Ministerio de Gobierno. 4:1044; 2230-2232; 6:2538
Córdoba (Province). Ministerio de Hacienda. 3:782; 4:950
Córdoba (Province). Ministerio de Obras Públicas. 4:1045
Córdoba (Province). Ministerio de Obras Públicas. Dirección de Economía y Fomento. 4:1228
Cordone, Rogelio. 28:2297
Cordones Alcoba, Raúl. 13:1959
Cordoso Equiluz, Clicerio. 5:2134
Córdova, Andrés F. 6:2653; 10:1268; 17:1331; 28:4554
Córdova, Armando. 27:2087
Córdova, Clara. 26:1030
Córdova, Federico de. 4:3097; 5:2806; 7:5288; 8:3340, 3905; 9:3191, 3192, 3787, 3788; 10:3527; 16:2571
Córdova, Luis. 21:3932, 4211
Córdova, Matías de. 4:2638; 17:1467
Córdova, Ramiro de. 9:4104
Córdova, Roberto. 14:2359
Córdova Bello, Eleazar. 24:4044; 25:3436; 28:456, 870
Córdova Guerrón, Eduardo. 18:2270
Córdova Iturburu, Cayetano. 20:1018; 25:1198; 28:240, 2182
Córdova Landrón, Arturo. 26:799
Córdova R., Agustín. 7:1060
Córdova y Álvarez, Luis. 22:4650
Córdova y Cordovés, Efrén. 11:2835
Cordóvez Madariaga, Enrique. 11:1661

Cordovez Moure, José María. 2:2234a
Cordovil, Cací. 7:4955
Cordovil Maurity Filho, Joaquim Antônio. *See* Maurity Filho, Joaquim Antônio Cordovil.
Cordry, Donald B. 6:354; 7:364, 365; 8:238
Cordry, Dorothy M. 6:354; 7:365
Cordua, Carla. 25:5365; 26:2307
Cordy, Napoleón. 7:347; 12:178
Core, Susie Pearl. 11:70
Corellano, Gregorio. 1:1481
Corey, Lewis. 7:3711
Corfield, George S. 4:1268; 7:1168, 2204; 14:1386
Coriat G., Juan E. 8:2467; 11:1472
Corliss, C. 8:1725a
Cormatches Díaz Muñoz, Leonor. 15:2316
Corn, A. E., *pseud. See* Cornil, Achiel Edward.
Corneille, Pierre. 8:4369
Cornejo, Ángel Gustavo. 2:3123; 3:3764; 4:4407; 6:4733
Cornejo, Atilio. 4:2810, 3316; 6:3001; 12:2072
Cornejo, Benjamín. 5:1392; 11:927; 15:653; 24:1918a
Cornejo, Lino. 9:4569
Cornejo, Luis Guillermo. 4:1807
Cornejo, Raúl-Estuardo. 24:5420; 26:1611a
Cornejo, Raúl J. 11:3551, 3552; 25:4040
Cornejo Bouroncle, Jorge. 1:477, 1236; 2:245a; 5:396, 397; 6:601, 3994; 7:599a; 8:325, 326, 463, 2167; 9:429, 511; 12:1896; 14:1943, 1944, 2205; 15:1370, 1561; 16:1222; 17:445, 1154a; 1750; 18:445, 446, 766; 20:993-996, 2745, 3063. 21:930; 22:3443; 24:6306; 25:373, 1175; 28:905a
Cornejo Bravo, Octavio. 14:2449
Cornejo Burgos, Manuel Eduardo. 21:2046
Cornejo C., Roberto. 5:1324
Cornejo Chávez, Héctor. 16:3060; 23:2949; 27:3519
Cornejo Foronda, David. 21:3157, 3158
Cornejo Franco, José. 2:2486, 8:500, 2264, 2860, 3017, 3891; 11:1486; 14:21; 24:1680, 3877
Cornejo Gamboa, Luis. 28:2018
Cornejo S., Alberto. 7:4000, 4017; 10:3335 18:3232
Cornejo U., Edmundo. 14:2875, 2883
Cornejo V., Justino. 4:3282, 3719; 10:1828; 20:4964; 22:4312
Cornelius, William G. 24:3407
Cornely, Francisco L. 2:183, 184; 8:307; 11:335; 15:252, 253, 260; 16:279; 18:181-185; 19:397, 398; 20:324-324b; 21:284; 22:320
Cornil, Achiel Edward. 21:5044
Cornyn, John H. 10:249
Coro, Armando J. 20:2940
Corominas, Enrique Ventura. 16:2235, 2259; 18:2177, 2177a; 19:4202; 20:1305; 27:3031
Corominas, Juan. 8:2149-2152; 10:351; 11:2933; 19:4518a, 4519; 20:3639, 3640; 26:1325
Corominas Segura, Rodolfo. 4:2237-2239; 5:1990; 6:4657
Corona, Tomás B. 5:2920
Corona Baratech, Carlos E. 17:1640
Corona Núñez, José. 4:2639; 12:179, 209, 210; 14:216, 217; 17:246, 1074, 2973; 18:39, 271, 272; 20:111; 21:44; 22:526, 592, 593; 23:116, 173, 3161, 3178; 24:204, 3807; 25:190; 27:777
Corona Rentería, Alfonso. 25:1546
Corona Rojas, Benigno. 14:2750
Coronado, F. de P. 1:1937
Coronado, Fernando G. 6:4709
Coronado Aguilar, Manuel. 9:4475
Coronado Lira, Luis. 12:1571

Coronado P., J. Adrián. 20:5049
Coronado S., Pedro. 3:942
Coronas, Ángel. 6:1001
Coronas, Juan Enrique. 6:4658; 19:5425
Coronel, Rafael. 5:3810
Coronel Urtecho, José. 23:5346; 28:738
Corporación Argentina de Productores de Carne. 4:984, 1229; 9:1337
Corporación de Contadores de El Salvador. 6:1316
Corporación de Fomento de la Producción, *Santiago de Chile*. 27:2850a; 28:30a
Corporación de Tenedores de Títulos y Acciones, *Buenos Aires*. 2:739; 3:783; 4:951
Corporación de Ventas de Salitre y Yodo de Chile. 4:1096; 7:1485
Corporación Venezolana de Fomento. 27:2088-2088b
Corporation of Foreign Bondholders, *London*. 2:2347, 2456; 3:501a; 4:575; 6:856; 9:979
Corral, José Isaac del. 4:1477; 6:2296; 8:1276, 1280, 2346; 9:2118; 10:996, 2023, 2024
Corral, Miguel Ángel. 24:5255
Corral, Ramón. 23:3243
Correa, Alberto. 8:2366
Correa, Altino. 4:783
Corrêa, Antônio Augusto Mendes. 1:1311, 1312; 12:519; 14:575; 15:487
Correa, Carlos René. 3:3292; 7:4741, 4780; 10:3712; 12:2691; 24:5421
Corrêa, Celso Augusto de Azevedo. 20:4561; 21:4626
Corrêa, Derlópidas. 10:1506
Corrêa, Eduardo. 19:5591
Correa, Eduardo J. 7:2674, 3387
Corrêa, Ernani Dias. 6:625; 10:746
Correa, Francisco Antonio. 13:2578
Corrêa, Francisco de Aquino, *Arbp*. 5:3137; 19:4072
Correa, Francisco E. 26:1076
Correa, Gustavo. 19:4519a; 24:5104; 25:420
Correa, Hernán R. 14:1490
Correa, Jorge. 28:1948
Correa, Jorge E. 8:563
Correa, Julio. 9:3996; 28:2274
Correa, Luis. 2:2554; 3:2480; 4:2938; 7:4597; 24:4164
Correa, Miguel Ángel. 4:3945; 19:4862; 20:3921
Correa, Pancho. 13:2227
Correa, Nereu. 19:5318
Corrêa, Paulo Lopes. 6:1925
Corrêa, Pedro de Magalhães. 2:1412; 5:576; 6:3590
Correa, Ramón C. 3:2701; 6:3061a
Corrêa, Roberto Alvim. 2:2853; 6:690, 4289; 7:4869, 4870; 10:762, 763; 14:3008, 17:2584; 19:2004; 24:5811
Corrêa, Sérgio Nepomuceno Alvim. 28:3048a
Corrêa, Serzedello. 24:4498
Correa Arango, Aurelio. 7:5618
Correa Arango, Félix. 5:4246
Correa Arango, Iván. 9:1165
Correa Ávila, Carlos. 9:1556; 11:1308; 16:847, 859; 18:3233
Correa Bello, Sergio. 28:929a
Corrêa Camargo, Lenita. *See* Camargo, Lenita Corrêa.
Corrêa d'Oliveira, Antônio. *See* Oliveira, Antônio Corrêa d'.
Corrêa da Câmara, Antônio Manoel. *See* Câmara, Antônio Manoel Corrêa da.
Corrêa da Costa, Sergio. *See* Costa, Sergio Corrêa da.
Corrêa de Avellar, Sylvio. *See* Avellar, Sylvio Corrêa de.
Corrêa de Azevedo, Luiz Heitor. *See* Azevedo, Luiz Heitor Corrêa de.
Corrêa de Barros, Fernando. *See* Barros, Fernando Corrêa de.
Corrêa de Mattos Neto, Bernardino. *See* Mattos Neto, Bernardino Corrêa de.
Correa de Sá. 2:2967
Corrêa de Sá, José d'Almeida. 4:3519
Correa Delgado, Manuel. 4:4405; 15:2737
Correa Dutra, Lia. *See* Dutra, Lia Correa.
Corrêa Filho, Virgílio. 3:580; 4:3343, 3465; 5:3136, 3196; 6:2448; 7:1608, 1661, 1909; 8:2524, 2549, 3544; 9:1643; 10:2158; 13:994, 995; 15:1142, 1794, 1904; 16:1278, 2100, 2101; 18:2153; 21:3309, 4949; 22:1621, 2265; 23:2682; 26:1266
Corrêa Galvão, Maria do Carmo. *See* Galvão Maria do Carmo Corrêa.
Corrêa Giffoni, Maria Amalia. *See* Giffoni, Maria Amalia Corrêa.
Corrêa Gonçalves, Osvaldo. *See* Gonçalves, Osvaldo Corrêa.
Corrêa Letelier, Mário. *See* Letelier, Mário Corrêa.
Corrêa Lopes, Paulo. *See* Lopes, Paulo Corrêa
Correa Luna, Carlos. 2:2040, 2041; 5:533, 2472; 9:4822
Correa Luna, Nicolás. 4:1210
Corrêa Mello Pettei, Beatriz Celia. *See* Pettei, Beatriz Celia Corrêa Mello.
Correa Morales de Aparicio, Cristina. 4:2987; 6:3361
Corrêa Mourão, Paulo Krüger. *See* Mourão, Paulo Krüger Corrêa.
Corrêa Pinto, Augusto. *See* Pinto, Augusto Corrêa.
Correa Prieto, Luis. 20:1312; 25:3687
Correa Vergara, Luis. 4:1072; 9:1570
Correa Villa, Eduardo. 6:3718
Correas, Edmundo. 5:2957; 11:928; 22:4534; 25:3595; 26:977, 1077
Correch, José Pedro. 25:1656
Corredor, Berta. 27:4012, 4013
Correia, Afrânio. 7:2392
Correia, Alexandre Augusto. 13:2395; 14:2303; 15:2592; 17:2870; 20:4808; 23:4585
Correia, Antônio de Arruda Ferrer. 6:4722
Correia, João da Silva. 1:2186
Correia, Leoncio. 5:3197
Correia, Maximino. 19:3124
Correia, Oscar. 3:661
Correia, Oswaldo. 14:1122
Correia, Raimundo da Mota de Azevedo. 14:3062; 23:5512; 25:4734
Correia, Regina Maria. 17:2765
Correia, Viriato. 4:3329, 3343, 3465, 4143; 5:4041; 6:3676; 7:4871; 8:4317; 13:2344; 25:4644
Correia d'Araújo, Ignes Barreto. *See* Araújo, Ignez Barreto Correia d'.
Correia de Andrade, Manuel. *See* Andrade, Manuel Correia de.
Correia de Araújo, Nelson. *See* Araújo, Nelson Correia de.
Correia Filho, Jonas de Morais. 7:4826; 9:1795; 23:4413
Correia Lopes, Edmundo. *See* Lopes, Edmundo Correia.
Correia Mascaro, Carlos. *See* Mascaro, Carlos Correia.
Correia Oliveira, Fernando. *See* Oliveira, Fernando Correia.

Correia Pacheco, Armando. *See* Pacheco, Armando Correia.
Correll, Donovan Stewart. 10:2397; 18:1250
Correnti. Venerando. 21:835
Correo del Orinoco (1818-1821), Angostura. 5:2688
Correo Literario de Honduras, Tegucigalpa. 23:6415
Corretjer, Juan Antonio. 10:3713
Corrientes. Cabildo. 9:669; 12:1912
Corrientes (Province). Instituto Técnico de Investigaciones y Orientación Económica de la Producción. 10:1120
Corrientes (Province). Ministerio de Gobierno, Justicia y Culto. 3:1828
Corripio Rivero, Manuel. 26:1403; 28:1740
Corro R., Octaviano. 16:1896
Corson, John J. 9:3724
Cortázar, Augusto Raúl. 5:1568; 6:2128; 7:1994, 4443; 8:2168; 9:1842, 1973, 1974; 10: 1644-1646, 1721; 12:14, 482, 3288; 15:2119; 21:3816; 23:713; 27:1170
Cortázar, Julio. 17:2364; 28:1953-1955
Cortázar, Pedro Felipe. 22:2431
Cortázar, Roberto. 9:3140, 3310; 10:2398; 13:1638; 19:3871; 22:3542; 28:962a
Cortazzo, Alberto P. 11:3148
Corte, A. E. 15:1127
Corte, A. della. 16:3214
Côrte-Real, João Alfonso. 17:1398
Cortés, Antonio. 1:36
Cortés Fernando. 11:929
Côrtes, Geraldo de Menezes. 21:2120
Cortés, Hernando. 1:523; 5:4204; 6:2899; 10:2517; 12:1747; 23:911, 912; 26:414, 433, 1421; 27:734-736; 28:504a
Cortés, J. C. Paixão. 28:3048b
Cortés, León. 4:2336; 5:2070, 2071, 2077; 6:2625
Cortés, Martín. 24:3829
Cortés, Narciso Alonso. 15:1563
Cortés, Tranquilino. 26:521
Cortés A., Milcíades. 3:1164
Cortés Alonso, Vicenta. 18:1748a; 23:3602, 3623; 24:436, 839, 3878; 25:3114b, 3456, 3457; 26:370; 27:737; 28:889
Cortés Arteaga, Mariano. 2:1907; 6:3002
Cortés Becerra, Jesús. 28:587a
Cortés Chacón, Rafael. 22:1955; 23:2254
Cortés Conde, Roberto. 4:4293; 28:1072-1072b
Côrtes de Lacerda, Virgínia. *See* Lacerda, Virgínia Côrtes de.
Cortés del Pino, Juan. 13:1434
Cortés González, J. J. 9:662
Cortés Juárez, Erasto. 17:466; 25:3238
Cortés Madariaga, José. 20:2979
Cortés Medina, Hernán. 9:3487
Cortés Mendizábal, Francisco. 16:3127
Cortés Miranda, Jaime. 10:3476
Cortés Rodrígues, Hernán. 18:585; 19:1367
Cortés Tamayo, Ricardo. 25:3238
Cortés Vargas, Carlos. 7:3197; 8:3171; 9:661; 11:2282; 13:1382; 14:1752
Cortés y Arellano, Fernando. 24:3829
Cortés y Larraz, Pedro. 22:2985
Cortés Z., Camilo E. 7:2472
Cortesão, Armando. 1:1326; 19:3124
Cortesão, Jaime. 3:2219; 9:3379, 3396; 10: 3145; 13:1198, 1713a; 16:2102-2104; 17: 1888, 1889; 18:2161, 2161a; 19:4037; 20:2785; 21:3289; 22:3810, 3836-3838; 23:4414; 24:4451; 28:337
Cortese, Antonio. 23:1801
Cortez Maldonado, Fernando. 12:2115
Cortez Miranda, Lucila. 6:3053

Corti, Dora. 3:3139, 3236
Corti, E. C. C. 2:1787
Corti, Egon Caesar. 4:3130; 10:2873; 15:1680
Cortichs de Mora, Estrella. 17:2230; 20:3641
Cortina, Alfonso. 16:951; 17:869
Cortina, Humberto. 6:1333
Cortina, José Manuel. 4:3532; 7:3322; 12: 2286; 16:1856
Cortina, Martín. 11:1503
Cortina B., Carlos. 27:3878
Cortinas, Ismael. 7:4708
Coruja, Antônio Álvares Pereira. 13:2259; 14:2987
Corvacho, Benjamín A. 13:2187
Corvalán, Ernesto. 14:3261
Corvalán, Octavio. 21:3637; 25:4369
Corvalán, Stella. 6:4208; 9:3997
Corvalán Contardo, Enrique. 16:3111
Corvalán L., Luis. 25:2754, 3688; 27:3345
Corvalán P., Carlos. 6:4135
Corvalán Posse, E. T. 6:3362, 3363; 7:3435
Corvetto Vargas, Aníbal. 11:3585
Corwin, Arthur F. 27:4106
Corylé, Mary, *pseud. See* Cordero y León, Ramona María.
Corzo, Ángel M. 4:1797
Corzo Molina, Ángel H. 10:2365
Coscia, Adolfo A. 16:848; 27:2136, 2136a
Cosciani, Cesare. 27:1941
Cosculluela, Juan Antonio. 8:1281; 12:116, 117; 16:258; 17:147, 150
Cosculluela, María Elena. 17:147
Cosenza Gálvez, Francisco. 16:634
Coseriu, Eugenio. 24:4722
Cosío, J. B. 9:1132
Cosío, José Gabriel. 5:2610; 7:4545; 8: 3113, 3939; 18:2407; 19:448; 25:374
Cosío, Pedro. 2:913; 6:1607; 8:1499, 1500, 1549; 10:1316
Cosío, Ricardo. 9:1535
Cosío Villegas, Daniel. 5:587, 2296; 10: 817a; 11:2682; 13:1095, 1815; 14:2392, 2393; 15:771, 1681; 17:1664; 18:1927, 1928; 19:1870, 1871, 3674-3576; 20: 2277, 2815-2817; 21:2806, 4600; 22: 3011; 23:2785, 3244, 3245; 24:3408, 3741, 3879, 3880; 26:522-524, 605a-607; 28:588; 588a, 682-683
Cosío Villegas, Emma. 22:3012; 24:3965
Cosme, Luiz. 6:4825, 4826; 7:5451; 9:4678; 10:4253; 15:2801, 2829b; 21:4719
Coss, Julio Antonio. 26:2231
Cossa, Roberto M. 28:2275, 2276
Cossani, A. 24:3881
Cossettini, Olga. 14:1216
Cossío, Carlos. 1:1454; 5:4122, 4441; 6: 5043; 7:5680; 8:4502; 10:4553; 11:3916; 12:3506; 13:2392; 15:2766; 19:5412; 23:2851; 24:4813; 27:3675
Cossío, José Lorenzo. 8:177, 2265; 12:1948; 14:1753, 1914; 22:3013; 28:589
Cossío, José María de. 18:2381; 19:4669
Cossío del Pomar, Felipe. 3:481; 4:489, 490; 5:3835; 11:497; 12:652a, 1590, 2144; 13:275; 15:278; 18:447; 20:997; 24: 1689; 25:2843, 3741, 26:209; 28:209
Cossío del Pomar, Francisco. 8:718, 828, 833, 2114
Cossío y Cosío, Roberto. 10:890
Costa, Adroaldo Mesquita da. 2:1719
Costa, Afonso. 7:3603; 13:1714; 14:2288; 16:2830; 17:1855; 19:4038
Costa, Agenor. 18:2719
Costa, Agnello. 4:2289
Costa, Aguinaldo. 11:1135; 23:1921

Costa, Alcides. 28:1240
Costa, Alexandre da. 2:2958
Costa, Alfredo de Araújo Lopes da. 23:4581
Costa, Amália. 17:2649; 25:4728
Costa, Angyone. 5:381; 6:2194, 4290; 7: 456; 8:304, 384; 9:859
Costa, Armando Duarte. 12:1495
Costa, Arthur de Souza. 3:658; 6:1760; 7: 1690, 1691; 11:1175
Costa, Carlos. 23:1802
Costa, Carlos Duarte da. 9:4345
Costa, Casso. 23:2683
Costa, Dante. 1:2146, 2160 2:2854; 3:3539; 4:2035; 5:1473; 6:4291; 7:2393, 4092; 8:1877; 10:1507, 1508; 17:2051; 23:5411
Costa, Dídio Iratim Afonso da. 4:3466, 3467; 8:3484; 9:3375, 10:3163, 3164; 13:1732, 1750
Costa, Emília Viotti da. 17:1251; 26:1267; 28:1348
Costa, Ernestina. 3:2534
Costa, Esdras Borges. 20:4965
Costa, Eudoro Ramos. 3:34
Costa, F. A. Pereira da. 4:4290; 6:1740; 7: 1972; 17:1890; 18:536, 2162; 19:4039
Costa, Fernando. 4:769; 6:1679; 7:1609; 9:1621
Costa, Fernando Marcondes Filho e. 11:1162
Costa, Flammarion. 10:3377
Costa, Gabriel José da. 18:2822
Costa, Geraldo Tholozan Dias da. 27:2911
Costa, Gilberto Spilborghs. 12:3043
Costa, Heitor da Silva. 5:635
Costa, Humberto Soares da. 20:5026
Costa, J. Wilson. 9:1708
Costa, Jasper Silva. 23:4644
Costa, João Angyone. 9:122, 455, 480-482; 22:6117
Costa, João Craveiro. 3:2861; 6:710, 1646, 3539
Costa, João Cruz. 6:4464; 8:4924; 11:3365; 12:3451b, 3571; 13:2717; 15:2893, 2894; 16:3271; 19:2308, 5770; 20:4759, 4782, 4859a, 4888a; 21:4806, 4807; 22:3871, 5878; 23:5877, 5878; 24:4499, 6029; 27:2624
Costa, João Frank da. 22:4060; 23:2772
Costa, João Ribas da. 17:1211; 27:2650
Costa, Joaquim. 10:4322a
Costa, Joaquín. 11:3460
Costa, Joffre Gomes da. 23:2871
Costa, José Antônio de Vasconcelos. 15:696, 697
Costa, José da Silva. 1:1552
Costa, Júlio Dias da. 2:2855; 5:2893, 3967; 7:5047
Costa, Juvenal. 22:1409
Costa, Leonidas Castello da. 6:4397
Costa, Licurgo. 24:3494
Costa, Lídio. 9:4123
Costa, Lúcio. 3:369; 5:567; 7:667a; 18:1144; 19:1275; 20:1179; 23:1569; 26:300
Costa, Luiz Carlos. 27:4221
Costa, Luiz Edmundo da. 2:1683; 4:3344; 16: 2036; 21:3290
Costa, Luiz Monteiro da. 22:1308, 3811, 3839
Costa, Luiz Pereira de. 8:3485
Costa, Manuel G. 12:2206
Costa, Maria de Jesus. 26:291
Costa, Maria I. Leite da. 12:1218j
Costa, Marília São Paulo Penna e. 25:4645; 26:1967
Costa, Milton Lopes da. 24:4871
Costa, Moacyr Lôbo da. 27:3708
Costa, Myrian Fernandes. 28:3048b
Costa, Nelson. 22:6106; 28:1241
Costa, Newton Carneiro Affonso da. 21:4818; 24:6099; 28:3259

Costa, Octavio Ramón. 13:1473; 16:1857; 17:1713
Costa, Odilo. 10:764
Costa, Odorico. 9:2430, 2431
Costa, Oswaldo Dias da. 25:4646; 27:3287
Costa, Othon. 4:4144; 5:3899, 11:3366
Costa, Paulo Gouvêa da. 28:2595
Costa, Paulo Martins. 21:1414
Costa, Rego. 18:2757
Costa, Renato. 3:534, 2761; 9:3431
Costa, Ribeiro J. 17:1212
Costa, Rui Carrington da. 15:1009; 17:1037
Costa, Sérgio Corrêa da. 7:3643, 4871a; 8: 3486, 3487, 3520, 3633; 11:2643; 16: 2037; 2173; 22:4017
Costa, Sizenando. 7:1770
Costa, Vasco Ribeiro da. 22:1622
Costa, Wilson Moreira da. 24:5748
Costa, Yara Maria Marinho da. 25:2364
Costa-Amic, B. 18:2007; 22:5156; 23:5107
Costa Barros, Francisco José da. See Barros, Francisco José da Costa.
Costa Barros, M. da. See Barros, M. da Costa.
Costa Bolívar, pseud. 27:3253
Costa Boucinhas, J. See Boucinhas, J. Costa.
Costa Brochado, José Idalino Ferreira da. See Brochado, José Idalino Ferreira da Costa.
Costa Calvão, Augusto César da. See Tozzi, César, pseud.
Costa Carvalho, Luiz Antônio da. See Carvalho, Luiz Antônio da Costa.
Costa Conceição, Diamantina. See Conceição, Diamantina Costa.
Costa Du Rels, Adolfo. 7:4693; 8:3298a; 11: 3242
Costa e Silva, Alberto da. See Silva, Alberto da Costa e.
Costa e Silva, Antônio Francisco da. See Silva, Antônio Francisco da Costa e.
Costa e Silva, Antônio José da. See Silva, Antônio José da Costa e.
Costa e Silva, Paulo Sérgio da. See Silva, Paulo Sérgio da Costa e.
Costa e Silva, Sérgio Milliet da. See Milliet, Sérgio.
Costa Eduardo, Octávio da. See Eduardo, Octávio da Costa.
Costa Elice, Gino. 24:6261
Costa Faro, Arnaldo da. See Faro, Arnaldo da Costa.
Costa Filho, João Mendes da. 19:5500
Costa Filho, Miguel. 9:1622; 23:3921, 5412; 26:1233
Costa Filho, Odylo. 13:2286; 28:2467, 2622
Costa Franca, Sérgio da. See Franca, Sérgio da Costa.
Costa Gómez, Pedro da. 28:870a
Costa Guimarães, Afonso Henriques da. See Guimaraens, Alphonsus de, pseud.
Costa Herrera, Luis. 18:2467
Costa Júnior, Miguel. 16:1249; 17:1235
Costa Leal, Herundino da. See Leal, Herundino da Costa.
Costa Leite, Augusto da. See Leite, Augusto da Costa.
Costa Leite, Manoel Carlos da. See Leite, Manoel Carlos da Costa.
Costa Lima, Luiz. See Lima, Luiz Costa.
Costa Lima, Rosalino da. See Lima, Rosalino da Costa.
Costa Lobo, F. M. da. See Lobo, F. M. da Costa.
Costa Lopes, Bernardino da. See Lopes, Bernardino da Costa.
Costa Lopes, Moacir. See Lopes, Moacir Costa.

Costa Lusitano, Leonel da. See Lusitano, Leonel da Costa.
Costa Magalhães, Armando. See Magalhães, Armando Costa.
Costa Medeiros e Albuquerque, José Joaquim de Campos da. See Albuquerque, José Joaquim de Campos da Costa Medeiros e.
Costa Miranda, C. G. da. See Miranda, C. G. da Costa.
Costa Miranda, Oswaldo. See Miranda, Oswaldo Costa.
Costa Morães, Oswaldo da. See Morães, Oswaldo da Costa.
Costa Netto, Benedicto. 9:4572
Costa Neves. 6:4450; 7:5124; 8:4378; 9:4318; 10:3925
Costa Pacheco, Renato José. See Pacheco, Renato José Costa.
Costa Pereira, Aguinaldo. See Pereira, Aguinaldo Costa.
Costa Pereira, Carlos José da. See Pereira, Carlos José da Costa.
Costa Pereira, José Verissimo da. See Pereira, José Verrisimo da Costa.
Costa Pinheiro, Manoel Teóphilo da. See Pinheiro, Manoel Teóphilo da Costa.
Costa Pinto, Luis de Aguiar. See Pinto, Luis de Aguiar Costa.
Costa Pinto Dantas Júnior, João da. See Dantas Júnior João da Costa Pinto.
Costa Pôrto, J. See Pôrto J. Costa
Costa Pôrto, José da. See Pôrto, José da Côsta.
Costa Rêgo Monteiro, Jônathas da. See Monteiro, Jônathas da Costa Rêgo.
Costa Valente, Nautilde Batista da. See Valente, Nautilde Batista da Costa.
Costa Villavicencio, Lázaro. 23:3603; 28:906
Costa Villela, Lavinia. 12:387
Costa y Cavero, Ramón. 2:891a, 891b, 900a; 3:933, 942a; 6:4747
Costa Rica. Archivos Nacionales. 13:1558
Costa Rica. Archivos Nacionales (Indexes). 3:2195; 7:2870; 9:3027; 10:2502, 2899; 12:2037; 23:3201
Costa Rica. Asamblea Constituyente. 1949. 19:2948
Costa Rica. Biblioteca Nacional, San José. 14:5; 15:16; 18:3284a; 21:5207; 22:6270
Costa Rica. Caja Costarricense de Seguro Social. 17:2105; 18:2296; 19:4428-4431; 21:3587; 23:4228, 4229
Costa Rica. Centro de Control. 4:1401
Costa Rica. Comisión de Asuntos Bancarios. 8:1157
Costa Rica. Comisión de Industrias. 8:1158
Costa Rica. Comisión de Investigación Histórica de la Campaña, 1856-1857. 19:3673a; 21:2849-2851
Costa Rica. Congreso Constitucional. 3:1967
Costa Rica. Constitution. 15:1322; 25:4022; 27:3634
Costa Rica. Contraloría General. 21:1329
Costa Rica. Corte de Casación. 1:1873; 8:4537
Costa Rica. Departamento Actuarial y Estadístico. 19:4432
Costa Rica. Departamento Actuarial y Estadístico. Oficina de Divulgación. 19:4433
Costa Rica. Departamento de Geología, Minas y Petróleo. 24:2487; 25:2240; 27:2717
Costa Rica. Dirección General de Bibliotecas. 4:4501
Costa Rica. Dirección General de Estadística. 2:497, 498; 4:1403-1405; 6:1002, 1003; 7:1028-1030; 8:1159-1161, 2737; 9:1098-1100; 10:941-944; 11:797, 798; 12:

784, 785; 14:38, 1011; 16:52; 17:575, 3059; 20:1321
Costa Rica. Dirección General de Estadística y Censos. 19:6261, 6262; 21:5313, 5314
Costa Rica. Dirección General de Estadística y Censos. Sección de Cartografía y Divulgación. 19:2405
Costa Rica. Ferrocarril Eléctrico al Pacífico. 6:1004
Costa Rica. Instituto Geográfico. 23:2492; 24:2848, 2849
Costa Rica. Jefatura de Educación Primaria. 4:1771, 1772
Costa Rica. Laws, statutes, etc. 1:1447, 1686, 1803, 1871; 2:497a, 2992; 3:1037a, 3674, 3675; 7:5287; 8:3777; 9:4425; 16:3103; 19:5590; 20:1324; 21:4541; 22:4584; 25:4139; 27:3780
Costa Rica. Laws, statutes, etc. (Indexes). 1:1446
Costa Rica. Ministerio de Agricultura e Industrias. 18:703; 20:1322; 23:2491
Costa Rica. Ministerio de Economía y Hacienda. 2:501; 3:1040; 4:1411-1415; 6:1006; 7:1039; 10:946; 17:578; 18:704
Costa Rica. Ministerio de Educación Pública. 17:1026; 22:1955
Costa Rica. Ministerio de Gobernación. 20:2294a; 21:1951
Costa Rica. Ministerio de Obras Públicas. Departamento de Planificación. 25:2082
Costa Rica, Ministerio de Relaciones Exteriores. 3:2939; 4:3655; 17:1987; 18:2183a; 19:4262; 20:1651, 3411
Costa Rica. Ministerio de Salubridad Pública. 3:1041; 4:1416-1418; 20:3610
Costa Rica. Oficina de Coordinación Económica. 17:580
Costa Rica. Oficina Técnica del Trabajo. 7:4224
Costa Rica. Patronato Nacional de la Infancia. 8:3878
Costa Rica. Secretaría de Educación Pública. 2:1169; 4:153, 1773; 5:1537, 1538; 7:5468; 8:1955, 1956; 25:2083
Costa Rica. Secretaría de Fomento y Agricultura. 2:499, 500; 8:1174
Costa Rica. Secretaría de Gobernación, Policía, Trabajo y Previsión Social. 3:1972, 1973; 4:1410, 2338; 5:2073-2075; 6:2627; 7:2625, 2626; 8:2740, 2741; 9:2082; 10:2349
Costa Rica. Secretaría de Justicia. 5:2076
Costa Rica. Superintendencia de Bancos. 7:1042; 10:947; 11:800
Costa Rica. Treaties, etc. 2:2431; 7:3814; 16:1851, 2275, 2276
Costales Samaniego, Alfredo. 15:270, 271, 315; 19:3443, 3444; 20:582; 21:341; 23:794, 799, 800; 24:847, 848, 853, 854; 27:891, 1299a; 28:1538
Costallat, Benjamín. 2:2856
Costanso, Miguel. 16:1553
Costantini, Humberto. 28:2277
Costantini, Raúl Jorge. 17:2771
Costanzo, G. A. 25:1653
Costas Arguedas, José Felipe. 15:279; 17:333
Costeloe, Michael P. 28:562
Cotapos, Ocario. 5:4311
Cotapos Aldunate, Francisco Javier. 15:994
Cote Lamus, Eduardo. 26:1719
Cotler, Julio. 23:818
Cotner, Robert C. 28:1349
Cotner, Thomas Ewing. 15:1682; 22:3014
Coto Conde, José Luis. 22:2986
Coto Romero, Rafael. 8:109; 13:1583
Cotrim, Álvaro. 25:1295; 28:310, 383

Cotrim Garaude, Lupe. *See* Garaude, Lupe Cotrim.
Cotrim Neto, A. B. 4:2260; 6:1804
Cott, Vitoldo. 27:3032
Cotter, C. S. 16:551a; 19:284
Cotterill, Robert Spencer. 5:2272
Cotto-Thorner, Guillermo. 16:2662
Cotton, Marion. 19:5601
Cotton Literature, Washington, D. C. 8:972
Cottrell, Leonar. 25:1104
Coucelo, Andrés Bonifacio. 8:4538
Coudreau, Henri. 8:385a
Coudun, Paul. 15:57
Couffon, Claude. 18:2577; 23:5035; 26:1597
Coulter, E. M. 3:2380
Coulthard, G. R. 16:2736, 2745; 21:4143, 4144; 23:5652; 25:4760
Council of Foreign Bondholders, *New York*. 3:501b
Council of the Corporation of Foreign Bondholders, *London*. 10:818
Council on Foreign Relations, *New York*. 4:3533; 26:74a
Council on Higher Education in the American Republics (CHEAR), *New York*. 27:2642, 2642a
Counts, George S. 22:2061
Courel, Emigdio J. 10:2973
Courlander, Harold. 5:339, 4353; 7:5573, 5574; 8:2056, 4794; 10:277; 20:441; 23:635; 24:5924
Courteville, B. 4:3345
Courteville, Roger. 12:1480
Cousillas, Luis Alberto. 27:3180
Coutant, Frank Raymond. 21:5007
Coutinho, Afránio dos Santos. 6:4292; 7:5069; 9:4356, 4892; 16:2831; 18:1145; 19:5253, 5254; 20:4311-4313; 21:1765, 4276, 4297; 23:5413-5416, 5561; 24:19, 5706; 28:2406, 2662a
Coutinho, Aristides de Frias. 3:2764
Coutinho, Bernardo Xavier C. 5:117a
Coutinho, Carlos Viegas Gago. 6:3573; 7:2805b, 3604; 9:3397; 14:2289, 2290; 18:1702
Coutinho, Edilberto. 21:4349
Coutinho, Frederico dos Reis. 6:4461; 9:4320, 4369
Coutinho, H. Puiggari. 24:4500
Coutinho, Ismael de Lima. 21:4279
Coutinho, José Joachim da Cunha de Azeredo. 6:3563
Coutinho, Lourival. 21:2249, 2250
Coutinho, Nelson. 10:1350, 1389
Coutinho, Ruy. 1:1307; 3:1662a; 4:624
Coutinho, Salisbury Galeão. 3:3540; 5:3966, 4053; 7:2473, 4872; 10:3876; 15:2526
Coutinho, Sonia. 26:1968
Coutinho Cavalcanti, Joaquim Nunes. *See* Cavalcanti, Joaquim Nunes Coutinho.
Coutinho de Melo Coelho, Lucinda. *See* Coelho, Lucinda Coutinho de Melo.
Coutinho de Oliveira, José. *See* Oliveira, José Coutinho de.
Couto, José Bernardo. 13:1132; 14:720
Couto, M. Marques. 4:3480
Couto, Ricardo. 21:4514
Couto, Rui Ribeiro. 3:409; 5:3985, 3986; 6:4366, 4367, 4398; 19:5337, 5338; 24:5707, 5780; 26:2032, 2094
Couto de Magalhães, Agenor. *See* Magalhães, Agenor Couto de.
Couto e Silva, Golberi do. *See* Silva, Golberi do Couto e.
Couto Ferraz, Aydano do. *See* Ferraz, Aydano do Couto.

Coutsoumaris, George. 27:2089, 3559
Couture, Eduardo J. 1:1482; 2:3011, 3048; 5:4147; 6:4655; 8:4543; 9:4481; 12:3024; 13:2434, 2562; 14:3125; 15:2624; 18:1605, 2852, 2951; 19:1469, 5575; 22:4502; 24:4934
Cova, Jesús Antonio. 4:3307; 5:3109; 6:2727, 3093, 3129, 7:3198, 8:3167; 9:3098, 4035, 4105; 11:2112; 13:1445-1447; 14:2201; 15:1638; 17:1830; 19:4738, 20:5061; 21:3150, 4254; 24:4395
Cova García, Luis. 11:3613; 13:2533; 20:4485
Covarrubias, A. J. J. 2:155
Covarrubias, Diego .12:2462
Covarrubias, Edmundo. 25:792; 27:1566
Covarrubias, José F. 19:1948
Covarrubias, Luis. 28:140
Covarrubias, Miguel. 4:529; 9:261; 10:200; 11:129; 12:68, 152b, 211, 1261; 14:145; 16:143; 19:62; 20:15; 21:45; 25:132; 27:710
Covarrubias, Ricardo. 25:3157
Covarrubias Camargo, Manuel. 19:4447
Covarrubias Pozo, Jesús M. 22:1161; 27:1328
Covarrubias Z., Alejandro. 22:4322
Covello, A. A. de. 1:1676; 8:3489
Cover, Gilbert Grace. 9:4593; 16:3008, 3100; 17:2803, 2804; 19:5462
Cover, W. A. 5:1016
Coverly-Price, A. V. 8:2468
Covey, Cyclone. 25:4229
Coviello, Alfredo. 4:3154; 5:1217, 2958, 4430; 7:1910; 8:4690, 4935.
Coviello, Nicolás. 4:4350
Covina, Martins. 18:2791
Covington, James W. 23:3111;
Cowan, Florence Hansen. 12:212; 13:182, 184; 24:681
Cowan, George M. 12:213; 13:183, 184; 19:640, 641
Cowan, Marion M. 21:662; 25:421
Cowell, Adrian. 23:733
Cowell, Henry. 7:5570; 8:4808
Cowgill, George L. 27:207
Cowgill, Ursula M. 25:191, 422; 27:208-211, 892, 1536
Cowles, Ella Nancy. 18:2336; 20:3642
Cowles, Fleur. 18:2060
Cowley y Fernández Saavedra, Jorge. 6:4512
Cox, Carlos Manuel. 7:842; 19:4617; 22:3447, 4703
Cox, Dilermando Duarte. 16:2884; 25:4647
Cox, Doris. 21:663
Cox, Edward Godfrey. 4:10
Cox, F. N. 2:530
Cox, G. H. 5:3298
Cox, Isaac Joslin. 1:965, 1144; 4:2640; 3251; 5:3041; 7:2811; 8:2861; 26:813
Cox, Patricia. 20:3922; 21:3933, 3934; 22:4716
Cox, Philip W. L. 10:3275
Cox, William J. 21:75
Cox Méndez, Ricardo. 10:3033
Coyle, J. R. 15:1290
Coyné, André. 15:2398; 17:2484; 23:4702; 24:5503
Coyner, Mary S. 17:622
Coz, Federico A. 6:2024; 18:1103
Coz Sarroa, Eduardo. 10:557
Crabités, Pierre. 6:3719
Crabtree, Asa Routh. 19:4011
Craig, Hewan. 18:1623
Craig, Neville B. 13:1733
Craine, Eugene R. 26:978
Cram, R. A. 2:2087

Cram (George F.) Company, Indianapolis. 23: 2452; 25:2204
Cramer, G. F. 4:124
Cramer, Louise. 12:3427
Crane, Byron V. 8:973
Crane, Jacob L., Jr. 19:4400
Crane, Jane Watson. 19:403
Crane, Robert D. 27:3392
Cranfill, Thomas Mabry. 22:4810; 24:5105; 28:224
Craseman, Bernardo. 11:3855
Craveiro, Paulo Fernando. 25:4735
Craveiro Costa, João. See Costa, João Craveiro.
Craveiro Lopes, Francisco Higinio. See Lopes, Francisco Higinio Craveiro.
Cravioto, Adrián. 9:3548
Cravioto, René O. 17:251; 18:1251
Cravioto González, Joaquín. 9:3488
Craviotto, José A. 25:3596
Cravo, Silvio de Guimarães. 1:1543
Crawford, D. M. 9:1223
Crawford, G. L. 6:2317; 7:2201; 8:2367
Crawford, Henry Paine. 1:1474-1476, 1544, 1545, 1602, 1606, 1690; 2:455, 456 474-474b, 510a, 535c, 614a, 656a, 656b, 739a, 753, 931a, 931b, 1449, 1597a, 3009; 3:502, 848b, 901a, 991, 991a-991d, 1055b, 1087b, 1087c, 1103a, 1191, 1192, 1876; 4:576, 625-627, 1132-1134, 1297-1300, 1478, 1508, 1665, 3619, 4415, 4491, 4494, 4497; 5:1275, 2176, 4108, 4150, 4155, 4197, 4200, 4203; 6:857, 4582, 4589-4592, 4644, 4651; 7:794, 5246-5248, 5259; 8: 1123, 1452, 4580, 4598
Crawford Horace D. 5:3333
Crawford, John Chapman. 27:1411
Crawford, Walter L. 27:2243
Crawford, William Rex. 10:2303, 3825, 4499; 17:2918; 24:3742; 26:690
Crawley, C. W. 5:2670
Crawson, Benjamin Franklin, 26:1326
Creamer, Daniel Barnette. 12:822; 14:932; 15:858
Creamer, Henrietta L. 14:932; 15:858
Crease, David. 27:2912, 2912a
Creaser, E. P. 2:1291
Credner, Wilhelm. 6:911, 2293; 10:2048
Creighton, Basil. 27:732
Crema, Edoardo. 12:2692; 13:2087, 2188, 2189; 14:2679; 15:2399; 20:3813; 21: 3817, 4014, 4255; 26:926, 1470a
Crémieux, Robert F. 12:1409
Creole Petroleum Corporation. 24:2908
Créqui-Montfort, Georges de. 17:332; 18:360; 19:819; 21:696
Crespi, Carlos. 2:1358
Crespi, Juan, Brother. 12:1748
Crespi, Pachita. 13:53
Crespi, Roberto A. 6:1298
Crespo, Alonso. 2:1424
Crespo, Ángel. 28:384
Crespo, Benito. 19:3251
Crespo, Eduardo. 4:2193; 6:1567, 3003; 8: 3252, 3989; 9:1338; 10:1121
Crespo, Estanislao S. 8:1229
Crespo, Jorge B. 12:3240
Crespo, José D. 3:1069
Crespo, Luis. 12:2319
Crespo, Luis S. 1:839
Crespo, Manuel. 10:3616
Crespo, Teodoro. 22:6004, 6051
Crespo de la Serna, Jorge Juan. 3:418; 17: 467; 18:484; 23:1480; 25:1218; 26:220; 28:267
Crespo Fernández, Rafael H. 7:1864

Crespo M., Mario. 20:209
Crespo Ordóñez, Roberto. 12:2629
Crespo P., Renato. 27:2437
Crespo R., Antonio. 5:1276
Crespo Rangel, Rafael G. 7:1864
Crespo Rodas, Alberto. 20:2746; 23:3641; 25: 3483
Crespo Rodas, Alfonso. 5:3025; 7:3498; 8: 3299; 10:3026; 14:2680
Crespo Toral, Jorge. 24:3560
Crespo Toral, Remigio. 6:3464, 3814; 26: 1471
Crespo y Ortíz, Francisco. 23:3168
Cresson, André. 7:5687; 11:3954; 20:4879c, 4879d
Cresson, F. M. Jr. 3:109; 4:110
Cretella Júnior, José. 27:3631
Cretton, D. F. 14:1538; 15:1265
Crevenna, Glenda. 14:10b
Crevenna, Theo R. 16:3347; 17:3014
Creydt Abelenda, Oscar. 4:3599
Crichton Solar, Andrés. 10:4177
Crile, George W. 12:500
Crimi, Humberto. 23:5315
Crimmins, Martin L. 1:1018
Cripps, E. G. 10:2038
Criscenti, Joseph T. 24:4260
Crispo Acosta, Osvaldo. 28:125
Crist, Raymond E. 2:1310; 3:1595, 2734; 5:858, 1707; 6:355; 7:1249, 2055, 2167; 8:1437, 1457, 1460, 2307, 2316; 9:2028 2104; 10:2049, 2159, 2264; 12:1390; 14: 933-935; 15:1168; 16:1140, 3338; 17:1069 18:1259-1261, 1266; 19:2418, 2428, 2438; 20:2036, 2046a; 21:1974; 22:2285, 2286, 2418, 23:2478; 24:2825, 2958, 27:127a, 1127, 1127a, 2816a
Cristi, J. M. 16:1208
Cristi Taulis, Javier. 17:654
Cristiá, Pedro J. 9:1339; 12:727; 17:746
Cristiana C., Augusto. 5:2135
Critillo. See Gonzaga, Thomas Antônio.
Critto, Miguel. 8:2661
Croce, Arturo. 8:4052; 22:4811; 23:4942; 24:4396
Croce, Benedetto. 8:4936-4938; 9:4990, 5010; 10:4615a; 19:5810, 5811
Croce, Francisco M. 9:1557
Croce, Rome. 4:2080
Crocker, William H. 23:734; 24:819; 27: 1211. 1211a
Croft, Kenneth. 17:252; 20:666a, 667; 22: 830
Crofts, Alfred. 3:1561
Croghan, John Alvin. 6:1151, 1166
Croix, Carlos Francisco de. 24:3767
Croizat, Leon Camille Marius. 22:954 24: 2805
Crone, Donald R. 8:2551
Crone, G. R. 3:2220; 4:3720; 17:1065
La Crónica, Lima. 5:2699
Crónica Mensual de la Secretaría de Trabajo y Previsión, Buenos Aires. 11:2782
Cronin, A. J. 5:4019, 4020; 6:4427, 4428; 8:4370, 4371
Cronon, Edmund David. 23:3246, 3247; 24: 3409
Crooks, Esther J. 7:4598
Cross, Leland W. 25:4521
Cross, William E. 11:1148
Crossley, J. Colin. 24:2959; 27:1672
Croucher, H. H. 2:559; 6:1145
Crouse, Nellis M. 6:2900; 9:2772; 28:762b
Crow, Carl. 7:212

Crow, John Armstrong. 5:3620, 3652-3654; 6:4026, 4172; 7:4501; 8:3879; 9:3924; 12:68a, 1508, 1615a; 21:5008
Crowley, Daniel J. 19:553, 706; 20:476, 477, 486, 487; 21:448; 23:636, 5723, 5724; 27:1025
Crowley F. G. 28:1706
Crowley, José. 19:1948a
Crowley, Robert F. 10:997; 11:829, 1646
Crozet, R. 1:542
Cruces Pozo, José. 18:1855
Cruchaga Ossa, Alberto. 1:682, 1945; 2:2457; 8:3343a; 26:1142; 28:1181
Cruchaga Santa María Ángel. 5:3811; 12:2630; 19:5011; 24:5422
Cruchaga Tocornal, Miguel. 10:4178; 14:3290; 15:1683, 1726
Cruillas, Marqués de. 23:3168
Cruls, Gastão. 1:2148; 2:2857; 3:1646, 3541; 4:4145, 4221, 4222; 5:1943; 6:4458; 7:662a; 8:853; 13:1005; 15:525, 1795; 18:581, 2769; 20:4369; 23:420, 2684; 28:317
Cruls, Luiz. 23:2684
Crumrine, Lynne S. 27:1412
Crusoé, Romeu. 17:2605
Cruxent José María. 11:130, 332, 333, 441; 12:355, 356, 527; 13:290; 14:561; 15:133, 348-353; 16:239, 240; 17:163-166, 374; 18:136; 19:293-296; 20:253, 269-273, 331; 21:202, 223; 22:200, 203; 23:325, 326, 421; 24:407, 451-453; 25:310, 27:672-675
Cruz, Acrisio. 17:1038
Cruz, Agustín. 6:3765
Cruz, Arlete Nogueira da. 5:4648
Cruz, Bernardo A. 16:1952
Cruz, Carlos Manuel de la. 1:1119
Cruz, Eddy Dias da. *See* Rebêlo, Marques, *pseud.*
Cruz, Elmano. 10:4175
Cruz, Ernesto. 21:4515
Cruz, Ernesto de la. 4:3319
Cruz, Ernesto Horácio da. 11:2579; 12:2235; 16:2105; 18:1484; 19:1224 23:2685; 26:1193
Cruz, Estevão. 1:2149; 2:2858; 3:3486; 7:5726
Cruz, Francisco Antonio. 13:1087
Cruz, Francisco Santiago. 26:434; 28:505
Cruz, H. Dias da. 4:4286; 7:1958, 3644
Cruz, João Claudino de Oliveira e. 15:2614; 16:2970; 20:4553
Cruz, Jorge. 28:2351
Cruz, Jorge E. 1:1804; 2:639; 3:1937
Cruz, José María de la. 24:4200
Cruz, José Marques da. 7:4827; 8:4333
Cruz, Josefina. 16:2618
Cruz, Juana Inés de la. *See* Juana Inés de la Cruz, Sor.
Cruz, Levy. 27:2913, 4222
Cruz, Luiz Santa. *See* Santa Cruz, Luiz.
Cruz, Manuel. 8:385; 9:483, 484; 10:376
Cruz, Manuel de la. 13:2087a
Cruz, Mário da Silva. 16:571
Cruz, Pedro Nolasco. 6:4027; 10:3033a
Cruz, Raimundo de la. 6:2596
Cruz, Ramón E. 4:3661; 8:1969; 14:907
Cruz, René. 20:1342
Cruz, Salvador. 23:1432; 28:189
Cruz, Salvador de la. 19:4962; 20:4005
Cruz, Salviano. 9:1688; 15:631, 668, 686, 1251
Cruz, Wilfrido C. 1:95; 12:214
Cruz Adler, Bernardo. 14:2861, 2899
Cruz Bustillo, Ulises. 7:3323
Cruz Cantoral, Elio. 1:1699

Cruz César, Nirceu da. *See* César, Nirceu da Cruz.
Cruz-Coke Lassabe, Eduardo. 4:1109; 9:1457; 10:1234; 12:935
Cruz-Coke Madrid, Ricardo. 18:1574; 25:790-792; 27:1566
Cruz-Coronado, Guillermo de la. 19:5255
Cruz Costa, João. *See* Costa, João Cruz.
Cruz de del Pino, Mary. 20:2312
Cruz e Souza, João da. *See* Souza, João da Cruz e.
Cruz Filho, José da. 28:2596
Cruz G., Manuel. 4:1301
Cruz Herrera, José de la. 5:4455
Cruz López, Cándido. 15:772
Cruz López, Raymundo de la. 11:2845
Cruz Machado, Daniel. 21:2215, 2219
Cruz Magnanini, Ruth Bouchard Lopes da. *See* Magnanini, Ruth Bouchard Lopes da Cruz.
Cruz Márquez E., J. 8:1970
Cruz Medeiros, José. *See* Medeiros, José Cruz.
Cruz Monclova, Lidio. 18:2032; 20:2962; 21:2955, 2956; 25:3373, 3377
Cruz Ocampo, Luis David. 17:1278
Cruz Ortiz, Neftalí. 20:4562
Cruz Pérez, Rafael. 22:3229
Cruz Ramírez, Darío. 6:993
Cruz Riascos, Luis Carlos. 10:1974
Cruz Santos, Abel. 3:1165; 19:1423
Cruz Santos, Aniceto. *See* Santos, Aniceto Cruz.
Cruz Vargas, Juan de la. 12:1990
Cruz Vélez, Danilo. 13:2740; 14:3429; 17:2905; 24:6002; 28:3304
Cruz y Bahamonde, Nicolás de la. 8:2897
Cruz y Gonzáles, Juan Felipe. 8:4591
Cruz y Moya, Juan José de la. 19:3252
Cruzado, Américo. 23:5725
Cruzat, Heloise H. 3:2381; 4:2566
Cserna, Zoltan de. 25:2256
Cuadernos de Arte Dramático, Buenos Aires. 20:4242
Cuadernos de Finanzas Públicas, Washington. 27:1673
Cuadernos de Información Económica Venezolana, Caracas. 15:981; 16:818; 24:1917
Cuadernos de la C(orporación) V(enezolana) (de) F(omento), Caracas. 27:2090
Cuadernos Latinoamericanos de Economía Humana, Buenos Aires. 23:1664
Cuadernos Trimestrales de Poesía, Trujillo, Peru. 19:5012
Cuadra, J. F. de la. 2:833a
Cuadra, José de la. 4:60, 3946; 5:3778; 23:4943
Cuadra, Manolo. 10:1618; 11:3195
Cuadra, Pablo Antonio. 1:2092; 5:1587; 6:2087, 3776; 7:2016; 8:2010, 2107, 2133; 9:1924; 10:2399; 11:1487, 1534; 14:2900; 23:913, 4944, 5168, 5346; 24:5221; 25:4452; 26:1405
Cuadra Cea, Luis. 4:146, 10:2767; 24:408; 27:3781
Cuadra Chamorro, Pedro J. 10:967; 16:1832, 2264; 28:738a
Cuadra Downing, Orlando. 16:2773
Cuadra Gormaz, Guillermo de la. 1:840; 14:3318; 15:1584
Cuadra Pasos, Carlos. 6:3852; 8:2982; 11:2391; 28:739
Cuadra Vásquez, Humberto. 16:3128
Cuadrado, Arturo. 22:5184
Cuadros, Alfredo. 9:1426; 12:914
Cuadros, Juan Manuel. 6:2113; 10:1749

Cuadros E., Raúl. 16:2428; 17:2747
Cuadros Escobedo, Manuel E. 5:2611; 9:430; 12:602; 21:299; 24:5001
Cuadros Quiroga, José. 20:2243
Cuadros Sánchez, Augusto. 8:1639; 18:643
Cuartero y Huerto, Baltasar. 16:1506
Cuatrecasas, José. 7:2215; 10:1975; 17:1066
Cuatrecasas, Juan. 12:1509; 27:1517
Cuba Torres, Sergio. 9:4546
Cuba, Archivo Nacional. 1:2319; 9:631, 632, 2687, 3186; 10:480-484, 2500, 2501; 11: 450, 452-454, 2253, 2254, 2404; 12:1616, 1846, 1952, 1953; 13:1133, 1470; 14:1818; 17:1382, 1554; 18:1642; 19:3023, 3709-3711; 20:2313, 2314, 2915; 28:774b
Cuba. Archivo Nacional (Indexes). 2:1745; 3:2394a;
Cuba. Archivo Nacional. Archivo de Protocolos (Indexes). 13:1253
Cuba. Archivo Nacional. Reales Órdenes (Indexes). 7:2872; 9:2690; 12:1732a; 15: 1401
Cuba. Biblioteca Nacional José Martí, La Habana. 1:2320-2321; 22:6273; 26:745; 28:306, 784
Cuba. Caja Postal de Ahorros. 4:1467
Cuba. Cámara de Representantes. 3:1983
Cuba. Comisión Cubana de Cooperación Intelectual. 8:627; 9:119
Cuba. Comisión de Ferrocarriles. 4:1471
Cuba, Comisión de Fomento Nacional. 14: 915
Cuba. Comisión de Propaganda y Defensa del Tabaco Habano. 4:1472, 1473; 5:973, 1153; 6:1061, 1331; 7:1105; 8:1246; 12:810; 19:1428, 1429
Cuba. Comisión del Servicio Civil. 3:1975
Cuba. Comisión Nacional de Alfabetización. 25:2071, 2072
Cuba. Comisión Nacional de Transportes. 5: 974
Cuba. Comisión sobre Aportes Estatales de la Seguridad Social. 21:3563
Cuba. Congreso. Senado. 3:1985; 9:2490
Cuba. Consejo Corporativo de Educación, Sanidad y Beneficencia. 4:1474
Cuba. Consejo de Administración de la Isla de Cuba. 15:1625; 16:1538
Cuba. Consejo Nacional de Economía. 20:1326
Cuba. Constitution. 4:2346; 6:2632-2634, 2639; 12:3072; 14:1630; 18:2883-2885; 23:4530
Cuba. Convención Constituyente. 6:2635
Cuba. Corporación Nacional de Asistencia Pública. 4:1476
Cuba. Corporación Nacional del Turismo. 1:267
Cuba. Dirección de Enseñanza y Propaganda Agrícolas. 10:998
Cuba. Dirección General de Estadística. 3:1976; 6:1062-1064, 1074, 1334-1336; 7:1106; 16: 665, 1154, 1390; 17:607; 18:709; 19:2419; 20:5005
Cuba. Dirección General del Censo. 9:1134
Cuba. Instituto Cubano de Cartografía y Catastro. 23:2495
Cuba. Instituto Cubano de Estabilización del Azúcar. 13:529
Cuba, Instituto Cubano de Recursos Minerales. 27:2774
Cuba. Instituto de Salubridad Rural. 18:2297
Cuba. Instituto Nacional de Logopedia y Foniatría. 20:1707
Cuba. Junta Central de Salud y Maternidad. 4: 1485
Cuba. Junta de Economía de Guerra. 9:1138 12:811

Cuba. Junta Nacional de Economía. 16:670; 17:612, 613
Cuba. Laws, statutes, etc. 1:1691, 1448-1450; 2:535b, 535d, 3114a; 4:1486, 1490, 4439-4442; 5:4229-4231; 6:2631; 7:5182, 5208, 5240, 5242, 5256; 8:1232; 9:2484; 10: 3999; 11:3465, 3534; 12:3150; 13:2380, 2410; 14:2520, 3334; 15:2625; 16:1047; 17:2813; 20:3582; 23:4503, 4531; 24:4935; 25:4140
Cuba. Marina de Guerra. 10:2917
Cuba. Ministerio de Agricultura. 3:1088; 4:1493-1496; 5:991; 6:1337; 9:1280; 14:918; 17: 614; 21:5315
Cuba. Ministerio de Bienstar Social. 23:4242
Cuba. Ministerio de Educación. 16:1075; 17: 2880
Cuba. Ministerio de Estado. 4:1704, 3534; 10: 819, 3617; 15:847; 23:2908, 2909
Cuba. Ministerio de Hacienda. Dirección General de Estadística. 3:1089-1094; 4:1500-1503; 14:919
Cuba. Ministerio de Industrias. 27:2001, 2001a
Cuba. Ministerio de Información. 19:2907
Cuba. Ministerio de las Fuerzas Armadas Revolucionarias. 27:3393
Cuba. Ministerio de Relaciones Exteriores. 24: 3531; 27:3393a-3393c
Cuba. Ministerio de Relaciones Exteriores. Departamento de Relaciones Públicas. 23:2907
Cuba. Oficina del Historiador de la Ciudad de La Habana. 25:3387
Cuba. Oficina Nacional de Cooperación e Información de Bibliotecas. 7:5379; 8:4691; 12:3289
Cuba. Oficina Nacional de los Censos Demográfico y Electoral. 2:537; 19:6263; 21:5316; 22: 2298
Cuba. Secretaría de Comercio. 4:1497
Cuba. Secretaría de Defensa Nacional. 4:1498
Cuba. Secretaría de Gobernación. 4:1499
Cuba. Secretaría de Obras Públicas. 2:539; 14: 1012
Cuba. Secretaría del Trabajo. 1:1881; 8:1278
Cuba. Secretariado Permanente de Entidades Fiscalizadoras. 20:1328
Cuba. Treaties, etc. 2:2432; 8:1257; 15:1983
Cuba Económica y Financiera, La Habana. 6: 1046; 15:844; 16:664; 17:606; 18:710
Cuba en la mano, La Habana. 6:179
Cuba Socialista. Revista mensual. La Habana. 25:2775
Cubas, Emilio. 20:3554, 21:3533
Cubas V., Rafael, 12:982
Cubazúcar, La Habana. 21:1332
Cubero Ramíres de Arellano, Joseph. 2:1805
Cubillán, Ofelia. 18:2468
Cubillas, Juan Oscar. 7:1542
Cubillos Chaparro, Julio César. 11:302; 12:440; 19:404, 409; 20:278, 332, 1977; 22:212, 213; 23:321; 24:437
Cucarese, Nicolás Orestes V. 27:3823
Cuccaro, Jacinto J., 5:4472
Cuccorese, Horacio Juan. 24:4261; 25:3597, 3598; 28:1073
Cuchí Coll, Isabel, 2:2636; 3:3140; 21:2954
Cucurullo, Oscar, Jr. 15:1169; 16:1155; 18: 1262
Cucutá. Consejo Municipal. 5:2054
Cue, Sandra L. 27:1399
Cue Cánovas, Agustín. 13:1534; 20:2818; 22: 3015, 3016; 23:2021, 2943, 3248, 4532; 24:3883, 4814; 25:3239-3241; 28:483
Cuéllar, Adolfo. 8:1378

Cuéllar, Alfredo B. 1:202; 2:475; 6:4515; 8: 1100
Cuéllar, José Tomás de. 12:2516; 14:2751, 2848; 21:3935; 22:4952
Cuéllar, León E. 8:2305
Cuéllar Abaroa, Cristanto. 15:33; 26:525
Cuéllar Vizcaíno, Manuel. 14:3373, 3374
Cuello, Nicolás. 21:3045; 28:1007
Cuenca, Héctor. 6:3130, 4246; 8:1987
Cuenca, Humberto. 10:1203; 11:2331; 22: 4585; 23:2774; 24:4397; 25:4069; 26:734, 1040
Cuenca. Consejo Municipal. 6:2649
Cuenca. Cabildo. 4:2840
Cueno, Michael de. 28:419a
Cuentas Ormachea, Enrique A. 26:1472
Cuervo, Ángel. 14:2229
Cuervo, Luis Augusto. 1:841; 2:1986, 2235; 3: 2481, 2482, 2565; 4:2939, 5:2535, 2560; 7:3199, 3215; 8:2898, 3172 9:2991 2992, 3140; 10:2791; 11:2883; 13:1638
Cuervo, Raimundo. 11:783
Cuervo, Rufino José. 1:1979; 4:3726; 5:3480, 3481, 3655; 7:4444; 10:516; 11:2934; 12: 2320; 13:1973, 1974; 14:2229, 2572; 16: 2472, 2473; 17:2231, 19:4520, 20:3643; 23:4415, 4416; 25:3914
Cuervo Borda, Carlos. 12:1966
Cuervo Márquez, Carlos. 21:214
Cuervo Márquez, Emilio. 4:3274
Cuervo Márquez, Luis. 4:2897; 7:461; 8:315
Cuervo Pineda, Miguel Ángel. 15:2052
Cuesta, J. Enamorado. 7:2710, 2711
Cuesta, Luisa. 14:1819; 18:1702a; 19:3024, 3125, 3446, 6417
Cuesta, Modesta. 19:3024
Cuesta Gonseheim, Sylvia. 20:3814
Cuesta Gutiérrez, L. 1:842
Cuesta Jiménez, Valentín. 22:3230
Cuesta Mendoza, Antonio. 6:2901; 12:1201; 13: 1357; 14:1865
Cuestas, José. 24:860
Cueta y Menda, Juan de. 18:2408
Cueto, Héctor Hugo del. 23:2022
Cueto Fernandini, Carlos. 17:962
Cueto Rúa, Julio. 25:4013
Cueva, Augusto Mateu. 4:3947
Cueva, D. Antonio. 7:951
Cueva, Hermilo de la, *pseud.* 18:2518; 22:3017; 23:4241
Cueva, Mario de la. 4:1302; 15:2089; 25:3242; 27:3732
Cueva del Río, Roberto. 2:419
Cueva García, M. B. 3:3721
Cueva González, Pedro Jorge. 1:629
Cueva Silva, Jaime. 27:2070
Cueva Tamariz, Agustín. 10:3761; 18:2469, 19:3885
Cueva Tamariz, Carlos. 19:4303
Cueva, Ernesto de las. 6:3256, 3917
Cuevas, Gabriel. 3:2576
Cuevas, José Luis. 23:1481, 1482
Cuevas, Mariano. 6:2780, 3301; 9:2773; 13: 1468; 14:2103; 15:1461; 19:3025
Cuevas, R. P. Mariano. 28:501a
Cuevas Cancino, Francisco M. 17:1831; 20: 3412; 22:2843; 28:589a
Cuevas del Cid C., Rafael. 20:4532
Cuevas Silva, Jaime. 24:2031
Cugat, Xavier. 8:4728; 9:4664
Culbertson, Ely. 9:3489
Culbertson, Nancy F. 23:1681
Culbertson, William S. 3:843; 4:1303, 3620; 5: 781; 6:858
Cullen, Thomas F. 2:2275
Cullere, Jaime. 25:5618
Cultrera, Samuele. 2:1757
Cultura, Órgano de la Biblioteca Popular "Bernardino Rivadavia". 5:4240
Cultura, Rio de Janeiro. 14:3009
Cultura Política, Rio de Janeiro. 7:1747
Cultural, S. A., *La Habana.* 5:20-22; 6:20, 21; 7:36-40
Cumberland, Charles Curtis. 14:2095; 17:1665; 18:1591, 1929, 1930; 19:3577; 21:2807; 24:3884, 3885
Cumberland, W. W. 2:477
Cummings, William P. 21:2402
Cummins, James S. 26:435; 28:505a
Cummins, John. 2:1665
Cummins, Lejeune. 20:2430; 22:4028
Cumper, George Edward. 15:1170; 19:616; 20: 455; 22:410; 24:724
Cumpston, I. M. 20:4949
Cuña, Irma. 28:2118
Cundall, Frank. 2:560
Cundinamarca. 3:2145
Cundinamarca (Department). Asamblea. 2: 1491; 3:1928
Cundinamarca (Departament). Contraloría. 2: 616; 3:1166; 4:1597; 6:1227
Cundinamarca (Department). Dirección de Educación Pública. 3:1414
Cundinamarca (Department). Dirección de Obras Públicas. 2:617
Cundinamarca, (Department). *Laws, statutes, etc.* 2:1608
Cundinamarca, (Department). Secretaría de Gobierno. 2:1493; 5:2055; 6:2608
Cundinamarca (Department). Secretaría de Hacienda. 3:1167; 8:1400, 1485
Cundinamarca (Department). Secretaría de Obras Públicas. 1:307; 3:1168
Cúneo, Dardo. 9:3237; 11:2461, 3856; 13: 1053; 15:2022; 20:2213, 2213a, 3815; 22:5406; 23:3757; 25:2697; 27:3181; 28: 1074, 1773
Cúneo-Vidal, Rómulo. 5:3555
Cunha, A. G. 25:3915
Cunha, Alda Brito da 24:1517; 25:771, 778; 27:1510
Cunha, Alexandre Eulálio Pimenta da. 21:3884
Cunha, Amadeu. 11:2600
Cunha, Armando. 19:1225
Cunha, Ayres Câmara. 20:557
Cunha, Boaventura Ribeiro da. 15:1038
Cunha, Carlos Alberto Nobrega da. 3:606, 662; 4:628, 678-680; 6:1680, 4295; 7:719
Cunha, Celso Ferreira da. 28:1539, 1540
Cunha, Euclydes da. 4:3468, 4146, 4223; 5: 3026, 3169, 4054; 6:3625, 4296, 4297; 10: 3826; 3934; 13, 2287-2288; 16:2826, 3286; 24:4502; 25:4736
Cunha, Fausto. 28:2529, 2591
Cunha, Hamilton Pinheiro da. 9:4461
Cunha, Humberto. 17:2646
Cunha, José Gayda. 12:2825
Cunha, Lourdite. 21:4298
Cunha, Lourenço Pereira da. 9:1642
Cunha, Luiz de Almeida. 23:1570
Cunha, Lygia da Fonseca Fernandes da. 26:273; 28:318, 354
Cunha, Mário Wagner Vieira da. 3:330; 10: 2160; 13:326; 14:516; 27:2343; 28:1350
Cunha, Mauricio. 7:4040
Cunha, Ovidio da. 2:1062; 4:2007
Cunha, Rui Vieira da. 28:1351
Cunha, Tristão de. 1:2160; 3:3542; 11:1121
Cunha Barreto. 3:3641

Cunha Bayma, Antônio da. *See* Bayma, Antônio da Cunha.
Cunha Bueno, Antônio Sylvio. *See* Bueno, Antônio Sylvio Cunha.
Cunha Caldeira Filho, João da. *See* Caldeira Filho, João da Cunha.
Cunha Cintra, Manuel Pedro da. *See* Cintra, Manuel Pedro da Cunha.
Cunha de Azeredo Coutinho, José Joachim da. *See* Coutinho, José Joachim da Cunha de Azeredo.
Cunha Dotti, Juan. 3:3292a, 3293; 16:2704; 20:4070; 26:1720
Cunha e Melo, Omar de. *See* Melo, Omar de Cunha e.
Cunha Gonçalves, Luis da. *See* Gonçalves, Luis da Cunha.
Cunha Júnior, Alarício José da. 24:3026, 4501; 27:1620
Cunha Melo Maranhão, Petrarca da. *See* Maranhão, Petrarca da Cunha Melo.
Cunha Miranda, Adalmir da. *See* Miranda, Adalmir da Cunha.
Cunha Peixoto, Carlos Fulgêncio da. *See* Peixoto, Carlos Fulgêncio da Cunha.
Cunha Pereira, Manuel da. *See* Pereira, Manuel da Cunha.
Cunha Veloso, Natércia. *See* Veloso, Natércia Cunha.
Cunha Xavier, Alcindo da. *See* Xavier, Alcindo da Cunha.
Cunningham, Allan. 21:2038
Cunningham, James Stewart. 11:2167
Cunningham, W. F. 6:3720
Cunow, Heinrich. 3:243a
Cunto, E. de. 7:4992
Curaçáo, Regeeringsvoorlichtingdienst. 21:5009
Curi Inseer, Félix. 22:1126
Curien, Hubert. 21:664
Cúrio, Néstor Wanderley. 9:869
Curio de Carvalho, F. *See* Carvalho, F. Curio de.
Curitiba, Departamento de Urbanismo. 27:2913a
Curitiba. Prefeitura Municipal. 8:2845; 9:2432
Curletto, Barolomé. 7:5357
Curley, Michael J. 7:2996
Curran, C. H. 3:62b
Currea L., Alfredo. 1:1408; 2:1486a
Currea Restrepo, Aníbal. 3:2700, 3071; 4:3867r
Current Caribbean Bibliography, Port-of-Spain. 17:3084; 21:5208; 22:6252; 24:4
Current Caribbean Bibliography, Hato Rey. 27:22a
Current History, Philadelphia. 19:4203
Currie, Lauchlin. 18:691; 23:2479, 2485; 27:2438
Curry, Hilda J. 16:97
Cursino de Moura, Paulo. *See* Moura, Paulo Cursino de.
Cursio Altamar, Antonio. 18:2409, 2437
Curt Lange, Francisco. *See* Lange, Francisco Curt.
Curter, E. 6:4716
Curti, M. W. 27:1044
Curtin, Philip D. 16:1594; 17:210
Curtis, J. T. 13:855
Curtis, Louis Woodson. 8:4777, 4784, 4790, 4822; 10:4399
Curutchet, Carlos M. 7:1403
Cury, Jottin. 22:4586
Cusa, Nicolás de. *See* Cusanus, Nicolaus.
Cusano, Ángel María. 2:2432; 16:1984
Cusanus, Nicolaus, Cardinal. 14:3455; 22:5903
Cusi M., Ezio. 13:1876
Cuspinera, Juan L. 19:1971; 20:1485

Cussack, A. 12:1218w
Custódio Jorge. 28:2597
Cuthbertson, Stuart. 1:1980; 3:3141
Cutler, Frederick. 21:1506; 23:1696
Cutler, Hugh C. 17:11; 20:180; 24:155, 239
Cutolo, Vicente Osvaldo. 13:1593; 14:3299; 15:2593; 20:2998; 21:2769, 4505; 26:1327
Cutright, Paul Russell. 6:2195
Cutter, Donald C. 23:3133; 25:3158
Cuyás, Arturo. 6:2818
Cuyás, Carlos. 12:1146
Cuzco. *Cabildo*. 22:3443; 28:992a
Cuzco. Universidad. 5:4307
Cuzzani, Agustín. 19:5154; 21:4212; 24:5608
Cyprianus ab Utrera. 6:2902
Cysneiros, Israel. 26:1216
Czajka, Wili. 17:1114; 21:2012, 2121; 22:2363, 2520, 2521; 23:2573, 2574
Czerna, Renato Cirell. 20:4821, 4822, 4834

D*NC, Revista do Departamento Nacional do Café*. 6:1915; 9:1739
Da Cal, Ernesto G. 14:2825
Da Silva, Owen F. 7:2806
Dabbs, Jack Autrey. 5:113, 2361, 3553; 6:2855; 7:5373; 18:1898; 19:807, 4521; 20:2862; 23:4417; 24:4150; 26:526
Dabdoub, Claudio. 28:483a, 590
Dabney, Lancaster E. 4:2911
Dade, Philip L. 24:409, 410; 25:295
Daesllé Segura, Jorge. 15:774
Daglio, Andrés. 17:3137
Daglione, Vivaldo Wenceslau Flor. 25:1296
Dagnino Pastore, José María. 27:2137
Dagnino Pastore, Lorenzo. 1:337, 395; 2:763; 3:1732; 4:984a, 2108; 5:1218; 10:2063; 12:876, 877; 16:1237; 17:747, 748; 18:848
Dagoberto Marroquín, Alejandro. 27:4107
Dahl, Gustavo. 28:365
Dahl, Víctor C. 24:3886; 25:1511
Dahlberg, A. A. 22:978
Dahlberg, A. C. 9:1252, 1266-1268; 10:968
Dahlberg, H. N. 20:1993; 24:2963; 27:2775
Dahlgren, B. E. 6:2422
Dahlgren, K. V. Ossian. 26:1194
Dahlgren de Jordán, Barbara. 17:69, 168, 390; 19:63, 554; 20:210; 21:118; 22:528; 27:738; 28:506
Daie Lillo, José. 25:1602
Daien, Samuel. 13:2512
Daireaux, Max. 1:401; 5:3798; 8:3906; 28:1168a
Dal Borgo, José. 7:598
Daladier, Édouard. 6:4429
Dale, Allen W. 6:3694
Dale, Gustavo. 1:2209
Dale, W. T. 10:2033
Dalence, José María. 10:1204
Dalence, M. Walter. 6:2564
Dalencour, François Stanislas Ranier. 4:4314; 5:2836; 6:1092; 7:1129, 1130; 10:2930; 24:4170
D'Alessandro, Alexandre. 9:3376
Dallegri, Santiago. 28:1199
Dall'Igna Rodrigues, Arion. *See* Rodrigues, Arion dall'Igna.
Dallmus, K. F. 4:1919
Dallos, H. J. 17:1714
Dalmore, Liuba. 8:4105
D'Aloja, Ada. 13:369a; 21:815

Dalurzo, Beatriz F. 20:2999
Daly, Herman E. 28:1214
Damante, Hélio. 15:2485; 28:1257
Damasceno, Darcy. 2:5475, 5527
Damasceno, Orlando de Carvalho. 15:1869
Damasceno Ferreira, Athos. *See* Ferreira, Athos Damasceno.
Damasco Pena, J. B. *See* Pena, J. B. Damasco.
Damasco Pena, Luís. *See* Pena, Luís Damasco.
Damata, Gasparino. 17:2606; 22:5492
Damaz, Paul F. 26:182
Dambaugh, Luella Nolen. 21:2122; 23:2686
Damboriena, Prudencio. 26:347
Damdrine, Manuel. 7:2889
Dame, Hartley F. 28:33
Damiano, Antonio. 15:1087
Damianovic D., Juan 14:602
Damianovich, Aquiles. 15:2638
Damianovich, Horacío. 6:5021
Damião, Antônio, *pseud.* 19:5309
Damirón, Rafael. 14:2038; 19:3765
Damirón Ricart, Arturo. 21:3564
Damonte Taborda, Raúl. 8:2634; 19:2875; 21:3046
Dana, Richard Henry, Jr. 28:775
Dana Montaño, Salvador M. 2:674, 3:1345, 3776; 4:2194, 3155, 4355, 4473; 5:1917, 2959; 6:2522; 7:2474; 8:719, 2633, 2636; 9:3238, 10:2311; 11:1828; 13:1048; 15:2639, 27:2439
Danache, B. 5:2837; 16:1883
Danckwerts, Rudolf Ferdinand. 27:2321
Dandler, Jorge. 27:2199a
D'André, Henry. 1:353
Danero, Eduardo M. S. 19:3485, 5013; 20:3916, 3923, 4083; 28:2192
Danes, Gibson. 8:720, 819; 18:485
Dangel, Anneliese, 23:3051
Daniek, Edmund. 28:590a
Daniel, *Brother*. 12:1804
Daniel, Glyn. 25:2299
Daniel, James M. 20:2507
Daniel, Hermano. 10:1976
Daniel, Howard. 10:3247
Daniel, Neptune. 28:2687
Daniel, Oliver. 5:4387, 6:4928
D'Aniello, Orlando. 19:4877
Daniélou, Jean. 24:6113
Daniels, Blair E. 3:1441
Daniels, Harry J. 2:536
Daniels, Josephus. 13:1096, 1819; 15:1911
Daniels, Marietta. 21:3408; 25:5, 6
Daniels, Paul C. 7:795
Daniels Walter M. 18:2178
Danieri, Erly. 9:3849
Danilevich, Mariia Vladislavovna. 24:3410; 25:3093, 3094; 26:93, 348; 27:1647; 28:109, 464a
Danilo, Mario. 23:4945
Danke, Jacobo, *pseud*. 5:3750; 6:4247; 11:3196; 12:2631; 21:4072
Dann, Ernesto. 26:820
Danneman, Robert. 22:2058
Dannemann, Manuel. 25:5219, 5220; 28:3071
Danpiás de Alcochete, Nuno. *See* Alcochete, Nuno Danpiás de.
Dansereau, Pierre. 13:978; 14:1569; 16:1254
Dantas, Antônio Arruda. 21:4300
Dantas, Christovam Bezerra. 2:933, 934, 969, 1013, 1031-1033, 1401; 3:581; 7:1699; 10:1403
Dantas, Francisco Clementino San Tiago. 5:4180; 15:2683; 17:1924f; 19:5413
Dantas, Hélio. 26:1195

Dantas, Humberto. 7:1586, 4060, 4061; 10:1380; 11:1149
Dantas, José Garibaldi. 3:607; 4:629; 6:1681, 1689, 1690; 7:1610
Dantas, Macedo. 24:5749
Dantas, Manoel. 7:3645
Dantas, Manuel Pinto de Souza. 16:2177
Dantas, Mercedes. 8:2674
Dantas, Olavo. 4:4146a; 8:4201; 26:2033
Dantas, Paulo. 23:5460; 28:2468
Dantas, Raymundo Souza. 15:2527, 2556; 22:5407
Dantas de Freitas, Hildebrando. *See* Freitas, Hildebrando Dantas de.
Dantas Júnior, João da Costa Pinto. 7:3646
Dante Alighieri. 7:5688; 8:4372
D'Antonio, William V. 27:3034, 4107a
Dapelo, Antonio. 5:4402
Daphnis, Franck C. 25:484
Dara, Francisco. 27:2834a
Darbois, Dominique. 19:803
Darcy, Adalberto. 3:647
Darcy, James. 2:2859
Darcy, Thomas F. 9:4665
Dardeu de Carvalho, A. *See* Carvalho, A. Dardeu de.
Dardón Córdova, Gonzalo. 18:3286; 19:6418, 6419; 25:4243; 27:23; 28:33a
Dargan, Ena. 16:33; 22:864
Darío, Rubén. 4:4025; 5:3836; 7:4742; 8:4160a; 10:3528, 11:3287, 3318; 12:2632; 14:2862, 15:2353; 16:2619, 17:2433; 18:2580; 19:5014; 28:2119
Darío, Rubén, h. 10:3715
Darío, Rubén, nieto. 20:4071
Darío Carles, Rubén. *See* Carles, Rubén Darío.
Darío Quiroz, J. 12:1192, 1193
Darío Utria, Rubén. *See* Utria, Rubén Darío.
Dark, Philip J. C. 17:375; 19:804; 21:109; 22:529; 23:914, 915; 24:1608
Darkenwald, Gordon G. 2:1425
Darlington, Charles F. 7:796
Darondel, Luis. 5:1582, 2838
Darquea Terán, Gustavo. 15:1083
Darrah, William C. 8:2409
Darrigrande Moisán, Orlando. 24:4919
Darrigrandi Aguirre, Gil. 17:655
Dartigue, Maurice. 4:1520; 5:1544; 7:1886; 11:1222; 12:1339; 14:930
Dartiguenave, Edith. 19:5383
D'Ascoli, Carlos A. 9:1207; 18:939
Dasi, T. 18:1643
Dassen, Juan Justo. 10:3330
Dassen, Julio. 23:4511; 25:4041, 4042, 4057
Daudt de Oliveira, João. *See* Oliveira, João Daudt de.
Dauelsberg, Percy, Jr. 23:434
Daumec, Gérard. 18:2830
Daumec, Lucien. 22:6045
Dauphin, Marcel. 19:5384; 25:4761; 26:2126
Daus, Federico A. 4:2081; 5:1808; 6:2345; 8:2862; 9:2178; 11:1670, 1671, 14:1456, 1457; 16:1171, 1172; 17:1115; 20:2008; 21:2013; 22:3305
Dauster, Frank. 20:4125, 4243; 21:4236; 23:5357, 5358; 24:5504, 5505; 25:4370, 4522; 26:1893-1895; 28:2352-2353
Dauterman, C. 5:266
Dauvergne, Robert. 16:1655
Davalillo, Clemente. 9:1427; 11:986
Dávalos, Balbino. 13:2221
Dávalos, Jaime. 21:4073
Dávalos, Juan Carlos. 1:2111, 7:4445, 4694
Dávalos, Marcelino. 14:2983

Dávalos Hurtado, Eusebio. 11:192, 414; 16: 435, 442, 461; 17:70, 391; 19:550; 20: 211, 760-763, 2508; 21:816-818; 22:54; 25:192, 801; 27:128, 212, 1518
Dávalos y Lissón, Pedro. 2:2255; 3:2727; 4: 3290; 5:3081; 7:3538
Davatz, Thomas. 7:3647
Davenport, P. M. 18:664
Davenport, William. 24:725, 757
Davenport, Wortham. 27:3885
Davertige, *pseud.* 26:2127
Davey, John C. 10:2012; 12:1323; 14:1387
David, Carlos. 21:4350
David, Geo B. 12:2826
David, Odnell. 18:2831
David, Placide. 11:2255, 2256
David, René. 20:4486
Davidovich, Fany. 25:2374
Davids, Leo. 27:1026
Davidson, Daniel Sutherland. 3:63
Davidson, G. 1:578
Davidson, Ned J. 25:4371, 4403, 4404, 4523
Davidson, William. 13:82 221; 14:307
Davies, Arthur. 18:1703; 19:3126; 21:2403
Davies, D. A. Bryn. 4:1987; 6:2152; 7:2180, 2216
Davies, Howell. 1:18; 2:21, 5:164; 6:180; 7: 2182; 8:111, 2340; 15:58; 16:34; 17:3138
Davies, W. W. 2:454
Davies, William. 6:2346, 2439; 7:2060, 2251
Daviess, S. N. 10:2027
d'Ávila, A. 27:2557
Dávila, Amparo. 23:4946; 28:1831
Dávila, Antonio. 19:2943
Dávila, Arturo V. 28:456a; 827, 827a
Dávila, Carlos. 11:2660; 15:100, 16:56
Dávila, Fernando Antonio. 25:425; 26:497
Dávila, José María. 16:950
Dávila, Pedro Esteban. 9:2890
Dávila, Pedro Franco. 18:1868
Dávila, Vicente. 5:2700, 6:1374, 2781; 8: 3173; 9:2774
Dávila, Víctor M. 9:512; 10:1776
Dávila Andrade, César. 21:3936; 23:5129
Dávila Cuevas, Rafael. 21:2063; 24:2921
Dávila Garibi, José Ignacio Paulino. 1:96-98, 133; 3:3402, 3402a; 4:166, 3721; 5:2368, 2369, 3483; 6:2903; 7:428; 8:239, 240; 9:1953; 2713, 2714; 10:2519, 2520, 2557; 11:245, 2070, 2074; 12:215, 216; 15:210; 16:194, 1465, 1466, 1595, 1656, 2474; 17: 1666, 3113; 18:1757; 19:3578, 3579 4522; 20:2509; 21:110, 2514; 22:831; 23:3162, 4418, 4419; 24:1114, 3808-3810; 25:3182, 3183
Dávila Gómez Palacios, Roberto. 19:1971a
Dávila Lanusse, José Nilo. 26:32
Dávila Padilla, Agustín. 19:3253
Dávila Torres, César. 21:4074
Dávila S., César. 25:2102
Dávila Silva, Ricardo. 2:2556; 6:4028; 22:4812
Dávila Solera, José. 6:2904; 7:401
Dávila y Arrilaga. 4:2602
Davis, Alexander V. 11:2071
Davis, Arturo. 1:1557; 27:3782
Davis, E. M. 23:460
Davis, Edward J. P. 19:3027
Davis, Edward P. 16:2224
Davis, Emily C. 3:137
Davis, Harold Eugene. 3:1442; 8:419; 9:2511; 11:386, 690, 1808; 13:1594, 1595, 15:47; 16:1320; 19:3028; 22:2609, 5879; 24:20; 25:3599; 27:3035
Davis, Horace B. 1:416; 3:692b; 19:4304
Davis, Irvine. 27:1413

Davis, J. Merle. 8:1282, 1331, 1463
Davis, Jack Emory. 24:4723, 5033
Davis, Kingsley. 17:1356, 2986; 18:3191-3193; 24:716; 27:1011
Davis, Luther C. 27:2914, 2956
Davis, Mary L. 26:106, 124
Davis, Marian Rubins. 3:692b
Davis, Marjorie. 12:232; 20:668, 668a
Davis, Robert Henry. 28:34
Davis, Russell G. 27:2440, 2473
Davis, T. Frederick. 2:2276; 12:1858b
Davis, Thomas B. 9:3514; 19:3830; 25:2052; 28:1075
Davis, Tom E. 25:1675
Davis, William Columbus. 16:1904
Davis, William L. 21:2404
Davis de Clark, Nancy. 24:1309
Davison, Dorothy. 8:4373
Davison, Ned J. 23:5036; 24:5506; 28:1773a
Dawson, Daniel. 1:1020
Dawson, Frank G. 26:1422
Dawson, Lawrence E. 27:621, 645
Day, A. Grove. 1:748; 6:2905, 2906
Day, Donald. 10:1686
Daycard, Enriqueta. 28:2278
Daza, Pedro. 27:1675
Daza Ondarza, Ernesto. 7:3499
Deabreu, M. 8:4409
Deambrosis Martins, Carlos. 14:2360
Dean, Vera Micheles. 8:3561
Deasy, George F. 9:2179, 2180; 10:1864, 1937; 22:2386
Debayle, León. 9:1107; 13:1559
De Beauval Ségur. 12:1804a
De Beers, John S. 17:870; 19:1972; 27:2002
Debelian, Levon. 24:3026
Debenedetti, Emma. 19:1256
Debenedetti, Salvador. 4:323
Debesa, Fernando. 22:5306
Debicki, Andrew P. 25:4524; 26:1794, 1795
Debien, Gabriel. 2:1838; 7:2868, 2869; 9: 2688, 2775; 10:2521; 11:2012; 12:1728- 1728b, 1804b, 1804c, 1859, 1953a; 15:1464; 16:1555, 1596, 1657, 1672; 18:1788; 19: 3380-3381a, 20:2315; 21:2625, 2626; 22:3220; 24:726; 25:2247; 27:24, 1027, 1028; 28:837a
Debret, Jean Baptiste. 6:667, 3626; 20:1172; 28:355, 355a
Debuyst, Federico. 25:5605; 27:4014
D'Eça, Raul. *See* Eça, Raul d'.
De Camp, David. 23:645; 24:746
Decker, Donald M. 25:4405; 28:34a, 1076
Deckert, Helmut. 25:626, 630
De Conde, Alexander. 17:1928
Decorme, Gerard. 7:2940; 18:1672; 21:2516; 23:3249; 24:3794
Decoud, Héctor Francisco. 5:3075
Découd, Julio A. 6:4681
Dedrick, John M. 12:217
Deeping, Warwick. 8:4374
Deerr, N. 4:577
Deevey, Edward S., Jr. 9:224; 10:201; 19:253; 21:416
Defiant Durán, Alba. 23:5037
Défay, Francis. 15:2567
Defelice, Vicente. 7:3934, 3960
Defelippe, Bruno A. 23:2575
Deffontaines, Pierre. 1:611, 612; 2:291, 1402; 1404, 1442; 3:1629-1632; 1663; 4:2008- 2011; 5:1918-1922; 6:1647; 10:2161 2162; 17:1165; 19:2707; 25:3789
Defoe, Daniel. 6:4430; 8:4375; 9:4316
Defourneaux, Marcelin. 23:4703
Defriene, Horacio A. 11:282

De Gamez, Tana. 19:6609
Dege, Wilhelm. 23:2509
Deger, Erwin. 1:191; 7:2126
Degollado Guízar, Jesús. 21:2808
De Gregorio Lavie, Lucila. 1:1612
De Grummond, Jane Lucas. 17:1832
D'Harnoncourt, René. 11:129
Dehesa, Fernando. 23:5360
Dehesa y Gómez Farías, María Teresa. 25:4590
Deheza, José A. 4:1059, 3244; 11:2168
Dehillotte, Pierre. 6:4431
Dehlke, Hedda. 1:683
Dehn R., Jorge. 7:1503
Deibel, Ulla. 1:2228
Deinhard, Hanna. 15:526; 16:582; 19:1205
Deiro, Pietro. 7:5519
De Jong, Gerrit, Jr. 26:2189
Dekobra, Maurice. 8:4376; 9:4317
Dekoster Fuentes, Pedro. 19:1872
Del Campo, Aníbal. 28:3305
Del Carril, Bonifacio. 4:3224
Del Forno, Carlos. 1:1433
Del Hoyo, Eugenio. 22:4704
Del Negro, Carlos. 28:346
Del Pino de Carbone, María Luisa. 4:3225
Delafosse, M. 16:1658
Delamare, Alcibíades. 20:3214
Delamare, G. 1:1021
Delaney, Patrick J. V. 27:2914a
Delaney, Robert W. 20:2819
Delanglez, Jean. 3:2382; 4:2641, 2642; 7:2941; 9:2776-2778; 10:2558; 12:1729, 1860
Delano, Irene. 20:4258
Délano, Luis Enrique. 3:2684; 6:4137; 10: 3034, 3035, 4500; 11:3243; 12:2517; 15: 1738; 22:4917; 23:4947; 26:1663; 28: 2019, 2079
Délano F., Jorge. 21:954
Delaplane, Stanton. 25:5721
De la Rue, E. Albert. 11:1575
Delattre, Pierre. 26:1328
Delaunay-Belleville, André. 27:3463b
Delaunet, Amadeo. 25:7
Delawarde, J. B. 2:1325, 2277; 3:130; 4:236
Delboy, Emilio. 2:1270; 4:2135, 2136; 8:2232, 2469; 9:1930; 18:1304; 21:2047
Del Camino, J. 1:173
Delcar, María. 23:4948
De Leeuw, Hendrik. 1:1137
Delegacia da Ordem Política e Social de Santa Catarina. 10:3276
Delfim Netto, Antônio. 23:1938; 27:2327
Delfino, Álvaro. 17:2607
Delfino, Ambrosio. 14:573; 21:803
Delfino, Augusto Mario. 14:2826
Delfino, Luiz. 4:4255; 6:4489
Délfor Gallo, Néstor. 26:1627
Delgadillo. Luis A. 7:5560; 9:4713, 4805; 10: 4378; 16:3201
Delgado, Agustín. 20:112; 22:75; 23:174; 24: 205; 25:193, 1105; 26:148; 28:130
Delgado, Alberto. 4:1305
Delgado, Alejandro. 12:1421
Delgado, Alexandre Miranda. 26:1196, 1234
Delgado, Alfredo. 3:2047; 4:2408; 5:2162
Delgado, Eliseo Ernesto. 4:3111
Delgado, Emilio. 12:2321
Delgado, Honorio. 5:4418; 7:5634; 8:4852 14:3445; 16:3261; 20:4840
Delgado, Jaime. 14:1700; 15:1605, 1618; 16: 1540, 1659, 1765; 17:1399; 18:2061; 19: 3064, 3580; 22:3018; 23:4718, 4723; 25: 3095; 26:1423; 27:3036; 28:775a
Delgado, José María. 4:3867s; 5:3837; 17: 2485

Delgado, Juan J. 3:244
Delgado, Juan Román. 11:3970
Delgado, Luis Humberto. 1:1237, 2093; 3:2728; 4:3291, 3292; 6:2523, 3766; 9:3013; 10:3257; 11:71; 18:2118; 22:3561
Delgado, Luiz. 2:1670; 11:2644; 19:4040; 22: 5552; 23:2776; 24:4503
Delgado, María Jesús. 14:1313
Delgado, Miguel. 20:2916
Delgado, Óscar. 27:1676, 4015
Delgado P. Alfonso. 5:1392a
Delgado, Pedro Genaro. 3:3690; 13:2430, 2431; 25:4084
Delgado, Rafael. 6:4209; 19:4878; 21:3818; 22:4952; 28:1832
Delgado, Ramón Alberto. 5:1117
Delgado, Ricardo. 12:2061
Delgado, Wáshington. 21:4075
Delgado A., M. Julio. 1:478; 3:926
Delgado Barrenechea, José C. 9:2236
Delgado Bedoya, Manuel. 3:943
Delgado Capeans, R. 13:1410
Delgado de Carvalho, Carlos Miguel. See Carvalho, Carlos Miguel Delgado de.
Delgado Fernández, Gregorio. 9:3789
Delgado Flores, Carmen. 9:431
Delgado Fuentes, Rafael. 12:1147
Delgado Hernández, Felipe. 11:750; 17:871
Delegado Morales, Álvaro. 18:1079
Delgado Nieto, Carlos. 17:2365; 22:3543; 23: 4949
Delgado O., C. 6:2188; 12:1319
Delgado Pastor, Amadeo. 11:3689; 13:2089; 14: 2681
Delgado Roig, Juan. 16:1520
Delgado Román, Ricardo. 23:4512; 25:3243
Delgado Vivanco, Edmundo. 9:1998; 12:483
Delgaty, Alfa. 27:1414
Delgaty, Colin E. 24:1342
Delgolyer, E. 18:940
Delhevre, Pedro Mario. 28:2095
Delhez, Víctor. 15:2355
Delhumeau, Armando. 1:1506
D'Elia, Antônio 28:2407
D'Elía, Miguel Alfredo. 14:3010
Delibes, Miguel. 21:5025
Délienne, Castera. 2:2317
Deligne, Gastón Fernando. 12:2633
Deliz, Monserrate. 17:2860; 21:2957
Delk, Lois Jo. 18:2470
Dell, Edmund. 27:2322
Dell, Sidney S. 23:2023; 24:1917a
Della Paolera, Carlos M. 8:1579
Dell'Acqua, Amadeo. 14:2789
Delle Piane, A. L. 9:5011
Dellepiane, Antonio. 2:2186; 4:3156; 5:2744, 4136; 16:1919; 21:3047, 3048
Dellepiane, Carlos. 7:3200, 3539; 10:3078; 12:1617
Dellepiane Calcena. Carlos. 27:1170
Dell'Oro Maini, Atilio. 17:2794; 24:4213; 25: 3567, 3600
Dell'Orto Prieto, Julio. 3:1899
Dellunde, Francisco. 5:2807
Delmar, Alberto. 10:3762
Delmar, Serafín. 12:2634
Del Monte, Domingo. 21:2909
Delorenzo Neto, A. 22:6031; 23:2872; 25:2718
Delouche, Ángela. 20:4370
Delpech, Emilio. 10:2975
Delpey, Geneviève. 4:1994; 5:1777
Delpino Albornoz, Gioconda. 14:2499
Del Pino y de la Vega, Mario. 22:3231
Del Río, Carmen Galván de. 8:2093
Del Río, D. A. 2:454
Delrío, Felipe Fortunato. 7:3925

Del Saz, Agustín. 22:5337
Deluca, Richard J. 27:2258
Delucchi, Armando D. 28:3278
Delucchi, Francisco J. 26:1078
Delvalle, Efraím S. 4:1598, 2321
Del Villar, Fred. 19:6610
Del Villar, Mary. 19:6610
Delwart, Louis O. 23:1665
Demagny, René. 26:735
Demangeot, Jean. 24:3027; 25:2365
Demarest, Donald. 21:2405
Demaría, Alfonso. 13:1652; 24:3476
Demaría, Bernabe. 3:3337
Demaría, Isidoro. 28:125
De-Maria, Isidoro. 5:2751, 3092; 9:3342
Dembro, Adolfo. 3:206, 207; 4:385, 395a; 5: 528; 6:499, 602; 8:453; 14:611; 15:503
Demicheli, Alberto. 16:382, 3038; 19:5486; 23:4533; 25:2691 28:1007a
Demicheli, Sofia Álvarez Vignoli de. 8:4608
Demichelis, Roberto P. A. 4:2081a
Demmon, E. L. 8:2410
Demongeot, Marcelo. 3:1791j
Demoro, Pablo. 6:1719
Denegre Vaught, Jorge. 26:415
Denegri, Carlos. 23:3250
Denegri, Luis Ernesto. 1:478a, 4:578, 3293
Denegri Luna, Félix. 17:1354; 20:3062, 3064; 21:3159; 26:1031
Deneven, William M. 25:2269; 27:519
Denevi, Marco. 21:3937, 4213; 25:4562
Dengo, Gabriel. 27:2718
Denhardt, Robert M. 3:2383; 4:2643; 13:1134; 15:1425
Denig, James L. 5:1726
Denis, Ferdinand. 10:3146; 22:3863
Denis, Lorimer. 2:133; 10:1750, 12:3410; 13: 246; 14:3396; 16:3202; 17:3015; 19:592; 20:442, 443; 22:411; 27:1029
Denis-Krause, Alejandro. 26:1628
Denis Molina, Carlos. 21:3938
Denison, John H., Jr. 9:303
Denizot, Paul H. 4:725
Dennett, Raymond. 18:2211
Dennis, Laurence. 4:3535,
Dennis, W. J. 3:1758
Dennison, L. R. 8:2318
Dennler, Jorge. 5:1809; 6:566
Denny, Grace G. 25:380
De Noia, John. 14:10b; 15:17
Denoyer-Geppert Company. 23:2466
Deo, Bettino de. 4:783; 6:4553 ,
Deodato, Alberto. 27:3254; 28:2672
De Paiva, D. 1:613
Department of State Bulletin, Washington. 16:2297
Depassier Baetzner, Carlos. 8:4533
Dépestre, René. 18:2832; 23:5653
De Pierri, Kate P. 20:113
Depons, Francisco. 5:2701; 20:3090; 21:3184; 24:4398
Derbez Muro, Julio. 24:4828
Derby, Orville A. 11:1960
Derbyshire, Desmond. 27:1415, 1415a
El Derecho, Montevideo. 1:1902
Derecho del Trabajo, Buenos Aires. 7:3896 3943
Deren, Maya. 19:593, 22:412
Deringer, D. C. 3:850
Derisi, Octavio Nicolás. 6:4991; 7:5670, 5701; 8:4853, 4916; 9:5028; 10:4601; 11:3876; 12:3499; 14:3430, 3431; 15:2912; 16:3262, 3300, 3301; 17:2794, 2949, 2950; 18:3120; 19:5705, 5804; 20:4760, 4761, 4809, 4835; 21:4754, 4755; 22:5865, 5895, 23:5806,
5845; 24:6003, 6014; 25:5355; 26:2268; 28:3235, 3244
Dermigny, L. 16:1541; 19:3381a
Derolle, Gabriel. 11:1696
De Ronde, Philip. 1:1189
Derose, Rodolphe. 22:413
Derr, Virginia B. 25:1219
Derraugh, L. F. 13:861
Derteano Urrutia, Carlos. 20:1346
D'Erzell, Catalina, *pseud.* 14:2952
De Santis, Sergio. 27:3182
Des Briere, Juanita. 4:2001
Des Prés, François Marcel Turenne. 15:2567a
Desarrollo Económico, Buenos Aires. 27:4016
Descalzi, César Ricardo. 17:2555
Descalzi, Guillermo. 8:4890
Descalzo, Bartolomé. 10:2823; 12:2001
Descartes, *pseud.* 17:1275
Descartes, René. 8:4925; 10:4575; 11:3938, 3938a, 3939; 17:2961; 20:4762, 4880
Descartes, Sol Luis. 2:570, 575; 3:1128; 4: 1537; 5:1766; 6:1100, 1341; 7:1159; 8: 1327; 9:1157; 12:824; 14:1013; 16:694
Descartes de G. Paula, Rubén. *See* Paula, Rubén Descartes de G.
Deschamps, Enrique. 4:2940
Deschamps, Hubert Jules. 21:2406
Deschamps Chapeaux, Pedro. 28:776
Descola, Jean. 19:3127; 21:2407; 23:3695; 25:5704; 26:855
Descotte, Mario Luis. 8:4142
Desenne, J. 27:1562
Deshays, Alfredo. 4:3226
De Sherbinin, Betty. 13:54
Deshon, Shirley K. 27:893
Desinano, Norma 28:1956
Désinor, Yvan M. 26:395a
Deslandes, Célie Diaquoi. 28:2688
Deslandes, Jude. 28:2704
Desmaison S., V. Alejandro. 1:478b
Desmarás, Carlos R. 7:3915; 8:3706, 3870, 4640; 11:2783
D'Esme, Jean. 8:4377
Desmond, Robert W. 3:1134, 2104
Desmons. 28:356
Desnoes, Edmundo. 26:1571; 28:261
Desombrages, Joseph Vezien. 16:1556
Desouches, Lionel G. 12:878
De Sousa Júnior. 5:3966a; 6:4368, 4425; 11: 3417
El Despertador Americano, Guadalajara. 24: 3887; 28:591
Despontín, Luis Alberto 2:753a; 7:3897, 3978; 9:3584; 13:1839, 2564; 25:4141
D'Espósito, A. 10:4485
Despradel, Arturo. 6:3284
Despradel y Batista, Guido. 5:248; 8:3163; 9: 3212; 15:1626
Despres, Leo A. 27:1303
Desroussels, Félix, *pseud.* 20:4450
Dessaint, Alain Y. 25:109, 423
Dessau, Adalbert. 26:1552; 27:3037; 28:1773b, 1832a, 1832b
Dessein, Eduardo M. 21:3939, 3939a
D'Estefano Pisani, Miguel A. 18:2885
Destombes, Marcel. 21:2408
De Suze, Jos. A. 28:109a
Desvernine, Pablo. 15:2699
Detering, Dascha. 25:530
De Terra, Helmut. 12:153; 13:135, 136, 371, 372; 14:146, 147; 15:166; 22:982, 983
Dethorey, Ernesto. 26:814
Deuber, T. P. 10:1302, 1954
Deugenio, Rubén. 26:1849
Deus, João de. 10:3897

Deustúa, Alejandro. 4:3317; 5:4406, 4483
Deustúa, Patricia. 27:1327
Deustúa, Ricardo A. 8:1723
Deustúa Pimentel, Carlos. 20:2747; 21:2732, 2733; 28:1042a
Deutsch-Südamerikanische Bank, Hamburg. 27: 1678, 1678a
Deutsche Stiftung für Entwicklungsländer, Berlin. 27:1677
Deutsche Überseeische Bank, Hamburg. 27:2323
Deutschman, Z. 9:2045
Deutschmann, Paul J. 25:5619
Deveali, Mario L. 7:3898; 14:2450; 18:2247
Development Bank of Puerto Rico, San Juan. 12:825
Deverdun, A. L. 4:3057
Devereux, George. 19:10
Devia M., Misael. 27:1280
Devinelli, Carlos. 11:3368
Devis Echandía, Hernando. 10:4039, 4203
Devisate, Antônio. 27:3147
Devon, Pru. 17:2854
Devoto, Daniel. 10:4400, 11:3801; 12:3336; 13:2630; 16:3171; 17:2232; 23:5702; 28:3111
Devoto, Dante. 2:740a
Devoto, Franco Enrique. 7:1433; 11:930
De Vries, José. 12:3550
De Waal Malefijt, Annemarie. 27:1302, 1302a
Dewart, Leslie. 27:3395
Dewey, John. 5:4484; 14:3459; 15:2944; 16:3315; 18:3136; 21:4849
Dewey, L. H. 9:980
De Wilde, John C. 8:974, 975
De Wolf, Marian. 19:285
Dey, Mukul D. 27:1030, 1537, 4108
De Young, Maurice. 24:2869; 25:3378
Dezeo, Emilia C. 10:1475
Diálogo. Revista de Cultura, São Paulo. 20:4283
Diamant de Sujo, Clara. 23:1507
Diamant-Berger, Renée. 26:221
Diament de Sujo, Clara. 28:151
Diamond, Sigmund. 27:85, 3039
Diamond, Walter H. 24:4906
Dianderas, Gerardo. 2:1359
Diário da Justiça. Rio de Janeiro. 1:1841-1842
Diário do Estado. Órgão Oficial do Estado de Pernambuco. 5:2242
Diário do Poder Legislativo (Brazil). 3:1870
Diario Oficial de Chile. 2:1555
Diario Oficial de Colombia. 2:1556
Diario Oficial de El Salvador. 2:1569
Diario Oficial de Honduras. 2:1563
Diario Oficial de México. 2:1564
Diario Oficial del Estado de Yucatán. 3:2135
Diario Oficial del Uruguay. 2:1570
Diário Oficial do Brazil. 2:1554; 5:2235; 8:**2679**
Diário Oficial do Estado de Alagoas. 5:2231
Diário Oficial do Estado da Amazonas. 5:2232
Diário Oficial do Estado da Bahia. 5:2233
Diário Oficial do Estado do Ceará. 5:2234
Diário Oficial do Estado de Espírito Santo. 5:2236
Diário Oficial do Estado do Maranhão. 5:2237
Diário Oficial do Estado do Mato Grosso. 5:2238
Diário Oficial do Estado de Minas Gerais. 5:2239
Diário Oficial do Estado do Pará. 5:2240
Diário Oficial do Estado de Piauí. 5:2243
Diário Oficial do Estado do Rio de Janeiro. 5:2244
Diário Oficial do Estado de Santa Catarina. 5:2247
Diário Oficial do Estado de São Paulo. 5:2248
Diário Oficial do Estado de Sergipe. 5:2249

Dias, A. 4:4286
Dias, Adahyl Lourenço. 27:3676
Dias, Antônio Caetano. 10:4253; 12:682; 18:2720
Dias, Antônio Gonçalves. 3:3569; 5:4057; 10:3901; 18:2792; 23:5570
Días, Antonio Jorge. 24:5906
Dias, Carmen de Revoredo Annes. 1:2210
Dias, Catharina Vergolino. 24:3028, 3029
Dias, Demósthenes de Oliveira. 21:3260; 28:1242
Dias, Eduardo. 16:2106
Dias, Everado. 25:3838
Dias, Floriano Aguiar. 19:5403; 21:4585; 22:4606; 23:4639; 24:4804
Dias, Hélcia. 5:568
Dias, J. Aboim. 6:4610
Dias, João Pereira. 19:1226
Dias, José de Aguiar. 10:4075; 14:3220; 19:5403; 22:4609; 24:4804, 4837
Dias, José Milton de Vasconcelos. 23:5571
Dias, Manuel Nunes. 25:3808; 28:1294, 1294a
Dias, Mario. 8:4524; 20:4550
Dias, Milton. *See* Dias, José Milton de Vasconcelos.
Dias, Publio. 2:1064
Dias, Rubens Araújo. 25:2398
Dias, Ruy. 28:2598
Dias, Teófilo. 24:5781
Dias, Wilmar. 13:1014; 14:1549
Dias Azevedo, Armando. *See* Azevedo, Armando Dias.
Dias Carneiro, Octávio Augusto. *See* Carneiro, Octávio Augusto Dias.
Dias Collares Júnior, João. *See* Collares Júnior, João Dias.
Dias Corrêa, Ernani. *See* Corrêa, Ernani Dias.
Dias da Costa, Geraldo Tholozan. *See* Costa, Geraldo Tholozan Dias da.
Dias da Costa, Júlio. *See* Costa, Júlio Dias da.
Dias da Costa, Oswaldo. *See* Costa, Oswaldo Dias da.
Dias da Cruz, Eddy. *See* **Rebêlo, Marques,** *pseud.*
Dias da Cruz, H. *See* Cruz, H. Dias da.
Dias da Rocha, Álvaro. *See* Rocha, Álvaro Dias da.
Dias da Silva Carvalho, Anna. *See* Carvalho, Anna Dias da Silva.
Dias de Abreu e Silva, Modesto. *See* Abreu, Modesto de.
Dias de Aguiar, Brás. *See* Aguiar, Brás Dias de.
Dias de Figueiredo, Morvan. *See* Figueiredo, Morvan Dias de.
Dias de Matos, José Veríssimo. *See* Matos, José Veríssimo Dias de.
Dias de Mesquita, Teófilo Odorico. *See* Dias, Teófilo.
Dias Ferreira dos Santos, Mário. *See* Santos, Mário Dias Ferreira dos.
Dias Gomes, Alfredo. *See* Gomes, Alfredo Dias.
Dias Leite Júnior, Antônio. *See* Leite Júnior, Antônio Dias.
Dias Leite, Octavio. *See* Leite, Octavio Dias.
Dias Martins, José Eurico. *See* Martins, José Eurico Dias.
Dias Otacílio. 10:2193
Dias Rollemberg, Luiz. *See* Rollemberg, Luiz Dias.
Dias Tavares, Luiz Henrique. *See* Tavares, Luiz Henrique Dias.
Dias Veloso, Elisa. *See* Veloso, Elisa Dias.
Díaz, Abel Santiago. 28:1833
Díaz, Adolfo M. 4:2811; 9:3100
Díaz, Alberto. 5:2213; 6:2750; 7:2751
Díaz, Antolín. 1:2047

Díaz, Antonio, *Ecuadorian*. 27:3451
Díaz, Antonio, *Uruguayan*. 9:3101
Díaz, Benito. 25:3601; 26:1079
Díaz, Benjamín Rojas. 2:251
Díaz, César. 9:3343
Díaz, Emilio Carlos. 13:2513
Díaz, Emilio Luis. 2:1330, 3:1705; 8:2432; 10:2064; 11:1576, 14:1459; 19:2500, 2501; 21:2014; 23:2576
Díaz, Emma. 15:244
Díaz, Eugenio. 2:2689
Díaz, Ezequiel. 12:1374
Díaz, Francisco. 11:1602
Díaz, Guillermo. 2:3060; 27:3677, 3678
Díaz, Hernán. 28:260
Díaz, Horacio. 21:2068
Díaz, Jorge. 28:2279
Díaz, José Domingo. 25:3538
Díaz, José María. 11:3690
Díaz, José Simón. 13:55
Díaz, Juvenal A. 9:2297
Díaz, Leopoldo. 8:4735
Díaz, Lilia. 26:527
Díaz, Lino, h. 5:2202
Díaz, Manuel Guillermo. See Millán, Blas, *pseud.*
Díaz, Marcos. 4:2340
Díaz, May Nordquist. 27:894
Díaz, O. Antonio. 25:5620
Díaz, Porfirio. 13:1535; 14:2146; 16:1762; 17:1654; 18:1918; 19:3555; 20:2820; 22:3019
Díaz, Rogelio, h. 5:1569, 3484
Díaz, Severo. 8:2267-2270, 2402, 2403; 9:2052; 10:1938, 1939; 11:2340
Díaz, Víctor Miguel. 1:19; 2:2318; 7:3436; 3437
Díaz Alfaro, Abelardo. 14:2753
Díaz Arana, Juan José. 13:1049
Díaz Arguedas, Julio. 4:3318; 6:3436; 9:3292; 22:3517
Díaz Arias, Julián. 16:954; 27:1857
Díaz Arrieta, Hernán. 5:3656; 6:4029, 4030, 4239; 7:4770; 12:2676; 14:2688, 2781; 19:4658, 4702; 23:5000; 25:4244; 26:1450, 1707; 28:2016
Díaz Babio, Francisco. 5:2867
Díaz Barrios, Eduardo. 21:678
Díaz Bialet, Agustín. 17:2666
Díaz-Bolio, José. 9:396; 20:48; 21:76 24:276
Díaz C., Miguel. 19:6420
Díaz Casanueva, Humberto. 8:685, 4854; 13:2146; 22:5119
Díaz Cisneros, César. 10:2065
Díaz Covarrubias, Juan. 23:4815
Díaz Cruz, J. E. 18:941
Díaz Cueva, Miguel. 28:1039
Díaz D., M. R. 8:327
Dias da Mota. 7:3587
Díaz de Arce, Omar. 28:776a
Díaz de Gamara, Juan Benito. 14:3476
Díaz de Guijarro, Enrique. 1:1524, 1525; 2:3061; 3:3734; 4:4356; 7:3944, 5211, 5218, 5219; 10:4063, 4064; 23:4582
Díaz de Iraola, Gonzalo. 13:1204
Díaz de León, Francisco. 4:540; 9:751, 752; 15:612; 16:3190
Díaz de Olano, Carmen R. 21:2958
Díaz de Salas, Marcelo. 27:895
Díaz de Vivar, Joaquín. 3:1791k
Díaz de Vivar, Justo. 6:3364, 3511
Díaz del Castillo, Bernal. 4:2588, 2644; 5:2370; 6:2907; 8:2899, 2983; 9:2779; 19:4650; 20:2512, 3731, 3732; 21:3729; 23:916, 4725; 24:1115; 25:3128, 4210; 26:370a; 27:740-742; 28:1741

Díaz del Vivar, Óscar. 1:1435
Díaz Delgado, Albertina. 7:4186
Díaz Díaz, Oswaldo. 4:3948; 11:3330; 13:2228, 2229; 15:2456; 17:2556; 23:3701; 25:3542, 3543; 26:927, 928; 28:889a, 985, 985a, 989a. 2280
Díaz Doin, Guillermo. 9:125, 2394; 13:1575; 21:2202; 25:2620
Díaz Durán, José Constantino. 9:2646, 2780
Díaz E., Manuel Antonio. 22:4652
Díaz Flores, Raymundo. 11:1427
Díaz Gainza, José. 26:2184
Díaz Garcés, Joaquín. 11:1505
Díaz Garza, Alfonso. 16:955
Díaz Goitía, José J. 3:967
Díaz Gómez, Alfredo. 1:1562a
Díaz González, José Joaquín. 5:4263; 24:4171
Díaz Granados Cotes, Manuel J. 8:1379, 2308; 10:1040
Díaz Guerrero, Rogelio. 25:3244
Díaz Grullón, Virgilio. 24:5234
Díaz Hernández, Jesús. 15:858
Díaz Hernández, Vicente. 11:1438
Díaz Infante, Fernando. 27:409, 743
Díaz L., Rogelio. 4:327; 5:1569, 3110, 3484
Díaz Lanz, Pedro L. 23:2838
Díaz Lewis, Juan O. 12:2519
Díaz López, Lilia. 28:591b
Díaz Lozano, Argentina. 10:3618; 3692; 13:2161; 20:3924
Díaz Machicao, Porfirio. 11:2501; 21:3101; 23:3787, 3788; 24:5106; 26:1473
Díaz Mantilla, S. 4:3867u; 8:4107
Díaz Medina, Donato. 6:1017
Díaz Mercado, Joaquín. 3:9, 10; 4:11; 11:3709
Díaz Meza, Aurelio. 1:843; 3:3072; 4:3252; 25:3689
Díaz Mirón, Salvador. 11:3319; 19:4720
Díaz Molano, Elías. 16:1173; 18:849
Díaz Morales, Ignacio. 9:775
Díaz Niese, Rafael. 10:559; 11:613; 16:251
Díaz O., José Lizardo. 26:702a
Díaz Ordóñez, Virgilio. 7:4446; 8:2984; 21:3413
Díaz Ossa, Ignacio. 4:1118
Díaz P., Salvador. 21:3555
Díaz-Pacheco, Santiago. 4:1537; 6:1118, 1119; 7:1159, 1160; 8:2368; 9:2136, 2137; 11:1650; 16:834
Díaz Pairó, Antonio. 1:1568, 1569; 7:5239
Díaz Peluffo, Zola. 25:4109
Díaz Plaja, Aurora. 5:4294
Díaz-Plaja, Guillermo. 16:2663; 17:2327; 18:2471; 20:3816; 22:3232; 4313, 4813
Díaz Ponce de León, Humberto. 8:1323
Díaz Rodríguez, Justo. 8:1428; 9:1289, 1290; 11:871
Díaz Romero, Belisario. 20:669
Díaz Rozzotto, Jaime. 22:3072
Díaz Ruanova, Oswaldo. 19:4721
Díaz S. Tunja, Alvaro. 4:2330
Díaz Salas, Juan. 9:3758; 12:3210; 16:2364
Díaz Sánchez, Ramón. 3:2074; 5:2267, 3103; 7:4524; 16:1998; 20:4006, 4313; 24:4164; 25:3762, 3776
Díaz Sautto, José. 1:1507
Díaz Seijas, Pedro. 12:2693; 19:4722, 4723 20:3851; 23:5038; 27:3560
Díaz Soler, Luis M. 18:1788a; 19:3029; 28:828
Díaz-Solís, Gustavo. 9:3925
Díaz-Thomé, Hugo. 10:3508; 12:1861; 16:1766; 18:1931; 19:6421
Díaz-Trechuelo Spínola, María Lourdes. 21:2409; 28:420
Díaz Truy, María. 8:2744

Díaz Ungría, Adelaida G. de. 19:915; 20:799; 22:1002-1004; 23:1280, 1281; 24:1504, 1562-1564; 27:1520, 1589, 1589a, 1606
Díaz Ungría, José. 20:799
Díaz Valderrama, Francisco Javier. 4:2296; 8:3309; 10:3037; 12:1937; 13:1448, 1626
Díaz Vasconcelos, Luis Antonio. 8:3940; 16:1897; 17:130, 253; 19:206
Díaz Venteo, Fernando. 15:1666
Díaz Versón, Salvador. 10:3238; 26:1572
Díaz Vial, Raúl. 17:1400; 19:3030
Díaz Villamil, Antonio. 4:1841; 12:2520; 22:3537
Díaz y de Ovando, Clementina. 11:2993; 13:2047; 17:432, 1000; 23:4815
Díaz y Sotelo, Manuel. 21:4076
Díaz Ycaza, Rafael. 21:3940; 23:4950; 26:1598
Dibarboure, José Alberto. 6:4031
Dibble, Charles E. 6:357; 13:115; 14:218; 16:211, 17:71, 276; 19:220; 20:212, 213, 241, 21:123; 22:119, 530, 600, 832, 911; 24:1116, 1147; 25:631; 27:744, 745, 834
Diccionario Biográfico de Chile. 3:60h
Diccionario Porrúa de Historia, Biografía y Geografía de México. 28:110
Dicken, Samuel N. 1:548, 2:1234, 1278; 4:1313; 5:863, 864, 1709, 1710
Dickens, Charles. 7:5027; 8:4378, 4379; 9:4318
Dickey, D. R. 4:1974
Dickinson, Sterling. 1:547
Dickmann, Emilio. 4:1025; 12:879, 880
Dickmann, Enrique. 3:1796; 5:3365
Dickmann, Max. 2:2637; 7:4695, 4714; 11:3197; 18:2519
Dickson, Margaret Hamilton. 28:1927
Dickson, Sarah Augusta. 19:3128
Diderot, Denis. 2:2970
Di Dio, Liberato J. A. 22:967
Diebold, A. Richard, Jr. 25:707; 27:1416, 1416a
Diebold, William, Jr. 7:1278a
Dieci, Ángel C. 10:4065
Diego, Celia de. 19:4879; 21:3941; 24:4214, 5002; 28:1957
Diego, Gerardo. 16:2746; 25:4203
Diego, José de. 15:2354
Diego de Ocaña, *Father*. 25:4211
Diégues Júnior, Manuel. 6:1646; 11:72; 13:630; 14:1550; 15:699, 1796; 16:1303, 2107, 2108; 18:1442, 3151, 3166; 19:2638, 5256, 6035; 20:558, 4931, 4972; 21:1415, 4720, 4909; 23:735, 1922, 2687, 6010, 6037; 24:3030; 27:1212, 1212a, 4017, 4018, 4223, 4224
Diéguez Olaverri, Juan. 21:4077
Diels, Ludwig. 3:1759; 4:2138
Diepold, Elisabeth. 27:1942
Dieseldorff, Erwin P. 2:78; 5:255; 6:332; 9:322
Dieste, Eduardo. 4:3867v; 28:125
Dietrich, Ethel B. 7:797; 8:1036
Dietrich, Günther. 5:1701
Dietrich, W. O. 1:579
Dietrich, Wolfram. 6:3131; 8:3175
Dietschy, Hans. 3:68, 138; 7:297; 8:242; 10:233a, 233b; 14:148, 219; 17:72; 23:736, 737; 27:1213, 1213a
Dieulefait, Carlos E. 1:402; 8:976
Diez, Jorge. 4:491
Diez, Jorge A. 10:1978
Diez, Julio. 6:1262, 4670
Diez, Laín. 11:1012; 12:2127
Diez Manuel María. 1:1791; 2:771a; 3:833a; 4:1026, 2195; 5:4156; 6:4500; 11:3510; 16:3129
Diez Aguado, Antonio. 19:5733
Diez Barroso, Fernando. 19:1873

Diez-Canedo, Enrique. 6:3934; 7:4599; 8:4937; 9:4043; 10:3619
Diez-Canedo, Joaquín. 15:2161a
Diez Canseco, Ernesto. 16:1974; 17:1807; 18:1644
Diez Canseco, José. 4:3995; 7:4525; 15:2158; 17:2366
Diez Canseco Bernales, Octavio. 23:2615; 24:2033; 25:4142
Diez de Andino, Juan. 21:3819; 22:5120
Diez de Medina, Eduardo. 2:2348; 20:3444
Diez de Medina, Federico. 20:343
Diez de Medina, Fernando. 1:1981; 2:381; 6:4032; 7:4600; 11:593, 3106; 12:2602; 13:2090; 14:2177; 16:1321; 18:644; 19:4724; 20:343; 21:578, 3942, 4256; 24:2960; 27:3224; 28:402b
Diez de San Miguel, Garci. 28:907a
Diez-Hochleitner, R. 25:2053, 2084
Diez Mieres, Alberto. 15:2752; 17:2772
Diez Mieres, Luis. 4:1117; 6:4704
Diez Navarro, Luis. 5:2330
Diez Urzúa, Sergio. 13:2492
Diffie, Bailey Wallys. 2:1758; 6:2573, 3029; 7:213; 9:3534; 11:1961; 12:1604; 25:3527
Diffie, Justine Whitfield. 11:1961
Difrieri, Horacio A. 14:351; 23:2567; 24:2927; 27:4109
Digby, Adrian. 14:395; 17:73, 211; 18:201; 19:353; 20:214
Diggs, Irene. 17:1641; 18:537; 19:3129
Dihigo, Ernesto. 1:272; 2:536a; 4:4393
Dihigo y Mestre, Juan Miguel. 2:7; 3:1429 14:2610
Dijk, Frank van. 27:1308
Dijkstra, T. 18:3037
Dilbs, Ildefonso Mascarenhas da. 24:2084
Dileo, Hebe. 26:1629
Dillard, J. L. 27:1031-1033, 1417, 1417a
Diller, Aubrey. 20:2513
Dillet, A. A. 27:15
Dillner, Günther. 7:798; 8:1788
Dillon, Dorothy. 27:3040
Dillon, Douglas. 24:1901; 25:2621
Dillon, Esther S. 24:5295
Dillon, G. W. 11:1562
Dillon, Richard H. 18:1932; 21:2809; 22:2803; 28:35
Dillon Soares, Gláucio Ary. *See* Soares, Gláucio Ary Dillon.
Dilthey, G. 14:3460
Dilthey, Wilhelm. 6:5084; 10:4588-4592; 11:3955-3959; 17:2962; 19:5812; 21:4756
Dimick, John M. 14:149; 19:196
Dimitri, Mitán Jorge. 7:2252
Dimmick, Ralph Edward. 17:2585; 22:5450; 28:151, 163, 258, 2536
Dimnet, Ernesto. 5:4021
Dinamarca, Salvador. 4:4073; 18:2410, 2411; 19:4632; 21:4145
Dindinger, Giovanni. 2:12; 3:24; 4:28
Dindinger, Johannes. 2:1748
Dines, Alberto. 20:1760; 27:3255
Dingman, Robert J. 25:2310
Diniz, Almério de Araújo. 19:2708
Diniz, Antônio Gabriel. 28:1295
Diniz, Edison Soares. 27:1214
Diniz, Hilton. 25:2719
Diniz, Jaime C. 28:3049
Diniz, Júlio. 9:4243
Diniz, Orestes. 23:4276
Diniz, Osório da Rocha. 3:538; 6:2510, 3779
Diniz, Zolaquio. 8:4202
Diniz Carneiro, Virgínia Thereza. *See* Carneiro, Virgínia Thereza Diniz.
Diniz da Silva, Peri Pinto. *See* Silva, Peri Pinto Diniz da.

Diniz Gonçalves, Alpheu. *See* Gonçalves, Alpheu Diniz.
Diniz Mascarenhas, Abel. *See* Mascarenhas, Abel Diniz.
Dintilhac, Jorge. 25:2135
Dion, Marie Berthe. 22:3073
Dionísio, Mário. 25:1313
Di Peso, Charles C. 20:114; 24:240; 28:538
Directorio de Bibliotecas de Cuba, La Habana. 8:4692
Direito: Doutrina, Legislação e Jurisprudência. Rio de Janeiro. 6:4611
Dirks, Sylvester. 19:813
Disandro, Carlos A. 12:3500
Discépolo, Armando. 24:5609
Discussion Papers. Land Tenure Center, Madison. 27:1679
Disselhoff, Hans Dietrich. 2:42, 1203; 3:1491; 6:533; 7:478; 16:98, 99, 319a 17:40, 212, 213; 18:41; 20:8, 344-344b; 22:339-341; 24:206, 241, 501; 25:194, 375, 1106; 27: 520; 28:131
Dissent, New York. 25:5606
Distéfano, Juan Carlos. 28:1958
Di Tella, Torcuato S. *See* Tella, Torcuato S. di.
Di Tirano, Pino Cattaneo. *See* Cattaneo di Tirano, Pino.
Dittel, J. Walter. 14:2532; 15:2079; 16:2397
Dittmar, Gustav. 10:377
Dittmar, W. R. 8:1136
Dittmer, Kunz. 19:11
Dittrich, Arnost. 3:139
Di Venuti, Biagio. 16:695
Dixon, Keith A. 21:48; 22:76; 23:175; 27:463
Djalma, José Grohmann. 7:4856
Djanira. 26:325
Dobie, J. Frank. 1:155, 156; 3:1492, 1492a 5:343, 2371; 8:114, 2985
Doblado Lara, Jorge. 17:254
Doblas, Raúl. 28:2281
Dobles, Fabián. 12:2521; 14:2754; 19:4881; 28:1891, 1891a
Dobles, Gonzalo. 21:4078
Dobles Segreda, Luis. 1:6; 2:1508; 10:4254; 23:4951
Dobranich, Horacio H. 6:4542
Dobrovsky, Manuel. 12:509
Dobyns, Henry F. 22:2941; 24:861, 862, 870; 25:570, 583; 27:1329-1329d, 2283, 4110, 4111
Docca, Emilio Fernandes de Souza. 4:3383; 5:3158, 3237; 6:2458; 9:4150; 11:2625; 19:4013
Dockstader, Frederick J. 25:195; 27:128a, 213; 28:132
Docteur, Carlos. 10:2412
Le Document, Port-au-Prince. 6:182
Documenta, Rio de Janeiro. 27:2511
Documenta, Revista de la Sociedad Peruana de Historia, Lima. 14:1701
Documentación Económica, Buenos Aires. 27:2138
Documentos; Revista de Información Política, Caracas. 24:3411
Dodard, Antoine. 20:4451
Dodd Ferrez, Mary Jessop. *See* Ferrez, Mary Jessop Dodd.
Dodero, Luis. 28:1077
Dodge, David. 14:45; 22:2299
Dodson, R. H. T. 21:2064
Dodson, Ruth. 5:1615
Dodsworth Javari, Jorge João. *See* Javari, Jorge João Dodsworth.
Dodsworth Machado, Carlos. *See* Machado, Carlos Dodsworth.
Dodsworth Martins, Luiz. *See* Martins, Luiz Dodsworth.
Doering, Adolfo. 5:2960
Doering, Heinrich Ubbelohde. 2:206-208; 5: 398; 14:448; 21:300; 24:582
Doerner, Gerd. 26:222; 28:268
Dörries, H. 12:1248
Dörsing, Hugo. 2:1116
Doeste, Arturo. 8:4493; 9:4423; 10:3938b; 12:2961
Doherty, Donald K. 18:3288; 19:6004
Doherty, Edward Joseph. 14:1765
Doherty, George. 11:1829
Dolabela, Elizio. 27:2915
Dolan, Edward M. 24:464
Dolan, John P. 28:538a
Dole, Gertrude E. 23:705, 738; 25:528; 27: 540, 1128, 1214a
Dolfus, Olivier. 22:2432
Dolge, Rodolfo. 24:4397
Dolinin, A. A. 23:1730; 27:2776, 2873
Doll, Ramón. 2:2187; 5:1973, 3111
Dollfus, Olivier. 25:2322; 27:2870
Dollinger, Jane. 22:6156
Dolujanoff, Emma. 23:4952
D'Olwer, Luis Nicolau. 18:1750, 1959; 21:2410; 22:2918
Domaniewski, Zbigniew. 3:1544, 1633
Domayquía, Joan de. 11:2093
Dombrowski, Katharina von. 1:1233
Domenech, Joel. 27:3396
Domenech, José. 7:3835; 20:3523
Domenech, Juan C. 3:3143
Domenech Vinageras, Francisco. 6:3257
Doménico Rodríguez, Raúl di. 27:3613
Doménico Suazo, M. Haydeé di. 11:541
Domeyko, Ignacio. 8:3310; 12:2116; 19: 3863
Domicelj, Sergio. 20:2009; 21:2015
Domingo de Santo Tomás, *Brother*. 13:350
Domingos, Carlos. 8:4421
Domingues, Alfredo José Pôrto. 13:979, 996; 14:1525, 1551; 17:1260, 18:1403, 1404; 19: 2609; 20:2127
Domingues, Aurelio. 6:4457
Domingues, Carlos. 5:4006; 9:4350a
Domingues, Octávio. 4:683, 815, 2038; 6:1858; 17:1213
Domingues de Castro, Amelia Americano Franco. *See* Castro, Amelia Americano Franco Domingues de.
Domingues dos Santos, João. *See* Santos, João Domingues dos.
Domínguez, Alberto. 17:2718
Domínguez, Berta C. de. 20:3925
Domínguez, Francisco. 6:2129; 8:2169
Domínguez, Francisco, *Argentine*. 22:2629
Domínguez, Francisco Atanasio. 19:3258
Domínguez, Franklin. 23:5316-5318; 26:2221
Domínguez, José Ambrosio. 2:2157
Domínguez, Juan A. 4:324; 6:3098
Domínguez, Loreto M. 11:936
Domínguez, Luis Arturo. 13:363, 1975, 2706; 20:3817; 22:3427; 24:5949
Domínguez, Luis L. 8:3247
Domínguez, Manuel. 3:2982; 5:2581; 25:3703
Domínguez, Manuel Augusto. 9:2928; 14:665
Domínguez, María. 11:435
Domínguez, María Alicia. 1:1982; 3:3238; 4:4026, 4099; 9:3998; 19:4882
Domínguez, Mignon. 18:2520; 19:4880
Domínguez, Norberto A. 27:3783
Domínguez, Pablo. 6:1242; 18:2682; 21:3943
Domínguez, Rafael. 2:1907a; 6:3878; 15:2152
Domínguez, Victorioso. 6:3503; 8:3361

Domínguez, Wenceslao Néstor. 9:3239; 14:2230
Domínguez Alba, Bernardo. See Sinán, Rogelio, pseud.
Domínguez Assiayn, S. 3:1492b
Domínguez Bordona, Jesús. 1:7; 3:2328
Domínguez Caballero, Diego. 12:1190; 23:5879; 28:3210, 3286
Domínguez Camargo, Hernando. 20:3723; 24:5016
Domínguez Castilla, José M. 2:2319
Domínguez Chacín, J. M. 27:3561
Domínguez Correa, Óscar. 27:2218
Domínguez Cota, Juan. 4:2398
Domínguez G., Romeo. 18:2962
Domínguez Gallegos, Leonel. 13:475
Domínguez Illanes, Tomás. 8:564
Domínguez Loyo, Miguel. 28:592
Domínguez Muñoz, M. A. 5:1629
Domínguez Ortiz, Antonio. 21:2411; 23:3015
Domínguez Roldán, María Luisa. 22:3265
Domínguez Sisco, R. 19:924
Domínguez Sosa, Julio Alberto. 22:4535
Domínguez y Compañy, Francisco. 17:1549; 20:2431
Dominican Customs Receivership. 4:1514
Dominican Press Society. 22:4004; 25:2863
Dominican Republic. Archivo General de la Nación. 1:659; 10:486, 487; 11:1991; 13:1134a; 20:2581, 2945, 2945a; 22:3252; 23:3415
Dominican Republic. Archivo General de la Nación. Colección Lugo. 7:2867; 8:2934; 10:2499; 20:2581
Dominican Republic. Caja Dominicana de Seguros Sociales. 17:2067; 20:3585
Dominican Republic. Cámara de Cuentas. 4:1507
Dominican Republic. Centro de Enseñanza de las Fuerzas Armadas. 27:3464
Dominican Republic. Comisión de Defensa del Café y del Cacao. 10:1014
Dominican Republic. Comisión Nacional del Servicio Civil. 8:2751
Dominican Republic. Comisión para el Estudio del Informe de la Brookings Institution sobre "La Colonización de Refugiados en la República Dominicana." 11:833; 12:860
Dominican Republic. Commision for the Defense of Sugar and Improvement of Cane. 22:1490
Dominican Republic. Congreso. Cámara de Diputados. 3:1990
Dominican Republic. Congreso. Senado. 3:1994
Dominican Republic. Constitution. 8:2752; 13:1086; 19:2910
Dominican Republic. Contraloría y Auditoría General. 8:1286
Dominican Republic. Dirección General de Estadística y Censos. 3:1104, 1105, 1991; 4:1509-1513; 5:996-1000; 6:1078-1083; 7:1120-1123; 8:1287-1291; 9:1146-1151; 10:90, 1015-1020; 11:834-837; 12:815-817; 13:853; 14:89, 921-925, 1634; 17:625, 626, 3060; 18:718-720, 3194; 19:6264, 6266; 20:1360, 5006; 21:1335, 5317, 5318; 27:2777
Dominican Republic. Dirección General de Rentas Internas. 17:2708
Dominican Republic. Dirección Nacional de Bellas Artes. 26:212
Domincan Republic. Instituto Cartográfico Militar. 21:1965; 23:2500-2502; 24:2859, 2860
Dominican Republic. Instituto del Azúcar. 6:1002, 1086
Dominican Republic. Junta Central Electoral. 8:2753, 2754
Dominican Republic. Laws, statutes, etc. 1:1696; 2:542e-542f; 7:5289; 12:1565; 13:1917, 1918; 14:3332; 16:1048; 18:2875, 2952; 21:3566; 22:4558, 4628, 4653
Dominican Republic. Receptoría General de Aduanas. 5:1001, 1003; 6:1084
Dominican Republic. Registro Público. 9:1153
Dominican Republic. Secretaría de Agricultura, Pecuaria y Colonización. 14:1413, 1431
Dominican Republic. Secretaría de Comunicaciones y Obras Públicas. 3:1108
Dominican Republic. Secretaría de Economía Nacional. 16:836
Dominican Republic. Secretaría de Educación Pública y Bellas Artes. 3:1432; 5:1540; 10:633; 12:1174, 1175; 13:732; 14:1268; 15:1120; 17:1027
Dominican Republic. Secretaría de Educación y Bellas Artes. Sección de Canje y Difusión Cultural. 14:6
Dominican Republic. Secretaría de la Presidencia. 13:536
Dominican Republic. Secretaría de lo Interior. 2:1511; 4:2353, 2354; 6:2644; 7:2644; 12:1618; 22:2681; 24:3554
Dominican Republic. Secretaría de Previsión Social. 14:2522; 16:2385, 2450
Dominican Republic. Secretaría de Relaciones Exteriores. 3:2940, 2981; 4:3536, 3552; 12:2263; 14:2409; 15:1986
Dominican Republic. Secretaría de Relaciones Exteriores. Oficina de Canje y Difusión Cultural. 13:15
Dominican Republic. Secretaría de Salud Pública. 19:4459
Dominican Republic. Secretaría de Sanidad y Beneficencia. 7:4244
Dominican Republic. Secretaría del Tesoro. 4:1517; 5:1004-1006; 6:1087, 1088; 9:2125; 14:927; 15:851; 16:681; 18:721
Dominican Republic. Secretaría del Trabajo. 17:2063-2065
Dominican Republic. Treaties, etc. 2:2402, 2408; 16:2272
Dominican Revolutionary Party. 10:2356
Dominici, Pedro César. 5:3104; 13:2091
Domke, Martin. 11:2667
Don Galaor, pseud. 14:3375
Donahue, William H. 19:3259; 21:2571
Donaire Vizarreta, Juan. 7:1911
Donald, M. B. 2:826
Donat, A. 2:1360
Donato, Ada. 28:1959
Donato, Hernâni. 20:4314; 23:5461
Donato, Mário. 14:3043; 17:2608; 19:5310; 26:1969; 28:2469
Donato, Messias Pereira. 24:1979
Doncaster, C. C. 19:2436
Dondé y López, Teófilo. 7:367
Dóndoli B., César. 9:2095; 19:2406, 2407
Donghi de Halperin, Renata. 5:3657; 22:4314
Donicie, Antoon. 27:1498b
Donkin, R. A. 26:466
Donnell, Albert L. 16:2476
Donnelly, W. J. 3:1095
Donner, W. R. W. 24:2005
D'Onofrio, Armindo. 10:609
Donoghue, David. 2:1839
Donohoe, William Arlington. 12:1619, 2034
Donohue, F. Augustine. 26:467
Donoso, Armando. 6:4159; 9:3926; 13:1627
Donoso, Eduardo. 2:408
Donoso, Francisco G. 16:2705
Donoso, José. 20:3926; 22:4918; 28:2020

Donoso, José Alberto. 3:2714, 3073
Donoso, Juan. 12:2522; 20:3927
Donoso, Ricardo. 1:1991; 2:1620a, 2328; 3:1407, 1752, 2536, 3144; 4:13, 413, 2515; 6:3193; 7:610, 3090, 3510; 8:3311, 3321a; 10:3038; 11:2506; 12:1546, 1991, 2117; 13:1627, 1628; 14:2629; 15:1371; 16:2572; 17:1401; 18:1628, 2097; 19:3467b, 3864; 20:2821; 21:2701; 22:3401, 5880; 23: 3732; 24:3743, 4322; 25:2306, 3505; 26: 873a, 919, 1080; 27:2441; 28:846b, 930
Donoso Baçados, Pedro. *See* Baçados, Pedro Donoso.
Donoso N., Humberto. 4:1251
Donoso Pareja, Miguel. 22:5121
Donoso Solar, Humberto. 14:3184
Donoso Torres, Vicente. 2:1145; 6:511; 10: 1485; 12:1161; 18:2042; 19:2055
Donoso Vergara, Guillermo. 4:1075
Donovan, A. E. 3:851
Donovan, John. 27:3041
Donovan, M. 9:5012
Donworth, Albert B. 19:3130
Dony, Paul de. 20:670, 920, 1161; 21:912, 923, 1156; 23:1419; 26:149
Dorado Ch., Carlos. 4:1733
Dorán, Augusto. 7:1185
Doran, Edwin, Jr. 18:382; 22:414; 24:727; 27:1034, 1035
Dorantes, Nicolás. 7:5716
Dorantes de Carranza, Baltasar. 27:746
Dorantes Vela, Cornelio. 1:1586
Dorbecker, Narno. 10:1941
Dore, Ronald Philip. 27:4019
Doreste, Ventura. 24:5507
Doret, Frédéric. 28:2689
Dorfman, Adolfo. 5:1224, 1225; 6:1408, 1438, 1439; 7:1376-1378; 8:977, 1568-1571; 9: 981, 982, 1346, 1347; 10:1091, 1134; 13: 424, 14:857; 24:1918
Dória, Ana Rimoli de Faria. 19:2253; 21: 1775; 23:2393, 4420
Dória, Antônio Álvaro. 24:4474
Dória, Antonio de Sampáio. 4:2270
Doria, Gino. 3:2171
Doria, Irene de Menezes. 9:4618
Doria, João. 9:1914
Doria, João R. da. 1:1631
Doria, José Rodrigues. 2:3105
Doria, Luiz Gastão de Escragnolle. 4:425, 439-444; 5:1478; 6:668; 7:683, 684; 8:860, 861
Doria, Ulysses. 1:1495
Dória de Vasconcellos, Henrique. *See* Vasconcellos, Henryque Dória de.
Doria Paz, Francisco. 7:4281
Dorin, Lannoy. 27:2586, 2686a
Dorismond, Jacques. 16:2944
Dorismond, Jean Baptiste. *See* Desroussels, Félix, *pseud*.
Dorival, George. 8:802
Dorland, A. G. 4:3600
Dornas Filho, João. 3:2905; 4:42b, 1826, 1855, 1885, 3469; 4269; 5:2002, 3138, 3198, 3199; 8:3545; 9:4151, 4152; 10:1699, 11: 2645; 12:1126; 14:2256; 15:1870; 18:2721; 20:3263; 22:2522; 23:3904; 24:2061
Dornelles Vargas, Getulio. *See* Vargas, Getulio Dornelles.
Dorner, Peter. 27:2219
Dornheim, Alfredo. 8:2170; 11:2886; 15:1189; 19:4523; 22:4315; 24:2933
Dornic, François. 20:2432
Dorondel, Louis. 6:2130
Doroshchkeviu, P. I. 27:2873

Dorr, John Van Nostrand. 12:1453; 15:1235; 17:1214; 23:2688
Dorsainvil, J. C. 3:190; 4:248; 18:2833, 3152
Dorselaer, Jaime. 25:5607
Dorsingfang-Smets, A. 20:551; 21:205; 22:204
Dorsinville, Luc. 19:3382; 23:5654
Dorsinville, Roger. 22:5579; 28:808
Dorst, Jean. 20:2040
Dorta, Enrique Marco. 9:699, 700
Dorta Duque, Manuel. 7:5241
Dorticós Torrado, Osvaldo. 23:2910; 24:3533; 25:2776
Dos Passos, John. 2:410, 10:3923
Dos Santos, Lucio José. 3:1469
Dose de Zemborain, Justa. 16:1920
Dossetti, Santiago. 2:2638
Dossick, Jesse John. 6:126, 144; 7:246; 8:30, 31; 10:21, 202
Dostoiewsky, F. 9:4319, 4320
Dotor y Municio, Ángel. 14:1702
Dotson, Floyd. 19:6097, 6098; 20:4950; 21: 4924
Dotson, Lillian Ota. 19:6098; 20:4950; 21:4924
Dotta, Julio C. 17:717
Dottrens, Robert. 27:2587
Dotti, Víctor. 18:2521
Doubek, Rudolfo. 16:1260
Doublas, A. J. A. 6:2308
Doubleday, Rhoda van Bibber Tanner. 2:2083
Dougé, Joubert. 9:4044
Dougherty, John E. 28:592a
Doughty, Paul L. 27:1330
Douglas, Dorothy W. 6:944
Douglas, Lloyd. 7:5028
Douglas, Norman. 10:3924
Douglas Maldonado, Jorge. 25:5388
Douglass, Celia M. 15:362
Doukler, León. 4:1231
Dourado, Ahilton. 21:1766
Dourado, Autran. 28:2470
Dourado, Mecenas. 16:2115; 28:1296
Dourado, Waldomiro Autran. 20:4371; 22:5493; 25:4649
Dourado de Gusmão, Paulo. *See* Gusmão, Paulo Dourado de.
Dousdebés, Pedro J. 1:928; 3:2483, 2702; 6: 3132; 12:1937a
Dow, Alberto. 14:2755; 17:2557
Downes, Leonard S. 20:4398
Downes, Randolph C. 3:2384
Downie, Robert Angus. 5:204
Downey, Thomas Edward. 11:2378
Downing, Todd. 6:183
Downs, Robert Bingham. 12:3293
Doyle, Henry Grattan. 1:1956, 1957; 2:2557; 5:191; 10:90a
Dozer, Donald Marquand. 14:2324; 15:1293a; 23:2777; 24:21; 28:465
Dozier, Craig Lanier. 20:2112; 24:636
Dozier, Edward P. 20:670a
Dozo, Luis Adolfo. 26:2322
Dozo Lebeaud, L. 8:2171
Dräger, Lothar. 27:310
Draghi Lucero, Juan. 4:42c; 6:3004; 7:2017; 9:3102-3104; 10:2825, 2978; 15:1592; 28: 1960
Drago, Gonzalo. 12:2523; 14:2682; 17:2368
Drago, Luis M. 4:3158
Drago, Mariano José. 1:1526; 4:3158, 4323; 14:2160; 18:2225
Drago-Bracco, Adolfo. 4:3981; 16:2796
Dragoni, Carlo. 5:1413
Dragún, Osvaldo. 20:4214; 21:4214, 4215; 26:1850; 28:2282-2285
Dragusi, Alberto. 12:2986

Drake, Robert J. 18:193
Drangosh, Ernesto. 5:4312
Draper, Theodore. 23:2911; 25:2622, 2677, 3404a; 27:3397, 3397a
Drapkin S., Israel. 11:434
Dreidemie, Óscar J. 3:461, 3074; 4:530; 5:4274; 14:666
Dreier, John C. 17:1958; 24:3534; 25:2623, 2624; 27:3042, 3042a
Drenkpol, Padberg, 14:2988
Dresch, Jean. 22:2433; 24:3031; 27:2915a
Dressler, Robert L. 20:49; 22:55
Drets, Maximo E. 23:1311, 1316
Drew, Jane. 21:904
Drewes, Arlene T. 21:2048
Drewes, Wolfram U. 21:2048; 22:2434; 23:2616, 2617
Dreyfus, Jenny. 5:560, 1610; 28:1243
Dreyfus-Roche, Simone. 23:755; 27:1129, 1215; 28:3005
Dreys, Nicolau. 25:3839
Driberg, Tom. 19:2953
Dridzo, A. D. 25:3405
Driver, David Miller. 8:4203
Driver, Harold Edson. 16:100; 25:134; 26:370b; 27:129, 747, 896
Driver, Wilhelmine. 27:896
Droguett Alfaro, Luis. 20:1037; 28:2217
Dromundo, Baltasar. 1:1983; 2:382, 2088; 17:2327a; 19:3582, 5052; 20:3818; 24:3888; 25:4525; 26:608
Droogleever Fortuyn, B. A. 12:528
Drucker, Peter F. 25:2625
Drucker, Philip. 7:368; 9:262, 263; 13:137; 14:150; 18:42-44; 19:110, 111; 21:77; 22:77; 23:117, 637; 25:135
Druesedow, John E., Jr. 28:3020a
Drumm de Orihuela, Cecilia. 24:609
Drummond, J. E. Pizarro. 24:5708
Drummond, José de Magalhães. 4:4427; 6:4743; 10:4112
Drummond, Victor. 28:1244
Drummond Alves, Eduardo de. See Alves, Eduardo de Drummond.
Drummond de Andrade, Carlos. See Andrade, Carlos Drummond de.
Drummond de Andrade, Maria Julieta. See Andrade, Maria Julieta Drummond de.
Drumond, Carlos. 9:485; 10:378, 379; 12:390, 391; 14:481; 16:243, 2116; 18:2163; 19:2709; 20:671; 28:1541
Drysdale, Eric Charles. 27:1696, 2328
D'Sola, Otto. 6:4209a; 7:4743; 9:3999
Du Four, Jean Marc. 27:3398
Du Frane, Beatrice. 11:1691
Du-Quesne y de Zaldo, Carlos. 21:1333
Du Ry, C. J. 24:465
Du Solier Massieu, Wilfrido. 8:213; 9:264; 11:178, 179; 12:154; 13:138, 139; 15:167; 16:126, 144, 195, 321
Duane, William. 5:2702
Duarte, Abelardo. 15:1840
Duarte, Aurora. 28:2599
Duarte, Cândido. 7:2554
Duarte, Carlos F. 28:973
Duarte, Dioclécio D. 6:1721, 1722; 7:1662, 1663, 1700
Duarte, Eduardo. 4:3346
Duarte, Eustáquio. 16:556; 21:3285
Duarte, F. J. 23:2565
Duarte, Florentino M. 10:2065a
Duarte, José. 7:5272; 9:4535; 10:4113; 23:4604
Duarte, José Antonio. 13:2506
Duarte, Leite. 6:3585
Duarte, Manoel. 6:1946; 15:1798
Duarte, Margarida Estrela Bandeira. 6:4480

Duarte, María Amalia. 25:3602; 28:1078
Duarte, Mário. 8:4334
Duarte, Oto Carlos Bandeira. 7:3648
Duarte, Paulo. 3:2862; 12:2228a; 13:1751, 2289; 15:2558; 20:312
Duarte, Sérgio Guerra. 27:2588
Duarte Braga, André. See Braga, André Duarte.
Duarte Braga, Dirceu. See Braga, Dirceu Duarte.
Duarte Cajides, Nicolás. 21:4531
Duarte Costa, Armando. See Costa, Armando Duarte.
Duarte Cox, Dilermando. See Cox, Dilermando Duarte.
Duarte da Costa, Carlos. See Costa, Carlos Duarte da.
Duarte de Montalegre. 11:3384; 15:2505
Duarte de Andrada, Carlos dos Anjos. See Andrada, Carlos dos Anjos Duarte de.
Duarte di Martino, Washington. 12:2154
Duarte Filho, João. 4:3347; 5:3900
Duarte French, Alberto. 7:4781
Duarte French, Jaime. 24:439
Duarte Guimarães, Nestor. See Guimarães, Nestor Duarte.
Duarte Level, Luis. 24:4164
Duarte Moncada, Ricardo. 13:2470
Duarte Moreno, Carlos. 12:2635
Duarte Nunes, Antônio. See Nunes, Antônio Duarte.
Duarte Pereira, Osny. See Pereira, Osny Duarte.
Duarte Prado, Bacón. 17:1375; 25:2837
Duarte Ribeiro, Affonso. See Ribeiro, Affonso Duarte.
Duarte Sosa, Venancio. 8:1712
Duayén, César, pseud. See Barra, Emma de la.
Dubelaar, C. 27:1429
Dublanc, Emilio A. 12:3335
Dublé Almeida, Diego. 4:2139, 3254
Dublé Urrutia, Diego. 19:5015
Dubois, Jules. 22:2673; 26:396; 27:3318
Dubois Júnior, J. 9:4321
Duby, Gertrude. 15:371; 21:71; 24:637, 638
Duc, Gérard. 23:5655
Ducasse, André. 14:1703
Ducasse, Vendenesse. 28:2690
Duccassi y Mendieta, Francisco. 5:782; 19:1352
Ducci, Gino. 4:3572a
Ducci Claro, Raúl. 12:940
Duclas, Robert. 25:3131; 26:36, 1424
Ducoff, Louis Joseph. 25:1587; 27:1681, 4112
Ducoudray, J. H. 13:2502, 2551
Dudgeon, Patrick O. 15:2317
Dudzinski, Pablo. 25:2295
Dueñas, Guadalupe. 22:4919
Dueñas Van Severen, J. Ricardo. 25:3342 26:703
Düring, Ingemor. 20:4260
Duerst, Elvin A. 16:781
Duff, Martha. 21:666; 22:936; 27:1418
Duffau, Eduardo Héctor. 19:5053; 23:5184
Duffey, Frank M. 21:4016
Dufourcq, Lucila. 9:1843
Dugand, Armando. 19:3421
Duggan, I. W. 8:1037
Duggan, Laurence. 4:3537; 12:1543; 15:1912
Duggan, Stephen P. 2:2349; 6:3695; 10:1466
Duggins, Oliver H. 20:800
Duhau, Luis. 2:697
Duin, Juan. 20:2237
Dujovne, León. 5:4459, 4461, 4478; 7:5702, 5704, 5731; 8:4926; 9:4991; 11:3940; 12:3482; 15:2945; 21:4788; 23:5807; 25:5323

Duke, C. Martin. 24:2968
Dulanto Pinillos, Jorge. 4:3294; 10:3079; 13:1655; 19:3887
Dulche Escalante, Catalina. *See* D'Erzell, Catalina, *pseud.*
Dulles, John W. F. 24:3889
Dulsey, Bernard. 25:4346; 26:1603
Dumar Otero, Jorge. 6:4568
Dumas, Alexandre. 7:5029; 8:4380, 4380a; 9:4321-4323
Dumas, Alexandre, fils. 9:4324
Dumas, Claude. 28:593, 930a
Dumesnil, Maurice. 7:5509; 5520, 5565
Dumesnil, René. 9:4325
Dumézil, Georges. 19:811; 20:671a-673; 21:664
Dumich, E. 15:2216
Dumnas, Adolpho. 13:1691
Dumond, D. E. 25:136
Dumont, René. 25:1548
Dumoulin, John. 27:1036
Dumoulin, Marcel. 4:111
Dumur, Jean A. 26:735a; 28:777
Dunaway, Philip. 4:4557
Dunbar Temple, Ella. 8:3941, 3942
Duncan, David D. 9:2113
Duncan, Julian S. 3:837; 9:3648; 19:2710, 2711; 27:1943
Duncan, R. M. 12:2322; 24:4724
Duncker Biggs, Federico. 16:3112
Dunham, Katherine. 13:247
Dunham, Lowell. 8:4069; 26:1474
Dunker, Hans Joachim. 23:2778
Dunlop, Charles Julius. 6:1808; 18:885; 19:4014; 20:3215; 21:5026
Dunlop Rudolffi, Sergio. 15:995
Dunn, Emmett Reid. 10:1979
Dunn, Halbert L. 11:692
Dunn, Linda T. 11:1615
Dunna, W. E. 11:1615
Dunne, Peter Masten. 1:749; 2:1806, 1840; 3:2357; 4:2646; 6:2908; 7:2942, 2943; 9:2853; 10:1890, 2559; 11:480, 1830, 2072; 13:1121, 1135; 14:1866-1868; 16:1597; 18:1751, 1751a; 19:3260, 3364; 20:2514; 22:2944
Duno, Pedro. 24:4394, 6051
Duns Scotus, John. 20:4880a
Dunstan, Florence Johnson. 9:3972; 11:3055
Dunsterville, G. C. K. 23:2548
Dunton, N. 1:684
Dupeyron, Roberto. 4:2082
Dupeyron-Cirot, Jeanne. 28:403
Duplán, Carlos. 8:2776
Duplessis, Gustavo. 9:3850; 10:266, 3529; 26:736
Duplessis Louverture, Louis. 20:4451
Dupont, Gerardo. 10:1980
Dupont Aguiar, Mario. 4:2432; 9:1536; 12:1510
Dupoux, Antoine. 14:3101; 15:2663
Dupouy, Walter. 10:334; 11:334, 397, 2213; 12:473; 15:353; 17:166, 3016; 18:137; 19:823, 824; 20:577; 753, 2367; 22:226; 23:856; 24:4725; 25:311
Duprat, Luis A. 5:1839
Duprat, Régis 28:3051
Duprat, Rogério 28:3050
Dupray, Normand H. 23:2966
Dupré, (Sra.) Leandro. 7:4596; 9:4244; 12:2882; 15:2528; 17:2609; 19:5311; 20:4372
Dupré, Maria José Monteiro. *See* Dupré, (Sra.) Leandro.
Duprey, Jacques. 3:3002a; 6:3487; 9:3367
Dupuis P., Jorge. 7:1466; 8:1661
Dupuy, Daniel Hämmerly. 4:112; 9:2181; 18:344a
Dupuy, René-Jean. 24:3412
Duque, Augusto. 14:2349
Duque, José Guimarães. 5:1957; 16:1255, 1316; 27:2916
Duque, Juan Pablo. 4:1269
Duque Catão, D. *See* Catão, D. Duque.
Duque E., Guillermo. 18:424
Duque-Estrada, Luiz Gonzaga. 6:671; 7:732; 9:930
Duque-Estrada, Rodrigo. 15:723
Duque Gómez, Luis. 9:414, 415, 592; 10:311, 459; 11:131, 368; 12:323; 13:269; 14:372; 20:279; 26:830; 27:590, 591
Durán, A. B. 1:1558
Durán, Benedicto. 13:663
Durán, Diego, *Brother*. 18:1752; 27:748; 28:507
Durán, Fernando. 26:1796
Durán, Fernando, *Economics*. 9:1461
Durán, Gustavo. 8:2057, 4825; 16:3170
Durán, Leopoldo. 14:2683
Durán, Luis Horacio. 22:5122
Durán, Manuel A. 23:5130; 25:4526; 26:1424a; 28:1728, 1961, 2120, 2218, 2219
Durán, Marco Antonio. 6:945; 8:1077; 11:746; 19:1972a; 24:3890; 25:1603; 27:1858-1858b
Durán, Miguel Ángel. 26:704
Durán, Narciso. 22:2953
Durán, Sixto M. 7:5491
Durán Ayanegui, Fernando. 24:5207
Durán Bernales, Florencio. 22:2664
Durán Cano, Ricardo. 16:1985
Durán Cerda, Julio. 11:3107; 23:5039, 5361; 26:1896, 1897; 28:2354, 2355
Durán Luzuriaga, Alfonso Luis. 4:1828; 27:3638
Durán Ochoa, Julio. 19:1874, 1875; 25:3245
Durán P., Manuel. 7:3500, 5143; 10:1486; 22:4503
Durán-Reynals, Maria Luisa de Ayalá. 12:1620
Durán Rocha, Alberto. 5:916
Durana Camacho, Gabriel. 10:1045
Durand, Georgina. 14:1674
Durand, José. 14:2627; 15:2185, 2186, 2208; 16:2531; 17:2282; 19:3261, 4618-4620; 20:2433, 2434, 3724; 21:2412; 25:4212; 28:906a, 907, 1707, 1708
Durand, Luis. 4:3227; 5:3744; 8:3990, 3991; 10:3664; 11:3198, 3244; 12:2524; 13:2092; 15:2291, 2308; 16:2620; 17:2436; 20:3819
Durand, Marguerite. 15:2153
Durand, René L. F. 19:5016; 22:6144
Durand-Forest, Jacqueline de. 27:836; 28:562a
Durand Labastida, Héctor. 1:1645
Durando, Ottavio. 23:302
Durango (State). *Laws, statutes, etc.* 14:3150, 3229
Durant, Will. 6:5085; 8:4914; 11:3960; 14:3477
Durão, José de Santa Rita. 11:3429
Durão Barbosa, Nair. *See* Barbosa, Nair Durão.
Durkheim, Emilio. 17:2963
Durocher, Pierre. 18:1258a
Duón, Jorge Fidel. 6:1018; 9:30; 12:15; 13:509; 16:1838; 23:5362
Durón y Gamero, Rómulo Ernesto. 1:1093; 4:3025, 3656, 3657, 3666; 5:2778; 6:3112, 3230, 3231; 7:3289, 3290; 11:2428; 20:2871; 21:2308

Dusenberry, William H. 13:1317; 14:1821, 1869, 1870; 20:2822; 24:4262; 25:3603, 3604; 26:436
Dussán Canals, Benjamín. 6:2270
Dussan de Reichel, Alicia. 9:423; 19:405; 20:570; 21:561; 27:1281
Dussaut, Alejandro. 27:2442, 3183
Dusseldorp, Dirk B. W. M. van. 27:2112, 2778
Dussen, Adriaen van der. 13:1715
Dussuel Díaz, Francisco. 20:3820; 24:5034; 25:4496; 26:1797
Dutch, Oswald. 7:5030
Dutch Guiana. *Constitution.* 24:3557
Duthie, D. W. 5:178, 1779
Dutra, Eurico Gaspar. 12:1217g; 13:1067; 14:1093; 16:888
Dutra, Firmo. 4:2039, 3348, 4147; 6:1723
Dutra, José Soares. 8:3491; 9:3435
Dutra, Lia Corrêa. 4:4148; 9:4245
Dutra, Osorio Hermogêneo. 2:2959; 3:3570; 4:4149; 12:2827, 2918
Dutra de Menezes, Amilcar. *See* Menezes, Amilcar Dutra de.
Dutra de Morais, Geraldo. *See* Morais, Geraldo Dutra de.
Dutreil, Nicole. 25:5705
Dutton, Bertha P. 5:1602, 1603; 8:161; 9:290; 10:1838; 19:112; 20:115; 21:78; 25:196
Duval, Hermano. 6:1724
Duval, Paulo. 11:2580; 12:2181
Duvalier, Armando. 23:5131
Duvalier, François. 2:133; 10:1750; 17:3015; 20:443; 26:788
Duverran, Carlos Rafael. 24:5423
Duviols, Pierre. 28:1709
Duvivier, Ulrick. 7:161; 23:6302
Duwavran, Richard M. 4:1232; 12:3031
Dye, Alexander V. 2:755
Dyer, Donald R. 25:2325
Dyer, John M. 25:1418
Dyke, R. A. 5:1702

E ames, Wilberforce. 28:86
Earle, Peter G. 25:4372, 5348, 26:656
Early, Elisha E. 12:1293
Early, Lawrence O. 17:1930
Easby, Dudley T., Jr. 20:9, 116, 345; 21:6-8, 111; 24:1609; 25:197; 27:301, 311
Easby, Elizabeth Kennedy. 20:116; 25:198; 27:312
Eastman, Elizabeth. 27:1419
Eastman, Nataniel. 2:2042
Eastman, Robert. 27:1419
Eastman, Samuel Ewer. 19:1470
Eastman, Víctor. 1:1204
Eastwick, Edward Backhouse. 23:3844
Easum, Donald B. 18:1553
Eaton, Evelyn. 8:4381
Ebaugh, Cameron D. 11:1223; 12:1196; 13:731, 733, 737, 746
Ebbell, Sven Brun. 22:1463, 1470, 1506, 1510
Ebel, Roland H. 27:897, 926, 3319, 4113
Ebeling, Francisco. 17:1215
Ebenstein, William. 11:1890; 19:1989
Ebersole, Alva V., Jr. 23:4726
Eberstadt (Edward) and Sons., *New York.* 7:2807
Ebert, Paul. 5:3334
Eboli, Henrique. 6:1809; 10:3341

Eça, Raul d'. 1:1144; 5:118-120, 123, 3901; 6:127-130; 9:2630; 13:2260; 15:2487; 25:3021
Eça de Queiroz, José Maria. 9:4261
Echagüe, Juan Pablo. 1:1984; 2:2776; 4:3159, 3868, 3869, 3949, 4542; 5:4295, 4296; 7:3438, 4601; 8:3156; 11:3048, 3149, 3199; 14:2684; 17:1764
Echaiz, René León. 15:1585; 16:1743, 17:1632; 18:1892; 19:4670; 22:321; 26:965; 28:1182, 1182a
Echániz, G. M. 3:140; 12:192
Echániz, Jorge. 21:1463; 22:1744
Echánove, Alfonso. 20:2747a
Echánove Trujillo, Carlos A. 2:2996; 3:3777, 3778; 5:2868; 6:3303, 4538, 5083; 7:3388; 11:117, 2259; 13:1174, 1537; 14:60, 2116; 15:2742; 17:2683; 19:6005; 21:46; 22:415; 25:5608, 27:898, 4114
Echauri, Raúl. 28:3306
Echávarri, Luis. 11:3961; 24:6131
Echavarría, Colón. 12:2636
Echavarría, Felipe. 27:2046, 2046a
Echavarría, Gustavo. 1:308
Echavarría, Israel. 27:25
Echavarría, Salvador. 7:5706; 11:619; 15:78; 23:5862; 24:1736
Echavarría M., José María. 4:3724
Echavarría Olózaga, Hernán. 14:983; 15:927; 16:757
Echazú, Luis. 26:1130
Echecopar García, Luis. 12:3122; 16:3061; 18:2922
Echegaray, Aristóbulo. 20:4007; 28:1962
Echegoyen, Martín R. 12:3126
Echegoyen Allende, Jorge. 25:4143
Echegoyen de Cañizares, Ana. 10:1467
Echemendía y Molina, Arturo. 4:1786
Echenique, José Rufino. 18:2119
Echenique, Juan B. 5:4275; 16:1174
Echevarría de Lobato Mulle, Felisa Carmen. 21:4079
Echevarría Leunda, Jorge. 23:4616
Echevarría S., Buenaventura. 10:4044
Echevarrí, Heliodoro Ángel. 2:619
Echeverri Herrera, Carlos. 15:2056-2058; 16:2376
Echeverrí Mejía, Arturo. 15:2292; 26:1590
Echeverrí Mejía,, Óscar 28:1542-1544, 2080
Echeverrí Sepúlveda, Rigoberto. 7:5360
Echeverría, Amílcar. 22:4814; 26:1475
Echeverría, Aquileo J. 14:2863; 20:3644
Echeverría, Bernardo. 7:5689
Echeverría, Esteban. 6:3365, 4160; 10:3684, 3685; 11:3173; 13:1051; 17:2324
Echeverría, José. 28:3211
Echeverría, José Leandro. 7:1291
Echeverría, Ruperto. 9:1308
Echeverría Gavilanes, Enrique. 27:3709
Echeverría Lizarralde, Juan. 24:3831
Echeverría Magariño, Adán René. 8:1182; 21:1339
Echeverría Rodríguez, Roberto. 5:2536; 8:3331; 10:3053
Echeverría Y., Alfonso. 22:4920
Echeverría y Morales, Francisco Javier. 15:1565; 18:444, 1849
Echeverry Ferrer, Dionisio. 6:2605, 2606
Echo of Aruba. 23:1666
Echteld, Johannes J. M. 27:1420
Eckardt, Ursula M. von. 24:729
Eckart, Meister. 20:4880b
Ecker, Lawrence. 6:358, 18:273
Eckert, Georg. 6:528; 9:552; 11:369; 27:1138

Eckhart, George B. 26:468
El Eco de los Andes, Mendoza. 9:3283
Economía, México. 6:926
Economía Boliviana, La Paz. 9:1429
Economía. Órgano del Colegio de Doctores en Ciencias Económicas, Lima. 12:985
Economía Salvadoreña, San Salvador. 27:1944
Economía, Trabajo y Seguridad Social, Lima. 10:3463
Economía y Finanzas, Managua. 9:1108; 10:973
Economía y Finanzas. Santiago de Chile. 15:902; 16:724; 17:657; 18:665
Economía y Finanzas de Mendoza. 5:1171; 6:1387
Economic Associates, Inc., Washington. 27:2004
Economic Review of Puerto Rico. 4:1538
Economics and Business in Brazil. 20:1418
The Economist, London. 6:859
El Economista, México. 6:1295
Ecos del Constituyente, México. 1:1887
Ecuador. Archivo Nacional de Historia. 17:1606
Ecuador. Asamblea Nacional. 4:2356
Ecuador. Biblioteca Nacional, Quito. 4:4504, 4507; 7:5380, 5381; 22:3428; 25:3485
Ecuador. Caja de Pensiones. 3:892; 4:1130; 6:1547; 16:2389
Ecuador. Caja del Seguro de Empleados Privados y Obreros. 8:3796; 9:3684
Ecuador. Comisión de Constitución Política y Legislación. 12:1569
Ecuador. Comité del Año Geofísico Internacional. 23:2603
Ecuador. Comité Nacional Pro Bicentenario de Espejo. 13:1384
Ecuador. Congreso. Cámara de Diputados. 5:2109
Ecuador. Congreso. Cámara del Senado. 6:2648; 27:3602
Ecuador. Consejo de Estado. 8:2756
Ecuador. Consejo Nacional de Economía. 17:695
Ecuador. Constitution. 11:1883, 1885; 27:3639
Ecuador. Contraloría General. 4:1131; 9:1491
Ecuador. Corporación de Fomento. 16:770; 18:725
Ecuador. Departamento de Patrocinio del Estado. 8:2757
Ecuador. Departamento de Propaganda Nacional. 4:1135
Ecuador. Dirección del Tesoro. 4:1136
Ecuador. Dirección General de Estadística y Censos. 10:1269; 11:1051; 18:3195, 3196; 19:6267-6270; 20:5007; 21:5320, 5321
Ecuador. Dirección General de Estancos. 1:465; 2:855, 856
Ecuador. Dirección General de Minas e Hidrocarburos. 24:2975
Ecuador. Dirección General de Minería y Petróleos. 6:1458, 1459
Ecuador. Dirección General de Obras Públicas. 19:2533; 27:2862a
Ecuador. Grupo Especial de Trabajo. 25:1635
Ecuador. Instituto Ecuatoriano de Antropología y Geografía. 24:2976, 2977
Ecuador. Instituto Ecuatoriano de Folklore. 27:1298
Ecuador. Instituto Geográfico Militar. 17:1152; 21:2040; 24:2978
Ecuador. Instituto Nacional de Colonización. 27:2071
Ecuador. Instituto Nacional de Previsión. 6:1553; 7:4250; 16:2390; 20:3611
Ecuador. Junta Militar de Gobierno, 1963, Quito. 27:3452
Ecuador. Junta Nacional de Planificación y Coordinación Económica. 20:1330, 1331; 23:1830; 25:1636, 1637
Ecuador. Laws, statutes, etc. 2:845a, 849; 3:900a-901, 977, 3680; 4:4300, 4449; 5:1418; 6:1557; 7:4248, 4252; 13:2581; 14:2527, 3105, 3276, 3337; 15:1084; 16:3066; 17:1150; 18:2853; 22:4559; 23:4555; 25:4144, 4145; 27:3879-3881
Ecuador. Ministerio de Agricultura, Industrias, Minas y Turismo. 7:1504; 8:1700; 9:1584
Ecuador. Ministerio de Economía. 11:1050; 12:960; 17:696; 18:726; 21:5322
Ecuador. Ministerio de Educación Pública. 1:1262; 3:1437; 4:1792, 1793; 6:131; 7:1871; 8:1965; 12:1179, 1180; 13:734; 17:990, 991; 18:1083
Ecuador. Ministerio de Gobierno. 2:1514; 4:2358, 2359; 5:2111; 7:2648, 2649, 2772; 9:2496, 2497; 17:1331
Ecuador. Ministerio de Hacienda y Crédito Público. 1:467; 2:863; 4:1137-1140; 5:1419; 6:1552; 7:1505; 8:1701; 9:1492
Ecuador. Ministerio de Obras Públicas, Comunicaciones y Minas. 2:850 3:895-897; 8:1702; 14:1513; 17:697
Ecuador, Ministerio de Previsión Social y Trabajo. 4:1141; 5:1329; 7:1506; 8:3795, 3801; 9:506; 10:3430; 15:2074; 16:2391 17:2975; 21:3569
Ecuador. Ministerio de Relaciones Exteriores. 2:2350, 2375; 3:2983, 3003, 3026; 4:3658; 7:3794; 8:3642, 3643; 14:2405, 2436-2438; 18:2184a; 24:2979
Ecuador. Ministerio de Relaciones Exteriores. Departamento de Prensa, Turismo y Relaciones Culturales. 15:1212
Ecuador. Ministerio de Relaciones Exteriores. Dirección General de Comercio. 2:851
Ecuador. Ministerio del Tesoro. 16:776; 17:698, 699; 18:727
Ecuador. Observatorio Astronómico. Servicio Meteorológico del Ecuador. 16:1217; 23:2606
Ecuador. Procuradoría General. 4:1142
Ecuador. Registro Oficial. 2:1560
Ecuador. Secretaría General de la Administración Pública. 20:2266
Ecuador. Seguro Social. 17:2109
Ecuador. Servicio Meteorológico. 10:2109
Ecuador. Superintendencia de Bancos. 2:865; 4:1143, 1144; 5:1327. 1421; 6:1560; 7:1508; 8:1707; 9:1495; 15:945; 16:778; 17:700; 18:728, 729
Ecuador. Treaties, etc. 1:1721; 4:1145; 15:1961, 1977, 1978, 1980; 16:2280, 2284
Ecuador Industrial-Comercial, Quito. 11:1046
Edel, Matthew O. 27:2005, 3465
Edelberg, Betina. 20:3804
Edelmann, Alexander T. 27:3043
Edelmann, Juan F. 3:1987
Edelweiss, Frederico G. 13:317; 16:2117; 17:1894; 22:833
Eder, Phanor James. 3:3635; 16:2956; 18:2953; 24:4346
Ediciones Aguilar. 25:2200
Ediciones Botas, México. 6:5; 7:7
Ediciones Imán, Buenos Aires. 7:57
Ediciones Mundiales, México. 25:2257
Ediciones Musicales Politonia, Buenos Aires. 12:3336, 3434

Edicões Brasileiras, Rio de Janeiro. 26:37; 28:36
Éditions l'Assaut, *Port-au-Prince*. 2:2376
Editor and Publisher, International Yearbook. 5:165; 6:132
Editôra Getúlio Costa, *Rio de Janeiro*. 7:112
Editôra Talbot, *São Paulo*. 27:2916a
Editorial Antena, *Bogotá*. 7:42
Editorial Araújo, *Buenos Aires*. 7:58
Editorial Argentina de Música, *Buenos Aires*. 12:3337, 3435; 15:2769
Editorial Atlántida, *Buenos Aires*. 7:51, 59; 10:22
Editorial Cecilio Acosta, *Caracas*. 6:28
Editorial Claridad, *Buenos Aires*. 5:43; 6:36; 7:60
Editorial Cooperativa Interamericana de Compositores, *Montevideo*. 12:3366, 3436
Editorial Cordón, *Guatemala*. 5:23
Editorial Cosmos, *Guatemala*. 5:24, 25
Editorial Ercilla, *Santiago de Chile*. 5:44-47; 6:37-40; 7:61-62
Editorial Estrada, *Buenos Aires*. 7:63
Editorial González Porto, *La Habana*. 5:26, 27; 6:22
Editorial Hnos. Belloso Rossell, *Maracaibo*. 7:43
Editorial Juventud Argentina, *Buenos Aires*. 6:41
Editorial Labor, *Buenos Aires*. 7:64
Editorial Losada, *Buenos Aires*. 5:48, 49; 6:42; 7:65
Editorial Mapa, *Buenos Aires*. 27:2829a
Editorial Molino, *Buenos Aires*. 7:66
Editorial Pan America, Klug, Marchino y Cía., *Buenos Aires*. 7:67-69
Editorial Pax, *Santiago de Chile*. 5:50, 51
Editorial Poblet, *Buenos Aires*. 7:70
Editorial Salvador Chávez Hayhoe, *México*. 7:8
Editorial Seix Barral, *Barcelona*. 24:2826
Editorial Séneca, *México*. 5:6; 6:6-8; 7:9, 10
Editorial Sopena, *Buenos Aires*. 5:52
Editorial Sudamericana, *Buenos Aires*. 6:43; 7:71
Edmonds, J. E. 1:425-427
Edmonson, Munro S. 21:417, 418; 24:639, 640; 27:749
Edmundo, Luiz. 4:445
Edreira de Caballero, Angelina. 22:3200
Eduardo, Octávio da Costa. 12:392; 14:482
Educação, Rio de Janeiro. 27:2513
Educação e Ciências Sociais, Rio de Janeiro 20:4903
Educação e Cultura, São Paulo. 27:2514
Educación, Córdoba. 8:1925
Edwards, Agustín. 2:2043, 2329
Edwards, Clinton R., 24:863
Edwards, David T. 19:617; 24:728; 25:1617
Edwards, Emilio. 6:4033
Edwards, Harry T. 10:820
Edwards, John D. 23:2523
Edwards, Jorge. 26:1664
Edwards, W. H. 4:1566
Edwards Barros, Alfredo. 2:2216
Edwards Bello, Joaquín. 1:649; 6:4161; 9:3927, 3957; 20:3928
Edwards Izquierdo, I. 2:2765a
Edwards MacClure, Agustín. 2:2558
Edwards Matte, Ismael. 7:4752a
Edwards Vives, Alberto. 2:1484, 2217; 9:3106; 11:2507; 18:2098; 19:3865; 20:2263
Efimov, Aleksei V. 23:3002; 25:3406; 26:349, 349a; 27:129a-129c, 902, 4020
Efimov, Anatolii Mikolaevich. 27:2006
Efron, David. 11:726, 2743

Efron, Edith. 19:594; 25:4762, 4763
Efrón, Teodora. 17:2971
Egaña, Antonio de. 20:2748; 21:2734; 23:3615
Egaña, Juan. 13:1499; 16:2010a
Egaña, Mariano. 14:2183
Egas, Eugênio. 6:3628; 9:3436; 15:1871
Egas M., José María. 20:4072
Egbert, L. Deems. 15:2753
Egeler, Cornelis Geoffrey. 19:2539; 20:2040a
Eggers Lan, Conrado. 22:5846; 26:2298
Eggers-Lecour, Conrado E. 14:849
Egito Coelho, Elói do. *See* Coelho, Elói do Egito.
Egler, Eugênia Goncalves. 17:1240; 18:1486; 19:2680; 25:2369
Egler, Walter Alberto. 16:1238; 17:1179, 1241; 18:1443; 24:3032; 27:2917, 2917a
Egli, Emil. 27:1153
Egner, Erich. 27:2260
Egoroff, Pavel Petroff. 11:937
Egües Cruz, Manuel. 23:4953
Eguez, Luis A. 7:4262
Egui, Luis Eduardo. 17:1094
Eguía Ruiz, Constancio. 5:444; 10:2695; 11:2169; 17:1468; 19:3480
Eguiagaray, Francisco. 28:420a
Eguiagaray Senavega, Antonio. 13:1205
Eguiara y Eguren, Juan José de. 10:2560
Eguiguren, Luis Antonio. 1:966; 5:1548b, 3082; 7:3796, 4567; 9:2237; 10:2373; 11:2543, 3030; 15:1566, 2175; 16:1059, 2560; 17:1402; 1597; 18:1862; 19:3458; 20:3065; 23:3721, 4656; 24:4194; 28:933
Eguiguren Rivas, Pedro R. 23:3831
Eguiluz, Antonio. 24:3717; 25:3040; 26:371; 28:421, 421a
Eguiluz, Luisa. 26:1330; 28:1545
Eguiluz, Víctor Miguel. 6:927
Eguino, Carlos A. 7:4010, 4018, 4023, 4024, 4026, 5382
Eguino C., Guillermo. 7:3511
Eguren, José María. 18:2581; 26:1721
Eguren, Juan A. 27:3882
Egusquiza, Alfredo M. 11:3941
Ehrenreich, Paul. 14:483
Ehrhardt, Lucien André. 19:1435
Ehrich, Robert W. 27:464
Eichelbaum, Manuel. 20:1019
Eichelbaum, Samuel. 11:3150; 18:2683; 19:5155; 23:5319; 24:5610
Eichenberger, Ralph. 24:864
Eichler, Arturo. 19:2534, 2535; 22:2287; 23:2549; 25:2277
Eichner, Erich. 12:717, 718; 15:55
Eickstedt, Egon von. 17:381
Eidt, Robert C. 21:2039; 22:2257; 24:2839; 25:2323
Eielson, Jorge Eduardo. 12:2637
Eigenmann, Carl H. 8:2411
Eiler, Sara M. 1:1559
Einaudi, Luigi. 28:37
Eiradó Silva, Maria Lúcia do. *See* Silva, Maria Lúcia do Eiradó.
Eiró, Paul. 14:3075
Eiselen, Elizabeth. 20:2041; 21:2123
Eiseley, Loren C. 19:36
Eisenhower, Dwight D. 25:2755
Eisenhower, Milton S. 19:4252; 23:2779, 2780; 25:2623; 27:3044
Eisleb, Dieter. 25:376; 27:130, 313, 314, 622
Eisner, Gisela. 28:805a
Eitler, Esteban. 10:4354; 12:3336, 3434; 13:2631, 2632; 16:3151; 3152

Ekholm, Gordon F. 5:228; 6:260, 261; 7:298; 8:178, 214, 443; 9:225; 10:160, 161, 203, 204; 11:180; 12:111, 152a, 155, 156; 13:101; 14:114, 151; 15:150, 168; 17:17, 82; 18:51; 19:64, 113; 23: 152, 1360; 24:466; 25:199, 632; 27: 131, 131a, 214-216, 315, 465, 466
Ekker, Martin H. 20:1486; 22:1745
Eklund O. P. 15:775
Ekman, E. L. 7:2191
El Salvador. Asamblea Nacional Constituyente, 1950. 16:1359; 17:1333; 18:2894
El Salvador. Asamblea Nacional Legislativa. 3:2063; 7:2712
El Salvador. Auditoría General. 4:1455-1457
El Salvador. Biblioteca Nacional, San Salvador. 7:5406; 11:3693; 14:7; 19:6422, 6423
El Salvador. Comité de Investigaciones del Folklore Nacional y Arte Típico Salvadoreño. 11:1453
El Salvador. Comité Pro-Centenario José Matías Delgado. 28:740
El Salvador. Consejo Central de Elecciones. 17:1335
El Salvador. *Constitution.* 5:2175; 13:2382; 19:2913
El Salvador. Departamento de Estudios Económicos. 20:1335; 21:1356
El Salvador. Dirección General de Cartografía. 21:1952; 27:2719
El Salvador. Dirección General de Estadística y Censos. 3:1080; 6:1040, 1041; 7:1086-1088, 1289, 1290, 2222; 8:1220, 1221, 1472; 9:1118; 10:986; 11:824; 12:806; 14:39, 896, 897, 1015; 16:52k; 18: 733, 734, 3197; 19:1436, 6271, 6272; 20:1336, 5008; 21:5293, 5324; 23:2503
El Salvador. Federación de Cajas de Crédito. 9:1119, 1120
El Salvador. Instituto de Estudios Económicos. 17:584, 3086; 18:735
El Salvador. *Laws, statutes, etc.* 16:1071; 18:2896; 20:1335, 3588; 25:4004
El Salvador. Ministerio de Cultura Popular. 14:1363; 24:22
El Salvador. Ministerio de Defensa. 20:2295
El Salvador. Ministerio de Economía. 12:807; 14:39, 895; 18:736; 19:1437
El Salvador. Ministerio de Educación. 3: 1402, 1403; 4:1778; 11:3849; 14:1278; 26:701
El Salvador. Ministerio de Fomento. 7:1091; 13:501
El Salvador. Ministerio de Gobernación. 3:2064; 4:2430; 6:1042; 7:2712; 8: 2805
El Salvador Ministerio de Guerra, Marina y Aviación. 3:1232
El Salvador. Ministerio de Hacienda, Crédito Público, Industria y Comercio. 2:533; 3: 1083, 1084; 4:1459-1461; 5:960, 961; 6:1043, 1044; 7:1092, 2713, 2714; 8:1224; 9:1121
El Salvador. Ministerio de lo Interior. 19:2914
El Salvador. Ministerio de Obras Públicas. 17: 1334; 20:1337
El Salvador. Ministerio de Obras Públicas. Dirección de Cartografía. 17:1083; 20: 1954
El Salvador. Ministerio de Relaciones Exteriores. 3:2959; 3018; 4:3558, 3559; 18:2185; 20:3449; 24:3565
El Salvador. Ministerio de Trabajo y Previsión Social. 17:2072; 19:4436, 4437; 20:3507
El Salvador. Ministerio de Trabajo y Previsión Social. Sección de Estadística. 21:3588

El Salvador. Presidencia de la República. Departamento de Relaciones Públicas. 23: 3357
El Salvador. Secretaría de Información de la Presidencia. 16:2309; 17:1335, 1989
El Salvador. Servicio Metereológico Nacional. 20:1955
El Salvador. *Treaties, etc.* 13:735
Elboux, Luis Gonzaga da Silveira d'. 19: 5752
Elchibegoff, Ivan M. 7:800, 1493
Elder, J. D. 27:1037; 28:3134
Eldridge, Hope Tisdale. 11:692
Eleizalde, Luis María de. 10:1877, 2018; 11:1630
Elfgen, Anno. 27:3679
Elflein, Ada María. 25:4373
Elfström, Bernt. 25:5706
Elgarte, Miguel Ángel. 14:2783
Elguero, José. 8:115; 11:3182
Elgueta, Manuel. 17:524
Elgueta Guerin, Manuel. 4:2153
Elgueta Vallejos, Eduardo. 12:2525
Elguezabal, Juan Bautista de. 26:469
Elhueta G., Manuel. 9:2238
Elia, Hamilton. 4:4256
Elia, Miguel Alfredo d'. 12:2603
Elía, Óscar Horacio. 8:3253, 3254; 10: 1135, 1136; 20:3066; 28:953
Elia, Sílvio Edmondo. 7:5120; 23:4421; 26: 1329; 28:1546, 1547
Elia de Etchegoyen, Matilde de. *See* Etchegoyen, Matilde de Elia de.
Eliachar, León. 25:4737
Eliacheff, Boris. 7:801
Eliada, Mircea. 25:687; 28:1754
Elías Aparicio, Ricardo. 3:3765; 24:4936
Elías de Tejada, Francisco. 17:1598; 19: 5753; 20:2711
Elías Ortiz, Sergio. 23:320
Elías Pérez, Carlos. 15:2671
Elíes de Pérez Perazzo, Ermila. 28:3279
Elio, Tomás Manuel. 6:1468, 3696
Eliot, George Fielding. 5:3366
Eliot, T. S. 8:4939
Elizacoachea, Martín. 5:294
Elízaga, Lorenzo. 28:606
Elizalde, Enrique E. 27:3831
Elizalde, Leopoldo Pío. 24:3535
Elizalde, Luis María de. 13:828
Elizalde Bernales, Héctor. 2:1484a
Elizondo, Juan Manuel. 20:1487
Elizondo Arce, Hernán. 28:1892
Elizondo Saucedo, Federico. 20:90
Eljuri Yunes, José Ramón. 24:4815
Ellauri Obligado, Goutrán. 4:3160
Ellender, Allen Joseph. 23:2835; 27:3466, 3784
Ellffryth, Daniel. 11:2019
Elliot, A. Randle. 6:2196; 7:899, 2083, 3712; 8:1040
Elliot, George. 7:5031; 8:4382
Elliot, Orville. 27:1522
Elliott, Ann. 21:449
Elliott, Claude. 20:2317
Elliott, Jorge. 19:5054; 21:4080
Elliott, Ray. 24:1342
Elliott, Robert G. 7:5032
Ellis, Alfredo, Jr. 24:4452
Ellis, Bernardo. 10:3877
Ellis, Cecil A. 21:1326
Ellis, E. Percy. 20:4363
Ellis, Frank R. 27:1590
Ellis, Havelock. 14:2685
Ellis, Howard Sylvester. 24:1918a, 1939
Ellis, Keith. 25:4604
Ellis, Lewis Ethan. 23:3251; 25:3096

Ellis, Robert A. 20:4979
Ellis Austregesilo, Myriam. See Austregesilo, Myriam Ellis.
Ellis Júnior, Alfredo. 1:1327; 3:541; 5: 3139, 3170; 6:3574, 3629; 8:3420; 10: 1434, 3118; 11:1759; 14:2291, 2292; 16:2038, 2118
Ellison, Fred P. 19:5257; 23:5185; 24: 5709; 26:2001; 28:1774, 2220
Ellison, Simon J. 1:1022
Ellison, William H. 3:2386; 19:3583
Ellsworth, P. T. 10:1240; 11:1016
Elola, Javier. 24:4805
Elordi, Guillermo F. 9:3107
Elorrieta Ferrari, Alicia. 7:1489
Elson, Benjamin F. 13:185, 186; 14:272; 22:890; 24:1342; 25:708; 27:1421, 1489a
Elting, Mary. 24:156
Elton, Elmo. 20:4315
Elton, G. R. 23:3027
Elvin, René. 7:2140
Ely, Roland T. 25:3379; 26:737; 28:777a
Elza Heloisa, *pseud.* 26:2034
Emanuelli, Isaac. 26:1182
Embree, Edwin R. 5:202
Emerenciano, Severino Jordão. 14:2325, 2350; 26:1933
Emergency Advisory Committee for Political Defense. 10:3239
Emerson, R. A. 1:115; 2:96
Emerson, Sheila. 14:2791
Emery, Irene. 20:10; 21:301
Emery, Robert F. 24:2111
Emiliani Román, Raimundo. 17:2871
Emilianovich, Ivan. 7:5099
Emiro Valencia, Luis. 16:759; 23:2025
Emmanuel, Paul C. 22:416
Emmart, Emily Walcott. 1:37; 6:359
Emmer, F. 19:916
Emmerich, André. 24:207; 27:132, 217; 28: 133
Emmerich, Ferdinand. 1:1304; 2:292
Emory, W. H. 17:1659
Empart, Santiago de Chile. 10:3477
Emperaire, José. 16:393; 19:376, 877; 20: 313, 313a, 318, 583; 22:274, 277; 22: 313, 315; 23:424a; 25:338; 27:557
Empresa Editora Zig-Zag, *Santiago de Chile.* 5:53-55; 6:44, 45; 7:72
Emst, Peter van. 27:133
Enamorado, J. M. 6:2228
Enamorado Cuesta, José. 2:1536; 12:2638; 21:2959
Encina, D. 6:3767
Encina, Francisco Antonio. 1:967; 1205; 4:43; 6:3025, 3100, 3442a; 7:3144; 10:2706; 11:2179; 12:1909; 13:1487; 14:2184-2186; 15:903, 1372, 1739; 16:1953, 1954, 1956; 17:1788; 18:2099; 19:3031, 3804, 3866; 20:5062; 21:3000; 22:3518; 25:3690; 26:930; 27:2444, 3346
Encina, Juan de la. 5:689, 690; 6:818; 8: 565; 9:753
Encinas, Diego de. 12:1675; 19:3131
Encinas, José Antonio. 13:749; 22:342; 23: 2255
Encinas, Luis. 19:6703
Enciso, Guillermo. 16:1375
Enciso, Jorge. 9:265, 701; 19:65
Encontros Intelectuais de São Paulo, *II, São Paulo, 1962.* 27:134
Encyclopedia Americana, *Chicago.* 9:126
Endara C., Armando. 18:2963
Ender, Thomas. 17:493
Endresz, Siegfried. 3:1543; 4:641
Eneida, pseud. See Moraes, Eneida de.

Enet, Cecilia. 23:4422
Engel, Frédéric. 27:623-626
Engel, Paul. 22:5807
Engel, Ralph. 27:1422
Engel, Walter. 9:818; 10:668; 20:1076
Engelbeen, Carlos H. 19:1402
Engelbrecht, Richard. 7:5427; 9:4672
Engels, Friedrich. 12:3529; 14:3478; 20: 346, 346a; 21:302-304; 22:5904; 23: 462; 24:583, 584
Engenhoff, Elizabeth L. 19:3032
Engle, Clair. 25:2678
Englebert, Omer. 23:3123
Englekirk, John E. 1:1984a; 2:2777; 3: 3145; 4:4073a; 5:3658, 3774; 6:2107, 3768, 4034; 7:4501, 4602, 4603; 8:3879, 3992; 9:42; 10:3596; 13:2190; 14:2827; 16:2664, 2812; 19:5182; 21:4146, 4237; 26:1476; 28:1775
Engler, Erhard. 28:2409
Englert, P. Sebastián. 2:314, 2488; 4: 1842, 1842a; 5:497
English, Richard. 18:1592
Enguídanos, Miguel. 24:5508; 28:1764, 2109a
Enjalbert, Henri. 23:2026
Enjuto Ferrán, Federico. 19:3132
Ennes, Ernesto. 4:3404; 8:3421, 3422; 10: 3147; 13:1716; 16:2119; 18:2162a; 19: 5258
Ennis, A. 10:4563
Ennis, Arthur. 22:4705
Enochs, Elizabeth Shirley. 7:3884; 11:2744; 13:1853; 19:4401; 21:3529, 3530
Enock, C. Reginald. 11:1704
Enriques, Federico. 14:3479
Enríquez, Carlos. 5:3745; 25:4325
Enríquez, E. 27:2445
Enríquez, Luis Eduardo. 17:1352
Enríquez, Martín. 2:1848, 1854; 22:2914
Enríquez Óscar R. 14:1337
Enríquez B., Eliecer. 4:465, 2816; 11:2222; 12:1621
Enríquez Calleja, Isidoro. 19:4600
Enríquez Goizueta, Pablo. 10:4042; 13:2411; 15:2626
Ensino Industrial, Rio de Janeiro. 27:2519
Entralgo y Vallina, Elías José. 3:1429a, 3146; 7:4447; 10:2400; 11:2405, 2971; 13: 1586; 15:2224, 2260, 2872; 16:1861; 17:1715; 19:2908, 6053; 20:2917, 4860; 21:2913, 2929; 26:750; 28:778
Entrambasaguas y Peña, Joaquín de. 10: 2637; 16:1560; 18:2741
Entre Ríos (Province). Archives. 1:2265
Entre Ríos (Province). Ministerio de Gobierno y Obras Públicas. 6:2540
Entre Ríos (Province). Ministerio de Hacienda, Justicia e Instrucción Pública. 3:1829
Entwistle, William James. 2:2511; 19:6714 22:834
Enzensberger, Hans Magnus. 26:1798; 28: 2221
Epps, D. R. 25:743, 765
Epstein, Ernesto. 24:5905
Epstein, Jeremiah F. 23:118; 27:467
Erasmus, Charles John. 18:251, 274; 19:12; 20:444; 24:157, 641
Erasmus, Desiderius. 19:5813
Eraso Guerrero, Alberto. 10:401
Erba, Rómulo O. 10:4579
Erbetta Vaccaro, Osvaldo. 2:826a
Ercilla Olea, Hugo. 26:6121
Ercilla y Zúñiga, Alonso de. 11:2966, **2967**; 12:2393a; 21:3710-3712; 26:1416; 28: 1742

Erdmann, L. Strube. 28:931
Erfurt, Tomás de. 14:3480
Erhart, M. V. 21:4857
Erice, Arturo A. F. 5:1226, 1393
Erichsen de Oliveira, Paulo. See Oliveira, Paulo Erichsen de.
Erichsen Pereira, J. E. See Pereira, J. E. Erichsen.
Ericksen, Alberto I. 5:1900; 7:2461; 10:2231
Ericksen, Ephraim Gordon. 27:2779
Ericksen, Néstor. 6:3540
Ericksen Pereira, J. E. See Pereira, J. E. Ericksen.
Erickson, Erik H. 27:1038
Erickson, Evarts. 23:119
Erickson, Martin Elmer. 8:3993; 10:3620, 3621
Erickson, Mary Frances. 20:787; 24:1526; 27:1519, 1519a
Erickson, Tomás. 10:1021
Ericson, Anna-Stina Louise. 27:2180
Ericsson, Sven. 2:901, 1361-1362
Erize, Esteban. 24:1312
Erlanson, G. O. 12:1234, 1308
Erlijman, Jacob. 19:2876; 27:3045
Erlinghagen, Karl. 23:2400
Erminy Arismendi, Santos. 2:1194; 8:2058; 18:2338; 19:4526
Ermisch, Karl. 1:581-582, 630
Ermita, Juan de la. 8:3081
Ermolaev, Vasilii Ivanovich. 22:4005a; 23:2781; 24:1919; 25:3605
Erneholm, Ivar. 14:1445
Ernhard, James, pseud. See Pérez de Arce, Camilo.
Ernst, A. 12:364
Ernst, Hermann. 16:2236
Erosa Peniche, José. 4:126; 13:163
Errázuriz, Crescente. 2:2218
Errázuriz, Isidoro. 1:968
Errázuriz Subercaseaux, Rafael. 8:1670
Errázuriz Zañartu, Federico. 21:3109
Errecaborde, Alberto M. 14:3300
Erro, Enrique R. 10:4326
Erserguer, Enrique V. 9:3344
Ertl, Hans. 21:5027
Escajadillo, Tomás. 14:612
Escala, Víctor Hugo. 3:3147; 9:4045; 11:2224, 2993
Escala Barros, Enrique. 3:880
Escalada, Federico A. 15:428
Escalada Iriondo, Jorge. 11:3022
Escalante, Aquiles. 20:280, 1978, 1979; 28:890a
Escalante, Carlos Manuel. 9:1101
Escalante, Carmen Luisa. 20:5029
Escalante, Hildamar. 5:4276; 9:3812
Escalante, José Ángel. 9:473, 553
Escalante, René David. 6:2280
Escalante Beatón, Aníbal. 12:1954
Escalante Escalante, Enrique. 15:1684
Escalante Fontaneda, Hernando d'. 10:2524
Escalante Hernández, Roberto. 25:709; 27:1423
Escalante Plancarte, Salvador. 11:2073
Escallón, Rafael. 11:3532
Escalona, Dulce María. 7:1852
Escalona-Escalona, José Antonio. 13:2191; 22:4815
Escalona Poblete, Hernán. 16:2374
Escalona Ramos, Alberto. 4:113; 6:323; 9:240, 323, 702; 10:162, 180; 12:128; 19:66, 207; 23:2454
Escámez, G. M. 5:1030
Escamilla, Manuel Luis. 28:3307

Escanaverino, Andrés. 4:1480
Escandell Bonet, Bartolomé. 16:1718; 19:3450
Escandón, José de. 10:2638
Escanero Muñoz, Armando. 22:1967
Escárcega, Leovigildo. 12:291
Escárcena Arpaia, Rosa. 11:3694
Escardó, Florencio. 11:1672
Escardó y Anaya, Victor. 15:2008; 16:2446; 19:4402
Escarpenter y Fargas, Claudio. 24:2028; 27:1682
Eschewege, M. C. von. 2:1671; 3:2813
Escobar, Abelardo. 9:1224
Escobar, Adrián C. 9:3467; 10:3199
Escobar, Alberto. 17:2437; 21:3944; 22:4921; 24:4726, 5256, 5424, 5425; 25:4424; 28:1042a, 1743
Escobar, Darío. 6:2765
Escobar, Esteban. 1:1094
Escobar, Francisco. 4:2140
Escobar, Jorge Alberto. 27:1945
Escobar, Julio César. 7:5406; 10:4327
Escobar, María Luisa. 4:1900; 5:4313
Escobar Bareño, Luis. 26:1346
Escobar C., Luis. 27:2220
Escobar Calvo, Alfonso. 10:4121
Escobar Cerdá, Luis. 24:1918a; 25:1677
Escobar D., José Domingo. 20:5053
Escobar Faria, José. See Faria, José Escobar.
Escobar M., Gabriel. 9:531
Escobar Magalhães, Hélio. See Magalhães, Hélio Escobar.
Escobar Morales, Humberto. 2:807
Escobar Navarro, Saúl. 7:4321; 8:3833
Escobar Salom, Ramón. 24:4164
Escobar T., Adolfo. 2:1363
Escobar Tabera, Ramon. 23:3252
Escobar Terán, Héctor. 5:1314; 11:1017
Escobar V., Luis Felipe. 15:2895
Escobar Vallejo, Ismael. 9:2239, 2240; 10:1848; 14:1479; 16:1195
Escobar Velado, Oswaldo. 23:5105
Escobari Cuscanqui, Jorge. 24:2062
Escobedo, Jesús. 28:1791
Escobedo Tarango, Belina. 18:2286
Escobio, Félix R. 23:4583
Escofet, José. 1:725
Escoffié Z., Óscar. 8:1067, 1080
Escola Brasileira de Administração Pública, Rio de Janeiro. 19:2890
Escola Livre de Sociologia e Política, São Paulo. 12:3295
Escola Livre de Sociologia e Política. Escola de Biblioteconomia, São Paulo. 9:4613
Escola Nacional de Belas Artes, Rio de Janeiro. 3:388
Escola Nacional de Música. Centro de Pesquisas Folclóricas, Rio de Janeiro. 10:4428
Escola Paulo de Frontin, Rio de Janeiro. 9:1947
Escola Rosa de Fonseca. Biblioteca Militar, Rio de Janeiro. 5:1465
Escomel, Edmundo. 4:3687
Escoto Ochoa, Humberto. 15:1925
Escovar Ballesteros, Salvador. 23:2201
Escragnolle, Luis Affonso d'. 16:2174, 2175
Escragnolle Doria, Luiz Gastão de. See Doria, Luiz Gastão de Escragnolle.
Escribano, Carlos. 25:4042
Escribano Belmonte, Antonio. 26:1591
Escribar Mandiola, Héctor. 10:3389
Escuder, Ricardo. 4:2083
Escudero, Alfonso M. 15:2400; 21:3820; 28:931a
Escudero, Carlos. 11:3347, 3348

Escudero, Gonzalo. 13:2147
Escudero, Margarita M. de. 5:1445a
Escudero, Pedro. 13:918
Escudero F., Alberto. 23:4954
Escudero Guzmán, Julio. 10:3277
Escudero M., Graciela. 10:3427
Escuela de Bibliotecarios, *Lima*. 11:3763
Escuela de Guardia Civil y Policía, *Lima*. 4:2424
Escuela de Servicio Social de El Salvador. 24: 6244
Escuela Nacional de Economía, *México*. 18: 942
Escuela Nacional de Música, *Caracas*. 7:5497
Escuela Normal de Costa Rica, *Heredia*. 6: 2003
Escuela Superior de Administración Pública, *Bogotá*. 27:3363
Escuela Superior de Administración Pública, América Central, *San José*. 24:6229
Esguerra Camargo, Luis. 6:1202
Esguerra Gómez, Alfonso. 10:460; 16:451; 19:895
Esguerra Serrano, Ernesto. 2:1488
Eskelund, Karl. 21:5028
Eslava, Ernesto. 4:3872
Esnaola, Juan D. 8:4739
Espaillat, Ulises Francisco. 18:2018
Espalter, Aquiles. 3:2068
Espalter, José. 6:2524; 7:2716
Espalter, Mario Falção. 1:2253; 2:1909; 4:4468; 5:3093; 7:3552; 9:5007
España, José de. 8:628
España Solá, Adolfo R. 11:938
Espártaco, *pseud*. *See* Pinto Santa Cruz, Aníbal.
Esparza Torres, Elvira Coralia. 27:3743
Espasa-Calpe Argentina, S. A., *Buenos Aires*. 6:46-49; 7:73, 74
Espejo, Antonieta. 10:207, 208; 11:191-194; 12:162, 163; 13:152; 14:237; 16:217; 27:903
Espejo, Beatriz. 24:5611
Espejo, Jerónimo. 5:2753
Espejo, Juan Luis. 19:3470; 28:932
Espejo, M. A. 11:181
Espejo Núñez, J. V. 4:2818, 3797
Espejo Núñez, Julio. 7:479, 480; 14:396; 19:449, 901; 20:347; 21:305; 22:343, 344, 5702; 23:463, 465
Espejo Núñez, Teófilo. 14:397; 15:134; 19:902; 20:2749; 21:667
Espel, Ofelia B. 27:1171; 28:242
Esperanza, Otilio. 23:4230
Esperanza Yarza, Luz. 14:1338
Esperón, Víctor. 10:2768; 25:3246
Esperón de la Flor, Salvador. 15:1143
Espil, Alberto. 28:1079
Espil, Courtney Letts de. 10:2826
Espil, Felipe A. 21:3051
Espina, Antonio. 24:5638
Espíndola, Sofía. 6:4138
Espinet, Charles. 10:1700
Espinheira, Ariosto. 4:1746; 6:4481; 9:4404
Espino, Alfredo. 13:2148
Espino, Miguel Ángel 28:1892a
Espino, Rafaela. 6:1346
Espínola, Eduardo. 4:4379; 9:4508; 10:4076; 11:3560; 25:4043
Espínola, Francisco, h. 2:2639; 3:3338; 5:3779; 21:3901; 26:1685
Espínola, Jenaro. 25:3704
Espínola, Julio César. 24:857
Espínola Filho, Eduardo. 6:4612, 4723; 8:4525; 9:4462, 4508; 11:3491; 17:2779; 21:4586; 22:4560

Espinosa, Alfonso. 27:2092
Espinosa, Ángel C. 5:977
Espinosa, Antonio. 5:2961
Espinosa, Augusto. 8:1347
Espinosa, Aurelio Macedonio. 2:1204; 4:3821; 6:2081; 7:1912, 1959; 10:1770, 1819; 12:2323; 17:2234, 2486; 19:4651; 21:3638
Epinosa, B. 6:5070
Espinosa, Francisco. 4:1774; 7:1853, 1960; 11:1307; 12:271; 16:3205
Espinosa, Gabriel. 6:3078, 4992, 4993; 22:3571
Espinosa, Guillermo. 26:2211
Espinosa, Isidro Félix de. 11:2074; 12:1752; 26:436a
Espinosa, J. Manuel. 1:750; 2:1807; 3:1493; 5:2372, 2373; 6:2857; 7:2891; 8:2986, 2987, 3423-3425; 9:3398; 10:23, 1819
Espinosa, José E. 2:1205, 2559; 8:3892
Espinosa, José María. 2:1986a; 9:3142
Espinosa, Lorenzo. 12:2035
Espinosa, Lucas. 2:332, 1877; 27:1130, 1332
Espinosa, Luis. 7:3175
Espinosa, Luis Carlos. 28:3129
Epinosa, Mariano. 23:917
Espinosa, Miguel A. 19:4883
Espinosa Aguilar, F. 5:840
Espinosa Altamirano, Horacio. 2:2658; 23:5132; 28:2121
Espinosa Bravo. Clodoaldo Alberto. 2:1908; 5:1862; 8:2011; 10:1647; 28:1044a
Espinosa Castillo, Sergio Roberto. 27:3785
Espinosa Daroch, Ana. 14:3222
Espinosa de los Monteros, María del Carmen. 17:873
Espinosa de los Reyes, Jorge. 11:693; 16:956, 1769; 17:874, 1667; 18:943, 944
Espinosa de los Reyes, Mario. 17:944
Espinosa del Campo, Januario. 4:3996; 7:4604; 8:3994; 10:3039; 11:1866
Espinosa León, Eduardo. 7:4351
Espinosa Moraga, Óscar. 17:1999; 26:1144
Espinosa Navarro, Dolores. 13:1196
Espinosa Olvera, René. 16:957-957b, 2410; 20:1488
Espinosa Pólit, Aurelio. 4:4027; 9:3763; 11:2995, 3302; 13:2167, 2217; 14:3397; 20:3704; 25:4475, 4542
Espinosa Ponce de León, Mario. 5:4129
Espinosa Quiroga, Hernán. 22:4514
Espinosa R., José. 19:1957
Espinosa Riestra, Fina. 7:1913
Espinosa S., Juventino. 4:2405
Espinosa Saldaña, Antonio. 9:776
Espinosa Solís de Ovando, Alejandro. 11:3498; 22:4587
Espinosa Ulloa, Jorge. 25:1549
Espinosa Ulloa, Rafael. 8:978
Espinosa y Ramos, Serafín. 12:1955
Espinosa y Rodríguez, Ciro. 5:3746; 6:3853, 4035; 8:1957
Espinoza, Cristóval de. 1:539
Espinoza, Enrique. 3:3148, 3149, 3239; 5:2769, 3659; 6:4036; 8:4143, 4144; 17:2328, 2329; 18:2472; 22:4971; 24:5288; 26:1722
Espinoza, Gustavo. 18:45
Espinoza, Juana. 4:6281
Espinoza, Leonardo. 23:4955
Espinoza Barrientos, Wálter. 25:4453
Espinoza Cordero, Andrés. 25:4070
Espinoza Rojas, José. 8:778
Espinoza Saldaña, Miguel. 10:1623

Espinoza Soriano, Waldemar. 26:855a; 27:
   1333; 28:907a, 1043
Espírito Santo (State). Departmento Estadual
   de Estatística. 4:830-832; 6:1885; 12:
   1038, 1039
Espírito Santo (State). Secretaria de Educação.
   5:1509, 1510; 27:2589
Espíritu Santo, Antônio. 22:1624
Espíritu Santo, Humberto da Silveira. 15:
   2754
Espiritu Santo, Víctor do. 11:2804
Espoile, Raúl H. 5:4314, 4315
Esponda, Eduardo G. 28:1768
Espora, Juan M. 11:2462
Esquema, Curitiba. 28:2673
Esquemeling, John. 20:2435
Esquenazi Mayo, Roberto. 15:1913; 17:2369,
   2487; 20:2295a; 28:593a
Esquerra Hernández, Adelaido. 5:2136
Esqui, Mamerto. 10:3684
Esquivel, Emilio. 7:4380
Esquivel, Fernando. 24:5509
Esquivel, Rogelio. 8:2763
Esquivel Ávila, Ramón. 14:3324
Esquivel Obregón, Toribio. 1:1468; 3:63a
   2155, 2635, 3647; 4:4315; 5:2374; 7:
   214, 2944; 9:3158, 4440; 11:2719; 12:
   1805; 14:3114
Esquivel Pren, José. 12:2639
Esquivel R., Edgar. 6:1318
Esquivel R., Osvaldo. 7:4153
Esser, Eleanor M. 17:3086
Estadística. Journal of the Interamerican Statistical Institute, Washington, D. C. 13:425
Estadística. Managua. 10:974
Estadística Bancaria, Santo Domingo. 16:
   680
Estadística Chilena, Santiago de Chile. 8:
   1652; 9:1462; 10:1241; 11:1018; 15:
   904; 20:5003
Estadística del Seguro Social, Santo Domingo.
   14:2523
Estadística Panameña, Panamá. 7:1082; 16:
   651; 20:5014
Estadística Peruana, Lima. 11:1078
O Estado de São Paulo: Suplemento Literário,
   São Paulo. 20:4277; 28:2410, 2411
Estandia Cano, Alfonso. 14:2539
Estárico, Leonardo. 2:399; 6:799, 14:772
Esté, Antonio M. 7:2721
Esteban, Juan Carlos. 24:2008
Esteban-Infantes y Martín, Emilio. 16:1467
Estéfano Pisani, Miguel A. d'. 11:3601, 3602;
   12:3151; 13:2524; 23:4534
Estellita, Guilherme. 20:4551
Estellita Lins, Augusto E. *See* Lins, Augusto
   E. Estellita.
Estelrich, Joan. 4:1233
Esténger, Rafael. 5:3563; 6:3258; 9:4000;
   10:3530; 14:2707; 18:2007; 19:3712,
   4725; 22:5123; 23:5186
Estep, Raymond. 19:3584
Esterkin, I. 6:1456
Esteva Fabregat, Claudio. 25:633, 634
Esteva Ruiz, Roberto A. 4:4404; 24:4816
Estevão, Carlos. 4:418; 5:561; 9:451a
Esteve Barba, Francisco. 12:1910; 24:3718,
   4128; 28:422
Esteve Torres, Adrían. 14:1339; 19:1949,
   1949a; 23:2540
Esteves, Albino de Oliveira. 7:4874; 21:
   3261
Esteves, Lindolfo. 8:4385
Esteves, Manuel. 25:3840; 26:2080
Esteves, Vernon R. 23:2027
Estêves Lofredi, Lais. *See* Lofredi, Lais Estêves.

Estévez, Alfredo. 11:3696; 12:1148; 13:
   682; 17:750; 18:850; 20:3066; 28:953
Estévez, Antonio J. 7:5603
Estévez, José. 18:1997
Estévez Gazmuri, Carlos. 15:2659; 16:3132
Estigarribia, José Félix. 5:2167, 2168, 3076;
   16:1972
Estiú, Emilio A. 9:4952; 10:4522, 4523; 14:
   3443; 16:3243; 17:2872, 2897; 18:
   3074; 20:4875, 4880c, 4882a; 22:5922;
   24:6052, 6073, 6117, 6123; 26:2323;
   28:3308
Estivill, Luis Alberto. 13:2480
Estler, William C. 14:49
Estol, Florencia. 8:630
Estol, Julio César. 4:3873
Estorff, Fritz E. von. 12:1255
Estornés Lasa, José. 14:1766
Estrada, Adriana. 28:114a
Estrada, Ángel de. 12:2640
Estrada, Carlos. 7:5494
Estrada, Dardo. 1:2339
Estrada, Emilio. 19:427; 20:333, 333a; 21:
   342-345; 23:443; 22:331; 24:562-564,
   851; 25:359, 360; 27:594-596
Estrada, Francisco J. 19:3585
Estrada, Genaro. 1:751, 1000, 1757; 2:1841;
   3:2971a; 5:120a
Estrada, Guillermo. 5:2086
Estrada, Guillermo. h. 20:4215; 24:5208; 28:
   1893
Estrada, J. Jesús. 7:5482
Estrada, José Manuel. 8:3255; 9:3240; 10:
   3685
Estrada, José María. 13:2741; 20:2214,
   4871a; 22:5896
Estrada, Juan de. 14:1822
Estrada, L. 24:1533
Estrada, Luiz Gonzaga Duque. *See* Duque-Estrada, Luiz Gonzaga.
Estrada, Marcos de. 22:4816
Estrada, Rodrigo Duque. *See* Duque Estrada,
   Rodrigo.
Estrada, Temístocles J. 3:2715; 4:3283
Estrada, Víctor Emilio. 2:857, 862; 6:1550;
   16:773
Estrada Arreguín, José S. 17:2089
Estrada Balmori, Elma. 11:196; 14:152; 15:
   169
Estrada M., Antonio. 26:1553
Estrada Molina, Ligia. 23:3358; 28:721
Estrada Monroy, Julio. 14:2533
Estrada Monsalve, Jesús. 9:3050
Estrada Monsalve, Joaquín. 10:2793; 15:
   1780
Estrada Paniagua, Felipe. 9:4001
Estrada Quevedo, Alberto. 23:918, 919
Estrada Rousseau, Manuel. 10:69
Estrada Serrano, Héctor. 10:1691
Estrada Torres, Ángel A. 12:2324
Estrada y Zayas, Edmundo. 10:4041; 17:
   2691; 20:4476
Estrázulas, Hugo. 9:4499
Estrázulas, Lisboa. 5:3994
Estrella, Arnaldo. 15:2841
Estrella, Hernani. 14:3267; 24:4883
Estrella Gutiérrez, Fermín. 1:2094; 2:2860;
   3:1346, 3165, 3240, 3367; 4:3874; 7:
   4744, 4745; 15:2293; 16:1921; 19:4726;
   20:4073; 24:5510; 26:1477
Estrella Moreira, Júlio. *See* Moreira, Júlio
   Estrella.
Estrella Ruiz, J. A. 3:944
Estudios Americanos, Sevilla. 14:61
Estudios de Cultura Maya, México. 27:135,
   218

Estudios de Cultura Náhuatl. México. 27:136
Estudios de Historia Social, Buenos Aires. 28: 1081
Estudios de Historia Social de España, Madrid. 16:1522
Estudios Históricos, Guadalajara. 9:2603
Estudios Políticos, Económicos, Filosóficos, y Culturales, Montevideo. 23:2782
Estudios sobre el Comunismo, Santiago de Chile. 27:3046
Estudios sobre la Unión Soviética, Munich. 25:3003
Estudos Brasileiros, Rio de Janeiro. 6:1916; 7:1748
Estudos Econômicos, Rio de Janeiro. 16:887
Estudos Universitários, Recife. 27:2520
Estupiñán Bass, Nelson. 19:4884
Estupiñán Tello, Julio. 23:2202
Etchebarne, Miguel D. 20:4126
Etcheberry Orthusteguy, Alfredo. 24:4920
Etchecopar, Máximo. 22:3530, 5408
Etchegoyen, Félix E. 9:931; 25:4072
Etchegoyen, Matilde de Elia de. 11:3420
Etcheguía, Gregorio. 4:1035
Etchenique, Nira. 21:4081; 23:5187; 24: 5426; 26:1898
Etchepare, A. 25:3396
Etchepareborda, Roberto. 21:3049, 24:4215, 4216, 4263; 25:3566; 26:980, 1081, 1082; 28:942, 1008, 1080
Etcheverry, Delia S. 6:4176
Etcheverry Boneo, Rómulo. 10:1475a
Etges, Arthur. 6:4827; 7:5452, 5453
Étienne, Francis Ed. 21:2309
Etienne Filho, João. 25:4736
Etnología y Arqueología, Lima. 24:158
Ettinger, Amos A. 3:2439
Eu, Louis Philippe Marie Ferdinand Gaston d'Orleans, comte d'. 2:1708
Euclydes, Boletim Bibliográfico Brasileiro. 5:4007
Eugenio, Juan. 10:1593
Eulalia, *Infanta of Spain.* 15:1718
Eulau, Heinz H. F. 7:2555
Euler, Walter. 7:1704, 2446
European League for Economic Cooperation, Brussels. 27:1684
Eustaquio, Camilo. 11:1266
Eustis, Alvin. 26:412; 27:4099
Eva Perón (Province). *Constitution.* 18:2879
Evangelical Handbook of Latin America. 5:166
Evangelista, José Geraldo. 28:1352
Evans, Alona E. 18:2178a
Evans, Clifford, Jr. 16:244, 245; 17:171; 18:5; 221; 19:251, 289, 304, 428; 20: 11, 12, 314, 319a; 21:278, 346, 347; 22:301, 317, 331, 334; 23:326, 401, 408, 447; 24:507; 25:328, 360, 362; 27:131a, 159, 235, 315, 466, 468, 595, 596, 606, 1307
Evans, D. L. 6:2392
Evans, Elliot A. P. 21:940
Evans, F. Gaynor. 24:1549
Evans, Geoffrey. 8:1332
Evans, Luther H. 1:290; 12:3296
Evans de la Cuadra, Enrique. 14:3285
Evanson, Philip. 28:814
Eve, Joseph. 5:3420
Eveleth, Phyllis. 24:1517; 25:778
Everett, R. D. 3:1588
Evião, Stênio de. 27:3258
Evreinov, E. V. 25:635, 636
Ewald, Robert Harold. 21:419, 4925
Ewing, Russell Charles. 7:2945; 11:2075; 28:110a
Ewing, William S. 19:3034

Expilly, Charles. 1:1305
Export-Import Bank of Washington. 16:600; 17:526
Exposição Geral da Situação Econômica do Brasil, Rio de Janeiro. 27:2324
Exposición Bibliográfica Bolivariana, Caracas, 1960. 26:38, 931
Exposición Continental del Periódico Americano, San Salvador, 1960. 24:22
Exposición de la Prensa Peruana, I, Lima 1941? 7:186
Exposición del Libro Salvadoreño, I, San Salvador, 1952. 18:1127
Exposición Internacional del Libro, VIII, Panamá, 1964. 27:26
Exposición Venezolana del Libro, II, Caracas. 8:24
Expósito, José Ramón. 13:1881
Expósito Casasús, Juan José. *See* Casasús, Juan José Expósito.
Exquemelin, Alexandre Oliver. 19:3382a
Exterbrink, H. 4:1950
Eyre, Alan. 27:2703
Eyre, James K., Jr. 7:3713; 8:2397
Eyzaguirre, Jaime. 4:3255; 6:3194; 8:3101; 11:2180, 2225; 12:1992; 13:1411; 14: 1705; 15:550, 1650; 16:517; 17:1633; 19:3035; 20:2778a; 21:3730; 23:3604, 3666, 3722, 3733, 3798, 4727; 24:4200, 4201; 25:3557; 26:966, 1142, 1145; 27:3347; 28:847, 1181
Eyzaguirre Escobar, Juan. 19:3870
Ezcurdia, Enrique de. 6:2909; 7:2946
Ezcurra, Marta. 7:3962
Ezcurra Medrano, Alberto. 5:1974; 6:3366; 18:2062
Ezekiel, Mordecai. 7:803
Ezell, Greta. 28:37a
Ezell, Paul Howard. 20:2318; 22:2941; 28:37a
Ezquerra, Ramón. 14:1823, 1872; 16:1598; 26:372; 28:422a

F abal, Gustavo. 20:4493
Fabbiani Ruiz, José. 14:2849; 16:2665, 2666; 17:2438, 2488; 19:4963
Fabbri, Dino. 28:318a
Fabbri, Ferruccio. 23:5462
Fabbrica Italiana Automobili Torino (FIAT), Argentina. 25:1658; 27:2139
Fabela, Isidro. 6:3697; 9:3468; 10:3258; 12:2014; 19:4253; 22:3021, 4029, 4030, 4047; 24:3536, 3891, 4915; 25:2636, 3247-3249; 26:609, 610
Fabelo, T. D. 20:424
Faber, Colin. 28:269
Faber, Fernando. 5:1727
Faber, Gustav. 23:1420; 26:352
Faber y Jal, Antonio. 7:4237
Fabiani, Víctor. 24:5612
Fábila, Manuel. 7:954, 2808
Fabila Montes de Oca, Alfonso. 6:360; 7: 937; 11:247; 13:787; 15:1125, 1144; 17: 1001, 2976; 20:1956
Fabila Montes de Oca, Gilberto. 3:1003; 4: 1315; 17:1001, 2976; 19:1950
Fabilli, Josephine C. 12:3297
Fabini, Eduardo. 6:4852a
Fabra Ribas, A. 7:804, 805, 3877; 9:984, 985; 10:821
Fábrega, Ernesto. 7:1379
Fábrega P., Jorge. 16:3101, 3121; 21:4558; 22:4637, 4688; 23:4584

Fabregat, Julio T. 15:1340b; 23:2955; 26: 1183; 27:3542
Fabregat, Roberto. 10:4543, 4544
Fabregat Cúneo, Dardo. 16:2786
Fabregat Cúneo, Roberto. 15:2437; 20: 4216; 28:2047
Fabrício, José de Araújo. 14:2293; 17:1857
Faccini, Mário. 8:4274
Facil, Aníbal D. 9:2929
Facio, Aníbal D. 4:2819; 8:2172
Facio, Gonzalo J. 20:1323; 22:4048; 25: 2627; 27:3047
Facio Brenes, Rodrigo. 4:2915; 5:2779; 8: 1163; 9:1102; 13:499; 15:1711; 16: 623; 20:1705; 22:3062; 25:1598
Facio Segreda, Gonzalo. 8:1164
Facó, Américo. 18:2777, 2793
Facó, Elizabete. 28:2645
Facó, Rui. 26:1268
Facultad Latinoamericana de Ciencias Sociales, Santiago de Chile. 27:1685
Facundo, pseud. See Cuéllar, José Tomás de.
Fähndrich, Henner. 27:1686
Fage, Anita. 17:1242
Fagen, Richard R. 27:3399
Fagerberg, Russell. 11:70
Fagg, Bernard. 24:467
Fagg, John Edwin. 26:350 28:763
Faggin, Giuseppe. 19:5814
Fagundes, Antônio. 6:1949
Fagundes, Mário Calvet. 27:2918a
Fagundes, Miguel Seabra. 7:5201; 14:1610; 15:2684; 23:2874
Fagundes, Morivalde Calvet. 20:4317
Fagundes, Umberto Peregrino Seabra. See Peregrino, Umberto.
Fagundes de Menezes, João. See Menezes, João Fagundes de.
Fagundes Júnior, João Peregrino da Rocha. See Peregrino Júnior.
Fagundes Telles, Lygia. See Telles, Lygia Fagundes.
Fagundes Varella, Luiz Nicolau. See Varella, Luiz Nicolau Fagundes.
Fahey, Harold. 6:1152
Failletey, Luciano S. 22:835
Fain, Cynthia 20:2021; 25:5731
Fairbanks, João Carlos. 9:2344
Fairbanks, Miles H. 5:1027
Fairchild, Byron. 25:3092
Fairchild, Johnson Eddy. 2:1319; 7:2058, 2090, 2205
Fairservis, Walter A., Jr. 24:208
Fairweather, Gerald Cattouse. 19:3262
Faissol, Speridião. 14:1563; 15:1266, 1267; 17:1243, 1244; 18:1444, 1445, 1487; 19:2639; 20:2056, 2116; 21:2124
Faivre, Jean Paul. 19:3036
Fajardo, Jesús Víctor. 17:2370; 27:3691, 3891
Fajardo Ponce, Alfonso. 25:1221
Fajardo Terán, Florencia. 19:3482; 22:3484; 25:3513; 28:942a, 943
Falabella, Roberto. 22:5735
Falcão, Alcino Pinto. 20:4500; 23:4556; 27:3640
Falcão, Amilcar de Araújo. 22:2651; 24:4907
Falcão, Edgard de Cerqueira. 3:2903; 6: 644; 8:862, 863, 3392; 12:719; 15: 544, 627, 1841; 16:2120; 17:1895; 19:1228; 22:3840; 25:1277; 28:1297, 1353
Falcão, Luis Anibal. 2:2861; 22:1335
Falcão, Pedro Barreto. 4:833, 3470
Falcão, Rubens. 12:1217h; 18:1146
Falcão Waldemar. 7:4031, 4032
Falcao Espalter, Mario. 5:3093; 7:3552

Falcinoni, Rodolfo. 18:2522
Falco, Líber. 20:4074
Falcón, Eusebio. 11:1402, 1473
Falcón, Francisco José Calazans. 26:1197, 1198
Falcón, Ismael C. 3:1004
Falcón, Jorge. 6:4248
Falcón, Juan Crisóstomo. 23:3845; 3845a
Falcón Briceño, Marcos. 25:2854-2856
Falcón (State). Secretaría General de Gobierno. 6:2726; 7:2734; 8:2822; 9: 2564
Falconi Villagómez, José Antonio. 24:5511; 25:3734; 28:2183
Faleroni, Alberto Daniel. 1:1733; 6:2766; 24:3413; 27:3184, 3184a
Falk, Isidore Sydney. 17:2079; 20:3601
Falk, Karl. 8:1671
Falk-Rønne, Arne. 25:5732
Falk Verlag, Rio de Janeiro. 27:2919a
Falke, Horst. 2:1364; 4:2141
Falke, Rita. 22:4706
Falkenburger, Frédéric. 4:375
Falkenhausen, Olga. 15:466
Falkland Islands. Annual Report on the Social and Economic Progress. 6:1158
Falkner, P. Thomas. 1:599; 21:2016
Fallas, Carlos Luis. 13:1976; 15:2294; 21: 3945, 3946; 23:4956
Fallas Monge, Otto. 23:4231; 25:1512
Fals-Borda, Orlando. 19:6006, 6084, 6091; 20:2712-2712b, 3733, 4927, 4932, 4984; 21:4909, 4928; 23:2480, 6009, 6038; 24:1920; 25:5619; 27:2446, 4022, 4115, 4225
Familiar, Ivo. 8:2605, 2682
Fanda, Lorenzo. 9:934
Fandiño Silva, Francisco. 15:1319
Fanshawe, D. B. 13:837, 838; 14:1402, 1403; 15:463
Fantin, Otorino, Father. 22:2015
Faoro, Raymundo. 23:2875
Faraco, Daniel A. 4:746
Faraco, Itália Z. 27:2660
Farah, Elias. 28:2471
Farani Mansur Guérios, José. See Guérios, José Farani Mansur.
Farani Mansur Guérios, Rosario. See Guérios, Rosario Farani Mansur.
Fardin, Dieudonné, pseud. See Benôit, Louis Marie Pierre.
Faré, Santo S. 7:2018-2020; 8:2012-2014, 2173-2177
Farengo, Adolfo P. 8:1597
Farfán, José María Benigno. 6:548; 7:569, 1945, 1990, 4448; 8:420, 421, 2050, 2184; 9:514-516, 553, 554; 10:419; 11: 1474; 13:351, 2712; 14:545; 17:367; 18:355, 356; 20:674-676; 24:4727; 27: 1424
Farhat, Emil. 5:3968; 7:5085
Farhi, Alberto. 7:5265; 11:3615
Farhi, Alfredo. 7:5265
Faria, Adhemar G. de. 6:4696
Faria, Albino Nogueira de. 24:2063
Faria, Álvaro de. 1:1307
Faria, Antônio Bento de. 13:2547; 22:4610, 4611; 24:4853
Faria, Ernesto. 7:1773; 11:1327
Faria, Francisco Leite da. 22:3841; 28:1298
Faria, Idelma Ribeiro de. 28:2600
Faria, João Barbosa de. 12:313; 14:519
Faria, Joaquim J. B. 23:4423
Faria, José Escobar. 16:2902; 18:2794; 19: 5339, 5340
Faria, Júlio César de. 8:3492; 10:3165

Faria, Luíz de Castro. 15:356; 17:341, 401; 18:374; 19:300; 20:315, 776; 22:314, 453; 23:732, 6214; 24:534
Faria, Manuel. 7:715
Faria, Maria Adail Philidory de. 9:4280
Faria, Nelson de. 26:1970; 28:2472
Faria, Octávio de 3:3488-3491, 3545; 5: 3903, 3969, 3970; 8:4275; 13:2324; 16: 2928; 18:2770; 21:4351; 25:4650
Faria, Ruy. 17:402
Faria, Sylvio Santos. 22:1625, 4659
Faria Batista, Geraldo de. See Batista, Geraldo de Faria.
Faria Coelho, Vicente de. See Coelho, Vicente de Faria.
Faria de Magalhães, Paulo. See Magalhães, Paulo Faria de.
Faria Dória, Ana Rimoli de. See Dória, Ana Rimoli de Faria.
Faria Ferraz, José Bento. See Ferraz, José Bento Faria.
Faria Góes, Jayme de. See Góes, Jayme de Faria.
Faria Góis Filho, Joaquim. See Góis Filho, Joaquim Faria.
Faria Góis Sobrinho, José. See Góis Sobrinho, José Faria.
Faria Motta, J. A. de. See Motta, J. A. de Faria.
Faria Neves Sobrinho. 1:2200; 15:2550
Farias, Gelásio de Abreu. 3:1365
Farías, Ixca. 6:809
Farias, Juan S. 2:478
Farias, Julieta. 19:4518
Farias, Julio. 8:162
Farias, O. Cordero de. 21:4950
Farías Alem, Roberto. 21:2216
Farias Brito, Raimundo de. See Brito, Raimundo de Farias.
Farías Galindo, José. 19:642
Farías Gil, Antonio. 17:2082
Farias Júnior, Esperidião de. 7:2394
Farias Mello, Arnon Affonso de. See Mello, Arnon Affonso de Farias.
Farías Olave, Mario. 11:694
Fariña, Juan M. 25:4044
Fariña Núñez, Porfirio. 1:1155; 4:3228
Fariña Ortiz, David. 18:2523
Fariña Sánchez, Teófilo. 12:1414
Fariñas Gómez, José. 10:3420
Farini, Juan Ángel, h. 6:133; 7:162, 3244; 11:18; 28:1008a
Farley, Rawle. 19:3133
Farman, Carl H. 13:1840, 1847, 1848; 14: 2451; 15:2009; 20:3557; 21:3531
Farnworth, Constance H. 12:808, 1279; 18:788
Farnsworth, D. 5:203
Faro, Arnaldo da Costa. 4:654
Faro, Jorge. 28:339
Faro, Luis Pereira Ferreira de. 17:2795
Faro, Luiz Flávio de. 12:2883
Faro Filho, F. 3:404
Faron, Louis C. 22:23; 23:18, 820; 24:834, 840, 865; 25:427, 560, 561; 27:1260-1260f
Faroppa, Luis A. 15:969, 970; 17:718; 20: 1351, 1352; 21:1252; 23:1853; 25:1707
Farrán Mayoral, J. 8:4914
Farré, Luis. 14:3480; 16:3272; 18:3050; 19: 5754; 22:5915; 25:5338
Farrera, Agustín. 3:3686; 8:4563; 14:952
Farrugia, Alfredo. 18:945
Farson, Negley. 3:37
Fascell, Dante B. 24:3464
Fasejo, Nicol. 20:4075

Fasolino, Nicolás. 4:2764, 6:3005; 7:3060 9:2930, 3108; 10:2696; 11:2170; 12:1914c; 20:2981
Fassi, Santiago Carlos. 6:4593
Fast, Peter W. 19:814
Fastlicht, Samuel. 13:373; 14:580; 15:490 17:392, 397; 21:2310; 24:209, 154; 1610
Fatone, Vicente. 8:4940; 12:3452; 14:3461; 15:2946; 16:3244; 18:3081; 19:5740; 20:4875a
Faublée, Jacques. 19:450
Faucett, Lawrence, 21:112
Fauconnet, Max. 24:159
Faulhaber de Sáenz, Johanna. 13:374; 15: 491; 18:383; 19:859; 21:819, 820; 24:1542
Faulk, Odie B. 28:534, 539, 539a, 594a
Faulkner, O. T. 9:2114
Faupel, Edith. 2:2010
Faupel, W. 2:2411
Fauquier, Nina. 17:2110c
Faure, Pierre. 25:2158; 27:2535
Fause, Asbjorn. 3:1604
Fausel, Erich. 2:1634; 3:2863, 2864; 5:3140; 21:2311; 23:4424; 24:3704; 26:39
Faust, Augustus F. 23:2401
Faust, J. J. 27:3259
Faust, John R. 28:684
Faust Wille, Norma. 24:1313; 27:1425
Fautereau, Éric de. 20:300
Favaro, Edmundo J. 17:1819; 18:2129; 26: 981
Faver, H. Martin. 12:970
Faver, Marvin. 9:4893
Favero, Flaminto. 8:4649
Favrot, H. Mortimer. 9:2781
Fawcett, Brian. 19:3037; 22:6157
Fawcett, Percy H. 19:3037
Fawcett, Raymond. 19:451
Fay, Eliot G. 8:3996
Fay, George E. 19:115; 20:117-120; 22:78; 23:176, 177; 24:210, 642; 25:138
Fayard, Jean. 8:4276
Fayard, Marcelo I. 14:1576
Faye, Sidney. 12:1806
Faye, Stanley. 4:2941; 7:2947; 8:2988
Fayerweather, John. 19:1989a, 1990; 20:1489
Fayt, Carlos S. 9:2396; 11:1809
Fayt, J. C. 4:954
Fazenda, Viera. 9:870
Fazio Rojas, Lorenzo. 12:2074
Feachem, R. W. 6:297, 2254
Fearing, Kelly. 26:1549a
Feather, Adlai. 23:3124
Febres Cordero, Foción. 25:2117, 4146
Febres Cordero, Héctor. 27:3744
Febres-Cordero G., César. 9:1209
Febres Cordero G., Júlio. 1:685; 8:149; 9: 2884, 3009, 3010; 10:2748; 11:398, 399; 12: 472, 1870; 14:2639; 16:223; 21:2702, 2713; 24:4172, 5035; 28:871a, 973a
Febres Pobeda, Carlos. 27:3849
Febvre, Lucien. 15:97; 18:3154
Feder, Carlos Eduardo. 18:2684
Feder, Ernst, b. 1881. 10:3828
Feder, Ernst. 27:1687, 2049, 2221
Federação das Academias de Letras do Brasil. 5:3904; 6:184, 3721, 3722, 4298-4300; 7:1914, 1915
Federação das Indústrias do Estado de São Paulo. 6:1725, 1726; 8:1815, 1859; 9:**1646**
Federación Argentina de Colegios de Abogados. 2:3014
Federación Argentina de Cooperativas de Consumo. 8:3707; 9:1349
Federación de Estudiantes de Chile. 25:2755

Federación de Trabajadores en Tejidos del Perú. 17:2106
Federación Estudiantil Universitaria. (Cuba.) 23:2912
Federación Interamericana de Abogados. 11: 3642, 3643
Federación Interamericana de Automóvil Clubs. 19:2355
Federación Interamericana de Sociedades de Autores y Compositores. 11:3794
Federación Nacional de Arroceros. (Colombia.) 23:2481
Federación Nacional de Asociaciones de Productores Agropecuarios. (Venezuela.) 27:2093
Federación Nacional de Cafeteros. (Colombia.) 2:620; 6:1179; 8:1363; 9:974; 14:984; 17:687; 22:2253
Federación Nacional Obrera Azucarera. (Cuba.) 6:1069
Federación Venezolana de Maestros. 2:1195
Federal Experiment Station in Puerto Rico, Mayagüez. 12:1352
Federal Reserve Bulletin, Washington. 6:860
Federico Ernesto, *Príncipe de Sajonia Altenburgo*. 23:303
Federmann, Nikolaus. 21:2714
Fedorova, Nina. 7:5033
Feeley A., Guillermo. 14:2500
Feeney, Corinne B. 7:420
Feer, León. 9:4326
Feger, Franz C., *New York*. 5:89; 6:93, 94; 7:125, 126
Fehleisen de Ibañez, Elsa Elida. 28:1710
Feichmann, Carlos. 4:2084
Feijó Bittencourt. 4:3349, 3451, 3452; 11:2642; 16:2025, 2026
Feijó, Débora. 8:1878
Feijóo, Rosa 28:563
Feijóo, Samuel. 15:2401; 22:5124, 5408a, 5409; 26:1331, 1852, 1880; 28:1770, 2081
Feijóo Reyna, Ricardo. 1:1238
Feijóo y Montenegro, Benito Jerónimo. 11:2968
Fein, Carlos M. 27:1132
Fein, John M. 19:5055; 28:1776, 2184
Fein, María Teresa. 18:2685
Fein Pastoriza, Delia. 9:2018; 15:2154; 20:3645
Feinsten, Otto. 27:3048
Feio, Mariano. 19:2640
Feis, Herbert. 17:527
Feito, Benigno. 10:3317; 12:3197-3199; 15: 2021; 17:2030
Feitosa Martins, Araguaya. *See* Martins, Araguaya Feitosa.
Fejos, Paul. 6:549; 7:482, 483, 2304; 9:517; 10:326, 1842, 1866
Feldman, Arnold S. 20:4976; 21:469; 22:443; 27:1112, 4199
Feldman, David M. 28:1548
Feldman, Eugene. 22:1332; 23:1482
Feldman, Jacobo. 19:4885
Feldner, Wilhelm Christian Gotthelf von. 25: 527
Felere, Rosa María. 20:3929
Felice Cardot, Carlos. 10:2749; 22:3570; 23:3605; 24:4096, 4164; 28:861c, 872, 974, 1052, 1052a
Felicíssimo Júnior, Jesuíno. 10:2237
Felipe, Carlos. 23:5320; 26:1851, 1852
Felipe, Luis. 9:2105
Feliú Cruz, Guillermo. 1:686; 2:2219; 3:2555, 3150; 4:3000, 3256, 3319, 3327; 5:129, 3556; 6:107, 3443; 7:3061, 3512; 8:3102, 3312, 3313, 4652; 9:655, 3109; 10:3040; 12:2441; 13:1513; 15:1740; 16:1955, 1956; 17:663,

1792, 1808, 1812; 18:1761a, 3290, 19:3867; 20:2777, 21:3110, 3111; 22:1122, 3472, 4515, 4741; 24:3732; 26:359, 969; 28:935a, 1001, 1177
Feliú Cruz, René. 6:4527; 9:624
Félix, David. 24:1921-1923
Félix, Eduardo. 20:4076
Félix de Garcés, Carlota. 3:1434
Felix de Oliveira, Moacyr. *See* Oliveira, Moacyr Felix de.
Felix de Sousa, Maria Lúcia. *See* Sousa, Maria Lúcia Felix de.
Felizardo, Jorge Godofredo. 16:2039, 2040
Felkel, Günter. 27:3467
Feller, A. H. 1:1023
Fellman Velarde, José. 18:2524; 19:2882; 20:2238, 3022; 27:2846
Felquer, J. Francisco, h. 12:1375
Feltham, Percy M. 20:1338
Fénder, Paulo. 28:2603
Fenger, Frederic A. 22:6158
Fénix, Lima. 10:4258; 27:27
Fennah, R. G. 6:2323
Fennell, Thomas A. 7:1132, 2195; 9:2126, 2127; 10:2028
Fenner, Clarence N. 7:2344
Fenner, Ricardo. 2:835, 1247
Fenochio, Andrés. 19:4214
Fenoglio Preve, Simón. 7:2253; 8:1587; 9:1350, 1351
Fentanes, Benito. 3:3403
Fenwick, Charles Ghequiere. 3:2941, 2942, 2972; 4:3592; 5:3301; 8:3562, 3581; 21:3421; 27:3049, 3840
Feo-Codecio, Gustavo. 24:2909
Feraud García, José M. 15:2402
Ferdinand, *King of Spain*. 15:1485
Ferdinand, Prince Edgar. 27:3468
Ferdman Fischer, Jorge. 16:726
Ferdon, Constance Etz. 6:2104
Ferdon, Edwin N., Jr. 4:303; 6:428, 429; 7:470-472, 1980; 8:318; 11:312, 380; 13:348; 16:1214; 17:74; 18:194; 19:67, 116; 22:56; 25:354
Ferenzona, Ferdan di. 6:4482
Ferguson, J. Halcro. 24:3414; 27:3050
Ferguson, Thomas Stuart. 16:198; 23:120
Fergusson, Erna. 2:139; 3:38; 4:1667; 5:166a; 9:2241; 20:5050
Feriz, Hans. 21:306, 307, 348; 22:345; 23:304, 305; 24:159a, 211, 411, 565
Ferla, Salvador. 28:1082
Ferlet, René. 19:2516
Fermandois, Francisco Javier. 24:6276
Fermor, Patrick Leigh. 16:35
Fermoso E., Paciano. 26:1009
Fern, Leila. 7:163; 8:32; 9:4734, 4735; 10: 4393, 4394; 12:3367, 3368
Fernal, José, Jr. 24:2064
Fernandes, Aducto de Alencar. 3:3642; 4:707; 6:4721; 9:4509; 10:3353; 11:3561 12:3106; 15:2685; 20:4563; 22:4629; 24:1314; 26:1332
Fernandes, Albino Gonçalves. 3:310; 4:1829; 5:1569a; 7:2021, 2022; 8:2134, 2178; 27:1220a, 2536
Fernandes, Anibal Gonçalves. 3:370; 15:1799; 24:6333
Fernandes, Antônio Paulo Cyriaco. 2:1672
Fernandes, Antônio Rull. 10:1511
Fernandes, Carlos D. 8:4335
Fernandes, Celso Frois. 19:5443
Fernandes, Eurico. 12:2786; 14:484; 16:378; 19:771
Fernandes, Florestan. 15:437-439; 18:332, 333, 2824, 3214; 19:6099; 21:4919; 22:6005, 6006, 6047; 23:739, 2402, 6026; 24:6334;

25:531, 2159, 2160, 5637; 27:1216-1216b, 2561-2561b, 2626, 2626a, 4226
Fernandes, Francisco. 6:4416; 9:4114; 12: 2787; 13:2261, 2262; 16:2813; 20:4286
Fernandes, Gérson. 24:3033
Fernandes, J. Sampaio. 6:1744
Fernandes, João Baptista. 15:1312
Fernandes, João Batista Ribeiro de Andrade. *See* Ribeiro, João.
Fernandes, José Loureiro. 13:997; 20:316, 777; 23:1301; 24:4728; 25:532; 27:1217
Fernandes, Lourenço. 7:541
Fernandes, Lygia Nazareth. 24:4426; 26:2095
Fernandes, Millôr. 21:4303, 4327; 26:2096
Fernandes, Nabor. 8:4336; 12:2939
Fernandes, Nelson. 11:2808
Fernandes, Nísio. 15:2540
Fernandes, Sebastião Siqueira. 3:3546; 12:2828
Fernandes Braga, Henriqueta Rosa. *See* Braga, Henriqueta Rosa Fernandes.
Fernandes Brandão, Ambrósio. *See* Brandão, Ambrósio Fernandes.
Fernandes Carneiro, Levi. *See* Carneiro, Levi Fernandes.
Fernandes Costa, Myrian. *See* Costa, Myrian Fernandes.
Fernandes da Cunha, Lygia da Fonseca. *See* Cunha, Lygia da Fonseca Fernandes da.
Fernandes da Silva, Moacir Malherios. *See* Silva, Moacir Malherios Fernandes da.
Fernandes de Souza, Sebastião. *See* Penalva, Gastão, *pseud*.
Fernandes de Souza Docca, Emílio. *See* Docca, Emílio Fernandes de Souza.
Fernandes Ferreira Vianna, Hélio. *See* Vianna, Hélio Fernandes Ferreira.
Fernandes Guedes, Jaime. *See* Guedes, Jaime Fernandes.
Fernandes Neblind, André. *See* Neblind, André Fernandes.
Fernandes Pereira, Milton. *See* Pereira, Milton Fernandes.
Fernandes Pinheiro, Hésio. *See* Pinheiro, Hésio Fernandes.
Fernandes Pinheiro, J. C. *See* Pinheiro, J. C. Fernandes.
Fernandes Pinheiro, José Feliciano. *See* Pinheiro, José Feliciano Fernandes.
Fernandes Sobral, Francisco. *See* Sobral, Francisco Fernandes.
Fernandes Teixeira, Edgar. *See* Teixeira, Edgar Fernandes.
Fernandes Vieira, Paulo. *See* Vieira, Paulo Fernandes.
Fernández, Alfredo. 20:1353
Fernández, Ambrosio. 13:998
Fernández, Anastasio. 8:1713
Fernández, Ariosto. 20:3000
Fernández, Belisario 28:1009, 1009a
Fernández, Carlos Emilio. 25:3764
Fernández, Carlos José. 21:3001; 26:1165
Fernández, Cassiano Alberto Lorenzo. 6:1727
Fernández, David W. 22:3221; 23:3680
Fernández, Enrique. 18:400; 27:904
Fernández, Ernesto. 10:822
Fernández, Germán M. 4:3229, 3230
Fernández, Jesús. 4:167, 168; 14:713; 24:3752
Fernández, Jesús María. 2:1878; 12:1134; 17:964
Fernández, Jorge. 17:2371
Fernández, José. 5:978
Fernández, José Antonio. 28:152
Fernández, Juan José. 23:2901
Fernández, Juan Rómulo. 2:1331; 3:2650a; 4:3161, 3231; 5:1811; 6:3367; 8:3255a, 3256; 28:1083

Fernández, Julio. 5:1812
Fernández, Julio Fausto. 21:4841; 22:5410, 5875; 26:351
Fernández, Justino. 3:420-422, 456; 4:17, 466, 541, 543; 5:653, 654, 734, 766, 2375; 6:758, 765, 780; 813; 7:1961; 8:631, 686, 687, 754, 767, 820, 915; 9:703, 704, 778, 779 822, 825, 826, 830, 831, 833, 2722; 10:634-636, 687, 690, 691; 11:532, 551, 617, 638, 639; 12:550, 585, 652b-654; 14:818-822; 15:527, 613, 619; 16:539-542; 17:414, 433, 470, 471; 18:487-489; 20:50, 904, 965, 1052, 1063; 21: 903; 960, 961, 966; 22:1102, 1135-1137, 1139; 23:178, 1361-1364, 1367, 1433, 1434, 1483, 5824; 24:212, 1117, 1653, 1737-1740, 3897; 26:150, 223, 224; 27:316, 750; 28:153, 270, 270a
Fernández, Justo. 22:4922
Fernández, León. 28:721a
Fernández, Lirio. 17:2372
Fernández, Macedonio. 7:4696
Fernández, Marcelo. 5:1389
Fernández, María Ángela. 17:2838, 2939; 22:5881; 25:3606
Fernández, María T. 11:3247
Fernández, Miguel Ángel. 4:127; 7:320, 348; 9:291, 341; 11:216-219; 12:129; 20:215; 26: 242; 28:378, 2122
Fernández, Oscar Lorenzo. 6:4900; 9:4679, 4846-4852; 10:4366, 4367, 4387; 15:2829b, 2842; 20:4318
Fernández, Pablo Emilio. 20:3091
Fernández, Raimundo L. 3:3735; 5:1256, 4157; 11:3616; 14:3126, 3213
Fernández, Romelio J. 1:356
Férnandez, Sergio E. 22:4972; 28:1834, 1834a
Fernández, Tristán. 3:3294
Fernández, Víctor M. 6:4543
Fernández Almagro, Melchor. 10:2758; 21: 3002
Fernández Alonso, Felipe. 21:2041
Fernández Álvarez, Manuel. 13:1206
Fernández Arce. 28:2123
Fernández Arias Campoamor, J. 18:2560
Fernández-Arias da Cunha, Carlos. 19:1353, 1367
Fernández Arrondo, Ernesto. 21:2915
Fernández Artucio, Hugo. 6:3769, 4037; 8:3582, 3598, 3599; 9:3535
Fernández Asis, V. 10:2445
Fernández Aspra. 5:4316
Fernández Baca, Jenaro. 20:348
Fernández Ballesteros, Alberto. 19:2069
Fernández Barrera, Josefina. 24:1611; 25:200
Fernández Boyoli, Manuel. 2:1590a
Fernández Bravo, Vicente. 18:946; 25:1550; 27:1860, 1860a
Fernández Bustamante, Adolfo. 13:2254
Fernández C., Juan F. 4:3257; 5:2023a
Fernández Cadavid, Alberto. 14:3189
Fernández Campos, José Luis. 25:2628
Fernández Camus, Emilio. 4:4392; 10:4088; 14:3113; 21:1489
Fernández Carvajal Bello, Juan. 16:3346 21:2906; 23:5127
Fernández Castello Jesús. 16:531
Fernández Colavida, José María. 8:4277
Fernández Concha, Jaime. 11:1717
Fernández Concheso, Aurelio. 20:1708
Fernández Dávila, Guillermo. 7:3103; 11:2191
Fernández de Agüero, Juan Manuel. 6:4962
Fernández de Borges, Elsa. 26:1184
Fernández de Burzaco y Barrios, Hugo. 26: 892
Fernández de Castillejo, Federico. 11:1962
Fernández de Castro, Carlos. 17:875

Fernández de Castro, Felipe. 22:3225
Fernández de Castro, J. Bruno. 6:2767
Fernández de Castro, José Antonio. 2:2560; 3:3151; 4:3798; 8:3177; 9:3193, 3766, 4046, 4894; 13:1650, 2105; 14:2640; 15:2159
Fernández de Córdoba, Joaquín. 9:32; 10:205, 257; 11:182, 183; 12:16; 13:16; 14:273; 15:18, 1685; 18:1645; 20:2319, 2823; 23:3102; 25:3250
Fernández de Enciso, Martín. 16:1521
Fernández de Jaúregui Urrutia, Joseph Antonio. 26:447; 28:540, 540a
Fernández de la Reguera, Ricardo. 28:778a
Fernández de la Vega, Óscar. 19:3713; 21:4147
Fernández de León, Esteban. 28:871, 974a
Fernández de León, Gonzalo. 27:3604
Fernández de Lewis, Piri. 25:4582
Fernández de Lizardi, José Joaquín. 6:4963; 8:3893, 3894; 10:3518; 15:2176; 16:2524; 17:2439; 22:4952; 23:4713; 24:5017, 5018; 25:4590; 26:1417, 1853; 28:2286, 2287
Fernández de Madrid, José. 28:855
Fernández de Miranda, María Teresa. 21:668; 22:836, 837; 27:228, 776, 1426-1426c; 28:485a
Fernández de Navarrete, Martín. 1:729; 12:1676; 19:3134
Fernández de Oviedo, Gonzalo. 10:2561; 12:1807; 16:1502; 17:1590; 23:3414; 24:1118
Fernández de Recas, Guillermo S. 20:2515; 22:4730; 23:4728; 24:1119; 25:3132, 3184; 26:437
Fernández de Vidal, Stella Maris. 28:1777
Fernández de Vilallobos, Gabriel. 15:1525
Fernández del Castillo, Antonio. 11:2076; 12:2442, 15:19
Fernández del Castillo, Francisco. 4:2649; 8:3908; 11:2077, 2078; 13:1175; 19:3038, 3263; 20:2320; 21:3731; 22:3020
Fernández del Castillo, Germán. 5:4198; 6:1297, 4652; 7:5305
Fernández del Castillo, Pedro. 15:1679
Fernández del Valle y Rincón Gallardo, Justo. 16:3079
Fernández Díaz, Augusto. 7:3062; 19:2517; 21:3050; 22:3448; 26:893, 982
Fernández Duro, Cesáreo. 10:2464
Fernández Fernández, Antonio. 26:716
Fernández Flórez, Dario. 7:4506
Fernández Freite, Carlos. 1:1206; 2:2220; 3:2638
Fernández Funes, Abraham E. 24:4854
Fernández García, Alejandro. 1:929
Fernández Guardia, León. 3:2613; 5:2272a, 2780
Fernández Guardia, Ricardo. 1:1095; 3:2184, 2387, 3075; 4:3026; 5:2781, 2782, 3609; 6:3113, 3232; 7:3176, 3177, 3292
Fernández Guerra, Eduardo. 1:1431
Fernández-Guerra y Orbe, Luis. 5:2377
Fernández Hall, Francisco. 3:2614 5:2783
Fernández Heres, Rafael. 25:2085
Fernández Lamarra, Rafael. 27:2391
Fernández Larraín, Sergio. 13:1780; 20:2239, 2264; 28:1183
Fernández Latour, Olga. 27:1172, 1172a
Fernández Ledesma, Enrique. 1:1024; 5:735, 16:1770
Fernández Ledesma, Gabriel. 4:552; 5:736, 740, 751; 14:823; 18:407
Fernández Leys, Alberto. 15:587
Fernández Lima, J. C. 24:2939
Fernández MacGregor, Genaro. 4:3058, 3875; 5:2870, 3747; 6:4038; 8:4834; 9:3815, 3852; 11:695, 2429; 19:3586 23:2932

Fernández Madrid, José. 2:2692; 11:3288
Fernández Manero, Víctor. 3:2048
Fernández Marcané, Luis. 7:3324
Fernández-Marina, Ramón. 24:729
Fernández Martínez, Enrique. 8:2777
Fernández Mascaró, Guillermo. 19:2066
Fernández Méndez, Eugenio. 20:2959, 2963; 21:2636; 22:3216, 3217, 3279; 23:638, 5133; 25:484a; 26:800, 1768; 27:1039
Fernández Mira, Ricardo M. 1:1096, 4:3131
Fernández Montúfar, Joaquín. 7:3293
Fernández Mora, Carlos. 5:2784
Fernández Morales, Enrique. 21:4082
Fernández Moreno, Baldomero. 10:4259; 15:2355; 16:2706; 21:4083; 22:5194; 24:5427
Fernández Moreno, César. 9:4047; 11:3107a; 12:2694; 20:4127; 21:3821, 4148; 25:4454, 4527
Fernández Morera, Anastasio. 5:2087, 4103
Fernández Moro, Wenceslao. 19:3888
Fernández Morua, Juan. 6:1319
Fernández Munilla, Juan. 12:1753, 13:1358
Fernández Naranjo, Nicolás. 14:683, 3358; 20:676a, 1035; 23:3789; 26:1333; 28:1549
Fernández Navarrete, Pedro. 9:4985
Fernández O., A. 8:2836
Fernández Olguin, Eduardo. 1:1156, 2257-2259, 2264
Fernández P., Mario. 14:603
Fernández Peláez, Julio. 25:3607
Fernández Pellicer, Juan A. 22:3201
Fernández Peralta, Ricardo. 6:2173; 28:722
Fernández Perea, O. 4:2916
Fernández Pla, Francisco. 10:3415
Fernández Prada, Luis. 8:778a
Fernández Provoste, Héctor. 18:2864
Fernández Provoste, Mario. 2:2980; 18:2864
Fernández R., Martha. 27:2064
Fernández Retamar, Roberto. 20:4077, 4128; 23:4425, 5134, 5169; 24:5512; 28:779, 2124
Fernández Reyna, Manuel. 4:2895
Fernández Riffo, Pedro. 7:5635; 17:2873
Fernández Ríos, Ovidio. 20:4078
Fernández Rodríguez, Darío. 17:658
Fernández Romero, José. 23:3681
Fernández-Rúa, José L. 20:2918
Fernández Saldaña, José M. 6:3488; 8:613, 768; 9:3343; 11:73; 12:68b
Fernández Serrano, Antonio. 27:3702
Fernández-Shaw y Baldasano, Félix Guillermo. 25:2629, 2630; 27:1688, 3051
Fernández Sotomayor, José. 23:466
Fernández Spencer, Antonio. 10:3716; 16:2747; 19:5017; 20:1077; 21:4134
Fernández Stoll, Jorge. 11:2862
Fernández Suárez, Álvaro. 12:2748
Fernández Supervielle, Manuel. 1:1570; 8:4655
Fernández Unsain, José María. 22:5308
Fernández Usubillaga, Jorge. 9:2298
Fernández Valdéz, Eduardo. 3:1833
Fernández y Fernández, Ramón. 2:478a; 4:1316; 5:868; 6:946, 976; 7:921, 938, 955, 1007, 1280, 2100; 9:1082; 11 747-750, 756; 13:582; 14:1016, 1017; 15:779; 17:728; 19:1950a-1952, 1973; 20:1490; 21:1465; 22:1746-1748; 23:2028-2030, 2068; 24:1924, 2112; 25:1424; 27:1861, 1861a
Fernández y Medina, Benjamín. 28:125
Fernández y Simón, Abel. 16:1599
Fernández Yépes, Alberto. 11:400
Fernández Zárate, Luis. 19:3831
Fernández y Cía., P., La Habana. 24:2856
Fernandini de Álvarez-Chaldérón, Anita. 9:3490
Fernando, Norberto. 25:2118
Fernando, Valentín. 18:2525

Fernós Isern, Antonio. 10:2030; 15:1350a; 16:2451; 17:1357
Ferns, Henry Stanley. 17:751; 19:3832; 25:3608; 28:1084
Feroldi, Franco. 7:1281
Ferragut, Casto. 27:2181
Ferrán Salvador, Vicente. 16:503
Ferrand de Almeida, Luis. See Almeida, Luis Ferrand de.
Ferrándiz Alborz, Francisco. 2:2561; 26:1599
Ferrando, Juan. 18:789
Ferrando, Roberto. 25:3039
Ferrão, V. A. Argolo. 9:4926
Ferrara, Floreal, 24:6207
Ferrara, Orestes. 3:3004
Ferrarazzo, Enrique. 4:988a
Ferrari, Alfonso Trujillo. 17:1163; 20:4966; 21:559; 22:6007, 6008; 23:821, 6016; 24:6335; 25:594, 5638; 27:3260, 4102, 4227
Ferrari, Fernando. 23:1923
Ferrari, Francisco de. 7:4396; 18:2975a; 19:4460
Ferrari, Giuseppe. 2:1910
Ferrari, Gustavo. 28:1071
Ferrari, Horacio Carlos. 16:856
Ferrari, I. 25:743, 745-747, 766; 27:1560a-1560c
Ferrari, Jorge N. 25:1199; 28:1085
Ferrari, Oward H. 26:2324
Ferrari Amores, Alfonso. 28:2288
Ferrari Ceretti, Francisco. 10:4066
Ferrari d'Occhieppo, Konradin von. 21:113
Ferrari Nicolay, Mauricio. 4:501; 5:4360; 6:4886
Ferrari Rueda, Rodolfo de. 9:2604; 11:2171
Ferraría, Mayorino. 7:5521-5523
Ferrario, Benigno. 6:567; 9:547; 21:669-672
Ferrario, Giulio. 13:1176
Ferraris, Agustín. 21:2217
Ferraris, Marcos J. 4:3162
Ferras Alvin, Rodrigo. See Alvin, Rodrigo Ferras.
Ferrater Mora, José. 7:5636; 9:5022; 10:4524, 4599, 4606; 11:3877-3879, 3945; 13:664, 2765; 15:2913; 16:3273; 17:2874 2919; 18:3051; 19:5741; 20:4763, 4836, 4837; 21:4789, 4819, 4850; 22:5808, 5809; 23:5834; 25:5305, 5401; 26:2255, 2308
Ferraz, A. L. Pereira. 4:426; 7:3605
Ferraz, Álvaro. 4:4151; 5:453a; 21:3262
Ferraz, Aydano do Couto. 5:3168; 8:2179
Ferraz, Dicéa. 28:2604
Ferraz, Geraldo. 10:771; 16:585; 17:512; 20:1180; 21:1175, 4352; 23:5463; 26:292, 326
Ferraz, J. de Sampaio. 5:1913 7:2395, 2396, 5053; 11:1742; 16:1256
Ferraz, João de Sousa. 7:1774; 8:4874a
Ferraz, José Bento Faria. 7:5383, 5542
Ferraz, M. D. 27:1567
Ferraz, Manoel Barros. 6:1728
Ferraz, Mário de Sampaio. 5:3155
Ferraz, Otávio Marcondes. 15:1252
Ferraz, Paulo Malta. 15:1872
Ferraz, Rubens. 15:1277
Ferraz, Wanda. 6:4796; 8:4693, 10:4260
Ferraz de Sampaio, Luiz. See Sampaio, Luiz Ferraz de.
Ferreira, Acácio. 23:6039
Ferreira, Aldemar. 27:3832
Ferreira, Alexandre Rodrigues. 28:1299
Ferreira, Arnaldo Amado. 14:3242
Ferreira, Arthur. 24:4427
Ferreira, Ascenso. 20:4399; 26:2035

Ferreira, Athos Damasceno. 2:2960; 6:4301; 7:3649, 4957; 10:3902; 11:54; 21:4299; 25:3841
Ferreira, Aurélio Buarque de Hollanda. 8:4280; 11:3411; 15:2494, 2532; 16:2922; 17:2613a, 2626; 18:2715, 2745, 2796; 19:5213; 20:4278; 25:3916; 28:2678
Ferreira, Barros. See Ferreira, Miguel Ángelo Barros.
Ferreira, Carlos Alberto. 16:2210
Ferreira, Celio. 3:679a
Ferreira, Cosme. 25:5706a
Ferreira, Eduardo. 4:525; 6:185; 17:481
Ferreira, Evaldo Osório. 16:917, 1317
Ferreira, H. Lopes Rodrigues. 16:2929
Ferreira, Izacyl Guimarães. 23:5513
Ferreira, J. Alfred. 11:3917
Ferreira, Jorge E. 16:781
Ferreira, José Ribamar. 26:330, 331; 28:387
Ferreira, Jurandir. 20:4373
Ferreira, Luis Pinto. 3:1862; 14:3203; 17:2875; 19:6036; 21:4304, 4943; 23:2876; 24:5710, 6030; 27:3641
Ferreira, Lupérico G. 7:2397
Ferreira, Manoel Rodrigues. 16:379; 17:342 24:4504; 25:3790, 3809; 27:2325, 3261
Ferreira, Maria Isabel, 14:3063
Ferreira, Miguel Ángelo Barros. 9:4405; 20:3281; 22:5494
Ferreira, Nelson Martins. 16:2971
Ferreira, Oliveiros S. 27:3262; 28:1354
Ferreira, Ondina. 15:2560; 18:2771; 19:5312; 26:1971, 1972
Ferreira, Othon. 18:1446
Ferreira, Pedro Cintra. 3:649, 676, 677, 694
Ferreira, Santos E. 20:2292; 27:3839
Ferreira, Tito Lívio. 10:3119, 3829; 11:3369; 13:2290; 15:1842; 16:2121, 2122, 2211; 20:1796, 3243; 25:3790
Ferreira, Tolstoi Paula. 6:3541
Ferreira, Waldemar Martins. 1:1385, 1617; 4:649, 686, 792; 6:1810, 4613; 8:4581; 10:4151, 4152; 11:3622; 12:3181; 13:2548; 17:2667; 21:3291; 27:3614
Ferreira Almeida Júnior, Antônio. See Almeida Júnior, Antônio Ferreira de.
Ferreira Barcellos, Fernanda Augusta Vieira. See Barcellos, Fernanda Augusta Vieira Ferreira.
Ferreira Carrato, José. See Carrato, José Ferreira.
Ferreira Cesarino Júnior, Antônio. See Cesarino Júnior, Antônio Ferreira.
Ferreira Chagas, Dorcas. See Chagas, Dorcas Ferreira.
Ferreira Condé, José. See Condé, José Ferreira.
Ferreira da Costa Brochado, José Idalino. See Brochado, José Idalino Ferreira de Costa.
Ferreira da Cunha, Celso. See Cunha, Celso Ferreira da.
Ferreira da Silva, José. See Silva, José Ferreira da.
Ferreira da Silva Filho, Vicente. See Silva Filho, Vicente Ferreira da.
Ferreira de Azevedo, Pedro Cordolino. See Azevedo, Pedro Cordolino Ferreira de.
Ferreira de Barros, Aida Osthoff. See Barros, Aida Osthoff Ferreira de.
Ferreira de Camargo, Cândido Procópio. See Camargo, Cândido Procópio Ferreira de.
Ferreira de Faro, Luis Pereira. See Faro, Luis Pereira Ferreira de.
Ferreira de Loanda, Fernando. See Loanda, Fernando Ferreira de.
Ferreira de Mello, Rubens. See Mello, Rubens Ferreira de.

Ferreira de Melo, Orlando. *See* Melo, Orlando Ferreira de.
Ferreira de Melo, Osvaldo. *See* Melo, Osvaldo Ferreira de.
Ferreira de Rezende, Francisco de Paula. *See* Rezende, Francisco de Paula Ferreira de.
Ferreira de Souza, José. *See* Souza, José Ferreira de.
Ferreira de Souza, Paulo. *See* Souza, Paulo Ferreira de.
Ferreira de Vasconcelos, José Jaime. *See* Vasconcellos, José Jaime Ferreira de.
Ferreira do Amaral Pereira, Kleide. *See* Pereira, Kleide Ferreira do Amaral.
Ferreira dos Santos, Mário Dias. *See* Santos, Mário Dias Ferreira dos.
Ferreira dos Santos Azevedo, Francisco. *See* Azevedo, Francisco Ferreira dos Santos.
Ferreira Filho, A. 4:642
Ferreira Filho, Arthur. 26:1269
Ferreira Filho, João Antônio. 28:2486
Ferreira França, Mário. *See* França, Mário Ferreira.
Ferreira Gomes, José Carlos. *See* Gomes, José Carlos Ferreira.
Ferreira Gubetich, Hugo. 25:2318
Ferreira Gullar, *pseud. See* Ferreira, José Ribamar.
Ferreira Landim, José. *See* Landim, José Ferreira.
Ferreira Leite, Francisco Heráclito. *See* Leite, Francisco Heráclito Ferreira.
Ferreira Lima, Adhemar. *See* Lima, Adhemar Ferreira.
Ferreira Lima, Heitor. *See* Lima, Heitor Ferreira.
Ferreira Lima, Henrique de Campos. *See* Lima, Henrique de Campos Ferreira.
Ferreira Martínez, Manuel María. 12:1968
Ferreira Martins, José F. *See* Martins, José F. Ferreira.
Ferreira Neto, Fernando Luiz Vieira. 1:1547; 5:3185; 6:2768; 10:4077; 14:3219; 20:4531
Ferreira Netto, F. 11:1774
Ferreira Netto, Hermínio. 27:2356
Ferreira, Octaciolio. 2:1058
Ferreira Paes, Elpidio. *See* Paes, Elpidio Ferreira.
Ferreira Paez, Simão. *See* Paez, Simão Ferreira.
Ferreira Pinto, César. *See* Pinto, César Ferreira.
Ferreira Pires, Jarbas. *See* Pires, Jarbas Ferreira.
Ferreira Reis, Arthur Cézar. *See* Reis, Arthur Cézar Ferreira.
Ferreira Rodrigues, Antônio. *See* Rodrigues, Antônio Ferreira.
Ferreira Teixeira, José. *See* Teixeira, José Ferreira.
Ferreira Vianna, Hélio Fernandes. *See* Vianna, Hélio Fernandes Ferreira.
Ferreiro, Antonio C. 22:2381a
Ferreiro, Felipe. 3:2537; 11:2303
Ferrell, Robert H. 26:611
Ferrer, Aldo. 17:878; 27:2140, 2141
Ferrer, Anêmona Xavier de Basto. 25:1264
Ferrer, Horacio. 16:1862
Ferrer, Horacio Arturo. 25:5206
Ferrer, José. 2:2158; 5:3838; 8:3909; 12:2443
Ferrer, José Miguel. 7:4994; 11:3289
Ferrer, Juan M. 9:1352
Ferrer, Rolando. 26:1854
Ferrer, Surama. 18:2459, 2526; 19:4886
Ferrer Canales, José. 20:3821
Ferrer Correia, Antônio de Arruda. *See* Correia, Antônio de Arruda Ferrer.
Ferrer de Mendiolea, Gabriel. 4:1965; 5:852; 6:3304; 11:2343; 13:1538; 14:1283; 25:3251
Ferrer Faria, Iván. 21:4932

Ferrer Gamboa, Jesús. 12:1191
Ferrer Gutiérrez, Virgilio. 6:3285; 10:3248; 11:2406
Ferrer Valdés, Manuel. 20:3602
Ferrer Vieyra, Enrique. 15:2746; 16:3117; 25:2631
Ferrer y Alonso, Juan M. 4:1481
Ferrer y del Castillo, Vicente Luis. 5:979
Ferrer y Díaz, Virgilio. 11:2406
Ferrero, Mario. 28:2125
Ferrero, Rómulo A., 3:916; 4:1161; 1261, 2142, 2143; 5:1352, 1372; 8:1724; 9:1512, 1513; 11:1079; 12:988, 989; 19:1450; 20:3605, 4578; 21:1344, 3582; 23:4251; 24:2991; 27:2261
Ferrero Peña, Plinio. 22:4558
Ferrero Rebagliati, Raúl. 4:2425; 19:4305, 4452; 23:3832; 27:3642
Ferrés, Carlos. 10:2697
Ferretis, Jorge. 1:2048; 3:3241, 3242; 4:3950; 7:4697; 18:2527
Ferretjans de Ugartemendía, Ofelia. 15:1017
Ferretti, Aurelio. 12:2749; 18:2686; 19:5156; 26:1855; 28:2289
Ferreyra, Miguel A. 9:1353
Ferreyra, Ramón. 24:2992
Ferreyra Álvarez, Avelino. 17:1642; 18:1900
Ferreyra Videla, Vidal. 2:2636; 6:3368; 7:1962
Ferreyros, César E. 1:2095
Ferrez, Gilberto. 17:513; 18:552, 553; 19:1257-1259; 20:1162, 1173; 21:1157; 22:1309; 23:1561; 26:268; 28:319, 341-341b, 357
Ferrez, Marc. 17:513
Ferrez, Mary Jessop Dodd. 28:357
Ferri, José. 11:3553
Ferri, Mário Guimarães. 18:1405
Ferris, Nathan L. 7:3805
Ferro, Emílio J. 3:756; 10:2066
Ferro, Hellén. 26:1630; 28:2185
Ferrocarriles Unidos de Yucatán. 8:1093
Ferroviaria Brasileiro-Boliviana. Comissão Mista. 10:823
Ferrufino Burgoa, Carlos. 24:6241
Ferry, Gabriel, *pseud.* 11:2337a
Fertin, Pierre. 28:2691
Feruglio Egidio. 4:2085; 6:2177; 7:2254; 10:1856, 2067; 16:1175
Fester, Gustavo A. 4:2086; 5:1813; 7:2255; 19:452-454
Festival de Música de América y España, *I, Madrid, 1964.* 28:3006
Festival del Teatro Puertorriqueño, *V. San Juan, P. R., 1962.* 28:2290
Festival del Teatro Puertorriqueno, *VI, San Juan, P. R., 1963.* 28:2291
Festival del Teatro Puertorriqueno, *VII, San Juan, P. R., 1964.* 28:2292
Festugier, A. J. 9:4977
Fetter, Frank Whitson. 3:873; 7:807, 1318; 8:1501
Fettermann, Osvaldo. 7:4082; 10:3354, 3355
Fetzer, Wallace G. 4:1607
Feu de Carvalho, Theófilo. *See* Carvalho, Theófilo Feu de.
Feuchtwanger, Franz. 19:70, 71
Feuerlein, W. J. 7:808; 20:1339
Feuillée, Louis. 6:3035
Feuillet, Tomás Martín. 28:2147
Ffrench-Davis, Ricardo. 27:1703a
Fialho, Olímpio. 10:2232
Fialho de Almeida, José Valentim. *See* Almeida, José Valentim Fialho de.
Fiallo, Fabio. 1:2049, 2096; 3:3362; 6:3336; 8:4161
Fiallos Gil, Mariano. 23:4817; 25:2103

Fiasson, Jeannine. 22:6159
Fiasson, R. 13:829
Fichário, Resenha da Bibliografia Brasileira, Rio de Janeiro. 16:2814
Fichas de Bibliografía Potosina, San Luis Potosí. 27:28
Ficher, Jacobo. 7:5428, 5429; 12:3337, 3435; 13:2633-2635; 15:2829a
Fichero Bibliográfico Hispanoamericano, New York. 24:5; 25:5811
Fichero Bibliográfico Hispanoamericano, Buenos Aires. 27:29
Fichte, Johann Gottlieb. 15:2932
Fichter, Joseph H. 27:4116
Fichter, William L. 8:3984
Ficker, Carlos. 28:1355
Fidalgo, Andrés. 24:5428
Fidanza, Silvio. 3:3638
Fidias Jiméndez, Tomás. 23:230, 920; 28:740a
Fidié, Brigadeiro. 8:3493
Fiebrig, Carl. 3:1708
Fiedler, Arkady. 9:4327; 14:45a
Fiedler, Reginald H. 9:2242; 10:1293a, 2110; 13:846
Field, Henry. 14:581; 19:643, 860
Field, Jay C. 8:116
Field, Rachel. 6:4432
Field, Thomas W. 18:6
Fierens, Paul. 5:611
Fierro, Humberto. 16:2771
Fierro González, Margarita. 17:2330
Fife, L. C. 3:1123
Figari, Pedro. 14:852; 17:2373; 20:1072; 24:6004; 28:125
Figaro, George J. 19:5385
Figaro, Morille P. 23:5656
Figarola-Caneda, Domingo. 1:2320
Figeac, José F. 4:2650; 13:1560; 14:1706; 16:1839
Figueira, Gastón. 1:2097, 4:4028; 5:3839, 3906, 3907, 3995, 4407; 6:4249, 4249a, 4399; 7:1916, 4875; 8:2015, 2041; 9: 4048-4050; 4153; 10:3764; 11:3697-3699; 13:2345; 16:2707; 17:2489; 23:740, 5188; 25:4605; 28:2222
Figueira, José Joaquín. 20:383, 383a; 21: 352, 353; 22:381; 23:714; 25:407; 27:469, 671
Figueira de Almeida, Antônio. *See* Almeida, Antônio Figueira de.
Figueira de Freitas, Victor. *See* Freitas, Víctor Figueira de.
Figueira de Mello, Luiz Vicente. *See* Mello, Luiz Vicente Figueira de.
Figueiredo, Adelpha Silva Rodrigues de. 10: 4328; 11:3700
Figueiredo, Affonso Celso de Assis. *See* Celso, Affonso.
Figueiredo, Affonso de Assis. 1:1344
Figueiredo, Armando. 11:1200
Figueiredo, Áureo Pinto de. 20:2113
Figueiredo, Euclydes, 21:3324
Figueiredo, F. P. Assis. 6:1461
Figueiredo, Fidelino de. 3:2538; 5:3908, 3909; 6:4039; 7:3577, 4876-4878, 8:4205; 9:4154; 10:3830; 12:2829
Figueiredo, Gastão de. 9:1799
Figueiredo, Guilherme de Oliveira. 5:3910, 3971; 9:4155, 4246; 19:5313; 22:5526; 24: 5711, 5798; 25:4651; 26:2097; 28:2474, 2674
Figueiredo, J. Peçanha de. 2:941a
Figueiredo, Jackson de. *See* Martins, Jackson de Figueiredo.
Figueiredo, José de Lima. 3:1650; 6:568, 1655, 2500; 8:2552; 9:127, 1680; 11:1743; 13:989; 15:440; 16:36; 18:887

Figueiredo, Lenita Miranda de. 26:1973
Figueiredo, Morvan Dias de. 10:1404
Figueiredo, Napoleão. 19:1229; 20:1163; 22: 1345; 25:533; 27:1218, 1219; 28:320
Figueiredo, Nuno Fidelino de. 19:1715-1717; 27:1689
Figueiredo, Paulo Augusto de. 7:2556, 2557; 8:2683-2685
Figueiredo, Paulo Poppe de. 2:1087, 1088; 16:2343, 2996
Figueiredo de Albuquerque, José. *See* Albuquerque, José Figueiredo de.
Figueiredo Filho, J. de. 6:4369
Figueiredo Lôbo, José. de. *See* Lôbo, José de Figueiredo.
Figueiredo Mendes. 7:1809; 9:1811
Figueiredo Monteiro, Carlos Augusto de. *See* Monteiro, Carlos Augusto de Figueiredo.
Figueiredo Murta, Domício de. *See* Murta, Domício de Figueiredo.
Figueiredo Neiva, Venâncio de. *See* Neiva, Venâncio de Figueiredo.
Figueiredo Paz, Ataliba de. *See* Paz, Ataliba de Figueiredo.
Figueiredo Pinto, Aureliano de. *See* Pinto, Aureliano de Figueiredo.
Figueiredo Silva, Caio. *See* Silva, Caio Figueiredo.
Figuera, Guillermo. 25:3538; 28:861m
Figueras, Francisco. 26:738
Figueras, José María. 15:2640
Figueras y González, Jesús Ángel. 8:4507; 10:3956; 11:3547
Figueredo, Álvaro. 14:1301
Figueredo, Candelaria. 12:2047
Figueredo, Juan de. 10:424
Figueredo Socarrás, Fernando. 12:3398; 24: 4060
Figuerero, Asdrúbal. 21:2218
Figuerero, Juan T. 14:2231
Figueres Ferrer, José. 15:1323; 19:2857; 23:2783; 24:1925, 3555; 25:2623
Figueroa, Agustín. 2:2562
Figueroa, Alejandro. 4:989, 1003
Figueroa, Andrés A. 1:2267-2268; 4:3163
Figueroa, C. R. de. 27:3400
Figueroa, Edwin. 28:1893a
Figueroa, Federico. 3:3693
Figueroa, Fernando F. 2:1426; 6:298; 13:1563
Figueroa, Guillermo. 11:2391
Figueroa, Ignacio L. 10:894, 895
Figueroa, José V. 7:5127
Figueroa, Marco. 6:3079, 9:3051; 26:1041
Figueroa, P. T. 6:438
Figueroa, Rosa E. 9:4814
Figueroa A., Fernando. 5:2754
Figueroa Araya, Exequiel. 12:3209; 15:2047; 17:2056
Figueroa Blanco, Esperanza. 7:3325; 8:2989; 10:3765; 28:2223
Figueroa de la Fuente, Evaristo. 14:1065
Figueroa Fernández, Julio. 5:1315
Figueroa Fernández, Virgilio. 23:4957
Figueroa G. H., Gonzalo. 22:322; 25:353a; 27:572
Figueroa Gaete, Francisco. 15:1314
Figueroa Gajardo, Adriana. 8:3754
Figueroa Güemes, Martin G. 14:2060; 20:3001
Figueroa Marroquín, Horacio. 23:3112
Figueroa Román, Miguel. 12:1511; 15:1190; 16:3382; 17:3017; 18:3254
Figueroa Torres, J. Jesús. 28:684a
Figueroa Uriza, Arturo. 24:3892
Figueroa y Miranda, Miguel. 1:1985
Figuerola, José. 6:1455; 9:1354; 10:3478; 14:2467

Figuerola-Ferretti, L. 26:335
Filchtiner, Maria de Azevedo. 17:1216
Filgueiras, Maria. 22:5527; 28:2656
Filgueiras Filho. 4:709; 6:1780, 1860, 3630
Filgueiras Lima, Antônio. See Lima, Antônio Filgueiras.
Filippi, Mario. 25:2242; 27:2771
Filippo, Luis di. 22:4817
Fillipponi, Angelo. 24:2969
Filisola, Vicente. 3:2457
Fillol, Tomás Roberto. 25:1659; 27:4117
Fina, Armando L. de. 3:1709; 14:1458; 20: 2010; 22:2364; 23:2577; 24:2934
Fina, J. A. 1:2321
Fina, Wilson Maia. 26:269
Finan, John J. 16:1483
Finanzas. Revista de la Escuela Superior de Ciencias Económicas. Santo Domingo. 7:1124
Finch, George A. 5:3300; 11:2724
Fine, A. L. de. 4:2087
Fineberg, Dina. 6:4437
Finer, Herman. 15:996
Fingerit, Julio. 4:3876
Fink, Marvin S. 23:1660
Finkel, Herman J. 24:2993; 27:1040, 2007
Finkelstein Rosolie, León. 11:1019
Finlay, Carlos E. 6:3259
Finlayson, Clarence. 4:4074-4076; 5:3840; 6:4250, 4251; 7:2587, 4782, 5671; 9:3491, 4051, 4953, 4954; 10:3766, 4545; 11:75, 3857, 3904; 15:2318
Finney, George. 8:2, 4694
Finó, José Federico. 5:121, 167, 192, 3486; 6:4797; 8:4695, 4696; 10:4261, 4262; 11:3701, 3727; 12:3254, 3298; 15:20
Finot, Enrique. 1:845, 1190; 2:1988; 5:449, 655, 656, 2511, 4369; 6:236; 7:3203; 8:722; 9:3853; 12:1622; 19:3039; 20:3822; 28:1778
Finsterbusch, Carlos A. 14:1486
Finsterwalder, R. 1:529, 638
Finzi, Marcelo. 10:4136; 13:2375, 2514; 15: 2702; 17:2756
Fioravanzo, G. 5:3302
Fiore, Dolores Ackel. 28:2224
Fiore, Luis. 5:1227
Fiorentini, F. 11:3927
Fiori, Pedro Aurelio. 24:5429
Fiorini, Bartolomé A. 10:4018; 14:3177
Fiorito, M. A. 25:2134
Firestone, Homer L. 19:830
Firmin, Antenor. 28:808a
Firmo, José. 7:4879
Firschein, I. Lester. 24:1543
First National Bank of Boston, *Buenos Aires.* 6:1390
Fischer, Almeida. 13:2325
Fischer, Hans. 3:85; 20:216
Fischer, Hans Albrecht. 4:4358
Fischer, Klaus J. 23:1484
Fischer, Louis. 9:4328
Fischlowitz, Estanislau. 9:129, 1689, 1690; 10:3356; 13:1885; 14:2491; 15:2044; 17: 2026, 2044, 2052; 22:3842; 23:4277; 24:3415; 27:1538, 3263
Fisher, Glen. 21:418
Fisher, Harvey I. 19:72
Fisher, Heriberto G. 19:2524
Fisher, Irene. 2:1207
Fisher, Jacob. 27:1933
Fisher, Jango. 3:2762
Fisher, John Hurt. 26:1333a
Fisher, Kurt A. 9:312; 19:276; 23:6303, 6304
Fisher, Lillian E. 1:752; 5:2679, 2871; 19:3040
Fisher, Mary Ann. 19:3041
Fisher, Reginald. 9:717
Fisher, Sydney Nettleton. 27:3154
Fisher, Tadd. 27:1862
Fisherová Beck, Vera. 11:3168
Fisk, Ysabel. 10:1137, 3278
Fitipaldo, Julio. 20:1353
Fittbogen, G. 3:2685
Fitte, Ernesto J. 23:3758, 3759; 24:4217, 4218, 4264; 26:1083; 28:855a, 1086, 1086a
Fitton, Edith. 1:653; 3:50a
Fitts, Dudley. 8:4162
Fitzgerald, Edward. 19:2358, 6707
Fitz-Gerald, John Driscoll. 1:1958; 2:2522; 3:3106; 4:3854; 5:3621; 6:3995; 7:4573; 8:3958; 9:3832; 10:3597
Fitzgerald, Mary P. 3:2358
Fitzgibbon, Russell H. 1:1121; 2:1509; 4: 3538; 5:928; 6:2525; 7:2475, 2476, 3745; 8:3615; 10:2302, 3279; 11:1810, 1875; 13: 1035, 2442; 14:1577; 17:1276; 18:1554, 1606-1608; 19:2858, 2949, 3893, 6007; 20: 2201-2201b; 21:2203; 23:2784; 24:3416-3418, 3522, 3537; 25:2632, 2633; 27:3401
Fiusa da Rocha, José. See Rocha, José Fiusa da.
Fix Zamudio, Héctor. 25:4021
Flaccus, Elmer W. 19:3587
Flachskampf, Ludwig. 25:710
Flakoll, Darwin J. 25:4247
Flamand Montero, Eugenio. 2:536b-536c
Flament, Albert. 7:5035
Flament, Julien. 5:727a
Flammarion, Camille. 8:4383
Flanagan, John T. 9:3868
Flandrau, Charles Macomb. 3:2577
Flannery, Kent V. 27:205, 304
Flaschner Rosenberg, Ana. 28:595
Flaubert, Gustave. 8:4384
Fleener, Charles J. 27:30
Fleischhacker, H. 25:787
Fleischman, Beatrice, 8:33
Fleischmann, Rose-Marie. 26:2129
Fleitas, Abel M. 2:3062
Fleitas, Odin E. 9:3241
Fleites, Miguel A. 10:825, 999, 1000
Fleites, Virginia. 12:3352
Fleiuss, Maria Carolina Max. 10:24
Fleiuss, Max. 1:1328, 2141; 2:1708; 4:13, 15, 2528a, 3350-3352, 3472; 6:3631; 7:685, 3650; 8:3432, 3494
Fleming, Richard H. 4:1975; 7:2112
Fleming, Thiers. 1:1496; 5:2003a; 6:2183
Flemion, Philip F. 25:8; 27:1133
Fletcher, J. C. 7:3662
Fletcher, Merna Irene. 17:1151
Fletcher, Robert D. 11:1577; 16:1120
Fletcher, William G. 7:2707
Fleuriot de Langle, Paul. 19:3135
Fleury, Luiz Gonzaga. 12:2945-2947
Fleury, M. A. 10:4549
Fleury, Maurice. 8:4385
Fleury, Renato Seneca. 8:4474; 9:4406; 12:2948
Fleury Cuello, Eduardo. 19:917-922
Fleury da Rocha, Domingos. See Rocha, Domingos Fleury da.
Flexa Ribeiro, Carlos. See Ribeiro, Carlos Flexa.
Fliegel, Frederick C. 27:4228
Fligelman, Belle. 9:3733
Fligelman, Frieda. 16:2542
Flint, Richard Foster. 17:12
Flisfisch Elbert, Mauricio. 2:807a
Flo Frediani, Ascânio. See Frediani, Ascânio Flo.
Florén Lozano, Luis. 14:8, 9; 17:1404, 3087, 3088; 18:2019, 3291; 23:4252; 28:39, 39a
Florence, Amador. 3:2865; 6:3632, 3633; 7: 3606; 16:2041

Florence, Hercules. 8:3495
Flores, A. 11:2827
Flores, Alfredo. 11:988
Flores, Ana María. 22:1419; 25:1551
Flores, Ángel. 6:3958; 8:4084, 4085; 9:3972; 11:3050, 3055; 12:2444, 2675; 13:2093; 14: 2666, 2686, 2889; 15:2214a; 19:4727-4729; 21:3822, 3823; 22:5119; 23:4958; 24:5295
Flores, Anselmo Marino. 27:3493, 4118
Flores, Bernardo. 14:3282
Flores, Carlos Alberto. 2:1365; 11:1603
Flores, César Raúl. 10:1138
Flores, D. J. 4:2917
Flores, Domingo. 16:1196; 17:1599
Flores, Edmundo. 16:958; 17:877; 18:947; 19:1952a; 22:1749; 23:2031; 24:2114; 27: 1690, 2671
Flores, Esteban. 24:3893
Flores, Gilberto. 4:643, 791
Flores, H. C. 5:1863
Flores, I. Mario. 15:477
Flores, J. J. 14:2008
Flores, José. 24:4265
Flores, José Asunción. 10:4492a
Flores, Luis Alberto. 23:4426; 26:1334
Flores, María, *pseud.* 19:3833
Flores, Marina. 24:1538, 1554
Flores, Raúl Humberto. 27:31
Flores, Roberto M. 3:2729
Flores, Rubén Darío. 27:2185
Flores, Sabino. 9:4789
Flores, Santiago G. 18:2473
Flores, Teodoro. 5:1656; 9:2053; 18:948
Flores, Víctor. 8:2180
Flores Aguirre, Jesús. 16:2708; 22:5184
Flores Álvarez, Marcos. 5:1238; 17:2016
Flores Aráoz José. 3:410, 410a, 484; 9:705; 10:562; 11:552; 12:603, 604; 14:733
Flores Caballero, Luis. 22:5125; 24:5257
Flores Chinarro, Francisco. 16:2787
Flores D., Jorge. 4:3059; 5:2897; 6:3302; 10:521; 17:1668; 19:3588; 22:3023; 24:3893; 28:595a
Flores de la Peña, Horacio. 11:751; 17:878 19:1879, 1880; 21:1466; 22:1798; 27:1863, 1863a
Flores de Morais Rêgo, Luís. *See* Rêgo, Luís Flores de Morais.
Flores Díaz, José Tomás. 20:4533
Flores Espinoza, Isabel. 23:467, 468
Flores Franco, C. 6:3935; 7:4568
Flores Guerrero, Raúl. 16:1600, 17:434; 20: 966, 967; 22:1137, 1138; 25:1107; 26:108
Flores Hernández, Antonio. 26:701
Flores Jaramillo, Renán. 18:1865
Flores López, Santos. 10:3240
Flores Magón, Enrique. 23:3253
Flores Magón, Jesús. 14:2097
Flores Magón, Ricardo. 14:2097; 28:685
Flores Marini, C. 28:190
Flores Márquez, Miguel. 22:1750
Flores Mena, Carmen. 16:1771
Flores Meza, Jorge. 20:4588
Flores Moncayo, José. 20:4600
Flores Mora, Magela. 13:2148a
Flores Ruíz, Eduardo. 28:191
Flores Salinas, Berta. 23:3113; 24:3770; 26: 438; 28:507a
Flores Sánchez, Horacio. 19:5827; 22:1145; 24:6112; 25:1224; 28:279a
Flôres Silva, Euzébio. *See* Silva, Euzébio Flôres.
Flores Talavera, Rodolfo. 22:1751
Flores Vilchis, Othón. 16:3369
Flores W., Héctor. 16:1211
Flores y Caamaño, Alfredo. 24:4367

Flores Zavala, Ernesto. 14:946, 3194; 17: 879; 23:2032, 4645
Flores Zavala, Leopoldo. 9:1083
Florescano, Enrique. 26:612, 2345; 27:751; 28:563a, 564, 586
Flórez, Julio. 12:2730
Flórez, Luis. 11:2887; 12:2325; 13:1977; 14:2573; 16:2477, 2478; 17:359, 2235, 2236; 18:2339; 19:4527; 20:677, 677a, 3647; 21: 3639, 3640; 22:4308, 4316-4318; 24:4729, 4730; 25:3917, 3918; 28:1550-1553
Flórez Álvarez, Leonidas. 4:3275
Flórez de Ocáriz, Juan. 9:626, 2994; 12: 1887; 20:2713
Flórez y López, Fernando. 17:2805
Florián, Mario. 15:2356; 17:214
Floriani, Juan A. 21:3947
Floriano, Otto. 17:1880
Florit, Carlos A. 23:2850; 25:2692; 27:3185
Florit, Eugenio. 3:3295; 6:4210; 8:3910; 13:2230; 18:2620; 20:4079, 4129; 24:5100a, 5513; 25:3004; 26:1734
Flornoy, Bertrand. 5:503; 8:2471; 19:831, 906; 20:349; 21:308; 23:469
Flornoy, M. 17:1155
Florstedt, Robert F. 26:528
Flory, Lynn L. 27:1528
Flota Mercante Grancolombiana. 15:883; 16: 601; 17:568; 27:2050
Flotas y Sepúlveda, Buenaventura de. 10:2667
Flower, Elizabeth. 15:2857
Flower, W. P. 3:411
Floyd, Troy S. 24:3836; 25:3207
Flury, Lázaro. 10:352; 13:307; 16:2712; 17:2832; 24:802; 26:2173
Flynn, Gerald Cox. 23:4704; 24:5003; 28:1711
Focher, Juan. 25:3040
Fochler-Hauke, Gustav. 17:1117, 1118; 20:2011
Fock, Niels. 22:454; 23:804, 805; 24:517; 27:137, 495, 1134, 1304
Fodor, Laszlo. 6:645; 7:2256
Földes, Jolan. 6:4433
Foeppel, Elvira. 25:4652; 26:1974
Förstemann, Ernst. 23:922
Fogelquist, Donald F. 8:2059; 9:1885; 16:2479
Foglia, Carlos A. 22:1103; 28:225, 243, 243a
Foglio Miramontes, Fernando. 3:1230a; 4:1318
Foix, Pedro. 15:1686; 16:1772; 21:2811; 24:3894
Foland, Frances M. 19:3589; 21:2523
Folcini, Eugenio J. 28:953
Foley, H. S. 2:79
Folino, Norberto. 23:5321
Folk Songs of the Americas. 7:5499
Folliard, Edward. 7:2206
Follick, M. 18:3332
Folmer, Henry. 7:2949; 19:3264
Folsom, Franklin. 24:156
Fombona-Pachano, Jacinto. 3:3152; 6:4211; 15:2319; 19:4730, 5018; 28:2126
Foncerrada de Molina. Marta. 27:220
Foncerrada Moreno, Juan. 27:1864
Foncillas Andreu, Gabriel. 9:3052
Fondazione Ernesta Besso, *Rome.* 26:327
Fondo de Cultura Económica. *México.* 5:7; 6:9, 10: 7:11-13; 27:32
Fondo Universitario Nacional, (*Colombia*). 22: 1953
Foner, Philip Sheldon. 25:3380; 26:738a
Fonfrías, Ernesto Juan. 3:3372a; 23:4959; 28:1894
Fonseca, Afonso Pinto da. 7:4995
Fonseca, Amílcar. 21:224; 2312
Fonseca, Aníbal Freire da. 6:1951; 14:3011, 3133; 18:2154; 26:1364

Fonseca, Anita. 13:706; 16:1085
Fonseca, Arnoldo Medeiros da. 6:4614; 13:2493; 21:4594
Fonseca, Carlos Alberto. 4:4029; 6:4212
Fonseca, Carlos Pinheiro de. 2:1036
Fonseca, Cassio. 16:907
Fonseca, Celso Suckow da. 27:2608
Fonseca, Corinto da. 5:1482; 6:1950
Fonseca, Edgard Froes da. 21:1417; 26:1200
Fonseca, Edson Nery da. 23:3906; 24:4434; 26:42, 71
Fonseca, Emi Bulhões Carvalho da. 13:2326; 15:2529; 17:2610; 19:5314, 5315; 25:4653
Fonseca, Fernando V. Peixoto da. 24:4731
Fonseca, Geraldo. 24:2065
Fonseca, Gondin da. 6:3634, 4302; 7:3578; 23:5418; 24:2066; 25:2721; 27:3264, 3264a
Fonseca, José Paulo Moreira da. 13:2345; 16:586; 23:5514-5516; 25:4654; 26:2036; 28:2652
Fonseca, Julio. 7:5561; 9:4864; 16:3203
Fonseca, Luís Gonzaga da. 25:3842
Fonseca, Luiza da. 16:2123-2125
Fonseca, Lydia Mombelli da. 22:5495
Fonseca, Manuel. 17:1359a
Fonseca, Maria Henriqueta. 18:1447
Fonseca, Mariano José Pereira da. 22:5553
Fonseca, Mário Borges da. 4:4128-4130; 28:2412
Fonseca, Mário Hermes da. 17:1862
Fonseca, Miguel Ángel. 5:2272b, 2808
Fonseca, Olympio Monat da. 21:4383; 28:2513
Fonseca, P. S. 1:217
Fonseca, Persiano da. 8:4459; 9:4303, 4313, 4366
Fonseca, Roberto Piragibe da. 7:2558; 28:1356
Fonseca, Rodolfo L. 4:1214
Fonseca, Tito Prates da. 6:4717; 7:5168; 9:4489
Fonseca, Yone Giannetti. 28:2606
Fonseca Azevedo, José. See Azevedo, José Fonseca.
Fonseca da Câmara Reys, Emma Romero Santos. See Reys, Emma Romero Santos Fonseca da Câmara.
Fonseca Fernandes da Cunha, Lygia da. See Cunha, Lygia da Fonseca Fernandes da.
Fonseca Filho, Hermes Rodrigues da. 1:1352; 4:3473; 5:3200
Fonseca Hermes, Djalma da. See Hermes, Djalma da Fonseca.
Fonseca Hermes, João Severiano da. See Hermes, João Severiano da Fonseca.
Fonseca Júnior, L. Nery da. 1:1338; 3:1683
Fonseca Muñoz, Rodolfo. 9:659, 3121
Fonseca Pimentel, Antonio. See Pimentel, Antonio Fonseca.
Fonseca S., Joaquín. 7:1301
Fonseca Vasconcellos, Vicente de Paulo Teixeira da. See Vasconcellos, Vicente de Paulo Teixeira da Fonseca.
Fonseca y Martínez, Juan. 24:4732
Font Bernard, R. A. 21:3504
Font Ezcurra, Ricardo. 4:3164; 5:3006; 6:3369-3371; 7:3439; 8:3257; 9:3242, 3243, 3368
Fontaine N., Ernesto R. 25:1679
Fontán Balestra, Carlos. 11:3591; 17:2757; 18:2934; 23:4605
Fontana, Esteban. 26:894
Fontana, María Elena. 19:5316
Fontana Company, Mario A. 2:247; 4:320
Fontanarrosa, Rodolfo O. 21:4559
Fontanella, María Beatriz. 26:1335
Fontanilla, J. A. 19:5828

Fontecilla Larraín, Arturo. 4:2820; 5:2523; 7:3091; 8:3103; 10:3558; 12:436, 573; 14:700, 758; 15:551
Fontecilla Riquelme, Rafael. 2:3109; 9:4469
Fontecilla Viviani, Carlos. 14:3319
Fontenelle, L. F. Raposo. 23:741
Fontenelle Ribeiro, Walter. See Ribeiro, Walter Fontenelle.
Fontenello, J. P. 3:1377
Fontenla, Vicente Paz. 13:652
Fontes, Amando. 3:3547; 12:2884
Fontes, Armando. 7:5098
Fontes, Armando Ortega. 11:18a
Fontes, Clarêncio Martins. 2:2961
Fontes, Henrique. 22:3812
Fontes, Lourival. 22:2652, 4006
Fontes Arrillaga, José María. 12:2641
Fontoura, Afro Amaral. 15:2041; 18:3153; 19:2255; 23:4278; 27:2563, 3867
Fontoura, Amaury de Bustamante. 17:2611
Fontoura, Edgar. 3:2816
Fontoura, Gilka Niederauer. 19:2299
Fontoura, João Neves da. 13:2276; 15:1800; 18:2172; 20:3438; 23:2873, 2877; 28:1357
Foor, Forrest L. 22:6404
Foot, Hugh. 21:447
Foote, Helen S. 17:75
Foote, Richard J. 22:1408
Foppa, Luis Felipe Tito Livio. 26:1899
Forber, Robert H. 18:1933
Forbes, Jack D. 21:420; 22:2947; 24:3782
Forbes, John Murray. 21:3051
Forbes, W. Stanton. 20:1053
Ford, Alec George. 25:1660
Ford, Edwin D., Jr. 7:809
Ford, Guy Stanton. 5:1967, 2872
Ford, Henry. 8:4387
Ford, James Alfred. 10:312; 15:280; 18:202; 19:455; 20:3; 24:502; 25:110, 309
Ford, Norman D. 19:6611
Ford, Sarah O. de. 25:204
Ford, Stanley L. 14:274
Ford, Thomas. 25:204
Ford, Thomas R. 19:6037
Ford, Bacon & Davis, Inc. 15:780; 16:960; 22:1464
Fordham, A. S. 3:1049
Fordney, A. S. 4:1421
Foreign Agriculture, Washington, D. C. 6:862; 14:858; 16:602
Foreign & International Book Company, New York. 5:90; 6:95; 7:127
Foreign Bondholders' Protective Council. See also Council of Foreign Bondholders.
Foreign Bondholders' Protective Council, New York. 2:2351, 2458; 4:3539; 6:863; 7:810
Foreign Commerce Weekly, Washington, D. C. 6:864 7:811; 16:603; 17:564b
Foreign Crops and Markets, Washington, D. C. 6:865; 7:812
Foreign Legislative News, Washington, D. C. 1:1907
Foreign Policy Association. Commission on Cuban Affairs, New York. 1:506, 526
Foreis, Henrique. 28:3041
Forel, August. 7:5036
Forero, Manuel José. 3:2703, 4:1843, 3822; 5:2537; 7:3519; 8:2900; 9:4619; 12:17, 1887a, 2394; 15:1541; 16:2543; 17:450; 19:4633, 4634, 20:678.
Forero, Marian. 24:1990
Forero Durán, L. 18:1816
Forero León, José Manuel. 14:2512
Forero Morales, Néstor. See Gracián, Luis, pseud.

Forero Nogués, Marion. 3:1416
Forest, J. 20:2063
Forest, Jacqueline. 23:921
Forest, L. 14:1505a
Foresti, L. Charles. 19:4202
Foresti S., Carlos. 22:4973
Forgione, José D. 15:1024; 18:3354
Form, William H. 27:1691, 4107a
Forman, Edwin N. 24:1548
Forn, Carlos J. 5:1814
Fornaciari, Mario. 9:1355; 10:1139; 11:940
Fornaguera, M. 9:592
Fornaguera, Miguel. 10:2794
Fornari, Ernani. 1:2211; 7:4996; 14:3012; 17:2647; 23:5551
Fornatti, Enrique. 21:4516
Forner, Raquel. 16:525; 20:1021
Fornieles, Salvador. 10:4067; 12:3087
El Foro, Guatemala. 16:3144
El Foro, Lambayeque, Perú. 1:1896
Foro Internacional, México. 23:2785
Forrer Sisler de Insley, Jeanne. *See* Insley, Jeanne Forrer Sisler de.
Forrero Benavides, Alberto. 8:4145
Forrestal, Peter P. 19:3221
Forsling, Clarence Luther. 8:981; 10:826
Forster, James R. 20:121
Forster, Merlin H. 25:4528; 26:1934; 28:40, 1779, 1780, 2186
Forster, Walter. 20:2022
Forte, José Mattoso Maia. 1:1282; 7:3579; 10:2164, 2265
Forte, Vicente. 3:64; 16:3153
Fortes, Almir Borges. 24:2067; 26:1199
Fortes, Betty Yelda Brognoli Borges. 28:2653
Fortes, Herbert Parentes. 20:4287; 22:5535 23:4427, 4428, 5419; 28:1554
Fortes, João Borges. 2:1397; 4:3355; 7:3607
Fortes, M. Amália. 8:1879
Fortes Abu-Merhy, Nair. *See* Abu-Merhy, Nair Fortes.
Fortes Barcelos, Ramiro. *See* Barcelos, Ramiro Fortes.
Fortes d'Andrea, Flávio. *See* Andrea, Flávio Fortes d'.
Fortes de Almeida, Carlos Fernando. *See* Almeida, Carlos Fernando Fortes de.
Forteza Arellano, Juan Luis. 27:1865
Fortín, Jorge. 15:2723
Fortini, Archymedes. 16:1304
Fortique, José Rafael. 28:963
Fortoul, Celso. 15:133
Fortoul S., Emilio A. 22:2259
Fortún de Ponce, Julia Elena. 23:470, 822; 25:571
Fortuna Andréa dos Santos, Raimundo. *See* Santos, Raimundo Fortuna Andréa dos.
Fortuyn, A. B. Droogleever. 18:384
Fosalba, Rafael J. 4:2651; 7:3145; 10:2795
Fosberg, F. R. 16:1121
Foscue, Edwin J. 5:1724; 7:2119
Fosdick, Raymond B. 8:2553
Foshag, William F. 19:117; 20:122; 21:3; 23:1372
Fossa Anderson, Francisco. 6:2281
Fossa Mancini, Enrique. 3:1710; 4:2088; 7:2257
Fossas Requena, Ángela. 14:2943
Fossati, Humberto. 7:1455; 10:1207, 1208; 11:989; 14:1480
Fossi-Barroeta, Luis. 27:3562
Foster, Alice. 4:2144
Foster, C. H. 6:1811
Foster, David William. 28:1744
Foster, Elizabeth Andros. 16:1563
Foster, George McClelland. 6:2229; 7:429; 8:243, 1068; 10:250; 11:1386, 1408; 12:218, 14:153, 261, 275, 276; 15:374; 17:13, 255; 19:13, 3136; 20:467; 23:4, 602; 24:643; 25:111, 428; 27:905-907
Foster, James. 6:2809
Foster, M. J. N. 22:2205
Foster, Mary L. 14:276
Foster, Merlin H. 28:40
Foster, Mulford B. 11:1793
Foster, Racine Sarasy. 11:1793
Foster, Ricardo. 4:386; 5:2962
Foster, William Z. 7:813; 17:1404a
Fouchard, Jean. 3:2151; 19:3383, 3383a, 5386; 20:2582, 4452, 4453; 21:2627; 26:2130, 2131
Fouché, Franck. 26:2132; 28:2692
Fouillée, Alfredo. 9:4978, 4979; 10:4576
Foulché-Delbosc, Raymond. 28:404
Foulon, Luis A. 6:1617; 7:1338; 10:1325a
Foulquier, P. J. 6:3635
Fouqué, Agustín. 15:781, 782; 16:962
Fouquet, Karl. 9:3399; 10:3807; 14:2326; 15:1901; 19:4073; 23:3052; 24:6; 28:1358
Fourcade, Néstor Horacio. 24:2935
Fourestier, Max. 27:2591
Fournié, Emilio. 3:1347; 12:3299; 18:2236
Fousek, Peter G. 22:1406
Fowlie, Wallace. 25:4764, 4765
Fox, Annette Baker. 15:101, 2011
Fox, David J. 25:2258
Fox, John S. 7:2950
Fox, K. V. 25:3486
Foyaca de la Concha, Manuel. 7:1096; 13:1915; 14:1631; 27:3052
Fraboschi, Roberto O. 11:2310
Fracassi del Carrill, Salvador. 19:5602
Fraenkel, Gerd. 22:839
Fraga, Affonso José Gonçalves. 6:4554; 7:5169
Fraga, Christiano. 2:1152
Fraga, Clementino. 13:2291; 24:5712
Fraga, Gabino. 5:4110; 10:4047; 14:3194a; 20:4494
Fraga Iribarne, Manuel. 19:2936, 2950; 25:3005
Fragachán, Félix R. 19:3805
Fragamon, Carlos Borges. 24:4454
Fragoso, Augusto. 18:2742; 19:5259
Fragoso, Augusto Tasso. 5:3242; 6:3636
Fragoso, Heleno Claudio. 24:4872
Fragoso de Rivera, Bernardina. 5:548
Fragoso Senra, Carlos A. *See* Senra, Carlos A. Fragoso.
Fragueiro, Alfredo. 6:5044; 8:4905; 9:4927; 15:2594
Fragueiro, Mariano. 19:3834
Fragueiro Lascano, José M. 19:5781
Fraire, Moisés. 6:1298
Framarino dei Malatesta, Nicola. 23:4585
França, Acácio. 10:716
França, Antônio. 6:4370; 14:2257; 16:2195
França. Ary. 9:2345; 10:2165, 2233; 12:1454; 20:2128
França, Eurico Nogueira. 20:4707; 21:4704, 4721
França, Francisco Levasseur. 8:4860
França, Gemianiano da. 2:2862
França, José-Augusto. 25:1265; 26:328; 28:385, 385a
França, José Quadros. 13:707
França, Lauro. 7:734
França, Leonel. 6:4303; 8:4906; 9:4928; 15:2926; 19:2256
França, Mário Ferreira. 18:538

França, Rubens Limongi. 23:4558
Franca, Sérgio da Costa. 26:1270
França, V. Marcondes de. 3:1671
França Campos, Manoel. *See* Campos, Manoel França.
França de Lima, Geraldo. *See* Lima, Geraldo França de.
França Júnior, Joaquim José de. 22:5551
França Rangel, Wellman Galvão. *See* Rangel, Wellman Galvão de França.
França Sobrinho, Luiz Monteiro da. 4:4534
France, Anatole. 8:4388, 4389; 9:4329
France, Diego. 27:2142
France. Centre du Commerce Extérieur. 27:1692
France. *Consulate. Montevideo.* 19:3894; 21:3170
France. Institut Geographique National. 18:1274a; 23:2524; 24:2863, 2864
France. Institut National de Statistique et Études Économiques. 21:5325; 27:2780, 2780a
France. Ministère d'État. Charge de la Réforme Administrative. 27:1692a, 3053
France. Service Colonial des Statistiques. 19:6274, 6275
Francella, Osvaldo. 12:3483; 28:3212
Franceschi, Gustavo J. 7:1895, 2477; 8:2638; 12:1512
Franceschi, Víctor M. 23:609; 25:429
Francesconi, Octacílio. 11:1150
Francese, Miguel. 15:2773
Franchelli, R. A. 9:1558
Francheri López, Eduardo. 19:4887
Franchisena, César. 26:183
Francia García, Sabás. 21:1467; 25:1552
Francioni, Manuel J. 10:1140, 1148, 4137
Francis, A. D. 28:1300
Francis, Michael J. 27:3054
Francis, Susana S. 25:3919
Francisca Josefa de la Concepción, Sor. *See* Castillo y Guevara, Francisca Josefa de.
Francisca Júlia, *pseud.* 26:2036a
Franciscans. *Provincia de Quito.* 26:853
Francisco, Don. 10:827
Francisco de Vitoria. 12:3241, 3530; 26:373
Franck, Frederick W. 20:4244
Franck, Harry A. 1:549; 6:186, 2217; 9:2030
Franco, Afonso Arinos de Melo. 1:1272; 2:1642, 1685; 3:375, 1481, 2829, 3467, 3565; 4:3362, 3416; 5:585; 6:3682, 4321; 7:1971, 4880; 8:4318; 9:851, 4272; 10:3120, 3831; 12:2954; 19:4250; 20:3282; 22:1626, 4536, 4537; 28:1359
Franco, Afrânio de Mello. 7:3806; 8:3633; 11:71
Franco, Alberto. 6:2118; 7:2023; 8:2135; 9:1999, 2000, 3620; 11:1475
Franco, Alejandro. 9:553
Franco, Alfredo. 3:2081a; 4:2451; 5:2211
Franco, Álvaro. 5:4008
Franco, Ángel. 21:2413
Franco, Arthur Martins. 9:3400
Franco, Ary Azevedo. 6:4615, 4734; 8:4621; 16:2972
Franco, Cid. 7:5114; 8:4475; 27:3264b
Franco, Crepory. 11:1122
Franco, Felipe. 7:2101; 21:673
Franco, Francisco de Assis Carvalho. 4:3518; 6:3578-3580; 8:3453; 16:2126; 28:1301
Franco, Horacio. 28:2097
Franco, José. 22:2016
Franco, José Felipe. 7:1004, 4331; 9:3734
Franco, José Luciano. 11:2417; 13:1474; 16:1863; 19:2356, 3384, 3714; 20:2583; 24:4053, 4173; 25:485, 3041, 3365, 3381, 3382; 26:416, 778; 28:423, 779a
Franco, Luis. 23:5135; 28:780
Franco, Luis G. 11:2345; 12:2015; 14:1648
Franco, Luis Leopoldo. 11:2463; 12:2075, 2076; 25:3609
Franco, Pericles A. 6:2011; 28:814a
Franco, Rafael. 26:1166
Franco, Rosa. 25:4497
Franco, Víctor. 27:3402
Franco Amaral, Edmundo. *See* Amaral, Edmundo Franco.
Franco Amaro, Raúl. 16:727; 17:3004
Franco C., José Luis. 11:184; 16:219d; 20:123-128, 217, 218; 21:79; 22:531; 23:179, 180, 231, 232, 1365; 25:139
Franco da Rocha, Maria Luiza. *See* Rocha, Maria Luiza Franco da.
Franco de Almeida, Tito. *See* Almeida, Tito Franco de.
Franco de Andrade, Rodrigo Melo. *See* Andrade, Rodrigo Melo Franco de.
Franco de Carvalho, Paulino. *See* Carvalho, Paulino Franco de.
Franco Domingues de Castro, Amelia Americano. *See* Castro, Amelia Americano Franco Domingues de.
Franco Guachalla, Alfredo. 24:6263
Franco Inojosa, José M. 2:209, 210; 3:245-247; 5:399; 6:439, 440; 7:484; 9:555; 22:346
Franco Isaza, Eduardo. 21:3133
Franco Lao, Meri. 19:5603
Franco López, Gabriel. 21:4532
Franco Oppenheimer, Félix. 16:2709
Franco Ornes, Pericles. 12:1560
Franco Ruiz, Mario. 24:5258
Franco Sobrinho, Manoel de Oliveira. 8:3496, 4552
Franco Sodi, Carlos. 5:4144; 12:3018, 3019, 3156; 13:2423; 17:2760; 27:3710
Franco Torrijos, Enrique. 16:146
Franco Varona, Matías. 6:2636
Franco Vieira, Oldegar. *See* Vieira, Oldegar Franco.
Franco Z., Elpidio. 14:1305
Francon, J. A. 6:2462
Francovich, Guillermo. 4:2145; 7:5619; 9:4895, 4896, 5029; 11:3858; 12:3551; 13:2717; 14:3416; 16:3225; 17:2906; 19:5723; 20:4861; 21:4757; 23:5189
Francoz Rigalt, Antonio. 5:4233
Frangipani, Alfonso U. 20:4564
Frank, Beryl. 17:2069; 21:3570; 24:6208
Frank, Gerold. 27:3106a
Frank, Lawrence K. 20:22
Frank, Murray. 10:828, 1092; 11:696
Frank, Philipp. 11:3961
Frank, Rodolfo G. 27:2143
Frank, Waldo David. 3:39; 5:870; 7:4605, 4668; 8:4032; 9:130; 12:669; 17:1833; 19:5303; 23:2913; 26:739
Franke, Hans. 9:1672; 11:697, 1209; 17:809
Frankenhoff, Charles A. 24:1927; 27:1693
Frankenstein, Herbert. 2:1090
Frankl, Víctor. 16:3309; 17:1568, 2898; 18:1817, 3121; 19:5708, 5734, 5735; 20:4810, 4871b; 22:3429-3432, 4731; 26:440; 27:752; 28:564a
Franklin, Albert B. 5:3660; 6:4040; 8:812; 9:131
Franklin, Benjamin. 9:4330
Franklin, C. B. 2:583; 7:1299
Franklin, John Hope. 13:1136; 20:2321
Frankowska, Maria. 27:1334

Franky Vásquez, Pablo. 24:6264
Franquiz, José A. 5:4408; 6:4964; 11:3859; 17:2920
Fransconi, Antonio R. 11:663
Frantzius, A. von. 4:2652
Franulic, Lenka. 18:2474
Franzen de Lima, Mário. See Lima, Mário Franzen de.
Franzenstein, Baron de. 7:900
Frasconi, Antonio. 28:1764, 2109a
Fraser, F. W. 1:250, 281, 282, 294, 295; 2: 550, 551, 561; 3:1116, 1117; 5:1017; 7: 1024, 1169, 1170; 8:1333
Fraser, G. S. 15:2403
Fraser, Ronald. 19:6704
Fraser, Thomas. 17:826
Frasquieri, Tranquilino. 3:3404
Frassetto, Mónica Flaherty. 23:334
Fraustaedter, Hans. 16:728
Fray Candil, pseud. 18:2459; 28:2215
Fray Mocho, pseud. 10:3684; 18:2054; 20: 3902; 25:4360; 28:1938
Frazer, James George. 5:204
Frazer, Robert W. 10:2874; 12:2016; 14:2098
Frazier, Edward Franklin. 10:876
Fred, B. G. 20:479
Fredes Aliaga, Manuel. 8:1502
Fredes de la Luz, Juan. 11:2745
Frediani, Ascânio Flo. 18:1406
Fredriks, Jorge F. 5:4239
Free, Lloyd A. 24:3498; 25:2781
Freeburger, Adela R. 21:1650; 27:2447
Freeden, Hermann von. 2:457
Freeman, C. A. 6:2188; 12:1319
Freeman, John Finley. 26:43; 27:139a, 1135
Freeman, Julián. 3:1968
Freeman, Linton C. 20:478
Freeman, T. W. 3:1666
Freeman, Tomás G. 6:2347
Fregueiro, Clemente L. 5:2963
Frei Montalva, Eduardo. 13:1073; 20:2265; 21:2258; 23:2786, 2787; 27:3098; 28:115a, 3245
Freiberg, C. 3:2234
Freiberg, Siegfried. 25:1297
Freidmann, Herbert J. 18:888
Freier, Koka. 19:652
Freilich, Morris. 23:639; 24:730; 27:1041
Freire, Antonio. 3:579b
Freire, Aracy Muniz. 6:1974
Freire, D'Alva Stella Nogueira. 23:5715
Freire, Ezequiel. 16:2832, 2903
Freire, Gilberto. See Freyre, Gilberto.
Freire, Hilário. 16:2833
Freire, J. Salgado. 26:1235
Freire, José Rodrigues. 17:1908
Freire, Laudelino. 3:3581, 3582; 4:4287; 4417; 10:3808; 23:3949
Freire, Luiz José Junqueira. 26:2037
Freire, Mário A. 18:539
Freire, Omar R. 9:1537
Freire, Paulo. 27:2592
Freire, Tabaré J. 23:5364
Freire da Fonseca, Aníbal. See Fonseca, Aníbal Freire da.
Freire de Vasconcellos. J. See Vasconcellos, J. Freire de.
Freire Júnior, F. J. 18:2816
Freire Lopes, Valdecir. See Lopes, Valdecir Freire.
Freire-Maia, Ademar. 22:968; 24:1509-1511; 25:748-752, 754-758, 773; 27:1549, 1549a
Freire-Maia, Newton. 21:838; 2:968; 24:1509-1511; 25:752-758, 761-763; 767, 773, 785; 27:1552
Freire Meléndez, Rafael. 16:700

Freise, Friedrich W. 2:1405, 1406; 3:1614, 1615, 1616, 1617, 1634, 1667; 4:1909, 2011a, 2040; 5:1901, 1902; 6:2474
Freitag, Anton. 1:688
Freitas, A. 7:5543
Freitas, A. Teixeira de. 18:2911
Freitas, Antônio M. de 18:2130
Freitas, Ayrton Salgueiro de. 23:3950
Freitas, Beatriz de. 7:1790; 15:2497
Freitas, Buron de. 5:1944
Freitas, Byron Tôrres de. 10:2321; 27:3265
Freitas, Caio de. 23:3951
Freitas, Cândido Gomes. 10:3378
Freitas, Carlos A. de. 9:445; 19:490-493, 20: 383a
Freitas, Francisco Glycerio de. 5:3202
Freitas, Hildebrando Dantas de. 24:4855
Freitas, Honorato de. 22:1627
Freitas, José Bezerra de. 3:691a; 5:1483, 3130, 3911; 6:1812, 4304; 9:4156; 10:3357; 13:2292
Freitas, Leopoldo de. 2:1710, 1714
Freitas, Luiz Mendonça de. 21:1428; 27:2327, 2951
Freitas, Luiz Paula. 5:3941; 8:4206
Freitas, M. M. de. 8:1789-1792
Freitas, Maria Helena Souza. 26:1995
Freitas Mário Augusto Teixeira de. 3:1397; 5: 1518; 6:1920, 1986; 7:1775, 2056, 2398; 9:2305; 11:1328; 12:1217i, 1217j; 13:707a
Freitas, Mário Martins de. 8:2686
Freitas, Newton. 9:486, 1887; 10:717, 730; 12:2819; 13:1177, 2281; 14:792, 15:2489, 2530; 16:2042
Freitas, Norma Ramos de. 25:2371
Freitas, Octávio de. 1:1306; 6:4305
Freitas, Olímpia Lemos. 7:1776
Freitas, Rita de. 9:1623
Freitas, Rubem Mendes de. 21:1418
Freitas, Ruy Ozório de. 10:2234; 17:1180-1182; 20:2064, 2065
Freitas, Víctor Figueira de. 23:1924
Freitas, Zoraide Rocha de. 19:2257
Freitas Amorim, Moacir. See Amorim, Moacir Freitas.
Freitas e Castro, Enio de. See Castro, Enio de Freitas e.
Freitas Júnior, José Otávio de. 5:3911a; 9:4157
Freitas Marcondes, J. V. See Marcondes, J. V. Freitas.
Freitas Nobre, José. See Nobre, José Freitas.
Freitas Valle, Cyro de. See Valle, Cyro de Freitas.
Frenay, P. 27:608, 1305c
French, William Marshall. 6:2010
Frenguelli, Joaquín. 3:213; 7:441, 2258; 8:290; 9:2182; 10:2068; 11:283; 14:352, 1460; 16:269, 443; 20:2012
Frenk, Mariana. 20:911; 26:118; 27:265, 266, 835
Frerking Salas, Óscar. 7:1456; 8:1644, 3714, 3715; 10:1486
Frers, Carlos Germán. 3:1711
Fresco, Manuel A. 3:1821, 1822, 1830; 4: 886, 2225, 2234, 3165; 5:1987; 6:1457, 2004, 2025, 2541, 2542
Fresco, Mauricio. 16:1773
Frescura, Luis P. 8:3847
Fresno, Margarita L. de. 7:4181
Fretes, Alberto. 21:1301
Fretz, Joseph Winfield. 19:6008; 27:2866a, 4119
Freud, Sigmund. 7:5037
Freudenfeld, R. A. 20:1164
Freudenthal, Kurt. 10:462
Freund, Georg. 12:180

Freund, Giséle. 20:51
Freundt, Erich. 13:318
Frey, Heinrich. 13:895
Freyer, Hans. 10:4593
Freyre, Felipe F. 23:1803
Freyre, Gilberto. 1:1307, 2160; 2:293, 1635, 1636; 3:311, 371, 390, 399, 1648, 2763, 3492; 4:2042, 3353, 3354, 4153, 4154; 5:570, 3141, 3912-3914; 6:626, 669, 670, 3542, 3624, 3637, 3723, 4306, 4307; 7:651, 1917, 4881-4883; 8:864, 4171, 4207-4209; 9:4158-4161, 4261, 4897; 10:3122, 3832, 3833; 11:76; 12:702, 2831-2833; 13:57, 1720, 2293, 2349; 14:686, 2252, 2258, 2342, 2432, 2490, 3013; 15:525, 699, 1795, 1796, 1798; 17:1405, 1858, 2977, 2988; 18:2743, 3154; 19:2258, 4090, 5260; 20:1769, 3223, 4335, 4905, 4989; 21:3285, 4950; 22:5496, 5541; 23:765, 1575, 2689, 3907, 3908; 24:4485, 6336; 26:1200, 1282, 2038; 27:1220, 1220a; 28:1360, 2476
Freyre, Gilberto de Mello. See Freyre, Gilberto.
Freyre, Herbert. 18:2947
Freyre, Jorge. 27:1694, 1773, 2008
Freyre, Matias. 3:2817
Freyre de Andrade, María Teresa. 6:4798, 4799; 8:4697
Freytag, G. 3:1554
Frezier, Amedée François. 1:539
Friant, M. 17:183
Frías, Bernardo. 26:983
Frías, Félix. 8:3244, 3247, 3353; 9:3221, 3339; 10:3012, 3086
Frías, J. R. 8:4635
Frías, Lesmes. 3:2484; 5:2298
Frías, Pedro J. 10:2312; 22:2630
Frías Bobadilla, Romeo. 22:3024
Frías Bobadilla, Rubén. 22:3024
Frías Caballero, Jorge A. 4:4359; 7:5212; 10:3971; 27:3745
Frias Coutinho, Aristides de. See Coutinho, Aristides de Frias.
Frías S., Alfredo. 2:1526a
Frías Valenzuela, Francisco. 13:1412; 15:1741; 16:1411
Frías y Jacott, Francisco de. 4:1705
Frías Z., Heriberto. 6:3444-3447
Frick Davie, Carlos. 12:3273; 17:2750; 27:2887
Fridman, Liberto. 8:566, 567
Fried, Jacob. 24:644, 866; 25:572, 573
Fried, Minita. 12:3336; 15:2770
Friedberg, Claudine. 27:1335
Friede. 2:2128
Friede, Juan. 9:498; 10:2401; 11:597, 1540; 12:324, 441, 644; 14:529-531; 15:1542, 1543, 1747; 16:1705, 1706; 17:188, 1469, 1569-1571; 18:1704a, 1818; 19:754, 3422; 20:1980, 1981, 2708a, 2714-2714b; 21:2714-2717, 2735; 22:3433-3434; 23:2550, 3016, 3624-3626; 24:4097-4099, 5036; 25:3458-3460; 26:831-833; 27:1282, 1372; 28:890, 953a
Friedenberg, Daniel M. 25:1426
Friederici, Georg. 3:2329; 13:83, 1978; 24:160
Friedlaender, H. E. 10:1001, 2402
Friedman, Burton D. 27:2448
Friedman, Irving. 23:402
Friedmann, Georges. 26:397
Friedmann, John R. P. 22:1602; 23:2690
Friedmann, Wolfgang G. 23:1669
Friedmann Bordán, Marcos L. 2:3077
Friedrich, Johannes. 20:678a
Friedrich, Paul. 27:908, 909
Frieiro, Eduardo. 2:2932; 3:3493, 3494, 3596, 3597; 4:4155; 7:4884, 4885, 4958; 11:2602; 19:5261; 20:4319; 25:3920
Frielingsdorf, Walter. 27:1695, 3055
Friend, Llerena. 19:3590

Friendship Press, New York. 24:2806
Fries, Carl, Jr. 11:1592; 14:1340, 1341
Friese, Martin. 5:3200a
Frigerio, Rogelio. 24:2009, 3477, 3478; 25:1513, 2693, 2694; 27:2144, 2144a
Frikart, Faith F. 10:3622
Frikel, G. P. 19:772
Frikel, Protasius von. 21:674; 23:742, 743; 24:821; 25:535, 536; 27:1221, 1221a
Frisch, Uwe. 28:292
Frischauer, Paul. 8:4390; 10:3834
Fritsch, William R. 25:1703
Frizzi, Antonio. 15:632
Frizzi de Longoni, Haydeé E. 13:1596
Frödin, Bertil. 27:2921, 2921a
Fróes, Heitor P. 8:2060
Fróes, Iris. 28:2477
Fróes Abreu, Sylvio. See Abreu, Sylvio Fróes.
Fróes da Fonseca, Edgard da. See Fonseca, Edgard Fróes da.
Frösch, Max. 22:6041
Froilán Ferro, R. 6:2297
Frois Fernandes, Celso. See Fernandes, Celso Frois.
Frola, Francisco. 3:694a; 4:1319; 6:986, 987; 7:4283; 8:1972; 2061; 9:1084
Fromm, Hilde. 6:3330
Frondizi, Arturo. 8:1512; 20:2215, 2215a; 21:1302, 2219; 22:2631; 23:2850, 2866; 25:2695-2697; 27:2145-2145b, 3186; 28:1087
Frondizi, Risieri. 5:4419, 4457; 6:4965, 5071; 7:1843, 5620, 5729; 8:4835; 9:4898-4900; 10:4501-4503; 11:3880, 3905, 3936; 12:3484; 13:2718, 2743; 14:1220, 3417, 3418, 3432, 3435; 15:2858-2860, 2896, 2929; 16:3274; 3302; 17:2877, 2921; 18:3122; 19:5782, 5783; 20:4762; 21:4820; 25:2104
Frondizi, Silvio. 11:1811; 12:1528; 20:2216; 24:3479; 25:2698, 3407
Frondizzi, Ricardo A. 15:2004
Frontaura, Rafael. 22:5338
Frontaura Argandoña, Manuel. 2:1222; 15:1781
Frontaura Gómez, Juan. 16:2369
Frontini de Borba, Rosy. See Borba, Rosy Frontini de.
Frossard, Alfredo E. 10:4602; 14:3484
Frost, B. M. 10:892
Frost, Elsa Cecilia. 20:4882b
Frota, Guilherme de Andréa 23:3922
Frota, Paulo Aguiar. 21:1802; 22:5536
Frota-Pessôa, O. 24:1517; 25:759, 776, 778
Frota-Pessôa, Osvaldo. 21:1776; 27:1550, 1550a
Frowlow, S. 7:2084
Frugoni. Emilio. 2:2659; 6:4713; 9:3345, 4106; 10:2313; 11:1111; 14:844; 21:4084; 23:2788
Frutos, Pedro. 8:4566; 11:3471, 3479-3481
Fry, Edwin Maxwell. 21:904
Fryd, Norbert. 25:5010
Fuchs, Arno. 11:3787
Fuchs, Federico G. 3:1760, 10:1294
Fuchs, Fernando C. 1:478d; 2:885; 11:1080
Fuchs, Helmuth. 21:225; 23:327, 328; 25:112; 27:1373-1373f, 1427, 1520; 28:1555
Fuchs, Jaime. 11:1303
Fuchs, Rodolfo. 5:1484
Fuchshuber, Leopoldo. 23:1451
Fucilla, Joseph G. 12:2414
Fudenberg, Hugh. 24:1571, 1572
Fuente, Héctor M. de la. 5:1992; 6:2555
Fuente Julio de la. 2:341; 7:369, 1989; 10:152a; 11:273; 13:141, 187-190; 14:277; 15:375, 376; 18:275, 1752a; 19:644; 24:645; 27:910
Fuente, Pedro José de la. 20:2507
Fuente, Sindulfo de la. 19:5157

Fuente Benavides, Rafael de la. 5:3554; 6: 3897, 3898
Fuente Chávez, Germán de la. 1:478e; 11: 2544
Fuente R., Rogelio de la. 1:1508
Fuentealba Hernández, Leonardo. 11:1020; 13:721
Fuentes, Alberto Rubio. 27:1374
Fuentes, Aldo. 8:4698
Fuentes, Carlos. 19:4888; 23:4960, 4961; 25: 4305, 4306; 26:94, 398, 1553a; 28:1835, 1836
Fuentes, Guillermo. 8:4907
Fuentes, L. G. 27:1591
Fuentes, Patricia de. 27:753; 28:508
Fuentes Benot, Manuel. 19:5803; 20:4894; 21:4864; 22:5911, 5924
Fuentes Cervera, Eduardo de. 19:3137
Fuentes Cruz, Adalberto. 14:278
Fuentes de la Sotta, Augusto. 12:2963
Fuentes del Valle, Óscar. 16:943
Fuentes Delgado, Rubén. 18:949
Fuentes Díaz, Guillermo. 14:532
Fuentes Díaz, Vicente. 13:1539; 14:2099; 17:880; 19:3591; 23:3254; 26:529
Fuentes Galindo, Fernando. 14:1649, 3210
Fuentes Irurozqui, Manuel. 16:790; 18:767; 19:1355; 25:1441
Fuentes J., María Cristina. 16:1050
Fuentes Llaguno, Alberto. 12:1197
Fuentes Mares, José. 9:4967; 12:3507; 15: 1687; 17:1669; 19:3592; 20:2824; 23: 3255; 24:3751, 3895; 26:530-532; 28: 596-597
Fuentes Millán, Hugo. 28:3074
Fuentes Pondal, J. J. 3:3741
Fuentes Roldán, Alfredo. 23:795
Fuentes Valenzuela, Eliana. 24:4838
Fuentes y Guzmán, Francisco Antonio de. 19: 3266; 21:2584
Fuentez Ibáñez, Moisés F. 10:4479
Fuenzalida, Héctor. 6:4801
Fuenzalida Correa, César. 4:1125; 11:1021; 14:1066; 15:906
Fuenzalida Fuenzalida, Fernando. 15:2012
Fuenzalida Grandón, Alejandro. 9:3303
Fuenzalida Lamas, José Luis. 14:3291; 15: 2765
Fuenzalida Valdivia, Carlos. 25:4406
Fuenzalida Villegas, Humberto. 7:814, 2168; 9:2243; 10:145; 12:69, 1396; 17:1143; 18:666; 21:2031
Fürnkorn, Dívico Alberto. 6:3698, 3724; 8: 1513; 9:1357; 14:883
Fuerra Iñíguez, Daniel. 22:4007
Fuerst, René. 27:1222
Füss, Peter. 3:1668; 4:458
Fueyo Laneri, Fernando. 18:2923
Fugate, Francis. 18:1753
Fugier, André. 7:3440
Fujii, Yukio. 22:6042
Fulgêncio, Tito. 3:3768; 24:4839
Fulgencio Gutiérrez, José. 1:930
Fuller, Helen. 10:3241
Fuller, John D. P. 2:2436
Fuller, Kemp G. 27:1933
Fulling, Kay Painter. 14:806
Fulop, Marcos. 20:571, 572; 21:562
Fulton, Charles C. 13:116; 14:221
Fulvic, A. di. 4:579; 5:785
Fumiere, Jorge P. 4:3166
Funck-Brentano, Frantz. 9:4331
Fundación John Boulton, Caracas. 21:3185; 24:4174, 4175; 25:3538; 28:963a
Fundación Shell, Caracas. 26:44
Fundación Vicente Lecuna, Caracas. 24:4160

Funes, Gregorio. 8:3155; 10:2979; 15:1651
Funes, José María. 3:2267; 7:5403
Funes, Lucio. 4:2820a; 5:2964; 6:3372, 3512, 3513; 8:3258
Funes, Rafael. 27:3187
Funes, Víctor Luis. 19:3835
Fung Pineda, Rosa. 23:471; 24:503, 585
Funk, Esther. 2:211
Funke, Gerhard. 21:4758; 23:5899
Funkhouser, H. J. 13:831; 14:1389
Furber, Holden. 1:689
Furlan, Luis Ricardo. 28:2127
Fúrlong Cárdiff, Guillermo. 3:412, 2189c, 2330-2333, 3046, 3077; 4:328-330, 539, 1725, 2765-2770; 5:2637, 2755; 6:2810, 3006, 3007, 3959, 3990; 7:1895, 3063, 3064, 3140; 8:3082, 3210; 9:706, 2605, 2931; 10:2698, 2980, 3019, 3091; 11: 2151, 2172, 3801a; 12:566, 567, 1677, 1915; 13:17; 14:667, 1984, 2244, 2641; 16:486, 1412; 17:979, 1470; 18:463, 1705, 2413, 2438, 3094, 3293, 19:3483, 3484, 4671, 4672, 6424; 20:2322, 2323, 2786-2786e; 22:3485; 23:3682, 3683; 24:4219-4221, 4266, 4304, 5019; 25:3511, 3567, 3610; 26:820, 895, 984, 986, 1084; 28:943a, 1004, 1009b, 1088
Furnas, C. C. 8:4391
Furness, Edna Lue. 26:1923
Furniss, Edgar S., Jr. 16:2237, 2238, 2298
Furque, Guillermo. 24:2936
Furquim Lahmayer, Lucia. See Lahmayer Lucia Furquim.
Furquim Rebouças, Persio. See Rebouças, Persio Furquim.
Furst, Herbert. 8:779
Furstenau, Eugênio. 15:2465
Furt, Jorge M. 4:3167, 4529; 7:2810
Furtado, Celso. 12:2885; 16:2885; 19:1718; 22:1628; 25:1720-1724; 27:1696, 2328-2328c
Furtado, Francisco Xavier de Mendonça. 26: 1243; 28:1312
Furtado, Jacundino da Silva. 25:2161
Furtado, Sebastião da Silva. 24:4455; 28: 1556
Furtado de Mendonça, Heitor. See Mendonça, Heitor Furtado de.
Furtado de Menezes, M. See Menezes, M. Furtado de.
Furtado Portugal, Henrique, See Portugal, Henrique Furtado.
Furuno, Kikuo. 27:4303
Fusco, Rosário. 6:4308, 4309; 8:2687; 9: 4162; 18:3115; 25:4655
Fusco Sansone, Nicolás. 10:3494
Fuson, Robert H. 22:6052; 25:3921; 27: 911, 912, 1946, 2720
Fyfe, Douglas. 16:1228

Gabaglia, A. C. Raja. 15:2747; 19:4087
Gabaglia, Laurita Pessôa Raja. 17:1924g; 26: 1271
Gabaldón, Hernán. 7:2152
Gabaldón, José Rafael. 22:4008
Gabaldón Márquez, Edgar. 20:2413; 22: 4804
Gabaldón Márquez, Joaquín. 9:2565; 13: 1377; 14:1928; 15:1525; 18:2475; 19: 3042; 20:2296, 2367, 2413, 4080; 22: 4818, 4819; 23:3703, 3847; 24:4164; 25: 3765; 26:835; 28:861

Gabarain, María Teresa. 7:1223
Gabino Breña, Jorge. 8:422, 1725
Gabriel, Antonio. 1:2151
Gabriel, José. 8:3997, 9:3244, 11:2935
La Gaceta de Cuba. 2:1558; 28:2356
Gaceta de Cundinamarca. 5:2257
Gaceta de Jurisprudencia de Trabajo, San Salvador. 17:2070
Gaceta de Los Tribunales, Guatemala. 1:1884
Gaceta de los Tribunales de Trabajo y Previsión Social, Guatemala. 13:1927
Gaceta de Santander. 5:2263
Gaceta del Estado de México. 3:2119
Gaceta del Huila. 5:2258
Gaceta del Libro, Buenos Aires. 11:19
Gaceta del Meta. 5:2260
Gaceta del Trabajo, Bogotá. 17:2059
Gaceta Departamental del Norte de Santander. 5:2262
Gaceta, Diario Oficial de Costa Rica. 2:1557
La Gaceta; Diario Oficial de Nicaragua. 2: 2:1565
Gaceta Judicial, Bogotá. 1:1863
Gaceta Judicial, Quito. 1:1883
Gaceta Jurídica Trimestral, San Cristóbal, Venezuela. 1:1905
Gaceta Oficial de la República Dominicana. 2:1559
Gaceta Oficial de Panamá. 2:1566
Gaceta Oficial de Venezuela. 2:1571
Gaceta Oficial del Estado de Anzoátegui, Barcelona. 7:2776
Gaceta Oficial del Estado de Apure, San Fernando. 7:2777
Gaceta Oficial del Estado de Aragua, Maracay. 7:2778
Gaceta Oficial del Estado de Barinas, Barinas. 7:2779
Gaceta Oficial del Estado de Bolívar, Ciudad Bolívar. 7:2780
Gaceta Oficial del Estado de Carabobo, Valencia. 7:2781
Gaceta Oficial del Estado de Cojedes, San Carlos. 7:2782
Gaceta Oficial del Estado de Falcón, Coro. 7:2784
Gaceta Oficial del Estado de Guárico, San Juan de los Morros. 7:2785
Gaceta Oficial del Estado de Lara, Barquisimeto. 7:2786
Gaceta Oficial del Estado de Mérida. 7:2787
Gaceta Oficial del Estado de Miranda, Los Teques. 7:2788
Gaceta Oficial del Estado de Monagas, Maturín. 7:2789
Gaceta Oficial del Estado de Nueva Esparta, La Asunción. 7:2790
Gaceta Oficial del Estado de Portuguesa, Guanaré. 7:2791
Gaceta Oficial del Estado de Táchira, San Cristóbal. 7:2793
Gaceta Oficial del Estado de Trujillo, Trujillo. 7:2794
Gaceta Oficial del Estado de Veracruz. 3:2134
Gaceta Oficial del Estado de Yaracuy, San Felipe. 7:2795
Gaceta Oficial del Estado de Zulia, Maracaibo. 7:2796
Gaceta Oficial del Paraguay. 2:1567
Gaceta Oficial del Territorio Federal Delta-Amacuro, Tucupita. 7:2783
Gacetas de México. 16:1561
Gach, Anatólio. 28:2434
Gadala, Marie Thérèse. 2:1637; 3:1690
Gadano, José Enrique. 11:1831

Gaddis, Vincent H. 17:1261
Gadea, Wenceslao S., 9:3246
Gadelha de Melo, Roque. See Melo, Roque Gadelha de.
Gaete, Arturo. 25:5366
Gaete Berríos, Alfredo. 2:820b; 5:1307; 6: 1634; 7:4118, 4119, 4143; 8:3738, 3739; 12:3209; 13:1906; 15:2046, 2047, 2054; 17:2056
Gage, C. E. 5:1028
Gage, Thomas. 4:169; 12:1754; 13:1269
Gagini, Carlos. 4:3726; 23:4962
Gagiotti, V. 27:3215
Gagliano, Joseph A. 26:856
Gagliardone, César. 25:2838
Gago, Ezequiel. 4:2146
Gago Coutinho, Carlos Viegas. See Coutinho, Carlos Viegas Gago.
Gago Lourenço Filho, Francisco. See Lourenço Filho, Francisco Gago.
Gaguí G., Eduardo. 23:3833
Gahisto, Manuel. 1:2152-2153
Gaignard, Romain. 24:2937; 27:2830
Gail, Otto Willi. 6:4483
Gailey, Harry A., Jr. 24:3896
Gaillardou, José Adolfo. 20:3930
Gaines, Thomas A. 19:1356
Gainsburgh, M. R. 7:3878
Gainza, Gabino. 3:2463
Gaioso Almendra, Manuel. See Almendra, Manuel Gaioso.
Gair, Jacob E. 27:2922
Gaitán, Jorge Eliécer. 11:3600
Gaitán, Luis. 7:4266
Gaitán, Luis Alejandro. 10:3954; 11:3570; 12:3003
Gaitán Arjona, Jorge. 8:1364
Gaitán Mahecha, Bernardo. 23:4586
Gaither, Roscoe B. 4:3623; 6:3782
Gaito, Constantino. 5:4317, 4318; 7:5430; 12:3338; 15:2771
Gajardo Céspedes, Rina. 14:2460
Gajardo Contreras, Samuel. 6:4742; 10:4120; 17:1789; 20:4511; 22:4588
Gajardo Tobar, Roberto. 4:290, 19:399; 20: 325; 24:544
Gajardo Villaroel, Oscar. 10:2328
Galain, Ramón L. 9:3346
Galán Gómez, Mario. 9:1291; 10:1981; 13: 819
Galante, Hipólito. 3:3039; 4:3783; 6:568a; 8:415; 24:1315
Galante, Obdulia Ester. 12:2731
Galante, Rubens. 3:3742
Galante de Sousa, J. See Sousa, J. Galante de.
Galarce, Ricardo A. 6:4594
Galarce, Rogelio. 3:844, 3694
Galarraga, Guillermo. 21:2238
Galarza, Ernesto O. 3:1334; 5:1435, 1438; 6:1929; 7:970, 3714, 3715, 3821; 8:3661; 9:986; 14:1202; 20:3509; 22:1753; 27: 1865a
Galarza, Joaquín. 24:1120; 27:754-756; 28: 565
Galarza, María L. 23:1292
Galarza Arízaga, Rafael. 27:3453
Galaviz Suárez del Real, María Elena. 28:541
Galbraith, W. O. 19:6705
Galdames, Luis. 3:1408, 2686; 4:3258; 7: 2811; 26:813
Galdames Galdames, Juan. 22:2404; 27:2851
Galdo Pagaza, Raúl. 27:4120-4123
Galdolfo, Rafael. 9:4901
Galeana, Benita. 6:4139
Galeano, Ernesto C. 17:2833; 24:5930
Galeano, Maria Luisa. 27:913

Galeano, Venancio B. 8:982
Galeano Velasco, Alfredo. 21:3134
Galeão Coutinho, Salisbury. *See* Coutinho, Salisbury Galeão.
Galecio, Galo. 12:655; 14:2805
Galeno, Henriqueta. 2:1714
Galeno Paranhos. 25:1736
Galeotti Torres, J. Rodolfo. 3:110; 12:647
Galeria d'Arte della "Casa do Brasil", *Roma*. 26:328, 329
Gali, Ramon. 12:157
Galich, Manuel. 12:2750; 15:2438, 2439; 16:637, 1898; 17:1340; 18:2533a; 19:5158-5161; 20:3425; 26:1856
Galicia, Remberto I. 16:147
Galicia Chimalpopoca, F. 16:197
Galigniana, Lucas M. 7:5348
Galimberti Miranda, Carlos A. 19:354; 21:309; 23:472; 27:648
Galimberto Poletti, Humberto. *See* Poletti, Humbero Galimberto.
Galinat, Walter C. 27:336
Galíndez, Bartolomé. 1:1792; 4:3183; 5:2961, 2965; 6:3373; 11:2464; 14:2864; 20:2217; 22:4538
Galíndez, Jesús de. 7:5213; 9:2782; 11:3636; 13:2476; 18:3242; 19:4204; 20:2946, 3436; 21:2265
Galíndez, José Bonifacio. 10:4214; 12:3052
Galindo, Alberto. 17:1318
Galindo, Blas. 12:3357; 16:3159
Galindo, Juan. 11:220
Galindo, Sergio. 22:4923; 23:4963; 28:1837
Galindo, Mendoza, Alfredo. 9:2054
Galindo Quiroga, Eudoro. 13:919; 14:1055
Galindo Vera, Vidal. 26:45
Galindo y Villa, Jesús. 12:1262
Galiza, Ribamar. 23:5464
Galjart, Benno. 27:2922a, 4229
Gall, August F. von. 3:71a
Gall, Francis. 26:498; 27:2721
Gallac, Héctor I. 4:1896; 5:4361; 8:369
Gallagher, David. 12:1263; 16:1133
Gallagher, Patrick. 25:312
Gallagher de Parks, Mercedes. 9:780, 842; 14:759, 2642
Gallango de Rodríguez, M. L. 24:1561; 27:1573b, 1573c, 1575, 1575a
Gallardo, Ciro César. 22:6107
Gallardo, Domingo V. 9:4652
Gallardo, Guillermo. 24:4267, 5931; 25:5210; 26:896, 1085
Gallardo, José M. 13:1979
Gallardo, Medardo. 12:1376
Gallardo, Miguel Ángel. 11:1860, 19:3674
Gallardo, Ricardo. 20:4595; 21:4587; 25:4023; 27:3320, 3643
Gallardo Alarcón, Luis. 7:4011
Gallardo Astorga, Guillermo. 22:4539
Gallardo Dávalos, Salvador. 22:4732
Gallardo Nieto, Galvarino. 7:3746; 8:3583
Gallart, Horacio. 10:1942, 2266; 11:1653
Gallart Folch, Alejandro. 7:2478
Gallart Valencia, Tomás. 21:4615
Gallatti, Odilon. 8:4265
Gallegos, Aníbal. 17:2000
Gallegos, Gerardo. 3:1494, 3243, 3327; 4:3308; 5:3661; 6:3725; 8:2863; 9:2606, 3928; 17:1740
Gallegos, Jorge L. 7:3980; 9:4526
Gallegos, Rómulo. 1:2050; 3:3244; 6:4179; 4434; 7:4715-4717; 8:4068, 4069; 9:3958, 3976; 10:3665; 12:2526; 18:2528; 19:6706; 21:4216; 24:5259
Gallegos B., Luis Gerardo. 2:3118; 11:1884

Gallegos C., José Ignacio. 17:1002; 24:3783; 28:541a, 597a
Gallegos Lara, Joaquín. 11:3123a; 12:2527; 21:3904; 23:4964
Gallegos Moyano, César. 6:3514
Galegos Ortiz, Rafael. 25:3602, 4400
Gallegos Rocafull, José M. 12:3531; 16:3245; 17:1522, 2940; 19:5831
Gallegos Ruiz, Roberto. 25:1108; 26:109; 27:317
Gallegos Valdés, Luis. 25:4248
Gallenkamp, Charles. 23:121
Gallenne, J. H. 3:1562
Galletti, Alfredo. 7:5699; 25:2699; 26:2346; 28:3262
Galletti, Constante. 7:5699
Galletti, R. 18:651
Galli, Enrique V. 3:3695; 7:5219, 5220
Galli, Santiago A. 24:5613
Galliene, W. H. 1:251
Gallinal, Gustavo. 2:1911; 4:2432a; 11:3109
Gallinal H., Juan J. 4:2089
Gallinal Heber, Alejandro. 8:2808
Gallo, Abelardo. 10:2981
Gallo, Blas Raúl. 24:5614, 5615
Gallo, Ezequiel, h. 28:1072b, 1089, 1150
Gallo, Joaquín. 16:1774
Gallo, Vicente C. 4:2196; 5:2966
Gallo Chinchilla, Margarita. 11:1867
Gallo Subia, Gonzalo. 24:5260
Gallop, Rodney. 3:86, 5:295, 344, 345, 1619, 1620, 4388, 4389; 6:4929
Galloway W. A. 1:1726
Gally C., Héctor. 28:1838
Galofré, Arístides J. 7:999
Galsworthy, John. 6:4435
Galt, Tom. 8:3114
Galté Carré, Jaime. 16:2982
Galtsoff, Paul S. 16:241
Galván, Alberto. 7:3179
Galván, Luis E. 6:1993
Galván, Manuel de Jesús. 10:2932; 22:4952
Galván de Del Río, Carmen. 9:1888
Galván E., José. 16:963
Galván Moreno, C. 4:3232; 6:3374; 8:2864, 3211, 3212; 10:92, 2982, 2984; 11:2311; 13:1444; 25:3611
Galvani, Luigi. 4:816, 2012; 10:2166
Galvão, Alfredo. 19:1207; 22:1319; 23:1565; 25:1290, 1293; 28:321, 386
Galvão, Augusto. 14:2989
Galvão, B. F. Ramiz. 4:1759, 3386
Galvão, Eduardo. 12:428; 14:524; 15:435, 453; 16:380; 18:334; 19:773, 6069; 21:554; 23:744, 745; 25:345, 558; 27:1224, 1224a
Galvão, Francisco. 5:4055; 7:2399; 8:2688
Galvão, Hélio. 16:3374; 25:5639
Galvão, Maria do Carmo Corrêa. 21:2125; 24:3034
Galvão, Maria Silveira. 28:2478
Galvão, Marília Veloso. 18:1472; 25:2372; 27:2923
Galvão, Patrícia. 23:5463
Galvão, Sebastião de Vasconcellos. 3:2800
Galvão de Franca Rangel, Wellman. *See* Rangel, Wellman Galvão de Franca.
Galvão de Sousa, José Pedro. *See* Sousa, José Pedro Galvão de.
Galvão Filho, Tito. 17:2679
Galvão Krebs, Carlos. *See* Krebs, Carlos Galvão.
Galvão V. Cerquinho, A. *See* Cerquinho, A. Galvão V.

Gálvez, Bernardo de. 3:2395, 17:1523
Gálvez, Enrique. 16:964, 964a, 964b; 17:881; 18:950-953
Gálvez, Gustavo Santiago. 7:3294
Gálvez, Jaime. 27:3644
Gálvez, José. 1:1239; 4:531; 13:1656; 17:2331
Gálvez, Juan Manuel. 15:1325a; 17:1343, 1346
Gálvez, Luis. 11:1259
Gálvez, Luis Felipe. 22:347
Gálvez, Manuel. 1:1986, 2051; 3:3339; 4:3951, 3997; 5:2967; 6:3375, 3376; 8:3341, 3362, 4070; 10:3623; 11:2465, 2531; 12:1993; 13:1449; 19:4889-4892, 22:4924, 5126
Gálvez, Vicente. 7:2102
Gálvez G., M. Albertina. 7:3180; 18:303; 21:4729; 28:741, 3104a
Gálvez Monroy, Ramón. 8:3817
Gálvez Rivas, Juan. 14:2901
Gálvez Sarmiento, Luis Antonio. 16:2225
Gálvez Suárez, Alfredo. 7:404
Gálvez Vigouroux, Luis. 13:1450
Galvin, Luis Enrique. 22:2435
Galvin, Miles E. 27:1697
Galvis Salazar, Fernando. 26:1010
Gama, Affonso Dionysio. 4:4485; 6:4724; 12:3107
Gama, José Basílio da. 7:4997
Gama, Miguel do Sacramento Lopes. 22:5552
Gama, Mozart da. 6:1761; 7:5328; 8:1830; 22:4660
Gama, R. P. Saldanha da. 4:750
Gama, Vasco de Lacerda. 3:3779
Gama Batista, Juarez da. See Batista, Juarez da Gama.
Gama Cerqueira, João da. See Cerqueira, João da Gama.
Gama Coelho Pinto, José Saldanha da. See Pinto, José Saldanha da Gama Coelho.
Gama e Abreu Mendes, Edith. See Mendes, Edith Gama e Abreu.
Gama e Melo, Virginius da. See Melo, Virginius da Gama e.
Gama e Silva, J. Saldanha da. See Silva, J. Saldanha da Gama e.
Gama Kury, Adriano da. See Kury, Adriano da Gama.
Gama Lima Filho, Francisco da. See Lima Filho, Francisco da Gama.
Gama Malcher, José Carneiro da. See Malcher, José Carneiro da Gama.
Gama Malcher, José M. See Malcher, José M. Gama.
Gamarra, Abelardo M. 8:2016; 26:1857
Gamarra, Jorge. 20:4512; 21:4588
Gamarra Dulanto, Luis. 3:917, 6:471; 11:1722
Gamarra y Hernández, Enrique. 4:2531
Gamba, Carlos T. 11:2558
Gambaro Griselda. 19:4893; 26:1631
Gambetta, Bonatti Néstor. 11:2192
Gamboa, Emma. 14:1203; 27:2449
Gamboa, Federico. 4:3060; 28:1839
Gamboa, Fernando. 18:493, 496; 23:1393; 26:110; 27:330, 361; 28:158a
Gamboa, Manuel. 28:723a
Gamboa, Rafael Pascasio. 8:2772
Gamboa Berzunza, Fernando. 7:1854
Gamboa Correa, Jorge. 17:1931
Gamboa Garibaldi, Arturo. 26:1900
Gamboa Núñez, Horacio. 26:1146
Gamboa Ricaldi, Álvaro. 2:2320; 4:2395
Gambogi, Joaquim. 10:3984
Gamboni, Olga Dina. 28:1090

Gámez, Atenedoro. 26:613
Gámez, Ernesto, 23:3103
Gámez, José Dolores. 5:2785; 28:741a
Gámez Ortega, Alberto. 23:4232
Gamillscheg, Felix. 28:598
Gamio, Enrique M. 3:1761; 12:990
Gamio, Luis M. 8:2472
Gamio, Manuel. 1:116; 3:1005, 1791kk, 3245; 5:296, 871, 872; 7:2678; 8:150, 151, 226; 9:2607; 10:146; 11:1387; 12:219, 501; 14:99, 262, 975; 18:276, 3173; 21:441; 22:888, 955, 4505; 23:1367; 24:3897; 25:169
Gamio de Alba, Ana Margarita. 7:370
Gamio Palacio, Fernando. 7:3541; 10:2827
Gámiz, Abel. 9:1863
Gámiz, Everardo. 3:1495; 14:279
Gámiz, José María. 22:2365
Gámiz Lliteras, Jorge. 15:1145
Gamoneda, Francisco J. 7:637, 2812; 10:4263, 4329; 11:3703
Gamundi de Zunino, Matilde. 18:3033
Gamuza, Marcelino. 2:1808
Gancier, Raquel. 22:5127
Gándara, Carmen. 17:2374
Gándara, Guillermo. 1:516, 550
Gándara, Raúl. 9:2138
Gándara Durán, Carlos. 2:1966, 2129
Gándara Mendieta, Manuel. 13:2384
Gandarias, León de. 22:2691
Gandarillas, Humberto. 11:297
Gandarillas M., Guillermo. 3:861; 4:1070; 12:941
Gandarillas Matta, Javier. 10:830; 12:728a, 942
Gandía, Enrique de. 1:1846-851, 1191, 1192; 2:1789, 1899, 1912-1914, 1955, 2044, 2188; 3:2268, 2334, 3103; 4:2821, 2822, 2891, 2894, 2895; 5:2300, 2503, 2582, 2638, 2968, 2969; 6:2197, 2348, 2811, 3008, 3036, 3084, 3101, 3220, 3377, 3378; 7:3065, 3141, 3246, 3441; 8:632, 2901, 3083, 3259, 4146; 9:132, 456, 518, 2647, 2683, 2957, 3247, 3469; 10:1803, 2948; 11:1955, 2226, 3802; 12:1513; 13:1178, 1207, 1488, 1500, 1606, 2140; 14:2011, 2061, 2167, 2171; 15:1652; 16:2012, 2544; 17:1643, 1765; 18:1646, 1647, 2063, 2064; 19:3836; 20:2982, 2983, 3002; 21:2065, 3003; 22:3486; 24:4100, 4222; 25:3514, 3528, 3529, 3568, 3612, 4222; 26:920, 990; 28:944, 954, 996a, 1001a, 1004, 1091
Gandolfi Herrero Arístides. See Yunque, Álvaro, pseud.
Gandolfo, Juan B. 6:2349, 2350
Gandolfo, Rafael. 21:4790
Gangotena, Enrique. 4:2360
Gangotena y Jijón, Cristóbal de. 7:3120; 9:2608; 17:1600; 19:3451; 26:1600
Gann, Mary. 5:239
Gann, Thomas W. F. 2:30; 4:85; 5:239, 929; 9:292
Gannett, Taylor W. 19:5585; 21:4552, 4564
Ganns, Claudio. 6:1916; 8:3510; 11:2646; 12:2218
Ganón, Isaac. 7:2479; 18:1540, 3155; 24:6307
Gans, A. L. 7:164
Gans, Victorino. 1:1353
Gansser, August. 21:215; 27:1737, 3088
Gante, Pablo C. de. 4:467; 5:657, 658; 8:2272; 14:721; 22:1153
Gante, Pedro de, Father. 16:1678; 17:1517; 25:3178
Gantenbein, James Watson. 16:2299
Gantes Arestizábal, Juan. 4:1779
Gantier, Joaquín. 4:532; 12:1994; 24:4076

Ganz, Alexander. 24:1928
Ganzaraín, Ramón. 14:610
Ganzelka, Irzhi. *See* Hanzelka, Jiri.
Ganzenmuller de Blay, María Luisa. 28:8, 872a
Ganzert, Frederic William. 3:2866; 7:3651-3654; 8:3650
Gaona, Francisco L. 23:4429
Gaona, Josefina. 17:2090
Gaona, Silvio. 26:1167
Gaos, José. 5:4409, 4420, 4421, 4452, 4468; 6:4966, 4994, 4995, 5060; 7:5719, 5730; 8:4836, 4837, 4856, 4943, 4950; 9:4902, 5023; 10:4504, 4525, 4608; 11:3860-3862, 3881, 3882, 3972; 12:3453, 3485; 13:1137, 2744; 14:3415, 3459, 3476, 15:2861, 2947, 2950; 16:3246, 3263, 3264, 17:2878, 2925, 2935, 2965; 18:1705a, 3095 3132; 19:5709, 5755; 5796, 5817, 5818; 20:4783, 4796, 4878, 4880d; 21:4759, 4791, 4821; 22:5810, 5811, 5906; 23:4717, 5866, 5899; 24:5004, 6005, 6115, 6116; 25:5367; 26:2299, 2325; 27:2481; 28:3287
Garance, Pierre. 6:1357
Garasa, Delfín Leocadio. 17:2375; 28:2357
Garasino, Ana María. 21:2916
Gárate de García, Catalina. 21:427; 24:646, 647
Garaude, Lupe Cotrim. 25:4706; 26:2039
Garavito, Guillermo A. 6:2034
Garavito, Humberto. 11:553
Garavito, Miguel A. 9:4556, 12:3267
Garavito Armero, Julio. 2:1432; 7:2217
Garay, Alejandro. 26:1723
Garay, Aurelio. 25:3226
Garay, Benjamín de. 6:3647; 8:4297; 11:2619; 13:1725
Garay, Berecil. 24:5750
Garay, Blas. 8:3344
Garay, Fermín J. 20:3012
Garay, Juan de. 4:2868
Garay, Leslie A. 23:2548
Garay, María del Carmen. 4:4077
Garay, Narciso. 10:4476; 11:2379
Garayar P., Gregorio. 8:3750
Garbalosa, Graziella. 21:4085; 22:5128
Garbarini Islas, Guillermo. 3:757; 4:2567
Garbarino Machuca, Mario. 24:6403
Garbosky, Antonio J. 12:1377; 14:1458; 22:2364; 23:2577
Garbuny, Siegfried. 27:1698
Garcerán de Vall Laredo, Octavio. 11:3603
Garcerán de Vall y Souza, Julio. 10:4089
Garcés, Enrique. 3:1435; 15:1754; 2178; 26:1021
Garcés, Jesús Juan. 19:4601
Garcés, Víctor Gabriel. 7:2679; 8:152; 9:133, 504; 10:1909; 11:381, 1276; 13:1854, 1921; 17:1602; 21:4921
Garcés Bedregal, Miguel. 9:556
Garcés Ferrá, Bartolomé. 13:1208; 19:3138
Garcés G., Jorge A. 1:852-853; 2:1915; 3:1997, 2280, 2281; 6:2972; 7:627a, 3023; 8:3050; 9:2886; 10:497, 2726; 13:1389; 15:1423, 1544; 17:1601, 18:1819; 20:2756; 22:3450
Garcés Pachano, Wilson. 19:6100
Garcez, Lucas Nogueira. 18:1511
Garcez Palha, José Egídio. *See* Palha, José Egídio Garcez.
García, Álvaro. 15:907
Garcia, Amilcar de. 7:5049; 9:4358
Garcia, Angélica de Rezende. 15:2802
García, Antonio. 1:310; 5:1086; 6:1375; 7:4606; 9:1166, 1167; 10:403; 11:370, 698,
3051; 12:839; 14:100; 17:688; 18:1579, 2976, 3180; 20:2240; 27:2182
García, Aurelio. 3:1996
García, Basileu. 4:4428; 18:2938; 20:4534
García, C. R. 1:1001
García, Carlos F. 6:3379; 8:3260
García, Casiano. 18:1800; 21:2736
García, Demétrio. 13:1181, 1318
García, Desiderio. 16:729
García, E. 24:1534, 1566
García, E. J. 1:339
García, Eduardo Augusto. 2:3015; 4:4325; 10:4184; 27:3188
García, Emilio. 8:1714
García, Enrique Eduardo. 1:1160
García, Eustasio Antonio. 27:33
Garcia, Evaldo da Silva. 16:3390; 18:3161; 28:1361
García, Ezequiel. 5:3051
García, Félix. 22:5916
García, Fernando. 28:3074a
García, Flavio A. 15:2225; 20:2787, 3080; 24:4223, 4224; 25:3515; 28:932a, 1010, 1010a, 1215
García, Genaro. 20:2512, 3732; 27:741
García, Germán. 7:5352; 9:4621; 11:3151; 18:2561
García, Gonzalo A. 2:775a
Garcia, Hamílcar de. 10:3878
García, Ibrahím. 24:4873
García, Jacinto. 6:3225
García, José Gabriel. 10:2933; 2934; 18:2019a; 21:2613
García, José Joaquín. 10:3054
García, José María. 2:571; 3:1124; 7:4164; 8:1414, 1415, 3755; 9:1292; 10:3402
Garcia, José Maurício Nunes. 10:4435
García, José Uriel. 2:364, 435; 3:71, 412a, 412b; 4:468, 557; 5:2657; 8:422a, 3115; 20:997a; 24:614; 26:173
García, Juan Augustín. 4:44; 10:2985; 19:3485; 20:4217
Garcia, Juan Crisóstomo. 2:2691; 6:4781; 7:1918, 3129; 9:707; 12:2326
García, Juan Francisco. 9:4867; 12:2327, 3402; 14:3403
García, Julio César. 2:1163; 3:2704; 6:3135; 3726; 14:2574; 17:2237
García, Lautaro. 2:2778
García, Lautico. 25:3526
García, Leonidas. 22:3202
García, Luis M. 14:1461
García, Luis Roberto. 11:871
García, Miguel Ángel. 1:1080; 5:2786; 7:3279; 9:3171; 11:2430; 17:1028, 1705a; 24:3753
García, Nélida P. 5:1394
Garcia, Othon Moacyr. 20:4320, 4321; 28:2413
García, Pablo. 19:5056-5058
García, Paulo. 27:3883
García, Pedro, *Colombian*. 7:1193
García, Pedro, *Mexican*. 14:2031
García, R. 13:794
García, Rafael R. 3:1096
García, Raúl Alfonso. 20:3021; 27:2183
García, Rodolfo. 4:3407; 5:3252; 9:3377; 10:380, 381; 11:2595, 13:1717; 14:2294, 2993; 21:3306
Garcia, Rozendo Sampaio. 20:2750
García, Rubén. 1:1025; 4:3061; 24:3898
García, Samudio Nicolás. 2:1916
García, Santos. 8:3116
García, Secundino. 9:557; 11:1413

García, Serafín J. 3:2012, 3246; 7:4698; 9:3929; 10:3887; 11:3274; 16:2748; 18:2529
García, Simón. 8:2320
García, Tomás. 11:3592
García, Tomás de A. 14:1915
García, Trinidad. 1:1469; 7:5153
García, Víctor. 22:6108
García A., Guillermo S. 20:3092
García A., J. Luis. 7:2997; 25:3343
García-Abrines, Luis. 24:5514
García Acevedo, Mario. 26:2174; 28:3021, 3022
García Aguero, Salvador. 2:415; 3:191, 1430; 7:3326
García Aller, Arturo H. 17:1119, 1120, 2987
García Álvarez, Juan Pablo. 28:598a
García Amador y Rodríguez, F. V. 7:5309
García Aponte, Isaías. 28:3340
Garcia Aráez, Elisa. 22:2200
García Arias, Luis. 24:3719
García Arroyo, Raziel. 24:3754
García Ascot, José Miguel. 23:1485
García Astrada, Arturo. 20:4838; 22:5853; 24:6062
García Avendaño, Jesús. 7:2604
García Aybar, José E. 19:4306
García Bacca, Juan Davíd. 5:4422, 4431; 6:4996; 7:5660-5663, 5690; 8:4881, 4921; 9:4980, 4982; 10:4567, 4571, 4573; 11:3883, 3884, 3906-3909, 3930; 13:1980, 2719, 2762, 2780; 14:3450, 3451; 15:2907; 16:3226; 3227, 3247, 3275; 17:2867 2922, 2923, 2925; 18:3082, 2123; 19:5702, 5784; 20:2715, 4752, 4762, 4764, 4765, 4784, 4862, 4872; 21:4760, 4822-4824; 26:2256; 28:3213, 3214, 3263, 3358
Garcia Barcena, Rafael. 9:4929; 10:3495; 11:2970, 3863a; 13:2095, 2745; 14:3433, 3434; 20:4872a
García Barrios, Porfirio. 10:3475; 14:2557, 3167
García Bauer, Carlos. 22:4062; 24:3566
García Bauer, José. 14:1640, 3115
García Baylleros, José L. 4:3540
García Belsunce, César A. 28:1011
García Benítez, Luis. 12:1887b
García Berlanga, Luis. 20:4236
García Blanco, M. 16:2480; 20:3823; 24:6031
García Borgonovo, Heraldo. 11:941
García Borrero, Joaquín. 5:2538
García Buchaca, Edith. 26:740; 28:3327
García Bustillos, Gonzalo. 27:3021
García Cadena, Alfredo. 7:2605; 9:1168; 22:1478, 2258
García Calderón, Eduardo. 2:892
García Calderón, Francisco. 15:1373, 1727; 16:1068
García Calderón, Manuel. 17:2788; 21:4560; 22:4631; 25:4132
García Calderón, Ventura. 3:3154; 4:3784, 3785, 3877, 4014; 6:3936, 3991; 8:4121; 12:2445; 13:2096; 15:1727, 2377; 16:2570; 21:4110
García Calella, Miguel. 6:2637; 10:3407, 3441; 11:2846
García Calix, Tulio. 6:4650
García Cantón, Alberto. 7:2070
García Cantú, Gastón. 20:3931; 23:2933; 28:484, 599, 599a
García Caraffa, Alberto. 21:2414
García Caraffa, Arturo. 21:2414
García Carillo, E. 15:514

García Castañeda, José Agustín. 4:146a, 146b; 6:333; 7:335; 13:294; 15:331, 1498; 21:3824
García Castellanos, Telasco. 9:2183; 19:2357
García Caturla, Alejandro. 7:5472, 5473; 9:4698
García Cervantes, Fernando. 17:2761
García Chuecos, Héctor. 2:2485; 3:2269; 4:2823, 2824, 2942; 5:2652; 6:3136, 3137, 3839; 9:3813; 10:2403, 2750; 11:2214; 12:1872; 15:1638b, 2198; 16:1696, 1999; 18:1820, 2141; 19:3901; 21:2718, 2942, 3186; 22:3403; 3435, 4516; 6414; 24:4164; 28:873, 3341
García Costa, Víctor O. 28:1011a
García Cruz, A. 27:227
García Cruz, Miguel. 5:873, 874; 6:995, 1299; 7:1008, 1009, 4333; 8:3834; 14:2546; 17:2017; 19:4448
García Cuéllar, Filiberto. 17:3171
García de la Concepción, Joseph, Brother. 23:3200
García de la Concha, José. 26:1042
García de la Mata, Helena. 22:5129
García de León, Porfirio, Jr. 9:1226
García de Paredes, Carlos M. 28:2293
García de Onrubia, Luis F. 19:5710
García de Sena, Manuel. 15:1609
García de Zúñiga, E. 9:5000
García del Real, Eduardo. 1:708; 13:1225
García del Río, Juan. 8:3332
García del Rosario, L. A. 8:1312
García Delepiani, Antonio. 20:3932
García Díaz, Adolfo. 20:4811, 4812; 21:4781; 23:5905
García Díaz, Tarsicio. 28:600
García Diez, Adolfo F. 10:2111
García Elgueta, Manuel. 5:3487, 3488, 3537; 27:914
García Espinosa, Juan M. 7:3327
García Esteban, Fernando. 5:3662; 14:2971; 25:1249; 26:247
García Falco, Hermina. 6:2005
García Formentí, Arturo. 5:875, 2137, 3260
García Franco, Salvador. 9:2648
García Freire, José. 10:1141
García Frías, J. Elías. 6:597; 8:464
García Frías, Roque. 11:1081
García G., Gilberto. 27:3884
García G., Raúl. 26:533
García Gallo, Alfonso. 16:1484; 17:1406, 1471; 18:1706; 19:3131, 3139
García Gallo, Gaspar Jorge. 23:1827; 28:780a
García Games, Julia. 7:4607
García García, Alberto. 18:2275
García Garófalo y Mesa, Manuel. 3:2622a; 7:3328; 11:2407, 2996
García Garzena, Víctor. 2:836
García Gil, Pedro. 14:2218
García-Girón, Edmundo. 19:5059; 24:5515
García Goldara, José. 20:2466
García Goldaraz, Carlos. 14:2002
García González, Alfredo S. 23:4652
García González, Estela. 15:2013
García González, Vicente. 15:2595
García Gorroño, Benjamín. 6:3803; 10:2707; 12:1397; 13:924, 928
García Goyena, Rafael. 16:2710
García Granados, Miguel. 18:1981
García Granados, Rafael. 1:128, 753; 3:2172; 5:256, 297, 763, 2380; 6:262, 324, 734; 7:299; 8:569; 9:324; 15:1517; 19:3267; 22:2920

García Granados, Ricardo. 20:2825; 23:3256
García Guiot, Silvano. 5:2381; 16:2910; 8:723; 9:2783; 11:2346; 13:18
García Gutiérrez, Jesús. 4:2522, 5:2873; 6: 3113, 3315, 3337; 7:2813, 2951, 3389; 10: 2562; 11:2260; 12:1808; 13:1179, 2149; 14:1873; 17:1407; 18:1753a, 1754; 22: 2921; 23:3296, 3297; 25:3133
García Hernández, M. 9:3054
García Hernández, Manuel. 22:3203
García Herrera, Álvaro. 7:3204
García Herreros T., Mario. 11:3499
García-Huidobro Guzmán, Andrés Javier. 19: 2528
García Hurtado, Raúl. 12:1206
García I., Antonio Y. 9:3734
García Icazbalceta, Joaquín. 1:2323; 4:195a; 5:2362, 2382, 3562; 7:2952; 13:1319; 1601; 18:1745a, 1771a; 19:4693; 20:3734; 25:4223
García Iglesias, Sara. 10:3666; 12:1808a
García Iturbe, Reinaldo. 24:2048
García Jiménez, Francisco. 24:4733; 28:1532, 3023
García-Junco, Marcelino. 6:4997
García Júnior. 4:3355
García Krautz, Francisco. 19:5015
García Lezama, J. A. 11:481
García Lluberes, Alcides. 22:3204; 23:3435
García López, Agustín. 14:1019
García López, M., h. 8:2433
García Lorca, Federico. 23:5104
García Loya, Diego. 24:3755
García Lupo, Rogelio. 27:3056, 3189, 3189a; 28:1148
García Mackle, Miguel. 24:5430
García Mainez, G. 2:3003
García Maldonado, Alejandro. 8:4053
García Maldonado, L. 11:1267
García Mansilla, Daniel. 17:3114
García Manzanedo, Héctor. 21:427; 24:647
García Maroto, Gabriel. 21:905
García Martínez, Francisco. 1:1527, 1664; 6:4595; 11:2772
García Martínez, José. 10:1942a
García Martínez, José A. 8:4838; 28:244
García Martínez, Roberto. 22:4632; 28:1092
García Mata, Carlos. 2:698; 3:758, 845; 4: 917; 7:1380; 9:1358
García Mata, Luis. 8:1572
García Mata, Rafael. 2:1332, 1333; 5:1173; 6:2362; 7:1339; 9:1359, 1380, 1558; 10: 1142.
García Matos, Manuel. 12:3445
García Máynez, Eduardo. 5:4451; 6:4539; 7:2480, 5154; 8:4952; 10:1606a, 4554, 4616; 12:1514, 3454; 14:3446; 15:2766, 2923; 16:3290; 17:2957; 19:5798; 20: 4876, 4876a; 23:5867, 5868; 24:4817; 25: 5330; 26:2272; 28:3246
García Mayo, Manuel. 6:1047
García Mella, Moisés. 4:3688
García Mellid, Atilio. 12:2077; 19:2859; 21: 2220; 28:1200
García Méndez, Carlos A. 9:2244; 12:1422
García Mendoza, Carlos. 13:2418
García Mérou, Martin. 10:3685
García Miranda Alfonso. 6:947; 23:2033
García Miranda, M. 10:4604
García Molinari, Ovidio. 5:1767; 8:2369; 9:2134; 10:1875
García Monge, Joaquín. 8:3911; 16:2561; 22:4319; 24:5209, 5210
García Montero, Eduardo. 17:1472; 21:2415
García Montes, Óscar. 6:1057; 9:987

García Montúfar, Guillermo. 17:2796; 27: 3711
García Morales, Justo. 25:3067
García Moreno, Gabriel. 19:3881
García Moreno, José Miguel. 12:1178; 14:1271
García Moreno Russo, Laura. See Russo, Laura García Moreno.
García Morente, Manuel. 5:4491; 7:5637, 5708; 9:5013; 14:3435
García Morillo, Roberto. 6:4887; 7:5431; 9: 4834; 10:4355, 4408; 12:3435, 3437; 13:2636; 18:2989; 24:5918, 5919
García Moroto, Gabriel. 6:2673
García Naranjo, Nemesio. 11:1376; 19:2928, 3622; 25:3252; 26:614
García Narezo, José. 15:220
García O., Juan Alfredo. 20:1952
García Olano, Fernando. 3:3636; 5:4121
García Olano, Francisco. 10:1143; 11:942
García Ormachea, R. 1:1684
García Orozco, Eladio. 25:4045
García Ortiz, Humberto. 4:2357, 3284; 8: 407; 11:78; 17:3018; 22:5411
García Ortiz, Laureano. 2:2512; 3:2485, 2705; 4:2943, 3276; 5:3052, 3663, 3664; 6:3138, 3139
García Paredes, Roberto. 6:1362
García Pastor, Jesús. 18:1801
García Payón, José. 7:300, 301; 8:179, 215; 9:266, 267; 11:185, 186, 249; 12:152a, 158, 159; 13:142, 143; 15:170-173, 211; 16:148-152, 196, 17:76-78; 18:23, 46, 47, 277; 20:129; 21:80; 22:58; 25:140; 27: 221, 757
García Pedrosa, José R. 2:536d; 3:1097; 6: 1069a
García Peláez, Francisco de P. 9:2784
García-Pelayo, Manuel. 2:1760
García Peña, Roberto. 16:1709
García Pérez, Nicolás, Bp. 7:2893, 3178
García Pimentel, Joaquín. 11:2083
García Pintos, Salvador. 1:1656; 2:3090
García Ponce, Guillermo. 25:2857
García Ponce, Juan. 22:5309; 28:1840, 1841
García Ponce, Servando. 27:3563
García Prada, Carlos. 1:1260; 2:2236; 3:3155, 3296; 4:3878; 5:323, 2383; 6:4216; 7: 4783; 8:3998, 4108; 9:3854, 3938, 4052, 4107a; 11:3110; 20:4081; 22:5130-5132; 23:5040, 5138; 26:1695
García Preciat, José. 6:735; 11:532; 13:1138; 14:722
García Quiroga, Eduardo. 2:3095
García Quiroga, Jorge. 8:4514
García Rada, Domingo. 10:4006
García Rada, Germán. 13:946
García Ramos, Dagoberto. 13:1395
García Rangel, Ramón. 6:1300
García Reynoso, Manuel. 13:1618
García Reynoso, Plácido. 23:2017, 2034, 2035; 24:1929; 25:1553-1556
García Riera, Emilio. 26:225
García Rivas, Heriberto. 28:484a
García Rivera, Armando. 13:1036
García Robiou, Carlos. 21:2929
García Robledo, L. 11:3233
García Robles, Alfonso. 4:3573; 6:3727; 9: 3492; 10:896; 23:2789, 4658; 27:3056a
García Rodríguez, José. 4:3799; 16:2621; 17: 2376
García Roel, Adriana. 9:3930
García Rosell, César. 6:3140, 3478; 8: 2473; 19:3889; 22:3451; 23:473
García Rosquellas, Rafael. 6:1502; 7:3501; 8: 1645; 28:2082

García Rossi, Enrique. 11:1291
García Ruiz, Alfonso. 19:68, 3268, 3593; 25: 645
García Ruiz, Ramón. 10:1606b; 11:2380; 21:1711; 28:600a, 601
García Sáinz, Ricardo. 19:1953
García Saiz, Valentín. 11:3245; 12:2528
García Saldas, Jorge. 1:233
García Samudio, Nicolás. 5:658a, 2561-2563; 6:3062, 3141, 3142; 7:3520; 9:3312; 11: 1923; 16:2265
García Santos, Raquel. 14:2387
García Saraví, Gustavo. 21:4086; 25:4456
García Sayán, Enrique. 19:4276
García Serrato, Nelson. 10:3092
García Solórzano, Bulmaro. 27:1865b
García Soriano, Manuel. 21:3052; 24:1980
García Téllez, Ignacio. 1:1026; 4:2391; 6: 2674; 7:4273; 8:3835
García Terrés, Jaime. 15:2755
García Toledo, Anastasio. 3:2156
García Treviño, Rodrigo. 6:5076; 7:5700; 19: 1881; 24:3575
García Tudurí, Rosaura. 15:2862; 16:3249; 19:5723, 5797; 20:4786, 4813, 4840; 21: 4761, 4838; 22:5812
García Tudurí de Coya, Mercedes. 5:2809; 15: 2863; 16:3248; 17:2924; 19:5723, 5797; 20:4785, 4839
García Uson, Angustias. 11:3954
García V., Agustín. 13:144
García V., Julio. 12:1006
García V., Rubén. 16:37, 1775
García Valdés, Pedro. 8:2273; 13:295; 14: 328; 15:332, 333
García Valencia, Abel. 18:1821; 22:4974
García Valencia, Antonio. 25:2634
García Valenzuela, Enrique. 2:826b
García Vargas, Julio. 8:1641
García Vásquez, Demetrio. 3:2335; 5:2067; 17:1408; 25:3545a
García Vásquez, Enrique. 15:660; 16:860a
García Vásquez, Ricardo. 9:2120
García Vega, Agustín. 7:302
García Vega, Lorenzo. 17:2377; 25:4326
García Velasco, Rafael. 22:4049, 4063; 27: 3453a
García Velloso, Enrique. 4:3879, 3880; 5:3841; 6:4041, 4042; 9:3977; 10:3678; 13:2231; 26:1901; 28:2294
García Verdes, Anita. 5:2756
García Victorica, Silvia. 11:3317
García Vieyra, Alberto. 12:1135
García Villas, Mariano. 12:1808b
García Villasmil, Martín. 20:3090
García Werebe, Maria Jose. See Werebe, Maria José Garcia.
García y Conde, Alexo. 14:1824
García y García, Elvira. 5:1549; 9:1976; 13:750
García y García, Mario. 17:2707
García y Grave de Peralta, Fernando. 4:146c; 6:299, 15:334; 16:224; 19:263, 264
García y Lastres, Nicanor. 7:1544
García y Silva, Ángel. 7:5331
García, Claudio y Cía., Editores, *Montevideo.* 7:75
Garciasol, Ramón de. 25:4529
Garcilaso de la Vega, Inca. 5:3581; 9:3774; 10: 2716, 2717; 13:1429; 17:1473, 1596, 1603, 2273, 2274; 20:3724; 21:3713, 3714; 23: 3642, 4729; 24:4085, 5020-5024; 25: 574, 4213, 4224; 28:1723, 1729, 1745
Gardebian, H. Gordon. 8:4392
Gardel, Luis D. 22:1308a; 25:3185, 4751

Gardiner, Clinton Harvey. 14:2100; 15:783-785; 18:1934; 19:3269, 3270; 20:2516 21:1712, 2527; 22:2842; 23:3006, 3257-3259; 24:3811, 3899; 28:508a, 775, 1368
Gardiner, J. S. 3:1762
Gardner, Erle Stanley. 25:5733
Gardner, George. 8:3497
Gardner, L. S. 13:856
Gardner, Mary A. 28:111
Gardner, Nancy Ann. 27:3057
Garet Más, Julio. 4:3881, 20:4130
Garfías, Carlota. 5:1630
Garfías, Francisco. 23:5100
Garfias, Valentine Richard. 16:1162; 18:954
Garganta, Juan de. 14:2902; 15:2160; 18: 1822
Gargaro, Alfredo. 2:2330; 3:2270, 2651; 4: 2989; 5:2970; 6:3380, 3381; 7:3066, 3442, 9:2932; 10:2987, 2988; 11:1312; 12:1623a, 1916; 2171; 14:2161, 2162; 18:1901; 20:3003; 22:3487
Gargurevich y G., Antonio. 10:1295
Garibaldi, Lorenzo. 5:2157
Garibaldi Dantas, José. See Dantas, José Garibaldi.
Garibay, Ricardo. 28:1842
Garibay Kintana, Ángel María. 7:430; 10: 251; 11:2024; 13:117; 14:222, 280; 19: 208, 645; 20:2551; 21:421, 422; 22:532-537, 551, 555, 568, 840-843; 23:923, 5738; 24:1121; 25:637, 638, 3189; 26: 1351; 27:219, 409, 743, 758-761, 797; 28:134, 509, 1730, 1746
Garín, Felipe María. 16:501
Garín Rodríguez, Waldo. 10:4157
Garini, L. S. 28:2048
Garivito, Miguel A. 3:3618
Garizurieta, César. 5:3748; 15:2226; 18:2477, 2478
Garland, Antonio. 14:2206
Garland, Eduardo. 19:4279
Garland, Jasper Vanderbilt. 7:3716
Garlock, Lorene A. 10:1943-1945
Garmendia, Dionisio Jorge. 20:4922
Garmendia, Hermann. 9:3856; 17:2466
Garmendia, Julio. 17:2378
Garner, José. 6:5093
Garnham, Emilia. 26:2202
Garo, Francisco J. 15:2724; 16:3091; 19:5550, 5551; 20:4565
Garoz Villatoro, Benjamín. 17:2688
Garre, Domingo. 27:3504
Garret, A. 27:2184
Garretón, Adolfo. 5:1445; 13:1597
Garretón, Alfredo. 3:2271
Garrett, Eileen Jeanette (Lyttle). 22:412
Garrett, Eudora. 4:2918; 5:1594
Garrett, João Baptista da Silva Leitão de Almeida. 9:4247
Garrett, John K. 5:2680
Garrett, Kathryn. 3:2388, 2464; 4:2653
Garrett, Naomi Mills. 19:5387; 26:2133
Garrett A., Julio. 11:2502
Garric, Roberto. 24:5718
Garrido, Fernando Arturo. 23:3416
Garrido, Ginés. 27:3004
Garrido, José Eulogio. 11:3704; 15:281; 19: 3460, 4635; 20:350-350b; 25:377
Garrido, Luis. 2:3121; 3:3247; 7:5296; 13: 2528; 18:3346; 19:2077, 4731; 23:4820
Garrido, Max R. 7:2641
Garrido, Pablo. 6:4915; 9:1889; 18:313
Garrido, Víctor. 21:2943; 28:815
Garrido Alfaro, Vicente. 5:2874; 9:134

Garrido Conde, María Teresa. 28:891
Garrido de Boggs, Edna. 12:3403, 3404; 13:1981; 14:3379, 3380; 22:417
Garrido Malaver, Julio. 24:5431
Garrido Merino, Edgardo. 21:5011
Garrido Torres, José. *See* Torres, José Garrido.
Garriga, G. 22:4320
Garrigós, Florencio. 3:3655
Garrigós de von der Heyde, Zelmira. 28:1093
Garrigou-Lagrange, Reginald. 11:3962; 15:2948
Garro, Elena, 22:5310; 23:5322, 5323; 28:1843, 1844, 2295, 2296
Garro, J. Eugenio. 4:2147; 5:400, 478; 6:441; 8:423, 2207, 4147; 14:2828; 16:2686
Garro, Joaquín. 27:3321
Garros, José Boadella. 9:4281
Garroux, Anatole Louis. 26:46, 1202
Garry, Robert. 22:2436
Garst, Sita. 24:1129
Gartler, S. M. 25:797
Garver, Raymond D. 13:812
Garvin, Paul L. 14:485; 15:421; 23:715
Garza, Eduardo L. 7:5209
Garza, Jeannette M. de la. 8:3662
Garza, Sergio Francisco de la. 13:1097
Garza, Servando J. 15:2649
Garza, Virgilio. Jr. 16:1776
Garza Leal, Natívid. 1:1432
Garta Ruiz, Antonio. 23:2934, 3260
Garza Treviño, Ciro R. de la. 19:3271
Garza Villarreal, Héctor de la. 17:2997
Garzón, Ernesto. 17:980
Garzón, Rafael A. 4:2308
Garzón Ferreyra, Ignacio. 19:4307
Garzón Maceda, Ceferino. 28:944a
Garzón Maceda, Félix. 2:1140
Garzón Moreno, Ricardo. 20:3032
Gasca, Pedro de la. 17:1624
Gascón, León Vicente. 7:5432
Gascón de Gotor, A. 16:1485
Gaspar, P. C. 4:233a
Gaspar de Alba, Rafael. 21:1468
Gaspar de Madre de Deus. *Brother*. 19:4041
Gasparini, Graziano. 23:1449; 24:1698, 1699; 25:378; 26:177, 178; 28:218
Gasparini, Lina. 4:3062
Gaspary, Fernando. 11:284; 16:270; 17:409
Gásperi, Luis de. 1:1596; 7:5142; 11:3583; 12:3088; 19:5491; 28:1557
Gásperi, Rafael Ángel. 4:2467
Gastaldi, J. Petrelli. 13:2573
Gastaldi, Santiago. 14:2687; 16:2749
Gasteazoro, Carlos Manuel. 21:2585; 26:1787
Gastón, Francisco José. 9:2121
Gastón, J. Frank. 17:530
Gatell, Frank Otto. 21:2960; 22:3258; 23:3359
Gates, A. I. 5:4423
Gates, Eunice Joiner. 5:3591, 4376; 12:2834; 25:3922
Gates, R. Ruggles. 19:861; 20:764
Gates, William. 1:84, 99, 100, 1027; 3:111; 5:298
Gatica, Hipólito. 2:3033
Gatica, Ignacio A. 5:4362
Gatica de Montiveros, María Delia. 8:3999; 19:5060
Gatica Martínez, Tomás. 17:2435
Gatica Pacheco, Sergio. 24:4840
Gation, Louis R. E. 10:1027
Gatón Arce, Freedy. 10:3717
Gatón Richiez, Carlos. 18:3198
Gatría, José. 7:1107, 3807
Gatti, G. M. 16:3214

Gatti, Hugo E. 13:2509; 20:4513
Gatto, Santiago. 5:371, 372; 12:300
Gaudi Ley, E. E. 7:5384
Gauld, Charles A. 27:2923a; 28:1362
Gautherot, M. 21:5022
Gautier Benítez, José. 21:4087
Gautier Dapena, José A. 16:1413; 20:2964; 28:828a
Gavan, James A. 15:492
Gavarrette, Juan. 6:334
Gavazzo Perry Vidal, F. *See* Vidal, F. Gavazzo Perry.
Gavensky, Martha. 28:1963
Gavião Gonzaga, Antônio. *See* Gonzaga, Antônio Gavião.
Gavidia, Francisco Antonio. 12:2751; 13:2232; 22:3069; 26:1724
Gavilán, Narciso. 7:3542
Gavino Rivera, María Elena. 15:1088
Gaviola, Enrique. 13:683
Gavira, Gabriel. 19:2409
Gaviria, Guillermo. 27:2051
Gavito, Florencio. 28:565a
Gavrilovic, Stoyan. 26:351a; 28:856
Gaxiola, F. Javier, Jr. 4:3063
Gaxiola, Federico Jorge. 7:2680; 20:2202
Gay, Jean Pierre. 8:3084
Gay, Osvaldo Alberto. 8:1598
Gay Calbó, Enrique. 2:1169b, 2477; 3:1988; 4:3823, 3871, 3882, 4530; 5:2810; 6:2911, 3260, 4505; 9:2649, 3194; 15:1719, 2227; 18:1998; 20:2324, 2919, 2919a; 22:3233; 23:3417
Gay de Montellá, Rafael. 16:3133; 17:3139
Gaya, Ramón. 9:754
Gayan, Elisa. 22:5746, 5737
Gayda Cunha, José. *See* Cunha, José Gayda.
Gayer, Arthur D. 4:1539
Gayne, C., Jr. 9:781
Gayo, Jesús. 5:2273
Gayol Fernández, M. 1:1571
Gayoso, Bruno. 4:3320; 5:3083
Gayot, Gerald G. 27:451, 1006
Gayton, A. H. 19:456; 22:373; 24:587
Gazaneo, Jorge O. 20:1021a; 23:1571
Gazdaru, D. 15:2120
Gazeta de Montevideo. 14:1707; 20:3082
Gazeta de Santiago de Chile. 18:2100
Gazeta del Gobierno de Chile. 18:2104
Gazeta Judiciaria, Rio de Janeiro. 15:1801
Gazeta Ministerial de Chile. 26:964a; 28:1000
Gazitúa Navarrette, Víctor Manuel. 11:1022
Gazmuri Ojeda, Jorge. 2:3001
Gazol Santafé, A. 18:955
Gazón Bona, Henry. 17:482
Gaztambide, Juan B. 10:2031
Gaztelu, Ángel. 21:4088
Gea; Revista Venezolana de Geografía, Caracas. 24:2910
Geada, Rita. 23:5136
Gebhardt, Carl. 6:5072
Geel, María Carolina. 12:2529; 26:1665
Geenzier, Enrique. 9:4002
Gehain, Adhemar. 6:472
Geigel, Fernando J. 12:1938
Geigel, Luis M. 8:2370, 2371
Geigel Polanco, Vicente. 2:572, 1537, 1537a; 6:3331
Geigel y Zenón, José. 2:2563; 5:2912
Geiger, Maynard J. 2:1809; 3:2360; 5:2384; 7:2998; 13:1139, 1320; 16:1414, 1602; 19:3272, 3338, 3594; 21:941; 28:542
Geiger, Moritz. 14:3481; 22:5905
Geiger, Paul. 5:1570

Geiger, Pedro Pinchas. 17:1226, 1245; 18: 1448; 19:2641; 20:2091, 2114, 2129; 21:2126, 2127; 25:2373, 2374; 27:2924-2924b
Geiger, Theodore. 8:4393; 19:2917; 27:1655, 1830
Geijskes, D. C. 11:1634; 25:317, 363-365
Geipel, Georg. 20:801; 21:843
Geisert, Harold L. 25:1514
Gelabert, Gaby. 12:2078
Gelabert, José A. 5:659
Gelabert de Simas. 4:667
Geld, Ellen Bromfield. 21:2128
Gell, María Carolina. 21:3948
Gellhorn, Alfredo. 6:2271
Gelly y Obes, Juan Andrés. 10:2967, 2999, 3006; 19:3822
Gelsi Bidart, Adolfo. 15:2627; 23:4265
Gelson Fonseca. 23:4557
Gemelli Careri, Giovanni Francesco. 12:1755; 20:2517
Gemmir de Lleonatt, Juan. 2:1427
Gené, Juan Carlos. 22:5311
General Claims Commission, United States and Mexico. 1:1709, 1712
General Drafting Company, *Convent Station, N. J.* 25:2334; 27:2722, 2781, 2781a, 2851a
Genil-Perrin, Georges. 2:3103
Genio Latino, México. 5:2184
Genófre, Edmundo M. 24:4456
Genovés Tarazaga, Santiago. 19:852; 21:800, 804; 22:984, 985; 23:1258; 24:1544-1546; 27:1506, 1521-1521d
Genovese-Oeyen, Stella. 12:568
Genschow, Fernando A. 24:4501
Genta, Eduardo Ubaldo. 5:3812; 8:4109, 4110; 10:3718; 16:1986
Genta, Estrella, 4:4030
Genta, Jordán B. 6:2543
Genta, Walter Homero. 12:2752
Gentil, Alcides. 5:3201
Gentil Nunes, Janari. *See* Nunes, Janari Gentil.
Gentile, Giovanni. 10:4594
Gentili, Carlos A. 16:1176
Gentiluomo, Federico A. 16:1922
Gento Sanz, Benjamín. 5:659a; 11:542; 14:708; 15:554; 19:3471; 20:2751
Gentry, Howard Scott. 21:1953
Géo, Charles. 19:1230; 20:913, 1165
Geoffroy Rivas, Pedro. 26:1336
Geoghegan, Abel Rodolfo. 24:4221; 25:3516; 26:1086; 28:41
Geoje, C. H. de. 5:493
George, Lloyd F. 24:5798
George Washingon University. Center of Inter-American Studies, *Washington*. 4:3574
Georges, Guy D. 28:2693
Georgetown University. Institute of Language and Linguistics, *Washington*. 27:1479
Geppi, Héctor. 3:1703
Geranio, Silvios. 6:473; 19:493
Geraque Murta, Jayme. *See* Murta, Jayme Geraque.
Gerard, Conin. 8:1834
Gerard, Raoul. 16:1660
Gerasimov, I. P. 21:2129
Gerassi, John. 27:3058
Gerbasi, Vicente. 6:4213; 8:4148; 11:3290; 15:2320; 21:4089, 5133
Gerbi, Antonello. 9:160, 1514; 11:1963, 2997; 12:1677a; 21:2416; 23:5808
Gerchunoff, Alberto. 2:2693; 3:3248; 4:553; 6:4162; 28:1964
Gerdel, Florence. 15:377
Gerdts-Rupp, Elisabeth. 3:330a

Gerencia de Exploración de Petróleos Mexicanos. 20:1957
Gérez, José M. 3:803; 5:1228
Gerhard, Peter. 10:1864, 1937; 11:2347; 12: 1580; 19:3273, 3274; 21:2313, 5000; 22:2922; 23:3114; 24:3771; 26:441; 27: 318, 1136, 2751
Gerling, W. 2:1118
Gerloff-Emden, Hans-Günter. 22:2206
Germán, C. 3:3688
Germán Parra, Manuel. 19:555
Germán Ribón, Segundo. 11:2513; 15:1374
Germani, Gino. 16:3348; 18:3255; 19:6032, 6047, 6092; 20:4906, 4907; 21:4941; 23:2790; 27:2392, 2672, 3059, 3190, 4023, 4023a, 4124
Germano, Manuel. 20:1166; 21:1151, 1176
Germany. Oberkomando der Kriegsmarine. 10: 2291
Germany (Federal Republic). Statistiches Bundesamt. 27:1699
Gérol, E. Harry. 27:627
Gerpe, Abel. 18:790
Gersdorff, Ralph von. 24:6288; 27:2329
Gersen, Bernardo. 26:2067
Gershowitz, H. 24:1532
Gerson, Brasil. 20:3216, 3283; 23:3923; 24: 4505
Gerstenhauer, Armin. 23:2525; 27:2752
Gerstmann, Robert M. 17:1092
Gerth, H. 3:1538
Gertner, María Elena. 22:4925
Gertner Fernández, Augusto. 25:4115
Gervasoni, C. 7:3011, 8:562
Gessain, Robert. 5:352, 1631; 19:646
Gessler, Clifford. 10:637
Gester, G. C. 10:1910
Gesualdo, Vicente. 25:3613, 5211; 26:2175; 28:3024
Getchell, Myron Warren. 7:5385
Getino, Luis Alonso. 9:4976; 11:1964
Getino, Octavio. 28:1955
Gettens, Rutherford J. 19:163
Gez, Juan Wenceslao. 4:2090; 5:1815
Gez de Gómez, María Estela. 4:2090
Gheerbrant, Alain. 19:2358, 6707; 23:4729; 25:574, 4225; 28:1745
Ghelderode, Michel de. 23:5342
Ghersi Barrera, Humberto. 21:310; 25:575, 576
Ghiano, Juan Carlos. 14:2575; 19:4732; 20: 3824, 4231; 22:5195, 5312; 23:5041, 5170; 24:4271, 5616, 5651; 25:3614, 4374, 4433; 26:1405b, 1478, 1632, 1725, 1864, 1902
Ghigliani, Alejandro E. 18:2880
Ghiglione, Piero. 17:1156; 19:2540
Ghinasi, Juan. 5:504
Ghioldi, Américo Antonio. 3:1348; 7:1844, 1855; 10:1476; 12:1529; 13:1053, 1667; 16:1325, 1923; 18:2065; 21:2202, 2221; 23: 2852
Ghioldi, Rodolfo. 10:3280; 27:3191
Ghiraldo, Alberto. 1:904, 2052, 2098; 3:3047; 6:3382, 4163; 4252; 11:3287; 12:2753
Ghisletti, Luis V. 15:316; 18:349; 20:281, 679, 679a
Gho Elizondo, Sigifredo. 9:1571
Giacalone, Benedetto. 2:97; 3:2442
Giacaman G., Pablo. 11:432
Giachello, Domingo. 5:1198
Giacobbe, Juan Francisco. 24:5932
Giacomo, Arnaldo Magalhães de. 24:5938
Giacone, Antônio. 6:520; 15:441; 22:844
Giaconi, Claudio. 20:3933; 23:4965
Giagnoni M., Olga. 25:2308

Giampietro Borrás, Gabriel. 12:3049; 23:4646; 24:4908
Gianello, Leoncio. 14:2163; 15:1593, 1653; 18:1555; 19:3043; 21:3053-3055, 3080; 24:4225
Gianneo, Luis. 12:3337, 3435; 15:2772
Giannetti Fonseca, Yone. *See* Fonseca, Yone Giannetti.
Giannetto, Felix. 24:2934
Giannini, Humberto. 28:3215
Giannuzzi, Joaquín O. 25:4457
Gianolini, Néstor. 15:1191
Giaudrone, Carlos. 25:1250
Gibbs, Beverly Jean. 25:4375; 28:1965
Gibbs, J. Barnard. 7:815
Gibbs, Jo. 11:641
Gibbs, Tomás. 6:1263
Gibelli, Guido. 4:710
Giberga Touzet, Ulises. 17:609
Giberti, Horacio C. E. 21:3056; 27:2146; 28:1094
Giblett, E. R. 25:806
Gibson, Carlos D. 3:248, 2272; 10:1624
Gibson, Charles. 14:1945; 16:1603, 1604; 17:133; 18:278, 1754a; 19:647, 3140, 3275, 3276; 20:219, 403, 2518, 2519; 22:2842; 23:912, 924, 3163; 25:639; 26:441a, 456; 27:762
Gibson, Christopher H. 9:2346
Gibson, George Rutledge. 1:1028
Gibson, Gordon D. 25:113
Gibson, Hugh. 3:1649, 2765
Gibson, John M. 17:3115
Gibson, Lorna F. 20:680
Gibson, Olive G. 6:187
Gibson, William Marion. 9:2472; 14:1625
Gibson Parra, Percy. 14:2966; 16:2711
Gicklhorn, Renée. 27:1183; 28:1045
Gicovate, Bernardo. 20:4131; 24:5516-5518; 25:4530; 26:1764, 1765; 28:2187, 2225
Gicovate, Moisés. 10:1512; 11:1330; 12:1218k
Gidden, Culver E. 6:997
Giddings, Ruth Warner. 24:648
Gide, André. 6:4436, 4437, 5073; 7:5038, 5039
Gidel, Gilbert Charles. 16:3039
Gierloff-Emden, Hans Günter. 23:2504, 2505, 2618; 25:2282
Gierth, Sieglinde. 28:465a
Giese, Wilhelm. 4:1856; 16:2481
Giesecke, Alberto A. 5:401-403; 25:379
Giesecke, Helmut. 27:1948
Gietz, Ernesto G. 5:4296a; 6:4800; 9:4622; 11:3724; 12:3300; 20:1652
Giffen-Duyvis, Guda E. G. van. 21:74; 23:212
Giffoni, Maria Amala Corrêa. 20:4708; 26:2160
Giffoni, O. Carneiro. 10:3835
Gifford, E. W. 12:160; 16:153
Gifford, James C. 23:209; 25:248
Gigax, William R. 25:1588; 27:1949
Gigli, Arturo H. 11:943
Giglio, Tarquinio. 2:3130
Gigon, Luis. 4:351
Gigoux, Enrique Ernesto. 2:185
Giguens, W. T. 23:1311
Gil, Enrique. 2:2436a; 3:2925; 4:4474; 7:3717; 9:1360
Gil, Federico G. 19:2860; 20:2204; 22:2610; 23:2791; 25:3408; 27:3348
Gil, Felipe. 15:1114
Gil, Guido. 28:815a
Gil, José M. 17:1444
Gil, Napoleón. 2:1917-1919
Gil, Noemí A. 26:196
Gil, Octavio. 4:3168; 14:2164; 18:3323

Gil, Pío, *pseud.* 19:3902, 3903
Gil-Albert, Juan. 7:5687; 9:4053
Gil Arantegui, Malaquías. 11:2384, 2434
Gil-Bermejo García, Juana. 27:763; 28:509a
Gil Borges, Esteban. 2:2352, 2353, 2377; 5:2703
Gil Fontana. 20:2296a
Gil Fortoul, Henrique. 22:3572
Gil Fortuol, José. 6:2727; 7:3562; 21:3949; 22:3571, 3572
Gil García, Bonifacio. 25:5207
Gil García, Pablo. 4:2459
Gil Gilbert, Enrique. 4:3998; 5:3749; 8:4054; 21:3904
Gil Gruiñón, Joaquín. 20:3829
Gil Munilla, Ladislao. 15:1619; 20:2702
Gil Munilla, Octavio. 15:1594; 18:1648, 1999
Gil Navarro, Orlando. 9:4421
Gil Salguero, Luis E. 7:5638; 13:2766; 28:3264
Gil Sánchez, Alberto. 9:4558
Gil Sánchez, Jaime J. 18:692
Gil Taboada y Lemos, Francisco. 17:1583
Gil Tovar, F. 20:952
Gil y Sáenz, Manuel. 22:2902
Gilabert, Antonio. 25:4376
Gilardi, Gilardo. 5:4319, 4320; 12:3435
Gilbert, Benjamin F. 19:3595
Gilbert de Pereda, Isabel. 9:3367
Gilberti, Maturino. 27:1428
Gilbey, B. E. 18:171, 394
Giles, Eugene. 27:1522
Gili Gaya, Samuel. 13:1983
Gilij, Salvador. 28:861k
Gill, Carmen Guimarães. 13:660; 15:1042; 18:1147
Gill, Mario, *pseud.* 10:2371; 18:1935; 19:3596, 3597; 23:2943, 3261; 24:2004, 3419
Gill, Richard C. 6:534
Gill, Tom. 17:1076
Gill Aguinaga, Juan B. 24:4328
Gillan, Crosby Lee. 9:317
Gilland, Mary. 16:1894
Gillard, E. Thomas. 5:1746; 6:2282; 7:2141, 2169; 8:2309
Gille-Delafon, S. 15:596
Gilles, Albert. 18:3347
Gillet, Joseph E. 18:2340
Gilli, José Ángel. 7:1340
Gillin, John Philip. 2:198, 252, 253, 324, 325; 6:479; 7:512, 596; 8:2017; 9:384; 11:264; 13:84, 221, 352; 14:101, 307-309, 382, 449; 15:135; 17:14, 256; 19:14; 21:423; 23:610, 2752; 24:3420, 6302; 25:114; 27:138, 4024
Gillis, J. M. 12:2119
Gillmor, Frances. 8:244; 9:1925; 20:220; 22:538; 27:764
Gilman, Stephen. 26:1418, 1425
Gilmore, A. B. 5:1154; 7:1153
Gilmore, Kenneth O. 26:760
Gilmore, Marion H. 13:769
Gilmore, Maurice E. 11:699
Gilmore, N. Ray. 21:2812; 26:615
Gilmore, Raymond M. 16:101
Gilmore, Robert Louis. 14:2193; 20:3033; 24:4176; 28:1053
Gilpin, Laura. 14:155; 15:59
Gilson, Etiénne. 6:5061; 11:3939, 3963; 18:3137, 3138
Gilson, H. Cary. 3:1762; 4:2148; 7:2345
Giménez, A. S. 19:882
Giménez, Alberto Emilio. 25:5212
Giménez, C. N. 8:2330
Giménez, Lida. 15:244

Giménez Bonet, Abelardo B. 13:1598
Giménez Caballero, Ernesto. 21:5029; 24:4329
Giménez Carranza, Manuel. 25:1140a
Giménez Colodrero, Luis E. 11:1924
Giménez Fernández, Manuel. 12:1678, 1717; 13:1242, 1451; 14:1874; 15:1424; 16:1719, 1756; 17:1524; 18:1706a; 19:3141-3144, 3150; 20:2584; 21:2417-2419; 25:3042
Giménez Landínez, Víctor Manuel. 25:1642, 1643; 27:2094
Giménez Lanier, Joaquín. 9:755
Giménez Ortiz, Ángel. 15:1718
Giménez Pastor, Arturo. 1:1991; 3:6a, 10a, 3035; 4:4031; 6:4043; 11:3052
Giménez Pastor, Luis. 5:2757
Giménez R., Antonio. 7:2170
Giménez Silva, Floraligia. 25:3538
Gimeno Capella, José María. 15:263
Ginadana, Alicia. 10:2953
Ginastera, Alberto E. 7:5433, 5434, 5604; 8:4736; 9:4835; 10:4409; 11:3773; 12:3339, 3376, 3377, 3435; 13:2637-2639
Giner de los Ríos, Francisco. 14:2903
Ginés, H. 27:1375
Ginés de Sepúlveda, Juan. 28:428, 861a
Gini, Corrado. 17:882; 20:755
Ginsberg, Aniela. 13:314
Ginstra, Bleeker, R. J. P. van. 19:1882
Ginzo, José Antonio. 18:2066; 19:3851
Gioja, Ambrosio Lucas. 11:3918, 3919; 18:3083
Giordano, Alberto. 12:3369
Giordano, Ernestina. 19:2259, 2260; 21:1808
Giordano, Jaime. 25:4226
Giordano, Luis. 8:1927
Giorgi, Diógenes de. 8:1993; 11:1277
Giorgi, Héctor. 22:4654
Giorgi, Luis. 15:971
Giorgi, Olga de. 20:5032
Giovanelli, Jorge A. 10:2069
Giovanetti, Bruno. 9:2347
Giovannoni, G. José. 20:3004
Giovantes, Evelio. 21:918
Gipson, H. C. 2:22
Gipson, Lawrence Henry. 12:1679
Giraldi, Pedro Mario. 27:3786
Giraldo, Alberto. 20:2429
Giraldo Jaramillo, Gabriel. 4:469, 3800; 5:507, 2539; 6:766; 7:462, 554, 4569; 8:360, 2129, 3944; 9:718; 10:570; 12:551, 623; 14:632; 17:189, 3116; 18:1282; 19:407, 3044, 3423, 6425, 6426; 20:944-949, 2325, 2703, 2706a, 2716, 3034; 21:2314, 3135, 3136; 22:4733; 23:2904, 3606; 24:1654, 1705, 5107, 6080; 26:2257
Girão, Raimundo. 7:3655; 13:1692; 14:2295; 16:2834; 20:3264; 21:1797, 3263; 24:6404
Girão Barroso, Antônio. See Barroso, Antônio Girão.
Girard, E. 16:1141; 21:1954, 1983
Girard, Rafael. 7:405; 9:616; 10:218, 252; 13:222-224; 14:156, 223, 224, 310; 15:409, 410, 493; 18:108; 22:348; 23:122, 823; 25:640
Girardin, Émile de. 8:4394
Giraud, Marcel. 16:1605; 19:3277
Giraudier, Antonio. 22:5134
Girault, Louis. 23:824
Girault, Manuel. 19:1953a
Girbal, Gladys Teresa. 18:2687
Giribaldi Oddo, Alfredo. 2:3125; 14:3255; 15:2596
Girivichi, Atilio. 2:2278

Girón, Manuel Antonio. 11:415
Girón, Miguel G. 2:3020
Girón Cerna, Carlos. 7:247, 3885, 9:988; 18:2688
Girondo, Oliverio. 19:4733; 20:1072
Gironza, Telmo. 9:3055
Girosi, Pablo. 14:2904
Girri, Alberto. 21:4090; 22:5135; 24:5287; 25:4458; 28:2128
Gisbert de Mesa, Teresa. 17:427, 454; 18:417, 428; 20:354f, 934-939, 1001; 21:916, 917; 22:1162, 4727; 23:1436, 3613; 24:1663, 1666-1668, 1670; 25:1141-1147, 1177; 3492, 4211, 4227; 26:138-140, 171, 204, 866; 28:181, 1778
Gisbert y Cía., S. A., La Paz. 23:6402
Gisiger, Paul. 27:2925
Gitahy, Hernani. 13:1694
Giudice, Daniele del. 22:2280
Giudice, Osvaldo N. 18:2530
Giudice, Roberto B. 25:3709
Giúdici, Ernesto. 4:3602; 5:788, 6:3770; 25:2700
Giuffra, Elzear Santiago. 9:2031
Giuliani Fonrouge, Carlos M. 3:3769; 16:2988; 27:3833
Giurato, Toto. 13:1140
Giuria, Juan. 2:365; 3:372; 4:470; 8:570, 688; 865, 14:668; 15:539, 583; 16:474; 18:448; 20:1012; 23:1501
Giusta, H. S. 8:1725a
Giusti, Roberto F. 4:4078; 5:3489, 3592, 3842; 6:4044; 7:4608; 8:4000; 12:2446; 13:2192; 19:4734, 4929; 20:4224, 4245, 4750; 24:5108; 25:3673, 4245, 4424; 28:3265
Givovich, L. 12:525
Gjelsness, Rudolph H. 11:3705; 12:3301
Glade, William Patton, Jr. 23:2036; 27:1866; 3494, 4125
Gladwin, Harold S. 13:85
Glaeser, Ernst. 6:4438
Glaspell, Susan. 9:4332
Glass, John B. 19:195; 20:84; 22:539; 27:765
Glass, L. S. 1:418, 432
Glauert, Earl T. 26:1087
Glave, Guido. 2:676
Gleason, H. A. 5:1747
Gleason, S. Everett. 18:2214
Gleason Álvarez, Miguel. 9:1063
Gleason Galicia, Rubén. 19:1190a, 1991
Gleichen-Russwurm, Alexander von. 1:21
Gleiser Daj, Samuel. 10:3992
Glenn, J. B. 2:479; 4:580
Glennan, T. K. 25:2055
Glessmna, Louis R. 23:1482
Glézer de Castiel, Ida. 15:1080
Glick, Edward B. 19:3598; 22:2611, 4050, 4051; 23:3262; 27:3060, 3060a, 3403
Gligo Viel, Agata. 25:4014
Glinkin, A. N. 24:3075; 26:1272
Glover, R. G. 6:2382
Glover, Tomás B. 9:1361
Gluck, Samuel E. 21:4762
Glusa, Rudolf. 27:3469
Glycerio de Freitas, Francisco. See Freitas, Francisco Glycerio de.
Gnattali, Radamés. 7:5454; 15:2829b
Gnazzo, Edison. 20:2292; 23:1847; 25:1427; 27:3839
Gnecco, Agustín V. 5:1445a
Gnecco Mozo, José. 4:2325
Goad, Edgar F. 4:2658
Gobbato, Celeste. 19:2642
Gobello, José. 23:4966; 28:1558
Goblot, Edmond. 8:4942; 11:3964

Goddard, Arthur. 25:569; 27:2869a
Goddard, E. N. 13:856
Gode, Alexander. 18:2983
Godfrey, William S., Jr. 6:325
Godofredo Filho. 3:373; 5:571
Godoi, Manuel Pereira de. 12:393; 19:301, 302
Godoi da Mata Machado, Edgar de. See Machado, Edgar de Godoi da Mata.
Godoy, Armand. 12:2642
Godoy, Emma. 16:2788; 24:5519
Godoy, Gastón. 25:2778
Godoy, Joaquín. 3:1900
Godoy, Jorge. 10:3358
Godoy, Juan. 11:3200; 23:4967
Godoy, Manuel Pimentel de. 8:2527; 17:1217; 27:2925a
Godoy, Oscar de. 6:1838
Godoy, Pedro José. 4:2461
Godoy, Urbano. 5:2088
Godoy Alcayaga, Lucila. 2:2593; 4:4049; 5:1874, 3538; 6:798; 7:4752a; 11:3320; 12:2656, 2674a, 2674b; 14:2946; 16:1870, 2719, 2720; 17:2296; 18:2592; 19:5027, 5028; 20:4112; 21:4106; 22:5157; 23:4829, 5104; 26:1809
Godoy Álvarez de Faría Ríos Sánchez y Zarzosa, Manuel de. 26:470
Godoy Colombo, Alberto. 17:981
Godoy Ladeira, Julieta de. See Ladeira, Julieta de Godoy.
Godoy Otero, Leo. See Otero, Leo Godoy.
Godoy Pérez, Domingo. 2:837
Godoy V., Bernabé. 4:3801; 19:3599; 23:4968
Godshall, W. L. 3:2926
Godwin, Francis Wood. 9:1362; 10:1144; 12:1264
Godwin, Molly Ohl. 8:780
Goebel, Dorothy Burne. 4:2532
Goebel, Ernesto H. 24:213
Goeje, C. H. de 3:343a; 10:432; 12:363; 13:346; 14:329, 486; 21:450
Goenaga, Miguel. 10:3055
Goering, Anton. 26:1043
Goeritz, Mathias. 28:1865
Görlich, Ernst J. 2:2331
Góes, Eurico de. 1:2190; 2:1638
Góes, Fernando. 7:4886; 23:5517; 24:5782
Góes, Jayme de Faria. 25:4707
Góes, Moacyr de. 24:4457
Góes Calmón, F. M. de See Calmón, F. M. de Góes.
Góes Monteiro, P. A. de. See Monteiro, P. A. de Góes.
Goethe, Johann Wolfgang von. 8:4395; 9:4333
Goetz, Delia. 7:215; 8:328; 14:1292; 16:207; 19:197, 3213; 20:197
Goetzmann, W. H. 24:3900
Goez, Ramón Carlos. 13:820
Goff, Charles Weer. 14:582; 19:196
Goff, Frederick R. 19:6504
Goffin, Robert. 4:3132; 8:4396
Goggin, John M. 5:249; 9:268; 12:280; 14:124; 19:307, 308; 21:202; 22:405; 24:401; 25:296
Gogol, Nicolai. 10:3925
Goguel de Labrousse, Elizabeth. 11:3938; 18:3133; 19:5825
Gohory, Jacques. 4:2793
Goiás (State). Departamento de Estatística e Publicidade. 4:834
Goico C., Manuel de Jesús. 11:3152; 12:2773
Goichochea, Carlos. 28:2297
Goicolea Villacorta, Domingo. 19:1443
Goicouria, Wilfredo de. 2:3115
Goins, John F. 24:867; 27:1184

Góis, Paulo. 27:2627
Góis Filho, Joaquim Faria. 5:1481; 8:1880; 11:1331; 15:1043; 20:1783; 25:2175; 27:2564
Góis Sobrinho, José Faria. 11:1332; 19:2254; 19:2254; 27:2537
Goison, Christopher H. 9:2184
Gold, Robert L. 28:542a-543a, 566
Goldaracena, Joaquín. 12:2152
Goldbaum, Wenzel. 15:2389
Goldberg, Isaac. 28:2479
Golden Gate International Exposition, San Francisco. 6:714
Goldenberg, Boris. 25:1605; 27:3061, 3061a
Goldfrank, Ester S. 25:1189
Goldgar, Harry. 28:2226
Goldhamer, Herbert 28:37
Goldin, Gurston. 18:1936
Goldkind, Victor. 24:6308; 27:915
Goldman, Edith. 10:1651
Goldman, Edward Alphonso. 17:1077
Goldman, Frank. 21:1798; 23:3952
Goldman, Irving. 14:533; 27:1283; 1283a, 2926
Goldner, Bernard B. 8:983
Goldrich, Daniel. 27:3322, 4126, 4127
Goldsack, Hugo. 16:2772; 18:2614
Goldschmidt, Albrecht. 2:407
Goldschmidt, Roberto. 14:3240; 22:4561; 27:3615
Goldschmidt, Werner. 12:2972, 3508; 17:2899; 20:4876b; 22:5814; 25:4015, 4133
Goldsmith, Harold F. 23:6014
Goldsmith, Oliver. 9:4334
Goldstein, Benjamin. 13:544, 546
Goldstein, Marcus S. 9:575, 576; 13:375; 18:387
Goldstein, Mateo. 19:5492
Goldstein, Raúl. 26:1337
Goldstraj, Manuel. 21:2222
Goldwater, Robert John. 14:824
Goldwert, Marvin. 23:3643; 24:4107a; 25:2635; 27:704a; 28:601a
Golgher, Isaias. 21:3292
Gollán, José Santos, h. 13:58
Gollán Josué, h. 3:968; 4:2596, 3203; 6:3728; 7:3808; 8:2606; 9:2397, 2398; 11:1832, 1833, 2661; 12:2302; 24:4226
Golland Trindade, Henrique, Brother. See Trinidade, Henrique Golland, Brother.
Gollás Quintero, Manuel. 27:1955
Golodetz, Alec. 3:893
Golwarz, Sergio. 23:5324; 25:4307
Gomensoro, Javier. 5:3843; 10:3093; 11:2312
Gomensoro, José L. 6:3196, 3383
Gomes, Alfredo. 12:1217k; 15:1044; 16:2043; 2127; 21:3426
Gomes, Alfredo Dias. 24:5799; 26:2076; 28:2653a
Gomes, Amynthas Vidal. 19:5530; 23:4635
Gomes, Anápio. 14:1095; 20:1419
Gomes, Antônio Osmar. 5:4377; 7:1975; 4828; 8:2180a, 4857; 9:871; 11:3409; 15:687, 701
Gomes, Carlos. 16:1257
Gomes, Celuta Moreira. 26:2098
Gomes, Eugênio. 3:3495; 5:3915; 15:2490; 18:2744; 19:5253, 5262; 20:4312; 22:5452, 5453; 23:5416, 5417, 5420, 5421, 5502; 24:5773; 25:4606; 28:2663, 2676a
Gomes, Evelina Gramani. 22:5497
Gomes, Francelino de Araújo. 21:2251; 23:1926
Gomes, Francisco de Assis Magalhães. 24:6054

Gomes, Frederico Pimentel. 14:1539; 15:702, 703; 24:3035; 25:2375
Gomes, Henrique de Souza. 21:3414
Gomes, José Bezerra. 2:2863; 4:4156, 4217; 10:3836; 11:3410
Gomes José Carlos Ferreira. 17:1183, 1217
Gomes, José Edson. 28:2480
Gomes, Lausimar Laus. 22:5498
Gomes, Lindolfo. 10:1652; 14:2990
Gomes, Luiz Souza. 14:1196; 16:2239; 27:3330
Gomes, Ordival Cassiano. 14:2327; 17:1859, 3117
Gomes, Orlando. 13:1886, 2574; 18:2914; 22:4562-4564; 23:4559, 5869; 25:1725, 4046
Gomes, Wilson. 27:2316
Gomes Barbosa, M. *See* Barbosa, M. Gomes.
Gomes Carmo, A. *See* Carmo, A. Gomes
Gomes Coelho Mesquita, Myriam. *See* Mesquita, Myriam Gomes Coelho.
Gomes Consorte, Josildete. *See* Consorte, Josildete Gomes.
Gomes da Costa, Joffre. *See* Costa, Joffre Gomes da.
Gomes da Rocha, Francisco. *See* Rocha, Francisco Gomes da.
Gomes da Rocha, João. *See* Rocha, João Gomes da.
Gomes da Silva, Francisco. *See* Silva, Francisco Gomes da.
Gomes da Silva, Maria Fernanda. *See* Silva, Maria Fernanda Gomes da.
Gomes da Silveira. 12:2906
Gomes de Alencastre, Amilcar. *See* Alencastre, Amilcar Gomes de.
Gomes de Araújo, Antônio. *See* Araújo, Antônio Gomes de.
Gomes de Castro, Augusto Olympio. *See* Castro, Augusto Olympio Gomes de.
Gomes de Lima, Onofre Muniz. *See* Lima, Onofre Muniz Gomes de.
Gomes de Matos, Pedro. *See* Matos, Pedro Gomes de.
Gomes de Mattos, Francisco Jaguaribe. *See* Mattos, Francisco Jaguaribe Gomes de.
Gomes de Menezes. 7:3587
Gomes de Moura, José. *See* Moura, José Gomes de.
Gomes de Oliveira, Carlos. *See* Oliveira, Carlos Gomes de.
Gomes de Sousa, Rubens. *See* Sousa, Rubens Gomes de.
Gomes dos Santos, Domingos Maurício. *See* Santos, Domingos Maurício Gomes dos.
Gomes Filho, Luiz Peixoto. 19:5213
Gomes Freitas, Cândido. *See* Freitas, Cândido Gomes.
Gomes Machado, Hélio. *See* Machado, Hélio Gomes.
Gomes Machado, Lourival. *See* Machado, Lourival Gomes.
Gomes Mathias, Herculano. *See* Mathias, Herculano Gomes.
Gomes Matos, Francisco. *See* Matos, Francisco Gomes.
Gomes Neto, Francisco Antônio. 23:4587; 25:3796; 27:3742
Gomes Penna, Antônio. *See* Penna, Antônio Gomes.
Gomes Talarico, José. *See* Talarico, José Gomes.
Gomes Venturi, Maslowa. *See* Venturi, Maslowa Gomes.
Gómez, A. I. 6:3384
Gómez, Alarico. 28:2129
Gómez, Alejandro. 27:3192
Gómez, Aniceto M. 1:101

Gómez, Carlos A. 12:220
Gómez, Carlos J. 18:3294
Gómez, Carlos María. 28:1966
Gómez, Casimiro. 4:1943
Gómez, Delio. 10:4159
Gómez, Efe, *pseud*. *See* Gómez Escobar, Francisco.
Gómez, Eugenio. 12:1015; 24:4335; 25:3708
Gómez, Eugenio J. 7:2606; 9:1178; 11:2514; 13:1080; 15:929; 19:2429
Gómez, Eusebio. 3:3740; 8:4614, 4617; 13:2515
Gómez, Felipe Victoria. 18:1937
Gómez, Hernán Félix. 4:3169-3171; 5:2971, 2972; 8:3264; 9:669; 11:1737
Gómez, Isola. 4:4035, 4036
Gómez, José C. 12:1222
Gómez, Juan Carlos. 6:3401
Gómez, Juan Gualberto. 2:2148; 20:2920, 2920a
Gómez, Juan J. 13:547
Gómes, Juan Vicente. 1:1255
Gómez, L. A. 6:1339
Gómez, Laureano. 17:1320, 1321; 22:2667
Gómez, Lino Nepomuceno. 8:2950
Gómez, Luis Aurelio. 7:2153
Gómes, Marte R. 5:2681, 2875; 7:940; 12:1264a; 13:43, 2237; 16:965; 19:3600, 3655; 25:3253; 27:1867
Gómez, Mathilde. 16:1777-1780
Gómez Maximo. 2:2155; 5:2811; 6:3261; 7:629, 3329; 20:2910, 2939
Gómez, R. 21:2528
Gómez, Ramón L. 4:2533
Gómez, Rodrigo. 19:1973a; 23:2024 24:2108
Gómez, Rosendo Adolfo. 13:1052, 1599; 24:3421, 3422
Gómez, Virginio. 10:2112
Gómez A., Ricardo. 4:363
Gómez Acevedo, Labor. 20:2965; 26:801
Gómez Alonzo, Paula. 4:3064; 10:1596; 21:3701
Gómez Arana, Guillermo. 23:3263
Gómez Araújo, Juan José. 4:991, 1726: 11:944, 1283
Gómez Arias, Alejandro. 24:5432
Gómez Báez, Máximo. *See* Gómez, Máximo.
Gómez Baños, Virginia. 23:4816
Gómez Bas, Joaquín. 18:2531
Gómez Benoit, Abelardo. 26:1975
Gómez Broson, Juan Carlos. 17:2379
Gómez Bustillo, Miguel R. 12:2975, 3117
Gómez Calderón, María. 13:406; 16:456; 19:903
Gómez Campillo, Antonio. 6:3063
Gómez Canedo, Lino. 16:2530; 18:1740a, 1741; 19:3440; 20:2717, 2781; 21:2401, 2731; 23:3164, 3620, 3621; 25:641, 3043, 3160, 3461 26:436a; 28:416, 481, 534a, 825a, 836a, 867a. 867b; 1050a
Gómez Carrillo, Enrique. 19:4735
Gómez Carrillo, Manuel. 4:4321; 10:4356, 4487-4489; 12:3378; 13:2640, 2642
Gómez Carrillo, María Inés. 5:4322, 4323
Gómez Cobos, Federico. 6:3479
Gómez-Cornejo, Carlos. 13:1141
Gómez-Cortés y Cortés, René. 21:4539; 26:741
Gómez Daza, J. M. 26:2210
Gómez de Avellaneda, Gertrudis. 2:2694; 22:4952
Gómez de Bandujo, Candita E. 1:1640
Gómez de Cervantes, Gonzalo. 10:2526
Gómez de Fernández, Dora. 20:4132; 28:1549
Gómez de la Serna, Ramón. 10:638; 11:3111
Gómez de la Serna y Favre, J. 10:4609

Gómez de la Vega, Alfredo. 18:2710
Gómez de Orozco, Federico. 1:2323; 4:542, 543, 2654, 2745, 3802, 3824; 5:299, 660, 661, 2385; 6:2783, 2912; 7:248, 2999; 8: 571, 724; 11:155; 12:586; 14:225; 15: 1483; 16:1661; 17:2308; 19:3204, 3278, 3279, 21:2420; 27:742
Gómez del Prado, Carlos. 26:1799
Gómez Díaz, Amira. 15:1078
Gómez Díaz, Ranferi. 23:4606
Gómez Echeverría, Manuel Valentín. 28:644a
Gómez Escobar, Francisco. 11:3246
Gómez Fernández, Miguel. 3:1175; 4:1608
Gómez Ferreyra, Avelino Ignacio. 9:3249; 11: 2307; 13:1668
Gómez Flores, Francisco. 25:3226
Gómez Forgues, Máximo I. 7:5157; 15:1306b
Gómez G., Porfirio. 14:912
Gómez García, René. 27:2185
Gómez Gil, Orlando. 19:5516
Gómez Gómez, Hernán. 5:2064; 6:2616
Gómez González, Filiberto. 18:279
Gómez Gutiérrez, Octaviano. 23:3264
Gómez Haedo, Francisco. 4:1215
Gómez Haedo, Juan Carlos. 3:352; 4:331; 5: 3094; 6:3489; 9:135, 2019
Gómez Haro, Eduardo. 6:2913
Gómez Hoyos, Rafael. 11:1965; 25:3044; 26: 373a, 932; 28:986
Gómez Hurtado, Álvaro. 24:3705; 25:1629
Gómez Irigoyen, Luis. 13:887
Gómez Jaime, Alfredo. 11:3112
Gómez Jaramillo, Ignacio. 2:391; 10:639; 11: 598, 3257; 12:627
Gómez Langenhein, A. 5:2973
Gómez Maganda, Alejandro. 24:6417
Gómez Martínez, Carlos. 7:1302
Gómez Martínez, Fernando. 13:555
Gómez Matos, A. E. 5:2195
Gómez Mayorga, Ana de. 12:2530
Gómez Mayorga, Mauricio. 6:4214; 18:490; 25:1225
Gómez Millas, Juan. 24:5520
Gómez Molleda, Diego. 21:2421
Gómez Molleda, María Dolores. 21:2422
Gómez Montero, María Teresa. 25:4498
Gómez-Moreno, Manuel. 28:423a
Gómez Morín, Manuel. 6:2675; 16:1781
Gómez Muñiz, Miguel. 21:4631
Gómez Naranjo, Humberto. 3:3672
Gómez Naranjo, Pedro A. 2:2983; 7:1216; 15:930; 16:2573
Gómez Omil, Dolores, 13:896
Gómez Orozco, Alicia. 9:3791
Gómez Orozco, Federico. 9:3159
Gómez Otálora, Hernando. 24:4517
Gómez Padilla, Julio. 27:3787
Gómez Parra, Aurelio. 20:3035
Gómez Parra, Pedro. 6:3143
Gómez Paz, Julieta. 16:2750; 17:2971; 24: 5521, 5522; 25:4373
Gómez Peralta, Mauro. 1:1700
Gómez Pérez, Francisco. 8:2990
Gomez Picón, Alirio. 7:3785
Gómez Picón, Rafael. 12:1365; 16:285; 25: 2236; 26:836
Gomez Pinzón, Manuel. 4:2309
Gómez Prada, Agustín. 12:3004
Gómez R., José Joaquín. 25:4047
Gómez Reinoso, Teófilo. 9:3493
Gómez Restrepo, Antonio. 1:1990; 2:2564, 2565, 2808; 3:2273; 4:3786, 3883; 5: 2540; 6:3960; 9:3857; 12:2447; 13: 2048 14:2661; 22:4754; 24:5053
Gómez Reyes, Roberto. 17:883

Gómez Robleda, Carlos. 25:1515
Gómez Robleda, José. 3:1451; 9:577; 12: 2531; 13:369a; 14:583; 15:494; 18:48; 19:4673; 27:1607
Gómez Robledo, Antonio. 4:3065; 5:719, 3844; 6:3729, 3783; 8:4858; 12:3455, 3456; 13:2720, 2721; 17:1003, 2891; 18: 2621; 20:4766, 4814-4817, 4878a; 21:4782, 4842; 22:2804, 5882; 24:3423, 6018; 26: 534, 2273; 27:3062; 28:602
Gómez Robledo, Xavier. 23:1486
Gómez Robles, Juan. 6:1320
Gómez Robles, Julio. 11:805, 806; 17:588; 23:4619; 24:1981
Gómez Rodríguez, Gudelia. 21:3575
Gómez Rojas, José Domingo. 7:4816
Gómez Rosa, José A. 15:2330
Gómez Ríos, Emiliano. 18:1649
Gómez Rubio, Ana María. 21:4238
Gómez S. Gordoa, José. 16:966; 23:2017
Gómez Sucre, José. 8:633; 10:640, 641; 12: 628, 638; 14:765, 766, 802; 15:614; 20: 905; 21:906, 1177; 23:1403; 25:1109; 28: 226
Gómez T., Diego María. 11:1616
Gómez Tejera, Carmen. 4:4034
Gómez Toro, Bernardo. 19:3715
Gómez Torres, Jorge. 10:1242
Gómez Ugarte, Elena. 3:11
Gómez Valderrama, Pedro. 22:1954
Gómez Valle, Raúl. 22:5136
Gómez Valle, Sara. 15:1914
Gómez Villa, Seida. 5:2812
Gómez Villegas, César. 4:3884
Gómez y Gutiérrez, Agustín. 11:1593
Gómez Zavala, Carlos C. 3:249
Gómez Zuloaga, José. 23:4969
Gomezanda, Antonio. 9:4708
Gomide, A. 28:1284
Gomide, F. M. 21:4825
Gomide, Paulo. 24:5783
Gomieri, Onofre Valentín. 24:3496
Gomís Soler, José. 9:4520
Gonçalves, Alpheu Diniz. 2:956, 957; 3:1612; 4:711; 15:718; 21:1418
Gonçalves, Álvaro. 9:1709a, 4363; 14:2343
Gonçalves, Antônio Carolino. 21:4914; 25: 5640; 27:2927, 2927a
Gonçalves, Augusto Cezar Lopes. 1:1387
Gonçalves, Carlos Alberto. 17:3140
Gonçalves, Floriano. 10:3879
Gonçalves, Francisco. 9:4115
Gonçalves, Francisco Mendes. 4:1029, 1030
Gonçalves, J. Stoll. 21:4561
Gonçalves, Luis da Cunha. 17:2741
Gonçalves, Newton. 15:717
Gonçalves, Osvaldo Corrêa. 18:570; 23:4279
Gonçalves, Roberto Mendes. 20:3265
Gonçalves, Ruy. 5:3916, 4056
Gonçalves, Silo. 13:1752
Gonçalves Antunha, Elsa Lima. See Antunha, Elsa Lima Gonçalves.
Gonçalves Cerejeira, Manuel. See Cerejeira, Manuel Gonçalves.
Gonçalves de Aguiar, Francisco. See Aguiar, Francisco Gonçalves de.
Gonçalves de Azevedo, Artur Nabantino. See Azevedo, Artur Nabantino Gonçalves de.
Gonçalves de Lima, Oswaldo. See Lima, Oswaldo Gonçalves de.
Gonçalves de Magalhães, Domingos José. See Magalhães, Domingos José Gonçalves de.
Gonçalves de Oliveira, A. See Oliveira, A. Gonçalves de.
Gonçalves de Souza, João. See Souza, João Gonçalves de.

Gonçalves Dias, Antônio. *See* Dias, Antônio Gonçalves.
Gonçalves Égler, Eugênia. *See* Égler, Eugênia Gonçalves.
Gonçalves Fernandes, Albino. *See* Fernandez, Albino Gonçalves.
Gonçalves Fernandes, Anibal. *See* Fernandes, Anibal Gonçalves.
Gonçalves Fraga, Affonso José. *See* Fraga, Affonso José Gonçalves.
Gonçalves Martins, Renato. *See* Martins, Renato Gonçalves.
Gonçalves Pentagna, Romana. *See* Pentagna, Romana Gonçalves.
Gonçalves Salvador, José. *See* Salvador, José Gonçalves.
Gonçalves Viana, Aniceito dos Reis. *See* Viana, Aniceito dos Reis Gonçalves.
Goncharov, V. M. 26:349a
Gondelles Amengual, R. G. 15:1183
Gondi, Ovidio. 8:3600
Gondim, Joaquim. 5:494
Gondim Filho, Isaac. 17:2648
Gondra, Jorge M. 10:4019
Gondra, Luis Roque. 1:376; 2:1790; 6:1424; 8:1514; 10:2989
Gondra, Manuel. 8:4071
Gondra, Manuel Augusto A. 21:2223
Gonggryp, J. W. 24:889; 27:1429
Góngora, Pablo de. 2:2090
Góngora del Campo, Mario. 15:1587; 17:2668; 21:2755, 4908; 22:5907; 24:4129, 4130, 25:3045; 26:821; 28:722a, 933, 933a, 3342
Góngora Marmolejo, Alonso de. 24:4128
Góngora Perea, César. 5:4485; 9:5014; 10:4536
Goñi Demarchi, Carlos A. 28:1012
Goñi Moreno, José María. 8:3701; 14:2472; 19:4421; 21:3545
Goñi S., Juan. 12:3262
Gonionskii, Semen Aleksandrovich. 22:3085; 23:2944; 25:3098; 28:466, 742
Gonsalves, José A. 14:3014
Gonsalves de Mello, José Antônio. *See* Mello, José Antônio Gonsalves de.
Gontijo de Carvalho, Antônio. *See* Carvalho, Antônio Gontijo de.
Gontijo Maciel, Gualter. *See* Maciel, Gualter Gontijo.
Gonzaga, Alcides. 11:2647
Gonzaga, Antônio Gavião. 6:2449; 8:1850, 2554; 9:1702
Gonzaga, Francisca. 28:2655
Gonzaga, Francisco, *Father*. 5:2386
Gonzaga, João Bernardino. 21:4616
Gonzaga, Maria Alice Pompéia. 26:1365
Gonzaga, Thomas Antônio. 6:4293; 8:4209a; 11:3428
Gonzaga da Fonseca, Luís. *See* Fonseca, Luís Gonzaga da.
Gonzaga da Silveira d'Elboux, Luis. *See* Elboux, Luis Gonzaga da Silveira d'.
Gonzaga de Campos, Luis Felipe. *See* Campos, Luis Felipe Gonzaga de.
Gonzaga dos Santos, Luiz. *See* Santos, Luiz Gonzaga dos.
Gonzaga Duque-Estrada, Luiz. *See* Duque-Estrada, Luiz Gonzaga.
Gonzaga Fleury, Luiz. *See* Fleury, Luiz Gonzaga.
Gonzaga Jaeger, Luis. *See* Jaeger, Luis Gonzaga.
Gonzaga Novelli Júnior, Luis. *See* Novelli Júnior, Luis Gonzaga.
Gonzalès, Pierre. 23:4589

González, A. de J. 8:1234
González, Abertano. 17:2238
González, Agustín. 21:5251
González, Alberto Rex. 17:15; 18:175; 19:354a, 354b, 376a, 376b, 379; 20:304-304b; 21:256-258; 23:414, 415; 24:518-521; 27:496-498
González, Alfredo. 2:497b
González, Ángel Custodio. 12:2643; 14:2618
González, Antonio E. 10:3070; 13:303, 14:2232
González, Antonio J. 23:3436
González, Ariosto Domingo. 2:2264; 3:2733a, 3156; 5:3095; 7:3247; 9:3245, 3347; 12:3050; 16:1751; 18:2179; 19:5061; 23:1447; 26:1766; 28:1012a
González, Armando. 6:5085
González, Caridad. 25:1440
González, Carlos. 20:2013
González, Carlos Emérito. 19:5493; 22:4633; 24:4937
González, Ceferino. 8:1382, 1383
González, Clara Isabel. 11:3053
González, Clodoveo. 24:4368
González, D. Manuel S. 25:430
González, Darío. 3:1578; 16:154
González, E. M. 13:910
González, Elda R. 23:3616
González, Eloy G. 4:2825; 13:1501
González, Emilio L. 2:3063; 4:4360
González, Enrique M. 20:1491
González, Eugenio. 1:2053; 6:4140; 8:4055; 22:3539
González, Eusebio A. 3:1070
González, Fernando. 3:3144
González, Fernando A. 8:1715; 16:967; 20:1492
González, Genaro María. 22:2971; 25:3254
González, Héctor. 11:2348; 12:2017, 2448; 13:42
González, Helidoro. 22:4031; 25:3680; 27:2186
González, Hilario. 19:2051
González, Ingrid. 25:4571
González, Joaquín Víctor. 1:1157; 2:2189; 11:2466; 17:2719; 24:4983
González, Jorge A. 9:4775; 17:2309; 25:5230; 26:1920, 2217
González, José Emilio. 26:802, 1800; 28:2188
González, José Ignacio. 1:1919
González, José Luis. 16:2622; 21:3950; 23:4510, 5911
González, Josefina N. 25:5229
González, Juan Antonio, *Mexican*. 22:4565
González, Juan Antonio, *Uruguayan*. 10:3719
González, Juan B. 6:3385
González, Juan F. 1:1626; 2:3096; 5:4123
González, Juan Manuel. 28:2130
González, Juan Natalicio. 6:3401, 3961; 8:3344; 9:1977, 4105; 10:3070, 3767; 11:1967, 2532; 14:61a, 2202, 2233; 15:1345; 17:1409, 2277; 18:2582; 19:3601; 24:3588
González, Juan Vicente. 13:1502; 16:57; 20:3093, 5031; 23:3569; 28:1058a
González, Julio César. 7:3025, 3026, 3067, 3068; 8:3078, 3265; 9:2934; 10:3592; 12:1917; 14:1996; 17:1437; 18:2131; 20:3005; 21:3004; 22:3531; 23:3760; 24:4227, 4268; 26:921; 28:954a, 1095
González, Julio V. 4:2481, 2990, 11:2466; 13:2602; 22:3488
González, Luis Felipe. 7:3181; 9:2785; 11:1235; 18:3038; 22:2988, 3063

González, Manuel Pedro. 1:1109, 1991; 2: 2566; 3:3157; 4:3885; 5:3261, 3665-3667, 3780; 6:4045; 7:165, 4574, 5510; 8:35; 9:3858, 3859, 4736; 10:3560; 13:2097; 16:1864, 2600; 17:2332, 2439; 19:3716, 5062-5064; 20:2921, 4133; 21:4257; 23: 4818, 5880; 25:3383, 4499; 26:1479
González, Manuel W. 2:2322
González, Margarita. 12:2328
González, María Felicidad. 11:1224
González, Mario O. 16:3303
González, Miguel. 25:4459
González, Natalicio. 27:2867
González, Norberto. 24:1931
González, Otto Raúl. 14:2905; 17:2298; 25: 4249
González, Pedro A. 9:2055
González, Pedro Luis. 6:1536
González, R. J. 12:1275
González, Rafael. 26:2176
González, Rafael Jesús. 28:3111a
González, Ramón P. 15:1772
González, Raúl. 19:833
González, Rubén. 17:425; 18:1902
González, Silvino M. J. 3:2578; 4:2516; 9:34
González, Thibaldo. 22:3562
González Alberdi, P. 2:677
González Alegría, Luis. 9:585
González Alvarado, Álvaro. 8:1165
González Alvarado, Mario. 10:4168
González Álvarez, Ángel. 17:2951; 18:3052
González Ancira, Erasmo. 7:4319, 4319a
González Aparicio, Enrique. 3:1006, 1019; 4: 1320, 1321, 1383; 5:876
González Aramburu, Francisco. 24:6129, 6139
González Arrili, Bernardo. 2:2045; 3:2653; 4:3233; 5:2974; 6:3197; 8:3213, 3266, 3912; 9:3250; 10:2991; 11:2332; 13: 1600; 14:2039, 2062, 2165; 16:1924; 18:2067, 2479; 20:5035, 5036; 26:1088
González Arzac, Rodolfo A. 9:1363
González B. Guillermo. 7:1490, 4187
González B., Rolando. 7:4165; 8:3684
González Bastías, Jorge. 18:2583
González Bernal, Sady. 1:582a; 3:1176; 5: 1087
González-Berti, Luis. 22:4683; 24:4938
González Blackaller, C. E. 17:1004
González Blanco, Edmundo. 8:4936; 9:4978
González-Blanco, Pedro. 1:1193; 11:1966, 2349; 12:1561; 13:1184; 16:2261; 21: 2423; 24:4054
González Bonilla, Luis Arturo. 5:300, 6:361 7:371; 8:245
González Bonorino, Félix. 5:1816; 16:1177, 1178; 17:1121
González Bracho, Matías. 22:3573
González Bravo, Antonio. 4:1857, 1898; 10:4410; 14:3359; 15:2823; 20:680a
González Bravo, Jorge. 12:991
González Burga, Javier. 12:1423
González Bustamante, Juan José. 7:5297; 10: 4126; 11:3505; 12:3157; 17:3027; 20:2826; 21:4617
González C., Celiano E. 19:429, 430; 21: 349
González C., Ricardo. 20:1355; 21:1354
González Calderón, Juan Antonio. 3:1816; 6:3386; 12:3056; 20:4501; 22:4540; 24: 4269; 25:3437
González Calzada, Manuel. 4:2383; 14:1767
González Campo, Federico. 20:3934
González Campo, J. 4:1426
González Capdevila, Raúl. 20:1022
González Carbajal, Ladislao. 7:3330

González-Carbalho, José. 4:4100; 20:4082, 4100 28:1992
González Cárdenas, F. Enrique. 13:751
González Cárdenas, Luis. 15:1499
González Casal, Roberto. 25:1427
González Casanova, Pablo. 10:2563; 12:221; 14:3419; 17:2310; 19:1991a, 3145, 4653; 22:2698, 4734; 26:2258; 27:4128
González Castillo, José. 4:558; 10:3678
González Climent, Aurelio. 11:945; 12:884; 17:752, 753
González Conzi, Efraín. 25:3709
González Cortés, Wenceslao. 10:2828
González Cortina, Carmelo. 12:3146
González Cossío, Francisco. 11:2021; 14: 1830, 2620; 19:3281
González Couttin, H. 9:1195
González Cruz, Juan F. 14:2516
González Dávila, Amado. 8:2274; 25:3255
González de Amezúa, Agustín. 21:2397
González de Behringer, Clara. 18:2298; 23: 4209
González de Cascorro, Raúl. 21:3951; 26:1573
González de Cossío, Francisco. 11:2025; 12: 18, 1729a, 1757, 2415; 13:19, 20; 15: 1466, 2168; 16:1561; 18:1783a, 2439, 3295; 20:968; 21:2315; 22:3025 4505, 4723; 23:4519; 25:3255; 26:415, 616
González de Eslava, Fernán. 2:4724
González de Juana, Clemente. 4:1919; 12: 1322
González de la Calle, Pedro Urbano. 7:4449; 11:2888, 2889, 2936; 12:2329; 14:2576; 16:2482; 17:2239; 26:1338
González de la Iglesia, Formerio. 5:1279; 8: 1626, 2474; 10:1209; 11:990
González de la Vega, Ángel. 17:884
González de la Vega, Francisco. 1:1647, 1648; 5:4214, 4215
González de la Vega, José María. 10:2594
González de León, Antonio. 25:2820
González de Mendoza, José María. 3:118, 3158; 5:331; 11:642, 3833; 13:176; 15: 2404; 17:3081, 3122
González de Mendoza Dorvier, Ángel. 14:2662
González de Padrino, Flor. 13:757
González de Valle y Ramírez, Francisco. 5:3570
González de Vallier, Natividad. 10:1911
González de Zumárraga, Antonio J. 24:5005
González del Orbe, Lucila. 7:1872
González del Valle, Francisco. 1:913; 1938-1941; 2:1966a; 3:1477a, 2390, 3048-3050; 4:3098, 3803, 3804; 8:3913-3915; 9: 4903, 4904; 10:3496, 3497
González del Valle, José Zacarías. 4:3886
González del Valle, Manuel. 22:1410
González Díaz Lombardo, Francisco Xavier. 24 6230, 6231
González Díaz Lombardo, Guillermo. 10:3442
González Domingues, Alberto. 27:2450
González Echegaray, Carlos. 14:2643
González Echenique, Javier. 20:2772; 26:874
González Eiris, Joaquín. 6:4141; 7:2735
González Espejo, Fernando. 14:2187
González F., Juan José. 26:617
González Feo, Mario. 25:4327
González-Fernández, Alberto. 6:2830
González Fernández, Héctor. 10:2404
González Flores, Enrique. 15:1688; 18:1767; 22:4541
González Flores, Manuel. 7:5583; 22:5137
González Freire, Natividad. 22:5339; 28:2357a
González G., Alberto. 11:2746
González G., Godofredo. 13:569

González Galé, José. 8:3702; 9:1364; 11:1308, 2784, 2785; 12:3200
González Gallardo, Alfonso. 3:1007; 7:2103; 8:1078, 2241; 9:1042; 20:1493
González Galván, Manuel. 24:1681, 1741
González Garaño, Alejo B. 4:542a; 5:2975; 6:3387; 7:2838, 3443; 9:708, 756, 2005; 10:702; 14:669, 2234
González García, Leovigildo. 18:1122
González García, Sebastián. 20:2590a; 28: 829, 856a, 975a
González Garza, Federico. 2:2091; 9:3470
González Genta, Nilda. 25:2128
González Ginorio, José. 2:1791; 4:2589
González Ginouves, Ignacio. 10:610
González Gómez, Donaciano. 14:3292
González Gómez, Luis Ángel. 11:3500
González-González, Pedro. 25:4073
González Goyri, Óscar. 25:1212, 1213
González Goyri, Roberto. 24:1728-1730
Gonázlez Grande, Josefina. 8:781
González Guerrero, Francisco. 12:2733; 13: 2098; 17:2339; 19:5019, 5065; 22:4932
González Gutiérrez, Joaquín. 6:832
González H., Gonzalo. 4:1279; 7:941, 957; 8:1465; 9:1227
González Herrera, Julio. 17:627; 18:2846; 20: 2297
González Iglesias, José. 6:2393
González Iramáin, Héctor. 12:2079
González Iramáin, Nicolás. 1:1455; 2:3002
González Kraak, M. Eloísa. 13:2674
González Lalondry, Luis. 27:3404
González Lanuza, Eduardo. 8:634; 15:2357; 19:5066, 5067; 24:1706; 26:1767
González Larriera, José M. 10:4264
González León, Francisco. 14:2865; 15:2358
González Litardo, E. 6:1425; 10:1145
González Lobo, Salvador. 6:2676
González López, Antonio. 8:1236
González López, Guillermo. 16:2411
González Luna, Efraín. 7:2481, 2681; 12: 1581; 16:1781; 18:956; 20:2278; 27:3495
González M., M. Tulio. 26:1475
González Malo, Jesús. 18:1556, 3348
González Marchant, Guillermo. 7:1887-1889; 8: 3760
González Marín, Carlos Alberto. 25:3742
González Martens, Víctor. 14:2452
González Martínez, Enrique. 6:4215, 4268; 10:3768; 12:2734; 14:2945; 15:2359; 17:2333, 2458, 2497; 18:2583a, 2622; 19: 4894, 5068, 5069
González Mateos, María Victoria. 14:851
González Mezario, Américo. 20:2285; 22:2823
González Miranda, Rufino. 21:4632
González Monroy, Jesús. 26:618
González Montalvo, Ramón. 23:4970
González Montemayor, Rafael. 19:6105
González Moreno, Jesús. 1:1987; 3:3448
González Moreno, Joaquín. 23:1435
Gonzales Mullin, Horacio S. 10:4011
Gonzáez Muñoz, Antonio. 19:265
Gonzalez Muñoz, Trinidad. 14:3145
González Navarro, Moisés. 15:1689, 2597; 17: 1686; 18:1938; 19:3282; 3602, 3603; 20:2827; 21:2806, 2813; 22:3026; 23:3265, 3266, 5881, 24:3901-3903; 28:685a, 686
González Obregón, Luis. 2:1206, 2092, 2093; 3:2391, 2580; 4:3805, 3999; 8:572; 10: 2554; 11:2079; 13:1503; 20:2521, 2522
González Ortega, José. 3:1563; 4:114; 7: 3390; 8:725; 9:2056
González Ossandón, Desiderio. 2:816
González Pacheco, Carlos Alberto. 25:4048

González Pacheco, Rodolfo. 21:4258
González Padilla, José. 9:1085
González Palacios Carlos. 14:1632
González Palencia, Ángel. 14:10; 15:1567
González Paredes, Ramón. 11:3201; 12:2644; 14:2756; 20:4218
González Patiño, Enrique. 4:4420
González Pedero, Enrique. 22:2674; 23:2905; 24:3424
González Peña, Carlos. 6:3899; 9:3972; 11: 3054, 3055; 12:2532; 13:2099, 2713; 14: 2615, 2972; 15:2161; 22:4820; 24:5109
González Pérez, Alberto. 26:2190
González Pérez, Arturo. 25:2073; 27:2451
González Pineda, Francisco. 25:4308
González Poggi, Uruguay. 12:2645
González-Popo y Acosta, Ignacio. 25:3259
González Prada, Adriana de. 15:2266
González Prada, Alfredo. 4:4037; 7:3543; 9: 3860; 11:71; 12:2449, 2553
González Prada, Manuel. 1:2099; 2:2567; 3: 2730, 3159, 3297; 4:4037, 4038; 5:3084; 6:2597, 4164, 4216, 4269; 7:4609, 4610; 13:2141, 2150; 14:1578, 2866; 28:1045a
González Prieto, Alejandro. 23:3267
González Puccini, A. 3:1196
González Puebla, Manuel. 11:2313; 14:2063
González Puente, Humberto. 17:2470
González Quintana, Guillermo. 11:2668
González R., Eugenio. 25:2105
González R., Mario Gilberto. 22:1961
González Ramírez, Manuel. 5:3262; 11:3291; 19:1883; 20:2828, 2829; 21:2814; 22: 3027; 23:3298; 24:3760, 3904; 25:3315; 26:619; 28:685
González Reyes, Mario F. 16:1368
González Reyna, Jenaro. 10:897; 13:788; 14: 1020, 1432-1435; 17:885; 20:1194
González Reyna, José. 27:1868
González Ríos, Francisco. 9:4990; 16:3250, 3319; 18:3141
González Rivera, Manuel. 12:2330
González Roa, Fernando. 3:1008; 19:1954
González Rodas, Publio. 28:1558a
González Rodríguez, Armando. 17:1278
González Rodríguez, Miguel. 5:980, 981; 8: 1270, 1271, 1283; 9:1135; 10:1002
González Rojo, Enrique, Jr. 7:4746; 18:2623; 19:1884
González Rouro, Octavio. 5:4158
González-Ruano, César. 18:2480
González Rubio, Ricardo. 6:1551
González Ruiz, Felipe. 1:614, 854; 3:1763; 8:2475; 19:3146, 6708; 20:2438
González Ruiz, Fernando. 24:2019; 25:1681
González Ruiz, Ricardo. 4:2429, 3603; 9:2139
González Rul, Francisco. 24:242; 25:243; 27: 319
González S., Carlos E. 14:1272
González Sabariegos, Rosario. 19:3904
González Salas, Carlos. 25:4434
González Salinas, Edmundo. 22:2405; 27:2852
González Sánchez, Isabel. 28:510a
González Santos, Armando. 11:750; 16:968; 21:1469; 23:2037
González Sirit, Ismael. 19:2439
González Sirit, Rafael. 19:2439
González Sol, Rafael. 6:4912; 9:1943a, 2090; 10:1751; 11:1428; 14:3404; 16:3187; 17: 3172
González Sola, Alfonso. 28:2227
González Suárez, Federico. 3:2716; 23:3821; 24:4363
González T., Alejandro. 2:210; 3:247; 5:399
González Tafur, Oswaldo B. 10:2113; 18: 768; 20:2041a; 23:2619

González Theyler, Ángel. 4:992
González Torres, Dionisio. 20:681
González Tramáin, Nicolás. 4:2197
González Treviño, Luis. 10:1946
González Truque, Guillermo. 27:1950
González Tuñón, Enrique. 21:3952; 22:5138
González Tuñón, Raúl. 9:4004
González Urbaneja, Simón. 21:4562
González Uribe, Héctor. 6:2526, 2677; 16:1322
González Urízar, Fernando. 22:5139
González V., Fernando. 21:1470
González V., Jairo. 28:3309
González Valadez, Carolina. 20:2830
González Valadez, Guillermina. 20:2523
González Vargas, Enrique. 20:3825
González Velásquez, Julio. 12:3005; 17:2690
González Vera, José Santos. 16:2623; 17:2380, 2440; 20:3826; 24:5288; 25:4250, 4407; 28:2026
González Vicén, Felipe. 15:2930
González Vidart, Arturo. 9:1600, 11:1111
González Videla, Gabriel. 13:1075; 14:1618; 16:1349; 17:1316, 1995
González Villegas, Maruja. 24:5523
González Víquez, Cleto. 3:3628; 5:2787; 6:3233; 7:2622, 3295; 13:2379; 22:3064
González y Cárdenas, Ángel G. 1:1465; 5:2225a
González y Contreras, Gilberto. 2:2568; 4:3888, 4039; 5:3668; 6:4046-4050; 7:289, 4611, 4784, 4785; 9:3861; 10:2350, 3769; 12:2036, 2450, 2646, 2647; 17:1804; 18:3349
González y Contreras, Guillermo. 6:4253
González y Enríquez, Pablo Francisco. 9:4543; 17:2689
González y González, Luis. 22:3028; 24:3905, 3906; 25:3257, 3258; 27:916; 28:510
González y Gutiérrez, Diego. 2:2321; 5:2813; 10:3559; 20:2922; 22:3205
González Zenteno, Luis. 20:3935; 22:4926
González-Zuleta, Fabio. 26:2209
Gonzalo Casas, Manuel. 8:4839; 21:4776, 4826; 24:6032
Gonzora, José Fabio. 6:2173
Gooch, Brison D. 22:3234
Gooch, G. P. 18:3181; 23:3268
Good, Dorothy. 16:1127
Good, John E. 17:826
Goode, William J. 24:731; 25:486
Gooding, E. G. B. 10:2036; 13:858
Goodman, Morris F. 22:845
Goodrich, Carter. 19:4205
Goodsell, Charles T. 28:829a
Goodspeed, Stephen Spencer. 19:1885, 3604, 3605
Goodspeed, T. Harper. 7:2228
Goodwin, A. 20:2418
Goodwin, Jocasta. 28:2020
Goodwin, Philip L. 9:849, 938; 10:718
Goodwin, William B. 6:2812
Gorbak, Celina. 27:1336
Gorbán, Samuel. 17:531, 746
Gorbea, Juan Carlos Federico. 25:4460
Gorbea Trueba, José. 18:434, 1755; 20:2327; 25:642, 1157-1160; 28:192, 205
Gordan, Paulus. 27:4025
Gordejuela, R. de. 6:2787
Gordilho, Osvaldo. 20:1420
Gordillo, Agustín A. 27:3814
Gordillo, Robert A. 23:3106
Gordon, Alvin J. 12:195
Gordon, Burton Leroy. 25:431, 432
Gordon, Darley. 12:195
Gordon, Eugene, 17:2988
Gordon, Lincoln. 24:3497; 27:1700, 2331, 3063

Gordon, Margaret S. 7:816
Gordon, Maxine W. 15:415; 16:352, 3349
Gordon, Shirley C. 27:2452
Gordón, Sigfredo. 28:1845
Gordon, Wendell Chaffee. 7:3809; 16:604; 24:1932, 1933; 27:1701, 1701a
Gordon, William E. 27:3470
Gordón Ordás, Félix. 14:1021
Gore, Ira. 22:933
Gorender, J. 15:2897
Gorham, Rex. 10:1653
Gori, Gastón. 18:3199; 21:3057; 22:4927; 23:1804
Gori, Pedro. 26:1726
Gorjón, Hernando. 13:1270
Gorki, Máximo. 8:4397, 4398; 9:4335
Gorkin, Julián. 16:1809; 28:2013a
Gormsen, Erdmann. 27:2801
Gornes MacPherson, Martín José. 2:2279; 5:826
Gorosito Heredia, Luis. 13:2151
Gorostegui de Torres, Haydée. 28:1159
Gorostiaga, Norberto. 10:3972, 4068
Gorostiza, Carlos. 15:2440; 20:4219, 4220 23:5325
Gorostiza, Celestino. 4:3889; 9:3862; 17:2565; 20:4234; 21:4217, 4239; 24:1707
Gorostiza, José. 2:426; 3:3160; 18:2584
Gorostiza, Manuel Eduardo de. 21:4218
Gorraez, Juan C. 8:3829
Gorraiz, R. 1:1158
Gorraiz Beloqui, Ramón. 22:846
Gorriti de Belzú, Juana Manuela. 26:1633
Górriz, Mariano. 23:5335
Gortari, Elí de. 16:3304; 17:2941; 18:1939; 19:5808; 20:4872b; 23:5895, 5896; 25:5394; 28:3343, 3359
Gosálvez, Raúl Botelho. 4:3940; 7:4692; 11:3186; 16:2567; 21:952; 24:3497a; 25:3827; 26:203
Goshua (H. M.) Company, *Chicago*. 27:2723-2723c
Gosliga, Cornelis Ch. 20:2439; 21:2424; 23:4705
Gosnell, Charles F. 4:4560
Gosselman, Karl August. 26:814
Gossner, Kenneth L. 18:49
Gostautas, Estanislao Stasys. 24:1612; 27:1284
Gotardelo, Augusto. 28:1559
Gottberg, Carlos. 26:1727
Gottman, Jean. 11:1654
Gottschalk, Egon Félix. 10:3343
Gottschalk, Elson Guimarães. 17:2045
Goubaud Carrera, Antonio. 1:135; 3:186; 4:228; 5:3408; 11:265; 12:256-258, 792; 13:225; 14:311; 15:212, 394-397; 18:245; 19:586; 27:917
Goudkoff, Paul P. 8:2293
Gouirán, Emilio. 5:4424; 8:4859, 4915; 9:4955; 14:3482
Gouka, A. 14:1404
Goulart, José Alipio. 21:4926; 23:1927, 4280; 24:2068; 26:1203; 27:2928
Goulart, Mauricio. 15:1802
Goulart de Macedo, Isa. *See* Macedo, Isa Goulart de.
Goulart Pereira de Araújo, Ely. *See* Araújo, Ely Goulart Pereira de.
Goulart Reis Filho, Nestor. *See* Reis Filho, Nestor Goulart.
Gould, Clarence P. 5:2301
Gould, Harley N. 10:443; 12:502
Gould, Harold. 20:13
Gould, Morton. 8:4753
Gould y Quincy, Alice. 12:1718
Gouraige, Ghislain. 26:2134, 1235

Gourlay, W. Balfour. 6:300
Gourou, Pierre. 15:1236; 16:1280; 19:2359; 27:139
Gouvêa, Ruth. 12:1217m
Gouvêa, Sergio de. 1:2191
Gouvêa, Wilson Vieira de. 24:4939
Gouvêa Coelho, Carlos. *See* Coelho, Carlos Gouvêa.
Gouvêa da Costa, Paulo. *See* Costa, Paulo Gouvêa da.
Gouvêa de Bulhões, Octávio. *See* Bulhões, Octávio Gouvea de.
Gouvêa Filho, Pedro. 18:1148
Gouvêa Labouriau, Luiz. *See* Labouriau, Luiz Gouvêa.
Gouveia, Alfredo Mendes de. 16:2128
Gouveia, Andrade. 13:632, 1015
Gouveia, Maurílio de. 20:3217
Gouveia, Oswaldo. 4:3474
Govantes, Evelio. 4:565; 9:709
Goveia, Elsa V. 19:3045; 22:427; 23:651
Governmental Affairs Institute, *Washington, D. C.* 25:1516
Goyanarte, Juan. 12:2534; 16:2624; 17:2381; 20:3936; 22:4928; 23:4971
Goyau, Georges. 8:4399
Goyco, José A. 8:2360
Goycochêa, Luiz Felippe de Castilhos. 1:1276, 1365; 2:1639; 4:3460, 3461; 7:3656; 8:2008, 4210; 9:3378, 3438; 4163; 15:1997 26:1204; 28:1345a
Goycoechea Menéndez, Martín. 3:3380
Goycolea Cortes, Marcos. 8:1653
Goyena, Pedro. 10:3685
Goyeneche, Romualdo. 2:3064
Goyhénèche, E. 23:335
Goytía, Medardo. 4:2149
Goytía, Víctor Florencio. 8:1980; 11:1897; 13:1817; 14:3165; 15:2628, 2629; 16:58 19:2950, 5414, 5487
Goytisolo Fowler, Agustín A. 12:729
Goytortúa Santos, Jesús. 11:3202; 14:2757; 27:1702, 3064
Gozard, Gilles. 27:1702, 3064
Graaner, Jean Adam. 15:1654
Grabbe de Rubin, Madeleine. 17:2441
Graber, Doris Appel. 24:3426
Grabisky, Nathan. 22:1400
Grabmann, Martin. 8:4916
Grabois, José. 27:2928a
Graça, Arnóbio. 10:1513; 25:1727
Graça, Lydia de Alencastro. 3:3457, 3458
Graça Aranha, José Maria de. *See* Aranha, José Maria de Graça.
Graça, Aranha, José Pereira da. *See* Aranha, José Pereira da Graça.
Grace, F. J. S. 19:69
Grace, Joseph Peter. 19:1357; 24:3427
Gracia, Samuel. 5:1768
Gracia R., Filimón. 2:1173
Gracia, W. H. 7:2200
Graciadas, Carlos L. 14:2540
Gracián, Luis, *pseud.* 16:1351
Gracián, Tomás. 11:1659
Graciano, Clóvis. 15:600; 26:2107; 28:2571
Graciarena, Jorge. 27:4026
Gracias, José Antônio Ismael. 28:1302
Gradin, Carlos J. 27:499
Grady, Henry P. 7:817
Graebner, F. 14:226
Graebner, Norman A. 17:1671; 19:3606, 3607; 20:2831
Graeff, Edgard A. 25:1303
Graells Herrera, Zulema C. 17:2907
Graeser, Germano. 26:1261

Graetzer, Guillermo. 13:2643; 14:3342; 15: 2829a; 16:3206
Graham, Anne M. S. 24:2980, 2983
Graham, Gerald S. 16:1486; 25:3530
Graham, Ian. 27:222, 320
Graham, John Allen. 23:221, 222; 27:767
Graham, Malbone W. 14:2012
Graham, Richard. 25:3844
Graham, Robert Bontine Cunninghame. 9:2650, 2959; 12:1680; 15:1425; 24:4177
Graham, Robert Somerville. 25:3923
Grain, José María. 9:558
Graiver, Bernardo. 22:4929
Grajales, Francisco J. 14:1646; 23:2542, 3298
Grajales Ramos, Gloria. 20:969; 26:151, 443, 535; 28:602a
Grajeda Mena, Guillermo. 24:1731
Gramani Gomes, Evelina. *See* Gomes, Evelina Gramani.
Gramatges, Harold. 12:3353; 16:3154, 3155, 3156
Gramcko, Ida. 18:2585; 20:4221; 23:4972, 5326; 26:1858
Gramcko, Luis. 20:3937
Gramonte, Marcos. 19:4895
Gramsci, Antonio. 23:5900
Gran Guía de la República del Ecuador. 2:847
Graña, César. 28:3344
Graña, Francisco. 7:1574; 19:904
Graña R., Luis. 19:904
Granada, Daniel. 12:2331-2335; 13:308, 1982; 14:2577-2579; 28:125
Granada. *(Municipio.)* 9:2524
Granadillo C., Víctor Luis. 16:3067
Granado Baeza, Bartolomé del. 3:181; 7:2894; 13:1360
Granados Aguirre, Jesús. 5:1125
Granberry, Julian. 20:254; 21:231
Grancelli Chá, Néstor. 27:2147
Grand, Albert. 5:3303
Grand, I. de. 11:1736
Grand Anse (District). Records. 23:6307
Granda, Manuel J. de. 5:2814
Granda y Balbin. 17:1525
Grandchamp, Pierre. 8:1430
Grande, Félix. 26:1801
Grande, Humberto. 7:1777; 11:2710; 27: 2628
Grande, José Carlos Pedro. 3:1684; 25:2376
Grande Enciclopedia Portuguêsa e Brasileira. 1:1271
Grandmasson Rheingantz, Carlos. *See* Rheingantz, Carlos Grandmasson.
Grandoit, Gerard. 25:487
Grandoli, Mariano José. 27:3680
Grandos, Rafael. 2:1878
Granell, Manuel. 17:2879, 2952; 20:4841; 21:4792, 4827
Granguillhome, Alfredo. 28:1846
Granier, James A. 7:166; 8:37, 46, 3959
Granillo, Arsenio. 14:1515
Granillo, Arturo. 17:2738
Granillo Fernández, A. 27:3065
Granizo Ribadeneira, Francisco. 22:5140
Granja, Julio C. 8:2476, 14:1497; 22:2420
Grant, David E. 2:458a
Grant, Donald. 19:4270
Grant, Hazel S. 12:1316
Grant, J. A. C. 13:1091; 15:2059
Grant, R. Patricia. 11:3113
Grant, Rena V. 8:2153
Grant, Rupert. 9:4663
Grant, S. R. 7:1171
Grant, Theodore J. 12:787, 1283

Grant Pardo, A. 6:1133
Grantham, D. R. 2:1244; 4:1911
Gras, Mario César. 12:624; 14:2166
Grases, Pedro. 6:3854, 3996; 7:4451, 4612; 8: 24; 9:1210, 3014, 3863-3865; 10:28; 12: 19, 1871, 2163, 2451, 2695; 13:1374, 1985-1987, 2100, 2101, 2193, 2668; 14:2906, 15:1526, 1609, 1639, 2169, 2228, 2321; 16: 1415, 2483, 2484, 2574, 2575; 17:1834, 1838; 18:1659, 2142, 2143, 2442, 3341; 19:3905, 3919, 4748; 20:3094, 3107, 3735, 3736, 3749, 4863, 5037, 5064; 21:970, 3005, 3825, 4149; 22:3574, 4735, 4829; 23:3704, 3705, 3848-3850; 24:4164, 4401; 25:2275, 3545b-3546, 3766, 3767, 4591, 5389; 26: 38, 74c, 836a, 931, 933, 934, 1044, 1426; 28:42, 862b
Grass, Roland. 28:1747
Graterol Roque, Manuel. 10:3475
Graterón, Daniel. 9:3056; 12:2129
Gratiant, Gilbert. 25:2818; 28:838
Grau, Carlos A. 21:3058
Grau, Eduardo. 15:2773
Grau, Miguel. 24:4380
Grau San Martín, Ramón. 2:1509a; 6:2638; 7:3331
Grauert Iribarren, Enrique. 18:3124
Graulard, Mark. 21:3299
Graves, Norma Ryland. 9:2348
Graves, Robert. 6:4439; 7:5040; 19:4602; 24: 159
Gravina, Alfredo Dante. 4:3952; 17:2382; 20: 3938; 23:3428; 28:2049
Gray, A. A. 4:2636
Gray, Cleve. 14:825
Gray, Ethel M. 13:1601
Gray, Richard Butler. 26:742, 743
Gray, William H. 6:3817; 8:2253; 11:2515; 13:1489
Gray, William S. 28:1560
Grayson, John D. 26:1339
Graziadei, A. 17:1218
Graziano, Alberto A. 10:4576, 4611
Great Britain. Board of Trade. 6:1354; 16:668, 760, 774, 802; 17:576, 583, 589, 591, 595, 729; 18:752, 791
Great Britain. Board of Trade. Commercial Relations and Export Department. 16:774
Great Britain. British Guiana and British Honduras Settlement Commission. 14:889
Great Britain. British Information Services. 26: 717; 28:838a
Great Britain. Central Office of Information. 25:3099; 27:3323, 3471
Great Britain. Colonial Office. 1:190, 248; 3: 1163; 4:1528, 1529; 1555-1564; 6:1136; 8:1334; 15:1158; 16:657, 2262; 17:572, 573, 3173; 18:652-654, 3350; 20:2048; 27:113, 2724, 2830a
Great Britain. Colonial Office. Library Reference and Research Section. 1652a, 17: 3036
Great Britain. Commonwealth Development Corporation. 27:3472
Great Britain. Commonwealth Economic Committee. 27:2009, 2009a
Great Britain. Department of Agriculture. 6:1356
Great Britain. Department of Overseas Trade. 11:1082, 1210; 12:1015a
Great Britain. Directorate of Military Survey. 27:2782
Great Britain. Directorate of Overseas Surveys. 23:2516-2518; 27:2724a, 2782a, 2782b
Great Britain. Foreign Office. 2:2354; 19:4271
Great Britain. Mission to Bolivia. 27:2186a

Great Britain. Treaties, etc. 1:400, 435, 495, 1708; 2:709, 714, 899
Great Britain. University Grants Committee. 27:34
Great Britain. West Indies Royal Commission. 6:1140
Greaves, I. C. 1:178
Grebe, María Ester. 22:5738
Grebe, Willi Herbert. 20:130
Greca, Alcídes. 2:1761; 3:1831a; 4:1047; 5: 1257, 1817; 7:4613; 9:2399; 16:1179; 21: 4633
Grechev, M. 25:3100
Greco, Andrés. 10:3561
Greco, Rafael. 20:2218
Greco, Rogelio. 11:1236
Green, Bryan. 3:1849
Green, Helen B. 27:1042
Green, Meigs M. 8:3314
Green, Otis H. 2:2490; 5:3593; 7:4546; 8: 4001; 9:3866, 3867; 10:3624
Green, Philip Leonard. 6:2463; 7:216; 8:1196, 2434; 9:136, 137
Green, William. 21:4240
Greenbaum, Milton. 22:6412
Greenberg, Joseph H. 20:681a, 682; 23:706
Greenbie, Sydney. 9:2245
Greene, Graham. 5:168; 25:3260
Greene, Laurence. 3:2615
Greenfield, Sidney M. 24:732, 733; 25:488
Greengo, Robert E. 18:50; 23:403
Greenhalgh, Juvenal. 15:1873; 17:1897
Greenleaf, R. 9:710
Greenleaf, Richard Edward. 24:3978; 28:511-512, 544, 566a
Greenlee, William. 5:3253; 9:3401; 11:2603, 2604
Greenup, Leonard. 13:1602
Greenup, Ruth. 13:1602
Greenwald, Isidor. 23:123
Greenwood, Mrs. Hugh Allison. 8:689
Greepe, Thomas. 20:2440
Greer, James Neal. 18:2470
Greer, Virginia L. 19:3675
Greffier, Mauricio E. 1:340; 4:1048; 10:4137; 11:700
Gregg, Robert D. 3:3005; 4:3066
Gregorio Lavié, Lucila de. 14:1591, 3197
Gregorius, Kurth. 7:5115
Gregory, Alfonso. 25:5607
Gregory, Gladys. 27:3496; 28:603
Gregory, Wade F. 25:1682; 27:1821
Gregory, Winifred. 5:192a
Greiff, F. 27:2114
Greiff, León de. 2:2660; 3:3249; 6:4217, 8:4108
Greiff Bravo, Luis de. 2:1495; 3:1908; 21: 3137
Greig, Alexander S. 4:2020
Greil Castellanos, F. 5:1238a
Grelier, J. 23:857
Grenada. Annual Report on the Social and Economic Progress. 5:1049
Grenet, Emilio. 5:4354
Grenón, Pedro. 1:854a; 3:3051; 4:2826, 3172; 5:2976; 8:573, 574, 3085; 13:1603; 17:1604 18:2414; 21:4710; 22:3489; 24:4228
Greslebin, Hector. 9:452; 27:1173
Greve, Ernesto. 3:1764; 4:2150; 5:3112, 3539; 9:2609; 12:1398, 2120; 19:3411
Greve, Federico. 15:1204
Grez, Vicente. 11:2314
Grez Oyarzún, Héctor. 11:3640
Grez Pérez, Carlos E. 4:3475

Grial, Hugo de. 28:3112
Gribachev, Nikolai Matveevich. 24:6430
Gribaudi, D. 24:3036
Gridilla, Alberto. 3:250; 4:2895a; 9:2246
Grieben, Carlos F. 23:5103; 26:1634
Grieco, Agrippino. 1:2154, 2155; 3:3496-3498; 9:4164; 4:3015, 3083; 23:5422
Grieco, Donatello. 4:3408; 6:3677; 8:4278; 9:4248
Grieder, Terence. 24:214; 27:223; 28:223, 227, 245
Grier, Selwyn. 3:1132a
Griess, Phyllis R. 12:1317; 16:705; 22:2386
Grieve, Jorge. 27:2262
Grieve, Peter. 18:3333
Griffen, William B. 23:3125; 3126; 24:649
Griffin, Charles Carroll. 3:2453; 6:1930, 3102; 7:1856, 2736, 3146, 3147; 10:2405; 12:1938a; 15:1606; 17:1410; 25:3100a, 3101, 3506, 3531, 3547, 5393; 26:380; 28:457
Griffin, Donald F. 8:2372; 9:2140
Griffin, Grace Gardner. 1:640, 2226
Griffin, James Bennett. 13:139, 145, 152; 17:16; 21:908; 23:1368
Griffin, John W. 15:136; 17:1461
Griffin, Keith B. 27:1703, 1703a
Griffin, Rosemary Ring. 14:1876
Griffin, William James. 19:5205
Griffith, Alice R. 14:1330
Griffith, William J. 23:3360, 3361; 28:742a
Grifone, Julia. 4:3806; 6:4051
Griggs, Earl Leslie. 18:2019b
Grigoriú S. de L., Raimundo. 13:1877
Grigsby, W. 27:1043
Grigulevich, I. R. 25:3406; 26:349, 349a
Grijalva, Juan de. 8:2991
Grillet, Víctor Alberto. 21:4091
Grillo, Max. 6:3145; 10:2797; 11:599
Grillo de Chavarría, Clara Luz. 24:4021
Grimaldo Carlos, Rodrigo. 16:3035
Grimard, Luc. 16:2938
Grimes, Barbara F. 25:433, 435, 711
Grimes, Joseph Evans. 19:664; 22:847; 25:433-435, 711; 27:1450, 1462, 1478
Grimm, Jakob Ludwig Karl. 8:4476
Griñán Peralta, Leonardo. 7:3332; 9:3195; 19:3717
Grinberg Shapiro, Paulina. 22:4684
Grinder, R. E. 27:1044
Gringoire, Pedro. 12:1136; 25:3134; 26:1454
Grisanti, Ángel. 11:2285; 12:2452; 16:1068, 2001; 17:1835; 18:2043, 2144, 2415; 19:3860, 3906-3908; 20:2984, 2985; 21:3006; 25:3548; 26:935; 28:873a
Grisi, Rafael. 4:1748; 13:661; 19:2261
Grismer, Raymond Leonard. 1:8; 5:3623; 6:3997; 7:167, 4614; 9:3868; 10:29; 11:3056, 3057
Griswold, Lawrence. 7:217
Grix, Arthur E. 1:136
Griz, Artur. 23:4430
Griz, Jayme. 17:2633; 21:4305
Grodovolle, Myril. 28:603a
Groeber, Pablo. 14:1462; 16:1239; 22:2366
Grohmann Djalma, José. See Djalma, José Grohmann.
Grommers, Engelbert L. 27:2331
Grompone, Antonio M. 4:2433; 13:662; 16:3350; 27:3543
Grompone, Romeo. 12:3127
Grondahl, Teg C. 24:7
Grondona, Adela. 22:2632; 26:1635
Grondona, Mario F. 19:374, 2506
Groot, José Manuel. 2:2695, 2809; 19:3424
Groot, Silvia W. de. 27:35

Gropp, Arthur Eric. 1:38, 114a; 2:31; 3:40; 4:13, 170, 4543, 4544; 5:4277; 6:2914; 7:249, 639, 5386-5388; 8:4699; 9:4623; 10:4265-4268; 11:3706; 12:3302, 3303; 13:21; 14:10a; 15:101a; 17:1932; 22:6254; 23:6305; 24:8
Gropp, Dorothy M. 4:4545, 5:4278; 6:4784
Gros Espiell, Héctor. 17:2734; 20:2293; 23:2956; 24:4823; 27:3544
Gross, Feliks. 26:620
Gross Braun, Eitel H. See Braun, Eitel H. Gross.
Gross-Brown, Sigfried V. 10:3461
Grosscup, Gordon L. 25:201
Grosse, Emil. 1:515, 582b
Grossman, Jorge. 21:5210; 24:9; 26:52
Grossman, William Leonard. 26:1988
Grossmann, Rudolph. 2:254; 3:3583; 16:59; 17:1411; 20:3827
Grosso, Pascual S. 1:600
Grosso Grant, José C. 10:4020
Grotewald, C. 4:2021
Grosso Grant, José C. 10:4020
Groth, Rodolfo. 27:918
Groth-Kimball, Irmgard. 24:243; 27:284; 28:128
Grothe, Hugo. 1:615; 2:1408; 5:3421
Groussac, Paul. 2:2190, 2437; 3:3340; 5:2977; 8:3086; 10:3684
Grove, David L. 14:859; 17:660; 19:1974; 22:1407; 23:1670
Grove, Eduardo. 9:3664; 10:3396
Grubb, Kenneth G. 1:1029, 1030; 4:45
Grubbe, Peter, pseud. 27:3433
Grube, O. 4:2991
Gruber, Hermann Joseph. 28:3265a
Gruber, Ruth. 24:6405
Grucci, Felipe S. 11:1104
Grucci, Joseph Leonard. 8:4163
Gruening, Ernest. 1:1122; 25:2636; 27:1865a
Grullón y Julia, Eliseo. 20:2328; 22:3251
Grummon, Stuart E. 14:2715
Grummond, Jane Lucas de. 19:3909
Grunberg, Carlos E. 10:3470
Grunewald, Donald. 28:743
Grunwald, Joseph. 25:1683; 27:1704-1704d
Grupo Bibliográfico Argentino. 25:5805
Grupo de Editoriales Católicas, Buenos Aires. 7:76, 77
Grupo de Renovación Musical, La Habana. 11:3827
Grupp, George W. 6:736
Gschaedler, André. 16:1416
Gschwind, Eduardo P. 9:2485; 11:1834; 24:4270
Gschwind, Francisco J. 23:3761
Gschwind, Juan Jorge. 2:2191; 10:2990
Guachalla, Alfredo Franco. 27:2176c, 3219b
Guadagni, Alieto. 27:2148
Guadagno Carmelo. 27:128a, 213; 28:132
Guaglionone, Aquiles Horacio. 3:3696; 12:3089; 22:4566
Guaira Heberle, Afonso de. See Heberle, Afonso de Guaira.
Gual, Enrique F. 15:559, 615; 28:271
Gual, Pedro. 26:929
Gual Vidal, Manuel. 13:741; 14:1284; 15:1089
Gualberto, Julio Pinto. 21:4306
Gualberto, Luciano. 10:3809
Gualberto da Oliveira, João. See Oliveira, João Gualberto da.
Guallart, José María, 23:825
Guamán Poma de Ayala, Felipe. 10:1672
Guanabara Filho, Alcindo. 14:1181, 1182
Guanabara (State). Departamento de Geografia e Estatística. 25:2377

Guanabara (State). Secretaria de Educação e Cultura. 27:2593, 2593a
Guanajuato (State). Constitution. 9:2512
Guanajuato (State). Laws, statutes, etc. 21:4614
Guandique, José Salvador. 16:3351; 18:3256; 22:5412, 5815
Guanse, Domenec. 10:3625
Guaraciaba, Lorena. 6:2464
Guaramato, Óscar. 21:3953
Guaranys, Milciades Ipiranga dos. 10:1435
Guarch, José M. 27:457
Guarda, Gabriel. 26:875
Guarda Geywitz, Fernando. 22:4707; 23:3667
Guarderas, Francisco. 19:3882
Guardia, Alfredo de la. 4:3890; 13:2249; 23:5359; 28:2358
Guardia, Cristóbal de la. 1:1417
Guardia, Erasmo de la. 17:601, 2783
Guardia, Ernesto de la. 5:4363
Guardia, Patricio de la. 17:610
Guardia, Ricardo Adolfo de la. 9:2531
Guardia B., Fernando. 28:372
Guardia Mayorga, César A. 8:4593; 11:2700; 21:4910
Guardiola Cubas, Esteban. 4:3660, 3661; 5:2788; 18:1982; 19:2072, 3676
Guardiola-Rotger, H. 27:1621
Guardo, Ricardo C. 26:1089
Guaresti, Juan José. 12:3032
Guárico (State). Secretaría General de Gobierno. 5:2201; 6:2729
Guarín, José David. 2:2696
Guarinello, Angelo. 10:4114
Guarnieri, Juan Carlos. 15:2360; 17:3038; 21:3641
Guarnieri, M. Camargo. 7:5455; 9:4680, 4853; 10:4368-4370; 11:3775; 13:2647-2657; 15:2774, 2775, 2829b
Guarnieri, Rossine Camargo. 4:4257; 22:5499
Guarrera, Sebastián. 17:1122
Guasch, Antonio. 16:414; 22:848, 849
Guasch Leguizamón, Jorge. 15:2122, 2123; 17:2240; 28:1561
Guasp, Ignacio. 23:4431
Guaspari, Silvia. 7:5544
Guastavino, Carlos. 7:5435; 8:4737
Guastavino, Elías P. 25:4049
Guastovino Ureta. Ema. 10:2304; 11:2786
Guatemala. Archivo General del Gobierno. (Indexes). 2:1743, 2282; 3:2193a; 7:2871; 10:2503; 11:459, 1992
Guatemala. Asamblea Constituyente. 1941. 7:2653-2655
Guatemala. Asamblea Constituyente. 1945. 17:1338
Guatemala. Asamblea Legislativa. 2:1515; 3:2003
Guatemala. Asamblea Nacional Constituyente, 1935. Comisión de Reformas a la Constitución. 2:1587
Guatemala. Biblioteca Nacional. 4:4502; 6:4770
Guatemala. Capitanía General. 18:1749a
Guatemala. Centro de Fomento y Productividad Industrial. 27:1951
Guatemala. Comisión de la Constituyente. 2:1587a
Guatemala. Comisión Mixta de Límites. 8:3635
Guatemala. Consejo de Bienestar Social. Division de Bienestar General. 23:4233
Guatemala. Constitution. 1:1428; 11:1888; 12:3074; 15:1344; 20:4499; 22:4542
Guatemala. Departamento de Educación Rural. 16:1051
Guatemala. Departamento de Minería. 27:2725
Guatemala. Dirección General de Agricultura. 6:2244
Guatemala. Dirección General de Beneficencia Pública. 3:1044
Guatemala. Dirección General de Caminos. 7:2042; 21:1955
Guatemala. Dirección General de Cartografía. 21:1956-1958; 22:2267; 23:2511; 27:1430, 1951a, 2725a
Guatemala. Dirección General de Comercio, Industria y Controles. 18:743
Guatemala. Dirección General de Correos y Telecomunicaciones. 25:2249
Guatemala. Dirección General de Estadística. 2:509; 4:2361; 6:1321, 1322; 8:1181; 14:900, 901; 16:586; 19:6276, 6277; 20:5009; 21:5326-5329
Guatemala. Dirección General de Sanidad Pública. 8:1471
Guatemala. Instituto de Antropología e Historia. 22:60
Guatemala. Instituto de Fomento de la Producción. 15:870
Guatemala. Instituto Guatemalteco de Seguridad Social. 13:1928; 14:2534, 2535; 15:2080; 17:2075; 19:4440-4442; 24:6246
Guatemala. Instituto Guatemalteco de Seguridad Social. Sección de Recopilación de Leyes. 21:3589
Guatemala. Instituto Indigenista Nacional. 16:343
Guatemala. Laws, statutes. etc. 1:232, 1429 1452, 1618, 1697, 1806-1808; 2:504a, 3119; 3:1043a, 1045a, 1045b; 3722, 3723; 9:3692; 11:3455; 3609; 12:3219, 3269; 13:2582, 2583; 14:899, 902, 1639, 3106; 16:1361; 19:5596; 20:1340, 3510, 3590, 3591, 4567, 4597; 21:4626
Guatemala. Ministerio de Economía y Trabajo. 13:809; 14:903-905; 15:871; 19:1444
Guatemala. Ministerio de Educación Pública. 1:1097; 2:1179; 3:1400; 4:1775; 5:1543; 8:1967; 12:1185; 13:738, 2102; 14:312; 15:399, 400; 20:4701; 21:4730; 26:17; 27:1951b; 28:743a
Guatemala. Ministerio de la Defensa Nacional. 17:2806
Guatemala. Ministerio de Relaciones Exteriores. 1:1715; 2:2355, 2459; 3:3006; 4:3662; 5:3404; 6:3804, 3805; 8:3563; 9:3549; 10:3259; 11:2727; 13:1828, 1833; 14:2423, 2425, 2426; 16:2263; 21:3423; 23:2927
Guatemala. Ministerio de Trabajo y Bienestar Social. 3:4234
Guatemala. Observatorio Nacional "La Aurora". 2:1305
Guatemala. Oficina Central del Café. 15:869
Guatemala. Policia Nacional. 7:2657
Guatemala. Presidencia. Secretaría de Información. 21:3430; 27:3324, 3841; 28:744
Guatemala. Secretaría de Agricultura. 1:236, 237; 2:505; 3:1051; 4:1422; 5:935; 6:1011, 1012; 8:1190; 9:1264
Guatemala. Secretaría de Divulgación, Cultura y Turismo. 20:2271, 2271a
Guatemala. Secretaría de Fomento. 1:238; 2:506, 507; 3:1052; 4:1423; 5:936; 6:1013; 7:1051; 8:1191
Guatemala. Secretaría de Gobernación y Justicia. 1:1098; 2:1517-1519, 1587b; 3:1053; 5:2117; 6:1014, 2658; 7:2661; 8:2762; 9:2500
Guatemala. Secretaría de Hacienda Crédito Público. 1:242; 2:504b, 508, 510; 3:1054,

1055; 4:1424-1426; 5:931, 937-942; 6: 1015, 1016; 7:1052; 8:3802; 11:807; 17:1708
Guatemala. Secretaría de Hacienda y Crédito Publico. Dirección General de Estadística. 2:1516; 8:3802
Guatemala. Secretaría de Propaganda y Divulgación de la Presidencia. 17:1342
Guatemala. Superintendencia de Bancos. Sección de Estadística. 21:1338
Guatemala. Tesorería Nacional. 1:244
Guatemala. Tipografía Nacional. 15:32
Guatemala. Treaties, etc. 16:2290
Guatemala (City). Municipalidad. 5:2226; 7:2656
Guatemala Indígena. 26:499
Guayaquil. Consejo Cantonal. 6:2650
Guayas (Province.) Comité Ejecutivo de Vialidad. 18:730
Guayasamín, Oswaldo. 20:1045; 23:1428
Gubellini, Alcides. 11:587
Gubieda y Mier, Hersperia F. 10:4160
Gudin, Eugenio. 6:1813; 9:1673; 10:1366; 11:1123; 12:1127; 14:1133; 15:728; 20:1421, 1422; 23:1928
Gudiño Kramer, Luis. 20:1023, 3939
Gudschinsky, Sarah C. 20:683, 683a; 22:850-853
Guedalla, Philip. 3:56
Guedes, Jaime Fernandes. 8:1801; 9:1667
Guedes, Mário. 2:958, 959, 1015; 4:776; 6:1861
Guedes, Paulo Luiz Vianna. 6:4829; 7:5545; 11:3813
Guedes Filho, João Bosco. 27:2594
Guedes Muniz, Antônio. See Muniz, Antônio Guedes.
Guedes Regis Bittencourt, Aluysio. See Bittencourt, Aluysio Guedes Regis.
Gueiler Tejada, Lydia. 24:4311
Gülich Wilhelm von. 10:30a
Güell P., Cipriano. 20:3558
Güemes, Gontrán de. 20:2219
Güemes, José Antonio. 11:1673
Güemes y Horcasitas, Francisco de. 19:3331
Guena Mello, Waldomar. See Mello, Waldomar Guena.
Guénon, René. 11:3965
Guenther, Félix. 7:5418; 8:4729; 9:4831
Guereña, Jacinto Luis. 28:2228
Guerin, Daniel. 20:404
Guerin, John. 28:2119
Guérios, José Farani Mansur. 2:3133; 5:2004
Guérios, Rosário Farani Mansur. 14:450, 513; 15:423, 2466
Guernik, Miguel. 16:2951, 3092
Guernsey, Jackson E. 7:2039, 2197, 2198
Guerra, Antônio Teixeira. 16:1258; 17:1184, 1185, 1219; 18:1407, 1408, 1449; 19:2610, 2643; 23:2691, 2692; 24:3037; 25:2378; 27:2929
Guerra, Armando, pseud. 2:2569; 4:4068a; 7:1963
Guerra, E. Sales. 6:3656
Guerra, Felipe S. 4:4345
Guerra, Fermina. 9:1874
Guerra, Flávio. 22:3873
Guerra, Francisco. 15:21; 18:3296; 19:3147; 20:2524
Guerra, Gregório de Matos. 9:4287; 11:3430; 12:2924
Guerra, Inês Amélia Leal Teixeira. 18:1450; 25:2378
Guerra, J. Guillermo. 4:3234
Guerra, Jorge. 24:5235
Guerra, José Antonio. 27:1952, 2783
Guerra, José Eduardo. 6:2395; 22:5141

Guerra, José Joaquín. 17:2726; 20:3036
Guerra, Juan Carlos. 21:3954
Guerra, Lucas, 11:3039
Guerra, Luis Felipe. 28:1043, 1043a
Guerra, Luis R. 5:661a; 6:737
Guerra, María T. de. 19:6402
Guerra, Odilon Pereira de Souza. 6:1982
Guerra, Paulo de Britto. 5:1957
Guerra, Rafael Saturno. 14:1997; 24:4402
Guerra, Ramón. 24:4403
Guerra Araya, Jonás. 14:3185
Guerra Azuola, Ramón. 5:1682
Guerra Borges, Alfredo. 27:3325
Guerra Cepeda, Roberto. 7:971; 10:898
Guerra de Macedo, Nilda. See Macedo, Nilda Guerra de.
Guerra Debén, Ana. 23:3437
Guerra Duarte, Sérgio. See Duarte, Sérgio Guerra.
Guerra F., Luis Alejandro. 5:2302; 18:1076
Guerra García, Venustiano. 6:2527
Guerra Iñiguez, Daniel. 15:1607; 19:3806; 20:3403; 22:4032; 27:3842
Guerra López, José. 1:1572
Guerra Martineire, Margarita. 28:1043a
Guerra Odriozola, Raulita. See Odriozola, Raulita Guerra.
Guerra Peixe, César. See Peixe, César Guerra.
Guerra Trigueros, Alberto. 4:470a; 5:767; 17:2334
Guerra y Debén, José Antonio. 10:877; 27:1045
Guerra y Sánchez, Ramiro. 1:192, 1734; 4:2534, 2656; 6:1065; 8:1248; 10:877; 11:830; 15:846; 16:1865; 17:611; 18:239, 1788b, 2000, 2001; 19:2066; 20:1709; 21:232; 24:4055; 25:5208; 26:744, 1045, 2783; 28:466a, 781, 781a
Guerrant, Edward O. 16:2300
Guerreiro Barbalho, Gilberto. See Barbalho, Gilberto Guerreiro.
Guerreiro Lima, Afonso. See Lima, Afonso Guerreiro.
Guerreiro Ramos, Alberto. See Ramos, Alberto Guerreiro.
Guerrero, Altenor. 13:2194
Guerrero, Anacleto. 4:2406
Guerrero, César H. 7:3028; 16:1925; 25:3616; 26:897, 1090; 28:1025
Guerrero, Euquerio. 7:4301
Guerrero, Fernando. 8:1249
Guerrero, Gilberto. 27:2052
Guerrero, Jesús R. 14:2758
Guerrero, Jorge. 21:4621
Guerrero, José E. 9:4790; 10:4458; 11:3834; 14:3385
Guerrero, Juan F. 7:1845
Guerrero, Julio C. 3:2675; 6:3771
Guerrero, Leoncio. 12:2535; 22:4930; 26:1666; 28:2021
Guerrero, Luis Juan. 5:4425; 7:5639; 9:5026; 11:3951; 20:4875b
Guerrero, Manuel. 20:3940
Guerrero, Manuel M. 7:2642
Guerrero, Margarita. 19:5047
Guerrero, Mario. 21:4589
Guerrero, Moncayo. 3:3673
Guerrero, Raúl. 27:2852a
Guerrero, Raúl G. 5:301; 6:2135; 8:2062, 4821; 9:1875; 10:1654, 1692, 1701; 13:191; 15:378, 1452, 2813, 2814; 27:2852a
Guerrero, Vicente. 16:1766; 17:1662
Guerrero Balfagón, Enrique. 28:1169
Guerrero C., Julián N. 23:611
Guerrero Cárpena, I. 14:3412
Guerrero de la Rosa, Roberto. 3:3405; 5:3490

Guerrero Estrella, Guillermo. 6:4052
Guerrero Galván, J. 2:421, 424; 9:782
Guerrero Lovillo, José. 15:560, 616; 18:491; 20:1054
Guerrero Martínez, Pedro. 8:2778
Guerrero Matheus, Fernando. 28:881a
Guerrero Reyes, Angel. 16:2266
Guerrero T., Jorge I. 9:3869; 14:807; 23:5137
Guerrero Zamora, Juan. 26:1903
Guerrico, Silvia. 26:1636
Guerrini, Paolo. 4:2603
Guéry, Fortuna. 16:2939
Guest, Florian. 25:3161
Guest, Paul L. 9:1267a; 12:943
Guevara, Arturo. 14:2013; 19:3918; 20:3095
Guevara, Daniel C. 4:1791
Guevara, Darío C. 8:3800, 9:2212; 10:3626; 13:2103; 16:2011
Guevara, Eduardo. 7:2588
Guevara, Ernesto [Che]. 25:1604, 3409; 27: 2010, 3405, 3405a
Guevara, J. Guillermo. 24:4381
Guevara, Luis Alfredo. 16:3370
Guevara, Mariano P. 6:1019; 11:1604
Guevara, Mireya. 20:3941
Guevara, Tristán E. 19:2005
Guevara, Víctor J. 5:1345, 3263; 20:2042
Guevara Arze, Wálter. 18:3234; 19:1410
Guevara Bazán, Rafael. 28:424
Guevara Castillo, Luis. 22:4321
Guevara Labal, Carlos. 8:3374; 12:885
Guevara Ramírez, Simón. 16:970
Guevara Velasco, Agustín. 20:2042
Guggenheim, Harry F. 17:1933
Guglielmini, Homero M. 26:1091
Guglielmo, Pascual di. 2:3059; 3:3697; 14:3262
Guhl, Ernesto. 11:344, 1539, 1617-1619; 18: 1270; 19:2430-2434, 6076; 20:1982; 21: 1974; 23:2482; 26:1011
Guía Comercial del Peru. 15:958
Guía del Profesional Colombiano. 3:41
Guía Mensual de Comercio, La Paz. 5:1280
Guía Nacional: Turismo, Comercio, Industria. La Paz. 4:46
Guía Publicitaria "Los Darios", Buenos Aires. 25:5812
Guía Roji (México). 27:2753
Guías Azules de Ciudad de México. 1:1031
Guibelalde, Pilar. 20:2520
Guibert, Fernando. 22:4821
Guibourg, Edmundo. 2:2570
Guida, Armando. 6:1762
Guidici, Ernesto. 25:2106
Guido, Alfredo. 14:777
Guido, Ángel. 2:342, 356; 3:489; 4:421, 471; 8:528-530, 576, 636, 637, 3849; 10: 536, 719; 11:515; 15:545; 21:931
Guido, Angelo. 3:312, 1496-1498; 6:627; **22: 5544**
Guido, Beatriz. 20:3942, 3943, 4885; 28: 1955
Guido, Mario M. 9:1366
Guido, Tomás. 10:2972, 2991
Guido y Spano, Carlos. 20:4083
Guidon, Niéde. 27:541
Guier, Enrique. 28:744a
Guignabaudet, Philippe. 19:431
Guijarro Oliveras, José. 14:1877, 16:1487; 23:3029
Guijo, Gregorio Martín de. 18:1755a
Guil Blanes, Francisco. 20:2752
Guilbert, Henry D. 9:578
Guild, Philip W. 19:2611
Guilherme, Olympio. 11:1201; 25:2637
Guillaume, Paul. 5:1486, 4486; 14:3483

Guillemín, Jorge F. 23:181
Guillén, Abraham. 20:1306; 21:1304; 27:3066
Gullén, Fedro. 27:3326; 28:272
Guillén, Julio F. 1:726; 6:2973, 2974; 19:3083, 3084
Guillén, Nicolás. 8:4111; 9:4092; 13:2152; 15:597; 28:2131
Guillén, Pedro. 16:2751
Guillén, Víctor M. 2:212; 3:251; 4:323a; 8: 2181
Guillén Atienza, Luis. 15:1915
Guillén de Rezzano, Clotilde. 6:2035
Guillén de Rodríguez, Marisabel. 18:2689
Guillén Díaz, Pedro. 19:1954a
Guillén Martínez, Fernando. 15:623; 27:3364
Guillén Pinto, Alfredo. 11:3203; 19:4896
Guillén Santa Ana, Diego. 6:1513
Guillén Tato, Julio F. 9:2651; 14:2580; 18: 2341
Guillent Pérez, J. R. 28:111a
Guillermín, G. 4:2919, 2920
Guillermo Piazza, Luis. 23:124
Guillot, Víctor Juan. 5:4221
Guillot Muñoz, Gervasio. 20:4008
Guimain, Andrés. 12:2336
Guimaraens, Alphonsus de, *pseud.* 19:5341; 22:5468; 24:5812
Guamaraens Filho, Alphonsus de. 4:4258; 12:2919; 14:3084; 15:2562; 16:2904; 20: 4400; 21:4384; 24:5784, 5785, 5812; 26:2040
Guimarães, Afonso Henriques da Costa. *See* Guimarães Alphonsus de, *pseud.*
Guimarães, Alberto Passos. 24:4458; 26:1205; 27:2333
Guimarães, Alíson P. 21:2130; 24:3038; 27: 2930, 2930a
Guimarães, Antônio Barreto. 23:1929
Guimarães, Archimedes Pereira. 4:3424
Guimarães, Argeu de Segadas Machado. 7:3657; 8:3498; 21:4307; 25:3845
Guimarães, Ary Machado. 13:76; 25:5722; 28:1245
Guimarães, Bernardo Joaquim da Silva. 7:4959-4961; 8:4279; 24:5785
Guimarães, Djalma. 1:439; 13:980; 17:1186; 18:1400, 1409; 22:2523
Guimarães, Eduardo. 10:3903
Guimarães, Emílio. 1:1441; 10:3940; 14: 3134
Guimarães, F. Marques. 6:4447; 20:4286
Guimarães, Fábio de Macedo Soares. 7:2400; 9:2318; 10:1857; 2167-2170, 2235; 11: 1744, 1775; 12:1498; 24:3039
Guimarães, Francisco Pinheiro. 2:1712; 22: 3874
Guimarães, Freitas. 10:4431
Guimarães, G. d'Araújo. 2:1704
Guimarães, Hanemann. 7:5221, 5222; 10:4269; 12:1218m
Guimarães, Hélio de Miranda. 10:4033
Guimarães, Hilda de Almeida Leite. 14:3085
Guimarães, J. Nunes. 3:583; 4:747
Guimarães, João Nery. 13:2263
Guimarães, Jorge Maia de Oliveira. 28:1363
Guimarães, José Epitácio Passos. 18:1512; 24: 3040
Guimarães, José Maria Moreira. 6:5028
Guimarães, Maria Rita da Silva. 22:2524
Guimarães, Napoleão de Alencastro. 12:1086, 1087
Guimarães, Nestor Duarte. 3:3544; 5:2003; 6:2574; 23:5465
Guimarães, Octávio Moreira. 15:2686
Guimarães, Osias. 7:2401, 2447, 2560

Guimarães, Ruth. 12:2886; 16:2867; 28:2534
Guimarães, Ruy Carneiro. 24:4884
Guimarães, Vicente. 5:4042; 9:4408
Guimarães, Ylves José de Miranda. 10:4033
Guimarães Barreto. 26:2024
Guimarães Brito, Jessé. *See* Brito, Jessé Guimarães.
Guimarães Cravo, Silvio de. *See* Cravo, Silvio de Guimarães.
Guimarães de Almeida, Rui. *See* Almeida, Rui Guimarães de.
Guimarães de Araújo Jorge, Arthur. *See* Jorge, Arthur Guimarães de Araújo.
Guimarães de Souza, Mário. *See* Souza, Mário Guimarães de.
Guimarães Duque, José. *See* Duque, José Guimarães.
Guimarães Ferreira, Izacyl. *See* Ferreira, Izacyl Guimarães.
Guimarães Ferri, Mário. *See* Ferri, Mário Guimarães.
Guimarães Filho, Luiz. 2:2864
Guimarães Gill, Carmen. *See* Gill, Carmen Guimarães.
Guimarães Gottschalk, Elson. *See* Gottschalk, Elson Guimarães.
Guimarães Menegale, José. *See* Menegale, José Guimarães.
Guimarães Moura, Emílio. *See* Moura, Emílio Guimarães.
Guimarães Mourão, José Rui. *See* Mourão, Rui.
Guimarães Villela, Iracema. *See* Villela, Iracema Guimarães.
Guimarães Wanderley, José. *See* Wanderley, José Guimarães.
Guimpel, Dora. 10:3627; 11:3023; 12:2455
Güinasso, Luis María. 21:3955
Guiñazú, José Román. 2:169; 4:2091, 2092
Guinier, Ph. 20:2020a
Guinle, Jorge. 19:5628
Guinle, R. L. 5:3540
Guinnard, Augusto. 7:521
Guinsburg, Sonia. 24:1516; 27:1613
Guiomar, *pseud.* 7:4616
Guiral Moreno, Enrique. 1:1758
Guiral Moreno, Mario. 10:2406, 2913, 4447; 20:2923; 21:2917
Güiraldes, Alberto. 17:2459
Güiraldes, Ricardo. 1:2119, 2129; 3:3341; 8:4072; 10:3686; 11:3247; 18:2586; 22:4924, 4931; 23:5031; 26:1480
Guirao, Manuel. 8:4918
Guirao, Ramón. 3:3161; 4:508, 4040; 8:638, 639
Guisa, Marcelina. 9:4791
Guisa y Azevedo, Jesús. 7:2482; 18:1593, 1940; 19:2923; 20:2279; 25:3254
Guiscafré Arrillaga, J. 13:876
Guitarte, Guillermo L. 23:4432
Guiteras Holmes, Calixta. 12:222, 223; 13:192; 14:281, 282; 18:280; 25:650
Guixe, Juan. 6:4053
Guiza, Reinaldo, Jr. 23:2539
Guizado, Rafael. 13:2233
Guízar Valencia, Rafael. 16:1789
Gulhati, Kaval. 27:1862
Gulhati, Ravi. 23:1655
Gulick, Howard E. 21:5000; 27:2751
Gulla, Luis Alberto. 9:4055
Gullón, Ricardo. 26:1768; 28:2129
Gumiel Terán, Pedro. 15:890; 16:3084
Gumilla, Joseph, *Father.* 10:2009; 20:2717a; 28:861h
Gumpel, Henry J. 21:1471, 4540; 22:4661
Gumucio, Mariano Baptista. 23:2250

Gumucio Harriet, Alejandro. 12:2696
Gumucio Reyes, Alfonso. 27:2187
Gunckel Lüer, Hugo. 7:3248; 10:433, 1732; 24:4734; 25:2309
Gunther, A. E. 6:2283; 7:2172
Gunther, E. R. 2:1367
Gunther, John. 7:218, 3296; 9:138
Gunzburg, Nico. 7:5273
Guppy, Henry. 8:2902
Guppy, Nicholas. 22:6160
Gurdián, Raúl. 14:893; 19:5576; 23:4620
Gurgel, Amaral. 18:2817
Gurgel, Deífilo. 26:2041
Gurgel, Heitor Luis do Amaral. 28:1246
Gurgel, J. do Amaral. 2:3069; 6:4725
Gurgel, L. do Amaral. 2:1660; 3:2852
Gurgel do Amaral, E. *See* Amaral, E. Gurgel do.
Gurgel do Amaral, Luís Avelino. *See* Amaral, Luís Avelino Gurgel do.
Gurgel Valente, Ernesto. *See* Valente, Ernesto Gurgel.
Gurin, Ruth Melamed, 8:38
Gurría Lacroix, Jorge. 17:1672; 19:3046, 3206, 3374; 25:677, 3135, 3162, 3163; 26:536; 27:768; 28:186, 604
Gurvicha, G. S. 23:4536
Gurvitch, Georges. 5:4487
Gurza, Jaime. 8:3564
Gusdorf, Georges. 24:6114
Gusinde, Martin. 2:315; 3:331, 331a; 5:205, 284; 8:475; 12:365, 366; 14:370; 18:368; 19:923; 20:802, 803; 27:1261, 1376
Gusmão, A. Cardoso de. 15:2706
Gusmão, Alberto A. C. de. 7:1664; 10:1425, 1436, 1437
Gusmão, Alexandre de. 16:2102, 2103; 17:1888; 28:1303
Gusmão, Chrysolito de. 11:3596; 21:4601
Gusmão, Clovis de. 8:3499; 9:1647; 10:1352
Gusmão, Helvecio de. 4:4487
Gusmão, Paulo Dourado de. 16:2957; 20:4488; 22:6009
Gusmão, Sady Cardoso de. 8:4622
Gusmão, Saladino de. 4:3409
Gussinye Alfonso, Miguel. 18:2854
Gustafson, Donna. 20:3705
Gustavo, Paulo. 1:2192; 2:2962; 6:4311; 8:4477
Gut, Ellen. 12:1133
Guterbock, Bruno. 9:4653
Gutersohn, Heinrich. 5:1924; 6:2450; 8:2528; 11:1559, 1776; 19:2681
Guth, Bruno. 25:2295
Guthrie, Chester Lyle. 5:2387; 7:2953; 9:2786; 11:2080
Gutiérrez, Alberto. 5:2512
Gutiérrez, Alfredo. 5:3367; 9:1086
Gutiérrez, Benigno A. 15:2124; 16:2625; 20:3920
Gutiérrez, Carlos Bernardo. 28:3310
Gutiérrez, Carlos José. 17:577; 22:4052
Gutiérrez, Ceferino. 7:2814
Gutiérrez, Darío. 27:1337
Gutiérrez, Edmundo. 6:3388, 11:2669; 13:1806
Gutiérrez, Eduardo. 1:2113; 9:4336; 11:3347; 24:4271; 26:1092
Gutiérrez, Felipe. 10:4344
Gutiérrez, Gustavo. 16:669; 18:712
Gutiérrez, Hipólito. 21:3112
Gutiérrez, Joaquín. 14:2759; 16:2626; 25:4435
Gutiérrez, José María. 4:2249a; 7:3997, 4001; 9:3613; 12:2259

Gutiérrez, José Rosendo. 4:3006; 5:2522
Gutiérrez, Juan María. 7:3249; 9:3978; 11: 3292; 17:2324, 2337; 21:3732
Gutiérrez, Juana Esther. 2:1141
Gutiérrez, Julio G. 8:2116, 2182; 11:1488; 18:449; 20:998
Gutiérrez, Luis. 11:1237
Gutiérrez, Mario R. 24:2017
Gutiérrez, Martín. 11:3604
Gutiérrez, Miguel F. 5:404
Gutiérrez, Pedro Y. 5:1819
Gutiérrez, Ricardo. 9:757; 14:663, 763
Gutiérrez, Samuel A. 25:5621
Gutiérrez, Sebastián A. 4:1317
Gutiérrez A., Abel. 3:226
Gutiérrez Báez, Xavier. 24:6232
Gutiérrez Braun, Federico. 19:2410; 20:1958
Gutérrez Calderón, T. 5:3053
Gutiérrez Calle, Pedro. 14:1081
Gutiérrez Camarena, Marcial. 22:2948
Gutiérrez Camino, Roberto. 5:877
Gutiérrez Carranza, Claudio. 24:6019
Gutiérrez Carrasco, Octavio. 12:2982
Gutiérrez Casillas, José. 26:488
Gutiérrez Castel, Luis Alberto. 9:1367
Gutiérrez Cirlos, Ernesto. 11:1891
Gutiérrez Colombres, Benjamín. 9:1990
Gutiérrez Contreras, Salvador. 14:1436; 16:1662
Gutiérrez de Arce, Manuel. 11:2081; 13:1430; 20:2441
Gutiérrez de Medina, Cristóbal. 13:1271
Gutiérrez de Pineda, Virginia. 16:396; 22: 455; 23:787, 790; 24:841; 27:86, 1284a, 4129-4131
Gutiérrez del Arroyo, Isabel. 18:2033; 19:3766; 22:2923, 3257; 23:3400; 26:803
Gutiérrez del Barrio, Alejandro. 10:4411
Gutiérrez Eskildsen, Rosario María. 3:3406-3408; 4:3725; 7:4452; 10:1764, 1765; 11:1506
Gutiérrez Estrada, José María. 14:2122
Gutiérrez Flores, Pedro, *Brother*. 28:907a
Gutiérrez Forno, María Antonieta. 9:1463
Gutiérrez G., Víctor Manuel. 19:2918
Gutiérrez Girardot, Rafael. 19:5756, 5815; 26:1481
Gutiérrez Gómez, Jorge. 5:4208; 6:4666
Gutiérrez González, Gregorio. 15:2121
Gutiérrez Granier, Federico. 18:645
Gutiérrez Guerra, Jaime. 1:1194; 4:3663
Gutiérrez Guerra, René. 6:1503; 7:1457
Gutiérrez Hermosillo, Alfonso. 11:3331
Gutiérrez Leyton, Hernán. 17:661
Gutiérrez López, Gregorio. 28:1847
Gutiérrez Madueño, José. 5:1820
Gutiérrez Martín, Miguel. 25:3186
Gutiérrez Nájera, Manuel. 4:4001; 8:4112, 4164; 12:2536; 14:2760; 15:2382; 19: 5019; 20:3828; 22:4932; 24:5110; 24: 5110; 28:1848
Gutiérrez Nájera, Margarita. 26:1482
Gutiérrez Navarro, Isaac. 15:1748
Gutiérrez Noriega, Carlos. 6:474, 569; 11:145; 15:467
Gutiérrez Ojeda, Gabriel. 11:1023; 12:944
Gutiérrez Olguín, Tonatiuh. 25:1557
Gutiérrez Olivos, Sergio. 27:1706, 3067
Gutiérrez Prieto, A. 6:1198
Gutiérrez-Rave, José. 11:2161
Gutiérrez Sánchez, Gustavo. 4:4313; 6:4513; 7:2630; 9:4493; 11:3648; 13:528
Gutiérrez Santos, Daniel. 19:3609; 25:3116
Gutiérrez Serrano, Raúl. 11:3862a
Gutiérrez Suárez, Emma. 28:271

Gutiérrez Valenzuela, Alfredo. 7:3100; 9:2888; 12:20
Gutiérrez Valladón, Viriato. 10:1003
Gutiérrez Velásquez, Víctor. 8:1426
Gutiérrez Velázquez, Ramón N. 4:1484a
Gutiérrez y Ulloa, Antonio. 19:3283; 20:2565; 28:723
Gutiérrez y Urquijo, Antón. 11:580
Gutiérrez Zamora, Manuel. 19:3610
Gutkind, E. A. 18:3181
Gutsch, Milton R. 18:1744a
Guttentag Tichauer, Werner. 26:48; 27:36; 28:43
Gutteridge, M. 7:5344
Guy, Alain. 23:5825, 5826; 26:2278
Guyau, J. M. 9:4981
Guye, Robert. 8:1279; 11:701; 14:40, 2467
Guzmán, Antonio Leocadio. 28:1058a
Guzmán, Augusto. 3:2676, 3373; 4:3891; 6:3030; 8:3108; 19:3485a, 4964; 21: 2316, 3102, 3715, 3834; 28:1780a
Guzmán, Bulmaro. 18:408
Guzmán, Diego Rafael de. 1:1988, 2130
Guzmán, Domingo de. *pseud.* 17:2558
Guzmán, Eulalia. 5:267; 9:241; 17:99; 22: 540, 541; 27:769
Guzmán, Félix. 24:1761
Guzmán, Gaspar H. 6:1618
Guzmán, J. E. 18:957
Guzmán, José María. 15:1467; 22:2949
Guzmán, Louis E. 18:1232; 23:2543; 24: 2894; 25:2273
Guzmán, Luis. 10:4345
Guzmán, Manuel María. 1:241
Guzmán, Martín Luis. 4:3067, 4000; 5: 2876, 3781; 6:3305; 7:4718; 9:3160; 14: 2031, 2032; 23:4433, 4973; 25:4309; 28: 266a, 686a
Guzmán, Mauricio. 22:3054, 4567
Guzmán, Miguel A. 20:767; 23:1260, 1268, 1269, 1271; 24:1547, 1554; 25:789
Guzmán, Nicomedes. 5:3750; 7:4617; 8:4089; 10:3667, 3696; 11:3204; 17:2384; 20: 3946; 22:4822; 4907; 24:5289; 26:1659, 1748
Guzmán, Nuño de. 18:1771a; 19:3322; 23: 925
Guzmán, P. 1:179
Guzmán Alemán, Juan Pablo. 17:2383
Guzmán Aspiazu, Mario. 21:3956
Guzmán B., Francisco. 2:213; 5:767a
Guzmán Barrón, Alberto. 20:788
Guzmán Cruchaga, Juan. 8:4113; 23:5327; 24: 5419; 25:4461
Guzmán Cruzat, Ismael. 8:4653
Guzmán de Rojas, Cecilio. 2:406
Guzmán Esparza, Roberto. 22:3029
Guzmán Esponda, Eduardo. 5:3264, 9:3313; 11:3153
Guzmán Ferrer, Fernando. 6:4580; 8:4542; 25: 4074
Guzmán Gundián, Lucila. 2:3055
Guzmán Hernández, Jorge. 12:1547
Guzmán Huerta, Gastón. 25:2255, 2259
Guzmán Ladrón de Guevara, Carlos. 23:474; 24:588
Guzmán Lara, Aníbal. 22:4685
Guzmán López, Alfredo. 10:1778; 11:1507
Guzmán Lozano, Emilio. 9:2787, 10:899; 21: 1472
Guzmán Neyra, Alfonso. 23:3269; 28:604a
Guzmán Orozco, Guillermo. 15:1294
Guzmán Oviedo, Edelmiro Hugo. 10:4069
Guzmán Paéz, Fernando. 5:2138
Guzmán Palacios, Jaime. 4:2300

Guzmán Parada, Jorge. 17:1144
Guzmán Pérez, Diago. 3:860
Guzmán-Rivas, Pablo. 25:2206
Guzmán Tagle, Emilio. 4:4466
Guzmán Valdivia, Isaac. 6:3337a; 13:2770; 24:3576
Guzmán Vial, Eulogio. 14:2501
Guzmán y Raz Guzmán, Jesús. 4:2921; 5:122, 2682
Gvozdarev, Boris Ivanovich. 22:2711a; 24:3429

Haab, Armin. 21:962
Haag, Alfred H. 6:866, 989
Haag, W. G. 19:489
Haar, Charles M. 27:2673
Haarmann, Albert W. 24:3784
Haas, Ernst B. 27:1707, 1919, 3068
Haas, H. 7:3719
Haas, J. Anton de. 7:818, 3720
Haas, João Nepomuceno. 9:4956; 19:5785
Haas, Werner. 23:1930
Haas, William H. 2:134; 6:912
Haase, Ute. 28:467
Haase, Ynez D. 25:579
La Habana. Biblioteca Municipal. 3:1430a, 2632; 4:4525, 4526; 5:4247, 4248; 9:4617; 11:3707; 12:3304
La Habana, (Municipio.) 3:436, 2407; 4:1789; 22:3207
La Habana. Oficina del Historiador de la Ciudad. 19:3718; 26:782
Haber, Abraham. 14:773
Haber, Jane M. 24:1523; 27:1600
Haberland, Wolfgang. 19:118; 20:130; 21:206, 311; 22:201, 205; 23:182, 306-308, 1369; 24:161, 413-416, 428; 25:141, 202, 297-300; 27:140, 224, 431-435, 919
Haberler, Gottfried. 14:884
Habich, Eduardo de. 16:1223
Habig, Marion A. 10:2564; 11:2082, 2164; 12:1681
Habitat, Rio de Janeiro. 17:514
Hablemos Correctamente, Buenos Aires. 6:3855; 7:4453
Haces Zorrilla, Francisco. 1:1781
Hack, H. 22:2525; 24:4330, 6309; 26:1168; 27:1319
Hacker, Louis M. 6:3262
Hackett, Charles W. 2:1842; 3:2392; 8:2992, 3032; 10:2875; 12:1862
Hackett, Francis. 5:4022
Hackett, James E. 27:2931
Haddad, Jamil Almansur. 1:2193; 7:5056; 8:4211; 10:3837, 3897; 14:3016, 3017; 15:2491; 16:2835; 17:2634; 18:2156, 2784, 2795, 19:5263, 5264; 20:4356, 4401; 24:5713, 6033; 25:4708; 28:2607
Haddock, Daniel. 8:2373
Haddock Lobo, R. See Lobo, Roberto Jorge Haddock.
Haden-Guest, Stephen. 24:2807
Hadgialy Divo, Miguel. 19:4277; 22:2288
Hadley, C. V. D. 18:228
Hadley, E. W. 7:1161
Hadlow, Leonard. 19:2360
Haedo, Eduardo Víctor. 4:1812; 6:3469; 12:1594; 13:2104
Haedo, Oscar F. 14:843
Haekel, Josef. 13:338; 24:651, 803, 1122, 1123; 25:262

Haenzel, Arda M. 23:3127
Hafen, Ann W. 19:3611
Hafen, LeRoy R. 19:3611
Hafers, Eduardo M. 7:1032
Hafter, Rudolph P. 26:621
Hagan, Roger. 27:3406
Hagen, Christine Inez von. 6:2255; 18:2051
Hagen, Everett E. 25:565; 27:1709, 4027
Hager, Alice Rogers. 8:2580, 2581
Hagermann, Tor H. 2:1254, 1334
Haggard, J. 3:198, 2581
Haggett, Peter. 24:3041; 27:2931a
Hague, Eleanor. 5:4390; 17:2862; 18:2358
Hague, Juan Luis. 2:3124; 3:3766
Hague. International Court of Justice. 25:3344
Hahn, Albert. 25:582
Hahn, Bolko von. 2:2094
Haig, Irvine T. 10:2101; 12:945, 1399
Haigh, Roger M. 28:1096
Haigh, Samuel. 20:5051
Haight, Anne Lyon. 12:629
Haiken, Jack. 5:801
Haiken, Jean. 25:3413; 27:3418, 4144
Haines, Arnold. 4:4361
Haines, Francis. 4:86, 87
Hainsworth, R. G. 10:1912; 11:1745
Haiti. Bureau d'Ethnologie. 10:1790
Haiti. Conseil National de Développement et de Planification. 27:2011
Haiti. Constitution. 10:2359, 2360; 12:1575; 16:1389
Haiti. Departement de l'Instruction Publique. 11:1309
Haiti. Département des Finances. 3:1111
Haiti. Département du Travail. 17:2078; 19:4444; 20:3592; 23:4244
Haiti. Direction Générale de l'Éducation Nationale. 17:1029
Haiti. Direction Générale de la Enseignement Urbain. 10:1605
Haiti. Direction Générale des Travaux Publiques. 5:1008; 6:1093; 7:1131
Haiti. Institut d'Assurances Sociales. 19:4445; 20:3593
Haiti. Institut Haïtien de Statistique. 18:3200; 19:6279, 6280, 6709; 20:5010
Haiti. Laws, statutes, etc. 9:4476; 11:3631; 13:1929-1932; 14:2536, 2537; 18:2843; 19:5467
Haiti. Secretairie d'État des Relations Exterieures. 11:2718; 15:2748; 17:2008
Haiti. Service d'Information de Presse, et de Propaganda. 24:3567
Haiti. Service National d'Hygiène et d'Assistance Publique. 4:1526; 6:1352
Haiti. Service National de la Producción Agricole et de l'Enseignement Rural. 2:552; 8:1297, 1298, 1968, 3803
Haiti. Treaties, etc. 2:2402, 2408; 8:1295; 11:840; 15:1964, 1975, 1981; 16:2289
Haitian Library, Port-au-Prince. 23:6301
Hajjar, Fred. 13:789
Halberstaedter, Hermann. 8:1488, 1489
Halconruy, René. 13:663
Hald, Margrethe. 27:1185
Haldane, J. B. S. 14:3478; 22:5904
Hale, Charles A. 21:2815; 28:605, 605a
Hale, Kenneth. 21:675; 22:854
Hale, Veronica Marren. 15:2009
Hale, William B. 21:2817
Halévy, Daniel. 21:3153
Halffter, Rodolfo. 7:5483; 15:2786, 2787; 16:3160
Halftmeyer, Gratus. 11:2381; 16:1840
Hall, Douglas G. 19:618; 24:734, 756

Hall, Elisa. 5:3751, 3799
Hall, F. G. 2:1291
Hall, Florence. 7:4786
Hall, Guida Berrigan. 12:1329
Hall, John O. 19:2951
Hall, Martin H. 20:2832
Hall, Melvin. 7:2044, 3767; 9:990
Hall, Robert A., Jr. 19:5389; 26:1340; 28:1562
Hall, Robert Burnett. 10:1865
Hall, Robert King. 7:1857, 1890, 3658; 15:1010; 16:1021, 1086, 1093, 1102
Halle, E. R. 10:31
Halle, Louis Joseph. 2:140; 7:272; 14:2395
Hallenbeck, Cleve. 4:240; 6:2915; 16:1663
Haller, Ray. 19:6613
Halley Mora, Mario. 28:2073
Hallowell, Burton C. 15:891, 892; 16:706
Hallström, Anders. 24:6310
Halmar, Augusto d', pseud. 1:2045, 2046, 2128; 7:4787; 9:4020; 12:2518; 14:2688
Halmos, I. 28:3052
Halouze, Edouard. 8:531
Halpap, Paul. 29:2932
Halperin, Ernst. 26:718; 27:3349, 3473
Halperín, Gregorio. 12:3255; 17:2961
Halperín, Isaac. 6:4596; 12:3165; 14:3263; 25:4094
Halperin, Maurice. 1:1032; 3:1009; 5:3669; 6:948, 3818, 4054; 7:4618
Halperín Donghi, Tulio. 17:2942; 25:3569, 3639; 27:2453; 28:1097
Halse, G. W. 13:830
Hamann, Hugo. 11:1124; 17:787
Hamann de Cisneros, Sara. 28:1043, 1043a
Hambleton, Josephine. 7:3836
Hambloch, A. 4:3476
Hamblock, Ernest. 1:1354; 3:1850, 2142; 4:3604
Hambly, Wilfrid D. 4:382
Hamburg. Welt-Wirtschafts-Archiv. 26:49; 27:3474
Hamburger, Adelaide. 19:6070
Hamel, H. T. 23:1312
Hamel, Teresa. 23:4974; 28:2022
Hamelin, Louis-Edmond. 22:2526
Hamelin, Octavio. 12:3521; 15:2933
Hamill, Hugh M., Jr. 24:3907; 28:404a
Hamilton, Carlos Depassier. 10:3200, 4202; 14:3116; 15:2598, 2599; 20:4134; 21:4150; 22:4736; 23:4819, 4913; 24:5111; 28:1712
Hamilton, Charles Granville. 24:4506
Hamiton, D. Lee. 9:4165
Hamilton, Eduardo. 16:3134
Hamilton, Earl J. 10:2498; 16:1524
Hamilton, J. P. 20:3037
Hamilton, T. Earle. 15:2199
Hamilton, Thomas. 8:2713; 10:3281
Hamilton, Virginia. 25:5734
Hamilton Depassier, Carlos. See Hamilton, Carlos Depassier.
Hamlin, Douglas L. B. 27:3069
Hammarström, Ingrid. 26:399
Hammel, Eugene A. 24:505, 868; 25:577-579, 5622; 27:1338, 1338a
Hammen, Thomas van der. 22:224
Hammer, Einar. 7:4408
Hámmerly-Dupuy, Daniel. 5:268; 6:490, 491; 7:250, 251, 2260; 8:2435; 12:1378; 14:371; 22:3532
Hammitt, Gene M. 28:2229
Hammon, Joseph B. 23:2693
Hammond, A. E. 24:3785

Hammond, George Peter. 1:754; 4:2657-2659; 6:2859, 2916; 11:2022; 15:1690; 16:1418; 17:1673; 18:1941; 19:3284, 3612; 22:2950
Hammond, Harley Ross. 27:3266
Hammond, Miles. 5:1325, 1326
Hammond (C. S.) & Co., Maplewood, N. J. 25:2207-2209
Hamp, Eric P. 20:684; 21:676; 22:855
Hampejs, Zdeněk. 25:3924; 26:1341; 28:1563
Hamperl, H. 19:905
Hamrick, Lillian A. 17:1477
Hamsun, Knut. 7:5041; 8:4400, 9:4337
Hamuy, Eduardo. 13:664; 23:2792; 25:2086; 27:2222
Hanbury-Tracy, J. 10:2010; 12:484
Hancock, Kay. 28:44
Hancock, Ralph. 8:2253; 12:730; 13:59; 14:47; 19:6613; 25:5723
Handbook of Latin American Studies, Gainesville. 17:3089, 3090; 18:3298; 22:6255
Handler, Jerome S. 27:1046-1049
Hangert, Waltraud. 23:183
Hanisch Espíndola, Walter. 26:876, 2279; 28:934, 3345
Hanke, Lewis. 1:660, 690, 691; 2:7a, 1762, 1920, 1990; 3:12, 2200, 2201; 4:13, 2568; 5:123, 127, 3203a; 6:135, 2917; 7:2839, 3148; 5389; 8:2894; 9:139, 2652; 12:1682, 1896a, 2296; 13:60, 1361; 15:1426-1428, 1500; 16:1488; 17:248; 18:1707, 1707a; 19:3148-3150, 3451a; 20:2442, 2752a; 22:2824, 3452, 3453; 23:2793, 3017; 24:3720; 25:3046, 3261; 28:424a-425a, 467a, 925
Hanke, Wanda. 3:295-297; 4:353, 371, 2093; 5:471, 472, 1604; 6:492, 2351; 11:132; 13:319; 20:684a-685a; 22:349, 456, 856, 857; 24:535, 1316; 25:537; 27:1138, 1320
Hanna, Alfred J. 13:1540
Hanna, B. L. 22:978
Hanna, Kathryn Abbey. 13:1540; 19:3613
Hannan, Elizabeth. 7:808
Hannay, Annie M. 7:819
Hannigan, Raymond R. 27:1744a
Hanquist, Olof A. 26:857
Hans, Alberto. 28:606
Hansen, A. T. 3:162; 4:193
Hansen, Alvin H. 6:3699; 11:726; 13:426
Hansen, Karl Heinz. 28:388, 388a
Hansen, Millard. 19:2937
Hansen, Miriam. 7:4457
Hansen, Nora. 10:1752
Hansen, Terrence Leslie. 21:401
Hansen, William L. 25:2086
Hansen-Bahia, pseud. See Hansen, Karl Heinz.
Hanson, Alice C. 6:1121; 7:1162; 13:1955
Hanson, Earl Parker. 3:1125; 4:1668, 1951; 6:197; 7:219; 8:2354, 2555; 9:140; 10:1913-1917; 11:79, 1578; 16:44, 88; 22:2406; 26:804
Hanson, Elliott S. 9:141
Hanson, Matilda. 6:4801
Hanson, Paul M. 15:61
Hanson, Simon G. 1:489; 2:699; 912d, 912e, 914; 3:497, 963, 969, 1197; 4:993, 1216; 5:789; 16:2301; 17:532, 1279; 20:3426, 3427; 25:1429, 2638; 27:1710-1710c
Hanssen, Guttorm. 24:1804; 25:4656
Hanstein, Otfrid von. 1:1033
Hanzelka, Jiří. 21:5030; 22:6122; 24:2938
Haralz, Jonas H. 19:1903
Harber, Dennis. 27:3015
Harberger, Arnoldo C. 25:1430

Harbron, John D. 27:3070, 3408
Harcourt, Beclard d'. 5:4345
Harcourt, Marguerite d'. 23:819; 26:2185
Harcourt, Raoul d'. 2:214; 5:405; 14:102, 103, 381, 399-401; 15:282; 17:79; 18:127, 205; 19:457, 458; 22:225; 23:819; 25: 380; 26:2185
Hardee, Jay H. 20:2028
Harden, Margaret. 12:394
Hardin, J. Fair. 3:2392a
Harding, Bertita L. 1:1034; 5:2877; 7:3659; 10:3166; 14:2260
Harding, George L. 22:3052
Harding, Jane. 9:1152
Hardoy, Jorge E. 26:50; 27:141
Hardy, Frederick. 1:499, 513; 5:1780; 6: 2324; 7:2207; 8:2398, 2412; 9:2155; 10:2037, 2038; 11:1563; 12:1330, 1357-1359; 13:859-861
Hardy, Osgood. 12:2054; 15:1742; 17:886; 19:3614
Harewood, Jack. 27:1539
Hargreaves, Regina Paletta. 25:4709
Harig, Gerhard. 23:3055
Haring, Clarence Henry. 2:678, 2378; 3:1851; 4:2185a, 2534a; 5:2024, 2388, 3368; 7: 1326, 3444; 8:3651; 10:2952; 12:2065; 13:1037, 1210, 1587; 14:2153; 15:633, 1728; 17:1307; 18:3343; 21:2425, 3325; 23:3644; 24:3721; 28:426
Harispuru Ibarra, Antonio. 21:1473
Harker, Simon E. 3:2274
Harkness, Alberto. Jr. 9:2653; 19:3905
Harman, Jeanne Perkins. 25:5724
Harman, Marian. 19:6649
Harmon, George D. 3:2582
Harmony, Olga. 26:1859
Harner, Michael J. 24:849
Harnisch, Sascha. 15:525, 1795
Harnoncourt, René d'. 1:137; 19:350; 22:350
Haro, Juan B. 2:1174; 3:1436, 3758
Haro, Silvio Luis. 2:2280
Haro Alvear, Silvio Luis. 19:432
Haro Monterrose, Fernando José de. 8:2955
Haro y Tamariz, Jesús. 12:3440
Harper, Elizabeth Ann. 19:3285
Harrah, David. 17:1160
Harrand de Travi, Argentina. 21:5031
Harrar, J. G. 16:971
Harring, Harro. 28:358
Harrington, Horacio Jaime. 3:1529; 7:2261; 13: 897
Harrington, John P. 7:570; 10:263, 337; 11: 387-389; 13:353; 14:472
Harrington, Joseph H. 11:821
Harrington, M. R. 1:75; 2:98; 5:353; 10:230; 17:151
Harrington, Patricio. 4:4475
Harrington, Richard. 20:52, 2014
Harrington, Tomás. 9:465; 11:285
Harris, Bertha B. 10:4270
Harris, Charles H. 28:606a
Harris, F. 12:2285
Harris, Frank. 5:4023; 6:4440; 9:4338
Harris, G. D. 9:2106
Harris, Helen Willets. 4:3068
Harris, Larry A. 15:1691
Harris, Margaret. 12:224, 227; 13:193
Harris, Marjorie S. 19:5757; 23:5827
Harris, Marvin. 19:45; 20:2248; 23:603; 27: 142, 4028
Harris, Seymour E. 9:991, 991a; 10:832-834
Harris, Walter D. 27:4132
Harrison, Charles Yale. 10:3926
Harrison, Horace V. 21:2816

Harrison, J. V. 6:442, 2397; 9:2247; 17: 1157; 21:2049; 22:2437; 25:2324
Harrison, John Parker. 14:2193; 18:281, 1650, 2107; 19:3047, 3048; 20:2833; 21:2817; 22:6408; 24:10; 26:605a; 27:3071; 28:44a
Harrison, Lewis K. 9:3669
Harrison, Lucia C. 1:595
Harrison, Margaret W. 14:402; 15:151
Harriss, T. F. 4:1917
Harrsch Núñez, Teodoro. 15:1331
Harsch, Roberto. 12:3201
Harstad, Peter T. 28:607
Hart, Albert Gailord. 25:1684
Hart, Armando. 27:2454-2454b
Hart, Betty Turner. 28:908
Hart, Estellita. 14:1204; 16:1076; 19:2012; 21:1651
Hart, Helen Long. 21:677
Hart, Pansy. 20:445
Hart, Raymond E. 27:1431
Hart, Thomas R., Jr. 26:1342
Harte, Eva M. 22:79; 24:417
Harte, Neville A. 24:418
Hartenstein, Hugo. 27:3015
Harth-Terré, Emilio. 6:738-744, 781; 7:1981, 3104; 8:577-584, 640, 726-731; 9:711-716; 10:563-567, 4271; 11:508, 542, 543, 658; 12:605-607; 14:734-738; 15:570-573; 16: 516; 18:450; 20:999; 21:932-935; 22:351; 23:475, 1441-1443; 24:1690-1694, 4108; 25:381, 1135, 1175; 26:168, 169, 857a-861; 27:1339; 28:135, 154, 210, 210a
Hartling, Guadalupe V. de. 11:3830
Hartman, Hans-Joachim. 27:3072
Hartman, Robert S. 23:4510, 5809, 5856; 24: 6034; 25:5356; 26:2274, 2355; 28:3236, 3247
Hartmann, Carl. 7:1144
Hartmann, Hans W. 2:1615; 5:124
Hartmann, Günther. 22:457; 25:511
Hartmann, Karl Friedrich. 28:1013
Hartmann, Nicolai. 10:4595; 20:4880c, 4880d; 21:4851; 22:5906, 5907; 24:6115, 6116
Hartog, Johannes. 19:707; 20:255; 25:318-320, 3366; 27:1050; 28:839
Hartt, Charles Frederick. 7:2359
Hartweg, Raoul. 19:906
Hartzell, W. F. 4:1549
Harvard University, *Cambridge, Mass.* 27:3834
Harvey, E. Murray. 3:542; 4:644
Harvey, William. 18:64
Harvin, Emily. 22:6149
Harwood, Charles. 8:2392
Hasbrouck, Alfred. 1:1144, 1159; 4:3173
Haselberg, Pedro von. 14:3456; 15:2932, 2934
Hashimoto, Gorô. 27:4304
Haskins, Caryl P. 9:2032
Haskins, Ralph W. 13:1644
Hasler, Juan A. 21:3642; 22:858-863; 23: 926; 24:652, 653; 25:436, 437; 27: 225, 1432-1432b
Haslop, Edmund John. 3:2539
Hasluck, E. L. 4:3541
Hasperué, Juan Carlos. 10:1146
Hassan, Mostafa F. 27:2095, 3564
Hasselman, Sergio. 27:1540
Hassner, Rune. 22:6141
Haste, Hans. 22:1965
Hastings, Elizabeth. 13:770
Hastings, James R. 26:471
Hastrel, Adolphe d'. 28:359
Hatch, D. Spencer. 9:362
Hatcher, Evelyn, 9:353
Hatcher, Mattie A. 1:914; 2:1967
Hatt, Gudmund. 16:252

Hatt, Paul K. 18:3201
Hatt, Robert Torrens. 11:499; 19:72
Hatzfeld, Helmut A. 13:1988; 26:1343
Hauberg, C. A. 26:705
Hauch, Charles Christian. 7:3369; 13:1577; 27: 2393, 2447
Hauck, F. W. 27:2674
Hauck Magofke, Olda. 3:1409, 3751
Hauenschild, Jorge von. 15:245, 246; 17:178
Haugen, Einor Ingvald. 21:3643
Hauman, Lucien. 7:2306
Haumán Oyague, Noe. 9:618
Haupt, Helmut. 5:3304
Haupt, Paul. 22:6109
Hauptmann, O. H. 4:1882; 5:1621
Haury, Emil W. 11:149; 19:408, 409
Haus der Kunst, München. 24:1802
Hauschild, Rita. 21:844
Hauschild, Walter. 1:180
Hauser, Guido. 12:1207
Hauser, Günter. 22:2438; 23:2620; 27:2874
Hauser, Henri. 3:543, 1852, 2767, 3007; 4: 2013; 5:3204, 3265; 8:1851; 12:1499
Hauser, Philip M. 25:2210, 5609
Hausman, Abrão. 27:2932a
Haussmann, Frederick. 9:992
Hauswaldt, J. G. 6:263; 7:303
Hauzer, René. 9:1293
Haveus, A. Eugene. 27:4133
Havighurst, Robert J. 21:1789; 25:2058; 27: 2538, 4229a
Haviland, William A. 25:236
Hawes, Austin F. 10:1947
Hawkins, Laurence F. 6:389
Hawkins, Robert E. 19:805; 27:1304
Hawkins, W. Neill. 16:353; 19:805; 20:686; 27:1433
Hawley, Phyllis. 16:1809
Hawthorn, H. B. 16:408
Hawthorne, Nathaniel. 8:4401, 4402
Hay, Clarence L. 1:63
Hay, Eduardo. 3:2953; 4:3548; 6:3819
Haya de la Torre, Víctor Raúl. 1:650; 2:2256, 5:2738; 8:3565, 3618; 12:2145; 14:1661; 19:4206; 20:2288, 2288a; 25:2844
Haya Fernández, Diego de la. 4:2660
Hayans, Guillermo. 23:612
Haydon, F. Stansbury. 5:3422
Hayes, C. Willard. 4:1482
Hayes, Francis C. 15:2125
Hayes, Guy S. 27:1624
Haygood, William C. 8:2, 117
Hayman, Chaffey F. W. 25:5735
Hayn, Rolf. 20:1347; 27:2149
Hayner, Norman Sylvester. 11:1557, 1594; 19: 648; 21:424
Hays, H. R. 9:4005, 4056, 4097; 14:2846
Hayton, Robert D. 24:4806
Haywood, Charles. 25:5208a
Haz España, Carlos R. 27:2863
Haz Vásquez, Ricardo. 17:662
Haza, L. Orlando. 27:2012
Hazard, James E. 25:186
Hazard, John L. 17:754
Hazard, Joseph T. 14:48
Hazas, D. Alejandro. 23:4211
Hazelton, Alan Weaver. 9:3494; 10:3201
Hazera, María. 15:2827
Headrick, William. 27:3685
Heald, William F. 25:4531
Healey, Giles Greville. 14:157; 16:157
Healey, H. M. 2:1509
Healey, Mary Aquinas. 19:3767
Healy, David F. 26:746
Hearn, Lea T. 16:1215

Heath, C. R. 19:708
Heath, Dwight B. 22:2387; 25:580, 3681, 5623, 5624; 27:1186, 1186a, 4028a
Heath, G. R. 16:344
Heath, S. Burton. 9:2141
Hebbel, Federico. 13:2254
Hebblethwaite, Frank P. 20:4117; 28:44b, 468
Heberle, Afonso de Guaira. 7:2046
Hechavarría y Limonta, Luis de. 5:4140
Hechen, Santiago. 27:3267
Hechos e Ideas, Buenos Aires. 3:1798; 7:1327; 17:755
Heckel, Ilse. 13:2049
Hecker Filho, Paulo. 15:2492
Hedberg, F. 11:1627
Hedberg, Hollis Dow. 3:1540, 1596; 10:2011; 11:1627; 13:831; 14:1389
Hedberg, Nils. 22:3266
Hedderich, José Antonio. 5:733, 14:760
Hediger, Ernest S. 9:1043
Hedrick, Basil C. 23:5, 3165
Heduan Virues, Dolores. 1:1587
Heekeren, H. R. van. 24:468; 27:457a
Heers, Jacques. 24:3908
Heffern, Julia. 1:1207
Heflin, Allen A. 23:184; 27:321
Hefter, Joseph. 26:537
Hege, Georg Wilhelm Friedrich. 2:2971; 8: 4927; 10:4577; 21:4852
Hegenberg, Leônidas H. B. 22:5889; 25:5360; 26:2326, 2327
Hegsted, D. Mark. 20:797; 22:991; 23:1295
Hehl Neiva, Artur. *See* Neiva, Artur Hehl.
Heichen, Arthur. 7:820
Heide, Dirk van der. 7:5042
Heidegger, Martin. 7:5720; 17:2965; 18:3139; 19:5815, 5816; 20:4882-4882b; 22:5908; 23:5901; 24:6117-6119
Heidingsfield, Myron S. 18:713
Heilborn, Ott. 9:2248
Heilfurth, Fritz. 1:564
Heilinger, Edward. 11:3708; 12:3305; 19:3615
Heilmaier, Hans. 22:1329
Heilperin, Michael. 19:2717
Heim, Arnold Albert. 7:2262; 13:898, 947, 948; 14:1463, 1501, 1502; 15:1192; 19: 2502; 25:2282a
Heimann (William). *New York.* 7:128
Heimsoeth, H. 9:5025
Hein, Erwin. 1:529
Heindrichs, P. R. 7:372
Heine, Ernesto. 28:301
Heine-Geldern, Robert. 17:17; 18:51, 22; 3, 4, 214; 23:126, 404, 476; 24:1613-1615; 27:143
Heinsheimer, Georg. 21:2017; 22:2367
Heintz, Peter. 27:4029
Heiremans, Luis Alberto. 18:2532; 22:5313; 23:5328, 5365; 26:1860
Heise González, Julio. 2:838; 14:1493; 16: 3036; 26:1147
Heiser, Charles B., Jr. 17:41
Heisheimer, Jorge J. 27:2831, 2831a
Heitor, Luiz. 7:5546
Heizer, Robert Fleming. 5:438; 7:551, 2954; 13:1321; 14:227; 15:426; 19:15, 649; 21:77; 22:5, 77, 80, 986; 23:117, 637; 24:504, 654, 1616; 25:142; 27:322
Hel, *pseud.* 24:5751
Helbig, Karl Martin. 20:131; 22:400; 23:2467, 2526; 24:2871, 2872; 27:2704, 2704a, 2725b, 2754
Helbling, R. 1:601
Held, André. 20:1047

Hélder Câmara. See Câmara, P. Hélder, *Bishop of Olinda.*
Hélder de Souza, José. See Souza, José Hélder de.
Helfant, Ana. 22:1119
Helfant, Henry. 13:2597
Helfeld, David M. 16:2442
Helfritz, Hans. 10:253, 293, 2114; 11:3808; 13:402, 17:1145; 18:1294; 19:6614; 21:4740; 27:2705; 28:112a
Helguera, Ignacio. 19:4897; 21:3957, 3958
Helguera, J. Leon. 22:3519; 25:3721; 26:936
Helguera, León. 21:3958
Helguera, Margarita M. 28:607a
Hell, Jürgen. 28:1185
Hellbom, Anna-Britta. 22:6
Heller, B. 25:3102
Heller, Frederico. 9:1710; 10:1353, 4272
Heller, Hermann. 7:2483
Hellinga, Wytze Gs. 20:686a
Hellman, Milo. 4:300; 5:532
Hellmeister, Francisco de P. Reimão. 7:4041
Hellmer, Joseph R. 9:1890
Hellmund Tello, Arturo. 15:477a; 21:3187
Helm, McKinley. 8:641; 14:49; 20:1055
Helmer, Marie. 17:1475, 1644; 18:1789, 1866; 20:2753; 24:4109-4111, 5037; 25: 3487; 26:137b, 862, 2185a; 28:174, 908a, 909
Helsdigen, W. H. van. 24:3557
Helton, H. Stephen. 18:1651; 22:6409
Helu, Antonio. 12:2537
Helweg-Larsen, Kjeld. 28:768a
Hemingway, Ernest. 2:411; 7:5044; 8:4403
Hemispheric Insurance Conference, *I, New York 1946.* 13:427
Henao, Jesús María. 4:3277; 10:2737
Henao Botero, Félix. 6:5022
Henao Duque, Aníbal. 6:3064
Henao Jaramillo, J. 9:1304
Henao Mejía, Gabriel. 19:3872
Henckel, Carlos. 5:516; 7:597, 598, 602; 9: 590; 12:525; 14:604, 613; 16:452, 453, 1507
Henderson, Alice A. 3:196
Henderson, Gilroy. 19:288
Henderson, H. M. 20:2834
Hendrichs, Frances Kellman. 8:3214; 26:1550
Hendrichs Pérez, Pedro R. 6:264, 265; 9:269; 11:133; 12:225; 13:779; 14:283; 27:2696
Hendrix, William Samuel. 4:3605
Henestrosa, Andrés. 6:5584; 8:4044, 4809; 10: 2878; 12:2432, 2492; 13:2105; 14:344; 20:3859; 24:1746; 28:702a
Henius, Frank. 7:822; 8:2477; 9:2349, 4666; 13:428
Henking, Karl H. 27:144
Hennessey, John F., Jr. 10:939, 940; 11:903, 1746; 12:1298, 1303; 13:504, 806; 15: 737
Hennessy, Alistair. 28:687
Hennig, R. 2:1792, 14:1768
Henning, Paul. 19:209
Henriksen, Ole Bernt. 24:1934
Henrique, D. 6:3581
Henrique, João. 21:1419, 1420; 25:1728
Henrique, Paulo. 10:3838
Henrique Descat, Gabriela. 12:2538
Henriques, Affonso. 25:2722
Henriques, Elber de Mello. 24:4507
Henriques, Fernando. 15:416; 17:257; 18:3215; 21:5012
Henriques da Costa Guimarães, Afonso. See Guimaraens, Alphonsus de, *pseud.*

Henriques da Silva, Porphirio. See Silva, Porphirio Henriques da.
Henriques de Lima Barreto, Afonso. See Barreto, Afonso Henriques de Lima.
Henríquez, Camilo. 21:3959; 25:2757
Henríquez, Cyril G. 3:893
Henríquez, Enrique Apolinar. 24:3430
Henríquez, Fernando Abel. 21:2918
Henríquez, Homero. 12:2275; 14:3293
Henríquez, Máximo Coiscou. 4:3118
Henríquez, Noel. 22:2682
Henríquez, P. C. 27:2784
Henríquez Castillo, Luís. 22:4590
Henriquez de Smith, Carmen Adolfina. 15:2069.
Henríquez Escobar, Oscar. 11:1287
Henríquez Frodden, René. 2:1366
Henríquez García, Enriquillo. 6:3286
Henríquez Ureña, Camila. 12:2453; 17:2290
Henríquez Ureña, Francisco. 7:1111
Henríquez Ureña, Max. 2:2171; 3:2944; 5: 3335; 7:3183, 3370; 11:3058; 13:1651, 2106; 14:2761; 15:2322; 17:1741; 19: 3719, 4736; 23:5190; 25:4592
Henríquez Ureña, Pedro. 1:1913, 1990; 2: 2491, 2513; 3:3250, 3410; 4:3704, 3726, 3775, 5:491, 3461, 3491, 3536, 3541, 3542; 6:3856, 3857; 8:3916; 11:3023, 3059; 12:2062, 2337, 2395, 2454, 2455; 13: 2030; 15:2161a, 2200, 2361; 18:2481, 3351, 3353; 25:5227; 26:1483
Henríquez y Carvajal, Federico. 3:3298; 5: 2839; 10:2783; 14:2040, 2867; 28:816
Henry, Harriet. 8:4404
Henry, Howell M. 8:3566
Henry, Jules. 2:294; 5:445; 6:493, 494; 8: 386; 14:487; 17:343
Henry, M. U. 25:735
Henry, Marguerite. 7:5116
Henry, Robert Selph. 16:1784
Henry, Z. 6:494
Henseling, Robert. 4:160
Hensler, Haven. 9:4809
Hentschel, Kurt. 3:88, 171
Hepburn, Andrew. 21:5002; 24:6419; 27:2706
Hepp D., Ricardo. 9:1572
Hera, Alberto de la. 24:3722
Heraclitus. 5:4452
Heraldo, Panamá. 22:6281
Heras, Carlos. 2:2192; 5:2978; 7:3445; 8:3267, 3268; 9:643, 3814; 11:2467; 21:3059; 24:4301; 25:3617; 28:1098, 1099
Heras, Miguel L. 21:4590
Herbas Cabrera, Carlos. 27:3605
Herbas S., Ángel. 28:801
Herbert, Charles W. 6:2325
Herbin, Ernesto L. 7:3910; 10:1147
Herbruger, Alfredo, Jr. 21:678
Herbulot, Joel. 27:1869
Herckmans, Elias. 28:1304
Herder, Johann Gottfried. 16:3316; 24:6120
Herdman, Margaret May. 11:3709
Herdocia, Humberto. 14:3166
Heredia, Carmen. 1:1989
Heredia, Daniel. 7:2307, 2308
Heredia, Florencio Daniel. 18:206; 19:355
Heredia, Horacio H. 8:4547
Heredia, Ismael. 6:3480; 7:3544; 12:2146
Heredia, José Félix. 1:1229
Heredia, José Maria. 2:2471, 2697; 5:3563; 6:3905; 13:2107; 16:2627
Heredia, José Ramón. 5:3845; 20:4084
Heredia, Nicolás. 26:747
Heredia Carretero, Horacio. 24:2117
Heredia Correa, Roberto. 28:45
Heredia Herrera, Antonio M. 23:3627

Heredia Luna, S. 9:2203
Heredia Moyano, Hugo A. 19:5476
Heredia y Pimentel, Manuel. 22:3225
Hereford, Karl T. 27:2455
Herget, H. M. 20:17
Herman, Lucila. 10:2171
Herman, Stewart W. 24:3706
Hermann, Adolf Richard. 27:920, 2053, 4134
Hermann, H. A. Van. 4:1483
Hermann, Lucila. 4:645; 13:320; 14:2261; 16:3352
Hermann Turenne, Elsa. 28:2050
Hermans, Hans. 27:3409
Hermant, Abel. 8:4405; 9:4339
Hermberg, Paul. 6:1363, 1364; 7:1186
Hermer, Consuelo. 7:220
Hermes, Djalma da Fonseca. 7:650
Hermes, João Severiano da Fonseca. 6:2492, 2493; 8:2596; 18:1513
Hermes da Fonseca, Mário. See Fonseca, Mário Hermes da.
Hermes Filho, Gabriel. 18:889; 19:1719
Hermesdorf, Rubén Ignacio. 22:3030
Hermessen, J. L. 7:558
Hermeto, Abdón. 12:540
Hermida Herreto-Beaumont, Ramón. 19:1358
Hermida Piedra, César. 11:1705; 22:332
Hermite, Jeanne Louise (Ternaux Compans). 3:2768
Hernández, Ángel G. 16:1070; 20:1718
Hernández, Agustín. 11:482; 12:1624; 14:1708
Hernández, Alfonso G. 5:1445b, 3113
Hernández, Alfredo E. 9:1251; 10:945
Hernández, Apolinar. 7:2102, 2218
Hernández, Arturo. 2:621a
Hernández, Arturo D. 8:4056; 21:3960, 3961; 24:5261, 5262
Hernández, Carlos. 23:641
Hernández, Carlos, *Cuban*. 9:1136
Hernández, Daniel. 6:2659; 8:1041, 1197, 1198, 1222; 14:908
Hernández, E. 18:1257
Hernández, Edmundo. 10:4494
Hernández, Efrén. 9:4006; 20:4099a; 28:1781
Hernández, Enrique. 6:2642
Hernández, F. Emérito. 14:1642
Hernández, F. J. 5:3423
Hernández, Fausto. 19:5162
Hernández, Francisco A. 22:4628
Hernández, Francisco, 1544-1578. 10:2565; 11:2083; 12:1758-1758a; 17:1457; 23:927; 24:1124, 3772; 25:3136
Hernández, Francisco Javier. 5:1605; 12:587; 16:322; 23:6; 24:215
Hernández, Horacio H. 26:909
Hernández, José. 1:2120; 2:2668, 2800; 3:3342; 7:4454; 9:4093; 12:2648, 2735, 2736; 13:1604, 2183; 14:2868, 2888; 15:2362; 2459; 18:2587; 20:3829; 28:2132, 2133
Hernández, José Alfredo. 4:4041, 4042; 7:1943; 8:2019; 12:2649; 13:2031; 16:2800; 20:351; 22:5142
Hernández, José P. H. 21:4092
Hernández, Juan Bartolo. 12:2489
Hernández, Juan J. 9:379
Hernández, Juvenal. 11:1268
Hernández, Leopoldo. 23:5329
Hernández, Luisa Josefina. 22:5314; 23:4975, 5314; 25:4563; 26:1861; 28:1849, 1849a, 2298-2301
Hernández, Manuel A. 3:1010; 7:958, 1001, 1010, 4323, 4324; 8:1079, 1133-1135; 9:3713; 11:752; 28:608

Hernández, Marcial. 3:3299
Hernández, María Corominas de. 2:1169c
Hernández, Mario. 18:2588
Hernández, Martín. 14:1420, 1421
Hernández, Miguelina N. de. 25:2129
Hernández, Octavio A. 12:3075; 20:4566; 27:1870; 28:608a
Hernández, Porfirio. 13:790; 17:1078
Hernández, R. T. 24:1569
Hernández, Timoteo L. 9:2057
Hernández Aguirre, Mario. 26:1769
Hernández Alfonso, Luis. 11:2193
Hernández Almanza. 9:4981
Hernández Almendros, Victoria. 18:1756
Hernández Álvarez, J. 27:1051
Hernández Andrino, Félix. 27:2449
Hernández Aquino, Luis. 10:3796b; 18:2609a; 23:5121
Hernández Arana Xajila, Francisco. 3:1498a
Hernández Aróstegui, Marcos. 22:3267
Hernández Arregui, Juan José. 25:3618, 4252
Hernández B., Darío. 4:2310
Hernández B., Ernesto. 20:2718; 23:3813
Hernández Balaguer, Pablo. 25:4204, 5231; 26:2218; 28:782, 3093-3094a
Hernández Bitter, Carlos. 6:2730
Hernández-Bretón, Armando. 19:5517; 27:3900
Hernández Campos, Jorge. 15:2126; 24:6108
Hernández Carillo, Jorge. 6:3146
Hernández-Cata, Alfonso. 3:3374; 5:2815, 10:3839
Hernández Chávez, J. 11:3899
Hernández Cobos, José Humberto. 17:1280
Hernández Cornejo, Roberto. 2:2046; 3:2687; 10:2829; 11:2508; 13:1630; 20:2773
Hernández Corujo, Enrique. 1:1418; 8:2745; 19:5448
Hernández Corzo, Rodolfo. 7:1873
Hernández Crozo, Gilberto. 19:2411
Hernández de Alba, Gregorio. 3:229, 336; 4:293-295, 1858; 6:474a; 7:463, 3130; 8:316; 9:202, 416, 417, 591, 3058; 10:308, 313-315, 404, 405, 1655; 12:325, 442; 13:365; 14:451, 534-536; 562, 563, 574; 15:137; 22:215
Hernández de Alba, Guillermo. 1:931-933; 2:338, 366, 367; 3:1417, 2275, 2336, 3162; 4:472, 2771; 5:2541, 2542, 2564, 2705; 6:3065, 3147, 3148, 3962; 7:3521, 3522; 8:732, 3141, 3179; 9:657, 2865, 2995; 10:642, 2467, 3498; 12:70, 1970a, 13:1385; 14:701; 15:124, 552; 16:2532; 18:1824; 20:950, 2719; 22:3544; 24:5016; 25:3462-3464, 3554
Hernández de Córdoba, Francisco. 8:2993
Hernández de la Portilla, Alejandro. 15:786
Hernández de León, Federico. 5:2114, 3740; 6:1010; 9:148; 22:3074; 28:745a
Hernández de Mendoza, Cecilia. 9:4057; 11:2998; 18:2382
Hernández Delgado, José. 22:1755, 1783; 23:2046, 2055; 24:2104, 2118; 25:1558; 27:1871
Hernández Díaz, José. 4:2590; 7:2840
Hernández Fajardo, José. 12:588
Hernández Franco, Tomás. 17:2385
Hernández G., José Manuel. 25:1630
Hernández G., Samuel. 4:1317
Hernández Gonzalo, Gisela. 9:4699, 4700; 11:3785a; 23:5726
Hernández Laue, Mariano. 7:5609
Hernández Luna, Juan. 10:3562; 12:1809, 2416; 13:2722; 14:1285, 3420, 3421; 15:2864; 18:3096; 19:3286, 3616, 3617, 5771; 20:4787; 21:4777; 22:5836; 26:2344; 28:3333

Hernández Martínez, Maximiliano. 3:2065; 4:2431; 5:2177, 2178; 7:2715; 8:2806; 9:2544
Hernández Medina, Omar. 21:3505
Hernández Mendoza, Esteban. 17:2083
Hernández Millares, Jorge. 20:2700; 25:2211;
Hernández Moncada, Eduardo. 6:4844
Hernández Netro, Mateo. 3:2046
Hernández Ode, Sergio. 2:3110
Hernández Ojeda, Gerardo Antonio. 23:4535
Hernández Ortiz, David. 11:1595
Hernández Paez, Ernesto. 1:1588
Hernández Portela, Ramiro. 5:3424
Hernández Rodríguez, Guillermo. 6:529
Hernández Rodríguez, Pedro. 5:2389; 6:2918
Hernández Rodríguez, Régulo. 5:302
Hernández Rodríguez, Rosaura. 16:217; 20:221; 23:3270; 24:1125; 25:263; 26:537a; 27:770-772; 28:609
Hernández Ron, J. M. 3:2079, 3622; 9:4500; 11:3544
Hernández Ron, Ramón. 6:1270; 7:1314; 9:1211
Hernández Ron, Santiago. 20:3096
Hernández Rovati, Luis. 14:2557, 3167
Hernández Rueda, Lupo. 22:4686
Hernández Ruiz, Santiago. 13:764; 15:1011; 16:1034
Hernández Sánchez-Barba, Mario. 19:3151; 20:2443, 2526; 22:2951; 25:3103, 4228; 26:414; 27:145, 734; 28:468a, 504a
Hernández Sánchez Mejorada, Santiago. 20:1957
Hernández Serrano, Federico. 14:761
Hernández-Solís, Luis. 10:3202; 11:2671
Hernández Tapia, Germán. 26:538, 539
Hernández Travieso, Antonio. 8:4840; 9:3196, 4905; 11:2955; 12:2048; 15:1426, 2865, 2866
Hernández Trejo, Rigoberto. 21:3415
Hernández Urbina, Alfredo. 20:2289; 25:2845
Hernández Xolocotzi, Efraim. 21:1953
Hernández Zanabria, Gonzalo. 19:5566
Hernando, Inocêncio Benito. 21:1255, 2131
Hernando Balmorí, Clemente. 15:2929; 22:864
Herndon, William Lewis. 18:2168a
Heron, David Winston. 19:4278
Heronicio, P. 3:2819
Herradura, María. 8:2042
Herráez Sánchez de Escariche, Julia. 13:1431; 15:1429; 18:1867
Herráiz, Ismael. 24:4056
Herrán, Alberto. L. 9:1183
Herrán, Carlos M. 11:1269; 18:3069; 20:4842
Herrán Medina, Alvaro. 24:4921
Herrarte, Alberto. 20:2872; 22:4009; 23:3362; 27:3327; 28:746
Herre, Wolf. 27:2817
Herrejón, Morelos. 18:1252
Herren, Ricardo A. 19:3837
Herrera, Ataliva. 10:3499; 11:1292
Herrera, Bartolomé. 19:2088
Herrera, Carlos Aquiles. 10:3628
Herrera, César A. 13:1578; 15:1720; 16:1884; 21:1336
Herrera, Flavio. 1:2054; 3:3251; 4:4043; 8:4073; 26:1728
Herrera, Fortunato L. 2:246, 331; 3:65, 1765, 2277, 2278; 4:354; 5:479, 2613, 3492-3494; 6:551; 7:485, 2309; 8:424, 425, 2478; 9:2249
Herrera, Francisco A. 27:37; 28:45a
Herrera, Horacio. 10:181; 14:1437
Herrera, José de la Cruz. 13:1452; 21:3007
Herrera, Julio. 14:3127; 15:2703
Herrera, Luis. 1:1607
Herrera, Luis, *Brother*. 10:2775
Herrera, Luis Alberto de. 6:3490; 13:1661, 1669; 19:3842
Herrera, Manuel. 2:1810
Herrera, Mario. 23:2039
Herrera, Moisés. 9:36
Herrera, Roberto. 12:2276
Herrera, Rómulo. 8:1945
Herrera Alarcón, Dante F. 25:3743
Herrera Alarcón, José. 8:4499
Herrera Aristegui, Alfredo. 8:3756
Herrera Báez, Porfirio. 19:4230, 4231
Herrera Barría, Adriano. 23:1487
Herrera Bienes, Ángel. 20:4878b
Herrera Bornia, Orestes. 17:2068; 18:2300; 21:3565
Herrera C., J. Noe. 24:6277
Herrera Calderón, Mauro. 17:965
Herrera Carrillo, Pablo. 6:2813; 9:2789; 11:3060; 13:2669; 16:1607; 23:3219
Herrera Chacón, Ernesto. 4:2311
Herrera E., Celia. 28:687a
Herrera Figueroa, Miguel. 17:2958; 20:4876b, 4985
Herrera Filho. 6:4371
Herrera Frimont, Celestino. 12:2539
Herrera Frimont, Humberto. 3:462
Herrera Fritot, René. 4:147, 147a; 6:301, 308; 8:202; 12:118; 13:172; 296; 16:225, 258; 18:119, 125; 19:266; 20:256; 27:456
Herrera Garduno, Guillermo. 1:1589
Herrera Gómez, Hugo. 19:1955; 22:1756
Herrera Gómez, Néstor. 3:2578; 4:2516
Herrera Gray, Enriqueta. 9:519
Herrera Guerrero, Héctor Vicente. 12:1582
Herrera Gutiérrez, Alfonso. 8:3836; 19:4449; 24:6233
Herrera Lane, Felipe. 11:1024; 16:730; 25:1431-1434; 27:1708, 1711; 28:469
Herrera Lasso, Manuel. 6:4540
Herrera Lasso, Miguel. 15:787
Herrera MacLean, Carlos A. 14:843; 18:511
Herrera Méndez, Lorenzo. 11:3588
Herrera Mendoza, Lorenzo. 9:4445, 4576; 12:3130; 24:4922
Herrera Moreno, Enrique. 23:3271
Herrera Navarrete, Guillermo. 12:946
Herrera Peña, José. 28:609a
Herrera R., Daniel. 28:3311
Herrera R., Rubén E. 8:1348
Herrera Rossi, José. 4:2661
Herrera S., Julio Roberto. 7:4266; 9:2790
Herrera Salazar, Ricardo. 4:3322
Herrera Sánchez, Josephat. 28:1850
Herrera Sevillano, Demetrio. 11:3293
Herrera Silva, Jorge. 2:2779
Herrera Sotolongo, Pedro. 1:1419
Herrera Umérez, Germán. 11:3545
Herrera Vega, Adolfo. 27:921
Herrera y Obes, Manuel. 18:2132
Herrera y Reissig, Herminia. 9:4058; 10:3797; 15:2406
Herrera y Reissig, Julio. 8:4114; 24:5524; 26:1862
Herrera y Thode, Daniel. 9:3348
Herrera y Tordesillas, Antonio de. 1:692; 7:391; 11:1967; 12:1683; 19:3152
Herrero, Enrique. 16:2583
Herrero, Miguel. 12:1862a
Herrero, Vicente. 11:1913
Herrero Fuentes, Ignacio. 11:2937
Herrero García, Miguel. 10:3481; 22:3490

Herrero Mayor, Avelino. 4:3727; 11:2890, 2938
13:1989; 19:4528; 20:3648; 23:4434; 28:
1564, 1565
Herreros Vergara, Javier. 5:1305; 11:1025
Herrick, Bruce. 27:2223
Herrick, Jane. 16:2168; 21:2818
Herring, Hubert Clinton. 1:203, 283, 341, 1035,
1036, 1099, 1123, 1138, 1141; 2:2095;
3:1011, 1853, 2026, 2945, 3008; 4:1322;
5:3305, 3336, 3337; 7:221; 8:118; 2248;
9:143, 3522; 10:3230; 12:2250; 13:1807
Herriot, Edouard. 11:2227
Herrmann, Lucila. 9:1623; 12:395
Herrmann, Omer W. 6:2465
Herrmann Júnior, Frederico. 6:1763, 1764;
7:1587
Herrnheiser, Pavel. 10:1271
Herrnstadt, Ernesto. 5:1087a; 9:3674; 10:
3403, 3404; 13:2579; 15:2060; 17:2060
Herron, Francis. 9:144
Herscher, Irenaeus. 7:2815
Hersey. Jean. 14:85
Herskovits, Frances S. 2:326; 13:248; 22:418
Herskovits, Melville J. 1:1307; 2:326; 3:192,
1498b; 10:1656, 4432; 11:1447; 13:248;
14:104; 15:2803; 17:3174; 18:7, 8; 20:
559; 22:418; 23:640, 746; 24:735; 27:
2785
Herter, Christian R. 23:2795
Hertzog G., Enrique. 15:1309a
Hertzog G., Luis. 13:276
Hervé, Egidio. 1:1277
Herzig, Gothard. 1:616; 5:1821
Herzog, B. G. 8:2983
Herzog, Ernesto. 16:454
Herzog, Friedrich. 28:465a
Herzog, George. 4:1859
Herzog, Maurice. 19:2541
Herzovich, Elías. 8:3255
Hesketh Lavareda, José. See Lavareda, José
Hesketh.
Hespelt, E. Herman. 7:4501; 8:39, 3879, 3960;
12:2388, 2456
Hess, Erich Joachim. 24:6406
Hess, Harry Hammond. 4:1920
Hess Estrada, Raúl. 22:1486
Hesse, Everett W. 19:4674
Hesse, Helmut. 27:1712
Hesse Murga, José. 23:5366
Hessel, F. A. 8:984
Hessel, M. S. 8:984
Hessen, Johannes, 21:4853
Hessler, William H. 7:3721
Hester, James J. 25:115
Hettich Alvear, Juan. 12:947
Hewes, Gordon W. 16:156; 19:650
Hewes, Leslie. 1:502, 551
Hewett, Edgar L. 2:32; 5:406; 9:717; 10:
182
Hewitt, Clyde E. 15:1778; 27:1872
Heyde Garrigós, Alejandro von der. 3:3698;
4:4362; 7:5317
Heyden, Doris. 27:748; 28:507
Heydte, Friedrich A. von der. 19:3498
Heyerdahl, Thor. 18:9; 19:356, 459; 20:334,
334a; 21:285, 312-314, 5045; 23:405;
25:354; 27:470
Heyman, George H., Jr. 5:790
Heysen, Luis E. 20:4933, 4934; 21:4911
Heyser, Jorge N. 51:788
Heyser E., Ramón. 13:321
Heyward, Duboise. 6:2321
Hibben, Frank C. 19:16
Hibben, Thomas. 14:936
Hickenlooper, Bourke B. 24:3465; 25:2680

Hickerson, Nancy P. 19:806; 20:687
Hickey, John. 24:3431; 25:1435; 27:3410
Hickling, A. N. 2:721
Hickman, C. Addison. 9:1014
Hicks, Earl. 21:1321
Hicks, Frederick. 25:203; 27:323
Hicks, J. R. 27:2149a
Hidalgo, Alberto. 3:3163; 11:2468; 24:5433;
25:4462; 26:1729
Hidalgo, Baltasar. 20:3944
Hidalgo, Bartolomé. 16:2712
Hidalgo, Carlos F. 27:1953
Hidalgo, Ernesto. 4:2385; 10:2390; 12:2018
Hidalgo, Joseph Domingo. 19:3287
Hidalgo, Juan Esteban. 27:1935
Hidalgo, Manuel. 24:1531
Hidalgo, Ramón. 25:4408
Hidalgo González, Pedro. 5:1866
Hidalgo Jaen, Ricardo. 10:975
Hidalgo Monroy, Luis. 8:2002
Hidalgo Nieto, Manuel. 15:152
Hidalgo Quesada, Jesús. 8:2294
Hidalgo R., Arturo. 15:1351
Hildalgo Santillán, Esteban. 2:2478; 4:1927,
2153a, 2828; 6:2012, 2013
Hidalgo y Esnaurrízar, José Manuel. 25:3262;
26:541
Hidrovo, Horacio. 26:1730
Hieronymous, Jorge. 11:1674
Higbee, Edward C. 7:2104; 9:1590, 2249a;
10:2115; 11:1719; 13:226, 505, 807; 14:
158, 1342; 17:3039
Higgins, Benjamin. 24:1935; 27:4069
Higgins Industries, Inc. 15:789
Higgs, Eric. 27:121
Highee, A. C. 8:2256
Higino, Sérgio. 14:2351
Higuera, Ernesto. 19:3618; 24:5403; 26:622
Higuita, Juan de D. 5:1088; 6:1173, 1203
Hijar y Haro, Luis. 4:88
Hijuelos, Fausto A. 8:2865
Hilaire-Cháneton, Edgardo. 13:684
Hilbert, Peter Paul. 18:140; 19:303; 20:317;
21:275, 276; 23:421a-423; 27:542, 543
Hilborn, H. W. 28:1789a
Hildeberto M., Brother. 24:419
Hildebrand, Ingegerd. 17:1476
Hildebrand, John R. 25:1611; 27:1954
Hildebrand, Karl-Gustaf. 16:1419
Hildebrand, O. M. 2:2270
Hildebrandt, Martha. 15:2127; 21:679; 24:
4735; 25:3925; 26:937; 27:1434, 1434a
Hildner, Ernest G., Jr. 4:2662
Hileman, Guillermo. 5:1236, 1822
Hileman, Sam. 28:1262, 1836
Hileret, René. 9:1368
Hilger, Inez M. 21:557 27:500, 1262
Hill, A. David. 27:2755
Hill, A. J. 2:534
Hill, Adelaide C. 23:3401
Hill, E. B. 6:1122, 1341
Hill, George W. 18:3182, 3183; 22:6015; 25:
5625; 27:1955
Hill, Herbert W. 3:2922; 4:3543; 5:3266
Hill, Joseph A. 23:2040
Hill, Lawrence F. 1:651; 2:1620b; 13:1061,
1693
Hill, R. B. 6:1264
Hill, Reuben. 20:4967; 22:6035; 25:5646
Hill, Ricardo G. 10:900
Hill, Roscoe R. 2:1621, 1763; 3:42-44; 4:
2557; 5:551, 551a, 2390; 6:623; 7:640-
642; 8:514; 9:663, 3172; 10:525, 526; 11:
483; 13:1142; 14:1709, 1710, 1729, 2406;
15:1692; 17:1413; 19:3049, 3050

Hill, Thomas J. 8:447
Hillekamps, Karl Heinz. 23:2796; 27:87, 2224, 3073
Hillman, Jimmye S. 23:2694
Hillman Haviland, Eduardo. 21:3119
Hills, E. C. 4:3726
Hilsdorf. Maria Lúcia. 28:1277
Hilst, Hilda. 23:5518; 26:2042
Hilton, James. 6:4441, 4442; 7:5045; 9:4340
Hilton, John W. 13:61
Hilton, Kenneth Simon. 13:194; 22:865
Hilton, Ronald. 4:3728; 8:41; 11:80; 12:71, 1137; 13:62; 14:33; 15:1803, 2493; 16:21, 2051, 17:3118, 3119, 3175; 19:5265, 6710; 27:2923a
Hilton, Stanley E. 28:688
Himes, James R. 27:1873
Himiob, Nelson. 3:3252; 4:3953
Hincapié Santa-María, Julio. 24:2024; 27:2054
Hinchliff, Thomas Woodbine. 21:3008
Hines, Calvin Warner. 26:623
Hingston, R. W. G. 4:1988
Hinner, Rudolf Robert. 28:857, 1305
Hino, Ashihei. 7:5046
Hinojosa, Roberto. 1:1037; 6:2678
Hinojosa G., E. 8:1646
Hinojosa Ortiz, Manuel. 9:4565; 22:1757
Hinojosa Robles, Francisco. 2:839
Hinrichs, Carl-Theodor. 23:1813
Hinterhaüser, Hans. 28:1967
Hinton, Harold B. 5:3425
Hinton, Thomas B. 24:655
Hippolyte, Simone. 18:2301
Hirsch, Eugênio. 26:2084
Hirschberg, Kurt. 11:1125; 12:1033
Hirschman, Alberto O. 23:1671; 24:1936, 1937; 25:1436, 1683, 1729; 27:2225, 2675, 4029a
Hirsh, Lina. 1:2157
Hirst, W. A. 4:1224a
Hispanic American Report, Stanford. 16:60; 17:3175; 27:38
Hispanic and Luso-Brazilian Councils, *London.* 21:5211; 28:46
Hispanic Society of America. 4:4096; 25:10
Hiss, Philip Hanson. 9:2115, 2155a
Hissink, Karin. 16:319b; 17:215; 20:14; 22:458; 23:826-828; 24:869; 25:581, 582; 27:1187
Historia, Bogotá. 20:2331
Historia, Río Piedras. 17:1414
Historia y Sociedad, México. 28:47
Historiografía y Bibliografía Americanista, Sevilla. 27:39
Historisches Museum, *Frankfurt-am-Main.* 26:111
Hitchcock, Charles B. 13:771, 832
Hitchcock, Henry Russell. 20:906, 1182
Hitchcock, John T. 23:7
Hitchcock, Patricia J. 23:7
Hitchman, J. W. 12:948
Hitchner, Ruth. 13:195
Hjelm, Howard. 25:2056
Hjortsjö, Carl Herman. 7:591; 13:286, 399
Hjulström, F. 22:2500
Hoare, R. 1:543
Hobagen, Jorge. 9:1515
Hobbes, Thomas. 6:5074
Hobbs, Hilda R. 9:290; 10:1838
Hobbs, William H. 16:1489, 1608
Hobgood, John. 22:542; 24:690
Hoboken, W. J. Van. 20:3243a
Hochleitner, Franz. 24:589, 590; 27:521
Hochschild, Mauricio. 12:730a
Hochschule für Wirtschafts-und Sozialwissenschaften. Lateinamerikanisches Institut, *St. Gall, Switzerland.* 27:2263

Hochstein, Josua. 5:3846; 7:4619
Hocker, Woodson Finch. 26:1405b
Hockett, Charles F. 13:196
Hodge, Frederick Webb. 1:755; 3:2393; 11:2022
Hodge, H. W. 12:1424
Hodge, Walter H. 8:2399; 9:2156; 10:1874, 2039, 2116; 20:429; 21:451
Hodges, Charles. 5:3285
Hodgson, R. E. 9:1252, 1266-1268, 1273
Höffner, Joseph. 14:1800; 21:2426
Hoehne, Eduardo. 7:3661
Hoehne, F. C. 3:2820; 17:1262
Höltge, Arthur. 27:2932
Höltker, George von. 2:120
Hoempler, Armin. 9:2250
Hoene, F. C. 10:236
Hoenigsberg, Julio. 6:3149; 10:2407, 15:1608; 25:4075; 28:1033a
Hoepelman, Antonio. 17:1742
Hoepelman, Virgilio. 17:1743
Hoepelmán S., Homero. 22:4676
Hoetink, H. 20:405, 488; 22:419; 24:736, 4412; 25:3385; 27:1052-1057, 1139, 4135
Hoff, B. J. 20:687a; 27:1139, 1435, 1435a; 28:816a
Hoffman, Anton. 17:1527
Hoffman, Bernard G. 26:374
Hoffman, Charles. 9:4341
Hoffman, E. Lewis. 26:1904
Hoffman, George W. 26:804
Hoffmann, Carl. 7:2120
Hoffmann, Fritz L. 1:756; 19:3838; 23:3762
Hoffmann-Harnisch, Wolfgang. 6:3639, 4443; 8:3546; 9:872, 873, 1915; 10:720; 14:3018; 18:3334; 21:5032
Hoffmann S., Erich. 15:283, 318, 319
Hoffmannsthal, Emil von. 9:1369
Hoffner, Clara. 7:3846
Hoffstetter, Robert. 17:382; 18:369; 19:357, 358
Hofmannsthal, Emil von. 7:1364; 10:1148
El Hogar Obrero, Buenos Aires. 13:1870
Hogarty, Susan M. 8:1694
Hoge, Afonso. 13:264
Hoge, Henry W. 16:2485
Hogg, Donald W. 20:456; 24:737, 738; 27:1058
Hogg, Ricardo. 5:2758
Hoggshagen, S. 27:996
Hohagen, Jorge. 3:936, 979; 4:1180; 5:1363
Hohenthal, William D. 19:335, 338; 19:774, 2712; 20:552; 23:747, 748; 25:538
Hohig, Marion A. 3:2394
Hojeda, Diego de. 13:2040
Hojman Pezoa, Bernardo. 11:3569
Holanda, Gastão de. 17:2612; 21:4353; 22:5500; 24:5752
Holanda, Nestor de. 8:4319; 26:2099, 2100; 28:2481, 2482
Holanda, Sérgio Buarque de. 2:287; 7:667b; 11:2605; 14:62a, 2262; 15:1843; 16:2212; 18:2796; 19:4042; 22:3843; 24:4459; 25:3846; 28:1306, 1364
Holbach, Paul Henri Dietrich, Baron d'. 12:3535
Holbo, Paul S. 28:1100
Holcomb, Richmond C. 3:2221
Holden, David. 25:3410
Holden, W. C. 2:119
Holdgate, Martin W. 27:1263, 2853
Holdich, Thomas Hungerford. 24:3517
Holdridge, Desmond. 4:1553; 5:169, 1057, 1748; 6:998; 8:2556; 12:1482
Holdridge, Leslie R. 13:938; 23:2493; 27:2726
Holdsworth, Harold. 17:3084

Hole, Myra Cadwalader. 13:1605, 2108
Holford, William. 21:1179
Holguín, Andrés. 9:4059; 10:3734; 12:2697; 13:2195
Holguín, Carlos. 15:1320, 2658; 20:3038; 28:3288
Holguín, Manuel. 20:2552
Holguín Arboleda, Julio. 25:3722
Holguín y Caro, Margarita. 20:3830
Holland, William R. 22:866; 24:244, 565; 27: 226, 922-924
Hollanda, Guy de. 4:3355a; 22:1302
Hollanda Ferreira, Aurélio Buarque de. *See* Ferreira, Aurélio Buarque de Hollanda.
Hollenbach, Marion. 3:112, 187
Holleran, Mary P. 15:1375
Holley, H. A. 23:1658
Holliday, Catherine. 8:1301
Holliday, George L. 7:1163
Hollingshead, August B. 23:655; 24:763; 25: 500, 501
Hollister, Victor F. 20:352
Holm, Olaf. 19:433, 434, 896; 23:446; 27: 597, 598, 605
Holman, Russell L. 22:922
Holmberg, Adolfo D. 3:1712; 13:58
Holmberg, Allan R. 14:488; 16:409; 24:870; 25:583
Holmer, Nils M. 12:272; 13:238, 239; 15:455; 17:258; 18:304, 305; 20:688-690; 23: 612; 27:925, 1140, 1436; 28:1566
Holmes, Henry Alfred. 3:3164; 14:2888
Holmes, Jack D. L. 24:3786, 3787; 26:472; 28:544a, 545
Holmes, Jerrold M. 27:2676
Holmes, Lula T. 19:2864
Holmes, Maurice G. 28:512a, 545a
Holmes, Olive. 11:702, 2684, 2711; 12:949; 13:548, 1807; 15:1295, 1987
Holmes, Urban Tigner. 8:2154
Holmes, Vera Lee Brown. 4:2663; 16:1420
Holmes, William H. 15:284
Holmstedt, Bo. 27:485, 1158
Holse, G. E. 8:2322
Holsinger, Justus G. 18:3257
Holt, Pat M. 27:3365
Holt, W. S. 7:3722
Holt Buttner, Elizabeth. 27:2756
Holz, Vera Rosa. 27:4136
Holzapfel Gross, Nora. 24:545
Holzer, Erwin. 4:14
Holzmann, Rudolph. 8:42, 4823; 9:4815-4817; 10:1702, 4379; 12:3337, 3340; 14:3343; 15:2824; 16:3163
Homan, Paul T. 4:1539
Homberg, Allan R. 23:2752
Homberger, Ludwig M. 8:985
Hombre y Cultura. Panamá. 27:145a
Hombres de América, Buenos Aires. 6:189
Homem, Homero. 25:4657, 4710; 26:2043
Homen de Barro. 3:3499; 5:3142
Homem de Mello, Mário D. *See* Mello, Mário D. Homem de.
Homet, Marcel F. 22:7; 27:147
Homs, Joseph A. 19:359
Honduras. Archivo y Biblioteca Nacional. 1:727
Honduras. Asamblea. 3:2455; 5:2790; 11:2372; 17:1701; 18:1978
Honduras. Asamblea Constituyente. 3:2152
Honduras. Biblioteca Nacional, *Tegucigalpa.* 26:51
Honduras. Biblioteca y Archivo Nacionales. 11: 3710a
Honduras. Comisión Hondureña de Cooperación Intelectual. 10:3203
Honduras. Comisión Revisora del Arancel. 23: 1837, 4647
Honduras. Congreso Nacional. 2:1523; 3:2011; 7:1059, 2663; 14:1641
Honduras. Consejo Nacional de Economía. 27: 1956
Honduras. *Constitution,* 1936. 2:1589; 27:3645
Honduras. Dirección General de Censos y Estadísticas Nacionales. 18:2976a, 3202; 19:1447, 6281-6283; 21:5330, 5331
Honduras. Dirección General de Estadística. 3:2153; 8:1195; 13:508, 810; 27:1956a, 2727
Honduras. *Laws, statutes, etc.* 6:4649; 9:2502; 14:3336; 16:3104; 27:3885
Honduras. Oficina de Cooperación Intelectual. 19:2952
Honduras. Secretaría de Fomento, Agricultura y Trabajo. 2:511; 5:944; 6:1024; 7:1062; 11:810; 13:510; 15:875 16:952
Honduras. Secretaría de Gobernación. 32015, 2016; 4:2367; 5:2124; 6:2660; 7:2667; 8: 2767; 9:2505; 16:52m; 17:3061
Honduras. Secretaría de Guerra, Marina y Aviación. 17:1344
Honduras. Secretaría de Hacienda, Crédito Público y Comercio. 1:255; 3:1060; 5:945, 947; 7:1063; 8:1199; 10:962; 14:909; 15:874; 17:593; 18:753
Honduras. Secretaría de Relaciones Exteriores. 1:1716; 2:2460; 3:2984, 3009; 4:3034, 3542, 3664-3667; 16:2312; 20:3450; 21: 1959; 22:4064
Honduras Servicio Meterológico Nacional. Oficina de Climatología. 24:2873
Honduras. *Treaties, etc.* 1:1717; 7:3814; 16: 2281, 2285
Honduras Rotaria, Tegucigalpa. 23:6416
Honig, Edwin. 9:939
Honigsheim, Paul. 4:304
Honorat, Michel L. 19:5652
Honorato Arenas, Edgardo. 11:2747
Honsa, Vladimir. 28:1567
Hood, Louis. 24:5907
Hoog, J. de. 25:600
Hoogshagen, Searle. 24:657, 658, 705; 27: 1437
Hooker, Roberto Montgomery. 11:2728
Hooper, Ofelia. 9:391, 1269; 16:3344
Hooper, Rex D. 19:6077
Hooton, Ernest A. 6:581
Hoover, Herbert. 18:2212
Hope, Pablo H. 16:972
Hopenhayn, Benjamin. 27:4030
Hopkins, Edward D. 7:4381
Hopkins, John A. 9:1565; 10:1149; 11:858; 12:840; 16:973
Hopp, Henry. 22:1408
Hopp, Werner von. 4:359; 22:459
Hoppenot, Hélène. 20:15
Hopper, R. 25:2055
Hopper, Rex D. 20:4986; 26:620; 27:4031, 4032
Hora, Abelardo da. 25:1315
Horas, Plácido Alberto. 16:3294; 19:6022
Horcasitas de Pozas, Isabel. 18:1253
Horcasitas Pimentel, Fernando. 16:330; 18: 111; 22:94, 543; 25:204, 611; 27:748, 773; 28:507
Horch, Hans Jurgen Wilhelm. 22:5537; 25: 4738
Horch, Rosemarie Erika. 20:3244; 28:48
Horelick, Arnold L. 27:3411
Horen, Arthur. 23:2688
Horgan, Paul. 19:3619; 26:444

Horiuchi, Arturo. 28:156
Horkheimer, Hans. 7:486; 8:357; 9:520; 10:327; 13:277, 278; 14:105; 16:298, 299; 20:353; 23:477; 24:591
Horley, Sidney. 7:5047; 8:4406
Hormann Montt, Jorge. 18:2895
Horn, Eugene F. 24:3042
Horn, Paul Valentine. 15:634
Hornbostel, Erich M. von. 2:316; 17:2848
Horne, Bernardino C. 3:827; 4:581; 6:1458; 7:1341; 8:1537, 1614; 9:145, 993; 14:3301 21:4912
Hornedo, Eduardo. 6:1301; 8:1124; 22:1758
Hornell, James. 7:513
Horner, David. 7:2128
Horning, Frances. 17:634
Hornkohl, Herbert. 16:280; 17:184
Hornos, Bayardo. 11:3617
Horowitz, Irving Louis. 24:4272; 27:3074, 3268, 4137, 4230
Horowitz, Michael M. 24:739; 27:1059
Horowitz, Morris A. 25:1661
Horrego Estuch, Leopoldo. 7:4232; 9:3197; 10:2914; 12:3215; 13:1475; 14:2041, 2517; 15:1630, 2065; 17:1716; 8:2003, 2977; 19:3720; 21:2919, 2920; 28:2230
Horsfall, Lucy F. 14:1670
Horst, Falke. 3:1766
Horst, Heriberto. 18:667
Horst, Oscar. 27:926
Horst Zadrozny, Júlio. 7:4047
Horta, Brant. 6:4492
Horta, Maria Helena de Castro. 16:11
Horta, Raul Machado. 22:2653
Horta, W. A. 24:1518
Horta Barbosa, J. C. See Barbosa, J. C. Horta.
Horton, Donald. 14:489
Horton, Rod W. 21:4348
Horwitz, Abraham. 27:2394
Horwitz B., José. 24:6278
Hoselitz, Bert F. 19:1438; 23:1831; 27:978, 1713
Hospital de Jesús, México. 2:1811
Hospital de Jesús. Archivo, México. 3:2196
Hospital de San Lázaro de México. 22:2978
Hosseus, C. C. 5:1662
Hostos, Adolfo de. 4:148, 2591; 9:363; 12:281, 1810; 14:330, 1711, 1733; 15:1723; 17:1415; 18:128, 229; 21:233; 23:5882
Hostos, Eugenio Carlos de. 6:3332; 18:3352 20:5038, 5065; 22:3259, 3260
Hostos, Eugenio María de. 2:2159, 2669; 5:3564, 4410; 6:3992; 17:3110; 18:3353, 3354; 20:5065; 22:3260; 28:817
Hostos, Felipe L. de. 7:1154
Hotschewer, Curto Erico. 6:1409
Hott Kindermann, Erico. 10:1243
Hottelet, Richard C. 24:3432
Hotz, Gottfried. 24:659
Houaiss, Antônio. 9:4117; 14:3020; 22:5462; 23:5423; 24:4736, 5714, 5715, 5776; 25:3926
Houbey, Alicia E. 24:4818
Houck, Helen Phipps. 7:4620
Houdaille, Jacques. 20:2527; 22:2989; 23:3272; 27:1028, 1060
Houdelot, Camilio. 7:1090
Houk, Richard J. 19:3677
Hourcade, Pierre. 6:4312
House, Guillermo. 14:2762; 19:4898, 4899
Housel, Hope. 11:3057
Houssay, Abel. 27:3712
Housse, Emile. 4:3323; 5:462; 12:456
Housse, P. Rafael. 19:2529
Houston, Hill. 7:1172

Houston, John Albert. 21:3442
Houtart, Francisco. 22:6036; 27:3075, 3076, 4008, 4033
Houtzager, M. Elisabeth. 19:460
Houzel, R. 2:551a
Hovey, E. O. 5:1656
Howard, Agnes McClain. 19:73, 119, 125
Howard, Charles A. 10:835; 11:901
Howard, Clinton N. 6:2919; 13:1322
Howard, George C. 12:1332
Howard, George Delvigne. 9:446, 448; 13:254; 14:353
Howard, Robert R. 20:257; 25:321; 27:457b
Howarth, David. 28:717a
Howarth, Margery Duff. 2:1428
Howay, Frederick W. 7:2841
Howden, Jorge G. 28:1101
Howe, Alice. 24:6420
Howe, George Frederick. 2:2438; 3:3010
Howe, J. W. 2:562
Howe, Jane. 20:2528
Howe, Marie Jenny. 7:5048; 8:4407
Howe, Walter. 15:790, 1501
Howell, Brandon. 10:1033; 12:1341
Howell, John Thomas. 8:2479
Howell, Roger. 28:446a
Howell, W. W. 6:254, 576
Howerth, Ira W. 3:1448-1450; 4:1798
Howes, Barbara. 28:1782
Howland, Mariesta Doge. 6:3937
Howland Bustamante, Sergio. 24:5112
Hoy, Don R. 27:2677
Hoy, Elizabeth. 8:4408
Hoy, H. E. 4:1531
Hoyningen-Huene, George. 12:72, 73
Hoyo, Eugenio del. 22:544; 24:3910; 25:712, 3137; 28:540, 540a, 546, 546a
Hoyo, Mario J. 11:783
Hoyo Algara, Francisco del. 18:2186
Hoyos Sáinz, Luis de. 18:1824a
Hoyos Sancho, Nieves de. 16:323
Hoyt, Elizabeth E. 19:583; 20:4928
Hoz, Enrique de la. 22:5726
Hoz Berrío, Francisco de la. 26:834
Hrdlicka, Ales. 1:39; 2:99, 255, 256, 4:403; 6:577, 598, 599; 7:600; 9:564, 601
Hroncich, Héctor F. 5:4093
Hsin-Pao, Yang. 16:1087
Hualde de Pérez Guilhou, Margarita. 23:3684 26:991, 1093; 28:945
Huapaya Manco, Cirilo. 14:403
Hubach, Enrique. 11:1620
Hubbard, Ursula P. 3:2985, 2986
Hubbe, Joaquín. 7:3297
Huber, John Richard. 7:889
Huber, Konrad. 20:690a
Huber, Siegfried. 26:863
Huberman, Leo. 24:3538; 27:1632
Hubert, Giles A. 16:687
Hubert, René. 9:5018b
Hubman, Carl W. 10:1986
Hubner, Friedrich. 27:4034
Hubner Gallo, Jorge Iván. 20:4876c; 23:2794
Huddle, Donald L. 27:2334
Hudeczek, Karl. 21:1322
Hudson, Manley Ottmer. 1:1759; 2:2379; 3:2911
Hudson, Damián. 4:2831
Hudson, William Henry. 8:4409; 20:4061
Huebner, M. E. 2:2097
Hueck, Kurt. 17:1123, 1124; 20:2015, 2066; 21:2018, 2132, 2133; 22:2527, 2528; 23:2579; 25:2278; 27:2933
Huelin David. 24:1938; 25:2701; 27:1714
Huerta, Efraín. 21:4093

Huerta, Emiliano. 11:1675
Huerta, Epitacio. 28:610a
Huerta, Jorge. 5:1417
Huerta, Pedro José. 2:1175; 13:1645
Huerta Maldonado, Miguel. 10:3451; 11:2053; 20:3594; 23:4236
Huerta Palau, Pedro. 20:4604
Huerta Preciado, María Teresa. 28:547
Huerta Rendón, Francisco. 9:2983; 13:1645; 15:272; 19:435
Huerta Robles, Miguel. 19:1955a
Huertas, José G. 26:1344
Huertas Ponce, Esteban. 5:2791
Huestis, George. 27:1438
Huete, Ángel. 23:5150
Hueyo, Alberto. 4:887
Hugenberg, Joyce A. 27:3077
Huggins, H. D. 3:1227; 7:1173; 22:2612
Hughes, Anne E. 2:2281
Hughes, Jack T. 13:146; 20:132
Hughes, John B. 28:1975a
Hughes, Langston. 14:3347; 21:4106
Hughes, Phyllis. 10:1741
Hughes, Richard. 5:1018, 1781; 7:5049
Hughes González, C. Eduardo. 12:3114
Hugo, Víctor. 24:4428
Hugon, Paul. 8:1767; 17:2710; 26:1262
Huguet, Louis. 22:979; 24:2853; 25:2244
Huhn, F. 1:602
Huidobro, Vicente. 4:3954; 7:4747, 4748; 11:3294; 14:2869; 16:2594, 2746; 22:5143
Huidobro Díaz, Carlos. 5:1316, 1317, 1867
Huidobro Toro, Alfonso. 2:3131
Huila (Department). Asamblea. 3:1929
Huisman, T. H. J. 25:798
Huitrón, Antonio. 27:927
Huizer, Gerrit. 27:928, 929, 4138
Huizinga, Johan. 23:5902
Hulbert, W. E. 1:652
Hulet, Claude L. 25:3619; 28:1568, 1783, 2190
Hull, Cordell. 1:1735; 3:2947, 2948; 4:13, 47
Hull, Harwood. 2:1538
Hull, Melissa S. 18:2801
Hull, W. J. 25:1438
Hulse, F. S. 11:416
Hultkrantz, J. V. 2:257
Humanidades, Buenos Aires. 4:3235
Humanidades, México. 9:146
Humanismo, La Habana. 25:2779
Humann, E. 4:2023
Humboldt, Alexander von. 5:2653; 7:1920, 2816, 2817; 8:2866; 22:2924, 6123; 23:3050, 3054-3057; 24:2828, 2922; 25:2780, 3384; 28:513
Humboldt of South America, Inc., *Callao, Peru.* 22:1507
Hume, David. 5:4460, 4461; 8:4928; 11:3942, 3943; 21:4854
Hume, Edgar Erskine. 3:2622; 4:2664; 6:2920
Hume, Paul. 28:3025
Humeres Solar, Carlos. 2:392; 6:833; 8:782; 22:1121
Hummel, A. 9:4409
Hummelinck, Pieter Wagenaar. 19:287; 20:422; 21:470; 22:231; 23:1272; 25:321a; 28:49
Humphrey, Don D. 10:1029
Humphrey, Hubert H. 27:3078, 3159b
Humphrey, John P. 7:3747; 8:3566a; 3584; 10:3204
Humphrey, Norman David. 15:379; 18:3216, 3222; 19:651, 6101
Humphrey, Zephine. 6:190
Humphreys, A. L. 18:1729

Humphreys, Robert Arthur. 4:2569; 6:3103; 7:168, 3250; 9:147, 2610; 12:1624a; 13:1143; 15:23; 18:1652, 2044; 20:3067; 21:2427, 3009; 22:2843; 24:3514; 25:3345, 3530; 28:405a, 457a
Humphreys, Robin A. *See* Humphreys, Robert Arthur.
Huneeus Gana, Antonio. 13:1074
Huneeus Pérez, Andrés. 20:2774
Hungría, Nelson. 6:4662; 11:3597
Hungría, Pedro M. 12:2055
Hungsberg, Ulrich. 23:2527
Huning, Dolores. 2:1207
Hunnicutt, Benjamin Harris. 2:960, 1409; 3:584; 4:712; 6:2466; 11:81; 15:62
Hunold, Albert. 26:95; 27:1737, 3088
Hunsche, Karl Heinrich. 4:2263
Hunsche, Theodore. 28:1247
Hunt, Eva. 25:453
Hunt, Richard James. 3:287; 6:495
Hunter, John Merlin. 24:2025, 2026; 25:1631, 2140, 2141; 27:3366
Hunter, Milton R. 16:198
Hunter, R. V. 9:783
Hunter, William A. 25:420
Huntington, Henry E. 4:2665
Hunziker, O. F. 9:1273
Hurault, Jean. 27:608, 1305-1305c
Hurd, Willis E. 3:1579
Hurel Cepeda, Jorge. 21:4933
Hurlburt, Allen. 23:1572
Hurley, Jorge. 18:1514
Hurley, Patrick J. 6:3784
Hurst, Dorothy Ann. 17:2241
Hurst, Fannie. 7:5050
Hurston, Zora Neale. 4:237
Hurt, Wesley Robert. 5:1560; 6:2114, 2115; 23:424; 24:536, 539; 25:346, 347; 27:544, 1523
Hurtado, Alberto. 4:2154, 2832; 8:465; 20:789; 27:1622
Hurtado, Alfredo. 17:2442
Hurtado, Carlos. 23:3796
Hurtado, Leonidas. 16:2379
Hurtado, Leopoldo. 5:4364, 4365; 6:4888; 7:5640; 8:642; 9:4743; 12:3379; 17:2834, 2849
Hurtado, Nabor. 23:5735
Hurtado Aguilar, Luis A. 22:4065
Hurtado Chamorro, Alejandro. 28:746a
Hurtado Cuéllar, Juan. 24:4909
Hurtado de Mendoza, Ángel Mariano. 24:3480
Hurtado de Mendoza, Joseph Mariano. 12:1759
Hurtado G., Sarela. 11:2856
Hurtado Galtés, Félix. 20:2924
Hurtado García, José. 26:1012
Hurtado y de la Cruz, Francisco. 28:934a
Hurtado y Plaza, Francisco. 14:1825
Hurtarte E., Augusto. 19:862
Hurtarte M., Jorge. 8:185
Huson, Hobart. 6:3307
Husserl, Edmund. 8:4943; 15:2949, 2950; 17:2966; 21:4756; 24:6121
Hussey, Roland Denis. 1:661; 3:2161; 5:2391; 10:2408, 2468, 2566; 12:1684; 13:1211; 14:1769, 1929; 15:1430; 19:4249; 20:2444; 22:3052; 25:3369
Hutchins, John A. 25:3793
Hutchinson, Bertram. 21:1777; 23:6032; 27:1541, 4231-4233
Hutchinson, C. Alan. 20:2835; 23:3273; 28:611
Hutchinson, G. E. 27:208-211, 892, 1536
Hutchinson, Harry William. 21:4905; 22:6032; 24:3043, 6337; 25:539; 27:2933a, 4234

Hutchinson, J. B. 9:2131; 10:2021
Hutchinson, Mary C. 3:1605
Hutchinson, Thomas J. 11:82
Huttl, John B. 8:2413
Hutton, D. Graham. 4:3625; 3689
Huxley, Aldous. 1:166, 565; 7:5051; 9:4342, 4343; 24:6431
Huxley, Francis. 20:560
Huxley, Julian. 6:4477, 4478
Huxley, Matthew. 27:1340
Huyke, Roberto A. 2:575; 4:1540; 6:1342; 7:1293
Hvidtfelt, Arild. 22:545
Hyams, Edward. 27:628
Hyde, C. C. 4:3627
Hyde, G. L. 27:1715
Hyde, Harford Montgomery. 12:2019
Hye-Kerdal, K. J. 23:749
Hyman, Ruth L. 20:3649
Hynam, C. A. S. 7:2208
Hyppolite, Gérard F. 25:489
Hyppolite, Hector. 16:355
Hyppolite, Michelson Paul. 16:2940, 2947; 18:2834; 19:6711; 20:445; 21:452; 25: 4766

IBEC Technical Services Corporation, *New York.* 14:1390
Ianni, Octávio. 22:6029; 23:2385; 24:6329; 25:540, 2187, 2723, 3794; 27:2335, 2335a, 2539, 3269, 4235, 4236
Iaquinandi, Jorge. 28:847b
Ibacher Roth, Gred. 17:1605
Ibáñez, A. José. 5:4159
Ibáñez, Bernardo. 7:4125; 9:1464; 12:1548
Ibáñez, Genaro. 8:643; 22:1115
Ibáñez, Roberto. 6:4218; 9:4106; 14:2690; 21:3900; 23:5056; 24:5301, 5528; 26:1484, 1485, 1514, 1862; 28:2134
Ibáñez, Sara de. 7:4749; 18:2588a; 21:4094
Ibáñez B., Adolfo. 8:1690
Ibáñez Benavente, Abelardo. 7:3990
Ibáñez C., Donaciano. 9:2251
Ibáñez de Aldecoa, Alfonso. 19:5426
Ibáñez Frocham, Manuel. 3:2278a; 4:2535, 3174; 6:4543
Ibáñez G., Juan. 5:384, 463
Ibáñez G., Rafael. 15:561
Ibáñez L., Mario. 25:2087
Ibáñez Parkmann, Roberto. 15:1376
Ibáñez Pino, Antonio. 8:987
Ibáñez S., Tomás A. 4:3259
Ibáñez Varona, René. 19:3051
Ibáñez Velarde, José. 24:4885
Ibáñez Velasco, L. 6:1628
Ibáñez Villegas, Raúl. 18:958, 959
Ibar Bruce, Jorge. 25:562
Ibarbourou, Juana de. 8:4115; 11:3332; 21: 4151; 22:5144; 24:5529; 28:125, 2135
Ibargoyen Islas, Saúl. 24:5433a, 5433b; 26:1731, 2136
Ibargüen, C. 8:1635
Ibargüengoitia, Jorge. 25:4564; 28:1851, 2285, 2302
Ibargüengoitia Chico, Eduardo. 15:2600
Ibarguren, Carlos. 2:2171, 2332; 3:3078, 3343; 4:3955, 4015; 6:191; 11:1990; 12:2251; 14:1592, 3198, 3214; 15:1733; 16:2508; 20:3006; 21:3060
Ibarguren, Federico. 9:3369; 21:3061; 25: 3570

Ibarra, Alfredo h. 7:1921; 9:1944; 10:94, 1797; 11:1454, 1455
Ibarra, Alonso. 26:1170
Ibarra, Arturo. 1:235
Ibarra, Carlos M. 6:928; 19:3052; 28:485
Ibarra, Cristóbal Humberto. 24:5212
Ibarra, Emilio A. 14:1579
Ibarra, Felipe Bartolomé. 11:2382
Ibarra, Guillermo. 21:2832
Ibarra, Jorge Carlos. 10:1948, 1949
Ibarra, N. 17:2357
Ibarra, Otto O. 12:2417
Ibarra C., Ángel. 10:1982
Ibarra Bejarano, Georgina. 11:3114; 12:2698; 14:2863
Ibarra de Anda, Fortino. 1:1992; 11:2432; 13: 1362; 20:3831
Ibarra F., Roberto. 4:1323; 7:972
Ibarra Grasso, Carlos. 16:271, 275
Ibarra Grasso, Dick Edgar. 4:89; 6:480, 570, 571; 7:531, 532; 8:361, 377; 9:521; 10: 294-297; 15:430; 16:272-275; 17:18, 179, 180; 18:207, 19:388, 389, 755; 20:354-354f, 691; 21:680, 837; 22:8, 460, 956; 23:478, 479; 24:528-530; 25:329; 27: 324a, 471, 472, 522-525, 1439
Ibarra Maggi, Olivia. 15:908
Ibarra Narváez, José Joaquín. 13:2428
Ibarra Olivares, Felipe. 13:1934
Ibarra Partida, Felipe. 14:1650
Ibarra Rodríguez, Alfredo. 22:59
Ibarra Ruíz, Eduardo. 1:1809
Ibarra Samanez, Teófilo. 4:546-548
Ibarra San Martín, Raúl. 12:1007; 23:1845, 1848
Ibberson, D. 20:457
Ibérico, Mariano. 7:5634; 12:3486; 16:3305; 22:5897
Ibérico M., Mariano. 11:1717
Ibérico Rodríguez, Mariano. 5:2614
Ibero-Amerikanischer Verein, *Hamburg-Bremen.* 22:6110
Ibero-Amerikanisches Institut, *Berlin.* 5:3369
Ibiapina, J. de Matos. 7:1778; 9:4388
Ibsen, Henrik. 10:3927
Icaza, Alfonso de. 21:2819
Icaza, Francisco A. de. 23:4820
Icaza, Jorge. 1:2055, 2131; 2:2665; 3-3344; 4:3956; 8:4057; 14:2763; 24:5263, 5264; 26:1601-1603
Icaza, Xavier. 1:1038; 2:479a; 3:3166; 21:3962
Icaza Sánchez, Homero. 28:2613
Ichausti, Alberto. 8:1089
Ichazo, Francisco. 1:1993
Ida, Manuel Said Ali. 23:4436
Ide, Jens. 6:302; 7:336; 11:234
Idell, Albert. 20:3731
Idell, Marguerite. 15:63
Iden, Otto. 28:2832
Idiarte Borda, Celia. 5:3096
Idort, São Paulo. 3:1854
Idovro, L. Ignacio. 15:273
Idrobo, J. M. 19:2436
Idrobo, Tarquino Aníbal. 13:1646; 24:566
Iduarte, Andrés. 8:3917; 10:2915; 11:2999; 14:2829; 15:2229, 2323; 17:2335, 2336, 3120; 21:4017; 22:4802; 23:5191, 5352
Ielusich, Mirko. 7:5052
Igerola y Coeto, Renato. 8:2607; 10:147
Iglesia, Ramón. 1:757; 3:3052; 6:2921; 7: 4526; 8:2994, 3943; 10:2469, 3531; 11:2084, 13:1203; 15:1427
Iglesias, A. 9:2984
Iglesias, Abelardo. 27:3412

Iglesias, Antonio. 9:817
Iglesias, Atilio R. 3:1817
Iglesias, Augusto. 16:2752; 20:941; 24:4324; 28:2023
Iglesias, Dolores. 15:1237; 27:2934
Iglesias, Enrique V. 20:1352; 21:1351; 23: 1849, 1853; 24:2043
Iglesias, Eugenio Julio. 14:2870
Iglesias, Evaristo. 13:1670
Iglésias, Francisco de Assís. 10:2172; 17:1263; 23:2403
Iglesias, Luis. 20:2873
Iglesias, Luis F. 21:1701
Iglesias Hogan, Rubén. 1:758
Iglesias Mascareño, Augusto. 12:2121
Iglesias Meléndez, Julio H. 12:2172; 13:1588
Iglesias Pantín, Santiago. 2:573, 2160; 3:2059; 21:2961
Iglesias Villoud, Héctor. 9:4836; 10:4357, 4358
Iglezias, Luiz. 11:3370, 3444
Ignacio, Luiz. 5:524
Igual Ubeda, Antonio. 16:501
Igualada, Francisco de. 4:350, 1860; 7:2024
Iguarán Cotes, José Antonio. 17:2711
Iguíniz, Juan Bautista. 4:2666, 3825; 6:4785; 9:38; 10:2409; 11:20, 2094; 16:1421; 17: 1674, 2291; 19:6429; 20:2329; 23:4437; 28:50, 611a
Ihering, R. A. von. 3:610
Ihering, Rudolf Von. 12:3552
Ihl Clericus, Pablo. 5:1676; 6:2171, 2352; 7: 2263
Ijzerman, R. 5:1782
Iku, Tsunenaka. 6:2230
Ikushima, Yoshiro. 22:6013
Ilha, D. O. 25:760
Ilías Plata, José María. 28:747
Illa, Raúl Eduardo. 21:4563
Illán, José M. 27:2013
Illanes, Mario. 15:909
Illanes Adaro, Graciela. 6:4184; 7:4729; 15: 2324; 19:5070
Illanes Benítez, Fernando. 10:1244; 27:1716
Illarramendy, Rogelio. 7:514; 8:3180; 11:2215
Illescas, Francisco R. 12:2489
Illescas, Gonzalo de. 6:2889
Illner, Hans-Peter. 27:1717
Ilsley, Lucretia L. 18:1557
Imago Mundi (Indexes). 19:3153
Imaña Castro, Teodosio. 28:997
Imaz, Esteban. 9:4453
Imaz, Eugenio. 6:5088; 7:5703; 9:4989; 10: 4589-4592; 11:3953, 3957-3959, 3966; 12:3487, 3553; 15:2325, 2940, 2942; 16: 3314, 3315, 3324; 17:2962; 19:5812; 23: 5902
Imaz, José Luis de. 24:6311; 27:4139
Imaz Baume, Arturo. 15:64
Imbelloni, José. 2:1228; 3:286, 354, 355; 4:90, 90a, 376-379, 387, 395a; 5:206; 6:237, 443, 444, 481, 572, 603-605, 2398; 7: 252, 487, 603; 8:274, 329, 330, 454; 9: 204, 242, 243, 559, 565, 617, 1844; 10: 420, 448, 461, 1779, 1898; 12:529; 13:86; 15:138, 504, 508, 515, 516; 16:262, 423, 444, 463; 17:181; 18:10, 176, 375; 19: 360, 461, 878; 20:778; 21:9, 839; 22:957; 25:730; 27:1174
Imbert, Aníbal Francisco. 10:1150
Imbert, Julio. 19:5163, 5183; 20:4246; 23: 5330, 5367; 25:4565; 26:1905
Imboden, Otis. 22:2268
Imlach, Gladys M. 6:2814
Imlay, Ralph W. 2:1279; 3:1537, 1564, 1565; 4:1966, 1967; 5:1711, 1712; 6:2231; 10: 1929

Imperatore, Amanda. 7:1874
Imprenta y Editorial San Francisco, *Padre las Casas*, Chile. 5:56
Improta, Milton. 10:1405
El Impulsor Bibliográfico, México. 6:136
Inarritu, Jorge. 15:2622
Incarnato, Arístides A. 10:2070
Incer Barquero, Jaime. 27:2735
Inchauspe, Oswaldo. 15:1193
Inchauspe, Pedro. 7:4496; 8:2155; 9:1978; 20:5052; 21:3062, 4951
Incháustegui Cabral, Héctor. 8:4116; 11:3295; 16:2713; 17:2460; 20:2586
Incháustegui Cabral, Joaquin Marino. 3:3720; 5:1770, 2392, 2840; 8:2994a; 19:3384a; 24:4036; 26:783, 784, 28:426a
Inclán, L. 6:2067
Indacochea G., Ángel J. 12:1425
Index to *Latin American Periodicals*, Washington, D. C. 26:52; 27:40
Índice Bibliográfico, Caracas. 22:6291
Índice Bibliográfico das Publicacões da Universidade de São Paulo. 17:3090a
Índice Bibliográfico Guatemalteco. 22:6276
Índice de Diarios y Revistas, Buenos Aires. 3:13
Índice Informativo de Leyes Vigentes, Caracas. 6:4531
Índice Nacional de Precios al Por Mayor, Quito. 20:1333
Industria Nacional, Caracas. 7:1252
Industria Peruana, Lima. 18:769
Industrial, Boletín de la Sociedad de Fomento Fabril, Santiago de Chile. 6:1526
Industrias Kaiser Argentina, *Córdoba*. 26: 197
Industry and Labour, Geneva. 15:2014
Infância Excepcional, Rio de Janeiro. 27:2521
Infancia y Juventud, Buenos Aires. 7:3981
Infante, Joaquín. 24:4164; 26:748
Infante, Luis C. 8:1983
Infante Espino, Absalón. 10:4274
Infantes Vera, Juana G. 27:629
Infield, Henrik F. 19:652
Infiesta, Ramón. 4:2746, 3133, 4394; 5: 2089, 4104, 4130; 8:2746; 16:3040; 19: 3721
La Información Buenos Aires. 1:1830
Información Agrícola, Quito. 8:1695
Información Social Argentina, Buenos Aires. 7:3890
Informaciones Comerciales, Lima. 16:791
Informaciones de El Salvador, San Salvador. 17:3176
Informaciones Estadísticas Dominicanas, Santo Domingo. 20:5006
Informaciones Sociales, México. 8:3804
Informativo, Montevideo. 16:803
Informativo Bibliográfico, Rosario. 9:40
Ingenieros, José. 3:2654; 5:4442; 12:3457-3459; 13:2723, 2724; 17:2881; 19:3839; 21:4260; 25:5306; 26:2259
Inglês, José de Brito. 17:1921
Inglesini, Hugo. 14:1579
Inglez de Souza, Carlos. See Souza, Carlos Inglez de.
Ingrey, Norman A. 4:3606
El Iniciador, Buenos Aires. 7:3446
Iñigo Carrera, Héctor. 27:2832a; 28:1102
Iñiguez, Dalia. 10:95
Iñiguez Medrano, Felipe. 7:2484; 8:2664
Inman, Samuel Guy. 2:2380; 3:45, 2949; 4: 47a, 3607; 5:3306, 3307; 6:871; 8:119, 988; 9:150, 3495; 10:96; 11:64; 12:2301; **17:788, 1706, 28:469a**
Innes, R. F. 6:1146

Innes-González, Eduardo. 7:4709
Innocent, Luc. 26:789
Inojosa, Aluísio. 25:4658
Inojosa, Joaquim. 27:3270
Inojosa de Andrade, Joaquim. *See* Andrade, Joaquim Inojosa de.
Inostroza Manosalva, Pedro Celindo. 10:1245
Insausti, Rafael Ángel. 21:4123, 4152; 22: 5145, 5196; 23:4976; 26:406, 407
Insh, George Pratt. 13:1323
Insley, Jeanne Forrer Sisler de. 22:461
Institución Mitre, *Buenos Aires*. 16:1928
Institut Français d'Haïti. 19:3385
Institut International de Coopération Intellectuelle, *Paris* . 3:36
Institute for International Social Research, *Princeton*. 24:3498; 25:2781
Institute for the Comparative Study of Political Systems, *Washington*. 27:3116, 3116a, 3200, 3526, 3568
Institute of Inter-American Affairs. 12:971; 15: 853, 862, 950, 1919; 19:2665
Institute of International Finance, *New York*. 1:315; 2:740; 6:872
Institute of Jamaica. 11:3713
Institute of Modern Art, *Boston*. 8:644
Institute of Tropical Agriculture, *Mayagüez*. 9:2142
Institute Universitaire des Hautes Études Internationales, Genève. 27:3079
Institute of World Affairs, *Los Angeles*. 4:3543
Instituto Alejandro E. Bunge de Investigaciones Económicas y Sociales, *Buenos Aires*. 10: 1153; 11:946
Instituto Argentino de Estudios Legislativos. 4: 956, 2199; 5:1975; 6:4597; 7:2485; 8:2639
Instituto Belgraniano, *Buenos Aires*. 28:1014
Instituto Bonarense de Numismática y Antigüedades. 22:3491
Instituto Brasileiro de Administração Municipal. Biblioteca de Administração Municipal. 21: 2252
Instituto Brasileiro de Bibliografia e Documentação. 20:4288
Instituto Brasileiro de Direito Financeiro. 22: 4662
Instituto Brasileiro de Petróleo. 24:2069
Instituto Centroamericano de Investigación y Tecnología Industrial, *Guatemala*. 23:1672
Instituto Chileno de Administración Racional de Empresas (ICARE) 27:2226
Instituto Chileno-Norteamericano de Cultura. 24:6421
Instituto Cívico-Militar, *La Habana*. 4:1484, 1787
Instituto Colombiano de Estudios Históricos. 20:2331
Instituto Colombiano de Opinión Pública. 21:1327
Instituto Costarricense de Cultura Hispánica. 24:3756
Instituto Cubano de Estabilización del Café. 6:1066
Instituto Cultural Argentino-Norteamericano. 4:48; 5:170
Instituto de América, *México*. 9:151
Instituto de Arte Contemporáneo, *Lima*. 25: 1246
Instituto de Cultura Uruguayo-Brasileno. *Montevideo*. 11:3764
Instituto de Derecho Internacional, *Rosario*. 22:4677
Instituto de Derecho Público, *Buenos Aires*. 4:4471

Instituto de Economía Americana, *Barcelona*. 25:1441
Instituto de Economia e Finanças da Bahia. 24:3044
Instituto de Economía Rural, *México*. 6:949
Instituto de Estudios Sociales y Económicos Cochabamba. 27:2189, 2189a
Instituto de Estudios Superiores, *Montevideo*. 5:3495
Instituto de Filología, *Buenos Aires*. 6:3840; 7:4428
Instituto de Fomento Algodonero, *Bogotá*. 23: 2483
Instituto de Fomento Minero e Industrial de Antofagasta. 5:1310; 9:1466
Instituto de Geología, *México*. 4:1968; 11: 1567
Instituto de Historia Argentina "Doctor Emilio Ravignani". 23:3608
Instituto de Ingenieros de Minas de Chile. 3:976
Instituto de Investigaciones Economico-Financieras. Sección de Investigaciones Económico-Sociales. *Buenos Aires*. 15:1348a
Instituto de Investigaciones Estéticas, *México*. 6:2922, 2923
Instituto de Investigaciones Forestales y de Caza y Pesca, *México*. 5:131; 6:221
Instituto de Investigaciones Históricas, *Santo Domingo*. 6:3287
Instituto de Nutrición de Centro América y Panamá, *Guatemala*. 23:1261
Instituto de Organização Racional do Trabalho, *São Paulo*. 3:1855, 1883; 4:2290
Instituto de Política Económica, *Buenos Aires*. 4:2213
Instituto Ecuatoriano de Antropología y Geografía. 24:850
Instituto Ecuatoriano-Venezolano de Cultura. 9:3540
Instituto Francés de Estudios Andinos, *Lima*. 16:61
Instituto Geográfico Brasileiro. 25:2356
Instituto Geográfico de Agostini, *Novara, Italy*. 20:2068; 23:2591
Instituto Geográfico de Colombia "Agustín Codazzi". 18:1271a; 19:2426; 20:1984-1984d; 22:2254; 23:2475-2477; 24:2840-2844; 25:2233, 2234, 27:2740-2740d
Instituto Geográfico e Geológico, *São Paulo*. 8:2597; 9:2319, 10:1884; 12:1240; 16: 1311
Instituto Geográfico Militar, *Montevideo*. 3: 1547
Instituto Hans Staden, *São Paulo*. 19:6712
Instituto Hispano-Cubano de Historia de América. 1:693; 4:2585
Instituto Histórico de Ouro Prêto. 2:1713
Instituto Histórico e Geográfico Brasileiro. *See* Brazil. Conselho Nacional de Geografia.
Instituto Histórico e Geográfico de São Paulo, 19:4015, 4043; 24:4807
Instituto Histórico e Geográfico do Rio Grande do Sul. 10:3124; 11:2581; 12:2182; 14: 2352
Instituto Histórico y Geográfico del Uruguay. 2:2047; 19:3895; 23:4821
Instituto Indigenista Ecuatoriano. 12:449
Instituto Indigenista Interamericano. 24:804
Instituto Interamericano de Ciencias Agrícolas, *Turrialba, Costa Rica*. 17:1959; 27:1719
Instituto Interamericano de Historia Municipal e Institucional, *La Habana*. 9:784
Instituto Interamericano de Musicología. 8:4769; 15:2829b, 2843

Instituto Internacional de Literatura Iberoamaericana. Congreso, IV, La Habana, 1949. 15:2162
Instituto "Libertador Ramón Castilla," Lima. 21:3160, 3161; 22:3563; 26:1031
Instituto Lingüístico de Verano, México. 25: 713
Instituto Mexicano de Difusión del Libro, 5:8; 6:11; 7:14-17
Instituto Mexicano de Ingenieros Químicos. 27: 1875
Instituto Mexicano de Investigaciones Lingüísticas. 1:105, 110; 4:3730
Instituto Mexicano de Recursos Naturales Renovables. 25:2260
Instituto Mexicano del Libro. 21:5212
Instituto Morazánico de Honduras. 20:2874
Instituto Movilizador de Inversiones Bancarias, Buenos Aires. 3:786; 4:958
Instituto Nacional de Cinema Educativo, Rio de Janeiro. 5:1487
Instituto Nacional de Estudios de Teatro, Buenos Aires. 6:4055; 7:4730
Instituto Nacional de Estudios Históricos de la Revolución Mexicana. 25:1517
Instituto Nacional de Previsión y Reformas Sociales, La Habana. 4:1484a, 1788
Instituto Nacional de Psicopedagogía, México. 3:1451; 4:1799-1801
Instituto Nacional de Teatro, Buenos Aires. 3:3368
Instituto Nacional Indigenista, México. 28:273
Instituto Nacional Sanmartiniano, Buenos Aires. 24:4229
Instituto Panamericano de Geografía e Historia. 5:1692; 6:4772; 12:1249; 13:1144; 1145; 14:1713; 16:1125a; 17:1397, 1403, 1412, 3177; 18:1233; 19:1886, 2644
Instituto Panamericano de Geografía e Historia. Comisión de Historia. 17:1416; 19:17, 120; 24:3746; 27:55, 1341, 2678
Instituto Panamericano de Geografía e Historia. Comisión de Historia. Comité de Orígenes de la Emancipación. 15:1636, 1637; 23:3706
Instituto Panamericano de Geografía e Historia. Sección Nacional de la Argentina. 16:65, 65a
Instituto Panamericano de Geografía e Historia, Congreso, IV, Caracas, 1946. See Pan American Institute of Geography and History, Congress, IV, Caracas, 1946.
Instituto Paraguayo de Investigaciones Históricas. 22:3404
Instituto Peruano del Libro. 7:2346
Instituto Riva Aguero, Lima. 23:480
Instituto Tecnológico y de Estudios Superiores de Monterrey. 24:2139; 25:3137
Instituto Torcuato di Tella, Buenos Aires. 28: 166, 228-228b, 246-246c, 302, 2150, 2165
Insúa Rico, Ricardo. 10:1004
Insúa Rodríguez, Ramón. 8:1761; 11:3863; 15:2867
Inter-American Academy of Comparative and International Law. 14:3117
Inter-American Bar Association. 12:2983; 14: 3328; 18:2966; 23:4621
Inter-American Bar Association Conference, IX, Dallas, 1956. 20:4477
Inter-American Bar Association Conference, XI, Miami, 1959. 25:4125, 4126
Inter-American Bibliographical and Library Association. 4:16, 4547; 5:127, 4279; 6:139
Inter-American Bibliographical and Library Association Convention, V, Washington, 1942. 8:86
Inter-American Bibliographical Review, Washington, D. C. 7:170, 5391; 8:44

Inter-American Book Exchange, Washington, D. C. 5:91; 6:96
Inter-American Claims Commissions: Mexico-United States. 2:2355a
Inter-American Coffee Board. 8:989
Inter-American Commercial Arbitration Commission. 8:990
Inter-American Commission of Women. 17:1960; 18:2197-2201, 2972; 19:4240, 4241
Inter-American Commission of Women. Assembly, VII, Santiago de Chile, 1951. 17:1961
Inter-American Committee for Agricultural Development (CIDA). 27:1720, 2014, 2678a
Inter-American Committee on Agriculture on the Establishment of the Inter-American Institute of Agricultural Sciences. 10:836
Inter-American Committee on Social Security. 10:3305; 11:2748
Inter-American Confederation of Workers. 14: 2448, 2453
Inter-American Confederation of Workers. Continental Congress, II, La Habana, 1949. 16:2449, 2454
Inter-American Conference I to IX. See International American Conference.
Inter-American Conference, X, Caracas, 1954. 19:4226-4229, 4403
Inter-American Conference, XI, Quito, 1960 (Projected). 23:1673; 24:3433, 4916
Inter-American Conference. Special Committee on Documentation. 1:1722
Inter-American Conference for Democracy and Freedom, La Habana. 16:2226
Inter-American Conference for Democracy and Freedom, Maracay, 1960. 24:3434
Inter-American Conference for the Maintenance of Continental Peace and Security, Rio de Janeiro, 1947. 13:1784-1786; 14:2347, 2439
Inter-American Conference for the Maintenance of Peace, Buenos Aires, 1936. 2:2381-2383, 2389; 3:2938
Inter-American Conference of Experts on Copyright, Washington, D. C., 1946. 12:3233
Inter-American Conference of Ministers of Education, I, Panama, 1943. 10:1471
Inter-American Conference of Ministers of Labor on the Alliance for Progress. Bogotá, 1963. 27:1721
Inter-American Conference on Agriculture, II, México, 1942. 8:980
Inter-American Conference on Agriculture, III, Caracas, 1945. 11:685a, 685b, 691
Inter-American Conference on Agriculture IV, Montevideo, 1950. 17:533a
Inter-American Conference on Agriculture, V, México, 1960. 27:2096
Inter-American Conference on Economic Control, Washington, D. C. 1942. 8:971
Inter-American Conference on Education, III, México, 1935. 3:1333, 1443-1445
Inter-American Conference on Education and Social and Economic Development, Rio de Janeiro, 1960. 25:2062
Inter-American Conference on Ethnomusicology, I, Cartagena de las Indias, Colombia, 1963. 28:3004
Inter-American Conference on Musicology, I, Washington, D. C. 1963. 26:2161
Inter-American Conference on Problems of War and Peace, México, 1945. 11:2680, 2681, 2683, 2685; 12:2268, 2277, 2278
Inter-American Conference on Social Security. 16:2318-2320; 17:2020; 19:4404, 4405; 21:3526, 3527; 24:6203

Inter-American Conference on Social Security, I, Santiago de Chile, 1945. 10:3479; 11: 2757; 13:1852
Inter-American Conference on Social Security, II, Rio de Janeiro, 1947. 13:1849, 1850
Inter-American Conference on Social Security, III, Buenos Aires, 1951. 17:2018, 2021
Inter-American Conference on Social Security, IV, México, 1952. 18:2233
Inter-American Conference on Social Security, V, Caracas, 1955. 19:4406; 20:3559
Inter-American Conference on Social Security, VI, México, 1960. 24:4205
Inter-American Conference on Social Security. General Secretariat. 18:2232
Inter-American Congress of Municipalities, II, Santiago de Chile, 1941? 7:2486, 2487
Inter-American Council of Jurists. 20:3407, 3408
Inter-American Council of Jurists. Inter-American Juridical Committee. 20:3406; 27:3117e
Inter-American Council of Commerce and Production. 13:456
Inter-American Council of Jurists. 18:2202; 19:4232-4235
Inter-American Council of Jurists, I, Rio de Janeiro, 1950. 16:2240, 2249, 2250; 18:2968, 2969
Inter-American Cultural Council. 18:1061; 19: 2006, 2007, 4236-4239; 25:11
Inter-American Cultural Council, Meeting, I, México, 1951. 17:1962, 1963
Inter-American Development Bank. 24:6209; 25: 1407, 1423, 1442-1444, 1478; 27:1722-1722b
Inter-American Development Bank. Social Progress Trust Fund. 24:6209; 27:1722g, 1722h
Inter-American Development Bank. Annual Meeting of the Board of Governors, III, Buenos Aires, 1962. 27:1722c
Inter-American Development Bank. Annual Meeting of the Board of Governors, IV, Caracas, 1963. 27:1722d, 1722e
Inter-American Development Bank. Annual Meeting of the Board of Governors, V, Panama City, 1964. 27:1722f
Inter-American Development Commission. 12: 730b, 752, 972; 13:541, 2543, 2549, 2553, 2561, 2562; 14:893, 949, 999, 1076, 3277-3279; 15:982
Inter-American Development Commission. Argentine Division. 11:948; 12:3165a
Inter-American Development Commission. Chile Division. 11:1026; 12:3185
Inter-American Development Commission. Colombian Division. 12:1315
Inter-American Development Commission. Dominican Division. 12:1287
Inter-American Development Commission. Mexico Division. 11:753
Inter-American Development Commission. Peru Division. 11:1083
Inter-American Development Commission. Venezuela Division. 11:889
Inter-American Economic Affairs, Washington, D.C. 13:431; 16:606; 17:533
Inter-American Economic and Social Council. 11:703; 13:432-435; 16:610-612, 2251; 17: 534-536, 1964-1967; 18:587; 19:4251, 4407; 20:1252, 1332, 1361, 4951, 4952; 21:3537, 3538; 23:1674, 4218; 25:1444a-1445, 1482; 27:1767-1767n
Inter-American Economic and Social Council. Annual Meeting, I, México, 1962. 27:1767, 2406a

Inter-American Economic and Social Council. Inter-American Committee for the Alliance for Progress Meeting, I, México, 1964. 27:1767m
Inter-American Economic and Social Council. Annual Meeting at the Expert Level and the Ministerial Level, II, São Paulo, 1963. 27:1767a-1767c
Inter-American Economic and Social Council. Annual Meeting at the Expert Level and at the Ministerial Level, III, Lima, 1964. 27:1767d-1767j, 1966
Inter-American Economic and Social Council. Committee of Nine. 27:2061, 2232
Inter-American Economic and Social Council. Special Committee of Latin American Coordination. 27:1767k
Inter-American Economic and Social Council. Special Committee on the Basic Products. 27:1767n
Inter-American Economic Conference, *Punta del Este, 1961.* 25:2618
Interamerican Education Conference, II, Santiago de Chile, 1934. 1:27
Inter-American Emergency Advisory Committee for Political Defense. 9:3628
Inter-American Financial and Economic Advisory Committee. 6:873; 8:991; 9:994, 995
Inter-American Indian Congress, III, La Paz, 1954. 19:18; 20:4908; 21:550
Inter-American Institute for the Protection of Childhood. 15:2015; 20:3592
Inter-American Institute of Agricultural Sciences. 11:704; 15:635; 16:607; 17:537; 23:2493, 2506, 2512, 2544
Inter-American Juridical Committee. 11:2672; 18:2203, 2969a-2971; 20:1253, 1254; 22:4669, 4669a, 4678, 4679
Inter-American Library Relations, Washington, D. C. 26:53
Inter-American Meeting of Experts in Industrial Relations, *Bogotá, 1960.* 24:1998
Inter-American Meeting of Ministers of Education, III, Bogotá, 1963. 27:2406
Inter-American Municipal Historical Congress, I, La Habana, 1942. 12:1654a
Inter-American Municipal Historical Congress, III, San Juan, P.R., 1948. 16:1464
Interamerican Municipal Historical Congress, V, Santo Domingo, 1952. 18:1541
Inter-American Port and Harbor Conference, II, Mar del Plata, Argentina. 1963. 27:1723
Inter-American Regional Organization of Workers. 19:4312; 25:1518, 1525
Inter-American Review of Bibliography, Washington, D. C. 22:6256
Inter-American Seminar on Agrarian Reform, *Campinas, 1963.* 27:1680
Inter-American Seminar on Elementary Education. *Uruguay, 1950.* 17:966
Inter-American Seminar on Secondary Education, *Santiago de Chile, 1954-1955.* 20:1653
Inter-American Seminar on Vocational Education, *College Park, 1952.* 18:1017; 19:2008, 2009
Inter-American Statistical Institute. 8:991a; 9:996; 10:837; 11:705; 13:429, 436; 15: 87-89; 16:52b, 52c; 17:1968, 1969, 3067, 3068; 19:1359, 6250; 20:1256, 1257, 5332; 25:12; 27:1724-1724e, 4035-4037
Interamerican Symposium on Legal and Administrative Problems Connected with Peaceful Atomic Energy Programs, *San Juan, P. R. 1959.* 24:4917

Inter-American Technical Aeronautical Conference, *I, Lima, 1937*. 3:492, 2927, 2928
Inter-American Technical Economic Conference, *Washington, D. C., 1945*. 11:706
Inter-American Travel Congress, *II, México, 1941*. 8:1038
Inter-American Travel Congress, *IV, Lima, 1952*. 18:588
Inter-American Tribunal of International Justice, Washington, D. C. 2:2384
Inter-American University of the Air. 10:4401
Interamericana Técnical, C. A. 27:2802-2802b
Intercambio, Buenos Aires. 18:845
Inter-Continental Press Guide, Miami Beach. 17:3091
Internacional del Personal de Correos, Teléfonos y Teléfonos. 25:1519
International American Conference, *IV, Buenos Aires, 1910*. 14:2378
International American Conference, *VI, La Habana, 1928*. 16:2267
International American Conference, *VII, Montevideo, 1933*. 1:1720, 1723, 1727
International American Conference, *VIII, Lima, 1938*. 5:3300
International American Conference *IX, Bogotá, 1948*. 5:3312; 14:862-864, 2361, 2365; 15: 1949, 1950; 18:2186a; 19:4225
International Bank for Reconstruction and Development. 16:762; 17:538, 587, 617, 711; 18:589, 655, 668, 781; 19:1471; 20: 1495; 23:1675; 24:2048a; 25:1446, 1447; 27:2055
International Bibliography of Political Science. 27:3081
International Bureau of Education. 17:969
International Business Machines Corp., *New York*. 8:645, 690
International Coffee Agreement. 25:1448
International Colloquium on Luso-Brazilian Studies, *Washington, D. C., 1950*. 19:6713
International Commission of Jurists. 26:749; 27:3843
International Committee for Social Sciences Documentation. 25:116, 1448a, 5610; 27: 3081
International Committee of Linguistics, Permanent. 18:14, 15
International Conference of Social Work, *XI, Rio de Janeiro, 1962*. 27:4038
International Conference on Private Law Affecting Air Questions. 24:4923
International Conference on Public Education. *XIII, Geneva, 1950*. 17:967
International Conference on Public Education, *XIV, Geneva, 1951*. 17:968
International Conference on Public Education, *XXIV, Geneva, 1962*. 27:2390, 2532, 2555
International Congress of Americanists. 22:829
International Congress of Americanists, *XXVI, Sevilla, 1935*. 14:1770; 16:86
International Congress of Americanists, *XXVIII, Paris, 1947*. 14:93
International Congress of Americanists, *XXXIII, San José, 1958*. 23:601
International Congress of Americanists, *XXXIV, Vienna, 1960*. 27:148
International Congress of Americanists, *XXXV, México, 1962*. 27:84, 127, 1024
International Congress of Anthropological and Ethnological Science, *II, Copenhagen, 1938*. 4:91
International Congress of Anthropological and Ethnological Sciences, *VI, Paris, 1960*. 27:126, 1023a

International Congress of Teachers of Ibero-American Literature, *II, Los Angeles, 1940*. 7:4596
International Congress of the Christian Democrats, *V, Lima, 1959*. 23:2948
International Congress of the History of Art, *XX, New York, 1961*. 26:125
International Cotton Advisory Committee. 23: 1676
International Court of Justice. Reports of Judgments, Advisory Opinions and Orders. 17:2797
International Economic Association. 23:1677; 24:1939
International Geological Congress, *XVI, Washington, D. C.* 1:509, 516, 518
International Geological Congress, *XX, México, 1956?* 24:2885
International Institute for Labour Studies, *Geneva*. 27:1725
International Institute of Agriculture, *Rome*. 2:466; 4:583; 13:772
International Labor Office. 1:1660; 2:450a; 5: 791; 6:874, 1137; 7:3830, 3841-3843, 3847-3849, 3865; 9:1432; 10:3306; 15: 2016; 17:970; 19:19; 20:3511; 21:3507; 23:4213; 24:1983, 6210, 6211; 25:1449, 1593; 27:1958, 2015, 2072
International Labour Review, Montreal. 7:823
International Monetary Fund. 23:1678
International Petroleum Company, Ltd. *Lima*. 19:1451
International Public Opinion Research, Inc., *New York*. 13:437; 17:539
International Reference Service, *Washington D. C.* 7:824
International Social Security Association. 21: 3533, 3534; 24:2886, 6212
International Society for the Welfare of Cripples. 24:6213
International Statistical Institute. 16:52d; 17: 3069
International Union for Child Welfare. General Council. 16:2324
International Union of Students. 26:400
International Yearbook of Education, Geneva. 17:971
Iñurreta, José Luis. 4:1861
Invenção. Revista de Arte de Vanguarda, Rio de Janeiro. 25:4739
Investigación Económica, México. 7:922; 17: 1675
Investigaciones Lingüísticas, México. 4:171
Iolovich, Marcos. 6:4372
Iório, Oswaldo. 16:2355; 18:2256; 20:3574, 3575
Ipanema, Marcello de. 15:2756
Ipiranga dos Guaranys, Milciades. *See* Guaranys, Milciades Ipiranga dos.
Ippisch, Franz. 9:1262
Ipuche, Pedro Leandro. 1:2056; 4:4045; 15: 2363; 23:4977; 26:1487
Ipuche Riva, Rolina. 18:2533
Ira, Rudolf. 20:2069
Irabarren, A. A. 11:493
Iragorri Díez, Mario. 2:624
Iragorri V., José M. 23:1824
Iragui, Pacífico de. 14:3484
Iraizoz y de Villar, Antonio. 5:2817; 9:2654; 13:2118; 20:3832
Irala, Antolín. 12:2139
Irarrázaval, Ricardo. 4:291
Irarrázaval Concha, Eduardo. 8:1654
Irarrázaval Larraín, José Miguel. 21:3010
Irazábal, Carlos. 25:3439

Irazusta, Julio. 1:1162; 4:3892; 5:1973; 7: 3447; 9:3253; 16:1929; 18:2068-2070; 20: 3007; 21:2224, 3063; 26:992, 1094; 27:2152; 28:1103
Irby, James E. 5:4366
Ireland, Gordon. 4:1940, 1952; 7:2033, 3786, 5339; 9:2375; 13:2476; 15:2766
Ireland, J. DeCourcy. 18:1653
Ireta, Félix. 7:2687
Iria, Alberto. 16:559
Iriart, Michel. 11:1926
Iriarte, Agustín F. 9:674
Iriarte, Joaquín. 10:4505
Iriarte, Tomás de. 12:2081, 2173; 13:1503a, 1606; 14:2167; 16:2012; 17:1765
Iriarte Brenner, Francisco Emilio. 23:481
Iriarte Paz, Augusto. 19:5577
Iriarte Iturri, Romualdo. 19:3288
Iribarne, Eva A. 4:264
Iribarren, Guillermo. 25:3768
Iribarren, Juan Antonio. 2:2981; 4:4311
Iribarren-Celis, Lino. 17:1836; 20:3097; 22: 3575, 3576; 24:4164; 26:938; 28:976
Iribarren Charlín, Jorge. 15:254-257; 16:263, 281, 18:177, 186, 187; 19:400; 20:326, 326a; 21:286, 287; 22:323, 5739; 23:435; 24:546-551; 25:330, 355, 356; 27:558-561
Iribarren, Venezuela (District). Consejo Municipal. 3:2091
Irie, Toraji, 17:1809
Irigoyen, Renán. 15:174; 16:157
Irigoyen Ulises. 2:1119a; 7:1021; 9:2058, 3161; 10:901; 902; 11:754
Iriondo, Manuel M. de. 3:1838; 4:2254; 6:2560
Irisarri, Antonio José de. 3:3411; 5:3533; 18: 2533; 28:1053a
Irizarry y Puente, J. 17:2698; 22:2613
Irmãos Pongetti, Rio de Janeiro. 5:77; 6:74; 7:113, 114
Irrab, Noel. 6:3308
Irurzún, Blanca. 12:2541
Irusta, L. Fernando. 22:2259
Irvine, R. A. 25:736
Irving, Evelyn Uhrhan. 28:2231
Irving, Thomas B. 21:4153; 26:656
Irving, Stanley G. 1:1342; 2:679; 4:888
Irving, Virginia. 10:3249
Irving, William N. 19:178
Irwin, Constance. 27:149
Irwin-Williams, Cynthia. 27:1514
Isa Conde, N. 28:818a
Isaac, Julius. 19:2634
Isaacs, Jorge. 4:4001; 7:4719; 8:402; 9:3979, 22:4952
Isabella I, Queen of Spain. 15:1485
Isabèlle, Arsène. 6:767; 9:3254; 16:1422
Isamitt, Carlos. 4:1862, 1899; 6:4916; 8: 2064; 11:594, 1414; 12:641, 3389; 15:2806
Isassi, José Domingo. 25:3265
Isbary, G. 1:523
Iscaro, Rubens. 25:1520
Isherwood, Christopher. 15:65
Isla G., Gabino. 21:1475
Isla Hevia, José Manuel. 8:1662
Islas, P. Alejandro. 15:1763
Islas Escárcega, Leovigildo. 11:1441; 24:4737
Islas García, Luis. 12:589; 16:547, 1785; 23:1404
Islas Osorio, A. 6:3309
Ismodes, Aníbal. 27:3520
Isnard, Hildebert. 20:1967
Isnardi, Francisco. 24:4164
Israel, Arturo. 25:1685
Issa, Otávio. 22:5501
Issler, Bernardo. 27:2935

Itabaiana de Oliveira, Arthur Vasco. See Oliveira, Arthur Vasco Itabaiana de.
Italy. Istituto Nazionale di Credito per il Lavoro Italiano all'Estero. 18:3203
Italy. Missione di Assistenza Tecnica all'Emigrazione nel Brasile. 18:890
Itiberê, Brasilio. 6:4830; 7:5547; 15:2829b, 2844
Ito Rocha, Lúcia Maria G. See Rocha, Lúcia Maria G. Ito.
Ituarte, Manuel M. 2:368
Iturbe, Juan. 6:2284
Iturbide, Aníbal de. 14:950; 16:976; 19:1924; 27:1876
Iturbide, Eduardo. 7:3391
Iturbide, J. V. 6:3762
Iturbide y Arámburu, Agustín de. 13:1468; 25:3266
Iturralde, Fernando. 17:19, 3040, 3178
Iturralde Chinel, Luis de. 6:782, 4676; 5:2513; 13:1798; 27:3225, 3225a
Iturralde Colombres, Carlos A. 22:2368; 28: 3312
Iturri, Francisco. 17:1431
Iturri, N. del Prado. 7:5161
Iturriaga, José. E. 10:99, 3080; 13:1098; 17: 3041
Iturriaga J., Rodolfo. 25:2130
Iturribarría, Jorge Fernando. 5:2880; 6:3310; 10:2877; 17:1417; 18:52, 1942; 19:3620; 20:53, 2332, 2836; 21:2317, 2532, 23: 127, 3274, 3275; 24:3912; 25:4310; 26: 542; 28:613, 613a
Iuliis, Amaury de. 12:2241
Ivanovitch, Dmitri. 3:3412
Ivanyi, Paulo 21:1421
Ives, George O. 14:1344
Ives, Mabel Lorenz. 9:3111
Ives, Ronald L. 2:1280, 1843; 5:2393; 7:304, 373; 8:2275; 13:197; 15:1146; 19:3289; 26:474
Ives Jouet, M. 27:2853a
Ivey, J. W. 8:2183
Ivo, Lêdo. 14:3064; 15:2541; 17:2635; 18: 2746; 19:5266; 20:4402; 21:4308; 23: 5512, 5568; 24:5786; 25:4659; 26:1935; 28:2414, 2484, 2485, 2608, 2608a
Ivovich, Esteban. 9:1466a; 25:1450
Iwánska, Alicia. 27:930, 4140; 28:688a
Ixtlilxochitl, Fernando de Alva. 4:2672; 18: 1757
Iza Jorge, Antoni. 12:3190
Izaguirre, Carlos. 1:1101; 2:512, 1524; 7:4750; 12:2614; 18:464; 21:3644
Izaguirre, Carlos Alberto. 2:821
Izaguirre, Ester de. 25:4463
Izgur, Ernst. 8:4410
Izikowitz, Karl Gustaf. 2:273
Iznaga, Alcides. 23:4978
Iznaga, José. 1:1420
Izquierdo, José. 17:383
Izquierdo, José Joaquín. 11:2350; 13:742; 1453, 1671; 16:1664; 17:1079; 18:1757a; 19:3290, 3291, 3621; 20:2532; 22:1966
Izquierdo, Luis A. 9:2143
Izquierdo, María. 8:783, 805, 816, 824; 9: 828, 840
Izquierdo, Vicente. 5:1306
Izquierdo A., Guillermo. 3:861, 4:1070
Izquierdo Albiñana, A. 6:4142
Izquierdo Araya, Guillermo. 28:1104
Izquierdo G. Rafael. 24:2124
Izquierdo Ortega, Julián. 25:5339; 26:2280
Izquierdo Ríos, Francisco. 12:2566; 16:2577, 2628; 18:2534; 24:5265

Izquieta, Carlos Manrique. 3:1768
Izumi, Seiichi. 25:117; 27:4305
Izurieta Craig, Juan José. 28:3217
Izurieta-Merchán, Samuel Eloy. 5:1868

Jacintha, Maria. 6:4438
Jacinto, Juvenal. 9:4350
Jacinto María de Quito, *Brother*. 19:3873
Jack, *pseud*. 16:573
Jack, J. A. 25:737, 738
Jackson, Charles G. 24:4404
Jackson, Donald L. 17:1985
Jackson, Everett Gee. 20:197
Jackson, Frances. 20:691a
Jackson, William Richard, Jr. 18:1758, 2440; 20:3737
Jackson, William Vernon. 28:53
Jacob, Ernst Gerhard. 1:10; 28:1307
Jacob, Filippe. 2:1577
Jacob, H. E. 1:181
Jacob Berindoague, Ricardo. 16:3322
Jacobina Lacombe, Américo Laurenço. *See* Lacombe, Américo Lourenço Jacobina.
Jacobo Guaqueta, Pablo Emilio. 27:3713
Jacoboni, H. B. 19:5415
Jacobs, H. P. 16:1665, 19:3392
Jacobs, I. W. 6:1103
Jacobs, James Ripley. 4:2673
Jacobs, Willis D. 18:2750; 19:5272
Jacobs Muller, E. Florencia. 18:1758a
Jacobsen, Jerome V. 4:2604, 2674; 6:2924; 8:3426, 3427; 11:1968; 13:1421; 19:3292
Jacobsson, Per. 25:1585
Jácome Moscoso, Rodrigo. 9:4574
Jacovella, Bruno. 5:1622; 7:1964; 9:1979; 27:1142
Jacques, Alfredo. 3:3548; 23:5466
Jacques, João. 10:4433
Jacques, Paulino. 2:1715; 11:2809; 16:2129; 21:4602, 4603
Jacques de Moraes, L. 3:1670
Jaeger, Fritz. 6:2155, 2198
Jaeger, Luis Gonzaga. 2:1674; 3:2818; 6:3582, 3583; 7:4888; 8:3428; 9:3402; 17:1898; 23:3685
Jaeger, Werner Wilhelm. 8:4917; 10:4568; 11:3928; 19:5817
Jaegerhuber, Werner A. 10:1804; 16:3167
Jaeggli, Alfredo L. 25:2283
Jaén, Ángel Benito. 20:1056; 21:907; 22:1129
Jaén, Gustavo. 25:4534
Jaén, Manuel de J., Jr. 6:1034
Jaén, María Teresa. 24:1550
Jaén, Ricardo, Jr. 28:113a, 718
Jaén, Sira. 28:3218
Jaén Arosemena, Agustín. 21:2587; 26:706
Jaén Morente, Antonio. 14:709, 2691
Jaén y Jaén, Roberto. 23:4438
Jaffin, George. 8:3619; 10:3205
Jagan, Cheddi. 19:2953
Jagendorf, Moritz Adolph. 25:4253; 27:1143
Jagsich, Juan. 13:966
Jaguaribe, Hélio. 25:1730
Jaguaribe Gomes de Mattos, Francisco. *See* Mattos, Francisco Jaguaribe Gomes de.
Jahier, Mario. 5:2303
Jahn, Alfredo. 5:489, 1647
Jahn, Hans Edgar. 26:95a
Jaime González, Euclides. 28:1569
Jaimes, Pedro Alonso. 2:2447
Jaimes Bertí, Jaime. 28:976a

Jaimes Freyre, Raúl. 12:2737; 19:4737
Jaimes Freyre, Ricardo. 10:3721; 21:4095
Jaimes Repide, Julio B. 2:2194
Jakeman, Max Wells. 16:158; 18:53, 109; 19:121, 210, 211; 24:245
Jakob, Christofredo. 2:1335; 3:1713-1715; 5:1823; 6:2399; 9:2033, 2187
Jakob, Ricardo. 9:2188; 10:2072
Jalisco (State). Dirección de Promoción y Economía. 22:1754
Jam L, Pedro. 22:227; 23:329
Jamaica. Central Bureau of Statistics. 13:523; 19:6284, 6285; 20:5011
Jamaica. The Central Planning Unit. 27:2016-2016b
Jamaica. Department of Revenue and Agriculture. 7:1297
Jamaica. Department of Statistics. 21:5333
Jamaica. Geological Survey Department. 24:2874
Jamaica. Labour Department. 7:1298
Jamaica. Lands Department Commission. 2:564
Jamaica. Library Service. 27:41
Jamaica. Town Planning Department. 24:2875
Jamaica Imperial Association, *Kingston*. 2:555
Jamaican Association of Sugar Technologists Quarterly. 6:1148
Jamarde, Maria D'Aloia. 22:2032
James, Alice Galligan. 15:424
James, Concha Romero. *See* Romero James, Concha.
James, Cyril Lionel Robert. 5:2917; 15:1721; 28:809
James, Daniel. 19:2919; 20:2272; 22:2683; 23:2042; 25:2782; 26:624, 625; 27:3498c
James, David. 16:574; 17:3131; 20:1174; 22:1320
James, Earle K. 1:1039; 3:2060; 4:1539; 8:3620
James, Edwin W. 8:2247; 10:1930; 11:1579, 1580
James, Florence. 9:41
James, James Alton. 4:2748
James, Neill, 12:74
James, Preston E. 1:617; 3:1539; 4:1936, 1962, 2014; 5:1925-1927; 6:1840, 2169, 2451, 2452; 7:2071, 2264; 8:2249; 10:1894, 2139; 12:1448, 1455, 1470; 13:1017; 14:1552, 1565; 15:1227; 16:1122, 1123; 18:1410; 19:573, 2645, 2646; 20:2116; 22:2529; 23:1679; 25:2213; 27:1726, 3082
James, W. E. 20:2040a
James, William. 10:4596, 4597; 11:3967; 13:2781; 20:4883; 22:5909
Jameson, A. K. 4:3826
Jamis, Fayad. 24:5434; 28:2137, 2138
Jamison, Edward A. 16:2241
Jan, Jean Marie. 21:2948; 22:3211; 24:4037
Jane, Cecil. 28:419
Janer, Andrés. 17:569
Janer, José L. 11:417
Janin, Joseph. 2:1812
Jankus, Alfred P. 20:1356
Jannicelli, Domingo M. 14:2561
Jansen, André. 23:5042; 25:4377
Jansen, D. Bonifacio. 20:1167
Jansen, José. 20:4322
Jansen, Letácio. 24:4856
Janvier, Catarina A. 4:17
Janzen, Abraham Ewell. 10:100
Japan. Gaimushô. Keizaikjôku. Raten-Amerikaka. 27:4306
Japan. Jichisho Senkyo-kvoky. 27:4307
Japan. Kaigai Keizau Kyôryoku Kikin Chôsabu. 27:4308

Jaquez, Jesús David. 25:3187
Jara, Álvaro. 20:2775; 3706; 21:2756; 22: 3474-3476; 23:3668; 24:3723, 4131; 26: 877; 28:909a
Jara, Carlos A. de la. 3:909a; 13:2623
Jara, Eduardo. 4:2254a
Jara, Heriberto. 7:2683; 28:693a
Jara, Max. 8:4117; 15:2407
Jara Cristi, Manuel. 14:3186
Jarach, Dino. 9:4487; 10:3325; 15:657; 24: 2010; 25:4116; 27:2153, 3835
Jaramillo, Ángel Humberto. 6:4143
Jaramillo, Baltasar V. 5:1258, 4160
Jaramillo, Esteban. 12:3045; 22:1480
Jaramillo, Hernán. 17:2386; 18:2535; 23: 4979
Jaramillo, Miguel Ángel. 19:6431
Jaramillo Arango, Jaime. 12:326; 14:1946, 1947; 18:1708a, 1802; 19:3425
Jaramillo Arango, Rafael. 14:2954
Jaramillo Arango, Roberto. 3:3413; 12:1974; 13:1990
Jaramillo Arbeláez, Delio. 13:557, 665
Jaramillo Arrubla, Cástor. 7:5177
Jaramillo Alvarado, Pío. 2:848, 4:2357a; 5: 2707, 3066; 7:2842, 4263; 9:505; 11:2717; 13:1146; 14:1273; 15:2073; 18:426; 21:3144; 23:796, 3724; 28:1039a
Jaramillo Barrientos, Guillermo. 3:2337
Jaramillo Bruce, Rodolfo. 5:1306; 9:1573
Jaramillo-Giraldo, Samuel. 28:1921
Jaramillo Gómez, Jaime. 7:825
Jaramillo Gutiérrez, Ramón. 10:1577, 1578
Jaramillo Meza, Juan Bautista. 1:2100; 5:2254; 13:2196
Jaramillo Pérez, César. 16:1423
Jaramillo Sánchez, A. 3:1943
Jaramillo Sierra, Bernardo. 15:1159
Jaramillo Uribe, Jaime. 20:4864; 21:4808; 22:5883; 24:6081; 25:3723, 5353; 26:836c, 2347; 28:891a, 1034, 3346
Jaramillo Vélez, Lucrecio. 9:4573
Jardim, Caio. 3:2821
Jardim, Germano. 10:1516; 11:1341; 12:1217p
Jardim, Luís Inácio de Miranda. 5:573; 6: 646; 10:721; 14:2269; 15:2531; 23:5552
Jardim Júnior, David. 6:4449
Jardim Moreira, Renato. See Moreira, Renato Jardim.
Jarnés, Benjamin. 6:4968; 8:2995, 4149
Jaroslavsky, Sara. 11:3023; 12:2455
Jarpa, Ernesto Barros. 1:449
Jarpa, S. O. 18:1573
Jarvis, Clarence S. 11:1747
Jarvis, José Antonio. 4:1554, 2536
Jarvis, Norman D. 9:2242
Jasca, Adolfo. 19:4900
Jaschke, Paul P. 19:212
Jasinowski, Bogumil. 20:4873
Jaspers, Karl. 19:5818, 5819; 24:6122
Jastram, Gervais. 23:5657
Jastrow, Joseph. 6:4444
Jaszi, George. 20:1255
Jatar Dotti, Braulio. 27:3565
Jáuregui, Jorge Leopoldo. 10:1155
Jáuregui Rosquellas, Alfredo. 3:298; 7:5392; 8:378; 9:3112, 4624; 10:2832, 3206; 11: 2228; 12:2106; 13:1991
Jaureguiberry, Luis M. 24:4886; 25:4095, 4096
Jaureguiberry, Miguel. 10:1319
Jáureguy, Miguel Ángel. 9:3349
Jaurena, Eduardo. 16:2434
Jauretche, Arturo. 24:4273
Jaurrieta, Rómulo. 16:1786
Jauss, Anne Marie. 28:2090
Javal, Jean-Luc. 21:571

Javari, Jorge João Dodsworth. 6:2486; 25:3847
Javet M., Ives. 24:552, 2970
Javier García, Manuel de J. 12:2338
Jay, L. J. 27:2678b
Jay, William. 14:2101
Jean, N. Mondestin. 12:2057
Jean, Yvone. 14:1240; 23:2406
Jean-Baptiste, Víctor. 19:3385a; 23:3402
Jean-Jacques, Thales. 2:1588
Jean Le Fureteur, pseud. 2:2167
Jean-Michel, Marc. 27:2017
Jean Paul, pseud. See Echagüe, Juan Pablo.
Jeans, James. 7:5053
Jeffrey, William H. 18:2071, 2072
Jeftanovic, Pedro. 25:1686
Jekyll, W. 4:1863
Jeldes A., Fidel. 13:400, 402; 19:833
Jelliffe, D. B. 24:1500
Jellinek, Frank. 11:755; 12:761
Jellinek, Jorge. 2:3003
Jenkins, Anna E. 13:1186
Jenkins, Joyce. 12:226
Jenkins, William Sumner. 17:1477
Jenks, C. Wilfred. 7:3830
Jenks, Leland H. 1:1124; 7:901
Jenks, William F. 7:2312; 14:1503
Jenness, Diamond. 19:20
Jennings, J. E., Jr. 4:1542
Jennings, Jesse D. 12:131; 16:159; 27:150
Jenny, Hans. 14:1379, 1380
Jensen, Adolf Ellegard. 16:162
Jensen, J. Granville. 23:2043
Jensen, Rudolf K. 27:1744a
Jérémie, J. 16:2941
Jeréz Alvarado, Rafael. 10:3231; 21:3431
Jeréz Balladares, Noel. 8:4602
Jerez Villarreal, Juan. 7:4788; 25:3411
Jervés, Alfonso A. 1:853, 5:3067
Jesinghaus, Carlos. 9:4999
Jesse, C. A. 19:236, 709; 20:258-260; 23: 336; 24:740; 25:322
Jessup, Marie Hendrick. 2:1208
Jessup, Philip C. 1:1736; 3:2952; 5:3447; 24:4030
Jesús, Carolina María de. 25:4740, 4741
Jesús, Francisco de. 7:1145
Jewell, Edward Alden. 6:692; 8:810
Jijena Sánchez, Lidia Rosalía. 18:2589
Jijena Sánchez, Rafael. 5:1622; 6:2068-2070, 2088-2090; 7:1923; 9:1967, 1993; 12: 2651; 18:2590; 26:1696
Jijón y Caamaño, Jacinto. 3:2338; 4:2835; 5:466; 7:473; 8:319; 10:434; 15:274, 285; 17:20; 18:195, 23:482
Jil, Salomé, pseud. See Milla y Vidaurre, José.
Jiménez, Antolín. 1:1782-1784, 1810; 2:479b-479d; 3:1011a; 4:1324, 4405; 5:4118; 14: 951; 15:2650, 2651, 2737
Jiménez, Carlos Miguel. 12:1586
Jiménez, Domingo. 7:2154
Jiménez, Doroteo. 17:259
Jiménez, Enrique. 4:2335
Jiménez, Enrique A. 14:1666
Jiménez, Francisco Luis. 10:839
Jiménez, Guillermo. 3:426, 469; 7:1965
Jiménez, José Olivio. 26:1770
Jiménez, Juan Ramón. 3:3314; 6:4056, 4254; 9:4060; 11:3115, 3116; 12:2699; 26:1728
Jiménez, Manuel de Jesús. 12:2457
Jiménez, Manuel P. 4:585
Jiménez, Max. 2:2571, 2661; 3:3253
Jiménez, Miguel Ángel. 23:4980, 5318
Jiménez, Miguel Bernal. 5:4391
Jiménez, Nicolás. 2:2251; 6:3049, 3953
Jiménez, Ramón Emilio. 7:1995, 4455; 20: 5042; 22:3272; 25:3390

Jiménez, Simón A. 15:1775
Jiménez, Tomás Fidias. 3:204; 7:422, 3184; 12:130, 273; 13:804; 14:314; 15:230; 22:838
Jiménez, Trina de. 8:2295
Jiménez, Wilfredo. 19:5164
Jiménez Arbeláez, Edith. 10:316, 317; 11:305, 371
Jiménez Arráiz, Francisco. 18:2482
Jiménez Benítez, Sergio. 18:1088
Jiménez Borja, Arturo. 3:1499, 1769; 4:305, 533, 1833, 1864; 5:1571, 1595; 6:841, 2078, 2091, 2109; 7:1924, 4456; 8:426, 2065, 2066, 2184; 9:1945; 13:2697; 15:1568; 17:216; 20:355 23:829
Jiménez Borja, José. 5:3671; 6:3963, 4057; 14:2907; 18:2624; 22:5142; 24:4738
Jiménez Castro, Wilburg. 21:4915
Jiménez Correa, Carlos P. 9:1309, 1516
Jiménez de Aréchaga, Eduardo. 21:4591
Jiménez de Aréchaga, Justino. 18:1609, 2888
Jiménez de Asúa, Felipe. 6:5087
Jiménez de Asúa, Luis. 6:4659; 7:5266; 8:4615; 12:3131, 3133; 13:2512; 15:2719; 16:3074, 3085; 23:4513; 25:2107, 4071; 27:374, 3746
Jiménez de la Espada, Marcos. 28:910
Jiménez de López, Georgina. 9:1111; 16:3353
Jiménez de Muñoz, Edith. 17:190
Jiménez de Quesada, Gonzalo. 18:2416
Jiménez Delgado, Ramón. 8:2787
Jiménez Domínguez, E. 6:5069
Jiménez Fernández, Manuel. 28:428, 861a
Jimenez Grullón, Juan Isidro. 6:3288; 12:1562; 19:5071; 21:4793; 25:5368
Jiménez Guzmán, Pedro. 6:2440
Jiménez Hernández, Adolfo. 18:1018
Jiménez Huerta, Mariano. 7:5298; 19:5539
Jiménez L., Blanca Luisa. 21:821
Jiménez-Landi, Antonio. 11:3323
Jiménez López, Miguel. 3:2174
Jiménez M., Alfonso. 24:420
Jiménez M., Gabriel. 9:3059
Jiménez Malaret, René. 6:1104, 1134, 4058; 19:3768; 23:4822
Jiménez Mejía, Rodrigo. 16:2952
Jiménez Montellano, Bernardo. 12:2700; 14:2396
Jiménez Moreno, Wigberto. 3:61, 3414; 4:83, 248a, 2675; 5:303; 6:362, 745; 8:216; 10:2567; 11:2085; 14:228, 229; 16:199, 361; 19:555, 653; 20:222, 2533; 21:425; 22:546, 2926, 2927; 24:1126-1128, 3757; 25:264, 438, 607, 643-645; 26:448; 27:227, 228, 774-776; 28:485a
Jiménez Nieto, Jenaro. 8:2310
Jiménez Núñez, Alfredo. 25:118
Jiménez Núñez, Ricardo. 7:1033
Jiménez Oreamuno, Ricardo. 12:75
Jiménez Pastrana, Juan. 5:3571; 28:782a
Jiménez Quílez, Manuel. 13:1361
Jiménez Ramírez, Jaime. 27:3830
Jiménez Rueda, Julio. 5:2362, 3562, 3585, 3586; 6:3906; 8:4074; 9:3815; 10:2556, 2568; 2569, 2976, 3500-3503, 3564, 3565, 3629; 11:2026, 2027, 2086, 2087, 2958, 2960, 3024; 12:1761, 2418, 2458, 2542, 2543; 13:1548, 2062; 2236; 16:1609, 2545; 17:1005, 1009, 2292; 18:1762, 2384, 2385; 19:4522; 21:2429, 3733; 25:3140
Jiménez Sierra, Elisio. 16:2714
Jiménez Tobón, Gerardo. 20:3039
Jiménez V., Marta. 28:3313
Jiménez Z., Arnoldo. 22:3065
Jiménez Z., Pío S. 20:4580
Jimeno Fuentes, Francisco. 22:3206

Jinesta, Carlos. 2:2130; 6:3236; 7:4789; 17:1676
Jinesta, Ricardo. 2:2439; 4:1407; 6:2925, 2926, 4667; 11:2088; 22:4066; 23:1931
Jirkal H., Juan. 9:1572, 2238
Jitrik, Noé. 24:5290, 5291, 5532
Joad C. E. M. 6:5086; 10:4598
João Antônio. See Ferreira Filho, João Antônio.
Job, pseud. 16:731
Jobet, Julio César. 8:3315, 3316; 12:2122, 2123; 13:1631; 14:64; 15:1743, 1744; 17:663; 18:2261; 21:1721; 23:2902
Jobim, Anísio. 3:2770; 21:3264
Jobim, Danton. 4:4157; 6:2576; 7:2562; 19:4207; 23:4823
Jobim, José. 4:2031, 2032; 6:1730, 1781; 7:1670, 1671, 2360, 3581; 9:1624
Jobim, Renato. 24:5716
Jobim, Rubens Mário. 16:2886; 20:4374
Jobim, Walter. 17:1311
Jobson, Catul. 4:1720
Jochamowitz, Alberto. 5:1364; 8:646; 15:624
Jochmann, João. 6:1654, 1782; 13:606
Jockey Club. Biblioteca, Buenos Aires. 9:4599; 10:4222
Jockey Club de Montevideo. 17:1820
Joern, Arnold. 5:827
Joffily, Geraldo Irineo. 28:1365
Joffré S., Federico. 7:5393
Joffroy, Pierre. 21:5046
Jofré, Arnaldo. 24:4274
Jofré, Nicolás. 10:2704
Jofré, Tomás. 7:5158; 8:4515; 12:2988
Jofré Barroso, Haydée M. 23:5424; 24:5717
Jofré Vicuña, Guillermo. 2:1606
Johannes, Wilbert. 24:771
The John Carter Brown Library Conference, Providence, R. I. 1961. 24:3724
Johns, W. E. 7:5054
Johnson, Alfred E. 27:325
Johnson, Ann Stofer. 22:81
Johnson, Cecil E. 27:3027
Johnson, Chester R. 25:1160a
Johnson, Clarence G. 1:653; 3:50a
Johnson, Electa. 22:2421
Johnson, Ester H. 10:903
Johnson, Frederick. 6:335, 2146; 9:579; 14:106, 315-318; 15:139; 16:102; 17:21, 393; 22:9
Johnson, Harry Prescott. 8:2996; 11:2089
Johnson, Harvey Leroy. 6:3964; 7:4508, 4547; 8:3945; 9:3870; 10:3504, 3566; 12:2419; 14:2644; 15:2201, 2230; 16:2521; 17:2311; 19:4675; 26:1547; 28:53a
Johnson, Hayes Bonner. 27:3413
Johnson, Hewlett. 9:4345
Johnson, Irmgard Weitlaner. 5:304; 13:198; 19:654; 23:185; 25:206, 439; 27:326
Johnson, Irving. 22:2421
Johnson, J. P. N. 6:140
Johnson, Jean Basset. 5:304-307; 6:363, 2092; 7:2025; 8:2067; 9:364; 13:198; 25:439; 27:1440
Johnson, John James. 9:2655; 10:2410; 11:2194; 14:2188; 17:1282; 22:2614; 25:2639; 27:3083-3083b, 4039
Johnson, Kenneth Fox. 24:3418; 25:2633
Johnson, Kenneth M. 27:3715
Johnson, Leland L. 27:1727, 1727a, 3084, 3084a, 3414
Johnson, Louis. 6:3700
Johnson, María I. 13:666
Johnson, Mildred Edith. 19:5020; 20:4085
Johnson, Orville E. 27:1441

Johnson, Richard Abraham. 4:3069; 5:2881
Johnson, Robert Wilton. 27:2336
Johnson, V. Webster. 27:2679
Johnson, Victor L. 12:2082
Johnson, Walter F. 27:2449
Johnson, William Weber. 25:3267
Johnston, Edith. 2:142, 1223; 6:4953
Johnston, Gale F. 16:977
Johnston, H. F. 6:2385
Johnston, I. M. 11:1562
Johnston, Marjorie C. 7:4575; 19:2074; 20:1715; 23:2256
Johnston, W. D. 19:2713
Johnston Sánchez, M. Arnoldo. 17:2076
Joint Brazil-United States Technical Commission. 15:669
Joint Tax Program (OAS/IDB/ECLA). 27:1728, 1959-1959b, 2227
Jolas, Eugene. 7:4621
Jolas, María. 28:1745
Jolivet, Régis. 19:5820, 5821; 20:4883b; 21:4855
Jolly, A. L. 5:1782a; 8:2400; 9:2157; 10:2040, 2042; 12:1360, 1361
Jonasson, Olof. 21:2135; 22:2500, 2530
Jonen, Heinrich. 1:419
Jones, A. M. 28:3100a
Jones, Aziel W. 24:1325
Jones, Cecil K. 3:16; 8:45, 46; 9:42, 3949
Jones, Chester Lloyd. 1:220, 1040; 2:2077, 2356; 3:1012; 4:1325; 5:828, 1703; 6:913, 929, 1009, 2245
Jones, Clarence F. 3:504; 5:1704; 6:2218; 7:2085; 10:1931; 12:1256; 13:780; 14:1328, 15:1136; 16:1281; 18:1237; 22:2531; 23:2453, 2466
Jones, Earl. 24:1940
Jones, Harold. 8:1103
Jones, Harold W. 7:2818
Jones, Joseph Marion. 10:3250
Jones, Julie. 27:229, 630; 28:136
Jones, Marian. 24:1325
Jones, Oakah L., Jr. 25:3165
Jones, Paul A. 3:2396
Jones, Robert Cuba. 9:3574; 10:3326; 11:2750; 19:6028
Jones, S. Shephard. 5:3338
Jones, Theodore S. 4:1969
Jones, Thomas Ape. 11:2427
Jones, Tom B. 5:2274; 15:1377; 16:1424; 20:1256
Jones, V. H. 7:1986
Jones, Wilbur Devereux. 23:3764
Jones, Wilfred V. 23:4214
Jones, Willis Knapp. 3:3167, 3212; 4:3893; 5:3672; 7:4457, 4548, 4622, 4623; 8:3946, 4002; 9:3833; 10:32, 3598, 3599; 11:3154; 3347; 3348; 12:2774; 13:2242; 14:2949; 16:2796, 2801; 20:4247, 4248; 22:5315; 23:5368; 25:4600; 26:1487a; 8:2359
Jones Odriózola, Guillermo. 8:586, 587
Jones Parra, Juan. 20:1988
Jong, Gerrit de, Jr. 17:494
Jongh Osborne, Lilly de. 10:643
Jonkers, E. H. 27:2115
Jonquieres, Eduardo. 18:2591
Jonxis, J. H. P. 23:1273
Joos, Hermann Paul. 26:352; 27:151
Joppert da Silva, Maurício. *See* Silva, Maurício Joppert da.
Jor, J. O. de Souza. 9:1758
Jorba, Josefa E. 26:898
Jordán, Fernando. 17:3141; 20:2837
Jordan, Henry P. 11:2751

Jordan, J. W. 12:1359
Jordan, Terry G. 27:4237
Jordán Bucheli, Fausto. 24:854
Jordán Falcón, Carlos. 6:2718
Jordán Sandoval, Santiago. 7:3502; 11:2736; 27:2191
Jordana, César A. 11:3969
Jordano, Jorge dos Santos. 15:1055
Jordão Breves, Iolanda. *See* Breves, Iolanda Jordão.
Jordão Emerenciano, Severino. *See* Emerenciano, Severino Jordão.
Jorge, Arthur Guimarães de Araujo. 11:2648; 14:2259
Jorge, Fernando. 19:1208; 25:1284
Jorge, J. David. 19:5206
Jorge, José Guilherme de Araújo. 1:2194; 7:4998; 9:4282; 10:3904; 11:3431, 3432; 13:2347; 14:3021, 3065; 15:2542; 28:2609
Jorge, Leonardo. 28:2610
Jorge, Luis O. 5:1551
Jorge, Salomão. 7:4999; 12:2920; 28:1365a
Jorguensen, Marcos. 11:1662; 12:1379
Jorim, Labieno. 9:1759
Jornadas Internacionales de Arqueología y Etnografía, *II, Buenos Aires,* 1960. 27:152
Jornadas Latinoamericanas de Derecho Comparado. 17:2669
Jornal Brasileiro de Sociologia, Recife. 23:6001
Jornal de Letras, Rio de Janeiro. 15:2457
Jornal de Todos, Rio de Janeiro. 27:2522
Jornal do Estado do Rio Grande do Sul. 5:2246
Jorquera F., Francisco. 19:5416
Jorrín, Miguel. 7:5621; 19:2861, 2862
Jos, Emiliano. 1:694; 6:2815; 7:2819, 3149; 8:2903-2905; 9:2656, 3060; 11:1969; 15:1431; 16:1490, 1491, 1900; 18:1709, 2020; 20:2445; 22:2826
Jos, Mercedes. 28:993a
José. Oiliam. 23:2878, 3909, 3953; 25:3795, 3848; 28:2415
José Agustín de Barranquilla, *Father.* 19:796
José Bonifacio. *See* Silva, José Bonifacio de Andrada e.
Josefzoon, O. J. R. 24:890
Joselevich, Luis B. 3:3607; 8:4572
Joseph B., Werner. 14:1503a; 25:1687
Joseph Marie, *Sister.* 14:2645
Jóseph Piedra, Jorge. 21:3506
Josephs, Ray. 10:101, 102; 14:65
Josephson, Matthew. 10:3283
Josephy, Alvin M., Jr. 25:126
Joslin, David. 27:1729
Jossani, Federico. 2:1368
Josseau, Fernando. 21:4219
Josselin de Jong, J. P. B. de. 16:253
Jota, Zélio dos Santos. 21:4280; 24:4791; 28:1570
Jouanes, José. 7:3121
Joubin Colombres, Eduardo. 10:3721; 17:2324
Jouffroy, Théodore. 19:5822
Jourdain, Elodie. 19:710, 711; 22:870
Journal of Inter-American Studies, Coral Gables. 27:42
Journal of the Jamaica Agricultural Society. 2:563; 5:1020
Journal of the Society of Architectural Historians, Urbana. 12:562
Jouskari, Lyyli. 22:3875
Jover, Marcelo. 10:3770

Jover Peralta, Anselmo. 22:871
Joviano, Rómulo. 25:2379
Joyau, Auguste. 16:1610
Joyce, M. de Lourdes. 17:344
Joyce, Thomas Athol. 14:404
Juajibioy Chindoy, Alberto. 20:656; 25:714
Juan, Adelaida de. 26:136
Juan de San Antonio, *Brother.* 6:2851
Juana Inés de la Cruz, *Sor.* 4:3782; 8:3955; 10:3493; 11:2964; 2965; 12:2395a; 14:2619; 16:2522, 2541; 17:2275-2279; 18:2385, 2386, 2395; 19:4603, 4604; 21:3716, 3717
Juanicó, Julio María. 23:2636
Juániz, Conrado. 25:3488
Juárez, Benito Pablo. 10:2878; 11:2433; 19:3623; 28:614
Juárez, Carlos Arturo. 18:851
Juárez, José Roberto. 24:3913; 28:1105
Juárez, Juan C. 13:1856
Juárez Echegaray, Luis. 2:3016; 3:3656; 5:4138
Juárez Fernández, Bel. 28:1895
Juárez Muñoz, J. Fernando. 3:3082; 5:2793; 7:321, 406, 1944; 8:2760; 9:2792
Juarros, Domingo. 4:2677, 2678
Jubé Junior, J. R. R. 9:1802
Jucá Filho, Cândido. 3:3584; 5:3917, 4009; 6:4313; 11:3351; 15:2496; 20:4306; 22:4323
Judd, Neil Morton. 14:107; 17:80
Juderías y Loyot, Julián. 9:2657; 20:2446
Judson, Ellen. 15:66; 17:3142; 18:3335
Judson, Lyman Spicer. 7:3741; 15:66; 17:3142; 18:3335
Judy, Judit Emerich de. 27:1442, 1442a
Judy, Roberto. 27:1442, 1442a
Juega Farulla, Arturo. 7:2717; 8:3363
Jugo, Román. 16:2629
Julia Martínez, Eduardo. 8:2997
Juliani, Carmela. 5:522
Julião, Carlos. 26:273
Julião, Francisco. 25:2724, 4660; 27:3271
Julien, Álvarez H. 4:380
Julien, Charles-André. 14:2296; 28:807a
Julien, Claude. 25:2783
Junco, Alfonso. 1:1041; 2:2698; 3:2584, 8052a; 7:3768; 16:1525; 17:2293; 19:4529; 20:2447; 21:2820; 22:2903; 23:3276; 25:4535; 26:626
Junco, María Elena. 8:780
Junco Márquez, Carlos. 3:3618
Junco y André, Alberto del. 5:4141; 6:4574; 8:4539; 12:3009
Jung, C. G. 6:5087
Junqueira, P. C. 17:404; 18:377; 20:779, 780; 22:969; 23:1301; 27:1592
Junqueira Freire, Luis José. *See* Freire, Luis José Junqueira.
Junqueira Schmidt, Isabel. *See* Schmidt, Isabel Junqueira.
Junqueira Schmidt, Maria. *See* Schmidt, Maria Junquira.
Junqueira Smith, Lígia. *See* Smith, Lígia Junqueira.
Junquera, Bienvenido. 2:2283
Junta de Auxilio Escolar de Santiago de Chile. 18:1123
Junta de Estudios Históricos de Mendoza. 4:3175
Junta de Historia y Numismática Americana, *Buenos Aires.* 1:1161; 2:1899
Junta de Recuperación de las Malvinas, *Buenos Aires.* 7:2511
Junta General de Comercio de Caracas. 16:1701

Junta Reorganizadora de la Universidad del Cuzco. 15:1102
Junyent, Alberto. 11:672
Jurado, Inés. 6:4831, 4832
Jurado, Pablo Emilio. 6:4677
Jurado, Ramón H. 14:2764
Jurado-Blanco, Carlos Antonio. 4:1669; 7:5333, 12:3053; 15:2661
Jurado Padilla, Francisco. 23:3765
Jurandir, Dalcídio. 7:4962; 9:1650; 13:2327; 22:5502, 5503; 24:5753
Jurema, Abelardo. 27:3272
Jurema, Aderbal. 2:2868, 2869; 18:523; 20:4323
Jurgens, S. 1:552
Jurídicas y Sociales, Buenos Aires. 1:1831
Jurisprudencia, Montevideo. 1:1903
Jurisprudencia, San José. 1:1872
Jurisprudencia al Día, La Habana. 1:1874-1876
Just, Carolyn Royall. 25:4126
Just, Evan. 12:1265
Justa, Antônio. 26:1976
Justiça, Porto Alegre. 1:1846
Justiça do Trabalho, Rio de Janeiro. 6:1917; 9:1740
Justicia, Bogotá. 1:1864
La Justicia, México. 1:1888
Jústiz del Valle, Tomás. 10:3284; 14:2042
Justo, Agustín P. 1:377, 386; 3:1802, 1803, 2951; 6:3516
Justo, Alberto M. 6:4682; 7:5340; 10:3973
Justo, Juan Bautista. 13:1053
Justo, Liborio. 4:3894; 21:2204; 28:1128
Justo Carulli, Luis. 11:941
Juvenal. 9:4346
Juvenal, Amaro, *pseud. See* Barcelos, Ramiro Fortes.
Juvêncio, Irmão. 25:2380
Juventud Liberal de Chile. 25:3691
Juzarte, Thetonio Jozé. 5:3172

Kabral, Dumingus Ribeiru. 12:2788
Kadletz, Theodor. 2:1675
Kaempffer Villagrán, Guillermo. 26:1148
Kafka, Alexander. 8:1769; 10:1406, 1459, 1460
Kafuri, Jorge Felippe. 7:1614; 9:1713; 10:1426; 11:1211; 13:615; 21:1422
Kahan, Salomón. 8:4811; 7:2855
Kahane, Henry R. 6:2486; 20:3650
Kahane, Renée. 16:2486
Kahl, Joseph A. 24:6234; 27:4238
Kahle, Günter. 28:1201-1201b
Kahle, Louis G. 18:1709a; 23:3277
Kahn, Erminie. 12:3399
Kahn, Inayat. 8:4412
Kahn, Máximo José. 9:1891
Kahn, Sigismundo. 23:3924
Kahnemann, Haraldo. 23:5901; 24:6122
Kain, Joan. 16:2403
Kain, Ronald Stuart. 1:1195; 4:1066
Kainins, Arvids. 27:2056
Kaiser, Chester C. J. 21:2821; 24:3914
Kalafatovich V., Carlos. 21:315
Kaldor, Nicholas. 22:1471; 25:1451; 27:1730-1730b
Kalesnik, Stanislav Vikent'evich. 22:2532
Kalijarvi, Thorsten V. 18:2222; 26:417
Kalina, Berend J. 21:681
Kalmus, H. A. 23:1301, 1302; 27:1576

Kaltwasser P., Jorge. 16:732; 27:562, 563
Kalugin, G. A. 18:2213
Kamen-Kaye, Dorothy. 13:63
Kamen-Kaye, Mauricio. 8:2323, 2324; 15:352
Kamenka, Michel B. 9:875
Kameyama, Asahi. 27:4309
Kamia, Delia. 21:3064
Kamprad, Alfredo. 11:3844
Kamprad, Rafael. 7:1615-1617
Kamps, Norman H. 6:327
Kandel, Isaac Leon. 6:1944; 8:1866a; 11:1225; 13:667, 668; 14:1205; 22:2063
Kane, Robert S. 25:5725
Kane, W. G. 2:1279
Kanitz Vicente Viana, Dulcie. *See* Viana, Dulcie Kanitz Vicente.
Kannapin, Klaus. 28:1106, 1106a
Kanner, Leopoldo. 26:1095; 28:1107
Kant, Immanuel. 5:4462-4464; 7:5703, 5704; 9:4992-4994; 12:3536; 14:3456; 24:6123
Kanter, Helmuth. 1:503, 603; 2:1229, 1232, 1248, 1257; 1264, 1267, 1336, 1337; 1443; 3:1552, 1770, 5:1824; 14:1465
Kantor, Harry. 18:1542, 19:2932; 20:2290; 22:2712; 23:2967; 27:3085
Kantor, Simon. 1:1484; 4:4363; 6:4598
Kantorowicz, Ernst H. 15:1447
Kany, Charles E. 5:3496; 9:1954, 1955; 10:1766; 11:2891-2893, 2940, 2941; 13:1992; 14:2582, 2583; 15:2128; 17:2242; 24:4739, 4740; 26:1346
Kaplan, Bernice A. 17:260
Kaplan, David. 27:932
Kaplan, Flora. 25:207
Kaplan, Juan. 15:2027
Kaplan, L. C. 8:4313; 9:4266
Kaplan, Lawrence. 24:660; 25:208
Kaplan, Lucille N. 24:660
Kaplan, Marcos. 21:1305
Kaplan, Samuel. 25:2142
Kaplán Cojano, Óscar. 14:1488; 19:2530; 2531
Karam, Francisco. 10:3359; 28:2612
Karanjia, Rustan Khushedji. 27:3415
Karfeld, Kurt Peter. 23:8
Karger, Alfredo, 8:4596
Karl, Werner. 22:2207
Karlin, Eugene. 28:2613
Karnes, Thomas L. 22:3066; 24:3435, 4022
Karns, Harry J. 19:3314
Karpfeu, Otto Maria. *See* Carpeaux, Otto Maria.
Karraker, Cyrus H. 19:3386
Kars, Kenneth L. 27:3617
Karsen, Sonja. 17:2490; 21:1710; 28:2172
Karsten, Rafael. 2:323, 333; 5:480; 15:286, 468, 469; 18:208; 21:570
Karsz, Saúl. 25:5369
Kasseff, Leoni. 3:1471
Kashirsky, A. 3:1716
Kasseler Kunstverein, Kassel. 26:332
Kastberg, Nils Ivan. 24:6432
Kasteel, Annemarie. 28:839a
Kastos, Emiro, *pseud*. *See* Restrepo, Juan de Dios.
Kastrup, Sebastião Aroldo. 28:1248
Katich, D. Dragan. 24:6407
Kats, Ivan. 27:3402
Katthoff, Henrique. 1:1773
Katz, Carlos. 9:2252
Katz, Friedrich. 21:426; 23:928, 929; 24:162, 4023; 25:3117; 26:627; 28:689
Katz, Leo. 11:187
Katz, Richard. 16:38
Katz, Saul Milton. 27:1731

Katzenstein, Betti. 7:1790; 9:1803; 11:1343, 1344; 12:1217q; 15:2497; 17:1044
Katzenstein, Irene. 22:3073
Katzin, Margaret. 23:642, 643
Katzman, Israel. 28:276
Kaufer S., Luis. 18:2287
Kauffmann Doig, Federico. 21:316; 22:352; 25:382; 27:178, 631-633; 28:1042a
Kaufman, Terrence S. 27:1443
Kaufmann, Félix. 12:3554
Kaufmann, Mateo. 15:2641
Kaufmann, William W. 17:1751
Kaye, Rebecca. 3:482
Kayel, Bernardo. 1:490
Kean, B. H. 10:441
Kearby, J. C. 3:1588
Keating, Mary Dolores. 10:1296
Kébreau, Fréderic. 10:442
Kecskeméti, Charles. 28:406
Keeler, Clyde Edgar. 16:436, 437; 19:863; 23:9; 24:661
Keeler, Irwin P. 7:2449
Keen, Benjamin. 13:1491; 21:2318; 25:701, 3035; 28:530a
Keenagh, P. 4:1428
Keenleyside, H. L. 17:643
Keesing, Felix M. 19:21
Kegel, Wilhelm. 23:2695, 2696
Kehl, Renato. 4:1749, 4158; 5:1491; 6:1958, 4998
Kehrer, L. 4:1919; 5:1749
Keidel, Juan. 9:2189; 14:1466
Keins, J. Pablo. 5:2304
Keiter, Friedrich. 2:334; 27:1551, 1623
Keithan, Elizabeth F. 5:1928; 6:2240
Keithan, Ethel F. 7:2121
Kelbaugh, Paul R. 1:182; 5:792
Kelchner, Warren. 4:586
Kelemen, Pál. 4:559; 5:218; 6:266; 7:273; 8:734, 735; 10:157, 571, 572; 12:98; 17:419, 446, 495; 20:914; 24:1658; 26:152
Kelin, F. V. 2:2572
Kell, Lewis B. 2:1249
Kellenbenz, Hermann. 25:3007; 28:1366
Keller, Eduardo. 7:5524
Keller, Elza Coelho de Souza. 16:1269; 17:1254; 18:1497, 1498; 19:2682, 2683; 20:2127; 21:2136
Keller, Frank Leuer. 16:1240, 3371; 27:1960
Keller, Hans Erich. 26:1382
Keller, Kathryn C. 12:227; 20:692, 692a; 22:872
Keller, Wilhelm. 16:3317; 17:2967
Keller R., Carlos. 4:3260:; 13:339, 931, 973; 14:1467; 15:1205; 18:345; 21:3113; 24:1708; 26:1427; 28:1188
Kelley, Arthur Randolph. 13:376
Kelley, David H. 19:584, 213; 25:119, 256, 646, 647, 715; 27:410 634
Kelley, Francis Clement. 1:1042; 5:2882
Kelley, H. W. 6:2927
Kelley, J. Charles. 17:81; 19:122; 20:54; 23:186; 24:246
Kelley, Vincent C. 1:553
Kellner, Aaron. 24:1523; 27:1600
Kellum, Lewis B. 2:1279; 10:1950
Kelly, Celso. 5:613; 10:1517; 11:1345; 16:2887; 18:1153, 1154; 19:1231, 2269, 2270; 21:4328; 23:4439; 24:1803; 25:1316
Kelly, Celsus. 28:910a, 911
Kelly, Edith L. 1:1959; 2:2573; 11:3025; 13:2197
Kelly, Henry W. 7:2955

Kelly, Isabel Truesdell. 4:115; 8:217; 9:226; 11:188, 189, 416, 1541; 13:147; 14:159; 15:175, 492; 17:13; 18:282; 19:655; 21:427
Kelly, John J. 20:1041
Kelly, Judith. 9:4347
Kelly, Octavio. 10:4078
Kelly, W. A. 2:1249, 1279
Kelm, Heinz. 24:872; 27:1188, 1188a
Kelsen, Hans. 8:4953a; 11:3968; 12:2973, 3242, 3555; 21:4507
Kelsey, Vera. 5:346, 663, 741, 754, 930; 6:192, 2496, 3544; 7:652; 8:120; 9:154
Kelso, Alec J. 24:1505
Kemble, John Haskell. 9:2611; 11:1928
Kemmerer, Edwin Walter. 6:977; 19:1974a
Kemp, Lysander. 24:1131; 25:461, 3189; 28:2119
Kemp, Peter K. 28:763a
Kemper, Werner. 16:1106
Kempff Mercado, Enrique. 10:2833; 13:920; 18:1869
Kempff Mercado, Manfredo. 18:3097; 22:5837; 28:3237
Kemps, Emilio. 9:4283
Kempton, J. H. 1:115; 2:100, 110; 3:76, 161
Kendall, John S. 3:2397, 2398
Kendall, Lane Carter. 2:2207, 2439a
Kendrick, A. F. 9:719
Kendrick, John W. 20:1255
Kendrick, Lee. 8:2377
Keniston, Hayward. 7:4467; 12:2339
Kennan, George F. 16:2303
Kennard, G. B. 10:2041
Kennedy, John F. 24:1901, 1941
Kennedy, John G. 27:933
Kennedy, John Joseph. 7:2488; 22:2633, 2634
Kennedy, Margaret. 8:4411
Kennedy, Ruth Lee. 11:3026
Kennedy, Stetson. 9:1892
Kenny, Michael. 1:759; 3:1452; 9:3536; 24:741; 25:440
Kensinger, Kenneth M. 27:1444
Kent, George. 12:1563
Kent, Leavitt. 1:1590
Kent, Kate Peck. 21:83
Kenyon, Gordon. 24:3758
Kepner, Charles David, Jr. 1:193; 2:467, 2439b, 2439c; 15:636; 24:1942 3436
Ker, Anita Melville. 2:24; 5:4277; 6:141, 2679, 4783, 4802; 7:5388, 5394; 14:10b
Kercheville, Francis M. 8:4090
Kermenic, Jan M. 10:2724
Kern, Arline. 6:2467
Kern, Frank D. 3:1597
Kernan, Henry S. 17:1137
Kernisan, Clovis. 9:1155
Kerr, John Graham. 16:39
Kerr, Madeline. 18:314; 19:619
Kerrigan, Anthony. 17:1477a; 28:1947
Kerstenetzky, Isaac. 27:1641, 2303c, 2303d
Kerverseau, General. 14:1827
Kessel, Moisés I. 19:2271
Kessell, John L. 28:548
Ketchum, Morris. 20:1057
Keur, Dorothy L. 23:644
Keur, John Yak. 23:644; 27:1062
Key, Harold H. 19:656, 673; 20:693, 693a; 22:873; 27:1445
Key, Mary. 28:3037
Key, Mary Ritchie de. 27:1189, 1445a
Key-Ayalá, Santiago. 7:171; 11:3062; 15:2231; 19:4738; 20:1654; 3833; 22:3577, 24:4164

Keys, Ángel. 2:1369
Keys, James M. 16:1611
Keyserling, Wilhelm. 5:4488
Khayyam, Omar. 28:2613
Kidder, Alfred, b. 1911. 6:238, 454; 8:275, 276, 331; 9:432; 10:335, 1843; 14:405, 445; 19:462; 20:133, 356; 22:62; 23:483, 1371; 27:473, 474, 635
Kidder, Alfred Vincent, b. 1885. 1:40, 64; 2:33, 34, 49-51: 3:66, 66a; 5:230, 2396; 6:282; 7:253, 349, 350; 8:186; 9:293-295, 307; 10:163, 219, 220, 1836; 11:221; 12:131, 132; 13:164; 14:115-117, 160; 15:153, 176-178; 16:118, 160; 17:43, 82, 108; 18:95; 23:187
Kidder, Daniel P. 6:3641; 7:3662; 9:3440
Kidder, Frederick Elwyn. 21:5200; 24:11; 25:13, 14; 26:54; 27:43
Kidder, Ione M. 8:4703
Kidder, Margaret. 3:3079
Kiddle, Lawrence B. 5:3774; 7:4458; 9:43; 11:2942; 16:2489; 18:2342, 2343; 20:3651
Kiemen, Mathias C. 15:1844; 19:3293, 4044; 22:3845; 28:1367
Kienzl, Florian. 1:934; 3:2541; 5:3206
Kierkegaard, Soren. 6:5075; 21:4856; 22:5910
Kiernan, G. V. 20:3068; 25:3620
Kietzman, Dale. 22:874
Kiev, Ari. 25:490; 27:1063-1065
Kihn, W. Langdon. 20:17
Kikoler, Frederico. 26:2097
Kilger, Laurenz. 1:662
Kilgore William Jackson. 23:5828; 24:6035; 25:5340
Killip, E. P. 5:1747
Kilmer, Elizabeth B. 22:2070
Kilroe, Edwin P. 13:2620
Kimball, J. D. 21:81
Kimber, Albert W. 12:731
Kimber, Sidney A. 1:760
Kimsa, Antanas. 16:12
Kimura, Kihuya. 17:217
Kincer, J. B. 7:2183
Kindberg, Lee D. 27:1446
Kindberg, Willard. 21:693; 27:1446a
Kindelán Reyes, Inaudis. 28:783
King, Arden R. 14:406; 18:246
King, Edward. 27:777
King, Harold V. 18:2344; 19:4530
King, James Ferguson. 8:2906; 9:2658, 2726; 10:33, 149, 2468, 2760; 11:2203; 12:1684; 17:1575; 19:3910, 3911
King, Lester C. 20:2070; 24:3045
King, Mary Elizabeth. 20:357; 21:301; 22:353, 354; 25:383
King, Robert E. 1:1043; 5:1656, 1713
King H., Thelma. 27:3328
Kinghoffer, Hans. 8:2689
Kingman, Eduardo. 17:483
Kingsbury, Robert C. 28:113b
Kingsley, Anne. 20:1256
Kingston, Jorge. 2:1108; 4:684; 6:1693, 1694; 13:613, 634; 14:1134; 15:678, 728, 729; 27:1732
Kinkelín Pelletán, Julio de. 3:1717; 4:2094; 5:1825, 1826; 6:2353-2356; 10:2073, 2074, 2138a
Kinloch, J. B. 4:1398
Kinnaird, Lawrence. 1:761; 12:1811; 15:1469 22:2952
Kinnaird, Lucia Burk. 1:11; 4:61, 3858; 7:172; 9:44
Kinnard, Virginia. 8:1697
Kinnell, Galway. 27:154, 232
Kinnen, Eduardo. 24:6063

Kino, Eusebio Francisco, *Father*. 14:1828; 19:3294
Kinsey, Carolyn Huff. 27:764
Kinxl, Hans. 22:2439, 2440
Kinzhalov, R. V. 23:930
Kinzl, Hans. 3:1770a; 5:1669; 8:2480; 16:300, 1224; 17:1158
Kipling, Rudyard. 7:5055, 5056
Kipp, Laurence J. 16:2302
Kipper, Anna. 23:788
Kirchhoff, Herbert. 8:121; 15:67, 68; 17:447; 22:6124
Kirchhoff, Paul. 6:267, 364, 8:2971; 9:206; 10:150; 12:169; 13:108; 14:230, 231, 319, 537, 564-568; 15:426; 16:161; 17:131; 20:223-225; 22:112, 547; 23:931; 25:648; 27:778-781
Kirchwey, Freda. 8:3585
Kirk, Benjamin Retchkiman. 24:1962
Kirk, Grayson. 7:3740
Kirkpatrick, Frederick Alexander. 1:695, 855; 5:2397; 8:2907; 9:2659; 12:1684a; 15:1432
Kirkpatrick, Malcolm. 4:448, 2024, 2095, 2096
Kirschbaum, Manuel. 19:4901
Kirstein, Lincoln. 9:785, 821, 850; 10:644, 675, 676; 12:670
Kisch, Egon Erwin. 11:85; 14:86; 17:3143
Kiser, Margaret. 12:22
Kistler, Aline, 8:648
Kittl, Erwin. 3:1718; 4:2097; 8:2436
Kjerrmann, B. 13:286
Klammer, Gerhard, 21:2137
Klapp, Ernst. 20:2029; 21:2035
Klapp, Orrin E. 23:6040; 27:934, 4141
Klasing, Hans. 2:977
Klass, Morton. 24:739, 742; 27:1066
Klassen, Howard J. 22:875
Klassen, Peter. 4:817
Klatzkin, Jacob. 11:3969
Klaue, Wolfgang. 28:366
Klauser, Ludwig. 11:1151
Klautau, Aldebaro Cavaleiro de Macedo. 18:1155
Klein, Alfred W. 22:1400; 24:2125
Klein, Ansgar. 24:6133
Klein, Enrique. 9:2253
Klein, Herbert S. 27:2192, 3226; 28:1170
Klein, O. 24:835; 27:1264
Klein W. C. 6:1168
Klein & Saks, *Washington, D.C.* 22:1472; 23:4266
Kleinschmid, Rufus B. von. 3:2922; 4:3543; 5:3266
Klettner, Edgar. 20:2069
Klier, Heinrich. 22:2208, 2441
Kliewer, Fritz, 3:2724; 4:1149
Klimann, Elena Scolni de. 4:388
Klimek, Stanislaw. 8:476
Klimovsky, Gregorio. 25:5395
Kline, Walter D. 22:4737
Kling, Merle. 22:2615, 2616; 24:3578; 25:2784; 27:3086
Klinge, Gerardo. 1:478f; 9:1228, 1592; 10:1296a
Klingenberg, K. H. 24:1743
Klinger, Bertoldo. 14:2991; 17:1923, 1924h; 20:4289
Klippert, W. E. 8:1166, 1167
Klohn, Ingeborg, 3:332
Klohn G., Carlos G. 13:932
Kloosterboer, Willemina. 27:44
Kloppenburg, Boaventura. 23:750
Klose, Friedrich. 2:1281
Klose, Virginia Taylor. 25:5734
Kluckhohn, Clyde. 2:101; 6:303
Kluckhohn, Frank L. 5:878, 2139, 3428
Kmaid, Iván. 28:2139

Knapp, Frank Averill, Jr. 17:1677-1679; 18:1943, 1944; 19:3624-3626; 20:2838; 21:2822; 27:3087
Knapp, Rüdiger. 27:2707
Knauth, Lothar. 25:144, 649
Knecht, Theodore. 2:1243; 3:1621; 10:2237, 2292
Knedler, John Warren. 8:2051
Knee, Ernest. 17:3144
Kneller, George Frederick. 17:1006
Kneschaurek, Francesco. 27:2680
Knight, Eric. 7:5057
Knight, Melvin M. 6:1351
Knight, Paul. 11:1721
Knobler, Richard R. 25:1687
Knoche, Walter. 1:631; 5:1588; 8:2415, 2437; 10:2075
Knoeller, Cristian. 6:1682
Knoepfle, John. 26:1757
Knorozv, Urii Valentinove. 20:226-226b, 406, 694; 21:114; 22:113, 548, 549; 23:932; 27:411; 782-784
Knowlton, Clark S. 27:935
Knowlton, Edgar C., Jr. 25:4536; 26:1428
Knowlton, Elizabeth. 10:406
Knowlton Robert J. 28:614a
Knox, Frank. 5:3339
Knox. John. 15:55, 672; 17:2591, 3140; 19:1213
Knox, Newton B. 18:738
Knox, Robert B. 22:2828; 24:5039
Knudsen Larraín, Augusto. 11:362
Koch, Bjorn. 13:438
Koch, Herbert. 1:2232-2233
Koch, Wilhelm. 3:1528 1536, 1551, 1606
Koch-Grunberg, Theodor. 19:775; 23:806
Koch-Mardaga, Albert. 18:3355
Koch-Weser, V. 2:2357
Kochnitzky, Léon. 3:408; 8:866; 19:1232
Kochwasser, Friedrich. 25:3516a
Kock-Peterson, S. A. 12:732
Kögnigk, G. 2:1738
Köhler, Günther. 20:2092
Köhler, Henrique. 7:5641
Köhler, J. 4:91a
Kölliker Frers, Alfredo. 28:1108
Koellreutter, Hans-Joachim. 6:4833; 7:5456, 5457; 9:4854; 12:3344
Koenenkampf, Guillermo. 5:3752; 9:3931; 14:2765; 18:2536
Koenig, Nathan. 21:1358
Köpke, Carlos Burlamáqui. 19:1208; 20:4403; 23:5425
Köppen, W. 3:1771
Koffka, K. 7:5721
Kogan, Aída A. de. 24:6130
Kogan, Georges. 18:1305; 19:2541
Kogan Albert, Jacobo. 23:5829; 24:6020; 25:5361, 5370; 26:2328, 2341; 28:3238, 3314, 3328-3330
Kohkemper, Dita de. 22:2278
Kohkemper M., Mainrad. 19:2412
Kohl, D. 2:1793
Kohn, Richard. 22:1310
Kohn de Beker, Marisa. 28:3347
Koissler Ilg, Bertha. 19:832
Kokic, Mateo Isidoro. 5:1396a
Kokusai Gojutsu Kyôryoku Kyôkai, *Tokyo.* 27:4310
Kol, Maria A. 24:1943
Kolb, Glen L. 23:4706; 26:1906
Kolinski, Charles J. 28:1202
Kolko, Bernice. 26:227
Koller, Elba. 23:4440
Kolsko, Renée, 23:1314; 27:1608
Kolvoord, R., *Windsor, Vermont.* 7:129

Konanz, Max. 10:323
Konder, Alexandre. 14:687
Konder Reis, Marcos. *See* Reis, Marcos Konder.
Konetzke, Richard. 1:856; 12:1685-1687; 14:1771, 1878; 16:1492, 1526, 1527; 17:1478, 1479; 18:1870, 1904; 19:3154; 21:2430, 2431; 22:2827; 23:3018, 3019, 3686; 24:3707, 3725-3728, 3744; 26:353, 375; 27:785; 28:1572
Konstantinov, F. V. 24:6124
Kopp, Thomas. 14:1516
Koppe, Carl Eilhelm. 22:3031
Koppers, Wilhelm. 11:340; 25:563; 27:1265
Korabiewicz, Waclaw. 19:2684
Kordon, Bernardo. 25:4378
Koremblit, Jorge I. 21:3065
Korff, S. A. 6:475
Korn, Alejandro. 3:3168, 3169; 5:4411; 6:4969; 10:4506; 12:3537; 15:2868; 26:2260, 2261; 28:1968, 3219
Korn, Guillermo. 9:815; 22:1968
Korn Villafañe, Adolfo. 2:2978; 5:4124; 7:2512; 9:3599
Kornfeder, Joseph Zack. 23:2838
Korngold, Ralph. 10:2936
Korrell, Federico. 20:4896
Korsi, Demetrio. 13:2153
Kosarev, Iu. G. 25:635, 636
Koseritz, Carl von. 9:851
Kósice, Gyula. 19:5072; 20:4086
Kosok, Paul. 8:332; 13:279; 15:287; 20:358; 23:484, 485, 830
Koss, Joan. 22:420
Kossarev, Yuri G. 24:1163
Kossok Manfred. 21:2432, 2433, 2770; 24:3708; 25:3049, 3051, 3103a; 26:376; 28:470
Kostakowsky, Jacobo. 6:4844
Koster, Henry. 8:3429; 28:1368
Kostia, Conde, *pseud*. *See* Valdivia, Aniceto.
Kosunen, Esko. 24:6265
Kottmeyer, William. 15:1675
Koucky, R. W. 23:1270
Koutché, Vsevoldo. 14:1468
Kovacci, Ofelia. 26:1488, 1771; 28:1969
Kovacs, Imre. 25:1452
Koval' B. I. 25:1521; 26:400b
Kovalevsky, G. 3:1771a; 4:2155
Kowarick, Lucio Federico. 27:4221
Kozák, Vladimír. 27:1227
Kozolchyk, Boris. 27:3685
Krafft, A. J. C. 17:1418
Kraft, Guillermo. 6:4599; 9:45, 11:22
Kragh, Borje. 27:2228
Kraglievich, J. L. 25:741
Kraiselburd, David. 2:3017; 10:3974
Kraiselburd, Elías. 6:4672
Kraly, Néstor. 26:1863
Kramer, Alex M. 9:4667
Kramer, Gerhardt T. 1:65
Krapovickas, Pedro. 21:259; 24:522; 26:112; 27:501, 502
Krarup-Nielsen, Aage. 17:3145
Krassa, Pablo. 9:1467
Krastin de Jerums, Lucia. 27:1609
Kratz, Guillermo. 20:2448
Kraus, Bertram S. 17:394
Kraus, H. Felix. 9:786, 813, 819; 10:674
Kraus, H. P. 16:1425
Kraus, René. 7:5058
Krause, Annemarie Elisabeth. 18:1302
Krause, Fritz. 2:295; 3:314; 5:454; 6:2497; 7:542; 8:3393; 9:487; 10:1657; 25:541
Krause, Walter. 17:540; 25:1453; 27:1733
Krauze de Kolteniuk, Rosa. 22:5802, 5838; 25:5341

Kravigny, Frank W. 6:193, 2498
Kravis, Irving B. 13:439
Krebs, Carlos Galvão. 12:689; 14:2297
Krebs Wilckens, Ricardo. 19:5832; 21:2434; 25:3052, 3053
Krehm, William. 15:1916
Kreibohm, Enrique. 9:4654; 24:4275
Kreidler, Charles William. 22:4324
Kreiger, Alex D. 23:406
Krejci-Graf, K. 27:2337
Kress, Dorothy Margaret. 1:1950; 3:3170-3172; 4:3895
Krestenson, Marguerita K. 22:405
Kreuser, Otto T. 5:793
Krickeberg, Walter. 3:157, 158; 6:403; 12:99; 14:161, 263; 15:140, 179, 320; 16:103, 162, 163; 17:132; 20:55; 22:82, 355; 24:247, 248, 662, 1129; 25:120, 145, 146, 210, 650
Krieg, Hans. 2:258, 296; 6:573, 2357; 14:50
Kreiger, Alex D. 11:150; 13:139, 145; 14:162; 25:3166; 27:475, 476
Krieger, H. 25:761-763, 785; 27:1552
Krieger, Herbert W. 1:498; 4:149
Krieger, Philip. 1:554
Krieger Vasena, Adalberto. 15:661; 23:1805
Kriesberg, Louis. 27:4040
Krimer, Jorge. 28:2303
Krischke, Egmont M. 7:4889
Krispel, Gerson. 25:1317
Kristjanson, Baldur H. 27:2679
Kritz, José. 10:3360; 11:1188
Kroeber, Alfred Louis. 3:252; 4:404; 5:341, 366, 1644; 6:239; 8:333; 10:268, 328; 12:327; 14:118, 406a, 407; 15:235, 288, 322, 426; 16:301; 17:172, 176; 19:22, 463-466; 20:359, 694a; 23:486
Kroeber, Clifton B. 25:3561, 3622; 28:54, 567
Kröll, Heinz. 28:1573
Krömmelbein, K. 27:2337
Kröning, Hubert. 27:2338, 2935a
Krom, Emilia Martha. 27:3798
Krone, Beatrice. 8:4730
Krone, Max. 8:4730
Kronfuss, Juan. 8:736
Kropp, Miriam. 20:2042a; 21:317
Kropsch, Erick. *See* Araguarí, Nelson, *pseud*.
Krotoschin, Ernesto. 16:2334
Krout, J. A. 3:2913
Kruger, Félix. 5:4489
Krüger, Fritz. 14:2584; 16:2487; 25:3927
Krueger, Kurt. 8:4414
Krüger Corrêa Mourão, Paulo. *See* Mourão, Paulo Krüger Corrêa.
Krug, C. A. 7:1641
Krug, Werner Gerhard. 22:6111
Krugg, G. 1:2158
Kruif, Paul de. 7:5059
Kruijer, Gerardus Johannes. 18:315; 19:556, 557; 22:421; 23:6045; 24:2040
Krull, Germaine. 9:876
Krumm, Eric. 8:2481
Kruse, Albert. 14:490; 15:442
Kruse, H. 2:1410
Kruszyna, Stanley. 18:1156
Kruuse, Elsa. 22:6153
Krynine, Paul D. 1:555
Kubitschek, Juscelino. *See* Oliveira, Juscelino Kubitschek de.
Kubler, George A. 5:2398; 6:746; 8:737-739, 2998; 9:720; 10:538, 539, 573, 709, 2719; 12:457, 553; 13:23, 1396; 14:408, 723; 17:133; 18:209, 357, 451, 22:63; 23:1421; 25:147, 651, 1110; 26:136; 27:153, 230, 231; 28:167; 167a

Kubli, Luciano. 14:2871
Kuchler, A. William. 2:1320
Kuczynski, Jürgen. 28:783a
Kuczynski, R. R. 19:6048
Kuczynski-Godard, Maxime H. A. 9:207, 2254; 10:2118; 11:1456; 12:458, 1426; 14:546
Kudachkin, M. F. 26:93, 348
Kuder, Mandred. 1:2159; 3:2771; 5:1929; 19:2648
Kühlhorn, Friedrich. 22:2533; 23:2697
Kühn, Franz Herman. 5:1930; 6:1470, 2170, 2357a, 2358, 2359; 9:2190; 10:1855; 13:899
Kuehne, Alyce de. 26:1907
Kuehnel, Josef. 25:2280; 27:2817a
Kuesel, E. G. 6:1286
Küttner, Robert. 4:128
Kuhlmann, Edgar. 17:1187; 18:1411; 19: 2612-2614; 20:2071; 25:2381
Kuhlmann, Elly von. 4:225
Kuhlmann, Franz. 27:2339
Kuhlmann, J. G. 17:1262
Kuhn, Helmut. 19:5823
Kull, Robert I. 9:3497
Kull, Verena. 15:1192
Kulp, J. Laurence. 18:11
Kummerow, Gert. 21:4592; 23:4520
Kunath, K. 16:2488
Kundig, E. 4:1919
Kundt, Hans. 26:1131
Kundu, A. 27:2018, 2116-2116b
Kunike, Hugo. 1:86
Kunkel, Günther. 22:2407; 27:2874a
Kunkel, John H. 24:663
Kunstadter, Peter. 27:1067
Kunstenaar, Jacques. 11:708
Kunstkreis-Buchverlag, *Luzern*. 28:114
Kunstverein Darmstadt. *Darmstadt*. 26:226
Kuntz, Alfonso R. 7:3918
Kuntz Navarro, Nilsen. *See* Navarro, Nilsen Kuntz.
Kunz, Eloa Ribeiro. 19:2299, 2300; 21:1809
Kunz, Josef L. 6:3785; 14:3118; 16:2958
Kunz de Heilmaier, Guillermina. 11:1298
Kuon Cabello, Jorge. 23:2621
Kuperfeld, León. 28:3220
Kupfer, A. Carl. 12:1299
Kurath, Gertrude Prokosch. 12:228, 3415; 13: 199; 15:380; 22:5704; 23:933; 27:786; 28:3112a
Kurath, William. 13:200
Kuri Breña, Daniel. 9:4930; 10:102a; 13: 2198; 15:364, 2927; 16:504, 1549; 19: 205, 1975; 20:205; 23:3278, 4514, 5846
Kurlat, Ethel. 10:3631
Kurlat, Frida Weber de. 26:1347
Kurowski, Gilberto. 27:2936
Kurtz, Benjamin T. 9:296
Kurtz, Edwin B., Jr. 23:128
Kury, Adriano da Gama. 23:4441; 26:2101
Kury Kent, Luis F. 11:3511
Kurz, Harry. 9:3871; 11:3155
Kusch, Eugen. 22:6125
Kusch, Günther R. 14:3447
Kusch, Rodolfo. 26:354
Kushinsky, Martin. 19:3295
Kuteishikova, V. 18:2625; 25:3744
Kutscher, Gerdt. 14:232, 409; 16:302, 303, 304; 17:218; 19:467; 20:360; 21:318; 22:356, 550, 878; 23:1393; 14:1130; 25:652; 27:787-787b
Kuvshinov, I. 27:1877
Kuyp, E. van der. 27:1312
Kuznets, Simon Smith. 23:1680
Kybal, Milic. 15:637
Kyle, E. J. 8:992
Kyne, Martin J. 10:3333

La Babin, Pére. 23:6308
Labadie, Teodoro. 26:543
Labarca, Guillermo. 19:4902
Labarca Fuentes, Hernán. 15:2720
Labarca Hubertson, Amanda. 2:1157; 5:1526, 1556, 3041a, 3673; 8:1946; 10:1573; 11:23, 1261; 17:3019; 25:2088
Labarca Letelier, René. 9:1574
Labarca Salas, Leopoldo. 16:3102
Labarca Vergara, Sergio. 15:911
La Barre, Weston. 4:92, 116; 7:2314; 8:2131; 12:459; 13:88, 311; 14:473; 16:402
Labarta, Diego. 5:3105
Labarthe, Ilka. 6:4432; 7:5106; 8:4461
Labarthe, Manuel. 5:4402
Labarthe, Pedro Juan. 2:2574; 7:4790; 12: 2652; 14:2908; 23:5138
Labastida Briceño, Ricardo de. 22:3406
Labastille, Irma. 3:17; 7:5419; 8:4754; 9: 4668, 4725
Labat, Jean Baptiste. 22:3222
Labatón, José. 16:2630
Labatut, A. 6:647
Labatut Glena, Gustavo. 20:4535
Labauvie, Stéphane. 27:1734
Labbens, J. 24:817
Labell, Milton J. 9:1035
Labelle, Yvan. 28:114a
Labor Conference of American States, *I, Santiago de Chile, 1936*. 2:449, 450
Labor Conference of American States, *II, La Habana, 1939*. 7:3826
Labor Conference of American States, *III, México, 1946*. 13:1841
Laborde, Aser Over. 2:755a; 5:4161; 10: 4139; 12:3166
Laborde, Hernán. 3:2027; 5:2140; 18:960
Laborde Cancino, Salvador. 8:3821
Labougle, Alfredo. 5:1205, 3115; 8:1515, 1516, 3703; 10:1156; 11:949
Labougle, Raúl de. 21:2703; 26:899, 900, 1096
Labouriau, Luiz Govêa. 10:1518; 18:1405
Labrado Ruiz, Enrique. 14:2766; 15:2295; 16:2631; 19:4903
Labrousse, Elizabeth. 21:4828
Labrousse, Roger P. 9:4957; 11:3885, 3933; 16:3251; 18:3075, 3076; 19:5772, 5799
Lacaille, A. D. 9:313
Lacalle, Carlos. 13:1826; 22:2457
Lacas, M. M. 18:1710; 19:3426; 21:2533
Lacasta y Moreira, Blas. 2:2995
Lacau, María Hortensia. 9:4061; 13:2199
Lacay Polanco, Ramón. 22:4933
Lacayo, Heberto. 20:3652; 26:1348
Lacayo, B., Gilberto. 9:2525
Lacayo Montealegre, Raúl. 8:4541
Lacaz de Moraes, Joaquim. *See* Moraes, Joaquim Lacaz de.
Laceiras, Juan. 7:5299
Lacerda, Armando de. 23:4442
Lacerda, Carlos. 7:3663; 9:3406; 11:3371; 14:1119; 23:2867, 5467; 27:2565, 3274
Lacerda, Dorval. 6:1814; 7:4042; 9:1691, 3631
Lacerda, Hilio de. 14:1192
Lacerda, João Manoel Carneiro. 7:5170
Lacerda, João Maria de. 2:962; 3:545, 666; 4:3356
Lacerda, Jorge. 22:1632; 23:2879
Lacerda, José Cândido Sampaio de. 5:1508; 15:2730; 19:5555; 21:4575
Lacerda, Manoel Linhares de. 24:4940

Lacerda, Maurício Caminha de. 19:5317; 22:5504
Lacerda, Paulo de. 10:4079
Lacerda, Pedro Paulo Sampaio. 9:1625, 1651
Lacerda, Virgínia Côrtes de. 7:1791; 10:1519, 1520, 3840; 18:2725, 21:3402; 24:4486
Lacerda Alves, Antônio Frederico de. *See* Alves, Antônio Frederico de Lacerda.
Lacerda de Melo, Mário. *See* Melo, Mário Lacerda de.
Lacerda e Almeida, Francisco José Maria de. *See* Almeida, Francisco José Maria de Lacerda e.
Lacerda Filho, Nobre de. 20:3512
Lacerda Gama, Vasco de. *See* Gama, Vasco de Lacerda.
Lacerda Rocha, Lauro. *See* Rocha, Lauro Lacerda.
Lacerda, Werneck. 2:1053
Lachaga, Danaso. 3:1719
Lachatañeré, Rómulo. 4:1834; 7:5571; 8:2136; 9:1980; 10:1822, 1823; 19:577
Lachmann-Mosse, Rudolf. 6:1533
Lacoa, Teodoro. 6:1471
Lacombe, Américo Lourenço Jacobina. 6:3642; 9:3447; 13:1744; 15:1894; 19:4016; 20:3218, 3284
Lacombe, Lourenço Luís. 4:427, 3410; 16:2176-2178
Lacombe, Robert. 22:3223; 23:1834
Laconich, Arquimedes. 14:3168
Laconich, Marco Antonio. 14:1985; 27:3511
Lacoste, Juan José. 28:2051, 2052
Lacoste de Arufe, María. 5:3563
Lacour, Auguste. 28:839a
Lacourt, F. 5:1654
Lacreu, Miguel. 4:4476
Lacunza, Angélica Beatriz. 26:1802
Ladd, John. 21:207; 27:437
Ladeira, J. R. 8:1820
Ladeira, Julieta de Godoy. 28:2487
Ladosky, Waldemar. 27:3275
Ladrón de Guevara, Blanca. 9:1981
Ladrón de Guevara, J. 3:3416
Ladrón de Guevara, Matilde. 21:4154
Ladrón de Guevara, Sergio. 28:285
Lägnert, Folke. 22:2534
Laercio, Diógenes. 6:5062; 15:2928
Lafaille, Héctor. 25:4050
La Farge, Oliver. 13:227
Lafargue, André. 3:2399
Lafaurie Acosta, José V. 8:1490
Lafaye, Jacques. 28:428a
Lafayette, Pedro. 19:4017; 24:4508
Lafeber, Walter. 24:3500, 4509
Lafer, Horacio. 14:1135
Laferrère, Gregorio de. 18:2690; 28:2304
Lafert, Máximo. 28:1970
Lafertte Gaviño, Elías. 11:1868; 22:2665; 25:2758
Laffioti, Heleith Bongiovani. 27:2540
Laffite de Mosera, Susana. 23:1315
Lafforgue, Jorge R. 24:5290
Lafiandra, Félix. 21:3067
Lafinur, Juan Crisóstomo. 5:4412
Lafleur, Héctor René. 25:5813; 26:1489
Lafón, Ciro René. 16:305; 20:301; 21:260-262; 22:306; 24:522a; 27:503, 504
Lafond, Georges. 14:1391, 1593
Lafone Quevedo, Samuel A. 21:2016
Lafont, Julio B. 1:1371; 16:1326
Lafontaine, A. P. 9:5018a
Lafora, Nicolás de. 5:2399
Laforest, E. 20:445

Lafourcade, Enrique. 20:3945; 22:4934; 23:4981; 24:5292, 5293; 25:4254; 26:1667; 28:2023a, 2023b
Lafragua, José María. 12:1948b
Lafuente, Carlos F. 28:1006
Lafuente Ferrari, Enrique. 8:3028
Lafuente Machain, Ricardo de. 1:857; 3:2279; 5:2583; 6:3390; 7:3069; 8:3087, 3345; 9:2935; 10:2699; 12:1918, 2083
Laga, Carl. 26:1236
Lagarrique, Juan Enrique. 13:2725
Lagazy, Madeline. 18:2835
Lagden, Henrique. 15:2498
Lage, Alfredo. 7:5548; 11:3372; 13:2294
Lage, Guillermo. 18:1789a; 20:2576
Lage, Sandoval. 10:2173
Lage de Andrade, Edgard. *See* Andrade, Edgard Lage de.
Lage de Cancedo, Pilar. 28:1168a
Lage Mascarenhas, Nelson. *See* Mascarenhas, Nelson Lage.
Lagenest, H. D. Barruel de. 22:6016; 27:4239
Lagerlöf, Selma. 9:4348
Lages, António. 6:4433, 4454
Lages, Enrique M. 10:4211
Lages Marinho, J. C. *See* Marinho, J. C. Lages.
Lagiglia, Humberto A. 21:263
Lagmanovich, David. 21:3645; 28:2191
Lago, Jesús María. 23:5139
Lago, Laurênio. 4:3411; 8:3502
Lago, Paulo Fernando de Araújo. 25:2188, 2382
Lago, Roberto. 8:533; 11:1518
Lago, Tomás. 8:4021, 4118; 11:659, 3117; 19:6071; 23:1463; 25:1209
Lagoa, José da Rocha. 7:1673
Lagomarsino, Carlos A. R. 27:3681
Lagomarsino, Haydée. 17:2513
Lagón, Ciro René. 23:416
La Gorce, John Oliver. 20:17
Lagorio, Arturo. 28:1784
Lagormarsino, Raúl E. 28:1574
Lagos, Héctor M. 15:1734
Lagos Carmona, Guillermo. 11:3296
Lagos Escobar, Ricardo. 25:1688
Lagos Lisboa, Jerónimo. 3:3300; 11:3297; 18:2583
Lagos Orbeta, Gastón. 14:1255
Lagos Oropesa, Juan. 16:2412
Lagos Valenzuela, Enrique. 4:3576
Lagos Valenzuela, Tulio. 7:1491, 3513, 4126
Laguarda Trías, Rolando A. 21:3646, 3647; 22:4325; 24:4741; 25:3928; 26:1349; 28:945a
Laguerre, Enrique A. 1:2057; 5:3782; 15:2296; 21:4241; 24:5236, 5237; 28:1896
Laguna, F. 8:1313
Laguna Arcos, Enriqueta. 16:1369
Lagunilla Iñárritu, Afredo. 13:476; 27:1878
Laherrère, Roberto de. 21:3066
Laherre, Raymond. 19:1412
Lahmayer, Lucia Furquim. 4:3386
Lahmayer Lôbo, Eulália María. *See* Lobo, Eulália María Lahmayer.
La Hoz T., Ricardo. 10:3944
Laidlaw, William. 3:1127
Laínez, Daniel. 21:4096
Laínez, José Jorge. 23:3364
Laird, R. J. 23:2521
Lairte, Alexandre de. 12:1071
Laje, Eduardo Jorge. 4:2236; 17:2739; 22:4568

Lajouane, J., y Cía., *Buenos Aires.* 5:57, 58; 6:50
Lajouane's Bibliographical Service, Buenos Aires. 22:6259
Lake, Sara E. 4:2636
Lalande, Andrés. 10:4599; 19:5711
Laleau, León. 18:2836
Lallemant, Germán Ave. 3:1720
Lalley, Joseph M. 11:2738
Lalli, Sabatini. 25:2163
Lama, Luis Felipe Angell de. 22:5402
Lamadrid, María Cristina. 23:2044
Lamadrid Jiménez, Lázaro. 9:2793; 10:2625; 14:1879; 17:1419; 19:3296; 24:3838; **26:475**
Lamalle, Edmundo. 6:222
Lamar, Hortensia. 10:1588
Lamar Presas, Mario. 1:1572a
Lamar Roura, Justo. 8:1237, 1238; 9:1278
Lamarche, Carlos M. 17:1324
Lamarche, Rafael Ángel. 15:2297
La Marck, Oswaldo. 6:1762
Lamarque, Lydia. 11:3063; 17:2491
Lamarque de Romero Brest, Gilda. 27:2458
Lamartine, Alfredo. 7:2403
Lamartine, Alphonse. 8:4415; 9:4349
Lamartine, Oswaldo. 16:381
Lamartine Moraes, Rosa. *See* Moraes, Rosa Lamartine.
Lamartine Yates, Paul. 24:2126
Lamas, Adolfo. 20:1496; 21:1476
Lamas, Andrés. 1:2253; 8:769; 9:3350; 11:2469; 18:2179
Lamas, Diego. 7:3916
Lamas, Dulce Martins. 28:3053
Lamas, Ernesto Raúl. 14:3302
Lamas, José Ángel. 5:4324
Lamas, Raúl. 21:3068
Lamas, Valeriano F. 8:1574
Lamas C., José M. 4:1264
Lamas Carísimo de Rodríguez Alcalá, Teresa. 19:4904
Lamatta, Rómulo E. 1:1814
Lamaute, Emmanuel. 5:2841
Lamb, Dana. 17:44
Lamb, Eric F. 1:379
Lamb, Ginger. 17:44
Lamb, Ruth Stanton. 19:5184; 22:5340, 5341; 24:5213; 26:1490, 1908
Lamb, Ursula. 19:3386a; 20:2534; 21:2435
Lamb, Wilfred John. 5:170a
Lamberg, Fernando. 28:2232
Lambert, Charles James. 18:1295; 2101
Lambert, Denis. 27:1736, 1736a
Lambert, Jacques. 5:1958; 19:6009; 23:2407; 24:4429; 25:542; 27:4041; 28:470a
Lambert, Jean Clarence. 25:220
Lambert, Levindo. 6:4373
Lambert, Luis R. 14:1510; 16:1181
Lambert, Roger. 5:1827; 7:2049, 2265
Lamberterie, R. de. 13:349
Lambie, W. D. 3:982
Lamego, Alberto. 2:1676; 4:428; 6:648, 1731, 3678, 3679; 16:2130
Lamego, Alberto Ribeiro. 6:2475; 10:2174 2238; 11:1748, 1796; 14:1526, 1553; 15:1238; 16:1282, 2179; 19:2615; 27:2936a
Lamego, Luis. 9:4248a
Lamela, Juan. 28:2133
Lamenza, Mario. 8:2185
Laming-Emperaire, Annette. 19:376, 877; 20:313a, 318; 21:274, 277; 22:313, 315; 23:424a; 25:338; 27:557, 1228
Lamonnier-Delafosse, J. B. 12:2058
Lamothe, Emilio Alejandro. 26:1637
Lamothe, Leduc B. 26:2136

Lamothe, Louis G. 23:5171; 28:2233
Lampue, Pedro. 13:2424
Lamuraglia, Nicolás J. 19:5614
Laña Santillana, Pilar. 9:3932; 14:2767
Lana Sarrate, Casimiro. 10:1157
Lanao de la Haza, Ulises. 9:4714
Lanas, Oscar. 4:1111
Lanatta, Rómulo E. 2:886; 10:1297; 14:3161
Lancaster, Charles Maxwell. 11:2967; 14:2650; 18:2417; 24:5041
Lancaster Jones, Ricardo. 19:3054
Lancelotti, Mario A. 19:4905; 28:1971, 1972
Lancelotti, Miguel A. 4:2281
Lancís y Sánchez, Antonio. 7:5207; 8:4554, 4555; 10:4041; 13:2460; 18:2067; 20:4502
Lanczkowski, Günter. 27:788
Landa, Augusto. 4:3176; 6:3391; 11:2470; 20:3008
Landa, Diego de, *Brother.* 3:111; 4:196, 197, 216, 217; 22:551; 24:3813
Landa José. 23:3767
Landa, José Manuel. 18:2145
Landa, Luis. 23:2257
Landa Abrego, María Elena. 25:148
Landaburu, Bernardo. 12:1380
Landaburu, Laureano. 8:2640
Landaeta, Juan José. 13:2667
Landaeta, Martín de. 16:1666
Landaeta Rosales, Manuel. 25:3769
Landarech, Alfonso María. 23:4824
Landau, George D. 22:2070
Landau, Myra. 28:156, 188
Landenau, Ehrfried. 27:2854
Lander, Tomás. 28:1058a
Landero, Francisco Martínez. 1:138; 2:130
Landerreche Obregón, Juan. 20:3513
Landes, Luis. 27:1633a
Landes, Ruth. 13:322; 19:558
Landestoy, Carmita. 12:1564
Landgren, Marchal E. 5:644; 8:784
Landim, Jayme. 24:4841
Landim, José Ferreira. 17:2613
Landín Carrasco, Amancio. 13:1243
Landínez, Vicente. 23:3814
Landini, Piero. 3:1549
Landívar, Rafael. 8:3895; 9:3767; 14:2646
Landívar Ugarte, Jorge. 13:939
Landó, Juan Carlos. 16:2335, 3046
Lando, Simon. 15:1172
Landogna Cassone, Francesco. 19:886, 887; 21:840
Landoni, Alberto. 8:1588
Landor, Enrique. 5:1976
Landormy, Paul. 6:5076
Landsberg, P. L. 6:5088
Landsheere, Gilbert L. de. 27:2459
Landucci, Italo. 13:1753
Landucci, Lelio. 14:794
Landy, David. 24:743; 25:5674
Lane, F. 4:341
Lane, Frederick C. 16:2131
Lanfranco, Héctor P. 6:4726
Lang, Boaz. 3:1580
Lang, Franz. 4:3627
Lang, Julio. 4:185; 18:316
Lang Trueba, Joaquín. 5:554
Langdon-Davies, John. 7:5060
Lange, A. 12:3556
Lange, Eugénie. 23:3059
Lange, Francisco Curt. 1:22, 23; 3:46, **466**, 1516; 4:13, 18, 49; 5:4381; 8:4731, 4827; 13:2677, 15:2795, 2845; 16:3177, 3178; 17:2827; 20:4704, 4709, 4710; 21:4711, **4712,**

4722, 4723; 22:3492, 5740; 26:2196a; 28:3025a, 3054, 3055
Lange, Norah. 3:3254; 8:4075; 10:3632; 16:2632
Langebartel, Dave A. 19:72
Langenhove, Fernand van. 27:3140
Langer, Suzanne K. 21:4857
Langer, William L. 18:2214
Langerhans, Clara. 21:3536
Langfelder, Otto E. 14:3475; 24:6121
Langgaard Menezes, Rodrigo Octávio de. See Octávio, Rodrigo.
Langgaard Menezes, Rodrigo Octávio Filho de. See Octávio Filho, Rodrigo.
Langle, Arturo. 28:615
Langley, Anne. 7:2209
Langlois, Louis. 2:215-217; 4:306; 5:407; 6:445
Langnas, Isaac. 26:628
Lanier, Clément. 15:1667; 18:2004
Lankenau, Ehrfried. 22:2209
Lankenau, Richard F. 7:2449
Lanks, Herbert Charles. 4:1975a; 5:1693; 6:186, 2217; 8:2250, 2251, 2311; 11:1581; 14:51, 1366
Lanks, L. C. 4:200
Lanning, Edward P. 23:487; 24:505; 25:384; 27:636-639, 649
Lanning, John Tate. 1:762; 2:1764, 1844, 1899, 1969, 2493; 4:2681; 6:2816; 10:2727, 3567-3569; 12:1762, 1812; 19:3297-3299; 20:1711; 23:3020
Lannoy, Juan Luis de. 27:4042, 4142
Lansing, Marion F. 6:3104; 7:3185; 19:3055
Lanterna Verde, Rio de Janeiro. 1:2160; 4:4198; 9:4166; 10:3841
Lantery, Raimundo de. 16:1528
Lanteuil, Henri de. 4:4258a; 5:3076a; 6:4400; 7:5000, 5001
Lantz, Benne. 25:2785
Lanús, Carlos E. 8:1575; 9:1377
Lanuza, José Luis. 10:612; 17:2337; 24:4230; 25:1200; 28:1713
Lanz, Manuel A. 12:1625
Lanz, Pedro P. 2:394; 3:427
Lanz Duret, Miguel. 2:1591; 13:2466
Lanz Margalli, Luis. 9:2633
Lanz Trueba, Joaquín. 3:2400, 6:3118
La Orden Miracle, Ernesto. 16:499; 23:1471
Lapa, Antonio, *Brother*. 19:3478
Lapa, Bernardino da Silva. 15:719
Lapa, Eduardo L. 13:2481; 16:3047; 19:5494; 25:4051
Lapa, José Roberto do Amaral. 26:1273; 28:1308
Lapa, Manuel Rodrigues. 18:2797; 20:4324; 25:3929, 4607
La Paz. *Ayuntamiento*. 3:1844
Lapesa, Rafael. 21:3648; 28:1575
Lapeyre, Jean Louis. 4:3309
Lapidus, A. 24:2939
Lapique Becali, Zoila. 26:2219; 28:3096
Laplaza, Francisco P. 6:3392; 7:4624; 5300; 8:3271; 16:2959; 19:5417, 5527; 27:3746
Laprade, André. 5:711
Lapuerta, Ángel de. 11:1262
Laqué, Vidal. 26:1119
Laquis, Manuel A. 25:4057; 27:3682
Lara, Agustín. 10:4376
Lara, Diego Arouche de Moraes. 28:1029
Lara, J. Andrés. 19:3627
Lara, Jesús. 18:2537; 19:4208; 23:847, 5106; 24:4742, 5435; 25:710
Lara, Jorge Salvador. 22:3551; 26:852, 939

Lara, Justo de, *pseud.* See Armas y Cárdenas, José de.
Lara, M. E. de. 14:71
Lara, Mario de. 4:1900, 6:4946
Lara, Pancho. 14:3344
Lara Alemán, Víctor. 16:1397
Lara Beautell, Cristóbal. 17:888, 889; 19:1956; 22:1411
Lara C., Fausto. 17:1345
Lara Cintrón, Rafael. 24:5238
Lara Eroso, Aulo Golio. 1:1649
Lara Fernández, Carmen. 13:1324
Lara Isaacs, Alfredo de. 21:3963
Lara Minguez, Dionisio de. 17:2908
Lara Resende, Otto. See Resende, Otto Lara.
Lara Velado, Roberto. 23:5810
Lara y Torres, Leopoldo. 19:3628
Lara (State). Secretaría General de Gobierno. 4:2460; 6:2731
Laraque, Maurice, 10:2937
Larco, Gino. 7:2266; 8:2438; 21:1306
Larco, Jorge. 2:396
Larco Herrera, Rafael. 5:481; 7:2315; 9:208; 13:280, 1793; 18:1543
Larco Hoyle, Rafael. 4:307; 5:408, 517; 6:446, 552, 2400; 7:488, 8:334; 9:523; 10:285, 329; 11:318-320; 12:339, 14:410, 23:488; 25:1111; 27:640-642
Lardé, Alice. 21:1400
Lardé y Arthés, E. 2:2132
Lardé y Larín, Jorge. 6:2263; 7:417, 418; 8:187; 9:392, 2794; 10:2570; 11:238, 274-276, 2090; 12:1762a, 1812a, 2340; 15:1502; 16:164-166, 1843, 3009; 17:83, 84; 18:317, 3039; 19:712, 3300; 23:3104, 3365-3367; 24:249; 26:1350
Lardello de Mello, Diogo. See Mello, Diogo Lardello de.
Lardizabal y Uribe, Miguel de. 4:2901
Laredo, Federico. 4:2343, 2344
Larena, Julio. 5:1542
Lares, José Ignacio. 16:410
Lares Gabaldón, M. 7:1278
Largacha, J. E. 3:1961
Larguía de Crouzeilles, A. 2:170
Laría, Salvador Carlos. 23:2572; 24:2940; 27:505
Larin, N. S. 25:3346
Larín V. de Lardé, Benigna. 18:318
La Rioja. (Cabildo). 10:2691
Laris, José Trinidad. 8:2276; 11:1929
Larkin, Thomas Oliver. 17:1673
Laroche, Ernesto. 2:25; 4:524; 5:664, 6:3491
La Roche, Humberto J. 22:2713; 24:4405
Laroche, W. E. 11:664; 28:303
La Rosa, Pascual. 14:2362; 15:2005
Larra, Raúl. 4:3896; 8:3272; 14:2768; 16:2578; 17:1782; 18:1560, 2562; 24:5294
Larrabure y Unánue, Eugenio. 1:24; 2:1746
Larraín, Jaime. 21:2259
Larraín, Pastor Román. 11:3640
Larraín de Castro, Carlos J. 6:3448; 10:3042, 3586; 14:1974; 16:1747; 24:4132; 28:935, 936
Larraín Errázuriz, Manuel. 14:1619
Larraín Eyzaguirre, Iván. 20:4515
Larralde, Elsa. 4:3897, 8:821
Larralde, Jorge Andrés. 18:2990
Larralde, Trina. 4:3957
Larran de Vere, A. 17:1766
Larrañaga, Dámaso Antonio. 17:1818
Larrañaga, Pedro Juan Manuel. 6:1573; 14:1089a
Larrazábal, Carlos Héctor. 16:1905
Larrazábal, Luisa Esther. 13:2154

Larrazábal Blanco, Carlos. 7:2843, 4459; 10: 2937a; 11:2419; 20:2333, 2948, 3098; 21:2628
Larrea, Carlos Manuel. 13:24, 25; 19:436; 20:302; 21:350, 351; 22:300, 333; 23: 2604; 24:567, 2981; 25:3489; 26:852a, 852b
Larrea, Elba M. 28:2234
Larrea, Juan. 3:253; 6:4255, 4256, 4999; 7:489; 10:3771; 11:566; 18:2345; 24: 593, 594
Larrea, Julio C. 7:1858; 17:972; 25:2057; 27:2395
Larrea Alba, Luis. 28:1040
Larrea Stacey, Eduardo. 6:1555
Larreátegui M., Lauro E. 18:2924
Larreba, A. 8:4812
Larreta, Antonio. 24:5617
Larreta, Enrique. 1:2132; 3:3381; 5:3674, 3783, 3784; 9:3960; 10:3679, 3687; 3697; 11:3333; 14:2830; 19:4906; 21: 3964; 24:5618; 25:4566
Larriera Bonavita, Carlos A. 26:901
Larrinaga, Albana. 10:4276; 11:3714
Larrinaga Castillo, Ignacio. 21:4618
Larrosa, Carlos Enrique. 22:5146
Larrouy, Antonio. 1:2254-2255, 2266
Larroyo, Francisco. 5:4432, 4443; 6:4995, 5045, 5067; 7:5622, 5664, 5665, 5681, 5696, 5722; 8:2003, 4923, 4932, 4933; 9:4968, 5001; 5002, 5025; 12:3557; 13: 743; 15:1091, 2869, 2870; 17:2909, 2925; 19:5786; 20:3707; 21:4778; 22:5839, 5876, 5877, 5927; 23:5830; 24:6021; 26:2262; 27:2413
Lars, Claudia, pseud. 3:3301; 8:4119; 19: 5021, 5022; 24:5214; 26:1732; 28:2140
Larsen, Erik. 25:1285
Larsen, Helga. 2:121; 3:172, 173; 4:117; 5:347, 1714
Larsen, Jens. 16:1892
Larsen, Kay. 16:362
Larsen, Mildred L. 27:1447
Larsen, Ray. 21:682
Larson, Cedric. 5:3271
Larson, David L. 27:3416
Larson, Mildred L. 21:683
Larsson, Walter. 3:1772
Larter, L. N. H. 13:871
Lasala, E. A. 8:4738
Lascano, Andrés María. 1:1573
Lascano, Carmen. 23:1293
Lascano, David. 1:1485; 7:5197
Lascano, Delfín. 24:4854
Lascano, Martín V. 7:3448, 3449; 8:3273
Lascano, Víctor. 4:3544; 5:3429, 3430
Lascano González, Antonio. 7:3070; 8:588
Láscaris Comneno, Constantino. 18:2387; 21: 4764; 22:5903; 26:2309; 28:3221
Lascarro, Leopoldo. 7:5205; 8:1491
Las Casas, Álvaro de. 4:4159, 4259
Las Casas, Bartolomé de. See Casas, Bartolomé de las.
Lascombes, Juan Eduardo. 8:1608
Las Corts, Estanislao de. 12:396, 460
Las Condes, Chile (Municipality). Laws, statutes, etc. 3:1898
Lascu, Petre. 27:3417
Lascuráin, Vicente. 20:2535
Lascuráin y Osio, Ángel. 23:2797
Lascuráin y Zulueta, Carlos. 9:2795
Lasi, Juan. 24:2049
Lask, Emil. 12:3558
Lasker, Gabriel Ward. 18:385, 386; 19:864-868, 24:1549, 1559, 1560; 25:807; 27: 1590, 1610

Lasky, Melvin J. 27:94a
Laso, Jaime. 26:1668-1670
Laso, Luis Eduardo. 5:1328; 8:993, 1698, 1699
Laso Jarpa, Hugo. 16:2668; 22:4935
Lasplaces, Alberto. 2:2575; 3:3173; 5:729, 3675; 7:3253; 12:2153, 2174
Lassaga, Calixto. 5:2979
Lassaga, Omar A. 11:3618
Lassalle, Edmundo. 6:4970; 8:397, 532
Lassalle, Emilie Sandsten. 8:10, 47
Lassalle, Gerardo M. 4:994
Lassanske, K. 1:632
Lasser, Alejandro. 12:2754; 14:2955
Lasser, Tobías, 11:446; 20:1989; 21:1984
Lasserre, Guy. 14:1540; 18:319; 19:713; 24:744, 2865, 2865a
Lasso, Ignacio. 5:712; 22:1130
Lasso, Raphael V. 10:103
Lasso, Ricardo M. 13:747
Lasso de la Vega, J. 4:4561; 5:4297; 6: 4803
Lasso de la Vega, Miguel. 2:2133; 7:2844; 8: 740; 18:1710a
Lasswell, Harold. D. 25:585
Lastarria, José Victorino. 7:4720; 8:4041
Lastra y Villar, Alfonso. 1:1591, 1701; 2:479e
Lastre, Albán. 27:2019
Lastres, Juan B. 3:349, 350; 4:2836; 5:482, 483; 6:553, 3037; 7:490, 1990; 8:3355; 9:1946; 11:2545, 2546, 3000; 12:461, 462; 13:281; 15:509; 16:1493, 1906; 17: 219, 1420; 18:395; 19:3454, 20:361, 2755, 3069, 3070; 21:319, 845, 2737, 3162, 3163; 22:3455; 23:5883; 24:4112; 27:1524
La Tardé, Antônio de Amarante. 13:1694
Latcham, Ricardo A. 6:4059; 7:3092, 4509; 8:4003; 10:3039, 3633; 11:1489; 12: 2604; 18:2483; 20:3708; 21:1985, 3702, 3734; 22:4936; 23:4825; 24:5656; 28: 1785, 1896a
Latcham, Ricardo E. 2:186-190; 4:265, 291a, 401; 5:385, 431, 529; 7:436, 459; 8: 308-310; 9:560
Latella Frías, Donato. 15:2601; 19:2877
Latendorf, Abel Alexis. 21:2205
Latham, Harris Learner. 10:840
Lathrap, Donald W. 21:320; 27:477, 609, 643
Latif, Miran Monteiro de Barros. 2:285, 2835; 6:711; 14:2263; 26:2102
Latin America in Periodical Literature, Los Angeles. 24:12; 27:45
Latin American Business Highlights, New York. 16:608; 17:523a; 18:590
Latin American Economic Institute, New York. 11:709
Latin American Economic Institute, Washington, D. C. 7:827; 9:1124
Latin American Events, Washington, D. C. 25:2786
Latin American Financial Notes, Washington, D. C. 3:505; 6:875
Latin American Government Experts on Trade Policy, Meeting, Brazil, 1964. 27:1755
Latin American Institute for Economic and Social Planning, New York. 27:1738, 1738a
Latin American Journal on Politics, Economics and Law, Buenos Aires. 16:45
Latin American Juridical Committee. 9:3542, 3543
Latin American Kyôkai, Tokyo. 27:88, 4311-4313; 28:55

Latin American Meeting of Experts on the Pulp and Paper Industry, *Buenos Aires*, 1954. 21:1257a
Latin American Research Review, Austin. 27: 45a
Latin American Seminar on Housing Statistics and Programmes, *Copenhagen*, 1962. 27: 1739
Latin American Training Centre on Statistics and Censuses, *I, México*, 1948. 15:90
Latini, Sydney A. 22:1633
Latino, Simón. 10:3722, 3798
Latorre, Mariano. 1:1994, 2058; 2:2576, 2577; 3:1517, 3255; 4:3958; 6:2401, 3449; 7:4625, 4626; 9:3872, 3961-3963, 3980; 10:3668; 11:1457, 3249-3251; 12:2544; 14:2769, 2973; 15:2202, 2450; 17:2386; 21:3965
Latorre Cabal, Hugo. 25:2759
Latorre Mendoza, Luis. 2:2284
Latorre R., Moisés. 27:2460
Latorre Salamanca, Gonzalo. 10:3043; 11: 1254, 1284
Latorre Uriza, Luis Felipe. 7:5235; 14:3169
Latrille Urriola, Fernando. 13:1799
Latzina, Eduardo. 9:3255
Latzina, Francisco. 9:2191
Lau, Percy. 14:2269; 15:1289; 28:335
Laubenberger, Franz. 23:3021
Lauderman Ortiz, Gladys. 18:478
Lauer, Wilhelm. 18:1234; 23:2468; 27:2682, 2854a
Lauerhass, Ludwig, Jr. 25:2640
Laufer, Frederico. 27:2566
Laughlin, Robert M. 25:441
Laughlin, William S. 15:495
Laumann, Carlos Alberto. 3:3345
Launay, Louis de. 5:4490
Laundron, J. J. 7:2200
Laura, Ida. 26:2045
Laurant, Henry W. 27:2154
Laurence, K. O. 28:764
Laurencena, Eduardo. 4:2200
Laurencia, Eduardo. 5:1174
Laurencio, Ángel Aparicio. 27:3019
Laurens, Juan C. 8:1576
Laurent, Gérard Mentor. 11:2420; 15:1631; 16:1885, 1901; 18:2837; 19:3387; 23: 3403, 6309; 28:809a
Laurent, Víctor A. 4:2064
Lauria, Anthony, Jr. 27:1068
Lauriault, James. 14:491; 22:876; 24:1558
Lauro, Antonio. 10:1703
Lauro, Raffaele di. 5:3340
Laus, Harry. 26:1977
Laus Gomes, Lausimar. *See* Gomes, Lausimar Laus.
Lauterbach, Albert. 24:2020; 27:1740, 1740a
Lauture, Edmond. 24:4057
Lauzán Gómez, Rafael. 3:1230b
Lauwe, J. de. 3:47
Lauziére, *pseud*. 5:3206a
Lavachery, Henry. 2:218; 11:146
Laval, Enrique. 26:878
Laval, Ramón Arminio. 10:1798
Laval M., Enrique. 1:858, 15:1378; 21:2757; 25:3692
Lavalle, Felipe. 5:4236
Lavalle, José Antonio de. 3:485; 18:2538
Lavalle, Juan Bautista de. 5:4132
Lavalle Barret, Manuel. 10:266a
Lavalle Cobo, Jorge. 7:3450
Lavalle Vargas, Hernando de. 19:5572; 27:3788
Lavallée, Léon. 27:2020
Lavalleja, Juan Antonio. 1:959; 5:549; 7:622, 3230; 11:464, 2557; 15:1771

Lavandero, Ramón. 2:2578
Lavardén, Manuel de. 11:3334
Lavardén, Manuel José de. 21:2771
Lavareda, José Hesketh. 25:2383; 27:2937
Lavarello, Víctor F. 8:1755
Lavarre, W. 1:583
La Varre, William. 8:994
Lavayer, Bernardo. 4:922a
Lavell, Carr B. 23:6017
Lavelle, Louis. 20:4884
Lavenas, Margaret S. de. 6:3197
Lavenêre, L. 11:3776; 16:3179
Laverde Amaya, Isidoro. 28:1786
Laves, Walter H. C. 7:3724
Lavié Vera, Nemesio. 17:1717
Lavigne, Eusínio. 14:1120
Lavigne Sainte-Suzanne, Maurice de. 2:2285
Lavín, Arturo G. 18:1790, 1790a; 20:2577
Lavín, Carlos. 13:2109; 14:3370; 15:1379, 2807; 16:3181, 3215; 18:3002, 3003; 19: 5639
Lavin, John. 19:3912
Lavín, José Domingo. 11:755a, 783; 12:762; 16:978; 17:890; 19:1946, 1956a, 1992; 20:1497, 1498
Lavis, F. 3:1080a
Lavrador, Murillo. 28:2489a
Lavretskii, Iosif Romual'dovich. 23:3851; 24: 4161
Lavrin, Asunción. 28:429
Lavrov, N. M. 26:400b; 28:674
Law, Howard W. 14:284; 21:684, 685; 22: 877; 25:3930; 27:1448
Lawler, Vanett. 11:3795
Lawrence, Donald B. 25:2284
Lawrence, Elizabeth G. 25:2284
Lawrence, John D. 18:1241
Lawrie, Santiago. 27:3759
Lawson, Edward B. 6:1027
Lawson, Edward W. 12:1813; 19:3301; 22: 2829
Lawson, K. S. 12:1814, 1862b
Laxon, D. D. 19:257
Lay, Bennett. 24:3915
Layna Serrano, F. 1:663
Layrana Sandoval, Julio. 6:2014
Layrisse, Miguel. 19:924; 20:750, 804; 21: 805, 806, 846, 847; 22:958, 959, 1005; 1006; 23:1250, 1283; 24:1534, 1565, 1566; 25:731, 732; 27:1588, 1593-1593c
Layrisse, Zulay. 23:1282, 1283; 24:1534, 1565, 1566; 27:1593-1593b
Laytano, Dante de. 2:1714, 1716, 2870; 3: 2772, 2822; 4:4288, 11:2606, 2607; 17:1899; 18:524, 1452, 3167; 21:555; 22:4326; 23:3910, 4443; 25:3931
Layús, Julio César. 14:1043
Laza, Carlos. 18:492
Lázaro, José M. 28:3222
Lázaro, Juan F. de. 5:2639; 9:2192
Lázaro, Orlando. 24:4276
Lázaro, R. Constancio. 23:1314; 27:1553
Lázaro Salinas, José. 19:4450
Lazarte, Juan. 21:2225, 2226; 27:3193
Lazcano Colodrero, Raúl. 9:4454
Lazcano Romero, José. 7:989
Lazcano y Mazón, Andrés María. 7:2631, 2632, 8:2608; 9:3498, 4494; 11:3575; 13:2412; 14:1633, 3147, 3232; 18:1582
Lazo, Agustín. 9:676, 11:643, 644, 3335; 13:2255
Lazo, Julio D. 6:3150
Lazo, Raimundo. 4:2586, 3848, 3898; 7:4627; 9:3332; 10:3634, 4332; 15:2159, 2232;

16:2669; 18:2388; 19:4739; 21:3826; 23:4444, 5136
Lazo Baeza, Olegario. 17:2387
Lazo Cerna, Humberto. 24:6214
Lazo Martí, Francisco. 12:2653
Lazzari de Pandolfi, Carolina. 9:2193
Lazzarino, Félix, h. 14:2168
Lea, Henry C. 8:2908
Leach, MacEdward. 24:747
Leach, Maria. 15:141; 16:104
Leacock, Seth. 27:1229-1229b
League of Nations, Geneva. 1:189; 3:506; 7:3850
League of Nations. Economic Intelligence Service, Geneva. 4:1326; 1521, 1670
League of Nations Association. Latin America Committee. 4:3577
Leal, Alberto. 2:1677; 18:2772
Leal, Antonio Luis da Câmara. 8:4527
Leal, César. 21:4385
Leal, Fernando. 2:422; 18:408
Leal, G. 24:1569
Leal, Hamilton. 27:3276
Leal, Héctor Alfonso. 19:4739
Leal, Herundino da Costa. 28:1249
Leal, Humberto de Sousa. 3:1395
Leal, Ildefonso. 26:837, 838; 28:874-874b, 977-977b
Leal, Isa Silveira. 8:3195; 10:3931
Leal, Jorge. 13:1672
Leal, José. 28:1250
Leal, Luis. 7:1875
Leal, Luis, 1907- . 19:3302, 4605; 21:4018; 22:4975; 23:934, 4982, 5043, 5172; 24:5533; 25:4255; 26:1554
Leal, Manuel. 11:2351; 17:1680
Leal, Mary. 16:331; 20:695
Leal, Otis. 20:695
Leal, Ralph A. 27:3011
Leal, Rine R. 23:5369, 5370; 28:2360
Leal, Victor Nunes. 6:4735; 14:1611; 23:2798; 24:4894
Leal Carneiro, Orlando. See Carneiro, Orlando Leal.
Leal Contreras, Néstor. 6:4636
Leal de Meneses, Darcí. See Meneses, Darcí Leal de.
Leal Teixeira Guerra, Inês Amélia. See Guerra, Inês Amélia Leal Teixeira.
Leal y González, Antonio. 7:2633; 5134, 5257
Lean, Ralph A. 27:79
Leander, Birgitta. 24:1327, 4743; 27:936
Leanza, Armando F. 14:1470; 18:1287
Leão, Ángela Vaz. 28:1576, 1577
Leão, Antônio Carneiro. 2:1154; 4:1745; 5:1468, 1469, 1567, 3135; 6:5046; 7:4890; 9:117, 4167; 10:104, 1521; 11:1346, 3373; 12:1217r, 1218h, 2836, 2837; 16:1107; 17:1044a; 21:4903; 24:5718
Leão, Carlos. 20:4404
Leão, Isaura Carneiro. 7:5002
Leão, Josias. 5:1653, 1905; 6:1783
Leão, Manoel Azevedo. 22:1634, 2535
Leão, Mário Lopes. 11:1196
Leão, Múcio Carneiro. 2:2871; 7:5003; 9:4116; 13:1696; 14:3062; 15:2499, 2550; 18:2155, 2759; 19:4018; 20:4290, 4291
Leão, Nilzardo Carneiro. 24:4857, 4858
Leão, Sylvia. 9:4249
Leão de Aquino, Rubim Santos. See Aquino, Rubim Santos Leão de.
Leão de Moura, Paulo. See Moura, Paulo Leão de.
Leão de Vasconcellos César Carneiro. See Vasconcellos, César Carneiro Leão de.

Leão Filho, Joaquim de Sousa. 3:383, 395, 2892; 4:435; 6:682; 8:883; 9:894, 895; 10:726, 727; 14:698; 18:540; 19:1212, 1253; 21:1162, 1163; 22:1321; 26:277
Leão Ludolf, Mário. See Ludolf, Mário Leão.
Learmonth, A. T. A. 27:2818
Leavitt, Sturgis Elleno. 1:1960, 1961; 2:2523; 3:3108; 4:3856; 5:3624, 3625; 6:3998, 3999; 7:4576, 4577; 8:3961, 3962; 9:155, 3834, 3835; 10:3600, 3601; 11:3064; 12:2459; 13:2110; 19:3716; 26:55, 1491
Leban, Hugo. 6:3393
Lebedinsky, Mauricio. 25:2700
Lebensohn, Moisés. 22:2635
Le-Bert Espinosa, Ernesto. 14:3280
Le-Bert Espinoza, Rafael. 16:733
Le-Bert Sotomayor, Fernando. 16:734
Le Besnerais, Henry. 19:825; 25:601
Lebon, Antonio. 23:5658
Lebret, Louis Joseph. 20:1424; 22:1635, 6016; 23:6029
Lebreton, Joachim. 23:1555
Le Breton, Tomás A. 8:1538
Lebrija, Manuel. 7:2105; 22:2269
Lebrija Celay, Antonio. 18:1759
Lebrón de Quiñones, Lorenzo. 11:2028; 18:1759a
Lebrón Rodríguez, Ramón. 20:2966
Lecaros Freire, Hugo. 4:2298, 4385
Lechaud, Thomas. 26:2137
Leche, Stella M. 10:443
Lechín Oquendo, Juan. 27:3227
Lechini, Francisco E. 5:1161
Lechuga, Manuel Mariano. 15:2757
Lechuga, Z. Guillermo. 3:1453
Lecler, J. 4:2385
Leclerc, Max. 8:3503; 9:3441
Lecocq Müller, Nice Magalhães. See Müller, Nice Magalhães Lecocq.
Le Cointe, P. 1:618
Lecron, James D. 9:998
Lectura para Maestros. 3:1335
Lecuna, Vicente. 1:935; 2:1993-1998, 2048; 3:2491-2497, 4:2947-2952; 5:2267, 2654, 2708-2713; 6:3151-3158, 3221; 7:3205-3209; 8:3183; 9:3062-3065, 3143-3146; 10:2798-2800; 11:2229; 13:1454-1456; 14:2014-2016; 16:2002; 17:1826, 1827, 1837, 1838; 18:2045; 19:3427; 3807-3809, 3813; 20:3099; 21:3011; 23:3707, 3852; 28:955a
Lecuona, Ernesto. 9:4701-4703, 4726; 10:4388
Leda, João. 6:4493
Leddy, John M. 3:507; 4:589; 5:1311; 7:1381
Lederer, Walther. 23:1681
Ledesma, Eduardo. 23:2155
Ledesma, Jorge Enrique. 18:852
Ledesma, Juan de. 2:1821
Ledesma, Julio O. 19:5592a
Ledesma, Martín Julio. 7:1410
Ledesma, Raúl. 23:417
Ledesma, Roberto. 22:5147; 26:1697
Ledesma Medina, Luis A. 6:101, 2782; 9:45a, 664, 2936; 10:34, 3107
Ledo Ferro Bertha. 8:785
Ledrú, André Pierre. 21:2637
Leduc, Renato. 22:5148
Le Duigon, Jean. 15:2042
Lee, Albert E. 26:805
Lee, Atherton. 5:1783; 13:781
Lee, Belmina G. 10:3701
Lee, Bertram T. 1:875; 3:2282, 2339
Lee, Charles Henry. 8:3663
Lee, George. 13:1147
Lee, James W. 25:323

Lee, John P. 12:1072
Lee, Muna. 3:428; 12:2674; 13:2111; 26: 1406
Lee, Raymond L. 13:1325; 14:1880; 17:1529; 18:1711
Lee, Wesley Duke. 28:2623
Lee López, Alberto. 26:839; 28:471, 964
Leech, Loren P. 6:2265
Leeds, Anthony. 26:893; 27:1230, 1377, 1377a
Leeper, John P. 25:1233
Leeston, Alfred M. 17:542
Leeward Islands. Annual Report on the Social and Economic Progress. 5:1050
Le Febure, Roger. 3:48; 7:1100
Lefebvre, Alfredo. 11:3298; 19:4636, 5073; 23:5192; 25:4500; 26:1657
Lefebvre, H. 6:5077
Lefèvre, Eugenio. 3:1884
Le Fort, E. C. 7:1925
Le Fort, R. 6:2360
Legarda, Benito. 21:2436
Legaz y Lacambra, Luis. 25:4016
Le Gentil, Georges. 1:2161; 3:3500; 5:3207
Legerman, Caroline J. 25:490a
Legido, Juan Carlos. 28:2141
Legnani, Mateo. 5:2179
Legón, Faustino J. 1:1386; 4:2282, 3177, 3178; 5:2980; 6:3394; 11:3512; 17:1283; 19:2878
Legón, Fernando. 3:3699; 6:4600, 8:4573; 9:4505; 12:3090
Legorreta, Luis G. 19:1992a
Le Gouhir y Rodas, José. 2:2333; 5:2575, 3114; 6:430, 3055
Legros, J. 5:1423b
Leguía, Jorge Guillermo. 1:1240; 2:2257; 5: 3085; 7:3545, 4628; 8:3157; 11:2218
Leguía Iturreguí, Óscar. 10:4209
Leguía y Martínez, Germán. 2:2049; 10:2834
Leguizamón, Julio A. 11:3065
Leguizamón, Martiniano. 1:1163, 1164; 10: 3570; 23:4983; 26:1864
Leguizamón Pondal, Martiniano. 21:3432; 23: 3768; 24:2941; 27:2833
Lehmann, Edgar. 19:2649; 22:2536; 24:3046
Lehmann, Heinz. 3:219
Lehmann, Henri. 5:269; 9:418, 453, 592, 721; 10:318, 407, 574; 11:135, 372; 12:328, 329, 443, 520; 14:163, 164, 373; 15:456; 16:286; 17:22, 156, 261; 18:54; 19:23, 74, 410; 20:134, 765; 22:10, 83, 216; 23: 188, 407, 807, 1289; 24:1617; 25:149, 442, 443; 26:2224; 27:154, 232
Lehmann, Herbert. 22:2537
Lehmann, João Baptista. 4:3357
Lehmann, Marta. 25:4567, 26:1865
Lehmann, Rodolfo. 7:5723; 10:4600
Lehmann, Rosamond. 7:5061, 5062
Lehmann, Walter. 4:19, 93; 5:270; 7:290; 8: 196; 9:314; 16:220; 22:878
Lehmann-Nitsche, Robert. 2:310, 329, 1209, 1224; 3:286a, 288, 2222; 4:266, 2592; 5:271, 354, 1581, 3497; 7:3254; 9:1934; 28:2192
Leibniz, Gottfried Wilhelm. 5:4465; 12:3538, 3539; 17:2968; 20:4884a; 21:4858; 22:5911
Leicht, Hermann. 11:336; 21:321; 23:831; 27: 2875
Leicht, Hugo. 1:102, 103; 3:90
Leigh, Howard. 23:935; 25:653
Leigh, R. Wood. 4:405
Leigh Guzmán, Hernán. 10:1247
Leighly, John. 27:2683
Leigue Castedo, Luis. 21:578
Leininger, Hermann. 5:4491

Leininger, Nicole. 18:1305
Leinz, Viktor. 5:1649, 1911; 6:2476; 8:1821; 15:1239; 17:1188, 1220
Leipziger, Hugo. 9:677; 10:575
Leiris, Michel. 16:357; 17:2653; 19:595; 21: 453
Leiseca, Juan Martín. 4:2537
Leisersohn Baendel, Gerardo. 25:5307
Leita, Plinio. 12:1217s
Leitão, Cândido de Melo. 3:1652, 1673; 6: 2499; 7:3586, 3616; 8:387a, 4373, 4391; 9:2352; 12:1233, 1251
Leitão, Evaristo. 3:546, 585
Leitão de Almeida Garrett, João Baptista da Silva. See Garrett, João Baptista da Silva Leitão de Almeida.
Leitão de Barros, J. See Barros, J. Leitão de.
Leitão de Carvalho, Estévão. See Carvalho, Estévão Leitão de.
Leite, Alfredo Carlos Teixeira. 26:1237
Leite, Antônio Attico. 3:628a.
Leite, Armando Mas. 7:4891
Leite, Ascendino. 24:5754; 26:1978
Leite, Augusto da Costa. 7:1792
Leite, Aureliano. 6:3584; 7:3609; 8:3430; 12: 2183; 19:4019; 20:3219; 22:3876; 24:4510; 25:3849, 3932; 26:1206; 28:1578
Leite, Bertha. 16:2132; 17:1900-1902
Leite, Cassiano Ricardo. See Ricardo, Cassiano.
Leite, Celso Barroso. 27:2341
Leite, Cília Coelho Pereira. See Maria Olívia, Sister.
Leite, Ciro de Carvalho. 28:2490, 2491
Leite, Cleantho. 23:1682; 27:3277
Leite, Dante Moreira. 23:2408
Leite, Edgard Teixeira. 6:1827; 24:3047, 3048
Leite, Francisco Heráclito Ferreira. 7:4892
Leite, Francisco Rodrigues. 12:2207
Leite, Gerbásio. 8:1893
Leite, João Barbosa. 6:1933; 7:1793, 1794; 9:1804, 2436
Leite, José de Ribamar Teixeira. 15:688
Leite, José Roberto Teixeira. 26:281; 28:389
Leite, Manoel Carlos da Costa. 27:3741
Leite, Manoel Cerqueira. 11:3374; 14:3066; 18:2747; 23:5520
Leite, Maria Amélia. 21:3552
Leite, Maria das Graças Santos. 17:2636
Leite, Mário. 25:3850
Leite, Murillo Renault. 27:3667
Leite, Octávio Dias. 2:2963; 5:3918
Leite, Pedro Sisnando. 23:2738
Leite, Sebastião Uchôa. 24:5787
Leite, Serafim. 1:1329, 1330; 2:297, 1678-1682; 3:2236, 2773, 2823-2825; 4:360, 429, 1750, 3358, 3411a, 3520, 3521; 6: 3586, 3587; 7:668, 3610; 8:868; 9:877, 3404, 3419; 11:2608; 14:1241; 15:1056, 1845-1847; 2804; 16:560, 2133; 17:1046, 1903, 1904; 18:2163a, 2164; 19:1233, 4045-4048; 20:3245, 3249; 26:1238; 28:1309-1309b
Leite de Faria, Francisco. See Faria, Francisco Leite de.
Leite de Castro, Christôvam. See Castro, Christôvam Leite de.
Leite de Vasconcelos, Luiz. See Vasconcelos, Luiz Leite de.
Leite Cordeiro, José Pedro. See Cordeiro, José Pedro Leite.
Leite da Costa, Maria I. See Costa, Maria I. Leite de.
Leite de Barros, Gilberto. See Barros, Gilberto Leite de.
Leite Filho, Barreto. 22:2636, 4010; 23:2799

Leite Guimarães, Hilda de Almeida. *See* Guimarães, Hilda de Almeida Leite.
Leite Júnior, Antônio Dias. 13:607; 14:1158; 17:790; 21:1422
Leite Júnior, Sizenando D. 27:3665
Leite Lopes, J. *See* Lopes, J. Leite.
Leite Neto. 3:547
Leite Pereira, Breno Lobo. *See* Pereira, Breno Lobo Leite.
Leite Ribeiro, Carlos. *See* Ribeiro, Carlos Leite.
Leite Silveira, Arthur. *See* Silveira, Arthur Leite.
Leites Vilner, Pedro. 28:142
Leith, A. C. 1:298
Leitón, Roberto. 5:3753; 12:2525; 14:1224
Leitura, Pedro. 28:956
Leitura, Rio de Janeiro. 23:6215
Leiva, Elío. 9:2612
Leiva, Raúl. 10:3723; 13:2156; 15:2407; 20: 4087, 4135; 21:4097; 23:4730; 24:5475 28:277, 2235
Leiva Hita, Francisco V. 18:853
Leiva Quirós, Elías. 2:2985
Leivas Otero, Luis. *See* Otero, Luis Leivas.
Lejarza, Fermín. 6:4544
Lejarza, Fidel. de. 6:3938; 12:1815; 13:1249, 1326; 14:1881; 15:1470, 1471, 1503, 1504; 16:1494; 17:1591; 20:2449; 21:2437, 2438
Lejeune de Oliveira. 16:1264
Leland, Simeon E. 12:800
Leland, Waldo G. 6:193a
Leland Bidwell, Roberto. 28:615a
Le Lannou, Maurice. 19:2650
Lelevier, Armando I. 9:46
Lella, Nicolás di. 14:3264; 21:4517
Lellis, Mario Jorge de. 22:5197; 28:2236
Lelong, Bernard. 21:571
Lelong, M. H. 16:40
Lelong, Maurice. 17:3146
Leloup, *pseud*. 24:3049
Leloup, Yves. 27:2938, 2938a
Lemáchez, Camilo. 11:1869
Lemaire, Emmeline Carriès. 10:105; 14:3097;
LeMaire, Eveline. 8:4416
Le Maire, François. 16:1667
Lemaire, Minnie E. 12:1289 16:2942
Lemaitre Román, Eduardo. 20:3040
Leme, Ernesto. 7:3748
Leme, Lino de Moraes. 7:5225
Leme, Luis Betim Paes. 3:529; 4:2030
Leme, Naiara Paes. 18:2798
Leme, Pedro Taques de Almeida Paes. 19:4049
Leme Lopes, José. *See* Lopes, José Leme.
Lemert, Ben F. 1:556, 557, 1044; 2:1282-1286; 3:1566; 4:1970; 7:2106, 13:791; 14:1345
Lemert, Rose V. 1:556, 557, 1044; 2:1282-1286; 3:1566; 4:1970
Lémery, Henry. 28:840
Lemley, H. V. 15:381
Lemme, Paschoal. 4:1751; 6:1959; 19:2272; 23:2409
Lemmo, Angelina. 25:2143, 3770
Lemoine, Carmen Nícias de. 9:878; 28:2675
Lemoine, Luis de. 9:4583
Lemoine, Rémy C. 15:1179
Lemoine, Torrico R. 4:2156
Lemoine Villacaña, Ernesto. 16:1787; 20:208, 2506a; 23:936, 3279; 24:3814, 3826; 25:654, 655, 3048, 3167, 3188, 3198; 26:544, 545; 27:746, 789; 28:514a, 548a, 560, 567a-569a, 616-617, 689a

Lemonde de Macedo Carlos. *See* Macedo, Carlos Lemonde de.
Lemos, Claudionor de Souza. 10:1407; 11:1126; 12:1103; 17:802
Lemos, Iberê. 15:2829b
Lemos, Gilvan. 23:5468
Lemos, Lygia Tôrres. 13:1734
Lemos, María L. de. 25:777
Lemos, Martín F. 16:2802
Lemos, Pedro J. 6:747; 7:407, 1982
Lemos, Ubiratan de. 23:4281
Lemos Barbosa, Alberto. *See* Barbosa, Alberto Lemos.
Lemos Brito, José Gabriel de. *See* Brito, José Gabriel de Lemos.
Lemos Filho. 24:4511
Lemos Freitas, Olímpia. *See* Freitas, Olímpia Lemos.
Lemos Guzmán, Antonio José. 10:2835; 24:4347
Lemos Picanço, Macario de. *See* Picanço, Macario de Lemos.
Lemos Ramírez, Gustavo. 4:3732
Lemus, José Luis. 7:3298
Lemus, José María. 23:2926
Lemus, Luis Arturo. 22:1901; 23:2258; 27: 2396, 2396a
Lemus D., Isidro. 7:5139
Lena Paz, Juan A. 17:2807; 25:4147
Lencinas, José Hipólito. 28:1109
Leñero, Vicente. 23:4984; 28:1852
Leng H., Alfonso. 11:3822, 18:3004
Lengweiler, Willy. 6:2335
Lennon, Diva de Campos. 16:11
Lennox, Robert H. 27:1624
Lenoir, Raymond. 19:6102
Lenroot, Katherine F. 11:2752
Lens, Sidney. 25:2641
Lens y de Vera, Eduardo Félix. 20:4136
Lens y Días, Eduardo Carlos. 14:2518, 2519
Lentzner, Karl. 4:3726
Lenz, A. 6:950
Lenz, Hans. 6:2783; 14:1323; 15:213; 16:200; 22:552; 25:656
Lenz, Rodolfo. 11:2943
Lenzi, Juan Hilarión. 5:1989, 4094; 26: 1097; 28:1110
Lenzi, Mario. 12:1008
Leo, Ulrich. 5:692, 3676; 6:4062; 8:4004; 9:3874; 11:3066, 3067; 16:2670; 21:4019; 26:1492
Leo Par, *pseud*. *See* Dávila Silva, Ricardo.
León, Alberto P. 11:793
León, Alonso de. 25:265
León, Antonio de. 19:123
León, Argeliers. 27:1069; 28:3097, 3098
León, Aurelio de. 3:3417, 3449; 6:4516; 7: 5184
León, Bernardo de. 28:1853
León, Carlos. 22:4937; 28:2024
León, Emilio. 4:267
León, Félix. 16:840
León, Fernando H. 24:4834
León, Frances. 15:382; 27:1449
León, Francisco Alfredo de. 6:4810
León, Francisco de. P. 5:741a
León, Hermano. 8:2347
León, Jorge. 8:2867; 9:1253, 1254, 2079; 14:1367
León, José de la Luz. 13:1476
León, José Demetrio. 4:1172
León, José Matías. 2:2258, 3046
León, Juan de. 7:4460
León, Luis A. 8:455; 13:407; 18:352, 1803
León, Luis L. 24:3916

Leon, M. 27:2861a
León, Martín de. 13:1273
Leon, Nelson. 25:764-766, 771, 812
León, Nicolás. 5:2332; 6:2873; 11:2074; 12: 1816; 13:1181; 14:77, 78; 26:56; 28:56
León, Pedro. 9:678
León, Ramón Davíd. 4:3310
León, Romeo de. 24:1554
León, Rulx. 13:1148; 16:1886; 23:2513
León, Teresa. 12:2546
León, Trigueros de. 20:3834
León Aragón, Óscar de. 16:637
León Arratia, Manuel de. 4:1327
León Barandiarán, Augusto D. 20:3071
León Barandiarán, José. 4:4408; 16:3062
León Borja de Szászdi, Dora. 28:903a
León de Elías, Alberto. 12:2288
León Echáiz, René. 6:3517; 23:436
León Garaycochea, C. P. 9:4430
León Garre, Aniceto. 8:1961
León M., Adrián F. 10:255
León Mallorquín, Juan. 12:1587
León Orantes, Romeo. 21:4604
León Pinelo, Antonio Rodríguez de. 9:2660, 3771; 12:1718a; 19:3155; 21:2439; 22: 2830, 4725
León Pinelo, Diego de. 16:2560
León-Portilla, Miguel. 20:227, 227a, **4767**; 21:115; 22:553-568, 879-881; 23:937-944; 24:1131-1134; 25:657-661, 3189; 26:1351, 1493; 27:790-797, 847, 937, 938; 28:526, 724a, 1714
León Rey, José Antonio. 5:4209; 20:3653
León Toral, Jesús de. 26:546; 28:617a
León y Canales, Benito. 7:2956
León y Gama, Antonio de. 21:2534
Leonard, Don. 16:360
Leonard, E. R. 7:2184
Léonard, Émile-G. 17:1860; 24:4460
Leonard, Irving A. 1:2324; 2:1846, 2472, 2479; 3:3040, 3053-3055, 3083; 4:3827; **5:** 2333, 3594; 6:3900, 3965, 3966; 7:4501, 4502, 4527, 4546, 4549; 8:3879, 3880, 3947, 3948; 9:156, 3816-3819; 10:2769, 3482, 3571, 3572; 12:2379; 13:2038, 2063, 2064; 14:2647, 2648; 15:1433, 2170, 2203-2207; 16:2546; 17:2312-2314; 19:3455, 4606, 4676, 4677; 20:2512, 3732; **21:3729**; 22:2972, 4726; 23:3169, 4707, 4731; 25: 3069, 4230; 26:356a, 1098, 1407; 27:741; 28:1748
Leonard, Juan. 21:91
Leonard, Olen E. 4:242; 14:1482; **15:997**; 18:646, 1566, 3156, 3174; 19:6010, 6011
Leonardos, Olivero H. 17:1221
Leonardos, Othon Henry. 3:1622; 4:283a, **714, 715**; 6:2481; 11:1761; 17:827; 18:1515; 20:2093
Leonardos, Stella. *See* Cabassa, Stella Leonardos da Silva Lima.
Leonardos, Thomas Othon. 2:937a; 7:5274
Leoncio, Carlos. 4:1752
Leone, Fernando H. 18:2882
Leone Bicudo, Virginia. *See* Bicudo, Virginia Leone.
Leonel, Jayme. 8:4582
Leonfanti, María Antonia. 11:3461
Leonhardt, Carlos. 1:2247, 2249, 2282, 2298, 2302; 3:2237
Leoni, G. D. 28:1579
Leoni, Raúl de. 6:4401
Leoni, Vicente. 5:4240
Leopold, A. Starker. 18:283; 23:2528
Leopold, Richard William. 20:3428
Leopoldo, Pedro. 28:2493

Le Page, Robert Brock. 20:407; 23:645; 24: 745, 746
Le Paige de Bar, R. P. Gustavo. 22:324; 24: 553; 27:564
Lepawsky, Albert. 7:2489; 18:1567
Lepe Preciado, José T. 28:1854
Lepecki, Mieczyslaw. 27:2939
Le Pers, Jean-Baptiste. 12:1763; 13:1274; 15:1472; 16:1571
Lépervanche Parparcén, René. 4:2953; 5:2842; 21:1355, 3012; 4533; 25:4097
Leprevost, Alzedo. 18:1516
Lepro, Alfredo. 11:2558
Lerdau, Enrique. 27:1741, 1952
Lerdo de Tejada, Miguel. 9:4870
Lerdo de Tejada, Miguel M. 25:3268
Lerdo de Tejada, Sebastián. 23:3302
Lerena Acevedo, Arturo. 14:1675
Lerena Acevedo de Blixen, Josefina. 5:3847; 9:3875
Lerena Juanicó, Julio. 3:2340
Lerena Martínez, Elvira. 8:4704
Lerin, Manuel. 6:3786; 11:3252; 19:5074; 23:2935
Le Riverend Brusone, Eduardo. 7:5239; 11:3576
Le-Riverend Brusone, Julio J. 6:2928; 9:2796, 3029; 10:1005; 11:2090a; 12:1688, 1764, 1861; 14:1948; 15:1457; 16:1543, 1612; 19:3156, 3387a; 21:2921; 22:3235, 3246, 4738; 24:2904; 28:784a
Lermitte, Carlos. 9:2299; 12:2755
Lerner, Abel. 12:1530
Leroi-Gourhan, André. 19:559
Leroy, Frantz. 28:2694
Le Roy Gálvez, Luis Felipe. 12:1689; 15:1081; 16:1867, 1868; 18:1791, 1997, 2005; 19:3722; 21:2929; 23:3439; **28:785, 785a**
Lery, Jean de. 4:3412; 7:5063
Lescano y Ortega, José Antonio. 6:3858
Lescot, Élie. 7:2662; 9:2501
Lescouflair, Arthur. 16:1887
Lescouflair, Georges. 22:5580
Leser, Walter Pereira. 12:1217y
Leslie, Charles M. 23:613
Leslie, John Kenneth. 14:2692
Leslie, Robert. 19:117; 20:122
Leslie, Ruth C. 12:886
Lespès, Anthony. 15:2568; 23:5659
Lessa, Almerindo. 27:3278
Lessa, Clado Ribeiro de. 4:3380; 5:574, **3173**; 10:3125; 11:2582; 17:496; 20:4325; 21:3294; 24:4438
Lessa, Elsie. 7:5027; 8:4212
Lessa, F. Pereira. 7:3698
Lessa, Gustavo. 5:1492; 17:1047; 18:1157; 19:2892; 22:2018
Lessa, Luís Carlos Barbosa. 19:776; 22:5505; 24:5755; 28:3048b
Lessa, Maria Luísa de Silva. 19:2685
Lessa, Orígenes Themudo. 1:2212; 4:4225; 7:654, 4963; 14:3044; 15:69; 19:5268; 20:4375; 24:5756; 25:4644, 4661; 26: 1980; 28:2494
Lessa, Vicente Themudo. 3:2774; 4:3359, 3522
Lesser, Alexander. 12:77
Lesser, Juana. 4:3179
Lessing, Juan A. 7:2490; 12:3057
Lestani, H. A. 3:3608, 3609
Lestani, Juan R. 6:2361
Lestard, Gastón H. 3:738, 2655a
Lester, Allen H. 10:1006, 1093, **1331**
Lester, Mary. 28:749a
León P., Luis. 1:969
León Pagano, José. 21:3649

Lestina, Mildred Letitia. 6:1055, 2298, 2299
Lestrade, Eliseo F. 8:3274
Lestrange, Monique de. 19:888, 889
Letelier, Alfonso. 5:4325; 7:5470; 9:4691; 18: 3005
Letelier, Jorge. 2:384; 3:467; 16:528
Letelier, Mario Corrêa. 2:3076
Letelier, Valentín. 6:2007
Letelier Fuenzalida, Alfredo. 4:1086
Letellier, Alberto. 4:1068
Letellier, Amalia. 23:5904
Letona, Bartolomé de. 14:1917
Letra y Pueblo, México. 11:23a
Letras, São Paulo. 8:4213
Letras del Ecuador, Quito. 23:6409
Letras Peruanas, Lima. 17:3179
Lettich, Lidia. 20:3603
Letts Colmenares, Ricardo. 27:2265, 2265a
Letts S., Edwin. 21:3443
Leturia, Pedro de. 1:905. 4:2898; 12:1690; 14:2017, 2018; 17:1421; 19:3810; 20: 2986; 26:377
Leumann, Carlos Alberto. 3:3345; 11:3118
Leupold, Enrique. 4:1706
Leuschner, Bruno. 27:1742
Leuzinger, Victor Ribeiro. 13:981; 14:1527
Lévano, César. 23:2950
Levasseur, André Nicolas. 17:1739
Levasseur, Pierre Émile. 2:2430
Levasseur França, Francisco. *See* França, Francisco Levasseur.
Levene, Gustavo Gabriel. 24:4277; 26:1099; 28:847a, 847b
Levene, Ricardo. 1:970, 971, 1165; 2:1142, 1458, 1621a, 2050-2055; 3:2189e, 2201a, 2262, 2542, 2656, 2657; 4:2805, 2837, 2838, 3179a, 4509; 5:763a, 1447, 2759, 2981; 6:3198-3201, 3730; 7:626, 2820, 3231, 3255, 3404, 3451-3453; 8:3215, 3216, 3269, 4503; 9:670, 722, 3256, 3340, 4011; 10:106, 703, 2970, 2993, 2994; 11:1930, 1976, 1982,, 2315, 2316; 12:1626 1919, 2175; 13:1457; 14:1772, 2019, 2065, 2169, 2235; 15:1025, 1655, 1730, 1732, 2602; 16:1926, 1930, 1931, 2314; 17: 1480, 1481, 1767, 1775, 1776, 1821; 18: 1558, 1711a, 1905, 2847, 2855; 19:3157, 3840; 21:3013, 4508; 23:3739
Levene, Ricardo, H. 11:3469; 19:5427, 5528
Levi, Hanna. 6:628
Levi, Rino. 17:521; 28:373
Levi, Santos. 7:5004
Lévi-Strauss, Claude. 2:298, 299; 3:214; 9: 488; 10:338, 382, 383; 14:412, 452, 492-496; 15:142; 16:105; 18:336; 20: 561; 23:751; 25:543; 27:1144, 1144a
Levillier, Roberto. 1:696, 697, 859, 860; 2: 2579; 3:3084; 4:2570; 5:2288; 6:3038; 3039; 9:2937; 10:3573; 12:340, 1930; 14:1773; 17:1422, 1499; 18:1906; 19: 3412; 20:2704, 2704a, 2788; 21:2440, 2704, 2738; 22:2805; 23:832; 24:3729; 26:377a, 902; 27:506
Levillier, Rodolfo. 2:1899
Levin, David. 22:2928
Levin, Edmund E. 12:1073
Levín, Enrique. 9:2194
Levín, I. O. 2:1794
Levin, Jonathan V. 24:2994; 25:1456
Levin, S. Benedict. 6:2264
Levine, Philip. 20:756
Levine, Robert M. 28:57
Levine B., Flavián. 10:1248
Leviness, W. Thatford. 23:189
Levinson, Luisa Mercedes. 19:4864

Levinsky, Fernando. 8:4281
Levratto, Eduardo. 28:1217
Levy, Fortunée. 12:703
Levy, Hannah. 8:869; 12:690; 14:634, 688; 18:541
Levy, Herbert Victor. 2:938; 14:1096, 1097
Levy, Kurt L. 24:4744
Levy, Matilde. 26:1494, 1909
Levy, Santos. 13:2348
Levy Cardoso, Armando. *See.* Cardoso, Armando Levy.
Levy Meruvia, Enrique. 27:3863
Lewandowski, Maurice. 3:739
Lewgoy, F. 25:786
Lewin, Boleslao. 5:2640; 8:3917a; 9:2661; 16:1720; 18:1655, 1712; 19:3158; 22: 3456, 3493, 3494; 23:3645; 24:4152; 25:3561, 3623; 26:864, 993; 27:2833a; 28: 429a
Lewin, Willy. 1:2162; 2:2872
Lewin Campaña, Hernán. 3:3714
Lewinsohn, Richard. 8:1770-1772; 9:1626; 10:1408, 1415, 1416; 11:1176; 13:608, 617-619; 14:1136, 1159; 15:670
Lewis, Allen. 25:4593
Lewis, Beatrice Fleischman. 9:47
Lewis, Ben W. 10:1050
Lewis, C. Bernard. 16:1668
Lewis, Clifford M. 19:3303
Lewis, Flora. 18:1594
Lewis, Gilbert N. 13:255
Lewis, Gordon K. 27:1070, 3475, 3475a
Lewis, Irving S. 17:1934
Lewis, J. T. 7:1895
Lewis, Oscar. 10:256; 11:136; 15:383; 17: 262, 1348; 18:1595, 3243; 19:547, 658, 6060; 21:428; 22:1764, 3032; 23:614, 615, 2752; 24:664, 665, 3917; 25:5626; 28:690
Lewis, R. B. 15:354
Lewis, Samuel. 1:860a; 3:2361; 6:2929; 9: 2797
Lewis, Sinclair. 8:4417; 9:4350; 10:3928
Lewis, W. Arthur. 5:829; 17:570; 25:1457
Ley, C. D. 13:1718
Ley, Salvador. 9:4781; 14:3345; 18:3040
Ley, Willy. 25:3020
La Ley, Buenos Aires. 1:1832
Leyburn, James G. 7:1134
Leysbeth, Nicolas. 5:2918
Leyton Rodríguez, Rubén. 11:1607; 13:1947; 21:3427
Leyton Z., Raúl. 21:3966
Leyva A., Alberto. 19:1957
Leyva Neri, Benigno. 13:1935
Leza, Jesús de. 19:3304
Lezana, Julio I. 1:1530
Lezema Lima, José. 15:2364; 17:484
Lhaya, Pedro. 21:4098; 22:5149
Lhérisson, Lélia J. 19:3769
Lialikov, D. N. 24:2845
Liard, Luis. 9:5015
Liautaud, André. 5:1009
Libby, W. F. 16:91a
Libenson, Isaac, 21:2227
Liberman, Arnoldo. 28:2142
Libertad Creadora, Buenos Aires. 9:157
Library of International Relations, *Chicago*. 9:49
Librería Campos, *San Juan, P. R.* 5:28
Librería Cervantes, *Barranquilla*. 5:30
Librería "Cervantes" de Julio Suárez, *Buenos Aires*. 5:60
Librería Colombiana, Camacho Roldán y Cía, *Bogotá*. 5:31-36; 6:29, 30; 7:44

Librería de Jesús Menéndez, Buenos Aires. 5:61
Librería de Porrúa Hnos. y Cía., México. 5:9-12; 6:12-14; 7:18-22; 15:14
Librería de Vera y Cía., Guayaquil. 6:31, 32: 7:45, 46
Librería del Colegio, Buenos Aires. 5:62; 7:79
Librería e Imprenta Gil, Lima. 5:37
Librería Font, Guadalajara. 7:23, 24
Librería General de Tomás Pardo, Buenos Aires. 5:63; 6:52; 7:80
Librería La Nena, Buenos Aires. 7:81
Librería "La Universitaria", Arno Hnos., La Paz. 7:82
Librería Lehmann, San José, Costa Rica. 5:29; 6:23; 7:41
Librería "Los Amigos del Libro", Cochabamba. 23:6403
Librería "M. A. Barrantes," Guadalajara. 6:15; 7:25, 26
Librería Maximino García, Montevideo. 5:64; 6:53, 54; 7:83
Librería México, México. 7:27
Librería Nueva, México. 5:13-17; 6:1618; 7:28-31
Librería Pablo Keins, Buenos Aires. 5:65
Librería Panamericana, Buenos Aires. 5:66; 6:55; 7:85
Librería Perlado, Buenos Aires. 7:86, 87
Librería Venezolana, Barquisimeto. 5:38; 6:33
Librería Voluntad, Bogotá. 5:39; 6:47
Librería y Editorial Araujo, Buenos Aires. 6:56
Librería y Editorial "El Ateneo", Buenos Aires. 5:67-72; 6:57-62; 7:88-101
Librería y Editorial "La Facultad", Bernabé y Cía., Buenos Aires. 5:73; 6:63, 64; 7: 102, 103
Librería y Editorial Minerva, La Habana. 6:24-25
Librería y Editorial Nascimento, Santiago de Chile. 5:74; 6:65; 7:104
Librería y Editorial Zamorano y Caperán, Santiago de Chile. 6:66, 67
El Libro, Buenos Aires. 25:5814
El Libro y El Pueblo, México. 7:5395
Libros Cubanos, La Habana. 6:26; 7:173; 8:49
Libros de Hoy, Buenos Aires. 22:6260; 25:5815
Libros Peruanos, Lima. 22:6285
Libros y Bibliotecas, Guayaquil. 5:4251; 10:4277
Li Carrillo, Víctor. 22:5908
Liccardi, Millicent. 27:1450
Licéaga, Jorge I. A. 26:994
Licéaga, José María de. 12:1949
Licéaga, José V. 18:854
Licéaga, Luis. 22:3033
Lichey, Werner. 22:1765
Lichtblau, Myron I. 23:5044-5046
Lichtenstein, Martin Heinrich Karl. 25:3810
Lichtveld, Lou. 19:560; 21:5004
Lichy, René. 21:1986
Licínio, Aluízio. 9:1652
Licinio Cardoso, Leontina. See Cardoso, Leontina Licinio.
Licitra, Ducezio. 9:4984
Licurzi, Ariosto. 11:3593
Lida, Clara E. 28:549
Lida, Raimundo. 6:3846; 7:4629, 5709; 9:5016, 5024; 11:2875; 14:3481
Lida de Malkiel, María Rosa. 6:5086; 7:1949, 4461; 10:4598; 12:2396; 13:1993; 15:2129; 22:4740
Liddle, R. A. 9:2106
Liebermann, José. 25:3624
Liebes, Herman. 25:5726
Liebes, Juanita. 25:5726

Liebling, Walter. 24:6127, 6135
Liebman, Seymour B. 26:448a, 449; 28:515-516
Lief, Earl. 14:3354
Liendo, Humberto. 6:3924
Liendo Lazarte, Manuel. 21:293, 322
Liendo y Goicochea, José Antonio. Brother. 6:2877
Lieske, Herbert. 23:2494
Lietti, Mario. 16:735
Lietz, Paul S. 16:1613; 17:1609; 21:2441
Lieuwen, Edwin. 23:2800, 3280; 24:3603; 27:3089; 28:471a, 1054
Liévano, Roberto. 13:2218; 15:1545; 28:1034a
Liévano Aguirre, Indalecio. 10:3056; 3772; 12:1939; 18:2046; 22:3520; 24:4348; 26:815; 27:3371
Liévano Aguirre, Nicolás. 19:2904
Liévano Baraya, Félix José. 15:2758
Liévano Domínguez, Vicente. 23:3191
Lifchitz, Miriam. 16:2134
Liga Argentina de Empleados Públicos. 5:1977; 7:2513
Liga de Acción Social, Mérida. 5:2401; 14:90
Liga de Agrónomos Socialistas (México). 7:1282.
Liga de Juventud Liberal (Colombia). 27:3367
Liga Espiritual de Profesionales Católicos (Costa Rica). 20:2297
Liga Marítima Mexicana. 23:2045
Light, Mary. 12:1401
Light, Richard. 12:1401
Ligoule M., Juan. 9:4625
Lihn, Enrique. 28:2025, 2143
Lilien, Rose. 16:306
Lilienfeld, Rodolfo. 27:1743
Liljegren, Ernest R. 4:2555; 5:2402
Lilli, Furio. 28:3315
Lillo, Baldomero. 9:3964; 20:3946; 21:3967; 24:5295; 28:2026
Lillo, Eusebio. 14:2872
Lillo, Ginés de. 8:3104
Lillo, Samuel A. 6:4063; 8:4120; 13:2200; 19:4740
Lillo, Victoriano. 4:3959; 21:3968
Lima, Adamastor. 2:938a, 1069, 1069a; 3:694b; 7:5252; 11:3623; 15:2731
Lima, Adhemar Ferreira. 7:5666
Lima, Adroaldo Barbosa. 12:2921, 2922
Lima, Afonso Guerreiro. 17:1265
Lima, Agostinho J. de Souza. 4:4487
Lima, Alberto. 21:1256
Lima, Alceu Amoroso. 1:1278, 2143; 2:2825, 2826, 2828, 2873; 4:1734, 4160-4162; 5:3888, 3889; 6:1815; 7:4855, 5070; 8:4182-4184, 4214, 4399, 4486; 9:4168; 10:1522, 4555; 11:3375-3377; 12:2838, 2839, 2852; 13:1837; 14:1241a; 15:2936; 16:2836, 2847, 3228; 17:961, 2584, 2586, 2910; 19:5269; 20:2250, 4298, 4326, 4768; 21:4394, 5022; 23:5426, 5572; 25:2199, 2725, 3851, 4609, 4709; 27:2342, 3279, 3618; 28:1330
Lima, Alcides. 11:1279
Lima, Alexandre Delfino de Amorim. 7:5171
Lima, Américo Pires de. 13:1767; 15:1848, 1849; 16:2135-2138
Lima, Antônio. 8:4215
Lima, Antônio Filgueiras. 15:1013; 28:2616
Lima, Arpujo. 9:2353
Lima, Augusto de. 1:1280; 4:430; 5:575; 11:2609; 20:3220, 3221, 3246
Lima, Augusto Saboia da. 1:1294; 5:1507
Lima, Azevedo. 7:1795, 2404

Lima, Benjamín. 4:4163
Lima, Carlos Cirne. 19:5780
Lima, Carlos Henrique da Rocha. 9:4117; 20: 1785; 21:1778
Lima, Celso Pedro. 22:5469
Lima, Claudio de Araujo. 8:4216; 20:2251; 25:3852
Lima, Dárdano de Andrade. 21:2138; 27: 2940, 2940a
Lima, Edgard de Oliveira. 7:4106
Lima, Emirto de. 2:318; 4:1865, 1866, 1901; 7:5563; 8:2094; 9:1893, 2002, 4767; 13:1994
Lima, Esperidão de Queiroz. 12:2840
Lima, Estácio de. 26:1981
Lima, Euzebio de Queiroz. 7:5136
Lima, Flora de Oliveira. 3:2877
Lima, Francisco Peres de. 4:1837
Lima, Gastão César Bierrenbach. 8:2557; 10: 2293; 12:1484, 1500; 16:382
Lima, Geraldo França de. 28:2495, 2496
Lima, Gerson Paula. 8:4217
Lima, Guimarães. 13:1754
Lima, Heitor Ferreira. 8:4218; 9:4326; 10: 1381, 1417; 12:1096; 18:1455; 20:1425; 22:1636-1639; 24:2070; 28:1369
Lima, Henrique de Campos Ferreira. 5:3895
Lima, Herman de Castro. 5:3973; 7:4893; 8:4411; 9:1653; 4315a; 13:2264; 14: 689; 15:598; 19:1280, 23:5573; 26:266, 1207
Lima, Hermes. 3:548; 4:646, 786; 5:3175, 3920; 7:4894, 4894a; 9:4169; 11:2583; 13:1740; 21:4311
Lima, Herotides da Silva. 6:4555
Lima, Hildebrando de. 9:4118; 12:2789; 18: 2722
Lima, J. Pinto. 9:1781
Lima, João Bierrenbach. 10:1523
Lima, João de Mendonça. 7:1705
Lima, Jorge de. 1:1308, 2141, 2160, 2163-2165, 2195, 2213; 4:4164, 4260; 5:3972, 3997, 4030; 7:738; 739, 4964; 8:4219, 4220, 4338; 9:4250; 10:3167; 12:2237, 2790; 13:2349; 15:2543, 2544; 16:2888, 2905, 2906; 18:2748, 2799-2801; 22: 5470; 23:5521
Lima, José de Araújo. 3:1642a; 5:1916
Lima, José Pereira de. 8:4339
Lima, Lauro de Oliveira. 27:2609, 2609a
Lima, Lourenço Marques. 11:2649
Lima, Luiz. 26:1274
Lima, Luiz Ignacio Andrade. 7:591a
Lima, Luiz Soares de. 14:2344
Lima, Manoel de Oliveira. 3:2877, 3515; 10: 3126; 11:2626
Lima, Manuel C. Baptista de. 26:1239
Lima, Mário Coelho de A. 18:1412
Lima, Mário Franzen de. 20:4489
Lima, Mário S. Rodrigues. 8:4528; 10:3985
Lima, Mário Werneck de Alencar. 27:2629
Lima, Mateus de. 8:4220; 12:2790
Lima, Miguel Alves de. 20:2124; 2130
Lima, Newton. 3:3627; 4:787
Lima, Octaviano Alves de. 13:585
Lima, Onofre Muniz Gomes de. 4:3484
Lima, Oswaldo Gonçalves de. 20:228
Lima, Paulo Motta. 23:1932
Lima, Pedrine. 8:4282
Lima, Pedro Estevan de. 12:521; 13:401; 15:435, 443; 16:383, 384, 445, 446, 464; 18:376; 19:777
Lima, Pedro Motta. 4:3610; 6:1735; 26:1982
Lima Pedro Novais. 26:1983
Lima, Raul. 8:2583; 10:1418, 3922; 23:2880

Lima, Robert. 28:1943
Lima, Rosalino da Costa. 21:3265
Lima, Rossini Tavares de. 8:4487; 11:3814; 12:3441; 14:3365; 26:2103; 28:3056, 3057
Lima, Rubens Rodrigues. 20:2094
Lima, Ruy Cirne. 1:1281
Lima, Sílvio Júlio Albuquerque. 2:2865-2867; 7:1926-1928; 8:2068, 3181, 4035; 10: 1780, 3635; 11:86; 27:1225; 28:1571
Lima Barbosa, Mário. See Barbosa, Mário de Lima.
Lima Barreto. 25:4633
Lima Barreto, Afonso Henriques de. See Barreto, Afonso Henriques de Lima.
Lima Cabassa, Stella Leonardos da Silva. See Cabassa, Stella Leonardos da Silva Lima.
Lima Câmara, Aluízio de. See Câmara, Aluízio de Lima.
Lima Câmara, Aristoteles de. See Câmara, Aristoteles de Lima.
Lima Carlos, Hélio. See Carlos, Hélio Lima.
Lima Castro, Eduardo de. See Castro, Eduardo de Lima.
Lima Cavalcanti, Carlos de. See Cavalcanti, Carlos de Lima.
Lima Coutinho, Ismael da. See Coutinho, Ismael de Lima.
Lima e Silva, Leopoldo de. See Silva, Leopoldo de Lima e.
Lima Figueiredo, José de. See Figueiredo, José de Lima.
Lima Filho, Francisco da Gama. 19:2273
Lima Gonçalves Antunha, Elsa. See Antunha, Elsa Lima Gonçalves.
Lima H., Alfredo. 11:991
Lima Júnior, Augusto de. 4:3413, 3414; 6: 3588, 4314; 7:3611; 8:870, 871; 9:3379; 18:542; 21:3266; 26:270
Lima Magalhães, Durval de. See Magalhães, Durval de Lima.
Lima Menezes, João. See Menezes, João Lima.
Lima Monteiro, Valdemiro de. See Monteiro, Valdemiro de Lima.
Lima Sarmento, Walter. See Sarmento, Walter Lima.
Lima Siqueira, José de. See Siqueira, José de Lima.
Lima Sobrinho, Alexandre José Barbosa. 2: 1662; 6:1699; 7:1618; 9:1654, 1655, 3442; 11: 1127, 1136; 12:2837; 16:2044; 23:2801; 5469; 24:3502, 4745; 26:1240; 27:2305, 3248, 3850
Lima Sousa, Milton de. See Sousa, Milton de Lima.
Lima Vaz, Henrique de. See Vaz, Henrique de Lima.
Lima. Departamento de Obras Públicas. 27: 2875a
Lima (*Archdiocese*). 3:2233
Lima. *Cabildo*. 3:2282; 8:498, 3055; 12:608, 664, 1897, 1898; 14:1949, 1950; 17: 1608; 28:905
Lima. *Consulado. Tribunal*. 26:854b
Lima (*Parish*). Records. 4:2773; 5:2484; 6: 2977; 7:3032
Lima (*Province*). Consejo Provincial. 12:664; 15:1216
Limantour, José Yves. 28:618
Limeira Tejo, Aurelio de. See Tejo, Aurelio de Limeira.
Limnander de Nieuwenhove, A. 2:2310
Limón G., Luis. 21:822
Limongi, J. Papaterra. 1:420

Limongi França, Rubens. *See* França, Rubens Limongi.
Limonta, José de. 28:861e
Lin Yutang. 7:5064; 9:4350a
Linares, Juan Francisco. 10:4021; 12:3033
Linares, Julio. 15:48; 16:1902
Linares, María Teresa. 25:5233
Linares A., Adolfo. 27:2193
Linares Fleytas, Antonio. 12:2279, 15:1998
Linares Malaga, Eloy. 23:489
Linares Quintana, Segundo V. 3:3610; 6:2545; 7:2634, 5343; 11:1835; 13:2566, 2568; 16:1327; 17:1284, 1297, 2031, 2699; 19:5477; 21:4605; 23:4538; 24:4824, 4859; 27:3194
Linares Tribaldos, Olga. 25:301
Linati, Claudio. 22:1139
Lincoln, Jackson Steward. 5:308; 8:167; 12:259
Lincoln, Joseph Newhall. 2:1210; 5:3626, 3627; 13:2264a
Lind, Andrew W. 22:422
Lind, Ivan. 17:3181; 28:1580
Lindahl, Gören G. 24:3539
Lindalva, Izabel. 24:5757
Lindanor Celina, *pseud.* 26:1984
Lindarte, Luis Alberto. 5:2062
Lindberg, Ingeborg K. 18:185; 24:554, 836
Lindberg, Irving A. 2:518
Lindberg, John. 18:647
Lindblom, G. 6:482
Linde, J. M. van der. 26:807a, 807b
Lindemann, Hans. 5:4492; 12:3488
Linder, Erik Hjalmar. 22:6126
Linder, Forrest E. 7:902
Lindh, Johannes. 13:286, 399
Lindig, Wolfgang. 23:129; 24:666, 667
Lindley, Ernest K. 8:3601
Lindo, Hugo. 3:470; 5:3610, 3677; 14:3233, 3335; 17:2388; 19:5075; 20:3947; 24:4842, 5215; 28:1896a, 2361
Lindo, Juan Fernández. 2:2134
Lindsay, J. O. 23:3027
Lindsay, Mary H. 13:1459
Lindsay, Philip. 16:1614; 17:1482
Lindskoog, John N. 27:1451
Linero, Magdalena. 18:2389
Lines, Jorge A. 1:76; 4:150, 232; 6:304, 305, 2930; 7:403; 8:197, 198; 9:209, 345, 345a; 10:230a; 11:55, 260; 12:119; 18:1734; 19:3305; 22:84; 23:309, 310; 28:747a
Lingeman, E. R. 3:740
Linhares, Agusto. 21:4386
Linhares, Hermínio. 23:2881
Linhares, Mário Romulo. 5:3143; 14:3022
Linhares, Temístocles. 20:4909; 23:5427; 28:2416
Linhares, Vítor B. 22:5918
Linhares de Lacerda, Manoel. *See* Lacerda, Manoel Linhares de.
Link, Arthur S. 20:2839; 25:2642
Link, Marion Clayton. 24:470
Link, Pablo. 3:761, 762
Linke, Lilo. 19:2954; 6615; 21:2244; 25:2810, 5707
Linné, Sigvald. 2:43, 200; 3:91, 174, 283, 337; 4:94; 5:219, 231, 272, 309; 6:365, 578; 9:325, 333; 10:157a, 234; 11:156; 13:102; 14:165; 15:289, 1524; 18:55; 20:229, 362; 21:82, 807; 23:10, 130; 24:206, 501; 25:1106; 28:131
Linnemann, Hans. 27:2073
Lino, Donozor. 15:2545
Lino Cortés, José. 10:905

Lino de Mattos, Dirceu. *See* Mattos, Dirceu Lino de.
Lins, Abalberon Cavalcanti. 22:5506
Lins, Álvaro de Barros. 5:3921; 7:4895; 8:4221; 9:4171; 10:3843; 11:2650; 12:2841, 2955; 13:2296; 17:2587; 18:2749, 2805; 20:4278; 26:1936-1938; 28:1370
Lins, Augusto E. Estellita. 4:2279
Lins, Edison. 2:2874; 3:3502
Lins, Edmundo Pereira. 1:1462
Lins, Ivan Monteiro de Barros. 1:2166; 6:5078; 7:5121; 9:4163, 4172; 18:3109; 20:3247; 24:6037; 25:5342; 28:1371, 3289, 3348
Lins, João Batista. 21:1158
Lins, Mário. 6:5047, 17:2953; 19:5787, 6022, 6078
Lins, Miguel. 25:4117
Lins, Osman. 22:5507; 28:2497
Lins, Rachel Caldas. 27:2941, 2941a
Lins, Wilson. 28:2498
Lins Albuquerque, Teresinha. *See* Albuquerque, Teresinha Lins.
Lins de Albuquerque, Ulysses. *See* Albuquerque, Ulysses Lins de.
Lins de Barros, Eudoro H. *See* Barros, Eudoro H. Lins de.
Lins de Barros, João Alberto. *See* Barros, João Alberto Lins de.
Lins de Melo Júnior, José. *See* Melo Júnior, José Lins de.
Lins do Rêgo, José. *See* Rêgo, José Lins do.
Lins e Silva, Augusto. *See* Silva, Augusto Lins e.
Linton, Ralph. 6:306; 15:102, 135
Linville, Francis A. 7:830
Lipkind, William. 14:361, 497
Lipman, Aaron. 27:4143
Lipp, Solomon. 28:3266
Lippert, T. W. 16:821
Lippincott, Janet. 19:2012
Lipschütz, Alexander. 3:67; 4:50b; 10:150a; 11:147; 12:522-524; 13:402; 16:455; 18:370, 3258; 23:783; 28:430a
Lipschutz, Margaret. 13:402
Lira, Alejandro. 17:1935
Lira, Antonio. 12:642
Lira, Armando. 4:492; 5:730, 731, 748; 6:827; 12:554; 22:1121
Lira, Carmen. 16:2561
Lira, Hormino. 7:4896
Lira, Jorge A. 9:524, 2012; 10:421; 12:463; 13:354, 355; 14:547; 18:358; 25:5242
Lira, José Ribeiro. 27:3279a
Lira, Mariza. 6:4954; 7:1966, 5549; 17:345
Lira, Miguel Nicolás. 12:2756; 14:2770, 2771; 23:4985; 24:6433
Lira, Osvaldo. 18:2484
Lira Espejo, Eduardo. 6:4947; 7:5599; 12:3392
Lira López, Salvador. 11:756
Lira Porragas, Gonzalo. 25:1560; 27:1879
Lira Urquieta, Pedro. 6:4703; 10:3533, 4087; 13:1040; 14:2693, 3223, 3472; 17:3182; 18:3356; 24:4202
Lisandro Alvarado, Aníbal. 21:3188
Lisboa, Antonio Francisco. 21:1159
Lisboa, Baltazar da Silva. 7:3582
Lisboa, Bento da Silva. 22:3809
Lisboa, H. Marques. 16:1109
Lisboa, Henriqueta. 7:5005; 11:3433; 19:5271; 22:5471; 23:5522
Lisboa, João Francisco. 12:2842
Lisboa, Miguel Arrojado R. 1:440, 512; 6:2478; 10:2239
Lisbôa, Miguel María. 20:3100

Lisboa de Oliveira, Alaíde. *See* Oliveira, Alaíde Lisboa de.
Lisbonne, Jean. 5:796, 1397
Liscano, Tomás. 1:1599; 13:1110, 2474
Liscano Velutini, Juan. 9:1894, 4824; 12: 474, 2738; 13:2707; 15:2365; 16:3197; 19:4741; 20:408; 21:4261; 22:4975a; 23: 5173; 24:5534; 25:3776, 4464; 26:1733; 28:2237
Lischetti, Mirtha. 27:1336
Lisdero, Alfredo. 9:1378
Lisker, Rubén. 27:1577-1577b
Lismore, Thomas. 19:3723
Lispector, Clarice. 18:2773; 24:5758; 25:4662; 28:2499, 2676
Lispector, Elisa. 26:1985
Liss, Sheldon B. 28:486
Lisser, Kurt. 23:5903
Lissitzyn, Oliver James. 8:995
Lisson, Carlos I. 8:2482
List, George. 28:3007, 3078a, 3101
List Arzubide, Germán. 12:78; 17:1681; 20: 3709; 26:548; 28:690a
List of Books Accessioned and Periodical Articles Indexed, Washington, D. C. 22: 6257
Lister, Robert H. 7:305; 12:161; 13:148; 14: 166, 167; 15:180; 19:124, 125; 20:135, 136; 21:83; 23:131
Listov, V. V. 25:2787
Literaturblatt für Germanische und Romanische Philologie. 2:2467
Litrento, Oliveiros. 26:2048
Littell, J. S. 3:1118
Litter, Víctor A. 19:24
Little, Arthur D., Inc., *Cambridge, Mass.* 23: 2622; 27:2266
Littlehales, Bates. 25:211
Littmann, Edwin R. 21:84; 22:85, 86; 23:132, 133, 190
Litton Gastón. 7:5396
Lituma Portocarrero, Luis. 6:5065; 28:1043a
Litvak King, Jaime. 27:327
Livas, Enrique C. 10:1468, 1477; 11:1299
Liverman, James L. 23:128
Livermore, Abiel Abbot. 14:2102
Livermore, H. V. 19:6714
Livermore, Seward W. 11:2737
Livingston, William S. 20:2203
Livino de Carvalho, Fernando. *See* Carvalho, Fernando Livino de.
Livoni Larco, Felipe. 16:2196
Livraria Acadêmica, Saraiva e Cia., *São Paulo.* 5:78, 79; 6:75, 76
Livraria Brasil, Pinto, Oliveira e Cia. *São Paulo.* 5:80
Livraria Civilização Brasileira, *São Paulo* 6:77-79
Livraria do Globo, Barcellos, Bertaso e Cia., *Porto Alegre.* 5:81; 7:115
Livraria Editôra José Olympio, *Rio de Janeiro.* 6:80, 81; 7:116, 117
Livraria Francisco Alves, Paulo de Azevedo & Cia., *Rio de Janeiro.* 6:82, 7:118
Livraria J. Leite, *Rio de Janeiro.* 5:83-85; 6: 83-85; 7:119, 120
Livraria Jacinto, *Rio de Janeiro.* 5:82
Livraria Kosmos, Erich Eichner e Cia., *Rio de Janeiro.* 5:86, 6:86, 87
Livraria Martins, *São Paulo.* 6:88, 89; 7:121
Lizaire, Paul. 26:2138
Lizalde, Eduardo. 20:4088
Lizama, Escoffie Homero. 11:1403
Lizano Hernández, Víctor. 8:1951, 9:3174; 10:2901

Lizardi Ramos, César. 3:141; 4:186, 187; 5: 232; 6:268; 7:254, 291; 9:326, 327; 10:206; 15:214; 17:85-88, 18:56-62; 19: 214; 20:56, 137-139, 230-230b; 21:85, 116; 22:569-571; 23:945; 24:257; 25: 212, 267; 27:412, 413
Lizardo, Pedro Francisco. 24:5436
Lizardo Barinas, Fradique. 23:5727
Lizardo Díaz O., José. 12:1572; 28:748
Lizaro, Félix. 2:2580
Lizárraga, Andrés. 24:5619; 25:4568; 26:1866; 28:2305
Lizárraga, Reginaldo de. 12:1899
Lizarralde, Fernando. 19:5185
Lizaso y González, Félix. 4:3099, 3899, 3900; 6:3263, 3918, 4971; 7:4630; 8:3918; 9: 3792; 10:2916, 3534; 11:3069; 13:1477; 14:2044, 2698; 15:2233, 2242, 2267, 2871; 17:1720, 3121; 19:3724-3726; 20: 2928, 4843
Lizondo, Estraton J. 9:3015
Lizondo Borda, Manuel. 3:289, 4:332, 2813 2841; 5:2752, 2982, 2983; 6:3202, 3395; 7:3454; 9:2938; 14:1515, 2170; 22:4506; 23:3768a; 24:4266, 4278; 25:3625
Ljone, Oddmund. 25:5736
Ljungner, Erik. 27:2834
Ljungstedt, Ester. 28:2027
Llaca y Argudín, Francisco. 2:537a; 4:4395; 5: 2091, 4189; 8:4656
Llado de Cosso, José. 6:1020; 15:2409
Llaguno, José A. 28:516a
Llaguno y de Cárdenas, Pablo. 16:1869
Llaguno y Ubieta, Pedro Pablo. 11:3501; 16: 3135
Llamazares, Juan. 7:1382; 8:996, 1655; 10: 1158
Llambías, Héctor A. 6:3396
Llambías, Jorge Joaquín. 19:5495
Llambías de Azevedo, Alfonso. 16:2753
Llambías de Azevedo, Juan. 1:1473; 4:4318; 6:5048; 13:2771; 15:2766; 25:5331; 26: 2329
Llamosa, Rafael. 9:1065
Llamosas, Lorenzo de las. 16:2527
Llamozas, Salvador N. 11:2230
Llanas de Niubó, Renato. 28:431
Llanes, Ricardo M. 21:3069
Llanes Marín, Elmer. 4:218
Llano, Gregorio del. 1:1574
Llano, Joaquín del. 2:1539, 2161
Llano Zapata, José Eusebio. 14:1983
Llanos, Alfredo. 24:6053; 25:5343; 26:2300
Llanos, Antonio. 6:4219
Llanos, Luis A. 2:219; 6:440; 7:491; 8:335; 9:433; 15:290
Llanos Valenzuela, Gilberto. 3:3752
Llavador Mira, José. 28:65a, 220, 876a, 876b
Llaverías Federico. 4:2683; 5:2403; 6:3859; 7:4462
Llaverías y Martínez, Joaquín. 1:2316, 2319; 4:3100; 5:2826; 7:3335, 3336; 8:515; 10:17; 11:2408; 13:1474; 14:1818, 2043; 15:1405; 17:1392; 19:3023, 3056, 3746; 20:2313; 21:2922, 2923; 23:3404; 26:750
Lleras, José Manuel. 2:2728
Lleras Camargo, Alberto. 2:1496, 1497, 1503, 1505; 3:1915; 4:2314; 7:3523; 11:2516; 12:1555; 13:1800; 14:2440; 17:1970; 18:2187, 2209; 22:2667; 24:3523, 3524; 25:2760; 27:1767b, 2058, 3090, 3368
Lleras Franco, Hernando. 7:4202

Lleras Restrepo, Carlos. 3:1177; 4:591, 1612; 6:1189; 7:1186a, 1204, 1225; 8:1491; 10:1051; 12:734; 14:986; 25:1632; 27:3369
Lleras y Codazzi, Ricardo. 7:2155
Llerena, José Alfredo. 5:665; 8:786; 22:3552
Llerena Rodríguez, Mario. 8:1042, 2259; 16:2671
Lliboutry, Luis. 18:1288; 21:2032; 22:2408
Llobet, Federico M. 7:5146; 8:4908
Llobet, Josefina. 6:1343
Llona, María Teresa. 4:4046; 16:2737
Llopis, Rogelio. 28:1897
Llopis de Peinado, Luz. 17:1007
Llorca, Francisco. 23:4267
Llorca y Vilaplana, Carmen. 18:1713a
Lloré Mosquera, Víctor. 24:4860
Lloréns, Emilio. 5:1173; 6:2362; 8:122, 997, 2439; 9:1379, 1380; 10:1159-1161; 11:950; 16:853, 854, 857, 860; 18:855
Lloréns, Washington. 21:3650, 3827; 23:5193; 24:4746; 25:3933, 4328
Lloréns Castillo, Vicente. 7:2957
Lloréns Torres, Luis. 1:2101; 12:1940
Lloréns y Jordana, Rodolfo. 15:2898
Llorente, Francisco Martín. See Guerra, Armando, pseud.
Llorente, Max. 4:2331
Lloret Bastidas, Antonio. 24:5437
Llosa M., José Antonio. 20:2241; 26:1132
Llosa P., Jorge Guillermo. 25:5308; 26:1033
Llovera Ll., B. 6:2046
Lloyd, Albert Lancaster. 24:5908, 5933
Lloyd, Christopher. 13:1458; 28:763a
Lloyd, John William. 8:998
Lloyd Brasileiro, Patrimônio Nacional. Rio de Janeiro. 16:902
Lluch Mora, Francisco. 28:830
Loaiza, Rodolfo T. 7:2695
Loanda, Fernando Ferreira de. 28:2605
Loaysa, García de, Brother. 19:3481
Loayza, Francisco A. de. 4:2426; 9:3768; 11:2153, 2218, 2983; 13:1397; 14:1951, 1952
Loayza, Moisés C. 10:2119
Loayza Gutiérrez, Jorge. 8:1727
Lobato, Gulnara de Morais. 9:4355, 4371
Lobato, José Bento Monteiro. See Lobato, Monteiro.
Lobato, Monteiro. 3:550; 4:4226; 5:3922, 4043-4045; 6:4374, 4422, 4451, 4463, 4476; 7:4965, 5044, 5055, 5056, 5064, 5065, 5107, 5109, 5117, 5118; 8:4374, 4403, 4434, 4478-4480; 9:907, 4251; 10:3888; 12:2843-2845, 2887-2889; 13:585; 23:5574; 26:1986
Lobato Filho, João Bernardo. 19:6715
Lobato López, Ernesto. 10:2880; 11:757; 17:892; 22:1766
Lobatón, Tomás Demetrio. 10:2804
Lobb, John. 6:1094
Lobell, M. J. 9:2242
Lobet de Tabbush, Bertha J. 7:452; 8:158; 9:404, 1935
Lôbo, Arí Maurell. 6:4494
Lôbo, Eulália Maria Lahmeyer. 19:3160; 22:2617; 23:2802; 26:378, 1241; 28:431a, 1349
Lôbo, F. M. da Costa. 1:2147
Lôbo, Hélio. 2:939; 3:2867, 3503; 4:3360; 5:3341; 12:2219; 20:3285
Lôbo, José de Figueiredo. 16:2139
Lôbo, Luiz. 3:3380
Lôbo, Roberto Jorge Haddock. 22:2057; 23:1933; 27:2942
Lôbo, Ubaldo. 3:687
Lôbo da Costa, Moacyr. See Costa, Moacyr, Lôbo da.
Lôbo de Barros, Nelson. See Barros, Nelson Lôbo de.
Lôbo de Mesquita, José Joaquim Emerico. See Mesquita José Joaquim Emerico Lôbo de.
Lôbo de Saldanha, Martim Lopes. See Saldanha, Martim Lopes Lôbo de.
Lôbo Guerrero, Alberto. 10:1065
Lôbo Júnior, F. J. da Silveira. 5:3231
Lôbo Leite Pereira, Breno. See Pereira, Breno Lôbo Leite.
Lôbo Vianna. 4:3477
Lôbo Vilela, A. See Vilela, A. Lobo.
Lobos, Roberto N. 12:734a
Lobsiger, Georges. 20:2450; 23:833; 26:822
Lobsiger-Dellenbach, Marguerite. 14:446
Locatelli, Roberto. 10:4358, 4362
Locchi, R. 12:541
Lo Celso, Rogasiano M. 10:4139
Loch, E. Erskine, 4:2157
Locke, Augustus. 2:1429
Locke, John. 7:5705, 5731; 21:4859; 22:5912; 24:6125
Lockett, Thomas H. 2:480
Lockey, Joseph Byrne. 4:3578; 5:3342; 15:1460
Lockhart, Washington. 24:4337; 28:1218
Lockley, Lawrence C. 27:1961
Lockmiller, David Alexander. 2:2439d; 3:1097a, 1977, 2623, 2624; 4:3101, 3112; 20:2929
Lockward S., George A. 19:3114
Lockwood, Agnes Nelms. 20:2001; 21:551
Lockwood, Frank C. 4:50, 241
Lockwood, John E. 7:831; 8:999
Lodge, Louise Finley. 3:3086
Lodi, Euvaldo. 3:708; 15:689
Loeb, Al M. 27:2473
Loeb, Gustaaf F. 20:1426
Loeb (Carl M.) Rhodes and Company. 22:1457
Löfgren, Axel. 2:1240; 7:2461; 12:1471
Loehvert M., Rodolfo. 3:1773
Loera y Chávez, Agustín. 17:3122
Loescher, Robert. 22:1109
Loewen, Jacob A. 25:444; 27:1453, 1453a
Loewenberg, Alfred. 9:4737
Loewenstein, Karl. 8:2609, 2690; 9:3499, 3537; 10:2329
Loewenwarter, Víctor. 1:1560; 3:3753
Lofredi, Laís Esteves. 22:2071; 23:2410; 25:2199s
Lofstrom, Inge. 24:434; 26:95b
Lofthouse, J. A. 6:2312
Logan, John A., Jr. 27:3091
Logan, Rayford W. 25:3412
Logano Rocha, Erasmo. See Rocha, Erasmo Logano.
Logroño, Arturo. 7:3337
Logroño, Inés. 23:1292
Lohmann Villena, Guillermo. 2:1921; 4:3807, 3828; 6:3967; 7:3002, 4550, 4551, 5397; 8:3117; 9:2870, 3820; 10:3535, 3575; 11:2154, 3001, 3027; 12:1691, 1900, 2397; 13:1212, 1401, 1504, 2050; 14:1953, 2628; 15:1569; 16:2547, 2548; 17:1423; 18:1872-1874, 2418; 19:3155, 3456, 4637, 4678, 4694; 20:2451, 2452, 2757, 3738, 3750; 21:2442, 2739, 2740, 3167; 22:3457-3459; 23:3646-3648, 4708, 4732; 24:4113; 25:3054, 3055; 26:864a, 864b, 2241; 28:211, 911a-912a, 1043
Lohrmann, Alfredo. 2:1370
Lóizaga, Elva de. 24:5438
Lokke, Carl Ludwig. 2:1847, 1969a; 4:2684
Loli, Guillermo. 24:2808; 25:2214

Lollett C., Carlos Miguel. 27:2097
Lollini, V. E. 5:4462; 6:5070
Lomax, Alan. 23:646
Lomax, John Garnett. 28:472
Lombardi, John. 3:2401
Lombardo de Caso, María. 19:4907; 26:1555
Lombardo Otero, Rosa María. 11:1458
Lombardo Toledano, Vicente. 4:1331, 1332; 7: 832, 923, 1846, 2491, 2684, 3769, 4274, 4288; 8:3568; 9:158, 2515; 10:3307; 14:2447; 19:1887; 27:3497
Lombardo Vega, Abel. 25:445
Lombille, Román J. 20:3009
Lomboy, Reginaldo. 12:1402, 2547; 15:2234
Lomelí, María Guadalupe. 22:1419
Lomelín Pastor, David. 8:3809
Lommel, Andreas. 22:357; 27:1145; 28:138
Loncán, Enrique. 5:3678
London, Gardiner H. 18:2346
London, H. Stanford. 3:894
Londoño, Julio. 21:1975
Londoño, Víctor M. 3:3302
Londoño Martínez, Alfonso. 12:645
Londoño Villegas, Eduardo. 11:3253
Londres, Genival. 7:4084
Londres da Nóbrega, Vandick. See Nóbrega, Vandick Londres da.
Long, Edward John. 22:6112
Long, Haniel. 10:2471
Long, John E. 2:141, 1303
Long, Richard C. E. 1:87; 3:142; 8:168, 169; 10:183; 14:233-235
Long, Robert G. 14:1541; 19:2651
Long, T. D. 24:7
Long, W. Rodney. 2:1121
Long Alessandri, Eduardo. 3:870
Longacre, Robert E. 22:882, 883; 25:716; 27: 1422, 1454, 1454a
Longacre, William A. 24:277; 25:150
Longhi, Luis Ricardo. 11:3513; 12:3058
Longhi de Bracaglia, Leopoldo. 2:2581
Longhurst, John E. 17:1611; 19:3203
Longinos Martínez, José. 4:2685
Longo, Júlia Marcondes. 28:2500
Longyear, John M., III. 6:283, 284, 582; 8: 188-190; 10:221; 12:137; 13:165; 14: 168; 17:89; 18:63; 20:140
Lontiel, Octavio. 18:2691
Loomie, Albert J. 19:3303
Loomis, C. G. 10:1659, 1660, 1687
Loomis, Charles P. 4:242 17:3020; 19:6010, 6011; 20:4935; 23:6014
Loomis, Frederic. 7:5066
Loor, Wilfrido. 3:342; 13:1647; 19:3881; 20: 3054; 23:3822; 24:4369
Loos, Anita. 8:4418
Loos, Dorothy Scott. 28:2417
Loos, Eugene E. 27:1455, 1463
Looser, Gualterio. 5:201, 207, 498; 10:2709; 13:27, 933; 15:24; 28:406a
Looz-Corswarem, Otto Adalbert Graf. 1:665
Lopatin, Ivan A. 24:278
Lope Bello, Xavier. 8:1000, 1453
Lope Blanch, Juan M. 19:4531; 25:3934-3936; 26:1352; 28:1582, 1583
Loperna, Gabriel. 3:3418
Lopes, Albert R. 7:4631; 8:4005, 4222; 18: 2750; 19:5272
Lopes, Alexandre Monteiro. 6:1819; 9:4587
Lopes, Alfredo Cecílio. 28:1372
Lopes, Américo. 4:4303; 6:4526
Lopes, Antônio. 16:2140; 22:3813; 24:4512
Lopes, Augusto. 23:2698
Lopes, Bernardino da Costa. 25:4714
Lopes, Edmundo Correia. 15:1850

Lopes, Ernani. 4:4261
Lopes, Francisco Antônio. 8:872, 13:1719; 19:1234; 22:3846
Lopes, Francisco Higinio Craveiro. 24:4490
Lopes, Helvécio Xavier. 3:695; 4:788-791; 6:1926; 8:1847; 10:3308, 3361, 3362
Lopes, J. Leite. 28:115
Lopes, José Codeceira. 24:2071
Lopes, José Leme. 15:1057
Lopes, José Lupércio. 6:2453
Lopes, José Stênio. 19:2284
Lopes, Juarez Rubens Brandão. 23:2411, 6019; 27:2343
Lopes, Lucas. 16:1283; 17:833, 834; 18:1456; 20:1427; 27:2942a
Lopes, Luciano. 9:1805, 4173
López, Luis Carlos. 12:2654; 28:2144
Lopes, Luiz Simões. 8:1831
Lopes, Lydia. 12:1218q
Lopes, Maria Júlia Pinheiro. 15:60
Lopes, Miguel Maria de Serpa. 1:1551; 4:4486; 6:4898; 9:4510; 10:4080, 4081
Lopes, Moacir Costa. 23:5471; 25:4663; 28: 2501, 2502
Lopes, Murilo Ribeiro. 19:4089
Lopes, Napoleão Agostinho. 16:588
Lopes, Paulo Corrêa. 8:4283; 9:4284; 22:5472
Lopes, R. Paula. 2:1417; 7:4033; 9:1692
Lopes, Raimundo. 3:361; 4:342, 2014a
Lopes, Renato Souza. 2:1071
Lopes, Roberto B. 24:4513
Lopes, Silvino. 1:2214; 16:2837
Lopes, Theodorico. 11:2584; 14:2354; 17: 1862
Lopes, Tomás de Vilanova Monteiro. 9:1806
Lopes, Valdecir Freire. 22:1640
Lopes, Waldemar. 9:3443; 16:2838
Lopes Coelho, Luiz. See Coelho, Luiz Lopes.
Lopes Corrêa, Paulo. See Corrêa, Paulo Lopes.
Lopes da Costa, Alfredo de Araújo. See Costa, Alfredo de Alraújo Lopez da.
Lopes da Costa, Milton. See Costa, Milton Lopes da.
Lopes da Cruz Magnanini, Ruth Bouchaud. See Magnanini, Ruth Bouchaud Lopes da Cruz.
Lopes de Almeida, Julia. See Almeida, Júlia Lopes de.
Lopes de Almeida, Manuel. See Almeida, Manuel Lopes de.
Lopes de Andrade. 14:1153
Lopes de Mattos, Carlos. See Mattos, Carlos Lopes de.
Lopes de Oliveira, Agenor. See Oliveira, Agenor Lopes de.
Lopes de Sá, A. See Sá, A. Lopes de.
Lopes de Santiago, Diego. See Santiago, Diego Lopes de.
Lopes de Souza, Maria Mercedes. See Souza, Maria Mercedes Lopes de.
Lopes Gama, Miguel do Sacramento. See Gama, Miguel do Sacramento Lopes.
Lopes Gonçalves, Augusto Cézar. See Gonçalves, Augusto Cézar Lopes.
Lopes Leão, Mário. See Leão, Mário Lopes.
Lopes Lobo de Saldanha, Martim. See Saldanha, Martim Lopes Lobo de.
Lopes Meirelles, Hely. See Meirelles, Hely Lopes.
Lopes Mendes, Antônio. See Mendes, Antônio Lopes.
Lopes Moreira, P. 7:5550
Lopes Neto, João Simões. 15:2532; 17:2613a; 18:2774; 19:5342; 21:3296

Lopes Pontes, Aloysio. *See* Pontes, Aloysio Lopes.
Lopes Rodrigues, Eduardo. *See* Rodrigues, Eduardo Lopes.
Lopes Rodrigues Ferreira, H. *See* Ferreira, H. Lopes Rodrigues.
Lopes Sussekind, Arnaldo. *See* Sussekind, Arnaldo Lopes.
Lopes Teixeira, Regina. *See* Teixeira, Regina Lopes.
Lopes Veríssimo, Érico. *See* Veríssimo, Érico Lopes.
Lopétegui, León. 6:2817; 8:2909, 3118
López, Alberto T. 10:4022, 4023; 13:2444; 15:2642
López, Alejandro. 3:1178; 6:1365; 7:1205; 8:1365
López, Alfonso. 2:1498-1500a, 2428, 2429; 3:1907, 1911, 1917; 4:2312, 2318, 2319, 3545; 9:2476
López, Alfredo, *Argentine*. 11:1836
López, Alfredo, *Mexican*. 18:2866
López, Amelia. 25:609
López, Anastasio. 1:763
López, Antonio. 26:1100
López, Atanasio, *Brother*. 23:3170; 24:3815; 27:798
López, Casto Fulgencio. 6:2285; 7:3212; 9:3793; 13:1375; 20:3101
López, Ceferino. 7:3911
López, E. Y. 24:3918
López, Francisca. 8:3757
López, Francisco. 27:3370
López, Francisco Marcos. 22:2618, 4067; 23:1683
López, Francisco Solano. 22:3559
López, G. 3:3688
López, Genaro. 28:204
López, Germán S. 8:1251
López, Gonzalo. 24:1135
López, Gustavo S. 2:480a; 5:878a
López, J. Heliodoro. 23:4986
López, J. Heriberto. 2:2699; 4:3960
López, Jacinto. 13:1657
López, José Eliseo. 27:2098, 2804
López, José Hilario. 2:2237
López, Jose Luis. 12:841
López, Juan Severino. 17:410
López, Julio César. 25:4501
López, Laureano. 18:2108
López, Lucio V. 5:3785; 7:4721
López, Luis Felipe. 6:2756; 7:2761
López, Manuel Antonio. 20:2987
López, Matías. 4:1799, 10:1597
López, Matilde Elena. 20:4865; 23:5194
López, Nacho. 28:266a
López, Nerio Manuel. 21:3969
López, Rafael. 1:2325; 22:5150
López, Rogelio B. 13:58
López, Vicente Fidel. 3:2239; 10:3688; 26:995
López, Víctor M. 4:1919; 5:1789a; 6:2188; 8:2218, 2325, 2326; 9:2059, 2107; 10:2012, 2120; 11:841; 12:1319, 1323
López Airaghi, Antonio C. 17:3042
López Albújar, Carlos. 20:2043; 22:3407
López Albújar, Enrique. 3:3256; 9:561
López Alonso, David. 16:3190
López Aparicio, Alfonso. 18:1945, 2276
López Anaya, Fernando. 28:247
López Ariza, Julio. 7:3567
López Arteta, Fidel Alberto. 7:4253-4256; 10:3428, 3429
López Austin, Alfredo. 23:946; 25:661; 27:799

López Ávila, J. Hugo. 25:5213
López B., Ramón. 22:865
López Ballesteros, Alberto. 6:2564
López Basanta, J. 20:2220
López Bermúdez, José. 16:2715; 19:1931; 20:3835
López-Buchardo, Carlos. 6:4852; 7:5436; 12:3341; 15:2773
López Cámara, Francisco. 16:2549, 3276; 21:2271, 3735; 26:549; 27:1880
López Cámara, Margo. 23:5911
López Cárdenas, Fernando. 8:1069; 13:2467
López Carrasco, Fidel. 18:1089
López Castillo, Raúl. 3:1097b; 18:2886; 24:4941
López Castro, Amadeo. 8:1252
López Cepeda, Manuel. 28:1111
López Chiñas, Gabriel. 6:2071, 2133; 15:384
López Contreras, Eleazar. 2:1547; 3:2077, 2078; 4:2441, 2442; 5:2185, 2186; 6:2733, 2745; 7:2739, 2749; 10:3103; 15:1343, 1776; 17:1839; 19:4280
López Contreras, Eurario. 3:2043, 2078
López Córdovez, Luis Alberto. 27:2863a
López Crespo, Iris de. 13:2234
López Cruz, Fernando. 24:4747
López D., Adriana. 12:950
López Dávila, Manuel. 23:3281
López de Cogolludo, Diego. 24:3816
López de Goicoechea, Francisco. 18:2954; 20:4478
López de Gómara, Francisco. 6:2931; 9:2798; 20:2520; 26:442; 27:766; 28:517
López de la Cerda, Julio. 6:4653
López de la Flor, Juan. 6:2849
López de la Parra, Manuel. 20:1499; 22:1767
López de Medina de Ramos González, Ana María. 12:1149, 1150
López de Meneses, Amada. 14:1882; 19:3306; 28:517a
López de Mesa, Luis Eduardo. 2:2700; 6:1366; 10:1052; 11:2231; 15:2234; 18:3247; 21:2319
López de Nuño, Alicia. 28:3349
López de Palacios Rubios, Juan. 19:3162
López de Rodríguez, Alicia. 15:496
López de Romaña, Emilio. 6:194
López de Roux, María Eugenia. 28:691
López de Santa Anna, Antonio. 22:3261
López de Toro, José. 14:1954; 16:1716; 19:3105; 21:2378
López de Vallarino, Teresa. 14:2694
López de Villaseñor, Pedro. 27:489
López del Carril, Julio J. 23:4560; 25:4052; 27:3683
López del Castillo, José. 18:1714; 21:2443
López del Lleigo, Carlos. 14:953
López Domínguez, Ramón. 12:3091; 13:2482
López Dorticos, Pedro. 17:1719
López Escauriasa, Domingo. 8:2721, 2722
López Estrada, Francisco. 16:2520; 18:2419; 20:3739
López Fábrega, Francisco. 16:2447
López Fernández, José. 14:917; 15:1173
López Fidanza, Alberto. 12:3059
López Filho, Napoleón. 8:2530
López Flores, Joaquín. 19:5615, 5616
López Francés, Manuel. 15:638
López Francés, Miguel. 16:855, 18:856
López Fresquet, Rufo. 19:1430
López Freyle, Isaac. 17:2711; 27:3836
López Fundora, Zoila Rosa. 6:4834
López García, Rubén. 18:961, 962

López Gómez, Adel. 4:3961; 25:4341; 26:1588
López González, Antonio. 3:805
López González, Julieta. 16:979
López González, Norma. 19:5593a
López González, Valentín. 18:77; 19:126
López Graff, Hilda. 27:2461
López Guédez, Horacio. 28:432, 458, 458a, 875, 946
López Guerra, Luis. 2:903
López Gutiérrez, Estanislao. 4:50a
López H., J. Emilio. 8:1401
López Henao, José. 6:1367
López Hernández, Carlos. 17:664, 2808
López Herrera, Salvador. 21:3295
López Imizcoz, Daniel. 7:1564; 8:1627
López J., Manuel. 11:710
López Jiménez, José Crisanto. 26:153
López Jiménez, Ramón. 1:1760; 9:3550; 13:1801; 24:4024; 25:3347; 28:748a
López-Lavalle, María Esther. 21:4577
López Legazpi, Fortino. 15:2091
López López, Osvaldo. 12:3001; 14:3143
López Lorenzo, Manuel. 22:5316
López M., Tiberio. 12:330; 13:270
López Machorro, Elvira. 22:2929
López Malo, Ernesto. 24:2127
López Martínez, Héctor. 24:4114; 25:3490; 28:913, 913a
López Mateos, Adolfo. 22:2699; 23:2046, 2936; 24:2113, 2136, 6235, 6236; 25:2821-2824, 3269, 3270, 3293; 27:3498-3498c; 28:614, 675a
López Matoso, A. 21:2924
López Mayer, Adolfo. 12:887
López Mayorical, Mariano. 12:1817
López Medel, Tomás. 7:392
López Mena, Héctor F. 4:172, 3734; 8:123, 2277
López Méndez, Luis. 21:3183
López Menéndez, Felipe. 14:1716; 28:1171
López Merino, Francisco. 28:2095
López Michelsen, Alfonso. 10:3636; 11:1876; 13:1081; 24:4349; 27:3371
López Monfiglio, César M. 27:1361
López Morales, Humberto. 28:2083
López Moreno, Miguel. 15:1332, 2653
López-Morillas, Juan. 11:3174
López Munguía, Agustín. 20:1500; 25:1561
López Muñoz, Luis. 11:1048; 12:735
López Naguil, Lorenzo. 5:1398
López Narváez, Carlos. 17:1799; 25:4436
López Negrete, Ladislao. 14:2772; 19:4908
López Núñez, Carlos. 10:2730; 19:6012; 20:3026; 24:4744, 6407
López Nussa, Leonel. 28:1898, 2362
López Orihuela, D. 16:1069
López Ortiz, José. 13:2051
López Ortiz, Luis. 5:2462
López Osornio, Mario A. 6:2134; 3517a; 7:1983; 8:2117; 11:1442, 1521; 17:2389
López Ostolaza, Guillermo. 10:4048
López Pacheco, Jesús. 24:5259
López Parada, Efraím. 21:4518
López Pardo, María Rita. 23:3628
López Peña, Arturo. 23:4445; 26:1696
López Peña, Haim H. 12:2548; 22:3212
López Pérez, Manuel. 24:3919, 3920
López Pérez de Freineda, M. 5:338
López Pineda, Julián. 6:1021; 8:2764; 10:2902
López Portillo, Arturo. 11:758
López Portillo, José. 4:1333
López Portillo y Rojas, José. 11:3254, 3255; 21:3970
López-Portillo y Weber, José. 1:41, 786; 5:2404, 2883; 8:505; 9:2613, 2799; 10:151; 11:250; 12:181; 14:285; 20:2840; 23:3282; 24:3921; 25:3141, 3271, 3272
López Pumarejo, Eduardo. 8:1384
López R., Raúl. 8:3750
López Ramírez, Gabriel. 7:1194
López Ramírez, Tulio. 9:542, 543, 602; 10:430; 11:401, 402, 442; 12:100, 530
López-Rey y Arroyo, Manuel. 8:3175; 12:2994; 13:2407, 2516; 15:2609
López Reyes, Amalia. 14:1717
López Rivas, Eduardo. 23:490, 1290
López Romero, Adolfo. 25:1562, 2825
López Rosado, Diego G. 6:2232; 11:759; 16:980, 980a, 1788; 17:893-895, 1682; 18:963; 19:1888; 20:1501; 21:1477; 23:2047, 2880; 24:2887; 27:1881
López Rosado, Felipe. 21:4942
López Rosado, Jorge. 25:1563, 1690
López Rosas, José Rafael. 18:2441 23:3769; 24:4825; 26:995a
López Saa, Emiliano. 10:2121
López Sanabria, Hugo. 20:1327
López Sánchez, José. 16:1615; 26:751
López Sarrelangue, Delfina Esmeralda. 14:1718; 20:2537; 22:2973; 23:3171; 26:450, 476; 27:2462; 28:570
López Serrano, Matilda. 8:691
López Silveira, Juan José. 27:3092
López Tamés, Román. 28:830a
López Toro, Alberto. 11:1621
López Torres, Emilio. 3:2042
López Trujillo, Clemente. 12:2432, 2492
López Valdizón, José María. 24:5216, 5217; 25:4329
López Velarde, Guillermo. 24:4861
López Velarde, Ramón. 1:2102; 10:3795; 12:2655; 18:2485, 2625a; 19:4742, 5023
López-Velarde López, Benito. 28-549a
López Victoria, José Manuel. 11:1476; 28:619, 691a
López Vidal, Severo. 10:4481
López Viguera, Luis. 14:2502
López Villamil, Humberto. 13:1834; 16:3354; 23:4622; 25:3348
López Villarino, María del Socorro. 20:3836
López Villatoro, Mario. 21:2267; 22:2693
López y Fuentes, Gregorio. 1:2059; 3:3257, 3346, 3363; 4:4002, 5:3754; 6:4144, 4165; 9:3933; 10:3669; 11:3256; 14:2773; 17:2390
López y Lleras, Rudecindo. 14:3119
López y López, Gregorio. 13:2726
López y López, José. 21:4863
López Zamora, Emilio. 6:951, 1303; 7:959
Lópezlira, Enriqueta. 10:2572; 12:1861; 15:1694; 18:1959
Loppe, Daphnis. 20:4010
Loprete, Carlos Alberto. 19:4743
Lora, Alejandro. 10:4459
Lora, Guillermo. 27:3228-3228c
Lora, Juan de Dios. 10:3946; 15:2759
Lora Risco, Alejandro. 23:4446, 4447, 5174; 24:5535, 5536; 25:5174; 26:1803
Lorandi, A. M. 24:521
Lorca Rojas, Gustavo. 9:2376
Lord, Robert A. 1:972
Lore, Ludwig. 4:3613
Loreau, Leonard. 19:127
Loredo, Rafael. 6:2978, 3040, 3041; 10:2836; 12:1901; 20:2757a; 23:3649

Loredo Castañeda, Emma. 16:1370
Lorena, Antonio. 6:2402, 2403
Lorente, Juan Faustino. 4:3180; 6:3203; 11:2471
Lorente Rodrigáñez, Luis María. 10:2472
Lorentz, Pablo G. 5:2960
Lorenz, Erika. 28:2238
Lorenz, Valdomiro. 7:255
Lorenzo, José Luis. 19:128, 185; 20:141; 22:87, 88, 987; 23:2529; 24:250; 25:151, 213; 27:328
Lorenzo, Tirso. 2:2514
Lorenzo Fernández, Cassiano Alberto. See Fernández, Cassiano Alberto Lorenzo.
Lorenzo Fernández, Oscar. See Fernández, Oscar Lorenzo.
Lorenzo y Losada, Héctor. 17:1361
Loret de Mola, Carlos. 16:1789
Loreto, Aliatar. 23:3954
Loreto, Luis. 20:4552, 4560; 21:1355, 4519
Loreto Filho, Sergio. 1:1774
Lorf, Peter. 26:96
Loria, Alvar. 27:1577a-1578
Lorscheiter, Vendelino. 26:401
Lorwin, Lewis L. 7:833, 9:999
Losada, Benito Raúl. 28:2145
Losada, Félix Angel. 12:1208
Losada, Gonzalo. 10:4278; 27:33
Losada, Jorge A. 8:649
Losada, Roberto, Jr. 28:2391
Losada García, Ángel. 13:1213; 14:1883; 16:1495, 1529; 17:1495; 18:1714a; 19:3413; 22:3445
Los Angeles County Public Library. 8:51
Losanovscky Perel, Vicente. 9:3586
Lossada, Jesús Enrique. 6:4064
Lostaunau, Alejandro. 12:1901a; 26:864c; 28:914
Lostaunau, Oscar. 20:363
Lothrop, Eleanor. 22:206
Lothrop, Samuel Kirkland. 2:52, 53; 3:115, 254; 5:241, 332, 432; 6:240, 285; 7:274, 322, 337; 8:199, 200, 277; 11:137, 261; 12:152a, 321, 379; 14:125, 320, 413, 414; 16:167, 307; 17:220, 221; 18:64; 19:129, 468, 469, 869; 20:364; 21:3, 323, 324; 22:207; 23:311, 312, 947, 1372, 1393; 24:163, 421, 506, 595, 1618; 25:121, 1112; 27:155, 233, 438, 478
Lotschert, Wilhelm. 23:2507
Lott, Leo B. 22:2714
Loudet, Enrique. 3:1721; 4:1048, 3181; 9:4007; 10:841
Louge, Pedro J. S. 23:4561
Loughlin, Elmer H. 19:596
Loughran, Elizabeth W. 2:2439e
Loughran, James A. 27:3195
Louis, Edner August. 24:4038
Louis, Janine Tavernier. 26:2139
Louis, Marceau. 17:1744, 2654
Louisiana (Spanish Colony). Courts. 1:785
Loukotka, Cestmír. 2:274; 3:315; 5:439, 455, 456; 14:453; 16:385, 415, 416; 20:695a, 696; 21:325; 27:1231, 1231a, 1456
Lounsbury, Ralph G. 22:6400, 6403
Loureiro, Célio. 25:4117
Loureiro, J. Pinto. 4:4332, 4381
Loureiro, Osman. 4:2288; 5:2008, 2009
Loureiro, Raul R. 1:1779; 19:5444
Loureiro, Waldemar. 12:3182
Loureiro de Souza, Antônio. See Souza, Antônio Loureiro de.
Loureiro Fernandes, José. See Fernandes, José Loureiro.
Loureiro Júnior, José. 26:1275

Lourenço, João de. 7:1588; 9:1627; 12:1021
Lourenço de Oliveira, J. See Oliveira, J. Lourenço de.
Lourenço Filho, Francisco Gago. 21:1756
Lourenço Filho, Manoel Bergstrom. 3:1377, 1379-1381, 1472; 5:1438, 1493; 6:1928, 1960-1963; 7:1760, 1796-1801; 8:1866b, 1894, 1895; 9:1775; 10:1469, 1517, 1524-1529; 11:1347-1352; 12:1217u, 1218r, 1218s; 13:655; 15:1006, 1058-1059; 16:1110, 1111; 17:1048-1050; 18:1018a, 1158-1161; 19:2275-2279; 22:2033; 23:2412; 25:2164; 27:2397, 2397a, 2541, 2568, 2595, 2595a, 2630, 2651
Lourenço Oliveira, Hélio. See Oliveira, Hélio Lourenço.
Lourié, I. 6:1095; 8:3652; 10:1030
Lousada, Wilson de Almeida. 8:4224; 9:4174; 16:2907; 19:5273
Loustalot, Judith P. 25:4465
Lousteau Heguy, Guillermo. 28:1014a
Louvel Bert, René. 19:5076
Louys, Pierre. 9:4351
Louzada, Afonso. 5:1494
Louzada, Armando. 8:4320
Louzeiro, José. 24:5759; 25:4664
Lo Valvo, José. 13:2483
Lovasy, Gertrud. 27:1744
Lovato V., Juan Isaac. 21:4619; 24:4843; 25:4076
Loveiko, G. 25:2643
Lovelace, Manuel de J. 5:4355
Loveluck M., Juan. 17:2443; 24:5040; 26:1416; 28:1786a, 2028, 2036
Loven, Sven. 2:102
Lovett, Gabriel H. 20:2334
Lowdermilk, W. C. 4:2182; 12:1266
Lowe, Gareth W. 21:48; 23:191, 192; 27:331-333
Lowe, S. K. 10:2573
Lowell, A. Lawrence. 5:3343
Lowell, Joan. 18:2176
Lowenstein, Frank W. 24:1512
Lowenthal, David. 22:2300; 24:748, 2829, 2830; 27:1306
Lowenthal, Maximilian von. 7:3211
Lower, Milton D. 27:1744a
Lowery, Woodbury. 23:3128, 3129
Lowes, R. H. G. 19:808
Lowie, Robert H. 4:343; 5:220, 458; 6:241, 574; 7:543; 12:397-406; 13:89; 14:454; 15:426 17:23; 18:338
Lowrie, Samuel H. 2:1072; 3:49, 50; 4:13, 396, 647, 818-821; 6:1656
Lowy, Michael. 25:2726
Loynaz de Álvarez de Cañas, Dulce María. 18:2539; 21:4155
Loynaz del Castillo, Enrique. 1:1422; 12:3400; 18:2006
Loyo, Gilberto. 2:156; 6:367, 368; 7:834, 1011; 9:365, 1088, 3704; 12:763; 14:65a, 861; 15:639, 794; 16:981; 17:896, 897; 20:1502; 24:2128; 25:1484, 5627; 27:1745, 1882
Loyola, Mary. 11:2526
Loyola Montemayor, Elías. 20:1503
Loyola S., María del Refugio. 27:1882a
Loza, Emilio. 4:2993; 7:3256
Loza, Eufracio R. 18:2955; 22:4634
Loza, León M. 2:2413; 3:2175; 5:2275, 3029
Loza, Mario. 20:1018; 26:1725
Loza Colomer, Carlos A. 9:2400
Lozada, Alfredo. 28:2239
Lozada, Arturo Cortes. 2:1371

Lozada, Enrique de. 5:450
Lozada, J. R. 4:129
Lozada, Jesús. 6:1629, 1630
Lozada, Salvador María. 25:4025; 27:3093, 3626
Lozada, Z. Rodolfo. 5:1715
Lozada Benavente, Elías. 4:3295
Lozada Uribe, Mario. 14:1517
Lozana L., Pedro Pablo. 4:4390
Lozano, Carlos. 20:3710; 23:5047; 25:4540
Lozano, Fabiano R. 6:4835; 7:5605; 10:4491
Lozano, Fortunato. 23:3283
Lozano, Godofredo E. 10:4103
Lozano, Gonzalo París. 3:2706, 12:1317a
Lozano, Jesús J. 23:3284
Lozano, José María. 19:2928
Lozano, Julio. 4:1429; 6:1022
Lozano, Mariano. 10:2972
Lozano, Pedro. 7:2267, 3071
Lozano Caballero, D. Abilio. 23:4448
Lozano Cleves, Alberto. 24:4178
Lozano Muñoz, José. 5:3679, 4125; 13:1039
Lozano Orozco, Juan. 14:415
Lozano Ramírez, Raúl. 2:1452
Lozano Torrijos, Fabio. 2:2414; 3:2498
Lozano y Lozano, Carlos. 3:2499; 5:2033, 2035, 2566, 3054; 6:1202; 10:3057; 11:2232; 14:897; 16:3086
Lozano y Lozano, Fabio. 3:2500, 2566; 5:2504, 3595; 10:3058; 12:1995; 14:2020; 28:964a
Lozano y Lozano, Juan. 6:2609, 3459, 4257, 4258; 10:107
Lozoya, Marqués de. See Contreras y López de Ayala, Juan.
Lozzia, Luis Mario. 20:3948
Luaces y Serrango, Felipe L. 8:4557; 4558
Lubambo, Manoel. 2:2875; 6:1657, 4315
Lubascher Fink, Walterio. 14:2503
Lubertino, José. 20:2221
Lubian, Silvia. 26:752
Lubin, J. Dieudonné. 19:5390; 20:4454
Lubin, Maurice A. 16:1427, 2945; 18:2838; 20:4455; 23:5660, 5661; 25:491, 4767, 4768; 28:2695, 2696
Lubran, M. 18:171, 394
Luc, J. 6:5079
Lucadamo, Alfredo. 6:1442
Lucas, Clarence R. 8:1324
Lucas, Fábio. 23:2882
Lucas, Renato Mazze. 25:4665
Lucas de Grummond, Jane. 19:3921
Lucca, Roberto J. 14:757
Luccheti, Antonio. 11:1550
Luccock, John. 1:1331, 8:873
Lucena, Humberto. 25:3853
Lucena, Inés de. 27:46
Lucena Salmoral, Samuel. 27:1285
Lucero, Franklin. 24:4279
Lucero Ontiveros, Dolly María. 19:4638
Lucero-White, Aurora. 3:1500; 6:4950
Luces, Zoraida. 8:2327
Luchetti de Monjardín, María Adela. 19:2053
Luchini, R. 16:1182
Lucia Castillo, Mário di. See Castillo, Mário di Lucia.
Luciani, Ida R. 3:1349
Luciani, Jorge. 9:3066
Lúcio, João. 10:3880
Lucio, Nodier. 26:1495, 1804
Lucio, Rafael. 20:970
Luckács, Georg. 24:6126
Lucrecio Caro, Tito. 16:3318
Lucuix, Simón S. 9:3245; 19:3895; 23:1447; 25:3714

Ludemann, Eduardo. 4:292; 10:435
Ludendorff, Erich. 6:4445
Ludendorff, Hans. 1:88-90; 2:81-82; 3:77, 4:161
Luder, Italo A. 11:1812
Luderitz, João. 11:1353
Ludewig, C. Keech. 3:508, 806; 4:592, 995; 5:797, 798
Ludlow, William H. 12:1345
Ludolf, Mário Leão. 24:2072
Ludwig, Emil. 5:2714, 4024, 4025; 6:4446 4447; 8:3184, 3184a; 13:1459; 14:1719
Luebke, B. H. 2:1372
Lüling, K. H. 27:2876
Luelmo, Julio. 9:2662; 11:2707; 13:1542
Luengo Escalona, Luis F. 12:951
Luengo Muñoz, Manuel. 15:1527; 17:1483; 18:1715, 1715a, 3235
Luévano Rodríguez, José León. 21:4542
Lufriú, René. 4:3102; 8:3653
Lugano, G. 7:2875
Lugari, Mariano. 6:876, 2404; 7:835
Lugo, Américo. 6:2932; 7:2958, 3372; 13:1327; 15:2236; 16:1496; 18:1791a
Lugo, Francisco Aniceto. 3:2735
Lugo, Janet. 21:1651
Lugo, José Inocente. 3:2042
Lugo, Manuel. 5:4402
Lugo López, M. A. 16:1151
Lugo Lovaton, Ramón. 13:1579; 14:2138; 15:1474; 16:1888, 1889; 17:1551, 1745, 1747; 19:3382a, 6432; 20:2585, 2956; 21:2949
Lugo Macías, Alfonso. 11:2849
Lugo Marenco, Juan José. 21:1359, 4564
Lugo Romero, Américo. 7:5572
Lugo-Silva, Enrique. 20:2298, 2968
Lugones, Antonio Cisneros. 21:4713
Lugones, Leopoldo. 4:3182, 3735, 4562; 7:4750a; 10:3795a; 11:2472, 2944; 14:2873; 16:2601; 23:5195; 26:1101, 1102
Lugones, M. G. 4:2994
Luiggi, Alice Huston. 18:2073
Luis y Barrena, Sergio. 7:1112
Luisi, D. E. 1:381
Luisi, Héctor. 7:1557
Luisi, Luisa. 1:2103
Luisi, Paulina. 14:3256
Luiz, Edmundo. 8:4488
Luiz, Walnir Antônio. 21:3553
Luján, E. R. 9:1255
Luján, Emiliano. 22:1116
Luján, Jaime A. 8:3781; 27:3815
Luján, James Graham. 9:3971
Luján, José María. 26:547
Luján, Mónica. 20:3949
Lújan, Néstor. 22:6139
Luján Muñoz, Luis. 25:3209; 28:180, 725
Luján Rodríguez, Abelardo. 26:660
Lukashova, Evgeniia N. 24:2845
Luke, Harry. 16:41
Lukesch, Anton. 25:544; 27:1232-1232b
Lullo, Orestes di. 4:3736; 6:2093; 7:2026; 9:1846, 1982; 11:1525; 14:1986
Lumbano, Manuel. 3:2826
Lumbreras S., Luis Guillermo. 23:491, 492; 24:596-598; 25:385; 27:474
Lumen, E. 6:2680
Lumis, Charles F. 6:2818
Lumsden, E. W. H. 2:1531
Luna, Antonio L. 18:964
Luna, Félix. 19:3841, 4909; 27:3196
Luna, Isabel M. P. de. 19:5508
Luna, José Luis. 5:3680; 7:174a; 8:4091
Luna, Lisandro. 9:1895; 10:1704

Luna, Miguel M. 9:3321
Luna Arroyo, Antonio. 2:1970; 5:4433; 14: 828; 18:493; 22:5712; 24:6235; 25: 1226-1228; 28:278-278b
Luna Arroyo, Francisco. 5:4433
Luna Cárdenas, Juan. 4:118; 14:108
Luna Ercilla, César A. 14:1471
Luna Mejía, Manuel. 28:2084
Luna Morales, Clara. 14:1676
Luna Olmedo, Agustín. 8:1125; 11:760; 19: 1975a
Luna P., Julio. 6:554
Luna Pizarro, Francisco Javier de. 23:3834
Luna Sauvat, Julio. 10:2122; 23:1820
Luna Vegas, Ricardo. 10:1298; 11:711, 712
Lunardi, Federico. 2:191; 4:2158; 5:1945-1948; 7:323, 2959; 9:297, 2728, 2800; 10:222, 231, 2529; 11:277; 12:1250, 1818-1818b; 14:169, 2298
Lunazzi, José M. 6:2015
Lund, Peter W. 1:1309
Lundberg, Donald E. 28:749
Lundberg, Olav K. 13:1995
Lundell, Cyrus Longworth. 3:1567, 1581; 8: 2278; 24:279
Lundell, John E. 19:1439
Lundgren, Arne. 26:1495a
Lundkvist, Artur. 21:5033
Lundman, Bertil. 23:1251
Lunte, E. 23:1440
Luper, Albert T. 8:4781; 9:4761; 18:2994; 28:3058
Lupércio Lopes, José. *See* Lopes, José Lupércio.
Luperón, Gregorio. 5:2843
Lupión Castro, Antonio. 12:3380
Lupo, Remigio. 4:3183
Luppol, I. K. 6:5079
Luque, Jorge Alfredo. 20:2019
Luque A., Eduardo. 22:2668
Luque Colombres, Carlos A. 9:3794; 10:2700; 11:2173; 14:1774; 17:1645; 18:1908, 1909; 19:3485b, 3486; 20:2789; 25:3512
Luque U., Lizardo. 12:993
Luque Valderrama, Lucía. 19:4964a
Luqui, Juan Carlos. 6:4683; 7:1366
Luquiens, Frederick Bliss. 5:3555, 3628
Luquín, Eduardo. 16:2633; 26:550, 629
Luraghi, Eugenio. 24:1809
Lurie, Samuel. 19:1889
Luros, Pablo. 9:612
Lusarreta, Pilar de. 3:2658
Lusignan, Marzia de, *pseud.* 14:2774
Lusitano, Leonel da Costa. 9:4390
Luso, João. 2:2851; 16:2839
Lussagnet, Suzanne. 13:78, 90, 91; 14:109; 15:143; 16:106; 17:24; 18:12; 19:25; 22:884; 27:1457
Lussich, Antonio D. 4:4100a; 28:125
Luso-Brazilian Review, Madison, Wisc. 26:58
Lustig, Emil. 7:3963
Lustosa, Irene. 12:1218t; 13:708, 709
Lustoza Cabral, Nelson. *See* Cabral, Nelson Lustoza.
Lutz, Otto. 27:939
Luyando Martínez, Felipe. 20:1504
Luz, Aujor Ávila da. 18:3223
Luz, Francisco Mendes da. 16:2141
Luz, José Baptista da. 9:4118; 15:2467; 18: 2722
Luz, Myriam. 27:3096
Luz, Nícea Vilela. 10:2177
Luz, Zé da. 15:2546
Luz Filho, Fábio. 3:586; 4:648; 6:1862, 1964; 15:730; 18:3244; 19:5557; 20: 1799; 22:1641

Luz Pinto, Edmundo da. *See* Pinto, Edmundo da Luz.
Luz Valdés, José de la. 26:630
Luz y Caballero, José Cipriano de la. 11:2970, 2971; 12:2460; 3460; 13:2727; 14:3422; 15:2872; 16:3229, 18:1124
Luzardo, Rodolfo. 26:1045; 27:3094
Luzian, Juan. 19:6505
Luzuriaga, Lorenzo. 5:4484; 6:5084; 10:1636; 11:1226; 13:669; 17:1051; 20:4866; 23: 2413
Luzuriaga, Raúl G. 6:3398
Luzuriaga y Bribiesca, Guillermo de. *See* Mel, Solón de, *pseud.*
Luzuy, Philippe. 23:700
Luzzetti, Carlos. 10:1162
Lyman, S. E. 10:704
Lynch, Antonio M. 6:2405
Lynch, Benito. 3:3347, 3348 4:4003; 5:3786, 3800, 3801; 6:4166; 7:4722; 28:1973
Lynch, Cyprian J. 19:3221
Lynch, David. 13:583; 17:577
Lynch, Edward S. 14:1137
Lynch, James B., Jr. 25:1229
Lynch, John. 20:2790; 22:3495; 28:457a
Lynch, M. Antonio. 4:2098
Lynch, Marta. 26:1638
Lynden, A. J. H. van. 5:1931
Lynn, Fedroa. 22:4938
Lynsky, Myer. 6:1287
Lyon, E. Wilson. 10:3230
Lyon Edwards, Jorge. 2:3132; 13:1040
Lyons, Thomas E. 13:520
Lyra, Augusto Tavares de. 4:3509; 5:3245; 7: 2563; 8:2850; 10:2176; 11:2651; 14:2328
Lyra, Heitor. 4:3278; 5:3210; 6:3643; 8: 3547; 13:1693; 24:4514; 28:1373
Lyra, Roberto. 6:1863, 1864; 10:3986, 4115; 12:3142; 15:2705; 19:5531; 21:4620
Lyra Cavalcanti, Adalberto de. *See* Cavalcanti, Adalberto de Lyra.
Lyra Filho, Augusto Tavares de. 7:5202
Lyra Filho, João. 1:1355; 7:1802; 14:1138; 17:791; 25:2727
Lyra Madeira, João. *See* Madeira, João Lyra.
Lyra Santos, Ruth. *See* Santos, Ruth Lyra.
Lyra, Buenos Aires. 24:5652
Lyrio Teixeira, Napoleão. *See* Teixeira, Napoleão Lyrio.

Maack, Reinhard. 3:1623, 1635; 5:1932, 1959, 3370; 12:1456; 13:981a; 14:1528; 15:1240, 1291; 16:1259, 1260; 18:1413; 19:2616, 2714 21:2139; 25:2384-2386; 27:2867a
Maas, Otto. 4:2775; 10:2530
Mabille, Pierre. 10:671; 11:603; 19:597
Maby, A. C. 17:729
McAfee, Byron. 1:104; 10:249; 11:193; 12:162, 184, 13:152, 201, 1275; 14:237, 1829; 18:111; 19:663, 20:656a; 23:965
Macaggi, Nenê. 5:4058
McAlister, Lyle N. 19:3307-3309; 21:2535; 23:3130; 24:3437; 26:452; 27:4043; 4044; 28:556
McAllister, James F. 11:1595 16:1211
McAndrew, John. 8:651, 742; 12:630; 17: 434a; 20:971; 28:194
Macario, Santiago. 27:1746, 2684
McArthur, Harry S. 20:696a; 22:855; 25:446
McArthur, Lucille. 20:696a

Macau, Miguel Ángel. 3:3328, 3419; 8:4795; 16:2789; 24:5239, 5240
Macaulay, Neill. 28:59
Macaulay, Thomas B. 6:4448
Macaya, Luis. 28:2127
McBride, George McCutchen. 2:799, 1373, 2221; 4:2159; 7:2229; 8:2219, 2299; 9: 2164; 10:1853, 2053, 2123; 12:1370; 13:889; 14:1446; 15:1184; 17:898
McBride, J. Francis. 2:1235; 9:2255
McBride, Merle Alexander. 8:2219, 2299; 9: 2164; 10:1853, 2053, 2123; 12:1370
McBryde, Felix Webster. 1:567; 4:226, 1976; 6:2934; 8:2212; 10:2050; 13:228, 808; 22:2306
McCabe, Martin. 25:1458
Maccaggi, Nene. 4:4227a
McCain, J. Seward. 4:996
McCain, William D. 3:3012
McCaleb, Walter Flavius. 14:1755; 19:3310
McCann, Franklin Thrasher. 18:1718a
McCann, William. 5:1828
McCarthy, Edward J. 9:2801
McCarthy, Francis Florence. 23:3131
McCarty, Kieran R. 25:3168
Macchi, Manuel E. 13:1607; 20:3010, 4056; 21:3078; 28:1112
Macchi, Rubén René. 21:3971
Macchi Monteverde, P. 2:1543, 2986
Macchiavelo Varas, Santiago. 2:827
McClaskey, Josephine Yocum. 13:1276
McClellan, Grant S. 27:3095
McClendon, R. Earl. 5:2886
McClintock, John C. 9:1000; 10:1919
McClintock, Marshall. 14:1900
McCloskey, Michael B. 12:2229; 17:1530; 19:3311
McClung, A. C. 27:2951
McClure, F. A. 11:1706; 12:1410
Maccoby, Michael. 27:940
McColl, E. L. 1:278, 287
McCombs, Charles. 12:3308
McConnell, Burt M. 5:3389
McConnell, D. 1:458
McConnell, Donald W. 8:1001
McConnell Dorothy F. 8:124
McConnell, H. Ormonde. 19:5389
McCord, J. E. 1:507, 522, 527; 2:575; 3:1128
McCorkle, Thomas. 10:247; 18:138, 363; 20:552; 21:574
McCornack, Richard Blaine. 17:1684, 1685; 18:1946, 1947; 19:3630; 20:2841; 21: 2825; 22:3034, 3035; 23:3285, 3286
McCourt, James W. 26:1939
McCown, Theodore D. 11:321, 1546; 16: 424; 18:172, 371
McCoy, Esther. 18:494; 23:1488
MacCreagh, Gordon. 25:5737
McCrocklin, James H. 21:2950
McCulloch, J. I. B. 5:3310; 6:3748
MacCurdy, Raymond R. 16:2489; 23:4450
McCutcheon, Roger P. 3:2403
McDaniels, John F. 27:1670
McDermond, C. C. 3:1198
MacDonagh, Emiliano J. 7:1996
MacDonald, Austin Faulks. 8:2641; 15:1296; 19:2863
Macdonald, Godfrey. 8:336
McDonald, Harl. 5:4346; 6:4855; 7:5500
McDonald, James K. 28:1787
MacDonald, Mary B. 7:3299; 4731; 11:3056
MacDonald, N. P. 5:3371; 6:3773; 23:2804
MacDonald, S. G. 1:270, 271; 2:481, 482, 538; 3:1013, 1046, 1047, 1056-1058, 1081, 1082

McDouall, Roberto. 2:2703a
McDougall, Elsie. 9:298; 14:264
MacDowell, Bart. 16:1225
MacDowell Filho, Samuel. 22:1341
Maceda, Álvaro F. 9:4482
Macedo, Agnelo. 5:3998; 14:3045
Macedo, Carlos Lemonde de. 26:903, 1242
Macedo, Dulval Borges de. 6:4374a
Macêdo, Epaminondas de. 3:374
Macedo, Ésio de F. 28:1374
Macedo, Gastão A. 21:4565
Macedo, Isa Goulart de. 10:1530; 12:1217v, 1217w, 13:660, 710, 711
Macedo, Joaquim Manoel de. 8:843, 3505; 9: 4252, 4253; 11:3412; 18:2156
Macedo, José Norberto. 18:3168; 19:1721
Macedo, Luiz Carlos Borges de. 6:4316
Macedo, María Rosa. 14:2775
Macedo, Miguel S. 16:1790
Macedo, Nertan. 21:2253; 26:1275a, 2104; 28:1375
Macedo, Nilda Guerra de. 24:3050; 27:2943
Macedo, Roberto da Motta. 5:3211; 7:3664; 9: 53a; 10:3127, 3184; 23:3955
Macedo, Sérgio D. T. 7:1692, 2564; 8:3432, 3433; 10:298
Macedo de Queros, Aidil. See Queros, Aidil Macedo de.
Macedo Klautau, Aldebaro Cavaleiro de. See Klautau, Aldebaro Cavaleiro de Macedo.
Macedo Miranda. 21:4358; 26:1993; 28:2511
Macedo Soares, Antônio Joaquim de. See Soares, Antônio Joaquim de Macedo.
Macedo Soares, José Carlos de. See Soares, José Carlos de Macedo.
Macedo Soares, Julião Rangel de. See Soares, Julião Rangel de Macedo.
Macedo Soares e Silva, Edmundo de. See Silva, Edmundo de Macedo Soares e.
Macedo Soares Guimarães, Fábio de. See Guimarães, Fábio de Macedo Soares.
Macedo y Pastor, Celso. 5:484; 6:555; 15: 1340
Macedônia, Leonardo. 2:1717; 9:2437
McElhannon, Joseph Carl. 15:1693
McElroy John W. 7:2845
Maceo Verdecia, José. 7:3338
Maceo y Grajales, Antonio. 14:2045; 17:1737
McEóin, Gary. 25:2644; 27:3096
Macera, César F. 2:2259; 6:3481
Macera, Pablo. 28:59a, 914a, 915
MacFarlan, Charles S. 1:1045
McFarlane, Dennis. 27:2021, 2022
MacFarlane, R. O. 4:3608
McFee, Byron. 1:104
MacGaffey, Wyatt. 24:749, 25:3413; 27:3418, 4144
McGann, Thomas F. 13:1608; 14:2153; 15: 1728; 16:1963; 22:4018; 27:3206
McGarry, Daniel D. 16:1428
McGee, Gale W. 25:2678
McGill, Henry C., Jr. 22:992, 993
MacGillavry, H. J. 3:1534, 1607
Macgillivray, J. C. 1:299
McGimsey, Charles R. 18:104; 19:193; 20: 267; 21:208; 23:313; 24:422; 25:301
McGinn, John J. 27:309
McGowan, Frank. 27:1731
Macgowan, H. P. 7:1383
McGowan, R. A. 2:477
McGrady, Donald. 26:1496, 1592
McGrath, James E. 1:382
McGraw-Hill International Corporation. Overseas Business Service. 19:1361
McGregor, Estanislao F. 6:5064

MacGregor, J. P. 1:322
MacGregor, Joaquín. 17:2911
MacGregor, Luis. 7:299; 20:972, 973
McGuinness, Charles L. 12:1346; 13:877
Machado, Alexandre Marcondes. 9:2438
Machado, Alvaro de Oliveira. 2:1038
Machado, Aníbal Monteiro. 1:2167; 7:741, 4879; 9:942; 10:3881; 17:2614; 19:1281; 20:4405; 23:5472, 5575; 28:2503, 2504
Machado, Antônio. 7:669
Machado, Antônio Carlos. 18:2802
Machado, Antônio de Alcântara. 2:2923; 6:4272
Machado, Brasil Pinheiro. 26:1208
Machado, Carlos Dodsworth. 14:1612
Machado, Carlos Roma. 4:1955
Machado, Celso Cordeiro. 24:2073
Machado, Dionélio. 1:2215; 8:4284; 10:3882, 3883; 12:2890
Machado, Dulphe Pinheiro. 2:1091; 3:708a; 6:1844
Machado, Edgar de Godoi da Mata. 18:3053; 21:4509
Machado, Eduardo. 22:1515
Machado, F. Zenha. 20:2252; 22:316
Machado, Floriano Peixoto. 16:1261
Machado, Hélio Gomes. 20:5022
Machado, Irineu de Mello. 4:794
Machado, José. 7:4233, 5243; 9:4517; 11:3655; 16:3068
Machado, José Bettencourt. 19:5274
Machado, José Carlos Bahiana. 16:2045
Machado, José de Alcântara. 3:2850; 4:4165, 4429; 7:5275; 9:3405
Machado, José E. 14:2222
Machado, José Enrique. 17:2692
Machado, José Manuel. 4:3119
Machado, José Pedro. 15:2476; 16:2820; 17:2576; 18:2723; 20:4294; 23:4477; 28:1585, 1586
Machado, Labieno de Barros. 17:1189; 18:1414
Machado, Leão Salles. 1:2216; 8:2691; 23:5473; 25:4666
Machado, Lourival Gomes. 7:742, 743; 8:916, 917; 15:546; 16:2917; 19:1209, 5773; 22:1310a, 1331, 5854; 24:1804; 25:1278
Machado, Luis. 3:1098
Machado, Manuel. 20:4893
Machado, Maria Clara. 21:4329
Machado, Nauro. 28:2617
Machado, P. Matta. 2:940, 2877; 5:3212
Machado, Paulo Affonso de Carvalho. 28:322
Machado, Ruy Affonso. 16:2908
Machado, Sylvio Marcondes. 6:1865, 4616
Machado, Unírio. 27:3280
Machado Báez, Manuel A. 24:4058; 25:3367
Machado Bandeira de Mello, Lydio. See Mello, Lydio Machado Bandeira de.
Machado Bonet, Ofelia. 10:3773; 16:2754; 28:2053, 2054
Machado da Rosa, Ruben. See Rosa, Ruben Machado da.
Machado da Silva, Raul Campello. See Silva, Raul Campello Machado da.
Machado de Almeida, Lucia. See Almeida, Lucia Machado de.
Machado de Arnao, Luz. 7:4751; 16:2716; 25:4256
Machado de Assis, Joaquim Maria. 3:3504; 4:4166; 5:3924, 4059-4080; 8:4225; 17:2601, 2615; 18:2767; 19:5303-5305; 20:4297, 4361-4363; 21:4287, 4339; 23:5402, 5452-5454, 5561, 5562; 24:5797; 25:4632; 26:1987, 1988; 28:2443, 2663
Machado de Bustamante, Fernando. See Bustamante, Fernando Machado de.

Machado de Oliveira, Antonio Castilho de Alcântara. See Oliveira, Antônio Castilho de Alcântara Machado de.
Machado de Sousa, João. See Sousa, João Machado de.
Machado de Sousa, Odorico. See Sousa, Odorico Machado de.
Machado d'Oliveira, José Joaquim. See Oliveira, José Joaquim Machado d'.
Machado Doncel, Juvenal. 4:2218
Machado Filho, Aires da Mata. 4:4270, 4271; 5:1573, 3146; 6:2072; 7:4830; 8:2186, 4172; 9:4119, 4762; 10:731; 11:1777; 13:2262; 16:2815; 20:4327; 23:4449; 28:1584
Machado-Florence, Antônio Benedicto. 20:4376
Machado Guimarães, Argeu de Segadas. See Guimarães, Argeu de Segadas Machado.
Machado Guimarães, Ary. See Guimarães, Ary Machado.
Machado Horta, Raul. See Horta, Raul Machado.
Machado Neto, A. L. 27:2344; 28:3247a
Machado Neto, Brasilio. 15:739
Machado Paupério, Artur. See Paupério, Artur Machado.
Machado Pinheiro, Alcino. See Pinheiro, Alcino Machado.
Machado Ribas, Lincoln. 6:2784
Machado S., Alberto. 8:1365a
Machado Sobrinho, Albino. 12:3108
McHale, Charles Frederick. 23:4451, 4452
Machatschek, Fritz. 17:1125; 20:1968
Machelaire, Roberto C. 28:1974
Machinskii, A. 6:269
Machorro y Narváez, Paulino. 5:2919; 14:3248; 25:3273
Machuca Martínez, Marcelino. 17:1166
Macía de Casteleiro, María. 20:4720
Macias, José. 12:1626a
Macías, Pablo G. 12:1627
Macías, Raúl. 5:666
Macías Pineda, Roberto. 24:2129
Macieira, Anselmo. 9:879; 18:3157
Macieira Bellizzi, Ataliba. See Bellizzi, Ataliba Macieira.
Maciel, Ambrosio. 6:3204
Maciel, Anor Butler. 2:1473; 3:1856, 3505, 3311
Maciel, Augusto. 3:3770
Maciel, C. N. 4:2842
Maciel, Carlos Frederico. 21:1779; 27:2610
Maciel, Gualter Gontijo. 7:4898
Maciel, Paulo. 27:2943a
Maciel, Pedro. 18:1415
Maciel, Santiago. 28:125
Maciel, Telmo Frederico do Rêgo. 27:2345
Maciel de Barros, Roque Spencer. See Barros, Roque Spencer Maciel de.
Maciel de Castro, Zaide. See Castro, Zaide Maciel de.
Maciel Filho, J. S. 4:2264
Maciel Monteiro, Antônio Peregrino. See Monteiro, Antônio Peregrino Maciel.
McIlvaine, C. A. 1:263
Macín, Francisco J. 13:1936; 19:4308
MacInnes, Duard. 28:2342
Macinnes, Helen. 9:4352
McIntee, Patrick G. 16:2268
McIntosh, A. E. S. 7:2185
McIntosh, John B. 11:251; 15:385; 19:664; 22:886
MacIntyre, Donald. 10:3208
McIrvine, C. A. 2:2135
MacIver, J. E. 23:1279; 25:736, 740

Mack, Gerstle. 11:1658
McKaughan, Howard P. 20:697
Mackay, John A. 1:25
McKee, Delber L. 23:3440
McKee, Edwin D. 5:1716
McKellar, Kenneth. 9:3521
McKelvey, Raymond G. 4:3579
Mackenhenie, C. A. 3:2201b
MacKenzie, José A. 11:373
Mackenzie, Mauricio. 1:1563; 4:1613
McKernan, L. W. 4:1338
MacKie, Euan W. 25:214
McKim, Fred. 13:240
McKinley, Arch. 14:286
McKinney, John C. 20:4935
McKinney, Howard D. 9:4855
Mackintosh, J. Malcolm. 27:3419
McKitterick, T. E. M. 27:3476
Mackness, W. R. 4:1522
MacKrill, Mary B. 10:1278, 1392, 2013
McKusick, Marshal B. 24:750
McLarthy, Robert Neil. 19:3388
McLaughlin, Donald H. 22:2442
McLaughlin, Dwight. 7:3299, 4731
McLean, Ephraim R., Jr. 7:2086
McLean, J. R. 1:204
Mac-Lean, Jane. 28:499a
MacLean, Jorge. 17:1612
McLean, Malcolm Dallas. 6:4070; 19:3631; 23:3274; 28:540, 540a, 1788
Maclean y Estenós, Alejandro. 8:1728, 1729; 9:1593
MacLean y Estenós, Percy. 12:3023
MacLean y Estenós, Roberto. 6:2016, 2047; 7:492, 571, 3797; 8:2187, 3644; 9:159, 525, 1001, 2973; 10:1625, 3081; 11:1238; 13:356, 1398; 14:1295, 1296, 1720; 18:1875, 1876; 20:1655; 25:447, 5628; 27:156, 1146, 1342, 4045, 28:692
MacLeish, Archibald. 6:3731
MacLeish, Fleming. 7:3725
MacLeish, William H. 25:1459, 1460
McLemore, R. A. 5:2671
MacLeod, Murdo J. 25:8, 4769; 27:1133
McLeod Rivera, William. 28:151, 258
McMahan, Mike. 19:6613
McMahon, Ambrosio. 22:887
Macmahon, Arthur W. 7:1002; 8:1136
McMahon, Dorothy. 19:3457
McMahon, William E. 4:3628, 3629; 5:879, 3390
McManus, Beryl J. M. 15:2326
McMaster, John. 22:3036
Macmeister, Julio. 6:4844
Macmillan, David S. 22:3037
Macmillan, Mona. 21:5034
McMillion, Shelby A. 8:2217, 2416
McMurtire, Douglas Crawford. 8:52, 53
MacNab, Ludovico D. 6:5089
McNally, Andrew. 13:64
McNally, E. Evalyn. 13:64
McNamare, Rosalina. 23:337
McNeely, John H. 28:692a
McNeil, P. A. 2:372
MacNeish, Richard Stockton. 13:149; 16:168; 19:130, 131; 20:57, 180; 22:89; 23:134; 24:251-253; 25:208, 215; 27:334-336
McNerney, Robert F., Jr. 7:4632; 8:3963
McNett, Charles. 25:5209
McNicoll, Robert E. 5:3375; 9:2537; 10:3285; 13:1211; 14:2080; 15:1670; 27:3521
McNish, A. G. 7:2047
Macomber, Eileen. 5:329
MacPhail, Donald D. 22:2301; 27:2786

McPheeters, D. W. 19:3312; 20:2758, 3711
Macpherson, John. 27:2708
MacPherson, Telasco A. 7:222
McQueen, Charles A. 9:1002
McQuown, Norman A. 7:374, 375; 8:247; 19:26; 20:697a, 698; 22:890; 25:717; 27:1460
Macrum, Joseph M. 28:33
McShane, Catherine M. 4:2687
MacShane, Frank. 25:16
McSpadden, George E. 5:3687
McVan, Alice Jane. 4:4096
McVittie, W. W. 15:795
McWhinney, Edward. 27:3420
McWilliams, Carey. 9:3706; 19:1890
McWilliams, R. G. 19:3340
McWilliams, Ralph Dale. 20:3654
Mad, Joseph. 21:3828
Madariaga, Eduardo. 14:1580, 2454
Madariaga, Salvador de. 1:1166; 6:2819; 7:2960; 11:1971; 13:1041, 1214; 14:2021; 17:1840; 18:2047; 20:2453-2455; 21:4262; 25:2645, 3104; 26:379, 1353; 27:3382
Madden, John Thomas. 3:508a
Maddock, Thomas, 11:822
Maddox, James G. 21:1478
Madeira, João Lyra. 10:1438; 15:2034, 2038
Madeira, Marcos Almir. 18:1162
Madera, Luis F. 11:2527
Madera M., Felipe. 28:619a
Maderal, Luis. 21:4099
Madero, Eduardo. 6:3086
Madero, Francisco Indalecio. 21:2823
Madero, Guillermo. 21:3070
Madero, Humberto. 7:3837
Madero Leiva, Diego. 8:1402, 1403; 18:806
Madrid, Juan. 21:3906
Madrid, Pedro G. 8:1517
Madrid A., Víctor Manuel. 18:1299
Madrid-Malo, Néstor. 23:5140; 25:4342; 26:1772
Madrigal, Carmen. 4:4452
Madrigal, Laura. 23:4987
Madrigal, Margarita. 10:3811
Madriguera, Enric. 10:4346
Madsen, Andreas. 18:1289
Madsen, William. 19:659, 660; 21:429; 24:668; 27:941, 942, 4045a
Madueño, Augusto P. 8:428
Madueño, Raúl R. 5:4222; 8:4491; 10:4185; 4186; 18:857; 19:4532
Madueño, Ricardo. 5:1366
Madureira de Pinho, Demóstenes. See Pinho, Demóstenes Madureira de.
Madureira de Pinho, Péricles. See Pinho, Péricles Madureira de.
Maduro, Antoine J. 26:807c
Maeder, Ernesto J. A. 25:3517; 28:1025a, 1113, 1113a
Maes, Ernest E. 8:1002; 9:2165; 11:136
Maeso, Romeo. 11:3543
Maestri, Raúl. 3:3056; 7:836, 3726; 24:1944
Maeztu, Ramiro de. 5:3372
Maffei, Francisco. 13:712
Maffei, Francisco E. 20:4806; 25:4257
Maffia, Osvaldo J. 11:3920
Maffioli G., S. P. 3:2240
Maffry, August. 9:1003; 10:1249
Mafra, Antonio Carlos de Oliveira. 8:4481
Magaldi, Sábato. 25:4610; 26:1940
Magalhães, Adelino. 28:2676a
Magalhães, Agamemnon. 2:1411; 15:2662
Magalhães, Agenor Couto de. 12:2846
Magalhães, Aloísio Sergio. 22:1332

Magalhães, Álvaro. 9:4120; 12:2791
Magalhães, Amílcar Armando Botelho de. 7: 3583; 3665; 8:3506; 9:489; 10:384; 12: 407; 13:323; 23:2956
Magalhães, Armando Costa. 8:4583
Magalhães, Athos Aquino de. 2:3070
Magalhães, Basílio de. 1:1332; 3:678, 2775, 2827; 4:3386; 5:1572, 1953, 2275a, 6: 2136, 3545; 7:1929-1931; 8:3394; 9:1847, 1947-1950, 1956, 1983, 1984, 2020; 4175; 10:1661, 1662, 1781-1783; 2267, 3150; 14:2315; 19:1228
Magalhães, Bruno Flávio de Almeida. 3:3773; 4:3443; 6:3606
Magalhães, Celso de. 9:2439; 13:2610; 23: 4516
Magalhães, Dario de Almeida. 15:1895, 2615
Magalhães, Délio. 11:3492
Magalhães, Domingos José Gonçalves de. 6: 4495; 25:4742
Magalhães, Durval de Lima. 1:1621
Magalhães, Eduardo Pereira de. 7:2565
Magalhães, Hélio Escobar. 18:886
Magalhães, Heloisa Helena. 10:3915
Magalhães, Homero Baptista. 7:1701; 11:713
Magalhães, J. Cézar de. 27:2944
Magalhaes, João Baptista. 13:1757; 16:2046; 21:3267; 22:3814; 23:3911
Magalhães, João Paulo de Almeida. 25:1731, 1732; 27:2346, 2346a
Magalhães, José Procópio de. 8:3433a
Magalhães, Juracy Montenegro. 3:1887; 22: 2655; 23:3957; 24:3501
Magalhães, L. E. 23:1307; 24:1518
Magalhães, Lucia. 5:1495; 6:1965; 9:1807, 2440; 17:346; 21:1768
Magalhães, Mario Baptista de. 27:3789
Magalhães, Olyntho de. 8:3548
Magalhães, Paulo Faria de. 12:2940
Magalhães, Paulo Frederico de. 2:995-997; 4: 763
Magalhães, Roberto Barcellos de. 14:3204; 22:4591; 23:4623; 27:3790
Magalhães, Symphronio de. 4:3609
Magalhães Cardoso Barata, Joaquim de. *See* Barata, Joaquim de Magalhães Cardoso.
Magalhães Carvalho, Orlando. *See* Carvalho, Orlando Magalhães.
Magalhães, Chacel, Julian. *See* Chacel, Julian Magalhães.
Magalhães Corrêa, Pedro. *See* Corrêa, Pedro de Magalhães.
Magalhães de Azeredo, Carlos. *See* Azeredo, Carlos Magalhães de.
Magalhães de Giacomo, Arnaldo. *See* Giacomo, Arnaldo Magalhães de.
Magalhães de Oliveira, Adozindo. *See* Oliveira, Adozindo Magalhães de.
Magalhães Drummond, José de. *See* Drummond, José de Magalhães.
Magalhães Gomes, Francisco de Assis. *See* Gomes, Francisco de Assis Magalhães.
Magalhães Júnior, Raimundo. 5:3974, 3975; 6:3644, 4403; 7:744, 745, 4899; 11: 3445, 3446; 12:2847, 2941, 2942; 19: 5275, 5276; 20:3266, 4279, 4297; 21: 3327, 3328, 4277, 4287, 4339; 22:3877, 5529, 5538, 5551; 23:5452, 5469; 25: 4611; 28:1376, 2676b
Magalhães Júnior, Sérgio Nunes de. 13:609; 14:1110; 17:792; 23:1934; 27:2347
Magalhães Lecoq Müller, Nice. *See* Müller, Nice Magalhães Lecoq.
Magalhães Martins, F. *See* Martins, F. Magalhães.

Magalhães Noronha, Edgard. *See* Noronha, Edgard Magalhães.
Magallanes, Juan María. 2:2640
Magallón, Alfonso. 25:1564
Magaloni, Honorato Ignacio. 20:4099a
Magaña, Gildardo. 4:1334, 2403
Magaña, Mardonio. 2:423
Magaña, Sergio. 19:5165; 20:4222; 22:5303
Magaña Cerda, Octavio. 25:3275
Magaña Esquivel, Antonio. 6:4065; 9:3877; 10:3670; 15:2451; 17:2391; 20:4234, 4249; 22:5341; 26:1910, 1911; 28:2306, 2363, 2364
Magaña Menéndez, Gustavo. 17:1844
Magaña Niedbalski, Jorge. 16:2370
Magariños, Enrique. 28:125
Magariños Cervantes, Alejandro. 28:125, 1219
Magariños de Mello, Mateo J. 9:3351; 10:3094; 14:2215; 18:2169; 21:3171; 27:1747
Magarinos Torres, Edith. *See* Torres, Edith Magarinos.
Magarinos-Torres, F. B. 3:1691
Magarinos Torres, Francisco Eugênio. *See* Torres, Francisco Eugênio Magarino.
Magasich Huerta, Jorge. 11:2821
Magdalena (Department). Dirección de Educación Pública. 3:1418
Magdalena. (Department). Secretaría de Gobierno. 3:1952; 5:2058; 7:2607
Magdalena (Department). Secretaría de Hacienda. 6:1229
Magdalena: Gaceta Departamental. 5:2259
Magdaleno, Mauricio. 1:2060; 2:2323, 2641; 3:3258; 5:723, 2913, 3681; 6:3338, 3919, 4066; 7:4528, 4633; 8:3896; 10:1663, 3693; 15:2298, 2299; 17:2444; 20:2842, 3837; 28:1789
Magdaleno, Vicente. 18:2486
Maggessi Trinidade, Nicéa. *See* Trinidade, Nicéa Maggessi.
Maggi, Carlos. 28:1220, 2307, 2308
Maggi, Juan Eugenio. 8:1572; 10:1163
Maggi Blanco, Ginna. 21:2260
Maggiolo, Oscar Julio. 6:3492
Maghani, Clarice Gilbertoni. 1:1489
Magill, Roswell, 5:983; 6:1056
Magis Otón, Carlos Horacio. 24:5537; 25: 4379, 4537, 4538
Maglione, Eduardo F. 9:2377
Magloire, Auguste. *See* Jean Le Fureteur, *pseud.*
Magloire, Félix. 2:2358; 7:5152
Magloire, Jean. 16:1890
Magloire, Paul E. 19:4263
Magnaghi, Alberto. 3:2223; 4:2593
Magnanini, Alceu. 18:1418, 1419; 25:2387
Magnanini, Ruth Bouchaud Lopes da Cruz. 16:1279, 1302; 18:1402; 20:2095, 2117; 27:2945, 2945a
Magne, Augusto. 10:3812; 16:2816; 23:4476
Magne, Leo. 16:1907
Magner, James A. 8:125
Magnet, Alejandro. 12:2303; 20:3437; 24: 3438
Magnin, Jorge V. 3:290
Magnin, Juan. 20:3055
Magno, Paschoal Carlos. 9:852
Magny, Elizabeth Arnoux. 22:5581
Magrassi, Alejandro. 4:4004; 11:3205
Magrini, César. 28:1975, 2085
Magro, Omar Simões. 2:1684
Magruder, Richard. 26:631
Maguiña, J. E. 24:6422
Maguire, Bassett, 11:1635, 1636
Maguire Ibar, Eugenia. 16:3388

Maguranyi, Alexander. 1:592
Magurn, Joseph J. 13:422
Mahd, Ernst. 5:3144
Mahieu, Jaime María de. 16:3307; 20:4769
Mahler, Joy. 17:204; 21:3, 323, 324; 23: 1372; 24:423
Mahrenholtz, Hans. 28:1377
Mahuzier, Albert. 24:6435
Mai, Ernesto J. 27:3684
Mai, Wolfgang. 27:3477
Maia, Álvaro Botelho. 2:1468, 3:1881; 8:2668; 9:1760; 10:2200; 24:5760
Maia, Carlos Vasconcelos. 23:5474; 28:2505
Maia, Jacyr. 4:1753; 7:1803; 9:1808; 10: 1531, 1532
Maia, João do Prado. 2:1641
Maia, Jorge. 7:3727; 8:3654
Maia, Manuel A. Velho da Mota. 3:2875
Maia, Paulo Carneiro. 21:4566
Maia, Silvia Tigre. 9:1809; 10:1533, 1534
Maia, Ulisses Ramalhete. 7:2566
Maia de Oliveira Guimarães, Jorge. *See* Guimarães, Jorge Maia de Oliveira.
Maia e Almeida, Maria da Gloria. *See* Almeida, Maria da Gloria Maia e.
Maia Fina, Wilson. *See* Fina, Wilson Maia.
Maia Forte, José Mattoso. *See* Forte, José Mattoso Maia.
Maidana, Domingo. 10:2996; 12:1996, 2084, 2085
Maier, Joseph B. 27:3097
Maige Abarca, José. 9:1575
Maillefert, Alfredo. 8:4007
Main, Mary Foster. *See* Flores, Maria, *pseud.*
Mainero S., Víctor. 17:191, 415
Mainginou, José. 2:3111
Maio, Celeste Rodrigues. 24:3051; 25:2388; 27:2946
Maior, Ariadne Soares Souto. *See* Souto Maior, Ariadne Soares.
Maiorana, María Teresa. 23:5196
Mair, George. 22:6127
Maisch, Carlos. 2:1374; 6:2406
Maitland, John. 15:796; 16:982, 982a, 982b
Majo Framis, Ricardo. 12:1692; 14:1955; 16: 1497, 1498; 19:3163
Mak, Cornelia. 16:332; 21:687; 23:616
Makarius, Sameer. 25:5708
Makemson, Maud Worcester. 9:244, 245; 12: 182; 14:236; 303; 16:202; 17:263; 21: 117
Makinson, David H. 28:840a
Maksoud, Henry. 25:2389, 2390; 27:2947, 2947a
Málaga, Aurelio. 6:1579
Malagarriga, Carlos G. 2:756a; 6:4601; 10: 4187; 11:1837; 17:2773; 25:4098; 27: 3791
Malagón Barceló, Javier. 9:2854; 11:2384; 2434; 14:1713; 15:1694; 17:1008, 1424, 18:1959; 19:3313; 20:2574; 21:2629; 25:3056, 3143, 26:373, 380; 28:432a, 433
Malagueta, Irineu. 3:695a
Malamphy, M. C. 3:1620
Malan de Ricci, Iris. 28:1624
Malaret, Augusto. 3:3420, 3420a, 3449a; 4: 1835, 3113, 3737, 4004a; 5:3499; 6: 2119, 3860, 3861; 7:4463-4465; 8:2156; 9:1957, 1958, 1966; 11:2894- 2897, 2945, 2946; 12:2341, 2342; 13:1996-1998; 14:2585, 2586; 16:2490, 2491; 17:2243, 2244; 18:2347; 19:696, 4533, 4534; 20:3655, 3656; 22:4327, 4328; 23:4453; 24:4748, 4749; 25:3937; 26:1354

Malaspina, Alejandro. 4:2843
Malavassi V., Guillermo 28:3223
Malavé Mata, Héctor. 27:2099
Malaver, Alberto M. 10:3975
Malca, Carlos. 14:3294
Malca-Olguín, Óscar. 21:2741
Malcher, José Carneiro da Gama. 2:1475
Malcher, José M. Gama. 27:1233
Maldavsky Wainstein, Miguel. 10:3992
Maldonado, Abraham. 19:4309
Maldonado, Adolfo. 13:2425; 19:1891; 20: 4910
Maldonado, Ambrosio, *Brother*. 14:1937
Maldonado, Ángel. 9:2256; 11:1722
Maldonado, Braulio. 24:6408
Maldonado, Manuel. 5:2218; 6:2757
Maldonado, Pedro. 17:1616
Maldonado, Samuel Darío. 8:4107
Maldonado, Silvio. 8:1503; 18:3357
Maldonado, Teófilo. 22:3280
Maldonado-Denis, Manuel. 25:2646; 27:1071
Maldonado Estrada, Luis. 20:2267
Maldonado-Koerdell, Manuel. 15:181; 16:220a; 17:90; 18:26, 65; 19:99, 100; 20:90; 22: 960; 25:2261
Maldonado Sierra, E. D. 27:1072
Malenbaum, Wilfred. 19:1360
Maler, Teobert. 8:180; 19:215
Malerga Pittaluga, Alcides. 21:3071
Males, Branimiro. 14:590-592; 19:879-881,
Malheiro, Artur. 27:3629
Malheiros, Agostinho Marques Perdigão. 10: 3128
Malheiros, Arnaldo. 25:2728
Malheiros Fernandes da Silva, Moacir. *See* Silva, Moacir Malheiros Fernandes da.
Maliandi, Ricardo. 28:3248
Malin Tchaicovsky, Fany. *See* Tchaicovsky, Fany Malin.
Maling, D. H. 24:2932; 25:3510
Malinow, A. B. 17:2392; 22:5413
Malinow, Inés. 26:1639
Malinowski, Bronislaw. 6:1050; 13:530, 1155
Malkiel, Maria Rosa Lida de. 18:2348
Malkiel, Yakov. 11:2898, 2947; 14:304, 2588, 2589; 15:2130, 2131; 17:2245, 2246; 18: 2349
Malkin, Borys. 25:448
Mallan, Lloyd. 8:4163
Mallart, José. 23:2259
Mallea, Eduardo. 3:3259; 4:3962, 4005; 6:4145; 7:4634; 4635, 4699, 4723, 4791; 8:4076; 9:3934; 10:3671, 3694; 14:2776, 2850; 16:2634, 2635, 19:4744, 4911, 4912; 21:3972, 4220; 24:5296, 5297; 28: 1975a, 2309
Mallea Abarca, Enrique. 7:4636, 4637; 8:4008
Mallery, T. D. 2:1260, 1287-1288; 7:2115
Mallet S., Alfredo. 7:4170, 4171; 17:2057
Mallet Simonetti, Armando. 8:3746, 3747
Malleto Labarca, Enrique. 17:2393
Mallin, Jay. 27:3477a
Mallo, Jerónimo. 8:1104; 11:3119, 3120; 13:1999; 15:2187; 24:4750
Mallo, Nicanor. 6:624; 8:3109; 9:3067; 13: 1505
Mallo de Recaséns, María Rosa. 27:1285a
Mallory, Lestor D. 7:973; 8:1105; 10:910; 25: 2215
Mallory, Walter H. 5:1965
Malloy, Neil M. 20:1356
Malmberg, Bertil. 13:2000, 2000a; 14:2590; 15:2237; 16:2492; 28:1587
Malo, José Ramón. 14:2103
Maloney, Arnold Hamilton. 15:103

Maloney, Joan. 27:3442
Malpica, Carlos. 27:2267
Malraux, André. 6:4449
Malta, Aldilio Tostes. 14:2485; 16:2909; 21:3509
Malta Campos, Rubens. See Campos, Rubens Malta.
Malta Cardozo, Francisco. See Cardozo, Francisco Malta.
Malta Ferraz, Paulo. See Ferraz, Paulo Malta.
Maltese, Corrado, 14:829
Maltieira, Jorge. 25:5709; 26:270
Maltos Ruiz, Agapito. 24:2004
Maluenda, Rafael. 3:3260; 8:4058; 23:4988
Maluquer, Juan J. 21:2406
Malvagni, Atilio. 12:3256; 15:2760; 20:4568
Mamede, Zila. 22:5473; 23:5523
Mameli Passeroni, Hugo. See Passeroni, Hugo Mameli.
Man, Paul de. 28:1976
Mañach, Jorge. 1:764, 1990; 2:412, 416, 433; 2582; 5:709, 3682; 7:3340; 8:1958, 3919; 9:3198, 3199; 11:2899; 15:2873, 2874; 16:1870; 17:2882; 19:5742; 20:4844; 22:2675; 24:5476
Manacorda, Telmo. 2:2056; 5:3096a, 3755; 6:3205; 7:3455; 14:1302; 16:1987
Manacorda de Rosetti, Mabel V. 13:2199; 28:1588
Manaos. (Prefeitura Municipal.) 6:2577
Manaos Harbour, Ltd. 4:873
Manassewitsch, María-Renata. 11:714
Manauta, Juan José. 18:2540; 20:3950
Manazares A., Rafael. 28:3105
Manceaux, Alberto. 12:2757-2761
Mancebo, Noel A. 24:4338
Mancera Galletti, Ángel. 23:4989; 24:4406, 5266
Mancera-Ortiz, Rafael. 19:1892, 1993, 1993a; 20:1505
Mancheno, Luis E. 14:1274
Manchester, Alan K. 1:1333; 20:3222
Manchester, Paul Thomas. 11:2967; 14:2650; 19:4679, 24:5041
Manciet, Yves. 25:5738
Mancini, Jules. 10:2412
Mancini, Luis Carlos. 11:2799; 24:2074
Mancini Giancarlo, Guido. 18:2420; 26:1805
Mancio de Toledo, Moacyr. See Toledo, Moacyr Mancio de.
Mancisidor, Anselmo. 24:3922; 26:632
Mancisidor, Francisco. 21:3973; 24:3923
Mancisidor, José. 1:1995; 4:3963; 6:1996; 10:2770, 2771; 12:2550, 2605; 16:2636; 19:3629; 20:2843, 3951, 3952; 22:3038; 23:4990, 4991
Manco, Silverio. 21:4100
Mandelli, Humberto. 5:2305, 2984; 6:3399; 7:3456, 3457, 3472; 11:2473; 12:2086, 3060
Mandêtta, Saverio. 20:4581
Maneiro, Juan Luis. 8:3898
Manero, Antonio. 7:974, 990; 8:1057; 11:761; 12:764; 22:1768, 4635; 24:4887
Manes, Pedro. 8:2692
Manet, Eduardo. 15:2441
Manfé Astolfi, Carmen. 8:4535
Manfredini, James M. 10:2473; 16:1616, 1669
Mangabeira, Edila. 9:4285
Mangabeira, Francisco. 9:4931; 27:2348a, 3281
Mangabeira, João. 9:3444; 22:3878
Mangabeira, Octavio. 20:4328, 4377
Mangan, Katherine. 3:2028

Manganiello, Ethel M. 19:2054
Manganiello, José María. 13:2567
Mange, Juan Mateo. 19:3314
Mange, Roberto. 10:1382; 11:1354
Mangelsdorf, Paul C. 8:260; 9:2035; 21:83; 27:336
Manger, William. 1:1761; 2:2385; 6:3732; 7:3728; 9:3523; 10:3242; 12:2280; 27:3098; 28:115a
Mangiante, Eduardo Luis. 17:757
Mangin, William P. 23:834 24:873, 874; 27:1343, 1343a
Mangino, Fernando. 14:2104
Mango, Nancy. 21:5200
Mangones, Edmond. 1:593; 16:254
Mangravite, Peppino. 6:748
Manhattan, Avro. 12:2242
Manigat, Leslie François. 20:2957; 26:790; 27:3478, 3478a; 28:810, 2697
Manigat, Marie-Lucie Chancy. 26:2140
Manigonian, Armen. 27:2948
Manique, Luis de Pina. 16:2047
Manito, Óscar. 3:1722; 4:268; 8:2252
Manizales. (Consejo Municipal.) 5:2059
Mann, Fred. 27:2268
Mann, Hans. 18:213; 22:1311; 25:5710
Mann, Louise C. 5:1318
Mann, Thomas. 9:4354
Mann, Wilhelm. 1:1208; 2:385, 1158, 2641a; 10:4507
Mann F., Guillermo. 14:1489; 17:1138
Manners, Robert A. 19:697; 27:156a
Manning, William Ray. 1:1139, 1209; 2:2359; 3:2914; 4:3546; 5:3627
Manó, J. Carlos. 6:2246-2248
Manoílesco, Mihaíl. 4:2265
Mañón, Darío A., h. 2:2098
Mañón Gottos, Jacinto R. 10:3423
Manotas Wilches, Edgardo. 12:3246
Manozzi-Torini, L. 17:1146
Manquilef Vargas, Adela. 17:665
Manrique Cabrera, Federico. 2:1191
Manrique Cabrera, Francisco. 21:3829
Manrique, Jorge Alberto. 23:948; 25:1161
Manrique, Luis. 8:3119
Manrique, Ramón. 13:2001; 14:2777
Manrique Castañeda, Leonardo. 24:669, 1328
Manrique de Guzmán, Felipe. 2:1430
Manrique de Lara, Juana. 6:4804-4806; 8:4705; 9:54; 10:4333; 19:6433
Manrique P., Alberto. 19:2536
Manrique Pacanins, Gustavo. 19:5437
Manríquez, Cremilda. 9:1848
Manríquez M., Mario. 14:3187
Manríquez Muñoz, Fernando. 22:2409
Manross, Lottie May. 11:2725; 12:735a, 13:1808; 15:1951
Manser, J. G. 12:531
Mansfeld, Franz. 14:354
Mansfield, Mike. 25:2677
Mansilla, Lucio V. 10:3685; 11:2474; 13:2112
Mansilla Ruiz, Antonio. 12:78a
Manso, Joaquim. 8:4226
Manso Soto, Luis. 13:2602a
Mansur Guérios, José Farani. See Guérios, José Farani Mansur.
Mansur Guérios, Rosário Farani. See Guérios, Rosário Farani Mansur.
Mansuy, Andrée. 28:1310
Mantecón Navasal, José Ignacio. 9:65; 10:2577, 4336; 11:2033, 3715a; 12:1738; 14:74, 1726; 20:2462; 21:964; 27:47; 28:60, 518
Manterola, Horacio. 11:2509

Manterola, Miguel. 4:1335, 1349; 7:975, 994
Mantica, Alberto. 8:4947
Mantilla, Manuel F. 8:3276
Mantilla Bazo, Víctor. 18:2237
Mantilla Molina, Roberto L. 8:4882; 12:3192; 19:5567
Mantilla Montiel, Federico. 16:2413
Mantilla Pineda, Benigno. 13:2746; 17:2883; 21:4765, 4843; 24:6036
Mantovani, Juan. 3:1350; 4:3236; 5:2985, 2986; 6:835; 7:1897; 8:1999; 10:1478; 11:1227; 12:1184; 14:1314; 17:982, 2943; 26:1103; 28:1114
Mantz, Robert. 13:1768
Manucy, Albert C. 8:3000; 12:1736; 13:1250; 23:3132
Mañueco, Gabriel. 19:1366
Manuel, *Brother*. 14:2663
Manuel-Gismondi, Pedro Caminada. 28:323
Manuelli, Ernesto. 5:3344
Manuschevich Krasner, Tomás. 4:1126
Manzanilla, A. 19:2924
Manzanilla, José M. 7:1538; 8:2801
Manzanilla, Y. 11:1404
Manzanilla Scháffer, Víctor. 25:2826; 28:693
Manzano, Lucas. 17:1425
Manzano, Rafael. 24:3730
Manzano G., Teodomiro. 16:1791; 18:1090
Manzano Garías, Alfonso. 21:2320
Manzanos Garías, Antonio. 22:3477
Manzano Manzano, Juan. 1:698-700; 2:1766, 1767; 8:2910; 11:1951; 14:1776, 1798, 18:1716; 19:3164; 21:2444; 28:433a
Manzanos Bonifaz, Alfonso. 16:3136
Manzi, Francisco. 8:2440; 12:2087; 16:1183
Manzini, Guido. 11:26
Manzon, Jean. 15:69
Manzur, Fidel. 18:858
Mapes, Erwin K. 1:1996, 1997; 2:2583-2585, 3:3174, 3175; 4:3901; 5:3683, 3797, 3802, 3836; 6:4067, 4186; 7:4638; 9:3836; 14:2088; 19:5077; 22:4932; 24:5110
Maples Arce, Manuel. 6:4220; 11:618; 12:2606; 13:2157
Maquieira, Juan Honorato. 7:3838, 4112
Mar, Juan Manuel. 12:3223; 16:2429
(*The*) *Mar Yearbook*. 3:973
Maragall, Jorge. 23:1452
Maral, Camilo del. 10:1951
Maraldi, Costanzo. 7:5068
Marambio, Augusto. 25:3626
Maranhão, João de Albuquerque. 16:2213; 20:3223
Maranhão, Petrarca da Cunha Melo. 5:3925
Maranhão, Stella. *See* Sá, Irene Tavares de.
Maranhão. (State). *Constitution*. 2:1578
Maranhão (State). Diretoria de Estatística e Estatística. 6:1886; 8:1822
Maranhão (State). Diretoria de Estatística e Publicidade. 3:712; 4:834a-835a
Maranhão (State). *Laws, statutes, etc*. 3:1885
Marañón, Gregorio. 8:3034; 10:2485; 21:3651; 28:418a
Marasciulo, Edward. 20:5066
Marasso Rocca, Arturo. 5:3684; 6:3925; 9:4626; 17:2461; 19:5078; 21:4263
Maravall, José Antonio. 15:1505
Marbán Escobar, Edilberto. 9:2612; 13:1460; 16:22
Marc, Julio. 12:1920
Marçal, Heitor. 8:387; 10:1332, 1409, 1419, 1439; 11:1192; 12:367; 16:2142; 26:1989
Marcal, Joseph N., Jr. 19:1722

Marçallo, F. A. 25:767, 785
Marcano Rodríguez, R. 7:5185
Marcano Rosas, José. 23:858
Marcel, Gabriel. 19:5824; 20:4885, 4885a, 4885b; 21:4860, 4861
Marcelin, Milo. 15:2569; 16:355; 18:252
Marcelin, Pierre. 9:3945; 10:3695; 17:2658
Marcenaro, Antonio L. 5:4162
Marcenaro, Roberto. 16:857
Marcgraf, George. 8:3433a
March, José Jorge. 5:3388; 24:4025
March, Susana. 28:778a
Marchant, Alexander. 5:1933; 7:3584, 3614, 3615; 8:126, 3395, 3434-3436; 9:3406; 10:3129, 3260; 12:2184; 13:1695; 14:2264; 15:1804; 17:1253; 1863, 3190
Marchant, Annie d'Armond. 9:2307
Marchant, Anyda M., 8:48; 10:3935, 3936; 12:2958; 14:2330; 24:4515; 28:1378, 1378a
Marchant, Roberto. 20:2030
Marchena, Enrique de. 9:4880
Marchena, Julián. 7:4752
Marchese Canepa, Carlos. 27:3711
Marchetti, Antonio. 28:2506
Marchi, Álvaro. 25:744; 27:1586
Marchiani, W. Dubuc. 21:1423
Marchini, Marina Stella Quirino. 10:3905
Marcial, Gayoso B. 3:17911
Marciales, Miguel. 14:1381
Marciano, Carlos. 24:5538
Marcillac, Jean-Pierre. 26:1508
Marco, Carlos R. 19:3842
Marco, Hugo A. de. 18:782; 20:3608
Marco, Pedro R. 5:1190
Marco Dorta, Enrique. 8:692; 10:576; 11:506; 12:609; 14:657; 15:540, 553; 16:482; 17:420, 451; 18:416; 20:900, 933; 21:936; 23:936; 23:1422; 24:1697; 25:3466; 26:142
Marcó Figueroa, Joaquín. 12:952, 1549
Marcondes, Alexandre. 7:4900
Marcondes, Benedito. 8:3437
Marcondes, Geni. 28:324
Marcondes, J. V. Freitas. 11:1355; 17:2053; 18:3169; 27:2349, 2685, 4046, 4240
Marcondes Cabral, Anita de Castilho e. *See* Cabral, Anita de Castilho e Marcondes.
Marcondes de França, V. *See* França, V. Marcondes de.
Marcondes de Souza, Thomaz Óscar. *See* Souza, Thomaz Óscar Marcondes de.
Marcondes Ferraz, Otávio. *See* Ferraz, Otávio Marcondes.
Marcondes Filho, Alexandre. 19:2280
Marcondes Filho e Costa, Fernando. *See* Costa, Fernando Marcondes Filho e.
Marcondes Longo, Júlia. *See* Longo, Júlia Marcondes.
Marcondes Machado, Alexandre. *See* Machado, Alexandre Marcondes.
Marcondes Machado, Sylvio. *See* Machado Sylvio Marcondes.
Marcondes Rocha, Luiz. *See* Rocha, Luiz Marcondes.
Marconi, Marina de Andrade. 28:3059
Marcos, Miguel de. 3:1984; 5:2832
Marcos, T. Andrés. 3:2201c
Marcos Vegueri, Pascual B. 21:4922
Marcoy, Paul. 7:2317
Marcué Pardiñas, Manuel. 22:4024
Marcus Aurelius. 9:4303
Marden, Charles Carroll. 4:3726
Marden, Luis. 6:2272, 2286; 8:2260; 12:1284; 25:216
Mardones, F. Nolasco. 10:3107a

Mardones B., Carlos. 4:402
Mardones de Martínez, Leonor. 23:4217
Mardones Ferrada, Fernando. 11:1027
Mardones Norambuena, Raúl. 3:1406a
Marechal, Elbia R. de. 19:4745
Marechal, Joseph. 12:3540
Marechal, Leopoldo. 3:2659; 10:645, 3725, 4564; 19:4745
Marengo, Carmen. 21:264
Marfaing, Jean Louis. 23:5426; 24:1804, 6037
Marfany, Roberto H. 2:1922; 6:3009; 20: 3011; 22:3533; 24:4231; 25:3571; 26: 904, 905; 28:1015
Margadant S., Guillermo Floris. 24:4819
Margáin, Hugo B. 17:879, 899; 18:965; 19: 1893, 1894, 1957a, 1976, 1994; 20:1506, 1507; 21:1471, 1479, 4540; 22:1769; 23: 4648
Margáin Araújo, Carlos R. 9:246, 328; 11: 157; 12:301; 16:287; 19:132; 25:3276
Margáin Manautou, Emilio. 24:4861, 4910
Margáin Talavera, Luis. 7:942
Margano Mena, Carlos. 19:1413
Margarida da Silva e Orta, Teresa. See Orta, Teresa Margarida da Silva e.
Margarinos, Domingo. 7:3612
Margarit, Jorge. 11:3823
Marget, Arthur William. 22:1413
Margolis, Efraín. 23:4268
Mari, Carlos A. J. 17:1126
Mari Yan, *pseud*. See Yañez Bianchi de Echeverría, María Flora.
Maria, *Grand Duchess of Russia*. See Romanoff, Maria, *Grand Duchess of Russia*.
María, Isidoro de. 4:3829
María, Nectario. 13:291
Maria Helena, *pseud*. 28:2609
María Olívia, *Sister*. 24:4751
Maria Regina do Santo Rosário, *Sister*. See Gabaglia, Laurita Pessôa Raja.
María Soltera, *pseud*. See Lester, Mary.
Maria Teresa Gertrude, *Sister*. 28:831
Maria y Campos, Armando de. 3:3176; 5:2885; 6:4955; 8:614; 10:3536; 12:1655, 2775, 2776; 13:2250; 15:2452; 16:1792, 2803; 18:2711, 3020; 19:4680, 4746, 5186; 21: 2823, 4218, 4242, 4243; 22:3039, 4717, 5341a; 23:2937, 4733, 4826, 5371, 5372; 25:3277, 3278; 26:633; 28:620, 620a, 673a
Mariaca, Enrique. 27:2194
Mariaca Muñoz, Guillermo. 5:1648, 1879; 9: 1433; 10:1210; 11:992
Marial, José. 20:4250
Marian, Dagmar. 9:723
Marianetti, Benito. 6:1621; 14:65b, 1044; 16: 3018; 27:3197
Mariani, Roberto. 19:4913; 21:3974
Mariani Bittencourt, Clemente. See Bittencourt, Clemente Mariani.
Marianno, Olegario. 15:2547
Marianno Filho, José. 5:578-583; 6:649-653; 7:670-672, 686, 687, 707; 8:844, 874; 9: 853, 880-882; 12:721
Mariano, Osvaldo. 7:4831
Mariano de San Juan de la Cruz, *Brother*. 15: 1110; 25:3518
Marías, Julián. 7:5723; 10:4600; 23:4734; 27:3099
Mariátegui, José Carlos. 3:3177; 9:3333; 23: 5104; 24:3439
Mariátegui, Pedro J. 4:2068
Mariátegui Oliva, Ricardo. 5:2593; 7:4571; 10:710; 12:610; 14:34, 739, 740; 15: 291, 292, 574-576, 1656; 16:308, 309,
517-519; 17:448, 449; 18:452-454; 20: 1000; 21:3164; 27:3522
Maribona, Armando. 2:343
Maricá, Marquês de. See Fonseca, Mariano José Pereira da.
Marie, Víctor. 7:1530
Mariel de Ibáñez, Yolanda. 12:1819; 15:25
Marienhoff, Miguel S. 2:700a; 5:4163; 8:4548; 10:4188; 24:4895
Marigny, Elza Robillard de. 12:1104
Marill, René, *pseud*. 21:5013; 22:2369
Marill Abérès, René. See Marill, René, *pseud*.
Mariluz Urquijo, José María. 14:670; 17:461; 18:1717; 19:3165, 3487, 3488, 3843; 20: 1036, 2790a, 3740; 22:3496; 24:4153, 4280; 26:865; 28:1115-1115d
Marín, Alfonso. 7:1271
Marín, Francisco Gonzalo. 23:5141
Marín, Gerard Paul. 25:4582
Marín, Jacinto Domingo. 2:1879
Marín, Jorge H. 2:3004
Marín, Juan. 2:2642, 2643; 3:3349; 5:3756, 3757; 6:4157; 7:4639; 10:3672; 15:2300; 22:4939
Marín, Pachín. See Marín, Francisco Gonzalo.
Marín, Plinio. 18:2856
Marín, Ricardo. 11:3324
Marín, Rufino. 22:4068, 4069; 25:3735
Marín, Urbano. 7:5283
Marín Balmaceda, Raúl. 6:3450; 11:1697
Marín Cañas, José. 2:2794
Marín Darriero, Alberto. 1:1619
Marín de Paalen, Isabel. 24:1744
Marín García, Segundo. 9:724
Marín Iglesias, Alejandro. 6:1570, 2704, 2705
Marín Madrid, Alberto. 6:2200; 9:2257
Marín Molina, Ricardo. 13:1901
Marín Ocete, Antonio. 4:1839
Marín Pérez, Pascual. 19:3109
Marín Santiago, Demetrio. 18:2277
Marín Tamayo, Fausto. 20:2538; 28:621
Marín Vicuña, Santiago. 1:1210
Marín Villafuerte, Francisco. 12:1656
Marina Constitucional. 3:1099
Mariñas, Luis. 28:2698
Mariñas Otero, Luis. 22:1104; 23:4539; 24: 5925; 25:1215a; 27:3645; 28:725a
Marinello, Juan. 2:2586, 2587; 3:3178; 6: 3920, 4187; 11:3002; 16:1871; 23:5884; 24:1722, 5920; 25:4503; 26:753, 1497, 1498; 28:263, 786
Marinello, Pedro. 27:3855
Marinho, Heloisa, 10:1535
Marinho, Ilmar Penna. 13:2598; 22:4670
Marinho, Inezil Pena. 6:1967, 1968; 7:1804-1807; 8:1896-1898; 9:1810; 10:1536-1541; 11:1356, 1357, 1375; 23:3912
Marinho, J. C. Lages. 2:1074
Marinho, João. 7:4832
Marinho, José. 23:5907
Marinho, Marcílio Teixeira. 28:2507
Marinho da Costa, Yara Maria. See Costa, Yara Maria Marinho da.
Marinho de Azevedo Neto, Roberto. See Azevedo Neto, Roberto Marinho de.
Marinho Rêgo, Alceu. See Rêgo, Alceu Marinho.
Marini, Tomás L. 2:1338; 7:1384
Mariño, Cristino. 18:3183
Mariño, Luis Javier. 6:1367a
Marino Brito, Eloy G. 2:3039; 4:2347; 11: 3502, 3503; 16:1873, 2581; 19:5422
Mariño de Lobera, Pedro. 24:4128
Marino Flores, Anselmo. 11:418; 12:503; 20: 468; 21:817; 22:888; 25:3938, 5629; 26:634

Marino Incháustegui, J. 4:3120; 5:1770, 2392, 2840; 7:3373
Mariño Palacio, Andrés. 12:2551
Marino Pérez, Luis. 10:3285a
Mariño Pinto, Enrique. 7:5236
Marins, Álvaro. 9:952; 15:1901
Marins, Francisco. 26:1990; 28:2508
Marinus, Albert. 2:192
Mário Víctor, *pseud.* 28:1379
Mariscal, Federico E. 2:357; 9:342
Mariscal, Mario. 4:130, 188-190; 9:3030; 10: 2867, 3506
Mariscotti, Ana María. 27:1166
Maritain, Jacques. 4:4167; 7:5069, 5070; 8:4918; 9:4356, 5017; 10:4601, 4602; 11: 3970; 12:3559; 14:3484; 15:2952
Maritano, Nino. 27:1748
Mariz, Celso. 8:3507
Mariz, Ignez. 5:1496
Mariz, José. 2:300
Mariz, Vasco. 14:3366-3368; 15:2805; 16: 2840; 23:5716; 26:2192
Mariz de Moraes, José. *See* Moraes, José Mariz de.
Mariz de Oliveira, Antônio. *See* Oliveira, Antônio Mariz de.
Markham, Clemente H. 9:474
Markman, Sydney David. 20:953, 954; 25:1152; 28:195
Markov, Walter. 21:2433; 25:3051; 26:376
Markus S., Mina. 27:800
Marlitt, Suzanna. 9:4357
Marlow, A. H. 3:910; 4:1156
Marmer, H. A. 9:2036
Marmier, Xavier. 10:2413; 14:2154
Mármol, José. 4:4006; 9:4008; 10:3684; 11: 3299
Marobin, Luiz. 25:2199a
Maroff, Tristan. 1:1184; 4:2250; 7:533
Marone, Gherardo. 4:4017; 9:5010
Marotta, María. 20:5028
Marotta, Sebastián. 25:1522, 3627
Marque, Juan L. 11:3619
Marquer, Paulette. 14:416; 23:1289
Marques, Aguinaldo N. 27:3282
Marques, J. Quintiliano A. 15:708
Marques, José de Oliveira. 6:1461; 7:2450; 9: 1761
Marques, José Frederico. 14:3135; 20:4536; 23:4590; 27:3716
Marques, Juanita Monte. 5:3926
Marques, Manuel Eufrázio de Azevedo. 18:2157
Marques, Orminda I. 3:1474
Marques, Oswaldino. 12:2923; 16:2841; 20: 4406; 26:1941
Marqués, René. 14:2956; 18:2692; 21:4221, 4222; 23:5331; 24:5113, 5241, 5242, 5620; 25:4569, 4582; 26:1574; 28:2310
Marques, V. 14:1206, 1207
Marques, Xavier. 1:2168; 2:2879, 2880, 2933, 2933a; 3:3506
Marques Couto, M. *See* Couto, M. Marques.
Marques da Cruz, José. *See* Cruz, José Marques da.
Marques da Silva Ayrosa, Plinio. *See* Ayrosa, Plinio.
Marques de Abreu, Horácio José. *See* Abreu, Horácio José Marques de.
Marques de Almeida, Fernando Flávio. *See* Almeida, Fernando Flávio Marques de.
Marques de Almeida Rolff, Anibal. *See* Rolff, Anibal Marques da Almeida.
Marques de Carvalho, Manuel. *See* Carvalho, Manuel Marques de.
Marques de Oliveira, M. *See* Oliveira, M. Marques de.

Marques de Sousa, Beatriz. *See* Sousa, Beatriz Marques de.
Marques dos Santos, Francisco. *See* Santos, Francisco Marques dos.
Marques Filho, J. J. 18:2915
Marques Guimarães, F. *See* Guimarães, F. Marques.
Marques Lima, Lourenço. *See* Lima, Lourenço Marques.
Marques Lisboa, H. *See* Lisboa, H. Marques.
Marques Perdigão Malheiros, Agostinho. *See* Malheiros, Agostinho Marques Perdigão.
Marques Pereira, Nuno. *See* Pereira, Nuno Marques.
Marques Pinheiro, Lúcia. *See* Pinheiro, Lúcia Marques.
Marques Poliano, Luis. *See* Poliano, Luis Marques.
Marques Rebêlo. *See* Rebêlo, Marques, *pseud.*
Marques Sobrinho, Brasílio. 24:2071
Márquez, C. 27:1625
Márquez, Dolores de las Mercedes. 14:2664
Márquez, Edmundo. 19:4914
Márquez, Ismael. 23:6009
Márquez, Luis. 12:589a, 3417
Márquez, Manuel M. 11:3546
Márquez, Narciso P. 3:1791m; 7:4640; 21: 3072
Márquez, O. 3:2585
Márquez, Pompeyo. 24:3604
Márquez Abanto, Alberto. 20:3741; 21:933-935; 23:1442, 1443; 26:169, 858-861
Márquez Abanto, Felipe. 21:2742
Márquez Blasco, Javier. 8:1003; 9:1004, 2663; 11:715; 13:440; 17:900; 18:739; 19:1976a; 25:1565; 27:1883
Márquez Cairos, Fernando. 21:3975
Márquez Camacho, Reinaldo. 6:3774
Márquez Cañizales, Augusto. 6:3080; 22:4819
Márquez de la Plata, Fernando. 4:349a; 11: 2318; 19:3472
Márquez Eyzaguirre, Luis Guillermo. 3:255; 24: 4752
Márquez Garabano, Luis D. 5:4164; 6:4545
Márquez M., Sergio. 3:1924
Márquez Mantel, Joaquín. 4:2396
Márquez Miranda, Fernando. 4:269, 2844, 2845, 5:373, 374; 6:415; 7:442-444, 2268, 2846; 8:291-297, 370, 2441; 9:466; 10: 353; 11:286, 287, 337, 1676; 12:302-305; 17:384; 19:361, 377, 391; 20:305, 21: 265; 25:342, 3628; 27:507, 508
Márquez Molina, Francisco. 22:5151
Márquez Montiel, Joaquín. 22:4687; 26:551
Márquez Padilla, Tarsicio. 10:3232
Márquez Quintero, Bolívar. 26:707
Márquez Rodiles, Ignacio. 23:2469
Márquez Salas, Antonio. 14:2778; 20:3953
Márquez Sterling, Carlos. 2:2150; 8:3920; 11: 2715; 13:1572; 19:3727; 26:754; 28:786a
Márquez Sterling, Manuel. 3:1979, 2625; 7: 3341; 23:3287
Márquez Tapia, Ricardo. 2:1999; 9:2985, 3147; 25:3736
Márquez y de la Cerra, Miguel F. 12:2976; 3509
Marquezado O., Renato. 6:1520
Marquina, Ignacio. 8:218; 13:92, 150, 202; 15:154; 17:91; 18:66; 23:949; 24:280
Marquina, Rafael. 4:3902; 9:3200; 14:2910; 21:2925; 22:3201, 5171
Marrama, Vittorio L. 15:671
Marrero, Carmen. 19:5079
Marrero, Jesús S. 27:2100
Marrero, José. 14:1422
Marrero, Mario. 6:1346

Marrero, Rafael Enrique. 22:5152
Marrero Aristy, Ramón. 15:1722; 19:2911; 22:3213; 28:1899
Marrero Navarro, Domingo. 21:4794; 23:5885
Marrero y Artiles, Leví. 10:2025; 12:1333; 16:1157; 19:2361; 21:2615; 22:2302; 27:2101, 2805
Marrero y Reborado, Luis Manuel. 1:1423
Marrett, R. H. K. 5:880
Marrokin, Josel. 20:1058
Marroquín, Alejandro Dagoberto. 19:661, 6061; 20:469; 24:6312; 28:750
Marroquín, Francisco. 18:1760; 28:729
Marroquín, José. 10:422; 11:437; 13:408
Marroquín, José Manuel. 1:1998; 2:1164; 4:4007
Marroquín, Lorenzo. 2:2701
Marroquín Rojas, Clemente. 20:2273; 28:750a
Mars, Jean Price. 28:810a
Mars, Louis. 19:598, 22:423, 27:1073
Marsal, Juan Francisco. 27:4146
Marsal S., Pablo. 21:3073
Marschall, Mathias. 13:714
Marsh, Margaret Alexander. 13:441
Marsh, Raymond Eugene. 10:842
Marsh, Vernon L. 20:1989
Marshall, Andrew. 25:2729
Marshall, Cecil Eugene. 5:2406, 2455a
Marshall, Donald. 15:182
Marshall, Enrique L. 3:862; 8:1682; 18:669; 19:2059
Marshall, Ione. 25:1592
Marshall, Schuyler C. 18:1983
Mársico, Gladstone Osório. 26:1991
Marsili, Ernesto. 1:1999
Marsland, Amy L. 19:3057
Marsland, William D. 19:3057
Marston, H. W. 13:458-460
Martán Góngora, Hecías. 16:2717; 21:4101, 4102; 22:5153
Martel, Benjamín. 10:3417
Martel, José. 20:4201
Martel, Julián, *pseud*. 8:4077; 12:2552
Martel Caminos, Ricardo. 23:1474
Martelli, Juan Carlos. 26:1698
Martelli, Sixto C. 6:4068
Martí, Jorge Luis. 7:2492, 3342; 10:2353
Martí, José. 1:1110, 1111; 2:2136, 2151; 2666, 2702, 2703; 3:3364; 4:3903; 5:3563, 3874; 3875; 6:768, 3264, 3265, 4158; 7:2821, 3343, 3344, 4510, 4523; 9:3769, 3770; 11:2970, 2972, 2973, 3069; 12:2461; 13:1477, 1506, 2242; 15:2382; 16:15, 89, 1856, 1860, 1864, 1870, 1874, 1719, 1720, 1728, 1830, 2335, 2945, 3096; 18:2007; 19:4748, 6716; 22:4952; 23:1828, 6030; 26:1734; 28:787, 787a
Martí, Samuel. 17:92; 19:75, 133, 561, 5604; 20:58, 4717; 23:135, 950-952; 24:1619; 25:152; 27:786, 1286; 28:3079
Martí-Abelló, Rafael. 16:2533
Martí Bufill, Carlos. 16:2455; 19:6049; 20:3559a
Martí Coll, Antonio. 28:817a
Martí de Cid, Dolores. 23:5373
Martí Escasena, Manuel. 7:1117, 4226; 8:4657; 9:3755; 10:3418
Marti Rico, Dolores. 5:2818
Martillo, Trinidad. 25:2647
Martin, Adrien. 26:1354a, 2141
Martín, Carlos. 5:3848; 12:2701; 25:4504, 4505; 26:1773
Martín, César. 20:2291; 27:3523
Martín, Diego. 28:917
Martín, Edgardo. 9:4773; 25:5216
Martín, Elvira Luisa. 28:1026

Martín, Ernesto. 5:4100
Martin, Gaston. 18:2034
Martin, George C. 13:1258
Martin, Gil T. 2:2286
Martín, Gregorio. 8:1952
Martin, Harold H. 18:1572
Martin, John L. 7:4556, 4641; 14:2831
Martin, John W. 28:1642
Martín, José Agustín. 9:3186
Martín, José Carlos. 14:2207
Martín, José Luis. 18:2626; 19:4607
Martín, Juan Luis. 10:2026; 18:1792
Martin, Lawrence. 1:653; 3:50a; 6:2200a, 2201, 3733; 7:3770; 8:2610; 10:1299, 1921, 3027
Martin, Mary Frances. 8:412
Martin, Michael Rheta. 20:2334
Martin, Norman F. 21:2536; 24:3767; 28:522
Martin, Pedro. 22:2458
Martin, Percy Alvin. 1:26, 642, 973, 1144; 2:2057; 3:2162, 2828, 2869; 4:2266; 5:280, 2760, 3134; 6:195, 3547; 3645; 8:3185
Martin, R. L. 2:483, 2099
Martin, Robert E. 1:42
Martin, Sylvia. 7:3770; 8:2610; 10:1299, 14:52
Martín Artajo, Alberto D. 22:4011
Martín de Moussy, Víctor. 22:2370
Martín del Campo, Rafael. 9:247; 11:1434; 12:163
Martín Echeverría, Leonardo. 19:1895, 1958; 21:1480
Martín Moreno, Ángel. 9:2896
Martín Pastor, Eduardo. 5:2662
Martín-Tesorero, María Isabel. 28:986a
Martin-Vegue, George B. 15:293
Martinelli, J. E. 1:405
Martinelli, Ociola. 6:1842
Martínez, Agustín M. 16:3240, 3252
Martínez, Alfredo. 6:119
Martínez, Andrés. 12:1693
Martínez, Ángel A. 1:1241
Martínez, Antonio. 20:2555
Martínez, Beltrán. 12:1598
Martínez, Carlos, *Chilean*. 16:2672
Martínez, Carlos, *Colombian*. 17:412; 26:207
Martínez, Carlos, *Mexican?* 23:3288
Martínez, Carlos J. 8:1577; 11:951
Martínez, David. 26:1699
Martínez, Eduardo. 27:348
Martínez, Eduardo N. 11:2573
Martínez, Elías. 25:3279
Martínez, Elsa. 11:3156
Martínez, Enrique Naranjo. 10:2801
Martínez, Ernesto A. 18:2052; 19:3818
Martínez, Esteban José. 28:434
Martínez, Fernando Antonio. 22:3549; 23:4416; 24:4753
Martínez, Francisco. 21:4543
Martínez, G. C. 7:4304
Martínez, Henrico. 14:2620
Martínez, Ignacio. 24:1745
Martínez, Joaquín G. 14:2171
Martínez, John R. 27:3100
Martínez, José. 22:2694
Martínez, José Agustín. 1:1641; 2:3116; 5:4211; 8:4627; 9:2486; 15:2749
Martínez, José de Jesús. 16:2718
Martínez, José F. 10:989, 1007; 11:903, 1084; 12:1267
Martínez, José Heriberto. 21:4606
Martínez, José Luciano. 4:3302; 6:3470; 9:3352; 25:3710
Martínez, José Luis. 7:4642; 8:4009; 9:3878, 4063; 12:2461a, 2462, 2702, 2703; 14:2695; 15:2215, 2238, 2255, 2268, 2344,

2434; 16:2580; 17:2294, 2497; 19:4749, 4751; 20:3838, 3839; 22:5414; 24: 3924, 5114; 28:1789a
Martínez, Juan. 9:2897
Martínez, Juan Nepomuceno, Brother. 7:2892
Martínez, Liborio. 3:1451; 6:1304; 9:580
Martínez, Luis. 6:3266
Martínez, Luis A. 12:2553; 24:5267; 26:1604
Martínez, Luis Eduardo. 5:1070
Martínez, Manuel Guillermo. 13:1149; 16:1439
Martínez, Manuel María. 18:1717a; 19:3166, 3315, 3414; 20:2456, 2457; 24:3817
Martínez, Marco Antonio. 18:2351; 24:4754
Martínez, Mariano Reinaldo. 21:2228
Martínez, Mario Hernán. 19:2520
Martínez, Martín. 28:125
Martínez, Máximino. 13:792; 14:1346; 20: 4582; 21:1960, 1961
Martínez, Melchor. 10:395
Martínez, Miguel A. 1:861; 7:3546; 12:2147; 18:1877
Martínez, Miguel Víctor. 15:1595
Martínez, Octavio A. 25:2242; 27:2771
Martínez, Orlando. 10:4448; 12:3401; 15: 2809
Martínez, Pablo L. 21:2824; 24:3925; 25: 153; 28:486a
Martínez, Pedro. 18:1760a
Martínez, Raúl V. 9:4958
Martínez, Ricardo A., 23:2805
Martínez, Santiago. 4:2538; 9:3334
Martínez, Sarmiento. 6:4569
Martínez, Víctor H. 24:4844
Martínez, Yolanda. 9:3258
Martínez, Zenón. 5:4165
Martínez Acosta, Carmelo. 4:2899; 14:1722
Martínez Acosta, Orlando. 9:4655
Martínez Aguilar, José. 26:552; 27:3619
Martínez Agusti, Florentino. 10:4090
Martínez Alfaro, Lorenzo. 11:2261
Martínez Alomía, Santiago. 11:2729
Martínez Alonso, Delnida. *See* Alonso, Delnida Martínez.
Martínez Amaro, Fernando. 11:1028
Martínez Amaro, Manuel. 16:2365
Martínez Amengual, Gumersindo. 27:1749, 1749a, 3101
Martínez Anabalón, René. 2:3112
Martínez Arango, Felipe. 12:1628; 16:1872; 24:281; 26:755; 28:788
Martínez Arellano, Héctor. 24:875; 25:586-588; 27:1344-1344c, 2269, 4147-4153
Martínez Arteaga, Julio. 9:4689
Martínez Arzanz y Vela, Nicolás de. 7:3099; 10:2713; 11:2185
Martínez Baca, Roberto. 4:1336
Martínez Báez, Antonio. 16:983; 20:2867; 21:4534; 23:4540; 24:2130, 3926; 25: 4148; 26:635
Martínez Baeza, Sergio. 25:3532
Martínez Barrio, Domingo. 12:1629
Martínez Bello, Antonio. 6:1048, 3267, 3921; 9:3795; 10:3537; 18:2008; 20:2930; 22: 3236
Martínez Bersetche, J. P. 23:2957
Martínez Briceño, Rafael. 28:1036
Martínez Bula, Florencio. 5:1829
Martínez Cabañas, G. 3:1014
Martínez Capó, Juan. 25:4466
Martínez Cardós, José. 20:2458; 21:2445; 25: 3057
Martínez Carranza, Eduardo. 10:4070
Martínez Carreras, José Urbano. 28:910
Martínez Casas, Mario. 12:888; 22:2637
Martínez Castells, Julián. 11:2253
Martínez Ces, Ricardo. 27:3545

Martínez Civelli, Aquiles. 7:1434; 12:889
Martínez Constanzo, Pedro Santos. 24:2942; 25:3519, 3520; 26:905, 906; 28:1084, 1116
Martínez Cosío, Leopoldo. 9:2802; 12:1737; 28:196
Martínez Cosío, Luis. 16:1670
Martínez Cuitiño, Vicente. 10:3523; 15:2239; 19:4750
Martínez Dalmáu, Eduardo. 7:3345; 9:2664; 11:2439
Martínez de Alba, Ernesto. 12:765
Martínez de Aldunate, Domingo. 21:2760
Martínez de Bujanda, E. 2:1122
Martínez de Escobar G., Constantino. 1:1650
Martínez de Ferrari, Marcial. 7:5122
Martínez de Hoz, José A., h. 27:2155
Martínez de la Torre, Ricardo. 7:3810, 9:2538; 13:1658; 14:2208; 15:1768
Mártinez de la Vega, Francisco. 28:693a
Martínez de Mata, Antonio. 14:1975
Martínez de Molina, Pedro. 2:1813
Martínez de Paulosti, T. 19:883
Martínez de Pereda, Guillermo. 2:1431
Martínez de Vedia, R. 8:1616
Martínez del Campo, Pablo. 16:1803
Martínez del Río, Pablo. 3:2402; 4:3071; 9:222, 2803, 2804; 10:207, 208; 11:190-194; 12:162, 163, 1820; 13:151, 152, 377, 14:237; 16:126; 17:1009; 19:134, 870, 3316; 20:90; 27:189
Martínez del Río, Ramón. 14:1651
Martínez del Sobral C., Enrique. 18:2278
Martínez Delgado, Luis. 2:2238; 3:2501; 2707, 2717; 4:1614, 2954; 5:2715; 6:2785; 10: 2837, 2838; 11:2287; 12:1975, 1976, 2132; 19:3874; 20:3041; 21:2262; 22:3545; 24:4179, 6409; 26:1013
Martínez Díaz, Nicasio. 9:1499, 3740; 17: 702; 27:2245
Martínez Domínguez, Guillermo. 19:1896; 20:1508
Martínez Duéñez, Emma. 27:2419
Martínez Durán, Carlos. 5:2407; 6:2933; 8:3029; 12:1657; 15:1016; 19:3299; 20: 1712; 25:3349
Martínez E., Jorge. 25:2131
Martínez Escobar, Manuel. 2:3038; 3:3678; 4:4396; 5:4190; 8:4592, 4593; 10:2414; 11:3630; 13:2461, 2498; 15:2738
Martínez Esponda, Eduardo. 6:1368
Martínez Estévez, Alfonso. 22:5154
Martínez Estrada, Ezequiel. 12:2088, 2463, 2464, 3461; 13:2113, 2201; 14:2911; 17:2338; 18:2074; 20:3954, 3955, 4261; 21:3976, 4264; 22:4976, 5318, 5415, 5416; 24:5539; 25:3008; 27:3421
Martínez Fortún, Ortelio. 20:2931
Martínez-Fortún y Foyo, José A. 7:1932; 11: 1931; 13:1328; 20:2932
Martínez-Fortún y Foyo, Susana. 22:3203
Martínez Fourzan, Óscar. 19:4310
Martínez Fraga, Pedro. 5:984
Martínez Franco, Fernando. 21:4593
Martínez G., Raúl. 5:311
Martínez Gálvez, Miguel A. 21:2446
Martínez García, Jesús. 4:1337
Martínez García, José. 15:1148
Martínez García, Raúl. 6:989
Martínez Gómez del Campo, Jorge. 6:2681
Martínez Granados, Enrique. 8:653
Martínez Guayanes, María Anuncia. 24:4039
Martínez Guerrero, Ana Rosa de. 7:2514
Martínez H., Librado. 25:449
Martínez Hague, Carlos. 6:4069; 11:2686; 17:2748

Martínez Hernández, Juan. 14:238
Martínez Inclán, Pedro. 12:554a
Mártinez J., Ramón. 28:621a
Martínez Lamas, Julio. 9:1538
Martínez Landero, Francisco. 8:261
Martínez Lara, Victoriano. 28:1855
Martínez Leal, Margarita. 28:622
Martínez LeClainche, Roberto. 21:1481; 22:1770
Martínez Licona, R. Aristeo. 19:5540
Martínez López, Luis. 6:4710; 19:5454
Martínez-López, R. 10:3233
Martínez M., Guillermo E. 19:5024
Martínez Marín, Carlos. 20:231; 22:572; 24:1136, 1137, 1620; 25:260; 27:801
Martínez Márquez, Guillermo. 15:2258
Martínez-Mendoza, Jerónimo. 24:1700; 28:875a, 875b
Martínez Mezquida, Ignacio. 13:1937
Martínez Moles, M. 2:1850
Martínez Montero, Alcides A. 24:4339
Martínez Montero, Homero B. 6:2786, 3002, 3010; 21:3172; 22:2459, 3497
Martínez Montiel, J. 6:3311
Martínez Moreno, Carlos. 26:1686; 28:2055
Martínez Moreno, Raúl S. 14:2427; 15:2006
Martínez Nebot, Benito. 1:1576
Martínez Núñez, Eugenio. 25:3280-3284; 26:553, 636-639
Martínez Orantes, Eugenio. 28:1899a
Martínez Orozco, Alfredo. 16:2637-2639
Martínez Orozco, José. 3:3421; 5:3544
Martínez Ostos, Raúl. 8:1126; 10:906; 17:901
Martínez Páez, Julio. 23:3441, 4202
Martínez Palafox, Luis. 10:3261; 11:1893
Martínez Paredes, Domingo. 20:59; 24:254; 25:662; 26:500, 640
Martínez Pastor, Manuel. 15:2622
Martínez Paz, Enrique. 1:1456, 1460; 2:2195; 4:3184; 5:1985, 4205; 6:2546, 4534, 4760, 5049; 7:2515, 3258, 3458, 10:512, 2694, 3521; 11:2475; 12:1921, 2974; 13:1417; 16:1932; 17:1768; 19:5496
Martínez Peñaloza, Porfirio. 24:5110; 26:1806
Martínez Quirola, Carlos. 15:946
Martínez Ramírez, Antonio. 11:2262
Martínez Requena, J. M. 28:298
Martínez Ríos, Jorge. 24:3927; 27:48, 157, 158, 802, 943, 1458
Martínez Rivera, E. 9:2144
Martínez Rivero, Alfredo. 13:2391
Martínez Rojas H., Jesús. 10:4004
Martínez S., Francisco A. 5:2278a; 27:2806
Martínez Sáenz, Joaquín. 5:2092, 8:2747; 9:1279
Martínez Sánchez, Carlos. 21:2926
Martínez Santos, Pedro. 26:822a
Martínez Sarmiento, Rafael. 16:2378
Martínez Seeber, Celia. 7:3962
Martínez Silva, Carlos. 1:937, 1222, 1463, 1502, 2133; 2:1501, 2239, 2287; 4:1614; 5:3685; 10:3996
Martínez-Silva, R. 24:1536
Martínez Sobral, Enrique. 6:930
Martínez Soler, Benigno J. 12:492
Martínez Sotomayor, José. 18:2541; 22:4940
Martínez Syro, Lázaro. 9:1187
Martínez Tamayo, Elena. 17:1683
Martínez Trueba, Andrés. 11:1111; 18:1613
Martínez V., Eliécer. 10:1053, 1054
Martínez Val, José M. 11:1972
Martínez Vargas, Ricardo. 2:791
Martínez Vera, Lorenzo. 6:4727
Martínez Vera, Rogelio. 26:641
Martínez Verdugo, Arnoldo. 28:674
Martínez Viademonte, José Agustín. 27:3851
Martínez Vigil, Carlos. 4:3738, 3739; 5:3500, 3501; 6:3206; 11:2900; 12:2345; 13:2002
Martínez Villada, Luis G. 3:2283; 5:3596
Martínez Villegas, Juan. 9:3978
Martínez Villena, Rubén. 9:4094
Martínez y Díaz, José F. 9:2614
Martínez y Vela, Bartolomé. 5:2514; 7:3101
Martínez Zaldúa, Ramón. 28:694
Martínez Zarama, Eduardo. 11:716
Martínez Zuluaga, Leonor. 25:5722
Martinez Zuviría, Gustavo Adolfo. 1:2078, 2079, 2125; 3:2176, 2183, 3261, 3382, 3450; 4:3740, 4008, 4510; 6:4178; 7:4727; 9:3965; 12:2612; 24:4266; 28:1022
Martini, José A. 24:2895
Martini, Óscar S. 16:841
Martini Orozco, Margarita. 17:996
Martiniano de Alencar, José. *See* Alencar, José Martiniano de.
Martinic Beros, Mateo. 28:1186
Martinicorena de Daquino, P. 12:1151
Martino, Cándido C. 8:1599
Martino, César. 7:2685
Martino, Julio Delfín. 20:3012
Martino Boggio, Juan. 8:1458
Martino Tamburrini, Jesús. 3:1901
Martins, Aldemir. 26:333; 28:390
Martins, Alfredo Romario. 10:2178
Martins, Amelia de Rezende. 3:686
Martins, Araguaya Feitosa. 24:2075; 27:2350
Martins, Ari Peixoto. 6:4317, 4318; 7:4901
Martins, Ary Monteiro. 17:1897
Martins, Ataide. 9:4286
Martins, Claudio. 11:1177
Martins, Coriolano. 11:1178
Martins, Cyro. 5:3976; 9:4418; 10:3884; 21:4355; 23:5475
Martins, Daniel Hugo. 17:2734
Martins, Edda. 21:4356
Martins, Emmanoel A. 24:3052; 27:2948a
Martins, Enéas. 28:358
Martins, F. Magalhães. 26:1276
Martins, Fernando de Barros. 21:4357
Martins, Fran. 3:3549; 4:4228; 6:4375; 8:4286; 12:2891; 14:3046, 3047; 16:2889; 22:5508; 23:5476; 24:4888; 26:1992
Martins, Francisco da Rocha. 15:1874
Martins, Francisco Pires. 9:3407
Martins, Geraldo de Rezende. 3:2790
Martins, Helcio. 20:3205
Martins, Ibiapaba de Oliveira. 23:5477; 28:2509
Martins, Ivan Pedro de. 10:3844; 3885; 12:2892; 21:1424; 25:1733
Martins, J. Ignacio. 21:4607
Martins, Jackson de Figueiredo. 4:4152; 12:2830, 3452a; 23:5576
Martins, João. 22:2019; 28:2510
Martins, Joel. 27:2652
Martins, José. 23:2414
Martins, José Eurico Dias. 4:681
Martins, José F. Ferreira. 5:3171
Martins, José Júlio Silveira. 7:3666
Martins, José Perea. 28:1589
Martins, José Salgado. 13:2297; 22:4612; 26:1209; 28:2419
Martins, José V. O. 13:620, 621
Martins, Judite. 5:584; 6:654; 25:1279
Martins, Lúcia. 15:2533
Martins, Luciano. 27:2631

Martins, Luis Caetano. 2:2934; 3:392; 6:674; 7:746, 5123; 8:920, 921, 2069, 3508; 9: 4305; 14:795; 16:2910; 19:1282, 4090; 22:5554; 23:5428; 24:5749; 25:4743; 26:1942, 2105
Martins, Luiz Dodsworth. 10:2179; 11:1212
Martins, Maria. 9:917
Martins, Maria de Lourdes de Paula. 7:544; 10: 384a; 11:355; 14:2992; 15:2468, 2469; 17:349; 21:4375
Martins, Mário. 8:3602
Martins, Mário de Sousa. 16:1328
Martins, Otávio A. L. 13:670; 14:1208; 15: 1061; 21:1752, 1810; 27:2569
Martins, Pedro Baptista. 1:1548; 6:4735; 7: 5226
Martins, Renato Gonçalves. 15:709; 17:3037; 20:4936
Martins, Roberto. 28:1590
Martins, Romario. 3:2777
Martins, Rue Nogueira. 20:2253
Martins, Saul. 19:5629
Martins, Wilson. 9:4176; 12:2848; 14:3023; 15:2500; 17:2588; 18:2751, 2752; 19: 5277; 20:4973; 21:1790, 4312, 4313; 25: 4612; 26:1943; 28:2420, 2654
Martins Alonso, Annibal. See Alonso, Annibal Martins.
Martins Capistrano, Francisco. See Capistrano, Francisco Martins.
Martins Catharino, José. See Catharino, José Martins.
Martins Costa, Paulo. See Costa, Paulo Martins.
Martins da Silva, Ernani. See Silva, Ernani Martins da.
Martins da Sousa, Anita. See Sousa, Anita Martins da.
Martins de Andrade. 8:3465; 14:779
Martins de Castro, Almerindo. See Castro, Almerindo Martins de.
Martins de Freitas, Mário. See Freitas, Mário Martins de.
Martins de Oliveira, Walter. See Oliveira, Walter Martins de.
Martins de Sousa Ramos, Paulo. See Ramos, Paulo Martins de Sousa.
Martins d'Oliveira, D. See Oliveira, D. Martins de.
Martins dos Santos, Francisco. See Santos, Francisco Martins dos.
Martins Ferreira, Nelson. See Ferreira, Nelson Martins.
Martins Ferreira, Waldemar. See Ferreira, Waldemar Martins.
Martins Filho, Antônio. 25:2199b
Martins Fontes, Clarêncio. See Fontes, Clarêncio Martins.
Martins Franco, Arthur. See Franco, Arthur Martins.
Martins Junior, Izidoro. 7:5144
Martins Lamas, Dulce. See Lamas, Dulce Martins.
Martins Meireles, Mário. See Meireles, Mário Martins.
Martins Moreira, Thiers. See Moreira, Thiers Martins.
Martins Paredes, Estela. See Paredes, Estela Martins.
Martins Pena, Luis Carlos. See Pena, Luis Carlos Martins.
Martins Ribeiro, Maria da Conceição. See Ribeiro, Maria da Conceição Martins.
Martins Rodrigues, J. See Rodrigues, Jorge Martins.
Martins Rodrigues, Lucio. See Rodrigues, Lucio Martins.

Martins Sodré, pseud. 27:3283
Martins Teixeira, Silvio. See Teixeira, Silvio Martins.
Mártir de Anglería, Pedro. 10:2574; 11:2091; 12:1719; 19:3105; 21:2378; 28:434a
Martius, Carlos F. P. von. 4:3386; 5:457
Martner, Daniel. 7:4113; 8:1656
Martner, Gonzalo. 27:2059, 2195
Martone, Francisco José. 13:1871; 17:2033
Martonne, Emmanuel de. 1:521, 605, 619; 2: 1375; 4:2045; 6:2151, 2479; 10:2240; 13: 890
Martonne, H. de. 1:604
Marty Torres, Herbert. 22:401, 6048
Martz, John D. 20:2274; 22:2619, 3055; 24: 3525; 26:707a; 27:89, 3102, 3102a, 3566, 3567
Maruca Sosa, Rodolfo. 21:354
Maruga, Jacinto Domingo. 2:1376
Marván Urquiza, Manuel. 8:3818
Marvel, Evalyn. 24:6423
Marvin, F. S. 7:5706
Marx, Carlos. 11:3944; 12:3541
Marx, Daniel, Jr. 19:1470
Marx, Fritz Morstein. 5:3309; 6:2579
Marx, Roberto Burle. 17:515
Marx, W. G. 19:708
Marx, Walther Burle. 5:4375
Maryssael, Gustavo. 19:1946
Marzagalli, César. 10:3327
Marzal, Manuel M. 27:1299
Marzano de Pérez Baratçabal, María C. 12:3319
Marzo, Miguel. 27:2834a
Mas, José. 17:1769
Mas de Ayala, Isidro. 22:6128; 25:3711
Mas Leite, Armando. See Leite, Armando Mas.
Mas y P., Juan. 14:850
Masa, Pablo. 20:4879a; 23:5910
Masagão, Mario. 23:4636
Mascareñas, Carlos E. 27:3792
Mascarenhas, Abel Diniz. 5:1898
Mascarenhas, Nelson Lage. 21:3268
Mascarenhas da Silva, Ildefonso. See Silva, Ildefonso Mascarenhas da.
Mascarenhas de Moraes, João Baptista. See Moraes, João Baptista Mascarenhas de.
Mascaro, Carlos Correia. 22:2020; 23:2415; 27:2399
Mascheroni, Ettore. 7:2318
Maschke, Arturo. 21:1425
Masciángioli, Jorge. 25:4380; 26:1640
Masegora, A. P. 19:5805
Masel, Segismundo. 11:3482
Masferrer, Alberto. 15:2240; 16:3383; 17: 3183; 19:4751; 20:4262
Mashbits, Iakov G. 25:2261a, 2261b
Mashkin, Valentin. 25:2788
Masi, Pedro Luiz. 26:2101
Masini, José Luis. 25:3629; 26:906a
Masip, Paulino. 11:3336
Masís, Rodrigo. 16:2394
Masjuán, Joaquín. 17:452; 18:427
Masnata de Quesada, David. 19:1431
Maso, Fausto. 28:1884a
Masó Fernández, María B. 22:2303
Masó y Vázquez, Calixto. 27:2023; 28:788a
Mason, Carol Y. 4:1975b
Mason, D. I. 9:1559-1561
Mason, Edward S. 27:1750
Mason, Gregory. 5:2819; 6:255, 425
Mason, John Alden. 1:66, 67; 2:80, 103, 180, 193, 194, 220; 3:93, 94; 4:95; 5:387; 6:307, 342; 7:275, 338, 350a; 8:201; 9: 210, 227, 228; 10:164; 11:236, 341; 14: 287; 16:255, 368, 372a; 17:93; 18:211, 284;

21:326; 24:599, 670; 25:217, 386, 1113; 27:337, 338
Mason, Lois E. 27:2686
Mason, Van Wyck. 9:4358
Masotta, Oscar. 24:5290
Masramón, Alberto J. 12:1531
Mass, Beatrice. 16:3321
Mass, Eduardo E. 16:984
Mass Escoto, Eduardo. 18:941
Massa, Juan Bautista. 7:5437
Massa, Lorenzo. 12:1445
Massachusetts Institute of Technology. Center for International Studies, *Cambridge, Mass.* 27:3103
Massad, Carlos. 24:1945; 27:1751
Massaguer, Conrado Walter. 22:1127
Massari, Claudia. 21:836
Massazza, Julia Amalia. 15:429
Massera, José Luis. 23:1850
Massera, José Pedro. 20:4770; 28:125
Massey, J. W. 4:1156
Massey, Vincent. 14:2408
Massey, William C. 13:153; 15:386; 19:649; 25:154, 218, 219
Massiani, Felipe. 5:3686; 16:2673
Massias do Carmo, J. *See* Carmo, J. Massias do.
Massie-Blomfield, H. 1:194
Massini Correas, Carlos. 8:693; 26:184, 198
Massini Ezcurra, José M. 21:2321; 26:1104
Massio, Roger. 18:1657; 19:3388a-3390
Massip, Salvador. 1:568; 5:799, 1771; 6:2300, 2301; 7:903a; 8:2348; 15:1174; 17:1084; 21:1901
Massís, Mahfúd. 14:2874; 20:3956
Masson-Oursel, Paul. 9:4995
Masson Pereira de Andrade, Walter. *See* Andrade, Walter Masson Pereira de.
Massuh, Víctor. 16:3295; 17:2884; 20:4771; 23:5831; 28:3224, 3239
Mastache Román, Jesús. 15:1088; 16:1022; 27:2400
Mastai Ferretti, Juan M. 26:1143
Masters, Ruth D. 11:2670
Mastronardi, Carlos. 15:2327; 26:1499
Masturzi, G. 2:1211
Masuda, Yoshirô. 27:4314
Masuoka, J. 24:711
Masur, Gerhard. 14:1581; 15:1668
Masvidal Marín, Raúl Armando. 5:4191; 14:3148
Mata, Andrés A. 8:4121; 20:4089
Mata, Andrés M. 21:3173
Mata, Carlos García. 1:397
Mata, Elba. 28:2240
Mata, Gonzalo Humberto. 8:4059; 9:4009; 10:3726; 13:2052; 20:4090; 28:1928
Mata, Luis I. 11:2352
Mata, Ramiro W. 15:2241; 16:2674; 2675; 26:1500
Mata Amado, Guillermo. 27:339
Mata D., José Asunción. 6:2742; 7:2745
Mata Gavidia, José. 16:2550; 18:1761; 19:3317; 22:2905
Mata Machado, Edgar de Godoi da. *See* Machado, Edgar de Godoi da Mata.
Mata Machado Filho, Aires da. *See* Machado Filho, Aires da Mata.
Mata Vázquez, Julio. 18:1718
Matallana, Baltasar de. 4:372, 1867; 5:4389; 8:2315; 10:1901
Matanzas. Consejo de Administración de la Zona Franca. 5:985
Matar, José. 27:3422
Matarredona, Vicente G. 27:2101
Matas, Julio. 24:5540
Matassino, D. 27:2861a

Mateo, Abel. 21:3977, 3978
Mateo, Martha Silvia. 26:2330
Mateo y Souza, Eligio. *See* Souza, Eligio Mateo y.
Mateos, Francisco. 10:108, 2575, 2720; 12:1720; 13:1215, 1433; 14:1777; 15:1596-1598; 16:1721, 1722; 1744; 17:1614, 1646; 18:1804, 1910; 19:3100, 3101, 3167, 3489, 3490; 20:2428, 2459, 2460, 2720, 2759, 2791; 21:2447-2449; 22:3417; 23:3060; 25:3491; 26:381, 382; 28:857a, 902, 915a
Mateos, S. I. F. 9:2665
Mateos Higuera, Salvador. 3:142a; 6:362, 745; 9:329; 10:183a; 11:194; 12:183; 13:119; 14:239, 240; 15:215; 16:220b; 21:115
Matesanz, José. 28:570a
Mateu y Llopis, Felipe. 9:2805; 15:1506
Matheus Hoyos, Alejandro. 4:493
Mathews, H. F. 1:1692
Mathews, John M. 1:1737
Mathews, M. A. 5:3345
Mathews, Thomas. 20:2901; 23:2470; 24:3594
Mathewson, Donna. 25:5739
Mathias, Herculano Gomes. 28:325, 1380, 1380a
Mathiot, Madeleine. 23:715
Maticorena Estrada, Enrique. 12:3235
Maticorena Estrada, Miguel. 17:2315; 22:3460, 3461; 24:4116
Matienzo, Agustín. 23:1460
Matienzo, Agustín Nicolás. 3:844, 3694; 13:2540
Matienzo, Ance. 1:2061
Matijevic, Nicolás. 28:61
Matilla Tascón, Antonio. 12:1862c; 18:1658
Matley, C. A. 9:2132
Matlowsky, Bernice D. 17:2432; 18:2627
Matluck, Joseph H. 17:2247; 18:2352; 25:3939; 26:1355
Mato Grosso (State). Departamento Estadual de Estatística. 6:1887; 23:2416
Mato Grosso (State). Diretoria de Estatística e Publicidade. 4:836; 5:2014
Mato Grosso (State). Secretaria Geral. 5:2013
Matorras Cornejo, Carlos. 18:2693
Matos, Adalberto Pinto de. 15:1062
Matos, Almir. 25:2789
Matos, Aníbal R. 8:3397
Matos, Armando de. 13:1769
Matos, Cleofe Person de. 23:5700
Matos, Francisco Gomes. 27:2611, 2611a
Matos, José Veríssimo Dias de. 3:3602; 19:5299; 22:5454, 5509
Matos, Mario. 5:3927
Matos, Odilon Nogueira. 8:3509; 10:1393, 2180; 27:2949
Matos, Pedro Gomes de. 19:4020
Matos, Rosalía A. de. 18:359
Matos, Víctor. 21:4829
Matos Díaz, Rafael. 7:2897
Matos Escobedo, Rafael. 10:2366
Matos Guerra, Gregório de. *See* Guerra, Gregório de Matos.
Matos Hurtado, Belisario. 6:3460; 7:3213, 3524; 9:3057; 9:3068; 10:2675, 2739, 2802; 11:2155; 12:1888, 1977
Matos Ibiapina, J. de. *See* Ibiapina, J. de Matos.
Matos Mar, José. 14:1723; 16:403; 17:368, 369, 370; 22:889; 23:835, 2623; 24:876; 27:1345, 1345a, 4154
Matos Mendieta, Ramiro. 23:493, 494; 24:600
Matos Peixoto, Almir Câmara de. *See* Peixoto, Almir Câmara de Matos.

Matos Peixoto, José Carlos. *See* Peixoto, José Carlos Matos.
Matos Pimentel. 14:3089
Matos Romero, Manuel. 4:1672; 15:2410; 16:3216; 20:3102, 4091
Matoso, Rachel de Queirós. 12:1218u
Matschat, Cecile Hulse. 5:172
Matsner, Eric M. 3:1127
Matson, Daniel S. 28:538
Matson, G. Albin. 23:1263, 1270; 25:788; 27:1579, 1594, 1594a
Matta, Manuel Antonio. 10:3045
Matta Machado, P. *See* Machado, P. Matta.
Matta Salas, Julián. 7:5132
Mattalia, Jorge. 28:2164
Máttar, João Augusto. 4:4304
Mattar, Tuffik. 22:2657
Mattelart, Armand. 27:2229
Matteo, Martha di. 28:2168
Matteson, Esther. 19:815
Mattfield, Julius. 10:4374, 4402
Matthei, Adolfo. 1:505, 525; 2:808, 1236; 5:1294, 1870
Matthews, Dom Basil. 19:703
Mathews, Herbert Lionel. 17:1285; 18:1583; 19:2864; 24:3541; 25:3090, 3413a; 27:3423
Matthews, W. V. Graham. 17:1160
Matthiessen, H. 2:2881
Matthiessen, Peter. 24:6436
Matti, Carlos Horacio. 8:4516; 9:4527; 10:4024
Mattingly, Garrett. 14:1778
Mattison, Ray H. 12:1821
Matto, Daniel. 2:2260; 10:2997
Matto de Turner, Clorinda. 14:2779
Mattos, Aníbal. 1:1310, 1334; 2:369-371, 1739; 3:362, 2870-2872; 4:283b, 400; 5:381a; 6:420; 7:592; 12:315; 27:1525
Mattos, Antonio Augusto de. 6:5029
Mattos, Carlos Lopes de. 26:2281
Mattos, Dalmo Belfort de. 4:340, 1823, 1880; 5:1562; 6:2059, 2060; 8:2070
Mattos, Dirceu Lino de. 16:1284; 17:1205, 1222; 20:2140; 21:2140; 23:2699, 2700; 24:3053
Mattos, Francisco Jaguaribe Gomes de. 3:1623a; 4:1961
Mattos, Horácio Peres Sampaio de. 19:2617
Mattos, Joaquim de Almeida. 22:1333
Mattos, Lobivar. 2:2964; 3:3508
Mattos, Luiz Alves de. 12:1217x; 20:1795; 21:1780-1782; 22:2067; 25:2165; 28:1591
Mattos, Waldemar. 16:561; 18:2753
Mattos Almeida Simões, Ruth. *See* Simões, Ruth Mattos Almeida.
Mattos Filho, João. 23:5429
Mattos Musso, Antônio José de. *See* Musso, Antônio José de Mattos.
Mattos Neto, Bernardino Corrêa de. 10:1440
Mattos Vasconcellos, José. *See* Vasconcellos, José Mattos.
Mattoso Câmara Júnior, Joaquim. *See* Câmara Júnior, Joaquim Mattoso.
Mattoso Maia Forte, José. *See* Forte, José Mattoso Maia.
Maturana, Sergio. 27:1962
Maturana Godoy, Raúl. 14:1620
Matus, Ramón Ignacio. 4:3029
Matus Gutiérrez, Carlos. 9:1483
Matus Santos, José. 15:2697
Mauá, Irineu Evangelista de Souza, *visconde de*. *See* Souza, Irineu Evangelista de, *visconde de Mauá*.

Mauá, *visconde de*. *See* Souza, Irineu Evangelista de, *visconde de Mauá*.
Maublanc, R. 6:5069
Maudslay, A. P. 20:2512, 3732; 21:3729; 27:741
Maufrais, Raymond. 17:3147
Maugham, W. Somerset. 5:4026; 7:5071, 5072; 8:4420; 9:4359, 4360
Maugini, Armando. 27:2687
Maugué, Jean. 10:3845
Maul, Carlos. 5:3213; 6:3646; 7:3749; 8:3511-3513; 9:4177, 4288
Maupassant, Guy de. 9:4361-4363
Maura, A. Lourival de. 3:2873
Maura, Hastimphilo. 2:1718
Maura, Sonia. 5:614-617
Maura y Gamazo, Gabriel. de. 14:1884
Maurain, Jean. 5:3265
Maureira M., L. Mariano. 2:809
Maurell Lobo, Arí. *See* Lobo, Arí Maurell.
Maurer, Hans. 2:1261
Maurette, Fernand. 3:508b, 704
Mauriac, François. 6:4450; 7:5124; 9:4364
Maurice, Juan. 6:2407; 8:2483; 10:1211
Mauricéa Filho, A. 28:1592
Mauricio, Augusto. 13:1696
Maurier, Daphne du. 6:4451; 10:3929
Maurín, Juan. 3:1836
Maurín Navarro, Emilio. 28:831a, 3026
Maurín Navarro, Juan S. 18:2075
Maurity Filho, Joaquim Antônio Cordovil. 6:4736
Mauro, Frédéric. 24:3731; 27:1884; 28:487, 1311, 1311a
Mauro de Vasconcelos, José. *See* Vasconcelos, José Mauro de.
Maurois, André. 5:4027, 4028; 6:4452-4454, 5080; 7:5073, 5074; 8:4421, 4422; 14:53; 18:3347; 22:2212; 25:4366
Maúrtua, Aníbal. 6:2408
Maúrtua, Manuel Félix. 12:2281; 21:3444
Maúrtua, Víctor M. 3:3779a; 6:3820
Mauzi, Wayne L. 25:1162
Mavila, Consuelo. 11:1085
Mawe, John. 10:3151
Max Coers, Hermann. 1:455; 2:841; 4:593; 6:1256, 1257; 10:1249
Maxemin, Juan. 8:2279
Maximilian, *Emperor of Mexico*. 10:2892; 16:1768; 26:547
Maximiliano, Carlos. 3:3712; 10:4198; 12:3067; 13:2490, 2491; 14:1613, 3205
Maximilien, Louis. 16:254; 20:261, 262
Maximov, A. 12:3560
Maxwell, Thomas J., Jr. 20:574
May, Ernest R. 27:1752
May, Florence. 2:143
May, Karl. 7:5075, 5076
May, L. F. 16:1671
May, Luis. 11:1213
May, Marjorie. 7:220
May, Stacy. 18:706; 23:1684
Maya, Rafael. 3:3179; 5:3813, 7:4552, 4643, 4817; 9:3879; 10:2740, 3638, 3774, 3776, 3795b; 11:3070, 3121, 3122, 3257; 17:2462, 2463; 18:2487, 2628, 2629; 19:4752, 5025, 24:5115; 28:2193
Maya, Raymundo de Castro. 8:875, 893
Maya, William A. 19:2652
Mayagoitia, David. 11:2092
Mayagüez Sugar Co. 7:1147
Mayard, Pierre. 26:2142
Maybury-Lewis, David. 23:752, 753
Maybury-Lewis, Pia. 22:970
Mayda, Jaro. 24:4917

Mayer, Alcuin. 17:347
Mayer, Antônio de Castro. 25:1734; 27:2351, 3284
Mayer, Arnold. 10:2998
Mayer, Enrique. 5:233
Mayer, Jorge M. 2:1446a; 6:1428; 10:4189; 18:2052; 19:3818; 28:1117
Mayer, Rubén Franklin. 10:2416
Mayer de Zulen, Dora. 2:2261; 17:3043
Mayer Martínez, Federico. 23:4516
Mayer-Oakes, Nita. 19:135
Mayer-Oakes, William J. 18:99; 23:193, 444, 445; 24:216, 282; 27:599
Mayer-Serra, Otto. 6:4931; 7:5585, 5586; 8: 4771, 4813-4815; 9:4792-4794; 11:3796; 12:3418; 13:2670
Mayers, H. W. D. 4:716; 5:800, 1232; 6:2468
Mayers, Marvin K. 22:890, 891; 27:1459
Mayes, Guillermo. 20:2875
Mayhew, Frank. 19:704
Maynard, Eileen A. 27:1327-1327c, 1346, 4096, 4097, 4155
Maynard, G. 27:1753, 1753a
Maynard, Theodore. 19:3318
Maynard Araújo, Alceu. *See* Araújo, Alceu Maynard.
Mayne, Alvin. 25:1624
Mayo, Margarita de. 14:2791
Mayo Ángel, Filiberto. 24:2131
Mayobre, José Antonio. 13:570; 18:966, 967; 27:1708, 1754
Mayol, Josefina. 16:63
Mayor, A. Hyatt, 23:1413
Mayora, Eduardo. 24:5214
Mayorga Rivas, Rodolfo. 10:1619, 4280; 11: 2385
Mayz Lyon, J. J. 26:258
Mayz Vallenilla, Ernesto. 20:4845; 21:4766, 4767; 24:6106
Maza, Antonio de la. 13:203; 19:662
Maza, Diego de la. 19:3390a
Maza, Efraín. 23:1266
Maza, Francisco de la. 3:3057; 5:667, 2408; 6:822; 7:4553; 9:725, 726, 2806, 3796; 10:578, 579, 613, 3577; 11:533, 535, 3003; 12:555, 590, 591, 1822; 14:635, 1830, 1918, 2620; 16:505-507; 17:94, 435, 436; 18:435, 2390, 2391; 19:3319, 20: 974-978; 21:965; 22:1140, 1154; 23: 1489; 24:1682, 1683, 3928; 25:677, 1137, 1163, 1164, 3285; 26:1436; 26:154-157, 1436; 28:168, 197, 197a, 622a, 1733
Maza, Lorenzo de la. 6:4703
Maza, Piedad. 11:1263
Maza Mac-Vicar, Rómulo de la. 10:3390
Maza Rodríguez, Emilio. 9:4544; 15:2743; 16:2983
Maza Solano, Tomás. 22:3478
Maza y Santos, Aquiles. 5:666; 12:575, 576; 18:465
Maza Zavala, Domingo Felipe. 27:2102, 2102a, 2099
Mazari, Manuel. 1:701, 765-773
Mazariegos, Diego de. 21:2507
Mazariegos Grajeda, José Gabriel. 16:2398
Mazeyra, Augusto. 4:1807
Mazia, Floreal. 23:5900
Mazière, Francis. 19:803
Mazín Cervantes, Miguel. 1:1046; 11:2353; 15:797
Mazo, Alfredo del. 14:1652
Mazo, Gabriel C. del. 7:1848; 11:1270; 12: 1152, 13:685, 2603; 18:2076; 20:1700, 2222; 21:2229; 23:2203
Mazo Gómez, Darío. 17:2249
Mazza, Raúl. 8:654

Mazza, Salvador. 6:606
Mazzanti, Carlos. 19:4915
Mazzara, Richard A. 26:1429, 1944; 28:1262
Mazze Lucas, Renato. *See* Lucas, Renato Mazze.
Mazzei, Ángel. 6:4259; 18:2488; 26:1623, 1774, 1775
Mazzini, Giuseppe. 2:386; 4:308, 309
Mazzocco, Ángel Raúl. 23:1807
Mazzoni, R. Francisco. 4:323b; 13:65
Mead, Margaret. 19:27; 27:1302a
Mead, Robert G., Jr. 20:3840; 23:4827, 5048; 25:4506
Meade, Joaquín. 5:2335; 7:431; 8:181, 535; 9:2855; 11:158; 13:1329; 14:170, 241; 15:1475; 17:1531; 19:665, 3320, 3321; 22:4708; 24:1126, 3789-3791, 3818, 3929; 27:158a, 234, 550, 803
Meade, Mercedes. 25:3286
Mealla Caso, Luis. 11:2792
Meana, Oscar. 11:2787
Means, Philip Ainsworth. 1:702; 2:434, 2288, 4:310; 6:243, 406, 407, 447; 7: 437, 438; 8:278, 337, 3120; 9:197; 28: 435
Mecham, John Lloyd. 4:2922, 3072; 6:2520, 2682; 7:3729; 22:2620; 25:2648; 28: 407, 472a
Mechin, T. P., *pseud*. 20:3667; 22:4941
Mecuco Montesenti, M. Lourdes. *See* Montesenti, M. Lourdes Mecuco.
Medaglia, Francisco. 22:2658
Medauar, Jorge. 19:5343; 22:5510; 23:5524; 25:4667, 4668
Medcalf, J. C. 24:3054
Medeiros, Aluízio Caldas. 7:5006; 10:3906; 13:2298; 14:3067; 15:2548; 28:2618
Medeiros, Coriolano de. 2:2936
Medeiros, Ethel Bauzer. 24:6289; 25:2189
Medeiros, F. L. d'Abreu. 15:1253
Medeiros, Fernando Sabóia de. 1:1388; 4:3496, 3547
Medeiros J. Paulo de. 9:3500
Medeiros, João. 19:5501
Medeiros, José. 9:21; 556
Medeiros, José Augusto Bezerra de. 18:1488
Medeiros, José Cruz. 23:5478, 5479
Medeiros, Laudelino Teixeira de. 18:3236; 27: 2596
Medeiros, Maria Paulina. 17:2394; 20:3957; 26:1641
Medeiros, Maurício Campos de. 7:4902; 15: 1805; 17:1052
Medeiros, Océlio de. 8:4287; 9:2442; 10:2322; 13:635, 1062-1066; 20:2254; 21:1426
Medeiros, Selene de. 28:2619
Medeiros da Fonseca, Arnoldo. *See* Fonseca, Arnoldo Medeiros da.
Medeiros e Albuquerque, José Joaquim de Campos da Costa. *See* Albuquerque, José Joaquim de Campos da Costa Medeiros e.
Medeiros e Albuquerque, Paulo de. *See* Albuquerque, Paulo de Medeiros e.
Medeiros Lima. 9:4170; 19:5270; 25:1318
Medeiros Querejazu, Gustavo. 24:4312
Medel, J. V. 6:749
Medel y Alvarado, León. 28:487a
Medellín, Carlos J. 8:1393
Medellín Zenil, Alfonso. 18:67; 19:136; 20: 142, 143; 21:49; 23:152, 194; 24:255, 1621; 25:155; 26:113; 17:358
Medellín, Archivo Histórico de Antioquia. 25:3465
Medellín. (Cabildo). 3:1953
Medellín. Oficina de Caminos, Catastro y Estadística. 4:1615; 6:1230; 7:1246; 9: 1169

Medem, Federico. 19:411
Medero, Flora. 12:3309
Mederos de González, Elena. 7:3346
Medeyros, J. Paulo de. 6:4325; 7:1719, 4034
Mediano, Juan Manuel. 12:3134
Medici, Fernando Penteado. 9:4588
Medici, Héctor J. 18:1071
Medina, Alberto. 11:1932
Medina, Carlos Alberto de. 23:6029; 27:2352
Medina, Generoso. 24:5541
Medina, Grinalson Francisco. 28:1251
Medina, Hilario. 24:3930, 3936; 25:3263
Medina, Ignacio, h. 11:3206
Medina, Joaquín R. 15:2132, 2366
Medina, José Bonifacio. 11:2788
Medina, José Ramón. 15:2367, 2410a; 20: 3841, 4089; 21:4103; 23:5108; 24:5534, 5542; 25:4267, 4467, 4507; 26:940, 1741, 1775a; 28:2146
Medina, José Toribio. 5:129, 3556; 11:2174; 14:2629; 18:345; 1659, 1761a, 1762, 1893, 2421, 2442, 3300; 19:3058, 4690, 4695; 20:2776, 2776a, 2778a, 21:2450, 2758, 3114; 22:3418, 4741; 24:3732, 5025, 5026; 25:3350; 26:879, 969; 28:935a, 936
Medina, Justo Germán. 11:3514; 12:3061
Medina, Manuel. 12:1268
Medina, Pedro P. 26:1171
Medina, Pío Max. 12:674
Medina, Roberto Nicolás. 24:5612
Medina, Romero B. A. 28:1955
Medina, Waldo. 1:1577
Medina Álvarez, Cesáreo. 9:1916
Medina Angarita, Isaías. 8:2833; 9:2570, 2578
Medina Ascensio, Luis. 9:3031; 10:2881; 11: 2263; 12:1950
Medina Barrón, Urbano. 27:1885
Medina Chirinos, Carlos. 9:3069; 10:2803
Medina Echavarría, José. 6:5050; 7:855; 8: 4909, 4954; 11:1813, 2673; 25:1461; 27: 1754a, 4068, 4069
Medina Guzmán, Dolores. 13:179; 14:1286
Medina Mora, Alejandro. 16:985; 24:2132
Medina Mora, Raúl. 13:2385, 20:1509
Medina Olivieri, F. 8:2328
Medina P., José. 5:1539
Medina Planas, Héctor. 10:2903; 12:2038
Medina R., Alberto. 22:325
Medina Ramírez, José Domingo. 17:1098
Medina Ramírez, Ramón. 21:2963; 26:805a; 28:832
Medina Ruiz, Fernando. 24:3931; 28:1900, 1900a
Medina Valderrama, Alejandro. 25:2393; 27: 2876a
Medinaceli, Carlos. 7:3503; 8:4010; 9:3880, 3881; 20:3958
Medinaceli, Waldo. 15:895
Médioni Gilbert. 7:276; 16:170, 20:144
Médiz Bolio, Antonio. 7:256; 11:1477, 3209; 17:278, 2395; 20:698a; 21:2072; 22: 5319
Medrado Clinton, Sylvia. See Clinton, Sylvia Medrado.
Medrano, Gustavo. 14:3142
Medrano, Juan Manuel. 28:1015a
Medrano, Samuel W. 16:1933; 19:2878, 3844; 23:2856; 25:3572
Medrano Ossio, José. 10:4108; 12:1162
Medrano Polanco, Higinio J. 15:2875
Meek, George. 25:2132, 2649; 26:2162, 2193
Meek, Wilbur T. 14:1885
Meeker, Oden. 13:66
Meeker, Olivia. 13:66
Meersch, Maxence van der. 8:4423

Meerschen, Henry van der. 17:3184
Meeteren, N. van. 16:1440
Meeting of Consultation of the Ministers of Foreign Affairs, VIII, Punta del Este, 1962. 27:3117
Meeting of Consultation of the Ministers of Foreign Affairs, IX, Washington, D. C., 1964. 27:3117a
Meeting of the Ministers of Foreign Affairs of the American Republics, I, Panama, 1939. 6:3751
Meeting of the Ministers of Foreign Affairs of the American Republics, II, La Habana, 1940. 6:3752, 3753, 3755
Meeting of the Ministers of Foreign Affairs of the American States, III, Rio de Janeiro, 1942. 8:3577, 3667
Meeting of the Ministers of Foreign Affairs of the American Republics, IV, Washigton, D. C., 1951. 17:1971-1976
Mega, Pedro. 22:2906
Mégalos, Hérodote. 28:2699
Meggers, Betty J. 14:362; 16:245, 386, 3372; 17:173; 18:5; 19:252, 289, 304, 428; 20:319, 319a; 21:278, 346, 347; 22:301, 317, 331, 334; 23:326, 401, 408, 447, 754; 24:507, 564, 851; 25:328, 360-362; 27:159, 235, 479, 480, 553, 596, 606, 1307
Mehren, George L. 19:1460
Meier, Federico. 8:1616
Meier, Gerald M. 24:1946
Meier, Harri. 2:1961, 2000; 4:2900; 7:2027; 16:2493
Meighan, Clement W. 17:95; 24:256
Meigs, Peverel. 1:774; 5:312
Meikle, H. B. 22:424
Meilink-Roelofsz, M. A. P. 19:3059
Meillet, A. 19:28
Mein, William Cary. 23:1570
Meinecke, Friedrich. 9:5018
Meinvielle, Julio. 21:2230
Meira, Cecil Augusto de Bastos. 11:3380
Meira, Célio. 6:3681
Meira, Gregorio A. 4:2138; 5:1191; 6:1443; 11:952
Meira, Leopoldo de Amaral. 3:3708
Meira, Lúcio. 22:1643, 4053
Meira de Vasconcelos, Manuel. See Vasconcelos, Manuel Meira de.
Meira Penna, J. V. See Penna, J. V. Meira.
Meira Wanderley, Allyrio. See Wanderley, Allyrio Meira.
Meireles, Cecília. 4:4229; 5:3928, 3999; 6:1816, 1866; 7:688; 8:947, 4341; 11: 3434; 13:2265; 14:636; 15:1806, 2549; 16:590; 17:1053; 18:525; 20:4407; 22: 5474, 5475; 25:4715; 26:1453; 28:2677
Meireles, Mário Martins. 23:5430
Meireles, Silo. 24:6437
Meireles Reis, Alice. See Reis, Alice Meireles.
Meirelles, Hely Lopes. 23:2803, 4670
Meirelles Teixeira, J. H. See Teixeira, J. H. Meirelles.
Meisnest, Frederick W. 16:1530
Meister, Albert. 27:4156
Mejía, Adán E. 1:862
Mejía, Alfonso. 6:1253
Mejía, Aurelio. 6:2601; 7:2594
Mejía, Diego. 10:1055
Mejía, Estanislao. 8:2043, 4816
Mejía, Félix A. 17:1746
Mejía, José Víctor. 4:131
Mejía, Luis F. 10:2938
Mejía, Manuel. 10:1056
Mejía, Medardo. 12:2039; 15:1713, 2081

Mejía, Romualdo Elpidio. 7:2664; 8:2765
Mejía, Vilma L. 16:1617
Mejía Arango, Félix. 6:426; 8:403; 11:306
Mejía Arredondo, Enrique. 7:5479
Mejía Baca, José. 3:1501; 9:2259
Mejía Billini de Espaillat, Gisela. 28:818
Mejía Córdova, Juvenal. 11:3910
Mejía de Fernández, Abigail. 5:3849; 7:2961; 9:3966
Mejía Fernández, Miguel. 3:1014a; 9:1067; 11:159, 762; 18:3184
Mejía G., Pedro del. 8:1429
Mejía Moreno, Luis. 5:2121
Mejía Nieto, Arturo. 2:2644; 5:2616; 13:1561
Mejía Ricart, Gustavo Adolfo. 4:3121; 6:2820, 3268, 3289; 8:3956a; 9:4439; 14:1886; 16:1618; 17:1552; 18:1719, 1792a; 19:3391; 20:2949, 2949a, 4092
Mejía Robeledo, Alfonso. 15:49; 18:3358
Mejía Sánchez, Ernesto. 8:2095; 10:1805; 12:2704, 3442; 13:2158; 14:2697; 17:2445; 18:2580; 24:5110, 5116; 28:435a
Mejía Valera, Manuel. 19:5774; 21:4809
Mejía Vallejo, Manuel. 23:4992
Mejía Xesspe, M. Toribio. 5:421, 1579; 6:448; 8:338, 2188; 12:341; 14:417-419; 18:212; 20:699; 22:358; 23:495; 24:612; 28:1043a
Mejía y Herrera, Adán Felipe. 23:4828
Mejía Zuñiga, Raúl. 28:623
Mejías, Félix. 12:827; 13:1956
Mekler de Martínez, Ana. 8:1127; 9:3566; 12:766
Mel, Solón de, *pseud.* 9:4010
Mélanges, Altamira. 2:1622
Melbourne, W. H. 24:2923
Melby, John F. 8:3514; 10:1441
Melchior, Adolf. 21:5035
Melchior, G. 3:175; 4:219; 5:326
Meldelson, George. 20:4010
Melella, Dora. 21:4104
Meléndez, Concha. 2:2589-2591; 3:429, 430, 3180; 4:4080; 5:3688; 6:4071; 7:223; 8:536; 9:1849, 4064; 12:2705; 15:2328; 22:4977; 24:5543, 5544; 25:4330, 4331, 4539; 26:1807
Meléndez, Juan. 28:925a
Meléndez, Luis. 9:787; 14:2781; 20:3959
Meléndez, Próspero. 24:4026
Meléndez, Vicente. 2:1192
Meléndez Chaverri, Carlos. 17:1707; 21:86; 23:314; 24:1622; 26:59, 501; 27:2728; 28:751, 751a
Meléndez de Espinosa, Juana. 21:4105
Meléndez Muñoz, Miguel. 3:3375; 6:1344; 25:4322, 4333
Meléndez Palacios, Roberto D. 7:2773
Melendro Serna, Mariano. 5:2066; 6:2620
Melfi D., Domingo. 2:2592; 3:2689, 3181, 3369; 4:3904; 6:2409, 4072; 7:4644; 8:4011; 11:3071
Melgar, Mariano. 14:2875; 24:5439
Melgar Rueda, Jorge. 16:2414
Melgarejo Vivanco, José Luis. 9:270; 11:1490, 1508; 12:229; 14:242; 16:204; 19:666, 23:136; 25:268, 664
Melián Lafinur, Álvaro. 11:2469; 14:1724
Melián Lafinur, Luis. 7:3553
Mélida, José Ramón. 10:533
Melis, Federico. 20:2461
Mella, Julio Antonio. 6:3775
Mella Carranza, Juan B. 2:810
Mellafé, Rolando. 20:2777; 22:2806; 28:916
Meller, A. S. 27:3805
Mellet, Julián. 28:957

Melli, Óscar R. 13:900
Mello, A. Rodrigues de. 1:623
Mello, Affonso de Toledo Bandeira de. 2:1061, 1061a; 4:812; 5:3187; 7:3585; 11:1128; 20:3414
Mello, Alcino Teixeira de. 21:4934
Mello, Antônio da Silva. 3:1382; 11:1358; 12:1116, 1117; 22:6129; 24:5719; 26:1200; 27:2949a
Mello, Antônio Valença de. 10:3344
Mello, Arnon Affonso de Farias. 7:4903; 14:3013; 23:2883
Mello, Astrogildo Rodrigues de. 9:2666, 2667; 12:1823
Mello, Baptista de. 6:4556
Mello, Cezario de. 16:2911
Mello, Custodio José. 4:3480
Mello, Dante de. 23:3958
Mello, Diogo Lordello de. 21:1427, 2254; 25:2730
Mello, Felix Cavalcanti de Albuquerque. 6:3624
Mello, Francisco Bandeira de. 23:5525; 25:4716
Mello, Francisco Manuel de. 6:3591; 10:3152
Mello, Geraldo Cardoso de. 9:3446
Mello, Iris B. de Barboza. 4:4224
Mello, Isaías de. 13:1028
Mello, J. C. 8:1835; 9:1676, 1677; 10:843, 1368; 12:1057
Mello, Jorge A. de. 6:4319
Mello, José Antônio Gonsalves de. 13:1715, 1720; 19:4050-4053; 20:3248; 21:1160, 3297, 3298; 22:1312; 24:1810, 4461, 4516; 25:1280; 26:1229
Mello, José Barboza. 4:3610; 6:4320
Mello, Lúcia Wollet de. 24:823
Mello, Luiz Vicente Figueira de. 10:1354
Mello, Lydio Machado Bandeira de. 15:2707
Mello, Manoel Caetano Bandeira de. 25:4717; 28:2585
Mello, Mário D. Homem de. 8:1797; 9:1762; 10:1355
Mello, Milton F. de. 17:1917; 18:2169a
Mello, N. M. de Braga. 25:3854
Mello, Óscar Motta. 4:793
Mello, Oswaldo Aranha Bandeira de. *See* Aranha, Oswaldo.
Mello, Pedro do Castro do Canto e. 25:4669
Mello, R. Pimenta de. 15:520
Mello, Raul Silveira de. 24:4430
Mello, Riene. 4:4230
Mello, Ruben de. 6:1867
Mello, Rubens Ferreira de. 14:3295; 16:3118
Mello, Thiago de. 18:2803; 24:5788
Mello, Waldomar Guena. 16:2999
Mello Boson, Gerson de Britto. *See* Boson, Gerson de Britto Mello.
Mello Carvalho, Irene da Silva. *See* Carvalho, Irene da Silva Mello.
Mello Carvalho Péricles de. *See* Carvalho, Péricles de Mello.
Mello de Souza, J. B. *See* Souza, J. Baptista Mello de.
Mello e Souza, Antônio Cândido de. *See* Cândido, Antônio.
Mello e Souza, Gilda Rocha de. *See* Souza, Gilda Rocha de Mello e.
Mello e Souza, Júlio César de. *See* Souza, Júlio César de Mello e.
Mello Franco, Afrânio de. *See* Franco, Afrânio de Mello.
Mello Freyre, Gilberto de. *See* Freyre, Gilberto.
Mello Henriques, Elber de. *See* Henriques, Elber de Mello.
Mello Júnior, Donato. 25:1291, 1298, 1299

Mello Machado, Irineu de. *See* Machado, Irineu de Mello.
Mello Moraes, João de. *See* Moraes, João de Mello.
Mello Moraes Marcus Vinícius de. *See* Moraes, Marcus Vinícius de Mello.
Mello Mourão, Gerardo de. *See* Mourão, Gerardo de Mello.
Mello Neto, J. J. Cardozo de. 3:557
Mello Nóbrega, Humberto. *See* Nóbrega, Humberto Mello.
Mello Pettei, Beatriz Celia Corrêa. *See* Pettei, Beatriz Celia Corrêa. *Mello.*
Mello Prado, Nilia de Moraes. *See* Prado, Nilia de Moraes Mello.
Mello Souza, João Baptista de. *See* Souza, João Baptista de Mello.
Mellon, H. J. 7:3853
Melo, A. L. Nobre de. 8:4227
Melo, Antônio Luis de Sousa. 7:1758; 12:1055, 1485
Melo, Antônio Vieira de. 7:1706
Melo, Carlos Rito. 4:3830; 6:2547; 8:2642; 9:2401; 10:2314; 11:1839; 16:3019; 25: 3630; 28:1118, 1118a
Melo, Gladstone Chaves de. 11:3352; 12:2792, 2793; 14:3035; 15:2470; 16:2842; 22: 5468
Melo, Guilherme Teodoro Pereira de. 14:3405
Melo, Hélio de Sousa. 23:4454
Melo, João de Deus Cardoso de. 18:1163
Melo, João Wilson Mendes. 26:1195
Melo, Joaquim de. 8:1793
Melo, José María. 8:3329
Melo, José Maria de. 16:2869
Melo, José Quintela Vaz de. 7:4833
Melo, Leonidas de Castro. 4:2294
Melo, Leopoldo. 9:1550
Melo, Luis Romano de. 26:2007
Melo, Manuel Rodrigues de. 6:2501; 7:1933; 11:1459; 18:2157a
Melo, Mário Carneiro do Rêgo. 1:1283; 8:3515; 9:3408, 3409
Melo, Mário Lacerda de. 7:2405, 2451; 8:1794, 1836, 2584; 11:1197; 12:1056; 17:1224; 20:2131; 21:2141; 23:2702; 25:5641; 27: 2950-2950c
Melo, Newton d'Ávila. 28:1593
Melo, Olbiano de. 3:1857, 1858; 22:2659
Melo, Orlando Ferreira de. 19:2281; 20:1777
Melo, Omar de Cunha e. 5:1474; 7:1808
Melo, Roque Gadelha de. 18:2179a
Melo, Rosendo. 8:2868
Melo, Suzy de. 27:2653
Melo, Veríssimo de. 8:922; 15:2519; 17:2589 19:5630; 20:4711
Melo, Virginus da Gama e. 28:2421
Melo Barreto Filho, João Paulo de. *See* Barreto Filho, João Paulo de Melo.
Melo Braga, Osvaldo. *See* Braga, Osvaldo Melo.
Melo Carvalho, José Cândido de. *See* Carvalho, José Cândido de Melo.
Melo Coelho, Lucinda Coutinho de. *See* Coelho, Lucinda Coutinho de Melo.
Melo da Silva, Wilson. *See* Silva, Wilson Melo da.
Melo de Remes, María Luisa. 28:623a
Melo Filho, Osvaldo Ferreira de. 19:5318; 20: 4329; 22:5455
Melo Franco, Afonso Arinos de. *See* Franco, Afonso Arinos de Melo.
Melo Franco de Andrade, Rodrigo. *See* Andrade, Rodrigo Melo Franco de.
Melo Guerrero, Mariano. 9:4470
Melo Júnior, José Lins de. 5:1651; 6:2477; 8: 2531

Melo Leitão, Cândido de. *See* Leitão, Cândido de Melo.
Melo Maranhão, Petrarca da Cunha. *See* Maranhão, Petrarca da Cunha Melo.
Melo Menezes, Diego de. *See* Menezes, Diego de Melo.
Melo Neto, João Cabral de. 14:3086; 20:4408; 25:4718; 28:384
Melo Pimenta, José de. *See* Pimenta, José de Melo.
Melo Pimentel, Cyro de. *See* Pimentel, Cyro de Melo.
Melo Ribeiro, Emília de. *See* Ribeiro, Emília de Melo.
Melo Simões, Dirce. *See* Simões, Dirce Melo.
Melon, Amando. 6:2787; 20:2702; 28:436, 1715
Melón y Ruiz de Gordejuela, Armando. 18: 1719a
Melvin, Elizabeth B. 8:1539
Melzá Otero, Francisco. 7:3347
Membreño, Alberto. 1:129; 2:131; 4:3741; 5: 337, 3502, 3503; 6:394, 3237
Membreño, Jesús B. 8:2303; 15:1154
Memelsdorff, Francisco. 6:1460; 7:3945
Memória, J. M. Pompeu. 23:1303
Memorias de la Academia de Ciencias Históricas de Monterrey, Monterrey. 14:1725
Mena, Anselmo. 5:3268
Mena, Luis E. 9:4704
Mena, Ramón. 1:2326
Mena Barreto, Gabriel. 2:1714
Mena Brito, Bernardino. 2:2100, 2324; 4: 3073; 24:3932; 28:624
Mena Córdova, Eduardo R. 3:2154; 4:2399
Mena P., Mario A. 20:2844; 23:3289; 24:3933
Mena Serra, César A. 22:3237
Mena Vergara, Víctor Sergio. 16:3006
Mena Villamar, Claudio. 28:230
Menafra, Luis Alberto. 23:5049
Menajovsky, Jorge S. 22:1453
Menasche, Alberto. 11:3207
Menchaca, Francisco J. 13:1872
Menchaca Salgado, Enrique. 12:3263
Mencher, E. 8:2218, 2325; 9:2107
Mencías Chávez, Jorge. 25:5630; 27:4157
Menck Freire, Carlos. 23:2635
Mencos Franco, Agustín. 3:3036; 5:3787; 23:3202
Mencos Guajardo-Fajardo, Francisco Javier. 12: 2063; 14:2076; 17:453
Mencos Martínez, Carlos Alberto. 28:1901
Mendaña, Álvaro de. 28:911
Mendanha, Domingos de Carvalho. 25:2731
Mendaro, Ernesto. 27:3886
Mende, Tibor. 27:1756
Mendelson, E. Michael. 24:671-674
Mendes, Amando. 6:1658; 8:4173; 9:1656
Mendes, Antônio Lopes. 19:1201
Mendes, Clovis. 6:2580
Mendes, Edith Gama e Abreu. 4:3445
Mendes, Eliseu Simões, *Bp.* 17:1918
Mendes, J. E. Teixeira. 7:1032, 1148, 1206; 9:1305, 1668
Mendes, José. 1:1461
Mendes, Josué Camargo. 10:2241
Mendes, Manuel. 7:3668
Mendes, Maria Teixeira. 4:660
Mendes, Murilo Monteiro. 1:2160, 2169, 2195; 3:3509; 5:4081; 7:5007; 11:3435; 19: 5344; 23:5526, 5527; 26:329
Mendes, Odorico. 9:4390
Mendes, Oscar. 5:3930; 7:5020, 5096; 9: 4306; 10:3929, 3930; 20:4330
Mendes, Plínio Silveira. 7:4064
Mendes, R. Teixeira. 3:2798

Mendes, Ubirajara Dolácio. 19:3060
Mendes Barros, Geraldo. *See* Barros, Geraldo Mendes.
Mendes Caldeira, Nelson. *See* Caldeira, Nelson Mendes.
Mendes Campos, Paulo. *See* Campos, Paulo Mendes.
Mendes Corrêa, Antonio Augusto. *See* Corrêa, Antonio Augusto Mendes.
Mendes da Costa Filho, João. *See* Costa Filho, João Mendes da.
Mendes da Luz, Francisco. *See* Luz, Francisco Mendes da.
Mendes da Silva, João. *See* Silva, João Mendes da.
Mendes de Almeida, Fernando. *See* Almeida, Fernando Mendes de.
Mendes de Almeida, Fernando Henrique. *See* Almeida, Fernando Henrique Mendes de.
Mendes de Almeida, Napoleão. *See* Almeida, Napoleão Mendes de.
Mendes de Almeida, Paulo. *See* Almeida, Paulo Mendes de.
Mendes de Almeida Júnior, João. *See* Almeida Júnior, João Mendes de.
Mendes de Freitas, Rubem. *See* Freitas, Rubem Mendes de.
Mendes de Gouveia, Alfredo. *See* Gouveia, Alfredo Mendes de.
Mendes de Morais, M. S. *See* Morais, M. S. Mendes de.
Mendes Gonçalves, Francisco. *See* Gonçalves, Francisco Mendes.
Mendes Gonçalves, Roberto. *See* Gonçalves, Roberto Mendes.
Mendes Júnior, Onofre. 22:2653
Mendes Melo, João Wilson. *See* Melo, João Wilson Mendes.
Mendes Pereira, Maria. *See* Pereira, Maria Mendes.
Mendes Sobrinho, Octávio Teixeira. 17:2981
Mendes Vianna, Fernando. *See* Vianna, Fernando Mendes.
Méndez, Aparicio. 8:1848; 10:4055; 11:3656; 16:3011; 18:2870
Méndez, Ariel. 15:2301; 28:2056
Méndez, Benjamín. 4:1317
Méndez, Delfor B. 12:3135
Méndez, Epifanio. 16:1375
Méndez, Ernesto. 3:1071
Méndez, Francisco. 23:4993; 25:4334
Méndez, Francisco, *Chilean*. 13:67
Méndez, Joaquín. 1:1102
Méndez, Jorge. 16:2325
Méndez, José. 24:1548, 1554; 27:1611
Méndez, José María. 28:1902
Méndez, Leopoldo. 11:631; 14:830; 19:4876
Méndez, Manuel Isidro. 4:3903; 7:3348, 4529; 10:2576; 20:2933; 21:2927; 22:2340
Méndez, Manuel M. 11:1105
Méndez, Modesto. 27:414
Méndez, Rosendo P. 1:1452; 3:1047a, 1053, 2006; 4:1708, 2362, 4307; 7:1860; 8:4498; 12:2967
Méndez, Teodoro. 10:269
Méndez Aguirre, Rafael. 5:1547; 21:3510
Méndez Alzola, Rodolfo. 13:755
Méndez Arceo, Sergio. 6:2863; 7:2962; 18:1091, 1762a
Méndez Arocha, Alberto. 22:893; 24:894; 27:1074
Méndez Arveba, Manuel. 27:2803a
Méndez Ballester, Manuel. 3:3087; 5:3618; 23:5332
Méndez Calzada, Enrique. 2:2360, 2386; 5:3373
Méndez Calzada, Luis. 7:5159; 10:3976

Méndez Capote, Renée. 28:1902a
Méndez Carrasco, Armando. 19:4916
Méndez Castellano, H. 24:1569
Méndez Delfino, Eustaquio A. 3:1723
Méndez Domínguez, Alfredo. 25:450
Méndez Dorich, Rafael. 9:679
Méndez García, Alejo. 28:674
Méndez Gómez, Gelacio. 15:1333
Méndez Guzmán, Miguel. 2:259
Méndez Martínez, Aurelio. 20:2961a
Méndez Medina, A. 1:205
Méndez Montenegro, Mario. 22:3075
Méndez Moreno, Rafael. 16:1793; 25:269
Méndez Nieto, Juan. 22:2831
Méndez Otahegui, Rafael. 1:1592
Méndez Padilla, Perfecto. 5:3850
Méndez-Pereira, Octavio. 5:2795, 2796, 3269; 6:1997, 2935, 3239; 7:3750; 10:3286; 14:2732; 24:3440
Méndez Plancarte, Alfonso. 3:3058, 3059; 4:3808; 5:3565, 3597; 7:4530; 8:3897, 3949, 3950; 10:3507; 11:2974, 2975; 13:2054; 16:2755; 17:2276, 2278; 18:1763, 2386; 19:4603, 4648, 5014, 5080, 5081, 24:5016, 5042
Méndez Plancarte, Gabriel. 3:3060; 6:2936, 3939; 7:5623; 8:589, 3898; 9:3845; 10:3578; 11:3028; 12:1824, 2398, 2420; 13:2159; 14:2621; 19:3632, 3633
Méndez Q., Luis Eduardo. 3:41
Méndez Rivas, Joaquín. 23:3310
Méndez Rostro, Vicente. 2:3086
Méndez Soto, Juan Alfredo. 17:2693
Mendía, Ciro. 15:2368
Mendiburu, Manuel de. 1:1242, 1243; 17:736
Mendieta, Francisco A. 10:976; 11:811
Mendieta, Gerónimo de. 11:2093, 2094
Mendieta, Salvador. 22:3054
Mendieta Alfaro, Róger. 24:3586
Mendieta Huerta, Edmundo. 5:313
Mendieta y Núñez, Lucio. 1:1470, 1471; 2:1452a; 3:68a, 1015, 3648; 4:201, 202, 1340; 5:281, 314; 6:369, 952, 953; 7:924, 2686; 8:227, 2782; 9:366; 10:151b; 12:1515; 15:388, 1380; 16:1794; 17:3044; 18:1092, 3217, 3259; 19:667, 6013, 6103; 20:4911, 4912, 4937, 4987; 21:4510, 4952; 22:6053; 23:2938; 24:3934; 25:1462, 1463, 2108, 3287; 27:1840, 2401, 3620, 4158; 28:579
Mendiguren, M. A. 15:1508
Mendigutía, Fernando. 9:1139
Mendilabarzu, Fortunato E. 26:1356
Mendioroz, Alberto. 28:2095
Mendióroz, Carlos. 8:1540
Mendirichaga, Rodrigo. 20:3960
Mendirichaga Cueva, Tomás. 22:4709; 23:4455; 25:3940; 28:550a, 551
Mendive, Pedro I. 8:1518, 1609; 9:1381; 13:456; 15:662, 663
Mendizábal, Miguel Othón de. 1:1047; 7:376, 2963, 2964; 8:228, 1081, 3002; 9:2807; 11:252
Mendizábal, Santiago, *Brother*. 3:299; 5:1871, 2515
Mendizábal Losack, Emilio. 25:589
Mendonça, Alvaro. 2:940a
Mendonça, Anna Amelia de Queiroz Carneiro de. *See* Anna Amelia.
Mendonça, Carlos Süssekind de. 4:3387, 4201; 7:4904; 9:4172, 4173; 24:4517, 5720
Mendonça, Edgar Süssekind de. 5:1517; 6:1985; 12:683
Mendonça, Eduardo Prado de. 18:3125; 19:5820
Mendonça, Heitor Furtado de. 2:1737

Mendonça, José. 3:1859; 6:4557
Mendonça, José Antonio Nunes. 27:2570, 2570a
Mendonça, José Xavier Carvalho de. 1:1542; 11:3624; 12:3183
Mendonça, Lucio de. 6:4323
Mendonça, Manoel Ignácio Carvalho de. 4:4376, 4377, 4483; 5:4178; 6:4617
Mendonça, Marcelo Taylor Carneiro. 10:2268
Mendonça, Marcos Carneiro de. 24:4462; 26:1243; 28:1312
Mendonça, Paulo. 24:5796
Mendonça, Renato de. 1:1307; 2:2882, 2883; 3:3598; 6:3592; 8:3516; 11:2584a; 13:2299; 14:2993; 16:2048; 18:2804; 20:3224; 24:4431
Mendonça, René. 4:3481
Mendonça, Valdemar Paranhos de. 19:2715
Mendonça, de Albuquerque, Luis. *See* Albuquerque, Luis Mendonça de.
Mendonça de Azevedo, José Afonso. *See* Azevedo, José Afonso Mendonça de.
Mendonça de Freitas, Luiz. *See* Freitas, Luiz Mendonça de.
Mendonça Furtado, Francisco Xavier de. *See* Furtado, Francisco Xavier de Mendonça.
Mendorça Júnior, Luiz A. de. 11:1152
Mendonça Lima, João de. *See* Lima, João de Mendonça.
Mendonça Sarmento, Lourdes. *See* Sarmento, Lourdes Mendonça.
Mendonça Torres, Manuel Júlio de. *See* Torres, Manuel Júlio de Mendonça.
Mendoza, Abel. 22:573
Mendoza, Angélica. 6:5090; 16:3230; 17:2926; 19:362; 22:5816; 25:5371
Mendoza, Antonio C. 3:1462a
Mendoza, Antonio de. 8:506; 11:2029
Mendoza, Aquileo. 8:1366
Mendoza, Carlos Alberto. 24:3587
Mendoza, Cristóbal L. 1:938-944; 2:2001; 5:2655; 10:2805; 14:2022; 17:1841; 19:3801; 23:3708; 24:4164, 4177, 4187; 26:356; 28:978a
Mendoza, Edelmiro A. 26:816
Mendoza, Félix. 5:1090
Mendoza, Graciela. 23:5374
Mendoza, Héctor. 19:5166; 23:5333
Mendoza, Herman. 7:1569
Mendoza, Jaime. 1:632a; 3:2284; 6:2137; 7:3280
Mendoza, José Luis. 8:3636; 13:1829; 23:2928
Mendoza, José Rafael. 4:4458; 10:4133, 4134; 19:6079; 25:4077
Mendoza, Juan C. 8:3659
Mendoza, Juan Manuel. 12:2465
Mendoza, Mauro G. 22:4942
Mendoza, Miguel R. 10:2882
Mendoza, Pedro de. 9:2912
Mendoza, Salvador. 5:3270, 3391
Mendoza, Salvador, h. 8:2305
Mendoza, Samuel. 21:2245
Mendoza, Toribio. 6:2557; 8:2653
Mendoza, Vicente T. 4:1868; 5:315, 316, 1596, 1632, 4392, 4393; 6:2094-2096, 4836, 4844, 4932-4935; 7:1961, 1967, 2028, 5587-5589; 8:249, 2036, 2071-2078, 2118, 3950a, 4817; 9:1896-1900, 4795, 4796; 10:1664, 1733, 1806, 4377, 4438; 11:1415, 1416, 1429, 1460, 1491, 1509, 3835; 12:230, 1825, 3419, 3443-3445; 14:724, 3371, 3386-3388; 15:2815-2817, 2830; 16:333, 3191-3194, 3217; 17:2316, 2828; 18:285, 3021, 3022; 19:5026; 21:4732, 4733; 22:574, 575, 5713; 25:665, 5240; 26:2232; 28:3113
Mendoza, Virginia R. R. de. 18:286

Mendoza Acosta, Lorenzo. 27:3524
Mendoza Aguerrevere, Lorenzo. 10:3475
Mendoza Bermúdez, Juan. 17:2809
Mendoza Berrueto, Eliseo Francisco. 24:2133
Mendoza Dorvier, Ángel González de. 13:1413
Mendoza Franco, Roberto. 16:921a
Mendoza Goiticoa, Eduardo. 7:1315
Mendoza González, Manuel. 8:3186
Mendoza Gutiérrez, Alfredo. 24:5621
Mendoza H., Ramón. 28:571
Mendoza L., Gunnar. 21:2743, 3103, 3104; 25:17; 28:62, 997a
Mendoza López, Margarita. 20:4251
Mendoza Mendoza, Saul. 13:663
Mendoza Montes, Ramón. 15:2369
Mendoza Olguín, Salvador. 16:986, 986a; 18:968
Mendoza Rodríguez, Juan. 21:1714; 27:2463
Mendoza S. Manuel. 25:5357
Mendoza Tarazona, Martín D. 10:4334; 12:1198
Mendoza Varela, Eduardo. 28:1594
Mendoza Vélez, Jorge. 6:2273
Mendoza y Luna, Juan de. *See* Monteclaros, Juan de Mendoza y Luna, Marques de.
Mendoza y Mendoza, Alejandro. 7:5255
Mendoza Zeledón, Carlos. 9:727
Mendoza (Province). Convención Constituyente. 8:2842
Mendoza (Province). Crédito Público. 5:1399a
Mendoza (Province). Dirección General de Estadística. 3:741
Mendoza (Province). *Laws statutes, etc.* 2:743c
Mendoza (Province). Legislatura. Biblioteca. 5:4302
Mendoza (Province). Ministerio de Economía, Obras Públicas y Riego. 9:1382
Mendoza (Province). Ministerio de Gobierno. 4:1010, 1727, 1728; 5:1991
Mendoza (Province). Oficina Permanente de Servicio Social. 7:1427
Meneffee, Salden C. 22:1771
Menegale, Heli. 24:5721
Menegale, José Guimarães. 4:4297; 25:4110; 27:3812
Menegazzi, Francisco L. 1:1627; 5:4162; 7:175, 3459
Meneghezzi, Maria de Lourdes. 15:1237; 27:3934
Menén Desleal, Álvaro. 28:1903, 1904
Menéndez, Carlos Alberto. 17:1127
Menéndez, Carlos R. 1:1048; 3:2586; 4:2645; 3074; 5:1633, 2887, 2888; 6:2937; 9:2808; 11:2354; 16:1795
Menéndez, Elisa A. 10:2839
Menéndez, Gabriel Antonio. 2:144, 2101; 17:2395; 28:694a
Menéndez, José María. 16:1934
Menéndez, M. A. 6:2683
Menéndez, Miguel Ángel. 4:3690; 6:2683; 7:4700; 8:4085, 4818
Menéndez, Oriel. 9:3016
Menéndez, Óscar. 2:54
Menéndez, Roberto Arturo. 23:5334
Menéndez, Salvador Bueno. 10:3538
Menéndez Alberdi, Adolfo. 24:5440
Menéndez Carballo, Arturo. 8:4560
Menéndez Cruz, Alfredo. 26:756
Menéndez González, Servando. 14:3234
Menéndez Lees, Pedro. 4:1218
Menéndez Menéndez, Emilio. 4:4397; 5:4192; 6:3269; 8:4628; 11:3535; 12:3510; 18:2944; 23:4562
Menéndez Pidal, Gonzalo. 10:2474
Menéndez Pidal, Ramón. 1:1920, 1990; 3:2201a; 6:2821, 2822; 17:1484; 21:3652; 22:4813; 26:382a, 383; 28:1595, 1596

Menéndez Ramos, R. 8:1314
Menéndez Samará, Adolfo. 4:3905; 5:4493; 6: 4972, 4973, 5051; 7:5624, 5642; 8:4891; 9:4932; 12:3489; 13:2747
Menéndez V., Miguel Ángel. 1:68
Menéndez y Pelayo, Marcelino. 7:2860; 9:4065; 10:4580; 14:2912
Meneses, Darcí Leal de. 10:2269
Meneses, Guillermo. 4:3964, 4009; 12:2164; 19:4917; 24:1762, 5268
Meneses, Haraldo. 12:2794
Meneses, J. Alves de. 9:4289
Meneses, Porfirio. 12:2566
Meneses, Rómulo. 9:2260
Meneses, Teodoro Liborio. 6:3968; 7:4554; 16:1723; 22:806, 894; 24:1315, 1329
Meneses Orosco, Marcela. 23:2807
Meneses Pallares, Arturo. 9:3686
Menesson-Rigaud, Odette. 19:599, 22:425
Menezes, A. Inácio de. 15:1281
Menezes, Adolpho Justo Bezerra de. 20:3438; 25:2732
Menezes, Adriano. 20:2118
Menezes, Amilcar Dutra de. 9:4254
Menezes, Antônio Justino Prestes de. 21:3511
Menezes C. de. 21:3925
Menezes, Cinira Miranda de. 19:778
Menezes, Diego de Melo. 10:3846
Menezes, Djacir. 3:1652a; 5:1497; 7:2406, 2407; 8:154; 9:1628; 10:1333, 1542, 1543; 18:2977a; 20:4331, 4788; 24:4518; 26:2282
Menezes, Durval Bastos de. 4:700
Menezes, Francisco da Conceição. 3:1365
Menezes, Geraldo Bezerra de. 7:4055; 12:2220; 16:2344; 21:3512
Menezes, Inácio de. 6:4376
Menezes, Ivo Pôrto de. 25:1281; 28:347
Menezes, João Fagundes de. 24:5761
Menezes, João Lima. 6:1917
Menezes, José Rafael de. 23:5576
Menezes, M. Furtado de. 3:2906
Menezes, Maria Wanderley. 19:5319
Menezes, Osvaldo Bastos de. 10:1833
Menezes, Raimundo de. 11:3381; 12:2849; 15:2501; 19:4021; 20:4332; 21:4347, 4357
Menezes, Rodrigo Octávio de Langgaard. See Octávio, Rodrigo.
Menezes, Rodrigo Octávio Filho de Langgaard. See Octávio Filho, Rodrigo.
Menezes, Tobias Barreto de. 20:4351
Menezes Côrtes, Geraldo de. See Côrtes, Geraldo de Menezes.
Menezes Doria, Irene de. See Doria, Irene de Menezes.
Menezes Pimentel, Francisco de. See Pimentel, Francisco de Menezes.
Menezes Sobrinho, A. 4:688; 10:1369
Menghin, Osvaldo F. A. 16:276; 18:178, 179; 19:378, 379, 390; 20:306; 21:266-268; 22:11, 307, 359; 24:523; 25:122, 333, 348; 27:481, 509, 565-567
Mengin, Ernst. 3:101; 4:179, 198; 10:235; 11:160; 16:193; 18:112; 20:699a; 22:576, 577; 25:666; 27:804
Menier, M. A. 16:1672
Mennucci, Sud. 4:2015, 3482; 7:2408, 3617; 9:4178
Menocal, Feliciana. 28:63
Menocal y Barreras, Juan Manuel. 16:671; 19:5449
Menocal y Cueto, Raimundo. 18:2009
Menotti del Picchia, Paulo. See Picchia, Paulo Menotti del.
Mens, E. T. van. 15:1394

Mensajes de la Corporación de Bibliotecarios Archiveros y Conservadores de Museos del Caribe, La Habana. 7:5398
Mensário Estatístico do Estado da Guanabara, Rio de Janeiro. 6:1888; 27:2523
Mense, Hugo. 1:157; 13:324
Mensuario Jurídico de Oriente, Santiago de Cuba. 1:1877
Menton, Seymour. 15:2411; 20:3657; 23:5050, 5051; 24:5218; 28:2654
Menzel, Adolfo. 7:5724
Menzel, Dorothy. 22:360, 361; 23:496; 27:644, 645
Meo-Zilio, Giovanni. 21:3653; 24:4756; 26:1357; 28:1597
Meoli, Gabriel. 7:2245
Meorichi M., Edmundo. 18:495
Mera, Alejandro R. 16:1966
Mera, H. P. 6:400
Mera, Juan León. 17:2295; 18:2542
Mera, Julio P. 10:4335
Merani, Alberto L. 9:4983
Mercadante, Paulo. 28:1381, 3266a
Mercader, Amílcar A. 10:3951; 25:4005; 27:3717
Mercadillo Miranda, José. 16:508
Mercado, Agustín. 21:688
Mercado, E. A. 8:3892
Mercado, Pedro de. 21:2705
Mercado Alder, Walterio. 25:2650
Mercado Cerda, Gonzalo. 7:1012, 4325
Mercado Flores, Joaquín. 23:4541
Mercado Montero, Manuel. 17:2040
Mercado Moreira, Miguel. 1:1196; 6:3821; 12:2289
Mercado Ramírez, Gabriel. 3:3303; 4:4047, 4048
Mercado Sousa, Elsa. 24:3839
Mercado Zárate, Marcelo. 7:2319
Mercau, Juan Antonio. 11:953
Merchán, Rafael María. 10:3579; 14:2044, 2698; 26:757
Mercier, D. J. 8:4945
Merck Bañón, Agustín María. 21:2928
Mercurio Peruano. 28:918
Merdian, B. C. 7:837
Meredith, Howard V. 18:387
Mergulhão, Benedicto. 11:2656
Merian, Paul. 3:1724; 15:1223
Mêrici, Imideo Giuseppe. 19:2282
Mérida, Carlos. 3:431; 4:494, 534; 5:355; 6:783, 814; 8:655, 787, 834, 2119; 11:619; 12:656, 657; 13:213; 24:1732
Mérida, Martín. 4:2750; 20:2567
Merida (State). Secretaría General de Gobierno. 4:2462; 5:2205; 6:2735; 7:2741; 8:2826; 9:2569
Mérigo, Juan. 23:3290
Mérimée, Prosper. 8:4424
Merino, Antonio. 25:3288
Merino, Luis. 20:2705, 2705a; 28:3075
Merino, Manuel. 12:1720a
Merino, María del Carmen. 25:2634
Merino Blázquez, José. 10:907
Merino Brito, Eloy G. 2:3039; 4:2347; 11:3502, 3503; 16:1873, 2581; 19:5422
Merino Darrouy, Luis. 15:1315
Merino Fernández, Carlos. 16:2640; 17:2396, 2397
Merino Jarpa, Sergio. 17:666
Merino Lanzilotti, Ignacio Cristóbal. 28:2311
Merino Reyes, Luis. 6:4221; 8:4123; 11:3300; 12:2554; 14:2782; 20:3961; 21:3979; 23:5052; 24:5298

Merino Rodríguez, Orlando. 4:1088
Merino Urrutia, José J. Bautista. 28:571a
Merker, C. A. 9:2080
Merla, Pedro. 8:1145, 1146; 9:1089
Merleu-Ponty, Maurice. 21:4862; 22:5913; 23:5904
Merli, Joan. 12:633; 18:472
Merlino, Adrián. 20:1024
Merlino, Carlos Alberto. 25:4468
Merlo Flores, Arturo. 22:5155
Merlos, Salvador. R. 8:3569
Merquior, José Guilherme. 28:2580
Merrel, Concordia. 8:4425
Merriam, Alan P. 20:478, 479; 23:5703
Merrick, Earl C. 5:1872
Merrifield, William R. 24:658; 27:1461
Merrifield de Castro, Ellen Elvira. 28:624a
Merrill, Gordon C. 24:751, 2831
Merrill, John C. 26:642, 643
Merrill, Robert H. 7:339; 12:185; 15:216
Merriman, Roger B. 28:436a
Merritt-Hawkes, O. A. 2:1289
Merryman, Montgomery. 11:3353
Merryman, William N. 6:197
Mersán, Carlos A. 10:1279; 19:5468
Mertens, Federico. 11:3157
Mertens, Robert. 23:3061
Merz, Carlos. 3:1038; 4:1270, 1408; 6:1035, 1323
El Mes Económico y Financiero, Guatemala. 16:638
El Mes Financiero y Económico, Bógota. 12:842
Mesa, Domingo. 18:2459
Mesa, José de. 17:427, 454; 18:417, 428; 20:354f, 934-393, 1001; 21:916, 917; 22:1162, 4727; 23:1436, 3613; 24:1663, 1666-1668, 1670; 25:1141-1147, 1177, 3492; 26:138-140, 171, 204, 866; 28:181, 1778
Mesa Andraca, Manuel. 5:881; 14:956; 17:543, 902; 19:1931, 1958a; 24:3935
Mesa Bernal, Daniel. 21:216
Mesa Lago, Carmelo. 23:4245; 24:6248; 27:2024
Mesa Prieto, Guillermo. 9:4541; 10:3997; 12:3006
Mesa Rodríguez, Manuel Isaías. 1:1112; 16:1874, 3231; 17:264, 273, 1721; 19:3729-3731; 20:2934; 21:2909; 22:3238, 3239
Mesa Seco, Manuel Francisco. 13:1076
Mesa Villalobos, Néstor. 13:1330
Mesa Redonada de Arqueólogos del Caribe, *La Habana, 1951*. 17:144
Mesa Redonda de Profesores de Derecho Agrario de las Universidades Bolivianas, *Cochabamba, 1962*. 27:2196, 3887
Mesa Redonda de Universidades Bolivianas. 27:2464
Mesanza, Andrés, *Brother*. 3:2341; 7:3035; 8:3142, 3921; 13:1150
Meseguer Fernández, Juan. 4:2605; 18:1763a 19:3323
Meskus, Hilton D. 10:2948
Mesmer, Theodore C. 27:1757
Mesones Piedra, Carlos A. 4:4563
Mesones Piedra, Jorge. 2:1377
Mesquita, José de. 6:1969; 8:2559; 9:1629
Mesquita, José Joaquim Emerico Lobo de. 17:2827
Mesquita, Julio de. 12:2850; 20:2255
Mesquita, Luiz José de. 16:2345
Mesquita, Myriam Gomes Coelho. 18:1458; 20:2091; 24:3055; 25:2424, 2425; 27:2990a
Mesquita, Teófilo Odorico Dias de. *See* Dias, Teófilo.

Mesquita da Costa, Adroaldo. *See* Costa, Adroaldo Mesquita da.
Mesquita de Carvalho, José. *See* Carvalho, José Mesquita de.
Mesquita Pimentel, Alfredo. *See* Pimentel, Alfredo Mesquita.
Messenguer, Juan. 4:2605
Messer, Augusto. 5:4453, 4466-4469; 8:4946; 14:3462
Messeri, Piero. 21:809; 23:1291
Messersmith, George S. 14:957
Messía de la Cerda, Pedro. 7:3014
Messina, Felipe. 9:4297
Messina Matos, Milton. 12:2282
Messmacher, Miguel 22:985; 24:1546; 27:328
Mestas, Alberto de. 6:3222, 16:42
Mestre, Arístides. 4:151; 6:244
Mestre, Pedro Cabrer. 9:2120
Mestre Ghigliazza, Manuel. 7:3392; 14:2105
Mestre y Domínguez, José Manuel. 18:3054
Metall, Rudolf Aladár. 7:3868; 10:3309, **3310**. 3363-3365, 3380
Metcalfe, Grace. 22:2974
Meteoros, Buenos Aires. 17:1127a
Metford, J. C. J. 16:13, 1441; 17:1771; 19:6434; 27:3329
Methol Ferré, Alberto. 23:2958, 2959
Métraux, Alfred. 2:275, 283; 3:219, 291; 5:440, 446; 6:483, 496, 512, 513, 521; 7:515, 516, 522; 8:362, 379, 398, 413, 429, 2205; 9:457, 458, 467, 508, 2616; 10:339-343, 354, 355, 1685; 11:269, 342, 343, 349; 12:282, 368-371, 380, 381, 408-418; 13:304, 305, 366; 14:331, 355, 421-423, 455-457, 466, 467, 474, 475, 498-502, 528, 568, 1418; 15:426; 16:369-371; 17:265, 348; 19:600, 601-603, 5389; 20:446-449; 21:454-456, 4741; 23:425, 647, 648, 755; 24:752, 878; 25:545, 3693; 27:1234, 1347, 4159
Métraux, Guy S. 18:2035
Métraux, Rhoda. 18:253, 254; 21:457
Mettler, A. 3:1527, 1541, 1550, 1636
Metzger, Duane. 27:944, 945, 947
Metzidakis, Philip. 24:5545
Metzler, Franz. 4:3523
Metzler, Josef. 28:858
Meurs, Tjark A. 20:1510
Meuslahn, Jane. 2:104
Mexican Labor News, Mexico, D. F. 7:3839, 4298
Mexican Review, New York. 6:144; 7:176
Mexico. Almacenes Nacionales de Depósito. 19:1852-1855; 20:1454-1462; 22:1700
Mexico. Archivo General de la Nación, *México*, 1:775, 2330; 11:463; 13:1278; 18:1767a; 23:3172
Mexico. Archivo General de la Nación. Ramo Criminal (Indexes). 12:1732b
Mexico. Archivo General de la Nación. Ramo de Industria y Comercio (Indexes) 17:1528
Mexico. Archivo General de la Nación. Ramo de la Inquisición. (Indexes). 11:1995; 12:1733; 13:1287; 14:1839
Mexico. Archivo General de la Nación. Ramo de Ordenanzas (Indexes). 7:2873; 8:2936
Mexico. Archivo General de la Nación. Ramo de Provincias Internas (Indexes). 12:1734; 25:3164; 26:473, 28:547a
Mexico. Archivo General de la Nación. Ramo de Reales Cédulas (Indexes). 23:3773; 25:3138; 16:445; 28:513a
Mexico. Archivo General de la Nación. Ramo de Tierras (Indexes). 2:1747; 4:2669; 7:2874; 8:2937; 9:2691; 10:2504; 11:1994; 12:1732c; 16:1542; 21:2530; 22:2925; 23:

2925, 3167; 24:3774; 25:3139; 26:446; 28:514
Mexico. Archivo General de la Nación. Ramo Universidad (Indexes). 12:1735; 21:2512
Mexico. Archivo Histórico de Hacienda. 7:619; 8:496; 9:646, 647; 10:498-500; 11:470, 471; 16:1544
Mexico. Banco Nacional de Comercio Exterior. 26: 719
Mexico. Biblioteca Nacional, *México*, D. F. 1:2331, 2332; 10:4283
Mexico. Cámara Nacional de la Industria de la Transformación. 15:817, 817a; 20:1478-1480; 23:2053
Mexico. Casa de Moneda. 2:484; 5:851; 6:975
Mexico. Centro de Estudios y Documentación Sociales. 25:2074
Mexico. Centro de Investigaciones Agrarias. 23: 2054
Mexico. Comisión Cartográfica Militar. 15: 1141; 16:1161
Mexico. Comisión de Biblioteca. 3:1440
Mexico. Comisión de Límites. 14:2093
Mexico. Comisión Federal de Electricidad. 16: 981a; 25:1567
Mexico. Comisión Intersecretarial Coordinadora del Levantamiento de la Carta Geográfica. 20:1953; 23:2530, 2531
Mexico. Comisión Mexicana de Cooperación Intelectual. 4:59; 10:37
Mexico. Comisión Nacional Bancaria. 7:986; 17:863, 864; 18:969; 19:1977
Mexico. Comisión Nacional de Irrigación. 6: 941
Mexico. Comisión Nacional de los Salarios Mínimos. 27:1887
Mexico. Comisión Nacional de Seguros. 23:2050
Mexico. Comisión Nacional de Valores. 19:1970, 1977a; 20:1511-1514; 22:1727, 1728
Mexico. Comité Nacional Antifacista. 10:3287
Mexico. Comité Regulador del Mercado de las Subsistencias. 6:960
Mexico. Congreso. Biblioteca. 2:23, 2495; 7: 5415
Mexico. Congreso. Cámara de Diputados. 2: 2439; 3:2037
Mexico. Congreso. Cámara de Diputados. Comisión de Fomento Cooperativo. 3:987
Mexico. Congreso. Cámara de Senadores. 3: 2038; 6:2667; 26:520
Mexico. Congreso. Comisión Permanente. 11: 2687
Mexico. Congreso Constituyente, 1916-1917. 24: 3936
Mexico. Congreso Extraordinario Constituyente de. 1856-1857. 21:2826
Mexico. Consejo de Recursos Naturales no Renovables. 22:1730; 23:2019; 25:2262
Mexico. Consejo Superior Ejecutivo de Comercio Exterior. 15:769a, 769b; 16:949
Mexico. *Constitution*. 1:1430; 4:2394; 6:4715; 7:2673; 8:2775; 10:4045, 4046; 11:1892; 13:1094; 15:1330; 16:1366, 1396; 18:2892; 27:3646
Mexico. Consulado. Real Tribunal. 23:3315
Mexico. Delegación ante la Unión Panamericana. 13:1789
México. Departamento Agrario. 7:952, 953; 8:1074; 9:55
Mexico. Departamento Autónomo de Asuntos Indígenas. 6:340
Mexico. Departamento Autónomo de Educación Física. 2:1183; 3:1446
Mexico. Departamento Autónomo de Prensa y Publicidad. 3:992, 993, 2025; 4:1306

Mexico. Departamento de Asuntos Indígenas. 2:118; 3:1439; 4:1307; 11:246
Mexico. Departamento de Bibliotecas. 4:4532; 10:38; 27:49
Mexico. Departamento de Estudios Económicos. 5:1708; 6:961, 962
Mexico. Departamento de Prensa y Publicidad. 4:2381
Mexico. Departamento de Monumentos. 1:51
Mexico. Departamento de Petróleo. 4:1308; 5: 859
Mexico. Departamento de Salubridad Pública. 3:994; 4:1309; 9:56
Mexico. Departmento del Distrito Federal. 2: 1612; 6:925, 2672; 7:2675; 10:891; 28: 488
Mexico. Departamento del Trabajo. 2:114, 459, 1526, 1845; 3:994a; 4:1310, 1311; 5:860, 861; 6:1291
Mexico. Departamento Forestal y de Caza y Pesca. 4:1312; 5:862
Mexico. Dirección de Economía Rural. 14:968; 17:934, 935
Mexico. Dirección de Investigaciones Económicas. 18:977, 978
Mexico. Dirección de Pensiones Civiles de Retiro. 4:2382; 16:2419
Mexico. Dirección General de Aeronáutica Civil. 25:2263; 27:2757
Mexico. Dirección General de Alfabetización y Educación Extraescolar. 16:1077; 21:1713
Mexico. Dirección General de Bienes Nacionales. 8:754; 11:532
Mexico. Dirección General de Carreteras. 25: 2264
Mexico. Dirección General de Construcción de Ferrocarriles. 14:1336
Mexico. Dirección General de Correos y Telégrafos. 2:2524; 5:130; 19:3633a
Mexico. Dirección General de Educación Estética. 11:554
Mexico. Dirección General de Estadística. 1: 110; 3:996-1002; 4:1314, 1713; 5:865, 866; 6:943, 1292-1294; 7:917-920, 966-969, 1006, 1022, 1279, 4276; 8:54, 1056, 1075; 1076, 1101, 1151, 1464; 9:1061, 1076, 1081; 10:892; 12:759; 14:41, 970-972, 1439; 16:52n, 520; 17:939-941; 18: 970, 971; 19:2925, 6286-6289; 21: 2827, 5334; 22:1775, 1776
Mexico. Dirección General de Estadística Educativa. 13:740
Mexico. Dirección General de Ferrocarriles. 23: 2051
Mexico. Dirección General de Geografía, Meteorología e Hidrología. 8:2271; 12: 1241; 19:2413; 27:2757a
Mexico. Dirección General de Minas y Petróleo. 10:1940
Mexico. Dirección General del Impuesto sobre la Renta. 19:5455, 5456; 21:4544
Mexico. Dirección Nacional de Caminos. 8:1092 25:2265
Mexico. Escuela Nacional de Antropología. 10: 242
Mexico. Ferrocarriles Nacionales de México. 4: 1317; 17:876
Mexico. Inquisition. 15:1473, 1478
Mexico. Instituto de Geofísica. 23:2535
Mexico. Instituto de Investigaciones Estadísticas. 6:1302
Mexico. Instituto de Investigaciones Sociales. 19:2084
Mexico. Instituto Internacional de Historia Militar. 28:612

Mexico. Instituto Mexicano del Seguro Social. 9:3726; 13:1941-1943; 14:2547, 2548; 16:2420; 17:2091; 18:2288
Mexico. Instituto Nacional de Antropología e Historia. 5:229; 12:112; 14:2147; 20: 60, 61; 22:61; 24:164, 165; 26:60; 27: 161, 236
Mexico. Instituto Nacional de Bellas Artes. 14: 637, 638, 840; 15:617; 16:2799, 3189; 18: 68, 496-498; 20:4093; 22:1141; 23:1414; 5382; 24:5650; 28:279, 2365
México Instituto Nacional de Bellas Artes. Departamento de Artes Plásticas. 28:279a
Mexico. Instituto Nacional de Bellas Artes. Departamento de Literatura. 26:1500a; 28:279b, 1790, 1791
Mexico. Instituto Nacional de Bellas Artes. Departamento de Música. 27:2233; 28:3114
Mexico. Instituto Nacional de la Vivienda. 23: 4237
Mexico. Instituto Nacional de Pedagogía. 18: 1093
Mexico. Instituto Nacional Indigenista. 16:332a, 472
Mexico. Instituto Técnico Administrativo del Trabajo. 20:3514
Mexico. Junta de Administración y Vigilancia de la Propiedad Extranjera. 14:1022
Mexico. Junta Provisional Gubernativa. Comisión de Relaciones Exteriores. 10:2879
Mexico, *Laws, statutes, etc.* 1:1472, 1698, 1702; 2:472b, 472c; 479f-479m, 486a, 491a, 1591b; 3:1016; 4:1328-1330, 1358, 3630, 4451; 5:4232; 6:984a, 4517, 4518; 7:4336; 8:1466; 9:3702, 3703, 3711, 3712, 3714, 3727, 4428, 4477, 4498, 4590; 10: 4002, 4003; 11:1914, 3632; 12:3046, 3120, 3191, 3416; 13:2420-2422, 2503, 2504, 2527, 2584; 14:952, 2541, 3107, 3108, 3194b; 3247, 3323, 3325, 3326, 3340; 15:2090, 2619-2621, 2652, 2688, 2698, 2713, 2714, 2762; 16:2976, 3010, 3057, 3096, 3126, 3142; 17:891, 2709, 2744; 18:2867, 2868; 19:5453, 5570; 22:4569-4571; 23:4238, 4624; 25:4099, 4149
Mexico. Oficina de Educación Indígena. Mesa de Música. 7:5582
Mexico. Oficina de Energía Hidráulica y Pequeñas Obras de Irrigación. 5:886
Mexico. Patronato del Movimiento Económico Nacional. 18:981
Mexico. Plan de Ayutla. 20:2852
Mexico. Poder Ejecutivo Federal. 14:1656
Mexico. Secretaría de Agricultura y Fomento. 4:1368, 1369; 7:945; 8:1086, 1087, 1467; 9:1246, 1247; 10:925a, 926; 13:43; 14: 967
Mexico. Secretaría de Agricultura y Ganadería. 14:967; 15:826; 16:1010; 23:2532
Mexico. Secretaría de Bienes Nacionales e Inspección Administrativa. 13:1100; 16: 1373; 17:936; 18:1596, 1597
Mexico. Secretaría de Bienes Nacionales e Inspección Administrativa. Dirección Técnica de Organización. 16:1373; 17:1351
Mexico. Secretaría de Comunicaciones y Obras Públicas. 4:1370; 8:1095; 9:57; 14:954; 15:1140; 17:937, 938; 22:1773, 1774; 23:2533
Mexico. Secretaría de Comunicaciones y Obras Públicas. Oficina de Cartografía. 17:1075; 20:1959
Mexico. Secretaría de Comunicaciones y Transportes. 23:3291; 24:2888

Mexico. Secretaría de Educación Pública. 3: 1457; 4:1804, 3640; 6:838; 8:1971; 10: 1965; 11:2258; 12:789b, 1189, 2020; 16: 1057; 18:1094; 23:2260; 27:237, 2465-2465b
Mexico. Secretaría de Gobernación. 3:1027 2033; 4:1371, 2391; 6:2691a; 12:1583; 26:644; 27:3499
Mexico. Secretaría de Hacienda y Crédito Público. 3:1028, 1231; 4:1372, 1714; 6:758, 981; 7:2829; 8:2938; 9:58, 3032; 10:2505, 2772; 11:1933, 1972a; 12:1852; 15:828; 16: 1010b; 17:942; 26:565; 27:1758, 3499a; 28:625
Mexico. Secretaría de Hacienda y Crédito Público. Comisión de Revisión Contable. 22: 1777
Mexico. Secretaría de Hacienda y Crédito Público. Dirección General de Bienes Nacionales. 6:758
Mexico. Secretaría de Hacienda y Crédito Público. Dirección General de Crédito. 22:1778
Mexico. Secretaría de Hacienda y Crédito Público. Dirección General de Prensa. 22:1779
Mexico. Secretaría de Industria y Comercio. 27: 1887a-1887d
Mexico. Secretaría de la Defensa Nacional. 4: 1373, 1972, 2392; 9:59; 24:2889
Mexico. Secretaría de la Economía Nacional. 3:1029; 4:1374, 1375; 6:934, 971, 1311; 9:60, 1049; 10:927; 11:788; 12:774, 775; 13:485; 14:955, 1023; 15:827; 16: 1010a; 23:2052
Mexico. Secretaría de la Economía Nacional. Departamento de Minas. 4:1376; 8:111
Mexico. Secretaría de la Presidencia. 27:1887e
Mexico. Secretaría de Obras Públicas. 27:2757b
Mexico. Secretaría de Recursos Hidráulicos. 22:1780; 23:2534
Mexico. Secretaría de Recursos Hidráulicos. Comisión del Papaloapan. 22:1781
Mexico. Secretaría de Relaciones Exteriores. 2:476, 485, 1528, 2439g; 4:1377, 1378, 3548, 3549, 3631; 6:3791; 7:3730; 8:55; 9:3167; 10:3288; 13:1816; 15:1988; 16:2315; 17:1991, 1992; 22:4021, 4054, 4055; 25:2827
Mexico. Secretaría de Relaciones Exteriores. Departamento de Informaciones para el Extranjero. 8:55; 14:2364, 2379; 15:1952
Mexico. Secretaría de Salubridad y Asistencia. 17:2092
Mexico. Secretaría del Patrimonio Nacional. 27:1887f; 28:488a
Mexico. Secretaría del Trabajo y Previsión Social. 7:1015, 1016, 4277, 4317; 8:3807; 9: 61, 3697, 3698; 10:3435; 13:1938; 14:2545; 20:3595; 21:3512a, 3515
Mexico. Secretaría General de Estadística. 4: 1379
Mexico. Servicio de Bibliotecas. 8:4706; 9:62
Mexico. Suprema Corte de Justicia. 21:2828
Mexico. *Treaties, etc.* 2:2439i, 8:3822; 9:3710; 15:1963, 1965, 1973, 2097; 16:2291, 2417
Mexico. Tribunal Fiscal. 4:1387
Mexico (City). Museo Nacional. 1:2333
Mexico (Federal District). Dirección General de Muestreo. 27:1887g
Mexico (Federal District). Junta de Asistencia Privada del Distrito Federal. 16:2422
Mexico (Federal District). *Laws, statutes, etc.* 14:3151, 3154; 27:3685
México Agrario. 6:1305
México en el Arte, México. 15:2412
Meyer, Alex. 13:2604

Meyer, Augusto. 1:2170; 11:3382; 12:3386; 13:2300; 15:2502, 2532; 17:2613a, 2842; 18:2826; 21:4387; 22:4328a; 25:3839; 28:611, 2678
Meyer, Carlos. 8:2815
Meyer, J. 24:4413
Meyer, Jacob Gibble. 8:2253; 15:1129
Meyer, Karl Ernest. 25:2790, 3430
Meyer, Leo M. 23:1276
Meyer, Mary Edgar. 19:4639
Meyer, Michael C. 28:695
Meyer, S. 28:488b
Meyer, Teodoro. 3:1675; 10:2076
Meyer-Abich, Adolf. 22:2844
Meyer Aragón, Carlos. 14:2178
Meyer L'Epée, Consuelo. 9:367
Meyer-Lindenberg, Hermann. 3:2929; 7:3751
Meyer Rusca, Walterio. 12:79; 21:3654
Meyerhoff, H. A. 4:1995
Meynet González, Alfredo. 12:1550
Meyrialle, Horacio S. 24:5622
Meza, César. 10:3433
Meza, Rafael. 1:1081
Meza, Salom. 27:3570
Meza, Samuel. 13:2160
Meza, Tomás. 23:3835
Meza A., Manuel. 16:987
Meza Cienfuegos, Hilario. 8:1082
Meza Fuentes, Roberto. 1:2000; 2:2782; 6:4222-4224; 7:4818
Meza García, Fernando. 12:3264
Meza León, Carlos. 3:2587; 4:1346
Meza San Martín, Wally. 27:2230
Meza Villalobos, Néstor. 2:1768; 4:2751; 6:2823; 7:2847; 12:1910a; 14:1976; 17:1634; 21:2759; 22:3479; 23:3669
Meza y Suárez Inclán, Ramón. 28:1905
Mezey, Kalman. 15:478
Mezzera, Baltazar. 10:2418; 21:1352
Mezzera Álvarez, Rodolfo. 12:3274; 18:2956
Miatello J., Hugo. 2:1340; 3:1725
Miatello, Robert A. 24:6313
Mibelli, Elbano. 3:2086; 4:2455; 7:2732
Mibielli de Carvalho, Fernando. See Carvalho, Fernando Mibielli de.
Micele, Antonio. 2:757, 1341
Miceli, Ricardo. 6:5091
Michaca, Pedro. 7:5590; 9:1917
Michael Frank, *pseud.* 27:3198
Michael, M. A. 19:2684
Michaéle, Faris António. 6:4324
Michaelis, Henriette. 11:3354
Michaelsson, Karl. 26:1808
Michalany, J. 27:1567
Michalowski, Miguel. 23:2610
Michel, Concha. 17:2856
Michelena, Alejandro. 3:2095
Michelena, Margarita. 24:5546
Michellozo, Francisco. 26:340
Michelson, Paul Hyppolite. 17:2655
Michoacan (Diócesis). 22:593
Michoacan, (State). *Laws, statutes, etc.* 2:487a; 14:3152
Micoud, Félix Claudio. 14:2783
Micros, *pseud.* See Campo, Ángel de.
Middendorf, E. W. 20:700
Middle American Information Bureau, *New York.* 9:1036-1037
Middleton S., Eugenio. 3:3670
Midkiff, Harold M. 15:676
Mielche, Hakon. 7:224; 16:64; 25:5740
Mieli, Aldo. 11:3929
Mienville, Juan. 12:3490
Mier Noriega y Guerra, José Servando Teresa de. 10:3508; 11:2264; 12:2389; 28:625a
Mier V., Tomás E. 11:859

Mieres, Francisco. 27:2099
Miesch, M. 17:1103
Mieses Burgos, Franklin. 10:3728; 20:4094
Miglia M., José. 14:1793
Migliazza, Ernest. 27:1235, 1462
Migliore, Rodolfo Pablo. 14:3120
Migliorini, Bruno. 15:2208
Migliorini, Elio. 25:2216
Mignaneco, Augusto. 4:3185
Mignanengo, Alberto Armando. 3:1726; 4:2099, 2100; 5:2987; 11:1663
Mignone, Francisco. 7:5606; 8:4740; 9:4681-4685; 4856-4858; 10:4389; 11:3777; 13:2684; 15:2829b; 18:1584; 24:3937
Migone, Mario Luís. 14:2172
Migone, Raúl C. 5:2931; 6:877; 7:838; 8:1004; 9:1006
Migueis, José Rodrigues. 12:2893
Miguel, María Esther de. 25:5817
Miguel, Salim. 17:2616; 19:5318
Miguel Alonso, Orencio. 15:335; 16:226, 18:121
Miguel Pereira, Lucia. See Pereira, Lucia Miguel.
Miguel Pérez, Isidro de. 27:3747
Miguez, Armando. 7:748
Miguez, Francisco. 20:1701
Míguez, José A. 20:4878c, 4888, 4889, 4892, 4895
Miguez, Mario. 18:2543
Mijares, Augusto. 2:27; 4:51, 3311; 6:2788; 15:1528; 16:1755;19:3917, 3919, 5775; 20:4867; 22:4829, 5417; 25:3776
Mijares Palencia, José. 2:1527; 3:2027
Mijares Ulloa, Luis A. 19:4408, 4462
Mikenberg, Natalio. 19:2521; 21:2019
Mikesell, Raymond F. 19:1362; 20:1257; 21:1258; 24:1947; 25:1464
Mikhaiov, S. S. 26:61
Mikkelsen, D. S. 27:2951
Mikoyan, Anastas I. 24:3542
Milagro, Alfonso. 21:1702
Milam, Carl H. 5:4280; 10:4285
Milanés, José Jacinto. 28:2312
Milani G., Domingo. 23:5197
Milano, Dante. 1:2196; 14:3068; 23:1574
Milano, Miguel. 15:1807
Milans, Jeremías. 9:1539
Milch, Robert Austin. 23:1274; 25:734
Miles, Beryl. 25:5741
Miles, Cecil W. 9:2096
Miles, Suzanna W. 18:230; 21:50, 51, 430; 22:13
Milewski, Tadeusz. 14:458
Milhomens, Jonatas. 22:4592
Miliani, Domingo. 27:805
Milinowski, Marta. 6:4948
Militão de Albuquerque, J. See Albuquerque, J. Militão de.
Milkewitz, Harry. 28:3027
Milkovich, Michael. 27:340
Mill, John Stuart. 8:4426; 20:4886, 4886a
Milla y Vidaurre, José. 1:2134, 2135; 2:2704, 2705, 2810; 3:3350; 4:2752, 4018; 18:2543a
Millán, Alberto S. 22:4613; 25:4078
Millán, Amalia. 8:2020, 2096-2098, 2120, 2138
Millán, Antonio. 5:1447a; 11:1677
Millán, Blas, *pseud.* 21:2720
Millán, Enrique. 9:3017; 11:3864
Millán, Marco Antonio. 11:3252
Millán, María de Carmen. 10:3539; 12:2399, 2555; 22:5156; 23:4927, 4928, 5107; 24:5547; 28:1792

Millán, Román R. 1:1509; 2:2997
Millán, Verna Carleton. 5:693, 882, 2141; 10:682
Millán Bojalil, Julio Alfonso. 27:1890
Millán de Palavecino, María Delia. 11:1526; 27:510, 1147, 1175
Millán Delpretti, Vicente. 10:3475
Millanés, Salvador, Jr. 2:1591a
Millares Carlo, Agustín. 1:666; 7:5643; 8:56, 57, 2894, 3881; 9:63-65, 2652, 3148, 3410, 3797, 4907; 10:2560, 2577, 3483, 3484, 3580, 4336, 4567; 11:1956, 2033, 2091, 2968; 12:1694, 1738, 1766, 2400; 13:20, 2041; 14:1726; 15:31; 16:2551; 17:248, 1426, 1465; 19:3159, 3162, 3253, 3324, 3325, 3326, 4681, 4693; 20:2335, 2462; 21:2439, 3703, 3719; 22:4710, 4725; 23:4714, 4715; 24:3759; 25:3058, 26:502, 823, 1430; 28:64, 518a, 626, 876, 881a
Millas, Jorge. 3:3304; 9:4933; 15:2908; 24:6006
Millás, José Carlos. 9:2122; 14:1410; 25:2245
Millás Vallicrosa, José María. 17:2892
Millé, Andrés. 18:466; 21:2772; 22:3419; 25:3446; 26:906b
Millen, Nina. 12:3370
Miller, Carlos G. 18:2207
Miller, Edmund Davison. 15:2329
Miller, Edward G. 15:1910
Miller, Eilif V. 10:2124; 11:1707; 22:2422
Miller, Elizabeth Helen. 20:3658
Miller, Eugene H. 14:2410
Miller, Eugene Willard. 5:1750; 6:1279, 2288
Miller, Felicia. 13:1172
Miller, George J. 1:544
Miller, Hunter. 15:2006a
Miller, Louise Fenton. 8:537
Miller, Max. 3:51; 10:2051; 17:3148
Miller, Maynard M. 17:1128
Miller, O. M. 9:2261
Miller, Paul G. 5:2914
Miller, R. B. 6:850
Miller, Robert Ryal. 28:626a
Miller, Thomas L. 20:2336
Miller, Walter S. 12:231; 19:668; 25:419
Miller, Wick R. 25:704
Miller, William C. 21:10
Miller Paiva, Ruy. See Paiva, Ruy Miller.
Miller Otero, Fredy. 22:4943
Millet Espinosa, José Enrique. 8:3819
Milliet, Sérgio. 1:2217; 2:1579; 3:2830; 4:13, 20, 771, 3363, 4170; 5:618, 639, 1934, 3931, 3932; 6:629, 1659-1661; 7:720, 758-762, 4905, 4906, 4966; 8:845, 923, 924, 2021, 4228; 9:3405; 10:778, 3847, 3848; 11:3383; 12:2925; 13:2301; 14:796; 15:2503, 2504; 16:2844; 17:516, 2590; 19:5278; 20:3235, 4333; 21:4314; 23:5463, 5908; 25:4744; 26:301, 340; 28:2571
Milliet da Costa e Silva, Sérgio. See Milliet, Sérgio.
Milliken, William M. 14:119; 20:145
Millington, Herbert. 14:2155
Millington-Drake, Eugen. 27:3546
Millon, René F. 19:137; 20:409; 21:87, 88; 23:195; 25:221; 27:341, 1454a
Millot, Louis. 1:584
Mills, C. A. 8:444
Mills, Charles Wright. 24:3543
Mills, D. O. 24:2877
Mills, Hazel Emery. 2:1814
Mills, Joseph C. 27:1759
Milojević, B. Z. 22:2538, 2539
Milón Bendezú, Luís. 8:2079

Milovanovic, Milorad. 6:978
Milstead, Harley P. 6:1160, 2326
Milward, María Portugal. 8:854; 12:2795
Mimenza Castillo, Ricardo. 4:132; 7:358; 9:299; 11:161, 1478
Mina, U. P. 18:957
Miñano García, Max H. 10:3082; 11:1278, 1279
Miñano M., Carlos A. 28:1046
Minas Gerais (State). Constitution. 1:1403
Minas Gerais (State). Departamento de Assistência aos Municípios. 3:1888
Minas Gerais (State). Departamento de Educação. 6:1944
Minas Gerais (State). Departamento de Estradas de Rodagem. 27:2951a
Minas Gerais (State). Departamento Estadual de Estatística. 4:837; 6:1889; 7:1737, 1738; 9:1681; 12:1105; 16:914
Minas Gerais. Instituto de Pesquisas Econômicas. 22:1631
Minas Gerais (State). Laws, statutes, etc. 2:968a; 4:2291
Minas Gerais (State). Secretaria da Educação e Saude Pública. 7:1829
Minas Gerais (State). Secretaria das Finanças. Serviço do Pessoal. 6:2851
Mindlin, Henrique E. 20:1186; 25:1269
Mindte, Richard W. 8:2485
Minelli, Pablo M. 4:593a; 6:3710
Miner, Dwight Carroll. 6:3822
Mineral Trade Notes, Washington, D. C. 7:839
Minería, La Paz. 15:893
Mingarro San Martín, José. 9:3728, 4969, 5018; 10:4556
Minger, Ralph Eldin. 25:2833, 3414
Minguet Lelteron, Antonio. 6:2721
Minicucci, Agostinho. 23:2418
Minnaert, Paul. 2:55, 221; 4:119, 207; 5:234; 10:236
Minneman, Paul G. 8:1239, 1240, 2350; 12:812, 1334
Miño, Ernesto. 2:2334
Minor, Eugene E. 20:700a; 27:1463
Mintz, Sidney W. 16:324; 19:698; 20:4953; 21:402, 458; 23:649-650; 22:426, 427; 24:753-757; 25:492, 493, 1483; 26:62; 27:161a, 1045, 1075-1081, 1760, 2025, 2783
Minútolo, Cristina V. 24:4281; 26:1105; 28:1119
Minuty, Julien V. 20:4456
Minvielle Porte Petit, Jorge. 18:1720; 26:554
Minville, Esdras. 10:2077
Miomandre, Francis de. 14:2946; 20:4361
Mioni, Hugo. 7:4967
Miquel y Vergés, José María. 7:3186; 9:3821; 10:3508; 12:2401; 15:1694, 1695; 18:1959; 20:2845; 26:555
Mira López, Emilio. 11:1285; 12:1217t; 13:671; 22:2072; 27:1761, 2542, 3621
Mira Restrepo, Jorge. 8:1350, 1405; 9:1170, 1197; 10:1059
Mirabal, Antonio. 3:1791n
Mirabal Lausan, Joaquín. 3:1568
Mirador, México. 22:6279
Miragaia Pitanga, M. C. See Pitanga, M. C. Miragaia.
Miragaya, Eduardo. 11:2901
Miraglia, Luis. 9:4970
Miraglia, Tolentino. 7:5008
Miralles, Jaime. 4:2101
Miralles de Imperial y Gómez, Claudio. 16:1619, 1620; 18:2443

Miramón, Alberto. 3:3182; 5:2716; 6:3160; 8:2911, 3143-3145; 9:2997; 10:2476; 11:2204, 3029; 15:1749; 19:4682; 21:3406; 26:840
Miramón, Coronel. 22:3040
Miramón, Miguel. 21:2829
Miramontes, Hilario. 15:802
Miranda, Adalmir da Cunha. 25:4613
Miranda, Agenor A. de. 2:1213; 6:1733, 3550
Miranda, Ataide de. 10:3813
Miranda, Augusto David de. 5:4473
Miranda, C. G. da Costa. 10:2271
Miranda, César. 17:2492
Miranda, Darcy Arruda. 23:4542; 24:4862
Miranda, Edgar da Rocha. 6:4404
Miranda, Faustino. 12:114; 13:793
Miranda, Fernando de. 55:4473
Miranda, Francisco Cavalcanti Pontes de. 1:1775; 3:3666; 4:650, 2283a; 13:2456; 19:5505, 5559; 22:4508; 25:4053; 26:2106
Miranda, Francisco de. 4:2930; 17:1842; 18:2041; 24:4164
Miranda, Gilberto. 6:4431, 4446
Miranda, Guido. 19:2522; 26:1106; 27:2835
Miranda, Héctor. 1:1437; 28:125
Miranda, João. 5:1900
Miranda, José, *Brazilian*. 3:1531, 1624, 1626
Miranda, José, *Mexican*. 10:2578; 12:2402, 3462; 13:1217, 1331; 16:1502; 17:1532; 18:1660, 1764, 1764a; 19:4653; 21:2206, 4608; 22:5884; 23:927, 3062, 3292; 25:451, 667, 3146, 3169; 26:453-455, 556; 27:228, 776; 28:485a, 519
Miranda, José Tavares de. 7:5009; 10:3907
Miranda, Julio César. 8:3121
Miranda, Luis Rodolfo. 7:3349; 17:1722; 22:3239
Miranda, Maio. 28:2512
Miranda, Maria Augusta Tibiriçá. 27:3285
Miranda, María Rosa. 19:3168
Miranda, Marta Elba. 6:3451; 8:2139; 9:3935
Miranda, Miguel Ángel. 22:4614
Miranda, Murilo. 1:2171; 14:798; 16:589
Miranda, Nicanor Teixeira de. 4:1836; 6:1970; 7:1814, 2029; 9:1901; 10:1807; 11:1492-1494, 3815; 12:3446; 13:715
Miranda, Omer. 14:2913
Miranda, Oswaldo Costa. 6:1818
Miranda, Pontes de. *See* Miranda, Francisco Cavalcanti Pontes de.
Miranda, Ramón. 5:4099; 10:2341
Miranda, Salim de. 12:2208; 25:4670; 26:1277
Miranda, Vicente Constantino Chermont de. 8:1795; 10:385
Miranda Arenas, Osvaldo E. 10:2305
Miranda Bastos, Arthur de. *See* Bastos, Arthur de Miranda.
Miranda Bastos, Murillo de. *See* Bastos, Murillo de Miranda.
Miranda Carvalho, Renato de. *See* Carvalho, Renato de Miranda.
Miranda de Figueiredo, Lenita. *See* Figueiredo, Lenita Miranda de.
Miranda de Menezes, Cinira. *See* Menezes, Cinira Miranda de.
Miranda Delgado, Alexandre. *See* Delgado, Alexandre Miranda.
Miranda dos Santos, Teóbaldo. *See* Santos, Teóbaldo Miranda dos.
Miranda E., Laura. 21:823
Miranda Filho, Antônio dos Passos. 7:5151
Miranda Guimarães, Hélio de. *See* Guimarães, Hélio de Miranda.
Miranda Guimarães, Ylves José de. *See* Guimarães, Ylves José de Miranda.

Miranda Jardim, Luís Inácio de. *See* Jardim, Luís Inácio de Miranda.
Miranda Moscoso, José Erasmo. 17:2766
Miranda Neto. 7:3982
Miranda Pérou, Hernán. 2:800
Miranda Pirajá, Nair. *See* Pirajá, Nair Miranda.
Miranda Quintana, Mário de. *See* Quintana, Mário de Miranda.
Miranda Quiroz, Graciela. 14:2857
Miranda Ribadeneira, Francisco. 20:2268
Miranda Ribeiro, Alípio de. *See* Ribeiro, Alípio de Miranda.
Miranda Ribeiro, Artur de. *See* Ribeiro, Artur de Miranda.
Miranda Rivera, Porfirio. 20:701; 22:362
Miranda Romero, Ricardo A. 25:3745
Miranda Ruano, Francisco. 19:4753
Miranda S., Estela. 3:3183
Miranda Salas, Eduardo. 24:6279, 6280
Miranda Salles, Ruth Sylvia de. *See* Salles, Ruth Sylvia de Miranda.
Miranda Sallorenzo, Manuel. 28:2029
Miranda Santos, Theobaldo. *See* Santos, Theobaldo Miranda.
Miranda Valverde, Trajano de. *See* Valverde, Trajano de Miranda.
Miranda (State). Secretaría General de Gobierno. 3:2092; 4:2464; 5:2207; 6:2738; 8:2828; 9:2573
Mirandola, Pico della. 19:5825
Miras C., Pedro. 28:3331
Mireles, C. M. 17:903
Miri, Héctor F. 2:401; 3:463, 3305
Mirlas, León. 4:3906; 28:1977
Miró, Carlos A. 8:1578
Miró, Carmen A. 20:3560; 27:4047
Miró, César. 15:2384; 19:4754; 28:2321
Miró, José. *See* Martel, Julián, *pseud.*
Miró, Ricardo. 3:3305a; 17:2464; 26:1563
Miró, Rodrigo. 9:4107; 12:2466; 14:2914; 15:2414; 16:1621, 2552, 2641; 17:2464; 19:3678; 20:4870b; 23:3349; 24:5117, 5219; 25:4258; 28:987, 2147
Miró Cardona, José. 13:2523
Miró Quesada, Alejandro. 5:1873; 15:577
Miró Quesada, Francisco. 5:4413; 6:5052; 7:5725; 9:4933a, 4934; 10:4546-4548; 11:3900; 12:3496; 15:2914; 16:3265; 17:2885; 19:5758; 20:4877, 4877a; 21:4830, 4831; 24:6007; 23:5811, 5812; 25:2058, 5396; 26:2275
Miró Quesada, Luis. 11:1239; 22:3564
Miró Quesada, Óscar. 6:2411; 10:4537; 11:3900; 16:3253; 17:3078
Miró Quesada G., Alejandro. 6:3749
Miró Quesada G., Luis. 12:675
Miró Quesada Laos, Carlos. 13:1673, 2032; 24:3590; 25:3746
Miró Quesada Sosa, Aurelio. 4:2161, 6:752, 2410, 3969, 4182; 7:4555; 8:694, 3356; 11:2549, 3004; 12:611, 2403, 2404; 14:1957, 2630, 2631, 2649, 2966; 16:2756; 17:2283, 2284; 18:1720a; 19:4621; 20:4746, 3724; 21:2745, 3714; 24:4115, 5022; 26:1431, 1432
Miró y Argenter, José. 11:2409
Mirón, Gustavo. 12:793
Miroshevskiy, V. M. 8:2802; 21:3014
Mirsky, Jeannette. 12:1826; 17:1485
Mirville, Solon. 23:2261
Mischel, Frances. 21:459; 22:429; 24:758
Mischel, Walter. 22:428, 4429
Mishkin, Bernard. 12:464
Mishnun, Virginia. 6:842, 4936

Misión Educacional Chilena en Costa Rica. 1: 1100
Mistral, Gabriela *pseud.* 2:2593; 4:4049; 5: 1874, 3538; 6:798; 7:4752a; 11:3320; 12: 2656, 2674a, 2674b; 14:2946; 16:1870, 2719, 2720; 17:2296; 18:2592; 19:5027, 5028; 20:4112; 21:4106; 22:5157; 23:4829, 5104; 26:1809
Mitchell, Harold. 27:3479
Mitchell, J. O. 3:2405
Mitchell, Julio. 6:3312; 7:3393; 9:2617
Mitchell, M. E. 5:801
Mitchel, Mairin. 28:519a
Mitchell, Russell H. 22:96; 24:424-427; 25: 302; 27:439-443
Mitcheson, John. 2:801; 3:864
Mitrazing, F. E. M. 24:4414
Mitre, Adolfo. 9:3259, 3260; 13:1609
Mitre, Bartolomé. 2:2193; 5:3214; 6:3208, 3223, 3340, 3401, 4325; 8:3375; 9:4011; 10:3685; 16:1935; 17:1775, 19:391; 24:4282; 25:3631
Mittlebach Medina, Domingo. 12:3381
Miura, Nobuyuki. 27:4315
Miyares González, Fernando. 20:2591
Miyazaki, Nobue. 23:2703
Mizelle, William R. 17:544
Mó, Fernando F. 13:1610
Moacyr, Primitivo. 2:1155; 3:1383; 4:1754; 6: 1971, 1972; 7:1815; 8:1902, 1903, 3518; 10:1548, 1549
Moacyr Campos, Pedro. *See* Campos, Pedro Moacyr.
Moacyr Garcia, Othon. *See* Garcia, Othon Moacyr.
Moas, Manuel. 7:4238
Moats, Alice-Leone. 5:883
Mock, James R. 5:3271; 8:127
Moctezuma, Aquiles P. 24:3938
Modenna, A. 2:1378
Moder Pérez de Valenzuela, Stella. 16:2494
Modesto, Don, *pseud.* 8:3603
Modiano, Nancy. 25:452
Moedano Koer, Hugo. 7:307; 9:271, 334; 12: 133, 164; 13:154; 14:171; 21:89
Möllenkamp, Friedrich-Werner. 27:2354
Moeller, August. 2:852
Möller, Carlos Manuel. 15:584; 16:481; 17: 455; 24:1701, 1702; 28:219
Möller, Floriano. 19:1723
Moeller, Sophie C. W. de. 4:369, 2847
Moerbeeck, Jan Andries. 8:3438
Mörner, Magnus. 19:3061, 3491; 21:2451; 22:2807; 23:2806, 3004, 3022, 3696, 3697, 5053, 6031; 24:1986, 2809, 3441, 3744a; 25:2059, 3010, 3060, 3061, 3467; 26:63, 456, 814, 840b, 907; 28:116, 437-438a, 459, 627, 726, 916a, 1035
Moesbach, Ernesto Wilhelm de. 2:317; 21:3654
Moeschlin, Felix. 2:1092; 8:4427
Moglia, Raúl. 9:3820, 3822
Mogni, R. L. 6:1449
Mogollón, Juan Ángel. 26:1735
Mogollón, Nestor. 5:1330
Mogro Moreno, Antonio. 3:2285, 2987a
Mohagen, Jorge. 2:1379
Moheno, Querido. 4:3075
Moholy-Nagy, Háttula. 27:342
Moholy Nagy, Sibyl. 28:307
Mohr. 5:3374
Moine Macías, Horacio. 28:2148
Moirano, Armando A. 10:1168, 4140; 11:955
Moise, Rodolphe. 13:2368
Moisés, Massaud. 24:5722; 25:4614; 26:1987
Moitinho, Álvaro Pôrto. 19:2893
Mojarro, Tomás. 26:1556

Molano Campuzano, Joaquín. 23:2484
Moldenhauer, Gerardo. 19:4604; 20:3659, 3712
Moleiro, Moisés. 5:4326, 4327
Moleiro, Rodolfo. 25:4469
Moles, Ricardo R. 24:6216; 28:439
Molestina, Eduardo. 2:864
Molestina Ordeñana, Ernesto. 5:1875; 8:1703, 2486
Molina, Alonso de. 11:2976
Molina, Antonio de, *Brother*. 10:2640
Molina, Carlos. 23:5128
Molina, Cecilia. 8:1106
Molina, Cristóbal de. 2:1898; 24:5043
Molina, Elva S. 19:881
Molina, Enrique. 3:3184, 3185; 5:1527, 1527a; 6:4073; 7:4645, 4646, 5644; 8:4862; 10: 4578; 13:723, 2748; 14:3463; 17:2927; 18:3098; 19:5759
Molina, Felipe Antonio. 1:2062; 7:3569
Molina, Gerardo. 12:1171; 19:2905; 22:3521
Molina, José Lino. 15:1121
Molina, Juan Ramón. 3:3351; 13:2161; 14: 2699; 23:5142
Molina, Julio. 10:3729; 14:2915
Molina, Luis Adán. 1:1211
Molina, Luis Eduardo. 12:1532
Molina, Miguel Tomás. 3:1075
Molina, Pedro. 20:2876
Molina, Raúl Alejandro. 9:2668; 14:1987-1989; 17.979, 1647, 1648; 18:1911; 19: 3484, 3492; 20:2792-2792d; 21:2773, 2780; 22:3498-3500; 23:3687, 3688; 24:4227, 4233-4237, 4758, 5935; 25:3632; 26:908, 908a, 1244; 28:946a-947a
Molina, Roberto. 3:1955
Molina, Roderick A. 15:2415
Molina, Sergio. 15:907
Molina, Víctor Eduardo. 17:2810
Molina Álvarez, Daniel. 28:638
Molina Aqueveque, Henry George. 6:2598
Molina Argüello, Carlos. 15:1509; 20:2568; 23: 2262; 25:3210
Molina Bueno, Agustín. 3:3730
Molina C., H. 17:2250
Molina Campero, Lionel. 10:1487
Molina Campos, F. 8:4103
Molina Coto, María del Rosario. 13:1363
Molina Enríquez, Andrés. 3:1019; 5:884, 3393; 19:1897, 1959
Molina Enríquez, Luis. 19:6104
Molina Enríquez, Renato. 4:1347
Molina Filho, José. 27:2355, 4241
Molina Font, Gustavo. 7:943, 3394
Molina M., Plácido. 2:2208; 5:207a, 2516
Molina Massey, Carlos. 15:2362; 16:2642
Molina Naritelli, Raúl. 10:1250
Molina Neira, Víctor. 19:4918
Molina Ortega, Elena. 18:2485; 2625a, 2630; 19:4742
Molina Parrado, Luis. 24:4059
Molina Pasquel, Roberto. 17:2084, 2745; 19: 5541; 20:4516
Molina Ramírez, Juan C. 8:1395; 18:2978
Molina Solís, Juan Francisco. 5:1633; 9:2809
Molina-Téllez, Félix. 4:3186; 5:1830; 2138; 9:2810; 11:1469, 1814, 3299
Molina Urra, Silvestre. 14:2504
Molina y Morales, Roberto. 12:1826a-1826c
Molina y Vedia de Bastianini, Delfina. 3:3451; 7:4466, 11:2902
Molinari, Antonio Manuel. 6:4685; 9:4549; 10: 1169
Molinari, Diego Luis. 2:2058; 4:2848, 2902, 3187; 5:2761; 7:2848, 25:3633

Molinari, José Luis. 2:1769; 25:3634; 26:909; 28:848, 1016
Molinari, Juan B. 11:3974
Molinari, Ricardo E. 20:4095; 22:5158; 24:5458
Molinario, A. D. 7:5214
Molinario, Alfredo J. 3:3743; 10:4104
Molinary, Samuel. 25:3941
Molinas, Alberto J. 14:3215
Molinas, Nicanor. 4:2203; 9:2404
Moliner, Israel M. 9:66; 12:2467
Moliner de Arévalo, Matilde. 20:2988
Molins, W. Jaime. 3:853; 7:2270
Molíns Fábrega, N. 20:232; 21:118
Moll, Arístides A. 2:2152; 5:1139; 10:2419
Moll, Bruno. 3:911; 4:1171; 9:1518; 16:792; 17:706; 24:1948; 27:3816
Moll, Roberto. 8:1432; 9:1212; 10:1080
Molleda, María Dolores G. 16:1500
Moller, Barreda. 12:736a
Moller Pacieri, Edwin A. 27:2197
Molles, Osvaldo. 26:2107
Molleto Labarca, Enrique. 24:5623; 26:1867; 28:2313
Mollien, Gaspard Théodore. 10:2806
Mollura, Pedro. 11:1280
Molnos, Angela; 17:2967
Molt, Peter. 27:3104
Mombelli da Fonseca, Lydia. *See* Fonseca, Lydia Mombelli da
Mombrú, María. 25:4570; 26:1863
Momsen, Richard P., Jr. 24:2943, 6426; 27:2952-2952b
Monacelli, Gualterio. 5:4095; 9:4528; 12:3034; 14:3178
Monagas (State). Secretaría General de Gobierno. 6:2740
Monahan, James. 26:760
Monari, Carlos. 26:2049
Monasterioguren, Benito. 26:761
Monat, Olympio. *See* Fonseca, Olympio Monat da.
Monat da Fonseca, Olympio. *See* Fonseca, Olympio Monat da.
Monbeig, Pierre. 1:620; 2:1413; 3:1637-1640, 1678; 5:1935; 6:2454, 2455; 7:2410, 2411; 9:2355, 2356; 10:1356, 2183, 2272; 11:1762; 12:1486; 13:990, 999; 15:1268, 1284; 17:1246; 18:1490, 1491, 3204; 19:2654, 2655, 2686; 22:2540
Moncada, Arturo. 2:3035
Moncada, J. M. 2:2387
Moncada, Raúl. 9:4067
Moncada C., Rómulo. 18:3162
Moncada Luna, José Antonio. 26:1736
Moncada R., Timoleón. 2:636; 6:4570
Moncada Sánchez, José A. 25:1638
Moncada Vidal, Miguel Ángel. 23:4607
Moncaut, Carlos Antonio. 23:3770
Moncayo, Hugo. 3:3186; 15:1546
Moncayo de Monge, Germania. 13:765; 16:1724; 19:6436
Monclart, Anastasio de. 6:3066
Monclús, Miguel Ángel. 7:1861; 10:2446; 12:1566, 2059; 23:4994
Moncriff Mariño, Eduardo. 4:4490
Mondelo, Camilo S. 17:984
Mondloch, Margaret. 27:500
Mondolfo, Rodolfo. 6:5023, 5081; 7:5691, 5692; 8:4863, 4910, 4919, 4920, 4947; 9:4984, 4996; 10:4569; 12:3561; 14:3485; 15:2899; 16:3232; 3254; 17:2893, 2894; 18:3055, 3070, 3141; 20:4818, 4823; 21:4768; 22:1902, 5817, 5914; 23:5847, 5848, 5851; 24:6045, 6046; 26:2301; 27:2402
Mondragón, Alberto A. 24:4273

Mondragón Aguirre, Magdalena. 13:2235
Mondragón Carrasco, Rubén. 18:754
Mondragón Guerrero, Antonio. 3:1183
Mondragón Moreno, Pablo Jesús. 20:1515
Monegal, José. 23:2960; 28:2057
Mones, León. 8:4707
Moneta, José Manuel. 6:2363
Monferini, Juan M. 4:2849, 2850; 7:3072
Monferrer, Ulises, 10:646
Monfolis, M. 4:1271
Monge, C., Jr. 14:606
Monge, Juvenal. 2:895; 3:937, 945; 4:312, 2162; 10:1301
Monge Alfaro, Carlos. 8:2296; 9:2081; 26:708
Monge Cassinelli, Carlos. 19:910
Monge M., Carlos. 2:2289; 8:154a, 466, 2417; 11:1582; 14:605, 606; 15:510, 511; 18:396; 19:907-910; 20:790; 22:995; 24:862; 25:570; 27:1348, 4160
Monge Mira, Joaquín. 10:2125; 12:1403
Monges López, Ricardo. 10:908
Mongiardini, Alfonso B. 14:850
Monguió, Luis. 10:3777; 11:2948, 3836; 14:2916; 17:2493; 18:2631, 2632; 29:5082, 5083; 21:4156; 22:4742, 4824, 4978; 23:5175; 24:5044; 25:4516; 26:1776; 28:958, 2241
Monheim, Felix. 20:2024; 21:2066; 22:2210; 28:2818a, 2877
Monica, Laura della. 17:2843
Mónica, *Sister*. 18:1721
Le Moniteur. Journal Officiel de la République d'Haïti. 2:1562; 23:1835
Moniz, Edmundo. 9:4179
Moniz Bandeira, Luis Alberto. *See* Bandeira, Luis Alberto Moniz.
Moniz de Aragão, Maria Luiza. *See* Aragão, Maria Luiza Moniz de.
Moniz de Aragão, Pedro. *See* Aragão, Pedro Moniz de.
Moniz de Bittencourt, Pedro Calmon. *See* Calmon, Pedro.
Moniz de Souza e Oliveira, Antônio. *See* Oliveira, Antônio, Moniz de Souza e.
Moniz Sodré de Aragão, Antônio. *See* Aragão, Antônio Moniz Sodré de.
Monjardim, Adelfo. 18:1518
Monjardín, Federico F. 1:1167, 2263
Monje Ortiz, Guillermo. 14:1225
Monje Ortiz, Zacarías. 6:476; 7:3102; 11:2186
Monner Sanz, José María. 3:3187; 8:4012; 11:3158, 3159; 13:2202; 14:2917; 16:2757; 18:2633
Monroe, Charles W. 5:132
Monroe, Paul. 5:1498
Monroe, Robert J. 23:1260
Monroy, Joel L. 3:2241
Monroy, Rafael E. 7:408; 10:185, 270, 271; 12:260
Monroy, Salazar. 8:3003
Monroy, V. 3:1774
Monroy Baigén, Guadalupe. 9:54; 19:6433; 20:1716; 23:3293, 3294; 24:3906; 25:3257, 3258; 28:628
Monsalve, Diego. 6:3161
Monsalve, J. D. 1:863-864
Monsalve, Josué. 22:4944
Monsalve Casado, Ezequiel. 13:2627; 18:807
Monsalve Martínez, Manuel. 2:1923; 3:1953; 6:3162; 23:3815
Monsalve Pozo, Luis. 6:5000; 8:408; 13:2552; 22:4636
Monsant, Juan N. P. 16:1442
Monsanto, Antonio Edmundo. 4:555
Monsanto, Luis E. 9:1213
Monserrat, G. 4:2995

Monserrat, Lidia. 18:2775
Monserrat, Santiago. 9:4935
Monsivais Aguilar, Roberto. 21:4953
Montagne, Víctor. 3:1727; 7:2271, 2272; 8: 2443; 10:2078, 2079; 11:1678
Montagu, I. 4:1348
Montagu, M. F. Ashley. 9:567
Montagu, Roberta. 25:453
Montagú y Vivero, Guillermo de. 1:272; 7:5135; 8:4540; 10:4205
Montague, Katherine L. 23:2807
Montague, Ludwell L. 5:2844; 6:3823
Montague, William Pepperell, 10:4603; 15:2953
Montaine, Eliseo. 20:3962; 25:4568
Montalbán, Leonardo. 6:404, 404a; 10:2579
Montaldo, Caupolicán. 18:2592a
Montaldo de León, Hugo. 15:2663
Mont'Alegre, Omer. 5:3215, 3933; 6:4378; 7: 1590; 8:1773, 2560; 10:1442; 12:1106; 13:587, 636; 14:1098, 1125; 15:710
Montalto, Francisco A. 21:3578
Montalván, José H. 22:3080
Montalvo, Antonio. 11:3322; 13:1482, 2053
Montalvo, José R. 20:2935
Montalvo, Juan. 2:2115, 2116; 2:2595; 8:4078; 14:2700; 26:1500b
Montalvo, Ricardo J. 5:2005, 3216
Montalvo Guenard, J. L. 1:728; 15:342, 343
Montalvo V., Abner. 27:4122
Montaña Cuéllar, Diego. 10:2342
Montandon, R. 10:2273
Montandón, Roberto. 16:282, 494; 18:188, 409; 21:944; 22:1155
Montané M., Julio C. 23:437; 953; 24:555, **556;** 27:162, 568-57, 1266, 1508
Montané Zañartu, Sergio. 15:913
Montanelli, Armando. 20:4569
Montaner Bello, Ricardo. 7:3259; 26:1149
Montarcé Lastra, Antonio. 13:1674; 14:2701; 15:2416
Montbas, Hugues Barthon de. 9:3149
Monte Arrais, Raimundo. See Arrais, Raimundo Monte.
Monte Domecq, F. 21:5253
Monte Marques, Juanita. See Marques, Juanita Monte.
Monte y Tejada, Antonio del. 19:3062
Monteagudo, G. M. 5:1030
Monteagudo, Pío I. 9:1379; 15:1194
Monteagudo, Ricardo. 10:423
Montealegre, Eduardo. 10:845, 11:1064; **12:** 794; 15:896; 18:739
Montealegre, Mariano R. 7:1034; 8:1168
Montealegre, Sergio Mario. 8:4603
Montebruno López, Julio. 8:3318; 10:2477; 11:2510; 12:1941
Montecino, Tomás. 12:2556
Montecino Montalvo, Sergio. 21:955
Montecinos Rozas, Edmundo. 8:2714
Monteforte Toledo, Mario. 12:2657; 14:**2784,** 2785; 18:774, 1984; 23:6002; 24:6314; 25:4335; 27:3105
Monteiro, A. Rodrigues. 17:821
Monteiro, A. S. 15:1241
Monteiro, Adolfo Casais. 1:2172; 4:4171; **6:** 4326; 7:4907, 4908; 16:2845; 21:4315; 22:5456, 5479; 23:5263; 28:2422
Monteiro, Antenor de Oliveira. 6:4327; 14:**2299**
Monteiro, Antônio Peregrino Maciel. 26:2050
Monteiro, Carlos Augusto de Figueiredo. 17: 1190; 19:2716
Monteiro, Clóvis do Rêgo. 16:2846; 17:349; 21:4281
Monteiro, Emanuel. 14:2345
Monteiro, Fernando. 20:1428; 28:326
Monteiro, Jerônimo. 23:5469

Monteiro, Jônathas da Costa Rêgo. 2:**1736; 3:** 2265, 2265a, 2812; 5:3179
Monteiro, José Augusto de Rêgo. 4:802
Monteiro, José Ortiz. 20:4378
Monteiro, Luis Augusto Rêgo. 9:3631
Monteiro, Maciel. See Monteiro, Antônio Peregrino Maciel.
Monteiro, Mário Ypiranga. 17:1247, 1905; **23:** 756; 25:546; 27:2953; 28:352
Monteiro, Mozart. 25:3855
Monteiro, Osvaldo de Carvalho. 9:4511
Monteiro, P. A. de Góes. 5:3223
Monteiro, Péricles de Souza. 17:2019
Monteiro, Tobias do Rêgo. 5:3176, 7:3669
Monteiro, Valdemiro de Lima. 8:4288
Monteiro, Vicente do Rêgo. 2:2903; 5:591
Monteiro, Washington de Barros. 18:2916; **19:** 5502, 5503; 23:4563; 4564
Monteiro Brisolla, Carlos. See Brisolla, Carlos Monteiro.
Monteiro Brisolla, Ciro. See Brisolla, Ciro Monteiro.
Monteiro da Costa, Luiz. See Costa, Luiz Monteiro da.
Monteiro da França Sobrinho, Luiz. See França Sobrinho, Luiz Monteiro da.
Monteiro de Almeida, Mário. See Almeida, Mário Monteiro de.
Monteiro de Barros Filho, Theotonio. See Barros Filho, Theotonio Monteiro de.
Monteiro de Barros Latif, Miran. See Latif, Miran Monteiro de Barros.
Monteiro de Barros Lins, Ivan. See Lins, Ivan Monteiro de Barros.
Monteiro de Castro, Eduardo Schmidt. See Castro, Eduardo Schmidt Monteiro de.
Monteiro de Rezende, Lysandro. See Rezende, Lysandro Monteiro de.
Monteiro Dupré, Maria José. See Dupré, (Sra.) Leandro.
Monteiro Lobato, José Bento. See Lobato, Monteiro.
Monteiro Lopes, Alexandre. See Lopes, Alexandre Monteiro.
Monteiro Lopes, Tomás de Vilanova. See **Lopes,** Tomás de Vilanova Monteiro.
Monteiro Machado, Aníbal. See Machado, Aníbal Monteiro.
Monteiro Martins, Ary. See Martins, Ary Monteiro.
Monteiro Mendes, Murilo. See Mendes, Murilo Monteiro.
Monteiro Real, Regina. See Real, Regina Monteiro.
Monteiro Soares, Manoel. See Soares, Manoel Monteiro.
Montejano y Aguiñaga, Rafael. 15:1434; **19:** 3585; 20:2539; 22:2975, 3041; 23:3173; 24:5548; 28:628a
Montell, Gösta. 2:43; 3:91; 4:208; 14:424
Montellano, Carlos. 9:2418
Montellano, Juan V. 9:2418
Montello, Josué de Souza. 8:2694, 4229; 9:**4180,** 4181; 10:3849; 14:2994, 3024; 19:4755, 5353; 20:4334; 21:4290; 23:4456, 5553, 5554; 24:5723; 25:4615, 4671; 28:2514, 2515
Montemar, Félix de. 3:3188
Montemayor, Mariano. 23:2853
Montemayor García, Felipe. 20:766; 21:824; 22:961, 988; 24:1550, 1557; 25:802
Montenegro, Abelardo Fernando. 24:4432; **25:** 547, 1735; 26:1278; 27:3286
Montenegro, Adelino R. 24:5549
Montenegro, Adelmo R. 12:3463; 26:2283, **2284**

Montenegro, Carlos. 7:4701; 8:380; 9:3115, 3293; 20:5067
Montenegro, Ernesto. 6:4074; 9:3882; 18: 2562a; 23:4825; 26:1810; 28:2242
Montenegro, Federico. 15:1116
Montenegro, Joaquim Braga. 12:2894; 14:3025; 22:5461; 28.2436c, 2516
Montenegro, Julio Ramón. 6:2723; 8:2819
Montenegro, Luís. 23:1304; 25:768-770; 27: 1580
Montenegro, Marco Arturo. 6:4937
Montenegro, Olívio. 4:4172; 13:57, 2293; 19: 2283; 20:4335; 22:5454; 23:5432
Montenegro, Pedro, *Brother*. 8:3090; 9:2939
Montenegro, Roberto. 11:645; 16:4766
Montenegro, Severino. 10:3367, 3368; 13:1893
Montenegro, Tulo Hostílio. 15:91, 2506; 19: 5208
Montenegro Baca, José. 27:3690, 3692, 3718
Montenegro Colón, Feliciano. 24:4164
Montenegro de Andrade, Miguel. *See* Andrade, Miguel Montenegro.
Montenegro Magalhães, Juracy. *See* Magalhães, Juracy Montenegro.
Montenegro Quiñones, Noé. 12:3218
Montepin, Xavier de. 8:4289, 4428
Monterde, Alberto. 23:4995
Monterde Fernández, Francisco. 20:1059
Monterde García Icazbalceta, Francisco. 3:3262; 4:3831; 5:331, 3566; 7:4511, 4531; 8: 4014, 4060; 9:2811, 3883, 3936; 10:580, 3795; 11:2965, 3080, 3208; 12:2421; 13: 176, 1506; 14:2624; 15:2256, 2444; 17:2566, 2567; 19:4683; 20:3816, 4137, 4234; 22:578; 23:4830, 5311, 5375, 5376; 24:5118; 25:4239; 28:1725, 1792a, 2149, 2366
Montero, Jesús. 6:27
Montero, Marco Antonio. 28:2314
Montero, Pilar. 25:609
Montero, Tomás. 10:2920
Montero Bernales, Manuel. 4:1164; 5:1353; 24: 2035
Montero Bustamante, Raúl. 5:146; 6:154, 3209; 7:3151, 3260, 3554; 9:758, 2940, 3261, 3353, 3354; 10:3096, 3778; 11:3160; 14: 844; 15:2406; 16:2582; 20:3855; 21:2331
Montero de Bascom, Berta. 19:578
Montero de Miranda, Francisco. 19:3327
Montero Guzmán, Alejandro. 14:1977
Montero Hoyos, Sixto. 14:3170
Montero Lacasa, José. 22:6130
Montero M., René. 18:1575
Montero Moliner, Fernando. 23:5849
Montero Muelle, Alfonso. 5:1876
Montero Muelle, Luis J. 8:3849
Montero Toro, José. 23:4625
Montero Tovar, Anselmo. 5:1831
Montero y García, Giordano Bruno. 1:1578; 8:4594
Monteros, Raimundo M. 8:4798
Monterrey, Conde. *See* Zúñiga y Azevedo, Gaspar de.
Monterrey. Cámara Nacional de Comercio e Industria. 4:1350
Monterroso, Augusto. 25:4336
Monterroso G., Héctor. 7:1047
Montes, Aníbal. 19:380, 3493; 22:895, 3501
Montes, Arturo Humberto. 22:3056
Montes, Carmen. 25:2133
Montes, Graciano. 10:581
Montes, José Joaquín. 22:4330, 4331; 24: 4759, 4760; 25:3942; 26:1358-1360
Montes, Marcelino. 8:1984
Montes, René. 17:2704

Montes Brunet, Hugo. 19:4756; 21:3712, 4107; 22:5143; 23:5199; 28:1749, 2243
Montes de Oca, Francisco. 25:4437
Montes de Oca, José G. 3:413, 2588; 5:1574; 9:4881
Montes de Oca, Luis. 9:1045; 15:803; 19: 1978
Montes de Oca, Marco Antonio. 23:5143; 26: 1737
Montes de Oca y Silva, José. 16:3310, 3389
Montes de Ocoa-Berroa, Reynaldo. 23:4246
Montes Herrera, Agustín. 27:3872
Montes Huidobro, Matías de. 25:4571
Montesclaros, Juan de Mendoza y Luna, Marqués de. 16:1725, 1757
Montesenti, M. Lourdes Mecuco. 9:1812
Montesino Samperio, José V. 8:1005; 20:4954
Montesinos, Pedro. 6:2097
Montesinos, Roberto. 6:2048
Montestruc, Étienne. 23:1275
Monteverde, Agustín. 3:1728
Monteverde, Juan de. 7:1035
Monteverde, Manuel. 1:1816, 1817; 4:1222; 9:1541, 1542; 12:1009; 15:2698
Montevideo. Biblioteca del Poder Legislativo. 5:4261, 4308
Montevideo. *Cabildo*. 5:2743; 7:621, 3229; 8: 491; 9:639, 2875
Montevideo. Comisión Municipal de Cultura. 6:777; 8:4717, 4727
Montevideo. Concejo Departamental. 23:2634; 25:2335
Montevideo. Concejo Departamental. Galería de Historia del Arte. 23:1412
Montevideo. Junta Departamental. 8:2809; 22: 3567; 24:4238; 26:997
Montezuma de Carvalho, Joaquim de. *See* Carvalho, Joaquim de Montezuma de.
Montezuma Hurtado, Alberto. 5:2060; 6:2612
Montfort Ivancko, Marguerite de. 5:4047
Montgomery, L. M. 8:4429
Montgomery, Ross Gordon. 15:1510
Montherlant, Henri de. 7:5077
Monthly Bulletin of the American Tariff League, New York. 6:878; 7:840
Monthly Bulletin of the Fiscal Department, Port-au-Prince. 16:688
Monthly Information Bulletin, Port-of-Spain. 16:654
Monthly Labor Review, Washington, D. C. 7: 841
Monthly List of Official Colonial Publications, London. 15:86
Monti, Ángel F. 20:1307
Monti, Daniel P. 20:4868
Monti, Laura V. 25:4205
Monticelli, Juan V. 5:485, 1877
Montiel, F. Félix. 19:3732, 5450
Montiel, Isidoro. 27:2466
Montiel, J. 5:1245
Montiel Ballesteros, Adolfo. 1:2063; 15:2302; 21:3980
Montiel Ortega, Leonardo. 27:2103
Montignani, John B. 9:680
Montilla, José Abel. 5:2214; 6:2752; 7:2753, 3152
Montilla, Ricardo. 23:5054
Montllor, Joseph J. 7:3374
Montón Blasco, Juan. 9:2097
Montoro, Octavio. 22:3265
Montoro, Rafael. 4:3103
Montoto, Santiago. 14:1932; 15:533
Montoya, Alfredo J. 21:3074
Montoya, Antonio José. 4:2326

Montoya, Estanislao. 27:2855
Montoya, Hernán. 4:2315; 9:1171, 1172; 12: 737
Montoya, María Teresa. 20:4252
Montoya, Wenceslao. 13:2003; 14:2591, 2592; 15:2133
Montoya Manfredi, Ulises. 27:3793
Montoya Pontón, Ricardo. 5:4184; 6:1190
Montoya R., J. F. 27:1972
Montoya Sáenz, Francisco. 21:4595
Montoya Toro, Jorge. 7:4753
Montoya Velásquez, Jorge. 20:5053
Montoya y Montoya, Rafael. 24:4180; 26:1006
Montserrat, Santiago. 27:3622
Montt, Jorge Hörman. 2:2982
Montt, Luis. 10:3046
Montt de Ferari, Marcelo. 15:914
Montt L., Manuel S. 15:1207, 1588; 16:1745; 21:3015
Montújar, José Manuel. 24:3831
Montúfar, Juan. 5:840
Monvoisin, Raymond Quinsac. 15:628
Monzón, Antonio. 15:2171; 16:2804
Monzón, Arturo. 11:194, 1397; 13:93; 15: 218; 389; 16:363; 19:669, 24:675
Monzón, Luis G. 3:1454
Monzón, Máximo Daniel. 13:1866
Moock, Armando. 3:3329
Moog, Clodomir Vianna. 2:2885; 3:3511; 5: 3933a, 3977, 4081a; 9:4182, 12:2852; 16:2847; 17:2591; 23:5480; 26:1210, 1994; 27:1236, 2953a
Mooney, Gertrude X. 22:5714
Moore, Bruce R. 27:1464, 1464a
Moore, David R. 4:2539; 11:1934
Moore, Douglas. 15:997
Moore, Eduardo. 20:5062
Moore, Ernest Richard. 2:1215; 4:3857; 5: 3598, 3689, 3690; 6:3970, 3971, 4000, 4001, 4075-4080; 7:4578, 4579, 4647, 4648; 8:58-62, 3882, 3964, 4015; 9:2692, 3160, 3837; 10:3602, 3698; 11:3072; 12:2380; 14:2616, 2622, 2666, 2832; 15: 2214a; 19:573
Moore, George Edward. 23:5905
Moore, Harvey C. 14:337
Moore, John Preston. 18:1948; 19:3679; 20: 2760
Moore, John Robert; 20:2463
Moore, Joseph G. 22:430
Moore, O. Ernest. 19:1472; 24:3568; 27:1892
Moore, Oscar K. 11:1622; 12:892, 953, 1381, 1427
Moore, Paul A. 7:2806
Moore, Robert Cecil. 12:80
Moore, Robert Thomas. 16:1218
Moore, Robin. 23:2921
Moore, Ross E. 9:1007, 1008, 1594; 10:846
Moore, Thomas G. 1:561
Moore, W. Robert. 5:1949, 1950; 7:2320, 2321; 9:2158; 10:2126
Moore, Wilbert E. 7:3460; 17:904; 18:3224; 19: 1898
Moores, Guillermo H. 25:1127
Moorhead, Max L. 15:1511; 16:1686; 23:3105; 24:3792; 26:477
Mooser, Federico. 27:319
Mora, Carlos. 12:3420
Mora, Enrique de la. 9:788
Mora, Gaspar. 4:3261
Mora, J. de la. 19:3634
Mora, Joaquín A. 16:509, 1622
Mora, José Joaquín. 5:2777
Mora, José María Luis. 15:1092; 16:1796; 28: 629
Mora, Juan Miguel de. 12:2107; 19:5167

Mora, Luis María. 2:2596, 2706; 4:3907
Mora, Manuel R. 28:713a
Mora, Octavio. 22:5476
Mora Angueira, Hernando. 6:2274
Mora Bowen, Alfonso Maria. 3:1998; 6:2651; 10:3201; 24:3561
Mora Campos, María. 10:3388
Mora de Jaramillo, Yolanda. 27:1286a
Mora L., Miguel de la. 17:1686
Mora Naranjo, Alfonso. 8:4150
Mora Ortiz, Gonzalo. 16:988, 988a; 19:1925
Mora Otero, José Antonio. 25:2651
Mora Valverde, Manuel. 7:3816
Mora Venegas, Alfonso. 16:737
Morachimo T., Lorenzo. 16:1975
Moraes, Alexandre José de Mello. 7:1973; 12: 2797; 23:5717
Moraes, Antão de. 14:3221
Moraes, Antenor. 1:2197
Moraes, Carlos Dante de. 3:3487; 11:3385; 12: 419; 13:2302, 2303; 14:3026; 18:2754; 20: 4336, 4337; 23:3913; 24:5724
Moraes, Cícero. 15:1277
Moraes, Emanuel de. 26:1945; 28:2662a
Moraes, Eneida de. 20:4316; 21:4302; 28: 2408, 2463
Moraes, Evaristo de. 1:1335, 1632; 2:1720; 6: 2122, 3551, 4737
Moraes, Flávio Queiroz de. 10:4116; 21:4621
Moraes, João Baptista Mascarenhas de. 13:1756
Moraes, João de Mello. 7:2361; 14:1529; 23: 2704; 27:2954
Moraes, Joaquim Lacaz de. 5:523
Moraes, José Mariz de. 7:3618
Moraes, Marcus Vinícius de Mello. 1:2198; 4: 4262; 8:4230; 9:4290; 14:3087; 19:5345; 21: 4388; 23:5529; 25:4726; 26:323, 2108
Moraes, Miguel. 12:2796
Morães, Oswaldo da Costa. 20:4537
Moraes, Pericles. 1:2173
Moraes, Raymundo. 2:2888, 2937; 4:3366, 4233-4235, 4272; 5:3147
Moraes, Rosa Lamartine. 3:1384
Moraes, Rubens Borba Alves de. 1:1336; 2:1686; 6:3655; 9:904, 4627; 11:2576, 2613; 15:27, 2471; 22:3815
Moraes, Vinícius de. See Moraes, Marcus Vinícius de Mello.
Moraes, Walfrido. 16:2180; 26:1279
Moraes Carneiro, Julio César de. See Carneiro, Julio César de Moraes.
Moraes Carvalho, Joaquim Bertino de. See Carvalho, Joaquim Bertino de Moraes.
Moraes Filho, Evaristo de. 2:2886, 2887; 12: 3207; 19:5712; 22:5818
Moraes Júnior, Antonio d'Almeida, Abp. 11: 3971
Moraes Lara, Diego Arouche de. See Lara, Diego Arouche de Moraes.
Moraes Leme, Lino de. See Leme, Lino de Moraes.
Moraes Mello Prado, Nilia de. See Prado, Nilia de Moraes Mello.
Moraes Sarmento, Therezinha de. See Sarmento, Therezinha de Moraes.
Moraes Silva, Antônio de. See Silva, Antônio de Moraes.
Moraga, Gabriel. 23:3133
Moraga Ramos, Carlos. 10:2330
Moraille, Yvon. 15:2576
Morais, C. Candido de. 4:1744
Morais, Clodomir. 24:3502
Morais, Dicamôr. 5:87
Morais, Eugenio Vilhena de. 2:1657; 3:2895; 6:3593; 8:480; 10:472

Morais, Francisco. 13:1771; 15:1808
Morais, Geraldo Dutra de. 8:3398
Morais, Jorge Queiroz de. 7:1720
Morais, Luciano Jacques de. 1:441, 510; 3: 1620; 4:717-719, 1910, 2046; 5:1654, 1908; 6:1734, 2480; 7:2062; 16:1263; 18: 1519; 22:1646; 27:2954a
Morais, M. 11:1749
Morais, M. S. Mendes de. 17:1924i
Morais, Manuel H. A. de. 25:2199p
Morais, Nilo Alves de. 17:2046; 18:1165
Morais, Orlando de. 10:2184
Morais Andrade, Mário Raul de. *See* Andrade, Mário Raul de Morais.
Morais Corrêa, Jonas. *See* Corrêa Filho, Jonas Morais.
Morais Lobato, Gulnara de. *See* Lobato, Gulnara de Morais.
Morais Passos, Celina de. *See* Passos, Celina de Morais.
Morais Pupo Nogueira, Maria José. *See* Nogueira, Maria José Morais Pupo.
Morais Rêgo, Luís Flores de. *See* Rêgo, Luís Flores de Morais.
Moral, Ángel. 5:1400
Moral, C. 27:1577a
Moral, Luis F. del. 19:3733; 24:4040
Moral, Paul. 23:1836; 24:759, 6303; 25:494
Morales, Adolfo. 9:3884; 21:2744
Morales, Ambrosio. 5:2617
Morales, Ángel Luis. 23:5139
Morales, Antonio J. 6:2049
Morales, Carlos. 1:324; 19:5578
Morales, Daniel. 8:2611
Morales, David J. 13:573
Morales, Emilio. 27:3199
Morales, Ernesto. 2:1924, 2597; 3:1353, 2177, 2660, 3189; 6:3402, 3972; 7:4753a; 9:3254, 4012; 13:1244; 16:2583
Morales, Felipe. 18:3324
Morales, José Ignacio. 22:4543
Morales, Julio O. 19:6011
Morales, Justo C. 4:3908; 5:3691
Morales, María Luz. 21:3711
Morales, Mercedes. 12:1764
Morales, R. P. Ambrosio. 11:322
Morales Albo, Federico. 16:1673
Morales-Álvarez, Jorge Rubén. 4:1253
Morales Álvarez, Raúl. 4:3832
Morales Arnao, César. 21:2050
Morales Balcells, Fernando. 12:954
Morales Beltrami, Guillermo. 19:4409
Morales Benítez, Otto. 12:1516; 17:1800; 23: 4253, 4254; 24:1985, 6252; 27:2060, 3888
Morales Cabrera, Pablo. 5:3788
Morales Carrión, Arturo. 16:1623; 17:1414; 18: 1793a, 1793b; 20:1719; 25:3369; 27:2403
Morales Coello, Julio. 1:1642; 5:4212; 6:308; 7:423; 8:202; 17:1723; 21:2929
Morales de la Torre, Pedro. 6:1587
Morales de los Ríos Filho, Adolfo. *See* Ríos Filho, Adolfo Morales de los.
Morales Elizondo, Óscar. 11:1894
Morales F., Arturo. 11:799
Morales Felgueres, Carlos. 22:4663
Morales Gómez, Antonio. 22:2907
Morales Guiñazú, Fernando. 3:293, 2341a; 4: 274a, 275, 2851, 5:2988, 2989; 6:3518, 3519; 7:3461; 8:3091; 10:3000
Morales Jiménez, Alberto. 14:836; 16:1797; 17: 1687; 24:3939-3941
Morales Lara, Julio. 9:4013
Morales López, Melecio. 9:3767
Morales Loza, Néstor. 21:2231
Morales M., Hernando. 27:3719
Morales M., Minerva. 27:3106

Morales Macchiavello, Carlos. 8:591, 592
Morales Macedo, Carlos. 6:607, 8:467; 10:2127; 12:1428
Morales Muñoz, Generoso Eduardo. 13:1182; 14:1831
Morales Oliver, Luis. 19:3168
Morales Otero, Pablo. 3:1128a; 6:1124, 1345, 1346; 9:2145; 24:6249
Morales Padrón, Francisco. 16:1624; 17:1486, 2001; 18:320, 1721a, 2027; 19:3169, 6437; 20:2721, 2721a; 21:2452, 2453, 5214; 22: 2832; 23:3023, 3031; 24:13; 25:495, 3009, 3062, 3063; 26:64; 28:65, 65a, 220, 439a, 832a, 876a, 876b
Morales Patiño, Osvaldo. 8:743; 11:1935; 13: 297, 1133; 14:126, 132, 172; 15:323, 336-338; 16:227, 228, 258; 17:25, 152, 266; 18:231; 19:258, 267-271, 3734
Morales Paúl, Isidoro. 20:4570
Morales Pino, Augusto. 4:3965; 10:987; 25: 5227; 28:965, 1922
Morales Pradilla, Próspero. 16:763, 2643
Morales R., Raimundo. 12:2346; 13:2004; 20: 3660
Morales-Ramírez, Alfonso. 22:3408
Morales Rodríguez, Sergio. 19:3328
Morales Rueda, Juan. 5:3599
Morales Sáenz, Julio César. 27:3686
Morales Solá, J. 7:1991
Morales Treviño, Jorge. 19:1978a
Morales y Eloy, Juan. 4:3285
Morales y Morales, Vidal. 3:1477a; 14:2043; 15:1625, 2242
Morales Yordán, Jorge. 19:4209
Moran, C. W. 11:1815
Moran, Carlos M. 3:1980, 1981; 4:4398; 9: 2378
Moran, Charles. 8:128; 21:2951
Morán, Francisco. 17:3123
Moran, W. T. 6:879
Morán Alva, Manuel. 25:4150
Morán N., Rafael Sergio. 12:2557
Morandi, Luis. 6:2364, 2365
Morandière, Juliot de la. 6:4637
Morandini, Giuseppe. 21:2067; 22:2211, 2410
Morang, Alfred. 11:567
Morante, José María. 5:409; 15:294; 23:497
Morante, Pedro María. *See* Gil, Pío, *pseud.* . .
Morató, Francisco Antonio de Almeida. 3:1623-b, 1679; 10:3987; 11:3653a
Morató Rodríguez, Octavio. 1:1818; 4:1223; 5:3097; 7:1559; 9:1543
Moratorio, Oorsmán. 14:2974
Moratorio Coelho, Federico A. 16:3336
Moravsky, Bernardo. 9:2262
Morazán, Francisco. 2:2124; 3:2610;
Morazé, Charles. 21:3269
Morby, Edwin S. 5:3692; 8:4092
Morcillo, Pedro Pablo. 22:1482
Mordini, Antonio. 14:363
Morduchowicz, Fernando M. 19:5492
More, Ernesto. 8:4824
Moré y Benítez, Juan Bautista. 7:2635, 10: 4000; 11:3605
Moreau, Louise-Auguste. 9:902
Moreau de Saint-Mery, Médéric L. E. 10:2580
Moreira, Albertino G. 6:1820, 4379; 9:3411
Moreira, Aroldo. 27:3768
Moreira, Edison. 26:2051
Moreira, Eidorfe. 20:2132
Moreira, J. Roberto. 7:1816; 9:1813, 1814; 12: 1218v; 19:2284-2286; 20:1762, 1778; 21: 1791, 1811; 22:2002, 2005, 2039, 2040; 23:6021; 25:2060, 2166, 2167, 2190; 27: 2404, 2404a, 2538, 2571-2571b, 4229a

Moreira, José Carlos Barbosa. 21:4316; 26:1986
Moreira, Juliano. 21:4810
Moreira, Júlio Estrella. 24:4433; 27:50
Moreira, Oscar Vitorino. 15:1066
Moreira, Renato Jardim. 2:1153; 23:2419
Moreira, Rodolfo Maria de Rangel. 13:2350
Moreira, Thiers Martins. 10:3814; 19:5279; 26: 2109
Moreira, Vivaldi. 22:2064
Moreira, Ziede Coelho. 19:2618; 27:2955
Moreira Alves, Mário. See Alves, Mário Moreira.
Moreira Brandão Castello Branco, José. See Castello Branco, José Moreira Brandão.
Moreira Bussinger, Nicéa. See Bussinger, Nicéa Moreira.
Moreira Campos, José Maria. See Campos, José Maria Moreira.
Moreira da Costa, Wilson. See Costa, Wilson Moreira da.
Moreira da Fonseca, José Paulo. See Fonseca, José Paulo Moreira da.
Moreira de Castro e Silva, Egydio. See Silva, Egydio Moreira de Castro e.
Moreira de Sousa, Joaquim. See Sousa, Joaquim Moreira de.
Moreira Gomes, Celuta. See Gomes, Celuta Moreira.
Moreira Guimarães. 3:2779
Moreira Guimarães, José Maria. See Guimarães, José Maria Moreira.
Moreira Guimarães, Octávio. See Guimarães, Octávio Moreira.
Moreira Leite, Dante. See Leite, Dante Moreira.
Moreira Marque, Carlos. 8:1600
Moreira Neto, C. A. 24:824
Moreira Pinto, Francisco Bilac. See Pinto, Francisco Bilac Moreira.
Moreira Ribeiro, Maria Rosa. See Ribeiro, Maria Rosa Moreira.
Moreira Velardo, Sixto. 12:2558
Morél, Edmar. 15:1875; 26:1280
Morel, Tomás E. 3:3306
Moreland, Harold. 28:1764, 2109a
Morell, Bartolomé M. 18:776
Morell Romero, José. 4:4399
Morello, Augusto M. 24:4845
Morello, Ted. 22:363
Morello-Frosch, Martha E. 26:1811; 28:1978
Morelos, Rivero. 5:2889
Morelos (State). Laws, statutes, etc. 12:3017
Morena, Julio E. 4:1141a
Moreno, Alberto. 26:2356
Moreno, Antonio de P. 10:4127; 20:4923
Moreno, Artemio. 10:4105; 11:3483
Moreno, Augusto. 15:2476; 16:2820; 17:2576; 18:2723; 20:4294
Moreno, Cipriano V. 4:2204
Moreno, Daniel A. 18:3360; 19:6506, 6616; 21:1482, 4916; 22:1784; 24:3942, 3943; 25:3289-3292; 26:557, 1557; 28:630a
Moreno, Delfino C. 9:2618; 14:2726
Moreno, Gabriel René. 15:2417
Moreno, Gloria. 11:3337
Moreno, J. F. 2:1579; 4:4564; 5:2015, 4306
Moreno, Joaquín. 27:3500
Moreno, José Alberto. 25:2395
Moreno, José T. 4:3076
Moreno, Juan Carlos. 4:3742; 14:1472, 2172; 18:859; 20:3446; 26:1642; 28:1979
Moreno, Juan José. 5:2409, 2410; 14:1046
Moreno, Julio E. 6:5053, 5092; 14:2700
Moreno, Luis. 13:689
Moreno, Mariano. 9:3116; 10:3684
Moreno, Manuel M. 18:3158; 19:562; 25:668
Moreno, Mogro. 2:1925
Moreno, Néstor. 24:6114
Moreno, Pablo C. 19:6507; 20:2846
Moreno, Pedro Antonio. 8:1520; 11:1112; 12: 1216a
Moreno, R. 27:1561
Moreno, R. Teodora. 4:1729
Moreno, René. 11:3123
Moreno, Rodolfo. 8:2622; 17:2758
Moreno, Salvador. 8:2080; 23:1437, 5736; 26: 2234
Moreno, Segundo Luis. 5:1597, 3067a, 4382; 6:3465; 12:3406; 15:2828; 21:4742
Moreno Álvarez, Pablo. 7:2610
Moreno Baéz, Enrique. 19:4622
Moreno Brandão. 4:3454; 5:4005
Moreno C., José. 24:2050
Moreno Castañeda, Gilberto. 10:909
Moreno Córdova, Hugo. 7:5321
Moreno de Oliveira, Maria Manuela. See Oliveira, Maria Manuela Moreno de.
Moreno Fernández, Laudelino. 2:1770; 4:2690; 6:2314, 2938; 7:2087, 2135, 2146, 2849; 10:954, 3957
Moreno Figueroa, Ernesto. 6:2026
Moreno Flores, Jorge. 14:35; 17:1810
Moreno Fraginals, Manuel. 14:2918; 17:1428; 19:3735; 27:2026
Moreno González, Juan Carlos. 4:1869; 9:4810
Moreno Heredia, Cornelio. 20:3963
Moreno Islas, Manuel. 24:6237
Moreno Jaramillo, Miguel. 4:1629, 4338
Moreno Jimenes, Domingo. 4:4050; 13:2162; 14:2919; 15:2370; 19:5029
Moreno Jimeno, Manuel. 4:4051; 13:2163
Moreno Masquera, Clodomiro. 3:2286
Moreno Mendiguren, Alfredo. 25:2847; 28: 1931
Moreno Montesdeoca, Rafael. 13:1332; 2728; 16:3277, 3296; 18:3110; 19:4640; 20: 2847; 25:3293; 26:457; 28:520
Moreno Mora, Alfonso. 17:2465; 18:2593
Moreno Mora, Manuel. 21:689
Moreno Mora, Vicente. 12:2706
Moreno Ochoa, J. Ángel. 23:3295
Moreno Otero, Helí. 8:3334
Moreno Quintana, Lucio Manuel. 5:1176; 6: 1394; 8:1521, 1526; 9:1388; 10:847; 11:956; 13:1810; 14:2411; 15:1989; 16:3119; 18; 2971a; 19:5588
Moreno Reséndiz, Saúl. 12:767; 19:4451
Moreno Russo, Laura García. See Russo, Laura García Moreno.
Moreno Sánchez, Manuel. 3:3177; 8:4078; 19: 1899; 23:2057
Moreno Tobín, Pedro. 10:1984
Moreno Toscano, Alejandra. 26:457a, 458; 27: 806; 28:520a
Moreno Villa, José. 4:2923; 8:744, 10:685; 14: 639
Moreno y Escandón, Francisco Antonio. 2:1166, 1926
Moreno y García, Roberto. 10:1470
Morente, Manuel G. 9:5020; 11:3938a
Morera, José. 11:2836
Moresco, Enrique. 7:1411
Moret, Carlos. 4:1012
Moret y Prendergast, Segismundo. 8:3637
Moretié C., Yerko. 16:2676; 28:2025
Moretti, Raúl. 5:4166
Morey, María Eugenia. 26:2331
Morey O., Antonio. 25:2133a
Morey Otero, Sebastián. 2:1595
Moreyra, Álvaro. 7:5019; 16:2896; 20:4338, 4339; 23:5581
Moreyra, Manuel. 3:2286a; 6:2824, 3940

Moreyra Avellafuertes, Francisco de Paula. 18: 2114
Moreyra Paz-Soldán, Manuel. 4:2852; 8:2912; 9:2812; 10:2478; 11:1973; 12:1902; 13:1245, 1399; 14:1779; 15:1449, 1570, 1571; 16:1725, 1757, 1758; 19:4641; 20:2761, 2761a; 21: 2745, 2746; 23:3617
Morfi, Juan Agustín. 1:743; 13:1277; 16:1562
Morfín S., Rafael. 24:6238
Morgadanes, Dolores. 6:343
Morgadanes, Roberto. 3:122a
Morgado, Benjamín. 26:1777
Morgan, Charles. 8:4430
Morgan, Christine Hudgins. 25:5742
Morgan, D. J. 25:1594
Morgan, Dale L. 28:630b
Morgan, Eduardo. 27:3817
Morgan, Edward P. 10:4460
Morgan, H. Wayne. 28:764a
Morgan, Katherine Lenore. 10:39, 40; 11:1271
Morgan, Lewis Henry. 16:107
Morgan, Murray Cromwell. 23:4215
Morgan, Patricia. 20:3713
Morgan Torres, Enrique. 12:3144
Morgenroth, E. 10:2294-2296
Mori, Camilo. 11:568; 23:1464
Moriani, Hugo. 18:2776
Morice, J. 22:431
Morillas, José María. 11:2265, 2422; 13:1333
Morillo, Manuel M. 9:759
Morillo Ganoza, Juan. 28:1932
Morin, Nea. 21:2003
Morineau, Carlos. 4:3634
Morineau, Óscar. 10:109; 14:3230, 19:5419
Morínigo, Higinio. 7:2706; 8:2797, 2851; 9: 2533
Morínigo, Marco A. 1:2002; 14:1593, 2594; 18:2353, 2354; 19:4537; 20:3661; 21: 3655; 24:4761; 28:1598, 1599
Morínigo, Víctor. 14:2233
Morio, Omo. 23:2703
Morison, Samuel Eliot. 5:2411, 2412; 6:2789, 2939; 7:2850; 8:2913, 2915; 11:1974; 19:3396a; 21:2454, 2455
Morisseau-Leroy, F. 7:903, 14:3098; 22:5582
Moritán, Santiago. 12:1630; 14:2236
Moritz, Charles Edgar. 23:1906
Moritz Rugendas, Johann. See Rugendas, Johann Moritz.
Moritzen, Julius. 6:2017
Morla Echegaray, G. 4:40, 3175
Morley, Frances R. 4:162; 5:242
Morley, Grace L. McCann. 6:693; 717, 8:788, 807
Morley, Helena. 8:4231; 10:3850
Morley, Sylvanus Griswold. 1:69; 2:56; 4:162, 163; 5:242, 257; 6:328; 9:300, 380; 10: 3639; 11:162, 163, 509; 12:134; 13:94; 14:173, 243, 243, 1900; 15:205; 16:206; 207; 19:215; 20:197
Moroder, Juan. 8:3757
Morón, Guillermo. 15:1381, 1529; 17:2466; 20:2722, 2722a, 3842; 22:4979; 23:5805; 24:4164, 6064; 26:941, 1045a; 28:861f, 848a
Morón Morón, Abraham. 15:1116
Moroni, Faustino Mario. 14:1047
Morosoli, Juan José. 2:2645; 21:3981; 25:4425; 26:1687, 1688; 28:2058, 2059
Morote, Donald. 28:1043a
Morote Best. Efraín. 10:1753; 23:836, 837
Morpeau, Hélène M. 19:5392
Morray, Joseph P. 26:762
Morris, J. Bayard. 27:736
Morris, James O. 25:1691
Morris, Thomas L. 19:574

Morrisey, Richard J. 18:1765; 21:2537
Morrison, Delesseps S. 27:3106a
Morrison. Frederick. 8:2044
Morrison, Joseph L. 26:646
Morrison, May. 16:339
Morrison, Paul C. 18:3206
Morrison, Ray. 28:2023b
Morrison, Renate. 28:2023b
Morrison, Roy F. 25:5727
Morrisseau, Roland. 25:4770
Morrone, Humberto F. 6:1445; 7:1435
Morrone, Maria Amelia. 3:1729; 4:2102-2105; 5:1832
Morrow, James E. 22:2443
Morse, Dan. 27:1526
Morse, Richard McGee. 16:2181; 17:1248; 18: 2170; 3260; 19:1724, 3170, 6014, 6054; 20:3225; 22:3816; 23:651; 24:3733; 25: 3011; 27:4048; 28:116a, 1313
Morse, Wayne. 23:2837; 25:2680
Morsella, Astur. 21:4020
Morss, Noel. 18:69
Morta Otero, J. A. 4:3691
Mortara, Giorgio. 5:1960; 6:1843; 7:4035; 8: 1006, 1852, 1853, 2561-2563; 9:1009, 1198, 1630, 1714, 1715; 10:1452, 2185, 2274; 11:1198, 1359; 12:1045, 1046, 1501; 13: 647-650; 4:1099; 15:92, 679, 680; 16: 3375; 17:796, 797, 3045; 18:1459; 19: 2687, 2688, 6050; 20:2119; 21:2142; 24: 6338; 25:2217; 27:4049-4052
Mortera, Armando. 14:1536
Morton, F. 11:1655
Morton, Federico. 2:1304; 11:1655
Morton, Friedrich. 16:43
Morton, Ohland. 14:2106
Morton, Rand F. 15:2330; 26:1418
Morton, Ward M. 18:1598, 1949; 27:3424
Morúa, Martín de. 12:1903
Mosca, Radamés. 7:5458
Mosca Carvalho, A. See Carvalho, A. Mosca.
Mosconi, Enrique. 3:971; 21:3416
Moscoso, Alexandre, 2:1075; 3:555, 556
Moscoso, J. Max. 15:1103
Moscoso, Rafael M. 10:1829
Moscoso, Teodoro. 25:1465, 2623, 2652
Moscoso B., Antonio. 3:1969; 12:1605
Moscoso Cárdenas, Alfonso. 22:2423
Moscoso Franklin, Irma. 23:1288
Moscoso Puello, Francisco E. 10:3424
Moscoso Vega, Luis A. 12:2559; 17:2398
Moscote, José Dolores. 11:1898; 23:3816; 24: 4826
Moscote, Rafael E. 25:5309
Moscow. Naucho-Isledovatelski Kniunkturnyi Institut USSR. 24:1949
Moscow. Publichnaia biblioteka. 26:64b
Moscow. Vsesoiuznaia gosudarstvennaia biblioteka inostrannoi literatury. 26:64c
Moseley, William W. 25:4409
Moser, Edwa. 6:198
Moser, Edward. 27:1465
Moser, Gerald M. 19:5209; 20:4340; 24:5725; 28:1793
Moser, Mary B. de. 27:1465
Moser, Waldemar. 8:745
Moses, Bernard. 26:1433; 28:439b, 859-859b
Mosk, Sanford Alexander. 4:2691, 2692; 5:2413; 2414; 7:976; 10:878; 11:717; 12:738, 749; 13:464, 477; 14:890; 15:640; 16:989; 17:905; 20:2877
Mosley, Zack. 9:4410
Mosquera, Joaquín. 9:3018; 11:2288
Mosquera, Manuel José. 2:2707; 20:3042, 3043
Mosquera, Marta. 16:2644
Mosquera, Tomás C. de. 2:2002, 6:3164

Mosquera C., Carlos Fernando. 18:1300
Mosquera Garcés, Manuel. 4:2853; 5:3056; 18: 2266
Mosquera Narváez, Aurelio. 5:2112
Mosquera y Pozo, Gilberto. 6:4707
Moss, Frank E. 25:2678
Moss, Melvin L. 22:996; 24:1551
Mosset Iturraspe, Jorge. 25:4054
Mostajo, Francisco. 5:3629; 6:3482; 8:3122, 14:2702
Mostajo Chávez, J. C. 7:4362
Mostny, Grete. 8:311, 312; 9:411, 412; 10:304, 305; 12:523, 524; 13:265, 402; 15:258; 16:394, 455; 18:189; 19:833; 20:327, 327a; 21:288, 289, 848; 23:438
Mota, Dina Batista. 18:1179
Mota, Fabio A. 5:2990; 6:5001; 11:2423; 28: 2086
Mota, Fernando. 24:5624
Mota, Fernando de Oliveira. 9:4908
Mota, Fernando Silveira da. 17:1191, 1192; 18:1420, 1460
Mota, Leonardo. 4:1889
Mota, Mário Pinheiro. 10:2186
Mota, Mauro. 18:2805; 23:2705, 5530; 25: 4745; 26:2038, 2052, 2110
Mota, Otoniel. 7:3588; 9:301
Mota Alves, Artur Alfredo da. See Alves, Artur Alfredo da Mota.
Mota Assunção. 5:4404
Mota de Azevedo Correia, Raimundo da. See Correia, Raimundo da Mota de Azevedo.
Mota del Campillo, Eduardo. 9:3263
Mota Maia, Manuel A. Velho da. See Maia, Manuel A. Velho da Mota.
Mota y Escobar, Alonso de la. 6:2940; 27:807
Moto Salazar, Efraín. 10:4093; 13:2397
Motolinía, Toribio, Brother. 6:2852; 7:2965; 15:1435; 16:1563; 17:1533; 20:2540; 28:521
Motta, Dantas. 25:4696, 4719
Motta, J. A. de Faria. 8:4584
Motta e Silva. 22:6100
Motta Filho, Cândido. 5:1500, 6:2583; 7:3670; 19:2287; 23:5417, 5433
Motta Lima, Paulo. See Lima, Paulo Motta.
Motta Lima, Pedro. See Lima, Pedro Motta.
Motta Macedo, Roberto da. See Macedo, Roberto da Motta.
Motta Mello, Oscar. See Mello, Oscar Motta.
Motta Rezende, Ernani da. See Rezende, Ernani da Motta.
Motta Salas, Julián. 2:2547; 11:2903
Motten, Clement G. 16:1625
Motts, Irene Elena. 18:1019
Motz, Fred A. 8:1616a, 2487, 2585; 10:910
Mouchet, Carlos. 1:1614; 14:3303; 19:5420; 21:4511; 23:4517; 26:1107
Moulton, Benjamin. 11:1750
Mountbatten, Louis Mountbatten, earl. 27:3546
Moura, Altamir de. 7:4909
Moura, Américo Brasiliense Antunes de. 2:1643; 4:3395; 15:1896
Moura, Aristóteles. 13:643; 14:1100; 23:1936, 4626
Moura, Beatriz. 20:4879c
Moura, Clovis. 26:2053
Moura, Eloy de. 4:3356
Moura, Emílio Guimarães. 2:2965; 26:2054; 28:2620
Moura, Enéas de. 17:2637
Moura, Genésio de Almeida. 19:5829
Moura, Helena Cidade. 26:198
Moura, Isnar Cabral de. 20:1771, 4410; 27: 2572, 2597

Moura, João Alves de. 6:4718; 11:3525; 21: 4501
Moura, José de. 22:896; 24:825
Moura, José Gomes de. 8:4232
Moura, Mário de Assis. 3:3709; 12:3109
Moura, Maurício I. P. de. 26:302
Moura, Paulo Cursino de. 4:4484
Moura, Paulo de Campos. 6:2111
Moura, Paulo Leão de. 25:2734
Moura, Pedro de. 3:1680; 9:2321, 2322; 10: 2242; 18:1421
Moura, Pedro de Almeida. 12:2949
Moura, Plinio Rolim de. 23:2884
Moura, Reynaldo. 2:2966; 5:3978; 10:3908 12:2895; 22:5511
Moura, S. J. Cordeiro de. 27:2583
Moura, Valdiki. 7:1619, 1620; 8:1774; 13: 1896; 14:1121; 16:1305; 23:1937
Moura Bittencourt, Edgard de. See Bittencourt, Edgard de Moura.
Moura Brandão Filho, Francisco de. See Brandão Filho, Francisco de Moura.
Moura Braz, Cézar Augusto de Oliveira. See Braz, Cézar Augusto de Oliveira Moura.
Moura Pedreira, Cora de. See Pedreira, Cora de Moura.
Moura Pessôa, Marialice. See Pessôa, Marialice Moura.
Moura Rangel, José Godofredo de. See Rangel, José Godofredo de Moura.
Moura Reis, Mercedes de. See Reis, Mercedes de Moura.
Mourão, Gerardo de Mello. 23:5481; 28:2517
Mourão, J. A. 5:1654
Mourão, J. C. de Carvalho. 10:3209; 17:1906
Mourão, José Rui Guimarães. See Mourão, Rui.
Mourão, Mello. 7:5645
Mourão, Milcíades M. 20:2256
Mourão, Paulo Krüger Corrêa. 23:2420; 24: 4519; 28:342
Mourão, Rui. 20:4379
Moure Pavón, José. 6:2302
Moureau, Karl. 19:1440
Movimento Nacionalista Brasileiro. 24:3503; 25: 2735
Movimento Nacionalista Revolucionario Auténtico, Bolivia. 27:3230
Movimento Nacionalista Revolucionario, Bolivia. 23:2861; 27:3229, 3229a
Mowat, Charles L. 9:2813
Moya, Ismael. 3:1353a; 8:2189; 11:1535; 25: 4259, 4593a
Moya Palencia, Mario. 27:3501
Moya Quiroga, Víctor. 13:2450
Moya Quiroga López, Rolando. 27:3231
Moya Rufo, Salvador de. See Rufo, Salvador de Moya.
Moyano, Daniel. 28:1980
Moyano, Juan Agustín. 22:4609
Moyano, Pedro. 9:2941
Moyano Aliaga, Alejandro J. 26:998
Moyano Llerena, Carlos de. 7:1346; 1347; 13: 442; 15:654; 16:857
Moyano López, Rafael. 7:5525
Moyano Valverde, Eduardo. 18:2872
Moyne, Lord. 6:2327
Moyo Porras. Edmundo. 19:1959a; 21:1509; 22:1785, 1786
Moyono, Llerena. 1:1793
Moyssén, Xavier. 22:1156; 23:1490; 24:1747, 1748; 25:1165, 1178; 26:228; 28:198, 198a, 281, 285
Mozley, Loren N. 18:499
Mozo, Sadí Héctor. 9:1389; 12:893; 16:858

Mucinic, José. 19:5320
Mucius, Marguerite. 23:5662
Mudarra, Miguel Ángel. 13:759; 23:2263; 27: 2467, 3889
Muddiman, A. B. 6:963, 964; 8:1187
Muecke Bertel, Carlos. 2:2325; 6:3270
Muelle, Jorge C. 2:222-224, 3:256, 257; 4: 313; 5:410, 411, 6:449-451, 8:333, 339, 340; 9:434; 10:1665; 11:391; 17:222; 20:16, 365; 21:327; 23:498; 24:508; 27:646
Mueller, Adrian. 23:2624
Müller, Aloys. 11:3972
Mueller, Bonifácio. 20:1152, 3226
Müller, Franz. 2:327
Müller, Gabriel Karpf. 6:477
Müller, Heinz. 27:4161
Müller, Herbert. 22:4945; 26:1671
Müller, Inés de. 25:3943
Müller, João Pedro. 7:2569; 9:2357
Müller, Joseph. 2:1815
Müller, K. P. 3:1682
Mueller, Leonardo. 9:4936
Mueller, N. L. 27:2955a
Müller, Nice Magalhães Lecocq. 10:2175; 15: 1269; 17:1249; 18:1453; 20:2133; 23:2706
Müller, Roberto. 8:1672
Müller, Werner. 23:137
Mueller, Wolf. 18:3301
Müller Hess, Walter. 5:1306; 18:670
Müller Jacobs, Florencia. 14:136, 174, 175; 15: 219; 17:96; 20:146; 22:579; 24:257; 27: 343, 344
Müller-Leiva, Octávio. See Plath, Oreste, pseud.
Müllerried, Federico K. G. 5:1728; 7:2107, 2108; 9:272, 2060; 11:1591; 13:378, 797; 14:1347; 17:97
Mugaburu, Francisco de, h. 1:874
Mugaburu, Josephe de. 1:874
Mugaburu, Raúl. 4:998; 14:2206
Mughisuddin, Margaret B. 25:2796
Muguerzo Zubiaurre, Alberto. 2:706
Muhn, J. 12:1923
Muir, John M. 2:1250, 1290
Mújica, Elisa. 15:2303; 28:1923
Mújica, Gustavo. 24:4325
Mújica, Héctor. 23:3853
Mújica de la Fuente, Juan. 9:2960
Mújica Farías, Eduardo. 3:1354; 9:4656
Mújica Gallo, Manuel. 18:2120; 25:3747; 28: 1043
Mújica-Gallo, Miguel. 22:364
Mújica Laínez, Manuel. 4:3833; 14:2920; 15: 2304; 17:2399; 19:4919; 20:1025; 1029, 1072; 21:3982; 23:1459; 28:248
Mújica Montoya, Emilio. 18:972-974; 20:1516, 1517; 21:1463, 1483; 27:1893
Mújica Rodríguez, Rafael. 27:3804
Mújica y Diez de Bonilla, Francisco. 11:500
Mulaszi, José. 4:3188
Mulder, G. C. A. 24:2041
Mulet B., Juan. 23:439
Mulholland, John. 24:6426
Mulholland, Lúcia Izaguirre. 23:5482
Mulleady, Ricardo R. 21:1307
Mullen, Alice J. 9:1310, 1311; 11:1590
Muller, Bonifácio. 11:2586
Muller, Cornelius H. 5:1643
Muller, Herman J. 18:1722; 19:3171; 21:2456
Muller, J. L. 10:1302, 1954
Muller, María V. de. 5:4395; 9:4823
Muller, O. R. 2:743
Muller, Otávio. 27·2632
Muller, Richard. 4:3701
Muller, Wim Statius. 20:410
Muller, Yára. 19:5432; 22:4572, 4573, 4593; 23:4565; 24:4889; 25:4079

Muller S., Miguel. 7:5646
Mullett, Charles F. 13:1218
Mulliken Otis E. 10:3311; 11:2753
Mulloy, William. 25:353a; 27:572
Multatuli, pseud. See Eguiguren, Luis Antonio.
Mumford, Lewis. 18:3181
Munchausen. Portuguese. 9:4411
Muncio y Martínez, José Lino. 1:1785
Munden, Kenneth. 22:6404, 6411-6413
O Mundo do Livro, Lisboa. 26:29
Mundo Nuevo, Paris. 28:66a
Mundt, C. 27:1584a
Mundus, Stuttgart. 28:66
Múnera, Luis A. 10:3059
Munguía, E. 3:1020
Munguía Novoa, Juan. 6:4260; 24:5550
Munhoz Bailão, Jamil. See Bailão, Jamil Munhoz.
Munhoz da Rocha Neto, Bento. See Rocha Neto, Bento Munhoz da.
Muniagurria, Camilo J. 26:1076
Muniagurria, Saturnino. 24:1330
Munich. Staatliches Museum für Völkerkunde. 28:138
Munilla, Martín de, Brother. 28:910a
Munilla, Octavio Gil. 14:1998
Munita Becerra, Enrique. 18:2978a
Muniz, Antônio Guedes. 11:1153
Muniz, C. T. 6:1973
Muniz, Edmundo. 8:4290
Muniz, João Carlos. 9:3501; 10:2187
Muñiz, Pedro E. 1:1212; 7:842
Muniz de Rezende, André. See Rezende, André Muniz de.
Muniz Freire, Aracy. See Freire, Aracy Muniz.
Muniz Gomes de Lima, Onofre. See Lima, Onofre Muniz Gomes de.
Munizaga Aguirre, Carlos. 21:290; 24:838; 25: 3693; 27:573, 1267, 1268
Munizaga Aguirre, Roberto. 6:2007; 20:1703; 24:6055
Munizaga V., Juan R. 21:849; 24:1527, 1528; 27:1527, 1531
Muñiz, Angelina. 26:1778
Muñiz Souffront, Luis. 17:2251
Muñoa, Juan I. 19:925
Muñoz, Andrés. 15:588
Muñoz, Bartolomé. 26:999
Muñoz, Carmen Paula. 27:1336
Muñoz, Diego. 28:2030
Muñoz, Diego, Brother. 16:2523; 17:1534
Muñoz, Francisco Luis. 28:3080
Muñoz, Honorio. 2:2290; 4:2571
Muñoz, Ignacio. 2:2102, 2103; 24:3944; 25: 3294
Muñoz, J. Antonio. 20:767; 23:1268
Muñoz, José E. 9:1585; 15:1213; 25:3493
Muñoz, José María. 9:2942
Muñoz, José Vicente. 20:4577
Muñoz, Juan Bautista. 6:2941, 2942; 25:3386
Muñoz, Juan José. 21:3174
Muñoz, Juan M. 1:1483; 12:1153
Muñoz, Julio H. 11:2730; 15:1755
Muñoz, Laurentino. 6:1176; 9:1173; 16:2379
Muñoz, Lucila. 9:1851
Muñoz, Luis. 7:5260; 9:4520; 10:4050; 12: 3121; 13:2468, 2555; 14:2542, 2543; 16: 2977; 17:2684, 2811; 18:2857, 2957; 19: 5518
Muñoz, M. A. 9:1256
Muñoz, María Luisa. 16:3166
Muñoz, Orencio. 10:4566
Muñoz, Pedro. 12:1766a
Muñoz, Pedro José. 24:4164
Muñoz, Rafael Felipe. 1:1050, 1051; 2:2104, 2646, 2801; 3:2589; 7:4702; 11:2355

Muñoz, Roberto. 5:885
Muñoz Azpiri, José Luis. 21:3075; 26:1108
Muñoz Camargo, Diego. 13:1151
Muñoz Castillo, Manuel. 10:911
Muñoz Cota, José. 14:2947; 21:3150
Muñoz Cristi, Jorge. 4:2163
Muñoz Cueva, Manuel M. 24:4762
Muñoz de Quevedo, María. 8:4796
Muñoz de San Pedro, Miguel. 14:1781, 1887; 17:1615; 21:2435; 23:3650
Muñoz Feliú, Raúl. 3:2288
Muñoz Fonseca, Enrique. 10:3408
Muñoz García, Hugo. 19:4311; 21:3403
Muñoz Guilmart, María. 10:3627; 11:3023
Muñoz Guzmán, Mario. 13:1632
Muñoz Horz, Luis. 2:1380
Muñoz Larreta, Helena. 16:2721
Muñoz Linares, Carlos. 19:1367
Muñoz Lumbier, Manuel. 1:516, 550; 5:1717; 7:2109; 8:2280-2282; 9:2061; 12:1252
Muñoz Marín, Luis. 12:828, 829, 1350; 17:1358; 19:2938, 2939, 2941
Muñoz Meany, Enrique. 16:2228; 19:5586a
Muñoz Molina, Tomás. 9:5018
Muñoz Montt, C. 6:2529
Muñoz Morales, Luis. 2:1593a
Muñoz O., Genaro A. 1:1564; 2:3081
Muñoz Oraá, Carlos E. 25:3064
Muñoz Orozco, Alfonso. 15:804
Muñoz Oritz, Humberto. 28:631
Muñoz P., Plutarco. 7:2665
Muñoz-Paz, José. 20:2242
Muñoz Pérez, José. 13:1219; 19:3172, 3173; 20:2464; 22:2833, 3420; 25:3507
Muñoz Pizarro, Carlos. 23:2598
Muñoz Pugliaevich, Germán. 8:3854
Muñoz Reyes, Jorge. 5:1648, 1879; 7:4649
Muñoz Ribeck, R. 2:260
Muñoz Rueda, Enrique. 20:3964
Muñoz Salazar, Mario. 12:3002; 27:3729
Muñoz Sanz, Juan Pablo. 9:4778; 11:2674; 19:5736
Muñoz V., José. 5:3086
Muñoz Vernaza, Alberto. 3:1999, 2289
Muñoz Ximénez, Luis V. 17:2812
Muñoz y Pérez, Daniel. 24:3945-3948; 25:3295-3298; 28:631a-632
Munro, Dana Gardner. 7:843; 10:847a, 2864; 12:2002; 13:1521; 16:1443; 22:3081
Munro, Luis. 25:3258
Munsell, Hazel A. 18:1254
Munsing, Stefan P. 16:108
Muntsch, Alberto. 9:381
Munzón, Eduardo I. 10:3001
Mura. 6:4456, 4457
Murat, Thomas. 2:2889
Muratti, Natalío. 1:384; 4:891, 970, 1239; 5:802; 6:1430, 1493; 12:3167
Muray, Nickolas. 22:14
Murcia de la Llana, Francisco. 19:4654
Murdoch, Richard K. 14:1889, 1890; 18:1765a; 19:3329; 23:3134
Murdock, George Peter. 2:301; 17:330, 331
Murena, H. A. 14:2921; 19:4920; 21:3983; 24:5299; 25:4470, 4471
Murga Sanz, Vicente. 20:2592, 2593; 24:4045; 25:3386
Murgel, Ángelo. 7:708
Murgueytio, Reinaldo. 7:1946; 10:1598; 25:2075, 2076
Murguía y Galardi, José. 28:560
Murguía y Reyes Retana, Tomás. 15:2269
Múrias, Manuel. 1:1337
Muricy, Andrade. 2:2890; 10:4434; 11:3816; 18:2715, 2995; 19:5631; 22:5512; 26:2118; 28:2676a

Muricy, José Cândido da Silva. 12:2230
Muricy, José Cândido de Andrade. See Muricy, Andrade.
Muriedas, Mercedes. 28:784
Muriel, Guadalupe. 28:633
Muriel, Guillermo. 28:2176
Muriel de la Torre, Josefina. 12:592, 1827; 14:1891; 15:562; 21:2538; 24:3775; 28:572
Murillo, E. 9:4694
Murillo, Gerardo. 2:487b, 2082; 5:714; 7:3771, 3772; 13:784; 16:1132
Murillo, Luis María. 21:1976
Murillo Díaz, Humberto. 27:3818
Murillo Esquivel, Napoleón. 8:1169
Murillo Ordóñez, Emilio. 21:3433; 24:2982
Murillo Reveles, José Antonio. 25:3299; 28:695a
Murillo Rubiera, Fernando. 21:3410; 27:3107
Murillo Soto, Céleo. 14:1643
Murillo Vacareza, Josermo. 12:2560
Murkland, Harry Banta. 3:1841, 2062; 12:2265; 17:1286, 1287, 1299
Muro, Luis Felipe. 21:2826; 28:521a
Muro Nadal, José. 3:807; 7:1385
Muro Orejón, Antonio. 1:670; 7:2840; 10:2479; 11:1970; 12:1695; 13:1220; 16:1501; 17:1487; 19:3174; 20:2423; 23:3024, 3025, 3418; 25:3065, 3066; 26:832a; 28:440, 440a
Muro y Salazar, Salvador. 18:1785a
Murphy, Charles J. V. 19:2717
Murphy, Leonard M. 13:847
Murphy, Retta. 3:2408
Murphy, Robert Cushman. 2:889, 1276c; 3:1775; 4:1985; 5:175, 1694, 1738, 1878; 7:2851; 10:1985; 11:374; 19:2362; 20:2044; 22:2444
Murphy, Robert Francis. 19:779; 20:562; 23:757, 758; 25:548
Murphy, Spencer L., Jr. 20:3662, 3663
Murphy, W. J. 8:984
Murphy, W. S. 23:3135
Murphy, Yolanda. 20:562
Murra, John V. 9:426; 12:450; 14:538; 21:460; 24:879; 25:387, 388, 591, 592; 28:907a
Murray, Allan. 18:1520
Murray, Carl. 19:1725
Murray, Luis Alberto. 25:3635
Murray, Paul V. 2:1971; 3:2590; 9:3162; 11:1895; 14:2107; 17:1535; 26:420; 28:489, 489a
Murray, R. Allan. 11:1679
Murray, Stuart. 17:3149
Murray-Jacoby, H. 9:3471
Murrill, Rupert Ivan. 19:871
Murta, Domício de Figueiredo. 24:2076
Murta, Jayme Geraque, 19:5443
Murúa, Pedro Óscar. 10:1767
Musacchio, Paulino. 14:3179
Musalem Giacamán, René. 16:2371
Musarra, Aldo. 12:3310
Musée National, *Port-au-Prince*. 23:6300
Musée National d'Art Moderne. *Paris*. 18:410
Musée Paul E. Magloire, *Cap Haïtien*. 23:6303
Museo Arqueológico, *Bogotá*. 10:310
Museo Arqueológico e Histórico de Yucatán, *Mérida*. 6:336
Museo Arqueológico, Etnográfico e Histórico del Estado de Campeche, 7:638; 8:521a
Museo Bolivariano, *Caracas*. 13:1461
Museo de Arte, *Lima*. 26:170
Museo de Arte Colonial, *Bogotá*. 18:423; 21:945
Museo de Arte Colonial. *Quito*. 18:428a
Museo de Bellas Artes, *Caracas*. 28:305
Museo de Bellas Artes, *La Plata*. 12:646

Museo de Bellas Artes, *Santiago de Chile.* 9:673
Museo de Historia, *Quito.* 20:2980
Museo del Ejército, *Madrid.* 20:2465
Museo Histórico, *Cartagena.* 9:2860
Museo Histórico de la Iglesia en Argentina, *Buenos Aires.* 14:660
Museo Histórico Nacional, *Buenos Aires.* 5: 2991; 17:413, 1383; 18:1630, 2056; 24: 4229
Museo Histórico Nacional, *Montevideo.* 24:4238
Museo Mitre, *Buenos Aires.* 1:2252
Museo Municipal de Bellas Artes, *Santa Fe.* 10:705; 11:573
Museo Municipal de Bellas Artes "Juan B. Castagnino", *Rosario.* 8:695
Museo Nacional de Antropología, *Guatemala.* 14:101a
Museo Nacional de Artes Plásticas, *México.* 21:1185
Museo Nacional de Bellas Artes, *Buenos Aires.* 8:610; 10:666; 26:193
Museo Nacional de Bellas Artes, *Caracas.* 8: 798, 799; 10:630; 14:653; 25:1260
Museo Nacional de Cuba, *La Habana.* 24:1655
Museo Nacional de Historia, *México.* 10:2417
Museo Nacional de Historia, Castillo de Chapultepec, *México.* 16:1783
Museo Provincial de Bellas Artes "Rosa Galisteo de Rodríguez", *Santa Fe.* 10:706; 11:556; 14:626, 755, 774; 15:590; 18:473; 21:950; 23:1415; 24:1710, 1711
Museo Social Argentino, *Buenos Aires.* 7:3893
Museo Social Argentino. Escuela de Servicio Social, *Buenos Aires.* 9:4601
Museo y Archivo Dardo Rocha, *La Plata.* 23: 3766
Museu Antonio Parreiras, *Niteroi.* 21:1166
Museu de Angola, *Luanda.* 16:2143
Museu de Arte São Paulo. 23:1575; 28:290, 331
Museu de Arte Moderna do Rio de Janeiro. 21: 1169, 1182-1184; 26:335, 336; 28:392
Museu de Arte Moderna de São Paulo. 17:518, 519; 20:1181; 22:1339; 26:266a, 338
Museu de Arte Moderna de São Paulo, *II Bienal.* 19:1283
Museu de Arte Moderna de São Paulo, *III Bienal.* 19:1285
Museu de Arte Moderna de São Paulo, *VII Bienal,* 1963. 26:338
Museu Histórico Nacional, *Rio de Janeiro.* 10: 3130
Museu Júlio de Castilhos, *Pôrto Alegre.* 15:1809
Museu Nacional de Belas Artes, *Rio de Janeiro.* 1:2301; 8:846, 876, 896, 926; 9:932; 14:642-644; 24:1805; 25:1288; 28:315, 392a
Museum of Art, *Los Angeles.* 27:154a, 329, 330
Museum of Fine Arts, *Houston.* 27:324
Museum of Modern Art, *New York.* 6:694
Museum of Primitive Art, *New York.* 27:345, 647; 28:139, 139a
Music of Puerto Rico. 7:5501
Música, Órgano de la Orquesta Sinfónica Nacional, Bogotá. 7:5568
Música Sacra, Rio de Janeiro. 7:5551
Música Viva, Rio de Janeiro. 6:4902
Musicalia. Revista de Arte y Crítica Editada por la Sociedad Coral de la Habana. 9:4774
Musich, Arnaldo T. 27:2144, 2155a
Mussa B., Moisés. 11:1228, 1288
Musset, Alfred de. 2:2972
Mussio Barreto, Julio C. 11:3508
Mussio Fournier, Juan César. 7:2493
Musso Ambrosi, Luis Alberto. 11:3716; 27:51; 28:67

Musso, Antônio José de Mattos. 22:1647
Mussolini, Gioconda. 9:1623; 16:2870; 18:344
Mustápich, José María. 1:1613; 2:3066; 10: 4071; 22:4574
Musto, Jorge. 28:2060
Muthmann, Friedrich. 16:484; 22:326
Muto, I. 22:365
Muyaes, Jaled. 25:1235
Muzio, Carlos. 7:5399
Muzio, Nicolás P. 7:3964
Muzquiz de Miguel. José Luis. 14:1999
Muzzio, Rodolfo A. 20:2989; 21:3076
Myazaki, Nobue. 27:1237
Myers, Bernard S. 20:1060, 1061; 23:1491; 25:1128
Myers, Denys P. 2:2388, 5:3338
Myers, George S. 4:1953
Myers, I. E. 18:500
Myers, J. G. 2:1312
Myers, Samuel Dale, Jr. 2:2439h; 3:2915; 4: 3692; 5:3272
Myren, Delbert. 27:4053

Nabuco, Carolina. 2:2891; 4:4173; 6:4328, 4380; 7:4968; 16:2050, 2051; 25:3856
Nabuco, Joaquim. 1:1356; 2:1721; 3:2690, 2876; 4:3485; 5:3934; 6:3648, 4329; 9: 4121; 10.3168; 14:2355; 15:1810-1814, 1876-1879; 1897; 16:2052, 2053; 22:3879
Nabuco, José Thomaz. 19:5558
Nabuco, Maurício. 20:3415; 26:335
Nabuco de Araújo, Maria Carolina. *See* Nabuco, Carolina.
Nachtigall, Horst. 19:412; 20:335; 21:217, 218, 563; 22:15, 16, 217; 23:138; 24:440; 25:331, 332; 27:2878
Nacib Ab'Saber, Aziz. *See* Ab'Saber, Aziz Nacib.
El Nacional, México. 1:1472
Nacional Financiera, S.A., *México.* 12: 768; 13:478; 14:958; 15:805, 806; 16:990, 990a; 17:906, 907; 18:975, 976; 19:1979;-1980; 20:1518-1540; 22:1787-1789; 23: 2058; 24:2104, 2140; 25:1568
Nacrur, J. P. 25:794; 27:1582a
Nadal Mora, Vicente. 9:728; 12:569, 570; 14: 671; 15:585
Nader, Laura. 27:946, 947
Nadler, Marcus. 3:508a
Nadurille T., Ramón. 27:1930
Naft, Stephen. 3:1791o, 2916
Nagel, Ernest. 23:5906
Nágera, Juan José. 2:1928; 6:2366
Nahum, Benjamín. 28:1027a
Naipaul, Vidiadhar S. 26:402; 27:1082
Nairac, Antonio. 1:1819
Najac, Paul E. 16:2948
Nájera, Enrique G. 11:773
Nájera, Manuel de San Juan Crisóstomo. 10: 257
Nájera Contreras, Fernando. 15:1334
Nájera Farfán, Mario Efraín. 20:2275; 21: 2268; 27:3108
Nakajima, Eiji. 28:3028
Nakamura, Tatsurô. 28:474
Nakamura, Tôyô. 28:3008
Nakaya, Ken'ichi. 27:4316
Nakayama, Antonio. 19:3063; 25:3238
Nalé Roxlo, Conrado. 11:3338; 18:2594; 19: 4874; 21:4223; 22:5159; 24:5300; 28: 2150, 2315
Namn, Benjamin H. 9:2358
Nancarrow, Conlon. 7:5591

Nance, Gustav Barfield, 9:3972; 11:3055
Nandino, Elías. 11:3301; 13:2164; 15:2430; 20:4096
Náñez, Demetrio. 9:4995, 5018a, 5018b; 10: 4565, 4603; 11:3960, 3963; 14:3455; 15: 2953; 18:3144
Nanita, Abelardo R. 5:2105; 11:2424
Nannetti C., Guillermo. 4:1630, 1631; 13:729; 16:1023; 17.974, 975; 18:1020
Naón, Rómulo Sebastián. 6:3701
Napky, M. 19:1449
Napoleão, Aluízio. 1:2218; 7:3671; 8:897, 3548a, 3548b; 13:1757
Napoleão, Martins. 10:3909; 20:4411
Napoli, Rodolfo A. 24:4942
Napolitano, Emilio A. 5:4328; 10:4359
Napolitano, Leonardo F. 13:2114
Narancio, Edmundo M. 5:1388; 13:1423; 14:2067; 15:1657; 17:1822; 28:948
Naranjo, Francisco. 11:2356
Naranjo, Lino. 23:1292
Naranjo López, Marco. 10:3405; 13:2580
Naranjo Martínez, Enrique. 4:3743; 6:2790; 8:4016; 9:3070; 11:2388
Naranjo Ostty, Rafael. 27:3567a
Naranjo Puente, Hugo. 27:3454
Naranjo Vargas, Plutarco. 15:2075
Naranjo Villegas, Abel. 13:2772; 16:1356; 17:2886; 25:2089
Narasimhan, P. S. 16:2326
Narciso, Vicente A. 25:454
Nardi, Ricardo L. J. 27:1169c, 1169d, 1466
Nardin, Jean-Claude. 25:3944
Nardin Rivas, Luis. 8:2665
Nardone, Benito. 24:3596
Nariño, Antonio. 2:2003, 2708; 12:2133
Narino de Campos, J. *See* Campos, J. Narino de.
Nariño (Department). Departamento de Contraloría. 2:637; 4:1632-1634
Nariño (Department). Dirección de Educación. 3:1421; 5:1531
Nariño (Department). Sección de Minas y Baldíos. 7:1218
Nariño (Department). Secretaría de Gobierno. 3:1957-1959; 5:2061; 6:2613; 7:2611, 2613
Nariño (Department). Secretaría de Hacienda. 2:638; 4:1635-1637; 5:1095
Nariño (Department). Secretaría de Obras Públicas. 4:1638
Nariño: Gaceta Departamental. 5:2261
Narizzano, Hugo. 9:1469
Narodny, Leo H. 13:863
Nartinengo, Alessandro. 26:840a, 1407a
Narváez, Enrique de. 2:2239a
Narváez, José Ignacio. 27:3778
Narváez, Ricardo A. 26:1361; 28:1600
Narváez y la Torre, Antonio de. 26:829a; 28:892
Narvarte, Cástor. 22:5847, 5848; 24:6065; 26:1672
Nary, Castro. 11:3386
Nasatir, Abraham P. 4:2555; 8:2956, 3004; 12:1767; 18:1766; 24:18; 28:551a
Nascentes, Antenor. 3:3585; 4:4272a; 5:4011, 8:4174; 9:3937; 11:3355; 12:2798; 15:2472; 19:5210, 5346; 20:4292; 22:3817, 4332, 4333; 23:4457; 24:4763; 26:1362, 1363; 28:1253, 1601, 1602, 2629
Nascimento, Abdias do. 8:1732; 19:5354; 26:2077
Nascimento, Esdras do. 28:2518, 2519
Nascimento, Heloisa Assumpção. 28:2520
Nascimento, José Abreu do. 8:1796
Nascimento, Vamireh Chacon de Albuquerque. 19:6096; 23:1919, 6003

Nascimento, Vicente Pinto de Albuquerque. 24:4874
Nascimento Barbosa, Mário de. *See* Barbosa, Mário do Nascimento.
Nascimento Bastos, Anadye do. *See* Bastos, Anadye do Nascimento.
Nascimento Brito, José do. *See* Brito, José do Nascimento.
Nascimento e Silva, Geraldo Eulálio do. *See* Silva, Geraldo Eulálio do Nascimento e Silva.
Nascimento Silva, Fernando. *See* Silva, Fernando Nascimento.
Nash, Manning. 20:489, 490; 21:431, 432; 24:676; 25:455; 27:1762
Nash, Roy. 6:3683
Nash, Ruth Cutter. 5:412
Nason, Marshall R. 22:4980
Nass, Hermann. 9:1306
Nass, Raúl. 22:1123
Nasser, David. 13:1758; 27:3286a
Nataf, A. 16:920
Natal, Windson. 22:1607
Natal e Silva, Collemar. *See* Silva, Collemar Natal e.
Natale, Alfonso R. 4:971
Natale E., Remo di. 19:2883
Nath, Dwarka. 16:1444
Nathan, Paul. 19:1900
Nathan (Robert Rey) Associates, *Washington, D. C.* 27:1963
National and Pan American Press Congress, *I. México, 1942.* 9:128
The National Book League, *London.* 27:52
National Broadcasting Company. 9:4738
National Committee of the United States of America on International Intellectual Cooperation. 5:176
National Education Association of the United States. 5:1437; 7:177
National Foreign Trade Council, *New York.* 3:509
National Geographic Society. 20:17; 27:2709, 2819
National Mortgage Bank (*Argentina*). 3:788
National Petroleum Convention, *Caracas, 1951.* 17:731, 1099
National Planning Association, *Washington, D. C.* 20:3429
National Research Council. 4:96; 16:1125
Nationalbibliothek, *Vienna.* 27:851
Nattier, Frank E., Jr. 5:803
Naucho-Isledovatelskii Kniuinkturnyi Institut USSR, *Moscow.* 24:1949
Naudón de la Sotta, Carlos. 14:3464; 27:3109
Naughton, William A. 28:752
Naumann, W. 6:484
Naumburg, Elsie M. B. 5:1961
Naundorf, Gerhard. 22:1483
Nauth, Lothar. 24:1138
Nava, Ciro. 6:2008
Nava, Guadalupe. 26:558
Nava, Julián. 28:1054a
Nava, Ramiro. 5:1155; 6:2769
Nava Perea, María Elena. 14:2922
Navarra, Raúl. 6:695; 7:4911
Navarra, Rubén. 8:898, 927; 10:747, 779, 780; 12:713; 14:690
Navarrete, Carlos de. 21:90; 23:196-198; 25:222; 27:346-348
Navarrete, Domingo, *Brother.* 28:505a
Navarrete, Félix, *pseud. See* García Gutiérrez, Jesús.
Navarrete, Francisco A. 10:3510

Navarrete, Ifigenia M. de. 17:913; 19:1980a, 1986, 1986a; 20:1545; 21:1485; 22:1790; 24:2141; 25:1523, 1569; 27:1895
Navarrete, Juan Antonio. 28:861d, 1731
Navarrete, Nicolás. 4:2606
Navarrete, Rodolfo. 11:3209; 22:5320
Navarrete A., Héctor I. 8:63
Navarrete Romero, Alfredo. 7:1003; 17:911-913, 19:1901, 1902, 1994a-1995a; 20:1514-1544; 21:1484; 22:1791-1795, 1798; 23:2059, 2061; 24:2142; 25:1466; 27:1896-1896b
Navarrete Sierra, Antonio. 11:520
Navarro, Bernabé. 10:2581; 13:2065, 2729; 14:3423; 15:2876; 16:1626, 3278; 18:1949a, 3111; 19:3330; 20:4789; 22:4743; 23:4717
Navarro, Guillermo. 9:1195
Navarro, Joaquina. 19:4965
Navarro, José Gabriel. 1:703; 4:475-477; 6:535; 9:2986; 11:524, 525; 14:710, 711; 15:555; 18:429, 430; 19:3175; 23:1429; 24:1659, 1671, 4370; 25:1149; 26:942; 28:991a
Navarro, José María. 25:456
Navarro, Luis. 26:259
Navarro, Martín. 9:5004
Navarro, Moacyr. 16:2054
Navarro, Nicolás Eugenio. 1:776; 2:2004, 2005; 3:2454; 5:2656, 6:3081; 12:1873b, 1941a; 15:1611; 17:1429; 18:2146; 19:3811; 25:3538
Navarro, Nilsen Kuntz. 28:2521
Navarro, Noel. 26:1575
Navarro, Odilón. 1:3563
Navarro, Pedro Juan. 3:1938; 5:2037
Navarro, Raúl. 18:2778
Navarro, Rogelio. 28:3370
Navarro, Saúl de. 4:449; 5:3935; 6:696; 7:750; 8:928
Navarro de Andrade, Antônio. *See* Andrade, Antônio Navarro de.
Navarro de Andrade, Edmundo. *See* Andrade, Edmundo Navarro de.
Navarro del Águila, Víctor. 3:258; 5:413; 6:556; 7:1997, 2003; 8:341, 2022, 2045; 9:435, 526, 603, 2021; 10:1742, 1754, 1808; 11:1461-1463, 1510; 12:56
Navarro Bolandi, Edwin. 9:1255
Navarro García, Luis. 23:3026; 25:3170; 28:441
Navarro Irvine, Félix. 17:2780
Navarro Latorre, José. 15:1512; 19:3227
Navarro Luna, Manuel. 4:4052; 9:4014
Navarro Montes de Oca, Jorge. 4:4650
Navarro Morales, Emilia. 28:1603
Navarro Palacios, Enrique. 15:1093
Navarro Palacios, Miguel. 18:2925
Navarro Sánchez, Joaquín. 19:1981
Navarro Sánchez, José Adalberto. 7:4754
Navarro Tomás, Tomás. 5:3504; 7:4467; 9:1959; 11:2949, 3175; 12:2347, 2707; 14:2595; 15:2134; 18:2355; 19:4538, 4608; 21:3656; 26:1318
Navarro y Noriega, Fernando. 9:2729; 19:3064
Navarro Z., Miguel. 7:977
Navas, Argüello. 11:27
Navas, Eugenio. 22:5160
Navas, Miguel. 1:1373
Navas del Valle, Francisco. 2:1852
Navas Miralda, Paca. 17:2400
Navea Acevedo, Daniel. 13:724
Naveda, Bolívar H. 20:2035
Naville, René. 15:1640; 17:223; 19:401; 21:288; 22:327, 328; 23:499, 1373
Nayarit (State). *Constitution*. 9:2510a
Nayfeld, Carlos. 11:3356

Naylor, Robert A. 25:3300, 3351
Naymark, M. S. 12:3257
Naymlap, J. A. 7:1531
Nazar, Horacio E. 11:583
Nazaré, Jacobo. 28:257
Nazareth Fernandes, Lygia. *See* Fernandes, Lygia Nazareth.
Nazarov, R. 24:2938
Navillo, Pierre. 15:1721
Nazoa, Aquiles. 28:2151
Neal, Arthur L. 11:718
Neal, Norman Percy. 10:1320
Neale-Silva, Eduardo. 4:3834; 5:3693; 14:2923; 17:2494; 18:2634; 28:1924
Nearing, Scott. 7:844
Neasham, V. Aubrey. 3:1800; 5:2306
Nebeits, Enrique. 12:1382
Nebel, Carlos. 26:237
Nébias, Arnaldo Otávio. 6:2503
Neblind, André Fernandes. 23:2885
Necochea, Eduardo. 6:1527, 1528
Nectario María, *Brother*. 8:3152; 10:2751; 18:1827; 21:2712; 23:3709; 25:3468-3470; 27:2806a; 28:877
Neder, Matilde. 20:1793
Nederlandse Stichting voor Culturele Samenwerking met Suriname en de Nederlandse Antillen (STICUSA). 27:53, 53a
Needham, Doris. 12:232
Needham, Rodney. 19:834; 24:880; 27:1190
Needler, Martin C. 25:2828; 27:3110, 3455, 3525
Neel, James V. 27:1509, 1581
Neely Ivanovic, Carlos. 17:667
Neeser, Hermann. 16:2055
Negrão, Francisco de Paula. 17:1865
Negrão, Maria José da Trinidade. 21:4376
Negrete, Doroteo. 2:2105
Negrete, Samuel. 9:4692
Negri, Carlos de. 7:4792
Negri, José A. 13:2393; 15:2674
Negro, Carlos del. 23:1557; 26:274
Negro, Héctor. 22:5161
Negro, Juan. 5:3859; 22:4946
Negromonte, Álvaro. 8:1950
Negrón, Luis. 27:1330
Negrón Pérez, Porfirio. 9:382, 11:1405, 1479-1481
Negulhão, Benedito. 6:1915
Nehemkis, Peter. 27:1763, 3111
Nehgme Rodríguez, Elías. 9:1470
Neira Alva, Eduardo. 27:1633a
Neira Martínez, Policarpo. 9:1199
Neira Matéus, Guillermo. 1:1464
Neira Rivas, Gabriela. 21:3557
Neira Samanez, Hugo. 27:2270; 28:1042a
Neira Suanes, Héctor. 14:2703
Neissa, Guillermo. 24:4896
Neiswanger, William A. 10:1213
Neiva, Álvaro. 9:1815; 10:1551
Neiva, Artur Hehl. 3:600; 5:4012; 6:2121, 4418; 7:2384, 2413; 8:3399; 10:2275, 2276; 11:1189; 13:1018; 15:731; 16:2144; 25:2396
Neiva, Carlos J. 10:1443
Neiva, Venâncio de Figueiredo. 4:3406; 3416a
Nel Gómez, Pedro. 9:681
Nelken, Margarita. 15:618; 18:501; 22:1143; 23:1492; 25:1188, 1214, 1232; 26:126, 229, 230
Nelli, Raquel. 21:4715
Nellis, Jane Goodner. 13:204
Nelson, A. B. 6:2943
Nelson, Eastin. 11:774; 27:1764

Nelson, Ernesto. 4:4565; 5:1449, 4299; 6:4807; 7:1898; 10:1599; 11:1240; 12:2658; 16:1024
Nelson, Eugene W. 13:95
Nelson, Frederick J. 7:2088
Nelson, George H. 12:1720b
Nelson, Howard J. 27:2758
Nelson, James R. 10:1213; 23:1660
Nelson, Jean Thomas. 2:1882
Nelson, Lowry. 16:672, 3327, 3355
Nelson, Martha O. 23:5718
Nelson, Milton E. 12:1264
Neme, Mário. 4:3418; 7:4834-4836, 4969; 11:3385a; 13:2266; 22:3847
Neme, N. A. 10:1370
Nemésio, Vitorino. 1:2174; 9:4183; 19:4054; 22:5457; 24:5700
Nemours, Alfred. 7:3375; 11:2436; 12:1853, 1854; 18:1794
Nemours, Luc. 16:1674
Nemtzow, Mary. 16:2687
Nepomuceno, Alberto. 9:4859
Nepomuceno Gómez, Lino. See Gómez, Lino Nepomuceno.
Nepomuceno Haas, João. See Haas, João Nepomuceno.
Neptune, Grady Louis. 28:811
Nercasseau y Morán, Enrique. 16:2563
Neri, Argentino I. 11:3484; 12:3092
Neri, Cira. 9:4334
Neri Castañeda, Héctor. 21:4832
Nérici, Imídeo Guiseppe. 21:1795; 23:2421
Neruda, Pablo, *pseud.* 3:3308, 3352; 4:4091-4093; 5:3789, 3814; 7:4809, 4810; 9:824, 4015, 4015a; 10:3796a; 12:2675; 13:2164a, 2165; 14:2876m, 2877, 2889, 2924; 15:2371; 16:2722, 2723; 18:2595, 2596; 19:5030-5033; 20:4097, 4098; 21:4108; 23:5144; 24:5441, 5520; 25:4472, 4516, 4540; 26:1738; 28:2152-2155
Nerval, Gaston. 3:2930, 2954
Nervo, Amado. 1:2121; 2:2670, 2797; 3:3422; 17:2339, 2494a; 19:4757, 5084; 22:4952
Nery, Adalgisa. 6:697, 4405; 8:4407, 9:4255; 14:3069; 22:5513; 24:5789; 26:2056; 27:3112, 3287
Nery, Fernando. 3:3748; 13:1743; 14:2339, 2340; 19:4022
Nery, José Pedro de Castro. 2:2849; 19:5280
Nery Camello, C. See Camello, C. Nery.
Nery da Fonseca, Edson. See Fonseca, Edson Nery da.
Nery da Fonseca Júnior, L. See Fonseca Júnior, L. Nery da.
Nery Fernández, Felipe. 16:1163; 17:1085
Nery Guimarães, João. See Guimarães, João Nery.
Nery Ríos, Bertillo J. 27:4162
Nesbit, Louis. 16:2584
Nesbitt, L. M. 1:585
Nesmith, Robert I. 22:2976
Ness, Norman T. 10:912; 11:726
Nessi, Ángel Osvaldo. 21:951; 24:1715; 28:249
Netherlands. Ministerie voor Uniezaken en Overzeese Rijksdelen. 16:52p; 52q; 17:3062, 3063
Netherlands West Indies. Bureau voor de Statistiek. 21:5335
Netherlands West Indies. Dienst van het Kadaster. 27:2787, 2787a
Netscher, P. M. 8:3440
Nettl, Bruno. 22:5705
Nettl, Paul. 18:2983
Netto, Américo R. 2:1414; 10:2189
Netto, Baptista. 8:456
Netto, Gabriel S. 7:1522, 4348

Netzer, Remigius. 28:250
Neuburger, Otto. 14:10b
Neuendorff, Georg Helmut. 1:140-141, 2003-2004
Neufeldt, G. 17:1250
Neumann, David L. 10:1734
Neumann, Peter. 27:1083
Neumann, Robert. 7:5078
Neumann, Stanislav. 25:2792
Neumann, William L. 13:1492, 1802
Neumann G., Ricardo. 7:2322; 8:2488; 12:1429
Neumann Lagos, Humberto. 22:1474
Neumeyer, Alfred. 14:658; 17:472
Neunzig, Rudolf. 1:558
Neuschlosz, Simón M. 5:4434; 6:5030; 8:4864; 10:4538; 11:3901
Neutra, Richard. 14:767
Neuvillate, Alfonso de. 28:282
Neve, Phelipe de. 8:2957
Nevermann, Hans. 13:282
Neves, Berilo. 3:3512
Neves, Carlos de Souza. 19:2288; 20:4605
Neves, Edgard de Carvalho. 11:1360; 25:4616
Neves, Fernão. 6:4330
Neves, José Caetano Alves. 3:2802
Neves, José Teixeira. 22:3884; 24:4463
Neves, Lourenço Baeta. 5:3186
Neves Câmara, Antônio. See Câmara, Antônio Neves.
Neves da Arruda Alvim, Agostinho. See Alvim, Agostinho Neves da Arruda.
Neves da Fontoura, João. See Fontoura, João Neves da.
New England Institute of Inter-American Affairs, *Boston.* 9:67
New World Archaelogical Foundation. 27:349
Newark Museum, *Newark,* 7:2323
Newbery, Diego. 8:1579
Newbery, George Harkness. 19:6717
Newbold, Stokes. 23:6041
Newby, Edith O. 19:4609
Newcomb, Rexford. 4:560, 2753
Newcomb, William W. 20:491
Newell, Norman D. 9:2263; 11:1692
Newhall, Beatrice. 2:145; 3:1589; 4:2164, 5:1996
Newlands Júnior. 4:765
Newlon, Jesse H. 10:1552
Newman, G. A. 3:1143, 1144, 1229; 4:1550; 5:1041, 1058; 6:1153, 1161, 1162; 7:1176-1178
Newman, James R. 23:5906
Newman, Joseph. 8:4431
Newman, Marshall T. 9:604; 13:283, 409; 14:426, 607; 16:432; 17:385; 19:489, 782, 890; 21:850; 22:962, 999; 23:1264; 24:1506, 1507; 25:733
Newman, Stanley. 16:334; 27:112
Newman, William A. 11:623-627
Newmann, B. B. 10:165
Newmark, Maxim. 21:3832
Newton, Jorge. 13:1611; 17:3150; 19:2523; 28:1120
Ney, Robert Morse. 4:1989
Neyra, Joaquín. 8:808; 9:816; 12:634
Neyra, Juan Carlos. 18:2563
Neyra Avendaño, Máximo. 23:500
Neys, Horace. 12:165
Niall, Sean. 3:2028
Nicanor de Almeida, J. See Almeida, J. Nicanor de.
Nicaragua. Aduanas. 1:258
Nicaragua. Comisión Redactora del Anteproyecto de Constitución. 5:2227
Nicaragua. Congreso Nacional. 3:2049a

Nicaragua. Consejo Nacional de Economía. 20: 1344
Nicaragua. Constitution. 14:3209; 23:4543; 24: 4525
Nicaragua. Dirección General de Estadística y Censos. 1:256; 2:514; 3:1062; 4:1434; 5: 950, 1156; 10:969-972; 14:910; 16:52r; 18:3205; 19:6290; 20:5013
Nicaragua. Instituto de Fomento Nacional. 20: 1345
Nicaragua. Junta Nacional de Turismo. 24:2893
Nicaragua. Laws, statutes, etc. 9:4429; 11: 2852; 13:1946, 2531; 16:2981, 3081, 3099; 20:3598, 3599; 25:4111
Nicaragua. Laws, statutes, etc. (Indexes). 12: 2968
Nicaragua. Ministerio de Agricultura y Trabajo. 2:525; 5:951a; 7:1070, 1071, 4339; 8:1201
Nicaragua. Ministerio de Educación Pública. 3: 1401; 25:2077, 2090, 2091
Nicaragua. Ministerio de Fomento. 2:526; 3: 1063
Nicaragua. Ministerio de Gobernación. 2:1529; 7:2698; 8:1205, 2794; 9:2526, 2527
Nicaragua. Ministerio de Hacienda y Crédito Público. 6:1028; 7:1072; 8:1202; 16:647
Nicaragua. Ministerio de Relaciones Exteriores. 2:2361; 3:2988; 4:3670; 14:1667; 20:4721
Nicaragua. Ministerio de Salubridad Pública. 20:3600
Nicaragua. Presidencia. Secretaria Privada. 15: 1346
Nicaragua. Recaudador General de Aduanas y Alta Comisión. 4:1435; 5:954; 7:1076; 8: 1203; 9:1109; 16:648; 17:596; 18:756
Nicho T., Elena. 28:69
Nicholls, William H. 15:673
Nichols, Claude A. 2:1183a
Nichols, Madaline W. 1:11, 1921; 2:2196, 2598, 2599; 3:2178; 4:61, 270, 2854, 3858, 3909; 5:447, 2641, 2642, 3630; 6:3403, 4081; 7:172, 178, 3073, 4467; 8:3277; 9: 42, 44; 10:110; 11:88; 14:1892, 2632; 26: 55, 1491
Nichols, R. A. 9:1257
Nichols, Robert L. 17:1128
Nichols, Roy Franklin. 2:540; 7:5079; 21:2322
Nichols, Theodore E. 14:2189
Nicholson, Carlos. 1:633; 4:2165; 6:2202, 2412; 20:2044a; 22:2439, 2445; 23:2625
Nicholson, Henry B. 19:29, 216-218, 280, 437; 20:147; 22.90, 580; 24:217, 1139; 25:223, 270, 669; 27:323, 350, 809
Nicholson, Irene. 16:476; 17:475a; 22:581, 582; 28:696
Nícias de Lemoine, Carmen. See Lemoine, Carmen Nícias de.
Nicol, Eduardo. 6:5002, 7:5647; 8:4928; 12: 3501, 3522; 13:2749, 2779; 16:3306; 19: 5788; 21:4833; 25:5344
Nicola L., Gerardo. 25:2315
Nicolas, Alice. 23:6310
Nicolas, Basile. See Tatakis, Basilio.
Nicolas, Ho ar. 20:2958
Nicolas, M. 23:335
Nicolas, Maria. 28:1254
Nicolas, Thomas. 6:2931
Nicolau, Armando. 25·1166
Nicolau, Ernesto J. 26:943
Nicolau, Ramón. 6:1049
Nicolau D'Olwer, Luis. 17:1688; 19:3635; 20: 2540; 27:163, 810; 28:521, 1732
Nicole, Christopher. 28:765
Nicole, Leininger. 19:2541
Nicoll, E. 8:4233

Nicolussi, Haydée. 11:3436
Nicotra, Alejandro A. 23:5145
Nida, E. A. 20:717a
Nida, Eugene U. 16:340
Niddrie, David L. 24:2905
Niederauer Fontoura, Gilka. See Fontoura, Gilka Niederauer.
Niedermayer, Franz. 27:3113
Niedersachisches Landesmuseum, Hannover. 23:1374
Niehoff, Arthur. 24:760
Niehoff, Juanita. 24:760
Niemeyer, Eberhardt Victor, Jr. 19:3636; 25: 3301 28:633a
Niemeyer, Oscar. See Soares, Oscar Niemeyer.
Niemeyer, Waldyr. 2:1017, 1076; 3:562, 563, 667; 6:1869, 1870, 2469; 10:1420; 12:1034; 14:1101
Niemeyer F., Hans. 23:440, 441, 1370; 24:557-559; 25:357; 27:574-576
Niemeyer Soares, Leonor de. See Soares, Leonor de Niemeyer.
Niess, Robert J. 11:3073
Nieto, José. 24:4371
Nieto, José del C. 28:1981
Nieto, Luis Carlos. 9:1902; 20:4138; 23:4831
Nieto, Manuel R. 23:2626
Nieto, Miguel. 7:4404
Nieto, Miguel Ángel. 5:2618
Nieto, Ricardo. 19:5034
Nieto Arteta, Luis Eduardo. 6:5003; 7:5682-5685; 8:4841; 9:1011, 4971; 10:4558, 4559; 11:863, 864, 3921-3923; 15:2909; 17:2954; 26:1014
Nieto Caballero, Agustín. 1:1264; 2:1167; 10: 1582; 23:2264; 27:2468
Nieto Caballero, Luis Eduardo. 2:2006; 5:3431; 8:3922; 10:2840, 3060
Nieto del Río, Félix. 6:3649
Nieto García, Antonio. 11:865
Nieto García, Genaro. 27:1897
Nieto Navia, Rafael. 27:3114
Nieto Valcárcel, Juan. 18:1794a
Nieto Vélez, Armando. 24:4195
Nieto Villena, J. 24:1557
Nieto y Cortadellas, Rafael. 13:1252; 17:1488, 1553, 1554; 18:1662; 2010, 2011, 3302; 19:3065, 3391a; 20:2337, 2936, 2936a; 21:2616, 2617; 22:3208, 3224; 23:3419, 3420
Nieto y Piñeiro-Osorio, Adolfo E. 10:4042
Nietzche, Friedrich Wilhelm. 9:4366, 4997; 23: 5907
Nieuhof, Johan. 8:3441
Nieva, Alberto C. 13:621
Nievas de Capdevila, Camile E. 6:3520
Nieves Ayala, Arturo. 12:994; 25:4100
Niewburg, Baroness Peers de. See Costa, Ernestina.
Nigra, Clemente Maria da Silva. See Silva-Nigra, Clemente Maria da.
Nigra, John O. 22:1648
Nihon Puranto Kyôkai, Tokyo. 27:4317
Nijenhuis, L. E. 27:1595
Nijinsky, Romola. 6:4458
Nikirov, B. C. 25:1524
Nikitina, O. F. 25:2793
Niklison, Carlos A. 2:680; 9:2195
Niklison, Jorge. 15:517, 518
Niles, Blair. 3:52; 12:80a
Nilsson, Jurandyr. 24:4850
Nilve, M. 7:5147
Nimo, Agustín F. 12:306
Nimundajú, Curt. 3:317, 317a, 318; 4:343; 5:458; 6:574; 8:388; 10:386; 11:356; 12:

417, 418, 420-422; 14:364, 503-513; 16:387, 417; 17:350; 18:141, 337, 338; 19:780, 781; 20:702a; 23:759
Nin-Culmell, Joaquín. 23:5728
Nin Pomoli, Mario. 10:4097
Nin y Abarca, Mario. 7:2636, 5190
Nin y Silva, Celedonio. 2:3091; 10:4097
Nina, Aldo Della. 19:5813
Nina, Celina Airlie. 6:1975
Nina Rodrígues, Raymundo. 1:1313; 5:2006
Niño H., Alberto. 16:1352
Nishikawa, Daijero. 27:4163
Nishimukai, Yoshiaki. 27:4318, 4319
Nissen, Tage. 17:1147; 22:6131, 6132; 25:5712
Nist, John Albert. 23:5531; 25:4616a, 4721; 26:1946-1949; 28:2572
Nito, José de. 7:5438
Nitoburg, E. L. 23:1685; 24:2911
Nivar Ramírez, Consuelo. 12:2348; 16:1078
Niza, Marcos de, *Brother*. 5:2415; 16:1663
Noble, Duncan. 27:3885
Noble, Ernesto W. 7:2273
Noble, Gontrán. 22:2269
Noble, Julio A. 6:3404
Noble, Roberto J. 24:2011; 27:2156
Noble, Stuart G. 16:1627
Noboa Arizaga, Enrique. 13:2166
Noboa Zumárraga, Horacio. J. 5:2992
Nobre, Erico da Rocha. 7:1621
Nobre, José Freitas. 16:2056
Nobre, Ulyses. 5:3936
Nobre de Melo, A. L. *See* Melo, A. L. Nobre de.
Nobre Filho, Fernando de Almeida. 7:4912
Nóbrega, Clovis da. 9:4937
Nóbrega, Humberto Mello. 5:3937; 7:4913; 14:2266; 24:5726
Nóbrega, Manuel da, *Father*. 8:3418; 20:3249
Nóbrega, Trajano Pires da. 7:2414
Nóbrega, Vandick Londres da. 18:1166; 19:2289
Nóbrega da Cunha, Carlos Alberto. *See* Cunha, Carlos Alberto Nóbrega da.
Nóbrega de Siqueira. 7:4099, 4100; 23:5496
Noceti, Alfredo. 5:2993
Nocetti, Juan Antonio. 27:2157
Nocón, Rudolf H. 23:501
Noé, Julio. 14:2890
Noe, S. P. 15:775
Noel, Carlos M. 5:1979
Noël, Martín S. 2:358, 372a, 372b, 1929; 4:13, 478, 478a, 479, 2556; 8:656, 721, 759; 9:749; 11:501, 518; 12:571; 14:681, 682, 775; 15:586, 589; 16:488, 489; 18:213, 455; 21:937; 25:1179
Noël-Paton, R. F. 4:1911
Nölle, Wilfried. 23:617
Nönoya Filho, José. 23:2707
Nogales Alfaro, Julio. 3:3611
Nogami, Toshiichi. 20:366
Nogueira, Amadeu. 5:3218
Nogueira, Amélia Alba. 21:2143
Nogueira, F. de. A. 14:1243-1246; 15:711
Nogueira, Francisco Alcântara. 21:4768; 25:5345; 26:2285
Nogueira, Julián. 11:3646
Nogueira, Júlio. 19:5211; 24:2077
Nogueira, Manuel Tomás Alves. 10:3153; 11:2631
Nogueira, Maria José Morais Pupo. 24:5762
Nogueira, O. Pupo. 3:621, 622; 6:1823; 11:1154
Nogueira, Ophélia Peixoto. 11:427
Nogueira, Oracy. 18:3261, 3262; 23:760, 6022, 6034; 25:2736; 27:4242

Nogueira, Paulo Castro. 14:1530
Nogueira, Rubem. 15:2603; 20:3286; 24:4503, 4943
Nogueira, W. Cavalcanti. 8:4291
Nogueira da Cruz, Arlete. *See* Cruz, Arlete Nogueira da.
Nogueira da Silva, M. *See* Silva, M. Nogueira da.
Nogueira de Faria, Albino. *See* Faria, Albino Nogueira de.
Nogueira de Matos, Odilon. *See* Matos, Odilon Nogueira de.
Nogueira de Paula, Luiz. *See* Paula, Luiz Nogueira de.
Nogueira Filho, Paulo. 15:1353; 28:1382
Nogueira França, Eurico. *See* França, Eurico Nogueira.
Nogueira Freire, d'Alva Stella. *See* Freire, d'Alva Stella Nogueira.
Nogueira Garcez, Lucas. *See* Garcez, Lucas Nogueira.
Nogueira Júnior, José de Anchieta. 16:2347
Nogueira Martins, Rue. *See* Martins, Rue Nogueira.
Nogueira Matos, Odilon. *See* Matos, Odilon Nogueira.
Nogueira Pôrto, José, Luiz Almeida. *See* Pôrto, José Luiz de de Almeida Nogueira.
Nogueira Saldanha, Nelson. *See* Saldanha, Nelson Nogueira.
Noguera, Arcadio. 26:1739
Noguera, Eduardo. 1:52; 3:96, 97; 4:62, 6:270-273; 7:308; 8:219; 9:211, 229, 273, 335; 10:209; 11:197-204; 13:155; 14:176; 15:183; 16:171; 17:45, 98; 19:138; 20:148-150; 21:91; 23:139, 199, 1375; 24:258; 25:224-226; 27:164, 238, 239, 351-354, 811
Noguera, Guadalupe. 20:3965
Noguera, J. R. 6:1122; 7:1159; 8:2368
Noguera, Manuel G. 20:62
Noguera, María. 4:1848
Noguera Laborde, Rodrigo. 16:1353, 3042; 19:5594
Noguera Mora, Neftalí. 16:2724
Noice, Harold H. 5:177
Noir, Phyllis. 7:5080
A Noite, Rio de Janeiro. 5:88
Nolan, Louis Clinton. 3:3013; 7:1348; 8:1733; 2489
Nolasco, Flérida de. 6:4956; 12:2708, 3405; 13:1334; 14:1893, 3381; 15:2370; 18:1795; 19:5029, 5085; 21:2618
Nolasco, Pedro. 1:539
Nolasco, Sócrates. 7:3376; 18:232; 22:3277; 23:4996
Nolasco Armas, Margarita. 25:457; 27:948
Nolen, Oran Warder. 10:1755
Nolla, J. A. B. 3:1128b; 5:1031; 7:2201
Nomland, Gladys Ayer. 2:250; 5:414
Nonato, Orosimbo. 7:5221, 5222; 23:4566
Nonato, Raimundo. 21:3329
Nonenberg, Gustavo. 8:4387, 4455
Nones, Rafael. 8:2329
Norato, Francisco de María. 2:2291
Norbeck, Edward. 27:150
Norcross, F. S. 6:2303
Nordang, Bruno. 5:1895a
Nordell, Norman. 25:718
Nordeste, Recife. 15:2507
Nordenskiold, Erland. 4:97, 234, 8:279; 19:363; 21:328
Nordmann, Jo. 19:364
Noriega, Alfonso. 7:5625
Noriega, Carlos G. 2:225; 3:259
Noriega, José N. 7:995

Noriega, José S. 27:1898
Noriega, Julio. 10:1784
Noriega, Raúl. 7:2689; 20:233-233c; 21:119-121; 25:169
Noriega, Salvador. 15:1676
Noriega Cruz, Plutarco. 15:772
Noriega Morales, Manuel. 7:1048; 8:1188
Noriega Robles, Eugenio. 26:231
Norman, Daniel. 3:143
Norman, Fredrik. 2:2362
Norman, J. R. 3:1730
Normand, Beatriz. 3:2730a, 2730b
Normano, J. F. 1:421; 4:3367; 5:3254, 3432; 7:845, 1591, 1592; 9:160, 1012
Noronha, Edgard Magalhães. 9:4536
Noronha, Maria Amélia Carvalho de. 23:2894
Noronha Santos, Francisco Agenor de. *See* Santos, Francisco Agenor de Noronha.
Norris, Kathleen. 9:4367
Norte de Santander (Department). Dirección de Educación Pública. 5:1532
Norte de Santander (Department). Secretaría de Gobierno. 5:2063
North, Joseph. 25:2794
Northwestern University. Department of Geography. 18:1262b; 19:2420
Nortman, Irene. 18:1912
Norton, Bárbara. 8:4342
Norton, Luiz. 4:431, 3419; 7:3619
Norweb, Albert Holden. 27:444
Nosotros, Buenos Aires. 3:2179; 4:3189, 4079
Notes on Latin American Studies, Washington, D. C. 9:161
Notestein, Frank B. 10:1986
Noticeiro Semanal, México. 1:1889
Noticias, New York. 16:609; 17:523b
Notta, Julio. 27:2158
Nottebohm, Karl-Heinz. 10:186; 11:222
Notter, Harley. 3:2917
Nouel, Carlos. 18:2021; 23:3411
Nouel y Bobadilla, J. M. 7:5130
Noussan-Lettry, Luis. 25:5362; 28:3280, 3281
Noussanne, Henri de. 2:1816
Novaes, Maria Stella de. 20:3227; 23:5434; 24:4520
Novaes, Paulo. 26:1995
Novaes de Souza Júnior, João. *See* Souza Júnior, João Novaes de.
Novaes Sodré, F. *See* Sodré, F. Novaes.
Novais Lima, Pedro. *See* Lima, Pedro Novais.
Novais Teixeira, Joaquim. *See* Teixeira, Joaquim Novais.
Noval, Joaquín. 18:247; 23:2265; 25:458, 478; 27:949, 1964
Novaro, Augusto. 17:2857
Novaro, Octavio. 18:1975; 20:4099a
Novarro, Carlos A. 5:4093
Novás Calvo, Lino. 2:2600; 6:4082; 7:4651; 12:2561, 2562
Novelli Júnior, Luiz Gonzaga. 14:3048
Novelo Erosa, Paulino. 4:173; 7:393, 394; 10:2420; 11:1388, 1511
Novelo Torres, Ernesto. 8:2793
Novillo Corvalán, Lindor. 16:1174
Novillo Corvalán, Sofanor. 3:1355
Novillo Saravia, Alberto. 15:1306c
Novión, Alberto. 21:4224
Novión de los Ríos. 21:3984
Novo, Salvador. 2:2802; 4:535; 5:3505; 14:2760, 2957-2959; 17:2559, 2560; 19:5035; 20:4099, 21:4201, 4225; 24:5625; 26:559, 1740, 1868, 1912; 27:240, 812; 28:266a, 1751, 2316-2319
Novoa, Emilio. 20:2466
Novoa, J. C. 27:2888. 2888a
Novoa, Júlio. 25:5247

Novoa, Sofía. 9:4832
Novoa Monreal, Eduardo. 25:4080
Nowell, Charles Edward. 2:1687; 3:2224, 2224a; 4:2594; 5:2416; 11:1975; 12:1923a, 2209; 13:1221; 15:1851; 19:3176; 26:384; 28:762
Nowlan, J. P. 8:2565
Nowotny, Karl Anton. 13:120; 14:244, 288; 15:184; 16:141; 17:134; 20:234; 22:115, 116, 583-585; 23:233, 954-959, 1376, 1393; 24:259, 1113; 25:271, 272; 27:355, 813, 814
Noyes, Charles E. 5:3346; 7:846
Noyes, Ernest. 20:703
Noyes Research Company, *Pearl River, N. Y.* 27:2027
Noyola Vásquez, Juan Francisco. 15:807; 17:895; 20:1546
Noyola Vázquez, Luis. 23:5200
Nucete-Sardi, José. 1:945; 3:432, 2736; 5:2718; 6:784, 3166; 16:477, 1992, 2003, 2004; 17:1842, 2495; 22:1105, 3522; 24:4164; 28:979, 982b
Nudelman, Santiago. 13:1055
Nudler, Óscar. 28:3360
Nürenberg, Zacarías. 9:1390
Nuermberger, Gustave A. 6:3702; 9:3322
Nueva Esparta (State). Secretaría General de Gobierno. 2:1551; 3:2094; 4:2466; 5:2210; 6:2741; 7:2746; 8:2830; 9:2575
Nueva Granada. *Audencia*. 13:1381
Nuevo Teatro Cooperativo de Trabajo, Ltd. *Buenos Aires*. 28:2369
Nufer, Albert F. 5:986, 987
Nugent, Ricardo. 18:2947
Nugent, Robert. 24:5551
Nuhrah, Arthur G. 16:1627
Nuila, José María. 4:3031
Nuix y Perpina, Juan. 10:2481
Numa Soto, Pedro. 7:2507
Nunan, Geraldo Wilson. 23:1939, 2886
Nunemaker, J. Horace. 11:2034; 12:1770; 14:1806; 16:1564
Nunes, Antônio Duarte. 28:338, 339
Nunes, Arnaldo. 11:3437
Nunes, Carlos Alberto. 26:2057
Nunes, Cassiano. 11:3387; 13:2304; 19:5281
Nunes, Francisca M. 17:1251
Nunes, Janari Gentil. 10:1553
Nunes, José de Castro. 3:3263; 7:5341; 9:4463; 16:2973; 19:5431; 22:3868; 24:4897
Nunes, José de Sá. 14:2995, 2996; 15:2473; 19:5212
Nunes, Osório. 9:945; 14:1156; 15:1285, 1313; 17:1225
Nunes, Reginaldo. 6:2584, 4331
Nunes Coutinho Cavalcanti, Joaquim. *See* Cavalcanti, Joaquim Nunes Coutinho.
Nunes da Rocha, Rui Albertino. *See* Rocha, Rui Albertino Nunes da.
Nunes da Silva, Edson. *See* Silva, Edson Nunes da.
Nunes de Andrade, Primo. *See* Andrade, Primo Nunes de.
Nunes de Azevedo, Murillo. *See* Azevedo, Murillo Nunes de.
Nunes de Sousa, Ana Maria. *See* Sousa, Ana Maria Nunes de.
Nunes Dias, Manuel. *See* Dias, Manuel Nunes.
Nunes Garcia, José Maurício. *See* Garcia, José Maurício Nunes.
Nunes Guimarães, J. *See* Guimarães, J. Nunes.
Nunes Leal, Víctor. *See* Leal, Víctor Nunes.
Nunes Mendonça, José Antônio. *See* Mendonça, José Antônio Nunes.

Nunes Pereira, Altamirano. *See* Pereira, Altamirano Nunes.
Nunes Reis, Pedro. *See* Reis, Pedro Nunes.
Núñez, Alvar. 10:614; 11:574
Núñez, Demetrio. 8:4913
Núñez, Eduardo. 21:2323
Núñez, Enrique Bernardo. 10:3104; 11:2731; 14:1727; 15:104; 16:1164; 17:1843; 18:1828; 19:3812; 20:3742; 21:3189; 24:5477; 25:2275; 26:127, 128, 1046; 28:155, 1055
Núñez, Estuardo. 1:1948; 2:2496; 3:3650; 4:520, 3910, 4081; 6:199; 7:4652; 8:4151; 9:3885; 11:3075, 3076; 13:2115; 17:2496; 19:4758; 5086; 21:4157; 22:4711; 25:3012, 3748; 26:1461, 1721; 27:2878a; 28:459a, 2244
Núñez, Federico. 25:3352
Núñez, Félix Armando. 17:2446
Núñez, Francisco María. 12:25, 2041; 17:3124
Núñez, Horacio Roque. 21:4795
Núñez, Ignacio. 10:3685
Núñez, Jorge A. 21:4158
Núñez, José Manuel. 4:4477
Núñez, José Ramón. 9:2196, 2197
Núñez, Pastor. 27:950
Núñez, Rafael. 2:2240; 10:2343; 13:1639
Núñez, Ricardo C. 12:3136; 14:3129
Núñez, Serafina. 4:4054
Núñez, Theron A., Jr. 27:951
Núñez A., Lautaro. 24:836; 27:577, 578
Núñez Anavitarte, Carlos. 23:838; 24:4382
Núñez Arca, P. 16:1329, 2229; 22:3848
Núñez Arellano, Carlos. 24:1950
Núñez Ayçaguer, Ángel. 13:1107
Núñez Berro, María del Carmen. 11:1293
Núñez Borja, Humberto. 6:1588; 11:1086, 3539; 15:959
Núñez Brian, Joaquín. 3:1731; 9:1077; 11:957
Núñez Cabeza da Vaca, Álvar. 9:355; 25:3067, 4229
Núñez Carvallo, Gabriel. 27:3647
Núñez Chinchilla, Jesús. 22:91, 92, 117; 23:200; 24:260
Núñez de Cáceres, Pedro. 5:2719
Núñez de Pineda y Bascuñán, Francisco. 14:1978
Núñez del Prado, José Antonio. 24:1331
Núñez del Prado, Nilda. 9:4750
Núñez del Prado, Wilfredo. 27:4165
Núñez del Prado C., Óscar. 8:2100; 10:1756, 15:470; 16:310-312; 1226a; 18:214; 19:756; 23:839; 27:4164
Núñez del Prado Tío, Gustavo. 21:1345
Núñez Fernández, Angélica C. 10:3002
Núñez Gallardo, Luis F. 2:3040
Núñez González, Ana Rosa. 19:6438
Núñez Guzmán, J. Trinidad. 24:3951; 28:1856
Núñez Jiménez, Antonio. 11:1640; 13:173; 14:1411; 16:230, 231; 19:2421; 22:230; 23:2497, 2498; 24:441, 471-473, 2029, 2855; 25:1604, 1606, 3415; 27:458, 2028, 2828a, 3425
Núñez Mata, Efrén. 26:560, 647
Núñez Mesa, Delio. 8:1241
Núñez Mier y Terán, Sebastián. 20:799
Núñez Miró, Isidoro. 21:4109
Núñez Montiel, Alonso E. 22:1007, 1008; 24:1567, 1568
Núñez Montiel, J. T. 22:1007-1009; 24:1568
Núñez Montiel, O. L. 22:1009, 1010
Núñez Navarrete, Pedro. 11:3824; 13:1687
Núñez Ponte, José Manuel. 21:3190, 3809
Núñez Portuondo, Emilio. 9:2487; 25:2786
Núñez Quintero, José María. 24:5220
Núñez Regueiro, Manuel. 7:5672; 11:3886; 13:2777; 27:498
Núñez Regueiro, Víctor. 25:341
Núñez Rosales, José. 19:1411; 21:2246
Núñez Rubio, Octavio. 12:3265
Núñez Segura, José A. 28:1794
Núñez Tenorio, J. R. 22:5866; 28:3361
Núñez Valdivia, Jorge E. 9:2539
Núñez West, Horacio. 25:4473
Núñez y Domínguez, José de Jesús. 3:98, 2466, 2591; 5:273, 2417; 6:2842; 7:432; 9:335a, 1852, 3163; 10:209a; 11:3031, 3161, 3248; 12:1862d; 16:1628, 1629, 1798; 21:3115; 24:3952
Núñez y Domínguez, Roberto. 2:4244
Núñez y Núñez, Eduardo Rafael. 1:1450; 2:3041, 3084; 3:3679; 4:4340, 4400; 5:4142, 4193; 6:4645, 4646; 8:4559, 4595; 9:4518; 12:3010-3012, 3118; 13:2413, 2414, 2499-2501; 14:3149; 15:2630, 2699; 16:2984; 18:2926
Nunis, Doyce B., Jr. 28:583a, 634
Nunley, Robert E. 27:1965, 2729
Nunn, George Emra. 1:730; 2:1930; 3:2225; 12:1696; 14:1782; 18:1722a
Nunn, Marshall. 3:3190; 5:3851, 3852; 6:4261; 7:4793; 15:2157
Nunn, William Curtis. 20:2848
Nuño Montes, Juan Antonio. 22:5855, 5856; 26:2332; 28:3316
Nunoa. Biblioteca Publica Municipal. 4:4522a
Nussbaum, D. W. 6:2684
La Ñusta. *See* Piorno, Clotilde P. L. de.
Nute, Grace Lee. 14:1729
Nutini, Hugo G. 24:677
Nutt, Katherine Ferris. 26:1000
Nuttall, Zelia. 1:53
Nyhus, Paul. 3:616; 6:2367, 2368
Nykl, A. R. 4:3726
Nystrom, John Warren. 3:1611; 8:2335

O

The OAS Chronicle, Washington, D. C. 28:67a
Oakes, Maud. 17:267, 268
Oakley, Amy. 7:225
Oakley, K. P. 22:997
Oaxaca (State). *Laws, statutes, etc.* 1:1652, 1653; 4:1352
Obaid, Antonio H. 27:1748
Obando, Luis de. *See* Velásquez García, José.
Obando, Néstor. 7:1195
Obando Lobano, Jorge. 3:2503
Obando V., Marcelo A. 20:791
Obayashi, Taryo. 23:502; 27:1148
Obenauer, K. 27:2357
Oberacker, Karl-Heinrich. 2:1415, 1645; 4:3486
Oberacker Júnior, Carlos Henrique. 21:4282; 23:3914; 24:4464, 4521; 26:282
Oberdam Perrone, Revel. *See* Perrone, Oberdam Revel.
Oberem, Udo. 22:3462; 23:797, 798
Oberg, Kalervo. 14:514, 515; 15:444; 19:30, 782; 22:6020, 6030; 23:11, 761; 25:602; 27:1308
Oberhauser, F. 19:833
Oberhelman, Harley D. 23:5055
Oberlain. 6:3523
Obermeyer, Charles. 6:3750
Obino, Aldo M. 8:4892
Objío F., Sigfrido. 23:4997

Obligado, Carlos. 4:4055; 7:4750a; 10:3685, 3724
Obligado, Jorge. 7:4653
Obligado, Pedro Miguel. 14:2873
Obligado, Rafael. 6:4160; 10:3685; 18:2597
Oblitas Fernández, Edgar. 24:4313
Oblitas Poblete, Enrique. 10:3981; 16:2985; 20:703a; 23:840; 27:1191; 28:3038
O'Bourke, Juan E. O. 4:480; 9:729
Obregón, Álvaro. 23:3298; 24:3933
Obregón, Gonzalo. 8:746; 12:593; 15:563, 1382; 18:436, 437, 1783; 20:979; 22: 1159; 25:3190, 3263; 28:199
Obregón, Manuel F. 5:2048, 2049; 6:2603
Obregón, Pedro de. 11:2035
Obregón, Rodolfo. 9:4628; 11:3717-3719
Obregón Andrade, Luis Felipe. 14:3389
Obregón Botero, Rafael. 8:1491a
Obregón de la Parra, Jorge. 14:177
Obregón Loría, Margarita. 10:41, 42; 11:30; 12:26
Obregón Loría, Rafael. 7:3301; 8:1953; 10: 2904, 2905; 20:1705; 21:2853; 22:4056
Obregón Santacilia, Carlos. 3:474; 8:815; 14: 645; 18:502; 24:1749; 25:3302
O'Brian, Patrick. 27:839
O'Brien, Eric. 16:1675
O'Brien, John A. 9:162
Obry, Olga. 16:2145; 22:3849
Observador, pseud. 10:4473
O Observador Econômico e Financeiro, Rio de Janeiro. 6:1918; 9:1741
Observatorio Nacional do Rio de Janeiro. 1:519
Obyden, Konstantin Mikhailovich. 23:2914; 25: 3416
Ocádiz, Roberto. 25:5728
O'Callaghan, Mary A. 11:2095
Ocampo, Alcides. 4:2166
Ocampo, Manuel. 16:1799
Ocampo, María Luisa. 9:4629; 14:2786
Ocampo, Salvador. 23:1686
Ocampo, Silvina. 12:2563; 14:2787; 23:4998; 26:1643; 28:2156
Ocampo, Victoria. 3:3190a; 7:5426; 22:4825
Ocampo de Gómez, Aurora Maura. 28:1795, 2368
Ocampo Moscoso, Eduardo. 21:2324; 24:4314
Ocampos, Armando R. 9:2943, 3264
Ocaña, Diego de. 22:4727
Ocantos, Carlos María. 1:2064; 3:3353
Ocaranza, Fernando. 3:2410; 5:2418-2420, 2890; 8:3005; 9:3218; 11:2357, 2358; 12: 1863; 19:3332-3334; 21:2539, 2540, 2572; 25:3171, 3172
Occidente, La Habana. 23:2808
Ochagavía Fernández, Diego. 28:789a
Ochoa, Arnulfo. 3:3424
Ochoa, Enriqueta. 16:2725
Ochoa, Lisandro. 16:2013
Ochoa, Raúl. 9:1544
Ochoa Brun, Miguel-Ángel. 22:3421; 25:3494
Ochoa Campos, Humberto. 28:1857, 1858
Ochoa Campos, Moisés. 8:747; 9:274; 10:2582; 11:3005; 20:2849; 25:3234; 27:1899
Ochoa Castro, Carlos. 10:3328
Ochoa Esquivel, Elena. 10:913
Ochoa Ortiz, Francisco. 24:4864; 27:3720
Ochoa Quiroz, Jorge. 21:4567
Ochoa Romani, Juan. 16:738
Ochoa Sandoval, Eglantina. 21:3985; 23:4999
Ochoa Sierra, Blanca. 9:419; 10:317; 11:307, 392
Ochoa Velázquez, Alfonso. 14:1348
Ochoa Velázquez, Ángel S. 9:2815; 25:3117a
Ochoterena, Isaac. 14:289

Ockham, William. 22:5915
O'Connell, Richard B. 24:5654
O'Connell, Richard L. 9:3971
O'Connor, Hugo. 18:1767
O'Connor, James. 27:3426
O'Connor, Juan José. 7:3983
O'Connor, Thomas F. 9:2816
O'Connor d'Arlach, Tomás. 13:1623; 18:2090
Octaviano, Manuel. 5:3979
Octávio, Pedro. 17:2638
Octávio, Rodrigo. 1:1285, 1391, 1763; 2:1722, 2892; 3:3513; 6:3647, 4332; 8:4633
Octávio de Langgaard Menézes, Rodrigo. See Octávio, Rodrigo.
Octávio Filho, Rodrigo. 10:3169; 14:2331; 22:5477; 23:5431
Octávio Filho de Langgaard Menézes, Rodrigo. See Octávio Filho, Rodrigo.
Oddo, Julio Armando. 9:4522
Oddon, Yvonne, 19:604
Oddone, Jacinto. 3:2661; 15:2022; 25:3636
Oddone, Juan Antonio. 21:3175; 23:3807; 27 2469; 28:1221
Oddone, Rafael. 14:2203
Odelberg, Wilhelm. 25:3106a
Odell, Peter R. 27:1765, 2688
Odena, Isidro J. 8:4017
Oderigo, Hugo A. 19:5425
Oderigo, Mario A. 8:4616; 11:3485; 12:3137; 18:2935; 23:4591; 25:4081
Odermatt, Juan. 3:1785
Odlozilík, Otakar. 11:2096; 12:1863a
Odman, O. H. 23:2708
O'Dogherty, Ángel. 18:1723
O'Donnell, J. P. 7:2173
O'Donnell, Walter J. 2:1853
Odría, Manuel G. 15:1340a; 17:1353; 19:2933; 20:3072
Odriozola, Fernando. 28:2621
Odriozola, Raulita Guerra. 28:2621
Odrisola, Ricardo. 20:3604
O'Dwyer, William. 23:2042
Oefner, Luis M. 8:381
Oeste de Bopp, Marianne. 18:2444; 19:4664; 23:3227; 24:3857; 25:3304; 26:561
Oesterheld, H. G. 5:1816
Oetteking, Bruno. 16:425; 17:386
Oetting, E. R. 27:1354
Oeyen, Ch. A. M. 26:2302
Offin, C. Z. 8:696
Oficina Cartográfica Ludwig, Buenos Aires. 27:2836-2836b
Oficina Cartográfica Nacional, Lima. 27:2879
Oficina de Educación Iberoamericana, Madrid. 27:2405
Oficina Iberoamericana de Seguridad Social. 20:3561
Oficina Internacional de Investigaciones Sociales de FERES, Fribourg. 27:3024a
Oficina Internacional del Trabajo. 8:3673-3679, 3685; 9:1013, 3556, 3564, 3567-3569
Ogden, Adele. 8:3030; 11:1936
Ogden, Charles Key. 20:4887
Ogg, F. A. 2:3005
Ogilvie, John. 6:526
Oglesby, Catharine. 5:348, 742, 743, 1611; 6:753
Oglethorpe, James. 1:760
Ognibene, Armando. 5:1501
O'Gorman, Cecil Crawford. 5:764
O'Gorman, Edmundo. 3:2592; 4:2679, 2694, 3044; 5:669, 670, 2337-2342, 2421, 3347; 6:2802; 7:2822, 2876, 2901; 8:2939, 3951, 4928; 9:2693; 10:2506, 3540; 11:646, 1937, 2264; 13:1153, 2763; 14:2108, 2120;

15:1095, 1436; 1473; 17:1489; 20:2411, 2467, 4796; 21:966; 22:2834, 5912; 25:606, 3013; 27:677; 28:434a, 501, 634a, 635
O'Gorman, J. 9:760
Ogrizek, Doré. 22:2212; 24:6424
Ogrsted, Anders Sandoe. 6:2241
Ohanian, Armên. 22:4744
O'Hara, Hazel. 19:392
O'Higgins, Bernardo. 13:1493; 14:2190; 15:1658; 16:1957; 17:1786; 18:2102; 19:3868; 22:3541; 23:3734; 24:4203, 4204; 26:967, 968; 28:1002-1002b
O'Higgins, Tomás. 9:2901
Ohlweiler, Otto Alcides. 22:1649
Ohnet, Jorge. 8:4432
Oil and Gas Journal, Tulsa. 5:804
Oitavén, Alberto V. 7:2274; 11:958, 959
Oiticica, César. 28:375
Oiwa, Yoshihiro. 28:3028
Ojea, Julio Óscar. 10:4025
Ojea Quintana, Julio M. 16:3291; 17:2959; 23:5870
Ojeda, Carlos Charlin. 2:1381
Ojeda, Enrique. 26:1605
Ojeda, Gonzalo Miguel. 19:3177; 24:3822
Ojeda, Olivia. 11:31
Ojeda, Roseliano. 27:2104
Ojeda Garcuño, José. 10:1600
Ojeda Salazar, Federico. 24:4808
Ojer, Pablo. 22:3436; 25:3471-3473; 28:878-878b
Ojer Celigueta, José. 28:879
O'Kelly, James. 25:3845
Okun, Bernard. 24:1987
Okunev. 26:93
Olaechea Labayen, Juan B. 23:3028; 26:385; 28:441a
Olaechea, Manuel Augusto. 6:3820
Olaizola, Sabas. 5:4309; 19:2089
Olañeta, Casimiro. 5:3030, 3433
Olano, Carlos B. 7:2324
Olarán Chans, Justo. 2:743a
Olarte Sáenz del Castillo, Teodoro. 26:2310; 28:3225
Olascoaga, Laurentino. 5:2994, 3348; 6:2550, 3734; 8:3212
Olascoaga, Manuel J. 1:606; 16:1187
Olaso, Ezequiel de. 28:3290, 3291
Olaso Junyent, Luis M. 25:4127
Olate Vásquez, Hugo. 16:739
O'Laughlin, Carleen. 25:1595
Olavarría Ávila, Julio. 2:802; 16:3105; 27:3795
Olavarría Bravo, Arturo. 26:1150
Olavarría Suero, Enrique. 8:1663
Olavarría y Ferrari, Enrique. 17:1444; 26:1912
Olavarriaga, Pedro José de. 28:861n
Olavarrieta, S. T. 23:1276
Olave, Francisco. 8:1974
Olave, Óscar. 18:2135
Olaverreta, José de. 2:1433
Olayo Hinojosa, Jesús. 15:1149
Olazcoaya, Quintín. 11:756
Oldenburg (City). Landesmuseum. 28:391
Olderogge, D. A. 20:235
Oldman, Oliver. 25:1664
Oldman, W. O. 17:157
Olea, Héctor R. 9:3033; 13:1507; 15:2654; 24:3953
Olea Morca, José R. 14:2388
Olea Muñoz, Xavier. 19:4264
Olea y Leyva, Teófilo. 11:3611
O'Leary, Daniel Florencio. 18:2146
O'Leary, Timothy J. 27:164a, 1149

Oleastro, Francisco S. 10:3980
Olema García, Daura. 26:1576
Olguín, D. S. 10:4549
Olguín, Dardo. 12:27, 1533, 3464, 3511; 24:6082; 25:3637
Olguín, Manuel. 19:5743; 20:4263
Olguín H., Humberto. 11:632
Oliden L., Douglas. 11:719, 1031
Oliger, Livario. 2:1817
Olinto, Antônio. 17:2639; 20:4412; 21:4389; 23:5435
Olinto de Oliveira, Mário. *See* Oliveira, Mário Olinto de.
Oliva, Manuel G. 13:257
Oliva, Marcos Agustín. 8:1757; 21:4912
Oliva, Raphael. 1:1392; 2:3072
Oliván Palacín, F. 16:991-991d
Olivares, José Manuel. 10:2807
Olivares, Juan. 13:216
Olivares, R. 8:3318a
Olivares Barradas, José. 28:1859
Olivares Carrillo, Armando. 21:3986
Olivares Ferreira, Juan Bautista. 5:3042
Olivares Figueroa, Rafael. 4:4056; 5:3853; 6:2036, 4083; 7:2004, 8:1995, 4125; 9:1903-1905, 4825, 4826; 10:1666, 1705, 1706, 1722-1724, 3512; 11:1417-1421, 1448, 1495, 1496, 1512, 3848; 12:475, 1209, 2349, 2659, 3432; 13:2708, 2709; 14:2925; 15:474; 16:418
Olivares Molina, Luis. 26:880
Olivari, Carlos A. 21:4226
Olivari, Nedda. 24:6281
Olivari, Nicolás. 5:3854; 18:2544; 19:5168; 20:4100; 28:2157, 2320
Olivari, Ricardo E. 27:2159
Olivas, Antonio. 5:133; 6:4002; 7:179; 8:64
Olivé Negrete, Julio César. 5:2142; 21:52; 22:64; 25:459
Oliveira, A. Camillo de. 19:2634
Oliveira, A. Gonçalves de. 23:2887
Oliveira, Abgar Soriano de. 6:4728
Oliveira, Adozindo Magalhães de. 17:822
Oliveira, Agenor Lopes de. 23:4460
Oliveira, Alaíde Lisboa de. 22:2041; 28:1604
Oliveira, Alberto de. 10:3910
Oliveira, Albino José Barbosa de. 9:3447
Oliveira, Alfredo Queiroz. 4:723
Oliveira, Almir de. 14:2300
Oliveira, Álvarus de. 5:3980; 8:4292; 9:4256; 12:2853
Oliveira, Américo Leonidas Barbosa de. 6:1738; 9:2323; 12:1472, 1473; 11:1429; 22:1650; 27:2358
Oliveira, Antônio Carlos de. 7:1622
Oliveira, Antônio Castilho de Alcântara Machado de. 25:4746
Oliveira, Antônio Corrêa d'. 3:3571
Oliveira, Antônio Mariz de. 10:1335
Oliveira, Antônio Moniz de Souza e. 11:2628
Oliveira, Armando de. 2:2938
Oliveira, Armando de Salles. 2:984, 1479, 1480; 3:1860
Oliveira, Arthur Ribeiro de. 2:3028
Oliveira, Arthur Vasco Itabaiana de. 19:5504
Oliveira, Avelino Ignácio de. 4:726, 6:1739, 2481; 7:1675; 9:2360; 12:1075, 1457; 17:1193; 18:1422; 20:2072
Oliveira, Beneval de. 9:1703, 1716, 2308, 2361-2363; 10:2190; 11:1797; 14:1531; 16:1287; 24:3056
Oliveira, Benjamín Coelho de. 1:1598; 7:4401
Oliveira, C. A. Barbosa de. 4:2004; 8:3400
Oliveira, Cândido de. 28:1605
Oliveira, Carlos Gomes de. 5:1485; 6:4333; 9:1632

Oliveira, Carlota Cardozo de. 16:575; 28:327
Oliveira, Cézar R. L. de. 16:2645
Oliveira, Clodoveu D'. 1:1679
Oliveira, Clovis de. 7:5552; 20:1430
Oliveira, D. Martins de. 2:2939; 4:4337; 8:2081, 4293; 19:5355; 22:5458
Oliveira, Dolores de. 5:1634
Oliveira, Eleuterio de. 7:2570
Oliveira, Elias de. 18:2940
Oliveira, Euzébio Paulo de. 3:653; 6:2482; 11:1751
Oliveira, F. Batista de. 6:2504
Oliveira, F. L. Tôrres de. 16:2355
Oliveira, Felippe d'. 3:3572; 4:4263; 5:4082
Oliveira, Fernando Correia. 27:4228, 4243
Oliveira, Flório José de. 14:2301
Oliveira, Francisco José R. de. 10:2191, 2192, 2243
Oliveira, Francisco Salles de. 4:806, 1763
Oliveira, Franklin de. 12:2854; 23:5436; 24:2078; 25:2737; 28:2543
Oliveira, Goulart de. 7:5227
Oliveira, H. D. 4:2025
Oliveira, Haroldo Cândido de. 14:597
Oliveira, Hélio Lourenço. 12:1217y
Oliveira, Humberto de. 13:2611
Oliveira, J. Lourenço de. 9:4122
Oliveira, J. M. Cardoso de. 9:908
Oliveira, João Baptista Carvalho de. 7:5013; 19:1263
Oliveira, João Baptista Perdigão de. 3:1685
Oliveira, João Daudt de. 10:2200, 12:1107, 1118
Oliveira, João Gualberto da. 21:4609; 28:1255
Oliveira, Jocy de. 26:2078
Oliveira, Jordão de. 28:2423
Oliveira, José Carlos. 26:2111
Oliveira, José Coutinho de. 18:2827
Oliveira, José Feliciano de. 19:4074
Oliveira, José Joaquim Machado d'. 2:2878
Oliveira, José Osório de. 2:3203; 3:3514, 3551; 4:4174; 5:3940; 8:4235; 13:2328; 14:3088; 17:2592; 24:5727
Oliveira, José Teixeira de. 7:2415; 8:4237; 10:3131; 16:2057; 17:1867
Oliveira, Juscelino Kubitschek de. 20:1763; 21:1767; 22:1326, 2017, 2654; 23:2866; 24:3499; 27:1767c, 3273
Oliveira, Lúcia de. 25:2397
Oliveira, M. Marques de. 3:646
Oliveira, Manuel Botelho de. 19:5346
Oliveira, Maria de Lourdes Paz. 18:1167
Oliveira, Maria Manuela Moreno de. 28:1606
Oliveira, Mário Olinto de. 5:1502; 9:1817; 10:1554
Oliveira, Mário Pessôa de. 1:1286
Oliveira, Marucia de. 6:4381
Oliveira, Moacyr Félix de. 24:5790; 28:2602
Oliveira, Moacyr Velloso Cardoso de. 3:692a; 10:3369; 19:4463; 23:4282; 24:6290
Oliveira, Odilon de. 23:4461
Oliveira, Olavo. 7:2571; 15:2616
Oliveira, Oscar de. 6:3552
Oliveira, Otávio G. de. 13:1889; 14:2487
Oliveira, Paulo Erichsen de. 5:1651; 20:2073
Oliveira, Pedro M. 5:3349; 6:2018, 2019
Oliveira, Petronilo Santa Cruz. 4:665
Oliveira, Roberto Cardoso de. 22:462; 23:727, 762; 24:826-828; 25:549, 550, 2738; 27:1238-1238d, 4244
Oliveira, Salustiano de. 18:1521
Oliveira, Saturnino de Souza e. 4:3499
Oliveira, Sebastião Almeida. 4:1888; 5:1625; 6:2055, 2125, 2505, 4411, 4412; 8:2140, 4236
Oliveira, Valdemar de. 8:1906; 22:5459

Oliveira, Vidal de. 7:5051, 5071, 5084; 9:4342
Oliveira, Walter Martins de. 4:2283
Oliveira, Wilson Barcelar de. 8:4294; 23:4567
Oliveira, Xavier de. 3:1880; 8:1008
Oliveira Andrade, Darcy Bessone de. See Andrade, Darcy Bessone de Oliveira.
Oliveira Andrade, Gilberto Osório de. See Andrade, Gilberto Osório de Oliveira.
Oliveira Azevedo Filho, José Bueno de. See Azevedo Filho, José Bueno de Oliveira.
Oliveira Barreto, Arnaldo. See Barreto, Arnaldo Oliveira.
Oliveira Belchior, Elysio de. See Belchior, Elysio de Oliveira.
Oliveira Bello, Luiz Alves de. See Bello, Luiz Alves de Oliveira.
Oliveira Campos, Roberto de. See Campos, Roberto de Oliveira.
Oliveira Castro, Oscar. See Castro, Oscar Oliveira.
Oliveira Cavalcanti, Pedro de. See Cavalcanti, Pedro de Oliveira.
Oliveira Cézar, Filiberto. See Cézar, Filiberto Oliveira.
Oliveira Cézar, Ramón Luis de. See Cézar, Ramón Luis de Oliveira.
Oliveira China, José B. d'. See China, José B. d'Oliveira.
Oliveira Dias, Demósthenes de. See Dias, Demósthenes de Oliveira.
Oliveira e Castro, Luiz Joaquim de. See Castro, Luiz Joaquim de Oliveira e.
Oliveira e Cruz, João Claudino. See Cruz, João Claudino de Oliveira e.
Oliveira e Silva, Francisco. See Silva, Francisco Oliveira e.
Oliveira Esteves, Albino de. See Esteves, Albino de Oliveira.
Oliveira Figueiredo, Guilherme de. See Figueiredo, Guilherme de Oliveira.
Oliveira Filho, Cândido de. 1:1549; 4:4334; 6:4558, 4619; 10:4082
Oliveira Filho, Manoel Pais de. 7:1817
Oliveira Franco Sobrinho, Manoel de. See Franco Sobrinho, Manoel de Oliveira.
Oliveira Guimarães, Jorge Maia de. See Guimarães, Jorge Maia de Oliveira.
Oliveira Júnior, Ernesto Luis de. 20:1779, 1788; 25:2176, 2177; 27:2633
Oliveira Lima, Edgard de. See Lima, Edgard de Oliveira.
Oliveira Lima, Flora de. See Lima, Flora de Oliveira.
Oliveira Lima, Lauro de. See Lima, Lauro de Oliveira.
Oliveira Lima, Manoel de. See Lima, Manoel de Oliveira.
Oliveira Machado, Álvaro. See Machado, Álvaro de Oliveira.
Oliveira Mafra, Antônio Carlos de. See Mafra, Antônio Carlos de Oliveira.
Oliveira Marques, José de. See Marques, José de Oliveira.
Oliveira Martins, Ibiapaba de. See Martins, Ibiapaba de Oliveira.
Oliveira Monteiro, Antenor de. See Monteiro, Antenor de Oliveira.
Oliveira Mota, Fernando de. See Mota, Fernando de Oliveira.
Oliveira Moura Braz, Cézar Augusto de. See Braz, Cézar Augusto de Oliveira Moura.
Oliveira Neto, Cândido de. 6:4558
Oliveira Neto, Luis Camilo. 6:655
Oliveira Orlandi, José de. See Orlandi, José de Oliveira.

Oliveira Paiva, Manoel de. *See* Paiva, Manoel de Oliveira.
Oliveira Pena, Paulo Camilo de. *See* Pena, Paulo Camilo de Oliveira.
Oliveira Penna, Odete Senna de. *See* Penna, Odete Senna de Oliveira.
Oliveira Ramos, Nerêu de. *See* Ramos, Nerêu de Oliveira.
Oliveira Reis, José de. *See* Reis, José de Oliveira.
Oliveira Ribeiro Neto, Pedro Antônio de. *See* Ribeiro Neto, Pedro Antônio de Oliveira.
Oliveira Rodrigues, Raul. *See* Rodrigues, Raul Oliveira.
Oliveira Roma. 7:5276
Oliveira Rosa, Júlio. *See* Rosa Júlio Oliveira.
Oliveira Roxo, Matias G. de. *See* Roxo, Matias G. de Oliveira.
Oliveira Santos, Ruy de. *See* Santos, Ruy de Oliveira.
Oliveira Schwölk, Josette Maria de. *See* Schwölk, Josette Maria de Oliveira.
Oliveira Souza, Cândido Xavier de. *See* Souza, Cândido Xavier de Oliveira.
Oliveira Strambi, Armando. *See* Strambi, Armando Oliveira.
Oliveira Tôrres, João Camilo de. *See* Tôrres, João Camilo Oliveira.
Oliveira Tôrres, José Camilo de. *See* Tôrres, José Camilo de Oliveira.
Oliveira Vianna, Carlos de. *See* Vianna, Carlos de Oliveira.
Oliveira Vianna, Francisco José de. *See* Vianna, Francisco José de Oliveira.
Oliveiro Paiva, Benedicto de. *See* Paiva, Benedicto de Oliveiro.
Oliver, Bryce. 8:3604; 11:64; 12:2301
Oliver, E. T. 1:409
Oliver, Joaquín. 5:1772
Oliver, M. M. 1:1197
Oliver, María Rosa. 15:2330a
Oliver, Pedro Juan. 6:3524
Oliver Azócar, Carlos. 11:1870
Oliver Belmás, Antonio. 25:4541
Oliver de Hill, Ruth. 22:6015
Oliver Frau, A. 4:3966
Olivera, Julio H. G. 27:1766
Olivera, Mercedes. 27:952
Olivera, Miguel Alfredo. 20:3664
Olivera, Otto. 17:2317; 21:3833
Olivera, Ricardo. 16:4
Olivera Lavié, Héctor. 3:3263; 7:4703; 11:3259
Olivera Rivarola, Isabel. 27:1810
Olivera Sedano, Alicia. 20:236
Olivera Sedano, Francisco Javier. 22:4594
Oliveras, Cándido. 16:2456
Oliveres, Francisco N. 4:3745
Oliveres, Ramón. 18:2215
Oliveros, Ángel. 25:2133b
Olivers, Alberto. 3:805
Oliveros-Delgado, Rafael. 18:2635
Olivetti, Benedicto. 20:2257
Olivier, Sydney Haldane. 2:565
Oliviera, Paulo Emílio de. 21:1430
Olivieri, Francisco José. 28:3282
Olivieri, Magda. 28:2255
Olivola, Félix de. 2:1741
Olivos, Luis. 26:66; 27:165
Ollé Pinell, A. 28:418a
Ollero, Carlos. 18:1610
Ollivier, Emile. 28:635a
Olmedilla, Carlos. 23:3299
Olmedo, Daniel. 19:3178, 3335
Olmedo, José. 27:3427
Olmedo, José Ignacio. 17:1772

Olmedo, José Joaquín de. 11:3302; 13:**1154,** 2167; 25:4475, 4542
Olmedo Cortés, Héctor. 15:1651
Olmedo López, Eduardo. 22:5321
Olmo Barrios, Francisco del. 15:1117
Olmos, Gualberto. 21:2247
Olmos, Ramón Rosa. 22:3409
Olmos Castro, Amalio. 6:3087; 7:1349; 9:**3603**
Olmos Saavedra, Raúl. 23:1814; 27:2198
Olmsted, David L. 19:579; 20:3665; 21:461; 27:1467
O'Loughlin, Carleen. 23:1818
Olozábal, Gustavo de. 6:3406
Olrog Claës Chr. 15:1215; 23:2580
Olsacher, Juan. 21:2068
Olschki, Giulio Cesare. 15:2208
Olschki, Leonardo. 7:2852; 9:2159, 2669
Olsen, A. E. 8:1601
Olsen, Carroll. 26:1328
Olson, Paul R. 9:1014; 18:2371
Oltman, R. E. 27:2956
Olvera, Jorge. 18:438; 26:158; 28:156
Olvey, Charles W. 23:330
Olympio, Domingos. 15:600, 2534
Omachi, Shiro. 5:1739
Omaechevarría, Ignacio. 19:3336
Omar Barrera, Rosier. 23:2581
Omiste, Modesto. 12:1903a
Oms de Santa Pau Olim de Sentmanat y de Lanuza, Manuel de. 28:911a
Oña, Leandro de. 19:258
Oña, Pedro de. 2:2473; 11:3040; 14:2650
O'Nan, Martha. 22:5460
Oñat, Roberto. 19:3473
Oñativia Óscar V. 17:2887; 27:2470
Ondarza O., Antonio S. 27:3350
O'Neale, Lila M. 2:111, 226, 227, 387; 3:260; 8:191, 342; 11:266; 12:342; 13:284; 14:179; 426; 15:295, 426; 19:489
Onega, Gladys S. 28:1796
O'Neill, Carlota. 28:1860
O'Neill de Milán, Luis. 20:4101
Oneto, Ricardo. 7:1401
Onetti, Carlos María. 6:2053, 3241; 9:3886
Onetti, Juan Carlos. 7:4704; 16:2646; 17:2401; 22:4947; 25:4426; 26:1689; 28:2061-2063
Onetto, Carlos Luis. 9:730; 14:672
Onfray Reimers, Ricardo. 10:1251
Ongay Muza, Danilo. 28:68, 157
Onís, Federico de. 21:4110; 22:5165; 24:3712, 5121; 25:5393
Onís, Harriet de. 7:4728; 9:3970; 10:3611, 3692; 11:1610a; 12:1610a; 13:530, 1155; 14:2845; 21:3923; 23:848; 24:5233, 5270; 26:2008; 28:2440, 2543 5054; 21:2456; 23:5201
Onís, José de. 17:1430, 1431; 18:3361, 20:5054; 21:2457; 23:5201
Onody, Oliver. 20:1431; 24:2079, 3504
Onofrio, Paulo. 22:1651
Onolita Peixoto, Maria. *See* Peixoto, Maria Onolita.
Onorate, Ettore. 16:256
Ontaneda, Carlos. 5:1373; 6:1600
Ontañón, Eduardo. 6:843; 8:593; 12:81
Ontañón, Mada. 8:813, 822; 9:761, 843
Ontiveros Hernández, David. 27:1900
Onzari, Fabián. 7:2518
Opazo, Roberto. 4:1254
Opazo Maturana, Gustavo. 1:865; 4:2855; 5:2524; 6:3026; 7:3093; 8:3105; 28:1176a
Opie, Redvers. 20:3423
Opitz, Oswaldo. 24:4846
Opler, Marvin K. 23:652

Opoe, Misael d'. 1:2065
Oporto Crespo, Alfredo. 10:1214; 11:994
Oportus Durán, Carlos. 13:1077
Oppenheim, Víctor. 1:442, 511; 2:181, 335, 1239, 1241; 6:2153, 2413; 7:464, 2156; 2157, 2219; 8:2237, 2239, 2404; 9:545, 593, 2264-2266; 10:319; 11:1725; 12:1430, 1431; 13:891; 14:1329, 1383; 15:1160; 16: 1219; 17:192; 22:2213
Oquelí, Arturo. 14:2926; 18:2545
Oramas, Luis R. 6:469, 3082; 9:454; 11:1628; 12:357; 13:1376; 16:257
Orantes, José Andrés. 7:257; 8:1988; 9:1845
Orantes, Romeo León. 7:5192
Orantes, Teófilo H. 26:648
Orazi, Ángelo. 5:556
Orban, Victor. 6:3648
Orbegoso, Luis José de. 7:3568
Orbegoso Rodrígues, Efráin. 20:2045; 22:2446; 25:2325
Orbigny, Alcide d'. 5:1648; 10:437
Orbina, Vásquez G. 8:4604
Orbón, Julián. 11:3786
Orcajo Acuña, Federico. 2:2601
Orce Remis, Guillermo. 25:4476; 26:2348
Ordaya Espejo, Teogonio C. 22:3410
Ordaz, Luis. 12:2422, 2777; 21:4245; 24: 5626, 5627; 26:1913; 28:2369
Orde-Browne, G. St. J. 5:830
Ordenes Sandoval, Pedro. 6:3703
Ordish, George. 27:628, 2710
Ordóñez, Eduardo. 19:5169
Ordóñez, Ezequiel. 1:54; 7:2110; 9:2062; 11:1596
Ordóñez, Manuel A. 1:1457
Ordóñez, Manuel V. 27:3014
Ordóñez, Martín. 24:628
Ordóñez, Pastor. 8:430
Ordóñez, Plinio D. 13:42; 26:562
Ordóñez Arguëllo, Alberto. 12:2468; 13:2203; 18:2445
Ordóñez de Cevallos, Pedro. 7:2966
Ordóñez Fetzer, Marco Tulio. 9:3502
Orduz, Carlos E. 24:2022
Orduz León, Álvaro. 10:582
Oré, Luis Gerónimo de. 2:1818
Orea, Basilio. 22:5715
Oreamuno, José Rafael. 12:738a-739a
O'Reilly, Pamela. 16:237
Orellana, Daniel. 20:3086
Orellana, J. Gonzalo. 14:1728
Orellana B., Rodrigo. 6:2414
Orellana Cardona, Manuel. 10:3251
Orellana R., Mario. 27:579, 580
Orellana Ricaurte, Rubén. 16:2392; 23:4255
Orellana Tapia, Rafael. 18:70, 71; 19:139, 140; 20:151, 152; 22:586
Orellano, Adolfo. 4:4413
Orendáin, Leopoldo I. 15:564, 565; 16:548, 549; 17:437; 18:439; 20:980; 24:1684; 25:670; 28:283
Orezzoli, Rosa Y. 28:69
Orfila, José Carlos. 24:2012
Orfila Reynal, Arnaldo. 9:4909; 19:2879
Orgambide, Pedro G. 20:4009; 28:1983, 1984, 2322
Organismo Internacional Regional de Sanidad Agropecuaria. 24:6239
Organización de Estados Centroamericanos. 22:4012, 4013; 23:1687
Organización Iberoamericana de Seguridad Social. 20:3562; 23:4219, 4220, 4260; 24:6240, 6253, 6254, 6268-6270, 6282
Organización Regional Interamericana de Trabajadores. See Inter-American Regional Organization of Workers.

Organization of American States. 14:2376, 2377, 2380; 15:1937-1942; 16:609a, 2242-2248; 17:1977-1980, 1993; 18:2187a-2188; 19: 1960, 2865, 4216, 4242-4244; 20:3451; 21:1251, 4705; 22:1652; 23:1688-1691, 2204, 4217, 4218, 4660; 24:2995; 25: 18, 19, 1468-1471, 2250, 2251, 2653-2655
Organization of American States. Advisory Committee on Housing in Latin America, Meeting, Bogotá, 1961. 24:6221
Organization of American States. Coordinating Committee on Technical Assistance. 18:2189
Organization of American States. Council of the Organization. 27:3117b, 3330
Organization of American States. Economic Conference, Buenos Aires, 1957. 21:1251, 1431
Organization of American States. General Secretariat. 27:3117c
Organization of American States. Inter-American Commission on Human Rights. 27:3117d, 3428, 3480
Organization of American States. Inter-American Economic and Social Council. See Interamerican Economic and Social Council.
Organization of American States. Inter-American Peace Committee. 27:3117f, 3117g
Organization of American States. Investigating Committee of the Organ of Consultation. 16: 2252
Organization of American States. Mission of Technical Assistance to Honduras on Agricultural Reform and Development. 27:2730
Organization of American States. Secretary General. 16:2253; 22:1416
Organization of American States. Special Commission on the Programming and Development of Education, Science and Culture in Latin America. 27:2406b
Orgão Oficial do Território do Acre. 5:2230
Orgaz, Alfredo. 3:3639, 3700; 5:4167; 12: 3093; 18:2936; 25:3638, 4055; 27:3749
Orgaz, Arturo. 7:3902, 5148; 18:2848; 22: 5418
Orgaz, Raúl Andrés. 3:2662; 4:3190; 6:3407, 3408; 7:3462; 8:4842, 4911; 17:985; 24:6008
Oría, Jorge S. 3:743
Oría, José A. 2:2602; 3:2201a; 6:3409, 4055; 20:4750
Oría, Salvador. 10:1170; 12:895, 896
Oribe, Emilio. 10:3731, 4526; 17:960, 2946; 25:4474, 5384; 28:3292
Orico, Osvaldo. 1:1357, 1358; 3:1502; 4:4273; 5:4083; 6:4406; 8:4433; 9:2620; 12:2896; 13:2359; 14:3070; 19:4023; 20:4341; 22:1335; 24:3057; 25:4672
Orientación Económica, Caracas. 25:1644
Orientación Musical, México. 7:5592; 9:4709
Orientador Fiscal, São Paulo. 9:1742
Orihiela, E. 26:1172
Oriol, Raymond B. 19:2422
Orione, Francisco. 1:1528; 10:4141; 13:2539
Orique, Bernardino E. 21:3174
Orive Alba, Adolfo. 9:2063; 12:770; 27:1901
Orjuela Hidalgo, Gustavo. 5:4184; 6:1190
Orlandi, Héctor Rodolfo. 9:3265; 23:4544
Orlandi, José de Oliveira. 24:4522
Orlandi Araya, Julio. 12:2469; 19:4756; 25:4410
Orlandini, Alberto F. 21:3988
Orlandini, Enrique. 10:2841
Orlandini, Luis F., h. 14:592
Orlandini Molina, Luis. 24:6283
Orlando, Paulo. 12:2943
Orlando, Pedro. 4:750; 21:4503; 26:1364
Orloski, John A. E. 9:1152; 10:997

Ormas, Luis R. 24:454
Ormival, Luis de. 17:914, 915
Ornague, Enrique E. 16:1025
Ornelas, Rodolfo. 7:925
Ornelas de Souza, Álvaro. *See* Souza, Álvaro Ornelas de.
Ornelas Hernández, Adolfo. 1:2104
Ornelas Mendoza y Valdívia, Nicolás Antonio de, *Father*. 8:3031; 25:671
Ornellas, Manoelito de. 5:3939; 9:4184; 11:3388; 14:2302
Ornes, Germán E. 17:628; 22:2684, 3273; 24:3556
Ornes, Horacio. 21:2945
Ornstein, Jacob. 17:2252
Ornstein, Leopoldo R. 4:3175; 12:1534; 22:2808
Oro Maini, Atilio dell'. 8:3092
Orona Rovar, Jesús. 17:1349
Oropesa, Juan. 3:2504; 10:1081; 11:1938, 3887; 13:672, 1508
Oropeza, Ambrosio. 10:2383
Oropeza, Atanasio. 6:954
Oropeza, Mariano C. 4:1337
Oropeza Castro, Manuel. 13:205
Orosa Díaz, Jaime. 11:1597; 14:762, 832; 20:4223
Orosco, E. 7:672a, 1677; 27:2359
Orosco, Germán. 6:803, 7:572, 2275; 8:2445, 2490; 10:2080
Orosco, María Teresa. 6:4262
Oroz, Rodolfo. 2:2473, 2515; 3:3425; 4:3746; 6:3862, 3941; 7:4512; 11:2950; 12:2350; 16:2495; 18:2356; 19:4539, 4642; 22:4334; 23:4735; 24:4766, 5026; 26:1368a, 1408, 28:1607
Oroza Daza, Julio. 12:3094
Oroza Díaz, Jaime. 28:696a
Orozco, Benjamín. 28:636
Orozco, G. 27:1624
Orozco, Gilberto. 12:82, 3421
Orozco, José Clemente. 3:473, 474, 475; 6:785; 9:834; 11:647; 14:826; 15:619, 2287; 18:493, 503; 20:1062, 1063; 25:1233
Orozco, Luis Enrique. 9:2817
Orozco, Wistano Luis. 19:1960a
Orozco Cardona, Rigoberto. 15:884
Orozco Casorla, Raúl. 9:2818
Orozco Farías, Rogelio. 28:636a
Orozco Muñoz, Francisco. 9:275; 10:166, 210
Orozco Muñoz, Julio. 8:3006; 20:2850
Orozco Ochoa, Germán. 11:3500
Orozco Romero, Carlos. 3:476; 5:713, 769
Orozco Rosales, Efrén. 7:5593
Orozco y Berra, Manuel. 4:2696; 2697; 19:76; 23:960; 24:3823; 25:156
Orphée, Elvira. 20:3966; 25:4381
Orpin, Juan. 9:2913
Orquesta Sinfónica Nacional, *Lima*. 10:4480; 11:3846; 14:3390
Orr, Carolyn. 27:1468
Orrego, Antenor. 5:3311; 20:4139; 21:2207; 24:5552
Orrego Barros, Carlos. 1:1213; 9:3304; 18:3325; 26:1151
Orrego D., Pedro Luis. 7:2775
Orrego Luco, Augusto. 1:974; 8:3319
Orrego Luco, Luis. 6:4084
Orrego Restrepo, Francisco. 8:1406
Orrego Salas, Juan A. 6:4917; 12:3347-3349; 14:3371a; 18:3006; 28:3009, 3060, 3075a
Orrego Vicuña, Eugenio. 1:946, 2005; 2:2390; 3:2544; 4:2966; 6:107, 4167; 7:4742; 11:3279; 13:1509, 1510; 14:1490, 2960; 15:2243, 2331; 17:1725, 1790
Orrillo L., Winston. 24:601

Orsenigo, J. R. 23:2554
Orsolini, Mario Horacio. 28:1121
Orssich, Adam. 20:320
Orssich, Elfriede Stadler. 20:320
Orta, Teresa Margarida da Silva e. 11:3413
Orta Nadal, Ricardo. 14:110, 111
Orta Velázquez, Guillermo. 26:2235
Ortea, Francisco. 13:2005
Ortega, Antonio. 8:3570; 12:2564
Ortega, Arturo. 11:2391
Ortega, Augusto. 8:1962
Ortega, C. A. 16:992
Ortega, Exequiel César. 10:2842; 13:1422; 16:1936; 20:3014; 28:1122
Ortega, Gregorio. 25:2834; 28:752a
Ortega, Horacio. 3:1956
Ortega, Joaquín. 8:660
Ortega, José, *Father*. 10:2547
Ortega, Julio. 28:1043a
Ortega, Manuel. 8:1253
Ortega, Miguel F. 6:370
Ortega, Pablo. 15:1014
Ortega, Pompilio. 12:2565
Ortega, Romeo. 7:359
Ortega, Víctor R. 13:1659
Ortega Arenas, Joaquín. 14:2549
Ortega Benites, Francisco V. 11:3507
Ortega C., Joaquín A. 25:3353
Ortega D'Acosta, Enrique. 3:2291
Ortega Díaz, Alfredo. 6:2275; 9:1193; 15:935, 2761
Ortega Flores, Jorge. 23:4637
Ortega Flores, Salvador. 20:1064
Ortega Frier, Julio. 4:3536; 7:2967; 10:1590; 12:1828
Ortega González, Martha M. 23:2536
Ortega Lafourie, Bernardo. 3:2292
Ortega Mata, Rolfo. 6:1306; 14:959; 16:993; 19:1946, 1961, 6033; 21:1486; 27:1902
Ortega Montañes, Juan de. 28:522
Ortega Ramos, Virginia. 20:3516
Ortega Ricaurte, Daniel. 6:2203, 3167, 3168; 7:573, 3131, 4532; 10:1988; 24:1669, 4350, 4351; 25:3724
Ortega Ricaurte, Enrique. 2:2007; 3:2293, 2294; 4:2856; 7:3214; 8:482, 483, 3442; 9:627; 10:2865; 13:1483; 15:1547; 17:1432; 18:1830, 2109; 19:3068, 3427a, 3875, 6718; 20:2723; 21:2711, 22:3437; 24:4181, 4352; 26:944
Ortega Ruiz, Francisco J. 7:978; 9:1242
Ortega Roldán, Gildardo. 23:1825
Ortega Torres, Jorge. 9:4542; 11:3628; 12:3147, 3212; 13:561, 2522, 2550; 16:3069; 22:3549
Ortega Torres, José J. 2:2710; 5:3694; 9:3887
Ortega Velarde, Luis. 27:2159
Ortega Vieto, Raimundo. 4:1441, 1442
Ortega y Díaz, Marcos. 13:1084, 2462
Ortega y Gasset, José. 3:3191; 5:4494; 6:5004; 7:5648; 8:4913, 4951; 10:4565
Ortega y Medina, Juan A. 19:77, 3337; 22:2908, 3031; 23:1408; 24:3745; 25:3106, 3222; 26:1436; 28:490, 513, 637, 637a
Ortelli, Raúl. 24:4283
Ortêncio, W. Bariani. 23:5483
Ortez Colindres, Enrique. 28:753
Orth, Pedro Ganísio. 3:2769
Ortigosa, Luis. 21:4714
Ortigoza Vieyra, Carlos. 14:2975
Ortiz, Adalberto. 11:3123a; 25:4477
Ortiz, Alfredo C. 5:1238b
Ortiz, Alicia. 19:6617; 21:3989
Ortiz, Andrés. 10:914
Ortiz, Carmelita Louise. 15:2135
Ortiz, César. 7:4293

Ortiz, Delio. 18:2077; 22:3411
Ortiz, Dionisio. 25:3749
Ortiz, Enrique. 8:1137
Ortiz, Fernando. 1:704, 777; 2:67, 2603; 3: 193, 194, 3192; 4:1834; 5:340, 356, 1598, 3506, 4356; 6:1050, 1075, 3271, 3272, 7:1934, 1998, 4533; 9:393, 394, 3823; 10: 232, 2583, 3252; 12:101; 13:174, 249, 530, 1155, 2691; 14:127, 332, 3376, 3377; 15: 417, 1426, 2453, 2810, 2811; 16:258, 532, 3183, 3184; 17:2861; 18:13, 240, 241, 1723a, 3014, 3015; 19:580, 822, 3737, 3738, 5642; 20:2468, 4961; 22:432; 25:3384; 26:763; 27:1085; 28:765a
Ortiz, Francisco Xavier. 2:1828
Ortiz, José Joaquín. 7:3525
Ortiz, Juan L. 14:2927
Ortiz, L. 25:804
Ortiz, Luis Carlos. 27:2741
Ortiz, Nair. 9:1623
Ortiz, Omar. 27:581
Ortiz, Ricardo M. 6:1473; 7:1412, 1413; 9: 1391; 10:1171; 11:960; 12:897; 19:1441, 3834, 3845; 23:1806; 27:2160
Ortiz, Roberto M. 3:1801; 4:2208, 2209, 3550; 6:2554
Ortiz, S. H. 27:3201
Ortiz, Sergio Elías. 1:844, 1221; 3:228, 335a, 2708; 4:296, 364, 365; 5:467, 501; 6: 530-532; 7:555; 8:404; 9:499, 500, 2998, 3311, 3838; 10:408, 2807a; 11:375, 2517; 12:444, 445, 451, 1977c, 1978; 15:1641; 19: 797, 798, 4525; 20:704; 25:3533, 3549; 26: 945; 27:1286b; 28:177, 442, 849, 892a, 987a-987d, 992
Ortiz, Tadeo. 18:1950
Ortiz, Yolanda. 21:4917
Ortiz Angulo, Ana. 17:2402
Ortiz Arigos de Montoya, Celia. 21:3077
Ortiz Aulestia, Elisa. 7:1891
Ortiz C., Luis B. 4:1715; 6:1199, 1210, 1369; 8:1369, 1385; 10:1061, 1067; 11:866
Ortiz Cabrera, Jorge Antonio. 15:1334a
Ortiz Céspedes, Rafael. 8:1954
Ortiz D., H. 20:3714
Ortiz de la Roche, Mario. 20:3517
Ortiz de la Torre, Manuel. 11:2359
Ortiz de Letona, Pedro Baltasar. 2:1434
Ortiz de Montellano, Bernardo. 1:2006; 6:4146; 9:4068; 12:2390, 2709, 2762; 18:2598
Ortiz de Montoya, Celia. 22:5819; 23:5857; 28:3350
Ortiz de Rozas, Alfredo. 9:3266
Ortiz de Zevallos, Carmen. 9:4630; 10:4289
Ortiz de Zevallos, Javier. 28:994
Ortiz de Zevallos, Luis. 9:2267; 11:2858
Ortiz de Zevallos Paz-Soldán, Carlos. 21:3105; 23:3836; 24:4383
Ortiz de Zevallos Vidaurre y Tagle, José. 2:2076
Ortiz Dueñas, Jorge. 9:1985
Ortiz Dueñas, Teodoro. 24:4767
Ortiz Fernández, Fernando. See Ortiz, Fernando.
Ortiz González, Rafael. 23:5146
Ortiz Guerra, Pedro Augusto. 17:2705
Ortiz Hernán, Gustavo. 3:3264
Ortiz López, Alejandro. 1:866; 6:3067, 3735
Ortiz Martín, Gonzalo. 13:2591
Ortiz Mayans, Antonio. 15:425, 2136; 28:2274
Ortiz Mena, Antonio. 20:3596; 23:2038, 2063; 24:1951, 2147, 2148; 25:3285; 27:777
Ortiz Mena, Raúl. 8:1128; 18:979; 19:1903, 1981a
Ortiz Monteiro, José. See Monteiro, José Ortiz.
Ortiz Muñoz, Pedro. 4:4337
Ortiz Oderigo, Néstor R. 10:4403; 12:3477; 16:3214; 17:2836; 20:480, 563

Ortiz Pacheco, Nicolás. 1:1198
Ortiz Patto. 4:720
Ortiz Pereyra, Manuel. 1:344
Ortiz R., Guillermo. 9:1294; 10:1062
Ortiz Reyes, José. 7:4705
Ortiz Rodríguez, José. 6:3314
Ortiz Rubio, Pascual. 2:2106; 3:2593; 28:673
Ortiz Sanz, Fernando. 5:2276
Ortiz Saralegui, Juvenal. 9:4016; 21:4111; 25: 4478
Ortiz Tirado, José M. 11:3611
Ortiz Urriola, José. 25:4347
Ortiz V., Pedro. 27:4123, 4166, 4167
Ortiz Valencia, Héctor. 15:1335
Ortiz Valverde, Miguel. 17:2986
Ortiz Vidales, Salvador. 2:2647; 5:2891; 9:4629
Ortiz y Sanz, José. 15:2928
Ortmann, Adalberto. 17:497
Ortuño O., Néstor. 11:3210
Ortuño Sobrado, Fernando. 27:1967
Ortúzar Latapiat, Waldo. 23:4592
Orus, Manuel. 2:3018
Ory, Eduardo de. 2:2662
O'Ryan, Juan Enrique. 26:1434
Orzábal Quintana, Arturo. 4:4015
Osaba, William. 27:2290, 3547
Osborn, Fairfied. 19:2503
Osborn, Henry. 14:548; 22:897; 24:895
Osborne, Carolyn M. 16:313; 25:219, 380
Osborne, Harold. 18:215, 1663; 19:2884, 6618
Osborne, Lilly de Jongh. 1:112, 142, 143, 167; 5:346, 663, 741, 754, 930, 1575, 2620; 6: 388, 828; 8:262, 2121; 9:154, 349, 1932, 1933, 2091, 2820; 10:643, 1743, 1744; 11:267; 13: 1829; 15:401; 18:72, 248; 22:6113; 26:421
Osegueda, Félix de J. 12:795; 13:506
Osegueda, Raúl. 15:2954; 22:4033; 24:3403
Oser, Jacob. 24:2901
Oses, Boris. 22:2371; 24:4133; 27:1270
Osgood, Cornelius. 1:77; 7:258; 8:203, 204, 2351; 9:447; 448; 11:138; 12:317, 358
Osgood, Wilfred H. 9:2268
O'Shaughnessy, Michael. 3:1223, 2076
O'Shea, Elizabeth Castro. 26:1996
Osherov, G. 26:764
Osorio, Aníbal M. 1:1503; 2:3034; 7:5178
Osorio, Anna de Castro. 2:2931
Osorio, E. Alberto. 24:1567
Osório, Fernando L. 1:1359
Osorio, Gaspar. 8:3093
Osorio, José. 27:1349
Osorio, Luis Enrique. 2:2711; 3:1184; 4:1985a; 8:1351; 11:3339; 28:2323
Osorio, Luis H. 2:1314; 10:1989; 13:821; 14: 1384
Osorio, Mercedes. 17:1528
Osorio, Miguel Ángel. 6:4198; 8:4100; 10:3706, 3752; 25:4479
Osorio, Óscar. 17:1336; 19:2915
Osorio, Pedro Luiz. 6:2506
Osorio, Pedro Miguel. 9:1960
Osório de Almeida, Miguel. See Almeida, Miguel Osório de.
Osório de Oliveira, José. See Oliveira, José Osório de.
Osório de Oliveira Andrade, Gilberto. See Andrade, Gilberto Osório de Oliveira.
Osório Ferreira, Evaldo. See Ferreira, Evaldo Osório.
Osório Filho, Fernando. 1:1360; 3:2781
Osorio Gómez, Juan A. 19:6619
Osorio Jiménez, Marcos A. 24:4182
Osorio L., Armando. 11:867

Osorio Lizarazo, José Antonio. 1:2066, 2067; 4: 3967; 5:3758; 9:1200; 1283; 16:2759; 18: 2110; 21:5014, 22:2685, 2686; 23:2923
Osorio Lopes. 5:3173a; 6:3589
Osório Mársico, Gladstone. See Mársico, Gladstone Osório.
Osorio Pavón, Jorge. 19:1448
Osorio Q., Ciro A. 27:2742
Osorio R., Ignacio. 28:69a
Osorio Ramirez, Miguel. 1:1811
Osorio Tafall, Bibiano F. 12:1269; 14:1349, 1350; 15:809
Osorio y Gil, J. 3:1185
Osorno Castro, Fernando. 6:3119, 3315
Osorno Fonseca, Humberto. 24:4027
Osorno Ordeñana, Humberto. 17:2751
Ospina, Cecilio. 7:1278
Ospina, Eduardo. 20:3044
Ospina, Gabriel. 14:275
Ospina, Joaquín. 5:3057
Ospina, Uriel. 28:859c
Ospina B., Sebastián. 16:764
Ospina Ortiz, Jaime. 21:3138
Ospina Pérez, Mariano. 2:2008, 2712; 13:1082; 14:1626, 1627; 15:1320a; 16:1354-1355.
Ospina Racines, Eduardo. 6:1370; 8:1396, 1492; 9:1189, 1190; 10:1063, 1064; 12:843; 14:1025
Ospina Vásquez, Luis. 16:1044; 19:3428, 3876; 24:2027, 4077; 27:2062; 28:890, 988
Ospino Londoño, Jorge. 4:3277a
Ossa S. M., Gastón. 14:1256
Ossa Varela, Peregrino. 3:1186, 1554a, 1589a; 6:1371; 21:1977
Ossa Vicuña, Blas Aníbal. 15:2048
Ossandón, Francisca. 22:5162
Ossandón Guzmán, Carlos. 9:762
Osses, Mario. 15:2418; 25:4411
Ossorio y Florit, Manuel. 6:1462; 7:3946; 11: 2770, 2789; 20:3571
Ossorio y Gallardo, Ángel, 4:4309; 5:4126, 4168; 7:3463, 5215, 10:4091; 11:2477, 3652; 12:1517, 3062
Ossott, Willy. 21:4811
Ostelius, Hans Arvid. 22:6114
Osten, Erimar von der. 12:359
Osthoff Ferreira de Barros, Aida. See Barros, Aida Osthoff Ferreira de.
Ostornol Fernández, Fernando. 11:1032
Ostria Gutiérrez, Alberto. 4:3575; 12:2260; 22: 3538; 23:3790
Ostrov, León. 2:2604; 6:5058; 11:3975
Ostrowski, Wiktor. 20:2016
O'Sullivan-Beare, Nancy. 21:2458
Osuna, Aníbal. 3:3074
Osuna, Tomás. 22:871
Osuna Gómez, Francisco José. 2:3137; 13: 2494
Oswald, Carlos. 22:1336
Oswald, J. Gregory. 26:649; 28:490a
Oswald, John Clyde. 4:63
Otaeguí, Enrique. 10:2315
Otaegui Echeverría, Roberto. 21:2033
Otaíza de Estrada, Aída. 10:1667, 1830
Otálora Londoño, Antonio. 3:1187
Otaño, Juan B., h. 12:2140
Otão, José. 9:1818; 27:2634
Otárola Aqueveque, Humberto. 21:3411
Otaviano, J. 11:3817
Otávio, Rodrigo. 13:1183, 1770
Otávio, Sonia. 12:2926
Oteitza, Jorge de. 10:647
Oteiza, Alberto M. 26:1869
Oteiza Quirno, Alberto. 18:3138
Otermín, Antonio de. 13:1278
Otero, A. G. 7:1316; 8:2330
Otero, Alejandro. 23:1508
Otero, Alfonso. 8:3923
Otero, Darcy Trilho. 18:1461
Otero, Gustavo Adolfo. 5:2517, 2518, 3031; 6:3031, 4085; 9:2963-2965, 3117, 3294, 3889; 10:111, 2714; 11:557; 13:921, 1042, 2204; 17:334; 18:3362; 19:891, 6719; 23: 5871; 24:4315; 26:232
Otero, Jesús M. 19:799
Otero, José G. 12:665
Otero, José I. 3:1115a; 5:1765; 11:1647
Otero, José Pacífico. 1:975-979; 2:2311; 5: 2762, 2763
Otero, Leo Godoy. 23:5484
Otero, Luis Leivas. 4:658
Otero, Lydia P. de. 11:1647
Otero, Mariano. 14:2122; 20:4913; 28:638
Otero, Mario H. 28:3362
Otero, Miguel. 13:1675
Otero, Nina. 2:147
Otero, Raúl. 5:761
Otero d'Costa, Enrique. 1:867, 868; 2:639, 1931, 2713; 4:2857, 2858; 5:2543, 2567; 6:3068, 3069; 7:3215; 8:3146, 3188; 9: 2999, 3073, 3315, 3890; 10:2808, 2843; 11: 2217; 12:1889, 2351; 13:1386; 15:1548; 16:1707, 2496; 18:1724; 20:2724-2724b; 24:5006
Otero d'Costa José María. 9:3118
Otero Echeverría, Rafael. 25:3417
Otero Masdeu, Lisandro. 7:1862; 28:1906
Otero Muñoz, Gustavo. 1:869, 1922, 2007; 2:7a, 2241, 2242, 2479a, 2714; 3:3088, 3193, 3354; 4:1614, 3787, 3911; 5:134, 2277, 2544, 3611, 3855; 6:3973; 7:2853, 3132; 8:3924; 9:658, 3074; 10:648, 3061, 3779; 14:36, 15:998; 17:1801; 18:693, 2111; 22:4754; 24:5053, 5122
Otero Oliva, Teófilo. 1:343; 6:2551
Otero Rivero, Ángel. 16:2423
Otero Silva, Miguel. 5:3759; 8:4126; 20:3967, 3968; 22:5163; 24:5534; 26:1741; 28: 1935
Othmer, C. 4:2776, 2777
Othón, Manuel José. 9:4017; 10:3732, 3733; 11:3304, 3305; 12:2710; 13:2168; 18:2599
Othón de Mendizábal, Miguel. 14:962; 26:650
Othón Díaz, Enrique. 3:3265; 4:3968
Otis, F. M. 23:315
Otolora de Corsi, Rosa M. 8:3925
Otoniel, Mota. 4:4289
Otoya Arboleda, Francisco J. 8:1491a; 9:1295
Otremba, Erich. 23:2551; 27:2807
Otruba, Gustav. 20:2793, 2793a
Ots Capdequí, José María. 1:705; 2:1771, 1772, 2292; 4:2572; 5:2307; 6:2824a, 2944; 7:2854-2857; 9:2670; 11:1976, 2205, 2701; 12:1696a, 1890, 1930a, 2977; 13:1387; 15:1437; 16:1708; 17:1490; 18:1831; 20: 2725; 21:2459; 22:3438; 23:3030; 24:4183; 28:433
Ott, Carlos Fidelis. 9:885, 3413; 10:299; 12: 692; 16:2146; 18:3071; 19:1237; 22:318, 1313; 23:1558, 3925, 5717; 24:1806; 25: 1286
Ottado, Vicente F. 12:727
Otte, Enrique. 20:2726; 21:2630, 2631; 22: 3439; 23:3629; 24:4101, 4116; 26:841; 28:442a, 443, 522a, 917
Otten, Caleb Joshua. 18:776
Otten, Charlotte M. 27:1528
Ottensooser, F. 10:454; 15:506, 519; 17:402, 403; 23:1301; 24:1517; 25:771, 778; 27: 1554, 1596
Otterbein, Keith F. 27:1086-1090
Otterman, Harvey B. 4:3582

Ottley, C. R. 28:1608
Ottolenghi, Julia. 5:2995; 16:1937
Ottolenghi, Mauricio A. 4:4326
Ottoni, Aureo. 5:135; 6:145; 28:70
Ottoni, Homero Benedicto. 14:1171
Ottoni Júnior, Pio. 8:4482
Ottsen, Hendrick. 12:1931
Oudschans Dentz, Frederik. 15:1383
Ouro Preto, Maluh de. 16:2930
Ouro Preto, visconde de. See Figueiredo. Affonso de Assis, visconde de Ouro Preto.
Oursler, Anna L. 6:4086; 7:4654
Oustinov, V. A. 24:1163
Outes, Félix F. 4:333; 6:3011, 7:3140
Outwater, J. Odgen, Jr. 20:63; 21:92; 22:366; 23:140
Ovalle, Alonso de. 26:881, 1409
Ovalle, Jayme. 15:2776, 2829b
Ovalle, Néstor K. 12:796, 1294
Ovalle Rodríguez, Leonor. 22:2411
Ovando, Jorge. 26:1133
Ovando Sanz, Guillermo. 10:43; 12:28; 24:5045; 25:3495; 26:867; 28:998
Ovejero, Andrés. 11:3720
Ovejero, Daniel. 1:1529
Ovejero y Maury, Eduardo. 9:4997; 11:3934
Overholt, Edward. 27:1469
Overley, S. Earle. 14:1330
Oviedo, B. 1:1214
Oviedo, Gonzalo Fernández de. See Fernández de Oviedo, Gonzalo.
Oviedo, José Miguel. 25:3945; 28:1042a
Oviedo Cavada, Carlos. 24:3518; 26:1143; 28:936a
Oviedo Reyes, Augusto. 3:3309
Oviedo y Baños, José de. 6:2172, 3083; 23:3630
Oviedo y Valdés, Gonzalo Fernández de. See Fernández de Oviedo, Gonzalo.
Owen, Clifford Frank. 24:1952
Owen, Eugene D. 3:510; 4:594; 7:180, 847, 3832, 3851; 8:3717; 11:32
Owen, Gilberto. 10:3780; 19:4759; 20:4117
Owen, Roger C. 24:678; 27:953
Owen, Walter. 11:2966
Owre, J. Riis. 5:3375; 8:4093
Oxaal, Ivar. 27:1007, 3460a
Oxamendi, Ricardo A. 4:4443
Oxandaberro, R. 3:1503
Oxford-López, Eduardo. 6:1245; 19:4281
Oxley, Diego R. 20:3969, 3970; 22:4948
Oyague, V. M. 2:869, 1382
Oyander C., Roberto. 25:1691
Oyanedel Encinas, Arturo. 6:4087
Oyarzún, Arturo. 2:2293
Oyarzún, Aureliano. 6:424, 595; 7:460, 552, 599; 8:313; 9:496; 11:363; 364; 12:360a, 485
Oyarzún, Mila. 9:4070
Oyarzún G., Rubén. 3:3671
Oyarzún Peña, Luis. 10:112, 12:2711, 15:2877; 20:4875c; 22:1120, 5164; 25:5372
Oyhanarte, Horacio B. 11:2478
Oyhanarte, Julio. 21:2232
Oyuela, Calixto. 10:3699
Ozanan Andrade, Raimundo. See Andrade, Raimundo Ozanan.
Ozinga, Murk Daniël. 24:1725
Ozores, Renato. 17:2403; 22:4671; 23:4664, 5335
Ozório de Freitas, Ruy. See Freitas, Ruy Ozório de.

Paalen, Wolfgang. 9:277
Paashaus, Gustavo Cintra. 12:3184
Paassen, Pierre van. 8:4434
Paba Silva, Fernando. 7:2149
Pabellón de la Cultura Popular, Buenos Aires. 25:1201
Pablo Pardo, Luis M. de. 15:1991
Pablo Po, pseud. 28:1861
Pabo, Rafael de. 11:581
Pabón, Luis Alberto. 14:2833, 2976
Pabón Núñez, Lucio. 13:2006; 15:2163; 19:4717
Pacanins, Tomás. 8:2812
Pace, Thomas A. 4:1112
Pach, Walter. 5:767b; 6:786; 8:770; 9:732, 763; 10:540
Pachano, Jacinto Regino. 25:3771
Pacheco, A. 1:1168
Pacheco, Álvaro. 28:2622
Pacheco, Armando. 7:713; 17:1897
Pacheco, Armando Correia. 16:2052; 17:2569, 2615; 18:2755; 19:5282
Pacheco, Claudio. 23:4545
Pachêco, Felipe Condurú, Bp. 20:3228; 21:3330
Pacheco, Félix. 1:1287; 3:2832
Pacheco, Francisco Antonio. 28:3267
Pacheco, Jacy. 21:4317
Pacheco, João de Almeida. 8:4295; 15:2508; 23:5437; 24:5763; 25:4617, 4673; 28:2424
Pacheco, José da Silva. 21:4522; 22:4595; 23:4593; 25:4082; 27:3721
Pacheco, José Emilio. 28:1862
Pacheco, Joviano. 6:2186
Pacheco, Juan Manuel. 12:2134; 17:1578; 18:1832; 21:2721; 22:3440; 23:3631; 26:842
Pacheco, León. 24:3527
Pacheco, Luis Eduardo. 5:2545; 25:3772, 3773, 3777; 26:1047, 1048
Pacheco, Rafael José. 12:1210
Pacheco, Ramón. 4:3262
Pacheco, Renato José Costa. 23:5577; 27:4245; 28:2521a
Pacheco, Ruth. 2:2893
Pacheco, Teresa. 25:609
Pacheco Cruz, Santiago. 1:107; 4:174-176, 2373; 5:327; 12:2515; 20:1714; 21:690; 22:898; 23:2522; 24:1332
Pacheco de Assis, Ariosto. See Assis, Ariosto Pacheco de.
Pacheco de Carvalho, Manoel. See Carvalho, Manoel Pacheco de.
Pacheco Garmendia, Elsa. 10:1809
Pacheco Gómez, Máximo. 24:6022
Pacheco Herrarte, Mariano. 5:932, 1729; 12:861
Pacheco Jiménez, Víctor. 11:995
Pacheco Medina, Miguel. 15:2691; 16:3063
Pacheco-Olivera, M. 23:1311
Pacheco Padró, Antonio. 21:2279
Pacheco Quintero, Jorge. 6:3169
Pacheco Quintero, Ricardo. 7:1196; 9:501
Pacheco Ramírez, Manuel. 3:3759
Pacheco Silveira, Decio. See Silveira, Decio Pacheco.
Pacheco Vélez, César. 17:1433; 18:2048; 2122; 20:2762; 28:1042a
Pachter, Henry M. 27:3429
Pacific Southwest Academy, Los Angeles. 5:3273
Pacini Coeli, Jayme. See Coeli, Jayme Pacini.
Pack, Greta. 26:106, 124
Packard. Walter E. 15:999
Packenham, Richard. 21:2812

Pacull T., Luis M. 9:1471
Padberg-Drenkpol, J. A. 3:377
Paddack, M. 2:576
Padden, Robert Charles. 20:2469; 21:2761
Paddock, John. 19:141, 670; 22:65, 93; 23: 141, 201, 409; 24:679; 27:815
Padeletti, Hugo. 28:3317
Padelford, Norman J. 5:4216; 21:3424
Padgett, James A. 4:2698
Padgett, L. Vincent. 23:6040
Padgett, Leon V. 27:3118
Padilla, Alberto Gabriel. 13:1676
Padilla, Blanca. 23:5147
Padilla, Enrique. 8:1107; 14:960; 16:994, 994a; 17:916; 22:1798
Padilla, Ernesto E. 8:2082
Padilla, Ezéquiel. 7:3731; 8:3806; 9:164; 3529; 10:134, 3210; 11:2662, 2697, 2720; 19:4251
Padilla, Francisco E. 4:2106; 5:1980, 4223; 6:4686; 9:2944; 16:3137
Padilla, Gerardo. 8:2446
Padilla, Gonzálo. 4:2397
Padilla, Hugo. 26:2333
Padilla, Jorge. 10:1064a
Padilla, José. 4:999; 5:1193
Padilla, José Augusto. 4:3671, 3672
Padilla, Juan Ignacio. 14:1654
Padilla, Pablo. 22:1796
Padilla, Pedro Nicolás. 25:3318
Padilla, Rosario de. 12:2660
Padilla Borbón, R. 6:3410
Padilla d'Onís, Luis. 7:340; 9:2621; 16:259
Padilla Gutiérrez, Ricardo. 5:3785
Padilla Nervo, Luis. 22:4021, 4055; 24:3579
Padilla Penilla, Alfredo. 23:3300
Padilla Rodríguez, Benjamín. 7:2325, 2326
Padilla Sampaio, Raimundo. See Sampaio, Raimundo Padilla.
Padilla Saravia, B. 14:1380
Padilla y Velasco, René. 14:3171
Padim, Cândido de. 22:2073; 27:2661, 2661a
Padrino, Luis. 3:1466
Padrón, Alfredo F. 4:3747; 7:1999, 4468; 11:2904, 2905; 13:2007, 2008; 14:2596; 15:2138; 25:3946
Padrón, Francisco. 20:3666
Padrón, Julián. 3:3266; 5:3856; 6:4154; 21:3990
Padrón Hernández, Claudio J. 4:4444
Pádua, Antônio de. 12:2855; 15:2474
Pádua, Ciro T. de. 7:3589; 10:1357, 1358, 3170; 11:33, 1193
Pádua de Almeida. 14:684
Paechter, Heinz. 27:3430
Paes, Elpidio Ferreira. 6:4419
Paes, José Paulo. 22:5514; 25:4722; 26:2112
Paes, Mariano. 18:3023
Paes Barreto, Carlos Xavier. See Barreto, Carlos Xavier Paes.
Paes Barretto, Adolpho Castro. See Barretto, Adolpho Castro Paes.
Paes Cintra, Antonio. See Cintra, Antonio Paes.
Paes de Souza Brasil, Themistocles. See Brasil, Themistocles Paes de Souza.
Paes Leme, Júnior. 4:3370
Paes Leme, Luis Betim. See Leme, Luis Betim Paes.
Paes Leme, Naiara. See Leme, Naiara Paes.
Paes Leme, Pedro Taques de Almeida. See Leme, Pedro Taques de Almeida Paes.
Páez, Alfonso E. 5:2820, 3572
Paez, J. Roberto. 3:1997, 2280, 2281; 4:2840; 6:807, 2972, 3048; 10:497, 2726, 2728; 20:2756; 22:3450; 25:3484

Páez, José Antonio. 5:2690; 11:2569; 12: 1965, 2161, 2165; 21:3016; 22:3569
Paéz, Juan L. 6:4602; 10:4142; 12:3169
Páez, Justiniano J. 12:476; 17:183
Páez, Leonardo. 22:5322
Paez, Simão Ferreira. 3:2815
Páez Brotchie, Luis. 3:3426; 6:2793, 3316; 9:665; 10:518, 519, 2533, 2534; 17:1536; 18:1664; 21:2543; 25:3191; 28:491, 638a
Páez Courvel, Luis Eduardo. 6:3070; 7:2220, 2830, 3133; 13:1484
Páez Formoso, Miguel A. 2:2009; 15:1113; 17:3046; 19:3896
Páez Pérez, Carlos. 10:462; 22:2289
Páez-Pumar, Mauro. 11:3077
Páez R., Francisco. 18:1301
Páez Urquidi, Alejandro. 15:810
Paezzo, Sylvan. 28:2522, 2523
Paffen, Karlheinz. 21:2144
Pagán, Bolívar. 8:2379; 21:2961; 22:3281
Pagán Perdomo, Dato. 22:2687
Pagano, Aúthos. 21:1432
Pagano, Domingo. 25:2702
Pagano, José. 28:1609
Pagano, José León. 4:495, 561; 9:810; 10:541, 666; 14:661, 662, 673; 17:2253; 24:5628
Pagano, Sebastião. 4:3420; 17:1869; 25:3811
Pagaza, Aurora. 3:11
Pagaza Galdo, Consuelo. 27:1350; 28:3131
Page, Homer. 26:806
Page, Thomas Jefferson. 21:3078
Pagés, Pedro. See Alba, Víctor.
Pagés Larraya, Antonio. 4:40, 3175; 7:4794; 8:3926; 9:4071; 18:2489, 2546; 19:5170; 21:3725; 26:868, 1633, 1812, 1813; 28:1750, 1985, 2201
Paget, E. 22:433
Paglioli, Eliseu. 17:1309
Pagoaga, Raúl Arturo. 6:2661, 3242; 13:2205
Pahlen, Kurt. 15:70; 24:5909, 5936
Paillard, Léonce. 28:444a
Paím, A. 10:785
Paim, Alina. 15:2535; 16:2890; 21:4359; 25:4674
Paim Antônio. 28:3266a
Paim Vieira, A. See Vieira, A. Paim.
Painceira, Eduardo Julio. 3:732
Paine, Roberto. 10:3977, 3978
Paine, Thomas. 15:1609
Painter, Norman W. 18:3206
Pais de Oliveira Filho, Manoel. See Oliveira Filho, Manoel Pais de.
Paita, Jorge A. 20:4846; 25:3639; 28:2245
Paiva, Benedicto de Oliveira. 3:617
Paiva, Cecilia Castro. 9:1623
Paiva, Edvaldo Pereira. 8:3519; 12:1474
Paiva, Félix. 4:2422; 11:2698
Paiva, Glycon de. 3:1531, 1624-1626, 4:2026; 5:1648, 1649, 1879, 1910, 1911; 6:2516; 9:2304; 11:1560, 1764; 15:1235; 18:1423, 1424, 1522-1524; 19:2656; 25:2739
Paiva, Isabel V. de Serpa e. 7:5010
Paiva, Jés de. 8:2695
Paiva, Manoel de Oliveira. 18:2777
Paiva, Ruy Miller. 8:1775, 1797; 9:1762; 11:1137; 25:2398
Paiva, Tancredo de Barros. 4:3449
Paiva, Víctor H. 5:1140
Paiva de Castro, Luis. See Castro, Luis Paiva de.
Paiva e Sousa, Alfredina. See Sousa, Alfredina Paiva e.
Paiva Neto, José Elias de. 17:1194
Paiva Pereira, Juvenal. See Pereira, Juvenal Paiva.

Paiva Teixeira, Manoel. See Teixeira, Manoel Paiva.
Paixão, Moacyr. 22:1653
Paixão Cearense, Catullo da. See Cearense, Catullo da Paixão.
Paixao, Cortés, J. C. See Cortés, J. C. Paixao.
Paixão e Silva, Moacyr. See Silva, Moacyr Paixão e.
Pajiste, Bernard. 24:2080
Pajuelo Eduardo, María Marta. 13:752
Pajuelo Vera, José. 24:881
La Palabra y el Hombre, Xalapa. 27:54
La Palabra ye el Hombre (Indexes), Xalapa. 27:54
Palacín, Manuel. 21:1308
Palacín Iglesias, Gregorio B. 12:1173; 19:2010
Palacio, Ernesto. 6:3411; 7:1895, 5688; 11:3937; 19:3069
Palacio, Juan de la Cruz. 5:2188
Palacio, Julio H. 2:2243
Palacio, Leopoldo J. 7:3153
Palacio, Rosa E. 16:2447
Palacio Atard, Vicente. 10:2721; 12:1721, 1932; 13:1432; 15:1438; 21:2386
Palacio Fajardo, Manuel. 19:3812; 25:3548
Palacio Magarola, Lucas de. 10:2422
Palacio Rudas, Alfonso. 13:562
Palacio y Basave, Luis del Refugio de, Brother. 1:1952; 3:413a; 10:584; 14:725; 23:976; 24:292; 25:282, 671
Palacio y Palacio, José María de. 21:2460
Palacio de Bellas Artes, Santo Domingo. Exposición Bienal de Artes Plásticas, XI, 1963. 28:265
Palacios, Alfredo Lorenzo. 1:1764; 2:1466b, 1485, 2439j; 3:3744; 4:1729a, 2205; 5:1981; 6:2552; 8:4640; 9:188, 3553; 10:3003, 3022; 12:898, 1535, 3035, 3063; 13:2404; 18:3363; 19:3178a, 4422; 20:2223; 21:2235; 22:2638; 24:3544; 26:1076; 27:3431
Palacios, Arístides. 8:1990
Palacios, Edmundo. 28:2079
Palacios, Elena Julia. 18:1665
Palacios, Emmanuel. 2:388
Palacios, Enrique Juan. 2:83, 105; 3:78, 99, 100, 116; 4:191; 5:274; 7:259, 351, 409; 8:164, 220; 9:335b, 336; 10:210a; 11:205, 206, 223; 13:121; 14:241, 245, 246
Palacios, Eustaquio. 7:4556
Palacios, Inocente. 28:158
Palacios, Leoncio M. 10:3464; 11:1087; 27:2271
Palacios, Lucila, pseud. 24:5269
Palacios, Manuel R. 7:1014; 9:3729
Palacios, Pedro Bonifacio. 8:4126a; 17:2323; 18:2569; 19:4701, 5001
Palacios, Porfirio. 16:1800; 24:3954
Palacios Bermúdez de Castro, Roberto. 13:2585
Palacios Espejo, Antonio. 22:5342
Palacios G., J. Antonio. 18:745
Palacios Hardy, Gerardo. 6:1446
Palacios Macedo, Miguel. 19:1997
Palacios Río, Julián. 6:2050; 23:841
Palacios Sáenz, Carlos. 27:2074
Palacios family, correspondence. 14:2010
Paladini, María Delia. 11:3932; 14:1315
Palafox y Mendoza, Juan de. 11:2978; 13:1365
Palamarchuk, Anatolio. 22:4509
Palant, Pablo. 8:3241; 9:3254; 22:5323; 23:5377; 28:2324
Palau, Alfredo. 5:1194
Paláu, Clímaco. 7:2148
Palau, Francisco A. 8:3336
Palau Marti, Monserrat. 24:761
Palau Vera, Juan. 6:2825
Palau y Dulcet, Antonio. 28:71

Palavecino, Enrique. 2:311; 5:441, 473, 514a; 6:497, 498, 2082; 9:548; 10:286, 356, 357; 14:356, 357; 15:247, 431; 25:519; 27:1176, 1176a
Palavecino, María Delia Millán de. 7:493; 8:343, 371, 2122; 20:704a; 21:269
Palavicini, Félix Fulgencio. 3:1019, 2594; 4:2386; 6:880; 7:2691; 11:485, 1939; 13:1099; 14:2109; 16:1371
Palazzolo, Jacinto de. 28:1256
Palcos, Alberto. 2:2059; 4:3237, 3238; 5:2996; 6:3365; 7:3464; 9:3267; 10:2977, 4575; 11:2479; 16:1938, 1939; 17:1767, 1773; 21:2321; 25:3573, 3638, 3640; 26:1109, 1501
Paleikat, Jorge. 8:4865; 20:4888a
Palencia, Ceferino. 17:473; 22:1106
Palencia Tangassi, Manuel. 18:980
Palenque Cevallos, Jaime. 8:1648; 9:1436
Paleólogo, Constantino. 21:4360; 26:1997
Palerm, Ángel. 18:282, 287, 288, 3248; 19:78, 79, 563, 564, 671, 688, 6081; 20:85, 87, 237, 474; 21:53, 54, 433; 22:33, 66; 24:706, 1140-1142
Palermo Riviello, José. 4:3191
Palés Matos, Luis. 2:2798; 4:4101; 12:2616; 16:2709, 2726; 22:5165
Palés Matos, Vicente. 12:2616
Palese de Torres, Ana. 9:2206; 11:1738; 12:1383; 14:1473; 21:2020; 22:2372
Paletta Hargreaves, Regina. See Hargreaves, Regina Paletta.
Palevecino, Enrique. 2:311
Palha, Américo. 8:4238; 19:4024; 25:3857
Palha, José Egídio Garcez. 10:3171
Palha, Luiz. 8:388a, 388b
Palhano, Herbert. 22:4335
Palhano, Lauro. 5:3981
Palhares, Gentil. 23:3959
Palino, Piquio. 23:5336
Palisa Mujica de Lacau, María Hortensia. 20:4140
Pallais, Azarías H. 28:2158
Pallares, Eduardo. 1:1812; 2:487c, 1591c; 3:3736; 5:887, 4199; 9:3699; 10:3958; 12:3020, 3021; 18:2927, 2958; 21:4523; 22:4575; 25:4083; 27:3722; 28:3226
Pallares, Manuel. 17:917
Pallares Jordá, Eugenio C. 1:899
Palleja, León de. 28:125
Pallés, Gallach. 9:4979
Pallestrini, Luciana. 27:545
Palliére, León. 11:2480
Palm, Erwin Walter. 8:594, 595, 748; 9:733, 2821; 10:585-587; 11:522, 523; 12:615-620, 676, 677; 14:707, 714; 15:534, 535; 16:260, 495-498, 1630, 1677; 17:46, 158, 421, 456, 457, 1491; 18:467; 20:907, 915, 951, 1015; 21:909; 24:3709; 28:169
Palma, Angélica. 1:1244; 3:3119; 5:3760; 15:2270
Palma, Athos. 10:4360, 4412
Palma, Clemente. 1:1245, 1246, 1951; 4:3859
Palma, Edith. 6:202; 12:83a; 18:2546a
Palma, Federico. 5:2997, 2998
Palma, G. R. 1:1561
Palma, Jorge José. 10:1172
Palma, José Joaquín. 16:2727; 17:2467
Palma, Julio César. 5:2920
Palma, Lauro. 8:3229
Palma, M. 10:2016
Palma, Marigloria. 8:4127
Palma, Ricardo. 1:2136; 2:2715, 2716; 6:4168; 8:4079; 9:3938, 4631; 11:3260; 13:1656; 15:2244; 16:2602, 18:2546a; 22:4942; 25:4353; 28:1797

Palma da Silva, João. *See* Silva, João Palma da.
Palma Figueroa, Otto. 17:2752
Palma Labastida, M. A. 17:3047
Palma Martínez, Ildefonso. 13:2471; 21:2854
Palma Rogers, Gabriel. 2:817a; 6:4628, 4629; 7:5254
Palma S. Álvaro Enrique. 23:3368
Palma Travassos, Nelson. *See* Travassos, Nelson Palma.
Palma Zúñiga, Luis. 26:1152
Palmatary, Helen Constance. 5:382; 16:246; 23:426; 28:1315
Palmeira, Delcilio. 16:1340, 3030
Palmeira, João Soares. 3:585
Palmer, Katherine V. W. 6:2309
Palmer, M. B. 1:208, 218, 254; 3:1133; 5:1042
Palmer, Philip Motley. 19:3179
Palmer, R. H. 11:1641
Palmer, Thomas Waverly. 19:3739; 21:3437
Palmério, Mário de Ascenção. 20:4380; 28:2524
Palmerlee, Albert E. 27:2731
Palmier, L. 14:1532; 15:1242
Palomar, Francisco A. 26:199
Palomar, Martín de. 7:2907
Palomares, Justino N. 20:2851
Palombini, B. C. 27:1568
Palombo, Romulo. 14:1126
Palomeque, Rafael Alberto. 4:3303; 9:3355; 11:1241, 2559; 14:2216; 18:3303
Palomera, Esteban J. 26:459, 27:816
Palomino, Pablo. 19:4922
Palomino Arana, Heli. 2:1216; 10:4007; 19:5542
Palomino y Cañedo, Jorge. 13:1156
Palomo Valencia, Florencio. 3:2049; 23:2062
Palop Martínez, Josefina. 25:2399, 3023, 3023a
Palou, Francisco. 19:3338
Paltán, José D. 9:620; 25:796
Palza S., Humberto. 5:4445, 16:3356
Pan, Luis. 16:1330; 25:1526
Pan-America, Revista de Derecho Internacional Americano. 12:2297
The Pan American Book Shelf, Washington, D. C. 4:22; 5:136, 4281; 6:146; 7:181; 8:65
Pan American Child Congress, *VIII, Washington, D. C., 1942.* 9:1794, 1816
Pan American Child Congress, *X, Panama, 1955.* 19:4410
Pan-American Coffee Bureau, *New York.* 6:881; 22:1417; 23:1692; 24:1953
Pan American Commercial Conference, *Buenos Aires, 1935.* 2:461, 2397
Pan American Congress on Geography and Cartography, *II, Rio de Janeiro, 1944.* 10:1924
Pan American Congress on Geography and History. 3:53; 11:1583; 18:2191; 20:5068; 24:2032, 3476; 25:2212
Pan American Consultation on Geography, *III, Washington, D. C. 1952.* 19:2363
Pan American Highway Conference, *V, Lima, 1951.* 18:2190
Pan American Highwway Congress, *IX, Washington, D. C., 1963.* 27:1768
Pan American Institute of Geography and History. Commission on Geography. *See* Instituto Panamericano de Geografía e Historia.
Pan American Institute of Geography and History. Commission on History. *See* Instituto Panamericano de Geografía e Historia.
Pan American Institute of Geography and History. Sección Nacional de la Argentina. 16:65, 65a
Pan American Institute of Geography and History, Congress, *IV, Caracas, 1946.* 12:29; 13:767; 14:63
Pan-American Railway Congress, *V, Montevideo, 1946.* 12:742
Pan American Sanitary Bureau. 24:6217
Pan American Sanitary Conference, *XIII, Ciudad Trujillo, 1950.* 17:2027
Pan American Union. 1:46, 174, 188, 253; 2:6; 3:811, 883, 903, 938, 961; 4:1182, 1487; 5:137-140, 194, 3695; 6:143, 147, 203, 882, 883, 3704, 3736; 7:1049, 1074, 1083, 1125, 1135, 2276, 2277, 2327, 3752; 8:66, 538, 697, 1009-1011, 1717, 2447, 3622-3624; 9:165; 1015, 1016, 1243, 1906, 3503, 3504, 3507, 3508, 4739; 10:1021, 3211, 3212; 11:720, 721, 2688, 3797; 12:1432, 2290; 13:1781, 1787, 1790, 1791, 1835; 14:76, 864, 2382, 2383; 15:1195, 1907, 2763; 16:6196, 2254, 3120; 17:975a, 1954, 1955, 3092; 18:592, 3364; 19:4216a, 4216b; 20:1258, 1259; 21:5215; 24:3442; 25:1547, 1607, 1608, 1610, 1613, 1615, 1618, 1619, 1622, 1627, 1634, 1641, 1657, 1666, 1676, 1702, 1719, 2650a, 5205; 27:2151, 2190, 2226a, 2244, 2264, 2289
Pan American Union. American Committee on Dependent Territories. 15:1993-1995, 2000
Pan American Union. Columbus Memorial Library. 9:70; 17:3093; 19:4217, 6439, 6440; 21:1652; 26:67-67c; 28:72
Pan American Union. Department of Cultural Affairs. 16:66; 17:3185; 23:5198
Pan American Union. Department of Cultural Affairs. Division of Education. 15:1943; 16:1026, 1027; 18:1021
Pan American Union. Department of Cultural Affairs. Division of Music. 21:4705
Pan American Union. Department of Cultural Affairs. Sección de Letras. 21:3834; 22:4826
Pan American Union. Department of Economic and Social Affairs. 23:1693; 24:1988-1990; 27:1769-1769f, 1777, 2075, 2743
Pan American Union. Department of Economic and Social Affairs. Division of Economic Research. 20:1259
Pan American Union. Department of Educational Affairs. 27:2407-2407d
Pan American Union. Department of International Law. 19:4218-4220
Pan American Union. Department of International Law. Division of Law and Treaties. 18:792; 19:4221, 4222; 22:4022
Pan American Union. Department of Legal Affairs. 23:2809; 24:3443; 27:1769g, 3119
Pan American Union. Department of Public Information. 27:1769h, 3119a; 28:72a
Pan American Union. Department of Social Affairs. 24:6218; 27:1769i; 28:72b
Pan American Union. División de Trabajo y Asuntos Sociales. 21:3539, 3540, 3560
Pan American Union. Division of Agricultural Cooperation. 8:1013, 1037a; 10:956; 11:34; 13:564, 778, 826
Pan American Union. Division of Conferences and Organizations. 15:1936; 18:2192-2196
Pan American Union. Division of Economic Information. 13:626
Pan American Union. Division of Economic Research. 16:793, 888, 18:593
Pan American Union. Division of Education. 17:959, 963, 1030; 18:1125; 19:2011; 20:1656, 1657; 22:1903-1905; 23:2423
Pan American Union. Division of Housing and City Planning. 19:4411

Pan American Union. Division of Intellectual Cooperation. 6:148; 7:4580, 5511; 9:789; 11:569; 11:1272; 14:66
Pan American Union. Division of International Law and Organization. 15:1958
Pan American Union. Division of Labor and Social Information. 7:848, 8:67; 9:3557, 3561; 11:2754, 2870; 16:2395; 17:2010; 18:2239, 3245, 3263
Pan American Union. Division of Law and Treaties. 18:792, 2204; 19:1432; 20:3404, 3405, 3452
Pan American Union. Division of Legal Affairs. 14:2412; 16·2269, 2270; 17:588, 2009
Pan American Union. Division of Music and Visual Arts. 19:5605
Pan American Union. Division of Philosophy and Letters. 15:117; 25:4245, 4246, 4260; 28:1798
Pan American Union. Division of Science Development. 25:20
Pan American Union. Executive Committee on Post-War Problems. 9:3505, 3544
Pan American Union. General Legal Division. 27:3687
Pan American Union. Governing Board. 9:1017; 10:849, 849a, 3213; 14:2367, 2375
Pan American Union. Inter-American Juridical Committee. 8:3571
Pan American Union. Juridical Division. 9:3506; 10:3214; 11:2675
Pan American Union. Legal Division. 21:3445, 3446, 4578, 4579; 22:1418
Pan American Union. Library Development Program. 26:67b
Pan American Union. Music Division. 10:4461; 20:4702, 4718, 4719, 4722; 26:2163; 28:3010
Pan American Union. Office of Council and Conference Secretariat Services. 25:21
Pan American Union. Office of Public Relations. 21:5216
Pan American Union. Oficina de Información Obrera y Social. 9:1018
Pan American Union. Pan American Sanitary Bureau. 6:149
Pan American Union. Social Science Section. 20:18
Pan American Union. Social Service Section. 18:2240
Pan American Union. Special Committee on the Budget and Plan of Financing the Pan American Union and Related Organs. 14:2384
Pan American Union. Statistical Division. 4:1183
Pan American Union. Travel Division. 9:2364; 14:54; 15:71
Pan American Union. Visual Arts Section. 23:1416
Pan American Union Bulletin. 5:806
The Pan American Yearbook, New York. 11:90
Panamá Delfín, Celia. 5:2892
Panama. Asamblea Nacional, 1938. 4:2420, 2421
Panama. Biblioteca Nacional. 8:4708; 11:3722; 28:73, 73a
Panama. Caja de Seguro Social. 9:3738; 13:1949; 18:2303
Panama. Comisión Arancelaria. 23:4649
Panama. Comisión de Estudio de la Educación Nacional. 16:1072
Panama. Comisión Organizadora del Centenario del Nacimiento de Carlos Antonio Mendoza. 23:3369
Panamá. Consejo Municipal. 6:2697
Panama. *Constitution.* 7:4343; 12:1584; 22:4544; 27:3648

Panama. Contraloría General de la República. 17:597; 18:758; 27:1968, 1968a
Panama. Dirección General de Planificación y Administración. 27:1968b
Panama. *Diocese.* 8:3350
Panama. Dirección de Estadística y Censo. 12:801; 14:911; 16:52s, 650; 17:598-600; 19:1455, 1456, 6291, 6292; 20:5014; 21:5336-5338
Panama. Inspección General de Enseñanza. 4:1776
Panama. Junta Nacional del Cincuentenario. 19:3680
Panamá. *Laws, statutes, etc.* 1:1893; 8:3846; 13:1948, 2586; 14:2552, 3211; 20:4637; 22:4688; 27:3688, 3796
Panama. Ministerio de Agricultura, Comercio e Industrias. 2:527; 7:1287; 9:1270; 13:813; 14:913, 1369
Panama. Ministerio de Educación. 2:1189; 4:1445, 1777; 6:1036; 14:1291
Panama. Ministerio de Educación. Departamento de Bellas Artes y Publicaciones. 25:4502
Panama. Ministerio de Hacienda y Tesoro. 2:528; 4:1447-1449; 7:1288; 9:1112
Panama. Ministerio de Relaciones Exteriores. 2:2363; 20:3416
Panama. Oficina del Censo. 9:1113, 1114, 2088; 10:983; 11:1558
Panama. Secretaría de Gobierno y Justicia. 2:1530; 4:1446, 2419; 6:2701; 7:2702; 9:2530
Panama. Secretaría de Higiene, Beneficiencia y Fomento. 4:1450, 1451
Panama. Secretaría de Trabajo, Comercio e Industria. 4:1452-1454
Panama. Servicio Cooperativo Inter-Americano de Educación. 16:2457
Panama. *Treaties, etc.* 15:1967, 1982
Panama Canal. 3:1072-1074
Panama Canal. *Annual Report.* 4:1437; 6:1033
Panama Canal. Governor. 1:261
Panama Canal Record, *Balboa Heights, C. Z.* 2:529
Panama Canal-Zone. Library Museum, *Balboa Heights, C. Z.* 26:27a
Pancorbo Celiorigo, Juan. 23:3657; 25:3496
Panday, R. M. N. 24:2042
Pandiá Calógeras, João. *See* Calógeras, João Pandiá.
Pando Baura, José L. 16:995
Pando Gutiérrez, Jorge. 4:2167; 7:1458
Pané, Ramón. 13:1279
Pane, Remigio U. 9:3839, 3981
Panesso Posada, Fernando. 23:3817; 24:4078, 4079; 25:3725
Panettieri, José. 25:3641, 3642; 28:1123
Panhorst, Karl H. 2:2010
Pani, Alberto J. 2:2107; 6:844; 7:926; 14:1655; 16:1801; 19:1982, 4210
Pani, Arturo. 15:1696; 19:3638
Pani, Mario. 9:790
Paniagua Alvarado, Rafael Lino. 10:2639
Paniagua Picazo, Antonio. 6:1105
Paniagua Prado, Francisco. 6:3863
Paniagua Serracante, J. 2:2162; 16:45
Panigo, Luis A. 24:4239
Panizza, Héctor. 5:4330, 4331
Panorama Económico, Santiago de Chile. 18:671
Panse, Vinayak Govind. 22:1419
Pantaleão, Olga. 10:2194; 12:1697; 23:3960; 24:4523; 26:1245
Panti Escalente, Álvaro. 4:177
Pantigoso Martínez, Luis. 24:4385

Pantin, A. M. 17:404; 18:377
Pantoja, Maria Aparecida. 10:2195
Pantoja Alor, Jerjes. 23:2537
Panzetta, Pedro. 25:808
Paola, Dalio de. 5:4169
Paolantonio, Jorge M. 26:1863
Paolera, Carlos M. della. 4:2241
Paoli, Pedro de. 1:1169; 13:2206; 18:2078; 24:4284; 28:1124, 1124a
Paolielo, Domingos. 17:2640; 18:2806
Paolillo, Alfredo. 20:4517
Papadaki, Stamo. 16:591
Papadakis, Juan. 17:1129
Papailler, Hubert. 23:5663
Papaterra Limongi, J. See Limongi, J. Papaterra.
Papel Periódico de La Habana (Indexes). 9:2694; 10:3486; 11:38; 12:33; 13:29; 14:16; 15:2172; 16:1545
Papillon, Pierre. 15:2570
Papy, Louis. 24:2971
Par, Leo, pseud. See Dávila Silva, Ricardo.
Pará (State). 2:1474
Pará (State). Departmento Estadual de Estatística. 6:1891
Pará (State). Instituto de Estatística. 4:850, 851
Pará (State). Secretaria Geral. 5:2016, 2017
Para Todos, São Paulo. 20:4280
Parada Cobo, Hernán. 4:4386
Parada G., M. Alberto. 4:3263
Paraguassú, Camillo. 21:4318
Paraguay. Comisión Paraguaya de Fomento Interamericano. 11:1060
Paraguay. Congreso. 5:2166, 3434
Paraguay. Constitution. 6:2702, 4519
Paraguay. Contaduría General y Dirección del Tesoro. 4:1147, 2483; 5:1333; 6:1565, 1566; 7:1517, 1518
Paraguay. Corporación Paraguaya de Alcoholes. 10:1275
Paraguay. Departamento de Control de Cambios. 7:1511
Paraguay. Departamento de Tierras y Colonias. 5:1334, 1834; 6:1568, 1569
Paraguay. Departamento Nacional de Prensa y Propaganda. 10:1276
Paraguay. Dirección de Hidrografía y Navegación. 9:2198; 10:2081
Paraguay. Dirección de Obras Públicas. 17:1167
Paraguay. Dirección General de Agricultura. 10:1777
Paraguay. Dirección General de Estadística y Censos. 3:902; 4:1148; 5:1335, 1336; 7:1519, 4346; 8:1711; 9:1498; 10:1277a; 11:1061; 12:968a; 19:6293; 20:5015
Paraguay. Dirección General de Turismo. 7:1520; 8:2448
Paraguay. Dirección General de Validad. 27:2868
Paraguay. Estado Mayor General. Sección Cartográfica. 20:2036a
Paraguay. Instituto Geográfico Militar. 14:1499
Paraguay. Laws, statutes, etc. 2:867; 6:2703, 4711; 9:3741, 3744; 13:2621
Paraguay. Ministerio de Agricultura y Ganadería. 27:2246, 2246a
Paraguay. Ministerio de Economía. 5:1339, 1340
Paraguay. Ministerio de Gobierno y Trabajo. 6:1571
Paraguay. Ministerio de Hacienda. 7:1521; 16:837
Paraguay. Ministerio de Industria y Comercio. 11:1062, 1063; 22:1504
Paraguay. Ministerio de Relaciones Exteriores. 9:3326
Paraguay. Ministerio de Salud Pública. 5:1341

Paraguay. Treaties, etc. 15:1970, 1972; 16:2274
Paraguay Industrial y Comercial, Asunción. 16:782
Paraiba (State). Departamento de Estatística e Publicidade. 4:852, 853, 1756, 2292, 2293; 5:2019, 2020; 6:1892
Parajón, Roberto. 8:1254
Paraná, Marcio. 7:4837
Paraná, (State). Departamento de Agricultura e Estatística. 2:979
Paraná (State). Departamento de Estradas de Rodagem. 25:2400
Paraná (State). Departamento de Geografia Terras e Colonização. 21:2113, 2114; 25:2401; 27:2956a
Paraná (State). Departamento Estadual de Estatística. 4:854; 6:1893; 17:1267
Paraná (State). Laws, statutes, etc. 8:2696
Paraná (State). Secretaria de Obras Públicas, Viação e Agricultura. 7:1830
Paraná Judiciário, Curitiba, Brazil. 1:1847
Paranagua, O. 1:443
Paranhos, Haroldo. 3:3516; 5:4084
Paranhos, José Maria da Silva. 8:3657; 9: 3450; 11:2631, 2653; 13:1761, 1762, 1775; 15:1903; 22:3818; 28:1257
Paranhos, Ulysses. 6:4903; 7:5610; 10:3851; 15:601
Paranhos Antunes, Dioclécio de. See Antunes, Dioclécio de Paranhos.
Paranhos da Silva, Marg. See Silva, Marg. Paranhos da.
Paranhos da Silva, Maurício. See Silva, Maurício Paranhos da.
Paranhos de Mendonça, Valdemar. See Mendonça, Valdemar Paranhos de.
Paranhos de Rio-Branco, Miguel. See Rio-Branco, Miguel Paranhos de.
Paranhos Velloso, Luiz. See Velloso, Luiz Paranhos.
Parcas, Helena. 22:4981
Parcel, Francisco. 22:5741
Parcero, María de la Luz. 28:639
Pardal, Ramón. 3:69; 4:324
Pardé Maurice. 2:1416; 20:2074; 27:2957
Pardin, James C. 11:3005a
Pardini, Armando. 23:5485; 28:2525
Pardo, Antonio J. 16:2986
Pardo, Aristóbulo. 13:2009
Pardo, Isaac J. 9:1907; 19:4643; 20:2726a; 22:5198; 24:5007; 25:4212a; 28:861b
Pardo, J. Joaquín. 1:778; 7:2877; 9:2823; 10: 520, 2586, 2587; 11:2097; 12:1829; 14:1833; 23:3203
Pardo, Luis A. 3:261-265; 5:415, 2621; 7:494-496; 8:344-346; 10:330, 424; 11:324, 325, 1513; 12:343-345; 13:357; 14:427, 428; 20:367, 367a; 21:329; 23:503; 25:389, 390; 27:648
Pardo, Mercedes Carlota de. 25:1645
Pardo, Nicanor S. del. 18:2948
Pardo, Román F. 24:4240
Pardo, Víctor R. 3:928
Pardo Aspe, Emilio. 7:5302
Pardo Canalís, Enrique. 17:438
Pardo García, Germán. 4:4057; 6:4225; 7:4755; 9:4018; 10:3734; 11:3306; 14:2878; 23:5148; 24:5442; 26:1742, 1743
Pardo Llada, José. 25:3418
Pardo M., Sixto. 11:1840, 1841
Pardo Márquez, Bernardo. 18:2928
Pardo Tovar, Andrés. 8:662; 10:3640; 12:2490; 22:5727; 25:5225, 5226; 26:2164-2212; 28:3011, 3081, 3082, 3085

Pardo Umaña, Camilo. 13:1388; 14:2651; 16: 1709
Pardo Valle, Nazario. 24:4316
Pardo Zamora, Miguel Luis. 12:1551
Pardo Zela, Patricia G. de. 10:344
Paredes, Américo. 23:4833; 25:3947; 26: 605a; 27:954; 28:3115, 3125
Paredes, Ángel Modesto. 10:3290; 11:3649; 12: 3248; 17:2798, 3021
Paredes, Antonio. 19:3913
Paredes, Estela Martins. 7:5062; 8:4457
Paredes, Guillermo Gustavo. 7:4359
Paredes, Jaime. 9:3798
Paredes, Lucas. 4:2365; 27:3332
Paredes, Luis Felipe. 24:5046
Paredes, Manuel Rigoberto. 2:284; 3:357, 1518; 5:3032, 3696; 7:5530; 8:3300, 3301; 9: 2269, 2966; 11:2503; 23:3791; 24:4317; 27:1192; 28:1172
Paredes, Margarita V. de. 23:5318
Paredes, Mariano. 17:474
Paredes, Maximiliano. 24:4524
Paredes, Pedro Pablo. 26:1753, 1779
Paredes Arévalo, Óscar. 19:1997a
Paredes Borja, Virgilio. 14:1933
Paredes Cárdenas, Amado. 13:724
Paredes Cruz, Joaquín. 21:5015
Paredes de Salazar, Elsa. 28:74
Paredes Herrera, Francisco. 10:4374a
Paredes Luna, Carlos. 11:3537
Paredes Luna, Héctor. 16:3087
Paredes Moreira, José Luis. 27:1969
Pareja, Carlos H. 2:2984; 3:3619; 5:2039; 6: 4509; 19:4923
Pareja, Pedro. 7:1876
Pareja Díez-Canseco, Alfredo. 4:3969; 10: 3067, 3673; 11:3261; 14:2704, 2834; 16:500; 18:431; 21:3835; 23:4943; 24:3562
Pareja Paz Soldán, Carlos. 11:3079
Pareja Paz-Soldán, José. 3:1776; 5:2170, 4111; 8:96, 2491; 9:1519, 2270; 10:2374, 2375, 4054; 11:1727; 13:1112; 16:1227; 17: 2735; 20:3073; 21:2051; 26:1035; 28: 1043a, 1046a
Parentes Fortes, Herbert. *See* Fortes, Herbert Parentes.
Parera, Blas. 8:4739
Parera, Manuel F. 5:1194
Parés, Nuria. 22:6154; 23:5149
Pares, Richard. 3:2443; 18:2036; 19:3070; 28:766
Pares Arias, José. 27:821, 822
Pares Valdés, Segismundo. 20:4478
Paret Limardo de Vela, L. 24:6304; 26:2225
Pareyán-Moreno, Eduardo. 18:76; 23:202
Pareyson, Luigi. 15:2955
Parga Ferrada, Enrique. 17:766
Pargellis, Stanley. 14:1729
Parham, Althéa de Puech. 24:4046
Paride Bernabó, Héctor Julio. *See* Bernabó, Héctor Julio Paride.
París, Joaquín. 25:3720
París de Oddone, M. Blanca. 23:2266; 27:2469; 28:1221
París Lozano, Gonzalo. 17:691
Parish, H. R. 1:654
Parish, John Carl. 2:2294
Parisinos, C. C. 10:2042
Park, Bum-Joon Lee. 25:2796
Park, Charles F., Jr. 8:2352; 15:1235; 17: 1195
Park, Joseph F. 26:479; 28:552
Park, Willard Z. 12:446
Parker, Franklin Dallas. 18:1985; 19:3681; 27:2408, 3333; 28:718a
Parker, George. 17:3125

Parker, Henry B. 18:1244
Parker, John. 20:2486; 21:3299
Parker, Newton B. 14:1137
Parker, Robert J. 1:209; 11:2360
Parker, Virginia. 18:1244
Parker, W. C. 25:793
Parker, William Riley. 19:2013
Parkes, Henry Bamford. 4:2540, 3077; 6:2685; 16:1445; 20:2334
Parkins, A. E. 1:544
Parkinson, F. 27:3120
Parks, Douglas H. 13:522, 814; 14:894, 1371
Parks, E. Taylor. 1:1223; 6:2415; 25:2656, 3550; 28:961a
Parks, George B. 19:3179a; 20:2470
Parks, Lois F. 9:3322
Parks, Mercedes Gallagher de. 8:830
Parks, Richard W. 27:1904, 3502
El Parlamento. Órgano del Bloque Revolucionario de la Cámara, México. 7:2692
Parmenter, Ross. 24:1143; 28:200, 200a
Parodi, Alfredo A. 4:2428
Parodi, Enriqueta de. 28:3116
Parodi, Lorenzo R. 2:281; 9:2199; 23:2582
Parodi Alister, Humberto. 10:1633; 12:1211
Parpagnoli, Guido F. P. 20:4891; 24:6113
Parpagnoli, Julia S. de. 20:4884
Parr, Charles McKew. 19:6508; 28:443a
Parra, Alirio A. 25:1646, 1647
Parra, Darío. 22:4510; 27:3569, 3623
Parra, Edmundo de la. 7:4655
Parra, Francisco J. 2:3134; 18:2972a; 19: 5406
Parra, Gonzalo de la. 2:2108
Parra, Manuel Germán. 15:769; 16:332a; 17: 395; 19:1961a; 23:3301
Parra, Nicanor. 20:4102; 22:5166; 26:1744; 28:2155
Parra, Porfirio. 14:2110; 15:1697
Parra, Ramiro Antonio. 21:4524
Parra, Teresa de la. 1:1923; 24:5270
Parra del Riego, Carlos. 4:3970
Parra del Riego, Manuel. 11:1728
Parra H., Fernando. 5:694
Parra Hernández, Enrique. 6:1307
Parra Márquez, Héctor. 16:3083; 17:1579; 18: 1810, 1833, 2979; 19:3914; 25:4128
Parra Pardi, Marielena. 28:976a
Parra Parra, Dionisio. 7:4128
Parra-Pérez, Caracciolo. 1:870, 947; 2:2011, 2011a; 5:2672, 2720; 7:4409; 9:3075; 15: 1530; 17:1844, 1844a; 20:3103, 3104; 21:3191; 24:4164; 25:3774, 3775; 26: 817
Parra Pérez, Hugo. 5:2204; 6:2736; 7:2740
Parra Pradenas, Ortelio. 11:1281
Parra R., J. 24:1534
Parra Sandoval, Rodrigo. 27:4168
Parra Velasco, Antonio. 12:1606; 19:4279
Parrabère, Arnaldo Pedro. 8:68
Parrao S., Óscar. 6:1536a
Parras, P. J. de. 9:2945
Parreira, Carlos. 4:4175
Parreira Barbosa, Amador. *See* Barbosa, Amador Parreira.
Parreiras, Antônio. 10:3182; 21:1166
Parreiras, Decio. 8:3734
Parreño, Óscar. 27:3824
Parrini Ortiz, Vicente. 14:2788
Parrish, Robert T. 8:3927
Parry, Adolfo E. 2:3019; 3:3657; 5:4139; 6: 4687; 8:4549; 11:3555; 12:3170; 16:3048
Parry, John Horace. 4:2701; 14:1894; 19:620, 3180, 3180a, 3181; 20:2338; 25:3068; 28: 444

Parry, Roberto. 3:3737; 8:3709; 10:4143
Parsons, Elsie Worthington Clews. 2:113; 3: 1504; 1519; 5:342; 7:2030; 9:1853; 11: 382; 25:1189
Parsons, Francis B. 23:203
Parsons, James Jerome. 15:1161; 20:492, 1969, 2575; 21:2042; 25:3474; 27:2690, 2690a; 28:893
Parsons, Lee A. 25:391, 392; 27:294, 356, 357
Parsons, Mary D. 23:3106
Parsons, Wilfred. 2:2108a
Parsonson, G. S. 28:910a
Partchevsky, K. 3:2742
Pasquel, Leonardo. 27:158a, 234, 803; 28: 487a, 592, 1855
Partido A. B. C. (*Cuba*). 2:2092; 5:4105
Partido Acción Republicana (*Cuba*). 5:2093
Partido Aprista Peruano. 8:3572; 23:2775; 27: 3527
Partido Comunista (*Chile*). 25:2756, 3694; 27: 3352, 3352a
Partido Comunista (*Cuba*). 5:2094, 2095
Partido Comunista (*Peru*). 9:2591
Partido Comunista (*Venezuela*). 25:1648
Partido Comunista de Bolivia. 24:3486; 25: 2708
Partido Comunista de la Argentina. 27:3202
Partido Comunista del Uruguay. 25:2849; 27: 3548
Partido Comunista Mexicano. 6:2686
Partido de la Izqueirda Revolucionaria (*Bolivia*). 8:2844; 27:3232
Partido de la Revolución Mexicana. 4:2387, 2388; 5:2143; 6:932, 2687, 8:3573; 9: 71, 2518
Partido Demócrata (*Peru*). 16:1392
Partido Liberal (*Colombia*). 17:1319
Partido Liberal Progresista (*Guatemala*). 6: 1010; 7:1050
Partido Nacional (*Uruguay*). 13:1108
Partido Nacional de Trabajadores (*Guatemala*). 12:1573
Partido Nacional Hondureño. 5:2122
Partido Nacional Revolucionario (*México*). 4:2389
Partido Peronista (*Argentina*). 15:2643-2644
Partido Revolucionario Cubano en Nueva York. 2:2149 10:2784; 15:1401
Partido Revolucionario Febrerista (*Paraguay*). 25:2839
Partido Revolucionario Institucional. Comité Central Ejecutivo (*México*). 15:1336
Partido Social Nacionalista del Perú. 10:2376
Partido Socialista (*Puerto Rico*). 2:1540
Partido Socialista de Argentina. 11:1843
Partido Socialista de Chile. 9:2465, 2466; 13: 1078
Partido Socialista del Uruguay. 12:1010
Partido Socialista Ecuatoriano. 8:2758; 9:2590
Partido Socialista Popular de Cuba. 10:2354; 12:1607; 22:2676
Partij Nationalistische Republiek (*Surinam*). 27:3481
Pasarell, Emilio Julio. 17:2568
Pasarell de Colón, Sara. 12:1212
Pascal, Blaise. 2:2973; 22:5916; 23:5908
Pascal, Vicente de. 8:2647
Paschoal Cegalla, Domingos. See Cegalla, Domingos Paschoal.
Pascoalick, Romeu. 7:2452; 10:2196
Pascual, Rosendo. 25:343
Pascual Buxó, José. 23:4736; 24:5074
Paseyro, Ricardo. 2:2265-2266; 21:4159-4161
Pasini Costadoat, Carlos Alberto. 19:5595
Pasini Costadoat, Emilio B. 12:2989
Pasman, Eduardo M. 6:4688

Paso, Juan Roberto. 3:1741; 4:390
Paso, Leonardo. 24:4285; 26:910; 28:1125
Paso y Troncoso, Francisco del. 5:2343; 6:381, 2870; 9:2948; 11:2036; 13:1280, 1366-1368; 15:1468; 16:1565-1570
Pasos, Gabriel. 10:3262
Pasos, Joaquín, 23:5346
Pasos Arana, Manuel. 4:3673; 6:3243; 10:2906
Pasos Peniche, Manuel. 17:918
Pasotti, Pierina. 10:1906, 2082; 27:2837
Pasquale, Carlos. 19:2291
Pasqualin, R. 15:560, 17:403; 23:1301
Pasquariello, Anthony M. 18:2446, 2447
Pasquel, Leonardo. 9:2379; 15:1384; 19:4720; 22:4728; 23:3143, 3166, 3174, 3175, 3177, 3195, 3238, 3271, 3302, 3317, 3318, 3332; 24:3849, 3964; 25:674, 2147, 3264, 3265 3268, 3312
Pasquel, Pedro M. 15:1384
Passalacqua, Carlos M. 17:2093
Passalacqua, Paulo Americo. 2:1579a
Passarelli, Vicente. 24:4286
Passarge, Siegfried. 1:500, 504, 634; 2:1276d
Passeri, Giovanni. 22:6043
Passeroni, Hugo Mameli. 11:1129
Passin, Herbert. 8:250, 251, 2141; 9:368, 1918; 10:258
Passo Cabral, João. See Cabral, João Passo.
Passos, Celina de Morais. 5:1499
Passos, Gabriel de Rezende. 24:2168, 3505; 25: 2168; 27:3288
Passos, José Joaquim Calmon de. 22:4596
Passos, N. 6:2483
Passos, Zoroastro Vianna. 6:657
Passos da Silva, Alexandre. See Silva, Alexandre Passos da.
Passos Guimarães, Alberto. See Guimarães, Alberto Passos.
Passos Guimarães, José Epitácio. See Guimarães, José Epitácio Passos.
Passos Miranda Filho, Antônio dos. See Miranda Filho, Antônio dos Passos.
Pastella, Pablo. 2:1855; 13:1433; 15:1598
Pasto. Dirección Municipal de Estadística. 4: 1639
Pastor, Adolfo. 14:1302
Pastor, Carmen Cáceres de. 10:4380
Pastor, Eduardo Martín. 8:3123
Pastor, José M. F. 11:582; 24:2944
Pastor, Reynaldo Alberto. 4:3192; 6:2553, 3412; 9:2634; 23:2854; 24:3481; 25:2703
Pastor Benítez, Justo. 3:2545, 2724a, 3194; 6: 3471; 7:3532; 20:4869; 21:3148, 3151; 25:3700
Pastor López, Mateo. 24:5124
Pastor Lozada, Justo. 23:1444
Pastor y Carreto, Luis G. 28:697
Pastore, Ángel. 10:3318
Pastore, Arthur R. 19:6609
Pastore, Carlos A. 15:1385
Pastore, Franco. 18:1290
Pastore, José. 27:4246
Pastori, Aurelio. 10:1321; 12:3194
Pastori, Luis. 12:2740; 24:5534; 26:1741; 28: 2159, 2160
Pastorino, C. Tôrres. 8:929, 930
Pastorino, Víctor A. 21:2277
Pastrana, Ernesto J. 11:516; 14:674
Patagones, Carlos W. de. 4:3193
Patch, Richard W. 23:2752; 24:2996; 25:2709; 27:166, 1193, 1351, 2199, 2199a, 4169, 4170
Pater, Walter. 12:3523
Paternostro, Julio. 3:565
Paterson, A. S. 2:545
Pati, Francisco. 22:5539; 26:1998

Patín, Enrique. 16:3384
Patín Maceo, Manuel A. 6:3864-3866; 7:4469, 4470; 12:2352; 2353; 13:2010; 14:2597; 15:2139; 16:2497
Patiño, Adrián. 9:4840
Patiño, Antonio. 24:5243
Patiño, Enrique. 2:2060
Patiño, Galileo. 12:3312, 3313
Patiño, Hugo. 28:3012
Patiño, Víctor Manuel. 22:17; 23:708, 709; 24: 805; 27:1150-1150b
Patiño Arca, Washington. 6:452
Patiño Rojas, José Luis. 18:1096
Patiño Rosselli, Carlos. 22:4341
Patiño Salazar, R. 15:520
Patiño Torres, Hugo. 22:3470
Patric, Anthony. 6:2586
El Patriota, Buenos Aires. 8:3277a
Patrizi, Luis Gonzalo. 15:1777
Patrocínio, José do. 28:3061
Patrón, Juan Carlos. 22:5324; 23:4518
Patrón, Pablo. 1:871
Patrón Costas, Luis. 3:1835; 4:2242
Patrón Faura, Pedro. 9:2540; 12:3047; 13: 2507; 14:3162; 15:2692; 21:4634
Patrón Yrigoyen, Jorge. 7:226; 14:3121
Patt, Beatrice P. 25:3004
Pattee, Richard Francis. 1:1289, 2174a; 2: 1616; 1973, 2163, 2169, 2605, 2894; 3: 2163, 2180, 2181; 4:2924, 3325; 5:3220, 3435; 3436, 4282; 6:204, 2794; 7:3528; 10:2423, 3068; 11:91, 92; 12:2243, 2244; 14:66a; 20:4457
Patterson, A. Willing. 7:862
Patterson, Ernest Minor. 8:129
Patterson. Gardner. 9:1019
Patterson, Jerry E. 20:2339; 21:2461; 23:3107 3370; 24:3955
Patterson, John. 10:2866
Patterson, Massie. 9:4662
Patterson, Richard S. 13:1640
Patterson, Robert H. 28:284, 697a
Patterson, Thomas Carl. 27:482, 649
Patterson y De Jáuregui, G. 2:541
Patti, Constant J. 26:1525
Pattillo B., Aleiandro. 4:2168
Patty, Gordon Enoch. 27:2247
Paucke, Florián. 8:372; 9:468; 22:3502
Paul, A. J. D. 4:140
Paul, Benjamín D. 16:345, 346; 27:955
Paul, C. 20:2340
Paul, Emmanuel Casséus. 12:283, 3411; 13:250; 14:3396; 18:255; 20:450; 25:496, 497; 27:1091
Paul, Lois. 27:955
Paul, Otto Ernst. 4:1225
Paul Fantini, Antonio de. 19:2524
Paula, Alberto S. J. de. 24:1664; 25:1202; 26: 185; 28:251
Paula, Eurípides Simões de. 2:1419; 5:1938; 28:450a, 1316
Paula, Hermes de. 21:3270
Paula, Luiz Nogueira de. 4:651; 5:1177; 7: 1594
Paula, Raul de. 2:1156
Paula, Rubén Descartes de G. 8:1861, 1862
Paula Brasil, Abelardo de. *See* Brasil, Abelardo de Paula.
Paula Buarque, A. de. *See* Buarque, A. de Paula.
Paula Cidade, F. de. *See* Cidade, F. de Paula.
Paula Ferreira, Tolstoi. *See* Ferreira, Tolstoi Paula.
Paula Freitas, Luiz. *See* Freitas, Luiz Paula.
Paula Lima, Gerson. *See* Lima, Gerson Paula.
Paula Lopes, R. *See* Lopes, R. Paula.

Paula Martins, Maria de Lourdes de. *See* Martins, Maria de Lourdes de Paula.
Paula Pontes, Alvaro de. *See* Pontes Alvaro de Paula.
Paula Salazar, Alcino de. *See* Salazar, Alcino de Paula.
Paula Santos, Francisco de. *See* Santos, Francisco de Paula.
Paula Sousa, Antonieta de. *See* Sousa, Antonieta de Paula.
Paula Souza, G. H. de. *See* Souza, G. H. de Paula.
Paulding, Hiram. 11:2234, 2289; 28:958a
Paulero, Ernesto. 9:4549
Paulet, Pedro E. 5:1367; 6:1595; 9:1520
Pauli, Evaldo. 16:3279
Paulin, Axel. 15:654; 17:1434; 18:2112; 25: 3106a
Paulistânia São Paulo. 16:576
Paullada, Stephen. 25:3948
Paullier, Washington. 3:1791p
Paulo da Rocha, Clovis. *See* Rocha, Clovis Paulo da.
Paulo e Silva, Armando de. *See* Silva, Armando de Paulo e.
Paulo Filho, M. 4:822a, 3371; 20:3247
Paulotti, Osvaldo L. 6:499; 7:564; 8:414, 453; 9:585; 12:102; 14:593; 15:503; 19:882, 883
Paulsen, Inge. 2:1265; 3:1791a
Paulsen Bruna, Carlos. 15:1208; 16:1242
Paultre, Émile. 20:4458
Paulus, Klaus. 27:2360
Paulus, Wolfgang. 28:75
Pauperio, Artur Machado. 20:2258
Pauta. Órgano Oficial de la Sociedad Musical Humanitaria Santa Cecilia. 10:4482
Pauwels, Geraldo. 7:2362; 8:2532
Pavageau, Moacir. 18:1425
Pavajeau, Luis. 10:1990
Pavan, C. 27:1510
Pavez Romero, Osvaldo. 2:818
Pávez Saa, Luis Hernán. 14:3320
Pavía, Esperanza M. de. 2:125
Pavía Crespo, José. 2:123-125; 6:371
Pavletich, Esteban. 19:3890
Pavón, Cirilo. 4:4364; 12:3095
Pavón Abreu, Raúl. 9:248; 11:224; 24:1144; 25:229, 1114
Pavón Pereyra, Enrique. 19:3846
Payá, Fernando Horacio. 19:5425
Payán-Archer, Guillermo. 22:3546
Payarés, R. 27:457
Payne, George C. 11:240; 12:495
Payne, John, Jr. 3:850
Payne, Walter A. 22:3057
Payno, Manuel. 11:3080; 14:1895; 23:4519; 25:4311
Payone, George C. 8:2380
Payró, Julio B. 3:378; 4:503, 504a, 505; 5: 707, 3125; 6:787, 788; 8:663; 9:811, 812; 10:649a, 650; 11:589; 14:776; 15:586; 20: 1026, 1027; 22:1113; 26:200
Payró, Roberto J. 1:872; 3:3355, 3356; 5: 3790-3792; 6:4169; 9:3949; 12:2763, 2764; 18:2079, 2490; 20:4224; 22:4952
Paz, Ataliba de Figueiredo. 9:1763
Paz, Clodomiro. 20:3045
Paz, Hipólito J. 4:3194
Paz, J. Rufino. 16:172
Paz, José María. 4:3157; 17:1770; 25:3643
Paz, José Máximo. 1:1530; 2:3020, 3021; 3: 3658; 4:4365
Paz, Juan Carlos. 7:5439-5441; 9:4673, 4674, 4837; 12:3336; 18:2991; 21:4707; 28: 3029

Paz, Julián. 12:1702a
Paz, Luis. 27:2268
Paz, Marcela. 23:5000
Paz, Marcos. 26:1058; 28:1160
Paz, Matias de. 19:3162
Paz, Octavio. 7:4756; 9:4072; 16:2585; 17: 475; 18:1768a, 2392, 2584; 20:4103, 4225; 21:4112, 4113; 22:5167; 24:5443; 25: 4261, 4508; 26:1745; 27:358; 28:2119, 2161
Paz, Roque. 5:1259
Paz Campero, Javier. 6:1631
Paz Castillo, Fernando. 3:3310; 18:2572; 21: 970
Paz de Noboa, C. A. 8:347
Paz Estenssoro, Víctor. 1:1185; 9:1434; 19: 2885; 20:2243, 2243a; 23:2862; 24:4318
Paz Fontenla, Vicente. See Fontenla, Vicente Paz.
Paz Oliveira, Maria de Lourdes. See Oliveira, Maria de Lourdes Paz.
Paz Paredes, Margarita. 26:1746
Paz Rojas, Jorge. 12:1391
Paz Soldán, Carlos Enrique. 1:873; 4:2169, 2859; 5:2594, 3600; 6:2426; 8:3158; 11: 1456; 14:546; 17:1811; 20:2763; 21:3165; 26:1036
Paz Soldán, Luis F. 9:3150; 10:3083
Paz Soldán C., Alfonso. 13:753
Paz Soldán y Unánue, Pedro. 4:3748; 22:4336
Paz y Guiní, Melchor de. 19:3458
Paz y Miño, Luis Telmo. 3:343, 510a; 5:1896; 6:536; 7:559; 8:1704; 9:2987; 12:452; 14:543; 15:459; 16:411; 18:353; 24:568, 852; 27:1470
Pazmiño Ugarte, Luis. 4:3286
Pazos, Arturo. 24:1333
Pazos, E. R. 1:706
Pazos, Manuel R. 5:2278; 12:1698, 1863b; 17: 2318; 19:3339
Pazos Abelenda, Libia E. 14:1300
Pazos Kanki, Vicente. 5:2519
Pazos Varela, Juan F. 4:2956, 3912
Pazos y Roque, Felipe. 6:1057; 7:1113, 3351; 17:616; 18:982
Pazurkiewics, Stanislaw. 4:3913
Pazzi, Serafín. 5:3857
Peabody, George Augustus. 4:3326
Pearce, Thomas M. 9:1961
Pearcy, G. Etzel. 26:804
Pearl, Raymond. 7:890; 9:1020
Pearsall, Charles H. 5:807
Pearse, A. S. 2:1291; 3:1569; 4:133
Pearse, Andrew. 23:2424
Pearse, Andrew C. 19:714; 20:481
Pearson, Isaac R. 6:4170
Pearson, T. Gilbert. 7:2072
Pearson, Ross. 27:1970
Pearson, Warren Lee. 7:849, 850
Pease, Frank. 1:1738
Pease, Franklin. 28:1043
Pease, Theodore C. 1:779
Peberdy, P. Storer. 14:383
Pecach, Roberto. 3:3659
Peçanha de Figueiredo, J. See Figuiredo, J. Peçanha de.
Pecantet, Luis. 3:1463
Pecegueiro, João. 4:1757
Peck, Anne Merriman. 13:1157; 22:2809
Peck, Curtis. 6:885
Peck, H. Austin. 23:1839
Peck, Walter. 7:2044, 3767
Peco, José. 1:1629; 2:3097-3099
Pecora, Edgardo J. 4:928
Pedagogía, Río Piedras, P. R. 19:2087
Peddar, Robert V. 10:3253

Pedemonte, Gotardo C. 3:3701; 17:2035; 21: 4569
Pedemonte, Hugo Emilio. 24:5552a; 25:4543; 28:2246
Pedemonte, Juan Carlos. 9:2946; 14:2000
Pederneiras, Mário. 22:5477
Pederneiras, Raul. 10:4176; 12:2799; 13: 2599
Pedersen, Asbjorn. 19:381, 382; 27:511
Pedra Branca, Domingos Borges de Barros, Visconde de. See Barros, Domingos Borges de.
Pedrajo, Rafael M. 5:2154; 6:2664, 2665
Pedral, Sampaio, Bernardo. See Sampaio, Bernardo Pedral.
Pedraza, José Francisco. 7:141; 13:1
Pedraza, Roberto. 5:1097
Pedrazas Jaldín, Gualberto. 24:1334; 25:3682
Pedregal H., Guillermo del. 2:822
Pedreira, Antonio S. 3:18, 2627; 4:3114; 7: 4656
Pedreira, Cora de Moura. 23:1305; 25:772
Pedreira, Luis Diego. 26:2172
Pedreira de Castro, Fernando. See Castro, Fernando Pedreira de.
Pedrero, Julián. 19:4282; 27:2837a
Pedreschi, Carlos. 23:1265
Pedrido, Federico Guillermo. 15:2372
Pedro I, *Emperor of Brazil*. 16:2176
Pedro II, *Emperor of Brazil*. 1:2281; 16:2177, 2184, 2186; 19:5249; 22:3872; 24:4525, 4526; 28:1383
Pedro Simón, *Brother*. 28:861g
Pedro, Arturo Grant. 2:1191
Pedro, Valentín de. 8:4018; 19:4073; 11: 2320; 20:3743
Pedrosa, Carlos. 7:182; 8:69, 2157; 16:1313
Pedrosa, Heitor. See Pires, Heliodoro.
Pedrosa, M. 7:2708
Pedrosa, Manuel Xavier de Vasconcelos. 20: 564; 22:3850; 23:3926
Pedrosa, Mário. 5:4378; 8:931, 932; 9:4763; 14:646; 15:602; 22:1334; 26:294
Pedrosa, Milton de Albuquerque. 12:2897; 24: 5764; 25:4675
Pedroso, José. 16:915
Pedroso, Regino. 6:4270, 4271; 11:3307; 21: 4114
Pedroso, Margarita de. 16:2760; 17:2405
Pedroso Carnaxide, Antônio Souza. See Carnaxide, Antônio Sousa Pedroso.
Pedroza, Raúl. 3:363
Pedroza, Xavier. 3:2833; 5:589, 1582a
Pedrozo Langarica, Ramón. 10:697
Peeke, Catherine. 20:705, 705a; 27:1441, 1471, 1489a
Peers, E. Allison. 4:3914; 12:2712
Peet, J. Doddridge. 8:1170
Peeters, Francisca. 3:1386
Peeters, Marie Louise. 11:1362
Peffer, E. Louise. 21:3438
Pegado, César. 7:183; 13:1771
Pégurier, Guilherme Augusto. 14:1113; 22:1654
Péguy, Charles. 12:3542
Peinado, José María. 6:3110; 21:2428
Peirano Facio, Jorge. 10:4132; 11:1816; 13: 2532; 19:5509
Peirano Facio, Juan Carlos. 19:5457
Peire, José E. 14:2879
Peisci, Federico P. 6:1414
Peiser, Werner. 8:4019; 9:3824
Peissel, Michel. 24:261
Peixe, César Guerra. 15:2773, 2829b
Peixoto, Afrânio. 1:2175, 2176; 2:1647, 2895-2897; 3:695a, 1377, 2783; 4:13, 2016, 4176, 4177, 4238, 4274a; 5:3942; 6:1976, 2795, 4334, 4335; 7:3620, 3621, 3699; 8:

3403, 4239-4241, 4296-4298, 4325; 9:
  886, 1854, 4419; 10:3852; 11:1464, 3598;
  13:1184, 2305; 15:2509; 16:2932; 18:
  2783; 28:2527
Peixoto, Almir Câmara de Matos. 8:4242, 4243;
  9:4123; 17:2593; 20:4293
Peixoto, Alzira Vargas do Amaral. 24:4527
Peixoto, Arthur Vieira. 5:3221
Peixoto, Carlos Fulgêncio da Cunha. 18:2959;
  22:4638
Peixoto, Francisco Inácio. 6:4382
Peixoto, Inácio José de Alvarenga. 21:4390
Peixoto, Isibardo. 3:1861
Peixoto, Jarbas. 7:4085; 11:2803
Peixoto, João Baptista. 22:1655
Peixoto, José Benedicto Silveira. 6:4336; 7:4916,
  4917; 8:3521; 10:3923
Peixoto, José Carlos Matos. 1:1497
Peixoto, Júlio Afrânio. See Peixoto, Afrânio.
Peixoto, Luiz. 28:2655
Peixoto, Lucy Isabel S. 23:1305; 25:772, 776
Peixoto, Maria Luiza Amaral. 25:4727
Peixoto, Maria Onolita. 23:2425
Peixoto, Matos. 28:959
Peixoto, Silvio. 6:3651; 9:72; 13:1697
Peixoto, Walter. 22:1655, 1656
Peixoto Boynard, Aluízio. See Boynard,
  Aluízio Peixoto.
Peixoto da Fonseca, Fernando V. See Fonseca,
  Fernando V. Peixoto da.
Peixoto da Silveira, José. See Silveira, José
  Peixoto da.
Peixoto Gomes Filho, Luiz. See Gomes Filho,
  Luiz Peixoto.
Peixoto Machado, Floriano. See Machado,
  Floriano Peixoto.
Peixoto Martins, Ari. See Martins, Ari Peixoto.
Peixoto Nogueira, Ophelia. See Nogueira,
  Ophelia Peixoto.
Peláez, Carlos. 19:5421
Peláez, Josefina G. de. 5:1880; 6:2416
Peláez, Pedro Restre. 10:786
Peláez Bazán, Alfonso. 12:2566
Peláez C., Rafael Ulises. 16:2647; 21:3991;
  27:2200
Pelayo, Félix M. 3:3311, 14:2789
Pelissier, Raymond Francis. 19:1904, 1905,
  3639; 23:2064
Pella Ratel, Roberto F. 9:4550
Pellecer, Carlos Manuel. 14:2790
Pellegrini, Aldo. 20:1028; 21:4115; 28:2325
Pellegrini, Carlos. 7:3465
Pellegrini, Itacy da Silveira. 7:5119; 8:4483; 12:
  2950
Pellegrini, Juan Carlos. 27:2571a
Pellegrini, Vicente. 27:2161, 2161a
Pellerano, Glorialdo. 9:2200
Pellet Lastra, Emilio. 7:3912
Pellicer, Carlos. 7:4757; 14:833, 20:1049;
  23:1377; 26:1747; 27:241; 28:713a, 2162
Pellicer y Sánchez Mármol, César. 5:3697
Pelliza, Óscar Luis. 10:1173
Pelosi, Carlos A. 18:2904
Peltzer, Ernesto. 8:1445; 9:1214; 10:1082
Peltzer, Federico J. M. 20:3971; 23:4551; 24:
  4833
Peluca, Richard J. 27:2076
Peluffo, Domingo. 11:2774
Peluso Albino de Souza, Washington. See
  Souza, Washington Peluso Albino de.
Peluso Júnior, Victor Antônio. 10:2197, 13:
  1019; 14:1554, 1555; 15:1270; 18:1426,
  1492, 1493
Pelzer, K. J. 3:500
Pemán, José María. 8:130; 18:2393
Peña, Arturo de la. 1:1486; 6:4689

Peña, B. M. A. 4:2702
Peña, Carlos H. de la. 17:2406
Peña, Carlos M. 6:2144
Peña, Concha. 21:3704
Peña, Enrique A. 2:1795, 2295, 2768
Peña, Fernando. 11:2481
Peña, Israel. 19:5606
Peña, J. Adolfo. 11:2098
Pena, J. B. Damasco. 23:2413
Peña, Joaquín de la. 17:919, 920; 18:983
Peña, José M. 4:3915; 16:1989
Peña, Juan de la. 21:2462
Peña, Lázaro. 9:3756; 13:1916; 22:2677
Pena, Luís Carlos Martins. 9:4298; 17:2649;
  22:5527; 25:4728; 28:2656
Pena, Luís Damasco. 23:2413
Peña, Luis David. 10:1707
Peña, Luis de la. 23:2065
Peña, Miguel Antonio. 7:2614
Peña, Moisés T. de la. 3:1022; 4:1277a,
  1354, 3616; 6:979; 7:979, 1003; 8:1094,
  1129; 9:1244; 10:915, 916; 11:776-779;
  12:771, 772, 13:479; 14:961, 962; 15:811,
  812; 16:335, 996, 2424; 17:921-923; 18:
  984; 27:1905
Pena, Paulo Camilo de Oliveira. 23:4638
Peña, Roberto I. 17:1649; 18:1913; 19:3847,
  5776
Peña, Sergio de la. 23:2066; 24:2095, 2145;
  25:1570
Peña Alegría, Manuel. 5:1881
Peña Batlle, Manuel Arturo. 4:2702; 6:3290;
  7:3377, 5314; 8:2755; 10:510, 2357, 2358,
  12:1633; 14:1896; 17:1555; 18:1791a,
  3367; 19:4265; 20:2586, 2950, 3430
Peña Cámara, José de la. 7:2968
Peña Chavarría. 1:571
Peña Dávila, Juan Manuel. 9:4471
Pena Filho, Carlos. 20:4413; 21:4391; 24:5791
Peña Guzmán, Solano. 7:1328; 9:1392, 1551
Pena Marinho, Inezil. See Marinho, Inezil Pena.
Peña Monterrubio, Esperanza, 7:4275
Peña Navarro, Everardo. 12:1634, 1830
Peña Otaegui, Carlos. 1:907; 10:2424; 17:1435
Peña Prado, Mariano. 1:1247; 4:2861, 4454; 7:
  497
Pena Sobrinho, Osvino. 12:540
Peña Suárez, José Luis de la. 19:1363
Peña Villamil, Manuel. 23:4627
Peña y de la Cámara, José María de la. 19:
  3181a
Peña y Lillo, Oscar. 3:1778
Peña y Lillo, Silvestre. 3:2546; 4:3195
Peña y Lillo, Silvestre, h. 4:3195
Peña y Lillo Escobar, Abel. 13:922
Penabaz, Manuel. 27:3432
Penafiel Álvaro. 3:3518; 5:3943
Peñaherrera, Guillermo. 22:3553
Peñaherrera de Costales, Piedad. 23:799, 800;
  24:853, 854; 27:1297, 1299a
Peñalosa, Javier. 20:4099a
Peñalosa, Joaquín Antonio. 14:2928; 18:2564;
  21:3836; 24:5008, 5016, 5553; 26:1435,
  1814
Peñaloza, Manuel Alberto. 17:1774
Peñaloza Castro, Hernán. 23:4568
Peñaloza Cordero, Luis. 9:1435; 10:1215-
  1218; 14:1057; 15:1000; 20:1362; 23:
  1815; 27:3234
Peñaloza R., Walter J. 5:4402; 6:4263; 7:4657;
  8:4020; 13:2730, 2731
Penalva, Gastão, pseud. 3:2841; 5:3148,
  3222; 17:1924j, 1924k
Peñalva Arguello, P. 5:695
Peñalver, Julio. 21:4635
Peñalver, Luis M. 12:1213

Peñalver Simó, Patricio. 16:3280, 3281; 17: 1436; 20:4790
Peñaranda Arenas, G. 1:1409
Peñaranda C., Enrique. 6:2565, 2566; 7:2528; 9:2419
Peñaranda de Guillén Pinto, Natty. 11:3203; 19: 4896
Peñaranda Esprella, Alfredo. 28:1173
Peñaranda Minchin, Juan. 7:1459
Penderel, Philip. 27:3402
Pendergast, David M. 27:359
Pendergast, L. O. 3:1023, 1024
Pendle, George. 17:1288; 18:793, 1611, 2295; 19:2955; 20:2017, 2224, 5055; 21: 5016; 23:2456; 24:2924, 3482; 25:5713; 26: 1110; 27:2838, 2889
Pénicaut, André. 19:3340
Peniche, Manuel. 6:3318
Peniche López, Juan José. 20:4503
Peniche López, Luis Fernando. 15:1337
Peniche López, Vicente. 7:5155
Penichet, Antonio. 8:3605
Penland, C. William. 10:2130
Penn, Raymond J. 27:2807a
Penna, Alceu. 5:4038
Penna, Antônio Gomes. 17:1054
Penna, Carlos Víctor. 9:4632, 4633; 10:4292, 4293; 11:3723-3727; 12:3288, 3314
Penna, Cornélio. 1:2219; 14:3049; 16:2849; 19:5321; 22:5515
Penna, J. V. Meira. 22:1326; 25:1304
Penna, Leonam de Azeredo. 2:2833
Penna, Nilson. 23:5719
Penna, Odete Senna de Oliveira. 25:2218
Penna e Costa, Marília São Paulo. See Costa, Marília São Paulo Penna e.
Penna Júnior, Afonso. 13:1760
Penna Marinho, Ilmar. See Marinho, Ilmar Penna.
Penna Scorza, Evaristo. See Scorza, Evaristo Penna.
Pennafort Caldas, Onestaldo de. See Caldas, Onestaldo de Pennafort.
Pennell, M. E. 12:1218w
Pennette, Marcel. 26:563
Penney, Clara Louisa. 4:23; 28:76, 1800
Pennington, Campbell W. 27:956
Pennsylvania Academy of Fine Arts, *Philadelphia.* 8:665
Pennsylvania State College. School of Mineral Industries. Division of Mineral Economics. 19:1364
Penny, John S. 20:1989
Pensamento de America, Rio de Janeiro. 8:4020a
Pensón, José F. 22:2688
Pentagna, Romana Gonçalves. 18:1168
Pentaleón, Tomás. 11:3078
Penteado, A. A. de Barros. 7:5329
Penteado, Antônio Rocha. 14:1556; 15:1271; 18:1494, 3237
Penteado, Fausto de Almeida Prado. 8:3522
Penteado de Rezende, Carlos. See Rezende, Carlos Penteado de.
Penteado Júnior, Onofre de Arruda. 18:1169; 19: 2292, 2293; 21:1792, 1796
Penteado Medici, Fernando. See Medici, Fernando Penteado.
Peñuela, Cayo Leonidas. 2:2012, 2717
Peñuelas, Marcelino C. 20:4141
Penzini Hernández, J. 1:915; 5:2189
Peón Aloy, Pura. 9:2123
Pepén, Juan Félix. 22:3214
Pépin, Eugène. 4:3585
Pepper B., José Vicente. 13:1113, 1663, 1822; 15:1354; 19:2944
Peppercorn, Lisa M. 6:4904; 9:4764

Pera, Norka de. 28:135, 154
Peral, Juan D. 4:1172
Peral, Miguel Ángel. 10:113; 25:3305
Perales Frigols, Pablo. 19:2440; 22:2290
Perales Ojeda, Alicia. 17:2340; 23:4832; 26: 68
Peralta, Carlos M. 6:966; 7:944
Peralta, Gabriel de. 7:631
Peralta, Hernán G. 7:1849, 3303; 10:2774; 16:1845; 18:2897; 21:2855; 27:3634
Peralta, José. 24:3444
Peralta, Ricardo. 5:933
Peralta Lagos, José María. See Mechin, T. P., *pseud.*
Peralta Peralta, Jaime. 25:4544
Peralta Peralta, Juan. 13:1633
Peralta Ramos, Alfredo. 11:961
Peralta Ramos, Luis. 24:4240
Peralta Vásquez, Antero. 11:1817
Peralva, Osvaldo. 27:3291
Peramás, José Manuel. 3:3041; 13:1434
Peraza, Celestino. 19:4924
Peraza, Gilda E. 11:1302
Peraza, J. Antonio. 6:309
Peraza de Ayala, José. 16:1503
Peraza E., Guadencio. 12:1188
Peraza Medina, Fernando. 10:917
Peraza Sarauza, Fermín. 2:2497; 3:53a, 2444, 3109, 3194a; 4:24, 3860, 3861, 4535, 4550, 4551; 5:109, 194a, 2821, 4248, 4257, 4269; 6:121, 150, 223, 4003, 4187a, 4786, 4787; 7:184, 615, 4581, 5398, 5400-5402; 8:70, 71, 516, 3884, 3885; 9:73-76, 104, 2694, 4634, 4635; 10:44-46, 3485, 3486, 4294, 4295; 11:35-38, 486, 487; 12: 30-33, 57, 1635, 2471, 3315-3318; 13:28, 29, 2116; 14:15, 16; 15:28, 125, 2172, 2900; 16:14, 15, 89, 1545; 17:1726, 3094-3096, 3126; 18:3304; 19:3740, 6441, 6442; 20:2303, 2341, 5039; 21:5254, 5255; 22:3209, 4745, 6271; 23:3405; 25: 3491; 26:15, 19, 20, 33, 34, 40, 70; 28:77
Percas, Helena. 19:5087, 5088; 23:5176
Perceval, *pseud.* 27:3353
Perceval, Julio. 12:3438; 16:3207
Perciavalle. Carmen. 11:3728
Perdigão, Edmylson. 6:2122
Perdigão, Luis F. 24:4528
Perdigão de Oliveira, João Baptista. See Oliveira, João Baptista Perdigão de.
Perdigão Malheiros, Agostino Marques. See Malheiros, Agostinho Marques Perdigão.
Perdiguero, César. 19:3848
Perdomo, Apolinar. 9:4095
Perdomo, Elpidio. 5:2159; 7:2688
Perdomo, José E. 6:1067; 8:1255, 10:1008
Perdomo, Julio M. 20:4495
Perdomo Coronel, Nazareth. 10:3781
Perdomo Escobar, José Ignacio. 4:1870; 8:3147; 11:3825; 28:3083
Perdomo García José. 17:2928; 19:5760, 5761
Perdriel, Carlos Alberto. 2:743b
Perea, Juan Augusto. 2:1819; 13:1369
Perea, Salvador. 13:1369
Perea Martins, José. See Martins, José Perea.
Perea Roselló, Pedro Luis. 20:2594; 28:833
Perea y Alonso, Sixto. 3:281; 4:98, 106, 394; 5:3507
Pereda, Clemente. 14:2705
Pereda, José A. 9:1393
Pereda, Setembrino E. 2:2061; 4:2997; 5:2663, 3117
Pereda Valdés, Ildefonso. 2:2663; 3:3195, 3312; 7:4658; 8:2046, 2190; 9:1951; 13:68; 16: 2678; 20:425
Peregrino, João. 27:1226

Peregrino, Umberto. 7:4970; 8:3404; 12:2857; 20:3287, 4342; 23:3961
Peregrino da Rocha Fagundes Júnior, João. See Peregrino Júnior.
Peregrino Júnior. 3:3599; 4:4178, 4179; 6:1977, 7:1818; 10:1555; 13:2307; 23:5417; 24:5809
Peregrino Maciel Monteiro, Antônio. See Monteiro, Antônio Peregrino Maciel.
Peregrino Seabra Fagundes, Umberto. See Peregrino, Umberto.
Pereira, A. Sá. 4:4291; 9:4882
Pereira, Afonso. 25:2191
Pereira, Aguinaldo Costa. 14:3206
Pereira, Altamirano Nunes. 2:1742; 8:2533; 9:2365
Pereira, Américo. 26:2194
Pereira, Ângelo. 21:3271
Pereira, Antônio Baptista. 2:305, 1690; 4:3397; 20:3229
Pereira, Antônio Olavo. 16:2891; 21:4361
Pereira, Aristeu. 20:4571
Pereira, Armando de Arruda. 11:1155
Pereira, Armindo. 19:5322; 20:4381
Pereira, Arthur. 7:5459-5461, 5607; 9:4686; 15:2829b
Pereira, Astrojildo. 1:2177; 7:4915; 10:3853; 23:5438; 25:2740, 4675; 26:1281
Pereira, Breno Lobo Leite. 4:770
Pereira, Caio Mário da Silva. 15:2687; 25:4056
Pereira, Carlos José da Costa. 21:1153; 22:1303
Pereira, E. 8:771
Pereira, Evaldo Simas. 10:3159; 19:1727
Pereira, Gilvandro Simas. 12:1502
Pereira, J. E. Ericksen. 27:2957a; 28:1258
Pereira, J. Soares. 12:1062, 1486a
Pereira, João Felipe. 11:2643
Pereira, Jorge dos Santos. 22:6025
Pereira, José. 26:2113
Pereira, José Veríssimo da Costa. 16:1305a
Pereira, Juvenal Paiva. 4:689
Pereira, Kleide Ferreira do Amaral. 28:3062
Pereira, Lafayette Rodrigues. 6:4337, 4622; 11:3564
Pereira, Lucia Miguel. 3:3507; 4:4168, 4169, 4232, 4232a; 5:4046; 9:4186-4189; 10:3917; 12:2858; 14:3037; 16:2843; 18:2756, 2777; 19:5283, 5323
Pereira, Luis. 21:1812; 27:2543
Pereira, Luiz Carlos Bresser. 27:2958
Pereira, Manuel da Cunha. 19:5213; 25:3916
Pereira, Maria de Lourdes Sá. 7:1819
Pereira, Maria Mendes. 6:2507
Pereira, Milton Fernandes. 8:3734
Pereira, Moacir Soares. 7:1623; 9:1657; 20:4583
Pereira, Mozart Emygdio. 16:899
Pereira, Nilo. 19:2294; 21:3300
Pereira, Nunes. 17:351; 21:2145
Pereira, Nuno Marques. 6:3680
Pereira, Octacilío A. 3:1387
Pereira, Osny Duarte. 16:3131; 18:2844; 23:1940; 24:3506; 27:3292
Péreira, Paul. 10:2447; 18:1258a
Pereira, Pedro N. 8:2824; 18:3336
Pereira, Renato Barbosa Rodrigues. 11:1784
Pereira, Sylvio. 4:690, 14:3181
Pereira, Umberto T. 21:4116
Pereira, Urbano. 8:4866
Pereira, Virgílio de Sá. 23:4569
Pereira Araújo, João Hermes. See Araújo, João Hermes Pereira.
Pereira Barreto, Ubirajara. See Barreto, Ubirajara Pereira.
Pereira Bastos, João. See Bastos, João Pereira.
Pereira Bicudo, Hélio. See Bicudo, Hélio Pereira.

Pereira Braga, Antônio. See Braga, Antônio Pereira.
Pereira Bueno, Bruno. See Bueno, Bruno Pereira.
Pereira Bustamante, Benjamín. 2:1613
Pereira Cleto, Marcelino. See Cleto, Marcelino Pereira.
Pereira Coelho de Souza, José. See Souza, José Pereira Coelho de.
Pereira Coelho Filho, Antônio. See Coelho Filho, Antônio Pereira.
Pereira Coruja, Antônio Álvares. See Coruja, Antônio Álvares Pereira.
Pereira da Câmara, Rinaldo. See Câmara, Rinaldo Pereira da.
Pereira da Costa, F. A. See Costa, F. A. Pereira da.
Pereira da Cunha, Lourenço. See Cunha, Lourenço Pereira da.
Pereira da Fonseca, Mariano José. See Fonseca, Mariano José Pereira da.
Pereira da Graça Aranha, José. See Aranha, José Pereira da Graça.
Pereira da Silva, A. J. See Silva, A. J. Pereira da.
Pereira da Silva, Clodomiro. See Silva, Clodomiro Pereira da.
Pereira da Silva, Fernando. See Silva, Fernando Pereira da.
Pereira da Silva, Francisco. See Silva, Francisco Pereira da.
Pereira da Silva, Gastão. See Silva, Gastão Pereira da.
Pereira da Silva, H. See Silva, H. Pereira da.
Pereira da Silva, Lília A. See Silva, Lília A. Pereira da.
Pereira da Silva, Lisandro. See Silva, Lisandro Pereira da.
Pereira de Almeida, Abílio. See Almeida, Abílio Pereira de.
Pereira de Almeida Filho, João Batista. See Almeida Filho, João Batista Pereira de.
Pereira de Andrade, A. See Andrade, A. Pereira de.
Pereira de Andrade, Delmiro. See Andrade, Delmiro Pereira de.
Pereira de Andrade, Walter Masson. See Andrade, Walter Masson Pereira de.
Pereira de Araújo, Ely Goulart. See Araújo, Ely Goulart Pereira de.
Pereira de Araújo, João Hermes. See Araújo, João Hermes Pereira de.
Pereira de Bulhões Carvalho, Francisco. See Carvalho, Francisco Pereira de Bulhões.
Pereira de Campos Vergueiro, Nicolau. See Vergueiro, Nicolau Pereira de Campos.
Pereira de Costa, Luiz. See Costa, Luiz Pereira de.
Pereira de Godoi, Manuel. See Godoi, Manuel Pereira de.
Pereira de la Roque, Jorge. See Roque, Jorge Pereira de la.
Pereira de Lima, José. See Lima, José Pereira de.
Pereira de Magalhães, Eduardo. See Magalhães, Eduardo Pereira de.
Pereira de Melo, Guilherme Teodoro. See Melo, Guilherme Teodoro Pereira de.
Pereira de Queiroz, Maria Isaura. See Queiroz, Maria Isaura Pereira de.
Pereira de Queiroz Neto, José. See Queiroz Neto, José Pereira de.
Pereira de Sousa, Everardo Vallim. See Sousa, Evarardo Vallim Pereira de.

Pereira de Souza, Washington Luiz. *See* Souza, Washington Luiz Pereira de.
Pereira de Souza Guerra, Odilon. *See* Guerra, Odilon Pereira de Souza.
Pereira de Vasconcelos, Roberto. *See* Vasconcelos, Roberto Pereira de.
Pereira Dias, João. *See* Dias, João Pereira.
Pereira Donato, Messias. *See* Donato, Messias Pereira.
Pereira dos Reis, P. *See* Reis, P. Pereira dos.
Pereira dos Santos, Carlos Maximiliano. *See* Santos, Carlos Maximiliano Pereira dos.
Pereira Ferraz, A. L. *See* Ferraz, A. L. Pereira.
Pereira Ferreira de Faro, Luis. *See* Faro, Luis Pereira Ferreira de.
Pereira Filho, Genesio. 7:4918; 8:4244
Pereira Guimarães, Archimedes. *See* Guimarães, Archimedes Pereira.
Pereira Jiménez, Bonifacio. 27:708a; 28:753a
Pereira Júnior, José Anthero. 10:300, 301; 11:299, 300; 14:365-367; 16:247; 21:280-282; 24:537; 27:546, 547
Pereira Leite, Cília Coelho. *See* María Olívia, *Sister*.
Pereira Lessa, F. *See* Lessa, F. Pereira.
Pereira Leser, Walter. *See* Leser, Walter Pereira.
Pereira Lins, Edmundo. *See* Lins, Edmundo Pereira.
Pereira Olazábal, Renée, 11:2482; 21:3079, 3992
Pereira Paiva, Edvaldo. *See* Paiva, Edvaldo Pereira.
Pereira Pérez, Ramón G. 7:3555
Pereira Rego y Lahitte, Carlos T. de. 26:1111
Pereira Rodrigues, Francisco. *See* Rodrigues, Francisco Pereira.
Pereira Rodrigues, Leda Maria. *See* Rodrigues, Leda Maria Pereira.
Pereira Rodríguez, José. 3:1464; 4:3749, 3770; 6:5063; 8:4152; 11:3389; 15:2419; 16:2761; 23:5202; 24:5554
Pereira Salas, Eugenio. 1:980-984; 2:1932, 2062, 2063, 2222; 3:2547; 4:536, 1871; 5:2764; 6:3027, 3210, 3211, 3452; 7:1968, 4557, 5566; 8:2026; 9:1940, 4740; 10:2709, 3513; 11:1389; 12:1404; 13:934, 1414, 1629, 2688; 14:2191, 3407; 15:29, 2332, 2808; 7:1635, 2850; 18:346, 3007; 20:942, 1038, 1039, 4237; 21:3017, 3116; 22:1122, 5343; 23:5731; 24:5125; 25:1210; 26:2203; 28:414, 937
Pereira Torres, Aníbal. 10:4145; 23:4594
Pereira Vela, Enrique. 23:3837
Perelstein, Berta. 18:3112
Pereña, Alfredo. 20:4226
Pereña Vicente, Luciano. 21:2462
Perenzin, Dominic. 27:3685
Perera, Ambrosio. 8:3153; 9:3011, 3362; 10:2752; 12:1635a, 1874, 2176; 16:1697; 28:879a, 879b
Perera, Hilda. 20:4010; 26:1577
Perera, Manuel Felipe. 8:3154
Perera Castellot, R. 10:1608
Peres, Damião. 15:1852; 16:2147
Peres, José. 9:4346
Peres, Leopoldo. 10:2323
Péres Abi-Saber, Nazira. *See* Abi-Saber, Nazira Péres.
Peres de Lima, Francisco. *See* Lima, Francisco Peres de.
Peres Sampaio de Mattos, Horácio. *See* Mattos, Horácio Peres Sampaio de.
Perés y Perés, Ramón Domingo. 13:2033
Peresson, M. B. 27:3805
Péret, Benjamin. 20:206, 238
Péret, Rubem Romeiro. 11:3559

Peretti, Darío. 26:2177
Peretti, João. 6:676, 677; 20:3267; 21:3272, 3273
Peretti Griva, Doménico R. 7:3947
Pereyra, Carlos. 5:2288a; 6:2826-2828; 7:2858; 8:1216, 2916, 3007; 10:2425, 2482, 3004; 11:2533; 15:1698; 21:3152; 24:3445, 3760; 28:1203
Pereyra, Diómedes de. 9:3626
Pereyra, Fidel. 8:431; 10:425, 426; 11:393
Pereyra, Horacio José. 25:3644, 3645; 27:4171
Pereyra, Jesús María. 16:2648; 17:2407
Pereyra, Virgilio Reffino. 4:4328, 4479; 13:2484; 18:2905
Pérez, Álvaro. 6:804
Pérez, Ángel Gabriel. 3:2242
Pérez, Aquiles R. 7:2347; 9:1586, 2272; 14:2001; 20:336; 23:801
Pérez, Carlos. 19:874; 23:1265-1267; 24:1500
Pérez, Carlos Andrés. 27:3570
Pérez, Carlos Federico. 21:4162
Pérez, Elizardo S. 7:4027
Pérez, Emma. 3:3313; 10:3735; 11:1242; 14:1265
Pérez, Enrique S. 11:962
Pérez, Felipe S. 4:1241, 2206; 7:5160; 10:1174; 11:3515; 12:1154, 3064; 27:3649
Pérez, Floridor. 28:2163
Pérez, Francisco. 7:4182
Pérez, Francisco de Paula. 2:1585a, 2244; 5:2040; 12:2965
Pérez, G. R. 8:1446
Pérez, Galo René. 12:2661; 15:2245, 2420; 18:2636; 26:1780
Pérez, Joaquín. 20:2990; 26:1001
Pérez, José. 6:1821, 4436, 5073; 7:5707
Pérez, José Lorenzo. 27:4173
Pérez Justo. 11:2099; 20:2937
Pérez, L. M. 1:2317
Pérez, Lillian Robinson. 22:335
Pérez, Luis Arturo. 14:1583
Pérez, Luis Carlos. 14:1628; 3257; 16:3088
Pérez, Luis Marino. 24:4060
Pérez, M. C. 2:339
Pérez, Manuel A. 3:1128a; 6:1124, 1345-1347; 7:1164; 8:1303, 1328, 1329, 2381, 2382; 13:1955
Pérez, Manuel Cipriano. 4:366
Pérez, Martín. 15:1196; 16:1243; 17:1130
Pérez, Néstor Luis. 3:1204, 1205; 4:1676; 7:5263; 11:3635
Pérez, Nicolás Camilo. 4:2416
Pérez, Oliverio Alberto. 21:4525
Pérez, P. Napoleón. 7:1350
Pérez, Renard. 21:4362; 24:5729; 25:4676
Pérez, Roberto. 4:973
Pérez, Salustiano. 12:3171
Pérez, Santiago. 16:69
Pérez, Saul. 16:2728
Pérez, Silvestre. 15:1354a; 18:2136
Pérez, Udón. 17:2468
Pérez, Victorino. 26:700
Pérez Acevedo, Francisco Antonio. 13:1842
Pérez Acosta, Ernesto. 26:1173
Pérez Acosta, Juan Francisco. 1:2335; 4:2997a; 5:3077, 3078, 3437; 7:3533, 3534; 8:3061, 3346; 9:3119; 10:3071; 15:1782; 25:3705
Pérez Agreda, Ovidio. 7:2725
Pérez Aguirre, Antonio. 8:3337; 17:989; 24:4353
Pérez Alcalá, Raúl. 21:3590
Pérez Alfonso, Juan Pablo. 27:2105, 3571
Pérez Alonso, Manuel Ignacio. 3:3062; 4:3809
Pérez Alvarado, Enrique. 5:1882
Pérez Amuchástegui, Antonio Jorge. 20:3015; 26:922; 28:959a

Pérez Anda, Augusto. 23:4625
Pérez Arbeláez, Enrique. 13:822; 15:1162; 19: 2435; 21:1977a; 25:2237, 2238
Pérez Arce, Enrique. 13:2426
Pérez Armendáriz, Víctor. 25:393
Pérez Ayala, José Manuel. 17:1580; 19:3458a; 21:2706
Pérez Bances, José. 5:4469, 4499; 11:3973
Pérez-Beato, Manuel. 2:1856; 3:3452; 4:3776; 7:2956; 9:3202
Pérez Bonalde, Juan Antonio. 13:2169
Pérez Bonany, Alfonso. 28:1042a, 1043
Pérez Browne, Jorge. 6:2204
Pérez Bustamante, Carlos. 10:2481; 14:1897; 15:1386
Pérez Bustamante, Ciriaco. 6:2829; 18:1712a 1724a, 2448; 19:3474
Pérez Bustamante, Jesús. 13:2415; 16:2953
Pérez Cabral, Pedro Andrés. 28:445
Pérez Cabrera, José Manuel. 1:780; 3:2636; 4:2703; 5:2422; 7:2903; 9:3203; 10:2426, 2921; 11:2410; 13:1478; 15:1629; 17:1727; 18:1795a; 19:3741, 3742; 21:2930; 26:765
Pérez Cadalso, Eliseo. 21:3993; 28:2084
Pérez Canto, Julio. 10:1252
Pérez Carballo, José A. 7:5260
Pérez Catán, Mauricio. 7:1351
Pérez Ch., Efraín. 13:237
Pérez Cisneros, Guy. 8:666, 772; 10:542; 23: 1405
Pérez Coman, César Blas. 2:1933; 3:2295; 8: 749; 10:3005; 11:2483, 2484; 12:2089
Pérez Concha, Jorge. 2:2016; 4:3287; 5:2721, 3068, 3069; 6:808; 8:3130; 10:2809; 17: 2002; 19:3883; 21:3434; 22:4070; 24:3563
Pérez Constanzó, Félix. 4:659; 6:886; 11:722
Pérez Cubillas, José María. 2:541a; 3:1099a; 16: 3012
Pérez de Acevedo, Javier. 1:1052; 4:2348; 6: 3500
Pérez de Acevedo, Roberto. 17:153; 22:228
Pérez de Arce, Camilo. 21:3994; 22:5307
Pérez de Arteaga, Diego. 25:672
Pérez de Barradas, José. 3:230; 4:297, 1840, 5: 468, 530; 9:420; 14:576, 1783; 16:109, 110, 396a; 17:360, 361; 18:350, 1725; 19: 413; 22:218; 24:1623
Pérez de Castro, José Luis. 24:4340
Pérez de la Lama, Ángela. 11:1465
Pérez de la Riva, Francisco. 10:588, 1008a; 11: 521; 12:1699, 1831, 1831a; 17:270, 458; 18:242, 714, 1263, 2011a, 3305; 19:259; 21:2619, 2931
Pérez de la Riva, Juan. 1:781, 3:2410a; 11: 2100; 26:745; 28:790
Pérez de Oleas Zambrano, Laura. 24:5271
Pérez de Ribas, Andrés. 10:2588
Pérez de San Vicente, Guadalupe. 18:1768
Pérez de Tudela Bueso, Juan. 19:3182, 3182a; 20:2471, 2472; 26:823b; 28:917a
Pérez de Vega, Francisco. 21:691
Pérez de Zambrana, Luisa. 23:5150
Pérez de Zárate, Dora. 19:4559
Pérez del Cerro, Haydée S. B. de. 21:4715
Pérez Delgado, Guillermo Servando. 18:2637
Pérez Donoso, Eugenio. 14:3224
Pérez Duarte, Constantino. 11:780; 15:813
Pérez Dupuy, Henrique. 5:1141; 19:2945; 23: 1855; 24:4407
Pérez Echeguren, José Antonio. 6:2706, 3472
Pérez Elías, Antonio. 20:153
Pérez-Embid, Florentino. 12:1722; 14:1784; 15:1439, 1573; 16:1698; 17:1537; 23: 3031
Pérez Estrada, Francisco. 9:1924; 10:1796; 12: 2765

Pérez Fernández del Castillo, Othón. 27:3890
Pérez Ferrero, M. 2:2606
Pérez Galaz, Juan de D. 8:72, 2284; 9:77, 78, 383, 3164; 10:1955; 15:1703; 18:1666
Pérez Galliano, Arturo. 27:1971
Pérez García, M. 7:1140; 8:1315; 13:878; 14: 1423
Pérez Gorrín, José Antonio. 19:5422
Pérez Grovas Lara, Rafael. 8:3840
Pérez Guerrero, Alfredo. 6:4648; 13:1924; 14: 2529; 23:4570; 27:2471
Pérez Guerrero, Edmundo. 20:4938
Pérez Guerrero, Fernando. 16:997
Pérez Guerrero, Manuel. 2:2364
Pérez Guevara de Baccalandro, Ada. 12:2567
Pérez Guilhou, Dardo. 25:3646
Pérez Hernández, Ramón. 2:640a
Pérez Hernández, Tomás. 4:4401
Pérez Kantule, Rubén. 4:234; 7:260, 8:2123
Pérez Landa, Rufino. 7:3354; 13:1568; 14: 2046
Pérez Leirós, Francisco. 7:851, 3840
Pérez León, Miguel A. 9:4497
Pérez Leyba, Salvador A. 6:3737
Pérez Leyva, María de los Angeles. 16:2805
Pérez-Lila, Francisco de Solano. 28:727
Pérez Llana, Eduardo A. 22:4689, 4690; 27: 2162
Pérez Lobo, Rafael. 5:114; 6:125, 4088, 4530; 7:5332; 8:1272, 4496; 10:3419, 4206; 13: 2415; 16:2953
Pérez López, Enrique. 13:480; 21:1487; 24: 2146; 25:1571
Pérez Maldonado, Carlos. 7:3216; 12:1636; 13: 1281; 14:1756, 2033, 2034; 16:1802; 19: 3341; 23:3303; 28:639a
Pérez Maldonado, Raúl. 28:1907
Pérez-Marchand, Monelisa. 6:4974; 9:4910; 11: 2101, 3124; 23:5886
Pérez Martín, José. 26:201
Pérez Martín, Norma. 28:1610
Pérez Martínez, Héctor. 1:210, 1002; 3:1505; 4:196, 2754, 2755, 3085; 5:2893; 8:2769, 2785; 9:78, 666, 2695; 11:1482; 15:1515; 17:99; 18:1768a
Pérez Matos, Martín. 13:2438
Pérez Mena, Ramón L. 24:2909
Pérez Menéndez, Adolfo. 4:3032
Pérez Montebruno, Miguel Ángel. 12:3051
Pérez Montero, Carlos. 8:2869; 9:764; 16: 1751; 23:1447
Pérez-Moreau, Román A. 16:1244
Pérez Moscoso, César. 25:3737
Pérez Ocampo, Gustavo. 24:5444
Pérez Ortiz, Rubén. 25:5107; 25:9; 26:5, 1502
Pérez P., Alberto. 17:191, 415
Pérez Pardella, Agustín. 28:2326
Pérez Paton, Roberto. 12:3205; 15:2031; 18: 2251; 19:4313; 25:2710; 27:2201, 3235
Pérez Pazmiño, I. 1:1230
Pérez Perdomo, Francisco. 25:4480
Pérez Perdomo, Rafael. 27:3567a
Pérez Perozo, V. M. 7:4758; 10:3736
Pérez Petit, Víctor. 3:3196, 3196a; 4:3916, 3917; 5:3858; 6:4089; 7:3075; 8:4080; 9:3891; 10:3642, 3643, 3700; 11:665, 2951, 3348; 12:2354
Pérez Picó, Manuel. 5:4194
Pérez Pinto, Diego. 28:2255
Pérez Poire, Margarita. 15:2246
Pérez Pollán, Felipe L. 26:1815
Pérez Ramírez, César. 12:1875
Pérez Ramírez, Elías. 13:2011
Pérez Ramírez, Gustavo. 27:3372, 4142, 4172
Pérez Reinoso, Ramiro. 14:3486
Pérez Rincón, Antonio. 7:5206

Pérez Rodríguez, Leopoldo. 12:2154
Pérez Rosales, Vicente. 4:3264, 4010; 16:1958
Pérez Ruiz, José de Jesús. 28:1611
Pérez Salazar, Francisco. 6:3942, 3943, 3976; 8:596; 26:129
Pérez San Vicente, Guadalupe. 14:1717; 15:25, 1458; 27:742
Pérez Sánchez, Félix M. 22:3253
Pérez Sarmiento, José Manuel. 5:2308, 2505, 2722; 13:1462
Pérez Serrano, Jorge. 2:2415
Pérez Serrano, Manuel. 10:1815
Pérez Siliceo, Rafael. 16:1133
Pérez Silva, Vicente. 28:2087
Pérez Sosa, Elías. 4:3312; 5:2723
Pérez Taylor, Rafael. 1:2117
Pérez Toro, Augusto. 5:888; 8:257; 12:245; 14:305
Pérez Trejo, Gustavo A. 22:587, 3058; 24:3956; 26:651
Pérez Triana, Santiago. 2:2718
Pérez Upequi, Darío. 18:424
Pérez Valdelomar, Benito. 12:1774
Pérez Valdés, Rafael. 6:3703
Pérez Valenzuela, Pedro. 2:2648; 3:3089; 4: 2704, 2705, 3835; 6:2942; 9:2824; 20:2878; 24:3840
Pérez-Valiente de Moctezuma, Antonio. 2:400, 402, 403, 405; 3:433, 434, 464, 465; 4:523; 5: 696, 697, 705, 708, 2643; 7:2089; 8:182, 667; 25:1138
Pérez Valle, Eduardo. 25:2270
Pérez-Verdía, Benito Xavier. 5:2144; 6:2688, 3338a
Pérez Verdía, Luis. 5:2921; 18:1951, 1952
Pérez-Verdía F., Antonio. 12:3271
Pérez Vidal, José. 21:2463
Pérez Vila, Manuel. 19:3813; 21:3018, 3019, 3192; 22:4746; 23:3711-3714, 4737; 24: 4164, 4187; 25:3767, 5389; 26:1044; 28: 42, 766a, 965a, 980
Pérez Virasoro, Evaristo. 2:1463
Pérez Virasoro, J. 1:409
Pérez Vives, Alvaro. 17:2753; 19:5519
Pérez Yáñez, Ramón. 10:3048
Pérez Zelaschi, Adolfo. 19:4925; 28:1986
Pérez Zeledón, Pedro. 6:2945
Perham, Margery. 20:5069
Peribáñez, Firmino. 13:1000
Pericles, Jayme. 6:1769
Pericot García, Luis. 2:160; 19:383; 27:168
Perina, Emilio. 24:3483
Periódico Oficial del Estado de Aguascalientes. 3:2105
Periódico Oficial del Estado de Campeche. 3:2109
Periódico Oficial del Estado de Chiapas. 3:2110
Periódico Oficial del Estado de Chihuahua. 3:2111
Periódico Oficial del Estado de Coahuila. 3:2112
Periódico Oficial del Estado de Colima. 3:2113
Periódico Oficial del Estado de Durango. 3:2114
Periódico Oficial del Estado de Guanajuato. 3:2115
Periódico Oficial del Estado de Guerrero. 3:2116
Periódico Oficial del Estado de Hidalgo. 3:2117
Periódico Oficial del Estado de Jalisco. 3:2118
Periódico Oficial del Estado de Morelia. 3:2120
Periódico Oficial del Estado de Morelos. 3:2121
Periódico Oficial del Estado de Nayarit. 3:2122
Periódico Oficial del Estado de Nuevo León. 3:2123
Periódico Oficial del Estado de Oaxaca. 3:2124

Periódico Oficial del Estado de Puebla. 3: 2125
Periódico Oficial del Estado de Querétaro. 3:2126
Periódico Oficial del Estado de San Luis Potosí. 3:2128
Periódico Oficial del Estado de Sinaloa. 3: 2129
Periódico Oficial del Estado de Sonora. 3:2130
Periódico Oficial del Estado de Tabasco. 3: 2131
Periódico Oficial del Estado de Tamaulipas. 3:2132
Periódico Oficial del Estado de Tlaxcala. 3:2133
Periódico Oficial del Estado de Zacatecas. 3: 2136
Periódico Oficial del Territorio de Quintana Roo. 3:2127
Periódico Oficial del Territorio Norte de Baja California. 3:2107
Perkins, Bradford. 20:2473
Perkins, Dexter. 3:3014; 8:3574; 13:1823; 18: 2216
Perloff, Harvey S. 16:697; 17:635; 27:1771
Perloff, Lawrence S. 14:1026
Permanent International Committee of Linguists. 19:31
Permond, Regine. 24:4086
Pernambucano, Ulysses. 1:1307
Pernambuco Filho, Pedro. 10:1556; 11:426
Pernambuco (State). Comissão Organizadora e Executiva do Tricentenario da Restauração Pernambucana. 20:1173
Pernambuco (State). *Constitution.* 2:1580
Pernambuco (State). Departamento Estadual de Estatística. 6:1894; 25:2402
Pernambuco (State). Directoria Geral de Estatística. 4:855, 856
Pernambuco (State). Instituto Archeológico. 1:2286
Pernambuco (State). Secretaria de Gobierno. 3: 2878
Pernambuco (State). Secretaria do Interior. 10: 3154
Pernaut Ardanaz, Manuel. 24:1954; 25:1649; 27:2106
Pernes, Fernando. 28:444a
Perón, Eva. 17:1300
Perón, Juan Domingo. 4:2998; 10:2316; 12: 1536; 13:690, 1805, 1857; 14:1594-1596; 15:1307, 1352; 16:1331, 1332; 17:767, 768, 1301, 1302, 2037; 20:1302, 2210a, 2210b, 2225
Perotti, J. 9:791
Perpiñá Grau, Román. 27:4174
Perret, Frank A. 1:596; 5:1784
Perret, Maurice-Ed. 12:1487
Perriaux, Jaime. 11:3968; 15:2961
Perrier, G. 2:1934; 3:1779
Perrier, Julio O. 10:3979
Perrigo, Lynn Irwin. 10:2431; 24:3710
Perrin, Nadine. 21:2146
Perrín, Tomás. 16:2790
Perrone, Oberdam Revel. 23:4283
Perrota, Salvador R. 15:2725
Perroux, François. 27:1702, 3064
Perry, Jorge A. 10:1065
Perry, Oliverio. 11:118
Perry, V. D. 2:1435
Perry Vidal, F. Gavazzo. *See* Vidal, F. Gavazzo Perry.
Persegani, Primo. 9:4455; 11:3556
Persky, Manuel. 8:1552
Person, Elaine. 19:253

Person, Harlow S. 8:1138
Person de Matos, Cleofe. *See* Matos, Cleofe Person de.
Persons, Billie. 23:3136
Pertchik, Bernard. 17:1070
Pertchik, Harriet. 17:1070
Pertierra y Polo, Roberto A. 16:277
Pertuz, José Luis. 7:4471
Perú de Lacroix, Louis. 1:948; 15:1611
Peru. Archivo Diplomático. 5:3106
Peru. Archivo Histórico. 12:2141
Peru. Archivo Nacional. 1:2336-2337; 20:2342, 2343
Peru. Archivo Nacional (Indexes). 3:2194; 9: 2867, 2868; 10:2646, 2647
Peru. Biblioteca Nacional, *Lima*. 1:2338; 9: 4636; 11:3729, 3730; 18:1104; 27:56; 28: 918
Peru. Caja Autónoma de Amortización de la Deuda Pública. 5:1358
Peru. Caja de Dépositos y Consignaciones. 2: 877; 3:925; 4:1256
Peru. Caja Nacional de Seguro Social. 4:1257; 11:2855; 16:2427; 19:4453, 4454; 20:3606
Peru. Centro de Estudios Históricos-Militares. 15:1659; 17:1806; 20:3702
Peru. Comisión del Estatuto y Redemarcación Territorial. 13:1102; 14:1500, 1519, 1677
Peru. Comisión Distribuidora de Fondos pro Desocupados. 4:1259
Peru. Comisión Ejecutiva del Inventario del Potencial Económico. 16:789
Peru. Comisión Organizadora de la Exposición Peruana en París. 23:1411
Peru. Comisión para la Reforma Agraria y la Vivienda. 24:2036; 25:1701; 27:2272
Peru. Comité del Plan Regional de Desarrollo del Sur del Perú. 25:2326
Peru. Comité Peruano de la Carta Geológica del Mundo. 27:2880
Peru. Comité Peruano de Tierras Áridas. 27: 2880a
Peru. Compañía Administradora del Guano. 8: 1720
Peru. Congreso. Cámara de Diputados. 9:1509; 11:3731; 12:1420; 16:2954
Peru. Congreso. Comisión Parlamentaria. Corporación Peruana del Amazonas. 15: 1001
Peru. *Constitution*. 11:1900; 13:1103; 23: 4546; 27:3650
Peru. Departamento de Censos. 7:1548
Peru. Departamento de Estadística General de Aduanas. 2:884; 3:934; 4:1178; 5:1362; 6:1594; 8:1722; 9:1510; 10:1289; 11:1077; 17:705a
Peru. Departamento de Nutrición. 19:911
Peru. Departamento de Petróleo. 10:1290
Peru. Departamento de Suelos. 25:2327
Peru. Dirección de Agricultura, Ganadería y Colonización. 1:478c; 3:914, 915; 4:1162, 1163, 1191; 7:1575; 8:3858
Peru. Dirección de Aguas e Irrigación. 2:904-905
Peru. Dirección de Caminos. 4:1192; 9:1511; 21:2053; 27:2880b
Peru. Dirección de Comunicaciones y Meteorología de Aeronáutica. 11:1739
Peru. Dirección de Educación Común. Campaña Nacional de Alfabetización. 11: 1313
Peru. Dirección de Escalafón, Estadística y Despacho. 21:1715
Peru. Dirección de Industrias y Electricidad. 27:2880c

Peru. Dirección de Minas y Petróleo. 3:935; 4:1179; 7:1543, 1576
Peru. Dirección de Planificación Regional y Estudios de Recursos Naturales. 27:2880d
Peru. Dirección de Previsión Social. 4:1188, 2423
Peru. Dirección General de Comercio. 18:770
Peru. Dirección General de Ferrocarriles. 21: 2054
Peru. Dirección Nacional de Estadística. 3:907; 4:1157; 5:1344; 6:1572; 7:1529, 1577; 8: 1982; 9:1552; 10:1292; 13:951-953; 14: 1504, 1505; 17:1159, 3064; 19:6294; 20:5016
Peru. Estación Experimental Agrícola de La Molina. 4:1160
Peru. Instituto de Reforma Agraria y Colonización. 27:2272a
Peru. Instituto Geográfico Militar. 12:1237; 16: 1226; 19:2542; 22:2447; 27:2880e
Peru. Instituto Nacional de Investigación y Fomento Mineros. División de Estadística y Economía Mineras. 19:1452; 23:2627
Peru. Junta Militar de Gobierno, April, 1962. 27:3527a
Peru. Junta Nacional de la Industria Lanar. 5:1365; 7:1545; 8:1726; 9:1517
Peru. Jurado Nacional de Elecciones. 3:2157
Peru. *Laws, statutes, etc.* 1:1705; 2:893, 895a, 896, 898, 1533, 1534, 3088, 3089; 3:3729; 4:1263; 9:3747; 10:3945; 11:3506, 3634; 12:3077, 3222; 13:1951, 2530; 14: 2553, 2554, 3160, 3329; 15:2584a; 16:3125; 17:2814, 2815; 22:4576; 25:4084; 27: 3689-3692, 3837, 3891
Peru. Ministerio de Agricultura. 11:1723, 1724; 27:2272b
Peru. Ministerio de Educación Pública. 3:1460; 5:1550; 16:1060; 23:3723
Peru. Ministerio de Educación Pública. Dirección de Enseñaza Secundaria. 4:1808
Peru. Ministerio de Fomento y Obras Públicas. 1:479; 2:887, 1273; 8:1731; 25:1705; 27: 2272c
Peru. Ministerio de Gobierno y Policía. 1:1877; 7:2209; 24:3591
Peru. Ministerio de Guerra. Dirección de Prensa y Publicidad. 4:2427, 3296, 3297
Peru. Ministerio de Hacienda y Comercio. 3:927; 6:1585, 1586; 10:1326
Peru. Ministerio de Hacienda y Comercio. Archivo Histórico. 10:523, 2648, 2756; 11: 472, 2548; 12:1997; 13:1400; 14:1958, 3161a
Peru. Ministerio de Relaciones Exteriores. Departamento Comercial. 2:888; 4:1158, 1181
Peru. Ministerio de Relaciones Exteriores y Educación Pública. 4:1193, 1194, 3551, 3586; 7:3798; 17:2799; 19:2543; 25:2329; 27:3121
Peru. Ministerio de Relaciones Exteriores y Educacion Pública. Departamento de Archivo y Biblioteca. 22:3412
Peru. Ministerio de Salud Pública y Asistencia Social. 1:480; 2:894; 21:3581
Peru. Ministerio de Trabajo y Asuntos Indígenas. 19:4314; 27:4175
Peru. Oficina Nacional de Planeamiento y Urbanismo. 20:5056
Peru. Servicio Cooperativo del Empleo. Departamento de Análisis e Informes. 21:3513
Peru. Servicio Cooperativo Inter-Americano de Producción de Alimentos. 11:1740, 1741

Peru. Servicio Cooperativo Inter-Americano de Salud Pública. 21:3583
Peru. Servicio Geográfico del Ejército. 1:531; 7:2329
Peru. Servicio Musicológico. 28:3131a
Peru. Superintendencia de Bancos. 2:878, 881; 3:929; 4:1173; 5:1359, 1425; 6:1590; 7: 1539, 1540, 1578; 8:1737; 9:1524, 1525; 10:1310, 1311; 11:1092, 1093; 16: 794; 17:708; 18:772
Peru. Superintendencia de Economía. 10:3947
Peru. Superintendencia General de Aduanas. 7: 1546
Peru. *Treaties, etc.* 1:1721; 8:1506, 1738; 15: 1960, 1969, 1971, 1974; 16:2273, 2277
Peruanidad, Lima. 28:77a
El Peruano, Lima. 2:1568
Peruvian Yearbook, Lima. 9:2273; 10:2131
Pesado, Margarita. 15:2247
Pesado, Mercedes. 15:2421
Pesantez Rodas, Rodrigo. 28:1800a, 2087a
Pescador, Augusto. 20:4791; 22:5857; 28:3363
Pesce, Hugo. 8:348; 20:792
Pesce, Regina. 7:4971
Pesce, Rubén. 28:2264
Pesce, Vicente. 9:1595
Pescio Vargas, Victorio. 14:3225
Peso, Charles C. di. 19:142
Peso, Juan del. 6:1051, 1068
Pesquera Velásquez, Rubén. 25:2266
Pessagno, Hernán Abel. 10:4106, 4144; 12: 3138
Pessagno, Rodolfo Guillermo. 15:2675; 18:2937; 19:5529; 21:4570
Pessôa, Alfredo. 8:2698
Pessôa, Corina de Abreu. 20:3230
Pessôa, Epitácio. 19:4091
Pessôa, H. E. Alvim. 10:1453
Pessoa, Marialice Moura. 10:1557; 11:1363; 13:2275; 16:111
Pessôa, Robert. 9:4368
Pessôa Cavalcanti de Albuquerque, Epitácio. *See* Albuquerque, Epitácio Pessôa Cavalcanti de.
Pessoa de Barros, Frederico. *See* Barros, Frederico Pessoa de.
Pessôa de Oliveira, Mário. *See* Oliveira, Mário Pessôa de.
Pessôa Raja Gabaglia, Laurita. *See* Gabaglia, Laurita Pessôa Raja.
Pessôa Sobrinho, Eduardo Pinto. 9:2444, 14: 1614
Peten-Itza. 3:1048
Peters, Donald W. 17:2003
Petersen, Carl. 1:523
Petersen, Cristian S. 13:902
Petersen, Fred. 25:4382
Petersen, George. 1:520; 7:2330, 3106; 9:2274; 19:470; 21:2055; 24:2997
Petersen, N. 27:1568
Petersen, Wilhelm. 1:782; 2:2498
Peterson, Frederick Alvin. 18:73-75; 19:136, 143-148; 20:128, 154, 155; 21:434; 22:94, 588, 589; 23:142, 1378; 24:253; 25:157; 27:335, 360, 818
Peterson, Harold Ferdinand. 8:3347; 28:1126
Peterson, Harold Leslie, 20:2474
Peterson, Harries-Clichy. 27:2273
Peterson, J. N. 27:1617
Peterson, Lyall E. 11:1066; 13:500, 773
Peterson, Mendel L. 19:3342
Peterson, Russell Francis. 27:2713
Petit, Magdalena. 3:2691; 12:2568, 2713; 14: 2977; 17:2408
Petit, Roberto L. 17:703

Petit Muñoz, Eugenio. 4:2862; 13:1423; 20: 3081; 28:445a, 1213
Petit Palais, *Paris*. 27:361; 28:158a
Petracchi, Enrique C. 3:3612
Petre, Maxim. 28:308
Petrecolla, Alberto. 27:2148
Petri, Setembrino. 18:1521
Petriconi, Hellmuth. 3:1397; 4:3918; 18:2565
Petriella, Dionisio. 10:4146
Petrocelli, Héctor Benjamín. 20:2226
Petróleos Mexicanos, *México*. 16:998; 17: 924; 18:985; 19:1962a, 1963; 20:1547-1549
Petrone, Pasquele. 18:1495; 19:2657-2659; 20:2120; 21:2147, 2148; 24:3058; 25:2403; 27:2958a
Petrópolis. Comissão do Centenario de Petrópolis. 4:3372; 7:3696
Petrov, F. N. 15:106
Petrullo, Vincenzo. 3:320a, 339; 5:430, 490; 13:251
Petruzzi, Susana. 24:524; 27:4156
Pettay, Lovanna. 27:1013
Pettei, Beatriz Celia Corrêa Mello. 16:1285; 19: 2653
Pettijean-Roget, Jacques. 24:474
Pettinati, Francesco. 5:3149
Pettoruti, Emilio. 16:524
Petty, McKendree. 6:3944
Peuwels, Geraldo José. 27:2959
Peyer, Rudolf. 28:292
Peynado, Jacinto B. 5:2106; 6:2643
Peyrallo, Félix. 9:4875
Peyró de Martínez Ferrer, Graciela. 4:4082
Peyrou, Manuel 28:1987
Peyrou, Marcel. 11:3275
El Pez y la Serpiente, Managua. 24:5221
Peza, Juan de Dios. 10:4462
Pezo Benavente, Juvenal. 12:532; 21:851
Pezoa Véliz, Carlos. 5:3815; 26:1748
Pezuela y Sánchez Muñoz de Velasco, Joaquín de la. 13:1401
Pezzia A., Alejandro. 18:216; 23:504, 505
Pezzoni, Enrique. 19:5810
Pfänder, A. 11:3973
Pfänder, Bruno. 20:3972
Pfaltzgraff, Rogério. 27:3797
Pfandl, Ludwig. 12:2405; 26:1436
Pfefferkorn, Ignaz. 15:1477
Pfeifer, Gottfried. 5:1718; 19:2689; 21:2149; 22:2543; 23:3064; 24:2832; 27:2361, 2759
Pferdekamp, Wilhelm. 3:2411; 22:2909; 27:169
Pflaum, Irving Peter. 25:2795; 27:3122
Pflücker Pedemonte, Luis A. 10:1303; 16:838
Phaedrus. 7:5034
Phareaux, Lallier C. 19:5393
Phares, Ross. 18:1769
Phelan, Edward J. 7:3824
Phelan, John Leddy. 20:2344, 2541a; 21:4779; 23:3032, 3176; 28:902a
Phelps, Anthony. 25:4771; 26:2143, 2144; 28: 2700
Phelps, Dawson A. 19:3358
Phelps, Dudley Maynard. 1:329; 2:670; 4:13, 595; 5:1162, 1163; 6:887, 1383; 7:852; 17:546; 22:2214
Phelps, Edith M. 8:3625
Phelps, Elizabeth. 7:853
Phelps, Flora L. 25:2061
Phelps, Gilbert. 27:90
Phelps, Vernon Lovell. 4:892
Phelps, William H. 5:1672, 1751; 10:1891; 11:1529
Phibbs, Richard. 4:4014
Philadelphia Bibliographical Center. 17:3097

Philadelphia Museum of Art. 9:792; 11:558
Philidory de Faria, Maria Adail. *See* Faria, Maria Adail Philidory de.
Philip (George) and Son, Ltd. 24:2833; 27:2788
Philippi, Rodolfo Amando. 12:2124; 14:1491
Philips, Miles. 16:1572
Philipson, Jürn Jacob. 12:423, 424; 13:325, 2267; 14:2997; 20:706
Philipson, W. R. 18:1235; 19:2436
Phillips, Allen W. 16:2762; 19:5089; 21: 4163; 24:5555, 5556; 25:4545; 26:1816
Phillips, C. Arthur. 24:4408
Phillips, Catherine C. 4:2541
Phillips, Henry Albert. 5:890; 8:949, 2493, 2534; 10:113a
Phillips, John. 27:2691
Phillips, John (1631-1706). 19:3119
Phillips, John Goldsmith. 27:650
Phillips, R. Hart. 2:2153; 22:2678
Phillips, Walter T. 9:3892
Phillips Muller, Eduardo. 4:1112a
Philoctète, René. 25:4772; 26:2145
Photiades, Constantin. 9:4368
Pi Hugarte, Renzo. 20:4924
Pi Sunyer, Carlos. 19:3915; 20:3105; 21:3193; 28:981
Pi Sunyer, Oriol. 21:2544
Piá-do Sul, *pseud. See* Rodrigues, Félix Contreiras.
Piaggio, Alda. 14:1520
Piaggio, Celestino. 5:4332
Piaggio, Pierina. 14:1520
Pianta, Dante. 26:1211
Piatnizky, Alejandro. 2:1342; 4:2109, 2110
Piauí (State). *Constitution.* 1:1398
Piauí (State). Diretoria Geral de Estatística. 2:972; 4:857; 6:1895
Piazza, Luis Guillermo. 15:2585; 20:3973
Piazza, Walter Fernando. 17:1919; 20:4343; 24:829; 27:2960, 2960a
Picado Guerrero, Antonio. 3:3676; 12:3007
Picado Michalski, Teodoro. 2:1168; 9:1258
Picado Sotela, Sonia. 28:3318
Picado Umaña, Mario. 21:4117
Picanço, Macario de Lemos. 1:1291; 3:1878, 2879, 3501; 8:2699, 4585
Picanço, Melchiades. 9:4464
Picard, Susana. 14:1520
Piccardo, Luis Juan. 15:2140
Picchetti, José. 7:1329; 10:1175
Picchetti, Leonor. 28:1988
Picchia, Paulo Menotti del. 1:1284; 2:2941; 3:2778; 4:4231; 6:4377; 7:709, 5011; 9: 4257, 4413; 23:5532, 5533
Picchio, Luciana Stegagno. 24:5730
Piccione, Bruno L. G. 25:5324, 5332
Piccione, Cayetano César. 10:4549; 12:3497
Piccione Blasi, Francisco. 9:4863
Piccirilli, Ricardo. 7:3466; 8:73, 3218; 9:3268; 11:2485, 2486; 14:2068; 17:1775; 20: 3016; 21:3020, 3080; 22:3523; 23:3741; 25:3647, 3648; 28:1016a
Piccirilli, Rodolfo. 2:758a
Piccoli, Ivo A. Cauduro. 27:3293
Piccone, María Eugenia. 17:2498
Pichardo, Bernardo. 10:2589
Pichardo, Esteban. 19:4539a; 20:3668
Pichardo, Hortensia. 13:1335; 17:2499; 28: 790a
Pichardo, José Antonio. 12:1775
Pichardo Moya, Felipe. 6:333a; 8:3889; 9:2825; 10:233, 3541; 11:237a, 270; 14:128; 15: 339, 2164; 16:232, 233, 261; 20:263; 22: 229; 24:475
Pichet, Alberto Raúl. 12:2990; 13:2401
Pichetti, José. 11:3653

Pichetto, Juan Raúl. 8:3695; 11:2869
Pichler, Ernesto. 18:1427
Pickard, Edward E. 3:1455
Pickel, Bento José. 27:1240
Pickenhayn, Jorge Óscar. 26:2165
Pickett, James Chamberlayne. 11:2518
Pickett, Velma Bernice. 20:706a; 22:899; 27: 1472
Pickles, Alan. 10:2014
Pickles, T. 2:1276e
Pickthall, C. M. 3:982
Picó, César A. 5:1982
Picó, Pedro E. 11:3162
Picó, Rafael. 1:507, 522, 527; 2:1321, 1322, 1436; 3:1608; 4:1996; 5:1032, 1773; 6: 1106, 2319, 2320; 8:1316; 10:1931; 12:1256; 14:936; 16:1158; 19:2423; 27: 1772, 1773, 2692
Picolo, Francesco Maria. 24:3795; 28:552a
Picón, Juan de Dios. 6:3504
Picón Febres, Gonzalo. 5:2724, 3612, 3698, 3699, 3761; 9:3982
Picón Lares, Eduardo. 5:2658, 2664, 2725-2727; 6:3170
Picón Rivas, Ulises. 10:2384, 2385
Picón Salas, Mariano. 1:2008; 4:3327; 5:732; 6:1246, 3505, 4090, 4091; 7:4795; 9: 3893, 4911; 10:2590, 3234, 3581; 11: 2235; 12:2714; 14:2441; 15:2271, 2422; 16:1710; 18:2501, 3365; 19:4783, 4926, 5016; 20:1073, 1074, 2706; 21:3194, 3660; 22:2291, 4747; 23:5001, 5001a; 24:4164; 25:3069, 3776, 4230; 26:356a, 1503
Picone, Carlos Eduardo. 17:1196
Píderit, Carlos E. 8:2494
Piedra, César Hermida. 24:2897
Piedra-Bueno, Andrés de. 5:2822; 6:1048, 3267; 9:3799; 11:3081; 13:2087a; 19:3743, 4760; 24:4061
Piedra Martel, Manuel. 11:2267, 2268; 13:1511
Piedra y Piedra, Carlos M. 8:4560; 11:2837; 14:1633
Piedrabuena Richard, Enrique. 13:2458; 27: 2233
Piedrahita, Diógenes. 4:2862; 5:2546, 3058; 28:893a
Piedrahita Cruz, Emerita. 25:4085
Piel, Joseph M. 23:4462
Pierce, Frank. 11:3032; 13:2042; 15:2209; 21:3776; 23:4709; 26:1437, 1438; 28: 1742
Pierce, John H. 8:2495
Piero, Fiorvanti Alonso di. 18:2257
Piero, Raúl A. del. 23:4738
Piérola, Raúl Alberto. 18:3056, 3143; 19:5823; 20:1702, 4792; 25:5373
Piéron, Henri. 21:1783
Pierre, Alexandre. 13:2369
Pierre, Arnaud. 25:5744
Pierre, Bernard. 19:2544
Pierre, Juan Carlos. 20:4518
Pierre, Milton. 26:2187
Pierre-Louis, Joseph F. 23:5664
Pierre-Louis, Ulysses. 23:5665; 25:4773
Pierre-Noël, Arsène V. 23:2514
Pierson, Donald. 3:2907; 5:3150; 7:2417-2419, 4094; 8:1776, 2142, 2567; 9:1633; 10: 114, 1444, 1559, 1668, 1785; 11:40, 93, 1364, 1523; 13:326, 1001, 1020; 14:459, 516; 15:147; 16:3339, 3357, 3376, 3377; 17:352, 2978, 3000, 3001, 3010; 18:3218, 3225, 3264, 3265; 19:6072; 20:4988; 27: 1241
Pierson, Esther. 20:707

Pierson, William Whatley. 1:1256; 2:1858; 7:3137; 16:1323; 20:2204
Piérzon, G. de. 17:271
Pieter, H. 6:3868
Pietersz, J. L. 19:3392
Pietrangeli, Angelina. 20:3650
Pietri, Alejandro. 6:1280, 3789; 7:5264; 24:4892
Pietri, Luis G. 17:2712
Pietro, Aurora de. 13:2678; 26:2181
Pietsch Júnior, Luiz. 14:3345
Piette, Charles J. G. Maximin. 10:2535; 12:1739, 1775a; 13:1282; 15:1515a
Piffer Canabrava, Alice. See Canabrava, Alice Piffer.
Piga Pascual, Antonio. 8:2917
Piggot, Stuart. 25:158
Pighini, Giacomo. 16:2005
Piglia, Ricardo. 28:1955
Pignatari, Décio. 25:4618
Pignataro, Luis H. 22:4949
Pignataro, Tomás Mateo. 28:460
Pigretti, Eduardo A. 24:4944; 25:4151; 27:3859, 3877
Pijoán, José. 12:115
Pijoán, Michel. 10:272; 12:274, 504
Pikaza, Otto. 28:880
Pike, Eunice Victoria. 13:207, 14:290, 291; 16:364; 17:272; 20:707a; 24:680, 681; 25:460
Pike, Evelyn G. 20:650; 27:1425
Pike, Fredrick B. 21:2464; 22:2835; 23:2810, 2811, 3033; 24:3446; 25:2657, 3695; 26:1153; 27:3034, 3123, 3354, 3528, 3529, 4176; 28:1187
Pike, Kenneth L. 4:178; 10:259; 11:253; 12:233, 234, 246; 13:206, 207; 14:295; 15:390; 21:692, 693; 22:811, 900; 27:1473, 1473a, 1486
Pike, Ruth. 26:386
Pikelis, Anna M. 19:39
Pilar, Horacio. 24:5445
Pilares Polo, V. M. 5:519
Pilatti Balhana, Altiva. See Balhana, Altiva Pilatti.
Pilditch, Charles. 25:4594
Pileggi, Arístides. 24:509
Pilkington, Frederick. 16:67
Pilla, Luis. 26:1212
Pilla, Raúl. 22:4537
Pillado, José Antonio. 9:2947
Pillado Ford, César. 8:517
Pilón, Manuel Antonio. 1:239; 2:509a
Piloto, Erasmo. 19:2295; 25:2169; 27:2598
Piloto, Valfrido. 6:3684
Pim, Job, pseud. See Pimentel, Francisco.
Pimenta, Alfredo. 13:1772
Pimenta, Belisário. 13:1773
Pimenta, Jean. 23:2709, 2710
Pimenta, João da Silva. 15:2664
Pimenta, Joaquim. 7:4043, 4044; 9:1693; 12:3208
Pimenta, José de Melo. 20:3231; 28:1317
Pimenta Bueno, José Antonio. See Bueno, José Antonio Pimenta.
Pimenta da Cunha, Alexandre Eulálio. See Cunha, Alexandre Eulálio Pimenta da.
Pimenta da Cunha, Euclydes Rodrigues. See Cunha, Euclydes da.
Pimenta de Mello, R. See Mello, R. Pimenta de.
Pimental Rojas, Irineo. 27:3236
Pimentel, Alfredo Mesquita. 2:2884; 4:3483; 9:4296
Pimentel, Alfredo Vieira. 3:2748; 17:1871
Pimentel, Antônio Fonseca. 17:2594; 19:2894; 26:1950

Pimentel, Cyro de Melo. 14:3071; 18:2808; 22:5478
Pimentel, E. 27:1562
Pimentel, Francisco. 20:4055; 23:4834
Pimentel, Francisco Antonio. 12:1776
Pimentel, Francisco de Menezes. 8:2673
Pimentel, Joaquim S. d'A. 4:3489
Pimentel, José Francisco. 9:3530
Pimentel, Juan de. 5:2659
Pimentel, Luis Rafael. 8:2840
Pimentel, Osmar. 24:5731
Pimentel Brandão, Manuel Antônio de. See Brandão, Manuel Antônio de Pimentel.
Pimentel Brandão Mário de. See Brandão, Mário de Pimentel.
Pimentel Carbó, Julio. 15:1085
Pimentel de Borba, Jenny. See Borba, Jenny Pimentel de.
Pimentel de Godoy, Manuel. See Godoy, Manuel Pimentel de.
Pimentel Gomes, Frederico. See Gomes, Frederico Pimentel.
Pimentel S., Jacob. 12:1950a
Pimentel Winz, Antônio. See Winz, Antônio Pimentel.
Pimentel y Vargas, Fermín de. See Camargo, Rafael María.
Pimpão, Hirosé. 8:2700; 10:3381
Pin, Émile. 27:3076
Piña, I. 8:507
Pina, Rafael de. 6:4578; 9:4480; 12:3022; 17:2762; 21:4596; 22:4569
Piña, Roberto. 6:1308
Pina, Tulio H. 15:2068
Piña Chan, Román. 14:152; 16:173, 217; 18:76, 77; 19:149-151; 20:64; 20:95. 590; 23:143-145, 204. 961; 24:218, 1144; 25:227-229, 1114-1117; 26:114; 27:242, 243, 362, 363; 28:140
Pina Chevalier, Teodulo. 8:269
Pina Estrada, Rogelio. 2:542; 4:1488; 9:1140; 10:1009
Pina Manique, Luis de. See Manique, Luis de Pina.
Piña Soria, Antolín. 5:2146, 3438
Pina y Peña, Julio C. 8:2191
Penacoteca do Estado de São Paulo. 20:1153
Pinchas Geiger, Pedro. See Geiger, Pedro Pinchas.
Pincherle, Alberto. 5:3508; 9:2974
Pinchón, Edgcumb. 7:3395
Pinchon, Robert, Father. 18:129, 130; 24:476-478
Pincus, A. 4:2342
Pincus, John A. 27:1774, 1774a
Pincus, Joseph. 22:1500; 23:1695, 4650; 25:1588a, 1589
Pineda, Carlos A. 24:6241
Pineda, Néstor. 4:1640
Pineda, Rafael. 20:4253; 24:5534, 5926; 26:1858
Pineda, Salvador. 15:1612; 16:1055, 1056; 23:3304-3306
Pineda de Castro, Álvaro. 7:1219; 8:1355, 1386-1388; 1417, 1418, 1493; 9:1201; 10:1066; 11:868; 15:641
Pineda Giraldo, Roberto. 10:409; 11:308, 344, 403, 1539; 13:2012; 16:397; 23:790; 27:4177
Pineda León, Pedro. 17:2781; 27:3723
Pineda León, Rafael. 8:1147
Pineda M., Leonidas. 10:2907
Pineda R., Eliana. 24:836
Pineda Yáñez, Rafael. 21:2465
Pinedo, Federico. 1:385; 8:4574; 13:1677; 14:1597; 20:2227; 24:2013; 27:1775, 2163

Pinedo, Víctor M. 14:1506
Pinedo Rey, Manuel. 16:1631
Piñeiro, Armando Alonso. 24:4286a; 27:3124
Pinell C., Armando. 18:645
Pinelo, Antonio de León. See León Pinelo, Antonio Rodríguez de.
Piñera, Virgilio. 17:2561; 21:3995; 23:5337; 25:4574; 26:1921; 28:1908, 2370
Piñera Llera, Humberto. 10:4610; 15:2878; 16:3255; 17:2929-2931, 2968; 18:3054, 3057, 3084; 3113, 3139; 19:5713, 5714, 5723, 5797; 20:4772, 4773, 4824, 4847, 4875d; 21:4769; 23:5832, 5887; 24:6009; 26:2311
Piñeres Rodríguez, Eduardo. 1:1445
Piñero, Abelardo. 26:1578
Piñero, Manuel. 14:937; 15:418
Piñero, Norberto. 2:2366, 3135; 4:2999
Piñero, Tulia. 28:948a
Piñero, Virgilio. 8:1599
Piñeros Corpas, Joaquín. 17:3005
Piñeros Suárez, Ignacio. 7:4196
Piñerua Ordaz, Luis. 27:3570
Pineta, Alberto. 28:1801
Piñeyro, Abel. 28:2164
Piñeyro y Barry, Enrique José Nemesio. 5:3563; 13:2118
Pinhão, Antonio Tavares. 8:4299
Pinheiro, Albertina. 9:4372
Pinheiro, Alcides. 6:4750
Pinheiro, Alcino Machado. 25:2192
Pinheiro, Aurélio. 3:1653, 2784; 4:4180, 4275; 11:1798
Pinheiro, Belarmino. 4:751, 752
Pinheiro, Consuelo. 22:2065
Pinheiro, Fred. 20:4414
Pinheiro, Geraldo. 11:1799
Pinheiro, Hésio Fernandes. 11:3526
Pinheiro, Irineu. 4:3490; 16:1314, 2058
Pinheiro, J. C. Fernandes. 14:2311; 19:4064
Pinheiro, José Feliciano Fernandes. 12:2187
Pinheiro, Lúcia Marques. 17:1055; 21:1784
Pinheiro, Manoel Teophilo da Costa. 15:1286
Pinheiro, Maria Esolina. 9:1694, 1819; 16:2359
Pinheiro, Péricles da Silva. 26:1246, 1951
Pinheiro, Raimundo. 7:1935; 8:2027, 2124
Pinheiro, Silvanísio. 17:499
Pinheiro, Valter. 21:4341
Pinheiro, Zélia Brito. 22:2042
Pinheiro Chagas, Paulo. See Chagas, Paulo Pinheiro.
Pinheiro da Cunha, Hamilton. See Cunha, Hamilton Pinheiro da.
Pinheiro de Fonseca, Carlos. See Fonseca, Carlos Pinheiro de.
Pinheiro Filho, João. 4:661; 5:3223
Pinheiro Guimarães, Francisco. See Guimarães, Francisco Pinheiro.
Pinheiro Lopes, Maria Júlia. See Lopes, Maria Júlia Pinheiro.
Pinheiro Machado, Brasil. See Machado, Brasil Pinheiro.
Pinheiro Machado, Dulphe. See Machado, Dulphe Pinheiro.
Pinheiro Mota, Mário. See Mota, Mário Pinheiro.
Pinho, Demóstenes Madureira de. 23:3962
Pinho, Diva Benevides. 27:2362
Pinho, José Wanderley de Araújo. 2:1445; 3:2896; 4:3514; 9:3448; 12:693; 26:1254
Pinho, Maria Luiza Pires do Rio. 10:2198
Pinho, Mauricio. 6:4338
Pinho, Péricles Madureira de. 6:1683; 7:1721
Pinilla, Gaspar María de. 9:544; 10:431
Pinilla, Norberto. 3:3198; 3199; 5:3859; 6:4004; 8:3965, 4021; 9:3305, 3895, 3896, 4074, 4075; 11:3082, 3125; 12:2715

Pinilla B., Casto. 7:4021
Pinilla Gutiérrez, Juan. 8:1504
Pinilla Sánchez Concha, Antonio. 21:3514; 24:1991; 25:5310
Pinney, Edward L. 28:698
Pino, Aníbal del. 11:1291
Pino, Joaquín del. 7:3037
Pino, Manuel del. 4:1794
Pino Batory, Martín. 27:2472
Pino C., Remigio. 6:4581
Pino de Ycaza. J. J. 14:2929
Pino González, Juan José del. 10:2844; 24:4386
Pino Ochoa, Luis. 10:2015
Pino Saavedra, Yolando. 4:3750; 16:2498; 17:2254; 27:1271; 28:2031
Piñó Sandoval, Jorge. 14:1030, 17:2409
Pino Santos, Óscar. 23:4671
Pino Vara, Rafael de. 22:4639
Pino y de la Vega, Mario del. 23:3421
Pino Ycaza, Gabriel. 12:3249; 16:1726
Pino Zapata, Eduardo. 23:3670
Pinochet, Tancredo. 10:1573a; 18:2566
Pinóchet de la Barra. Óscar. 10:2132; 14:1492; 19:4283, 4284
Piñon, Nelida. 26:1999; 28:2528
Piñón Filgueira, Evaristo M. 16:842
Pinotti, Mário. 23:4284
Pinsker, Leão. 8:4435
Pinto, Adélia. 26:1282
Pinto, Adriano, 7:1820
Pinto, Alcides. 18:2809; 21:4320; 24:5792
Pinto, Almir. 9:947
Pinto, Aloysio de Alencar. 26:2187
Pinto, Álvaro Vieira. 25:5311; 27:2635
Pinto, Aníbal. 27:1776, 1776a
Pinto, Ariosto. 14:1139; 16:900; 17:805; 19:1728
Pinto, Armando. 4:3265
Pinto, Augusto. 12:2127
Pinto, Augusto Corrêa. 22:5540
Pinto, Aureliano de Figueiredo. 23:5534
Pinto, Bilac, 7:2572; 23:4639
Pinto, Carlos Alberto A. de Carvalho. 9:4490; 11:1190
Pinto, César Ferreira. 17:2844
Pinto, Clodoaldo. 3:1686; 5:2021
Pinto, Edgar do Roquette. See Roquette-Pinto, Edgar do.
Pinto, Edmundo Barreto. 11:3527
Pinto, Edmundo da Luz. 5:3208, 3209; 24:4503
Pinto, Ernesto. 6:826, 4226; 21:4122; 22:1147; 25:1252
Pinto, Estévão. 1:1314; 2:261, 306; 4:344-346; 9:490; 10:387, 3157; 12:694; 20:708, 708a; 21:557; 23:764, 765
Pinto, Euclides, pseud. 28:2194
Pinto, Francisco Antonio. 17:1808
Pinto, Francisco Bilac Moreira. 24:4898
Pinto, Gilda de Andrade. 10:2199
Pinto, João Bosco. 27:2573, 4247
Pinto, José Alcides. 28:2529, 2530
Pinto, José de Barros. 21:4363
Pinto, José Marcelo. 28:1384
Pinto, José Saldanha da Gama Coelho. 19:5308; 21:4294, 4348; 23:5486; 24:5746
Pinto, Juan. 7:4582; 14:67; 16:68; 21:4118; 22:4827
Pinto, Julieta. 28:1909
Pinto, Juvenal José. 1:428
Pinto, Leonardo. 6:4339; 7:4919
Pinto, Luís Bastián. 23:2888
Pinto, Luis C. 9:1855; 24:4768
Pinto, Luiz. 5:3255; 9:2366; 12:2859; 14:2267; 15:1853, 1854; 16:2059; 17:2570; 19:2895; 24:4465

Pinto, Luiz de Aguiar Costa. 8:3444; 9:3415; 11:2614; 12:1503; 14:1174; 15:1855; 17: 3054; 19:6055; 22:1657, 6033; 23:2711, 6042, 6043; 25:5642
Pinto, Luiz Sobral. 22:2004
Pinto, M. Serpa. 3:1879
Pinto, Manuel. 7:4838
Pinto, Manuel, h. 7:3903; 24:4942
Pinto, Manuel María. 8:3219; 9:3120; 19:3861
Pinto, Maria Magdalena Vieira. 20:2096
Pinto, Marie-Thérèse. 7:276
Pinto, Mário Abrantes da Silva. 4:727; 5:1915; 6:1750, 2477; 7:1678; 21:1433, 2155
Pinto, Mario Agustín. 12:3502; 18:3085
Pinto, Mercedes. 1:2009
Pinto, Octávio. 6:4837, 4838; 7:5502
Pinto, Odorico Pires. 22:6054; 27:1242
Pinto, Oscar Bastian. 23:4463; 28:2611
Pinto, Paulo J. da Silva. 14:3269; 16:3138
Pinto, Pedro Augusto. 8:3405; 10:1768; 12:2800
Pinto, Roquette. 28:3289
Pinto, Víctor. 9:3587
Pinto, Waldimir. 7:3672, 4920
Pinto, Zaira. 7:1821
Pinto Antunes, J. See Antunes, J. Pinto.
Pinto Barbosa, Rodolpho. See Barbosa, Rodolpho Pinto.
Pinto Bouquet, Hugo M. 8:4617; 13:2479
Pinto Chaves, Eunice Almeida. See Chaves, Eunice Almeida Pinto.
Pinto Coelho, Francisco das Chagas. See Coelho, Francisco das Chagas Pinto.
Pinto Cordeiro de Souza, Otacílio. See Souza, Otacílio Pinto Cordeiro.
Pinto da Fonseca, Afonso. See Fonseca, Afonso Pinto da.
Pinto da Veiga, Oswaldo. See Veiga, Oswaldo Pinto da.
Pinto Dantas Júnior, João da Costa. See Dantas Júnior, João da Costa Pinto.
Pinto de Aguiar, Manoel. See Aguiar, Manoel Pinto de.
Pinto de Albuquerque Nascimento, Vicente. See Nascimento, Vicente Pinto de Albuquerque.
Pinto de Campos, Joaquim. See Campos, Joaquim Pinto de.
Pinto de Campos, Mário. See Campos, Mário Pinto de.
Pinto de Carvalho, Antônio. See Carvalho, Antônio Pinto de.
Pinto de Carvalho, Paulo. See Carvalho, Paulo Pinto de.
Pinto de Figueiredo, Áureo. See Figueiredo, Áureo Pinto de.
Pinto de Matos, Adalberto. See Matos, Adalberto Pinto de.
Pinto de Souza, Annibal. See Souza, Annibal Pinto de.
Pinto de Sousa, Roberto. See Sousa, Roberto Pinto de.
Pinto de Souza Dantas, Manuel. See Dantas, Manuel Pinto de Souza.
Pinto Diniz da Silva, Peri. See Silva, Peri Pinto Diniz da.
Pinto do Amaral, Oswaldo. See Amaral, Oswaldo Pinto do.
Pinto dos Carmo, José Arimatéia. See Carmo, José Arimatéia Pinto dos.
Pinto Falcão, Alcino. See Falcão, Alcino, Pinto.
Pinto Ferreira, Luis. See Ferreira, Luis Pinto.
Pinto Gualberto, Júlio. See Gualberto Júlio Pinto.
Pinto Júnior, A. R. 10:1560
Pinto Lagarrigue, Fernando. 8:1944; 11:1862
Pinto Lima, J. See Lima, J. Pinto.
Pinto Loureiro, J. See Loureiro, J. Pinto.

Pinto Meris, Guillermo. 18:1126
Pinto Pessôa Sobrinho, Eduardo. See Pessôa Sobrinho, Eduardo Pinto.
Pinto S., Yolando. 21:3112
Pinto Santa Cruz, Aníbal. 17:669; 19:1414; 25: 1474, 1692; 27:1683
Pinto Santa Cruz, Francisco A. 12:1544; 15: 1002; 16:2372
Pinto Siqueira, Alayde. See Siqueira, Alayde Pinto.
Pinto Soares, J. O. See Soares, J. O. Pinto.
Pinto Vargas, Ismael. 24:4080
Pintos, Diago César. 11:2560
Pintos, Francisco R. 4:3305; 12:2155; 24: 1992, 2044; 27:2292
Pinzón, Rafael. 5:1554; 9:3363; 11:119
Pinzón Campos, Eduardo. 7:1307
Pinzón R., Convers. 6:2205
Pinzón Urrea, Jesús. 26:2212; 28:3129
Pio, Fernando. 5:590; 24:1807
Piombo, Oscar H. 8:4517
Piorno, Clotilde P. L. de. 17:2835
Piosseck Prebisch, Lucía. 19:5806, 5819; 28: 3332
Piotti, Celestino. 14:3286
Piovano, Alonso. 8:1975
Piovera, Luis Agustín. 15:2454
Piper, Anson C. 16:2679
Pippig, Alfredo. 28:1989
Pippin, Larry La Rae. 27:3334
Piquera, Carmen García. 13:774
Piquion, René. 16:2936; 19:3071
Piragibe, Vicente. 3:1388, 3749; 4:4431; 8: 4625
Piragibe da Fonseca, Roberto. See Fonseca, Roberto Piragibe da.
Pirajá, Nair Miranda. 10:4296; 11:3733; 16: 2912
Pirajá da Silva, Manoel Augusto. See Silva, Manoel Augusto Pirajá da.
Pirassinunga, Adailton Sampaio. 9:3382; 26: 1247
Pires, Aurelio. 6:3685
Pires, Fernando A. 3:71b
Pires, Gudesteu. 1:1603, 1604; 8:4586
Pires, Helidoro. 3:379, 2834; 6:658; 7:673; 8:878, 878a; 10:732-736; 20:1154; 24:1808
Pires, Homero. 8:3523, 3524, 4245, 4246; 14:3077; 15:1815
Pires, J. Herculano. 25:5312; 28:2531
Pires, Jarbas Ferreira. 23:4571
Pires, Pandia. 12:2231
Pires Amarante, Alberto. See Amarante, Alberto Pires.
Pires Brandão, Paulo José. See Brandão, Paulo José Pires.
Pires da Nóbrega, Trajano. See Nóbrega, Trajano Pires da.
Pires de Almeida, Benedito. See Almeida, Benedito Pires de.
Pires de Carvalho e Albuquerque, José Joaquim. See Albuquerque, José Joaquim Pires de Carvalho e.
Pires de Lima, Américo. See Lima, Américo Pires de.
Pires do Rio, José. See Rio, José Pires do.
Pires do Rio Pinho, Maria Luiza. See Pinho, Maria Luiza Pires do Rio.
Pires Martins, Francisco. See Martins, Francsico Pires.
Pires Pinto, Odorico. See Pinto, Odorico Pires.
Piriz, Hernán. 27:3125
Pironi, Eduardo. 8:4918
Pirotto, Armando D. 3:3037; 4:99, 2595, 3829
Pirrone, José. 8:131
Pisani, Salvatore. 4:874

Pisani Ricci, Hilario. 28:966, 966a
Pisani Ricci, Rómulo. 24:6242
Pisano, Natalio J. 5:1449a
Pisk, Egon. 11:1167
Piso, Willem. 14:2303; 22:3851
Pita, Enrique B. 7:5673; 12:3491; 19:5715; 20: 4819
Pita, Santiago de. 17:2272
Pita Rodríguez, Félix. 26:1579; 28:1910
Pitanga, M. C. Miragaia. 14:1193
Pitaud, Henri. 16:1968; 21:3153
Pitol, Sergio. 26:1870
Pitombo, Ary. 6:4719
Pittaluga, G. 7:3881
Pittard, Eugène. 17:26
Pittier de Fábrega, Henri François. 4:152, 233, 1978; 5:357, 1752; 7:395, 2221; 8:2297; 9:2108; 22:2270
Pittier Sucre, Emilio. 21:4571
Pittman, Marvin S. 20:1706
Pittman, Richard Saunders. 11:254; 14:292; 20:709; 27:1474
Pitts, Harry. 10:1700
Piura. Consejo Provincial. 5:2465
Pius XII, *Pope*. 22:2062
Piva, Roberto. 28:2623
Pivel Devoto, Alcira Ranieri de. 11:2561
Pivel Devoto, Juan E. 2:2064; 2267; 5:2751, 3098, 3284; 6:3207, 3492a; 8:3364; 9: 659, 3121, 3356; 11:2323, 2561; 15:1773, 1774; 18:1667, 2137; 19:5646; 21:2278; 28:949, 1031a, 1219
Piwonka, María Elvira. 15:2373
Piza Bellegarde, Alceu Toledo. *See* Bellegarde, Alceu Toledo Piza.
Piza Sobrinho, Luis de Toledo. 25:3858
Pizani, Rafael. 20:4490
Pizano, Roberto. 2:2720; 3:491
Pizano de Ortiz, Sophy. 8:3338
Pizano y Saucedo, Carlos. 25:1234
Pizarro, Ángel S. 3:3702
Pizarro, Gonzalo. 28:917
Pizarro, Hernando. 28:917
Pizarro, Luis. 2:2209
Pizarro Néstor A. 14:3216; 16:3049
Pizarro, Orlando. 9:3122; 12:2569; 15:1660
Pizarro Drummond, J. E. *See* Drummond, J. E. Pizarro.
Pizarro e Araújo, José de Sousa Azevedo. *See* Araújo, José de Sousa Azevedo Pizarro e.
Pizarro L., Leopoldo. 10:1669; 13:340
Pizarro Loureiro. 1:906; 8:4223
Pizarro Miguens, Raúl. 2:3022
Pizarro Suárez, Nicolás. 10:3436; 11:2850
Pizarro Trucco, Rafael. 16:2366
Pizer, Samuel. 21:1506; 23:1696
Pizzol, Elyscu de. 1:1489
Pizzurno, Pablo A. 3:1356
Pla, Bruno. 3:435
Pla, Cortes. 8:1602; 11:2661; 28:3293
Pla, Gil. 9:1141
Pla, Guí. 20:2018
Plá, Josefina. 11:3340; 26:137, 1781; 28:159, 208, 296
Plá, Roger. 11:590; 12:2570; 20:3974; 25: 4383; 28:1990
Plá Rodríguez, Américo. 20:3518
Plá y Beltrán, Pascual. 20:4142; 21:4164
Placer, Xavier. 10:3886; 12:2898; 26:2058; 27: 2524; 28:2676a
Placer López, Gumersindo. 25:273
Placide, David. 26:791
Plácido, A. D. 4:3919; 9:4076
Plácido e Silva, Oscar José de. *See* Silva, Oscar José de Plácido e.
Plafker, George. 27:526

Plan: Económico, Político, Social, Quito. 6: 1556
Planalto: Quinzenário de Cultura, São Paulo. 7: 654
Planas, Enrique. 7:3076
Planas-Suárez, Simón. 1:1765; 5:2190; 11: 2676, 2677; 15:1926; 16:1386, 2960; 20: 3417, 3439; 21:3195; 22:4014; 23:2812, 4661; 25:3534
Plancarte, Francisco M. 19:672
Planchard, Emílio. 10:1561; 12:1218x
Planchart, Enrique. 4:526; 14:757; 18:514, 515; 20:1075; 21:970; 22:4829; 24:4398
Planchart, Julio. 2:2607, 2667; 6:4092, 4264; 7:4659; 8:4022; 10:3644; 14:2706
Planchart, María Luisa de. 18:2694
Planchart Burguillos, Antonio. 5:4234; 6: 1281
Plandolit, Luis Julián. 26:823c
Planeamiento, La Paz. 25:1667
Planificación Económica, México. 9:1046
Planiol, Marcelo. 1:1580; 2:3056; 4:4351
Plank, John. 25:2658
Plant, James L. 8:670
Plasencia Mord, Aleida. 28:769a
Plata Uriocoechea, Fernando. 9:2475
Platenius, Hans. 21:1346
Plater, Guillermo D. 21:3081
Platero, Tomás A. 24:5446
Plath, Oreste, *pseud.* 7:1936; 8:2083, 2125, 2126; 9:1962, 3897; 10:1670, 1671, 1708, 1786; 1831, 1832; 11:1390; 1432, 1435, 1497, 1498, 1514; 12:437, 438, 2662; 27: 1269
Plato. 2:2974; 5:4454, 4455; 7:5693-5695; 10:4570-4572; 11:3930, 3931; 12:3524, 3524a; 19:5826; 20:4888, 4888a
Platt, D. C. M. 27:2693
Platt, Raye R. 5:1695; 6:1138, 2328; 7:2058, 2090; 9:2038, 2039; 11:79; 13:775; 14: 16a; 15:1130; 20:2035a
Platt, Robert S. 1:621; 2:1276f, 1315; 4:1941, 1979, 2170; 5:1753; 7:3732; 8:2254; 9: 1021, 2040; 15:1209; 19:2690
Platt, William J. 27:2473
Plattner, Félix Alfred. 23:1424, 1440; 24:1660
Plaut, Helena. 25:4677
Plaza, Angélica. 20:4227
Plaza, Eduardo. 6:4839
Plaza, Galo. 11:1243; 14:1637; 15:944, 1324, 1325; 16:1357, 1358; 17:1281, 1332; 18: 1586, 1587, 2271; 19:2866; 23:1684; 24: 1955
Plaza, Juan Bautista. 5:4333, 4399; 9:4718, 4827, 4828; 13:2710; 24:5950; 26:2249; 28:3138
Plaza, Juan de la Cruz. 8:3278
Plaza, Salvador de la. 11:892; 13:574; 24:2048; 25:1650; 27:2091
Plaza A., Eduardo. 11:2722
Plaza Lasso, Galo. *See* Plaza, Galo.
Plaza Noblia, Héctor. 19:5171; 25:4575
Plazas, Arcadio. 19:5595a
Plazas, Francisco de Paula. 16:1446; 17:1581, 1619
Plazas Olarte, Guillermo. 25:3726
Plazas Olarte, Humberto. 10:1991, 1992
Pleasants, Edwin H. 26:1440
Pleasants, Frederick Rhodes. 6:245; 20:981
Pleiss, Paul. 9:2166
Plejanov, Jorge. 12:3562
Plenn, Abel. 7:185; 14:67a
Plenn, P. J. H. 2:148; 5:891, 2145
Plenn, Jaime. 26:233
Plenn, Virginia. 26:233
Plessis, Claude. 13:2356

Plesters, Joyce. 24:1608
Pletcher, David M. 14:2111; 18:1953, 1954; 19:3640; 23:3307-3309
Plimoton, Ethel W. 11:3247
Plischke, Hans. 25:394
Plomley, Brian. 22:3037
Plotini, Tomás. 8:2192
Plotinus. 8:4921; 14:3451; 20:4889
Plowsen, William W., Jr. 27:426
Plumb, Walter J. 27:57
Poblete, Nicanor. 3:865
Poblete, Renato. 27:4178
Poblete Muñoz, Olfa. 19:3869
Poblete Poblete, Gabriel. 16:2373
Poblete Troncoso, Moisés. 1:184; 2:439; 452; 4:1195; 5:1295; 6:888, 889; 7:854, 3825, 3882, 4174; 8:3664, 3665, 3669; 10:3397; 11:2823; 12:1518, 3221; 15:2049; 19:6034; 20:3519; 24:1993, 1994; 25:1475, 1528
Poblete Varas, Hernán. 18:2578; 25:4412
Pocaterra, Emma. 25:1647
Pocaterra, José Rafael. 3:2737, 3200; 5:2191; 8:2817; 12:2571; 21:3996, 3997
Poch, Hella. 4:397
Pochintesta, Alberto. 16:1234
Pochintesta, Héctor. 13:968
Pocovi, Antonio. 13:903
Podán, Mateo. 10:2883
Podestá, Edgar F. 28:2247
Podestá, José J. 1:2113; 11:3347
Podestá, José María. 12:671
Podestá, Roberto A. 9:2405
Podestá Costa, Luis A. 5:4170; 9:3229, 4577
Podetti, José Ramiro. 3:3660; 8:4518; 15:2610; 22:4597, 4598
Podgett, James A. 3:2412, 2413
Poe, Edgar Allan. 9:4369; 10:3930
Poenack, Elmer. 26:1328
Poesía de América, México. 18:2600
Poesse, Walter. 16:2485; 28:1716
Pössinger, Hermann. 27:2363
Poetzscher, Julio. 6:1741
Pogo, Alexander. 2:1936
Pogolotti, Marcelo. 10:543; 22:4982
Pogue, Joseph Ezekiel. 10:852; 15:987, 17:823
Pohl, Frederick Julius. 10:2484; 16:1126; 25:3014
Pohl, Hans. 28:446
Pohl, João Emanuel. 17:1920
Poincaré, Henri. 9:5019; 10:4604
Poincot, G. 6:1266
Poindexter, Hildrus A. 8:2383
Poindexter, Miles. 4:354a
Poinsett, J. R. 16:1803
Poiré Ruelas, Alfonso. 16:921a
Poirier, Anthony J. 10:1176, 1219; 13:443
Poirier, Jean. 19:559
Poj, León. 11:3967
Pokrovsky, J. 11:1168, 1180
Pokshishevkiy, V. V. 22:2544; 23:2712, 2713
Pol, Hugo René. 11:2504
Pola, Ángel. 25:3226; 28:640
Polakowsky, H. 6:2242, 2243; 9:3175
Polanco, José Antonio. 23:860; 27:1378
Polanco, R. N. 4:506
Polanco A., Tomás. 28:981a
Polanco Brito, Hugo Eduardo. 14:1267; 20:2951; 22:3274
Polanco Martínez, Tomás. 16:1699
Polanía Puyo, Jaime. 8:3189; 9:421
Poleman, Thomas T. 27:1906
Poletti, Humberto Galimberto. 22:1314
Polhamus, Loren G. 6:2219; 8:1015; 14:1440
Poliakoff, Jean Boris. 25:1700
Poliano, Luis Marques. 5:3145; 9:3383; 11:2587

Polibiblon, Buenos Aires. 25:5816
Poligrafiche Bolis, *publisher*. 27:2820
Polillo, Raúl de. 3:3519; 16:23
Polišenský, Josef. 28:791, 849a
Polit, Gustavo. 12:2266; 14:1049; 21:1488
Polk, James Knox. 14:2112
Polk, Judd. 8:1304
Poll, Willem van de. 15:464; 17:1087; 22:6133; 24:6410
Pollan, A. A. 9:1094
Pollard, A. E. 1:194
Polleri Carrió, Félix. 25:3713
Polli Coelho, Djalma. *See* Coelho, Djalma Polli.
Pollock, David N. 24:1956; 27:1778
Pollock Harry E. D. 2:57; 3:117; 6:286; 17:47 18:24; 19:80, 152, 153, 188; 20:65, 156; 21:93; 27:364
Polo Celis, Adalberto. 6:1309
Polo, José Toribio. 8:3376
Polo de Ondegardo, Juan. 6:2975
Poloniato de Partnoy, Alicia. 28:1612
Polonsky Celcer, Enrique. 28:78
Polski Instytut spraw Miedzynarodowych, Zaklad Prawa Miedzynarodowego i Organizacji Miedzynarodowych. 26:77
Polt, John H. R. 25:4384, 4546
Polykrates, Gottfried. 23:709, 766; 24:830; 27:1309
Poma de Ayala, Felipe Guamán. 2:228; 5:421, 1579, 2594a; 9:527; 21:2466
Pomar, José M. 2:1383
Pomar Tezcoco, Juan Bautista. 7:2969; 27:761; 28:1730
Pomares Monleón, M. 28:1863
Pombo, Joaquín de. 27:2063
Pombo, José Ignacio de. 6:3171
Pombo, Luis Eduardo. 14:845
Pombo, Manuel. 2:2719
Pombo, Manuel Antonio. 17:2726
Pombo, Rafael. 10:3737a
Pomeiji, Francisco. 22:802
Pomerans, Arnold J. 27:1250, 2971a
Pomeranz, R. 6:1505
Pomeroy, Mary. 22:6101
Pomés, Mathilde. 6:3648; 14:2946
Pommeranz-Liedtke, Gerhard. 26:210
Pompa y Pompa, Antonio. 4:2607; 19:3343; 20:768; 21:94; 24:3875; 28:640a
Pompéia, Raul. 8:4301
Pompéia Gonzaga, Maria Alice. *See* Gonzaga, Maria Alice Pompéia.
Pompêo, A. 1:1361
Pompêo de Barros, Gessner Pompílio. *See* Barros, Gessner Pompilio Pompêo de.
Pompeu do Amaral, F. *See* Amaral, F. Pompeu do.
Pompeu Memória, J. M. *See* Memória, J. M. Pompeu.
Pompeu Sobrinho, Theodoro. 3:566, 1653a; 4:2050; 5:459; 6:521a; 14:2305
Pompeu Sobrinho, Thomaz. 20:321, 709a; 27:548
Pompilus, Pradel. 17:2656; 18:2839; 25:3949; 26:1366, 2146, 2147; 27:1475; 28:2687, 2692, 2701
Pomrenze, Seymour J. 14:1730; 15:1406; 22:6405-6407
Ponce, Alonso. 13:1284
Ponce, Ángel L. 13:1858
Ponce, Aníbal. 2:2608; 4:2207, 3239; 5:4495; 11:2487; 17:2881; 20:2232; 25:2119
Ponce, Bernardo. 18:1955
Ponce, José M. 8:1705
Ponce, Manuel. 6:4227; 8:4128; 19:5090
Ponce, Manuel María. 4:1904; 7:5484; 9:4710-4712, 4797, 4871; 11:3837; 16:3218

Ponce Aguilera, Salomón. 28:1911
Ponce Arenas, Humberto. 8:4948
Ponce de Avalaos, Reynaldo. 27:3335
Ponce de Elizundia, Noemí. 17:100
Ponce de León, Alberto. 21:3998
Ponce de León, Alejandrina. 8:2496
Ponce de León, Carlos. 9:1312
Ponce de León, Francisco. 14:3330
Ponce de León, J. M. 10:4527
Ponce de León, Miguel Ángel. 17:1289
Ponce de León, Pedro. 26:830a
Ponce Enríquez, Camilo. 23:2925
Ponce Filho, Generoso. 16:910; 19:4092
Ponce Jorquera, Manuel. 12:1552
Ponce Lagos, Antonio. 7:4284; 19:5481
Ponce Pino, María Cristina. 17:2944
Ponce Ramos, Carlos. 19:3344
Ponce Ribadeneira, Alfredo. 24:4197
Ponce Sánchez, Hernán. 5:421, 1579
Ponce Sanginés, Carlos. 14:429; 19:363; 20: 3021; 21:330; 22:367; 23:506; 27:527
Poncet, Carmen P. 10:3542
Ponciano Lechuga, Manuel. 28:1613
Pondal Ríos, Sixto. 21:4226
Ponferrada, Juan Óscar. 13:2251; 22:5325; 25:4595
Ponferrada, Luis. 17:2774
Pongetti, Henrique. 4:4181, 4218; 10:788; 23:5578
Poniaowska, Elena. 23:1493; 26:234
Pons, Carlos O. 4:974
Pons, François Raymond Joseph de. *See* Depons, Francisco.
Pons Lezica, Cipriano. 12:2255
Pons Musso, Julio. 8:468
Pons Muzzo, Gustavo. 16:1727; 27:3530
Ponsol, Bernardo. 22:2271
Ponssa, Roberto J. 7:3904
Pontac, M. Ferdinand, *pseud. See* Bonavita, Luis Pedro.
Ponte, Alberto de. 25:2319
Ponte, Andrés F. 4:2903; 11:1977; 24:4184
Ponte Domínguez, Francisco José. 1:783, 1424, 1433; 3:2414; 7:3355; 10:2785, 2922; 13:1285; 14:1731; 17:1728; 19:3744; 22:3240; 25:3420; 26:766
Ponte González, Alfonso. 11:2550
Ponte Preta, Stanislaw, *pseud. See* Pôrto Sérgio Marcos Rangel.
Ponte Ribeiro, Duarte da. *See* Ribeiro, Duarte da Ponte.
Pontes, Aloysio Lopes. 8:4587; 11:3625; 15:2732
Pontes, Álvaro de Paula. 4:398; 5:525
Pontes, Carlos. 3:311; 5:3225, 3944, 3945
Pontes, Eloy. 1:1362; 4:4182; 5:3151, 3946; 7:5024; 9:4190, 4236, 4329, 4331; 12:2899; 21:4364; 25:4678
Pontes, Joel. 23:5439; 24:5732, 5797
Pontes, Tiago Ribeiro. 20:3520
Pontes de Miranda, Francisco Cavalcanti. *See* Miranda, Francisco Cavalcanti Pontes de.
Pontes Sette, Adyr. *See* Sette, Adyr Pontes.
Pontón, José Mariano. 10:3443
Pontón, Luis Sánchez. 1:1053
Pontony Palma, Óscar. 6:2027
Pontual, María de Lourdes. 6:659
Ponvert, Katharine (Steele). 25:3421
Pool y Danies, John de. 8:3190; 13:1512; 25:3422
Poole, Bernard L. 17:571, 3187
Poole, D. M. 18:1769a
Poole, Sidman P. 6:287, 2220
Poole, Stafford. 28:523, 553
Poon-King, T. 25:735
Poonai, N. O. 25:366

Poore, Charles. 8:4819, 4820; 9:1068; 10:4463
Poore, Dudley. 8:4084; 10:3875
Pope, Isabel. 18:3024
Popenoe, Dorothy H. 2:58
Popenoe, Wilson. 2:110, 469; 3:76; 7:2091, 2129; 8:2261; 9:1259; 12:740; 17:547; 28:735
Popescu, Oreste. 20:4870
Popol-Vuh. 5:331; 15:220; 16:207
Popolizio, Enrique. 12:2090
Popolo, José. 7:4921
Poppe, Paulo. 3:696, 697; 4:797, 798
Popper, David H. 1:195; 8:2648, 3575, 3575a; 3586
Poppig, Eduard F. 28:1188
Poppino, Rollie E. 27:3126; 28:1336
Population Bulletin, Washington, D. C. 25:5611
Population Index, Princeton, N. J. 16:52e; 17:3070
Por Nuestro Idioma, Buenos Aires. 7:4472; 12:2355
Porchat, Beatriz-Sylvia Roméro. 26:2000
Porchat Rodrigues, Edith. *See* Rodrigues, Edith Porchat.
Porlier, Antonio Aniceto. 13:1222
Porras, Belisario. 11:484
Porras, Demetrio A. 4:1443; 27:3336
Porras, Diego de. 18:1878
Porras, Guillermo. 11:2042
Porras Barrenechea, Raúl. 1:1248, 1924; 2:1938; 3:3218; 5:2595, 3631; 6:3977; 7:2858a, 2858b, 3107, 4513; 8:2918; 9:3761a, 3771, 3800, 3825; 10:2649, 2724, 4337; 11:2157, 2551, 3006; 12:1904, 1904a, 2406-2408; 13:285, 1660; 14:1936, 1959-1961, 1966, 2069; 16:1728-1730, 2534; 17:1603; 18:1805, 1879, 2422; 19:471, 3891, 4623; 20:710, 3715, 5058; 23:3651, 5203; 24:1755, 4117-4119; 26:818, 870; 28:918a
Porras Cruz, Jorge Luis. 16:2680
Porras Garcés, Pedro I. 24:569
Porras Muñoz, Guillermo. 7:645, 2970; 11:2042; 12:1777a, 1832; 13:1286; 14:1834, 1898, 1899; 16:2535; 18:1770
Porras Sánchez, Juan. 12:2717; 15:1699
Porras Troconis, Gabriel. 1:949; 2:1939, 2013; 2245; 6:3071; 7:410, 2616, 3134; 15:1750; 18:1806, 2449; 19:3429; 20:2727; 26:946; 28:1614
Porrata, Óscar Emilio. 15:1122; 22:1900
Porraz Z., Rubén. 23:2538
Porres, Martín de, *Saint*. 5:2596
Porro, Herbert. 19:5460
Porrúa, Manuel. 15:31
Port, Pedro. 28:2595
Porta F., Enrique. 20:941
Portal, Magda. 7:1467, 4190; 8:132; 26:1612
Portales, Diego. 3:2683; 4:3319
Portales M., E. 7:1468
Portantiero, Carlos. 25:2700
Porte-Petit Candaudap, Celestino. 6:4579; 10:4128; 12:3158; 22:4615; 24:4870
Portela, Bastos. 9:4191
Portela, Gerardo. 9:1142
Portela, Silvio. 8:2701
Portela Barillatti, R. 8:4637
Portela Santos, Edilson. *See* Santos, Edilson Portela.
Portell Vilá, Herminio. 1:784, 916, 1739; 4:2542, 3104, 3105, 4536; 5:2823, 2824, 3439; 6:1050, 3274; 7:227, 3356-3358; 8:1256, 4840; 9:1143; 10:115, 1001; 11:2411; 13:530, 1155; 17:1729, 3188; 18:2012; 25:3401

Portella, Eduardo. 22:5541; 23:5440; 24:5812
Porteous, Laura L. 1:785; 3:2415; 4:2573; 7: 2878; 12:1740
Porter, Bertha. 28:1864
Porter, Carlos E. 15:24
Porter, Charles O. 23:2813; 26:402a; 28:791a
Porter, Katherine Anne. 8:3893; 4084
Porter, Kenneth W. 17:1689, 1690
Porter, Muriel Noé. 11:196; 14:180, 181; 19: 154; 20:157
Porter, William W., II. 8:2293
Porterfield, Austin L. 20:2848
Portes Gil, Emilio. 1:1054, 1055, 1703; 7: 2693, 3396; 19:1906, 1963a; 21:2272; 25: 3242, 3263; 28:698a
Portilla, Ángel de la. 11:3606
Portillo, Gregorio A. 11:1680
Portillo Espina, Robinson. 27:2808
Portillo y Diez de Sollano, Álvaro del. 13:1336
Portillo y Weber, José López. See López-Portillo y Weber, José.
Portinari, Cândido. 15:69; 16:598; 24:1809; 28:2624
Portner, Leslie Judd. 14:803
Portnoy, Antonio. 3:3426a; 4:3752; 5:3700
Portnoy, Leopoldo. 24:2014
Portnoy, Marcos. 28:792
Pôrto, Adolpho Faustino. 16:915; 19:1729
Pôrto, Arthur. 4:3424
Pôrto, Aurélio. 2:1648, 1714, 1724; 3:2874, 2904; 4:3332, 4265; 6:3595; 9:3416; 17. 1907; 21:2150
Pôrto, Carlos Eugênio. 20:3232
Pôrto, Fernando. 12:704
Pôrto, Hannibal. 3:618; 6:1662, 1742; 7:1625, 1679; 8:1824, 1866; 9:1764; 10:1445, 2200
Porto, Jesús Edelmiro. 9:4529; 13:2517
Pôrto, José de Costa. 17:1924m; 19:4055; 23: 3927; 24:2081, 4466; 25:3813
Pôrto, José Luiz de Almeida Nogueira. 9:3515; 10:3215; 19:2364
Pôrto, Leônidas Sobrinho. 28:1603
Pôrto Miguel Antonio. 16:2791
Pôrto, Rubens. 3:698, 699; 6:1822
Pôrto, Sérgio Marcos Rangel. 23:5579; 28:2532
Pôrto-Alegre, Manuel de Araújo. 19:5249
Pôrto Domingues, Alfredo José. See Domingues, Alfredo José Pôrto.
Pôrto Menezes, Ivo. See Menezes, Ivo Pôrto de.
Pôrto Moitinho, Álvaro. See Moitinho, Álvaro Pôrto.
Pôrto Seguro, Visconde de. See Varnhagen, Francisco Adolfo.
Pôrto Alegre. (City). Exposição do Centenário Farroupilha. 2:1709
Pôrto Alegre. (City). Instituto Histórico e Geográfico do Rio Grande do Sul. 2:1714
Pôrto Alegre. (City). Prefeitura. 2:1603a
Portocarrero, Felipe S. 11:3540, 3541
Portocarrero, Jesús A. 5:4213
Portocarrero, René. 26:1567
Portocarrero Olave, Félix. 27:3689
Portogalo, José. 3:3299a; 20:4104; 26:1749
Portugal, Henrique Furtado. 23:4285
Portugal, Maks. 7:453; 11:295; 19:393; 21:331, 837
Portugal Aguilar, Pablo. 23:507
Portugal Catacora, José. 20:3975; 21:1717
Portugal Mendoza, Héctor. 23:507
Portugal Mendoza, José. 23:507
Portugal Milward, María. See Milward, María Portugal.
Portugal. Agência Geral das Colónias. 7:3692
Portugal. Archivo de Marina e Ultramar. 2: 1669

Portugal. Biblioteca Nacional. Divisão de Obras Raras e Publicações, Lisboa. 21:3301
Portugal. Secretariado Nacional da Informação, Cultura Popular e Turismo. 19:4056
Portuguesa (State). Secretaría. 3:2096; 4:2468; 5:2212; 6:2743; 7:2748; 8:2832; 9:2577
Portuondo, José Antonio. 8:4023; 9:3898; 10: 3530, 3645-3647, 3782; 12:2572, 2607, 2860, 3009; 13:2066, 2119; 14:2612; 15: 2165; 19:4761; 20:426; 24:5126; 26: 767; 28:264, 2131
Portuondo de Castro, José. 13:2412
Portuondo del Prado, Fernando. 13:1569
Portuondo Linares, Hermenegildo. 22:3268
Portyguara, José. 25:4679
Portzelt, Hans. 4:3525
Posada, Antonio J. 18:1271
Posada, Eduardo. 1:950; 2:1939a, 3:2182, 2505, 2506, 2709; 4:2863, 2957, 3278; 5: 2547, 2728; 6:2206; 7:3135; 9:3076
Posada, Francisco de. 2:1437
Posada, Jaime. 22:1954; 27:2474
Posada, José Guadalupe. 18:496; 25:1235
Posada, Juan de la C. 7:2092; 8:1366a
Posada Amador, Carlos. 9:4695
Posada Azuero, Lope. 22:4983
Posada Cuéllar, Hernando. 8:1430
Posada Gutiérrez, Joaquín. 22:2245a
Posada Mejía, Germán. 15:1516, 2188; 18: 1834; 21:2547; 23:4379; 24:5557; 26: 652
Posada Noriega, Juan. 15:1387
Posadas, Efrén. 14:3331
Posadas, Rosa Margarita. 9:3899
Posadas, Tobías. 14:3331
Posadas Belgrano, G. A. de. 17:2713; 23:4651
Posnansky, Arthur. 3:220, 300; 6:408; 7:454, 534, 535, 574, 3991; 8:155, 302, 2497-2499; 9:406, 407, 475, 528, 529, 594, 2003, 2006; 10:427, 1672; 11:139, 296, 1524
Posner, Gerald S. 22:2443
Posner, Richard. 12:659
Posner, Walter H. 28:811a
Posnette, A. F. 10:2016, 2043, 2044
Pospisil, L. J. 24:1532
Possa, Jorge Alves. 15:1067
Possólo Chaoul, Elóra. See Chaoul, Elóra Possólo.
Post, H. Houwens. 23:4464
Postlethwaite, Anne. 14:2070
Postlethwaite, Jane. 14:2070
Potash, Robert A. 19:1926, 1982a, 3641-3643, 23:2068, 2855; 24:3957; 25:3649; 28: 641
Potiguara, José. 9:4258
Potokova, N. 26:566
Potosí. (Bolivia). Archivo Municipal. 1:2270
Potsch, Waldemiro. 9:1634, 1820; 20:1433
Potter, Esther P. 11:3734
Potter, Gladys L. 13:731
Potter, J. A. 13:864
Pottier, Bernard. 27:1476
Potts, Renée. 4:4058
Pou Orfila, J. 2:3126
Pough, Frederick H. 9:2064
Poulab Durand, Josefina. 8:1016
Poulet, Guy. 19:2516
Poumaillou, Pau. 27:2248
Pound, F. P. 6:2221; 9:1202, 1296
Pounds, William B., Jr. 19:3349
Pouquet, Jean. 23:653
Pourchet, Eunice. 12:1217z
Pourchet, Maria Júlia. 4:395; 5:526; 7:593; 8: 458; 9:595; 10:455; 11:408; 16:447; 20: 781, 782; 24:1513, 1514

Pousa, Narciso. 25:5313; 26:1817
Poveda, José Manuel. 14:2707
Poveda López, Raúl. 7:1913
Póvia, Hélion. 7:4095
Poviña, Alfredo. 5:4496; 7:855; 10:116; 11: 94; 16:3358; 18:3160; 19:6001, 20:4914; 22:6010; 23:6004
Poviña, Jorge Raúl. 16:3020; 18:2881
Powell, J. Richard. 18:986, 987, 1599, 1956, 1957
Powell, Jane P. 23:1379
Powel, Jane Swift. 8:1083, 3688a; 9:1260, 1285
Powell, Nora P. 11:692
Powell, Oscar M. 13:1963
Powell, Philip Wayne. 10:2591-2593; 11:2102; 13:1337; 16:1632; 18:1725a, 1770a; 21: 2545, 2546; 23:3137; 24:3793
Powell, Reed M. 17:3020
Powell, Selwyn, 5:416
Powelson, John P. 27:1779, 2107
Powers, W. L. 10:1877, 2017, 2018, 2052; 11: 1564, 1629, 1630
Powlison, Esther. 22:901
Powlison, Paul. 22:901; 23:842
Powrie, Barbara E. 20:4974
Poyares, Walter Ramos. 28:1615
Poyo, Ruth. 15:78
Pozas, Isabel H. de. 24:682
Pozas Arciniega, Ricardo. 11:255; 13:230; 14: 293; 15:391, 815; 18:289-291; 24:683, 684; 25:461; 27:957, 958
Pozo, Antenor del. 3:3090; 23:4652
Pozo, Justo L. 9:4495
Pozo D., Olmedo del. 11:1052
Pozo R., Pedro del. 7:2158
Pozo Sánchez, Gustavo del. 8:2285
Pozo V., Miguel Ángel del. 23:4256
Pozuelo A., José. 9:3551
Pozzi, Aurelio J. 11:1681
Pozzi, Jorge Tomás. 8:1947
Pozzi-Escot, Inés. 14:3391
Pozzi-Escot, M. Emm. 6:1596, 1597
Pozzio, Antulio F. 11:1818
Pozzo, José Hiram. 6:3413; 21:4597
Pozzo, Juan. 3:3738; 7:3948; 25:4152
Pozzo Ardizzi, Luis. 2:3082
Pradas, Juan Bautista. 20:2943
Pradeau, Alberto Francisco. 5:2423; 16:1447; 19:3345, 3346; 21:2573, 2574; 24:3794, 3958
Pradilla, Antonio María. 5:2054a; 6:2607
Pradilla, Jorge Wills. 11:2907
Prado, Antônio Almeida. 5:1456; 27:2544
Prado, Carlos. 18:3238
Prado, Cid. 16:46
Prado, Décio de Almeida. 20:4344
Prado, Francisco Almeida. 7:4839
Prado, Francisco Rodrigues do. 17:331a
Prado, J. L. 8:2330
Prado, João Fernando de Almeida. 1:1318, 1319; 3:2747; 5:3161; 6:3666; 7:3622; 8: 3445; 11:2615; 14:2306; 16:2060, 2148; 17: 517; 19:1238; 24:4467; 26:1248
Prado, Jorge del. 12:2147a; 23:2951
Prado, José Nascimento de Almeida. 13:2685, 2686; 23:5717
Prado, Leonico. 24:4380
Prado, Manuel. 25:3650
Prado, Nilia de Moraes Mello. 28:2533
Prado, Orlando de Almeida. 7:2363
Prado, Paulo. 10:3132; 11:3424
Prado, Pedro. 7:4819; 12:2663; 15:2374; 16:2774
Prado, Pedro F. 12:3202; 15:2023; 16:2337; 25:4135

Prado, Ruth Alcântara de Almeida. 8:389
Prado de Mendonça, Eduardo. See Mendonça, Eduardo Prado de.
Prado Júnior, Caio. 1:622; 2:1446; 7:2421; 8:3446; 10:1424; 11:2588; 18:3126; 23: 1941, 2814; 25:2742; 26:1213; 27:2364, 3294
Prado Maia, João do. See Maia, João do Prado.
Prado Penteado, Fausto de Almeida. See Penteado, Fausto de Almeida Prado.
Prado Q., Alcides. 8:4742
Prado Ribeiro, Luiz do. See Ribeiro, Luiz do Prado.
Prado Valladares, Clarival do. See Valladares, Clarival do Prado.
Prado Vertiz, Antonio. 17:925
Prado y Ugarteche, Javier. 7:3108
Prado y Ugarteche, Manuel. 7:2709, 2709a, 3799 4355; 8:2804; 9:2541; 21:2275
Prados Arrarte, Jesús. 10:854, 1177; 13:444; 14:885; 16:843
Praesent, Hans. 1:12; 2:8; 3:19; 4:25, 5:141; 6:151
Pragnell, Alfred. 22:434
Prando, Alberto. 26:202
Prat, André. 7:3623
Prat, Arturo. 1:450
Prat, Julio A. 22:4655
Prat Puig, Francisco. 14:705; 22:3241
Prata Castelo Branco, Victorino. See Castelo Branco, Victorino Prata.
Prates, Carlos Filinto. 13:2351
Prates, Homero. 22:4616
Prates, J. Egon d'Abreu. 2:1714
Prates da Fonseca, Tito. See Fonseca, Tito Prates da.
Prati, Edmundo. 4:522; 5:728; 9:765
Prato, Luis F. 19:4927, 4928
Prato, Ranulpho. 3:3552
Prator, Clifford H. 11:2269; 18:2019b
Prats, Roque J. 11:582
Prats Cardona, Jaime. 18:2931
Prats-Ramírez, Francisco. 3:2955
Prats y Beltrán, Alardo. 9:841; 10:708; 12: 556; 22:3059
Pratt, Edwin J. 6:3189
Pratt, Julius W. 2:2440
Pratt, Wallace E. 16:1127
Prayones, Eduardo Raúl. 5:4170; 15:2676; 21: 4598; 25:4057
Prazeres, Oto. 7:2573, 2574; 9:2445
Prazeres, Rimus. 9:4123
Prazeres, T. Alves. 9:1717
Prebisch, Raúl. 10:1178; 15:642; 17:550; 18: 594; 20:1308; 21:1260; 22:1414; 23:2069; 24:1957-1959; 25:1476, 2623; 27:1708, 1812m
Preciado Hernández, Rafael. 13:2398, 2773
Predmore, Richard L. 11:2908; 12:2356, 2357; 14:2598; 15:187; 18:2357
Prelooker, Carlos. 18:2547
Préndez Saldías, Carlos. 7:4820; 10:3738; 18: 2583
La Prensa, Buenos Aires. 21:2233
La Prensa, New York. 7:130
La Prensa, Suplemento Bibliográfico, New York. 5:92, 142; 6:97; 7:131
Prentis, E. de. 17:1148
Presa Camino, Fernando de la. 25:4596
Presas, José. 6:4340
Presas, Mario A. 25:5385; 26:2334
Prescott, William Hickling. 10:2594; 12:1905; 14:1900; 25:3107; 28:446a
Presentación, Mendoza. 25:1203
Presley, James. 24:3959; 26:653

Pressoir, Charles Fernand. 13:539, 1159; 19: 5579; 22:5583
Pressoir, Jacques Catts. 9:2128; 13:1158; 16: 1073, 3359; 17:3022; 18:1796; 19:277; 20: 2345; 22:2304
Presta, Salvador. 24:1716
Prestes, Luis Carlos. 25:2743
Prestes, Walter. 6:3652
Prestes Barra, Luis. *See* Barra, Luis Prestes.
Prestes de Menezes, Antônio Justino. *See* Menezes, Antônio Justino Prestes de.
Prestol Castillo, Freddy. 22:1491
Preston, David A. 24:2980, 2983
Preston, Richard S. 19:253
Pretto, Julio C. 8:469; 9:618; 13:410, 411; 14:608; 16:456
Preuss, Karl Theodor. 22:902
Preuss, Konrad Theodor. 2:319; 3:101; 4:179, 198; 5:258
Previsión Social, Santo Domingo. 14:2524
Previtali, Giovanni. 26:1504, 1644; 28:1991
Prévost, Jean. 22:4931
Prewett, Virginia. 8:2834; 10:117; 19:2719, 2880
Priale, Ramiro. 24:3592
Price, Archibald Grenfall. 1:569; 5:1696
Price, Chester A. 8:2385
Price, Edward T. 28:841
Price, Francis. 19:3583
Price, Gabin. 11:2793
Price, Paul H. 16:3378; 18:3207
Price, Richard. 27:1092
Price, Thomas J., Jr. 20:573
Price, W. A. 4:406
Price, Willard. 14:54a; 18:3337
Price-Mars, Jean. 5:1576, 2845; 6:1096; 7: 424; 8:1296; 9:3035; 10:2595; 11:271, 2270, 2437; 14:333, 2139; 15:2577; 17:2657; 18:256; 19:565, 605, 4266; 22:5584; 26: 792, 2148
Price, Waterhouse and Company, *New York.* 24:4890
Prichard, Walter. 3:2418
Prida, Ramón. 23:3310; 26:654
Prida Santacelia, Pablo. 11:2361
Pride, Kitty. 27:1477
Priego de Arjona, Mireya. 3:19a; 9:53
Priegue Romero, F. 12:2108
Priest, Anne M. 27:1478
Priest, Perry N. 27:1478
Priestley, Herbert Ingram. 2:1859; 3:2417, 2922; 4:2543; 5:892, 2147, 6:2931; 7: 2971; 8:2919; 18:1771
Priesto Bances, R. 12:1722a
Prieto, Adolfo. 21:4954; 26:1505; 28:1811
Prieto, Carlos. 21:4227; 27:1780
Prieto, Claudio. 21:3579
Prieto, Eduardo J. 18:3136; 19:5811; 20:4887
Prieto, Emilia. 6:805
Prieto, F. A. J. 2:1384
Prieto, Guillermo. 10:507, 508, 2884; 14:2113
Prieto, Jenaro. 5:3793; 14:2791; 21:4265; 22: 4950
Prieto, Joaquín. 5:2894
Prieto, Juan M. 7:4759; 8:4061
Prieto, Juan Sixto. 21:4735
Prieto, Justo. 3:2548, 2725; 12:2264
Prieto, Luis. 16:437
Prieto, María Carmen. 27:2662
Prieto, Ramón. 26:1112
Prieto, Raúl. 20:3976
Prieto, V. 2:1527a
Prieto Argüello, Jorge. 11:1053
Prieto Bustos, Carlos. 7:5233
Prieto Figueroa, Luis Beltrán. 4:1816; 6:5005; 10:1634; 11:1289; 12:1599; 18:1113; 23: 2815; 25:2859, 3652

Prieto Laureno, Jorge. 7:991
Prieto Matte, José Joaquín. 11:1033
Prieto Posada, Julio. 9:793; 10:651; 11:3208; 17:475a; 28:1879
Prieto Quimper, Salvador. 14:2114
Prieto Urdaneta, José. 22:6115
Prieto-Yeme, Guillermo. 5:2882; 14:2101
Prieur Koelling, Wolfgang. 23:4548
Prilutzlcy Farny de Zinney, Julia. 6:4228; 15: 2375; 24:5448
Primeglio, Carlos Radicati di. 4:4409
Primelles, León. 19:3745; 24:4062
Primer Crucero del Caribe, Guía Económica, La Habana. 7:903a
Primério, Fidelis M. de. 8:3406
Princivalle, Carlos María. 14:2961
Prins, Enrique. 5:681
Prío Socarras, Carlos. 15:2258; 17:1730
Prisco, Francisco. 2:2899
Prisco C., R. di. 19:4762
Pritchett, John Perry. 9:3019
Pritzkoleit, Kurt. 1:586
Pró, Diego F. 10:4528; 12:3465; 18:3086; 22:5849, 5917; 23:5833; 24:1720, 6047, 6083; 25:1204, 4547, 5346, 5390; 26: 2269, 2349, 2357; 28:3351
Pro Bermejo, R. 22:1004
Pró Guardiola, Serafín. 10:4449
Proaño, Ernesto B. 26:1506
Proaño C., Luis A. 8:1017
Prober, Kurt. 7:3590
Problemas Brasileiros, Rio de Janeiro. 11:95
Probst, Juan. 4:2838; 6:3012; 7:3077, 5709; 12:1998
Procaccia, Carlos. 11:723, 1054; 12:735; 13: 445; 14:1077
Procel, F. L. 4:1317
Procope, Bruce. 20:482
Proctor, Jesse H., Jr. 19:3072
Proctor, Samuel. 21:2932
Producción, Caracas. 10:1083; 18:808
Productores de Venezuela. 17:732
Proença, Edgar. 7:4922
Proenca, Manuel Cavalcanti. 10:3133; 19:5284; 20:4345; 23:5559; 24:5740; 25:2406, 4619; 26:2080; 27:2962; 28:2504, 2625
Programa Conjunto de Tributación. *See* Joint Tax Program.
Programa Interamericano de Información Popular. 26:82
Progreso, New York. 27:1782
Pronsato, Domingo. 7:3964; 15:1224; 21:3083; 23:3771
La Propiedad Industrial, Santiago de Chile. 1: 1858
Prorsus, Guayaquil. 9:167
Proskouriakoff, Tatiana. 10:223; 12:135; 13: 122; 16:174; 17:101; 18:64, 113; 19: 155, 163; 20:66, 72, 158; 23:234; 25: 274, 275; 27:244, 365, 366, 415
Prost, Gilbert R. 25:719
Protección Social (Indexes). 9:3606
Proudfoot, Malcolm J. 17:2989
Proudfoot, Mary. 20:5069
Provenzano, Sergio D. 25:5813; 26:1489
Prox, Waldemar. 2:3023
Prudencio, Julio César. 10:1220
Prudencio, Roberto. 3:346; 5:2520, 3701, 3860; 9:4077; 14:1732; 17:2004; 20:2244
Prudencio Bustillo, Ignacio. 12:2472, 2573
Prudencio Clauro, Alfonso. 24:6411
Prud'homme, Emilio. 13:2219
Prufer, Olaf H. 27:245
Pruitt, Fredonia M. 2:641, 1316
Pruneda, Alfonso. 11:2689; 17:2856, 2858
Pruneda, Salvador. 25:1236

Prunell, J. Antonio. 13:2510; 21:4335; 24: 4847
Prunes, Lourenço Mário. 6:4699; 20:2069
Psuty, Norbert P. 27:2761
Ptak, Heinz-Peter. 18:809; 22:2292
Ptyx, Belo Horizonte. 28:2677a
Public Administration Clearing House. 20:2205
Public Administration Service, *Chicago.* **16:1360**
Publicaciones Panamericanas, *México.* 7:32
Publicaciones Periódicas Chilenas. 3:54a
Publications of the Division of Commercial Laws, (Indexes). Washington, D. C. 1:1909
El Publicista de Venezuela, Caracas. 19:3916; 21:3196; 23:3715
Puccia, Enrique H. 28:1127
Pucciarelli, Eugenio. 6:5006; 7:5667; 8:4883; 10:4588, 4605; 11:3888, 3956; 13:2764a; 14:3435; 15:2959; 20:4793; 24:6010; 25: 5347, 5374; 26:2260, 2286, 2358
Puccinelli, D. W. 8:790
Puccinelli, Jorge. 6:4188; 17:3179
Puccini, Mario. 8:2449; 14:850; 22:4924
Pucher de Kroll, Leo. 7:455; 11:297; 17:224
Puebla (State). *Constitution.* 14:1657
Puebla (State). *Laws, statutes, etc.* 12:3016
Puech, Luiz Roberto Rezende. 10:3345
Puelma Fernández, Marcos. 11:1698
Puelma Salinas, Eduardo. 16:2327
Puente, Arturo. 7:5261
Puente, Carlos. 9:3625
Puente, Emilio. 6:2037
Puente, Rafael. A. 27:3531
Puente, Ramón. 4:3078, 3134
Puente Arteaga, Martín. 19:2926, 3073
Puente Candamo, José Agustín de la. 14:2023, 2024; 20:2764, 2764a; 28:994a, 1042a, 1043a
Puente Durán, Carlos de la. 10:118; 24:4387
Puentes, Gabriel Antonio. 10:3007; 23:3772
Puentes, Milton. 8:2731; 25:3551, 3727; 26: 1015
Puento Blanco, Jorge. 25:2120
Puerta, Arturo. 13:555
Puerta, Luis Eduardo. 5:3059, 3632
Puerta, Pedro. 23:508
Puerta Flores, Ismael. 15:2248
Puertas Castro, Néstor. 15:1340
Puerto Rican Danzas. 7:5503
Puerto Rico. Agricultural Experiment Station. 4:1534
Puerto Rico. Annual Report of the Governor. 1: 528
Puerto Rico. Archivo General. 28:824
Puerto Rico. Bureau of Commerce. 14:1029
Puerto Rico. Bureau of Labor. 19:4315
Puerto Rico. Bureau of the Budget. 15:857; 16: 692, 1377; 18:777; 19:2940; 20:5017
Puerto Rico. Bureau of the Budget. Division of Statistics. 20:5017
Puerto Rico. Comisión Editora de la Antología Puertorriqueña. 22:2317
Puerto Rico. Comisión Industrial. 4:1541
Puerto Rico. Commission of Labor. 3:1120; 7: 1158
Puerto Rico. Commission for Reorganization of the Executive Branch of the Government. 15: 1347
Puerto Rico. Committee on Human Resources. 24:2038
Puerto Rico. *Constitution.* 18:1601
Puerto Rico. Departamento de Instrucción. 18: 1106-1109; 19:2085
Puerto Rico. Department of Agriculture and Commerce. 6:1112; 7:1138, 2224; 12:823; 14: 1027, 1028; 16:52t; 17:632; 18:778
Puerto Rico. Department of Education. 16:1062-1064; 17:1020
Puerto Rico. Department of Education. Division of Community Education. 18:1110
Puerto Rico. Department of Finance. 16:693
Puerto Rico. Department of Health. 14:2555
Puerto Rico. Department of the Interior. 12: 1238
Puerto Rico. Department of Labor. Bureau of Labor Statistics. 13:1954; 16:2443, 2458-2460
Puerto Rico. Development Company. 11:1649
Puerto Rico. Division of Commerce. 2:1323; 4: 1536; 6:1099
Puerto Rico. Economic Development Commission. Office of Economic Research. 17:3065
Puerto Rico. Government Development Bank. 15:859
Puerto Rico. Industrial Development Company. 12:826
Puerto Rico. Instituto de Cultura Puertorriqueña. 23:5344; 24:5639; 25:4582
Puerto Rico. Insular Board for Vocational Education. 9:1157a; 16:1065
Puerto Rico. Junta de Planificación, Urbanización y Zonificación. 14:2556; 15:1176; 17: 1359
Puerto Rico. Junta de Salario Mínimo. 9:1158, 1159
Puerto Rico. Land Authority. 12:1344; 16:696
Puerto Rico. *Laws, statutes, etc.* 14:1028; 17: 2095
Puerto Rico. Legislature. 1:1132, 1133; 3:2058a
Puerto Rico Monthly Statistical Report, San Juan. 20:5017
Puerto Rico. Office of Information. 9:2146, 2147
Puerto Rico. Office of the Government in Washington. 14:1668; 17:3151
Puerto Rico. Oficina del Historiador Oficial. 14:1733; 15:1723
Puerto Rico. Planning, Urbanizing and Zoning Board. 11:1648; 12:1347-1349; 14:1424, 1425; 16:698; 17:636
Puerto Rico. Tobacco Institute. 8:1318
Puerto Rico. Treasurer. 17:638; 18:779
Puerto Rico. War Emergency Program. 13:1957
Puerto Rico. Water Resources Authority. 9: 2152, 2153; 11:1651; 12:1355; 13:885; 14: 1427; 16:699; 17:640; 18:780
Puerto Rico Emergency Relief Administration. 2:1440; 6:1348
Puerto Rico Reconstruction Administration. 3: 1128c, 1128d; 6:1108
Pueyrredón, Alfredo. 19:3494
Pueyrredón, Carlos A. 1:908; 2:1962; 8:3220; 10:2845; 19:3849
Pueyrredón, Manuel Alejandro. 13:1612; 26: 1154
Puga, Mario. 7:4760; 18:1807, 3226; 19:472; 20:3977
Puga, Vasco de. 11:2038
Puga Arroyo, Nicolás A. 24:602
Puga Vega, Mariano. 27:2234
Pugh, Richard C. 23:1669
Pugliese, A. Orlando do. 28:3319
Pugliese, Mario. 6:980
Puig, Alberto Andrés. 16:448
Puig, José Pedro. 3:1463
Puig, Manuel María. 12:275
Puig, Pilar. 20:67
Puig, Salvador. 28:2166
Puig Cadena, Fernando. 5:3394
Puig y Casauranc, J. Manuel. 2:1972, 2110; 4: 3079
Puigbó, Rapul. 21:3515
Puigforçat, Jean E. 8:836

Puiggari Coutinho, H. *See* Coutinho, H. Puiggari.
Puiggrós, Rodolfo. 6:3013, 3105, 3414; 7: 3261; 8:3221; 10:3008; 11:1954, 2488; 12: 3466; 20:2228, 22:2639
Puissesseau, René. 22:6161
Pujades, Pablo. 27:3203
Pujals de Quesada, Ernesto. 1:1581; 3:3719
Pujol, Alfredo. 4:4183
Pujol, Guillermo Alonso. 7:2637; 8:2748
Pujol, Héctor Atilio. 27:3128
Pulgar Vidal, Javier. 3:3427; 5:2597; 6:2442; 7:2331, 2332; 9:562, 2275; 11:1088
Pulido, Esperanza. 23:5737
Pulido, Obdulio. 3:1224; 5:1143
Pulido Islas, Alfonso. 5:893; 7:980; 15:816
Pulido Méndez, M. A. 3:2100; 5:1555
Pulido Rubio, José. 16:1504
Pulido Villafañe, Antonio. 10:4099
Pultera, Raúl, h. 20:3843
Pulver, Mary M. 28:78a
Puma Wari, Kuntur. 8:2084
Punaro Bley, João. *See* Bley, João Punaro.
Punceles, Carlos Antonio. 11:893
Punt, K. 25:798
Puntos de Vista, Washington, D. C. 6:207
Punturo, José F. 15:658
Punzi, Orlando Mario. 19:2525
Pupiales, Mateo de. 20:710a
Pupo, J. Vaz. 22:4656
Pupo Nogueira, Maria José Morais. *See* Nogueira, Maria José Morais Pupo.
Pupo Nogueira, O. *See* Nogueira, O. Pupo.
Purcell, Anita. 28:641a
Purcell, William L. 28:641a
Purizaga, Medardo. 28:1042a; 1043
Pusch, Roberto. 1:607
Putnam, Herbert Everett. 2:2312
Putnam, Samuel. 1:2179, 2180; 2:2900; 3: 3520; 4:4184; 5:3946a, 3947-3949; 6: 4342, 4343; 7:2575, 4840; 8:4174a, 4247-4248a; 9:4124, 4192, 4193; 10:3815; 11: 3391, 3404; 12:2801; 13:2268, 2308-2310; 14:2998, 3027; 15:2458, 2510; 16: 2037; 20:4905
Putzer, Hannfrit. 18:1428, 1429
Puyo Delgado, Carlos. 10:3216, 3254
Py, Aurélio da Silva. 8:3606
Py, Fernando. 26:2059
Pye, Norman. 7:2093; 8:1043
Pyke, Joseph. 2:489
Pyre, A. 10:2011

Quadros, Jânio da Silva. 24:3492; 25:2744
Quadros França, José. *See* França, José Quadros.
Quagliata, Pascual. 14:3235; 19:5510
Quaine, Buell. 19:779
Quarantino, Pascual. 7:5442
Quarello, Maria. 5:3982
Quarracino, Antonio. 21:4796
Quarry, John. 21:5017
Quarterly Digest of Statistics, Kingston. 20: 5011
Quarterly Economic Report, Trinidad. 20:5018
Quate, Graham S. 11:809; 12:1295
Quattrochi, Nico. 16:1306
Quebracho, *pseud*. *See* Justo, Liborio.
Quecedo, Francisco. 1:879
Queirós, Eunápio. 15:1276
Queirós, Francisco de. 13:1774
Queirós Matoso, Rachel de. *See* Matoso, Rachel de Queirós.
Queirós Santos, Isa. *See* Santos, Isa Queirós.
Queiroz, Amadeu de. 3:1506, 1654; 9:4259; 11: 3414; 21:4365; 28:2534
Queiroz, Amaro Xisto de. 20:4825
Queiroz, Carlos. 6:4344
Queiroz, Carlota. 3:1389
Queiroz, Dinah Silveira de. 5:3988; 7:4972, 4973; 8:4381; 15:2536; 16:2850; 19:5324; 21:4366; 24:5765
Queiroz, Edmur de Sousa. 8:3526
Queiroz, José Maria Eça de. *See* Eça de Queiroz, José Maria.
Queiroz, Maria Isaura Pereira de. 16:3379, 3380; 21:3275; 23:763, 6000; 24:4529; 27: 1239; 28:1386
Queiroz, Maurício Vinhas de. 13:1759
Queiroz, Octávio de. 22:4640
Queiroz, Rachel de. 3:3553; 5:3983; 6:4427; 8:4352, 4371, 4437; 9:4260, 10:3933; 14: 3028; 19:5356; 21:4330; 22:5555; 24: 6406; 26:2001; 28:2535
Queiroz, Walflan de. 27:2060
Queiroz, Wenceslau de. 16:2851; 28:2627
Queiroz Carneiro de Mendonça, Anna Amelia. *See* Anna Amelia.
Queiroz de Moraes, Flávio. *See* Moraes, Flávio Queiroz de.
Queiroz de Morais, Jorge. *See* Morais, Jorge Queiroz de.
Queiroz Júnior, José. 21:3332
Queiroz Lima, Esperidão de. *See* Lima, Esperidão de Queiroz.
Queiroz Lima, Euzebio de. *See* Lima, Euzebio de Queiroz.
Queiroz Neto, José Pereira de. 27:2910
Queiroz Oliveira, Alfredo. *See* Oliveira, Alfredo Queiroz.
Queiroz Sambaquy, Lydia de. *See* Sambaquy, Lydia de Queiroz.
Queiroz Telles Júnior, Adalberto de. *See* Telles Júnior, Adalberto de Queiroz.
Queiroz Vieira, A. de. *See* Vieira, A. de Queiroz.
Quelce-Salgado, Antônio. 22:968; 24:1510, 1511; 25:751, 756-758, 773
Quelle, Otto. 1:14, 880; 2:9, 1691, 1773; 3: 20, 55, 2420; 4:26, 2865a, 3425, 3836; 5:2309, 2424; 6:3056
Quello, J. I. 28:818a
Quénard, Gervais. 16:47
Quental, Antero de. 8:4249, 4343
Qüenza, Samuel Eduardo. 27:2475
Querino, Manoel. 4:1877; 12:2861; 19:2296; 23:5717
Querino Ribeiro, José *See* Ribeiro, José Querino.
Querol, Miguel. 22:5706
Querol y Roso, Luis. 1:788
Queros, Aidil Macedo de. 23:2428
Quesada, Aleiandro. 18:988; 20:2042
Quesada, Héctor C. 2:1892, 1940; 4:2894a, 3001, 3015; 7:3467; 10:2846; 14:2428
Quesada, Ignacio. 1:881, 882; 2:1881
Quesada, José. 9:4865, 4866
Quesada, Julio A. 1:1794
Quesada, Manuel A. 8:1171
Quesada, Napoleón. 2:2609; 3:3201
Quesada, Vicente Gregorio. 8:3279; 19:3459
Quesada Brandí, M. 25:5238
Quesada Picado, Máximo. 5:2072, 4101; 7:2624
Quesada Torres, Salvador. 24:5244
Quesada y Miranda, Gonzalo de. 4:3106; 5: 2825, 2826; 6:3275, 3907, 3922; 9:3801; 13:31; 14:2047; 17:1731; 28:787
Quesada Zapiola, Carlos A. 14:2173; 22:6415
Quessava, Saul. 25:4747
Questa de Marelli, Italia. 9:5010
Questel, Adrien. 18:321

Quevedo, Antonio. 10:4450; 11:2732
Quevedo, Casiano V. 16:1188; 19:2526
Quevedo, Lâzaro Oscar. 10:1601
Quevedo, Numa. 7:2755; 17:1369
Quevedo, Raymond. 9:4663
Quevedo A., Sergio A. 7:601; 8:470; 9:605, 606; 11:438; 12:533-536; 15:512; 16:465
Quevedo G., Leandro Miguel. 15:2141
Quigg, Philip W. 27:3129
Quijada, José Lino. 25:3777
Quijada, Ramón. 27:2108
Quijada C., Laura. 3:1406
Quijada Jara, Sergio. 9:1856, 1919, 1986, 2013; 10:1673, 1674, 1693; 11:1436
Quijano, Alejandro. 16:3190
Quijano, Arturo. 1:1444; 2:2525, 2991
Quijano, Carlos. 10:1322, 16:2310
Quijano, Luis Ayram. 1:1413
Quijano, Manuel de Jesús. 6:2700, 9:2532
Quijano Otero, José M. 2:2722; 3:2507
Quijano Quesada, Alberto. 7:3304
Quiles, Ismael. 6:5064; 8:4893, 4922; 9:4959; 10:4529, 4574; 14:3437, 3465; 15:2901, 2956; 16:3282; 18:3049, 3087, 3099, 3127, 3128; 19:5716; 20:4758, 4848. 4873a, 4873b; 24:6107; 26:2361
Quilici, Laura. 25:5714
Quilmes. Intendencia Municipal. 7:2520
Quimper, José María. 14:2210
Quiñe Arista, Luis. 5:2171; 14:3163
Quingley, Carroll. 20:411
Quinn, David B. 18:1772, 1796a
Quinn, L. R. 27:2962a
Quinn, Vernon. 7:2073; 9:2065
Quiñoes, Francisco Mariano. 21:2964; 22:3282
Quiñones, Horacio. 8:672; 10:677, 678, 680, 692, 693; 11:648-650; 28:1751
Quinoñes, Samuel R. 2:2784
Quiñones A., Alfredo. 7:5469
Quiñones Neira, Rafael. 6:4571
Quiñones Pardo, Octavio. 2:2610; 3:1507; 12:3393
Quiñónez A., J. Tomás. 5:2120
Quintal M., Fidelio. 25:2078
Quintana, Antonio. 26:1738
Quintana, Carlos. 11:783; 25:1572
Quintana, Jorge. 18:1668; 19:3746; 20:2346; 21:2933; 25:4086; 28:787a, 792a
Quintana, José Miguel. 5:2425; 2456; 6:2873; 10:51, 918, 2596; 11:3681; 12:2381; 13:1288, 23:3311; 24:1656
Quintana, José Miguel, Jr. 24:882
Quintana, M. J. 9:2975
Quintana, Mário de Miranda. 6:4407; 12:2927; 14:3029; 25:4723
Quintana, Miguel A. 3:1025; 10:2428; 12:1637; 24:2151
Quintana, Raúl. 2:2516, 2769
Quintana, Roberto. 22:1497
Quintana Augspurg, Guillermo. 16:466
Quintana Aylwin, A. 5:1884
Quintana Ferreyra, Francisco. 10:4147
Quintana González, Octavio. 16:2763
Quintana Méndez, Francisco. 8:3810
Quintana y Díaz, Julio. 2:1172
Quintanilha, Dirceu, 20:4415; 23:5488; 24:5793; 28:2628
Quintanilla, Antonio. de. 21:3117
Quintanilla, Luis. 8:1018; 9:168, 13:1794; 18:2209; 19:5800; 25:2829; 27:3503; 28:699
Quintanilla Meza, Carlos Humberto. 26:158a, 503
Quintão, Manuel. 8:4250
Quintas, Amaro Soares. 15:1880; 16:2182; 19:4075; 23:3963; 24:4530, 4531
Quintela, Gloria. 9:1776

Quintela Vaz de Melo, José. See Melo, José Quintela Vaz de.
Quintero, César A. 18:1545
Quintero, J. Humberto. 19:5091
Quintero, Rodolfo. 27:4054
Quintero, Rubén Alfonso. 23:3406
Quintero, Vicente P. 5:4465; 8:4949; 9:4996; 11:3946; 14:3487; 15:2957; 20:4885b
Quintero García, José. 7:4421
Quintero Muro, Gonzalo. 10:4135
Quintero Ospina, Tiberio. 23:4608
Quintero Rivera, Nazario. 20:1551
Quinteros, Federico D. 12:3097; 19:5497
Quinteros, José S. 5:3395
Quinteros Delgado, Juan Carlos. 8:1505; 11:3083; 16:2586
Quinteros Tricot, Carlos. 7:4191
Quintiliano, Aylton. 25:4680
Quintiliano A. Marques, J. See Marques, J. Quintiliano A.
Quintino dos Santos, Benedito. See Santos, Benedito Quintino dos.
Quintus Bosz, A. J. A. 24:3558; 26:807d
Quinzalov, R. 24:262, 1624
Quinzio de Giacomo, Camilo. 17:1791
Quinzio Figueiredo, Jorge Mario. 9:2671
Quirarte, Clotilde Evelia. 5:3587; 24:3761; 25:673
Quiring, Daniel P. 12:500
Quiring, Walter. 2:2252
Quirino dos Santos, Benedicta. See Santos, Benedicta Quirino dos.
Quirino Marchini, Marina Stella. See Marchini, Marina Stella Quirino.
Quirino Ribeiro, J. See Ribeiro, J. Quirino.
Quirino Simões, Carlos. See Simões, Carlos Quirino.
Quirk, Robert E. 19:3183, 3644; 20:2853; 23:3312, 3313; 26:655
Quiroga, Augusto. 11:3489
Quiroga, Carlos Buenaventura. 8:4024; 19:4929; 25:3653
Quiroga, Daniel. 22:5742; 24:5941; 25:5222; 5224
Quiroga, Germán. 2:2901
Quiroga, Horacio. 1:2068; 6:4171, 4172; 9:3924, 3967, 11:3262-3264; 16:2579, 2587, 2681; 17:2432; 23:5056, 5065; 24:5301
Quiroga, Juan. 6:1601
Quiroga, Juan Facundo. 23:3737; 25:3583
Quiroga, Oscar. 5:1368, 1885; 8:1736; 9:1521
Quiroga, Vasco de. 6:2874; 17:2944
Quiroga C., Alfredo. 25:809
Quiroga Santa Cruz, Marcelo. 27:3237
Quiroga Vargas, María. 23:5151
Quirós, Carlos Bernaldo de. 8:1610, 2030
Quirós, César. 19:5439
Quirós, José María. 15:1440
Quirós, Josefina. 24:3960
Quirós, Juan. 28:2088
Quirós, Juan Bernaldo de. 9:2671a, 3570; 10:3425; 11:2758
Quirós A., Ernesto. 6:3244
Quirós Amador, Tulia. 14:1372; 22:2274
Quirós Mouzo, Sergio. 8:4025
Quiroz, Alberto. 11:3211; 16:2649
Quiroz Cuarón, Alfonso. 21:4935
Quito. Archivo Municipal. 13:1389
Quito. (Cabildo.) 3:2280; 7:3031; 20:2756; 25:3497
Quito. Junta Central de Asistencia Pública. 14:2528
Quito. Obras Públicas Municipales. 23:2605
Quito. (Real Audiencia.) 5:2471

Rabanal Mariñas, Nicolás. 25:395
Rabanales Ortiz, Ambrosio. 16:2499; 19:4539b; 20:3669; 22:4337; 26:1367
Rabasa, Emilio. 19:4763; 20:4504, 4505
Rabasa, Oscar. 4:3637; 6:3790; 10:3959
Rabassa, Gregory. 25:4206; 26:1921-1923
Rabaut, Louis C. 8:135
Rabelais, François. 2:2975
Rabello, Ophelina. 27:4248
Rabelo, Juan Antonio. 12:1875
Rabelo, Laurindo José da Silva. 14:3090; 28:2629
Rabelo, Maróquinha Jacobina. 7:4923
Rabelo, Sílvio. 3:1390, 1391; 4:1758; 5:3950; 7:3675, 4924-4926, 5649; 13:2269; 14:3030
Rabí Ch., Miguel. 23:4269
Rabinal Achi. 23:4724
Rabines, Eudocio. 4:3587
Rabino, Luis L. 27:2838a
Rabinovich, Marcos. 4:4367; 7:5318; 8:4641; 12:3036; 21:4545
Rabinovitz, Bernardo. 21:3084
Rabinowitch, Eugene. 27:3435
Rabotnikof, Abraham. 5:4127
Rabuffetti, Luis Ernesto. 9:2406
Racciatti, Hernán. 19:5498
Race, R. R. 22:959
Racedo, Eduardo. 6:3415
Rache, Pedro. 13:1760; 14:2346; 20:3288
Rachitoff Infantas, Luis. 27:3532
Rachmanova, Alia. 6:4459
Racioppi, Vicente de Andrade. 6:3610
Racz, André. 16:2720
Radaelli, Sigfrido Augusto. 1:1614; 3:2189f; 5:144, 3000; 13:1613, 2394; 14:3303; 19:3183a; 20:2794; 23:4835; 24:4241
Radbruch, Gustav. 20:4889a
Radesca, Edgard. 11:2810
Radford, Luis N. 28:1911a
Radhakrishnan, Sarvepalli, 20:4889b
Radicati di Primeglio, Carlo. 5:2623; 10:2487; 16:404
Radice, Domingo V. 14:3305
Radiguet, Max. 20:5051
Radin, Paul. 1:43, 158; 4:3788; 5:2682a, 3601, 3702-3704; 6:2777, 3901; 8:156; 9:1876; 10:260, 1675; 12:235, 2382
Radio Corporation of America. RCA Victor Division. 9:4721
Radiocarbon, New Haven. 27:367
Radler, Don H. 25:2659
Radoszkowiez, Samuel. 21:3591
Radvanyi, Laszlo, 18:989, 990, 3175, 3266
Raeders, Georges. 1:1363; 4:3492; 10:3172, 15:1816; 24:4434; 26:71; 28:1318
Rael, Juan Bautista. 3:1508; 5:3510; 6:2098, 2139, 4951; 8:2052; 17:2862, 18:2358
Ráez Patiño, Sara. 14:1734; 20:3074
Rafael, Forte. 19:2297
Raffaini, Ricardo F. 14:3109
Raffo, José María. 17:1131
Raffo, Matilde Josefina. 15:429
Raffo de la Reta, Julio César. 1:985, 986; 2:2065; 4:1727; 7:3262, 3468, 3469; 14:2071; 17:1776
Raffo Magnasco, Benito R. 17:2895; 22:5850; 24:6048
Ragatz, Lowell Joseph. 2:2296; 7:2879; 15:1453; 17:3100
Raggi Ageo, Armando M. 1:1643; 4:4445
Raggi Ageo, Carlos Manuel. 1:1693; 6:1070a; 7:3833; 10:3412, 3413, 3416; 16:3360; 20:3581
Raggio, Amalia Haydée. 9:5005; 15:2933

Raggio, Andrés R. 24:6067, 6101; 25:5402; 26:2359
Raggio, Constanza. 3:2057, 2058, 2730a, 2730b
Ragonese, Arturo E. 7:2279
Ragucci, Rodolfo M. 6:3869; 7:4473; 13:2013; 14:2599; 15:2142; 16:2500; 17:2256; 22:4338; 23:4466; 26:1368
Rahal, Vincente. 22:3539
Rai, Lajpat. 27:1783a
Raimondi, Antonio. 5:1369, 1886; 8:2501, 2502; 9:2276; 11:1729; 14:1507
Raimundo, Ángelo. 24:5766
Raimundo, Jacques. 2:307
Raine, Alice. 13:1562
Raine, Philip. 20:2037, 2286
Raineri, Mario Andrés. 24:4341
Rainey, A. 8:814
Rainey, Froelich G. 1:78; 2:68; 7:341, 351a; 12:1411; 16:119; 23:153
Raisbeck, James Wallace, Jr. 4:1569; 5:4117; 6:4638; 19:5469; 24:4891
Raisz, Erwin. 15:1166; 27:2101, 2805
Raitani, Francisco. 9:4465; 14:3270; 21:4572
Raitzin, Alejandro. 1:1531
Raizman, Isaac Z. 3:2786
Raja Gabaglia, A. C. *See* Gabaglia, A. C. Raja.
Raja Gabaglia, Laurita Pessôa. *See* Gabaglia, Laurita Pessôa Raja.
Rajkay, Ladislao I. 22:1011
Rak, Mary Kidder. 4:3694
Raleigh, William A., Jr. 8:1019
Ralph, Elizabeth K. 24:223
Raluy Poudevida, Antonio. 17:2470
Rama, Ángel. 17:2410, 2447; 26:1690
Rama, Carlos M. 21:4906; 22:2710, 6011, 6046; 24:6315, 6316; 25:3306; 27:4179-4181
Rama, Germán W. 27:3543
Ramalhete, Clovis. 6:4345, 4383; 7:4974, 5086; 8:4251
Ramalhete Maia, Ulisses. *See* Maia, Ulisses Ramalhete.
Ramalho, Joaquim. 10:2202
Ramalho, Ortigão. 9:4261
Ramallo, Carlos M. 3:972
Ramallo, Jorge María. 28:1017, 1129
Ramán, Justo. 3:1590
Ramayón, Eduardo E. 5:3001, 3118; 7:3470
Rambo, Balduino. 3:2769; 9:2324; 12:425; 17:1197, 1198; 18:1525
Ramella, César L. 8:1932
Ramella, Pablo A. 5:4096; 7:1895; 12:1519; 27:3130
Ramelli, Eda. 16:1505
Ramia, Mauricio. 24:2912
Ramírez, Adelso A. 23:2486
Ramírez, Alfonso Francisco. 6:3945; 8:2786; 12:1520; 15:126; 16:1804; 22:6134
Ramírez, Amadeo. 3:3703
Ramírez, Arbelio. 28:1030
Ramírez, Arturo. 5:4283
Ramírez, B. J. 1:1562
Ramírez, Carlos. 7:5480
Ramírez, Carlos María. 28:125
Ramírez, Esteban. 20:2542a, 2543
Ramírez, Félix C. 20:159; 21:55, 694
Ramírez, G. M. 6:2691
Ramírez, Gregorio José. 6:3123
Ramírez, Guadalupe. 9:1857
Ramírez, H. 1:1740
Ramírez, Hugo. 17:2641; 25:2194
Ramírez, Ignacio. 10:507, 508, 2885
Ramírez, Jesús Emilio. 10:1993; 14:1385; 17:1093; 21:3139; 23:2487
Ramírez, José. 11:784
Ramírez, José Ch. 8:1108; 14:1030

Ramírez, José Fernando. 10:2554, 3544; 12: 192a; 13:1338; 15:1479, 1480; 16:1573, 1805; 23:962
Ramírez, José G. 6:4841
Ramírez, Juan Isidro. 8:2450; 25:2840
Ramírez, Juan Vicente. 23:5813
Ramírez, Luis G. 28:641b
Ramírez, Manuel. 23:4257
Ramírez, Manuel D. 5:3511
Ramírez, Mariano. 25:2093
Ramírez, Mariano H. 1:211
Ramírez, Mirava. 26:1606
Ramírez, Noel. 4:1650
Ramírez, Pedro Pascual. 4:3753
Ramírez, R. 27:1093
Ramírez, Rafael. 3:1456; 4:1802; 7:1877, 1878, 1892; 8:1976; 11:1315; 14:1287
Ramírez, Rafael M. 21:4546; 25:4118
Ramírez, S. C. 2:1963
Ramírez, Tulio. 4:1785
Ramírez Arriaga, Manuel. 12:2021; 16:1806; 22:3042; 28:642, 642a
Ramírez Baraona, Guillermo. 4:1105
Ramírez Baraona, Jorge. 5:1291
Ramírez Bonilla, Blanca Gloria. 20:1552
Ramírez Brown, Gerónimo. 2:1529; 3:2991; 4:2415
Ramírez Bustamante, Mariano. 5:1424a
Ramírez C., Camilo. 10:1994
Ramírez Cabañas, Joaquín. 2:490, 2111; 5:2370; 6:2889, 2940; 7:4474; 8:3022; 9:2827, 3165, 3939; 10:498, 2597, 2642; 11:471, 2032; 16:2522; 19:4650; 27:867
Ramírez Castillo, S. 2:1216
Ramírez Cid, Alejandro. 25:4410
Ramírez Corría, Filiberto. 19:3184; 20:2578; 21:2620; 23:3407
Ramírez de Aguilar, Alberto. 23:5002
Ramírez de Arellano, Rafael W. 2:1861a; 16:1448
Ramírez de Rossiello, Mercedes. 23:5056; 24:5301
Ramírez Dueñas, Violeta. 14:2530
Ramírez España, Guillermo. 13:2054
Ramírez Estrada, Rigoberto G. 3:1982
Ramírez Fentanes, Luis. 28:643
Ramírez Figueroa, Augusto. 3:2202
Ramírez Flores, José. 16:2523; 17:102, 1534; 19:3348; 24:685, 3824
Ramírez Garrido, José Domingo. 12:2359
Ramírez Gastón, J. M. 5:823a
Ramírez Gómez, Damián. 22:3547
Ramírez Gómez, Ramón. 14:2550, 18:991-994; 19:1907; 27:1912
Ramírez Gronda, Juan D. 4:1014; 6:1463; 8:4642; 11:2775, 2776; 12:3258
Ramírez Gutiérrez, José N. 17:1691
Ramírez Juárez, Evaristo. 4:3196; 6:3525; 9:2949; 11:2488a; 13:1678
Ramírez Lavoignet, David. 23:3177; 25:672, 674; 26:490
Ramírez López, Ignacio. 13:744; 16:1678
Ramírez M., José. 14:2962
Ramírez MacGregor, C. 6:1267, 4671
Ramírez Moreno, Augusto. 1:2069; 3:1918; 10:4122
Ramírez Necochea, Hernán. 17:1792; 21:3516; 24:4134; 25:3696, 3697; 27:3355
Ramírez Nova, Ezequiel. 20:3431; 22:4019; 23:2816; 24:3593; 27:3131, 3131a
Ramírez Olivella, Gustavo. 5:4143; 9:4496; 11:3504; 13:2463
Ramírez Otárola, Jorge. 2:879; 3:946, 2055; 6:1602; 7:4367; 8:3852, 3855
Ramírez-Peralta, José. 10:4374
Ramírez Plancarte, Francisco. 6:3318a; 14:2115

Ramírez Ríos, Juan. 8:2047
Ramírez Romero, Guillermo. 10:1995
Ramírez S., Marco Antonio. 12:743
Ramírez Salinas, Carlos. 8:3320
Ramírez Sánchez, Alfredo. 20:4538
Ramírez Santos, R. 6:1346
Ramírez Solano, Ernesto. 21:1489
Ramírez Tapia, Francisco. 17:926
Ramírez Vásquez, Miguel. 15:2093
Ramírez Vásquez, Pedro. 25:2079; 27:253a
Ramírez Velarde, Fernando. 19:4930
Ramírez y Astier, Aniceto. 20:3844
Ramírez y Fernández Fontecha, Antonio Abad. 4:3674
Ramírez y Ramírez, Enrique. 7:4294
Ramis, Cesáreo E. 5:4396
Ramiz, Galvao, B. F. See Galvão, B. F. Ramiz.
Ramm Domán, Roberto. 6:1395
Rammow, Helga. 27:820
Ramón, Domingo. 17:1541; 22:2943
Ramón, Gonzalo. 23:5003
Ramón, Juan Armando de. 26:882
Ramón, Justo. 10:1996; 13:823
Ramón Folch, José Armando de. 19:3475; 23:3671; 24:4135-4137
Ramón Guerra, Alfredo U. 16:457, 458
Ramón Llige, Herminia. 19:1927
Ramón Silva, Antonio. 1:789
Ramón y Rivera, Luis Felipe. 12:3433; 13:2671; 14:3394; 3408; 15:475; 16:3198, 3219; 19:5653; 21:4743; 22:5326; 23:5709, 5743, 5744; 24:5951; 25:5250; 26:2246, 2250, 2252; 27:1365, 1370a, 1379a; 28:2089, 3139-3142
Ramos, Alberto. 2:2902
Ramos, Alberto Guerreiro. 15:2043; 16:2360, 3385, 3390; 17:2990, 3028; 19:6056; 22:6012; 25:2745; 27:3296, 3296a, 4250
Ramos, Antonio. 28:1204
Ramos, Argeu. 7:695, 5082
Ramos, Arlindo Vieira. 9:2446
Ramos, Arthur. 1:1315; 2:308; 3:20a, 311, 321, 322, 3521, 3750; 4:13, 1837a, 1883; 3373-3376, 4185; 5:1503, 1504, 2006; 6:522, 2074; 7:1823, 1937, 3754; 8:389a; 9:491; 10:152, 158, 388, 1787, 1788; 11:93; 13:327, 328; 15:445, 446, 528; 17:354; 20:565
Ramos, Bautista Juan. 19:4931
Ramos, Belisario Vieira. 7:3591
Ramos, Dinoran. 9:3940
Ramos, Duilio. 5:3226
Ramos, Eládio dos Santos. 12:2211, 2212
Ramos, Floriano Augusto. 9:2447
Ramos, Frederico José da Silva. 12:2802; 15:2551, 2557; 18:2792; 21:4397; 23:5504
Ramos, Godolphim Tôrres. 6:1846
Ramos, Graciliano. 2:2942; 4:663, 4240, 4241; 5:4048; 7:1938, 4926a, 4975, 8:2031, 2048, 2085; 10:3887, 3918; 11:3392; 12:2862, 2900, 2901; 13:2329-2332; 19:5285, 5286; 22:5556; 25:4681, 4682, 4748; 26:2114, 2115; 28:2536
Ramos, Gustavo Cordeiro. 5:2310
Ramos, Ignacio. 9:2277
Ramos, J. B. 1:1170
Ramos, J. R. de Andrade. 20:2073; 24:3014; 27:2899
Ramos, Jairo. 27:2642c
Ramos, Jorge Abelardo. 15:1908; 19:2869, 4764; 23:3773; 24:3484; 25:3654; 28:1130
Ramos, José Antonio. 1:2010; 2:2649; 6:4808; 10:4338
Ramos, José Maria da Silva. 26:2061; 28:2630

Ramos, Juan P. 3:3613, 3745; 5:4206; 6: 3525a; 8:2000; 22:4617
Ramos, Julião Barroso. 15:740
Ramos, Luis María. 6:1126
Ramos, Margaret M. 15:2143
Ramos, María. 28:2537
Ramos, Mário de Andrade. 4:732; 6:1767; 11:1156
Ramos, Miguel Ángel. 5:543; 9:7; 13:1563; 21:2325
Ramos, Miguel S. 25:3307
Ramos, Nerêu de Oliveira. 2:1481; 3:1886; 4:2295
Ramos, Norah. 22:3503
Ramos, Paulo Martins de Sousa. 5:2012
Ramos, Péricles Eugênio da Silva. 23:5441, 5504, 5535; 24:5733, 5794; 26:2036a, 2068; 28:2631
Ramos, Pierre de. 12:2574
Ramos, Plínio de Abreu. 25:2746
Ramos, R. Antônio. 8:3348; 9:3327; 17:1939; 23:3803; 24:3507; 25:3797
Ramos, Ricardo. 21:4367, 4368; 24:5767; 28:2494, 2538
Ramos, Roberto. 1:1003; 6:153, 2875, 3319; 15:33; 16:1574; 20:2854; 22:2910; 23:3138, 3314; 24:3795, 3961; 28:80a
Ramos, Rutilio. 27:3504
Ramos, Samuel. 5:4414; 6:5007; 7:5650; 8:183, 791, 3008; 9:3900, 4443, 4912; 10:4508; 11:3865; 12:3467, 3468, 3492; 14:834, 3438; 15:2879, 2944; 16:3308; 18:505, 3088; 20:50, 4874; 21:4797; 22:1144, 5802; 23:5863; 25:5348; 26:656; 28:3227, 3254, 3333
Ramos, Saulo. 19:5347
Ramos, Sebastián. 7:2643
Ramos B., J. 11:1399
Ramos Cabrejo, Gerardo. 16:1731
Ramos Camacho, Max. 22:3275
Ramos Carvalho, Laerte. See Carvalho, Laerte Ramos.
Ramos Casellas, Ramón. 5:1023; 7:1149
Ramos Catalina y de Bardaxi, María Luisa. 22:2954
Ramos Chao, Enriqueta. 24:675
Ramos Costa, Eudoro. See Costa, Eudoro Ramos.
Ramos Dávila, Rogelio. 5:2148
Ramos de Andrade, Ricardina. 23:1293
Ramos de Arizpe, Miguel. 16:1575
Ramos de Freitas, Norma. See Freitas, Norma Ramos de.
Ramos Elorduy, Alberto. 1:1651
Ramos Espinosa, Alfredo. 8:1148, 2193; 9:1941; 10:187, 1745, 1789, 1821; 12:186
Ramos G., M. Miguel. 9:236
Ramos Giménez, Leopoldo. 2:2297; 14:1474, 2174
Ramos González, Sebastián. 12:1155
Ramos Hidalgo, Nicolás. 2:1941; 4:2959; 5:1740, 2548, 3060; 10:1997
Ramos Llompart, Arturo. 14:2880
Ramos Malzarraga, Javier. 7:4295
Ramos Mejía, Enrique. 13:2518
Ramos Mejía, Héctor G. 11:2489; 15:1661
Ramos Mejía, José M. 18:3267; 24:4287
Ramos Mejía, María Elena. 19:4932
Ramos Mexía, Ezequiel. 3:2743
Ramos Meza, Ernesto. 23:146; 24:219; 28:1865
Ramos-Oliveira, Antonio. 19:5830
Ramos Pedrueza, Rafael. 2:1862; 3:2467
Ramos Pérez, Demetrio. 10:2741, 2753; 12:1890a; 13:1223; 18:1894, 1914; 20:2729; 21:2707; 23:3633-3635; 25:3070, 3475, 3476; 26:387, 823d, 824, 947, 948; 28:447, 473, 861g, 880a, 894, 949a, 960, 1017a, 1752
Ramos Poyares, Walter. See Poyares, Walter Ramos.
Ramos y Aguirre, José Antonio. 9:4638
Ramos y Duarte, Félix. 17:273
Ramos y Ortega, Patricio. 11:2438
Ramos y Ramos, Mario H. 24:4305
Rampa, Alfredo C. 22:308
Rampersad, Frank. 27:2030
Rampone, Alberto. 17:426
Ramsdell, Charles. 6:3120
Ramsen Schortt, John. 26:2220
Ramsey, L. G. G. 20:916
Ramsperger, Albert. G. 12:3563
Rand McNally and Company. 24:2834, 2846, 2857, 2861, 2870, 2876, 2902, 2906, 2913; 27:2744, 2762, 2789
Randall, Harold M. 10:1180
Randall, John J., Jr. 18:3142
Randall, Laura. 25:1529
Rands, Barbara C. 21:95; 23:205; 25:230
Rands, Robert L. 19:81, 82; 20:68; 21:95; 23:205; 24:283; 25:230; 27:368
Rangel, Alberto. 1:1364; 3:2787, 3521a; 5:3426; 8:900; 9:4194; 11:2629
Rangel, Domingo Alberto. 13:1114; 22:1517; 24:3605; 27:2109
Rangel, Flávio. 26:2076
Rangel Galindo, Aparicio. 10:1998, 1999; 15:1163; 19:2437
Rangel, Godofredo. See Rangel, José Godofredo de Moura.
Rangel, Inácio. 23:1942
Rangel, José. 6:3653, 4346
Rangel, José Godofredo de Moura. 5:4474; 6:4428, 4440; 8:4350, 4390, 4441; 9:4339, 4347; 10:3888; 20:4382, 4383
Rangel, Leyla Castello Branco. 27:3866
Rangel, Rafael. 5:2158
Rangel, Wellman Galvão de Franca. 20:1791
Rangel Bandeira, Antônio. See Bandeira, Antônio Rangel.
Rangel Couto, Hugo. 5:1966; 8:1149; 9:1091
Rangel de Almeida, José. See Almeida, José Rangel de.
Rangel de Macedo Soares, Julião. See Soares, Julião Rangel de Macedo.
Rangel Gaspar, Eliseo. 26:567; 28:643a, 699a
Rangel Moreira, Rodolfo Maria de. See Moreira, Rodolfo Maria de Rangel.
Rangel Pava, Gnecco. 15:2846
Rangel Pôrto, Sérgio Marcos. See Pôrto, Sérgio Marcos Rangel.
Rangel Tôrres Bandeira, Geraldo. See Bandeira, Geraldo Rangel Tôrres.
Rankin, Niall. 17:1168
Ranney, Helen M. 27:1555
Ransom, Helen M. 19:4540; 20:3670, 3671
Ransome, William R. 5:1754
Ranzani, G. 27:2963
Rao, T. S. 25:1573
Rao, Vicente. 27:3693
Raoux, Y. 27:608
Rapela, Diego E. 23:5004
Rapoport, Juan. 18:2861
Rapoport, Nicolás. 20:4228; 24:4288
Raposo, Ben-Hur. 4:800; 20:4929
Raposo, C. A. Sarandy. 1:1800; 3:591; 4:766
Raposo, Inácio. 3:3554; 9:1868, 4262, 4394; 10:2203
Raposo Fontenelle, L. F. See Fontenelle, L. F. Raposo.
Raposo Morales, Aníbal. 1:987
Rasmussen, Wayne David. 7:2422; 8:79; 9:81, 1022, 1216; 13:1664

Raspail, Jean. 19:816
Ratcliff, Dillwyn R. 3:3202; 5:3705; 24:5734; 26:2079
Ratekin, Mervyn. 19:3392a
Ratisbonna, Leandro. 7:2365, 2366; 8:2540; 11:1548; 25:2286, 2414
Ratti, Horacio Esteban. 25:4481
Ratti, Luis P. 1:1795; 2:776a
Ratto, Héctor Raúl. 1:988, 2:1344, 2197; 3: 2342, 2549, 2550, 2567, 2663, 2744; 4: 2843, 3675; 5:2765, 3002, 3003, 6:2981, 3416, 3417, 3526; 7:3263, 3471; 9:3270; 10:3009; 11:1974, 2181; 13:1679; 14: 2077; 21:3035
Ratto, Luis Alberto. 25:4440; 28:1042a, 2094
Ratto-Ciarlo, José. 14:2708
Ratto de Sadosky, Cora. 11:3952
Rau, Herbert L., Jr. 23:2488
Rau, Jack. 24:220
Rau, Virginia. 20:3250; 21:3302, 3303
Rauch, Basel. 15:2007
Raufet, Roberto F. 17:1777
Rauh, Werner. 22:2448
Raup, Halleck F. 19:3349
Rausch, George J., Jr. 25:3308
Rauschenbush, Stephen. 25:1480
Rauschert, Manfred. 23:767; 24:538
Raushenbush, Joan. 6:890
Rautenstrauch-Joest-Museum der Stadt Köln. 23:1380, 1417
Rauth, José Wilson. 24:539; 27:549
Ravá, Adolfo. 9:4998
Ravagnan, L. H. 18:3058
Ravagnan, Luis María. 25:5397
Rávago Bustamante, Enrique. 23:3725
Ravard, Francisco Alfonso. 9:3757
Ravelo, José de Jesús. 6:4842
Ravelo Asensio, Juan M. 28:3016
Ravelo Nariño, Agustín. 20:4519
Ravera, Alfredo. 14:1303; 19:2014
Ravera, Luis. 15:1028
Ravera, Rosa Maria. 28:3320
Ravicz, Robert. 24:686
Ravignani, Emilio. 1:989, 2:2041, 2066, 2198, 2199; 3:2664; 4:3002, 3198; 5:1986, 2766, 3004, 3005, 3125; 6:3418; 7:3264, 3472; 8: 3222; 9:3124; 10:2847, 2988, 3010. 3011, 3108, 3293; 11:2183, 2473, 2490; 13:1416; 21:2301
Ravines, Eudocio. 11:1901; 17:1290; 20:2206; 24:3447; 27:3400
Raviolo, Heber. 26:1688; 28:2058
Ravry, André. 2:2468
Raw, Frank. 9:2132
Rawet, Samuel. 21:4369; 28:2539
Rawitscher, Félix K. 10:2245; 18:1430
Rawling, E. H. 18:1559
Rawson, Guillermo. 10:2956
Ray, Clayton E. 21:93
Ray, John. 24:3060
Ray, José Domingo. 9:4585; 27:3798
Ray, Philip Alexander. 25:2660
Rayburn, John C. 18:810; 21:3197
Rayces, Federico. 25:3574
Rayces, María A. 28:1075
Rayfield, Jo Ann. 28:34
Raygada, Carlos. 2:437-441, 486, 488; 4:498; 7:5512; 8:831; 20:4723; 22:5728; 28:3132
Raymer, Robert G. 10:2598
Raymond, Carrut. 5:3152
Raymond, Henri. 23:1697
Raymond, Joseph. 18:292, 2359
Raymond, Natalie. 11:79
Raymondi, Antonio. 1:481
Raynal, Guillaume Th. François. 18:1726
Raynaud, Georges. 3:118; 5:331; 13:176; 19: 585

Rayo Reyes, Omar. 17:485
Razetti, Ricardo. 14:757
Razo Zaragoza y Cortés, José Luis. 27:821, 822; 28:644, 644a
Razori, Amilcar. 11:1551; 12:1658
Razquin, Bernardo. 27:512
Razurí, José Vicente. 10:3109
Ré, José. 11:1699
Rea, Alonso de la. 11:2103
Rea Moguel, Alejandro. 27:3892
Rea Spell, Jefferson. 23:4713
Read, Herbert. 17:2970
Read, Horacio. 23:5005
Read, J. Lloyd. 5:3706
Read, William A. 18:2360
Real, C. 1:731
Real, Juan José. 26:1113
Real, Regina Monteiro. 10:1563; 21:3276, 3402; 25:1270
Real de Azúa, Carlos. 25:2850; 27:3549; 28: 1030a
Real de Azúa, Exequiel M. 9:794
Real Díaz, José Joaquín. 22:3422; 25:3192; 28:447a
Real Torres, Antonio del. 12:1638
Real Academia Española. 5:3456; 18:2394
Real Colegio de San Carlos, Buenos Aires. 8:3053
Reale, Miguel. 6:4506; 15:2880; 16:2216, 3292; 17:2900, 2932; 18:3134; 19:5717, 5723, 5789; 20:4758, 4826, 4827; 21:4812, 4844, 4845; 24:6015, 6023; 25:4017; 26: 2287
Reale, Salvador. 8:4302
Realme Rodríguez, Óscar. 17:927
Reason, Barbara. 25:2796
Rebagliati, Edgardo. 3:947; 7:4375; 8:3688; 10:3465, 3466; 11:2759, 2859, 2860; 24: 6271
Rebanales Ortiz, Ambrosio. 12:2360
Rebaudi Basavilbaso, Óscar. 7:3473
Rebella, Juan Antonio. 6:2796
Rebello, E. de Castro. 16:563, 2149; 21:3333
Rebello, Heribaldo. 23:4595
Rebêlo Marques, pseud. 1:2220 3:3522; 4:4242, 4243; 5:3886; 6:4408, 4484; 7:1939; 8: 4303, 4384, 4388, 4406, 4458, 4484; 9:4195, 4334; 4344; 10:3854; 13:2333; 16: 2852; 17:2574, 2595; 18:2778; 21:4301; 23:5489; 24:5778; 25:4749; 26:2002
Rebetez, René. 27:369
Rebolledo, Miguel. 13:1836
Rebolledo Figueroa, Arturo. 14:2505
Rebollo Paz, León. 17:1777a; 26:1114; 28: 1131
Rébora, Juan Carlos. 4:2574, 4469a; 7:5216; 8: 2649; 11:3557; 12:3098
Rebordao, Herculano. See Souto da Costa, pseud.
Reboredo, Julio V. 11:1244-1246
Rebosa, Juan Carlos. 1:1458
Rebouças, Alberto. 4:801
Rebouças, André. 4:3377
Rebouças, Pérsio Furquim. 7:4046, 4047
Rebouças Brandão, Paulo. See Brandão, Paulo Rebouças.
Reboux, Paul. 7:5081
Rebuelto, Emilio. 11:1089
Rebullida, Pablo de. 19:3350
Reca, Telma. 6:2028
Recabarren, Rebeca. 12:2473
Recabarren Serrano, Luis Emilio. 28:1189
Recalde, Juan Francisco. 3:323, 324; 4:1886; 6:514
Recaséns, José. 9:213, 10:319; 13:412a

Recaséns Siches, Luis. 6:4537, 5054; 10:4509; 11:3924; 12:3469, 3512; 13:2732, 2778; 15:2766; 16:1449; 20:4491, 4877b, 4915, 4975; 21:4784, 4798; 23:2032, 5852, 5872; 24:4914; 25:5333; 26:2276; 28:3249, 3250, 3268
Recent Books in Mexico, México. 22:6280
Rechsteiner, Adalberto. 7:3676
Recife. Cámara Municipal. 8:3409
Recinos, Adrián. 1:1082; 2:2138; 9:2828; 10: 2599; 13:94, 123, 231; 14:120; 16:205, 207; 17:135; 18:1773; 19:197, 3213, 3351; 20:197, 5057; 21:122; 22:591, 2985, 2992; 23:963, 3204; 24:3841; 25:675; 27:823
Recinos, Marco Augusto. 6:2657
Recinos S., Manuel Lisandro. 11:3212
Recinos Sandoval, José Abel. 16:2399
Recio, Alejandro. 15:1454
Recio, Bernardo. 14:2002
Recio Constain, Marino. 15:936
Reck, Daisy. 5:1034; 6:2321
Recken, Wilhelm. 1:44
Reclus, Armand. 22:3086
Reclús, Eliseo. 22:2260
Record, Samuel J. 2:1308
The Record; International Exchange, Washington, D. C. 17:1940
Recúpero, María Luisa. 15:248
Redfield, Margaret Park. 1:159; 6:382
Redfield, Robert. 1:117, 118; 2:112; 3:162, 182, 183; 4:193, 220; 5:282, 317, 333, 334; 6:337, 344, 382; 7:396; 8:229, 230, 2032; 9:348, 385; 10:152a; 12:247, 263, 264; 13:96, 232; 16:341, 1807; 20:493
Redier, Antoine. 9:4370
Redlich, Marcellus Donald A. R. von. 3:3779b
Reed, Alma M. 20:1065; 21:967; 23:1381; 25: 676
Reed, Erik K. 5:208, 209
Reed, H. S. 4:164, 2708
Reed, Kitty. 8:4436
Reed, Nelson. 26:568
Reed, W. W. 7:2183
Reedy, Daniel R. 26:1410, 1418a; 28:1717, 1718
Rees, T. I. 1:274
Reeve, Frank D. 20:2544; 22:2955, 2956; 24: 3796
Reeves, R. G. 9:2035
Reffino Pereyra, Virgilio. 4:4328, 4479; 13: 2484; 18:2905
Reforma Comercial, Buenos Aires. 6:1396; 8: 1522; 17:769
Rega Molina, Horacio. 11:3341; 16:2764; 20: 4105
Regal, Alberto. 2:229, 1227, 1942; 4:2171 2172; 9:1522; 10:2133; 11:326; 12:346
Regalado, Antonio. 6:2876
Regenos, Graydon W. 14:2646
Regesta, Rio de Janeiro. 27:2525
Regional Conference of the Rocky Mountain Council for Latin American Studies, *VIII, El Paso, Texas, 1961.* 28:118a
Regis, Regina. 8:4304
Regis Bittencourt, Aluysio Guedes. *See* Bittencourt, Aluysio Guedes Regis.
Registro Bibliográfico, La Plata. 23:4506
Registro de Cultura Yucateca, México. 9:194
Registro Judicial, Panamá. 1:1894
Registro Municipal, Bogotá. 3:1945; 6:3072
Registro Municipal, Cúcuta. 3:1949
Registro Oficial Órgano del Departamento de Tolima. 5:2264
Registro Oficial del Departamento de Cauca. 5:2255
Regler, Gustav. 19:6620
Rêgo, A. da Silva. 24:4468

Rêgo, Alceu Marinho. 17:1872; 21:4370
Rêgo, José Lins do. 1:2181, 2221, 2222; 2: 2943, 2945, 2946; 3:3555; 4:4244; 5: 3984; 7:4927, 4976; 8:901, 950, 4178, 4209, 4252; 9:909, 4263; 11:3393; 12: 2863; 13:2312; 14:2252, 3091; 15:2546; 18:574, 2758; 19:5325; 20:4346; 21:4321; 23:5410, 5568
Rêgo, Luís Flores de Morais. 2:1230, 1238, 1242, 1256, 1271; 3:1530; 4:2047; 11:1752; 12:1458
Rêgo Barros, Jacy. *See* Barros, Jacy Rêgo.
Rêgo Maciel, Telmo Frederico do. *See* Maciel, Telmo Frederico do Rêgo.
Rêgo Melo, Mário Carneiro do. *See* Melo, Mário Carneiro do Rêgo.
Rêgo Monteiro, Clóvis do. *See* Monteiro, Clóvis do Rêgo.
Rêgo Monteiro, Jonathas da Costa. *See* Monteiro, Jonathas da Costa Rêgo.
Rêgo Monteiro, José Augusto de. *See* Monteiro, José Augusto de Rêgo.
Rêgo Monteiro, Luis Augusto. *See* Monteiro, Luis Augusto Rêgo.
Rêgo Monteiro, Tobias do. *See* Monteiro, Tobias do Rêgo.
Rêgo Monteiro, Vicente do. *See* Monteiro, Vicente do Rêgo.
Régoli Zambrano, Darío E. 8:3626
Reguera Samuel, Manuel. 28:2327
Reguera Sierra, Ernesto. 20:2475, 2476; 21: 2022; 27·2820a, 2820b
Regules, Dardo. 15:1953; 23:4821
Regules, Elias. 28:125
Reh, Emma. 5:1719
Rehl, Kurt. 4:2173
Reichard, Eugene C. 12:973
Reichardt, Dieter. 28:1802a
Reichart, Manfredo A. L. 8:2451
Reiche, Karl. 3:1780; 4:2174
Reiche, María. 15:287, 296-298; 19:473; 23: 509
Reichebach, Hans. 19:5827
Reichel-Dolmatoff, Alicia. 10:463; 17:195; 19: 420; 421; 20:282, 283; 22:222; 23:322, 791; 24:845; 25:306, 5633; 27:592
Reichel-Dolmatoff, Gerardo. 9:422, 423; 10:410, 463; 11:309, 376, 377; 12:331, 447, 447a, 448, 485a, 1225; 13:343; 15:261; 16:289, 398, 399; 17:194, 195, 363, 364; 19:414-421, 800-802; 20:282, 283, 2730; 21:219-221, 564; 22:219-222; 23:322, 791, 1294; 24:443, 842-845; 25:305, 306, 5633; 27: 170, 592, 1287-1287b
Reichlen, Henry. 12:361; 15:299, 357-359; 16: 314, 315; 17:183, 225; 19:817; 20:369; 21:11; 23:843; 25:349, 396; 27:557
Reichlen-Barret, Paulette. 15:299, 359; 16:315; 20:783; 23:843
Reichmann, Felix. 22:3819
Reid, C. 7:188
Reid, Dorcas Worsley. 3:21; 4:3862; 5:3557, 3632a, 4284; 7:4583
Reid, Ira de A. 6:1288; 7:1179
Reid, John Turner. 1:160; 3:21; 5:3707, 3861, 4284; 6:4093; 7:4501, 4660; 8:62, 3879; 10:3648, 4300; 12:37, 2474; 14:2709, 2710;
Reid, Lawrie, 18:2779
Reid, W. A. 1:185, 459; 2:445
Reid, Whitelaw. 28:764a
Reidy, Affonso Eduardo. 22:1340; 24:1709
Reidy, Joseph W. 27:3132
Reig, Enrique Jorge. 10:1181; 13:2445
Reig, Joaquín. 27:2110
Reig, Nicolás. 6:4714

Reilingh, H. D. de Vries. 21:2152
Reimão Hellmeister, Francisco de P. *See* Hellmeister, Francisco de P. Reimão.
Reimundín, Ricardo. 8:4519; 14:3130
Reina, Rubén E. 23:618; 24:687-689; 25: 462, 463, 1655; 27:959-961
Reina Celaya, Alfonso. 22:1799
Reina Hermosillo, Práxedes. 22:1800
Reina Loli, Manuel S. 23:510
Reina Martines, Andrés. 3:3428
Reina Valenzuela, José. 9:3176; 10:2908; 16:1469
Reinaga, César Augusto. 17:1492; 27:2275
Reinaga, Fausto. 19:6015; 24:3448, 4319
Reindorf, Reginald C. 4:2710
Reiner, Silvain. 25:3655
Reinhard, Kurt. 22:5716
Reinhardt, G. F. 3:2992
Reinhardt, K. T. 10:3545; 12:3470
Reinhardt, Max. 6:4460
Reinhold, Frances L. 4:2904
Reining, Henry, Jr. 11:1857
Reinke, Reinhard Manfred Walter. 27:2963a
Reinoso, Salvador. 24:3815
Reinsma, R. 26:1056a
Reipert, Herman José. 26:2003
Reis, Alice Meireles. 10:3371
Reis, Antônio, *Bp.* 22:2025
Reis, Antônio Simões dos. 7:189, 190; 8:80-85; 9:83-85, 4125; 10:3816; 14:3082; 15:2511; 17:2575; 22:5542; 23:5442, 6217
Réis, Arthur Cézar Ferreira. 6:3575-3577; 7:673a, 3624, 3625; 8:879; 9:888, 3463; 10:1845, 2204, 2246; 12:1035, 1488, 2238; 13:1721-1724; 14:2307-2309, 2332, 15:1902; 17:1921; 19:1239, 4057; 20:4916, 4989; 21:3304; 22:1315; 23:3964, 4467; 24:4469, 4532; 26:1249; 28:352, 1259, 1387
Reis, Felipe dos Santos. 7:1707
Reis, Fernando Antônio Roquete. 27:2365
Reis, João de Deus Bueno dos. 7:594; 12:517
Reis, José. 9:1769; 12:2951
Reis, José Antônio dos. 19:4025
Reis, José de Oliveira. 16:3386
Reis, José de Souza. 5:598; 20:1168
Reis, L. J. de Brito. 8:519
Reis, P. Pereira dos. 26:1250
Reis, Marcos Konder. 12:2938; 13:2352; 19:4088
Reis, Maurício. 22:1609
Reis, Mercedes de Moura. 23:5700
Reis, Nelio. 3:3556; 7:4977; 10:3382; 14:2488
Reis, Otelo. 12:2803
Reis, Pedro Nunes. 14:3312; 18:2845; 20:4479
Reis, Solon Borges dos. 7:1824
Reis Coutinho, Frederico dos. *See* Coutinho, Frederico dos Reis.
Reis Filho, Nestor Goulart. 28:343
Reis Gonçalves Viana, Aniceito dos. *See* Viana, Aniceito dos Reis Gonçalves.
Reis Júnior, José Maria dos. 10:722
Reis Júnior, Pereira. 9:4291
Reiser, Hans. 3:1781; 9:530
Reiss, Adolf. 27:2366
Reissig, Luis. 9:170; 11:1274; 12:1156; 18:1073; 20:2229, 4750; 22:2640; 25:2144
Reitzel, W. 1:275
Rejano, Juan. 8:2037;
Rejo, Amador B. 8:2049

Rejón, Manuel Crecencio. 10:2950; 14:2116
Reko, Blas Pablo. 2:90; 5:259; 6:372; 11:256
Reko, Victor A. 1:144; 2:276
Rela, Walter. 22:5344; 23:4740, 5378; 24:5656; 26:1915; 28:1803, 2371, 2656
Remarque, Erich. 6:4437; 8:4437
Rembao, Alberto. 1:1058; 8:2038; 22:5820, 5821
Remesal, Antonio 28:727a
Remorino, Jerónimo; 19:4423
Remos y Rubio, Juan Nepomuceno José. 1:2011, 2220; 3:3203; 7:3359, 4661; 8:4026; 10:3593; 11:3084; 12:2608; 13:2120; 14:2835, 2860; 15:2249; 17:2428; 18:2013; 2014; 19:3747; 20:2347, 4011; 21:2934; 26:1507
Remusat, Carlos de. 10:4579
Remy, Federico E. 6:2418
El Renacimiento, (Indexes). México. 28:1761
Renan, Ernest. 7:5707; 12:3525
Renard, Abel. 4:2111
Renard, J. 2:1822
Renau, José 28:286
Renault, Abgar. 18:1171, 1172; 19:2298; 22:2059; 25:2195; 27:2575, 2612
Renault, Léo Caldas. 25:4101
Renault Leite, Murillo. *See* Leite, Murillo Renault.
Rencoret Bravo, Álvaro. 16:740, 3013
Rendón, Eduardo. 11:628
Rendón, Francisco de Paula. 2:2811
Rendón, José B. 4:2449
Rendón, Paulette E. de. 13:940
Rendón, Silvia. 12:187; 13:108, 208, 220; 14:209, 247, 259; 15:221; 17:275; 19:32; 20:711; 22:903; 27:687
Rendón, Víctor Manuel. 1:2122; 2:2671; 3:3330
Rendón Caballero, Pedro. 12:1855
Rendón Gaviria, Gustavo. 14:3172; 19:5536; 27:3724
René-Moreno, Gabriel. 1:2275; 6:3032, 3212; 20:3845
René Pérez, Galo. 23:2607
Rengifo, Jesús María. 15:2062; 18:2267; 20:3612; 21:3561
Rennard, Joseph. 2:2297a; 16:1470
Renner, A. J. 16:890
Rennie, Robert A. 10:1137
Rennie, Ysabel F. 11:97
Reno, Philip. 27:3482
Renouf, Edda V. 5:417; 6:453
Renouvier, Charles Bernard. 10:4606; 11:2945; 16:3319
Rens, Jef. 24:1996; 25:1481, 2080, 2285
Rens, L. L. E. 20:711a
Rensch, Calvin R. 27:1479
Renselaar, H. C. van. 27:1313-1314
Rentería, Silvio A. 14:1735
Rentería Beltrán, Raúl. 5:4224
Rentería Uralde, Julián. 27:3356
Rentzell, Ilse von. 1:608
Renwick, A. M. 4:2175; 5:1887
Renz, K. 1:570
Renz, Kurt. 21:5018
Reoux, René. 19:4443
Reparaz, Gonzalo de. 1:709; 12:83b; 22:2449, 2450; 23:511; 27:2882-2882b
Repertorio Judicial, *La Habana.* 1:1878
Repetto, Esteban. 6:1475
Repetto, Nicolás. 7:2521; 9:1394, 3473; 14:2430; 15:632; 20:2233; 21:2234; 22:5418

Repetto Aguirre, Juan Carlos. 14:3305
Répide, Pedro de. 4:2961; 5:2731
Repossini, José P. 5:1195
A Republica Órgão Oficial do Estado do Rio Grande do Norte. 5:2245
ReQua, Eloise B. 27:59
Requa, William M. 6:1350
Requejo, Fidel. 15:2631
Requejo, Ricardo. 14:1089b
Requelme, Rafael. 27:3725
Requena, Adolfo R. 15:1308
Requena, Antonio. 11:130, 345, 443; 14:614; 15:355; 17:166
Requena, María Asunción 28:2328
Requena, Rafael. 12:360
Requeni, Antonio. 26:1818
Requião, Hermano. 16:2933
Rescaniere, Alejandro. 17:1845
Research Center in Economic Development and Cultural Change of the University of Chicago. 24:1997
Resende, Antonio. 9:1765
Resende, Astolfo. 7:5277
Resende, Enrique de. 21:4392
Resende, Otto Lara. 20:4384; 26:2004
Resende Carvalho, N. *See* Carvalho, N. Resende.
Resende Silva, J. *See* Silva, J. Resende.
Resenha de Periódicos, Rio de Janeiro. 27:60
Resh, Richard W. 28:607
Resillez Nieves, Ignacio. 5:989
Resnick, Seymour. 17:2349; 28:2090
Respold, Kurt. 3:592, 593, 594
Rest, Jaime. 21:4165, 4857; 26:1115
Resta, Ricardo. 15:2958;
Restoy, Eugenio. 8:4493; 9:4423; 10:3938b; 12:2961
Restre Peláez, Pedro. *See* Peláez, Pedro Restre.
Restrepo, Daniel. 5:3353; 7:2831, 3306
Restrepo, Edgar Poe. 6:4229
Restrepo Félix, *Father.* 2:2517; 3:3430, 3431, 3453; 5:3530; 7:4475; 11:2909, 2910; 12:2361; 22:4339, 4339a; 24:4769; 25:4436; 28:1617
Restrepo, Gonzalo. 4:1642
Restrepo, José Félix de. 26:950
Restrepo, José Manuel. 2:2246; 9:3316; 10:3062; 11:2292; 17:1802; 28:1669; 19:3877; 20:3046
Restrepo, José Salvador. 5:2569
Restrepo, Juan de Dios. 2:2723
Restrepo, Malgrem. 28:2076
Restrepo, Pastor. 1:951; 15:1549
Restrepo, Roberto. 3:2146; 17:1291; 21:3657
Restrepo, Roberto Luis. 5:3439a; 8:1494
Restrepo, Rubén Darío. 11:2237
Restrepo, Vicente. 8:694; 18:694; 24:6439; 25:3355
Restrepo Barrientos, Jesús M. 7:5179
Restrepo Canal, Carlos. 3:1422a, 2299, 2343; 4:2869, 3279; 7:3136; 9:3000; 15:1550, 1551; 18:1837, 2113; 26:949
Restrepo Echavarría, Emiliano. 20:3047; 22:6135
Restrepo G., D. 24:1535
Restrepo Hoyos, Jorge. 24:6255
Restrepo Jaramillo, Gonzalo. 2:2247; 7:1189; 10:1583; 11:1819; 27:3373, 4182
Restrepo L., Mariano. 6:3461
Restrepo Llano, Alberto. 6:4706
Restrepo Millán, J. M. 7:4662
Restrepo Moreno, Alfonso. 6:4639; 12:3186
Restrepo Osorio, Luis. 11:2238

Restrepo Pérez, Antonio. 12:1140
Restrepo Posada, José. 7:3218; 9:734; 11:2206; 15:1552; 16:1711; 17:1778; 18:1838, 1841, 3307; 20:2731; 21:2722
Restrepo Sáenz, José María. 3:2300; 7:3219; 10:2742, 2743; 11:2207, 2293; 12:1890b; 14:1934, 2194; 15:1388, 1553; 19:3878; 21:2723; 23:3716, 3717; 25:3728
Restrepo Tirado, Ernesto. 2:1943; 3:2301, 2302, 2344-2346; 4:2870, 3837; 5:2499, 2549; 7:646, 3003, 3043; 8:3148, 9:3002-3004, 3077; 10:529, 2650, 2744; 11:2124, 2125, 2149; 13:1383; 19:3430
Resumil Aragunde, Manuel. 24:2030
Reszczynski R., Otto. 4:349b
Reta Sosa Días, Adela. 27:3750
Retana Silva, José. 8:4629
Reti, Ladislao. 9:1395
Reubens, Edwin P. 27:4183
Reula, Filiberto. 28:850
Reunião de Técnicos dos Bancos Centrais do Continente Americano, *VII, Rio de Janeiro, 1963.* 27:1785
Reunião dos Diretores dos Centros de Pesquisas Educacionais, *III, São Paulo, 1960.* 25:2170
Reunión de Bibliotecarios de las Universidades Centroamericanas, *I, San Pedro Montes de Oca, Costa Rica, 1962.* 26:72
Reunión de Mesa Redonda sobre Problemas Antropológicos de México y Centro América, *IV, México, 1946.* 14:178
Reunión de Ministros de Relaciones Exteriores de las Repúblicas Centroamericanas, *I, Antigua, 1955.* 20:3410; 22:4012, 4013
Reunión de Organismos de Seguridad Social de Centro América, México y el Caribe. 21:3592, 3593
Reunión Interamericana sobre Archivos. *I, Washington, D. C., 1961.* 28:80
Reunión Internacional del Centro Europeo de Documentación e Información, *X, Madrid, 1961.* 27:91
Reunión Nacional de Municipios, *I, Buenos Aires, 1945.* 11:1844, 1845
Reunión Plenaria del Comité Consultivo Internacional del Algodón, *XVIII, Washington, D. C., 1959.* 22:1741
Reus y Bahamonde, E. 20:4893
Reuss, Lawrence Adkins. 27:1972, 4184
Reuter, Jasmín. 24:1129
Revah, I. S. 25:3814
Revéilleau, Alirio. 28:1618
Revelli, Paolo. 11:1978
Revello, Lydia. 26:1495, 1804
Revelo A., Óscar E. 10:2429
Revenga, José Rafael. 19:3917
Reverbel, Carlos. 15:2532; 17:2613a
Réverend, A. P. 6:3172
Revert, Eugène. 15:73, 340, 341, 1177; 18:322; 19:6722; 22:2250
Reverte, José Manuel. 23:1267; 25:593
Reverter, Angel. 10:3939
The Review of the River Plate, Buenos Aires. 5:1178; 6:1398; 7:1331; 8:1524; 17:770
Revilla, Arcenio. 27:1327b, 1327c, 4096, 4097
Revilla, Manuel de la. 11:3939
Revilla, Manuel G. 4:3726
Revilla Quesada, Alfredo. 9:2420; 18:1546; 22:4657
Reviriego, Emilio. 2:3024

Revista Acadêmica, Rio de Janeiro. 12:714
Revista Acadêmica da Faculdade de Direito do Recife, Pernambuco. 1:1848
Revista Agrícola, Managua. 6:1029
Revista Agropecuaria, Manizales. 7:1197
Revista Americana de Buenos Aires (Indexes). 3:14, 3107
Revista Argentina de Derecho Privado. 16:3146
Revista Argentina de Estudios Políticos, Buenos Aires. 11:1846
Revista Argentina de Política, Buenos Aires. 23:2856
Revista Bancária Brasileira, Rio de Janeiro. 18:891
Revista Bibliográfica, São Paulo. 7:191
Revista Bibliográfica Chilena, Santiago de Chile. 22:6266
Revista Bibliográfica Cubana, La Habana. 2:10; 3:22; 4:27; 5:145, 4298; 6:224
Revista Brasileira de Estatística, Rio de Janeiro. 6:1920; 7:1749; 9:1743
Revista Brasileira de Estudos Políticos, Belo Horizonte. 21:2258; 23:2890; 25:1737
Revista Brasileira de Filologia, Rio de Janeiro. 19:5214
Revista Brasileira de Geografia, Rio de Janeiro. 5:1697; 6:1919; 7:1750; 9:1744
Revista Chilena de Historia y Geografía, Santiago de Chile. 5:535; 6:611; 7:611; 9:625, 667; 10:476; 11:448
Revista Comercial de Nicaragua, Managua. 8:1204
Revista Conservadora del Pensamiento Centroamericano, Managua. 27:3336a
Revista Crítica de Jurisprudencia, Buenos Aires. 1:1833
Revista Cubana, La Habana (Indexes). 5:125
Revista Cubana de Derecho, La Habana. 1:1879
Revista Cubana de Economía, La Habana. 11:832
Revista da Escola de Belas Artes de Pernambuco, Recife. 22:1304
Revista da Faculdade de Direito de São Paulo. 1:1849
Revista da Sociedade de Geografia do Rio de Janeiro. 14:1566
Revista de Agricultura y Comercio, Panama. 7:1084
Revista de Antropologia, São Paulo. 27:170a
Revista de Ciencias Económicas, Buenos Aires. 6:1399; 7:1332, 3966; 8:1525, 1526
Revista de Ciências Econômicas, São Paulo. 6:1921; 7:1751; 9:1745
Revista de Ciencias Jurídicas y Sociales, Lima. 1:1897
Revista de Ciencias Jurídicas y Sociales, Santa Fe. 3:1834
Revista de Ciencias Sociales, Rio Piedras. 20:5073
Revista de Comercio Exterior, Montevideo. 14:1087; 15:966
Revista de Criminología, Psiquiatría y Medicina Legal, Buenos Aires. 1:1834
Revista de Crítica Judiciaria, Rio de Janeiro. 1:1850
Revista de Cuba, La Habana (Indexes). 4:15, 2517
Revista de Cultura, Cochabamba. 23:6404
Revista de Cultura Moderna, México 4:1361
Revista de Derecho de la Universidad de Concepción, Concepción. 1:1859
Revista de Derecho Internacional, La Habana. 1:1880

La Revista de Derecho, Jurisprudencia y Administración, Repertorio General, Montevideo. 10:4212
Revista de Derecho, Jurisprudencia y Ciencias Sociales, Santiago de Chile. 1:1860
Revista de Derecho y Administración Municipal, Buenos Aires. 1:1835
Revista de Derecho y Ciencias Sociales, Asunción. 1:1895; 7:5156
Revista de Direito Civil, Comercial e Criminal, Rio de Janeiro. 1:1851
Revista de Direito Mercantil, Rio de Janeiro. 16:3147
Revista de Direito Penal, Rio de Janeiro. 1:1852
Revista de Direito Social, São Paulo. 7:4048
Revista de Economía, Córdoba. 17:739
Revista de Economía, México, 7:927
Revista de Economía, Montevideo. 18:2138
Revista de Economía Argentina, Buenos Aires. 6:1401; 7:1333; 8:1527; 10:1182; 17:771
Revista de Economía de El Salvador, San Salvador. 16:629
Revista de Economía Política, Tucumán. 5:1164
Revista de Economía y Estadística, Córdoba. 6:1400
Revista de Economía y Estadísticas de Puerto Rico, San Juan. 24:2039
Revista de Economía y Finanzas, Lima. 6:1575
Revista de Educación, La Habana. 3:1431
Revista de Educación Nacional, Lima. 14:1298
Revista de Estadística, México. 9:1048; 10:919; 20:5012
Revista de Estudios de Teatro, Buenos Aires. 25:4597; 28:2372-2374
Revista de Estudios Musicales, Mendoza. 15:2773
Revista de Filología Hispánica, Buenos Aires. 5:3513
Revista de Folklore, Bogotá. 13:69
Revista de Fomento, Caracas. 5:1145; 6:1379; 13:576
Revista de Guatemala, Guatemala. 11:97a
Revista de Hacienda, Bogotá. 5:1099; 6:1191
Revista de Hacienda, La Paz. 6:1632
Revista de Hacienda, Quito. 6:1558
Revista de Hacienda, San Salvador. 6:1324
Revista de Historia Americana y Argentina, Mendoza. 23:3612
Revista de História da Economia Brasileira, São Paulo. 19:1731
Revista de Historia de las Ideas, Quito. 24:3747
Revista de Identificación y Ciencias Penales, La Plata. 1:1836
Revista de Imigração e Colonização, Rio de Janeiro. 6:1922; 9:1746
Revista de Indias, Madrid (Indexes). 20:2330
Revista de Industria, México. 3:1026
Revista de Jurisprudência Argentina, Buenos Aires. 1:1837
Revista de Jurisprudência Brasileira, Rio de Janeiro. 1:1853
Revista de la Academia de Geografía e Historia de Nicaragua, Managua. 14:1736
Revista de la Asociación Cultural de Bibliotécnicos, Buenos Aires. 9:4640
Revista de la Biblioteca Municipal, Quito. 23:6408

Revista de la Biblioteca Nacional, Buenos Aires. 3:2183, 2305; 5:4237; 6:4757; 8: 494; 9:644; 10:495; 11:468
Revista de la Biblioteca Nacional, La Habana. 22:6273
Revista de la Biblioteca y Archivo Histórico de la Provincia de Santa Fe, Santa Fe. 7:5403
Revista de la Biblioteca y Archivo Nacionales, Sucre. 5:534; 6:610, 4764; 7:607; 9: 622
Revista de la Cámara de Comercio de Guayaquil, Guayaquil. 6:1559
Revista de la Casa de la Cultura Ecuatoriana, Quito. 23:6410
Revista de la Dirección Nacional de Migraciones, Buenos Aires. 24:6317
Revista de la Economía Argentina, Buenos Aires 19:4299
Revista de la Economía Nacional, Guatemala. 3:1050
Revista de la Facultad de Ciencias Económicas, Comerciales y Políticas de la Universidad del Litoral, Rosario. 19:1407
Revista de la Facultad de Ciencias Económicas de la Universidad Nacional de Buenos Aires. 19:1404
Revista de la Facultad de Ciencias Económicas de la Universidad Nacional de Córdoba. 19:1405
Revista de la Facultad de Ciencias Económicas de la Universidad Nacional de Eva Perón. 19:1406
Revista de la Facultad de Ciencias Económicas y de Administración de la Universidad de la República, Montevideo. 6:1615
Revista de la Facultad de Derecho y Ciencias Sociales de la Universidad de Buenos Aires, Buenos Aires. 12:83c
Revista de la Facultad de Derecho y Ciencias Sociales de la Universidad de la Republica, Montevideo. 16:3148
Revista de la Sección Arqueológica de la Universidad Nacional del Cuzco, Cuzco. 11:140
Revista de la Sociedad Bolivariana de Venezuela (Indexes). 24:4187
Revista de la Sociedad Geográfica de Cuba, La Habana. 15:1178
Revista de la Sociedad Venezolana de Historia de la Medicina, Caracas. 19:3080
Revista de la Superintendencia de Sociedades Anónimas, Bogotá. 6:1178
Revista de la Universidad de Buenos Aires (Indexes). 9:39
Revista de la Universidad de Costa Rica, San Jose. 11:98
Revista de la Universidad del Cauca, Popayán. 9:171
Revista de los Archivos Nacionales de Costa Rica, San José. 3:2184; 5:538; 6:613; 7:613; 8:484; 9:629; 10:478; 11:449; 14:2127; 15:1714; 16:1450; 20:2311
Revista de Medicina Legal de Colombia, Bogotá. 1:1869
Revista de Sanidad, La Plata. 15:2028
Revista de Trabajo y Previsión, Buenos Aires. 19:4301
Revista del Archivo de la Biblioteca Nacional, Quito. 3:2306
Revista del Archivo General de la Nación, Managua. 28:719
Revista del Archivo Histórico, Cuzco. 16: 1450; 19:3026
Revista del Archivo Histórico Nacional, Bogotá. 3:2304; 5:536; 7:612; 8:481; 10:477
Revista del Archivo Nacional del Perú, Lima. 5:546; 6:620, 2983; 7:620, 3004; 8:3037; 9:638, 668; 10:493
Revista del Archivo y Biblioteca Nacionales, Tegucigalpa. 4:52; 5:544, 4254; 6:618, 4771; 7:617; 8:489; 9:636; 10:490; 11: 461; 12:1640; 15:1407; 16:1847
Revista del Banco Central de Costa Rica, San José. 16:624; 18:700
Revista del Banco de la Nación Argentina, Buenos Aires. 5:1210; 6:1431; 7:1368; 8:1553; 9:1396
Revista del Banco de la República, Bogotá. 2:643; 14:991a; 15:937; 16:765; 18:679
Revista del Banco de la República del Uruguay. 8:1750; 9:1545; 12:1011; 14:1088; 15:964; 16:807
Revista del Banco Nacional de Cuba, La Habana. 19:1426
Revista del Centro de Estudiantes de Ciencias Económicas, Asunción. 7:1524
Revista del Centro de Importadores, Asunción 7:1523
Revista del Centro Nacional de Agricultura, San Pedro de Montes de Oca, Costa Rica. 2:502
Revista del Colegio de Abogados de Buenos Aires. 1:1838
Revista del Comercio Exterior, México. 7:905; 9:1069
Revista del Consejo Administrativo de los Ferrocarriles Nacionales, Bogotá. 7:1234
Revista del Conservatorio Nacional, Quito. 25:5235
Revista del Departamento de Historia del Ministerio de Instrucción Pública, San Salvador. 4:2518
Revista del Departamento del Trabajo, Mendoza. 8:3871
(La) Revista del Foro, Lima. 1:1898
Revista del Instituto de Antropología, Rosario. 27:171
Revista del Instituto de Previsión Social, Asunción. 21:3541
Revista del Instituto Etnológico Nacional, Bogotá. 9:212
Revista del Instituto Histórico y Geográfico del Uruguay, Montevideo. 4:3300, 3324
Revista del Instituto Nacional del Café, Caracas. 5:1146; 7:1260
Revista del Instituto Pedagógico Nacional, Caracas. 10:1635
Revista del Ministerio de Agricultura, Comercio e Industrias, Asunción. 7:1525
Revista del Ministerio de Fomento, Caracas. 3:1224a
Revista del Ministerio de Trabajo y Bienestar Social, Guatemala. 23:4235
Revista del Notariado, Buenos Aires. 1:1839
Revista del Trabajo, Caracas. 16:2440
Revista del Trabajo, La Paz. 10:3334
Revista del Trabajo, México. 4:1716; 15:2095
Revista del Trabajo, Santo Domingo. 20:3506
Revista del Trabajo y Previsión, Buenos Aires. 10:3319
Revista do Arquivo Municipal, São Paulo. 1:1854; 4:450; 6:1923; 7:1752; 8:495; 8:495; 9:645; 10:496; 11:469
Revista do Arquivo Público, Recife. 14:2333
Revista do Comércio, Rio de Janeiro. 14:1102
Revista do IRB (Instituto de Resseguros do Brasil), Rio de Janeiro. 16:901

Revista do Instituto do Café do Estado de São Paulo. 6:1924; 7:1753
Revista do Instituto Genealógico da Bahia. 14:2268
Revista do Instituto Geográfico e Histórico da Bahia. 3:2788
Revista do Instituto Histórico e Geográfico, São Paulo. 27:61
Revista do Instituto Histórico e Geográfico Brasileiro, Rio de Janeiro. 17:1873
Revista do Instituto Histórico e Geográfico de Minas Gerais, Belo Horizonte. 11:2589
Revista do Instituto Histórico e Geográfico de São Paulo. 3:2789; 15:1817
Revista do Instituto Histórico, Geográfico e Etnográfico Paranaense, Curitiba. 27:172
Revista do Livro, Rio de Janeiro. 5:87; 22:6264; 23:6216
Revista do Museu Júlio de Castilhos e Arquivo Histórico do Rio Grande do Sul, Pôrto Alegre. 17:1874
Revista do Patrimônio Histórico e Artístico Nacional (Indexes), Recife. 19:6405
Revista do Servico do Patrimônio Histórico e Artístico Nacional, Rio de Janeiro. 7:654a; 8:847; 18:543
Revista do Serviços Públicos, Rio de Janeiro. 3:1863a; 6:1925; 7:1754; 9:2448; 16:891
Revista do Teatro Amador, São Paulo. 20:4281
Revista do Trabalho, Rio de Janeiro. 6:1926; 9:1747
Revista Dominicana de Cultura, Santo Domingo. 20:5070
Revista dos Bancários, Rio de Janeiro. 22:1630
Revista dos Tribunais, São Paulo. 1:1855
Revista Económica del Banco Central de La República (Suplemento). Buenos Aires. 9:1407
Revista Económica del Banco de la República (Suplemento). Montevideo. 10:1323; 12:1012
Revista Fiscal de Legislação de Fazenda, Rio de Janeiro. 6:1927; 9:1748
Revista Forense, Belo Horizonte. 1:1856
Revista General de Marina, México. 7:1023
Revista Geográfica, Barranquilla. 18:1272
Revista Geográfica do Instituto Pan-Americano de Geografia e História, Rio Janeiro. 15:1131
Revista Histórica de la Universidad de La República del Uruguay, Montevideo. 23:3610
Revista Iberoamericana (Indexes), Washington, D. C. 19:6439
Revista Industrial, La Paz. 5:1282
Revista Industrial de São Paulo. 12:1128
Revista Interamericana de Bibliografía, Washington. 17:3101
Revista Interamericana de Bibliografía (Indexes). 28:31
Revista Interamericana de Ciencias Sociales. 25:1483
Revista Jurídica, Caracas. 1:1906
Revista Jurídica, Cochabamba. 7:3999
Revista Jurídica de la Universidad de Puerto Rico, Río Piedras. 1:1899
Revista Jurídica del Perú, Lima. 16:3149
Revista Jurídica del Trabajo, Santiago de Chile. 20:3521
Revista Médica Municipal, Rio de Janeiro. 7:4079
Revista Mensual, Bogotá. 5:1100
Revista Mensual de la Dirección General de Estadística, La Paz. 12:921

Revista Mensual del Archivo del Congreso, Bogotá. 4:2304
Revista Mensual del Banco Central de Reserva de El Salvador, San Salvador. 7:1093; 16:630; 18:732
Revista Mexicana de Estudios Antropológicos, México. 24:221
Revista Minera y Petrolera, México. 15:818
Revista Municipal, Asunción. 22:5743
Revista Municipal de Costa Rica, San José. 6:2626
Revista Municipal del Distrito Federal, Caracas. 5:1147
Revista Municipal Interamericana, La Habana. 18:1547
Revista Musical Chilena, Santiago de Chile. 14:3372; 16:3182; 26:2166
Revista Nacional, Montevideo. 5:146; 6:154
Revista Nacional de Agricultura, Bogotá. 7:1198
Revista Nacional de Ciencias Político-Económico-Sociales, La Habana. 8:1475
Revista Nacional de Cultura, Caracas. 16:2006; 22:6292; 25:4262; 27:62
Revista Parlamentaria, Buenos Aires. 1:1840
Revista Social, Buenos Aires. 8:3696
Revista Trabajo, Bogotá. 18:2265
Revista Trimensal do Instituto Histórico e Geográphico de Sergipe. 6:4496
Revista Trimestral del Banco Nacional de Nicaragua, Managua. 13:516; 15:879; 16:649
Revista Universitaria, Cuzco. 5:2624
Revista Universitaria, Guadalajara. 9:172
Revollar Fernández, Julio. 15:1104
Revollo, Pedro María. 6:3870; 8:3191; 24:4081, 4770
Revoredo, Alejandro. 5:3087
Revoredo Annes Dias, Carmen de. *See* Dias, Carmen de Revoredo Annes.
Revue de L'I.F.A.L. 11:99
Revue de la Société d'Histoire et de Géographie d'Haïti (Indexes). 16:1451
Revue du Travail, Port-au-Prince. 17:2080
Revueltas, José. 9:3941; 14:2846; 15:2305; 21:3999; 23:5006; 26:657, 1556a; 28:1866
Revueltas, Fermín. 2:428
Revueltas, Silvestre. 7:5485, 5486; 12:3358, 3359; 13:2152; 14:3347; 15:2788
Revuelto, Emilio. 7:1414
Revunenkov, V. G. 26:402b
Rewald, John. 8:792
Rex González, Alberto. 5:375; 9:400, 401; 10:449; 11:338; 13:258; 15:249; 25:339-341, 343, 353
Rexach de León Rosario. 16:3297; 19:3748
Rey, Abel. 7:249, 5726
Rey, Agapito. 3:2366; 4:2659; 6:2859; 10:1791; 3584; 11:2022; 14:2652; 19:3284; 22:2950
Rey, André. 21:1785
Rey, Esteban. 13:1058
Rey, Jorge. 11:2795
Rey, Julio Adolfo. 22:3076
Rey, Luis. 28:3019
Rey, Marcos. 22:5516; 28:2540
Rey, Ricardo E. 9:4453
Rey de Castro, José María. 10:2849, 2850; 11:2239, 2240
Rey Nores, Narciso. 14:2469
Rey Pastor, Julio. 18:3049
Reyburn, William D. 19:818
Reyeros, Rafael A. 3:1363; 12:1163 18:1128
Reyes, Alfonso. 1:2105; 3:2881, 2882, 3091, 3204, 3205, 3315, 3432; 4:2575, 2576, 3838, 4101a; 5:3708; 6:3325, 4975,

4976; 7:4761; 8:4027; 9:173, 3785; 11:
3170, 3224, 3265; 12:2422a, 2741, 3471;
13:1803, 2121, 2122, 2178; 14:2653,
2711; 15:2250, 2349, 2376; 16:2221, 2765, 17:
2342; 18:2491-2493; 2601, 2602; 19:
3033, 4765, 4766, 5069; 20:3846, 3847,
4264, 4265; 21:3837, 4266; 22:4748, 5150,
5419-5421; 23:5152, 5850; 24:5209; 25:
3309, 4263 26:658, 1508-1512
Reyes, Antonio. 15:1783; 19:3074; 21:3198;
24:4392
Reyes, Antonio María de los, Brother.
4:2688; 12:1855a; 22:2957; 25:607
Reyes, Bernardo. 12:1941b; 26:659
Reyes, Candelario. 6:967
Reyes, César. 6:3527; 7:4476
Reyes, Chela. 5:3762; 17:2411
Reyes, Félix. 17:1557
Reyes, Florencio. 1:241
Reyes, Gajardo. 4:271
Reyes, Hamlet. 2:3050
Reyes, Jorge. 5:3070; 22:1493
Reyes, José María. 28:125
Reyes, Óscar Efrén. 1:2012; 2:2786; 4:
2872; 5:1888, 2665, 3071; 7:3529; 8:
3192, 3342; 9:3968; 11:141, 15:1389;
20:3056
Reyes, Rafael. 3:1085; 5:964
Reyes, Rafael V. 5:1101; 10:2000
Reyes, Reina. 14:1317
Reyes, Rodolfo. 2:2112
Reyes, Salvador. 1:2070; 14:2792; 17:2412;
20:3978; 23:5007; 28:2032, 2033
Reyes, Víctor M. 5:749
Reyes, Vitelio. 21:3199
Reyes Archila, Carlos. 9:3005
Reyes Áviles, Carlos. 5:2149
Reyes B., Gustavo. 4:119
Reyes Basualto, Neftalí. See Neruda,
Pablo, pseud.
Reyes C., Francisco. 22:329
Reyes Cardona, Julio Antonio. 15:2083;
16:2400, 3014; 17:2077
Reyes Cox, Eduardo. 8:1664
Reyes de la Maza, Luis. 21:3838, 4246, 4247;
22:5345; 23:5379, 5380; 24:5657; 28:2375,
2376
Reyes de Viana, Celia. 21:3839
Reyes Duluc, Fremio Enrique Efraín. 16:2384
Reyes Gajardo, Carlos. 5:376
Reyes Gamboa, Severo. 10:1584
Reyes García, Luis. 22:904, 905; 24:1145;
25:678
Reyes H., Alfonso. 28:700a
Reyes Henríquez, Salvador. 7:5564
Reyes Heroles, Jesús. 11:1820; 14:866; 16:
1001, 1001a; 17:920, 930-932; 19:3645;
20:1553; 21:2830; 22:3043; 25:1574,
3310; 27:1913
Reyes Huete, Alejandro. 26:1513
Reyes M., Jorge Ramón. 7:5237
Reyes M., José Luis. 2:1306a; 11:3456; 17:
1088; 24:2866; 28:719a
Reyes Magarinos, Fritz. 2:924a
Reyes Meave, Manuel. 18:3025
Reyes Messa, Alfonso M. 6:2051
Reyes Navarro, Ángel. 15:2715
Reyes Nevárez, Salvador. 16:2961; 19:4933;
22:4951, 4952; 24:5100
Reyes Ochoa, Abilio. 22:5729; 25:5251
Reyes Ortiz, César. 11:3521
Reyes Paz, Juan 18:3176
Reyes Pimentel, José. 3:995; 5:894
Reyes Ruiz, Jesús. 12:2664; 17:2297; 24:
5449
Reyes Spíndola, Octavio. 8:1933

Reyes Testa, Benito. 9:3177; 25:2835
Reyes Thevenet, Alberto. 25:3714
Reyes Torres, Elsa. 18:1084
Reyes Valerio, Constantino. 25:1167, 1168;
28:186
Reyes y Zavala, Ventura. 20:982
Reyes Zumeta, J. P. 6:3173
Reyles, Carlos María. 2:2611; 3:3357,
3376; 5:3709, 3763, 3794, 6:4173; 7:4724; 8:
4082, 4939; 28:125
Reyna, Alberto Wagner de. 9:4938
Reyna, Manuel. 6:1260
Reyna, Margarita. 9:1079
Reyna Almandos, Alberto. 8:3223; 21:
2235; 24:4289
Reyna Cossío, René E. 19:3749; 22:3242
Reyna Drouet, Rafael. 17:2715
Reyna Hermosillo, Práxedes E. 14:965;
15:819; 17:929
Reynafarje, César. 22:998
Reynal Llácer, Vicente, pseud. See Alácer,
Antonio de, Father.
Reynard, Robert. 17:1909
Reyniers, François. 11:1422
Reynolds, Alfred W. 18:1960
Reynolds, Cushman. 7:3725
Reynolds, Dorothy. 8:264, 2300; 12:166
Reynolds, Gregorio. 11:3308, 3309
Reynolds, James A. 20:2501
Reynolds, Thomas Harrison. 4:3553; 6:
3738; 8:3627
Reynolds, Winston A. 22:2931; 23:3179,
3180; 24:3777, 5009; 26:460
Reynoso, Álvaro. 27:2031
Reynoso, Oswaldo. 25:4354
Reynoso, Salvador. 24:3827; 25:670, 679, 680
Reys, Emma Romero Santos Fonseca da
Câmara. 6:4866
Rezende, Adauto. 5:1505
Rezende, André Muniz de. 26:2362; 28:3369
Rezende, Astolpho. 5:1506
Rezende, Carlos Penteado de. 14:3369; 16:
2853; 18:2996; 19:5632, 5633; 20:4712
Rezende, Edgard. 12:2804; 13:2353; 16:2913
Rezende, Ernani da Motta. 7:2576; 20:2098
Rezende, Francisco de Paula Ferreira de.
10:3173
Rezende, Henrique de. 4:4186
Rezende, Lysandro Monteiro de. 7:1684,
2423, 5200; 8:2568; 10:1410
Rezende, Maria José Aranha de. 25:4620
Rezende, Naitres María de. 17:1057
Rezende, Tito. 6:1768, 1769; 7:1702; 11:1181;
19:5446, 5447
Rezende Carvalho, Flávio de. See Carvalho,
Flávio de Rezende.
Rezende e Silva, Arthur Vieira de. See
Silva, Arthur Vieira de Rezende e.
Rezende Filho, Gabriel José Rodrigues de.
10:3988; 11:3493; 14:3136
Rezende Garcia, Angélica de. See Garcia,
Angélica de Rezende.
Rezende Martins, Amelia de. See Martins,
Amelia de Rezende.
Rezende Martins, Geraldo de. See Martins,
Geraldo de Rezende.
Rezende Passos, Gabriel de. See Passos,
Gabriel de Rezende.
Rezende Puech, Luiz Roberto. See Puech,
Luiz Roberto Rezende.
Rezzano, José. 2:1134
Rezzónico, Luis María. 8:4575; 12:3099;
15:2678; 16:3050; 17:2700; 23:4572
Rheinbaben, Werner Freiherr von. 5:3313
Rheingantz, Carlos Grandmasson. 17:1910;
24:4533; 28:1260, 1319

Rheinstein, Max. 7:5337
Rhoad, Albert O. 8:2586; 13:500
Rhoades, Margaret M. 27:63
Rhoads, James Berton. 22:6410
Rhode, Alejandro J. 24:6256
Rhode, Francisco José. 12:594
Rhodes, Willard. 28:3117
Ri U Pix K'ak', Quezaltenango. 4:180
Rial, José Antonio. 19:5172; 21:4000
Rial, Manuel Julio. 4:1242
Rial, Raúl. 2:924b
Riaño Jauma, Ricardo. 3:3206; 6:3419
Riascos Grueso, Eduardo. 17:1803; 20:2731a
Riaza, Ramón. 2:1774
Ribadeneira, Jorge A. 7:474; 9:2278
Ribadineira, Enrique. 3:2001, 2718
Ribamar Ferreira, José. See Ferreira, José Ribamar.
Ribamar Teixeira Leite, José de. See Leite, José de Ribamar Teixeira.
Ribas, Manoel. 2:1476
Ribas da Costa, João. See Costa, João Ribas da.
Ribas Montes, Mário. 18:2450
Ribeiro, Adalberto Mário. 7:1722, 4097; 8: 1840, 1841, 1907-1909; 9:2449, 3642, 3650, 3651; 10:1566; 11:100, 1366; 12:1088, 1097; 14:1247
Ribeiro, Adão Carvalho. 28:2632
Ribeiro, Affonso Duarte. 2:1576
Riberio, Alípio de Miranda. 3:1676
Ribeiro, Artur de Miranda. 10:2247
Ribeiro, Benedicto Valladares. 3:1889; 17: 2619; 26:2016
Ribeiro, Berta G. 22:1346
Ribeiro, C. J. de Assis. 9:4437; 11:3654; 23:4640
Ribeiro, Carlos Flexa. 26:335
Ribeiro, Carlos Leite. 5:3919
Ribeiro, Carolina. 9:1822
Ribeiro, Casimiro A. 14:1140
Ribeiro, Clovis. 1:1293
Ribeiro, Darcy. 14:517; 16:388; 21:695; 22:906; 1346, 3881; 23:768; 25:550-552, 2199d; 27:1243, 2638, 2638a
Ribeiro, Duarte da Ponte. 3:3015
Ribeiro, Emília de Melo. 22:2074
Ribeiro, Eurico Branco. 6:2508
Ribeiro, F. A. 8:935, 4867
Ribeiro, Fléxa. 6:678; 7:655, 696, 697; 8:848, 902, 934
Ribeiro, Iván. 2:2905; 3:3572a; 5:3951
Ribeiro, J. Quirino. 27:2576
Ribeiro, João. 2:309; 14:2356; 18:2759; 28:1619, 1620, 2678
Ribeiro, João Felipe de Saboia. 21:4322; 28:2427
Ribeiro, João S. 20:3233
Ribeiro Joaquim. 1:2182; 5:4085; 6:3599; 8:2194; 10:1676, 1792, 1793; 11:1467, 1483; 12:2805; 22:3834, 3884; 23:5443; 24:4771; 28:1620, 1621, 3064
Ribeiro, Joaquim Braz. 4:1741
Ribeiro, Jorge Severiano. 6:4664; 7:5278; 9:4537
Ribeiro, José. 14:1114, 1175; 15:720
Ribeiro, José Querino. 18:1173-1175; 19:2301, 2302; 22:2075; 23:2432, 2433
Ribeiro, Leonidio. 2:262, 263; 4:398a, 4347, 4455; 15:2708; 16:2854
Ribeiro, Lourival. 18:2760
Ribeiro, Luiz do Prado. 3:3557; 7:4978
Ribeiro, Maria da Conceição Martins. 7:2424; 10:2278; 15:1856; 17:1911
Ribeiro, Maria de Lourdes Borges. 28:3065
Ribeiro, Maria José Bastos. 8:3527
Ribeiro, Maria Rosa Moreira. 9:4196
Ribeiro, Pacífico. 26:2062
Ribeiro, Paulo Antunes. 3:400

Ribeiro, Paulo de Assis. 20:2099; 27:2577, 2577a
Ribeiro, René. 17:3002; 18:3246 19:6057, 6073; 20:4962; 22:1341; 23:769; 27:1244, 1244a; 28:1388
Ribeiro, Targino. 15:1277
Ribeiro, Walter Fontenelle. 7:4928; 12:2902; 15:2488; 16:1343
Ribeiro, Zeferino. 16:3052
Ribeiro Briggs, Moacyr. See Briggs, Moacyr Ribeiro.
Ribeiro Couto, Rui. See Couto, Rui Ribeiro.
Ribeiro da Costa, Vasco. See Costa, Vasco Ribeiro da.
Ribeiro da Cunha, Boaventura. See Cunha, Boaventura Ribeiro da.
Ribeiro da Silva, Hermano. See Silva, Hermano Ribeiro da.
Ribeiro de Andrade Fernandes, João Batista. See Ribeiro, João.
Ribeiro de Assis Bastos, Uacury. See Bastos, Uacury Ribeiro de Assis.
Ribeiro de Barros, Fausto. See Barros, Fausto Ribeiro de.
Ribeiro de Castro Filho, J. See Castro Filho, J. Ribeiro de.
Ribeiro de Faria, Idelma. See Faria, Idelma Ribeiro de.
Ribeiro de Lessa, Clado. See Lessa, Clado Ribeiro de.
Ribeiro de Oliveira, Arthur. See Oliveira, Arthur Ribeiro de.
Ribeiro de Sá, A. de. See Sá, A. de Ribeiro de.
Ribeiro de Sousa, Iéte. See Sousa, Iéte Ribeiro de.
Riveiro de Sousa, José, Luiz. See Sousa, José Luiz Ribeiro de.
Ribeiro do Val, Waldir. See Val, Waldir Ribeiro do.
Ribeiro Filho, Domingos. 2:2906
Ribeiro Filho, Raymundo. 14:1533
Ribeiro Kunz, Eloa. See Kunz, Eloa Ribeiro.
Ribeiro Lamego, Alberto. See Lamego, Alberto Ribeiro.
Ribeiro Leuzinger, Victor. See Leuzinger, Victor Ribeiro.
Ribeiro Lira, José. See Lira, José Ribeiro.
Ribeiro Lopes, Murilo. See Lopes, Murilo Ribeiro.
Ribeiro Neto, Demétrio. 12:1474
Ribeiro Neto, Pedro Antônio de Oliveira. 7:5012; 12:2929; 26:2068; 28:2633
Ribeiro Pontes, Tiago. See Pontes, Tiago Ribeiro.
Ribeiro Sampaio, Francisco. See Sampaio, Francisco Ribeiro.
Ribeiro Soares, Maria Tereza. See Soares, Maria Tereza Ribeiro.
Ribeiru Kabral, Dumingus. See Kabral, Dumingus Ribeiru.
Riber, Lorenzo. 20:4892, 4897
Ribera, Adolfo Luis. 14:676, 677; 20:922, 923, 2795
Ribera, Víctor. 23:4223
Ribera Bernárdez, Joseph. 11:2041
Ribera Chevremont, Evaristo. 10:3799; 12: 2665; 16:2650; 17:2471; 20:4106
Ribero, Juan de. 20:2732
Ribeyro, Julio Ramón. 20:3979; 24:5272 5273; 28:1933
Ribeyrolles, Charles. 7:698
Ribón, Segundo Germán. 9:735
Ribot, Th. 12:3543

Ricard, Robert. 1:667, 790; 2:11; 1692, 1863; 3:176, 2362, 2363, 2835; 4:2608; 5:358, 359, 1635, 1636, 2427, 3179a; 10:2600; 13:1224, 1339; 14:2310; 16:1507; 17:2298; 18:1726a; 19:4610; 24: 4470, 5010
Ricardi, R. 4:1954
Ricardo, Aristides. 3:1476; 7:1825
Ricardo, Cassiano. 4:3378, 3426; 5:3167; 6:3596a, 4347; 7:2425, 2577; 8:3447; 13:2313, 2354, 2355; 16:2914; 19:4026, 5287, 5348, 5349; 21:4393, 4394; 23: 5519; 25:1319, 4608, 4739, 4711; 26:2072; 28:2400a, 2591a, 2591b
Ricardo, G. D. 8:3528
Ricardo, Jacy G. 12:2930
Ricardo, Víctor G. 16:2380, 2381, 17:2061
Ricardo Tello, Luis A. 2:2017
Ricart, Elpidio E. 8:2355, 3009
Ricaurte, José Eusebio. 26:1008
Ricaurte Montoya, Alberto. 5:1102; 10: 1067
Riccardi, Antonio. 17:618
Riccardi, Riccardo. 2:1128; 7:2280, 16:1128
Ricci, Denis de. 19:5580
Ricci, Julio. 28:1622-1624
Ricci, T. R. 27:2839
Ricciardi, Renzo. 27:3204
Riccio, Gustavo. 21:4119
Riccio, Osalda Beatriz Rovelli de. 12: 1157
Rice, Elizabeth Ann. 23:3316
Rice, Mary L. 18:1283
Rich, Furne. 27:1480
Rich, John Lyon. 7:2333, 8:349, 2418; 11:1584
Richard, Paul. 7:5082
Richard, Robert. 19:3394
Richards, A. R. 11:1655
Richards, Annette H. 19:156, 157
Richards, Horace G. 3:119
Richards, Paul Westmacott. 18:1236
Richards, Stanley. 28:2653a
Richardson, Ernest Cushing. 1:664
Richardson, Francis B. 6:310, 454; 8:205
Richardson, Ivan L. 26:73
Richardson, Lewis C. 15:127
Richardson, Richard W. 24:1987
Richardson, Robert W. 10:855
Richardson, Ruth, 5:3710; 25:4600
Richardson, W. A. R. 19:4016
Richart, G. 3:2791
Richarz-Simons, Ingeborg. 1:990, 1393; 4:2285
Richberg, Donald Randal. 5:3396
Richers, Raimar. 19:1732
Richert, Gertrud. 2:347; 23:1461
Richman, Irving Berdine. 28:553a
Richmond, Leonard T. 21:4573
Richón-Brunet. 3:442; 4:556; 5:698, 699
Richter, Amy. 7:433
Rickards, Constantine G. 5:275; 9:330, 336a; 10:210b
Rickert, Heinrich. 9:5020; 24:6127, 6128
Ricketson, Oliver G., Jr. 2:59, 1217; 3: 120; 5:2116; 6:311, 2145, 2249
Rickett, Harold William. 13:1290
Ricketts, C. A. 2:330
Ricketts, Patricio H. 24:603
Rico Galán, Víctor. 15:619a
Rico González, Víctor. 14:2221; 15:1481, 1517; 19:3355
Ricome, Pedro. 10:1304
Ricossa, José A. 5:1835; 7:2230; 8:2255; 10: 2083
Ricot, Ernest. 25:498
Ricovery López, Domingo. 20:4991
Riddell, Robert. 25:5745

Riddiford, W. J. 1:316; 2:503, 519; 3:1039, 1064, 1225; 5:920, 956
Ridley, C. S. 5:957
Ridolfi, Roberto. 3:2226
Riedel, Diaulas. 22:5514; 23:3902; 24:5805
Riéffolo Bessone, José F. 12:3037; 16:3022
Riega, Alfonso de la. 16:2329
Riego, Manuel Luis del. 9:2950
Riehl, Herbert. 10:1932; 12:1257; 13:848, 879
Riekel, August. 16:3320
Riemens, Hendrik. 26:97, 357; 27:92, 3133; 28:119a, 492
Riera, Juan María. 5:3072
Riera, Manuel. 6:1614
Riera Aguinagalde, Ildefonso. 17:2343
Riera Fernández, José. 9:1436
Riera Hernández, Mario. 19:2909; 20: 2938; 22:3269
Ries, Maurice. 2:35; 4:134, 135; 6:312; 9:386
Riesco, Carlos. 26:2204; 28:3076
Riesco, Gabriel. 10:119
Riesco, Germán. 16:1959
Riesco Díaz, Dolores. 22:5822
Riesenberg, Felix. 6:2419
Riesenberg, S. H. 16:100
Riestra, Jorge. 25:4385; 26:1645
Rigal, A. 9:4476; 14:3253; 17:2802; 18:2843
Rigal, Remigio. 4:2112
Rigaud, Milo. 19:606
Rigaud, Odette M. 12:284
Riggi, Agustín Eduardo. 4:2113; 10:2084; 13:906; 16:1190
Riggi, María Teresa C. de. 3:1733
Rigoberto Paredes, M. 2:1218
Riguera, Ricardo. 13:1868
Rijken van Olst, H. 19:1457
Rijksuniversiteit, Utrecht. 26:73a
Rijksuniversiteit. Bibliotheek. 27:64
Riley, Beach. 3:443
Riley, Carroll Laverne. 18:16, 2361; 19: 297, 826; 23:330, 861; 24:690; 27:246, 370
Riley, Maude Kemper. 11:595, 606
Rimac. (Administración Comunal.) 9:2542
Rimoli de Faria Dória, Ana. See Dória, Ana Rimoli de Faria.
Rinaldini, Julio. 8:674; 20:1072
Rinchon, Dieudonne, 4:1525
Rincón, Ovidio. 20:3039
Rincón-Calcaño de Pepper, Graciela. 6: 4230; 13:1113, 1663
Rincón Coutiño, Valentín 28:645a
Rincón G., Alcibiades. 13:1390
Rincón Gallardo, Carlos. 5:3514; 11:1445
Rincón y Serna, Jesús. 19:5036
Ringo, Albert Winfred. 20:3672
Ringuelet, Emilio J. 13:907
Rino, Antônio. 9:4380
Río, Alfonso del. 6:4844; 8:2101; 9:1869, 1920
Río, Ángel del. 8:4153; 19:2015; 28:120
Río, Jorge del. 6:4690; 16:3139
Rio, José Pires do. 12:1108
Rio, José Roberto del. 13:2206
Río, Manuel. 8:4868
Río Aldunate, Bernardo del. 2:3078
Río Balmaseda, Joaquín del. 10:920; 18: 2007
Rio Branco, José Maria da Silva Paranhos, Barão do. See Paranhos, José Maria da Silva.
Rio Branco, Djalma. 1:1673
Rio-Branco, Miguel Paranhos de. 20:3251
Rio Branco, Raúl de. 8:3530
Río Carrillo, Pastor del. 5:179, 3354; 6:892; 8:3588, 3628

Río Castillo, José Raimundo del. 1:1633; 6:4744; 13:2520
Río Cisneros, Agustín del. 6:3777
Río Cossa, J. del. 2:2298
Río Govea, Manuel del. 24:3962
Río L., Pedro Eliécer del. 16:2987
Rio Pinho, Maria Luiza Pires do. *See* Pinho, Maria Luiza Pires do Rio.
Rio. Revista Mensual. 12:720
Rio de Janeiro. (Distrito Federal.) Departamento de Geografia e Estatística. 7:1734; 15:1155; 14:1250; 20:1787
Rio de Janeiro. (Distrito Federal.) Diretoria de Estatística Municipal. 4:871
Rio de Janeiro. (Distrito Federal.) Secretaria Geral de Educação e Cultura. 7:1832; 15:1068-1073
Rio de Janeiro. Instituto Histórico e Geográfico Brasileiro. 1:2299
Rio de Janeiro. (Itamaraty.) Arquivos. 1:2300
Rio de Janeiro. (Distrito Federal.) *Prefeitura.* 7:1822; 13:1897; 16:1113; 18:1170
Rio de Janeiro. (Distrito Federal.) Prefeitura. Departamento de Geografia e Estatística. 19:2230
Rio de Janeiro. (Distrito Federal.) Prefeitura. Secretaria Geral de Educação e Cultura. 19:2231
Rio de Janeiro. (Distrito Federal.) Sub-Diretoria de Estatística e Archivo. 2:1603b
Rio de Janeiro (State). Departamento de de Estatística e Publicidade. 4:862
Rio de Janeiro (State). Departamento Estadual de Estatística. 6:1898-1900; 8:1864; 27:2964
Rio Grande do Norte (State). *Constitution.* 2:1582
Rio Grande do Norte (State). Departamento de Estatística e Publicidade. 4:861
Rio Grande do Norte (State). Departamento Estadual de Estatística. 6:1901
Rio Grande do Sul (State). Commissão Estadual de Energia Elétrica. Diretoria dos Serviços Auxiliares de Estatística. 20:2100
Rio Grande do Sul (State). Departamento Estadual de Estatística. 4:863; 6:1896, 1902; 7:1741, 1742; 12:1047; 13:600-602, 991; 20:2075, 2101
Rio Grande do Sul (State). Diretoria de Estatística Educacional. 5:181
Rio Grande do Sul (State). Instituto de Belas Artes. 22:1337
Rio Grande do Sul (State). Instituto Rio Grandense do Arroz. 3:721; 14:1176, 1177; 19:1720
Rio Grande do Sul (State). *Laws, statutes, etc.* 9:2450
Rio Grande do Sul (State). Programa de Erradicão do Analfabetismo. 27:2599
Rio Grande do Sul (State). Secretaria de Educação e Cultura do Estado. 15:1074; 17:1058; 27:2599a, 2599b
Rio Grande do Sul (State). Secretaria de Estado dos Negócios da Fazenda. Gabinete de Orçamento e Finanças. 19:1733; 20:1435-1437
Riobó, J. F. 8:773
Riofrío Villagómez, Eduardo. 1:468; 2:866, 1133; 6:1635; 10:1273; 11:1055, 1056; 13:1922; 15:2076; 22:1494, 1495
La Rioja. *Cabildo.* 9:2911
Ríos, Ángel F. 16:1969
Ríos, Armando L. 21:4849
Ríos, Eduardo Enrique. 5:2431, 2732; 7:2972, 4534; 8:750-752; 9:2829; 10:3585; 16:1803; 21:1962
Ríos, Efraín de los. 14:2128

Ríos, Enrique M. de los. 25:3226
Ríos, Fernando de los. 7:3023; 8:136
Ríos, José. 6:4844
Ríos, José Arthur. 16:3334; 17:1252; 3003, 3048; 18:3185; 19:2303, 2691, 6016, 6074; 21:1757-1759; 22:6044; 23:2029
Ríos, José de Almeida. 23:1943
Ríos, Juan. 14:2966, 20:4229; 26:1871
Ríos, Juan Antonio. 8:2715, 3737; 9:2467
Ríos, Juan E. 12:667
Ríos, Juan Manuel de los. 6:3420
Ríos, N. W. de los. 6:3484
Ríos, Novión de los. 7:4796
Ríos, Pompeyo. 28:1055a
Ríos, Ricardo S. 12:1384
Ríos, Sixto. 22:1002, 1003
Ríos Aponte, Luis E. 16:3140
Ríos Elizondo, Roberto. 21:2326
Ríos Filho, Adolfo Morales de los. 7:689, 690; 8:849, 954a; 11:1367; 23:1551; 24:4899; 26:293; 28:329, 362
Ríos Gallardo, Conrado. 24:3519; 28:1190
Ríos Igualt, Jorge. 7:857
Ríos Leguiffe, Hernán. 14:3274
Ríos López, Antonio. 20:239; 22:594
Ríos Pagaza, Carlos. 5:2625; 7:3547; 28:1047
Ríos Patrón Luis. 19:4767
Ríos Ríos, Max. 3:3267; 15:2733
Ríos Valdivia, Alejandro. 12:1553
Ríoseco Enríquez, Emilio. 11:3654a
Ripa Alberdi, Vicente. 13:2446
Ripa Alberti, Héctor. 28:2095
Ripalda, Hieronymo de. 16:2525
Ripario, Antonio. 8:3093
Ripert, Jorge. 1:1580; 2:3056; 4:4351; 12:3116
Ripley, June E. 25:681
Rípodas Ardanaz, Daisy. 28:1018
Rípodas de Mariluz Urquijo, Daisy. 25:3521
Ripoll, Lila. 14:3092
Ripoll de Río, Eloy. 19:4934
Rippy, James Fred. 1:952, 991, 992, 1143a, 114r; 2:1882; 3:1107, 2510, 2511, 2918, 2958; 3016, 3102; 4:3277, 3554, 3555, 3611; 5:1967, 3375; 6:2415, 2798, 3245, 3778; 7:858, 859, 2074, 3733; 8:3658; 9:3178, 3219, 3317, 3474; 10:856, 2430, 2431; 11:1941, 2519; 12:995; 13:1160, 1161, 1185; 4:867-872, 1737, 2192; 15:1390, 1778; 17:548, 18:595, 596, 1961, 1986; 20:2879; 21:1315, 3405, 3439; 22:2810, 4034, 4035; 23:1698; 24:1960, 1961; 25:2661; 27:1786
Rippy, Merrill. 17:933; 19:1964; 24:3963
Riquelme, Andrés. 24:4331; 26:1174
Riquelme, Daniel. 3:2693; 4:4011
Riquelme, Eugenio. 15:820
Riquelme, Víctor B. 12:2991; 15:2632
Riquelme García, Benigno. 17:1805
Riquelme Inda, Julio. 11:785; 12:1270
Riquelme Salar, José. 13:1225
Riquelme Vértiz de Rejón, Dolores. 20:1960
Risco, Alberto. 1:791
Risio, Ángel Fausto di. 24:6109
Risolía, Marco Aurelio. 6:4603, 12:3100; 23:4573
Risolía, Vicente A. 22:3505
Risopatrón B., Oscar. 9:2279; 14:1068
Risopatrón M., Daniel. 9:1576
Rísquez, Eduardo. 6:2029
Rísquez, Francisco A. 5:3515; 6:4751
Risso, Romildo. 10:3796; 14:2881; 15:2272; 21:4120

Risso Domínguez, Carlos. 5:4225
Risso Patrón, Roberto. 27:2165
Rister, Carl Coke. 11:2362
Ristow, Walter W. 28:860a
Ritchie, John. 9:553
Ritchie de Key, Mary. 19:656, 673
Ritter, Frederica de. 26:826
Ritter, Ulrich P. 27:2276
Rittlinger, Herbert. 22:6162
Ritzenthaler, Robert Eugene. 21:434
Riu, Federico. 23:5858
Ríus Facius, Antonio. 25:3311; 28:1867
Riva-Agüero y Osma, José de la. 1:2013; 2:2299, 3:57, 266, 267, 3064; 4:2873, 3789, 3790, 3810, 3839; 5:418, 2626; 9:3901; 10:2717; 15:1373; 18:1883; 19:4644; 20:5058; 21:2747, 3166
Riva Palacio, Vicente. 11:3266; 12:2575, 2576, 2617; 17:1444
Riva y Patterson, Valentín. 10:3217
Rivadavia, Bernardino. 22:3566
Rivadeneira, Ester. 5:1577
Rivadeneyra Barrientos, Antonio. 6:2946
Rivanera, José J. 20:4539; 27:3751
Rivano, Juan. 21:4835; 22:5890, 5891; 24:6102; 25:5363, 5375, 5398; 28:3228, 3229, 3364
Rivarola, Horacio Carlos. 2:1144a; 4:2219; 10:1479; 14:1221
Rivarola, Jorge Víctor. 4:1053; 6:4691
Rivarola, Mario Alberto. 1:1600; 10:2318; 21:4574
Rivarola, Rodolfo Juan Nemesio. 1:1394; 2:2200; 5:4097; 7:3474; 8:2001; 10:2318, 2388; 11:3866
Rivarola, Vicente. 18:2117; 19:3814
Rivas, Atilo. 6:2734
Rivas, Fernando. 25:4413
Rivas, Guillermo. 2:348, 418, 420, 425, 432; 3:471; 4:517, 562; 5:700, 701, 710, 718; 6:810, 811, 817; 9:766, 795, 796, 829, 832; 10:652-656, 694; 11:621, 652, 653; 15:620; 23:1494
Rivas, José M. 20:3573
Rivas, Luis Antonio. 10:411
Rivas, Pedro. 4:2711; 3677; 19:84; 20:1016
Rivas, Raimundo. 2:2018, 2724; 4:2874, 2875, 2905; 5:2550, 2733; 10:2432, 2811; 25:3729
Rivas, Reyna. 22:5186
Rivas Andrade, Aristeo. 19:2927
Rivas Bonilla, Alberto. 24:5222
Rivas Camacho, Santiago. 9:1297
Rivas Castillo, Alfredo. 22:4953
Rivas Groot, Evaristo. 2:2725
Rivas Groot, José María. 2:2701, 2725; 18:695
Rivas Opstaele, Carlos. 11:813
Rivas Putnam, Ignacio. 10:320; 21:56
Rivas Rivas, José. 23:5057; 26:1049-1051; 27:3572
Rivas Sacconi, Jesús Medardo. 11:2520
Rivas Sacconi, José Manuel. 12:2423, 2424; 13:2123; 14:2930; 15:1554, 2210; 16:2526; 18:2408
Rivas Sáinz, Arturo. 17:2299, 2500; 19:4957
Rivas Vicuña, Francisco. 2:2019, 2019a; 4:2963, 2964; 6:3106
Rivas Vicuña, Manuel. 28:1191
Rivasseau, Emilio. 7:545
Riveaux Villalobos, Sergio. 20:2777, 2778; 22:2836
Riveira Avendaño, José. 10:1067
Rivera, Abraham. 7:1094
Rivera, Alberto. 22:4641

Rivera, Ángel. 10:2701; 24:5048
Rivera, Antonio. 18:1798a, 1799; 20:1719, 2969, 2969a
Rivera, Antonio C. 3:2010
Rivera, Bueno de. 14:3072
Rivera, Daniel. 4:1226
Rivera, Diego. 2:427, 429; 3:478; 6:819; 9:797, 827; 14:834; 16:544; 18:493
Rivera, Edith. 18:2638; 21:4166
Rivera, Fernando C. 8:1109
Rivera, Fructuoso. 5:548; 7:623
Rivera, Guillermo. 6:3937; 9:3982
Rivera, Héctor A. 13:2644, 2645
Rivera, Héctor M. 19:5092
Rivera, Hugo Ernst. 4:2254; 12:2362
Rivera, Jorge Eduardo. 28:3321
Rivera, José Eustasio. 1:2123; 2:2803; 4:4094; 5:3795; 8:4083; 20:4107
Rivera, Julio M. 16:1383
Rivera, Leónidas. 24:4388
Rivera, Nicolás. 23:1406
Rivera, Osvaldo P. 1:953
Rivera, Papito. 12:285
Rivera, Raúl. 21:4121
Rivera, Rodolfo Osvaldo. 1:953; 2:2020; 5:195; 6:4788; 7:5404; 8:4709; 12:3320
Rivera, Vicente. 13:783
Rivera, William M. 23:1475
Rivera Blin, Raúl. 7:860
Rivera Cáceres, Nicanor. 3:1461; 10:1626; 17:1011
Rivera Cambas, Manuel. 23:3317, 3318; 24:3964; 25:3312
Rivera Contreras, Francisco. 18:2979a
Rivera de Álvarez, Josefina. 21:3840; 23:5381
Rivera Indarte, José. 14:2237
Rivera Jiménez, Pedro. 23:3319
Rivera Marín, Guadalupe. 19:1908, 1909, 3646; 21:1490
Rivera Martínez, Prudencio. 6:1127
Rivera Mena, Rogelio 28:701
Rivera Morillo, Humberto. 25:4264
Rivera Muñoz, Orlando. 14:1521
Rivera P. C., José. 4:3638
Rivera R., José. 17:879
Rivera Reyes, J. 2:2441
Rivera Rivera, Julio. 20:2970
Rivera Ruiz, Jorge. 12:3326
Rivera-Santos, Luis. 9:1159a
Rivera Serna, Raúl. 16:1732; 17:1622; 20:3075; 23:3653, 3726; 26:74; 27:65, 65a, 2883, 28:919, 919a, 1047a
Rivera Silva, Manuel. 10:4005; 22:4599
Rivera y Garrido, Luciano. 2:2726
Rivera y Moncada, Fernando Javier de. 26:481
Rivera y Sanromán, Agustín. 28:646
Rivera y Villalón, Pedro de. 11:2042; 12:1782
Rivero, Adolfo. 27:3436
Rivero, Edmundo Leonel. 28:1609
Rivero, Francisco H. 3:2084; 4:2463
Rivero, M. C. 6:3888
Rivero, Pedro. 9:4019
Rivero, Rafael. 11:1409
Rivero, Roberto R. 8:1985
Rivero Agüero, Andrés. 24:4063
Rivero Astengo, Agustín. 2:2201; 3:2665; 5:2948; 6:3421; 13:1614
Rivero Carvallo, José. 26:492
Rivero Cordero, Héctor. 22:2293
Rivero de la Calle, Manuel. 19:266; 22:230; 24:479; 27:1529
Rivero del Val, Luis 18:1962
Rivero Iturralde, Gregorio. 21:4122

Rivero Muñiz, José. 17:1558; 18:3308; 23: 3443; 26:768; 28:793; 793a
Riverón Hernández, Francisco. 22:5169; 23:5153
Riveros, Bernabé. 9:2477
Riveros Tula, Aníbal M. 21:2774; 22:3504; 24:4154
Rivet, Paul. 4:347; 5:210, 495; 9:174, 213, 424, 502, 503, 545; 10:412; 11:439; 12:104; 13:344, 345; 14:569; 16:400; 17:332, 355, 387; 18:360; 19:83, 819, 820; 20:51, 712, 712a; 21:696; 22:963; 23:147
Riviere, Rolando M. 3:1358
Rivodó, Ermelindo. 14:2931
Rix-Proa, *pseud.* 8:597
Rizo Oyanguren, Armando. 13:2559
Rizzi, Miguel Ángel. 2:3057; 4:4478; 11:2321
Rizzini, Carlos. 13:44
Rizzini, Carlos Toledo. 27:2964a
Rizzuto, Francisco Antonio. 3:747; 7:3755; 8:1020; 25:3656
Rizzuto, Miguel Alfredo. 3:1791q
Roa, Armando. 9:4913; 16:3256; 25:5376
Roa, Carlos. 19:3473
Roa, Jorge. 1:1741; 4:3695; 5:3440; 6:3739; 7:5349
Roa, Ramón. 16:1875
Roa, Raúl. 5:3275; 9:4094; 15:2258; 24:3545; 26:769; 28:794, 794a, 1919
Roa Bárcena, José María. 13:1543
Roa Bastos, Augusto Antonio. 9:4078; 23:5008; 26:1750; 28:1955, 1980
Roa Carrasco, Fernando. 12:3266
Roa González, Luis. 18:2180
Roa y Ursúa, Luis de. 2:2300; 11:2182; 12:1933
Robalino Dávila, Luis. 14:2199; 15:1756-1758; 28:1040a
Robaux, Albert. 19:2619
Robayo, Luis Alfredo. 15:2744
Robb, J. D. 24:5921
Robb, James Willis. 25:4265
Robbins, Frank E. 18:1701a; 27:1481, 1481a
Robbins, J. Stanton. 10:857; 12:1366
Robbins, Richard. 22:6026
Robe, Stanley L. 3:3442; 14:2600; 19:674, 4541; 24:4772; 25:3951
Robelo, Cecilio Agustín. 14:2600a; 27:825
Robert, Henri. 4:4381; 6:4462; 7:5083
Robert H. Lowie Museum of Anthropology, *Berkeley.* 24:592
Robert Woods Bliss Collection of Pre-Columbian Art, *Washington, D. C.* 27:371
Robertis, Víctor de. 7:5443
Roberto, Marcelo. 8:936
Roberts, Carlos. 4:3003; 7:3078, 3156
Roberts, Edwin A., Jr. 27:93, 1787
Roberts, Frank H. H., Jr. 3:200; 6:274, 9:214
Roberts, George Woodrow. 27:1094, 1542, 2711
Roberts, Henry L. 26:74a
Roberts, John M. 25:512
Roberts, Kenneth. 9:4371
Roberts, L. M. 18:1257
Roberts, Lydia Jane. 15:2104
Roberts, Orlando W. 28:728
Roberts, R. C. 8:2388
Roberts, Robert E. T. 14:313
Roberts, Sarah Elizabeth. 7:192; 10:3311; 11:2753; 24:5902
Roberts, Walter Adolphe. 6:2799, 3824; 7:906; 8:2341, 2342; 14:55; 18:2028-2030; 19:6621
Roberts, William H. 25:4509; 28:82, 1625
Robertson, Donald. 21:57; 22:595; 23:964, 965, 1382; 25:1191; 26:115, 159-161; 27:173, 826, 827
Robertson, G. P. 13:1680

Robertson, Glory. 28:806
Robertson, James A. 1:792; 2:1617; 4:2712; 5:2333
Robertson, John Parish. 13:1680
Robertson, Thomas A. 13:1544
Robertson, William Spence. 3:2656; 4:2965; 5:2673; 6:3825; 7:3157, 3158, 3530; 9:2624, 3078, 3318; 10:2886; 11:2528; 13:1545; 18:1963; 26:358; 28:473a
Robertson de Otayza, Eva María. 23:2817
Robertson V., Consuelo. 7:580
Robillard de Marigny, Elza. *See* Marigny, Elza Robillard de.
Robin, Louis. 12:523, 524
Robina, Lucía de. 26:569; 28:646a
Robina, Ricardo de. 21:96; 23:1383
Robinson, A. R. 23:1270
Robinson, Cecil. 28:1804
Robinson, David A. 27:4185
Robinson, Harry. 27:2694
Robinson, Helene M. 6:2294
Robinson, J. H. 6:4463
Robinson, Jeremy. 4:3004
Robinson, Walton L. 3:2883
Robinson, William A. 2:1386
Robinson, William Davis. 26:951
Robinson Pérez, Lillian. 19:438
Robiou, José Ramón. *See* Robiou, Teté.
Robiou, Teté. 25:4337
Robirosa, Lucio A. 21:2236
Robledo, Emilio. 1:2014; 2:2518; 3:1591; 4:3754; 9:1858; 11:2217; 15:1555; 16:2501; 20:2733-2733b; 21:222, 3658; 24:4354, 4773; 25·3474
Robledo González, Carlos. 14:3389
Robledo Uribe, Emilio. 11:3629; 12:3187 23:4628
Robles, Antonio de. 12:1783
Robles, Fernando. 2:2113; 5:895; 6:4147, 4148; 17:2413
Robles, Gonzalo. 4:1364; 8:1059; 10:858, 921; 13:446; 18:994a, 995; 20:1554; 21:1491
Robles, J. Humberto. 26:1872
Robles, Optulio de. 7:3967
Robles, Oswaldo. 7:5674, 5675; 8:4846, 4894; 9:3772, 4939; 11:3007; 12:3472; 13:2733, 2734, 2770; 14:3424, 3444; 15:2915; 16:2553, 3283; 17:2888; 18:3059, 3072; 21:4799; 22:5840; 26:2363
Robles, Vito Alessio. 19:3356
Robles Castillo, Aureno. 5:3764
Robles de Cardona, Mariana. 22:3218
Robles Gil, Carlos. 1:1609
Robles Guzmán, Jorge. 13:2459
Robles Ramos, Ramiro. 7:981; 8:2286; 14:1351
Robles Rodríguez, Eulogio. 6:2115a; 8:2195
Robles Uribe, Carlos. 25:720; 27:973
Robles y Chambers, Pedro. 2:2021; 3:2307-2309; 5:2576; 7:3044; 18:1884
Robles Zárate, Alfredo. 28:701a
Robleto, Hernán. 1:1059; 3:3377; 10:3674; 17:3152; 20:3980
Robock, Stefan Hyman. 20:1438; 24:2082; 27:2368, 2368a
Robreño, Eduardo. 26:1916
Roca, Amalia. 23:1288
Roca, Angelina S. de. 27:4186
Roca, Blas. *pseud.* 5:2079; 9:2489; 10:2352; 23:2906, 2915, 2916; 24:3546; 25:2797-2799, 3423, 3424; 27:3387; 28:795, 795a
Roca, C. Alberto. 25:4018
Roca, Deodoro. 20:2232
Roca del Campo, Antonio. 7:4663
Roca Sánchez, Pedro Erasmo. 1:483, 483a; 2:880; 27:3533

Rocafuerte, Vicente, 13:1154; 1649, 1650
Rocca, Esteban D. 19:904
Rocca, Miguel U. 15:2107
Rocchetti, Giuseppe. 16:1235; 22:2545
Rocco, Armando M. 11:965
Rocco, Orlando. 18:2862
Rocco, Ugo. 5:4145
Roces, Wenceslao. 9:5008; 10:4568; 11: 3928; 15:2931, 2963; 19:5807, 5812; 20: 4881, 4889a; 22:5902; 24:6126
Rocha, Alberto da. 4:335
Rocha, Álvaro Dias da. 4:773
Rocha, Antonio. 6:4572; 8:1495; 10:1585, 3783
Rocha, Athos. 3:623
Rocha, Augusto da. 2:349; 3:3624, 3625
Rocha, Beatriz. 20:4385
Rocha, Clovis Paulo da. 11:3565
Rocha, Daniel. 28:2661
Rocha, Domingos Fleury da. 20:2102
Rocha, Erasmo Logano. 5:2150
Rocha, Euzébio. 15:721
Rocha, Federico A. 9:1437
Rocha, Francisco Brochado da. 6:4507
Rocha, Francisco Gomes da. 17:2827
Rocha, Geraldo. 3:570; 6:1664, 2509; 15:1898
Rocha, Germano Carvalho. 9:2451
Rocha, Glauber. 28:367, 367a
Rocha, J. Tavares da. 12:3044
Rocha, João Gomes da. 8:3550
Rocha, Joaquín. 4:367
Rocha, Jones. 20:4386
Rocha, José Fiusa da. 5:1650; 6:2485
Rocha, José G. 5:2428, 2429, 2457, 2458; 6:2947
Rocha, José Joaquim de. 1:1340
Rocha, Lauro Lacerda. 27:3868
Rocha, Leduar de Assis. 24:4471
Rocha, Levy. 24:4534
Rocha, Lúcia Maria G. Ito. 23:1305
Rocha, Luiz Marcondes. 28:2541
Rocha, Maria Luiza Franco da. 6:3597
Rocha, Mário Augusto da. 16:592, 593
Rocha, Orlando. 6:4465
Rocha, Prudêncio. 28:1261
Rocha, Rubem. 7:4979
Rocha, Rui Albertino Nunes da. 13:1183
Rocha, Sóstenes. 13:1546
Rocha, Tadeu. 26:1283
Rocha, Víctor S. 14:1352, 1444
Rocha Almeida, Antônio da. See Almeida, Antônio da Rocha.
Rocha Barrêto, A. See Barrêto, A. Rocha.
Rocha Batalha, Jair. See Batalha, Jair Rocha.
Rocha Cabral, João C. da. See Cabral, João C. da Rocha.
Rocha Castilla, Cesáreo. 12:3394
Rocha de Freitas, Zoraide. See Freitas, Zoraide Rocha de.
Rocha de Mello e Souza, Gilda. See Souza, Gilda Rocha de Mello e.
Rocha Diniz, Osório da. See Diniz, Osório da Rocha.
Rocha Fagundes Júnior, João Peregrino da. See Peregrino Júnior.
Rocha Ferreira. 1:2189
Rocha Filho, José Simplicio da. 1:2150; 4:1760; 17:2642
Rocha Lagoa, José da. See Lagoa, José da Rocha.
Rocha Martins, Francisco da. See Martins, Francisco da Rocha.
Rocha Miranda, Edgar da. See Miranda, Edgar da Rocha.
Rocha Netto, Bento Munhoz da. 14:68; 23:2891; 27:4251

Rocha Nobre, Erico da. See Nobre, Erico da Rocha.
Rocha Nunes. 3:2836
Rocha Penteado, Antônio. See Penteado, Antônio Rocha.
Rocha Sánchiz, Héctor. 10:1574
Rocha Werneck, Heloisa Cabral da. See Werneck, Heloisa Cabral da Rocha.
Rochac, Alfonso. 3:1085; 4:567; 5:965; 8:1225, 1226; 10:988; 17:619
Rochambeau, Donatien Marie Joseph de Vimeur. 23:6311
Rochat, Joyce, 22:5585
Roche, Jean. 9:2160; 19:2692-2694; 22:2546; 23:2715-2717; 25:3859; 27:2369
Rochefort, César de. 7:425
Rochefort, Michel. 23:2718, 2719; 27: 2965
Rochereau, Enrique J. 20:713
Rochereau, R. P. H. J. 5:531; 25:566
Roco del Campo, Antonio. 5:182, 1889, 2525, 3765; 6:2140
Rocque, Geraldo de la. 27:3838
Rocuant, Miguel Luis. 1:2071; 28:2248
Rodarte. F. 6:3320
Rodas, Flavio N. 4:227; 6:389
Rodas Corzo, Ovidio, 4:227; 6:389
Rodas Cruz, Manuel. 19:1445
Rodas Eguino, Justo. 4:3695a; 5:3033
Rodas M., Joaquín. 2:2139; 28:754
Rodes, Basil C. 1:434
Rodil y Gayoso, José Ramón. 21:3167
Rodman, Hyman. 23:654
Rodman, Selden. 14:810; 17:486; 19:6622; 22: 6136; 24:4046; 26:784a; 28:819
Rodó, José Enrique. 1:2015; 2:2268, 2812; 5: 3796; 8:3193; 9:3900; 16:2588; 23:4836; 26: 1514; 28:125
Rodrigo, Saturnino. 5:1558; 8:1636, 4062
Rodrigo, Júnior. See Oliveira, João Baptista Carvalho de.
Rodrigues, Antônio Ferreira. 10:3916
Rodrigues, Arion dall'Igna. 14:518; 20:713a; 21:697; 22:907; 25:3952
Rodrigues, Chiquinha. See Rodrigues, Francisco Pereira.
Rodrigues, Dilke de Barbosa. 3:3534
Rodrigues, Dirceu A. Victor. 14:3313; 27: 3665, 3740
Rodrigues, Edith Porchat. 20:3252
Rodrigues, Eduardo Lopes. 10:1411; 20:1439
Rodrigues, Edward. See Silva, João Edward Rodrigues.
Rodrigues, Félix Contreiras. 1:1290; 3:3558; 22:5517
Rodrigues, Francisco Pereira. 3:571, 1687; 4:1761 2269; 19:2304; 20:4387
Rodrigues, Hélio. 12:3110
Rodrigues, João Batista Cascudo. 26:1214
Rodrigues, Jorge. 6:3598
Rodrigues, Jorge Martins. 2:982, 1039-1041, 1096, 1097; 3:689, 4:664; 1848; 10:1383, 1446
Rodrigues, José Albertini. 23:1944
Rodrigues, José Albertino R. 18:3268
Rodrigues, José Carlos. 1:2283
Rodrigues, José Honório. 5:3952; 6:3599; 8:3438, 3448, 3449, 3531; 12:2188, 2189; 13:1698; 15:1818, 1857; 16:2061; 17:1875; 18:2158; 19:4058; 20:3240, 3253; 21:1410, 3334; 22:3820, 3852, 3853, 3882; 23:3915, 3929; 24:4435, 6339; 25:2748, 2749, 3860; 27: 1245, 3297-3297c; 28:1262, 1262a, 1320
Rodrigues, José Wasth. 9:890; 10:737; 12: 695, 696; 14:2266; 16:564; 18:544, 545; 19:1228
Rodrigues, Lauro. 10:3911; 12:2932

Rodrigues, Leda Maria Pereira. 25:3798
Rodrigues, Lúcio Martins. 2:1692a
Rodrigues, Lysias Augusto. 8:2569; 9:4197; 12:1504; 13:1007; 19:2720; 21:3305
Rodrigues, Marcello Ulysses. 7:5228; 22:4664
Rodrigues, Milton da Silva. 4:1765; 7:1826; 10:1454; 14:40, 598, 1248; 24:4774; 27:2600, 2626a
Rodrigues, N. 2:1225
Rodrigues, Nelson. 14:3076; 25:4729; 26: 2005, 2006, 2078a
Rodrigues, O. Calasans. 7:699
Rodrigues, Paulo. 22:5518; 25:4750; 28: 2542
Rodrigues, Raul Oliveira. 24:4535
Rodrigues, Sílvio. 4:4245; 10:3889; 25:4058
Rodrigues, Wilson Woodrow. 7:5014; 15:2552; 18:2810
Rodrigues Alves Filho, Francisco M. See Alves Filho, Francisco M. Rodrigues.
Rodrigues Arruda, José. See Arruda, José Rodrigues.
Rodrigues Barata, Francisco José. See Barata, Francisco José Rodrigues.
Rodrigues Barbosa, José. See Barbosa, José Rodrigues.
Rodrigues Barbosa, Raymundo. See Barbosa, Raymundo Rodrigues.
Rodrigues Cabral, Oswaldo. See Cabral, Oswaldo Rodrigues.
Rodrigues da Fonseca Filho, Hermes Rodrigues da. See Fonseca Filho, Hermes Rodrigues da.
Rodrigues de Alckmin, José Geraldo. See Alckmin, José Geraldo Rodrigues de.
Rodrigues de Almeida, Dimas. See Almeida, Dimas Rodrigues de.
Rodrigues de Azevedo, Antônio. See Azevedo, Antônio Rodrigues de.
Rodrigues de Brito, João. See Brito, João Rodrigues de.
Rodrigues de Brito Filho, Francisco Saturnino. See Brito Filho, Francisco Saturnino Rodrigues de.
Rodrigues de Figueiredo, Adelpha Silva. See Figueiredo, Adelpha Silva Rodrigues de.
Rodrigues de Mello, A. See Mello, A. Rodrigues de.
Rodrigues de Mello, Astrogildo. See Mello, Astrogildo Rodrigues de.
Rodrigues de Rezende Filho, Gabriel José. See Rezende Filho, Gabriel José Rodrigues de.
Rodrigues de Senna, José. See Senna, José Rodrigues de.
Rodrigues de Sousa, Nicolino José. See Sousa, Nicolino José Rodrigues.
Rodrigues de Souza, Manoel. See Souza, Manoel Rodrigues de.
Rodrigues do Prado, Francisco. See Prado, Francisco Rodrigues do.
Rodrigues Doria, José. See Doria, José Rodrigues.
Rodrigues dos Anjos, Augusto Carvalho. See Anjos, Augusto Carvalho Rodrigues dos.
Rodrigues Ferreira, Alexandre. See Ferreira, Alexandre Rodrigues.
Rodrigues Ferreira, H. Lopes. See Ferreira, H. Lopes Rodrigues.
Rodrigues Ferreira, Manoel. See Ferreira, Manoel Rodrigues.
Rodrigues Freire, José. See Freire, José Rodrigues.
Rodrigues Lapa, Manuel. See Lapa, Manuel Rodrigues.
Rodrigues Leite, Francisco. See Leite, Francisco Rodrigues

Rodrigues Lima, Mário S. See Lima, Mário S. Rodrigues.
Rodrigues Lima, Rubens. See Lima, Rubens Rodrigues.
Rodrigues Maio, Celeste. See Maio, Celeste Rodrigues.
Rodrigues Migueis, José. See Migueis, José Rodrigues.
Rodrigues Pereira, Lafayette. See Pereira, Lafayette Rodrigues.
Rodrigues Pereira, Renato Barbosa. See Pereira, Renato Barbosa Rodrigues.
Rodrigues Pimenta da Cunha, Euclydes. See Cunha, Euclydes da.
Rodrigues Silva, João Edward. See Silva, João Edward Rodrigues.
Rodrigues Till, E. See Till, E. Rodrigues
Rodrigues Valle, J. See Valle, J. Rodrigues.
Rodrigues Vidal, Valdomiro. See Vidal, Valdomiro Rodrigues.
Rodríguez, Alberto. 9:4676; 12:3342
Rodríguez, Alberto, h. 18:2548
Rodríguez, Alexis. 19:272
Rodríguez, Amalia A. 28:784
Rodríguez, Ángel. 6:3438, 3826.
Rodríguez, Antonio F. 14:1522
Rodríguez, Antonio L. 19:1983
Rodríguez, Augusto A. 24:5927
Rodríguez, Augusto G. 16:1940; 28:1132
Rodríguez, Blanca Luz de. 26:1369
Rodríguez, Blas E. 9:337
Rodríguez, C. 2:1216
Rodríguez, Carlos J. 1:1488; 3:3705; 6: 4546; 9:3273; 27:3205
Rodríguez, Carlos Rafael. 6:2640, 3920; 27:2032
Rodríguez, Cayetano Armando. 4:2920; 19: 3382a
Rodríguez, Cristóbal. 8:2796
Rodríguez, Emilio Gaspar. 4:2345
Rodríguez, Enrique. 22:4681
Rodríguez, Enrique E. 28:1611
Rodríguez, Ernesto Luis. 25:4482
Rodríguez, Eudomario. 4:2475
Rodríguez, Eugenio. 2:1726
Rodríguez, Francisco F. 1:483b
Rodríguez, G. 1:499, 513
Rodríguez, Gastón. 22:4954
Rodríguez, Germinal. 7:3936
Rodríguez, Guillermo C. 5:3812
Rodríguez, Guillermo Héctor. 11:3875; 13:2774
Rodríguez, Gustavo A. 1:793
Rodríguez, Héctor. 27:1597
Rodríguez, Heli. 6:2009
Rodríguez, Herminio. 8:3629
Rodríguez, Hernán. 10:2851; 22:5823; 23: 5888; 24:6138
Rodríguez, Horacio. 26:661
Rodríguez, Isacio R. 25:3072
Rodríguez, Jesús Jordán. 19:2545
Rodríguez, Jesús María. 9:1106
Rodríguez, Joannes Emm. 4:2756
Rodríguez, Joaquín F. 1:1379
Rodríguez, Jorge. 6:1233; 8:1422; 9:1191, 1192
Rodríguez, José Asunción. 4:2465; 5:2209
Rodríguez, José Ignacio. 11:2439
Rodríguez, José Julio. 28:647
Rodríguez, José Santiago. 5:2690; 10: 3263; 25:2860, 3778
Rodríguez, Juan Carlos. 1:345; 6:3806
Rodríguez, Leopoldo Alejandro. 14:182, 321
Rodríguez, Luis A. 3:3092
Rodríguez, Luis Felipe. 4:4012
Rodríguez, Luis I. 17:1342; 25:3313

Rodríguez, M. L. de 23:1284, 1316
Rodríguez, Manuel del Socorro. 21:3718
Rodríguez, Manuel Eduardo. 23:2900
Rodríguez, Manuel Tomás. 12:292
Rodríguez, Marco Tulio. 28:1036a
Rodríguez, Mario. 20:2796; 22:3854; 28:754a-756
Rodríguez, Mario Augusto. See Augusto, Mario.
Rodríguez, Martín. 6:2370; 8:3094
Rodríguez, Miguel. 3:1734; 4:2063, 2082; 22:2373
Rodíguez, Odile, 11:490, 3753a, 3736
Rodríguez, Ramón. 24:5450
Rodríguez, Ramón R. 22:1422
Rodríguez, Renato. 8:2829
Rodríguez, Reynaldo F. 22:2412
Rodríguez, Simón. 8:3170; 12:1877; 19:3918; 20:3107; 23:3718
Rodríguez, Sócrates S. 3:959
Rodríguez, Valmore. 16:1388
Rodríguez, Yamandú. 6:4149
Rodríguez-Abascal, Pedro. 19:3751, 3752
Rodríguez, Acosta, Ofelia. 19:4935
Rodríguez Adame, Julián. 5:896; 11:746; 13:482; 15:821; 18:996; 19:1964a
Rodríguez Aguilar, Manuel. 16:931, 1002
Rodríguez-Alcalá, Hugo. 16:2766, 2775; 18:2639; 3100; 20:4794, 4795; 21:4780; 22:4984, 5824, 5841; 23:5177, 5834, 5859; 24:6068; 25:5377; 26:2288, 2289; 28:1868, 2195
Rodríguez Alcalá, José. 1:993
Rodríguez Aldave, Alfonso. 6:3277
Rodríguez Altunaga, Rafael. 19:3753; 10:4572
Rodríguez Álvarez, José Rodolfo. 1:1582; 12:3119
Rodríguez Aragón, Ismael. 9:215; 10:3456
Rodríguez Aranda, Luis. 20:4883; 21:4859; 22:5909
Rodríguez Araya, Agustín. 20:2294, 4506
Rodríguez Arce, J. Ramón. 5:1968; 6:2075, 3827
Rodríguez Árias, Julio C. 5:1179a, 1234, 1260, 6:4501, 4640; 9:1397, 2407; 11:3516
Rodríguez Árias Bustamante, Lino. 27:2477, 3624
Rodríguez Arzúa, J. 13:1226
Rodríguez B., Orlando. 28:2377
Rodríguez Ballesteros, José. 13:1513; 17:1812
Rodríguez Barragán, Nereo. 10:2775; 13:1162; 16:511; 23:3320
Rodríguez Berroeta, Pedro. 5:2200; 7:2737; 8:2823
Rodríguez Beteta, Virgilio. 1:1104, 1953; 2:2140; 3:3093; 7:261; 15:1927; 16:175; 17:2005; 23:3371; 25:3211; 26:504; 28:756a
Rodríguez Bou, Ismael. 14:1318; 18:1111; 20:1720
Rodríguez Bustamante, Norberto. 12:3473; 15:2881; 23:5835; 24:6084, 6085; 25:3575
Rodríguez C., Fabio T. 16:3070
Rodríguez Cabal, Juan. 1:794; 2:1823; 18:1775a; 21:2589; 26:505; 28:728a
Rodríguez Cabrillo, Juan. 14:1836
Rodríguez Calzadilla, Leandro E. 12:2049
Rodríguez Campos, Alfonso. 15:915
Rodríguez-Cárdenas, Manuel. 4:4059
Rodríguez Casado, Vicente. 7:2973, 3109; 8:3010, 3011; 13:1401, 1435; 15:1573; 16:1508; 17:1493; 18:1727; 21:3167
Rodríguez Casals, C. 4:1492
Rodríguez Castell, Esteban. 2:361
Rodríguez Castellano, José María. 22:2904
Rodríguez-Castellano, Juan. 14:2601
Rodríguez Castelo, Hernán 28:2378
Rodríguez Castro, Francisco. 8:2658; 15:2646
Rodríguez Cerna, José. 4:2906, 3556; 5:2799, 3276; 9:3475; 10:3268; 11:3085; 20:2880
Rodríguez Chávez, Elisa. 28:1912
Rodríguez Chicharro, César. 28:2249
Rodríguez Cisneros, Manuel. 22:1801
Rodríguez Colina, Leandro. 15:1629; 16:1860
Rodríguez Crespo, Pedro. 28:1042a
Rodríguez de Aguilar, Manuel. 8:2287
Rodríguez de Figueira, Dyothime N. 27:671
Rodríguez de Ginocchio, Mercedes. 7:3937
Rodríguez de la Sotta, Héctor. 2:823
Rodríguez de la Torre, Miguel A. 14:1599
Rodríguez de la Vega, Vinicio. 11:102
Rodríguez de León Pinelo, Antonio. See León Pinelo, Antonio Rodríguez de.
Rodríguez de Magis, María Elena. 28:647a, 702
Rodríguez de Montes, María Luisa. 28:1626
Rodríguez de Ospina, Gloria. 28:3294
Rodríguez del Busto, Francisco. 14:1584
Rodríguez del Busto, N. 1:1171; 2:1899; 8:753
Rodríguez del Valle, Mariana. 25:3212
Rodríguez Delgado, Rafael. 22:908
Rodríguez Demorizi, Emilio. 2:2165, 2787; 4:3117, 3123, 3124, 3811, 4084; 5:2847-2849, 3573, 3578; 6:3122, 3291, 3292; 7:2909-2913, 3378; 8:2160, 2963, 3012, 3899; 9:2830, 3214-3216, 3773, 3831; 10:54, 486, 487, 2786, 2941-2943, 3514; 11:456, 457, 1942, 1942a, 2023, 2042a, 2911, 2952, 12:1784, 1958, 2363, 2364, 2666; 13:1291, 1574, 1575, 2124; 14:2932; 16:2502; 19:3184a, 3394a-3395a, 3754, 3755, 4768; 20:2348, 2349, 2588, 2902, 2939, 2952, 2952a, 3430, 3440, 5070; 21:2632, 2946; 22:3254, 3255, 3276; 23:3035, 3444; 24:3734, 4041, 4064; 25:3425; 26:785; 28:817, 819a, 820, 2086
Rodríguez Demorizi, Silveira R. de. 10:3784; 19:566; 20:3673
Rodríguez Émbil, Luis. 7:3361, 4535; 8:3928; 9:4914
Rodríguez Escobedo, Carlos. 20:4599
Rodríguez Escudero, Néstor A. 26:1580
Rodríguez Eslava, Eduardo. 10:2001
Rodríguez Espinoza, Luis. 5:4113
Rodríguez Expósito, César. 13:32; 16:1876; 18:3309; 20:2924, 2940; 22:3270; 28:796
Rodríguez Fagregat, Enrique, h. 8:3365, 3366; 16:2007
Rodríguez Feo, José. 12:2609
Rodríguez Fernández, Mario. 25:4231; 26:1438a, 1515
Rodríguez Fonnegra, Jaime. 24:4848
Rodríguez Frausto, J. Jesús. 19:3647; 25:3314
Rodríguez Freile, Juan. 2:2474; 24:5049; 26:843, 844
Rodríguez Fuentes, Lorenzo. 3:22, 3630; 4:27, 4566, 4567; 5:145, 4298; 6:224
Rodríguez G., Sergio. 25:3692
Rodríguez Galván, Ignacio. 13:2236
Rodríguez Gamboa, Luis. 17:2414
Rodríguez Garcés, Sergio. 19:5438
Rodríguez García, Tadeo. 2:2164
Rodríguez Garza, Isauro. 6:955
Rodríguez Gil G., Salvador. 18:2423
Rodríguez Goica, J. 5:1401; 9:1023
Rodríguez Gómez, Federico. 1:1601; 6:4604
Rodríguez Guerra, Luis. 6:2878, 3246; 8:520
Rodríguez Guerrero, Ignacio. 4:3920
Rodríguez H., Iván. 19:2946; 20:1357

Rodríguez Herrera, Esteban. 13:2014; 14: 2602; 19:4542, 4956; 20:3674; 21:3659; 22:4340
Rodríguez Huéscar, Antonio. 20:4880; 23:5836
Rodríguez Iglesia, Emilio. 26:1557
Rodríguez Íñigo, J. 6:1274
Rodríguez L., Antonio. 8:1084, 1085; 15:822;
Rodríguez Lamus, Luis Raúl. 23:792; 25:307
Rodríguez Larreta, Aureliano. 1:1657; 4:3557
Rodríguez Larreta, Carlos. 5:3006
Rodríguez Larreta, Eduardo. 24:3449
Rodríguez Larreta, Enrique. 7:3141
Rodríguez Lazo, Carlos. 3:874, 3715
Rodríguez Leal, Edgard. 27:1379b
Rodríguez Lefebre, Javier. 28:2034
Rodríguez Llamozas, Manuel Vicente. 24:4177
Rodríguez Llerena, Darío. 2:3047; 3:3731
Rodríguez Lorenzo, Esteban. 12:1855b
Rodríguez Lozano, Alfonso. 24:6242
Rodríguez Lozano, Manuel. 8:676; 9:835; 24:1751
Rodríguez Lozano, Rubén. 4:1365; 24:3581
Rodríguez Macal, Virgilio. 17:36; 20:3981; 24:5223, 5224; 25:2230; 28:1912a
Rodríguez Macedo, Marco Antonio. 21:1492
Rodríguez Macías, Juana. 28:833a
Rodríguez Maldonado, Carlos. 14:2003; 18:1839
Rodríguez-Mariátegui, L. 27:3519
Rodríguez Mata, Emilio. 19:1910
Rodríguez Mendoza, Emilio. 2:2301; 4:3266; 6:4094, 4265; 10:2852; 17:1793; 19:4645; 20:2260; 21:3118
Rodríguez Meza, Pedro. 10:699; 11:544
Rodríguez Meza, Venustiano. 14:2544
Rodríguez Molas, Ricardo. 21:2275; 22:5199; 23:3689; 24:4290, 4775; 26:1819, 2178; 28:847b, 850a, 1133, 2250
Rodríguez Monegal, Emir. 14:2712; 16:2589, 2681; 25:4427; 28:1805, 2064
Rodríguez Moñino, Antonio R. 1:1925, 1954; 2:2302, 2499; 4:3849; 15:1441; 16:1509; 18:1727a, 2451; 19:3185; 21:2467; 22:4712; 24:5050, 5558
Rodríguez Montoya, José. 3:3621
Rodríguez Morales, Luis M. 23:3423
Rodríguez Morejón, Gerardo. 9:3204; 10:2923, 13:1570; 22:2679
Rodríguez Morejón, Miguel Ángel. 4:4447
Rodríguez Moya, Francisco. 2:639
Rodríguez Muñoz, Marta Isolda. 8:4828
Rodríguez Objio, Manuel. 5:2850; 17:1747
Rodríguez Ochoa, Agustín. 10:3444
Rodríguez Orgaz, Mariano. 6:755
Rodríguez Ortiz, Pedro. 6:2744; 7:2747
Rodríguez Papic, Ignacio. 17:2694
Rodríguez Páramo, Jorge. 6:3073
Rodríguez Pastor, Carlos. 6:2038; 12:3224
Rodríguez-Peralta, Phyllis. 25:4510
Rodríguez Perry, Ambrosio. 6:1521
Rodríguez Piñeres, Eduardo. 3:1933; 4:4339, 4391; 6:4641; 7:5133; 10:3998; 11:3454, 3371; 13:1641, 2409, 2497; 15:1644, 1751; 16:69; 24:4355
Rodríguez Plata, Horacio. 4:2876; 5:2551; 7:3220; 8:2870; 10:2684, 2812, 2853; 11:1882, 2208; 21:2724, 3125; 2:3548; 26:952, 988a
Rodríguez Pozzi, Lauro. 23:4518
Rodríguez Prado, Antonio Aurelio. 13:2485
Rodríguez Prampolini, Ida. 13:1227; 14:2654, 2655; 15:222; 28:231, 287, 287a, 648
Rodríguez R., Alberto. 14:1069
Rodríguez R., Gustavo Humberto. 27:3726
Rodríguez R., José María. 10:1586; 11:3765
Rodríguez Ramírez, Manuel. 10:2425
Rodríguez Ramírez Carpi, Alberto. 5:2173
Rodríguez Rey, Óscar. 3:821a; 7:3950, 3968
Rodríguez Rınconeo, Carlos. 6:2714
Rodríguez Rivera, Ramón. 4:1107, 4387
Rodríguez Rivera, Virginia. 5:318, 1624; 6:2126; 8:2086, 2102, 2143, 2196; 9:1870, 1921, 1942; 10:1757, 1816, 1826; 11:1499, 1515, 1522, 1536
Rodríguez Rodríguez, Joaquín. 7:5346; 8:4599; 9:4567; 12:3193; 13:2556, 2557; 17:2782; 18:2960; 20:4554
Rodríguez Rouanet, Francisco. 25:464
Rodríguez Ruiz, Napoleón. 18:2549; 23:5009; 24:5225
Rodríguez Ruiz de Gamboa, Augusto. 2:824
Rodríguez S., Luis A. 14:2156
Rodríguez Saavedra. Manuel. 6:3997
Rodríguez Sala de Gómez Gil, María Luisa. 27:4187
Rodríguez Sánchez, Bernardo. 1:1694
Rodríguez Sandoval, Leonidas. 11:383; 15:460
Rodríguez Sánz, Hilario. 22:5921
Rodríguez Tarditi, José. 24:4291; 26:1116
Rodríguez Tomeu, Humberto. 16:2651
Rodríguez Triana, Pedro V. 5:2156
Rodríguez-Trio, David F. 27:2839
Rodríguez Urbano, Francisco. 1:711; 2:2305
Rodríguez Valencia, Vicente, 17:1623; 18:1885; 22:3423
Rodríguez Vega, Eugenio. 19:6017
Rodríguez Vicente, María Encarnación. 20:2350; 23:3654, 3655; 28:920
Rodríguez Villar, Pacífico. 1:1172
Rodríguez Villarreal, Álvaro. 28:1869
Rodríguez y Rodríguez, Jesús. 11:2851
Rodríguez Zapata, Manuel. 12:1405; 16:1245
Rodríguez Zelada, Rómulo. 8:3281; 13:1681
Rodríguez Zetina, Arturo. 18:1670; 20:2546
Rodulfo Cortés, Santos. 23:862; 24:2910, 4409
Rodwin, Lloyd. 24:2095
Roe, F. G. 5:2430
Röck, Fritz. 2:84
Röder, Josef. 19:783
Roeder, Ralph. 13:1547
Roedl, Bohumír. 27:1151
Röhl, Eduardo. 12:1223, 1324; 14:1394; 15:1164
Roel, Carlos. 4:4496
Roel, Santiago. 4:2544, 3081; 14:2151; 22:6137
Roel, Sergio. 10:3437
Roel Pineda, Josafat. 23:844
Roel Pineda, Virgilio. 27:2277
Rölz Bennett, José. 7:5140
Römer, Basilio. 3:2792
Roemer, Beatrice Blum. 14:1962
Roemer, Hans. 1:1742; 5:3405; 12:2305
Roemer, Milton I. 27:4055, 4056
Römer, Raül. 20:494
Roepke, Gabriela. 28:2329
Röthlisberger, Ernst. 26:1016
Röthlisberger, Walter. 26:1016
Röwer, Basilio. 11:2590; 13:1699
Rogério, Luis. 19:2305
Rogers, Edward J. 23:2720
Rogers, Francis. 25:2094
Rogers, Francis M. 23:4468
Rogers, Paul Patrick. 15:2251
Rogers, Spencer L. 4:407
Rogers, Vance. 12:1285; 13:500, 801
Rogers Sotomayor, Jorge. 13:1902
Rogge, Benjamin A. 23:1945
Roggiano, Alfredo A. 22:5316; 26:1516; 28:1753, 2196
Rogind, William. 3:839
Rogler, Charles C. 6:1135
Rogler, Lloyd H. 23:655; 24:763; 25:500, 501

Rohde, Jorge Max. 28:2251
Rohden, Humberto. 7:4929
Rohen y Gálvez, Gustavo-Adolfo. 8:3666; 9:86, 3558, 3731; 10:3312
Rohl, Juan. 6:3174; 12:2475
Rohlfs, Gerhard. 22:4341
Rohmeder, Guillermo. 3:1735; 6:2371, 2372; 7:445, 2038, 2282, 2283; 8:2452, 2453; 9:2190, 2201, 2202; 10:1855, 2085; 11:1537, 1683; 12:1385, 1446; 13:896, 908; 15:250, 1197; 17:1132, 1133; 27:2821a
Rohmer, Sax. 8:4438
Rohr, Alfredo. 23:427; 24:540; 25:350; 27:550
Roig, Arturo Andrés. 19:5790; 21:4770; 22:5885; 24:6049, 6050, 6086-6088; 25:5386; 28:3335, 3337, 3352
Roig, Fidel A. 21:2023
Roig Amat, Barto. 25:2109
Roig de Leuchsenring, Emilio. 1:113; 1126, 1939-1942; 2:1609, 2155; 3:1101a, 2177, 2407, 2421, 3017; 4:1895, 3107, 3107a, 4552; 5:2827, 3579; 6:2800, 3278; 7:3362; 9:736, 3079, 3205; 10:590, 3546; 11:2271, 2404, 2412, 2413, 3008; 14:706; 6:16:1877, 1903; 17:1733-1735; 18:2015; 19:3756-3758; 20:2351, 2920a; 22:1157, 3210, 3239, 3271; 23:1427; 24:3547, 3548, 4065-4068; 26:770, 771, 28:796a
Roig y Mesa, Juan Tomás. 11:1642; 19:2424; 20:1970; 22:2297
Roigt, Honorio E. 9:1024
Roisenberg, I. 27:1568
Roiter, M. 2:262-263
Rojas, A. 2:1883
Rojas, Alonso de. 8:3419
Rojas, Ángel Felicísimo. 11:3086; 14:2793, 2836, 2851; 17:2415; 20:3901
Rojas, Antonio. 8:1317
Rojas, Arístides. 6:4949; 7:577, 10:2754; 20:3744; 22:3578
Rojas, Armando. 21:3021; 25:3552; 26:1052
Rojas, Basilio. 25:1575; 26:570; 27:962
Rojas, Casto. 4:2877; 5:2280, 2521, 2734; 11:2187
Rojas, Eduardo Delfín. 17:670
Rojas, F. 5:1235, 1402
Rojas, Francisco Xavier. 5:18, 19; 7:33
Rojas, G. S. 27:1625
Rojas, Gabriel. 2:621a
Rojas, Gonzalo. 26:1517
Rojas, Hernando Manrique de. 23:3140
Rojas, Jaime Donoso. 25:2310
Rojas, Jorge. 8:4129
Rojas, José Domingo. 7:4797
Rojas, José María. 28:1056
Rojas, Lauro A. de. 4:2713
Rojas, Luis Manuel, h. 11:3633
Rojas, Manuel. 1:2072; 3:3378; 8:4021; 9:3942; 14:2794; 17:2416, 22:4955, 4956; 24:5302, 5303; 26:1658, 1673, 1674; 28:1806
Rojas, María Teresa de. 13:1253; 1340; 20:427
Rojas, Nerio A. 2:3100; 4:4369; 8:4643; 12:3259; 13:1055, 2519; 25:3657
Rojas, Omar. 15:1210
Rojas, Pedro José. 28:1058a
Rojas, Rafael Ángel. 8:1173
Rojas, René. 9:4020
Rojas, Ricardo. 1:2016; 4:3016, 3812, 3921, 3982; 5:3613, 3773; 6:3213; 7:4664; 8:2454; 9:459, 469, 3774, 3977; 11:2322, 2491; 15:2166; 16:1941; 17:2472, 19:33, 21:3725; 22:4830; 23:4741
Rojas, Rodolfo. 11:894

Rojas, Ulises. 5:2570, 2571; 6:3175; 8:3149; 20:2734; 26:845, 1411; 28:895
Rojas Bescaín, Olga. 19:5434
Rojas Carrasco, Guillermo. 4:3755; 6:3871; 9:1963; 13:2125; 20:325
Rojas Castro, Armando. 5:3767
Rojas Coria, Rosendo. 9:1092, 18:997; 25:1484
Rojas García, Antonio. 24:1962
Rojas Garcidueñas, José J. 2:2788; 5:671, 3567; 6:3978; 8:3952; 11:2105; 13:1365; 14:726, 2837, 2983; 15:566; 17:439; 22:4713, 4718, 4724; 25:4213, 4232; 26:1412; 28:201, 288, 648a
Rojas Gómez, Roberto. 3:2346a
Rojas González, Francisco. 5:283, 319; 7:378, 8:252; 10:261, 3675; 11:164; 12:2577; 14:2795; 18:2550, 2551
Rojas Guardia, Pablo. 11:3310
Rojas Guzmán, J. D. 7:465
Rojas Herazo, Héctor. 28:1925
Rojas Huneeus, Francisco. 18:672
Rojas Jiménez, Óscar. 6:4231; 22:5422
Rojas M., Ricardo. 2:264
Rojas Mery, Eulogio. 12:1942; 17:1794; 20:2991; 24:4326
Rojas Mix, Miguel. 26:2350
Rojas Nuñez, Jorge. 10:1253
Rojas Pantoja, Alberto. 10:1254
Rojas Paz, Pablo. 3:3207; 5:3862; 7:3475, 4665, 8:4028; 9:3274; 10:3676; 11:3213; 12:2092; 17:2344; 19:4769; 22:5423; 28:1992
Rojas Piña, Benjamín. 25:4414
Rojas Pinilla, Gustavo. 27:3374; 28:1035a
Rojas Pizarro, Gonzalo. 10:657
Rojas Ponce, Pedro. 5:421, 1579; 14:430
Rojas R., Abelardo. 19:5423
Rojas Rodríguez, Pedro Mario. 20:983; 21:924, 925; 28:202
Rojas Rueda, José M. 3:2512
Rojas Scarpetta, Francisco. 27:3636
Rojas Valenzuela, Armando. 1:1682; 3:887; 4:1113; 5:1416
Roji, Carlos. 4:929
Rojina Villegas, Rafael. 9:4521; 11:3580-3582; 13:2399, 2505; 15:2604, 2690
Rojo, Roberto. 21:4800; 24:6103
Rojo Cárdenas, Rómulo E. 13:2540
Rojo Indo, Carlos. 5:3043
Rojo Navarro, José. 23:927; 24:1124
Rokha, Pablo de. 3:3316; 8:4130; 13:2126, 2207, 18:2603; 19:5093
Rokha, Winétt de. 18:2604
Rolandi, Renato D. 9:3596
Rolando, Carlos A. 10:3603; 11:3766; 20:3057; 24:4372
Rolando, M. 24:453
Roldán, A. 1:1215
Roldán, Amadeo. 7:5474, 5475
Roldán, Belisario. 17:2345
Roldán Abadía, Fabio. 23:4258
Roldán Alvarado, Romualdo. 10:1255
Roldán G., David. 10:922
Roldán Seminario, Ernesto. 13:954; 14:1321, 1508
Roldán y Guerrero, Rafael. 19:3185a
Rolef, Paulo A. M. A. 18:1432
Rolff, Anibal Marques da Almeida. 18:1526
Rolim, Inácio. 7:1827
Rolim de Mours, Plínio. See Mours, Plínio Rolim de.
Roll, Arturo. 4:2114
Rolland, M. C. 5:2161
Rolland, Romain. 5:4029; 6:4464; 7:5084

Rolle, Andrew F. 17:1692; 28:649
Rollemberg, Luiz Dias. 7:1595-1597; 12:1025
Roller, Jane W. 11:327
Roller Issler, Anne. 9:3708
Rolleri López, Celina. 25:1253
Rollet, Jean. 28:603a
Rollin de la Torre-Bueno y Thorne, José. 11:3260
Rollins, Clinton. 11:2391
Rolmes Barbosa, Almiro. *See* Barbosa, Almiro Rolmes.
Rolón, Carlos A. 5:1334
Rolón, Raimundo. 26:1175; 28:1205
Rolón Medina, Anastasio. 28:1206
Roma Machado, Carlos. *See* Machado, Carlos Roma.
Romag, Dagoberto. 5:3179b
Romain, Jean Baptiste. 22:435; 23:656; 25:501a; 27:1095, 1096, 1612
Romain, Valentine. 23:6312
Romains, Jules. 7:5085
Román, Jorge Hugo. 28:2077
Román, Josefina de. 17:3103
Román, Juan. 1:539
Román, Marcelino M. 23:5178
Román Celis, Carlos. 20:2281; 28:702a
Román y Reyes, Víctor M. 16:2981
Romaña, C. 11:1693
Romaña, José María de. 20:3017
Romaña, M. S. de 11:1693
Romañach y Guillén, Leopoldo. 18:479
Romanell, Patrick. 18:3101; 20:4796; 23:5837; 24:6038
Romanella, Carlos A. 22:2374
Romanescu, Traian. 25:2662
Romano, Arturo. 20:160, 763, 769; 21:825-830; 26:116
Romano, Eduardo. 24:5451
Romano, Jacobo. 28:3029a
Romano, Luis. *See* Melo, Luis Romano de.
Romano, Ruggiero. 23:3672
Romano de Sant'Anna, Affonso. *See* Sant'Anna, Affonso Romano de.
Romano Muñoz, José. 9:4972; 17:2912; 18:3089; 19:5744
Romano V., Octavio Ignacio. 24:4776
Romanoff, Maria, *grand duchess of Russia.* 9:4355
Romão da Silva, J. *See* Silva, J. Romão da.
Romario Martins, Alfredo. *See* Martins, Alfredo Romario.
Romariz, Dora de Amarante. 16:1265; 19:2620
Romay, Francisco L. 14:2078; 20:2007; 21:3080, 3085; 23:3774; 28:1134
Romeiro, João. 25:3861
Romeiro Neto, João. 24:4863
Romeiro Péret, Rubem. *See* Péret, Rubem Romeiro.
Romera, Antonio R. 11:596; 15:606, 608; 17:487; 21:957; 22:1122; 24:5127; 26:205; 28:258
Romera de Zumel, Blanca. 25:1205
Romera-Navarro, Miguel. 11:3126; 17:2257
Romero, Abelardo. 6:4473; 7:5015; 8:4398; 9:4317, 4374
Romero, Ángela. 12:3513
Romero, Argentino O. 1:1615
Romero, Carlos A. 1:874, 3:358, 2310, 2347-2350; 6:3044, 390la, 3979; 11:2218
Romero, César Enrique. 10:3013; 12:1537; 25:4026, 4027; 27:3134
Romero, Claudio. 18:2552
Romero, Elvio. 26:1751
Romero, Emilia. *See* Romero de Valle, Emilia.

Romero, Emilio. 1:483c, 3:912, 2203, 5:1890, 2735, 3711; 10:1305, 1306; 12:996; 13:892, 1106; 14:2238; 15:961, 1574; 19:2546; 24:2037, 2811; 25:2219; 27:2278, 2278a
Romero, Enrique T. 5:1836
Romero, F. 6:3247
Romero, Fernando. 2:1864, 2461; 3:2189g; 5:360, 2526; 2599; 6:4150; 7:3281; 8:2087, 2197, 2920; 9:2672, 2831; 10:2488; 11:3847; 12:3448; 16:1028-1031; 25:4355, 4356
Romero, Francisco. 3:3169, 5:4427, 4435, 4489; 6:4977, 4978, 5031-5033; 7:5651; 5667; 8:4883, 4895, 4896; 9:4915-4918, 4940-4943, 4999, 5026; 10:4530, 4531; 11:3867, 3889, 3890, 3942, 3951; 12:3474-3477; 13:691, 2750-2753, 2764, 2764a; 14:3439, 3440, 3448; 15:2868, 2882, 2902, 2916, 2917; 16:3233, 3234, 3257, 3258, 3284; 17:2889, 2919, 2920, 2924, 2926, 2931, 2933; 18:3060, 3090 3102, 3129; 19:5718, 5719, 5762, 20:4750, 4774, 4797, 4849, 4849a; 21:4801; 22:5858, 5867; 23:5814, 5815; 24:6011, 6089, 6138; 25:5349, 5378; 26:2263, 2290
Romero, Francisco, *Brother.* 20:2706a
Romero, Genaro. 12:974
Romero, Gonzalo. 26:1134
Romero, Hernán. 10:3398
Romero, J. L. 5:897
Romero, Javier. 4:383; 5:512; 8:438; 9:568; 11:207, 419; 12:505; 13:247; 14:584; 15:166, 497; 16:435; 17:69, 390, 396, 397; 18:233, 388-390; 19:872; 20:770, 771; 21:810; 22:964; 24:1552, 1625; 25:803
Romero, Jesús C. 7:5595; 9:4798-4800; 10:4464-4466; 11:3838; 13:124, 209, 2693, 2694; 14:3409; 15:2818, 2819; 16:3195; 18:3026-3029; 26:2236, 2237
Romero, José. 1:1060; 5:3277
Romero, José Guadalupe. 13:1341, 1342
Romero, José Luis. 12:1538, 1923b; 17:1439; 20:2230, 4266; 23:2857; 24:6089; 27:3206
Romero, José Rubén. 4:3971; 5:3768; 8:4063; 10:3690; 11:3087; 3267, 3268; 12:2578; 28:1771
Romero, Juan B. 3:3706
Romero, Lauro. 20:3289
Romero, Lino. 8:3302
Romero, Marcos. 17:1312, 1876, 3102
Romero, Mario Germán. 22:3424, 3441; 24:4185; 25:3477; 26:839, 953, 954; 28:895a
Romero, Matías. 24:3965; 27:1914
Romero, Nelson. 5:3953, 4428; 8:1910; 9:4198; 19:2306; 23:5580
Romero, Óscar A. 11:1310
Romero, Ramón. 24:4028
Romero, Ricardo. 10:4347
Romero, Sebastián Aníbal. 13:828
Romero, Sylvio. 3:3060; 9:4199; 20:4282
Romero, Sylvio Vasconcelos da Silveira Ramos. *See* Romero, Sylvio.
Romero Aguirre, Alfonso. 2:1505, 3082; 3:3718; 4:2321; 7:4211; 8:1389; 10:2346
Romero Alzate, José. 23:5338
Romero Arteta, Gustavo. 22:4642
Romero Arteta, Oswaldo. 26:1471
Romero Brest, Enrique. 5:1557
Romero Brest, Jorge. 6:790, 800, 801; 8:677; 11:666; 12:635, 714a; 17:462a, 20:1072; 22:1114, 5870a; 24:1717; 28:228a

Romero C., Moisés. 16:340
Romero Campa, M. 25:1576
Romero Carranza, Ambrosio. 20:2231; 24: 4292; 28:1018a, 1135
Romero Castillo, Abel. 5:2577
Romero Castillo, Moisés. 25:721; 27:1482, 1482a
Romero Cervantes, Arturo. 26:662-666
Romero Conti, Alfonso. 7:5180
Romero de Terreros y Vinent, Manuel. 1: 1926; 2:2303; 3:3094, 3095; 4:481, 482; 5:765, 768, 2432; 6:769, 2951, 3321, 3909; 7:2859; 9:737, 738, 767, 2832; 10:591, 592, 615, 2601-1604, 4340; 11:536, 559, 1516; 12:557, 1846a; 13: 1271; 14:727, 728, 853; 15:567, 568, 621; 16:512, 1634, 1680, 2554; 17:440-442; 18:440, 442, 1671, 1755a, 1964; 19:3648; 20:1066, 984, 2515, 3725; 21: 926, 927, 2551, 4228; 22:1158; 23:1495, 3321; 24:1685; 25:1169, 1170; 26:162, 235; 28:203, 203a, 289-289b
Romero de Valle, Emilia. 6:4005; 7:498; 8:432; 9:2672, 3802; 10:1810, 2854; 11:: 1943; 12:39; 13:1660; 14:2933; 15:128, 1700; 17:27; 18:2452; 21:3841; 24: 3966, 3967; 26:1518, 1827
Romero del Prado, Víctor Nicolás. 1:1532, 1776; 3:3771; 7:3265; 8:4631; 9:4571; 10:4166; 23:4574
Romero Flores, Jesús. 1:2334; 4:1817, 1971; 5:1637, 2896; 6:756, 2843, 3322; 7:3397; 9:87; 10:2887; 12:1641; 18: 1097; 19:5777; 24:2890, 3968, 3969; 28:492a, 649a, 650
Romero James, Concha. 3:45a; 7:4580; 8:532; 15:1012
Romero Kolbeck, Gustavo. 18:998, 999
Romero Lara, Raúl. 28:1870
Romero Loza, José. 10:1222; 18:649 21: 1316
Romero Lozano, Armando. 19:5034
Romero Manrique, Alfonso. 9:1298
Romero Marín. A. 14:3462
Romero-Nervegna, M. Inés. 7:4762
Romero Peláez, Celso. 14:2963
Romero Porchat, Beatriz-Sylvia. See Porchat, Beatriz-Sylvia Romero.
Romero Quiroz, Javier. 20:240; 27:828
Romero Rojas, Bernardo. 22:1484
Romero Romaña, Eleodoro. 13:2508
Romero Sánchez, Manuel. 7:5262
Romero Santos Fonseca da Câmara Reys, Emma. See Reys, Emma Romero Santos Fonseca da Câmara.
Romero Solano, Luis. 16:1578; 19:3357
Romero Sosa, Carlos Gregorio. 4:3328; 5: 3007; 8:2198; 9:4657; 11:3311; 15:2211
Romero Soto, Luis E. 24:4875
Romero Sotomayor, Carlos. 3:1782
Romero Terán, Domingo. 22:4071
Romero Vargas y Yturbide, Ignacio. 27: 829
Romero y Cordero, Remigio. 8:4131
Romero y Romero, Carlos H. 3:1919
Romero Zuloaga, Carlos. 27:3607
Romerovargas Yturbide, Ignacio. 21:2394; 22: 596, 597
Roméu de Armas, Antonio. 18:1728
Rommerskirchen, Giovanni. 2:12; 3:24, 4:28
Romney, A. Kimball. 25:513; 27:1396b
Romney, Thomas C. 5:1790
Romo Dávila, Carlos. 23:2206
Romo de Vivar y Torres, Joaquín. 28:650a
Romoli de Avery, Kathleen. 7:228; 8:539; 11: 1659, 1979; 19:3186; 25:3478; 28:896

Rompani, Santiago I. 9:4547; 10:3960; 11: 3656a, 13:2626
Romualdi, Serafino. 13:1043, 1843; 18:1615; 24:1982
Romualdo Vázquez, Carlos. 27:3135
Romulus, pseud. 5:3314
Ron, Miguel. 8:1439
Rona, José Pedro. 22:4342; 28:1627, 1627a
Rónai, Paulo. 7:751; 8:4253; 9:4200-4202; 11:3411; 17:2596; 22:5543
Ronal, Maia. 6:4348
Ronald, pseud. See Córdoba, Hugo.
Ronan, Charles E. 24:4777; 28:1627b
Roncal, Joaquín. 10:2605
Roncal, Simeón. 9:4841
Ronceray, Charles de. 20:2961
Ronceray, Hubert de. 27:1097
Ronchi, Apolo. 7:5495, 5496; 10:4384
Ronchi March, Carlos A. 8:4154
Ronco, B. J. 5:3516
Rondileau, Adrian. 11:1368; 12:1218
Rondón, Cândido Mariano da Silva. 5:3180, 3228; 6:246; 9:216; 12:426; 13:367; 14: 519-521; 19:784
Rondón, Frederico Augusto. 4:2027, 3379; 11: 1801; 12:1123, 1490; 18:3186
Rondón, M. Enrique. 3:1783
Rondón Márquez, R. A. 10:3105; 13:1665; 15:2423
Ronne, Finn. 16:1167
Ronning, C. Neale. 25:2663; 27:3136-3136b
Rood, Harold W. 27:3437
Rooney, E. 13:674
Roos, Robert de. 25:5721
Roosevelt, Cornelius Van S. 2:230
Roosevelt, Franklin D. 3:2951; 5:3355; 8:4439
Roosevelt, Nicholas. 5:808, 3278, 3376; 6:1247
Roosevelt, Theodore. 4:2592; 10:3185
Root, R. P. 7:2075
Root, William C. 15:236, 300, 324, 426; 16: 167; 17:28, 29; 18:64; 19:196; 24:402
Roper, G. S. 7:907
Rops, Daniel. 5:4030
Roque, Jorge Pereira de la. 16:1266
Roqué, Miguel Ángel. 1:1374
Roque Gondra, Luis. 3:789; 4:3005
Roquet, Salvador. 6:757
Roquete Reis, Fernando Antônio. See Reis, Fernando Antônio Roquete.
Roquette, Rubem. 4:697
Roquette-Pinto, Edgardo. 1:1307, 1317, 2178; 2:2907; 3:364; 4:1762; 6:592, 3553, 4349; 8:457; 21:558; 27:551
Ros, Clemente B. 8:2650
Rosa, Agustín de la. 18:1776
Rosa, Alcides. 9:4512; 17:2724
Rosa, Alejandro A. 6:3468
Rosa, Clara de la. 17:3131
Rosa, Diógenes de la. 24:4029
Rosa, Duque de la. 11:1484
Rosa, Guido. 10:120
Rosa, Inocêncio Borges da. 6:4559; 4702; 7: 5172; 8:4530; 25:4087
Rosa, Jayme Sta. 18:892
Rosa, João Guimarães. 12:2903; 16:2855; 20: 4388, 4389; 26:2008, 2009; 28:2543, 2544
Rosa, José María. 7:3476; 8:3282, 3283; 9: 3275; 10:3014; 3294; 17:1770; 19:3850; 21:3086; 22:3883; 23:3690; 25:3658; 28: 1136-1136b
Rosa, José Vieira da. 6:2487; 9:2325
Rosa, Júlio C. da. 18:2553; 20:3982
Rosa, Júlio Oliveira. 20:4347
Rosa, Marco Antonio. 20:3983
Rosa, Moisés de la. 1:883; 6:3176; 9:3006
Rosa, Otélo. 1:1366; 5:3154; 9:2326; 10:3174

Rosa, Ramón. 9:3179; 12:2043
Rosa, Rubem Machado da. 15:682
Rosa, Wenceslau. 17:825
Rosa Chávez, Adolfo. 26:423
Rosa e Silva, G. J. See Silva, G. J. Rosa e.
Rosa-Nieves, Cesáreo. 16:2806; 22:5717; 24: 5245, 5405, 5478
Rosa Olivera, Leopoldo de. 21:2468
Rosa y Saldívar, Vicente de la. 12:1741
Rosado, Manuel G. 15:1181
Rosado, Vingt-Un. 23:3930
Rosado de la Espada, Diego. 8:1130; 9:1055
Rosado Iturralde, Gonzalo de Jesús. 16:1452
Rosado Ojeda, Vladimiro. 4:100; 7:309; 9:1864; 10:211; 11:165; 14:183
Rosáenz, Elifio E. 15:2773
Rosaldo, Renato. 14:2603; 15:2333; 17:2319; 18:2453; 19:4543; 25:4266
Rosales, César. 15:2327
Rosales, Hernán. 16:70
Rosales, Juan de Dios. 13:225; 15:402, 403; 23: 1259; 24:691
Rosales, Julio Horacio. 11:3214
Rosales, Justo Abel. 13:2127; 14:1738
Rosales, Rafael María. 23:2552; 25:3779; 26: 1053; 28:1628
Rosales, Ramón. 10:2347
Rosales Aguirre, Jorge. 28:1042a, 1043
Rosales Aranguren, Jesús María. 21:4599
Rosales G., Francisco José. 10:4474
Rosales Miranda, Fernando. 12:493; 14:615; 17: 398
Rosales Pina, Mario. 1:1510
Rosales Puente, Eduardo. 8:3850; 10:3467; 23: 4225
Rosales Y., Claudio. 2:2519; 4:3756; 12:2365; 13:2015
Rosales y Rosales, Vicente. 23:5154
Rosanas, Juan. 10:4532
Rosário, Antônio do. 25:4751
Rosario, Charles. 22:436
Rosario, J. G. 1:1135
Rosario, José C. 2:1192; 16:3391
Rosario, Rubén del. 3:3433; 5:3520; 11:1530; 12:2366; 20:3675; 26:1370
Rosario. Dirección General de Estadística. 3: 813; 5:95, 2161; 7:1437; 8:1510; 9:1398; 11:966
Rosario. (Municipalidad). 1:1380
Rosas, Juan Manuel de. 8:3284; 12:2073
Rosas, Paulo. 27:2545
Rosas Figueroa, Aniceto. 27:1915
Rosas Herrera, Gregorio. 12:188
Rosas Marcano, Jesús. 28:982-982b
Rosas Milián, Bernardo. 22:5171
Rosas Morales Carbo, Carlos. 5:183
Rosay, F. y E., Librería Francesa Científica, Lima. 5:40
Rosbottom, Harry. 27:1483
Róscio, Francisco João. 14:2287
Roscio, Juan Germán. 19:3919
Rose, Gonzalo. 20:4254
Rose Jibaja, Jorge. 10:2133a
Roseira, Mario. 24:6222
Rosell, Albano. 28:1629
Rosell, Avenir. 3:3434; 13:2703
Rosell Planas, Rebeca. 14:2048; 19:3759
Rosell y Malpica, Eduardo. 15:1627; 16:1859
Roselli, Amadeo. 6:2770
Rosemary Chacón, Jorge. 15:2605
Rosemberg, Fernando. 25:4386
Rosemone, Ludovic. 3:58
Rosen, Bernard C. 27:4252, 4253
Rosen, Edward. 9:2673
Rosen, Harry M. 27:735
Rosen, Joseph A. 7:1127

Rosenbaum, Sidonia Carmen. 2:13, 2526-2527; 11:3127; 12:2718
Rosenberg, Tobias. 4:1905; 6:2141; 19:835
Rosenblat, Ángel. 1:712, 2:265, 266, 340; 6: 3872-3876; 7:4477; 9:3774; 11:142; 12: 1722b; 13:2016; 14:2604; 15:2144, 2144a, 2145; 16:2503; 18:2362; 19:3075, 4543a, 4545; 20:412; 21:698, 3660-3662; 22: 909, 4343, 4344; 24:4778-4780; 25:3953, 3954; 26:1371-1374; 28:881, 1137; 1630, 1631
Rosenblatt, Rosa. 13:2252
Rosenblatt, Sultana Levy. 18:2780
Rosenblett B., Enrique. 23:4271
Rosenbusch, Erwin O. 2:3101
Rosencof, Mauricio. 26:1873
Rosende Subiabre, Hugo. 16:3053
Rosenfeld, Anatol H. 24:5735, 6069; 26:1952; 28:2429, 2429a
Rosenfeld, Paul. 5:4348, 4379
Rosengurtt, B. 4:2089
Rosenkranz, Heinz. 25:2801
Rosenrauch, E. 21:4229
Rosental, Mark Moiseevich. 22:5918
Rosenthal, Celia Stopnicka. 23:6023
Rosenthal, Ignacio. 4:2115
Rosenthal, Jane Powell. 27:372
Rosenthal, Mario. 25:3356; 27:3339
Rosenthal, Mauricio. 19:4936
Rosenthal, S. 3:511
Rosenthaler, L. 1:594
Rosenzweig, Alfredo. 11:1730
Rosenzweig, Carmen. 22:4957
Rosenzweig-Díaz A., Alfonso de. 12:2283
Rosenzweig Hernández, Fernando. 21:1493; 23: 3322; 25:1577, 2642; 27:1916
Roser, Francisco. 11:3891
Roseveare. G. M. 14:1542
Rosi de Tariffi, Natalia. 19:6626
Rosillo L., Bernardino. 15:1613
Rositto, Diego B. 23:3775
Rosny, Aine. 7:5086
Rosoles Larrea, Adriano. 27:3881
Rosolia, Orestes. 7:4980
Rospigliosi Vigil, Carlos J. 1:1266, 1267
Rosquellas, Alfredo Jáuregui. See Jáuregui Rosquellas, Alfredo.
Ross, Betty. 28:493
Ross, C. P. 2:1438
Ross, Colin. 1:1061; 3:2931
Ross, Edward Hunter. 19:3358
Ross, Lee. 9:1635
Ross, Patricia Fent. 16:336
Ross, Stanford G. 22:1802
Ross, Stanley Robert. 8:1996; 13:1044; 20:2855; 21:2831; 23:3323-3325; 24:3970, 3971; 25:2121; 26:667, 668; 27:2478; 28:493a, 703-704
Ross, W. D. 22:5917
Ross, Waldo. 13:2754; 22:5899
Ross Bravo, Jaime. 11:3463
Rossains C., Ramón. 26:669-672
Rossani, Argentino B. 1:410; 4:284, 285; 11: 2241
Rossbach, Alberto. 3:1736, 1737
Rossel, Lauro E. 12:1642
Rossel, Milton. 6:4095; 8:4029; 13:2208; 25: 4415; 28:2014
Rossel Castro, Alberto. 7:499; 8:350, 2503, 2921; 19:3076; 20:370; 23:512; 28:920a
Rossell de Cárdenas, W. 4:1172
Rosselló Truel, Lorenzo. 23:513, 514
Rosselot Borden, Fernando. 9:2588
Rossette Velasco, Adonai. 17:2085
Rossi, Alejandro. 23:5853, 5860, 5903; 28: 3365

Rossi, Arturo R. 11:447
Rossi, Attilio. 3:444, 445; 6:791
Rossi, Ecio. 4:4060
Rossi, Edgardo. 25:4088
Rossi, Edmundo. 7:4931, 5652; 10:3855
Rossi, Giuseppe Carlo. 25:4267
Rossi, Iris. 28:82a
Rossi, Nelson. 23:4442
Rossi, Rafael. 10:4363
Rossi, Vicente. 2:2519a; 3:3435; 4:3757; 5: 3517-3519; 7:2031; 10:3799a; 11:1468, 2912; 12:2742
Rossi Dasso, Guido de. 27:3799
Rossi Masella, Blas E. 17:2670
Rossiter, Fred J. 10:859
Rossl, H. 6:2420
Rossler, Osvaldo. 25:4483; 28:2167
Rossner, Frederico. 10:4153
Rosso, Oscar V. 8:1618
Rost, Martin. 2:592
Rostworowski Tovar de Diez Canseco, María. 19:474; 20:371; 24:604, 883
Rotblat, Miguel. 25:2063
Rotermund, W. 6:4350
Roth, Greb Ibscher. 20:4882b
Roth, Th. 2:1884
Roth, Vincent. 10:302; 13:886; 15:1165; 17:169
Rothe, Friede. 6:4905; 9:4741
Rothwell, Stuart Clark. 22:2547; 24:3059, 3060
Rotival, Maurice E. H. 16:481
Rotkin, Charles S. 15:127
Rotman, Rodolfo B. 8:2612
Rotta, Andrés. 20:793
Rottenberg, Simon. 16:2444; 18:2304; 24:2152
Rotter, Werner. 1:571
Rottin, Luciano. 8:4096
Rottjer, Enrique I. 3:2666
Rottman, Elsa S. de. 6:5082
Rotvand, G. 1:655
Rouaix, Pastor. 12:84; 18:1672; 20:2856
Roucek, Joseph S. 5:3285
Rouco Oliva, Osvaldo E. 23:4272
Roguès, Alberto. 5:4439; 9:4960; 26:2264
Rouillon, Guillermo. 26:74b
Roukema, E. 21:2469
Rouland, E. 4:1366
Rouma, Georges. 3:512; 5:1558; 15:110; 19:2
Roumain, Jacques. 8:270; 9:315; 10:1758, 1817
Roumer, Émile. 26:2149; 28:2702
Round Table on International Cooperation for Library and Information Services in Latin America, *Washington, D. C., 1965.* 28:82b
Round Table on the Origins of the Spanish-American Emancipation Movement, *Caracas, 1960.* 28:460a
Rouqué, Alain. 28:124b
Roura-Parella, Juan. 6:5008, 8:4884; 10:4607; 16:3235
Rourke, Thomas. 2:2271; 5:2736; 6:3506; 7:3734; 8:3194, 3195
Rouse, Irving. 3:131; 5:250; 6:247; 7:342, 350a; 8:206, 207; 13:175, 298; 14:124, 129-131; 334-336; 15:237, 325-327, 426; 17:145, 167; 18:131; 19:36, 254, 290; 20: 250, 264, 266, 273, 274; 21:201, 202; 22:200; 23:325; 24:165, 404, 452, 453, 480, 481, 510, 511; 25:287, 351; 27:459-461, 675
Rousseau, Jean-Jacques. 21:4863
Roussier, Paul. 16:1681
Roussin, Marcel. 24:3450
Roussy de Sales, R. de. 5:3315
Routil, Robert. 8:477
Roux, Henry D. 1:587
Roux, Raúl de. 11:2392

Roux López, Francis. 28:651
Rouzaut, Adolfo R. 6:4502; 8:2613; 11:1847; 24:4293
Rouzier, Gérard Raoul. 28:812
Rouzier, Mona. 22:5586
Rovai, Alberto. 23:2437
Roveda, Alberto A. 6:3892
Rovella, Óscar Pedro. 24:2045
Rovelli de Riccio, Osalda Beatriz. *See* Riccio, Osalda Beatriz Rovelli de.
Rovensky, Joseph C. 7:862
Roverano, Andrés A. 21:2327; 24:4294
Rovinski, Samuel. 28:1913
Rovira, Alejandro. 27:3852
Rovira, Carmen. 8:793
Rovira, María del Carmen. 22:5842
Rovira Armengol, José. 15:2941, 2960, 2962; 16:3320, 3325; 17:2964, 2966; 20:4883a; 21:4851, 4860; 24:6119, 6120
Rovira Vilella, Rafael. 19:4854
Rovirosa, José N. 12:1834
Rovner, Irwin. 27:1514
Rowe, James F. 27:3207
Rowe, John Howland. 8:351, 352; 9:531; 10: 331; 11:328; 12:347; 13:358; 14:431-433; 15:262; 16:283, 316, 405; 17:226, 227; 18: 361; 19:367, 757; 20:372, 714, 714a, 2765, 2765a; 21:332, 333, 565, 699; 22: 368-370; 23:515-518, 845; 24:429, 512, 605, 606; 25:123, 1119; 27:483, 645, 651, 652
Rowe, Leo S. 1:732; 5:3316; 6:3754; 8:3589; 11:2690, 2699
Rowe, M., E. C. 7:2334
Rowell, Alfred Lee. 24:1626
Rowland, Donald W. 1:795; 2:1865; 10:3264; 19:3359
Roxo, C. 7:5405
Roxo, Euclides. 3:1392
Roxo, Matias G. de Oliveira. 9:2327
Roy, Louis. 10:468
Royal Bank of Canada, *Montreal.* 1:72; 2:440; 494; 4:599; 8:1021
Royal Institute of International Affairs, *London.* 4:1963; 16:2230; 22:2621, 2718; 23:1700; 27:1788
Royano, Julio Félix. 22:5172
Royce, Josiah. 11:3946; 14:3487; 15:2957
Royce, Ralph L. 5:260
Royer, Fanchón. 17:2300; 18:2396; 19:3649; 20:2547
Royo Guardia, Fernando. 5:1583; 6:308, 583; 8: 202; 13:299; 14:132; 15:338; 16:258; 19: 258
Royo y Gómez, José. 7:2159-2161; 8:2238; 9: 2098; 16:290; 24:456, 457, 2914; 25:314
Roys, Lawrence. 3:144; 7:324; 11:166; 27: 643
Roys, Ralph Loveland. 1:108; 4:2717; 5:328; 6:383, 384, 2948; 9:2833; 10:188; 12:189, 248; 14:306, 1904; 15:223, 224; 16:209; 18:293, 1776a; 19:158, 219; 21:58; 22: 598; 25:682
Roza Igarzábal, Hugo de la. 15:643; 16:844
Rozaire, Charles E. 25:203; 27:373
Rozas Larraín, Carlos. 28:2035
Rozenmacher, Germán N. 26:1646; 28:1955
Rozitchner, León. 22:5913
Rozo, José María. 11:378
Rozo, Rómulo. 8:809; 11:219
Rozo Martínez, Darío. 21:1902
Rúa, Roberto Osvaldo de la. 8:1603
Rúa de Estasín, José. 7:3282
Ruales Laso, Joaquín. 7:5611
Ruano Fournier, Agustín. 1:1820; 2:3051; 3: 981

Ruano Mejía, Manuel. 5:934
Ruas, Eponina. 16:2062
Ruas Santos, Francisco. *See* Santos, Francisco Ruas.
Rubalcava, Manuel Justo de. 28:1735
Rubano, Ferdinando. 6:1785
Rubel, Arthur J. 20:470; 27:963, 964
Rubel, Otto, 12:2904
Ruben, Walter. 18:173
Rubens, Carlos. 5:557, 604, 605; 6:633, 679, 680; 7:656, 752; 9:948
Rubens Brandão Lopes, Juarez. *See* Lopes, Juarez Rubens Brandão.
Ruberti, Salvatore. 6:4906
Rubertino, María Luisa. 21:4230
Rubianes, Joaquín. 14:1222; 15:1015
Rubianes, Raúl. 11:591
Rubiano, Tulio. 4:1645
Rubião, Álvares. 13:2434
Rubião, Murilo. 23:5490; 28:2545
Rubim, Rezende. 5:1588a; 7:674
Rubin, Joan. 25:722; 26:1374a; 27:1484
Rubín, Ramón. 14:2796, 2797; 17:2341, 2417; 18:2554; 20:3984, 3985; 23:5010; 24:6412; 25:4312; 28:1871, 1872
Rubin, Selma F. 28:83
Rubin, Vera D. 21:463; 23:657
Rubín de la Borbolla, Daniel Fernando. 2:41; 5:513; 6:338, 373, 584, 585; 7:310; 8:439; 9:619; 10:212, 444; 11:129; 12:167, 169; 13:156; 14:184, 185; 19:84, 120, 159, 160; 20:908, 955, 1016; 23:1384, 1385; 26:130; 28:273
Rubín de Salazar, Isabel. 3:3725
Rubinos, José. 28:2091
Rubio, Ángel. 7:421; 9:2625; 11:1585, 1586, 1609; 12:276, 1309, 1310; 13:815, 816, 1228; 14:1373, 1901; 15:1155; 16:71, 210, 1136, 1453; 17:1440, 3050, 3051; 18:3177; 19:2414, 20:495, 1901; 21:453; 21:435; 22:208, 2273; 23:316, 2545; 24:2898; 25:2272, 2273; 27:2732
Rubio, Antonio. 11:1111
Rubio, Casmiro D. 1:1083
Rubio, Darío. 3:1509, 3436; 6:3877; 15:1391
Rubio, David. 8:2922, 2923; 10:2606
Rubio, Enrique. 10:2012; 12:1323
Rubio, Fernando. 17:1441
Rubio, Horacio. 3:3437
Rubio, Jerónimo. 13:1343; 18:1777
Rubio, Pedro. 4:2116; 5:1895a
Rubio-Argüelles, Ángeles. 23:3205, 4742
Rubio García, Leandro. 27:4188
Rubio Mañé, Jorge Ignacio. 1:796, 1062, 4:2645, 2714; 5:2433, 2458a, 3602; 7:2823, 2914, 2974; 8:508, 598, 3033; 9:2857; 10:2608. 2776; 11:532, 1944, 2043, 2272; 12:1835-1835b; 15:1518; 16:1635; 19:3360-3362a, 3650; 20:2548, 2549; 21:2552-2557; 23:3182; 24:5027; 25:3144, 3145; 26:506, 571; 28:523a, 651a, 652
Rubio Melhado, Adolfo. 19:2415; 28:757
Rubio Orbe, Gonzalo. 10:2729; 12:453; 14:571, 2239, 2531; 15:461; 16:2536; 19:758; 20:584; 22:1958; 23:13
Rubio Sánchez, Manuel. 19:3363; 20:2352, 2353; 23:3372, 3373; 24:692, 693, 3762; 25:3118
Rubio Sánchez, Vicente. 23:3424
Rubio Vasquez, Nicolás. 28:3102
Rubio y Estéban, Julián María. 3:2203a; 8:3095
Rubió y Lluch, Antonio. 9:3969
Rubio y Muñoz-Bocanegra, Ángel. 14:1786; 23:2945
Rubio y Rubio, Alfonso. 11:3466, 19:5763; 23:4710, 5838

Rublúo, Luis. 28:84
Rublúo Islas, José L. 26:572, 673
Rubottom, Roy Richard, Jr. 22:4036; 23:2818; 24:3451-3453; 25:2664, 2665
Ruck, Berta. 8:4441, 4442; 9:4372
Rucknagel, D. L. 27:1558
Ruda, Osvaldo Jorge. 28:3283
Rudas, Narciso. 6:4634
Ruddick, J. Leon. 8:4772
Rudenko, Boris Timofeevich. 23:3216, 3326; 24:3570; 25:3215; 28:674
Rudge, Marcelo. 18:1176
Rudge, Raul Telles. 19:5560
Rudkin, Charles N. 22:2958
Rudofsky, B. 9:949
Rudolfer, Brauno. 2:983; 6:1665, 1871; 10:2279
Rudolfer, Noemy da Silveira. 4:1766
Rudolph, William E. 2:1387; 6:2421; 10:1084, 1183, 1876, 2019; 17:1149; 21:2034; 27:2855a
Rue, S. de la. 3:1110
Rübbo Müller, Antonio. 18:327; 19:759
Rueda, Carlos. 10:4148; 11:1848
Rueda Briceño, Ana. 19:3427a, 3875; 21:2711; 22:3437
Rueda Medina, Gustavo. 12:2579
Rueda Vargas, Tomás. 2:2727; 5:3061, 7:4798; 8:4030; 9:3080; 26:1017
Rueda Villarreal, Ismael Augusto. 14:2397
Ruegg, Werner. 16:1228
Ruel, Santiago. 7:3179
Ruelas, Julio. 2:431
Ruellan, Annette. 23:2733
Ruellan, Francis. 10:2205, 2248, 2249; 11:1805; 14:1557; 15:1132; 16:1267; 17:1199, 1268; 19:2621, 2622; 20:2076, 2077, 23:2733; 24:3061; 27:2965a
Ruesta, S. 8:3869
Rüstow, Anna. 3:2445
Ruff, Elsie. 24:222
Ruffini, Elise. 10:709
Ruffo, Edgar. 15:2936
Rufino Barrios, J. 11:2393
Rufo, Salvador de Moya. 2:1644, 1650; 3:2794; 5:3217, 4010; 9:3381
Ruge, R. 14:1353
Rugeles, Manuel Felipe. 12:2667; 13:2170; 14:2882; 17:2469; 18:2605; 19:5037; 21:4123; 26:1752, 1753
Rugendas, Johann Moritz. 6:681, 3654; 8:3551; 22:1323
Ruggeri, Claudio. 27:3800
Ruggeri Parra, Pablo. 7:2750, 5193; 10:4058; 15:2665; 16:827; 21:4610; 24:4164
Ruggeroni, Dante. 28:1027
Ruggiero, Guido de. 12:3564; 14:3458, 3488; 15:2958
Ruggles, Richard. 25:1485
Ruhe, R. 24:4536
Ruhle, Otto. 4:1803
Ruhle-Gerstel, A. 3:2596
Ruhmer, Eberhard. 23:3065
Ruiz, Ángel Ramón. 18:715
Ruiz, B. 6:3780
Ruiz, Carlos H. 16:2730
Ruiz, Daniel J. 18:3061
Ruiz, Eduardo. 2:2326; 16:1636
Ruiz, Guillermo. 5:715
Ruiz, Helena. 25:3447
Ruiz, Hipólito. 6:2422
Ruiz, Isabel C. 26:1519
Ruiz, J. Leonor. 15:20
Ruiz, José Ignacio. 6:2165; 21:1978
Ruiz, José T. 2:513
Ruiz, Juan. 6:1110

Ruiz, Luis Alberto. 17:2323; 21:4124
Ruiz, Luis R. 5:672; 10:213
Ruiz, Macedonio Óscar. 25:1196
Ruiz, Ramón Eduardo. 18:3269; 23:3218; 26: 674; 27:2479, 4189; 28:652a
Ruiz, Raúl. 28:2330
Ruiz, Samuel J. 5:2151
Ruiz Alarco, Francisco E. 15:1340
Ruiz Aldea, Pedro. 13:2128
Ruíz Belvis, Segundo. 22:3282
Ruiz Bourgeois, Julio. 2:828; 6:4704; 8:1674, 4654; 9:1475; 18:673
Ruiz Cabriada, Agustín. 25:3015
Ruiz Cárdenas, Alberto. 23:4469
Ruiz Carranza, Eduardo. 7:982; 8:1044
Ruiz Castañeda, María del Carmen. 16:1808; 28:28a
Ruiz Cortines, Adolfo. 20:2280
Ruiz Crooker, Alicia. 26:1520
Ruiz de Alarcón, Juan. 17:2280; 21:3719; 23:4714, 4715
Ruíz de Chávez P., Leticia. 24:6245
Ruiz de Esparza Salazar, Ignacio. 16:3141
Ruíz de Gamboa A., Alberto. 1:1682; 3:887; 4: 1113; 5:1416, 9:3758; 12:3210
Ruiz de la Marchena, Martín. 2:1944; 3:2311
Ruiz de Larrinaga, Juan. 14:1902
Ruiz de Luque, F. J. 8:3284a
Ruiz de Velasco, Tomás. 9:2066
Ruiz-Díaz, Adolfo. 19:4777
Ruiz Díaz, Manuel. 3:962
Ruiz Equihua, Antonio. 25:1578
Ruiz Espadero, Nicolás. 28:3100
Ruiz Franco, Arcadio. 16:1363
Ruiz Fuller, Carlos. 10:2134; 12:1406; 16:1211; 25:2311; 27:2856
Ruiz-Funes García, Mariano. 7:5303; 12:3013; 16:3089; 18:2945; 19:6080
Ruiz García, Enrique. 26:424
Ruiz González, Raúl. 13:1878; 25:3683
Ruiz González, René. 18:2252; 21:1317
Ruiz Guiñazú, Alejandro. 8:3285; 20:3986
Ruíz-Guiñazú, Enrique. 3:2551; 10:3218; 17: 1012; 18:2080, 2081; 24:4242
Ruiz Huidobro, J. 7:500
Ruiz Huidobro, Óscar J. 18:1290; 24:2945
Ruiz Lago, Marina. 15:2962
Ruíz Lara, Jorge 27:2064
Ruiz Leal, Adrián. 22:2375; 27:2840
Ruiz Llanos F. 15:2943
Ruiz Madrigal, Guillermo. 15:2096
Ruiz Maldonado, Diego. 23:3636
Ruiz Martínez, Carlos. 13:776
Ruiz Martínez, Luis Horacio. 25:4548
Ruiz Medrano, José. 28:2092
Ruiz Meza, Víctor. 12:2022; 15:35
Ruiz Moreno, Aníbal. 4:2878; 5:2506; 15:1599, 1614; 16:1753; 22:3505
Ruiz Moreno, Isidoro. 1:1766; 4:895; 6:3423; 9:4578; 11:2492; 19:3851; 23:3776; 26: 1117, 1118; 28:1138, 1138a
Ruiz Moreno, Leandro. 19:3852, 3853
Ruíz Moreno, Martín T. 8:2614; 10:4560; 28: 3251
Ruiz Novoa, Alberto. 21:3140
Ruiz P., Cristóbal. 9:1580
Ruíz Paniagua, Javier. 27:2480
Ruiz Pineda, Leonardo. 27:3574
Ruiz Reyes, Gu:llermo. 27:1569, 1577b
Ruiz Rivas, Guillermo. 15:1182; 28:960a
Ruiz Sánchez, A. 9:2858
Ruiz-Sierra, Calixto. 6:4530
Ruiz Tejada, Manuel Ramón. 18:2929; 19: 5520
Ruíz Terán, L. 22:2282

Ruiz Vernacci, Enrique. 11:3128; 12:2580, 2610; 14:2934
Ruiz y Gómez, Julián M. 1:1425
Ruiz y Ruiz, Raúl A. 4:3199; 5:3008; 7:3477; 8:3224; 3286; 9:3276; 10:3028; 11:2493; 12:1999; 13:1495
Ruiz Zaldívar, Carlos. 21:4125
Ruiz Zapata, Ernesto. 10:1958
Rújula y de Ochotorena, José de, marqués de Ciadoncha. 1:747, 797; 11:2182
Rukeyser, Muriel. 26:1745
Rukser, Udo. 23:5889
Rulfo, J. M. 5:898
Rulfo, José. 3:1451, 20:62
Rulfo, Juan. 19:4937, 4938
Rull Fernandes, Antônio. See Fernandes, Antônio Rull.
Rumazo González, Alfonso. 6:2615; 7:3221; 11: 2242; 20:2992
Rumazo González, José. 10:2813; 11:2295; 12: 1891
Rumbo, Eduardo I. 21:1309
Rumeu de Armas, Antonio. 12:1723; 13:1229; 16:1510; 19:3186a
Runco González, Alejandro. 16:741
Runes, Dagobert D. 6:4979; 7:5626; 8:4844, 4845
Ruppert, Karl. 1:70; 6:288, 9:302, 303; 16: 176; 17:47; 18:78, 79; 19:161-163, 180; 20:167
Ruprecht, A. 6:1456
Rus, José Domingo. 28:881a
Rusch, Johann Baptist. 2:277
Ruschel, Nilo. 25:4752
Ruschel, Ruy Ruben. 27:2966
Ruschenberger, William Samuel Waithman. 21: 3119
Rusconi, Alberto. 4:3771; 5:3545; 15:2424
Rusconi, Carlos. 3:1738; 4:272, 389, 5:377, 6:500; 7:446-449; 509-511, 523, 581, 589, 604, 2284; 8:298, 2199; 9:586; 10:287, 450-452; 2086; 11:288, 289, 329, 421-424; 12:307, 308, 510-514; 13:259-261, 381-384; 14:594, 595, 616, 617; 25:520; 27: 1177, 1530
Rusk, Dean. 25:2623, 2666
Russell, Alfredo. 4:4382
Russell, Bertrand. 5:4497; 7:5087, 5088; 8: 4443; 11:3974; 12:3565, 3566; 14:3466; 20:4890; 22:5919; 23:5909
Russell, Dolores. 27:1485
Russell, Dora Isella. 14:2935; 15:2377; 27:2474; 2501; 19:5094-5096; 23:5204
Russell, Joseph A. 7:2456; 8:2587
Russell, Robert. 22:910; 27:1485
Russell, William Richard. 15:74
Russia (1923- USSR). Galvnoe Upravlenie Geodezii i Kartografii. 25:2246; 27:2695
Russo, Laura Garcia Moreno. 28:85
Russo, Luis Ario. 5:1403
Russo Berguido, Alessandro. 13:1564; 26:709; 27:3137, 3337
Russo Delgado, José. 14:3467; 19:5801
Russomano, Mozart Victor. 14:2999; 15:2475; 16:2348
Ruszkowski, Zdzislaw. 14:45a
Rutherford, Robert E. 18:1777a
Rutten, Luis. 6:2304
Rutten, M. G. 2:1324
Ruvalcaba, J. Melquíades. 1:109, 8:599
Ruy, Hugo. 24:3454
Ruy de Souza, Affonso. See Souza, Affonso Ruy de.
Ruyer, Cláudio. 8:3451
Ruysch, W. A. 14:358

Ruz Lhuillier, Alberto. 10:272a; 11:208, 225, 226, 1543; 17:103; 18:80-85; 19:164-169; 20:161; 21:59; 22:118; 23:148, 966; 25: 231; 27:247-250, 374, 375, 830, 831
Ruz Menéndez, Rodolfo. 22:2911
Ryan, Ignatius L. 5:2311
Ryan, J. H. 5:3441
Ryan, John Morris. 23:2072
Rybak, Shulamith. 21:4744
Rycroft, W. Stanley. 12:372; 27:1789, 4057
Rydell, Raymond A. 18:1673
Rydén, Stig. 2:171, 282; 3:223, 268; 7:536; 8:382; 10:306; 13:286; 14:359; 16:372; 18:217; 19:363; 475; 20:307, 328, 373-373b; 21:334; 22:2548; 23:519; 24:532; 25:397; 27:528, 1152
Rydings, D. G. 4:1431
Rydjord, John. 1:917; 4:3082; 7:3159; 12:1863c
Ryff, Beatriz Bandeira. 7:5075, 5076

SAPS. Boletim Mensal do Serviço de Alimenação da Previdência Social. 10:3372
Sá, A. de Ribeiro de. 10:3175
Sá, A. Lopes de. 27:2370
Sá, Carlos Accioly de. 3:1393; 8:1911; 9:1823
Sá, Hernane Tavares de. 13:1700; 25:2418
Sá, Irene Tavares de. 8:4285; 13:2335
Sá, José de. 3:700
Sá, Mem de. 12:1076
Sá, Paulo Accioly de. 6:1743, 1824; 18:1177
Sá, Sinval. 28:2546
Sá, Waldemar Bergamini de. 6:1798
Sá Brito, Francisco de. See Brito, Francisco de Sá.
Sá Brito, Glauco. See Brito, Glauco Sá.
Sá Carvalho, J. R. de. See Carvalho, J. R. de Sá.
Sá Carvalho, José Zacarias de. See Carvalho, José Zacarias de Sá.
Sá Carvalho, Plácido de. See Carvalho, Plácido de Sá.
Sá Nunes, José de. See Nunes, José de Sá.
Sá Pereira, A. See Pereira, A. Sá.
Sá Pereira, Maria de Lourdes. See Pereira, Maria de Lourdes Sá.
Sá Pereira, Virgílio de. See Pereira, Virgílio de Sá.
Sá Teles, J. F. de. See Teles, J. F. de Sá.
Saá Víctor. 4:3200
Saad, Pedro A. 9:1493
Saake, Wilhelm. 22:463; 23:770, 771; 27:1246, 1246a
Saavedra, Abdón S. 13:2608
Saavedra, Alfredo M. 9:1859, 1860, 1964
Saavedra, Bautista. 4:313a; 5:3034, 3406; 21:4930
Saavedra, Carlos Gonzalo de. 12:2291a
Saavedra, David. 2:1129; 13:447
Saavedra, Guido. 22:5173
Saavedra, Manuel Josef. 5:2476
Saavedra, María Josefa. 10:3953; 16:3071
Saavedra, Mario M. 6:968; 8:1110; 15:823; 16:1003
Saavedra, Néstor. 25:4388
Saavedra Antezana, Carlos. 12:922
Saavedra E., Enrique. 25:2095
Saavedra Lamas, Carlos. 3:2932; 4:3588; 9:1399
Saavedra Molina, Julio. 1:2017; 4:4025; 5:3797, 3836; 7:4799; 10:3604; 11:3129-2132; 12:2719-2721
Saavedra Rojas, Eduardo. 22:2413

Saavedra y Gómez, Leonor. 11:3607
Sabá, Alberto. 6:1432
Saba Bergamín, Carlos. 27:742
Sábat Ercasty, Carlos. 1:2118; 5:3816; 6:4232; 9:4080; 10:3786, 3787; 13:2171; 17:2502; 18:2606
Sábat Pebet, Juan Carlos. 5:3712; 21:3737
Sabaté Lichteschein, Domingo Bernardo. 9:4457; 21:3435; 25:2705
Sabater y Mur, A. 7:5089
Sabatini, Amadeo. 3:1827; 4:2229; 6:2537
Sabatini, Rafael. 6:4465
Sábato, Arturo. 27:2145a, 3186
Sábato, Ernesto. 14:2798; 24:5629; 26:1647; 28:1992a
Sábato, Juan. 11:967
Sabella, Andrés. 7:4120, 4129; 4800, 4801; 14: 2852; 21:3120; 25:4549
Sabella, Luis J. 23:2577; 24:2934
Sabido, Miguel. 26:1874
Sabin, Joseph. 28:86
Sabino, Fernando Tavares. 7:4981; 8:4254; 10: 3890; 16:2856; 23:5491; 25:4753; 26:2116; 28:2679
Sabino Júnior, Oscar. 28:1389
Sabio, Ricardo. 28:3084
Sable, Martin H. 28:87
Sabogal Dieguez, José. 9:768; 11:560; 15:529; 18:218; 19:2747
Sabogal Wiesse, José R. 24:884; 27:1352
Sabóia, Edith. 5:3229
Sabóia, Massillon. 12:1218a
Sabóia da Lima, Augusto. See Lima, Augusto Sabóia da.
Sabóia de Medeiros, Fernando. See Medeiros, Fernando Saboia de.
Sabóia Ribeiro, João Felipe de. See Ribeiro, João Felipe de Saboia.
Sabor, Josefa Emilia. 10:4293; 25:3440; 28:87a, 87b
Sabor Vila, Sara. 9:4658; 11:3737; 12:3321; 16:90a
Saboya, Geraldo. 18:893
Saboya Côrtes, 3:605
Sacarelo y Fuentes, Eugenio. 1:1513
Sacasa, Juan Bautista. 2:2443; 3:2157a; 13:1584
Sacchetta, Hermínio. 26:2107
Sacchetti, Alfredo. 19:892; 20:784; 25:810; 27:1598
Sachet, Adrien. 13:2568
Sáchia Aponte, Luis Carlos. 27:3651
Sachs, Curt. 7:5612
Sachse, Ursula. 27:832
Sack, John. 19:2547
Sackett, E. B. 2:531
Sackheim, Mussia. 2:2480
Saco, Alfredo M. 9:89; 12:997
Saco, Carlos Gabriel. 11:2296
Saco, José Antonio. 1:1127; 2:1775; 3:2423; 4: 2547; 11:1945; 26:772; 28:797
Sacotto Arias, Augusto. 6:4233; 11:3285
Sacriste, Eduardo. 11:1849
Sada, Concepción. 15:2443
Sadaic, Buenos Aires. 9:4744
Sadi, José P. 8:1580
Sadi Baco, Duncan. 5:1439
Sadosky, Manuel. 22:5823
Sadowsky, Viktor. 18:1433
Sady, Emil J. 24:622
Sady, Rachel Reese. 9:369
Sáe, Juan C. 10:2704
Sáenz, Aarón. 10:923; 21:2802; 24:3972; 25:3315
Sáenz, Antonio. 5:4217
Sáenz, Carlos Luis. 16:2792

Sáenz, César A. 18:86; 20:162; 25:232, 683, 1120; 26:117; 27:376-379
Saénz, Dalmiro A. 26:1875; 28:1993, 1994
Sáenz, Felipe. 10:2909
Sáenz, Gerardo. 26:1521, 1536, 1820
Sáenz, Josué. 12:773a, 14:966; 16:1004; 21:1494; 22:1423
Sáenz, Justo P, h. 8:2127, 2200; 14:2240; 17:2459
Sáenz, Mario. 4:976, 1243; 5:1983
Sáenz, Moisés. 2:1184; 5:320; 10:428
Sáenz, Vicente. 10:3255, 12:1521, 2292; 15:1916, 1999, 17:1941, 19:3623; 20:2818, 3421; 21:3428; 22:4029, 4037; 23:2819; 24:4028; 25:2667; 26:425
Sáenz de la Calzada, Carlos. 25:3119
Sáenz de Santa María, Carmelo. 6:390-392; 7:4536; 8:265; 13:1163; 17:1540; 20:2550, 2566, 2569; 21:2558, 3087; 22:599, 2932, 2993; 23:967, 968, 3036, 3200; 24:1146, 1686, 3828, 4085, 4186, 5024; 25:3213, 4207, 4208; 28:727a, 729
Sáenz de Tejada, Guillermo. 2:1518, 1519
Sáenz de Viteri, Ernesto. 5:1160
Sáenz Echeverría, Carlos. 2:2728
Sáenz Godoy, Leopoldo. 28:1633
Sáenz Hayes, Ricardo. 13:2129; 24:4295
Sáenz Maroto, Alberto. 15:1156; 20:1961
Sáenz Nieves, Salvador. 16:1005
Sáenz Peña, Roque. 1:1173; 10:3685
Sáenz Poggio, José. 13:2692
Sáenz Quesada, Héctor. 14:2026
Sáenz Soler, Ricardo. 18:2882
Sáenz Valiente, José María. 1:1174; 6:3014; 7:3266; 8:3096; 9:3125; 18:2082
Sáenz Valiente, José María, h. 10:4192
Sáenz Vieyra, Raúl. 8:2716
Saer, Juan José. 25:4387; 28:1995
Saer D'Heguert, J. 8:2331
Sáez, Antonia. 7:4497; 10:1628, 12:1158; 16:2807
Sáez, Antonio. 28:1632
Safa, Helen Icken. 27:4190
Safady, Jamil. 16:2819
Saffray, Charles. 15:129
Sagarna, Antonio. 2:2202; 3:1818, 2666a; 4:3201-3205; 5:3009, 3010; 6:3422; 7:3478; 9:3277
Sagastume, René. 10:4092
Sagastume Franco, Edmundo. 16:2962
Sagra, Ramón de la. 27:2032a; 28:797a
Sagués, Isidoro. 8:4064
Saguier, Eduardo. 15:479, 480; 17:2459; 24:1336
Sahagún, Bernardino de, Fray. 4:101, 198a; 10:2643; 11:2122; 16:211, 212; 17:276; 19:220, 222; 20:241, 715, 715a, 2551; 21:123; 22:119, 536, 567, 600, 911; 23:5738; 24:1147; 27:833, 834
Sahagún Torres, J. 7:4407a; 20:3613
Sahuaraura Titu Atauchi, Rafael José. 10:2685
Saia, Luiz. 5:592; 10:790; 14:692; 20:1169
Sainsbury, Geoffrey. 21:571
Saint, Enrique. 2:1345
Saint, Rachel. 27:1486
Saint-Amand, Edris. 18:2840
Saint-Aubain, Delattre. 2:2305
Saint-Aude, Magloire. 15:2572
St. Augustine, Florida (Parish). 7:2923
St. Clair, David. 20:2034a
St. Croix Museum Commission. 18:132
Saint-Cyr, Mme. Colbert. 15:2564
Saint-Exupèry, Antoine. 6:4466
Saint-Gaudens, Homer. 3:490
Saint-Hilaire, Auguste de. 3:2884, 2885; 4:3380, 5:3181; 6:3655; 13:1186; 19:4027

St. Hilaire, Paul. 26:2150
St. James, Andrew. 8:4263
St. Jean, Serge. 28:2703
St. John, Francis C. 17:2258
Saint Juste, Laurore. 23:3408, 6313; 24:4042
Saint-Louis, Carlos. 13:2370; 14:3101; 16:2945
Saint-Loup, Stanislas de. 17:1104
St. Loup B., Enrique. 20:3987
Saint-Lu, André. 23:3037
Saint Pastous, Antônio. 27:2371
Sainte Pierre, Jacques Henri Bernardin de. 9:4373
Saint-Simon, Louis de Rouvroy, duc de. 10:3931
Saint Surin, Jacques. 27:2790
St. Vincent. Annual Administrative Report. 5:1045
St. Vincent. Annual Report on the Social and Economic Progress. 6:1156
St. Whitelock, Otto V. 23:659
Sainte Marie S., Darío. 11:1090
Sainte-Marie Soruco, Osvaldo. 11:1034
Sainz, Fernando. 13:675
Saínz Pulido, Josefa. 20:4886
Saito, Hiroshi. 13:337; 19:6085; 22:6013; 23:6024; 6033; 24:6340; 25:5643; 27:4254
Saiz, Víctor. 28:1996
Saiz de Arce, Antonio. 10:1023
Saiz de la Mora, J. 10:3547
Saiz de la Mora, Santiago. 9:2626
Sajón, Jaime V. 27:3801
Sajón, Rafael. 21:3547
Sakomura, Hisashi. 28:474
Sakurai, Masao. 27:4320
Sal y Rosas, Federico. 27:1626
Sala González, Socorro. 22:5718
Salaberren, Raúl. 20:1309; 21:1310
Salado Álvarez, Ana. 19:4939
Salado Álvarez, Victoriano. 11:3269; 12:2023; 19:4939; 24:4781; 25:3316
Saladrigas, E. 20:2576
Salama, Roberto. 21:4167
Salaman, Redcliffe N. 3:70; 6:608; 15:301
Salamanca, Guillermo. 3:2710; 27:3375
Salamanca Aguilera, Rafael. 26:955
Salamanca Jorquera, Raúl. 14:2462
Salamanca Z., Humberto. 27:3238
Salamuni, Riad. 22:2511
Salarrué, pseud. See Salazar Arrué, Salvador.
Salas, Acdeel Ernesto. 11:3594
Salas, Alberto Mario. 4:2879; 6:409; 7:450; 8:299-301; 9:402, 2977; 11:290, 1980; 13:1230; 14:360; 16:1511; 19:3187; 22:2933, 3506; 23:3038, 3039; 24:1148, 3735
Salas, Ángel. 6:4844, 14:2713
Salas, César Augusto. 4:1639
Salas, Filomena. 11:1423
Salas, Horacio. 28:2168
Salas, Irma S. 13:723; 25:2095
Salas, José. 7:5713
Salas, José Segundo. 21:2328
Salas, Samuel J. A. 6:3423
Salas, Simón Gonzalo. 4:1696; 8:1459
Salas, Xavier de. 28:214
Salas Anzures, Miguel. 26:131, 236; 28:156, 188, 204, 266
Salas Calderón, Gloria. 25:4313
Salas D., Raúl. 27:2204
Salas G., Abelardo. 7:4328
Salas León, Antonio. 23:3183
Salas Marchán, Maximiliano. 10:1575
Salas Rodríguez, J. Wilbert. 17:1013, 1014
Salas Romo, Julio. 8:2716a
Salas S., Juan B. 5:1308
Salas Silles, H. S. 2:3025

Salas Subirat, J. 22:5825
Salas Villagómez, Manuel. 13:483; 16:1006
Salas Vitangurt, Dionisio. 7:501; 10:1688
Salas Viu, Vicente. 10:4439, 4440; 17:2851; 18:3008; 19:5640; 26:2205; 28:3077
Salas y Medina, Jorge de. 5:3713
Salaverri, Vicente A. 3:3358; 11:3083
Salaverría e Ipenza, José María. 11:1981
Salaverry, Carlos Augusto. 14:2883
Salaya y de la Fuente, Eduardo. 5:990
Salazar, Adela. 10:3445
Salazar, Adolfo. 4:238; 5:4349; 6:4870, 4871; 10:4403a, 4467; 17:2831; 18:3017
Salazar, Alcino de Paula. 7:5187; 11:3528
Salazar, Buenaventura. 9:2834
Salazar, Carlos. 23:3374
Salazar, Eugenio. 14:1837
Salazar, Fernando de. 6:2848
Salazar, Joaquín E. 12:2978
Salazar, José Abel. 12:1892; 28:986a
Salazar, José Manuel. 25:1599
Salazar, Juan B. 2:1185
Salazar, M. T. 4:1771, 1772
Salazar, Mardonio. 14:3338
Salazar, Matías. 25:3763
Salazar, Ramón A. 5:3276; 18:1778; 21:2856
Salazar, Rosendo. 4:1367, 3083; 20:3522; 21:3517; 25:3317
Salazar, Segundo Miguel. 18:1085
Salazar, Toño, 14:2731
Salazar, Víctor M. 9:3319
Salazar A., H. Orlando. 2:843
Salazar Andrade, Sylvia. 14:2463
Salazar Arrué, Salvador. 20:3988; 24:4782, 5226; 28:1914
Salazar B., Mariano. 9:612
Salazar Bondy, Augusto. 16:1454; 17:2934; 20:4798, 4799; 21:4836; 24:6007; 28:3230
Salazar Bondy, Sebastián. 12:2637; 14:2964, 2966; 20:4230; 22:5170; 24:5453, 5630, 5631; 25:4357; 26:1876, 1922; 28:2169, 2321, 2331
Salazar Brito, R. 6:4809
Salazar Carrera, A. 3:1101
Salazar Domínguez, José. 12:2581
Salazar Flor, Carlos. 1:1777; 19:5587
Salazar Gómez, Eduardo. 7:863; 8:137, 1021a; 10:103, 122; 11:2678
Salazar Herrera, Carlos M. 28:1915
Salazar Larraín, Arturo. 20:1721
Salazar Mallén, Mario. 16:467; 21:812, 831-833; 22:989; 23:1252; 25:804
Salazar Mallén, Rubén. 3:3268, 18:2397; 23:4837, 5011
Salazar Martínez, Francisco. 20:4108
Salazar Maza, T. C. 9:1217
Salazar Monroy, Melitón. 12:595
Salazar Mostajo, Carlos. 27:3239
Salazar Ortegón, Ponciano. 11:193, 194; 18:297
Salazar Páez, Antonio. 19:2078
Salazar Ríos, Santacruz. 11:787
Salazar Romero, Carlos. 12:1199; 14:1299; 17:1015
Salazar Rovirosa, Alfonso. 24:3882
Salazar Salmón, Hugo. 11:996
Salazar Valdés, Hugo. 21:4126
Salazar y Frías, Severiano, Bp. of Chiapas. 20:2541
Salazar y Lozano, Agustín. 15:1647; 19:3884
Salazar y Roig, Salvador. 1:2018
Salce, Pablo. 17:1541
Salceda, Alberto. G. 18:1965, 2398; 19:4611; 21:3716
Salceda, Juan Antonio. 24:6090; 27:3208
Salcedo, Antonio. 13:2781
Salcedo, Danilo. 23:2792

Salcedo, Miguel Ángel. 15:111
Salcedo, Saturnino. 4:930
Salcedo Bastardo, J. L. 21:3022
Salcedo Fernandini, Manuel. 15:2103; 16:2431; 18:2241; 21:3584
Salcedo Figueroa, José Jesús. 25:3955
Salcedo Gutiérrez, Daniel. 4:2416
Salcedo y Herrera, Francisco Manuel de. 23:3184
Saldaña, José P. 20:2857; 28:554
Saldaña Dávila, F. 8:2389
Saldaña Retamar, Reginaldo. 3:2185; 7:3267
Saldaña Vélez, Francisco. 27:2763
Saldanha, Martim Lopes Lobo de. 23:3931
Saldanha, Nelson Nogueira. 23:2820, 2821, 6001
Saldanha, P. H. 21:841; 22:971; 23:1306, 1307; 24:1515-1518; 25:759, 764, 774-779, 794, 812; 27:1511, 1556, 1570, 1582, 1582a, 1613
Saldanha, Sonia G. 25:779
Saldanha da Gama, R. P. See Gama, R. P. Saldanha da.
Saldanha da Gama Coelho Pinto, José. See Pinto, José Saldanha da Gama Coelho.
Saldanha da Gama e Silva, J. See Silva, J. Saldanha da Gama e.
Saldaño, Juan José. 16:1682
Saldarriaga Betancur, Juan Manuel. 16:2590; 21:3141; 27:3376
Saldeña Molina, Homero. 6:3424
Saldías, Adolfo. 12:2093; 14:2237
Saldías, José Antonio. 3:3368; 11:3163, 3164
Saldías Maninat, Antonio J. 7:2335
Saldívar, Gabriel. 3:462a; 4:209; 5:2435; 9:88, 278, 3167; 13:1187, 2695; 25:5239
Saleh Sada, Félix. 9:1476
Saler, Benson. 25:465; 27:965
Salera, Virgil. 7:1369; 13:484; 15:824; 27:1790
Salerno, Ángel. 22:3230
Sales, Herberto. 10:3891; 22:3884; 25:4644, 4683; 28:2547
Sales, Luis, Brother. 22:2958; 25:3145a
Salès, Marc-Pierre. 13:2371
Sales Guerra, E. See Guerra, E. Sales.
Sales Hurtado, Manuel. 2:1453
Sales Júnior, Antônio Carlos. 10:3183
Salgado, Álvaro F. 9:4203-4208; 10:3856
Salgado, Antoine. 20:4459
Salgado, Clóvis. 22:2024, 2044; 23:2438
Salgado, Dilke. 13:716
Salgado, E. A. 1:635
Salgado, Eduardo J. 2:2988
Salgado, Félix. 4:3660, 11:2440, 2441
Salgado, Francisco José. 16:2393
Salgado, Gustavo. 8:4597, 9:4779
Salgado, José. 1:2015; 2:1596, 2268; 4:3007; 5:2767; 3099; 9:3358, 3902; 10:3110; 11:2323, 2692
Salgado, Plínio. 2:2908-2911; 3:1866, 1867, 2793, 3528a, 12:2190; 24:3495, 3508
Salgado dos Santos, Amílcar. 3:2552
Salgado Filho, Joaquim Pedro. 2:1066; 3:665
Salgado Freire, J. See Freire, J. Salgado.
Salgado Gómez, David. 3:2513; 10:2814
Salgado Martins, José. See Martins, José Salgado.
Salgado Pérez, Felipe. 22:2215
Salgado Verdugo, Heriberto. 14:1258
Salgueiro de Freitas, Ayrton. See Freitas, Ayrton Salgueiro de.
Salguero, Juan Segundo. 6:2441
Salguero V., Arturo. 25:2133c
Salido Beltrán, Roberto. 28:653

Salido Orcillo, Raúl. 10:4094
Salinas, Emma, 5:2388
Salinas, José María. 15:1123
Salinas, Pedro. 11:3284; 13:2209; 14:2936
Salinas, Raúl M. 14:777
Salinas Alanís, Miguel. 9:2736
Salinas Carranza, Alberto. 2:2444
Salinas Cossío, G. 3:487
Salinas de la Torre, Gabriel. 13:1291a
Salinas Leal, Bonifacio. 7:2690; 8:2784
Salinas López, Samuel. 21:4001
Salinas Lozano, Raúl. 9:1075; 10:924; 18:1000; 27:1917
Salinas Mariaca, Ramón. 12:2962, 2995; 14:3339; 15:2633
Salinas Martínez, Arturo. 23:2073
Salinas Pérez, Pablo. 24:5632
Salinas Puente, Antonio. 19:5568
Salinas Ramos, Alberto. 20:1555
Salinas Valdivieso, Carlos Alberto. 5:3119; 10:3219; 14:3296
Salinas y Córdoba, Buenaventura de. 22:3464
Salisbury Buitrón, Bárbara. 13:1920
Salit, Charles R. 9:3036
Salivia, Luis Alfredo. 16:1159
Salkey, Andrew. 28:1915a, 1915b
Sallaberry, Juan Faustino. 1:884, 1252; 6:3493
Saller, Karl. 8:478
Salles, Aloysio de. 7:659
Salles, Dagoberto. 23:1946; 27:3298
Salles, Ruth Sylvia de Miranda. 26:2065
Salles, Vicente. 28:3066
Salles Barbieri, Célio. *See* Barbieri, Célio Salles.
Salles de Oliveira, Francisco. *See* Oliveira, Francisco Salles de.
Salles Machado, Leão. *See* Machado, Leão Salles.
Salles Oliveira, Armando de. *See* Oliveira, Armando de Salles.
Sallés y Milanés, José Antonio. 17:2716
Salmerón, Celerino. 26:573
Salmerón, Fernando. 22:5826, 5868; 27:2481; 28:3322
Salmerón, Modesto. 16:2981
Salmón, Julio. 2:3102
Salmon, Ross. 19:6623; 21:5047
Salmón Baldivieso, Luis. 1:1200
Salmón de la Jara, Pablo. 27:2279
Salmoni, Anita. 19:1256
Salmoni, Renato. 11:1157
Salom, Bartolomé. 12:1967
Salomón, Eckstein R. 21:1464
Salomon, Guy G. 28:2704
Salomon, Noël. 25:3659; 28:1753a
Salort, Antonio Salvador. 15:2611
Salotti, Martha A. 5:1450
Salsamendi, A. 22:1148
Salta, Argentina. Departamento Ejecutivo. 6:2556
Salterain y Herrera, Eduardo. 8:1994; 10:3097; 11:1247; 13:766; 14:1304, 2072; 16:551, 1990; 21:3176; 24:4342, 5479; 25:1254, 1255, 3712
Saltillo, Miguel Lasso de la Vega y López de Tejada, *marques del*. 20:2477
Saltz, Beate. 10:123
Salvá, José R. 17:1780
Salvador, Gregorio. 28:1634
Salvador, Humberto. 2:2795; 5:3769; 9:3943; 10:3677
Salvador, José Gonçalves. 24:4473; 26:1251
Salvador, Nélida. 26:1522, 1523; 28:1807
Salvador, Vicente do. 21:3306
Salvador G., Ángel H. 8:1706
Salvador Lara, Jorge. 27:600

Salvador Porta, Eliseo. 19:4940; 27:2293; 28:2065
Salvador y Conde, J. 16:1512
Salvadores, Antonino. 3:1359, 1360, 2312; 6:3425, 3426; 7:3479, 3480, 3570; 8:3225; 10:3015; 13:1496
Salvadorini, Vittorio. 26:1413
Salvagno Campos, Carlos. 1:1658, 1659; 12:3160, 3225
Salvat, Raymundo Miguel. 1:1533; 3:3707; 6:4605; 12:3101, 3102
Salvat Monguillot, Manuel. 24:4138; 28:448
Salvat Editores, *Buenos Aires*. 7:105
Salvatierra, León César. 17:671
Salvatierra, P. 2:1885
Salvatierra, Sofonías. 4:2715; 5:2436; 12:2044; 13:811; 16:1848, 3361
Salzano, Francisco M. 22:965; 23:1308, 1309; 24:1519-1522, 1525; 25:760, 780-786; 27:1509, 1512, 1543, 1557, 1558, 1583-1584a, 1599, 1599a, 1623
Salzman, Otto Howard, Jr. 14:1010, 1395; 21:3447
Samamé Boggio, Mario. 21:1347
Samandaroff, Yehuda. 3:1757
Samaniego, Antenor. 24:5274
Samaniego, Filoteo. 33:4958
Samaniego, Juan José. 9:1494
Samaniego y Álvarez, Federico de. 18:2279
Sámano, Juan de. 25:684
Samatán, Marta Elena. 22:1950
Samayoa Chinchilla, Carlos. 2:2650; 3:1515; 16:347, 2652; 20:2276; 22:62; 23:149, 969, 1371; 24:5227
Samayoa Guevara, Héctor Humberto. 22:2994, 2995; 23:3206-3208; 24:694, 1673, 1674; 25:2133d, 3214; 26:507; 27:3893; 28:524, 757a
Sambaquy, Lydia de Queiroz. 4:53; 9:4641, 4659; 10:4302
Sambarino, Mario. 28:3252, 3295
Sambrano Urdaneta, Oscar. 26:1449, 1474, 1753; 28:1936
Samhaber, Ernst. 2:1276g; 5:184, 3279, 3280; 12:85; 15:112; 21:2329
Saminsky, Lazare. 5:4350; 6:4889; 7:5513
Samith D., Ernesto. 8:2504
Sammartino, Ernesto Enrique. 16:1333; 17:1303
Sammartino, Luis R. 5:4334; 9:4675; 16:3209
Sammons, Robert L. 8:1022
Samonati de Parodi, Blanca. 11:1294
Sampaio, Alberto José de. 10:3134
Sampaio, Alde. 5:2007; 10:1336, 1412; 11:1182; 15:732; 16:2063
Sampaio, Aluysio. 25:1738; 27:3870
Sampaio, Benedito. 4:4276
Sampaio, Bernardo Pedral. 24:4783; 25:3956
Sampaio, Francisco Ribeiro. 5:4014
Sampaio, José da Silveira. 20:4422
Sampaio, Márcio. 28:2636
Sampaio, Mário Arnaud. 19:785, 5215
Sampaio, Luiz Ferraz de. 25:4684
Sampaio, Nelson de Sousa. 19:2867; 23:2892; 27:3299
Sampaio, Newton. 4:4189, 4190, 4246
Sampaio, Raimundo Padilla. 27:2966a
Sampaio, Renato Araújo. 22:1660
Sampaio, Rogerio. 14:1128, 2497
Sampaio, Theodoro. 1:2141; 2:1418; 6:524a; 9:2310; 10:1880; 15:1858
Sampaio de Lacerda, José Cândido. *See* Lacerda, José Cândido Sampaio de.
Sampaio de Mattos, Horácio Peres. *See* Mattos, Horácio Peres Sampaio de.

Sampaio Dória, Antônio de. *See* Dória, Antônio de Sampaio.
Sampaio Fernandes, J. *See* Fernandes, J. Sampaio.
Sampaio Ferraz, J. de. *See* Ferraz, J. de Sampaio.
Sampaio Ferraz, Mário de. *See* Ferraz, Mário de Sampaio.
Sampaio Garcia, Rozendo. *See* Garcia, Rozendo Sampaio.
Sampaio Lacerda, Pedro Paulo. *See* Lacerda, Pedro Paulo Sampaio.
Sampaio Pirassinunga, Adailton. *See* Pirassinunga, Adailton Sampaio.
Sampaio Vidal, Bento A. *See* Vidal, Bento A. Sampaio.
Sampaio Vidal, Joaquim A. *See* Vidal, Joaquim A. Sampaio.
Sampay, Arturo Enrique. 2:1573; 4:2210; 8: 2615; 10:4561; 12:3243; 15:2645; 17: 2720, 2721; 22:4600; 28:1139
Sampedro V., Francisco. 17:1153; 27:2864
Samper, Armando. 10:1068; 12:844; 14:984
Samper, Baltasar. 28:3114
Samper, Darío. 5:3062; 23:2822
Samper, José María. 2:2729; 15:113; 20:3848
Samper, Miguel. 2:2730
Samper Bernal, Gustavo. 7:1226
Samper Ortega, Daniel. 2:2022, 2612, 2731-2753, 2813; 4:4500; 5:756, 1533, 1578
Sampognaro, V. 1:1201
Sampson, Mitto. 20:483
San Cristóbal-Sebastián, Antonio. 24:4389, 6091; 28:1043
San Cristóbal. (City). Consejo Municipal. 8: 2832
San Cristóbal. Salón de Lectura, *Táchira.* 5:4263
San Cristóval, Evaristo. 1:885; 2:1623; 3:59, 2993; 4:2548; 7:3548; 9:3336; 10:616, 3788; 11:2552, 2553; 13:1657; 20:3076; 21:3157
San José. (Municipalidad). 3:2148; 4:2337; 18:1977
San Juan (Province). Dirección General de Irrigación y Desagües. 4:931, 932
San Juan (City). Cabildo. 15:1455; 16:1546; 19:3396
San Luis Potosí (State). *Constitution.* 9:2520
San Luis Potosí (State). Dirección General de Catastro. 27:2764
San Martín, Carmelo Antonio. 6:4503
San Martín, Hernán. 24:444
San Martín, José de. 7:3243; 10:3685; 11: 2363; 13:1463; 16:1920, 1942; 28:994
San Martín, María Laura. 25:1206
San Martín F., Mauricio. 16:467a; 20:757
San Martín Ferrari, Mario. 12:955
San Martín y Torres, Xavier. 19:5522
San Miguel, Antonio de, *Bp.* 28:514a
San Miguel, de Ibarra. Cabildo. 3:2281
San Miguel de Tegucigalpa. Cabildo. 22:2982
San Pedro Escalante, Juan. 10:2367
San Salvador. Alcaldía Municipal. 9:2545
San Salvador. Congreso de 1824. 7:3277
San Tiago Dantas, Francisco Clementino. *See* Dantas, Francisco Clementino San Tiago.
Sanabia, Arístides. 12:3217
Sanabria, Alberto. 9:3081; 28:1056a
Sanabria, Edgard. 2:2481; 3:3208; 13:2017, 2130; 19:6002
Sanabria, José Rubén. 18:3103
Sanabria Fernández, Hernando. 13:1424; 20: 716; 22:3413; 25:4268; 26:1375, 1419; 28:3039
Sanabria Martínez, Víctor. 21:2330

Sanavia, Víctor. 18:2858
Sanches, Edgard. 6:2123, 4420
Sánchez, Ana María. 19:4894
Sánchez, Antonio María. 21:3518
Sánchez, Avelino. 6:2746, 3507
Sánchez, Carlos Enrique. 1:2019; 2:2769a; 21: 4002
Sánchez, Fabio Raimundo. 13:2416
Sánchez, Felipe. 18:1001
Sánchez, Florencio. 5:3798; 16:2579; 17: 2562; 18:2695; 25:4600
Sánchez, Francisco. 11:1605
Sánchez, Francisco, *1550-1623.* 10:4580
Sánchez, Gabriel. 8:2332
Sánchez, George I. 2:1186; 9:1775, 10:1609; 18:1022; 1098; 25:276, 2096
Sánchez, Guillermo. *See* Solarte, Tristán.
Sánchez, Haydeé. 17:3073
Sánchez, J. G. 9:4438
Sánchez, Jesús Leopoldo. 12:1601
Sánchez, Jorge, *Argentine.* 28:1948
Sánchez, Jorge, *Peruvian.* 12:1433
Sánchez, Jorge Enrique. 12:3213; 13:1911
Sánchez, José. 11:103, 3032a; 14:2714
Sánchez, José M. 14:294
Sanchez, José María. 5:2685, 2897
Sánchez, Juan. 20:1042
Sánchez, Juan Francisco. 19:5097; 20:4870a; 23:2267
Sánchez, Luis Alberto. 1:2020-2022; 2:2501, 2502, 2613-2615; 3:1791r, 3038, 3209, 3210, 3359; 4:3791, 3922; 4019, 4061; 5: 3356, 3568, 3582, 3603, 3714-3716, 3863; 6:3092, 3453, 3708, 3926, 4096-4100, 4168, 4174, 4175, 4351; 7:262, 3094, 3110, 3268, 3269, 4537, 4666-4668, 4725; 8: 2871, 3159, 4031, 4032, 4125; 9:89, 2627, 3903; 10:124, 2433, 2488; 11: 11:104, 3171, 3944; 12:2476, 2722; 13:685, 2067, 2150; 14:2211, 2857, 2978; 15:75, 1016, 2334, 2425; 16:2516, 2517, 2591, 2592; 17:976, 977, 1624, 1625, 2110d; 18: 1099, 2123; 19:2934, 4624, 4684, 4770, 4966, 5098-5100; 20:3849, 4143, 4267; 21:3738, 4168, 4169; 23:2823, 4829, 4838; 24:5129, 5559; 25:2064-2066, 3016, 3676, 4153, 4550, 5715; 26:1034, 1524, 1821, 1822; 28:1043a, 1719, 1808
Sánchez, Luis Amador. 7:4841, 5090
Sánchez, Luis Jaime. 11:409
Sánchez, Luis Rafael. 25:4576
Sánchez, Manuel Francisco. 2:819
Sánchez, Manuel Segundo. 2:14; 4:2966, 2967; 5:2737; 8:2; 12:40; 19:6444; 26:74c
Sánchez, Margarita. 23:1271; 25:789
Sánchez, María Luisa. 15:2829
Sánchez, María Teresa. 15:2431
Sánchez, Mariquita. 19:3495
Sánchez, Pedro C. 3:1570, 1582; 4:1933; 5: 1720; 6:2223; 8:2288; 10:125
Sánchez, Pedro J. 15:1392
Sánchez, Ricardo. 12:902
Sánchez, Roberto J. 26:1439
Sánchez, Roberto M. 15:625; 19:2073
Sánchez, Rodrigo. 7:2700, 3307
Sánchez, Victorio. 17:2482, 3209
Sánchez Agramonte, Aurelio. 19:272
Sánchez-Albornoz, Nicolás. 22:309, 310; **23:3185**
Sánchez Alonso, Benito. 12:41, 1643; 16:1513; 18:1674
Sánchez Alvarado, Alfredo. 17:2086
Sánchez Arango, Aureliano. 16:1075
Sánchez Arévalo, Francisco. 16:2504
Sánchez Astudillo, Miguel. 24:4120; **26:1545;** 28:2252

Sánchez Azcona, Juan. 6:3317; 24:3973; 26: 675; 28:704a
Sánchez B., José María. 12:2582
Sánchez Barbudo, Antonio. 6:5079; 7:5724
Sánchez Barquero, Juan. 12:1856
Sánchez-Bella, Ismael. 26:868a
Sánchez Bernal, José Antonio. 15:2758
Sánchez Bolaños, René. 25:2241
Sánchez Bustamante, Daniel. 6:4101
Sánchez Camacho, Baldomera. 16:2231
Sánchez Camacho, Jorge. 21:3142; 23:4470; 24:4356
Sánchez Cantón, F. J. 9:2978; 12:1724; 23:4471
Sánchez Castro, Alejandro. 13:1548; 15:2820
Sánchez Ceschi, Eduardo A. 4:3206
Sánchez Cifuentes, Álvaro. 11:3536
Sánchez Colín, Salvador. 17:1080, 3189
Sánchez Crespo, Alberto. 27:4058
Sánchez Cuén, Manuel. 22:1803
Sánchez de Aguilar, Pedro. 3:79
Sánchez de Bustamante, Miguel. 11:3486; 13: 2486; 19:5428
Sánchez de Bustamante, Teodoro. 4:1039a; 5: 1246; 6:1476; 9:1400
Sánchez de Bustamante, Teófilo. 17:2259; 23: 3742
Sánchez de Bustamante y Montoro, Antonio. 5:4131; 8:4508
Sánchez de Bustamante y Sirvén, Antonio. 3: 3779b; 4:4465; 5:4219, 4220; 6:4647; 11: 3641
Sánchez de Fuentes, Eduardo. 3:1510; 4:210, 1872, 1873; 6:4880
Sánchez de la Peña, Mariano. 14:1354
Sánchez de Tagle, Miguel. 28:142
Sánchez de Velasco, Manuel. 4:3246
Sánchez de Zamora, Fernando. 25:265
Sánchez Dextre, Nello Marcos. 28:1635
Sánchez E., Eulogio. 12:956
Sánchez Espejo, Carlos. 19:5596a
Sánchez Espinoza, Marcelo. 5:2312; 7:3111; 10:3084
Sánchez Esquivel, Florencio. 17:2746
Sánchez Esquivel Cámara, Florencio. 25:4314
Sanchez Fogarty, F. 3:447
Sánchez Fontáns, José. 19:5511, 5512
Sánchez G., Ángel Porfirio. 19:4941
Sánchez G., José María. 26:533
Sánchez Galarraga, Gustavo. 7:4710
Sánchez Gardel, Julio. 20:4231
Sánchez Garrido, Amelia. 26:1376, 1917, 1918; 28:2379
Sánchez Garza, J. 19:3651
Sánchez Gavito, Vicente. 25:2668
Sánchez Gavito Murguía, Cecilia. 28:653a
Sánchez Gómez, Gregorio. 9:2478; 22:4959; 25:4343, 4344
Sánchez González, Gonzalo. 8:1062
Sánchez Guerrero, Juan. 28:2036
Sánchez Hernández, Tomás. 10:2888
Sánchez Hurtado, Carlos. 18:674
Sánchez Jiménez, Melchor. 21:2832
Sánchez Labrador, Joseph. 3:359
Sánchez Lafaurie, Juana. *See* Lusignan, Marzia de, *pseud*.
Sánchez Lamego, Miguel A. 10:2434; 11:2364; 14:2117; 15:1701; 18:1966; 21:1963, 2833; 24:3974; 26:574, 575; 28:653b-654a
Sánchez Lavid, Aníbal. 16:2731
Sánchez Lazo, Carlos Roberto. 19:4211
Sánchez Lustrino, Gilberto. 4:2352; 10:3220
Sánchez Málaga, Carlos. 6:4843, 4957; 10: 4381; 15:2789; 16:3164, 3208
Sánchez Márquez, Pedro. 10:925
Sánchez Marroquín, A. 13:794
Sánchez Martínez, Julio C. 4:4492; 15:1442; 28:798
Sánchez Mayans, Fernando. 22:5174; 25:4577
Sánchez-Mazas, Miguel. 28:3366
Sánchez Medina, Alberto. 6:1506
Sánchez Meza, Guillermina. 16:614
Sánchez Miguel, J. 9:2067
Sánchez Montenegro, Víctor. 6:3074; 7:3160
Sánchez Morales, Luis. 2:1541
Sánchez Mousso, J. M. 9:1281
Sánchez Navarro, Juan. 20:1556; 27:1918
Sánchez-Navarro y Peón, Carlos. 4:3084; 12: 2064; 15:1702
Sánchez Nieto, Alfonso. 9:4556; 12:3267
Sánchez Ocejo, Alberto. 2:3042; 5:2097, 4106
Sánchez Oviedo, Cornelio. 10:3016, 3017
Sánchez P., Jacinto. 12:962
Sánchez Palacios, Manuel. 5:1373a, 4146
Sánchez Pedrote, Enrique. 17:1494, 1583; 18: 1840; 19:3431; 20:2735
Sánchez Peláez, Juan. 23:5155
Sánchez Pérez, Pascual. 23:3108; 25:3074
Sánchez Quell, Hipólito. 2:2462; 5:2584, 3864; 10:2702; 11:2535; 19:5101; 21: 2776; 25:3956a
Sánchez Ramos, Ignacio. 4:4310
Sánchez Rangel, Hipólito. 11:2044
Sánchez Reulet, Aníbal. 2:2503; 6:5009; 8: 4869, 4870; 13:2767; 14:3425; 15:2883; 16: 3285; 19:5720, 5723; 22:5843; 26:2335
Sánchez Reyes, Enrique. 14:2912
Sánchez Roca, Mariano. 6:4530; 7:2638; 8: 2749, 4561; 9:4426, 4545; 10:3416, 4161; 12:3038; 23:4504, 4653
Sánchez Roig, Mario. 10:1010; 11:44; 21:2621, 2935; 23:1407
Sánchez-Sáez, Braulio. 1:2183; 7:4932, 5125; 9:4209; 12:2191, 2905; 19:5288, 5289
Sánchez Salazar, Leandro A. 16:1809
Sánchez Sarto, Manuel. 6:5074; 18:1002
Sánchez Septién, Salvador. 19:2928, 3622
Sánchez Sorondo, Matías Guillermo. 3:1804: 4:2211, 3678; 6:2558; 13:1615; 20:4109
Sánchez Torrentó, Eugenio. 28:1916
Sánchez Trincado, José Luis. 6:2039; 7:1879, 1950, 2174, 4802, 5407; 10:3789
Sánchez Urteaga de Peña, Isabel. 19:2090
Sánchez Valle, Manuel. 11:45
Sánchez Valverde, Antonio. 13:1292
Sánchez Varona, Ramón. 14:2965
Sánchez Vázquez, Adolfo. 26:2342; 28:3334
Sánchez Ventura, Rafael. 9:249
Sánchez Viamonte, Carlos. 4:2220; 8:2654; 10: 4026; 11:1821, 3517; 12:3065; 13:1056; 14:1600; 20:2232; 22:2641, 4545; 24:4247; 25:4028; 28:1011a
Sánchez Villaseñor, José. 5:2898, 4415; 6: 5034; 9:5021; 16:3266
Sánchez y Escribano, Federico. 4:3840
Sánchez y Sánchez, Carlos. 9:4581; 16:1049
Sánchez Zinny, Eduardo F. 5:2644, 2768; 8: 3298, 3377; 9:3278; 12:1522
Sanchis Guarner, M. 25:3957
Sancho, Alfredo. 25:4578
Sancho, Mario. 8:4033
Sancho, P. H. 2:2304
Sancho Castro, Álvaro. 19:1473
Sancho Corbacho, Antonio. 15:578
Sancho de Sopranis, Hipólito. 13:1232; 17: 1584; 19:3187a, 3188; 26:824a, 910a
Sand, George. 9:4374; 10:3932
Sandbank, Miriam. 12:3345
Sandelmann, Hans. 2:2416
Sandeman, Christopher. 5:1685, 1891; 15:130
Sánder, Carlos. 16:2683

Sander, Dan. 22:96; 24:430; 27:445
Sander, J. C. 8:4644
Sanders, Ralph. 24:1963
Sanders, Richard D. 27:1656
Sanders, William. 5:3317; 7:3756; 11:2679; 14:2369; 24:3455
Sanders, William Timothy. 18:114; 19:170, 675-677; 20:69; 25:233, 234; 27:251, 252, 380
Sanderson, Agnes. 27:2033
Sanderson, Ivan T. 5:1698, 1755; 7:229
Sandi, Luis. 4:537, 3841; 5:757, 758; 6:4844; 7:5487; 9:4801; 10:4468; 13:2664; 16: 3161, 3162; 18:2984; 24:5922
Sandmann, M. 20:3676
Sandner, Gerhard. 24:2850; 27:1973-1973b, 2712, 2733, 4191
Sandoiz, Alba. 12:2583
Sandor, Malena. 23:5339
Sandoval, Alonso de. 20:2478
Sandoval, Fernando B. 12:1861; 16:1683; 17: 1542; 19:1983a; 20:1557, 2517
Sandoval, Gregorio de. 19:3254
Sandoval, José Enrique de. 1:1695; 8:1279; 10: 3414, 3422; 11:2838; 17:2012; 18:2227, 2229; 19:4316
Sandoval, Lisandro. 7:4478; 17:137
Sandoval, Pablo Jesús. 4:2609
Sandoval, Rigoberto. 27:2734
Sandoval, Víctor M. 24:5454
Sandoval Carrasco, Juan. 11:1303; 1304
Sandoval Cerna, Ernesto. 19:5470
Sandóval Pinto, Adrián Antonio. 8:1966
Sandoval S., Luis. 10:464; 11:433-436; 12:525; 19:897; 24:1529-1531; 27:1531
Sandoval Saavedra, Hugo. 19:5521
Sandoval Vallarta, Manuel. 28:655
Sandoz, Maurice Yves. 22:6138
Sands, William Franklin. 11:2738
Sanford, Laurence Critchell. 3:1599
Sanford, Trent Elwood. 14:647; 16:480
Sanger, Ruth. 22:959
Sanghvi, Ramesh. 27:3415
Sangirardi Júnior. 7:712, 755-757
Sangro y Torres, Santiago. 1:713
Sanguily y Garritte, Manuel. 5:3563; 7:3363; 14:2049; 15:2252; 16:1878; 28:798a
Sanguinetti, Manuel Juan. 21:3023
Sanguinetti, Orlando. 3:2667
Sanguinetti Freire, Alberto. 12:3226; 13:2588; 15:2107, 2108; 18:2975a
Sanguinetti M., Alfonso. 23:439
Sanguino Sánchez, Ernesto. 6:4745
Sanhueza, Gabriel. 21:3121
Sanhueza, Jorge. 28:2153
Sanín Cano, Baldomero. 3:3182, 3211; 6:3706, 3893; 10:3649; 12:2723; 15:2253; 19:4771
Sanín Echeverri, Jaime. 15:2306; 23:4259
Sanín Villa, G. 2:644; 7:4216
Sanjinés G., Alfredo. 4:1733; 11:997; 13:1682
Sanjinés Medina, Claudio. 6:4693; 7:5323
San Juan, Pedro. 7:5476, 5477; 8:4797
Sanjurjo, Fernando José. 13:2477
Sanjurjo, José. 24:5455
Sanjurjo, Maria Antonina. 4:1990
Sanmartin, Olyntho. 4:3427; 6:4352; 9:3384; 10:3857; 11:3394; 17:1877
Sanmartino, Ermete A. 10:4193
Sanoja Obediente, Mario. 27:676, 1380, 1380a
Sanojo, Luis. 23:4520
Sansaricq, Walter. 15:2565
Sanseau, Elaine. 24:4474
Sanso, Aro. 2:2141, 2445
Sanson, R. P. 8:4305
Sansón-Terán, José. 15:1944; 24:4030
Sansone de Martínez, Eneida. 26:1782

Santa, Eduardo. 26:1018; 27:3377
Santa, Elizabeth Della. 27:173a
Sant'Ana, Juventina P. 7:1828
Sant'Anna, Affonso Romano de. 26:2066
Sant'Anna, Nuto. 3:380a, 2795; 4:3381; 5:1578a, 3230; 14:3050; 16:2892; 17:1878; 18:2159
Santa Ana, Miguel G. 3:2041
Santa-Anna, Adán. 6:3323
Santa Bahamondes, Arnoldo. 16:742
Santa Catarina (State). Constitution. 1:1400
Santa Catarina (State). Departamento de Estatística e Publicidade. 6:1745, 1770, 1903, 1904; 7:1685
Santa Catarina (State). Secretaria do Interior e Justiça. 2:1482
Santa Cruz, Alcibíades. 6:3946
Santa Cruz, Antonio M. 6:455, 557; 7:556; 24: 896
Santa Cruz, Domingo. 3:458; 5:4335; 12: 3390; 17:2852; 22:5730, 5744; 28:3078
Santa Cruz, Elvira. 3:3360
Santa Cruz, Hernán. 11:2713; 17:1292
Santa Cruz, Joaquín. 21:579
Santa Cruz, Luiz. 11:3367; 16:594; 22:5470
Santa Cruz, M. 10:4027
Santa Cruz, Rosendo. 4:3972; 9:3944; 26:1581
Santa Cruz, Víctor. 8:2924; 9:3295
Santa Cruz Errázuriz, Gonzalo. 7:1496; 8:3876
Santa Cruz Oliveira, Petronillo. See Oliveira, Petronillo Santa Cruz.
Santa-Cruz S., Andrés de. 23:3792
Santa Cruz Serrano, Víctor. 8:4536
Santa Cruz y Espejo, Francisco Javier Eugenio de. 13:1391, 2043; 18:1886, 2424; 25:3498
Santa Fe, Nueva Granada. Audiencia. 4:2839
Santa Fe (City). Dirección de Estadística Municipal. 6:1484
Santa Fe (Province). Cámara de Senadores. 4: 2244; 6:2559
Santa Fe (Province). Constitution. 4:2243
Santa Fe (Province). Departamento de Economía Rural y Geografía Agrícola. 7:1353
Santa Fe (Province). Dirección General de Estadística. 4:952, 977-979
Santa Fe (Province). Instituto Experimental de Investigación y Fomento Agrícola Ganadero. 12:903
Santa Fe (Province). Laws, statutes, etc. 1:1439
Santa Fe (Province). Ministerio de Gobierno. 4:2246, 2247; 6:2561, 2758
Santa Fe (Province). Ministerio de Hacienda y Obras Públicas. 4:980, 1016, 1244
Santa Fe (Province). Ministerio de Instrucción Pública y Fomento. 3:768
Santa Gertrudis, Juan de. See Serra, Juan de Santa Gertrudis.
Santa María, Atenógenes. 7:5416; 8:2894
Santa María, Domingo. 4:3267; 5:3044
Santa María Heredia, T. 1:411
Santa María Ordoñez, Ricardo. 10:1068a
Santa María S., Alfredo. 12:2125; 13:1634
Santa Pinter, José Julio. 23:2824; 27:3138
Santa Rita Durão, José de. See Durão, José de Santa Rita.
Santa Rosa, Jayme. 21:2153
Santa Rosa, Tomás. 3:3522; 4:452-455; 5:634; 6:4484; 9:854; 14:800
Santa Rosa, Virgínio. 2:1651; 28:2548
Santa Teresa, Silverio de, Brother. 4:2758
Santacoloma, Gerardo Ángel. 7:5285
Santaella, Joaquín. 2:1292; 8:1060, 1139, 1140; 10:3458; 16:1007
Santaella, Rafael. 13:1196
Santaella Murias, Alicia. 9:4081
Santamaría, Alberto. 1:798

Santamaría, Francisco J. 1:1593, 1594; 2:1592-1592b, 2114; 2528; 5:2899; 6:3878; 15:36; 2152; 23:4472; 24:1332
Santamaría, José. 27:4059
Santamaría, Julio H. 7:4264; 11:2733
Santamaría, Miguel. 5:898
Santamaría de Paredes, Vicente. 3:3029; 8:3637
Santamarina, Jorge A. 9:1401, 1402
Santamarina, Orvácio. 11:3395
Santamarina, Víctor. 7:2187
Santana, Francisco. 4:3813, 3863; 8:3321; 15:2335, 2336; 19:4966a, 5102
Santana, José. 25:3318
Santana, Roberto. 25:1669
Santana D., Inés. 15:2054
Santana e Silva, Sebastião. *See* Silva, Sebastião Santana e.
Santander, Francisco de Paula. 1:921; 2:2003, 2708; 6:3177; 7:632, 3210; 19:3871; 28:962a, 1036
Santander, Josefa Luisa. 27:1178
Santander, Rafael Eliseo. 2:2754
Santander, Silvano. 12:2306; 21:3088; 3089; 28:1140
Santander C., Antonio. 23:520
Santander Fernández, Ramón. 10:1256
Santander (Departamento). Contraloría Departamental. 4:1646
Santander (Departamento). Dirección de Educación Pública. 13:730
Santander (Departamento). Dirección de Estadística Departmental. 7:1247
Santander (Departamento). Secretaría de Gobierno. 1:1224; 3:1960; 5:2065; 6:2617
Santander (Departamento). Secretaría de Hacienda. 6:1234
Santares, Robert H. de. 8:1581
Santas, Jorge M. 18:418
Santayana, George. 7:5727; 8:4949; 9:5022; 18:3143; 19:5828; 20:4891; 24:6129, 6130
Santelices, Sergio. 9:1908
Santelices Greve, Roberto. 10:3993
Santesteban, Joaquín. 24:4944
Santesson, C. G. 2:320, 336; 3:178; 4:1884
Santiago, Diego Lopes de. 10:3155
Santiago, Francisco de. 11:2159
Santiago, Isaac. 2:1192
Santiago, José E. de. 3:1805
Santiago, Luis R. de. 26:175
Santiago, Miguel. 21:2470
Santiago, Pedro A. de. 21:3200
Santiago, Ruy. 4:807
Santiago, Silviano. 25:4631
Santiago, Sindulfo. 26:1284
Santiago, Sindulpho de Assumpção. 6:4752
Santiago Cruz, Francisco. 23:1438, 3186, 3327
Santiago Rodríguez, José. 3:2514
Santiago Sanz, Luis. 19:3188a
Santiago y Rojas, Lucas de. 21:2562
Santiago de Chile. *Cabildo.* 7:3006; 14:1973; 26:969
Santiago de Chile. Consulado. 21:2760
Santiago de Chile. Escuela de Artes Aplicadas. 2:383
Santiago del Estero. *Cabildo.* 12:1911
Santiana, Antonio. 9:620; 10:465; 11:440; 12:524, 526, 1181; 13:403, 412; 14:609, 1276; 15:462; 18:397-399; 19:898-900; 20:794, 795; 21:811; 22:975, 976; 23:802; 24:570; 25:796; 27:601, 1272, 1300, 1300a, 1532, 1614
Santibañes, César de. 26:1877
Santibáñez, Felipe. 3:1026a; 15:2655
Santibáñez Escobar, Julio. 3:1784; 6:2373

Santibáñez Puga, Fernando. *See* Santiván, Fernando, *pseud.*
Santibañez S., Alberto. 4:313b; 11:545
Santicaten. 26:1119
Santiesteban, Teodoro. 8:1258
Santillán, D. A. de. 11:2243
Santillán, Elva. 27:2470
Santillán, Luis A. 9:2203
Santillán, Humberto. 3:2313
Santillán, Manuel. 2:1439
Santillán González, Baltasar. 21:3705
Santillán López, Roberto. 27:1915
Santillán Oliva, María A. 23:521
Santillán Ortiz, Lamberto. 10:2368
Santillana, Santiago C. 5:1370
Santis Cerda, Raúl Antonio. 17:672
Santiso, Florencio. 10:1897
Santiso Gálvez, Gustavo. 7:3787
Santisteban, Miguel de. 28:885
Santisteban Ochoa, Julián. 3:2731; 5:2619; 6:3485; 8:3124, 3125; 14:1963, 2004
Santiván, Fernando, *pseud.* 11:3215; 12:2584; 17:2418; 21:3842; 23:4839
Santo, Antônio Espírito. *See* Espíritu Santo, Antônio.
Santo, Humberto da Silveira Espíritu. *See* Espíritu Santo, Humberto da Silveira.
Santo, Víctor do Espíritu. *See* Espíritu Santo, Víctor do.
Santo Adolfo, S. de *pseud. See* Milliet, Sergio.
Santo Amaro, Brazil. Câmara. 2:1703; 12:2226
Santo Domingo. *Cabildo.* 12:1772
Santo Domingo. Consejo Administrativo. 5:2107; 6:2643a; 9:2494
Santo Potess, E. 4:1647
Santo Rosario, Irmã Maria Regina. 26:1271
Santojanni, Jorge E. 5:1190
Santolalla, Nicolás R. 3:919; 10:1307, 4303
Santore, Tomás Salvador, *Brother.* 26:2179
Santoro, Claudio. 7:5462, 5553; 9:4687; 11:3778; 15:2829b
Santoro, Gonzalo. 23:6005
Santoro, Gustavo. 27:1974
Santórsola, Guido. 9:4876
Santos, Agenor Soares. 22:5919
Santos, Álvaro J. 11:2813
Santos, Amilcar. 15:2733
Santos, Amilcar Salgado dos. 16:2150
Santos, Aniceto Cruz. 12:1434
Santos, Antero. 16:3106
Santos, Antônio Barsante dos. 11:1183; 15:713
Santos, Antônio Julião dos. 23:2721
Santos, Arlindo Veiga dos. 10:3858
Santos, Benedicta Quirino dos. 17:1269
Santos, Benedito Quintino dos. 11:1785
Santos, Carlos Maximiliano Pereira dos. 7:5137; 17:2671
Santos, Deoscóredes Maximiliano dos. 25:4685; 28:2549
Santos, Domingos Maurício Gomes dos. 28:1321
Santos, Edilson Portela. 2:2255
Santos, Eduardo. 2:2755; 3:1921; 4:2322, 2324; 5:2041, 2043; 6:2614, 2618; 7:2617, 2619, 4195; 8:2728, 2729; 10:3056; 12:1557; 14:2442; 15:1321; 20:2298a; 24:4348
Santos, Elina O. 20:2141
Santos, Enrique. 2:2755
Santos, Evaristo dos. 9:3644
Santos, Fernando R. P. 22:5514
Santos, Floripes dos. 28:2550
Santos, Francisco Agenor de Noronha. 3:381; 5:3203; 6:660; 8:881; 11:2630; 14:693; 19:1211, 1242; 28:330, 1263
Santos, Francisco de Paula. 4:3421

Santos, Francisco Marques dos. 3:394, 2776, 2868; 4:432, 456; 5:606; 6:672, 673; 7:699a-702; 3678, 3679; 8:880, 903; 9:910, 911, 3451; 12:2221; 16:574; 18:527
Santos, Francisco Martins dos. 3:2796; 6:2079; 9:1824
Santos, Francisco Ruas. 23:3965; 28:1264
Santos, Genival A. 17:790; 20:1440
Santos, Geraldo. 21:4371; 23:5492; 25:4686; 28:2551
Santos, Gustavo. 2:350, 2755; 4:499
Santos, Iolanda L. 13:1768
Santos, Isa Queirós. 11:3818
Santos, J. Pantaleão. 16:3001
Santos, J. Pedro. 12:1475; 13:676
Santos, João Domingues dos. 12:1459
Santos, João Felício dos. 22:5519; 24:5768; 26:2010; 28:2552
Santos, João Manuel Carvalho dos. 1:1541; 2:3017; 3:3711; 4:4377; 6:4560, 4741; 7:5173, 5174; 11:3566, 3567; 18:2917
Santos, Joaquim Felício dos. 22:3884
Santos, José de Almeida. 7:675; 8:904; 9:855; 10:738, 739; 26:337
Santos, José Francisco de Assumpção. 21:3277
Santos, José María dos. 4:666; 6:3657; 24:4537
Santos, Lindalvo Bezerra dos. 10:2206-2209; 11:1753, 1780, 1781; 18:1463
Santos, Lucio José dos. 6:3600
Santos, Luiz Cristóvão dos. 22:5557
Santos, Luiz Gonzaga dos. 5:3996
Santos, Manuel Antonio. 22:1962
Santos, Marciano dos. 3:325
Santos, Mario Dias Ferreira dos. 22:5827
Santos, Milton Almeida dos. 20:2103, 2142; 22:2549, 2550; 24:3062, 3063; 25:2360, 2409-2411; 27:2967, 2967a
Santos, Modesto C. 17:1110
Santos, Moacyr Amaral. 14:3137; 19:5433, 5597; 23:4596
Santos, Nestor Vítor dos. 5:4087; 28:2435
Santos, Ninfa. 16:2776
Santos, Osvaldo de Barros. 25:2199t; 27:2663
Santos, Paulo F. 17:500, 501; 28:369
Santos, Plínio Travassos dos. 12:1504a
Santos, Raimundo Fortuna Andréa dos. 27:2968
Santos, Reynaldo dos. 14:694; 15:548
Santos, Ruth Lyra. 19:2641; 20:2114
Santos, Ruth Simões Bezerra dos. 27:2904
Santos, Ruy. 19:5326; 23:3957; 28:2553
Santos, Ruy de Oliveira. 4:657
Santos, Samuel Archanjo dos. 7:5554
Santos, Tharcísio D. de Souza. 4:2047; 18:1527
Santos, Theobaldo Miranda. 8:1912; 10:1567; 11:1369; 13:677; 14:1209, 1249; 18:1178; 28:1529
Santos, Theóphilo de Azevedo. 23:4629; 27:3802
Santos, Vitto. 28:2637
Santos Abranches, Augusto dos. *See* Abranches, Augusto dos Santos.
Santos Abreu, Dióres. *See* Abreu, Dióres Santos.
Santos Araújo, J. A. dos. *See* Araújo, J. A. dos Santos.
Santos Araújo Cavalcanti, J. M. dos. *See* Cavalcanti, J. M. dos Santos Araújo.
Santos Azevedo, Francisco Ferreira dos. *See* Azevedo, Francisco Ferreira dos Santos.
Santos B., Edgar. 28:3296
Santos Biloni, José. 5:1837; 6:2374; 11:1685
Santos Chocano, José. *See* Chocano, José Santos.
Santos Coutinho, Afrânio dos. *See* Coutinho, Afrânio dos Santos.
Santos F., Samuel. 8:4509
Santos Faria, Sylvio. *See* Faria, Sylvio Santos.

Santos Filho, Lycurgo de Castro. 13:1701; 21:3278
Santos Fonseca da Câmara Reys, Emma Romero. *See* Reys, Emma Romero Santos Fonseca da Câmara.
Santos Forero, Julio Enrique. 24:4357
Santos Gollan, José. 22:2642
Santos Gómez, Susana E. 22:2376
Santos Guajardo, Vicente. 9:3732
Santos Jiménez, Rafael. 12:3073; 19:3760
Santos Jordano, Jorge dos. *See* Jordano, Jorge dos Santos.
Santos Jota, Zélio dos. *See* Jota, Zélio dos Santos.
Santos Leão de Aquino, Rubim. *See* Aquino, Rubim Santos Leão de.
Santos Leite, Maria das Graças. *See* Leite, Maria das Graças Santos.
Santos Martínez, Pedro. 22:3507; 25:3075; 26:1002
Santos Muñoz, Pablo. 9:3509
Santos Pereira, Jorge dos. *See* Pereira, Jorge dos Santos.
Santos Reis, Felipe dos. *See* Reis, Felipe dos Santos.
Santos Rowe, Manuel. 20:4584
Santos Silva, C. F. dos. *See* Silva, C. F. dos Santos.
Santos Simões, João Miguel dos. *See* Simões, João Miguel dos Santos.
Santos Veras, Carlos dos. *See* Veras, Carlos dos Santos.
Santos Werneck, Francisco José dos. *See* Werneck, Francisco José dos Santos.
Santos Xavier, Bonifácio dos. *See* Xavier, Bonifácio dos Santos.
Santovenia y Echaide, Emeterio Santiago. 1:798a, 954, 1128, 1129; 3:3030; 4:3240; 5:2828, 2900; 6:3279; 4104; 7:3161; 8:3342a; 9:2687; 3206-3208, 3826; 10:2924, 2951; 11:3033; 12:2050; 13:1189; 14:2045; 15:1405, 2254; 16:1455; 17:1442, 1736, 1942; 18:1799a, 2001; 19:3739; 20:2941, 4011, 4268; 21:2922, 2936, 2937; 22:3243; 24:4164; 26:748; 28:799
Santoyo, Ramón Víctor. 13:2131; 19:2929
Santucci, Laerte. 22:2377
Sanucci, Lía E. M. 24:4296; 25:3660; 28:1141
Sanvicente, Norberto E. 26:1439
Sanz, Carlos. 21:2471, 2472; 22:3508; 24:3736; 25:2219a, 3075a, 3076
Sanz, Luis Santiago. 21:3436
Sanz, Rafael. 9:1991
Sanz, Víctor. 19:494
Sanz de Arechaga, Lía Raquel. 14:1475
Sanz de Santamaría, Bernardo. 18:1841
Sanz de Santamaría, Carlos. 11:869; 27:1708
Sanz-Lejara, J. M. 15:2307
Sanz Mazuera, Guillermo. 10:4036
Sanz y Díaz, José. 12:2585; 15:1759; 22:1131; 26:213
São Marino, Gregorio de. 16:2064
São Paulo Penna e Costa, Marília. *See* Costa, Marília São Paulo Penna e.
São Paulo (City). Arquivo Municipal. 1:2302; 2:1649
São Paulo (City). Bôlsa de Mercadorias. 6:1854; 7:1598; 24:2083
São Paulo (City). Câmara Municipal. 2:1603e-1604; 3:2886, 2887; 4:3495; 5:4304; 7:3680, 3681; 13:1776
São Paulo (City). Centro Regional de Pesquisas Educacionais. 23:2439
São Paulo (City). Comissão do IV Centenário da Cidade. Servico de Comemorações Culturais. 19:1204

São Paulo (City). Prefeitura. 24:3064
São Paulo (State). Administração Estadual e Desenvolvimento Econômico-Social. 25:1739
São Paulo (State). Arquivo do Estado. 3:2837
São Paulo (State). Comissão Central do Recenseamento. 4:864
São Paulo (State). Conselho Estadual de Bibliotecas e Museus. 9:4614; 12:3322
São Paulo (State). Constitution. 1:1399
São Paulo (State). Departamento de Assistência ao Cooperativismo. 6:1872; 7:5413; 8:1620
São Paulo (State). Departamento de Educação. 11:3779
São Paulo (State). Departamento de Estatística do Estado. 23:1947
São Paulo (State). Departamento de Estradas de Rodagem. 27:2969
São Paulo (State). Departamento do Arquivo. 19:4028, 4059-4062; 20:3234, 3253a, 3254; 23:3931
São Paulo (State). Departamento Estadual de Estatística. 6:1905; 7:1743; 9:1659-1661, 1724, 1725, 1727; 10:1455-1458
São Paulo (State). Diretoria de Estatística, Indústria e Comércio. 3:713, 714; 6:1684, 1695, 1748; 7:1744
São Paulo (State). Estrada de Fêrro Sorocobana. 3:681
São Paulo (State). Gabinete do Governador. 27:2327a
São Paulo (State). Instituto de Sociologia e Política. 27:3300
São Paulo (State). Instituto do Café. 6:1687, 1688
São Paulo (State). Instituto Geográfico e Geológico. 19:2721; 20:2078; 27:2969a
São Paulo (State). Procuradoria Fiscal. 2:1575a
São Paulo (State). Repartição de Estatística e Arquivo do Estado. 3.1892
São Paulo (State). Secretaria da Agricultura. Departamento de Imigração e Colonização. 18:3210
São Paulo (State). Secretaria da Agricultura. Indústria e Comércio. 9:1766
São Paulo (State). Secretaria de Educação e Saúde Pública. 4:4568; 5:1511; 7:1831; 18:2165
São Paulo (State). Secretaria da Fazenda. Contadoria Central do Estado. 16:896
São Paulo (State). Superintendência do Ensino Profissional. 6:1983, 1984
São Paulo (State). Superintendência dos Serviços do Café. 9:1669; 13:639; 17:819
São Paulo Jinbum Kagaku Kenkyû Kai, *Tokyo.* 27:4321
São Payo, Mário do Carmo Vidigal. 8:1917
São Pedro da Aldeia, Brazil. Igreja do Antigo Colegio dos Jesuitas. 3:401
São Thiago, Arnaldo. 4:778
Sapahaqui, David F. 9:476
Sapahaqui, Manuel. 9:476
Sapena Pastor, Raúl. 10:4167; 19:1474, 5581
Sapia M., Raúl. 6:208
Sapir, Edward. 28:1636
Saporta, Sol. 20:692a
Sapper, Herbert D. 19:586
Sapper, Karl. 1:145, 572, 573; 2:36, 154, 160a, 1307, 1776; 3:1532, 1583; 5:442; 6:2207 2250; 24:2867
Sapriza, Almada H. 4:2117
Sapriza Carrua, Héctor M. 9:1025
Sapriza Vera, Ciro. 11:1282
Sarabasa y González, Ricardo. 1:272
Sarah, Roberto. 16:2793

Saraiva, Gastão Grossé. 6:1771, 4561; 8:4588; 12:3261
Saraiva, Oscar. 4:808; 10:3373; 11:2800
Saraiva, Simas. 4:4266
Saralegui, José. 16:1079
Sarames, George N. 18:1003, 1967
Sarandy Raposo, C. A. *See* Raposo, C. A. Sarandy.
Sarasin, Luciano Claude. 10:1257
Sarasola, S. 6:558, 8:2313
Sarasqueta, Pedro A. de. 8:1619
Sarassa y Arze, Francisco de. 12:596
Saraví, Mario Guillermo. 23:3743; 28:1032
Saraví Cisneros, Roberto. 21:4127
Saraví Garmendia, Lía. 24:6223
Saravia, Atanasio G. 4:483; 5:2437; 7:2975; 9:2836; 11:2045; 13:1344; 14:1714; 18:1672, 1778a; 19:3363a; 22:2959, 2960
Saravia, Carlos María. 1:1175
Saravia, Guillermo Alberto. 9:4506
Saravia, José Manuel. 24:6318
Saravia, Teodoro S. 27:2840a
Sardá, Juan. 17:733; 18:815
Sardón, Miguel A. 10:1627
Sargent, Daniel. 21:2473
Sargent, Mary. 20:705a
Sariola, Sakari. 19:6093; 24:2961, 6319
Sarmento, Lourdes Mendonça. 28:2638
Sarmento, Therezinha de Moraes. 28:1265
Sarmento, Walter Lima. 6:1666
Sarmento Borges, Durval Rosa. *See* Borges, Durval Rosa Sarmento.
Sarmiento, Alberto. 12:3014; 22:2424; 24:855
Sarmiento, Ángel Martín. 19:5103
Sarmiento, Domingo Faustino. 3:2647; 4:3241, 3242; 5:2769; 6:4176; 9:3983; 10:3685; 13:1616; 14:2016, 2715; 15:2229; 16:1916; 19:4772; 25:3661
Sarmiento, Luis A. 7:466; 22:2261
Sarmiento, Miguel E. 14:1739
Sarmiento de Acuña, Diego. 11:1989; 12:1725
Sarmiento de Gamboa, Pedro. 8:3126; 16:1746
Sarmiento Soto, Roberto. 16:1137
Sarmiento: Boletín de la Asociación Biblioteca Popular "Domingo F. Sarmiento" Buenos Aires. 9:4660
Sarobe, Angélica. 23:5340
Sarobe, José María. 1:412, 1176; 3:1361, 1739; 7:3481, 3482; 10:3221
Saroyan, William. 9:4375
Sarrabayrouse Varangot, José María. 15:2679
Sarrablo Aguareles Eugenio. 17:1543, 1559; 22:2934
Sarre, Alicia. 17:2301; 18:2399
Sarría, Eustorgio. 4:1648; 14:3191; 16:3143; 21:4536
Sarria, Félix. 2:2979; 4:4294; 12:3039; 27:3819
Sarricolea, Alejandro. 8:2505
Sarro, E. 6:1310
Sarti de León, Francisco. 18:2280
Sartiges, Eugene de. 13:1660
Sartori, Eduardo. 7:1526
Sartorio, José. 4:4329; 11:3487
Sartoris, Alberto. 18:474
Sartorius, Carl. 26:237
Sartre, Jean-Paul. 14:3468; 24:3549, 6131, 6132
Sarusky, Jaime. 26:1582
Sas, Andrés. 3:1520; 4:1874; 5:419, 1599, 4394; 6:4822, 4944; 7:5492, 5597; 12:3429; 24:5945; 26:2242
Sasot Betes, Miguel A. 1:1667; 16:3093
Sass, L. C. 13:831; 14:1389
Sassenay, Claude Henri Étienne. 13:1514
Sassi, Guido Wilmar. 21:4372; 28:2554

Sastre, Micaela. 17:2822, 2823
Sastre, Pastor. 11:3518; 16:3023; 17:2775
Sastre, Rodolfo. 17:2822-2824
Sastre de Cabot, Josefa. 20:4889b
Sastrias Freudemberg, Fernando. 1:1704
Satanowsky, Marcos. 16:3094; 21:4576
Sato, Yasuhiko. 28:1634a
Sattamini-Duarte, Orlando. 21:3335
Satterthwaite, Linton, Jr. 1:71, 72; 2:60-62; 3: 121, 122; 4:165; 5:244, 275a; 6:289, 329; 7:325; 9:250, 304-306, 330a; 10:188a, 224, 1837; 12:136; 13:125; 14:248, 249; 15: 225; 16:177, 178; 17:104, 138; 18:88; 19: 171, 221; 22:120, 121; 23:235; 24:223, 284; 25:188, 235, 236; 27:416
Saturno Canelón, Juan. 21:3201
Satyro e Sousa, Ernâni Ayres. *See* Sousa, Ernâni Ayres Satyro.
Saubidet Bilbao, Eduardo. 7:3969; 9:1403
Saubidet Gache, Tito. 9:1861; 15:2155, 18: 2363; 24:4784
Sauce, Ángel. 10:4385
Saucedo, Mariano. 15:895
Saucken, Otto Heinrich von. 22:122
Sauer, Carl Ortwin. 1:125; 497, 799; 2:161; 3:500, 2422; 7:2111, 2976; 8:1023; 10:153; 14:186, 1903; 16:111a; 19:567; 22:20; 27:2683; 28:448a
Sauer, Walter. 3:1785; 16:1220
Saunders, G. M. 9:621
Saunders, John Van Dyke. 23:6018; 24:6320, 6321; 25:5644; 27:4059a, 4060; 28:1391
Saunders, Lyle. 10:55
Sauvage, Léo. 27:3438
Sauvain, H. C. 3:508a
Savage, Charles H., Jr. 27:4192
Savaget, Edna. 25:4724
Savelberg, M. M. L. 12:3236
Savelle, Max. 25:3084
Savill, Mervyn. 22:6140; 23:831; 27:2875
Saville Book Shop, *Washington, D. C.* 26:30
Savio, Manuel N. 8:1582
Savoie, Paul. 8:2506
Savoini, Virginio. 24:6224
Savón Salaverry, Julio. 11:968
Savoy, Víctor F. 27:2470
Savransky, Moisés Jorge. 27:3694
Sawaya, Paulo. 22:2045; 25:2199e
Sawyer, Alan R. 19:476; 24:607; 25:398; 27: 653
Sawyer, C. H. 21:908
Sax, Karl. 19:2416
Saxe-Altenburg, Frederick Ernst. 21:227
Saxe-Coburgo Bragança, Carlos Tasso de. *See* Bragança, Carlos Tasso de Saxe-Coburgo.
Sayagués Laso, Enrique. 6:4521; 10:4213; 14:3110; 18:2871; 19:5459
Sayán, Álvarez, Carlos. 9:3552
Sayán de Vidaurre, Alberto. 2:2392; 4: 3589; 6:2462; 8:3630; 9:177, 2410, 2510, 3553; 10:3222
Sayavedra, Bernardo. 3:3438
Sayeg Helu, Jorge. 21:2273, 4611
Sayer, Janet B. 23:4473
Sayers, Raymond S. 20:4348
Sayle, John. 20:2045a
Sayles, E. B. 2:44; 20:471
Sayre, A. N. 17:1089
Sayre, Francis Bowes. 3:2933, 2933a; 5:810
Sayres, William C. 20:4968; 21:4939
Sayri Túpac, *Inca.* 28:912a
Saz, Antonio del, *Brother.* 25:3205
Saz Sánchez, Agustín del. 14:2884; 16: 2603; 19:4612, 5038; 25:4598; 28:2380
Sbarra, Noel H. 21:3090; 28:1142
Sbert, A. M. 12:1700

Scaffo, Carlos. 18:2521
Scala, Ángelo. 7:4933
Scala, José Nicolás 28:1012
Scalabrini Ortiz, Raúl. 6:1402, 1477; 27: 2166; 28:1143
Scalzo, Nilo. 26:2069
Scarabotolo, Helio Alberto. 26:1953
Scarano, Emilio. 2:3052
Scarone, Arturo. 3:60; 5:4285; 6:3494-3496; 7:193, 3556, 3557; 9:3245; 10:3098; 21:2331; 23:1447
Scarone, Mabel M. 20:1021a; 23:1571
Scarpa, Roque Esteban. 6:3927; 8:4132; 10:3740 18:2607; 21:4128
Scarpetta, Blas S. 12:2477
Scartascini, Guillermo. 23:2583
Scavarda, Levy. 28:1266
Scazzochio, C. 27:1608
Schaad, J. D. G. 25:798
Schabel, Miguel Alejo. 9:2899, 2910; 10: 2682
Schact, Elmer. 12:1257; 13:879
Schade, George D. 20:4349; 22:4810; 24: 5105, 5560; 26:1549a
Schade, Werner. 2:1130
Schaden, Egon. 8:3393; 9:460; 11:357, 411; 13:329, 330; 14:460, 483; 17:407; 19: 760, 780, 786; 20:716a; 23:772; 25:553; 27:1247-1247b
Schaden, Francisco S. G. 10:389-391; 15: 144; 16:419
Schaedel, Richard P. 14:434-437; 15:302, 303; 16:317; 17:228-231; 19:368, 3460; 21:291, 335
Schaefer, Claude 11:667; 14:187
Schäfer, Emil. 1:994
Schäfer, Ernst. 1:714-717, 800; 2:1777, 1796, 1866; 3:2204, 2205, 2424; 4:2577, 2578; 12:1701; 13:1231, 1247; 14:1801; 17:48; 22:6139
Schaefer Gallo, Carlos. 11:3165; 25:4579
Schaeffer, Enrico. 23:1559; 26:275, 276; 28:348
Schaeffer, Juan E. 27:2970
Schaeffer, Myron S. 10:1709, 4477
Schaeffer, Regina. 17:1226
Schaeffer, Wendell G. 15:1519; 19:1911; 21:2339
Schael Martínez, Graciela. 13:1515
Schätz, Irene Martha Maria. 28:1997
Schaeuble, J. 2:267
Schaffroth, Alfredo. 4:4370; 7:3271
Schaible, Carl H. 14:19
Schajowicz, Ludwig. 28:3222
Schallman, Lázaro. 2:2616; 7:4479; 12: 2367
Schamis, Gerardo Jorge. 27:3210
Schanzer, George O. 26:1525
Schapira de Roitman, Elisa. 8:4929
Scharff, A. F. 4:1838
Schatzky, Boris. 2:2446
Schauff, Johannes. 23:2458
Schaum, William. 8:1259
Schauman, Buby. 21:4129
Schedl, Armando. 5:1838; 6:515, 1403, 2163, 2168, 2208, 2375; 7:502, 9:532
Schedl, Jorge V. 6:501
Scheel, Otto. 1:523
Scheer, Elliot B. 14:2729
Scheer, Robert. 26:780
Schefer, Christian. 5:2901; 26:576
Scheifler, José Raimundo. 15:1520
Scheines, Gregorio. 24:5304
Scheinkestel, L. 14:3479
Scheinvar, Léa. 27:2990a
Scheips, Paul J. 20:2881

Schelbach Sánchez, Enrique. 16:1008
Scheler, Max. 5:4498; 8:4950, 4951; 9: 5023; 10:4608, 4609; 16:3322; 24:6133-6136
Schell, Casilda, 13:2704
Schellhas, Paul. 2:85; 4:137; 5:261; 7:352; 11:167;
Schelling, Friedrich Wilhelm Joseph von. 15:2959, 22:5921
Scheman, L. Ronald. 25:2067; 27:4255
Schemberg, Mario. 26:329
Schemitsch, E. 27:2337
Schenck, Fr. von. 19:6624
Schenone, Héctor H. 8:600; 14:677; 15: 537; 16:490; 17:424; 18:419, 441; 19: 1243; 20:924, 1030; 21:912; 24:1695; 25:1180; 26:141, 171; 28:166, 212
Scherer, Alfredo Vicente. 8:4872
Scherer, Michael E. P. 28:1392
Scherer, Vicente, *Abp.* 22:2025
Scherer García, Julio. 28:291
Schermair, Anselmo Ebner. 22:912; 27: 1487, 1487a
Scherr, Elliott B. 16:1805
Scherzer, Carl. 2:63; 3:122a
Schettini, José Adolfo. 16:849
Schettino, Lacyr. 23:5536
Scheuss de Studer, Elena Fanny. 22:3509
Schevill, Rodolfo. 10:3594
Scheyven, Raymond. 27:3139, 3140
Schiaffino, G. 14:471
Schiaffino, Rafael. 3:2314; 4:3300; 6:3498; 16:1991; 19:3897; 21:3663
Schick, Wilhelm. 2:2367
Schiff, Warren. 23:3328
Schiffino, José. 11:1643; 13:854
Schiller, Federico. 7:5708, 5709
Schilling, Dorotheus. 3:3096
Schilling, Elizabeth. 5:1721
Schilling, Hildburg. 22:4749
Schilling, Hildegard. 27:2696
Schilling, Paulo R. 22:1661; 25:1740
Schindler, Kurt. 7:5420
Schindler, Otto. 23:2592
Schinhan, Jan Philip. 5:1600
Schinini, Gervasio Antonio. 7:1527
Schioppeto, Ovidio Víctor. 1:346; 7:1386
Schippke, Ulrich. 26:98, 403
Schiuling, R. 2:1266
Schiuma, Oreste. 7:5526; 9:4745; 14:3356; 20:4705; 21:4716
Schlagintweit, Otto. 3:1740
Schlarman, Joseph H. L. 16:1456
Schleh, Emilio J. 6:4753; 14:886
Schlenther, Ursula von. 24:224; 27:174, 381, 513
Schlesinger, Hugo. 20:1441
Schleu, Kurt. 25:237
Schley, Julian L. 10:860, 1923
Schlicht, Heinz. 28:292
Schlichthorst, Karl. 9:3452
Schmeckebier, Laurence E. 5:703, 721, 725
Schmedeman, O. C. 14:1407
Schmid, Albert. 17:1923
Schmid, Bastian. 4:314
Schmid, Karl. 16:1229
Schmid, Peter. 18:1580; 22:6140
Schmid-Tannwald, Karl. 26:352
Schmidel, Ulrico. 4:2596; 5:492; 8:3097
Schmidke, Jorge. 21:4130
Schmidt, Afonso. 1:2199; 7:4982; 8:4306; 11:3415; 14:3093; 16:2893; 19:5327
Schmidt, Alfred Julius. 5:1699
Schmidt, Augusto Frederico. 4:4191-4193; 5:3954; 6:4409; 8:3532, 4246, 4345; 12: 2933; 14:3031; 15:2553; 16:2857; 20: 4416; 22:5558; 23:5537-5539; 26:2067; 27:3301; 28:2639, 2680
Schmidt, Carlos Borges. 9:1767-1769; 10: 1360; 12:1052; 13:331; 16:1307; 17:2979; 18:3170; 19:2695; 27:1248
Schmidt, Cornélio. 27:1248
Schmidt, Isabel Junqueira. 8:1913; 11:1370
Schmidt, Karl Patterson. 7:2118; 18:3338
Schmidt, Maria Junqueira. 10:1568
Schmidt, Max. 4:336; 6:421, 422, 540; 7: 546; 8:390-393; 9:509; 13:332-334; 15: 447; 27:1490d
Schmidt Garrido, René. 8:1675
Schmidt Monteiro de Castro. Eduardo. *See* Castro, Eduardo Schmidt Monteiro de.
Schmidtmeyer, Peter. 13:1589
Schmiedahus, Walter. 16:1638
Schmieder, Oskar. 4:2118; 13:779; 27:2696
Schmithüsen, Josef. 21:2035
Schmitt, Heinrich. 22:6103
Schmitt, Karl M. 19:3652; 23:3040; 24: 3975; 26:676; 27:3141, 3505; 28:705
Schmitt, Peter A. 26:1176
Schmitt, Solanus. 4:348
Schmitter, Eduardo. 11:1592; 14:1341
Schmitter, Philippe C. 27:1707, 1919, 3068
Schnabel, Franz. 23:3066
Schnake Vergara, Óscar. 4:3268; 7:2591
Schneider, A. Reymundo. 21:5032
Schneider, Adolfo Bernardo. 28:2639
Schneider, Alfred. 1:330; 5:3318, 3377
Schneider, Édgar Luiz. 26:1285
Schneider, Erwin. 16:300, 1224; 22:2439
Schneider, Hans. 26:1377; 28:1637
Schneider, Herbert W. 16:3324
Schneider, Louis. 11:2631
Schneider, Luis Mario. 26:1417
Schneider, Marius. 3:286b
Schneider, Otto. 11:1686
Schneider, Pablo. 3:3318
Schneider, Reinhold. 6:2830
Schneider, Robert. 27:2970a
Schneider, Ronald M. 22:2695, 3077; 27: 3141; 28:113b
Schneider, Samuel. 25:2700; 26:1120
Schnerr, Walter J. 19:5216; 21:4283
Schobinger, Juan. 20:308; 21:270, 271; 23: 418, 419; 25:333; 27:514-516
Schoder, Alois. 15:114
Schoembs, Jakob 16:365; 17:277
Schömeyr, Carl. 23:2825
Schoen, Abbey. 16:1009
Schoen, Wilhelm Albrecht von. 19:3077
Schoenbaum, Emilio. 7:1507; 11:2796
Schönemann, Friedrich. 6:893
Schoenhals, Louise. 28:705a
Schoenrich, Otto. 8:2925; 15:1443; 16: 3058; 22:3256
Schötz, Waltraud. 2:1132
Schola Cantorum, Morelia. 9:4802
Scholes, France V. 1:801, 802, 2332; 2: 37, 1867-1870; 3:184, 2363a, 2425-2427; 4:2645, 2716, 2717; 6:384, 400, 2948, 2949; 7:2977; 8:3013, 3933; 10:2538, 2609, 2610; 11:2046, 2106; 14:306, 1904; 18:234, 1779, 1779a, 2454; 21:2501, 2531; 22:598, 2978; 23:3187; 28:554a
Scholes, Walter Vinton. 10:2611, 12:1836; 13:1549; 16:1805; 18:1968; 19:3653; 21: 2835; 24:3748
Scholle, Sigurd. 15:825
Schollenberger, J. H. 5:1196
Scholz, Helmuth. 27:2971
Schons, Dorothy. 2:2617; 5:3614; 6:3947; 8:3829; 12:2425; 15:2212; 16:2555
Schoo, Albert D. 3:3707a

Schoó, Ernesto. 28:252
Schoo Lastra, Dionisio. 22:3414; 23:3777; 28:1144
Schoolcraft, C. Donald. 27:2249
Schooler, Robert D. 27:1656
Schoonhoven, Jan. 21:2836
Schopenhauer, Arthur. 5:4446; 7:5710; 19:5829
Schopf E., Federico. 28:2253
Schopflocher, Roberto. 21:3091
Schorer, C. E. 19:4546
Schott, Francis H. 22:1424
Schottelius, H. 18:1728a
Schottelius, Justus W. 1:803, 886; 2:1797, 1945; 4:2519, 2579, 2597; 6:248, 426a; 7:467, 468
Schottlaender, Erwin. 10:466
Schottroff, Ruth Parker. 11:1731
Schou, Axel. 22:2551; 24:3065
Schraer, H. 22:999
Schramm, Percy Ernst. 28:474a, 1393
Schreiber, Giorgio. 13:264
Schreiber, Walter R. 8:2588, 2589
Schreider, Eugenio. 10:438; 19:873
Schreier, Fritz. 8:4952
Schreiter, Rodolfo. 4:273
Schreyer, Wolfgang. 28:799a
Schroeder, Albert H. 20:70
Schroeder, Augusta. 15:2109
Schröder, Celso M. 2:1727; 4:3497
Schröder, Ferdinand. 2:1652
Schroeder, Gerhard. 22:359, 371
Schröder, Rudolf. 19:2623; 20:2104, 2105; 22:2552; 23:2722
Schubart, Otto, 15:714
Schubart, Reinhard. 25:686
Schubert, Guilherme. 14:2345
Schuchert, Charles. 1:545
Schuck, Walter P. 5:1180; 12:904
Schünzen, F. 2:1653
Schütz, Alfred. 20:1155
Schütze, Frieda. 27:1261
Schuldreich Talleda, Héctor Adolfo. 11:3620
Schull, Herman W., Jr. 16:1230
Schuller, Rudolf. 8:253
Schulman, Edmund. 10:214
Schulman, Iván Albert. 20:4144; 24:5480; 25:4552; 26:1479, 1823; 28:2254
Schulman, Sam. 19:6039; 20:4939, 4940
Schultes, Richard Evans. 4:102, 211; 6:374, 375
Schulthess, Emil. 27:1153
Schultz, Alarich R. 22:2553
Schultz, Fryda. 3:3104
Schultz, Harald. 15:448; 16:389; 18:339; 19:787; 20:717; 25:554, 555; 27:1249-1249c
Schultz Cazeneuve de Mantovani, Fryda. 15:2378; 18:2400, 2494
Schultze, Arnold. 3:1592
Schultze, Joachim Heinrich. 23:3067
Schultze-Jena, Leonhard. 1:119, 146, 161; 2:91, 157; 4:212; 10:273; 12:265; 18:116; 19:222, 586; 21:700; 22:913
Schulz, Guillermo. 10:2087; 11:1587; 14:1476; 27:4193
Schulz, R. P. C. 1:91; 3:145; 6:330; 8:170; 9:331; 10:189; 13:118; 16:220c; 18:115; 20:242, 242a; 25:277
Schulz-Streck, Karl-H. 27:4194
Schulze, J. 6:5082; 8:4929
Schumacher, Arnold. 1:546
Schumacher, Günter. 28:799a
Schumacher, Nelmo Luís. 28:1638
Schurhammer, Georg. 23:3188
Schurjin, Hillyer. 28:1998

Schurmann Pacheco, Mauricio. 21:2332
Schurz, William Lytle. 5:2438; 7:230; 15:115; 19:2868, 6723; 25:2412, 3018; 28:121, 121a
Schuster, Alfred B. 22:21
Schuster, Carl. 17:30; 19:369; 23:15
Schuster, Edward. 3:1050a, 3635a
Schuster, Ernest Otto. 13:1550
Schuster, Jorge. 27:2807a
Schuster, M. Lincoln. 8:4444
Schuster, Meinhard. 22:464
Schutz-Kampfhenkel, Otto. 5:496a; 7:2364
Schvartzman, Pablo. 28:449
Schwab, Federico. 2:231, 232; 3:269; 4:6, 29, 315, 4569; 6:2142, 2143, 3879; 7:194, 478; 8:87-89, 2033, 9:90, 91, 533, 3827, 4642; 10:56, 1794, 2135; 11:3740; 12:42, 1644, 2383; 14:20; 18:2124
Schwab, Paul. 15:2063
Schwabe, G. Helmut. 20:2031; 21:2035
Schwalb López Aldana, Fernando. 9:3296
Schwartz, Barton M. 27:1098, 1099
Schwartz, Ernst. 5:1197, 3013; 7:231; 8:90
Schwartz, Kessel. 23:5058
Schwartz, R. J. 24:5561
Schwartzenberg, Gilbert. 23:3912; 24:4545
Schwartzmann, Félix. 16:3236; 19:5721; 20:4874a; 22:5871; 25:5379
Schweeger-Hefel, Annemarie. 19:278
Schwegler, Alberto. 11:3934
Schwegmann, George A., Jr. 5:127; 20:5027
Schweide, Iso Brante. 2:1964; 11:2691
Schweigger, Erwin H. 4:2177; 5:1892; 8:2507; 9:2280-2282; 10:2136; 11:1732, 1733; 12:1434; 13:955, 956; 23:2566, 2629; 24:2984; 25:2330; 27:2883a
Schweistein de Reidel, María. 6:4105
Schweitzer, Albert. 19:5830
Schweizer, Rosaura. 2:395
Schwenck, Heinz. 6:1532
Schwerdtfeger, Werner. 17:1134; 21:2024; 22:2216
Schweret, Arnaldo. 23:2917
Schwerin, Karl H. 27:966
Schweyer, Alberto Lamar. 4:3108
Schwölk, Josette Maria de Oliveira. 28:2640
Schyttner, Eugene. 10:3701a
Sciacca, Michele Federico. 19:5764; 22:5920
Sciarrillo Gianneo, Rogelio. 28:3035
Sciascia, Gaetano. 13:2395; 15:2592
Scilingo, Francisco. 11:1850
Sciotti, José. 14:3314
Scisco, Louis Dow. 16:1684
Scliar, Carlos. 26:339; 28:393
Scliar, Salomão. 26:340
Scobie, James R. 23:3778, 3779; 25:4282; 25:1663, 3662-3664; 26:1121, 1122; 28:630b, 851, 1145-1145b
Scolni, Miguel. 6:4606; 12:3174
Scolpini, Víctor. 23:1316
Scorza, Evaristo Penna. 5:1652; 6:2485; 18:1528; 23:2696
Scorza, Manuel. 25:4484; 26:1754
Scoseria, Cyro. 28:2381
Scott, Albert L. 8:1024
Scott, David W. 21:968
Scott, Florence J. 3:2428
Scott, James Brown. 2:2368, 2393; 3:3019; 4:3590; 10:3256
Scott, Robert E. 17:1304; 19:1998; 20:2282; 23:2939
Scott, Stuart D. 27:285
Scott, Walter. 9:4376; 16:655

Scott, Warner H. H. 9:1116
Scott, Winthrop R. 9:2109
Scotti, Elvio José. 23:2826, 2858
Scotti, Pietro. 14:1740
Scotus, Duns. See Duns Scotus, John.
Scrimshaw, Nevin S. 19:862, 874; 21:72; 22:990, 991; 23:1255, 1256, 1260, 1268, 1269, 1271; 24:1538, 1547, 1548, 1553, 1554; 25:789
Scrivener, Juan H. 4:3017
Scroggs, William O. 1:1743; 3:2919; 4:3533, 3639; 5:899, 3281; 6:3707, 7:3757
Scruggs, Otey M. 24:3976; 25:3319
Scudder, J. 25:737, 738
Scudellari, Carlos. 10:4305, 4452
Scully, M. 6:2747
Scully, Michael. 3:1571
Scully, Virginia. 3:1571
Seabra, Paulo. 11:1214
Seabra, de Sousa, Ernâni. See Sousa, Ernâni Seabra de.
Seabra Fagundes, Miguel. See Fagundes, Miguel Seabra.
Seabra Fagundes, Umberto Peregrino. See Peregrino, Umberto.
Seabra Velloso, Cleto. See Velloso, Cleto Seabra.
Seabury, David. 8:4445
Seaford, Enrique. 19:678
Seaforth, Compton. 27:1100
Sears, Louis Martin. 7:3812
Sears, Paul B. 17:105; 18:89; 19:85
Sears, William H. 19:260
Seavey, James T. 2:1778
Sebag-Montefiore, N. C. 27:1617
Sebastián, Félix de. 16:1580
Sebastián, Santiago. 21:946; 28:170, 178-179
Sebastiani, Pía. 12:3337; 13:2646
Sebeok, Thomas A. 17:371, 372; 20:19
Sebrão de Carvalho, José. See Carvalho, José Sebrão de.
Sebreli, Juan José. 26:1526; 28:1146
Secades, Eladio. 9:1909; 24:5246
Secchi, E. 8:601; 20:943
Secco, Abilio. 4:395
Seccombe, Thomas. 28:449a
Secker, Hans F. 24:1752; 28:274
Seckinger, Ron L. 27:30
Seco Caro, Carlos. 20:2707; 23:3041
Seco Serrano, C. 19:3134
Seco Villalba, José Armando. 8:3288; 9:2411, 13:1675, 2405
Secul, Ema. 24:3517
Seda Bonilla, Edwin. 27:1101, 1102
Sedano Santos, Luis. 21:1261
Sedat S., Guillermo. 21:701
Sedelmayr, Jacobo. 19:3364
Sedeño, Ascensión. 12:1837
Sedes, Juan. 5:2192; 10:2944
Sedgwick, R. J. P. 17:589
Sedgwick, Ruth. 7:4669; 8:4034; 18:2640
Sédillot, René. 25:3077
Sedwitz, Walter J. 20:1558; 25:1487
Seeger, Charles Louis. 7:5514; 8:4773; 9:4742; 10:4395, 4404; 11:1424, 3798, 3799; 12:3371, 3372; 13:2672; 14:3355; 15:2792; 18:2985
Seeger, Peter. 21:464; 24:764
Seeger, Ruth Crawford. 22:417
Seegers, Scott. 12:1539
Seelkopf, Carl. 27:2809
Seemann, Berthold Carl. 23:3109
Seers, Dudley. 25:1486; 27:1792, 2034, 3142, 4195

Segadas Machado Guimarães, Argeu de. See Guimarães, Argeu de Segadas Machado.
Segadas Soares, M. T. de. See Soares, M. T. de Segadas.
Segadas Viana, João de. See Viana, João de Segadas.
Segadas Viana, José de. See Viana, José de Segadas.
Segadas Vianna, Renato. See Vianna, Renato Segadas.
Segal Halperin, Rubén. 27:3638
Segala, Manuel. 18:2592
Segall, Jenny Klabin. 9:4333
Segall, Lasar. 10:791; 11:3424; 17:511
Segall R., Marcelo. 26:1155
Seganfreddo, Sônia. 27:3302
Segel, Benjamín W. 5:4031
Segerstrom, Kenneth. 23:2539; 25:2311
Seggar, W. H. 23:808, 809
Seghers, Anna. 9:4377
Segismundo, Fernando. 15:1881
Segovia, Tomás. 22:5175; 23:5341; 25:4485
Segovia A., Rafael. 17:3023
Segovia Aracena, Mario. 23:442
Segovia Canosa, Rafael. 24:6092
Segré, Claudio. 27:1920
Segreti, Carlos S. A. 24:4297; 25:3665; 28:1019, 1147
Seguel, Gerardo. 6:3910-3912; 7:4560
Seguel C., José Miguel. 8:1760
Seguí González, Luis. 13:1045, 2600
Seguí Wesley, Juan Francisco. 21:3078
Séguier, Jayme de. 13:2270
Seguin, C. Alberto. 25:5314
Seguin, Roger. 23:2436
Segundo, Juan Luis. 14:3469
Segundo Silioni, Rolando. 28:1267
Ségur, Louis-Philippe de. 13:1377
Ségur, Philippe Paul, comte de. 8:4446
Segura, David. 7:996
Segura, Fernando. 1:1635
Segura, Lilia. 14:3448
Segura, Luis G. 19:5552; 20:4573
Segura, Manuel. 2:1169a
Segura, Manuel Ascensio. 18:2696; 24:5633
Segura, Ricardo. 10:225
Segura A., Luis Ignacio. 13:2396; 2775
Segura García, Baldomero. 24:3909
Segura Núñez, Vicente. 14:438
Segura Paguaga, Alfonso. 7:1040, 2122
Segura Ruíz, Juan, 21:4854
Seguridad Social, Santo Domingo. 14:2525
Seguros, Banca y Bolsa, La Habana. 7:1292
Sehwerert Ferrer, Arnaldo. 23:1829
Seiberling, Franklin, Jr. 8:794
Seibert, Henri C. 7:585; 8:445; 10:445
Seidler, Carl. 5:3442; 7:3682
Seidler, Georg. 3:1786
Seiglie, Oscar. 20:1329
Seignobos, Charles. 5:4032
Seijas, Rafael Fernando. 6:3508
Seijas Rodríguez, Antenor. 9:2283
Seijo, Carlos. 18:468
Seiler, Hansjakob. 25:723
Seitz, Georg. 24:831; 27:1250, 2971a
Seiwell, H. R. 4:1956
Séjourné, Laurette. 16:214; 18:90, 91, 294, 295; 19:86, 172, 173; 20:71, 163, 243; 21:60; 22:601; 23:102, 106; 24:263, 264; 25:238, 687, 1121; 27:253, 382-384; 28:1754
Sekelj, Tibor. 14:522; 18:364
Sela y Sampil, Luis. 28:830a
Selden, Armistead I., Jr. 24:3464

A Select Bibliography: Asia, Africa, Eastern Europe, Latin America. 27:66
Seler, Eduard 4:194a; 19:223; 23:151, 970; 25:159; 26:118; 27:835
Seler-Sachs, Caecilie. 16:220d
Seligman, Eustace. 27:3439
Seljan, Zora. 22:5528; 23:5555
Selke, Angela. 6:5079; 7:5724
Sell, Lewis L. 7:2076
Sella, Elena. 19:5814
Sellares, María H. 21:3549
Selling, Olof Hugo. 26:360
Sells A., Lytton. 8:3930
Selsam, Millicent E. 27:2713
Selser, Gregorio. 20:2882; 21:3416; 23: 3355, 3575; 24:3436; 26:710; 27:3143, 3143a; 28:1148, 2093
Seluja, Antonio. 28:2255
Selva, Carlos. 14:2129
Selva, Juan B. 1:918; 4:3758, 3759; 5: 3521; 7:4480; 11:2913, 2914, 2953; 12: 2368; 14:2605; 15:50; 16:2505, 2506; 17:2260, 22:4345; 24:4785
Selva, Manuel. 5:4299; 7:3139; 9:4643; 10:4304
Selva, Mauricio de la. 25:4486
Selva, Pedro. 12:2478
Selva, Yina de la. 25:4089
Selvas, Eduardo J. 18:3030
Semanario de Agricultura, Industria y Comercio, Buenos Aires. 3:2553
Semanario Judicial de la Federación, México. 1:1890
Semanate, Alberto D. 16:1221
Semeleder, F. 4:3726
Séminaire Haïtien de l'Enfance, II, Port-au-Prince, 1956. 20:3592
Seminar on the Acquisition of Latin American Library Materials, *V, New York,* 1960. 27:67
Seminar on the Acquisition of Latin American Library Materials, *VI, Carbondale, Ill.,* 1961. 26:76
Seminar on the Acquisition of Latin American Library Materials, *VII, Coral Gables, Fla., 1962.* 26:76a
Seminar on the Acquisition of Latin American Library Materials, *VIII, Madison, Wis., 1963.* 26:76b
Seminar on the Acquisition of Latin American Library Materials, *IX, St. Louis, Mo., 1964.* 26:76c; 27:67a
Seminario Americano de Actuarios de Seguridad Social, *I, Asunción, 1957.* 20:3564
Seminario de Educación Superior en las Américas, *IV, Lawrence, Kans. 1963.* 27:2409
Seminario de Estudios de Historia Argentina. 24:4243
Seminario de Integración Social Guatemalteca. 22:1499
Seminario de la Industria Colombiana y la ALALC, *Medellín, 1964.* 27:2065
Seminario de Trabajo sobre Administración de Servicios de Protección a la Infancia, *II, Montevideo, 1956.* 20:3609
Seminario Interamericano de Educación Secundaria, *Santiago de Chile, 1955.* 19:2016
Seminario Interamericano del Ingreso Nacional, *Santiago de Chile, 1953.* 20:1251
Seminario Latinoamericano de Pax Romana, *I, La Capilla, Colombia, 1961.* 27:3144
Seminario Regional sobre Cooperativas de Viviendas, *I, Huampani, Peru, 1960.* 25:1488
Seminario Relativo a la Enseñanza de la Historia, *San Juan, P. R., 1954.* 20:2354
Seminario sobre Administración para el Desarrollo, *San José.* 27:1975
Seminario sobre el Financiamiento de la Reforma Agraria, *Panama, 1964.* 27:1793
Seminario Sudamericano de Extensión Agrícola, *I, Bogotá, 1961.* 27:1794
Seminário Sul-Americano para o Ensino Universitário das Ciências Sociais, *I, Rio de Janeiro, 1956.* 20:1658, 1659
Semino, Eduardo L. 13:1589
Semmel, Bernard. 28:806a
Semón, Juan M. 12:3103
Sempat Assadourian, Carlos. 28:950
Semper, Juan. 21:255
Semprum, Luis. 20:3851
Semprún, Jesús. 4:3923; 20:3851
Sena, Nelson de. 5:4015
Señales, Notas, Reportajes, Libros, Buenos Aires. 25:5817
Senat, Charles Franck. 26:2151
Senderey, Moisés. 24:4288
Sendra, Francisco, 10:4341
Seneca, Lucius Annaeus. 9:4378, 4985; 19:5831; 20:4892
Seneca Fleury, Renato. *See* Fleury, Renato Seneca.
Senet, Rodolfo. 4:3760
Senior, Clarence Ollson. 5:903; 6:956; 12:830; 13:252, 880, 881; 17:2986, 3103; 19:6018; 22:2622
Senn, Alfred. 6:2329
Senna, Caio Nelson de Coelho. 3:325a; 5:4015; 6:4421; 8:3552; 10:57; 14:2347; 15:481
Senna, José Rodrigues de. 16:2358
Senna Sobrinho, Mariano. 20:2079
Senosiaín, Ángel. 10:2612
Senra, Carlos A. Fragoso. 19:2624
Sensabaugh, Leon F. 5:3407; 6:3248, 3807; 12:2232
Sent, Guillermo W. 20:2049
Sentíes G., Octavio. 8:2787a
Sentís Melendo, Santiago. 21:4526; 22:4519, 4601; 23:4597; 27:3717
Seoane, Joaquín Raúl. 12:3175
Seoane, Luis. 18:2495; 21:4231; 23:1462; 28:2167
Seoane Corrales, Edgardo. 27:2280, 3534
Seoane Corrales, Manuel. 1:1177; 6:1576, 3708; 9:179 12:2267; 27:3535
Sepich, Juan R. 6:5024, 5066; 8:4873; 18:3135; 20:4850
Sepp, Antônio. 9:891
Seppilli, Anita. 11:1517
Septién y Llata, José Antonio. 1:804; 14:1920
Septién y Septién, Manuel. 22:1159
Sepúlveda, César. 22:3044; 24:3977; 25:4102; 28:656
Sepúlveda, Juan Ginés de. 7:2860; 17:1495
Sepúlveda, Orlando. 23:2792; 25:2086
Sepúlveda G., Sergio. 23:1817; 27:2857, 2857a
Sepúlveda Iriondo, Ariel. 19:5173
Sepúlveda Leyton, Carlos. 1:2073
Sepúlveda Maira, María Luisa. 10:1811
Sepúlveda Mejía, Diógenes. 2:2447; 5:1105
Sepúlveda Parada, Mario. 16:743
Sequeira, David. 8:208
Sequeira, Diego Manuel. 11:3133
Sequeira, Gabriel Claudio de. 3:1989, 2463b
Sequeira, José Manuel de. 17:1912
Sequeiros, Gonzalo S. 16:1849
Sequera, Carlos. 2:3094; 5:4114

Sequera Cardot, Juan. 16:2507
Seraine, Florival. 3:3524; 4:4194; 15:482; 18:1529; 23:4474; 25:3958; 26:1378
Serantes Peña, Óscar. 22:4691
Serdán, Aquiles. 26:677
Serebrenick, Salomão. 8:2537, 2538; 10:1849; 11:1754; 25:2413; 27:2972
Serebrinsky, Bernardo. 17:3017
Serecold, J. 5:3449
Sergi, Jorge F. 6:3427
Sergio, Antonio. 4:3382, 4195; 5:4497
Sergipe (State). *Constitution*. 1:1401; 3:2144
Sergipe (State). Departamento Estadual de Estatística. 4:865; 6:1749, 1906; 7:1686, 1771; 10:2324
Serís, Homero. 4:4570; 11:3742 28:1639
Serize y Medina, Agustín 28:800
Serna, Eduardo César de la. 10:1184
Serna, Rafael de la. 18:1842
Serna G., Simón. 10:1609a
Serna Giraldo, Rubén. 20:3048
Serpa, Enrique. 3:3269; 4:3973; 12:2611; 17:2419
Serpa, José de. 2:1006
Serpa, Osvaldo, 7:4842
Serpa, Phoción. 4:4196, 4258a; 7:4934; 9:3453; 11:3396; 21:4323; 23:4475, 5494
Serpa e Paiva, Isabel V. de. *See* Paiva, Isabel V. de Serpa.
Serpa Flores, Roberto. 19:5537
Serpa Lopes, Miguel Maria de. *See* Lopes, Miguel Maria de Serpa.
Serpa P., Domingo A. 7:1969
Serpa Pinto. M. *See* Pinto, M. Serpa.
Serra, Adalberto B. 4:2052, 2053; 7:2231, 2365, 2366; 8:2539, 2540; 11:1548, 1755, 1756; 12:1505; 14:1534; 25:2286; 2414 27:2972a
Serra, Astolfo. 9:3454
Serra, Edelweis. 28:2197
Serra, Guillermo. 14:937; 15:418; 18:776
Serra, José María. 10:2945
Serra, Juan de Santa Gertrudis. 20:2736 23:4716
Serra, Junípero, *Brother*. 2:1824; 15:1470
Serra, Nicolás. 12:1447
Serra de Leguizano, Mancio. 16:1732
Serra Moret, Manuel. 9:4944
Serra Rojas, Andrés. 16:2593; 26:577
Serra Vilaró, Juan. 21:2638
Serrallach, Marcela. 20:4010
Serrallés, Jorge J., Jr. 1:507, 522, 527; 4:1544; 6:1115; 7:1151
Serrano, Antonio. 2:172, 173, 248-249a, 337; 3:224; 4:274; 286-288; 5:428, 488; 6:423, 502-504, 523; 7:263, 451, 457, 517, 524-527; 9:403; 10:288-290, 358, 1677; 11:291, 292; 12:309, 316, 382; 13:262, 309; 14:429; 16:278; 19:370, 386; 20:309; 21:272; 22:311; 23:1386; 27:517, 518
Serrano, Gloria. 11:240; 12:495
Serrano, Gustavo P. 11:789; 15:829; 17:943
Serrano, Jonathan. 1:2141; 2:2913; 5:1513, 6:3658; 7:3683; 8:4506; 9:3385
Serrano, José Encarnación. 4:2477
Serrano, Luis G. 28:205
Serrano, Miguel. 16:2594
Serrano A., Luis F. 27:3777, 3894
Serrano Aguirre, Ángel. 25:4551
Serrano de Andrade. 10:3982
Serrano de Wilson, Emilia. 22:2912
Serrano Geyls, Raúl. 20:5073
Serrano Gutiérrez, Leopoldo. 27:968

Serrano Martínez, Celedionio. 28:2198
Serrano Montaner, Ramón. 1:1216
Serrano Moscoso, Eduardo. 14:3277; 19:5582
Serrano Muñoz, Francisco. 3:2287
Serrano Neves. 27:3748
Serrano Ornelas, Roberto. 18:2281
Serrano Palma, Horacio. 18:1296; 23:1821
Serrano Plaja, Arturo. 8:2788; 9:4746; 10:4490
Serrano Rebeil, Ernesto. 17:2087
Serrano Redonnet, Antonio E. 9:3828
Serrano Trasviña, Jorge. 16:3059
Serrano Zúñiga, J. M. 2:645a
Serrantes Peña, Óscar. 27:3860
Serrato, José. 9:2380
Serres, José R. 7:1354; 10:1185; 12:3139; 13:692
Serrey, Carlos. 10:4194
Serstevens, Albert 20:5059; 25:5746
Sert, J. L. 17:416
Serton, P. 23:2723
Servan, Anthony. 18:257
Servera, Joaquín. 1:413
Service, Elman Rogers. 17:1650; 19:34, 809, 810; 20:2797; 22:22; 27:969
Service, Helen S. 19:810
Servicio Agrícola Interamericano, *La Paz*. 27:2203
Servicio Bibliográfico Chileno, Santiago de Chile. 5:155; 22:6267
Servicio Cooperativo Boliviano-Americano de Caminos. 25:2298
Servicio Cooperativo Interamericano de Educación. 16:1051
Servicio Cooperativo Interamericano de Fomento. 27:2272c
Servicio Cooperativo Interamericano de Producción de Alimentos (*Perú*) 24:2998-3000
Servicio Cooperativo Inter-Americano del Plan del Sur. 23:2628; 24:3001
Servicio Interamericano de Cooperación Agrícola en Panamá. 24:2899
Servicio Social, Caracas. 7:1274
Servicio Técnico Interamericano de Cooperación Agrícola, *Asunción*. 18:1303
Servico de Informações, Florianopolis. 6:1907
Servico Nacional de Aprendizagem Industrial, *Rio de Janeiro*. 27:2526
Servín, Manuel P. 21:2474; 22:2837; 28:555
Servín G., Armando. 6:969, 982, 1312; 8:112, 1132; 12:776; 20:1559-1561
Servín Palencia, José. 22:602; 23:1387
Servo, Geraldo. 27:2664
Sescosse, Federico. 28:206
Sesma, Leandro de. 9:5017; 11:3962; 14:3484; 19:5821; 20:4883b; 21:4855
Sesseler, Wa. M. 18:323
Sesto, Niña. 17:2279
Setaro, R. 10:126, 3295, 3296
Seth, *pseud. See* Marins, Álvaro.
Seton, Percy T. 7:5091; 8:4447
Sette, Adyr Pontes. 13:1763
Sette, Hilton. 20:2143
Sette, Mário. 1:2222a; 3:3559; 4:4247; 5:3955; 7:1940, 3626; 8:906, 3440; 9:1827; 11:2623, 2632; 12:2864; 14:2269, 2270
Setubal, Paulo. 1:1341
Setzer, José. 7:1628, 2427; 8:2541, 2542; 12:1219-1221, 1460-1462; 13:1029, 1030; 14:1535; 15:1243; 17:1200-1202; 18:1530; 19:2625, 2626; 20:2080, 2081; 21:2154; 25:2415

Seuánez y Olivera, R. 9:2300
Seuna, Faio Nelson de. 1:1498
Seura Salvo, Carlos. 7:4670
Severance, Henry O. 4:4553; 6:209
Severin, Kurt. 2:149; 10:1925; 26:2226
Severino de Santa Teresa, P. 20:2479
Severino López, Juan. 14:596
Severo, Archibaldo. 21:5032
Severo, Máximo. 18:2496
Sevez, Francois F. 20:2953
Sevilla, Carlos Bolívar. 4:4537; 6:3466
Sevilla, Luis Lorenzo. 8:4630
Sevilla Sacasa, Óscar. 7:1077
Sevillano Colom, Francisco. 22:3560 28:88
Seward, Eric J. 22:2378
Seweloh, Anton Adolph Frederick von. 2:1728
Seymour, Richard Arthur. 14:2240
Seymour Waden, Carlos de Bonhomme. *See* Waden, Carlos de Bonhomme Seymour.
Sforza, Carlos. 7:5092
Sgrosso, Pascual. 9:2204; 10:1854
Shackelford, William J. 19:122
Shafer, Robert. 25:724, 725
Shafer, Robert Jones. 10:1932; 19:573; 21:2475; 22:2838
Shaffer, Ellen. 18:1780, 2425; 21:2476
Shakespeare, William. 6:4467
Shane, Milton L. 17:2571
Shansis, M. 24:1524
Shapiro, Harry L. 10:167; 11:410
Shapiro, Samuel. 24:3550; 25:521; 26:404; 27:1194, 2841
Sharp, G. F. 2:1131
Sharp, Roland Hall. 9:2129; 11:104a
Sharp, Thomas. 20:1067
Sharp, W. R. 6:2590; 7:2582
Sharpe, Reginald. 19:4272
Shattuck, G. C. 4:138
Shatzky, Jacob, 19:6019
Shauff, Karin. 23:14
Shaw, Albert. 9:3476
Shaw, Alejandro E. 3:790; 4:896; 6:1404; 7:1387; 10:860a
Shaw, Carroll K. 20:1562
Shaw, Donald L. 26:1919
Shaw, Earl B. 1:291, 300, 597; 6:2291, 2322; 7:2094; 8:2261a; 9:2117a; 10:1931; 12:1256
Shaw, George Bernard. 22:5329
Shaw, Leo. 3:888
Shaw, Paul Vanorden. 3:2960; 4:13, 54
Shaw, Thurstan. 24:225
Shcherbakov, D. I. 21:5036
Shea, Donald Richard. 23:2827
Shearer, Ernest C. 17:1693, 1694
Shearer, James F. 10:3650; 15:2229; 28:120
Shedd, Karl E. 2:2618; 21:4248
Shedd, L. M. 20:717a
Shedd, Margaret 11:1896
Shelby, Barbara. 28:2441
Shelby, Charmion. 4:2718; 8:126, 2992; 10:58, 2613; 11:46, 2107; 12:43; 13:33; 15:22, 37, 1444; 17:3089; 3090
Shell, Olive A. 16:406; 19:788; 21:702
Shell Oil Co. of Venezuela. 23:2553
Shellenberger, J. A. 9:1403a, 1565
Shelton, David H. 24:1965
Shelton, H. S. 5:1021
Shelton, Raúl M. 28:799
Shepard, Anna O. 6:317; 10:220; 14:188; 18:42; 20:20, 27:174a, 385, 386
Shepard, Marietta Daniels. 28:88a
Shepard, Marietta Daniels. *See also* Daniels, Marietta.
Shepard, Minnie Lee Barrett. 19:4668

Shepardson, Whitney H. 1:1743; 3:2919; 4:3533; 5:3281; 7:3757
Shephard, C. Y. 2:584, 1317; 3:1133a; 4:1551 5:831, 1786; 9:2114; 10:2042; 13:865
Shepherd, Dorothy G. 20:374
Shepherd, F. M. 2:545
Shepherd, Grant. 4:1380
Shepherd, Lemuel C., Jr. 21:2950
Sheppard, George. 1:636; 3:1787; 4:2178
Sheppard, J. Craig. 15:1425
Shere, Louis. 18:597; 19:1365
Sheridan, Philip J. 23:2940
Sheridan, Richard B. 28:807
Sherlock, Philip Manderson. 19:568; 20:2338; 26:720
Sherman, William L. 24:3978
Sherwell, G. A. 6:3324
Shetter, William Z. 24:4786
Shibata, Ginjiro. 27:4323
Shields, James C. 22:3045, 4521
Shields, Karena. 23:619; 24:3979
Shields, Robert Hale. 11:2165
Shiels, William Eugene. 5:3213, 2314; 11:2108; 25:3078
Shifrin, E. 28:706
Shikata, Shun'ichi. 27:4324
Shillaber, Caroline. 10:59
Shimazaki, Chôjirô. 28:3028
Shionozaki, Hiroshi. 28:474
Shipek, Florence C. 28:656a
Shipping Directory of Cuba. 4:1504
Shipton, Eric. 24:2946, 2947; 27:2841a
Shiras, Morris, Jr. 6:1616
Shirer, William L. 7:5093
Shirley, Robert W. 25:513
Shook, Edwin M. 7:353; 11:227; 12:131, 132, 266; 15:185, 186; 16:180, 181; 17:106, 107; 18:92-95; 19:174-178; 20:164-166; 21:61, 97; 22:97,98; 23:187, 207, 208; 24:188, 209, 239, 240; 27:387
Shore, Aarón. 19:679
Shoup, Carl Sumner. 5:983; 6:1056; 23:1854
Showman, Richard K. 7:3741
Shreider, Eugène. 20:772
Shreve, Forrest. 2:1293; 3:1572, 1573; 8:2358
Shroeder, J. 1:608a
Shtejn, A. 18:2625
Shtrakhov, A. I. 25:3605; 26:400b
Shule, E. W. 7:1334
Shuler, Esther Elise. 10:3790
Shul'govskü, A. F. 24:3410
Shumard, Malnor. 4:1849
Shur, Leonid Avel'evich. 24:15; 28:88b
Siaca Rivera, Manuel. 11:3134; 21:4092
Sibilla Zurita, Jesús. 13:487
Sibirsky, Saúl. 28:1720, 1721
Sibley, John. 12:1785
Sicard, Émile. 20:4941
Sicardi, Francisco A. 4:2212
Siccardi, Honorio. 6:4845, 4846; 12:3435; 15:2829a
Sichel, Gerardo Federico. 21:1311
Sick, Helmut. 15:449; 23:773
Sick, Wolf-Dieter. 22:2425; 23:2608; 27:2865, 2865a
Sidjanski, Dusan. 20:4520
Sidoti, Juan A. 8:3289-3291
Siebert, Wilbur H. 6:2950
Sieck Flandes, Roberto. 9:338
Siedentop, I. 27:2973
Siegel, Barry N. 23:2074
Siegel, Bernard J. 16:3340; 23:6044
Siegel, Morris. 7:411-413; 8:2103; 9:1865

Siegfried, André. 1:656; 6:1037, 2262, 3828;
Siegfried, Huber. 25:584
Siegrist Clamont, Jorge. 19:2079, 3078, 5597a
Sienkiewicz, H. 8:4448
Sienna, Pedro. 28:257
Sienrra, Celestino. 10:1186; 12:906
Sierksma, F. 27:1381
Sierra, Carlos. 23:2075
Sierra, Carlos J. 25:3320; 26:578, 579; 28: 657-659a, 706a-707a
Sierra, Catalina. 15:116; 17:1695; 19:3654; 24:3980
Sierra, Dante. 19:4943; 25:3426
Sierra, Gabino A. 5:1839
Sierra, Héctor. 17:944
Sierra, Justo. 6:3325; 12:2586, 2587; 14: 69, 2118-2122, 2717; 15:116, 1096, 1097, 2255, 2256, 2273, 2432, 2444; 16:1457, 28:660, 708
Sierra, Roberto. 6:4106
Sierra, Manuel J. 3:513, 2920; 8:3590, 3631, 4636; 11:2692; 13:2601; 20:4592; 25:3321
Sierra, Stella. 10:3741; 13:2172
Sierra, Vicente D. 5:4286; 6:3428; 8:3292; 9:2684, 2980. 11:1990; 12:2094; 19:3189, 3189a, 3190; 21:2777, 2778; 25:3522, 3576; 28:1019a
Sierra Berdecía, Fernando. 6:4189; 21: 4232
Sierra de Leguízamo, Mancio. 15:1564
Sierra Franco, Raúl. 7:1053; 22:1497
Sierra Gómez, Carlos S. 3:2244
Sierra Jiménez, Juan. 1:1426
Sierra Mejía, Rubén. 28:3269
Sierra O'Reilly, Justo. 4:3085; 7:397; 19: 3655
Sierraalta, Rafael. 27:3567a
Sierraalta Tellería, Aníbal. 6:2725
Sieveking, Alejandro. 26:1878
Sievers, A. F. 8:2256
Sievers, Bernhard. 28:1149
Sievers Wicke, Hugo Konrad. 9:180; 15: 76
Siewers, Enrique. 1:414, 1668; 3:508b; 5: 1148, 1757
Siffleet, Nora. 18:2304
Sifontes, Ernesto. 11:1631; 18:1275, 1276
Sigal, Silvia. 28:1150
Sigala, Honorio. 6:2732
Sigerist, Henry E. 7:2824; 19:3290
Sigrist, Armin. 1:212
Sigüenza y Góngora, Carlos de. 6:2951; 10:2614, 3516; 11:2980-2982; 14:1838; 17:2320; 20:3725; 21:3720; 23:4717, 4718; 25:4213; 26:1407, 1440
Silberstein, Enrique. 20:3989; 26:1863
Silbido, Juan, *pseud. See* Vattuone, Emilio J.
Silenzi, A. W. 17:620
Silenzi de Stagni, Adolfo. 22:2643; 23: 1809
Siles C., Adolfo. 7:2336
Siles Salinas, Jorge. 20:2244; 27:3145
Siles Zuazo, Hernán. 24:3487
Silgado F., Enrique. 12:1435; 13:957; 14: 1509; 14:1217
Silgueira, J. Honorio. 6:3214
Siliceo, R. P. 12:1263
Siller Rodríguez, Rodolfo. 27:1921
Silva, A. J. Pereira da. 2:2914
Silva, A. M. de Sousa e. 23:4476
Silva, A. R. 1:887
Silva, Adhemar Raymundo da. 22:4602
Silva, Aguinaldo. 28:2555
Silva, Alberto, *Brazilian.* 16:2151, 2152;

20:3255; 21:1799, 3279, 3280; 22:3885 23:3966; 24:4503
Silva, Alberto, *Colombian.* 22:4665; 23:4630
Silva, Alberto da Costa e. 23:5540
Silva, Alcionílio Brüzzi da. 27:1251
Silva, Alexandre Barbosa da. 13:1023
Silva, Alexandre Passos da. 8:3443, 3549; 9:4185; 16:2198, 2931; 17:1870; 18: 2164a; 25:3812; 28:2426, 2526
Silva, Aloysio Guilherme da. 28:2430
Silva, Álvaro Maria da Soledade Pinto da Fonseca Velhinho Rodrigues Moreyra da. *See* Moreyra, Álvaro.
Silva, Amaro Barreto da. 7:4108
Silva, Ana Margarita. 4:3761; 11:1392
Silva, Antônio Carlos Simoens da. 8:305
Silva, Antônio de Moraes. 15:2476; 16:2820; 17:2576; 18:2723; 20:4294; 23:4477
Silva, Antônio F. de Carvalho e. 10:1394
Silva, Antônio Francisco da Costa e. 23: 5540
Silva, Antônio José da. 6:4410; 22:5529
Silva, Antônio José da Costa e. 4:4426; 9:4538
Silva, Armando Bordallo da. 18:1496; 23: 774
Silva, Armando de Paulo e. 11:3529
Silva, Arthur Vieira de Rezende e. 4:3393
Silva, Augusto Carlos de Souza e. 2:1730; 3:2891; 4:728, 2272, 3500; 5:3238
Silva, Augusto Lins e. 2:3104; 8:2143a; 10:3859
Silva, Benedicto. 2:1042-1044; 8:2616; 9: 2381; 10:2325; 11:1130, 1169; 19:2896-2898, 27:2639
Silva, Bolívar Bordalo da. 18:1496
Silva, C. F. dos Santos. 19:2660, 2696
Silva, Caetano da. 22:1308a
Silva, Caio Figueiredo. 20:1780
Silva, Carlos Alberto. 3:2668; 4:3207; 5:3014; 8:2657-2659; 9:2412; 12:2256; 15:2646
Silva, Carlos Brandão da. 27:2973a
Silva, Carlos Manuel. 14:3339
Silva, Carmen da. 28:2556
Silva, Celso A. de Souza e. 24:3509
Silva, Clara. 28:2066, 2067
Silva, Clodomiro Pereira da. 6:2484; 10: 2210
Silva, Collemar Natal e. 2:1740
Silva, Cyro. 16:2199; 25:3862; 26:1286
Silva, Democrito de Castro e. 11:3397
Silva, Desiré. 14:1160, 1164
Silva, Domingos Carvalho da. 16:2934; 18: 2811; 21:4390; 22:5479; 23:5541; 24: 5795
Silva, E. M. da. 14:599-600a; 15:507
Silva, Edmundo de Macedo Soares e. 9: 1662; 11:1131, 1158, 1765; 12:1078; 1129, 1464; 22:1662; 23:2724
Silva, Edson Nunes da. 22:914
Silva, Egydio de Castro e. 6:4907; 9:4754
Silva, Egydio Moreira de Castro e. 26:1287
Silva, Ernani Martins da. 11:428
Silva, Ernesto. 7:4843
Silva, Eugênio. 22:2016
Silva, Euzébio Flôres. 20:2032; 21:2031; 22:2389, 2392, 2403; 25:2307
Silva, Fernando Altenfelder. 12:384; 15:450; 16:390; 20:322; 22:6017; 23:431; 25:523; 27:552, 553, 2546, 4256
Silva, Fernando Nascimento. 27:4257 28: 332
Silva, Fernando Pereira da. 1:1770; 7:3587
Silva, Florêncio Carlos de Abreu e. 2:1714; 6:2443; 8:2544; 10:2140; 19:2631

Silva, Francisca Júlia da. *See* Francisca Júlia, *pseud.*
Silva, Francisco Gomes da. 5:3203
Silva, Francisco Oliveira e. 6:2585, 4620, 4621; 7:5229, 5253, 5279; 8:4624; 10: 3374, 4154; 14:3138; 17:2643; 18:2941; 21:4520, 4521, 4568
Silva, Francisco Pereira da. 17:2845
Silva, G. J. Rosa e. 25:2408
Silva, Gastão Pereira da. 4:3524; 7:3684, 8:4307, 4467; 12:705, 2222
Silva, Geraldo Bastos. 22:2026, 2047; 27: 2614
Silva, Geraldo Eulálio do Nascimento e. 25:4129
Silva, Gerson Augusto de. 11:1203; 14:1165, 1166
Silva, Gilberto. 19:272
Silva, Golberi do Couto e. 23:2893
Silva, Guilhermino César da. 20:4309; 22: 5544
Silva, H. Pereira da. 14:801; 15:2512; 16: 2859; 17:520; 26:2011; 28:2431
Silva, Hélio S. 27:2373; 28:1394
Silva, Hermano Ribeiro da. 1:1316; 2:963
Silva, Hilda da. 24:3066
Silva, Hugo. 3:3270
Silva, Ignácio Accioli de Cerqueira e. 3: 1689a, 2746; 4:340a
Silva, Ildefonso Mascarenhas da. 13:2612
Silva, Irene. 4:374
Silva, Iván. 7:4844
Silva, J. C. 10:4549
Silva, J. Félix. 9:553
Silva, J. Resende. 6:3396
Silva, J. Romão da. 19:5290; 25:2407, 3799
Silva, J. Saldanha da Gama e. 11:1184, 1858, 2815
Silva, Jaime. 20:4232
Silva, João Edward Rodrigues. 23:5542; 26: 2063
Silva, João Mendes da. 24:3510
Silva, João Palma da. 28:1268
Silva, Jorge de. 12:1645
Silva, Jorge Gustavo. 4:1114
Silva, Jorge Marshall. 7:1469
Silva, José. 5:904; 6:895, 896; 7:928, 929; 8:1025
Silva, José A. 22:6015
Silva, José Asunción. 8:4133; 9:4107a; 15: 2382
Silva, José Bonifácio de Andrada e. 1:2142; 3:3465; 4:3444; 5:3162, 3163; 8:4337; 12:2223; 26:2069; 28:1231, 1401, 2610a
Silva, José Calasans Brandão da. 8:3472; 9:1939; 11:1323; 16:2871; 17:1034, 3035; 18:2821; 23:5444; 24:4538
Silva, José Fabio Barbosa da. 27:4258
Silva, José Ferreira da. 6:2456
Silva, José Joaquín. 14:2799
Silva, José Saldanha da Gama e. 12:1111
Silva, Juan. 7:2001
Silva, Juan E. 2:1192
Silva, LaFayette. 1:1367; 4:4197
Silva, Leonardo. 7:763, 764; 8:907, 939
Silva, Leopoldo de Lima e. 2:1070
Silva, Lília A. Pereira da. 26:2070
Silva, Lisandro Pereira da. 2:1077
Silva, Lourdes G. *See* Bernard, Florence, *pseud.*
Silva, M. Nogueira da. 3:3525; 7:657; 8: 4175; 9:892, 4210
Silva, Manoel Augusto Pirajá da. 5:457; 11:2616

Silva, Manuel. 5:147
Silva, Marg. Paranhos da. 23:499, 1373; 24:608
Silva, Maria Fernanda Gomes da. 20:3250; 21:3303
Silva, Maria Lúcia do Eirado. 27:2665
Silva, Mario Camarinha da. 7:4935
Silva, Maurício Joppert da. 18:1464
Silva, Maurício Paranhos da. 18:340; 19: 305, 306; 20:339; 21:226, 279; 23:16, 707; 24:832
Silva, Moacir Malheiros Fernandes da. 5: 1936; 6:1792; 7:2458; 8:1841; 10:1844, 1852, 2281-2283, 11:1766; 12:1476; 13: 604, 992; 15:1255, 1256; 16:1289; 17: 1227; 19:2661
Silva, Moacyr Paixão e. 6:3594
Silva, Modesto Dias de Abreu e. *See* Abreu, Modesto de.
Silva, Orlando José da. 19:2214
Silva, Oscar José de Plácido e. 6:4384; 10:4155, 4156; 11:3494, 3568; 12:3111 27:3606
Silva, Oscar Romão da. 7:2428
Silva, Oswaldo Brandão da. 4:1740
Silva, Oswaldo M. S. Carvalho. 6:1873
Silva, Paulo. 15:2829b
Silva, Paulo César da. 18:2812
Silva, Paulo Eleutério Álvares da. 10:2250
Silva, Paulo Sérgio da Costa e. 15:2554
Silva, Peri Pinto Diniz da. 27:2640
Silva, Porphirio Henriques da. 24:4539
Silva, Rafael Euclides. 3:2315; 5:2315, 2501, 2552, 3073; 6:3057; 12:3324; 13:1392; 15:1556; 21:2748; 23:3656
Silva, Raul Campello Machado da. 10:4117
Silva, Raul de Andrada e. 6:3561; 7:1599; 10:2211
Silva, Renato. 26:1203
Silva, Ricardo. 2:2756; 11:2834
Silva, Romão de. 7:765
Silva, Rute Ivotí T. da. 19:2300
Silva, Salustiano de Oliveira. 15:1280
Silva, Sebastião Santana e. 10:1447
Silva, Sérgio Milliet da Costa e. *See* Milliet, Sérgio.
Silva, Silvano da. 2:943
Silva, Teresa Cardoso da. 24:3050; 25:2422; 27:2943
Silva, Valentim Benício da. 6:2194, 4290; 7:2337
Silva, Víctor Domingo. 2:2223; 3:2694, 3097, 3271, 3320; 4:4013; 11:3270; 14: 2885; 16:2732; 21:3417; 22:4960
Silva, Walter. 17:405
Silva, Wilson Melo da. 27:3695
Silva, Zedar Perfeito da. 8:4308; 14:2271; 20:4917
Silva A., Adolfo. 24:5942
Silva A., L. Ignácio. 7:4671
Silva Aguiar, Thereza da. *See* Aguiar, Thereza da Silva.
Silva Alvarenga, Manoel Ignácio da. *See* Alvarenga, Manoel Ignácio da Silva.
Silva Araújo, Carlos da. *See* Araújo, Carlos da Silva.
Silva Ayrosa, Plínio Marques da. *See* Ayrosa, Plínio.
Silva B., Antônio J. 3:2098
Silva Barreto, S. *See* Barreto, S. Silva.
Silva Barros, Haidine da. *See* Barros, Haidine da Silva.
Silva Bascuñán, Alejandro. 15:1316; 27:3652
Silva Bascuñán, Marcos. 14:3226
Silva Bélinzon, Concepción. 24:5456

Silva Bernardes, Arthur da. *See* Bernardes, Arthur da Silva.
Silva Brito, Mário da. *See* Brito, Mário da Silva.
Silva Brito, Oscar da. *See* Brito, Oscar da Silva.
Silva Bruno, Ernâni. *See* Bruno, Ernâni Silva.
Silva Cabrera, Lautaro. 15:2308; 23:2828; 25:3108
Silva Cáceres, Raúl. 28:2382
Silva Camargo, Odorico. *See* Camargo, Odorico Silva.
Silva Campos, Carlos da. *See* Campos, Carlos da Silva.
Silva Campos, João da. *See* Campos, João da Silva.
Silva Carneiro, David A. da. *See* Carneiro, David A. da Silva.
Silva Carneiro, Luiz Rainho da. *See* Carneiro, Luiz Rainho da Silva.
Silva Carvalho, Anna Dias da. *See* Carvalho, Anna Dias da Silva.
Silva-Castillo, J. N. 12:1214
Silva Castro, Raúl. 1:995, 1963, 1991, 2023; 2:2224, 2529, 2664; 3:2695, 3212; 4: 3271, 3974; 6:3454, 4107, 4108; 7:4672; 8:3322; 9:3904; 10:60, 3487, 3791; 12: 2724; 13:1635, 1636, 2132; 14:2872; 15: 38, 1662; 16:2014, 2733; 17:1636, 1795, 2503, 2504, 3128; 19:3870, 4967, 4968, 5104; 20:1704, 5071; 21:3122, 4205; 22: 4985, 4986; 23:4840; 4841, 5059, 5205, 5206; 24:4205, 5103, 5286a, 5305, 5406, 5562-5564, 6093; 25:2757, 3506, 3558, 4269-4271, 4416, 4417, 4533; 26:881, 1409, 1527-1530, 1701, 1809; 28:1003, 1192, 2256
Silva Celis, Eliécer. 9:425; 10:321, 322; 11:310, 311; 12:332, 542; 13:271, 413; 14:374; 22:223; 25:308, 309
Silva Cimma, Enrique. 11:3531
Silva Coelho Neto, Antônio da. *See* Coelho Neto, Antônio da Silva.
Silva Correia, João da. *See* Correia, João da Silva.
Silva Cortés, César. 11:1035
Silva Costa, Heitor da. *See* Costa, Heitor da Silva.
Silva Costa, Jasper. *See* Costa, Jasper Silva.
Silva Costa, José da. *See* Costa, José da Silva.
Silva Cruz, Carlos. 12:2668
Silva Cruz, Mário da. *See* Cruz, Mário da Silva.
Silva d'Azevedo, A. *See* Azevedo, A. da Silva d'.
Silva de la Fuente, Alejandro. 1:2024; 10: 1258; 14:1622
Silva Díaz, Agustín. 6:1380
Silva e Orta, Teresa Margarida da. *See* Orta, Teresa Margarida da Silva e.
Silva Fernández, Pedro. 7:5131
Silva Ferrer, Manuel. 9:2301
Silva Filho, Vicente Ferreira da. 17: 2876, 2913; 18:3130; 19:5722; 20: 4758, 4828; 25:2199q
Silva Flores, Julio. 12:1215
Silva Fuenzalida, Ismael. 20:3677
Silva Furtado, Jacundino da. *See* Furtado, Jacundino da Silva.
Silva Furtado, Sebastião da. *See* Furtado, Sebastião da Silva.
Silva Garcia, Evaldo da. *See* Garcia, Evaldo da Silva.
Silva García, Mario A. 28:3297

Silva Garretón, Aníbal. 10:4195; 11: 1849
Silva Guimarães, Bernardo Joaquim da. *See* Guimarães, Bernardo Joaquim da Silva.
Silva Guimarães, Maria Rita da. *See* Guimarães, Maria Rita da Silva.
Silva Herzog, Jesús. 4:3641; 5:3397; 6: 972; 7:997; 10:2369, 2889; 11:724, 2365; 12:2024; 13:488, 1551; 14:1741; 17: 945; 18:1004, 3187; 19:1912, 1965, 2930, 3079, 3656; 20:1260; 22:2935; 23:2076, 3330, 3331; 24:3981-3985; 25:3322, 3323; 26:678-681; 27:1922; 28:660a, 661, 708a
Silva L., Mario de J. 8:4743
Silva Lapa, Bernardino da. *See* Lapa, Bernardino da Silva.
Silva Lazo, Julio. 16:2653
Silva Leitão de Almeida Garrett, João Baptista da. *See* Garret, João Baptista da Silva Leitão de Almeida.
Silva Lessa, Maria Luisa de. *See* Lessa, Maria Luisa de Silva.
Silva Lezaeta, Luis. 19:3411, 3415
Silva Lima, Herotides da. *See* Lima, Herotides da Silva.
Silva Lima Cabassa, Stella Leonardos da. *See* Cabassa, Stella Leonardos da Silva Lima.
Silva Lisboa, Baltazar da. *See* Lisboa, Baltazar da Silva.
Silva Lisboa, Bento da. *See* Lisboa, Bento da Silva.
Silva Maturana, Raúl. 13:935; 21:2261
Silva Medina, M. 1:955
Silva Mello, Antônio da. *See* Mello, Antônio da Silva.
Silva Mello Carvalho, Irene da. *See* Carvalho, Irene da Silva Mello.
Silva Montaner, Raúl. 11:2494
Silva Muricy, José Cândido da. *See* Muricy, José Cândido da Silva.
Silva Neto, Serafim. 7:5126; 9:4126; 12: 2806; 16:2817; 23:4458, 4459; 24:4764, 4765; 26:1379
Silva-Nigra, Clemente Maria da. 3:2831; 5:594; 7:675a; 8:877; 9:884; 12:691; 14:691; 16:565; 18:546-548
Silva Otero, Arístides. 25:3535
Silva Pacheco, José da. *See* Pacheco, José da Silva.
Silva Paranhos, José Maria da. *See* Paranhos, José Maria da Silva.
Silva Pereira, Caio Mário da. *See* Pereira, Caio Mário da Silva.
Silva Pimenta, João da. *See* Pimenta, João da Silva.
Silva Pinheiro, Péricles da. *See* Pinheiro, Péricles da Silva.
Silva Pinto, Mário Abrantes da. *See* Pinto, Mário Abrantes da Silva.
Silva Pinto, Paulo J. da. *See* Pinto, Paulo J. da Silva.
Silva Py, Aurélio da. *See* Py, Aurélio da Silva.
Silva Quadros, Jânio da. *See* Quadros, Jânio da Silva.
Silva Rabelo, Laurindo José da. *See* Rabelo, Laurindo José da Silva.
Silva Ramos, Frederico José da. *See* Ramos, Frederico José da Silva.
Silva Ramos, José Maria da. *See* Ramos, José Maria da Silva.
Silva Ramos, Péricles Eugênio da. *See* Ramos, Péricles Eugênio da Silva.

Silva Rêgo, A. da. *See* Rêgo, A. da Silva.
Silva Rodrigues, Milton da. *See* Rodrigues, Milton da Silva.
Silva Rodrigues de Figueiredo, Adelpha. *See* Figueiredo, Adelpha Silva Rodrigues de.
Silva Rodríguez, Joaquín. 15:2586; 17:2662
Silva Román, Pedro. 12:3350
Silva Rondon, Cândido Mariano da. *See* Rondon, Cândido Mariano da Silva.
Silva Santiago, Alfredo. 27:2410
Silva Santisteban, Fernando. 23:3611; 28:921
Silva Silva, Clemente. 16:744
Silva Telles, Augusto Carlos da. *See* Telles, Augusto Carlos da Silva.
Silva Telles Júnior, Goffredo da. *See* Telles Júnior, Goffredo da Silva.
Silva Tena, María Teresa. 20:2480
Silva Uzcátegui, R. D. 7:2175; 8:3370
Silva V., Juan. 4:4480
Silva Valdés, Fernán. 9:798, 4021; 11:668; 12:2618; 18:2364, 2697; 22:5327; 24:5565, 5640
Silva Vargas, Fernando. 26:883; 27:1273
Silva Vila, Juan B. 12:44, 3325
Silva Vildósola, Carlos. 2:2225; 3:2696; 4:3924
Silvado Bueno, José. *See* Bueno, José Silvado.
Silvain, Julio César. 28:2332
Silveira, Alfredo Balthazar da. 10:3136; 19:2307
Silveira, Alípio. 7:2583; 11:2814, 3462; 12:3478, 3514; 14:1252; 15:1075; 22:915; 25:3959
Silveira, Álvaro Ferdinando de Sousa da. 17:2577; 22:5553
Silveira, Antorildo. 13:1764
Silveira, Arthur Leite. 7:1629; 9:1663
Silveira, Brenno. 16:2860; 18:2781; 20:4890
Silveira, Carlos da. 2:964, 1654, 1693, 1729; 3:2838, 2889; 4:3428; 7:5555-5557; 8:3407
Silveira, Celestino. 10:740
Silveira, Cid. 10:3912; 27:2374
Silveira, Decio Pacheco. 3:3526
Silveira, Edmund A. da. 19:5291
Silveira, Enzo. 6:3601; 10:2212
Silveira, Helena, 10:3893; 16:2918; 23:5582
Silveira, Horacio A. 6:1979; 11:1371
Silveira, Hovanir Alcântara. 26:1954
Silveira, J. 10:2213
Silveira, João Dias da. 10:2214
Silveira, Joaquim Xavier da. 13:2314
Silveira, Joel. 5:3987; 11:3416; 12:2233; 21:2250; 23:5495; 26:2012
Silveira, José Peixoto da. 24:2085
Silveira, Junot. 20:4350
Silveira, Juraci. 7:1833; 8:1914; 22:2027, 2048
Silveira, Luís. 16:2153, 2154
Silveira, Maria Isabel. 26:2117
Silveira, Miroel. 6:4385, 4435; 7:4983, 5039; 8:3195; 9:4310, 4391; 26:2117
Silveira, Otto. 9:4354
Silveira, Paulo. 8:4417
Silveira, Tasso da. 1:2184, 2185; 2:2968; 3:1868, 3527, 3528, 3601; 7:676, 4984, 5102; 25:4725
Silveira, Valdemar César da. 7:5280; 11:2815; 19:5217, 5532
Silveira Bueno, Francisco da. *See* Bueno, Francisco da Silveira.
Silveira Camargo, Paulo Florêncio da. *See* Camargo, Paulo Florêncio da Silveira.
Silveira da Mota, Fernando. *See* Mota, Fernando Silveira da.

Silveira d'Elboux, Luis Gonzaga da. *See* Elboux, Luis Gonzaga da Silveira d'.
Silveira de Mello, Raul. *See* Mello, Raul Silveira de.
Silveira de Queiroz, Dinah. *See* Queiroz, Dinah Silveira de.
Silveira Filho, Manoel Guilherme da. 12:1112
Silveira Galvão, Maria. *See* Galvão, Maria Silveira.
Silveira Leal, Isa. *See* Leal, Isa Silveira.
Silveira Lobo Júnior, F. J. da. *See* Lobo Júnior, F. J. da Silveira.
Silveira Martins, José Júlio. *See* Martins José Júlio Silveira.
Silveira Mendes, Plínio. *See* Mendes, Plínio Silveira.
Silveira Mendes, Renato da. *See* Mendes, Renato da Silveira.
Silveira Neto, Manuel Azevedo de. 4:1869a
Silveira Peixoto, José Benedicto. *See* Peixoto, José Benedicto Silveira.
Silveira Pellegrini, Itacy da. *See* Pellegrini, Itacy da Silveira.
Silveira Rudolfer, Noemy da. *See* Rudolfer, Noemy da Silveira.
Silveira Sampaio. 4:1747
Silveira Sampaio, José da. *See* Sampaio, José da Silveira.
Silveira Soares Cardozo, Manoel da. *See* Cardozo, Manoel S.
Silveira Thomaz, Joaquim. *See* Thomaz, Joaquim Silveira.
Silveira Zorsi, Fermín. 9:1546; 11:1107
Silver, Richmond T. 24:1523; 27:1600
Silverio Amallo, Horacio. 20:4521
Silverio G., Francisco. 7:5417
Silverman, Joseph H. 24:5915
Silvert, Kalman H. 19:2920; 24:2015, 3456, 3457; 25:3090; 27:93a, 3059, 3146, 3357, 4061, 4062
Silvestre, Luis Segundo de. 2:2757
Silveti, José R. 4:1381
Silvetti, Nelida. 18:219
Silvetti, Norberto V. 19:5816
Silveyra, Carlos M. 3:1806; 5:3378
Silvio, Benedicto. 3:723
Sílvio Júlio, *pseud. See* Lima, Sílvio Júlio Albuquerque.
Simancas. Estudios de Historia Moderna, Valladolid. 16:1514
Simas, Henrique. 28:2641
Simas, Hugo. 4:4383, 6:4754; 7:4936
Simas, L. G. de. 15:1820; 22:4346
Simas Pereira, Evaldo. *See* Pereira, Evaldo Simas.
Simas Pereira, Gilvandro. *See* Pereira, Gilvandro Simas.
Simbad, *pseud.* 11:3743
Simbaqueba R., Luis R. 24:4787
Simeček, Zkeněk. 28:450
Simensen, R. 1:445
Simeon, Rémi. 25:694, 727; 27:836
Simey, Thomas S. 13:1965
Simkin, Gregorio. 4:1002a; 5:1937
Simmel, Jorge. 5:4499; 10:4581
Simmons, Anna G. E. 9:2367
Simmons, Charles Shaffer. 24:2868
Simmons, Charles Willis. 26:1288
Simmons, Harold F. C. 20:260; 24:765
Simmons, James Stevens. 5:1730
Simmons, Marc. 28:555a
Simmons, Merle E. 13:1464; 20:2858; 22:5200; 23:971; 24:5911; 26:1531, 2238; 27:970; 28:3118

Simmons, Ozzie G. 19:761; 20:553; 27: 1353
Simms, Ruth L. Conzelman. 18:2641
Simoens Arce, F. 9:1547
Simoens da Silva, Antônio Carlos. *See* Silva, Antônio Carlos Simoens da.
Simões, Carlos Quirino. 6:1793; 10:2284
Simões, Dirce Melo. 18:1179
Simões, Eudes Álves. 24:3026
Simões, João Gaspar. 7:4937; 25:4621
Simões, João Miguel dos Santos. 23:1560; 24:1810; 28:333
Simões, Mário F. 27:1224a
Simões, Ruth Mattos Almeida. 16:1290, 1291; 18:1465; 19:2627; 22:2554
Simões Bezerra dos Santos, Ruth. *See* Santos, Ruth Simões Bezerra dos.
Simões de Paula, Eurípides. *See* Paula, Eurípides Simões de.
Simões dos Reis, Antônio. *See* Reis, Antônio Simões dos.
Simões Lopes, Luiz. *See* Lopes, Luiz Simões.
Simões Lopes Neto, João. *See* Lopes Neto, João Simões.
Simões Magro, Omar. *See* Magro, Omar Simões.
Simón, Arnaldo. 6:3528
Simón, Arturo Fernando. 10:1187
Simon, Michel. 16:2217
Simón, Raul. 1:451; 5:1306, 1321; 6:1538; 7:881, 1470, 1484, 1497, 1498; 8:1683; 9:1477, 1478; 10:1259; 13:2495
Simón, Rodolfo. 25:5815
Simon, S. Fanny. 12:1523
Simon, Theodor M. 19:2252
Simón Díaz, José. 17:2110e; 28:1754a
Simón V., Francisco. 8:4711
Simone, André. 7:5094
Simons, Bente Bittman. 27:837
Simons, Frank S. 21:2044
Simons, Walter von. 23:3780
Simonsen, Mário Henrique. 27:2303d
Simonsen, Roberto Cochrane. 3:573, 1542, 2839; 4:3498; 5:3156; 6:1667-1670, 1696, 1874; 7:1600, 1601, 1687, 1688, 1723, 4098; 8:1779; 9:1636, 1637; 10: 1338-1341; 1384, 1385, 1413, 2297, 3137; 11:1132, 1159-1162; 12:1027-1029; 13:588; 14:873, 1104, 1115; 21:3307; 27:3147
Simpich, Frederick. 8:2289
Simplicio, José. 3:3528b
Simpósio Brasileiro de Administração Escolar, *I, São Paulo, 1961.* 27:2656
Simpósio de Directores Escénicos Latinoamericanos de la Actividad Teatral Universitaria e Independiente, *I, Tucumán, 1958.* 24:5658
Simpósio dos Professôres Universitários de Historias, *II, Curitiba, 1962.* 26:1215
Simposio sobre la Causa de la Emancipación del Perú, *Lima, 1957.* 26:964
Simpósio Sôbre o Cerrado, *São Paulo, 1962.* 27:2974
Simpson, A. Murray. 2:925; 5:1106
Simpson, Eyler N. 3:179, 1030, 1574; 18:1005
Simpson, George Eaton. 6:399, 1097, 2099, 2116, 4881; 7:1136; 8:2053, 2104, 2201; 9:1877; 11:272; 12:286; 19:607, 608, 621, 622; 20:458, 459; 21:465; 22:430, 437; 25:502-504, 5612; 27:1103-1105
Simpson, George Gaylord. 6:564; 10:1695
Simpson, Lesley Byrd. 1:805, 806; 2:1208; 3:2206, 2429; 4:2580, 2685, 2719; 6: 2952; 7:232; 9:2837; 10:2615-2619; 12:

87; 14:1863; 15:1393; 16:1639, 1640; 18:1255, 1780a, 1969; 19:3364a, 3657; 22:2997; 26:412, 442; 27:766, 4099; 28: 517
Simpson, R. H. 13:798; 14:1408
Sinaloa (State). *Constitution.* 7:2774
Sinaloa (State). Dirección General de Educación. 27:2765
Sinán, Rogelio, *pseud.* 11:3324; 14:2800 15:2379; 23:5207; 25:4338; 26:1783
Sinclair, Donald E. 14:295
Sinclair, Upton. 7:5095
Sinclair, W. A. 14:3470
Sindicato dos Estabelecimentos de Ensino Secundário, São Paulo. 18:1180
Sindicato Mexicano de Electricistas. 7:4296
Sindicato Mexicano de Trabajadores de la Industria de Bonetería. 13:1939
Sindicato Nacional das Emprêsas Editôras de Livros e Publicações Culturais, Rio de Janeiro. 19:6445
Sindicato Nacional Vitivinícola (*Chile*). 9:1547
Singer, Ernestine W. 2:233
Singer, Hans Wolfgang. 25:1741; 27:2375
Singer, Kurt D. 7:3775, 3776; 8:3603
Singer, Patricia Powers. 13:287
Singer, Paul. 27:2376
Singer, Salomón. 10:3320
Singer, William. 17:522
Singewald, Joseph T., Jr. 8:2510
Singewald, Quentin D. 2:1249, 1279
Singham, A. 27:1106
Singletary, Otis A. 25:3324
Sinks, A. H. 6:2645
Sinópoli, Antonio. 5:4336, 4337
Sintax, Dr., *pseud. See* Dieste, Eduardo.
Sintes Obrador, Francisco. 19:3024
Síntese Política, Econômica, Social (Indexes). 28:51a
Sinzig, Pedro, *Brother.* 7:5551; 9:4765; 13: 2673
Sioli, Harald. 25:2416
Siqueira, Alayde Pinto. 6:4847
Siqueira, Antônio Álves de. 8:4874
Siqueira, Baptista. 12:2807; 21:4724
Siqueira, Galdino. 10:4118
Siqueira, Hildebrando. 6:4353
Siqueira, José de Lima. 15:2829b; 20: 4713
Siqueira, José Prudente. 4:4433
Siqueira, Paulo Álves de. 3:385
Siqueira Fernandes, Sebastião. *See* Fernandes, Sebastião Siqueira.
Siqueiros, David Alfaro. *See* Alfaro Siqueiros, David.
Siqueiros P., José Luis. 19:5569; 22:4672
Sir, Edmundo. 6:3088
Sireau, Alberto. 25:3019
Sires, Ronald V. 6:1149, 1150
Siri, Eros Nicola. 11:3173; 18:2083
Siria, Antonio de. 12:1786
Sirolli, Amadeo Rodolfo. 2:744a; 4:981
Sisco, Luis P. 15:2704
Sisler de Insley, Jeanne Forrer. *See* Insley, Jeanne Forrer Sisler de.
Sisnando, Jaime. 8:4309
Sisnando Leite, Pedro. *See* Leite, Pedro Sisnando.
Siso, Carlos. 7:1254, 1865, 3222; 20:5072; 23:3719
Siso Martínez, J. M. 17:1023
Sisson, Sebastião Augusto. 14:2335
Sister, Raúl G. 23:2584
Sisto, David T. 23:5060, 5061
The Situation in Argentina. 3:746
Sitwell, Sacheverell. 10:723, 792; 24:3002

Siurob, José. 4:2400
Siverio G., Francisco. 3:25
Sivirichi, Atilio. 3:3213; 8:471; 12:2980; 20:375
Sívoli G., Alberto. 25:1192
Sivolobov, Andrei Mikhailovich. 23:1948
Sívori, José F. 26:1123, 1152, 1152a
Siwek, Paul. 11:3911
Skartvedt, Enoch W. 10:1260; 21:2160
Skeaping, John. 18:3366; 19:6724
Skelton, Raleigh Ashlin. 18:1729, 19:3190a; 28:419
Skewes, Eduardo. 9:590
Skinner, Elliott P. 23:659
Skinner, Leo E. 25:726
Skinner, T. 2:27a
Skinner G., Guillermo. 23:4546
Skinner-Klée, Jorge. 19:587; 27:101
Skjölsvold, Arne. 20:334a
Skogman, C. 8:3293
Skottsberg, Carl. 22:2414
Skutch, A. F. 6:2238
Slater, Jerome. 27:3148
Slavic Languages Research Institute, *New York*. 25:23
Sleen, Wicher Gosen Nicolaas van der. 15:1394
Sleight, Frederick W. 27:455
Slevin, Joseph Richard. 24:2985, 2986
Slezkin, Lev Iur'evich. 24:3458, 3459; 28:461
Slifko, C. W. 9:1770
Sloan, Jennie A. 3:3696
Slocum, Marianna C. 14:296; 21:436
Slonimsky, Nicolas. 5:4351; 6:4859; 4872, 4873, 4882, 4890, 4908, 4913, 4945; 7:5527, 5558, 5559, 5562, 5598; 8:4775; 11:3800; 13:2674
Sluiter, Engel. 8:2926; 10:2489; 11:2160; 14:1905; 15:1482, 1859
Smart, Charles Allen. 28:661a
Smart, H. P. 1:499, 513
Smelser, Marshall. 3:2430; 4:2720; 19:3396a
Smiley, Charles H. 24:285; 25:278
Smisor, George T. 9:2703
Smith, A. C. 11:1562
Smith, Adam. 7:5711
Smith, Anna Kaleth. 7:4109; 8:3692, 3841; 21:3586
Smith, Arthur. 23:651
Smith, Augustus Ledyard. 3:123; 6:290; 9:307, 10:1836; 16:182; 17:108; 18:79; 19:161, 162, 179, 180; 20:167, 168; 23:221, 222; 25:241; 27:388, 389, 401
Smith, Bradley. 22:6102; 25:288
Smith, Buckingham. 4:2721; 10:2524
Smith, C. B. 17:947
Smith, C. T. 24:3003
Smith, Carleton Sprague. 7:5515-5517, 5567; 10:793; 15:2847; 17:3196; 18:3009; 21:1192
Smith, D. 5:3319, 3357
Smith, David B. 27:474
Smith, Dudley. 2:577; 4:1997; 5:1036, 1037; 6:1349, 1350
Smith, Earl E. T. 27:3440
Smith, F. G. Walton. 14:1331
Smith, G. E. Kidder. 10:794
Smith, George E. 25:4272; 26:1532
Smith, H. Carington 4:1957; 6:2210, 3808
Smith, H. Gerald. 1:389; 2:446-448, 463, 2448; 3:514, 515
Smith, Hale Gilliam. 17:31, 1461; 19:273; 20:285, 286
Smith, Herbert H. 7:3685

Smith, J. L. 8:2336
Smith, Jean Gardiner. 7:195; 8:10
Smith, Lígia Junqueira. 21:4372a
Smith, Lois Elwyn. 20:2859
Smith, Luke M. 17:3034; 18:1622
Smith, Luther Ely, Jr. 7:831
Smith, María del C. B. 22:916
Smith, Marinobel. 9:893
Smith, Mary Elizabeth. 27:838
Smith, Mervin G. 10:930, 1957; 13:795
Smith, Michael G. 19:569, 623; 20:496, 4924a; 21:466; 22:438; 23:658, 6045; 24:766; 25:505, 506; 27:1107
Smith, Nicol. 7:233; 8:2337; 9:2110
Smith, O. Edmund, Jr. 19:3854
Smith, Pablo. 27:1499
Smith, Peter H. 28:1041
Smith, Philip E. 19:181
Smith, R. G. C. 1:348, 390, 493, 494; 2:926
Smith, Raymond Thomas. 25:2753; 27:1108, 1310, 2035
Smith, Ricardo. 6:1464; 8:4645; 14:1601
Smith, Robert Chester. 3:382; 4:433, 434; 5:558, 595-597, 636; 6:634, 634a, 661, 662, 703, 719; 7:658, 676a, 766; 8:699-701, 850, 908, 940; 9:682, 856-858, 912, 953; 10:724, 725; 11:510; 12:563, 564, 684; 13:34; 14:648, 649, 695-697, 854; 15:530, 549, 1860; 16:566, 567; 17:502-506; 18:415, 549; 19:1244-1252; 20:1156; 23:1561; 26:271
Smith, Robert Eliot. 3:124; 5:3408, 3409; 6:291; 10:226; 11:228; 16:181; 18:96; 19:182-184; 20:169-174; 21:98, 99; 22:99; 23:209
Smith, Robert Freeman. 24:3551; 26:774; 27:3149; 28:121b, 709, 800a
Smith, Robert L. 23:402
Smith, Robert Sidney. 8:3014; 8:2837a, 3037; 10:2620, 2769; 12:1702, 1786a, 1837a, 1950b; 13:1164, 1402; 14:1906, 1958, 3161a; 15:1575; 16:1581; 20:2570; 21:2477; 22:2998; 25:1590; 26:710a; 28:897
Smith, Roberto. 1:1534, 1669
Smith, Rollo S. 10:861
Smith, Thomas Lynn. 10:2285, 2286; 11:105, 825, 871; 12:88, 1477, 1545; 13:335, 1002, 1024; 17:406, 1253, 2991, 2992, 3024, 3190; 18:3169, 3211; 19:2309, 2899, 6020, 6062; 20:4925, 4942, 4955, 4990; 21:4907, 4927, 4936, 4937; 22:6018, 6021, 6042; 23:6011, 6012, 6046; 24:3737, 6341; 25:5614; 27:1252, 1795, 2727, 2697, 2697a, 2975, 4063-4067, 4259-4261
Smith, Tillie. 27:390; 28:143
Smith, Ward C. 13:910; 23:2539
Smith, Watson. 15:1510; 20:73
Smith, Willard H. 16:1970
Smith, William F. 21:3664
Smith de Espinosa, Carmen. 2:2226
Smith de Vasconcellos, Vasco Joaquim. *See* Vasconcellos, Vasco Joaquim Smith de.
Smith College Museum of Art, *Northampton*. 8:678
Smither, William J. 18:2365; 19:4547; 20:3678; 21:3665; 25:3960; 28:1640
Smithson, Peter. 22:1342
Smolensky, Pedro. 16:845
Snell, Betty A. 27:1488
Snethlage, Emil Heinrich. 2:312, 313; 3:301, 302; 5:451
Snow, Peter G. 27:3212

Snow, Sebastian. 19:6625
Snyder, David E. 17:2976
Snyder, Richard G. 24:1555
Soares. A. 8:1915
Soares, Álvaro Teixeira. 3:576; 4:3389; 8: 3533; 21:3336-3338; 24:3511
Soares, Antônio Joaquim de Macedo. 4:3479; 20:4295
Soares, Ernesto E. 3:840
Soares, Gláucio Ary Dillon. 23:2894; 24: 6342; 27:3358, 4262
Soares, J. O. Pinto. 5:3224
Soares, José Carlos de Macedo. 2:1151; 3:2999, 3011; 4:2044, 3361; 5:3174, 3923; 8:882; 9:1638; 19:4029; 20:3224; 23:2895; 24:4444
Soares, José de Souza. 6:4562
Soares, Julião Rangel de Macedo. 20:4295
Soares, Leonor de Niemeyer. 11:3768
Soares, Lúcio de Castro. 9:2328; 10:1879, 2215-2217; 14:1543, 1544, 1558; 16: 1268; 19:2628; 20:2134; 27:2977
Soares, Luiz. 5:637
Soares, M. T. de Segadas. 22:2555; 23: 2725; 27:2978
Soares, Manoel Monteiro. 7:1834
Soares, Maria Tereza Ribeiro. 22:2512
Soares, Orris. 7:4938; 18:3062
Soares, Oscar Niemeyer. 21:1186; 22:1326; 25:1305; 26:182, 303-309
Soares, Oswaldo. 13:1894
Soares, Rubens Amaral. 11:2816
Soares, Torquato de Sousa. 16:2155
Soares, Ubaldo. 15:1821
Soares Amora, Antônio. *See* Amora, Antônio Soares.
Soares Brandão, Álvaro, *See* Brandão, Álvaro Soares.
Soares Cabello, Benjamin. *See* Cabello, Benjamin Soares.
Soares Campos, Eleazar. *See* Campos, Eleazar Soares.
Soares Campos, Milton. *See* Campos, Milton Soares.
Soares Cardozo, Manoel da Silveira. *See* Cardozo, Manoel S.
Soares Casanova, Indá. *See* Casanova, Indá Soares.
Soares Coelho, Iphygenio. *See* Coelho, Iphygenio Soares.
Soares da Costa, Humberto. *See* Costa, Humberto Soares da.
Soares da S. e Souza, Scylla. *See* Souza, Scylla Soares da S. e.
Soares de Lima, Luiz. *See* Lima, Luiz Soares de.
Soares de Sousa, Gabriel. *See* Sousa, Gabriel Soares de.
Soares de Souza, José Antônio. *See* Souza, José Antônio Soares de.
Soares de Souza Araújo, Maria Emília. *See* Araújo, Maria Emília Soares de Souza.
Soares de Souza Neto, Paulino J. *See* Souza Neto, Paulino J. Soares de.
Soares Diniz, Edison. *See* Diniz, Edison Soares.
Soares Dutra, José. *See* Dutra, José Soares.
Soares e Silva, Edmundo de Macedo. *See* Silva, Edmundo de Macedo Soares e.
Soares Guimarães, Fábio de Macedo. *See* Guimarães, Fábio de Macedo Soares.
Soares Júnior, Rodrigo. 23:3967
Soares Palmeira, João. *See* Palmeira, João Soares.
Soares Pereira, J. *See* Pereira, J. Soares.

Soares Pereira, Moacir. *See* Pereira, Moacir Soares.
Soares Quintas, Amaro. *See* Quintas, Amaro Soares.
Soares Santos, Agenor. *See* Santos, Agenor Soares.
Soares Souto Maior, Ariadne. *See* Souto Maior, Ariadne Soares.
Soares Vaz, Vasco. *See* Vaz, Vasco Soares.
Sobá, J. G. 24:6250
Sobarzo. Horacio. 15:51; 19:3658
Soberón Martínez, Óscar. 23:2077
Soboleosky, Marcos. 23:5012; 28:1999, 2000
Sobolev, Sergie. 25:688
Sobral, Francisco Fernandes. 26:1289
Sobral, José M. 7:1402
Sobral Pinto, Luiz. *See* Pinto, Luiz Sobral.
Sobrero, Luis R. 5:1840
Sobrinho Pôrto, Leônidas. *See* Pôrto, Leônidas Sobrinho.
Sobrino, José A. 18:1023
Soca, Susana. 24:5457
Socarrás, José Francisco. 5:1107; 6:1200; 8:1419
(*The*) *Social Sciences in Mexico and South and Central America*, México. 14:874
Sociedad Agronómica Mexicana. 4:1382; 7:960
Sociedad Alemana Mexicanista. 25:160
Sociedad Amigos de Francia, *Montevideo*. 26:132
Sociedad Argentina de Artistas. 2:351
Sociedad Argentina de Autores y Compositores de Música, *Buenos Aires*. 9:4883
Sociedad Argentina de Estudios Geográficos Gaea. 16:1191
Sociedad Arqueológica de la Serena, Chile. 13:266; 15:259
Sociedad Azufrera y Minería, *Iquique, Chile*. 2:829
Sociedad Bolivariana del Ecuador. 15:1928
Sociedad Bolivariana del Peru. 28:995
Sociedad Central de Arquitectos, *Buenos Aires*. 5:684, 685; 9:799; 10:658
Sociedad Chilena de Salubridad, Jornadas, V, *Santiago de Chile, 1958*. 23:4273
Sociedad Cubana de Estudios Históricos e Internacionales. 9:3209; 17:1737
Sociedad Cubana de Filosofía. 19:5797; 20:4756, 4775
Sociedad Cubana de Filosofía. Instituto de Filosofía. 18:3063; 19:5723
Sociedad de Abogados de Honduras. 3:2987
Sociedad de Acuarelistas y Grabadores, *Buenos Aires*. 5:704
Sociedad de Agricultores de Colombia. 27:3820
Sociedad de Arquitectos del Perú. 24:1756
Sociedad de Arte Moderno, *México*. 12:558
Sociedad de Bellas Artes del Peru, *Lima*. 11:614
Sociedad de Beneficencia Pública de Lima. 4:1196, 1197
Sociedad de Ciencias Naturales La Salle, *Caracas*. 19:827, 926, 2441; 21:1987
Sociedad de Ciencias Naturales La Salle. Comisión de Antropología, *Caracas*. 15:347
Sociedad de Ciencias Naturales La Salle. Comisión de Arqueología, *Caracas*. 12:354
Sociedad de Escritores de Chile, *Santiago de Chile*. 5:3817
Sociedad de Escritores de Valparaíso. 20:4110

Sociedad de Estudios Económicos y Sociales, *Caracas.* 10:1085
Sociedad de Geografía e Historia de Guatemala. 1:1078; 5:3409; 9:2084; 14:70
Sociedad de Geografía e Historia de Honduras. 20:2355
Sociedad de Historia Argentina, *Buenos Aires.* 5:3015; 7:3483; 10:3018
Sociedad de Historia y Estadística del Arzobispado de Morelia. 28:524a
Sociedad Económica de Amigos del País. Biblioteca, *La Habana.* 4:4527; 8:1273; 9:1144
Sociedad Económica de Ciudad Real, *México.* 20:2530
Sociedad Folklórica de México. 19:680
Sociedad Folklórica del Uruguay. 11:1393
Sociedad Ganadera del Centro, *Lima.* 4:1165
Sociedad Ganadera del Paraguay. 4:1150
Sociedad General de Autores de la Argentina (Argentores). 28:2384
Sociedad Geográfica, *Sucre, Bolivia.* 1:2280
Sociedad Geográfica de Colombia. 22:2262
Sociedad Geográfica de Lima. 12:1436
Sociedad Geológica del Peru. 15:1218
Sociedad Iberoamericana de Filosofía. 24:6012
Sociedad Mexicana de Antropología. 8:163; 10:168; 20:21; 25:161
Sociedad Mexicana de Geografía y Estadística. 7:2825; 9:2068; 15:830; 18:3285; 19:4267; 26:564; 28:612a, 618a, 645, 664
Sociedad Nacional Agraria, *Lima.* 3:920, 921; 4:1166; 6:1580; 9:1523; 11:1091; 12:1437; 17:707; 18:771
Sociedad Nacional de Agricultura, *Santiago de Chile.* 4:1076
Sociedad Nacional de Industrias (*Peru*). 19:1453
Sociedad Pedagógica de Yoro, *Tegucigalpa.* 2:2137
Sociedad Puerto Rosario. 5:1841
Sociedad Rural Argentina. 2:767; 17:773; 20:1310
Sociedad Venezolana de Historia de la Medicina. 19:3080
Sociedade Brasileira de Compositores e Editôres de Musica. 19:5598
Sociedade Brasileira de Direito Internacional, *Rio de Janeiro.* 2:2394
Sociedade Brasileira de Sociologia. 20:4918
Sociedade Civil para Análise Gráfica e Mecanográfica Aplicada aos Complexos Sociais, *Brazil.* 24:2086
Sociedade Comercial e Representaçoes Gráficas, *Curitiba.* 24:3067; 3068; 27:2980, 2980a
Sociedade Cultural Nova Crítica, *São Paulo.* 20:4283
Sociedad de Etnografia e Folclore, *São Paulo.* 4:1837b
Sociedade dos Escritores Brasileiros, *São Paulo.* 8:4204
Sociología, Caracas. 27:4195a
Sociologia, São Paulo. 9:1749
Sodero, Carlos M. 7:1602, 2459
Sodi, Carlos. 3:3687
Sodi, Federico. 25:4090
Sodi de Pallares, María Elena. 2:2115; 16:1641; 20:2552; 23:3332
Sodi M., Demetrio. 24:1149; 25:279, 869

Sodré, Alcindo. 2:1714; 5:3232; 7:703; 8:909; 10:2218, 3072; 12:706, 2224; 15:1882; 16:577, 2156, 2184-2186; 20:3268
Sodré, Eurico. 11:3530
Sodré, F. Novaes. 27:3303
Sodré, Fabio. 4:810
Sodré, Júlio Brígido. 10:1395
Sodré, Lauro. 5:3233
Sodré, Nelson Werneck. 4:4199; 6:4358; 8:4255, 4256; 9:4211-4213; 10:3138, 3139; 11:1194, 2591; 12:1030, 1098; 13:645, 1025; 16:2821; 17:1924; 23:3916; 24:4436, 4475; 25:556, 2746; 2:1290; 27:1255, 3304; 28:1269, 1269b
Sodré, Ruy de Azevedo. 1:1553, 1605; 10:3383, 3989; 11:3495; 17:2054
Sodré de Aragão, Antônio Moniz. *See* Aragão, Antônio Moniz Sodré de.
Sodré Viana. 8:4364, 4402; 9:4301, 4379
Sodré Viveiros de Castro, Lauro. *See* Castro, Lauro Sodré Viveiros de.
Soehring, Kalus. 22:1906
Soeiro, Elisabeth. 8:459
Soeiro de Brito, Raquel. *See* Brito, Raquel Soeiro de.
Soenksen G., Oscar. 2:268
Soferman, Arturo. 26:1879
Soffia, José Antonio. 16:2733
Sofía, Pedro. 7:5444; 20:4705
Sofocleto, *pseud. See* Lama, Luis Felipe Angell de.
Sofonea, Traian. 2:1007
Sofovich, Luisa. 2:2651; 11:3216
Soifer, J. 9:3759
Sojo, Juan Pablo. 13:364, 2018
Sojo, Vicente Emilio. 5:4338; 6:4848; 8:4744-4746; 9:4719; 11:3791; 14:3341, 3348, 3402
Sokola, Tadeo. 20:4593
Sokoloff, V. P. 19:185
Sol, Álvaro. 28:2001
Sol, Ildo. 15:2433
Sola, Alberto. 27:1797
Sola, Graciela de. 28:2170
Solá, José Vicente. 13:2019; 16:2508; 23:4478
Solá, Miguel. 1:28; 2:278, 7:3079, 3484; 8:3294; 12:600; 13:1675; 14:763; 21:912, 914; 24:1665
Sola, Otto d'. 4:4062; 6:4209a; 11:3312
Sola, René de. 6:1998, 3740; 24:4809; 26:1054
Solá Cañizares, Felipe de. 15:2726; 16:3095
Solá González, Alfonso. 24:5458
Solá Ricardo, Irma de. 4:4063
Solana, María Esther. 15:1188
Solana, Mateo. 19:1984
Solana, Rafael. 14:2718; 19:5174; 20:4233; 22:5328; 23:5013, 5156; 24:5634, 5635; 25:4315, 4580; 26:1830; 28:2385
Solana Gutiérrez, Mateo. 4:2722; 5:2902
Solano, Armando. 2:2758; 13:70
Solano, Darío. 28:815a
Solano, Francisco de P. 25:3039
Solano, Susana. 2:1534a; 3:3767; 10:1725
Solano, Vicente. 19:3885
Solano Benítez, Guillermo. 20:3049
Solano Costa, Fernando. 8:2872; 15:1512
Solano Guzmán, Gustavo. 10:3742
Solano López, Jorge. 26:1171
Solano Lozano, Norberto. 27:2483
Solar, Carlos. 2:1388
Solar, Claudio. 28:2024
Solar, Enrique M. del. 9:1596, 2284

Solar, G. 15:146
Solar Arancibia, Raúl. 18:2877
Solar Aspillaga, Hernán del. 3:3319; 6: 4151; 12:2588
Solar C., Manuel. 18:456
Solar Correa, Eduardo. 8:3106; 11:3034
Solar y Taboada, Antonio del. 1:797
Solari, Aldo E. 19:6021; 20:4980; 21: 4918; 23:2961, 2962; 24:6322
Solari, Armando. 16:2777
Solari, Benjamín T. 10:345
Solari, Horacio. 9:4585
Solari, Juan Antonio. 3:822, 1362, 1807; 5: 1262; 7:1429, 1565, 2525, 3951; 8:2660, 3607; 9:181; 10:3800; 12:1540, 1648, 2095; 13:1617; 14:1602; 15:1735; 16: 1384, 2015; 20:2233; 21:3092; 22: 2644; 23:2829, 3781
Solari, Malucha. 24:5943
Solari, Manuel Horacio. 18:1675; 19:6725
Solari Brumana, Juan A. 13:2569
Solari Swayne, Enrique. 28:2333
Solarte, Tristán. 25:4339
Soldano, F. A. 13:911
Soldi, Pablo L. 20:376
Soldi, Raúl. 16:525
Soler, Guillermo. 23:2635
Soler, Juan José. 9:3328; 19:5523
Soler, Ricaurte. 20:4870b; 22:5844; 23: 5890; 25:5391; 28:3353
Soler, Sebastián. 4:4422; 6:4660; 9:4973; 10:4552; 11:3595; 12:3140; 27:3749
Soler Bustamante, Eduardo. 20:585
Soler Cañas, Luis. 20:3018; 24:5481
Soler Grima, Francisco. 19:5745; 28:3323
Soler Jardón, Fernando. 17:1585
Soler Miralles, Julio. 17:2955
Soler Puig, José. 26:1583
Soler Sanuy, Juan. 9:1404
Soler Vidal, José. 19:3365
Soler Vilaredebo, Jorge A. 2:1946
Solera C., Rafael Ángel. 4:3975
Solera Rodríguez, Guillermo. 22:3067
Solero, Francisco Jorge. 20:3902, 3990
Soley Güell, Tomás. 4:1419; 7:1041; 15: 863
Solidarismo y Racionalismo, San José. 16: 625
Solien de González, Nancie L. 22:439, 440; 24:767-769; 27:971, 972
Solier, Wilfrido du. 5:245
Solís, César G. 15:404; 18:746, 2980
Solís, E. 18:2455
Solís, Enrique. 21:810
Solís, Manuel de J. 6:3327
Solís, Nicanor. 3:2719
Solís Alcalá, Ermilo. 15:226:17:278
Solís C., Ariosto. 10:3431
Solís de Merás, Gonzalo. 28:556
Solís Guillén, Eduardo Alberto. 17:2816
Solís M., Leopoldo. 24:2124; 27:1924
Solís Martínez, Raúl. 26:427
Solís Ogarrio, Jorge. 16:1011
Solis Quiroga, Héctor. 21:1496; 24:3582, 3986
Solís y Rivadeneyra, Antonio de. 10:2621
Solito, Nicolás. 7:3962
Solly, *pseud. See* Wolodarsky, Solly.
Solnit, Albert. 27:2884
Soloaga, Juan Ignacio. 27:2100
Solochek, Sylvia. 22:1109
Sologuren, Javier. 12:2637; 20:3679; 28: 2094
Solomon, Leo. 27:1830
Solórzano, Aníbal. 16:3107
Solórzano, Armando. 8:4821

Solórzano, Carlos. 17:2563; 19:5175, 5176; 21:4227, 4233; 23:5342; 24:5644, 5659; 28:2386-2388b
Solórzano Pereira, Juan de. 11:1982 22: 3421
Solovey de Milechnin, Galina. 17:408
Solow, Anatole A. 14:1374; 15:2019; 16: 2401; 18:1588
Soltero, J. E. 6:1116
Soltero Peralta, Rafael. 7:2494
Somare, José Isidro. 14:2469; 15:2026
Somarriva Undurraga, Manuel. 4:4388; 7: 5232; 9:4554; 12:3113, 3115; 16:3054; 19:5524; 20:4522, 4523; 27:3696
Sombra, Severino. 2:1694; 4:3232; 7:2429
Sombra, Rio de Janeiro. 7:659
Somellera, Andrés. 26:1124
Somellera, Pedro. 5:4173
Somer, Frederico. 6:3659
Somers, Armonía. 19:4944
Somerville, Raúl. 2:776b
Somma, Juan Carlos. 26:1691
Sommariva, Luis H. 1:1178
Sommer, F. 9:3417
Sommer, Frank H., III. 14:350; 19:308
Sommi, Luis V. 5:1263; 11:970; 14:2175, 2241; 21:1312, 2237
Somolinos d'Ardois, Germán. 18:1781; 19: 3365a; 21:2561; 23:927; 25:3146
Somonte, Mariano G. 28:1873
Somoza, Jorge L. 22:2380
Somoza Debayle, Luis. 25:1620
Somoza García, Anastasio. 3:2050, 2637; 4:2414; 6:2696; 7:2699, 4340; 8:2795; 9:2528; 17:1376
Sonder, R. A. 2:1245, 1246
Sondereguer, Pedro. 7:5676
Sonis, Blanca. 10:2953
Sonnichsen, C. L. 3:1511
Sono, Toshihiko. 27:4325
Sonsón. Biblioteca Municipal. 5:4246
Sonzogni, Eliza. 27:4156
Soothill, Jay Henry. 1:193; 2:2439c; 15: 636; 24:1942, 3436
Soper, F. L. 9:2368
Sorçaburu, Aníbal E. 11:971
Sordo Sodi, María del Carmen. 28:3119
Sorensen, Hans G. 11:872
Sorensen, John L. 17:32; 19:87; 20: 176; 22:603
Sorenson, Thora. 14:2979; 20:4255
Soria, Georges. 25:2800
Soria, Martín Sebastián. 18:457; 20:917; 23:1421, 1423; 24:1696
Soria, Teodoro Doroteo. 6:5010
Soria Lens, Luis. 20:718
Soria Ojeda, Pedro. 13:2487
Soriana Badani, Armando. 19:4426
Soriano Aderaldo, Mozart. *See* Aderaldo, Mozart Soriano.
Soriano de Oliveira, Abgar. *See* Oliveira, Abgar Soriano de.
Soriano de Souza Neto, José. *See* Souza Neto, José Soriano de.
Soriano Infante, Augusto. 7:503; 8:353
Soriano-Lleras, Andrés. 24:1536, 4358, 4359
Soriano Martínez, Graciela. 28:976a
Soroco, Carlos. 15:1199
Sorodo, Miguel. 9:2951
Sorojovich, Gustavo. 10:1188
Sorondo, Miguel. 7:3080
Sorrell, Vernon G. 9:1056
Sorria, Eustoquio. 1:1623
Sors de Tricerri, Guillermina. 3:2316; 4: 2880; 8:3295
Sortibrán Miranda, David. 8:3820

Soruco Rodríguez, Enrique. 17:2420
Sosa, Antonio H. 5:1722; 17:1081
Sosa, Francisco. 6:3295; 19:4878
Sosa, Gerónimo. 24:2948
Sosa, Ismael A. 11:2495
Sosa, J. de. 24:1569
Sosa, Jesualdo. 1:2025; 6:839, 3215; 10: 1470; 19:3898; 26:1003
Sosa, Julio Bautista. 14:2130; 26:1584
Sosa, Luis. 1:909
Sosa Báez R., Luis. 15:1645
Sosa de Quesada, Arístides. 4:1817a; 5:2098; 9:2491; 11:2442; 21:2938; 24: 5247
Sosa del Valle, José D. 6:3388
Sosa Gallardo, Santiago A. 28:172
Sosa López, Emilio. 2:5176
Sosa Loyola, Gilberto. 10:2704
Sosa-Michelena, Juan B. 17:2367
Sosa Montes, A. 7:946
Sosa-Rodríguez, C. 1:1767
Sosa-Rodríguez, Raúl. 27:1798
Sosa Taracena, Julio. 17:2706
Sota, Juan M. de la. 28:125
Sotela Bonilla, Rogelio. 2:2609; 3:3201; 6: 4109; 15:2380
Sotelo, Hildebrando. 8:2202
Sotelo Inclán, Jesús. 9:3168
Sotelo Régil, Luis F. 28:494, 662
Sotheby & Co., London. 23:6314
Sotillo, Pedro. 18:2608; 20:4060
Soto, Antonio. 2:436; 3:3272; 11:503
Soto, Fausto. 11:3313
Soto, Guillermo. 19:3081
Soto, Helvio. 22:4961
Soto, Jesús. 25:3428
Soto, Jesús S. 1:1004
Soto, Joel Luis. 2:1212
Soto, Jorge N. 6:1183; 8:1367; 9:1203
Soto, José Vicente. 4:4438; 7:5286; 27: 3727
Soto, Lionel. 27:2484
Soto, Luis Emilio. 4:3763; 15:2337; 21: 3913; 24:5286
Soto, Marco Aurelio. 11:2387
Soto, Pedro Juan. 24:5248, 5249
Soto Aparicio, Fernando .26:1593
Soto Cárdenas, Alejandro. 16:1960, 19:3082
Soto de Fernández Flores, Graciela. 7:1866
Soto-Fernández, Orlando. 28:2038
Soto-Hall, Máximo. 1:807, 2074; 2:1899, 2067; 3:2431; 4:3842; 5:1638; 7:398; 9: 4108; 15:2189; 16:1961
Soto Harrison, Fernando. 7:3788, 3789
Soto Morales, M. See Yankas, Lautaro, pseud.
Soto Paz, Rafael. 7:3365; 9:92
Soto Reyes, Ernesto. 8:2789
Soto Romero, Abigail. 28:662a
Soto Sagarra, Luis de. 11:607, 608; 15: 609; 18:480, 506; 21:920
Soto Soria, Alfonso. 22:573
Soto V., Marco Antonio. 22:3060
Sotoconil, Rubén. 18:2698; 22:5329
Sotomayor, Alfredo. 27:391
Sotomayor, Antonio. 8:679
Sotomayor Arciniegas, Miguel. 16:1012
Sotomayor, Arturo. 15:155
Soublette, Luis Gastón. 26:2206
Souchy, Agustín. 24:2029, 3552
Soucre, Carlos J. 22:5177
Soukup S. S., J. 7:2338
Soule, George Henry. 11:726
Soulié do Amaral, Carlos. See Amaral, Carlos Soulié do.
Soumastre, Luis M. 1:1820

Soupault, Philippe, 22:1145
Sousa, Afonso Félix de. 14:3073; 21:4395; 26:2071; 28:2658
Sousa, Aguinaldo José de. 10:2219
Sousa, Alfredina Paiva e. 3:1475 4:1755
Sousa, Ana Maria Nunes de. 27:2547
Sousa, Anita Martins da. 8:4359, 4361, 4442; 9:4370
Sousa, Antonieta de Paula. 10:2220
Sousa, Arlindo de. 25:3961; 26:1380; 28: 1641
Sousa, Beatriz Marques de. 8:2706
Sousa, Cicero Christiano de. 19:770
Sousa, Ernâni Ayers Satyro. 20:4390; 23:5493
Sousa, Ernâni Seabra de. 17:2618
Sousa, Everardo Vallim Pereira de. 11:1138
Sousa, Fernando Tude de. 4:670; 6:1988; 7:5079, 5080; 9:4360; 10:3921
Sousa, Gabriel Soares de. 4:3431; 5:496; 11:2616
Sousa, Henrique Capper Alves de. 3:1625; 6:1672, 2457; 7:2430; 9:2329, 2330; 21: 2155
Sousa, Iéte Ribeiro de. 9:4539
Sousa, Iguatimozy Cataldi de. 14:3182
Sousa, Irineu Lepoldino de. 23:2441
Sousa, J. Galante de. 19:5218; 20:4362; 23:5453, 5561, 5562; 24:5814, 5815
Sousa, João Machado de. 28:1395
Sousa, Joaquim Moreira de. 24:4540; 27: 2578, 2601
Sousa, José Luiz Ribeiro de. 9:4539
Sousa, José Pedro Galvão de. 1:2187; 6: 5055
Sousa, Luis Rogério de. 21:1760, 1762
Sousa, Maria Lúcia Felix de. 28:2601
Sousa, Mário. 4:1383; 7:930; 8:1061
Sousa, Milton de Lima. 18:2813; 20:4417
Sousa, Nicolino José Rodrigues de. 12:2192
Sousa, Octávio Tarquinio de. 3:2890; 4: 4200; 5:3234-3236, 3247, 3956; 7:3686; 8:3534; 11:2633; 12:2866; 14:2258; 16: 2187; 18:2159a, 2170; 19:4076; 21:3320, 3339; 22:3868, 3886
Sousa, Odorico Machado de. 9:596; 21:808
Sousa, Roberto Pinto de. 10:1342; 12:1113; 23:1949
Sousa, Rubens Gomes de. 7:5088, 5092; 9: 4491; 10:4030; 16:3001a; 18:2878; 22: 4661
Sousa, Rute Vilela. 27:2527
Sousa Andrade, Joaquim de. See Andrade, Joaquim de Sousa.
Sousa Azevedo Pizarro e Araújo, José de. See Araújo, José de Sousa Azevedo Pizarro e.
Sousa Bandeira Filho, Manuel Carneiro de. See Bandeira, Manuel.
Sousa Campos, Diná M. de. See Campos, Diná M. de Sousa.
Sousa da Silveira, Álvaro Ferdinando de. See Silveira, Álvaro Ferdinando de Sousa da.
Sousa e Silva, A. M. de. See Silva, A. M. de Sousa e.
Sousa Ferraz, João de. See Ferraz, João de Sousa.
Sousa Leal, Humberto. See Leal, Humberto de Sousa.
Sousa Leão Filho, Joaquim de. See Leão Filho, Joaquim de Sousa.
Sousa Martins, Mário de. See Martins, Mário de Sousa.
Sousa Melo, Antônio Luis de. See Melo, Antônio Luis de Sousa.

Sousa Melo, Hélio de. *See* Melo, Hélio de Sousa.
Sousa Neto, Joaquim de. 15:2709; 25:4687
Sousa Pedroso Carnaxide, Antônio. *See* Carnaxide, Antônio Sousa Pedroso.
Sousa Queiroz, Edmur de. *See* Queiroz, Edmur de Sousa.
Sousa Ramos, Paulo Martins de. *See* Ramos, Paulo Martins de Sousa.
Sousa Rebolledo, Daniel. 10:931
Sousa Sampaio, Nelson de. *See* Sampaio, Nelson de Sousa.
Sousa Soares, Torquato de. *See* Soares, Torquato de Sousa.
Sousandrade, *pseud. See* Andrade, Joaquim de Sousa.
Sousberghe, Leonde de. 27:973
Soustelle, Georgette. 23:620, 24:264, 695; 25:466
Soustelle, Jacques. 1:147-149, 162; 2:92, 150; 3:180, 185, 1525; 4:250; 6:996; 14:250; 15:1709; 17:279; 19:35, 224; 20:15, 74; 22:604, 605; 23:972, 973, 1353; 24:286, 287, 1150, 1151; 25:162; 27:839
The South American Handbook. 3:60b; 7:2077; 12:71; 18:3339
The South American Journal, London. 3:517; 4:601; 5:811, 812; 6:897, 898; 7:864, 865; 8:1026
Southey, Roberto. 14:2311; 16:2218; 19:4064
Southworth, Constant. 7:866
Southworth, H. Rutledge, 5:3379
Souto, Maria Stella Vilella. 23:4598
Souto Castagnino, Antônio. *See* Castagnino, Antônio Souto.
Souto Conte, Washington. 15:644; 17:717
Souto da Costa, *pseud.* 3:3573; 5:623, 4000
Souto Maior, Ariadne Soares. 18:1457; 19:2629
Souvirón, José María. 11:3217
Souvirón, Sebastián. 13:1345
Souza, Affonso Ruy de. 8:3450; 16:2219; 19:4030; 20:4714; 23:5446; 24:4472, 4541
Souza, Álvaro Ornelas de. 18:1466
Souza, Annibal Pinto de. 3:668
Souza, Antonietta de. 20:4706
Souza, Antônio Cândido de Mello e. *See* Cândido, Antônio.
Souza, Antônio José Alves de. 2:1237; 6:2471; 10:1386, 2287; 18:894, 1467; 20:1442
Souza, Antônio Loureiro de. 6:663; 15:1822; 23:5447
Souza, Antônio Manoel Braga de. 21:3519
Souza, Augusto. 8:4400, 9:4337; 18:2761
Souza, Benigno. 2:2156; 5:2828; 15:1627
Souza, Bernardino José de. 1:1295; 5:3157, 4016; 24:4437; 25:3962
Souza, Cândido Xavier de Oliveira. 17:1913
Souza, Carlos Alberto de. 7:4101
Souza, Carlos Inglez de. 3:657
Souza, Cláudio de. 3:3529; 4:4273; 5:3957, 3989, 3990, 4083; 6:4386; 8:4257, 4489, 4490; 9:4214; 12:2865
Souza, Déa de. 11:3819
Souza, Elígio Mateo y. 25:1566, 1733a
Souza, Eloy de. 8:3535
Souza, Eusébio de. 3:2796a; 16:2065
Souza, G. H. de Paula. 1:422
Souza, Gilda Rocha de Mello e. 17:3049

Souza, Irineu Evangelista de, *visconde de Maua.* 8:3510; 9:3445; 11:2634
Souza, J. Coelho de. 8:1916
Souza, João Baptista de Mello. 9:4215
Souza, João da Cruz e. 9:4292; 10:3913; 11:3438; 26:2118
Souza, João Gonçalves de. 15:715, 1257, 1288, 1823; 16:3373; 23:6013; 24:2812
Souza, José Antônio Soares de. 10:3176; 14:2336; 18:2171; 19:4063, 4093; 21:1167; 23:3968
Souza, José Ferreira de. 22:2708
Souza, José Geraldo de. 21:4725; 22:5731; 25:5218
Souza, José Helder de. 22:5480
Souza, José Pereira Coelho de. 11:2635
Souza, José Soares de. 4:31; 9:4644; 20:3234
Souza, Juan José de. 14:2801
Souza, Júlio César de Mello e. 5:3929; 6:4387; 7:5067; 9:4385; 4:4386
Souza, Lincoln de. 19:789; 20:4351; 25:4622
Souza, Manoel Rodrigues de. 21:3340
Souza, Manuel de. 28:1289
Souza, Maria Estela de. 25:508
Souza, Maria Mercedes Lopes de. 16:2200; 22:3887
Souza, Mário Guimarães de. 4:4380; 8:4526; 13:2489; 19:1279; 22:4589
Souza, Nelson Werneck de. 5:3250
Souza, Orlando de. 24:5769
Souza, Otacílio Pinto Cordeiro de. 7:1630
Souza, Paulo Ferreira de. 1:1797; 6:1875; 18:1468; 23:2726
Souza, Raymond. 24:5566
Souza, Raymundo Brito de. 25:4688
Souza, Ruy de. 3:2840; 22:1663
Souza, Scylla Soares da S. e. 6:3554
Souza, Sebastião de. 7:5230; 12:3112
Souza, Sebastião Fernandes de. *See* Penalva, Gastão, *pseud.*
Souza, Thomaz Oscar Marcondes de. 10:3156; 12:2213; 15:1445; 16:2157, 2158; 17:1886; 21:3281; 22:3855; 26:1252
Souza, Washington Luiz Pereira de. 21:3308
Souza, Washington Peluso Albino de. 22:2653; 25:1742
Souza, William Wilson Coelho de. 3:624; 4:677; 6:1751; 7:2431, 2432; 10:1361, 2221
Souza, Yvonildo de. 19:6058; 28:1270
Souza Andrade, Celeste. *See* Andrade, Celeste Souza.
Souza Andrade, Olímpio de. *See* Andrade, Olímpio de Souza.
Souza Araújo, Heraclídes César de. *See* Araújo, Heraclídes César de Souza.
Souza Araújo, Maria Emília Soares de. *See* Araújo, Maria Emília Soares de Souza.
Souza Barros. 3:579a, 579b, 598; 15:1262; 23:723
Souza Betencourt, José de. *See* Betencourt, José de Souza.
Souza Brasil, Francisco. *See* Brasil, Francisco Souza.
Souza Brasil, Themístocles Paes de. *See* Brasil, Themístocles Paes de Souza.
Souza Campos, Ernesto de. *See* Campos, Ernesto de Souza.
Souza Campos Batalha, Wilson de. *See* Batalha, Wilson de Souza Campos.
Souza Carneiro, Edison de. *See* Carneiro, Edison de Souza.

Souza Carneiro, Nelson de. *See* Carneiro, Nelson de Souza.
Souza Carvalho, Laerte. *See* Carvalho, Laerte Souza.
Souza Costa, Arthur de. *See* Costa, Arthur de Souza.
Souza Dantas, Manuel Pinto de. *See* Dantas, Manuel Pinto de Souza.
Souza Dantas, Raymundo. *See* Dantas, Raymundo Souza.
Souza Docca, Emilio Fernandes de. *See* Docca, Emilio Fernandes de Souza.
Souza e Oliveira, Antônio Moniz de. *See* Oliveira, Antônio Moniz de Souza e.
Souza e Oliveira, Saturnino de. *See* Oliveira, Saturnino de Souza e.
Souza e Silva, Augusto Carlos de. *See* Silva, Augusto Carlos de Souza e.
Souza e Silva, Celso A. de. *See* Silva, Celso A. de Souza e.
Souza Freitas, Maria Helena, *See* Freitas, Maria Helena Souza.
Souza Gomes, Henrique de. *See* Gomes, Henrique de Souza.
Souza Gomes, Luiz. *See* Gomes, Luiz Souza.
Souza Guerra, Odilon Pereira de. *See* Guerra, Odilon Pereira de Souza.
Souza Jor, J. O. de. *See* Jor, J. O. de Souza.
Souza Júnior, Antônio de. 23:2896
Souza Júnior, João Novaes de. 4:654
Souza Keller, Elza Coelho de. *See* Keller, Elza Coelho de Souza.
Souza Lemos, Claudionor de. *See* Lemos, Claudionor de Souza.
Souza Lima, Agostinho J. de. *See* Lima, Agostinho J. de Souza.
Souza Lopes, Renato. *See* Lopes, Renato Souza.
Souza Monteiro, Péricles de. *See* Monteiro, Péricles de Souza.
Souza Montello, Josué de. *See* Montello, Josué de Souza.
Souza Neto, José Soriano de. 9:4466
Souza Neto, Paulino J. Soares de. 10:4083
Souza Netto, Francisco Andrade. 4:779; 6: 1825, 1826
Souza Neves, Carlos de. *See* Neves, Carlos de Souza.
Souza Pinto. 4:2049
Souza Reis, José de. *See* Reis, José de Souza.
Souza Santos, Tharcisio D. de. *See* Santos, Tharcisio D. de Souza.
Souza Soares, José de. *See* Soares, José de Souza.
Soza, José María. 24:4031
Spackman, Ann. 28:841a
Spaeth, Carl Bernhardt. 11:2679
Spahni, Jean-Christian. 25:564; 27:582, 583
Spain, August O. 22:2700; 27:3027
Spain. Archivo General de Indias, *Seville*. 1: 693; 12:1847, 1882
Spain. Archivo General de Marina. 19:3083, 3084, 3191
Spain. Archivo General de Simancas. 12:1702a; 19:3191a
Spain. Archivo Histórico Nacional, *Madrid*. 10:2449, 2507; 12:1726
Spain. Biblioteca Nacional, *Madrid*. 18:3299
Spain. Comité Organizador del XXXVI Congreso Internacional de Americanistas. 26:12a
Spain. Consejo de Indias. 1:717; 28:427, 427a, 955
Spain. Consejo Superior de Investigaciones Científicas. 28:451
Spain. Consejo Superior de Investigaciones Científicas. Instituto Gonzalo Fernández de Oviedo. 14:1871; 17:1427; 18:1661; 28:475
Spain. Crown. *Laws, statutes, etc.* 19:3159; 28: 882
Spain. Dirección General de Archivos y Bibliotecas. 19:3085
Spain. Ejército. Servicio Geográfico. 18:1238
Spain. Ministerio de Educación Nacional. 20: 277
Spain. Ministerio de Educación Nacional. Servicio de Publicaciones. 18:1729a
Spain. Servicio Geográfico del Ejército. 19: 2365
Spain. Servicio Histórico Militar. 15:1576
Spalding, W. F. 1:213
Spalding, Walter. 2:1695, 1731, 1732; 3:2842; 4:3384, 3385, 3501; 5:383, 3182, 3239, 3240; 6:1752, 3555, 3660; 7:2433; 9:2022, 2331; 10:456, 3177, 3860; 13:2271, 2315; 2316; 14:3032; 15:2156, 2513; 16:2159, 2160; 17:1924a; 19:790, 28:1396-1396b
Spangenberg, Guillermo. 9:2205
Spangenberg, Gustavo E. 2:1346
Spann, Hans J. 12:1431; 13:958
Spanudis, Theon. 22:1347
Sparn, Enrique. 3:518; 7:2285; 8:2455; 16:1192, 1193
Sparrow, J. R. 28:2002
Spath Nerel, Moisés. 6:4642
Spatz, Hardy L. 19:5591a
Spaulding, R. K. 11:2916
Special Pan American Highway Congress, *México*, 1952. 19:4245
Specker, Johann. 19:3192a
Speckman, J. D. 27:1311
Spell, Jefferson Rea. 1:1927, 1928, 2026; 3:3111; 4:3843; 5:2686, 3574, 3633; 9:3905; 10: 3517, 3651; 11:3035; 12:2479; 13:2055, 2068; 14:2624; 15:2176; 16:2808; 19: 2713; 20:2553, 3716, 3717, 4256; 24: 5017; 26:55, 1441, 1491
Spell, Lota M. 5:148, 2316; 12:1838, 1839; 13:2056; 16:3196; 19:3366, 6446; 22: 5346; 23:3333; 25:3175; 28:663
Spellman, L. U. 1:1063
Spence, Hartzell. 9:4379
Spence, Lewis. 2:38; 11:168; 20:244
Spence, T. F. 22:977
Spencer, Arthur C. 4:1482
Spencer, Charles E., Jr. 1:186
Spencer, G. E. L. 7:1167
Spencer, H. R. 2:1454
Spencer, Herbert. 7:379; 11:3947
Spencer Maciel de Barros, Roque. *See* Barros, Roque Spencer Maciel de.
Spender, Stephen. 27:94a
Speratti Piñero, Emma Susana. 16:2509; 17: 2261; 19:5187; 21:4021; 23:4743, 5062; 26: 1483
Sperb, Dalila C. 21:1786
Speroni, Juan Carlos. 7:1355
Speroni, Miguel Ángel. 14:2802
Speroni Vener, Julio. 11:3745; 19:3086
Speyer, Pedro. 3:724
Speyer, W. S. Jonas. 27:2641
Sphinx, Lima. 4:3764
Spicer, Dorothy Gladys. 7:1978; 8:680
Spicer, Edward H. 9:370; 11:258; 13:200; 16: 337; 19:681; 20:718a; 24:166, 696; 27: 974; 28:494a
Spiegel, Henry William. 11:727; 13:591, 610; 14:1142; 15:674, 674a
Spielman, Henry W. 11:1767, 1768
Spielman, P. E. 4:1552

Spiess, Lincoln Bunce. 28:3013
Spika, Jorge Raúl. 3:449
Spilborghs Costa, Gilberto. See Costa, Gilberto Spilborghs.
Spilimbergo, J. E. 20:1068
Spinden, Ellen S. 2:106
Spinden, Herbert Joseph. 1:45, 92; 2:107; 3: 125; 5:388; 6:313, 331; 7:292, 326, 354; 8: 171; 13:157; 14:189, 251; 17:139; 20:75; 22:123
Spindler, George D. 20:22
Spindola, José Eduardo. 5:2021
Spinelli, Armando. 3:818
Spinelli, Marcos. 11:3418
Spinelli, Raffaele. 20:4284
Spinetti-Dini, Luis. 17:1022
Spinner, Julius. 27:584
Spinoza, Baruch de. See Spinoza, Benedictus de.
Spinoza, Benedictus de. 12:3544; 20:4893, 4893a; 24:6137
Spirito, Ugo. 11:3975; 19:3975
Spitz, Georges. 15:73
Spitzer, Allen. 21:437; 23:621
Spitzer, Carlos. 2:2915
Spitzer, Leo. 4:3765; 6:3880; 7:4481, 4482, 4498; 8:2158; 10:1678; 11:2917-2919; 12: 2369, 2370
Spivak, John L. 5:3380
Spix, J. B. von. 4:3386
Spoleto, Wenzeslaus von. 3:326
Spoon, W. 18:323
Sporer, Ellen. 26:1275a, 2104
Spores, Ronald. 27:840; 28:572a
Sposo, Luis. 6:824
Spota, Alberto G. 1:1535; 4:4371; 5:4226; 7:5319; 13:2488; 18:2906; 23:4575; 27: 3728
Spota, Felipe. 9:741
Spota, Luis. 14:2803; 21:4003; 23:5014-5016; 25:4581; 28:1874-1875
Spotts, Hazel. 20:719, 719a
Spotts, W. S. 27:1044
Spradlin, T. Richard. 24:1999
Sprague, William Forrest. 5:2903
Sprague de Camp, L. 25:3020
Spranger, Eduard. 12:3567, 3568; 15:2960
Spranz, Bodo. 27:841
Spratling, William Philip. 4:549; 23:152; 24: 226; 27:392
Spring, Howard. 6:4468
Springer, Hugh W. 26:721; 27:3483, 3483a
Springett, Leslie. 3:1085a
Sprout, Harold. 5:3282, 3283, 3381
Sprout, Margaret. 5:3283
Spurr, Frederick S. 11:3920
Squier, Ephraim George. 23:3370; 28:733a
Squier, Frank. 5:149
Squier, Robert. 21:77; 22:77
Squirru, Rafael F. 21:4131; 28:121c, 253
Stabb, Martin S. 23:3334
Stack, Maurice. 7:867, 3871
Stackpole, Edouard A. 19:2504
Stackpole, H. de Vere. 6:4469
Stacy-Judd, Robert B. 6:2953
Stadelman, R. 3:161
Staden, Hans. 8:3453; 28:349
Staden, Juan. 10:392, 2489a
Stadler, Remigio N. D. 9:1405
Staeding, Julio. 14:610
Staedler, E. 2:2313; 3:2206a
Stäubli, Willy. 19:2527; 28:376
Stafford, Cora E. 7:504
Stafford, Lorna Isabella Lavery. 10:62; 14:21
Stafforini, Eduardo R. 11:2790; 12:3204; 13: 1859
Stagg y Caamaño, Federico L. 26:956

Stagno, Juan R. 10:4342
Stahl, Gerold. 22:5892, 5893; 25:5399; 28: 3367
Stakhovskiy, Lev. 21:5037
Staley, Charles E. 27:1976
Staley, Eugene. 7:3735
Stamato, Jorge. 7:1992
Stamato, Yvonne. 6:4497; 8:4346
Stamatu, Horia. 28:709a
Stamp, L. Dudley. 21:1903, 2156
Stanchina, Camilo F. 7:4673
Stanchina, Lorenzo. 28:2003
Standard Oil Co. of New Jersey. 6:899, 3792-3797
Standford Farías, Heriberto. 8:1468
Standley, Paul C. 2:1277; 1308; 3:1584; 5: 1731; 6:2251; 8:231; 10:1872; 12:1296
Stanford, G. Alonso. 10:127, 3652
Stanford, Thomas. 27:975; 28:3120-3121a
Stanislawski, Dan. 13:126, 1233; 14:1921; 16: 338;
Stanley, Alexander. O. 8:1027
Stansifer, Charles L. 28:684, 758
Stanton, Margaret G. 7:1857, 1890
Stanton, Ruth. 4:3925; 5:3717
Stanton, William R. 23:3370
Stapff, Agnes. 26:883a
Stappenbeck, R. 2:1420
Stare, F. J. 22:991
Stark, Donald S. 13:210
Stark, Harry N. 8:1299, 1337; 9:2154, 2161, 2161a; 24:1966; 25:2220; 27:1799
Stark, L. M. 8:4712
Starke, P. 25:690
Starkey, Otis P. 5:1056, 1663, 1787; 8:1338; 24:2835
Starling, Leão Vieira. 7:5231
Starling, Nair. 12:2808
Starr, Betty. 17:280; 19:682
Start, Laura Emily. 14:264
Stastny, Francisco. 28:213
Statham, Jane. 27:59
Statistical Bulletin for Latin America, New York. 27:1800
Staub, A. 23:4479
Staub, Walter. 1:55; 3:1532; 6:376
Staubach, Charles N. 12:2371, 2372
Stauffer, David Hall. 22:3888; 24:4542
Stauffer, Rachel. 24:1571, 1572
Stavenhagen, María Eugenia V. 25:5634
Stavenhagen, Rodolfo. 19:683; 24:697, 6323; 27:976, 4196, 4263
Stavrianos, Leften S. 28:122
Stavrou, Christopher. 13:2272
Stead, William Henry. 22:1508; 27:2036
Stearns, Richard E. 17:159
Stebbins, Richard P. 16:2303; 17:1943; 18:2217
Stechert, G. E. & Co., *New York.* 5:93, 94; 6: 98; 7:132
Stechert-Hafner, Inc., *New York.* 23:6405, 6406, 6411, 6412; 26:78
Steck, Francis Borgia. 1:808; 2:1825, 1826; 4: 2581; 6:2831, 2954; 8:2927, 3886; 9:2696, 2839; 10:594, 2622; 12:1786b; 14:1907; 17:1533
Steedman, Mabel. 5:4357
Steele, Arthur Robert. 28:921a
Steele, Francisco. 7:1631
Steele, Martha L. 18:2022
Steeman, Ana María. 11:3746
Steen, C. R. 7:1986
Steen, Ralph W. 4:3086
Steenland, Nelson C. 10:1883
Steere, Joseph Beale. 15:451
Steere, William C. 16:1214
Steers. J. A. 6:2310-2312; 21:1903

Stefanelli, Luis María A. 20:4540
Stefani, Alejandro de. 24:5637
Stéfani, Rosa Luisa. 15:2104
Stefanich, Blas. 22:2689
Stefanich, Juan. 7:2495; 9:2534; 11:1822, 2536, 2537; 14:2242
Stefanovics, Tomás. 25:5380
Stefansson, Vilhjalmur. 7:3736
Steffen, Hans. 1:637; 14:1493
Steffen, Peter. 27:2858
Stegagno Picchio, Luciana. See Picchio, Luciana Stegagno.
Steggerda, Morris. 2:93; 3:163; 5:329; 6:586; 7:399, 585; 8:445-447; 9:569, 2069; 10:267, 445, 1794a; 11:420; 16:426, 427, 428
Stegman, Eckhard. 5:1893
Stegmann, Heine. 6:2423
Stehlé, Henri. 6:2330; 7:2210; 10:2045; 11:1656; 13:866
Stein, Barbara H. 27:68
Stein, Edwin C. 26:775
Stein, Oswald. 7:3872; 8:3838
Stein, Stanley J. 17:3196; 19:1734, 2662, 4077; 20:3236; 21:3342; 22:3889; 23:3969; 28:407a
Stein, William W. 24:885, 3004; 27:1354; 4197
Steinbeck, John. 6:4470, 4471; 7:234; 17:3153
Steinberg, Arthur G. 24:1571, 1572
Steinberg, Gregorio. 4:3208
Steinen, Karl von den. 3:327; 4:288a; 6:524; 8:383a
Steiner, Mia. 16:2943
Steiner, Rolando. 23:5346
Steiner, Rudolf. 8:4449
Steinfeld, Eduardo R. 9:1406
Steinherdt, J. W. 11:3927
Steininger, G. Russell. 1:168
Stelingis, Pablo. 19:5105; 24:5567
Stellfeld, Carlos. 15:1244
Stelzmann, A. 1:1064
Stenberg, Richard R. 1:1065; 4:2723
Stendahl, *pseud.* 2:2976; 8:4450; 9:4380, 4281
Stendahl, Earl L. 25:1118
Stendahl Art Galleries, *Los Angeles.* 27:393
Stendardo, Alfredo. 21:3282
Stênio Lopes, José. See Lopes, José Stênio.
Stenz, Edward. 16:1199
Stephan, Ruth Walgreen. 21:569; 23:775
Stephens, John Lloyd. 4:221, 3087; 6:292; 15:187; 27:2766
Stephens, Roger. 14:56
Stephens, W. Barclay. 22:2961
Stephenson, George Malcolm. 1:1066
Sterlin, Philippe. 19:609; 23:5666
Sterling, E. A. 9:2085
Sterling, Henry Somers. 8:1088
Stern, Alfredo. 10:4610; 11:3892; 21:4802
Stern, Bernardo. 20:3523
Stern, Leopold. 8:4259, 4310
Stern, Siegfried. 7:868
Stern, Theodore. 16:112; 19:255
Sternberg, Hilgard O'Reilly. 10:2222; 15:1245, 1272; 16:1270, 1271; 17:1228-1230, 1271; 19:2663, 2664; 20:2135, 2136; 21:2157; 23:2727, 2728; 24:3069, 3070; 27:2956, 2982, 2982a, 3305
Sterne, Lawrence. 5:4033
Sterrett, Delbert E. 24:5912
Stetson, John B. 19:3053
Stevens, David. 8:4831
Stevens, Jean Claude Yves. 23:2508
Stevens, Kera. 18:2762
Stevens, Rayfred L. 24:3071
Stevens-Middleton, Rayfred Lionel. 22:2936
Stevenson, Adlai E. 25:2674; 27:3441
Stevenson, Francisco Oscar. 4:4434
Stevenson, John Reese. 8:2717
Stevenson, N. S. 4:1980; 5:912
Stevenson, Oscar. 5:4107; 7:5281
Stevenson, Robert Louis. 9:4382
Stevenson, Robert Murrell. 18:3031; 19:3366a; 22:5707; 23:846; 24:5946-5948; 25:5243; 26:2167, 2168, 2213, 2222, 2223, 2243; 27:1355; 28:3085, 3122-3124, 3133
Stevenson, W. Bennett. 16:1967
Steward, Julian Haynes. 9:217, 218; 12:105, 373; 13:97, 256; 14:113, 265, 322, 461-467; 15:145, 238, 361, 426; 16:113, 372a, 1129; 19:697, 699; 20:497; 22:23; 23:17, 18; 25:2221; 27:174b, 1154
Steward, Margaret E. 6:4909
Steward, N. O. W. 17:595
Stewart, Charles L. 3:2432
Stewart, Donald. 22:917
Stewart, Dorothy N. 18:97
Stewart, G. R. 7:4483
Stewart, M. S. 1:214
Stewart, Thomas Dale. 5:507a, 514; 6:579, 580; 7:583, 586; 8:440, 448; 9:570-572, 581, 607, 608; 10:439; 12:494; 13:370, 379; 14:577, 585, 586; 15:166, 488, 498-500; 16:429, 430, 431, 432; 17:108; 18:372; 19:196, 853; 20:758, 773, 785, 796, 22:966; 24:1508, 1556
Stewart, Virginia. 17:476
Stewart, Watt. 3:2554; 4:3008, 3269, 3270; 5:3088; 6:2010; 9:3335; 10:3085; 12:2066; 17:1161, 1813; 28:758a
Stewart Vargas, Guillermo. 5:3100; 7:3558; 10:3099; 28:1222
Steyermark, J. A. 6:2251; 10:1872
Stieben, Enrique. 12:1229; 1386
Stieben, Jakob. 3:3626
Stierlin, Henri. 27:253a
Stiles, H. E. 5:211
Stillmann, Günter. 25:2801
Stilman, José. 23:5017
Stimming, Horst H. 27:2235
Stimson, Frederick Sparks. 26:1533; 20:2356
Stirling, Marion. 8:184
Stirling, Matthew William. 4:352; 5:221, 6:275, 322; 7:311; 8:184; 9:279, 280; 12:152a; 13:158; 15:156, 188, 189; 16:120; 17:33; 19:88, 186; 20:17; 21:100; 22:100; 23:153; 25:242; 27:602
Stirling, William. 15:1624
Stitchkin Branover, David. 16:3055
Stochl, John J. 17:281
Stock, Leo Francis. 4:2759
Stockdale, Frank. 9:183
Stockholm. Nationalmuseum. 26:172
Stockholm, Sveriges Radio. 24:2814
Stocking, George Ward. 4:3642
Stocking, Hobart E. 12:1286
Stockins, Edmundo. 25:5716
Stockley, G. E. 17:591
Stocks, Norman. 11:1068
Stockwell, Robert P. 28:1642
Stoddard, Theodore L. 19:194
Stoddart, D. R. 25:2239; 27:1288, 2745
Stöckmann, Berthold. 27:2983
Stoehrel M., Carlos Alberto. 12:3002; 14:3144; 27:3729
Stoetzer, Otto Carlos. 27:3151; 28:475a
Stokes, William Sylvane. 11:1823; 16:1393; 17:1293, 1378; 24:3488; 25:3358
Stolk, Gloria. 19:4773, 4945; 21:4004
Stoll, Antonio. 19:4946
Stoll, Otto. 1:114; 4:228; 25:467
Stoll, Walter Clericus. 21:2025; 22:2381

Stoll Gonçalves, J. *See* Gonçalves, J. Stoll.
Stolnitz, George J. 22:6027
Stols, Alexander A. M. 19:4685; 22:4750; 24: 3837; 25:3194; 28:89-89b
Stolyhwo, Kazimierz. 18:180, 378
Stone, Doris. 5:222; 6:292a; 7:277, 312, 343; 8:209; 9:316, 346, 2083; 12:120; 13:241; 14:133, 323, 324; 15:190, 411-413; 16:167, 348; 17:109, 110; 18:324; 20:2357; 21: 62, 209-211; 22:67, 209; 23:622; 24:431, 432, 698; 27:446-448, 977; 28:144, 749a
Stone, Irving. 6:4472; 8:4451
Stone, Riversdale Garland. 23:2078
Stone, Robert G. 7:2231; 8:2393
Stoner, Victor R. 26:482
Stoppleman, Frans. 24:6413
Storey, W. N. 5:1181
Storm, Dan. 4:1850; 5:1589
Stormont, D. H. 14:1396, 1397
Storni, Alfonsina. 6:4235; 12:2669; 2743; 23: 5018; 25:4487
Storni, Carlos D. 4:2119; 11:1687
Storni, Eduardo Raúl. 20:1031
Storni, Fernando. 21:2238
Storni, Gabriel F. 11:1851
Storni, Horacio Julio. 9:2413; 15:1297
Storni, Julio S. 4:337, 355; 5:3522-3525; 6: 3015; 7:528; 20:720, 720a
Storni, Oswaldo. 24:5938
Stose, George Willis. 16:1130
Stoudemire, Sterling A. 19:4774; 23:3414
Stout, David B. 3:1526; 4:102a; 6:456; 12: 277, 506; 13:242, 243; 14:325, 468, 539; 15:427; 18:306; 19:573
Stowe, Harriet Beecher. 9:4383
Stowell, Ellery D. 2:2396
Stowell, Ernest L. 8:4036; 9:3840
Stoye, J. 1:1728
Strachey, Lytton. 6:4473
Straet, Jan van der. 20:2481
Strahal, Anton. 4:102b
Strain, Warren. 8:2590
Stramandinoli, Cecilia Torreão. 21:1804, 1805
Strambi, Armando Oliveira. 26:264
Strandberg, Olle. 22:6141
Strandskov, H. H. 22:978
Strasma, John D. 24:1945; 27:2281
Strasser, Carlos. 24:3479
Strasser, María Pía Lourdes. 27:2842
Strassman, W. Paul. 27:1801
Straszberger, Marta. 17:3191
Stratford, Guillermo. 24:3795
Stratta, Osvaldo J. 12:3177
Strauch, Ney. 17:1255; 18:1469; 19:2722; 20: 2106, 2137
Strausz-Hupé, Robert. 7:3777
Street, John. 19:3815, 3816; 20:2554; 23: 3744; 26:1045a
Street, John M. 23:2515; 27:1109; 28:820a
Street, Jorge. 1:1680
Strehlneek, Olga. 1:1835
Streiff-Becker, Rudolph. 16:1292; 23:2729
Streit, Robert. 2:1748
Strenger, Irineu. 13:2717; 21:4785; 24:6024; 26:2312
Stresser-Péan, Guy. 14:190; 19:89, 684, 685; 27:394
Strevin, Samuel J. 15:1183
Strickland, Rex W. 9:2859
Strickon, Arnold. 25:522; 27:175; 28:573
Striffler, Louis. 22:6142
Stringer, MacNeill. 20:1563
Strode, Hudson. 3:60c; 10:128; 11:106; 13:72
Strömer, Chrysostomos. 3:328, 329
Strömsvik, Gustav. 2:64. 3:126; 6:314, 315; 7: 327; 12:137; 13:166; 16:183; 18:98; 19: 153, 187, 188; 20:177

Stroessner, Alfredo. 20:2287; 25:2841, 3706; 27: 3512
Strohm, John L. 10:129
Stromberg, Elisabeth. 20:377
Strong, J. A. 1:259, 318, 319; 2:683, 708, 745; 7:1388, 1389
Strong, Jack P. 22:992, 993
Strong, William Duncan. 1:79; 4:139, 140, 192; 6:316; 8:157; 9:197; 219, 436-438; 13: 959; 14:134, 135, 326, 439, 440; 17:34; 18: 220, 221; 19:477; 21:336; 24:609
Stroock, Sylvan I. 3:208, 209
Stroud [Redman], Myrtle. *See* Cooper, Catharine, *pseud.*
Stroup, Thomas B. 19:4774
Strout, Clevy Lloyd. 24:4788; 25:3124
Strowski, Fortunate. 8:4246
Strube Erdmann, León. 9:470; 24:4139; 26: 869; 27:654
Struther, Jan. 8:4452
Struve, R. P. Luis. 11:330
Struve Haker, Ricardo. 10:4204
Stryker, Sheldon. 27:4094
Stuardo Ortiz, Carlos. 14:1259; 15:1079; 16: 1043; 19:3870; 22:4577; 23:3673
Stuart, Graham H. 4:3561; 9:3477; 19:4254
Stuart-Rice, D. 4:603
Stubbe, Carlos F. 11:1983
Stucchi, Enrique. 10:3329
Stukenschmidt, H. H. 24:5939
Studart, Guilherme. 1:2284; 15:39
Studart, Heloneida. 23:5497; 28:2557
Studart Filho, Carlos. 3:2843; 11:2617; 24:4476, 4477; 25:3815, 3816
Studi e Informazioni sull'America Latina, Milano. 27:1802
Stumer, Louis Michael. 19:478-483; 21:337; 22: 372, 373; 24:610; 25:399
Stummvoll, Josef. 23:912
Stuntz, A. Edward. 12:1271; 14:2398, 2465
Stuntz, Hugh C. 11:1824
Stura, Ángel C. 20:2019
Sturm, Fred Gillette. 26:2291
Sturmthal, Adolf. 24:1997
Sturtevant, William C. 24:482, 770, 771
Sturzo, Luigi. 21:2208
Stycos, J. Mayone. 18:3227; 19:6051; 24:716; 25:5611, 5646; 27:1011, 1110, 1544
Su Seguridad, San José. 8:1175, 3778
Suaden, A. 3:790a
Suannes, S. 25:3817
Suardo, Juan Antonio. 1:874
Suarée, Octavio de la. 23:1469
Suárez, Alberto. 23:2830, 2963; 25:2669, 27:3550
Suárez, Bernardo. 6:2748; 7:869
Suárez, Federico. 15:1615
Suárez, Francisco. 9:4986; 20:4894
Suárez, Jorge A. 22:918; 27:1489
Suárez, Luis. 28:293
Suárez, Luis A. 19:6086
Suárez, Marco Fidel. 1:2075, 2137; 2:2619; 9: 3906; 19:4775; 20:3441, 3679a; 21:3406; 22:3549, 4347
Suárez, Matías E. 28:1153
Suárez, Pablo A. 8:409
Suárez, Pedro. 14:1990; 22:3508
Suárez, Ramón M. 23:1276
Suárez, Víctor M. 11:2921; 14:22; 15:2257; 19:6447
Suárez Arnes, Faustino. 19:2056; 24:4320; 27: 2485
Suárez Blanco, José. 9:4561
Suárez C., F. Yolanda. 19:2056
Suárez C., Nelly. 19:2056
Suárez Calimano, Emilio. 8:4155; 26:1477
Suárez de Peralta, Juan. 15:1483

Suárez de Rivadeneira, Antonio. 7:1308
Suárez del Real, Enrique. 27:1627
Suárez Fanjul, José. 12:1405
Suárez Feliú, Néstor. 25:2802
Suárez Galindo, José Guadalupe. 19:4613
Suárez García, José M. 6:3429; 7:3485
Suárez González, Manuel. 22:3244
Suárez Hoyos, Manuel Antonio. 17:692
Suárez Marzal, Julio. 9:814
Suárez Menéndez, Santos. 11:1682
Suárez-Miraval, Manuel. 24:5407; 26:1472
Suárez-Murias, Marguerite C. 28:1917
Suárez Ortega, Alberto. 24:4865
Suárez Polar, Manuel G. 15:288
Suárez Rivas, Eduardo. 12:1558
Suárez Solís, Rafael. 11:609
Suárez Urtubey, Pola. 26:2180
Suárez Vásquez, R. 3:3214
Suárez Veintemilla, Mariano. 13:1089
Suárez y Gutiérrez, Miguel. 1:1427
Suary, Alfred. 27:1545
Suassuna, Ariano. 21:4331; 25:1320; 26:2079
Subercaseaux, Benjamín. 4:3976, 3983; 6:4180; 8:2511, 4065; 9:3963; 12:2126; 17:2421; 18:2497; 19:4776; 21:4005; 22:5330; 25:2312; 26:1156; 28:2039
Subercaseaux, Ramón. 2:2227
Subercaseaux P., Guillermo. 4:1090; 16:745
Subero, Armando A. 25:4097
Subero, Efraín. 23:5157; 28:1755, 2171, 2199
Subieta Sagarnaga, Luis. 17:1626, 2006
Subirá, José. 22:5708
Subirats, Ramón. 6:559
Suchtelen, N. van. 27:2117
Suckow da Fonseca, Celso. *See* Fonseca, Celso Suckow da.
Sucre, Antonio José. 9:3097; 15:1610; 23:3702; 24:4193
Sucre, Guillermo. 26:1755; 28:2126, 2200
Sucre, José Francisco. 24:5568
Sucre, Luis Alberto. 4:2968; 7:3096, 3138; 18:1844; 28:882a
Sucre Reyes, José L. 5:2660; 18:2366
Sucre, Bolivia. *Cabildo Eclesiástico.* Archives. 1:2277
Sucre, Venezuela (State). Secretaría General de Gobierno. 4:2470; 7:2752; 9:2580
Sud Mennucci. 5:3241
Sudhaus, Fritz. 6:2511
Suero, Tomás. 17:1135
Süssekind de Mendonça, Carlos. *See* Mendonça, Carlos Süssekind de.
Süssekind de Mendonça, Edgard. *See* Mendonça, Edgard Süssekind de.
Suffern, Carlos. 7:5445; 10:4362
Suhr, R. I. 5:4464
Suhr-Horeis, A. E. 23:2859
Suiffet, Norma. 21:4170; 26:1824
Suinaga Luján, Pedro. 3:3633; 17:2663
Sukhatme, P. V. 22:1419
Sukmanowsky, E. 10:829
Sul, Piá do *pseud. See* Rodrigues, Félix Contreiras.
Sullivan, B. P. 17:576
Sullivan, Carmel. 7:5408, 8:91
Sullivan, Louis R. 4:300; 5:532
Sullivan, Thelma D. 27:842
Suma Bibliográfica, México. 12:45; 13:36; 14:23; 15:38a
Sumberg, Theodore A. 23:1703
Sumner, H. C. 13:782
Sumrall, Lester F. 10:130
Sun, Ramón F. 24:4834
Sund, Tore. 22:2556
Sundfeld, Álvaro. 5:3958
Sunkel, Osvaldo. 27:1776a, 1803

Suñol, Julio C. 23:1931; 25:2670
Supervielle, Bernardo. 12:3128; 15:972; 19:5583
Supervielle, Jules. 22:4931
Suppa de Pelli, Teresa. 12:1159
Supple, Julia. 15:362; 20:691a
Sur, Buenos Aires. 6:68
Suramericana Editores, *Bogotá.* 26:208
Surcou Macedo, Rodolfo. 27:3240
Sureda, Jaime. 23:5179
Suriá, Jaime. 26:845a, 846; 28:883
Surinam. Centraal Bureau Luchtkaartering. 27:2791
Surinam. Stichting Etnologische Kring Suriname. 28:1643
Surinam. Welvaartsfonds Suriname. 19:6295
Suro, Darío. 18:126; 19:279
Surrey, Stanley S. 25:1664
Susanna, Francisco. 8:4942; 11:3964
Suslow, Leo A. 15:2084
Susnando, Jayme. 2:2947
Susnik, Branka J. 20:721; 22:919, 920; 27:1321, 1321a, 1490-1490d
Sussekind, Arnaldo Lopes. 9:3631; 10:3346, 3384; 11:2800; 14:2489; 16:2350
Sussekind, Federico. 8:2701
Sussini, Miguel. 3:1741; 4:390; 7:5157; 19:5420
Susto, Juan Antonio. 3:2364, 2433; 5:150, 2439, 2440, 2796, 3269; 7:2143, 2705; 9:2697; 11:491; 12:46; 13:1128; 13:3367a; 23:4239; 25:3359; 26:79; 28:90
Sutton, F. A. 12:1325
Sutton, George M. 17:1082
Sutton, H. Eldon. 23:1270; 27:1583c
Sutton-Smith, Brian. 25:512
Sux, Alejandro. 14:2937
Suzuki, Teiiti. 27:4263a
Svanascini, Osvaldo. 14:2858; 19:5004; 28:254, 254a
Svenson, Henry K. 8:2419; 12:1232
Sverdlik, Enrique. 28:2004
Sverdlik, Mario. 11:972, 973
Sverdrup, H. U. 6:2424; 7:2112
Swabey, Christopher. 5:832, 1022, 1788
Swadesh, Morris. 6:345; 7:4484; 13:211; 15:382; 20:265, 682, 721a-723a; 22:837, 921, 922; 27:1491-1491b
Swärd, Sven Ola. 15:1616
Swain, James O. 5:3718; 7:4710; 8:4037
Swallen, J. R. 2:1277
Swan, Michael. 20:76; 21:5038; 22:6143
Swanger, J. L. 18:99
Swanson, Earl H. 22:24
Swanson, June. 23:1263; 25:788; 27:1594, 1594a
Swanton, John R. 4:2724, 2760; 5:2378; 6:377; 9:439
Swayne y Mendoza, G. 17:1443
Sweeney, Timothy D. 19:1928
Sweet, A. Porter S. 27:176
Sweezy, Paul M. 24:3538; 27:1632
Swenson, Willard E. 7:1356
Swick, Clarence H. 9:2213
Swidzinski, Luisa. 6:2040
Swift, A. H. 3:797, 879, 932
Swift, Jonathan. 6:4474
Switzer, Leslie Judd. 11:570
Swope, Gerard. 6:900
Sykes, Egerton. 24:288, 1107, 1152, **1153**
Sykes, Godfrey. 2:1295; 3:1555
Sylos, Honorio de. 2:1098-1101
Sylvain, Jeanne G. 15:419; 19:6503
Sylvain Bouchereau, Madeleine. 3:1433; 20:451
Sylvain-Comhaire, Suzanne. 2:2520; **22:441**
Sylveira, Armando. 6:3661

Sylvester, Hugo L. 14:2470; 17:2032
Syme, Ronald. 24:3738
Symonenko, R. H. 25:3109
Symposium Argentino de Clausuras, *Tucumán*, 1958. 23:2585
Symposium Iberoamericano de Filosofía, *I*, *Guatemala*, *1961*. 24:6012
Szabó, George. 27:177
Szaffka, Tihamér. 9:2009
Szalay, Lajos. 22:1114
Szászdi, Adam. 23:3209; 27:1111; 28:833b, 851a, 903, 1041a
Szécsy, Janos de. 19:189, 3368; 20:956
Székely, Béla. 25:2068
Székely, Edmond Bordeaux. 20:77
Szepessy Schaurek, Ali de. 16:1246
Szilard, Adalberto. 16:3386
Szmulewicz, Efraim. 22:5201
Szulc, Tad. 25:2790, 3430; 28:123
Szyszlo, Fernando de. 23:1453
Szyszlo, Vitold de. 7:2078; 9:2285, 2286; 13:960; 20:378, 2002

Taba, Hilda. 23:2414
Tabaiá, Arnaldo. 4:4243; 8:4484
Tabajara, Nelson. 14:3051
Tabares del Real, José A. 27:3441a
Tabernig, Elsa. 28:1968
Tabasco (State). *Laws, statutes, etc.* 14:3153, 3158, 3159; 16:2682
Tabateau, Michel. 25:3789
Taber, Robert. 25:3431
Tabera R., Félix. 25:3684
Tabernig, Elsa. 10:4588; 15:2959; 17:2972; 24:6134, 6136
Tabío, Ernesto E. 19:274; 21:338; 24:611
Tabío, Evelio. 10:4123; 11:3608; 12:3152; 13:2464, 2525; 14:2521
Tablada, José Juan. 3:3215; 4:510, 515; 5:737; 9:4021a
Tablante Garrido, Pedro Nicolás. 21:3202; 22:3579; 25:3780
Table, Carlos A. 7:3273
Taboada, Antonio A. 12:3178
Taboada, Gaspar. 3:2668a; 12:2096; 16:1943
Taboada, Huberto. 7:3687
Taboada Terán, Néstor. 28:801
Taborda, Radagasio. 2:2948
Taborga, Arturo. 5:1284
Taborga T., Alberto. 21:3154
Tabuteau, Michel. 27:2984
Tacchi, Venturi Pietro. 2:1827
Táchira (State). Asamblea Legislativa. 3:2099
Táchira (State). *Constitution*. 2:1598
Táchira (State). Secretaría General de Gobierno. 3:2101; 4:2472; 5:2215; 6:2751; 7:2754; 8:2839; 9:2582
Tacitus, Publius Cornelius. 9:4384
Tack, Juan Antonio. 28:759
Tacoma, J. 23:1277
Taddey, Antonio. 18:1531; 23:535
Taeves, A. 12:725
Tafolla Pérez, Rafael. 26:554
Taft, Edna. 4:239
Tafur Garcés, Leonardo. 6:3075
Tafur H., Isaac A. 9:2263
Tafur Morales, Francisco. 6:4573
Taggart, Barbara Ann. 22:606
Tagle, Armando. 2:2620; 7:4674
Tagle, Carlos A. 24:4298
Tagle Villaroel, Camilo. 10:3399
Tagle y Portocarrero, José Bernardo de. 28:994
Tagore, Rabindranath. 5:4034, 4035

Tahan Malba, *pseud.* *See* Souza, Júlio César de Mello e.
Taiana, Alberto F. 5:1403a
Tain de Traba, Marta. 25:1193
Taine, Hippolyte Adolphe. 5:4471; 10:4583, 4611; 11:3948
Tait, Teófilo Víctor. 24:1664
Taja Zabre, Alfonso. 21:2839
Tajada, Francisco Elías de. 22:3260
Takahashi, Rintarô. 27:4326
Takamura, Chôji. 27:4327
Taladrio, José de Jesús. 1:1511
Talamantes, Guestavo L. 5:2155
Talamón, Gastón A. 5:4366, 4367; 15:2796
Talarico, José Gomes. 18:2254
Talavera, Manuel Antonio. 3:2555
Talavera, Mario. 25:5241
Talavera, Natalicio. 22:3524
Talesnik Rabinovich, Gregorio. 7:4150
Tálice, Roberto A. 24:5637
Tallarico, Luis A. 22:2381a
Tallenay, Jenny de. 22:6144
Taller, México (Indexes). 28:1787
Taller de Gráfica Popular, *México*. 14:831, 835, 836
Taller de Trabajo para Dirigentos de los Centros Comunales, *I, Panama*, 1961. 24:6243
Tamagna, Frank M. 27:1804, 1804a, 1977
Tamagno, Roberto. 28:1154
Tamanini, Virgínia G. 28:2558
Tamargo Iribarría, Ricardo. 13:1844
Tamarón y Romeral, Pedro. 19:3368a
Tamayo, Francisco. 9:546, 1910, 1936; 10:1679, 12:486; 27:2810, 2810a
Tamayo, Franz. 10:1488
Tamayo, Joaquín. 2:2023, 2250; 3:2711; 4:3280; 5:3063; 6:3462; 7:2861, 3223-3225
Tamayo, Jorge L. 7:2113, 2114, 2825; 8:1113, 2290; 9:2738; 11:2721; 12:1227; 13:489, 490; 14:1355, 1441; 15:831, 832, 1150, 1151; 16:1134; 19:1913; 20:2860; 22:1967, 3046; 23:2079; 24:3987; 25:1579, 2266a; 26:591; 27:1925, 2767; 28:614
Tamayo, José. 3:1843
Tamayo, Luis. 2:1492
Tamayo, Luis Miguel. 12:853, 854; 13:578
Tamayo, Marcial. 19:4777, 20:3991
Tamayo, Rufino. 16:543-545
Tamayo Mancheno, Gustavo. 25:2811
Tamayo R., Raúl. 18:2963
Tamayo Vargas, Augusto. 6:4110; 13:2034, 2210, 2211, 14:2822, 2838; 15:2426; 17:2448; 19:4947; 20:3852; 23:4744; 24:5459; 26:1453, 1613
Tamayo y Francisco, Juan. 1:657
Tamborenea, Juan Pedro. 21:2239
El Tamboril, Buenos Aires. 9:4747
Tamborini, José P. 6:3430, 3431
Tambs, Lewis A. 28:525
Tamm, Paulo. 13:1765
Tamm de Andrada, Bonifácio José. *See* Andrada, Bonifácio José Tamm de.
Tamme, Herbert. 1:93
O Tamóio, Rio de Janeiro. 10:3178
Tanco, Ricardo. 2:646
Tanco y Bosmeniel, Félix Manuel de Jesús. 20:2934
Tandon, Oudh B. 23:1256, 1268, 1269
Tang, Peter S. H. 27:3442
Tangol, Nicasio. 12:2589
Tannebaum, Frank. 2:151-153; 9:184; 2454; 10:3223; 12:89, 1648a; 14:1658, 2399; **16**:1013, 1810; 17:948; 18:1006; 19:2931; 24:3460, 3988; 25:3020a; 3090; 26:599**a**; 27:1848a, 3423, 3443, 3490, 4198; **28**:678**b**
Tannehill, Ivan Ray. 4:1958; 8:2872a

Tanner, Earl C. 21:2333
Tanner, Elaine. 15:833
Tanner, Hans. 25:2803
Tanner, Helen Hornbeck. 23:3139; 24:3797; 28: 556a
Tanner, Louise Brantley. 21:703
Tannery, Julio. 14:3489
Tannus, Ivete. 26:2072; 28:2642
Tanodi, Aurelio Z. 19:3087, 3496; 22:4578
Tansill, Charles Callan. 4:3125, 3697; 5:2851
Tanzi, Hector José. 28:1020, 1155
Tapajós, Vicente. 21:2334
Tapia, Atols. 28:2005
Tapia, Augusto. 1:508, 610; 3:1742
Tapia, Beatriz de. 12:1787
Tapia, Isidro L. 28:663a
Tapia, Pastor M. 8:1589
Tapia Bolívar, Daniel. 19:5302
Tapia Freses, Alejandro. 6:1598
Tapia Moore, Astolfo. 27:3895
Tapia Olarte, Eulogio. 7:4538; 12:2426, 2480
Tapia Ruano, Manuel de. 14:804
Tapia Salinas, Luis. 13:961, 962; 14:1083
Tapia Villarroel, Noel Guillermo. 9:1480
Tapia y Rivera, Alejandro. 4:3926; 11:2048, 3271; 12:625; 25:3386
Tapias Pilonieta, A. 2:647
Tappen, Kathleen B. 10:131, 132
Tappy, Elizabeth. 9:1526; 10:1312
Tapson, Alfred J. 25:3523; 27:1179
Taques de Almeida Paes Leme, Pedro. *See* Leme, Pedro Taques de Almeida Paes.
Taracena, Alfonso. 2:2116, 2327; 3:2597, 3273; 14:2149; 23:4240; 24:3989-3991; 26: 683, 684; 28:710-711a
Taracena, Ángel. 14:2123; 19:3369; 24:3992
Taracena, Rosendo. 3:2598
Taracena Flores, Arturo. 4:3792; 18:3310
Tarajano González, Juan J. 6:4668
Tarantino, Jacinto R. 10:4028; 27:3697
Tarasco, Fara P. de. 6:165
Tarazona Gutiérrez, Miguel. 18:2980a
Tarazona S., Justino M. 12:1591, 2148, 2969
Tardiff, Guillermo. 24:3461
Tardon, Raphaël, 17:1748
Tarea, Montevideo. 28:91
Tariche Llaguno, Leonardo. 2:542a; 4:4493
Tariffi, Terzo. 19:6626
Tario, Francisco. 9:3984
Tarnói, Ladislao T. 20:5041
Tarragona, Omar Enrique. 22:3510, 3525
Tarruella, Alfredo C. 28:2095
Tarruella, Víctor. 22:5331
Tarzia, Miguel. 5:3865
Tascón, Jorge H. 13:1642
Tascón, Leonardo. 25:3963
Tascón, Tulio Enrique. 3:1963; 4:2333; 5:2553, 2666; 10:4040; 13:1083; 14:2195; 15:1752
Tasso de Saxe-Coburgo Bragança, Carlos. *See* Bragança, Carlos Tasso de Saxe-Coburgo.
Tasso Fragoso, Augusto. *See* Fragoso, Augusto Tasso.
Tasso Fuentes, Kireya. 19:5434
Tastevin, C. 4:347; 5:495
Tatakis, Basilio. 18:3144
Tate, G. H. H. 4:1935, 1991, 1992; 5:1672, 1758
Tate, Vernon D. 4:2725
Tateishi, Víctor K. 6:2425
Táti, Miécio. 25:4623, 4689, 4754; 26:1955
Tau Anzoátegui, Víctor. 18:2084; 28:1156, 1156a
Taullard, Alfredo. 6:2376, 3016; 8:159, 602; 10:617; 15:304
Taunay, Affonso de Escragnolle. 1:1342; 2: 987, 988. 1045-1050, 1655, 1696-1700,
1733; 3:384, 2844, 2845; 4:3434, 3502-3507; 5:3159, 3183, 3184, 3243; 6:664, 3687; 7:677, 678, 3627-3630, 3688; 8:884, 3454-3456, 3537; 9:896, 913, 914, 4216; 10: 1371-1373; 11:2592, 2636; 12:2214; 13: 1725, 1735; 14:2312-2314, 2337, 15:1824, 1861, 1904; 16:2057, 2161, 2188; 17:1914; 18:555; 2165a; 19:1265, 4000, 4019, 4027, 4041, 4049, 4078; 20:1175, 3237, 3238, 3256, 3257; 21:3309
Taunay, Alfredo d'Escragnolle. 5:3244; 11:3419; 14:2337, 3033
Taunay, Nicholas-Antoine. 19:1241
Taunay, Raul de. 14:2337
Taunay, *visconde de. See* Taunay, Alfredo d' Escragnolle.
Taupin, Sidonia C. 24:5569
Tauro, Alberto. 1:2027; 4:32, 3864, 3865; 5: 151, 3089, 3634, 3635, 3866; 6:3948, 4006, 4007, 4111; 7:196, 4584, 4675, 8:92, 3966; 9:4645; 10:1, 3488, 3792, 4305; 11:47, 48, 504, 2956, 2957, 3009, 3088; 12:47-49, 106, 2481; 13:2035, 2388; 14:24, 2204, 2210, 2656, 2719, 2720, 2938; 15:1, 1395, 2274; 17:3075; 18:1101, 1105, 2538; 19:3461, 4548, 4747, 6443; 21:5217; 22:6284; 25:3750, 3751; 26:1031
Tauro, Alfonso. 22:3565
Taussig, Charles W. 7:908; 12:750
Tautphoeus C. Branco, Pandiá H. de. *See* Branco, Pandiá H. de Tautphoeus C.
Tauzin, Sebastião. 6:5011; 7:5653; 8:4875
Tavares, Adelmar. 3:3574; 19:5350
Tavares, Froylán, h. 14:3173
Tavares, José. 16:2861
Tavares, José Edvaldo. 18:2939; 24:4866; 27: 3770
Tavares, Luíz Henrique Dias. 21:1800; 23: 2442, 3932; 27:2548
Tavares, Octávio. 8:851, 885
Tavares, Odorico. 5:4001; 11:3439; 17:3154
Tavares, Murilo Alecrim. 8:2707
Tavares, R. 2:1446a
Tavares Barbosa, Cláudio. *See* Barbosa, Cláudio Tavares.
Tavares Bastos, A. C. *See* Bastos, A. C. Tavares.
Tavares-Bastos, A. D. *See* Bastos, A. D. Tavares.
Tavares Bastos, C. *See* Bastos, C. Tavares.
Tavares d'Amaral, Max. *See* Amaral, Max Tarares d'.
Tavares da Rocha, J. *See* Rocha, J. Tavares da.
Tavares de Almeida, A. *See* Almeida, A. Tavares de.
Tavares de Lima, Rossini. *See* Lima, Rossini Tavares de.
Tavares de Lyra, Augusto. *See* Lyra, Augusto Tavares de.
Tavares de Lyra Filho, Augusto. *See* Lyra Filho, Augusto Tavares de.
Tavares de Miranda, José. *See* Miranda, José Tavares de.
Tavares de Sá, Hernane. *See* Sá, Hernane Tavares de.
Tavares Pinhão, Antônio. *See* Pinhão, Antônio Tavares.
Tavares Sabino, Fernando. *See* Sabino, Fernando Tavares.
Tavella, Nicolás. 13:666
Tavera-Acosta, Bartolomé. 20:275, 1990; 21: 2335
Tavera Alfaro, Xavier. 19:3369a, 4686; 21: 2826, 2838; 22:3047; 23:3335; 24:3993, 3994; 28:525a, 712
Távora, Araken. 27:3306; 28:1397
Távora, Idalina. 3:3530

Távora, Juarez. 13:640, 984; 19:1735; 21: 1436; 25:1743; 27:2378
Tax, Sol. 1:118, 120; 2:112, 3:162, 188, 1524; 4:193; 5:535; 7:414; 8:266; 9:348; 12:267; 13:212, 225, 232-235; 14:266; 15: 363, 405; 17:35; 18:17, 18, 235; 19:36, 588; 21:438, 439; 25:124, 468; 27:978
Tax, Susan. 27:979
Tax Institute of America, *Princeton.* 27:1805
Tayloe, Edward Thornton. 23:3259
Taylor, Bayard. 15:1704
Taylor, Carl C. 9:1408, 1567; 14:1052; 19:6040; 23:6006
Taylor, Coley. 16:1870; 21:2405
Taylor, D. C. 27:1492
Taylor, Douglas Rae. 2:135; 5:361; 7:2211; 12: 287-289, 293; 14:327, 337; 16:356; 17: 282-285, 18:236, 237, 325; 20:266, 413-418, 430, 431, 724-727; 21:451, 704-713; 22:923-930; 24:772; 26:1381-1383
Taylor, Edward H. 6:2234
Taylor, Eugene J. 24:6213
Taylor, George R. 10:1281
Taylor, George S. 25:4125
Taylor, Georges C., Jr. 15:1179; 17:1089
Taylor, H. Darrel. 22:2965
Taylor, Harry W. 24:2903; 27:1005
Taylor, Herbert C., Jr. 15:231
Taylor, James A. 21:2158
Taylor, James Lumpkin. 24:4789; 26:2008; 28: 1336
Taylor, Kim. 26:248
Taylor, Philip B., Jr. 17:1362; 18:1612; 20: 3432; 22:2701; 23:2941; 25:2850a; 27: 3152a, 3551
Taylor, S. A. G. 16:1685; 19:3392
Taylor, Sue H. 19:4417
Taylor, Virginia H. 19:3088; 20:2555; 21:2575; 28:686a
Taylor, Walter W. 7:328; 24:289; 25:243
Taylor Carneiro Mendonça, Marcelo. *See* Mendonça, Marcelo Taylor Carneiro.
Tays, George. 1:1067
Tchaicovsky, Fany Malin. 18:1181
Teague, Michael. 22:2415, 2460; 23:1562
Teall, Dorothy. 11:79
Teatro Brasileiro, São Paulo. 19:5357
Tebas, Manuel. 26:2313
Tebboth, Tomás. 9:471
Teclaff, Eileen M. 24:2807
Tecles, Eduardo. 5:599
Tedeschi, Enrico. 21:938
Teeters, Negley King. 12:3132
Teffé, Tetra de. 8:4312
Tegtmeier, Konrad. 26:341
Tegucigalpa. *Ayuntamiento* Census (1821). 12:1777; 13:1283
Tegucigalpa. (Distrito Central). 4:2369, 2370; 9:2503
Tegucigalpa (Municipalidad). 3:2018
Tegucigalpa (Parish). 16:1554
Teichert, Pedro C. M. 23:1704; 24:1967; 27: 1806, 3153
Teillier, Jorge. 26:1825; 28:2257
Teitelboim, Volodia. 1:2081; 8:826; 9:2674; 18:2555
Teixeira, Anísio S. 3:1396; 5:4474; 16:1032; 18:1182-1187; 19:2310-2315, 20:1764-1766, 1781, 1789; 21:1769-1772, 1793, 1794; 22:2028-2031, 2049; 23:2396; 25:2171, 2199r; 27:2579-2579e, 2602, 2609, 2638a, 2642-2642c, 2657
Teixeira, C. B. 13:1001
Teixeira, Creso. 12:1114
Teixeira, Dyrceu. 25:2419
Teixeira, Edgar Fernandes. 14:1178

Teixeira, Elza. 11:1372
Teixeira, Emílio Alves. 3:1657; 4:2054; 7:2367, 2368; 9:2332
Teixeira, J. H. Meirelles. 13:1069
Teixeira, Joaquim Novais. 10:660
Teixeira, José. A. 4:1887, 4277; 7:1941; 23:776
Teixeira, José Ferreira. 18:1532
Teixeira, Lívio. 6:4453, 5080; 24:6070
Teixeira, Manoel Paiva. 3:659
Teixeira, Maria de Lourdes. 25:4690; 26:2013; 28:2559
Teixeira, Mauro Borges. 28:1338
Teixeira, Napoleão Lyrio. 19:5533
Teixeira, Oswaldo. 6:706; 10:722
Teixeira, Pedro Ludovico. 19:2891
Teixeira, Regina Lopes. 15:39
Teixeira, Sílvio Martins. 12:3143
Teixeira Brandão. 7:1706
Teixeira da Fonseca Vasconcellos, Vicente de Paulo. *See* Vasconcellos, Vicente de Paulo Teixeira da Fonseca.
Teixeira d'Assumpção, Herculano. *See* Assumpção, Herculano Teixeira d'.
Teixeira de Barros, Luiz. *See* Barros, Luiz Teixeira de.
Teixeira de Carvalho, Mário. *See* Carvalho, Mário Teixeira de.
Teixeira de Carvalho, Walmir A. *See* Carvalho, Walmir A. Teixeira de.
Teixeira de Freitas, A. *See* Freitas, A. Teixeira de.
Teixeira de Freitas, Mário Augusto. *See* Freitas, Mário Augusto Teixeira de.
Teixeira de Medeiros, Laudelino. *See* Medeiros, Laudelino Teixeira de.
Teixeira de Mello, Alcino. *See* Mello, Alcino Teixeira de.
Teixeira de Miranda, Nicanor. *See* Miranda, Nicanor Teixeira de.
Teixeira de Oliveira, José. *See* Oliveira, José Teixeira de.
Teixeira Guerra, Antônio. *See* Guerra, Antônio Teixeira.
Teixeira Guerra, Inês Amélia Leal. *See* Guerra, Inês Amélia Leal Teixeira.
Teixeira Leite, Alfredo Carlos. *See* Leite, Alfredo Carlos Teixeira.
Teixeira Leite, Edgard. *See* Leite, Edgar Teixeira.
Teixeira Leite, José de Ribamar. *See* Leite, José de Ribamar Teixeira.
Teixeira Leite, José Roberto. *See* Leite, José Roberto Teixeira.
Teixeira Marinho, Marcílio. *See* Marinho, Marcílio Teixeira.
Teixeira Mendes, J. E. *See* Mendes, J. E. Teixeira.
Teixeira Mendes, Maria. *See* Mendes, Maria Teixeira.
Teixeira Mendes, R. *See* Mendes, R. Teixeira.
Teixeira Mendes Sobrinho, Octávio. *See* Mendes Sobrinho, Octávio Teixeira.
Teixeira Neves, José. *See* Neves, José Teixeira.
Teixeira Soares, Álvaro. *See* Soares, Álvaro Teixeira.
Teixeira Vieira, Dorival. *See* Vieira, Dorival Teixeira.
Teixidor, Felipe. 3:26, 2599; 4:33; 20:2358
Teja Zabre, Alfonso. 1:1068; 2:2117, 3122; 3:151; 4:1384, 2613, 3088, 4453; 5:875, 2137, 2152, 2904, 3260, 3588; 7:5304; 9:3038; 10:2890; 13:2131; 14:1742; 23: 3336, 3337; 26:580
Tejada, Carlos. 22:990-993; 23:1271; 25:789; 27:1601

Tejada, Carmela. 16:1033
Tejada, Francisco Elías de. 20:2972, 5065; 25: 5350
Tejada, J. de D. 19:5591a
Tejada, Valentín. 6:4883; 21:4734
Tejada Díaz, Teodoro. 27:3484
Tejada F., Antonio. 13:167; 19:163
Tejada Sorzano, José Luis. 1:1185
Tejado Fernández, Manuel. 17:1586; 20:2736a
Tejeda, Luis de. 21:3721
Tejeira, Gil Blas. 11:2922, 3218; 28:1644, 1918
Tejeiro, Guillermo. 14:2150
Tejera, Adolfo. 4:3612; 12:2177
Tejera, Apolinar. 11:2110, 2111; 13:1293, 1294
Tejera, Diego Vicente. 7:3366; 14:2050
Tejera, Emiliano. 3:152; 4:181; 7:2978, 2979, 3379; 8:3016; 12:2373; 13:2020; 14:338, 2606; 15:2146; 16:2510; 18:2367, 3367; 19:570, 3193; 4549; 22:4348
Tejera, Gustavo. 13:887
Tejera, Humberto. 9:3082; 10:2777; 11:2324
Tejera, José Domingo. 4:3927
Tejera, Nivaria. 26:1585
Tejera M., Victorino. 17:2901; 21:4839
Tejera París, Enrique. 11:1907; 14:1659; 24: 3606
Tejera y García, Diego Vicente. 2:3117; 3:3757; 4:4448; 7:5138; 9:3210; 10:4124; 12: 3153
Tejerina, Jorge G. 8:4953a
Tejo, Aurelio de Limeira. 4:693, 2058; 16:892; 17:800; 20:4352; 21:2256
Telechea Etcheberne, Jorge. 10:1324
El Telégrafo, Santiago de Chile. 26:964a
Teles, J. F. de Sá. 20:1755-1757; 21:1761, 1762
Teles, Leonor. 9:4264
Teletor, Celso Narciso. 9:387; 10:274; 11:1425; 12:268; 17:286
Telford, Emery A. 11:1588; 12:1351
Tella, Torcuato S. di. 7:3929; 11:931; 28:1157
Tellado, Antonio, h. 5:4195; 13:537; 19:1434, 5584
Tellechea, Manuel. 4:274a, 275
Tellechea E., Rebeca. 14:1623
Tellechea Idígoras, J. Ignacio. 25:3964; 26:1534
Tellería, Arístides. 3:2087; 4:2456
Telles, Augusto Carlos da Silva. 25:1292; 28: 334
Telles, J. A. 3:1688
Telles, Jover. 27:2379
Telles, Lygia Fagundes. 16:2927; 22:5520, 5521; 25:4691; 26:2014
Telles Barbosa, José. See Barbosa, José Telles.
Telles Júnior, Adalberto de Queiroz. 10:1374; 19:1712
Telles Júnior, Goffredo da Silva. 7:5342; 20: 2207
Telles Rudge, Raul. See Rudge, Raul Telles.
Téllez, Hernando. 16:2654
Téllez, Indalecio. 12:1649; 14:2027
Téllez Benoit, María Emilia. 12:3272
Téllez Jirón, Roberto. 6:4938
Téllez Sarzola, Óscar. 12:1438
Téllez Yáñez, Óscar. 10:1263
Téllez Yáñez, Raúl. 11:2325; 18:2103
Tello, Antonio. 8:3017; 11:2112
Tello, Arturo Hellmund. 10:2020
Tello, Julio C. 3:270, 271; 5:420, 421, 433, 1579, 1639; 6:457-460; 7:505, 506; 8:281, 282, 433; 9:440; 10:332; 19:484; 20:379; 23:522; 24:612; 27:178
Tello, Rafael. J. 13:2665
Tello, Roberto. 11:1852; 12:3040
Tello B., Manuel. 3:1593; 6:1282, 2187; 8: 2333

Tello Devotto, Ricardo. 10:3086a; 23:523, 524
Tello Lezama, Américo. 27:3730
Telmo, Manacorda. 9:845
Temas Cooperativos, Rio de Janeiro. 16:893
Temas del BID, Washington, D. C. 27:1807
Temas del Presente y Futuro Económicos, Medellín. 8:1496
Temesio, Nellie. 23:1311
Temoche Benítez, Ricardo. 8:2512; 13:963
Temple, Charles R. 20:158
Temple, Ella Dunbar. 2:2466; 3:2317; 5: 3558; 7:4561; 8:3127; 10:4305; 4308; 13: 1403, 2057; 14:1964, 1965, 2657; 16:1733-1737, 1759; 19:3462
Les Temps Modernes, Paris. 61:357
Tena, Román. 28:1876
Tena Ramirez, Felipe. 4:4350, 4406; 10:4052; 15:2656; 16:1811; 25:3263
Tenembaum, Juan L. 6:1415; 7:1357, 3970; 8: 1542; 12:907
Tenenbaum, Joseph. 7:870
Tennant, Julian. 22:374
Tenney, J. B. 2:1441
Tenório, Oscar. 8:2708; 9:3455; 10:4084
Tenório d'Albuquerque, Acir. See Albuqurque, Acir Tenório d'.
Tentori, Tullio. 20:2482; 25:163
Teódulo, Jose. 9:954
TePaske, John Jay. 22:2962; 27:3154; 28:557
Tepeda, Patricia. 25:4488
Tepp, Max. 19:3497
Terada, Kazuo. 27:4328
Terán, Enrique. 4:12, 4554; 5:196, 4287
Terán, Francisco. 5:3071; 20:2035b; 25:2316; 27:2735
Terán, Juan B. 2:2068, 2204; 3:2556, 2669; 5: 198a, 8:2928
Terán, Óscar. 3:3020
Terán, Rafael Antonio. 1:1231
Terán, Sisto. 2:1226; 8:4876; 10:4533
Terán Ascui, Ciro. 7:2496
Terán E., Vicente. 10:2855; 13:1516
Terán Etchecopar, Luis. 7:3971
Terán Gómez, Luis. 6:2654; 7:537, 1460, 2530, 3852, 3994, 4009, 4028; 8:1649, 1650, 2617, 3110; 9:1026, 1313, 1439; 10: 1223; 11:107, 999, 1231
Tercero, Dorothy M. 5:1616; 6:156, 249
Tercero, Javier. 16:3097
Tercero, José. 2:1296, 1297, 1421; 4:3591
Teresa de Jesus, Saint. 5:4470
Tereshtenko, V. J. 8:1028
Terlingen, Johannes Hermanus. 22:4349; 23: 4480; 25:4273; 28:430
Termer, Franz. 1:126, 243; 2:28, 132, 1231, 1275, 1276h, 1309; 4:213; 5:1668, 1732; 6:2174, 2252, 3809; 7:2052, 2130; 11: 278; 14:191; 17:49, 111, 112; 18:25; 19: 37, 90, 2417; 20:2571; 21:63, 440; 22:101; 23:154, 236; 25:164, 165, 280, 691; 27:253b, 980
Ternent, James Anthony Short. 24:2026; 25: 2141
Ternovoi, O. 26:776; 28:801a
Terra, Alcimar. 7:1836; 10:1569; 17:1060
Terra, Gabriel. 2:1545, 1546, 3053; 2070; 4: 2434, 2435, 3306
Terra, Gabriel, h. 12:3025; 26:1186
Terra, Helmut de. 16:438; 17:113-115, 399, 400; 19:875; 22:102
Terra Arocena, Horacio. 23:1563
Terra Corbo, Doelia. 24:4924
Terra de Senna. 6:701
Terracini, Lore. 20:4879
Terrasa, Lionel. 27:2204

Terrazas, Francisco. 8:3956
Terrazas, Silvestre. 4:2726; 6:2955; 10:2891; 11:2366; 16:1812
Terrazas Sotomayor, Enrique. 17:673
Terrazas Valdés, Alberto. 28:664a
Terrén de Ferro, María. 25:2145
Terrera, Guillermo A. 14:2607
Terribilini, Mário. 24:833
Terribilini, Michel. 24:833
Terrón, Alicia. 28:2201
Terrón, Eloy. 21:4852
Terry, R. A. 7:2048, 2144
Terry, Thomas Philip. 1:1069; 4:3089; 25:5729
Terry García, Pedro. 12:1905a
Teruggi, Mario E. 21:2068; 24:2949
Terza, José E. 11:974
Terzaga, Alfredo. 27:2842a
Terzano, Enriqueta. 6:3949
Tesorero, Nicolás Emigdio. 27:3575
Tessier, Domingo. 21:4249
Tessin, Georg. 5:552
Testa, José. 3:1688; 6:1673, 1924; 7:1643-1646; 8:1802, 1803; 17:1231; 18:1470
Testa, Roberto. 20:3523
Testa A., Enrique. 6:4630
Testena, Folco. 10:3678; 14:2890
Testimonio, R. 27:3155
Tetens, T. 4:3613
Teuffer, Salvador. 1:560
Teulières, Roger. 19:2697; 21:2159; 22:2557; 24:3072
TeVelde, Johan C. 5:152, 1197, 3013
Texeira, Eurico. 19:2723
Texidor, A. 1:288
Teyssier, Ezequiel. 4:3090, 3698
Tezanos Pinto, Mario A. de. 8:1554; 18:862
Thacker, John S. 27:371; 28:141
Tharp, Dixie. 10:443
Tharp, Roland G. 27:924
Thayer, T. P. 8:2353
Thayer Arteaga, William. 10:3994; 23:4672
Thayer Ojeda, L. 1:888
Thayer Ojeda, Tomás. 1:1955, 2303, 2309; 3:2697; 7:3095; 10:3586; 13:1415; 16:1747
Theaman, John R. 9:2133
Théard, Gaston. 14:3102
Theard, Louis-Diogene. 2:553
Thebaud, Jules. 11:2844
Thedim Barreto, Paulo. *See* Barreto, Paulo Thedim.
Thedy, Horacio R. 26:1076
Theile, Albert. 27:179
Thein, Gladys. 11:3314; 13:2173
Thélémaque, Louis E. 15:2566
Themudo Lessa, Vicente. *See* Lessa, Vicente Themudo.
Theoduloz Vásquez, Nahum. 16:1350
Theotônio Júnior, *pseud.* 27:3307
Theremin, Wilhelm. 21:1168
Thereza Christina. 28:2560
Thevet, André. 10:3157; 19:4066; 24:1126
Thiadens, A. A. 3:1535, 1609
Thibert, Marguerite. 8:1150, 3843, 3844
Thieme, Frederick P. 18:391; 23:1278
Thiollier, René. 19:1286, 5293; 23:5583
Thiré, Carlos. 17:508
Thoby, Perceval. 5:2852; 18:2023
Thoby-Marcelin, Philippe. 9:3945, 3973; 10:3695; 15:2578; 17:2658
Tholozan Dias da Costa. Geraldo. *See* Costa, Geraldo Tholozan Dias da.
Thomas Aquinas, *Saint.* 8:4922; 10:4562; 11:3925; 12:3519; 18:3145; 20:4895
Thomas, A. B. 4:1385
Thomas, A. J., Jr. 25:2672; 27:3156, 3844

Thomas, Alfred Barnaby. 1:809; 5:2441; 6:2887; 7:2980; 8:3018; 21:2336
Thomas, Ann Van Wynen. 27:3156, 3844
Thomas, Charles E. 21:64
Thomas, Clive Y. 27:2037, 2037a
Thomas, D. Y. 1:1744
Thomas, Earl W. 17:2597; 19:5294; 28:1644a
Thomas, Eugene P. 4:899; 5:813
Thomas, Helen Goss. 10:73
Thomas, Henry. 7:5096
Thomas, Herbert. 25:2313
Thomas, Jack Ray. 27:3360
Thomas, Jerry C. 24:5928
Thomas, José de. 23:5345; 26:1884
Thomas, K. Bryn. 27:1155
Thomas, Léon. 19:715; 21:467
Thomas, Leonard. 17:2658
Thomas, M. E. 8:510
Thomas, Norman D. 27:981
Thomas, Ruth Sievers. 6:4112
Thomas, William L., Jr. 19:38, 39
Thomas Gilcrease Institute of American History and Art, *Tulsa.* 26:80
Thomasset, H. 25:3432
Thomaz, Joaquim. 3:3560; 19:4067
Thomaz, Joaquim Silveira. 8:460; 11:427; 10:457
Thomazi, August Antoine. 3:2207
Thompson, Alberto H. 4:1245; 5:1265
Thompson, Carlos J. 5:1403b
Thompson, Donald E. 19:190, 571; 20:106, 178; 27:655-659
Thompson, Edgar T. 22:2812; 23:2472; 24:2815
Thompson, Edward H. 4:141
Thompson, Emmanuel. 9:3180; 11:2394
Thompson, Ernest F. 11:1600, 1645
Thompson, Franklin M. 18:2749
Thompson, John Eric Sidney. 1:94; 2:38a, 162; 3:146-148; 4:141, 229; 5:246, 262; 6:293, 317; 7:293-296, 314, 355, 419; 8:172, 192, 221; 9:251-253, 308-311, 343; 10:190-193; 11:169, 170, 229, 230, 1544; 12:138, 139, 152a, 190, 249, 250; 13:122, 14:192; 15:191; 16:215, 216; 17:140, 141, 142; 18:117; 19:40-42, 91, 163, 190, 191, 225; 20:78-80, 179, 245, 245a, 21:65; 22:124, 125, 607-610, 2839; 23:155, 974; 24:290, 1154, 1155; 25:166, 244, 245, 692, 693, 3195; 26:119; 27:254, 417, 843-846
Thompson, John T. 25:1609
Thompson, Kenneth W. 27:3018, 3146
Thompson, Lawrence S. 12:3326; 26:81, 825, 1443; 28:92, 451a, 452
Thompson, Leita Fern. 13:2675; 2676
Thompson, M. Weldon. 19:2074
Thompson, Nora B. 14:252, 1807
Thompson, Peter E. 19:2541
Thompson, R. W. 3:60d, 2677
Thompson, Ralph. 1:292
Thompson, Raymond Harris. 22:317; 27:395
Thompson, Robert Wallace. 20:419, 420; 21:3666; 23:4481; 25:3965
Thompson, Stephen I. 27:1296
Thompson Moore, Unetta. 24:5570
Thomsen, Harriette H. 24:291
Thomsen, Thomas. 4:436
Thomson, Augusto. *See* Halmar, Augusto d', *pseud.*
Thomson, Charles A. 1:1130; 3:1031, 1032, 2149, 2150; 4:1386, 3643; 5:3320
Thomson, George. 23:5911
Thord-Gray, I. 21:714; 28:712a
Thorin Casas, Luis. 6:1184, 1211; 8:1368
Thornburg, Max Weston. 12:1297
Thorndike, Lynn. 8:2929

Thorndyke, Augusto. 1:483d
Thorne, Francis B. 12:3327
Thorning, Joseph Francis. 2:477; 11:1879, 2839; 18:2049
Thornton, A. P. 19:3089; 3397a, 3398; 20:2556; 21:2563
Thornton, Mary Crescentia, *Sister*. 14:2338
Thornton, Phyllis. 19:611
Thorpe, Louis P. 12:3569
Thorwald, Jürgen. 27:180
Thot, Ladislao. 6:4535
Thrasher, John S. 25:3384
Threan Valdez, Earl R. 16:2387
Thurber, Floyd. 22:126, 127, 931; 23:237; 24:1156; 25:281
Thurber, Valerie. 22:126, 127, 931; 23:237; 24:1156; 25:281
Thurman, Michael E. 26:494
Thurnwald, Richard. 17:36
Thwaites, Marjorie. 17:3135
Thyssen, Johannes. 20:4896
Tibaudin, José. 8:1605
Tibbetts, Douglas E. 19:2401
Tibesar, Antonine S. 13:1404; 16:407; 19:3370, 3463; 20:2766; 21:2633, 2634, 2749
Tibiriçá, Ruy W. 2:182; 6:708; 7:458
Tibiriçá Miranda, Maria Augusta. *See* Miranda, Maria Augusta Tibiriçá.
Tibol, Raquel. 25:1239; 28:294, 294a
Tibon, Gautier. 14:253
Tibón, Gutierre. 8:1062; 22:4350; 25:3966; 27:825
Tiburtius, Guilherme. 24:541, 542; 25:352
Tidman, D. A. 17:1272
Tiempo, César, *pseud*. 19:4778, 4948, 5039
Tierra Adentro, Santiago del Estero. 8:2203
Tierra Nueva, México. 6:157
Tietze, Christopher. 22:6028
Tigner, James Lawrence. 24:4543; 25:3863; 26:1135
Tigre, Heitor Bastos. 5:1601
Tigre Maia, Silvia. *See* Maia, Silvia Tigre.
Tijerino Medrano, J. Antonio. 21:3594; 27:1978
Tilden, J. 16:2822
Till, E. Rodrigues. 28:2433
Tiller, Ann Quiggens. 28:1398
Tilman, Harold William. 21:2026, 5048
Timberman, O. W. 22:6145
Time-Life, Inc. 25:137
Timm, Bernardo. 20:4571
Timm, C. A. 1:1768
Timm, Kalus. 24:3711
Timmermann, Germán J. 5:1266
Timmons, Wilbert H. 28:665, 665a
Tinbergen, Jan. 27:1808
Tingsten, Herbert. 17:3192
Tinker, Edward Larocque. 9:3973; 10:3695; 11:2367; 14:2721; 19:4779; 24:5128; 28:3125
Tinoco, Brigido. 25:3864
Tinoco, Juan. 9:4022
Tinoco, Juan, *Father*. 7:3032
Tinoco, Luis D. 6:1007
Tinoco, Manuel Vicente. 6:1248; 19:4949
Tinoco, Pedro R. 16:3015; 20:4585
Tinoco, Rodrigo Víctor. 13:2560
Tinoco Filho, Mário. 9:597
Tió, Aurelio. 20:2359; 24:4043
Tió, Salvador. 21:3843
Tirado, Modesto A. 10:2925; 12:1959
Tirado Benedí, Domingo. 10:1610, 1611, 3082; 11:1290; 14:1254; 16:1034; 19:2080, 2081
Tirado Osorio, Mariano. 8:2291
Tirado Sulsona, P. 16:1152
Tiraferri, Emidio. 5:3382
Tiravanti, Felipe H. 7:1533

Tireman, Lloyd Spencer. 14:1210
Tírico, José Domingos. 22:2558; 24:3073; 25:2420
Tiscareño Silva, Rafael. 16:1374
Tischendorf, Alfred Paul. 21:1498, 1499; 22:4015; 24:3583, 3995, 4544; 25:3550; 26:685; 28:961a
Tischner, Herbert. 23:19
Tiscornia, Eduardo. 26:1125
Tiscornia, Eleuterio F. 3:3216; 4:4085; 5:3527-3529; 6:3881, 3882; 7:4454; 9:3986, 4093
Tiscornia, José. 21:2057
Tiseyra, Óscar. 28:802
Tisnado, Alicia. 22:5170
Tisnés J., Roberto María. 23:3426; 26:846a, 957, 958; 28:989a
Tissembaum, Mariano R. 2:492, 784, 785; 4:1017, 1018; 7:3953, 3986; 13:1845, 1860, 2447, 2560; 14:2455; 23:2860
Titiev, Mischa. 16:420; 17:377, 1162; 18:347; 20:23
Tixier, Adrien Pierre. 1:331, 1661; 7:4330
Tixier, Paul A. 7:1017, 4330
Tjarks, Alicia Vidaurreta de. 28:1021, 1223, 1223a
Tjarks, Germán O. E. 22:3511; 24:4244; 26:911; 28:1020a, 1021, 1158, 1158a
Tlalocan, Sacramento, Calif. 9:371
Tobal, Gaston Federico. 2:1347; 3:1743; 14:2243
Tobar, Baltasar. 19:3193a
Tobar Ariza, Rafael. 8:3150
Tobar Cruz, Pedro. 26:711; 28:730
Tobar Donoso, José. 5:3120
Tobar Donoso, Julio. 1:996; 6:3058, 3467; 9:2675; 10:3069, 3265; 11:2297, 2734; 14:1277; 20:2993, 22:3554; 23:2831, 3823; 25:3500, 3553; 26:1384
Tobar García, Carolina. 5:1450
Tobar Silva, Miguel. 8:1369
Tobell, Milton F. 9:2117
Tobias, José Antonio. 22:5872
Tobias, Stephen F. 27:1123
Tobin, Felipe R. 4:1317
Tobón, Ernesto. 28:897a
Tobón Betancourt, Julio. 12:2374; 13:2022; 18:2368; 19:4550; 28:990
Tocantins, Leandro. 18:1533, 3368; 25:3801; 26:1216, 1217; 28:335, 353
Tocary Assis Bastos, X. *See* Bastos, X. Tocary Assis.
Tocornal, Enrique. 12:1999a
Tocornal, Manuel Antonio. 8:3323
Tocornal de Romero, Luz. 7:4181
Todd, Roberto Henry. 7:3399; 12:1960
Törnberg, Gerda. 19:581
Tofini, Paolo. 19:884
Tojeiro, Gastão. 9:4299; 18:2818
Tokarev, Sergei A. 23:20; 3002; 27:129c, 4020
Tokyo Daizaku, *Andesu Chitai Gakujutsu Chosadan, 1960*. 27:660
Tola, Fernando. 10:4095; 24:1315
Tolaba, Walter A. 28:3324
Toledo, Augusto. 6:3883; 11:2883
Toledo, Giovanni. 27:2985
Toledo, Lourdes de Andrade. 8:306
Toledo, Moacyr Mancio de. 17:2767
Toledo, Odete. 6:1987
Toledo, Ricardo. 3:1973; 5:2075
Toledo, Sílvio de Almeida. 4:1767
Toledo Bandeira de Mello, Affonso de. *See* Mello, Affonso de Toledo Bandeira de.
Toledo Mas, César. 4:4410
Toledo Morán, Salvador. 19:1446

Toledo Palomo, Ricardo. 22:3000; 28:182
Toledo Piza Bellegarde, Alceu. See Bellegarde, Alceu Toledo Piza.
Toledo Piza Sobrinho. Luis de. See Piza Sobrinho, Luis de Toledo.
Toledo Rizzini, Carlos. See Rizzini, Carlos Toledo.
Tolentino, Hugo. 28:821
Tolentino Rojas, Vicente. 6:1089; 10:133, 1024, 2439, 3297; 14:1414, 1442
Tolima (Department). Asamblea. 3:1934, 2147
Tolima (Department). Contraloría. 4:1650
Tolima (Department). Contraloría. Dirección de Estadística. 2:648
Tolima (Department). Dirección de Educación Pública. 2:1200; 3:1423
Tolima (Department). Gerencia de Rentas. 4:1651
Tolima (Department). Secretaría de Gobierno. 3:1962; 4:2480; 8:2735; 9:2481
Tolima (Department). Secretaría de Hacienda. 4:1652
El Tolima and The Dorado Railway Company, *Ibagué, Colombia.* 2:649
Tolipan, Léonie. 28:2561
Tollenare, L. F. de. 22:3890
Tollens, Paulo. 9:4217
Toller, William. 20:2798; 21:2764
Tolomei, Victorio. 16:2974; 17:2680
Tolón, Edwin T. 9:4775; 26:1920
Tolosa, P. Óscar. 15:1030
Tolstoi, Leo. 7:5097, 5098; 8:4454, 4455; 10:3933
Tolstoy, Paul. 22:103; 23:156
Toluca. Biblioteca Pública Central. 4:4533
Tomasino, Humberto. 13:2417; 25:4091
Tomé, Alfredo. 8:3539, 4260
Tomé, Eustaquio. 14:3306
Tomic R., Radomiro. 8:3608
Tomlinson, Edward. 4:3592; 5:185, 3321; 9:185; 13:1046; 22:2623
Tomlinson, Harry J. 10:1224
Tommasi López, Leopoldo. 17:3011
Tommasini, Gabriel. 1:889; 3:2244a
Tommaso Bastos, Haydée Di. See Bastos, Haydée Di Tommaso.
Tomoda, Kinzô. 28:1644b
Tomorrow, Quarterly Review of Psychical Research, New York. 19:610
Tompkins, B. A. 6:495
Tompkins, John Barr. 9:331a
Tompkins, S. R. 16:1686
Tonda, Américo A. 9:3279; 11:2496; 12:2097; 18:2085; 19:3855; 21:3093; 26:1126
Tondo, Casimiro V. 24:1525; 25:786; 27:1558, 1584, 1584a
Tonelli, Armando. 7:3486, 3487, 4803; 9:3126
Tonelli, Juan Bautista. 11:2497
Toneyama, Mitsuto. 27:4329
Tonina, Teodoro Andrés. 27:2167
Toor, Frances. 1:150, 151; 5:745, 1612; 6:211, 814; 13:213, 2696; 15:77; 16:48; 18:3340
Topete, Jesús. 26:686
Topete, José Manuel. 17:2505; 18:2642, 3311
Topete Bordes, Luis. 10:262
Tópicos Económicos, Guatemala. 16:639
Toral de León, Demetrio. 27:448a
Toral Gutiérrez, Rosa Elena. 15:501
Toranzos, Fausto. 9:4948
Torassa, Antonio A. 6:3432
Torchia Estrada, Juan Carlos. 20:4776; 21:4803; 23:5839; 24:6039; 25:5351; 26:2260, 2292
Torero, M. J. 1:2028
Tori, Antonio. 7:4376
Toribio Medina, José. 22:2830

Toriello Garrido, Guillermo. 19:4273; 21:3418
Torino, Enrique. 9:4502
Tormo Sanz, Leandro. 27:3157; 28:926
Torna Filho, Elysário. 10:3861
Tornaghi, Hélio Bastos. 10:4119 19:5430; 23:4599; 27:3731
Torner, Florentino M. 17:1444
Tornquist, Carlos Alfredo. 1:391
Tornquist (Ernesto) Co., *Buenos Aires.* 3:937; 5:1172; 6:1388; 7:1325; 8:1511; 9:1348; 14:1040
Toro, Alfonso. 4:2726a; 5:738; 10:492, 2623; 11:2368; 12:1703; 13:1346; 15:1446
Toro, Emilio del, Jr. 4:1546
Toro, Josefina del. 4:34; 25:4331
Toro, Rafael A. 11:1647
Toro Anda, Jorge. 2:2024
Toro Escobar, Carlos del. 21:4622
Toro Garland, Fernando. 24:4087
Toro González, Jorge. 10:1264
Toro Manríquez, Hernán. 1:1608
Toro Ramallo, Luis. 6:4152; 11:3219; 12:2590
Toro Ruilova, David. 2:1467; 3:1840; 7:3504
Toro Terán, Gonzalo. 13:941
Toro Venegas, Arturo. 8:1029
Torón Villegas, Luis. 16:1015; 23:2540
Torquemada, Juan de, *Brother.* 2:39; 9:2840; 27:847; 28:526
Torra, A. 9:2492
Torrademé Balado, Ángel. 11:1946
Torralba Soriano, Federico B. 20:910
Torrano Moscoso, José. 13:1944
Torras, Pelegrín. 27:3445
Torrassa, Atilio E. 9:5015
Torre, Abelardo. 17:2672
Torre, Alfonso la. 24:5275
Torre, Antonio de la. 4:4763; 28:2258
Torre, Benjamín K. de la. 4:316; 19:1454
Torre, Eddy. 7:4753
Torre, Gabriel de la. 10:4451
Torre, Guillermo de. 2:2621; 8:4114; 14:2858; 17:2506; 20:4269; 24:5571; 26:1784; 28:1809, 2259
Torre, Jorge de la. 4:1731, 3209
Torre, José E. de la. 4:3210; 13:1618
Torre, Josefina Muriel de la. 8:603; 9:2841; 18:442
Torre, Lisandro de la. 5:3017; 13:2606; 17:1782; 18:1560; 19:3851
Torre, Tomás de la. 11:2051
Torre Bertucci, José. 10:4413
Torre Bueno, Alberto de la. 1:483e
Torre Bueno, Ernesto la. 2:882
Torre Palma, Atilio de la. 14:2456
Torre Revello, José. 1:890-892, 2234; 2:1779, 1947, 1948, 2069; 3:2227, 3042, 3098; 4:409, 479, 563, 2549, 2582, 2610, 2882, 3844, 3845, 4512; 5:553, 672a, 2645, 3018, 3615, 4260; 6:158, 2832, 2833, 3107, 3980, 3981; 7:197, 627, 2862-2864, 3005, 3047, 3050, 3081-3086, 3112, 3162, 3408, 3488-3491, 3515, 4539; 8:93, 2965, 3038, 3098, 4713; 9:94, 95, 2676, 2872, 2915, 2953-2955, 3127, 3281, 4661; 10:596, 2698, 2703, 2856, 2857, 3587; 11:511, 1984, 2176, 3037; 12: 678, 1925; 13:1165, 2057a, 2069; 14:664, 678, 1743, 1787, 2005, 2980; 15:2190; 16:2556; 17:979, 1651; 18:1808; 19:6448; 20:926-929, 2557, 3019, 3745, 3751; 21:915, 2622, 2779-2781, 3739-3741; 23:3691, 5704; 24:4155; 25:3079, 3524, 4234; 26:911a, 1004, 1086; 27:2843; 28:666
Torre Reyes, Carlos de la. 19:5543; 26:959, 1022
Torre Tagle, *marqués de. See* Tagle y Portocarrero, José Bernardo de.

Torre Villar, Ernesto de la. 12:1861; 13:1469; 14:1788; 18:1782; 19:3659; 20:2360; 21:2840; 23:975, 3190, 3338, 3339; 24:1157, 1628; 25:167, 3197, 3325; 26:581; 28:666a, 667
Torre y del Cerro, Antonio de la. 14:1789; 21:2478
Torre y del Cerro, José de la. 1:893, 1929; 2:1949; 15:1557;16:1712;18:1887
Torre y Pérez, Ricardo de la. 14:3258
Torrea, Juan Manuel. 5:2905, 2906; 7:3400; 11:2369, 2370; 12:2025; 14:2124; 16:1813; 26:687
Torrealba Lossi, Mario. 17:2110f, 2449; 19:4780; 20:4145; 24:5011; 25:4274; 26:1444
Torreão Stramandinoli, Cecilia. See Stramandinoli, Cecilia Torreão.
Torregrosa, Ángel M. 4:3928
Torregrosa, F. Luis. 24:1557
Torregrosa, Mercedes Vicente de. 12:543-545
Torrent, Juan Francisco. 3:1704, 1831; 4:914, 915, 2233; 5:1988
Torrente, Loló de la. 8:4038
Torrente, Vicente. 19:1366
Torrente Ballester, Gonzalo. 14:2722
Torrents, Santiago. 7:1528
Tôrres, Alberto. 4:2273; 5:2227a
Torres, Alberto María, Brother. 1:1269; 3:2319
Tôrres, Ambrosio M. 4:1768
Torres, Antonio. 24:2950
Tôrres, Artur de Almeida. 7:1993; 9:4127; 18:2724; 22:4300; 24:4790, 4791; 28:1645, 1646
Torres, Arturo. 9:3282; 15:2767; 17:1783; 18:2086
Torres, Baudilio. 2:2504; 3:3099; 6:4810
Torres, Bibiano. 21:2639
Torres, Carlos. 17:1879
Torres, Carlos Arturo. 2:2759; 21:3844
Torres, Edelberto. 18:2643; 19:4735; 20:3853; 23:3325
Torres, Edith Magarinos. 7:767, 768, 5017
Tôrres, Francisco Eugênio Magarinos. 14:1536
Torres, Francisco Mariano de, Brother. 23:976; 24:292; 25:282
Torres, Francisco W. 11:3935
Torres, Gentil. 11:2584; 14:2354; 17:1862
Torres, Gladys. 17:2513
Torres, Gustavo C. 7:1358
Torres, Gustavo R. 28:1877
Torres, Heloísa Alberto. 3:225; 6:635; 17:174; 19:1213
Torres, Ildefonso V. 22:2382
Tôrres, Ivo. 28:2643
Tôrres, João Batista de Vasconcellos. 6:3662; 9:1697; 10:3385; 11:2801; 20:4919
Tôrres, João Camillo de Oliveira. 9:4919; 20:3577; 22:2660, 3872, 3891; 23:2443; 24:3462, 4545; 25:2750-2752, 3802, 3865, 4029; 26:1291; 27:3308
Tôrres, José Camilo de Oliveira. 6:3650
Tôrres, José Garrido. 3:577; 9:1719; 10:1387; 11:730; 21:1253, 1254; 22:1665; 24:1930
Torres, José Luis. 11:2498
Torres, Juan Manuel. 24:3996
Torres, Julio César. 3:3614
Torres, Luis. 6:2956
Torres, Luis. 2:1192
Torres, Luis F. 2:1176; 3:1438; 4:1795
Tôrres, Luis Wanderley. 28:1271
Torres, Manuel A. 23:655
Tôrres, Manuel Júlio de Mendonça. 16:2190
Tôrres, Mário. 5:3160
Tôrres, Mário Brandão. 16:2894

Torres, Maruja. 26:1756
Torres, Mercedes P. 10:4414
Torres, Michúa A. 21:814
Torres, Orlando. 5:1953
Torres, Pedro. 12:1704, 14:1790
Torres, Pedro E. 5:4174; 8:4646; 10:4149
Torres, Sergio. 27:4013
Torres, Teodoro. 2:2652; 3:3217
Torres, Vicente Donoso. 6:511
Torres, Víctor Manuel. 26:582
Torres Ahumada, Osvaldo. 17:2702, 2703; 18:2865; 21:1323
Torres Almeyda, Luis. 27:2066
Torres Almeyda, Pablo E. 24:4360
Torres Balbás, Leopoldo. 17:1437
Tôrres Bandeira, Geraldo Rangel. See Bandeira, Geraldo Rangel Tôrres.
Torres Barnett, Carmen. 17:2789
Torres Bengolea, Esteban. 5:2646; 6:3017
Torres Blaksley, Felicia. 7:3962
Torres Bodet, Jaime. 1:2076; 3:3274, 3321; 7:3758, 4676; 10:1612; 14:1288, 2389; 15:2381; 19:4781; 20:4111; 22:5178; 25:2133e, 4489; 28:124, 2172
Torres C., Luis Alberto. 3:1934
Torres Calvo, David. 22:932
Torres Chaves, Efraín. 18:2699
Torres de Araúz, Reina. 25:469, 470; 27:982, 983, 1288a
Tôrres de Camargo, Christóvam. See Camargo, Christóvam Tôrres de.
Tôrres de Freitas, Byron. See Freitas, Byron Tôrres de.
Torres de Ianello, Reina. 20:498; 21:441; 23:623, 624; 24:699-701
Torres de la Fuente, Eduardo. 14:1624
Torres de la Puerta, José. 6:4692
Tôrres de Oliveira, F. L. See Oliveira, F. L. Tôrres de.
Torres de Zeno, Olimpia. 6:1128
Torres Fernández, Miguel Ángel. 11:3220
Tôrres Filho, Arthur. 2:945, 965; 4:729; 10:1362, 1363; 11:1139
Tôrres Filho, M. 10:3862
Torres Gaitán, Ricardo. 10:932, 933; 11:470, 731, 2018; 15:835; 16:1016; 17:950; 18:1007; 19:1914, 1929; 20:1564-1566; 25:1580; 27:1927
Torres García, Guillermo. 2:650; 11:874; 21:3143
Torres-García, Joaquín. 8:681; 10:661; 11:669; 18:510; 28:125
Torres García Herreros, Leonel. 13:563
Torres Gigena, Carlos. 9:1409; 23:4663
Torres Gómez, Manuel. 10:4150
Tôrres Lemos, Lygia. See Lemos, Lygia Tôrres.
Torres Llosa, Enrique. 20:4851
Torres M., J. Alberto. 19:2407
Torres M., Luis. 27:2448
Torres Manzo, Carlos. 25:1489, 1581
Torres Martínez, Manuel de. 19:1367
Torres Mazzoranna, Rafael. 28:834
Torres Morales, José Antonio. 17:2507; 26:1385
Torres Moya, Humberto. 2:464
Torres Muñoz, Carlos. 10:3391
Torres Ortiz, Pedro. 8:2774
Tôrres Pastorino, C. See Pastorino, C. Tôrres.
Torres Peña, Paulina. 14:2727
Torres-Púa, Aldo. 15:2339; 18:2609; 21:955; 25:4418
Torres Quintero, Rafael. 16:2473; 17:2262; 18:3327; 22:4751; 24:5016; 26:1414
Tôrres Ramos, Godolphim. See Ramos, Godolphim Tôrres.
Torres Reyes, Ricardo. 20:2595

Torres-Ríoseco, Arturo. 1:1963, 1991, 2106; 2:2622, 2623; 3:3218-3221; 4:3929-3931; 5:3719-3728, 3867; 6:4113-4116, 4116a; 7:4540, 4677, 4726, 4764; 8:4039; 9:3907; 10:3793; 11:3089, 3320; 12:2725, 2934, 2956; 13:2058, 2174; 14:2862; 15:2321, 2353, 2382; 18:2401; 19:4687, 4782; 5106, 5295; 20:3854, 4112, 4146; 4270; 21:4171; 23:4843, 5177; 24:5572; 26:1535, 1826; 28:2202
Torres Rodríguez, Raúl. 4:2179
Torres Rosado, Félix. 8:4156
Torres Rubio, Diego de. 10:424
Torres Ulrich, José. 2:1590a
Torres Umaña, C. 1:1270
Torres Vargas, David. 8:2514
Torres y Peña, José Antonio. 25:3554
Torres y Torres, José. 5:1842
Torretti, Carlos. 27:2236
Torretti, Roberto. 21:4771; 26:2314, 2336
Torrey, Antoinette. 8:4456
Torri, Julio. 16:2595; 23:4910
Torricelli D., Eduardo. 3:871
Torrico, Armando. 27:2204
Torrico Prado, Benjamín. 19:2057
Torrico Sierra, José. 6:4607
Torriente, Loló de la. 10:662; 12:660; 13:1586; 14:838; 20:1043; 21:2939; 23:1470, 1496; 24:1753
Torriente-Brau, Pablo de la. 2:413; 15:2258; 28:1919
Torriente y Peraza, Cosme de la. 5:2099; 2829; 6:3709; 7:2639, 3813; 8:2750; 10:2787, 2788, 2926; 11:2273, 2703, 2704, 2716, 3011; 13:1518, 1571, 1585; 14:2051; 15:1632; 17:1945, 3121; 18:2016; 19:3761, 4285
Torro Ramallo, Luis. 3:3379
Torroba Bernardo de Quirós, Felipe. 23:4465
Torroella, Enrique. 25:694, 727
Tortajada, Amadeo. 18:3312
Tortoló, Adolfo. 21:3667
Tortorelli, Lucas A. 9:1410; 13:912; 20:2020, 2020a; 23:2586
Toruño, Juan Felipe. 4:4086; 6:4236; 7:4804; 11:3315; 13:2175; 17:3155; 18:2644; 23:4842; 25:4275
Tosar, Héctor. 14:3349
Toscano, Antonio. 14:1603
Toscano, Carmen. 14:2939
Toscano, Salvador. 2:375; 3:70a; 4:120, 251; 5:3868; 6:759; 7:329; 8:755; 9:254, 281; 10:169; 11:143, 231, 561; 12:140, 168, 169, 661; 13:168, 2059, 2070; 14:193, 194, 839; 15:192, 193; 18:100; 19:3370a; 20:1049
Toscano Mateus, Humberto. 19:4550a; 24:4373, 4792; 26:1386, 1545; 28:1647
Tosco, Manuel. 18:755; 19:1449; 20:1343; 27:1979
Tosi, Joseph Andrew, Jr. 22:2451; 25:2331; 27:2714
Tosi de Diéguez, Lola. 4:3017; 6:2054
Tossini, Luis. 7:2286; 8:2456; 10:2088
Tosta, Virgilio. 18:3162; 19:2091; 20:3093; 4870c; 22:3580; 24:5276; 25:2146; 3479; 26:847, 960; 28:884; 1057
Tosta Filho, Ignácio. 2:966; 21:1437
Tosta García, F. 24:5276
Tostes Malta, Adílio. See Malta, Aldílio Tostes.
Toth, Jane. 25:3389
Toth, Julius S. 22:2452
Totheroh, Dan. 9:4387
Totten, Hans. 2:1348
Tottenham-Smith, R. H. 3:904; 17:583
Toubes, Amanda. 27:2487

Touchard, Jean. 28:124a
Toulmin, Harry Aubrey, Jr. 1:1070
Touraine, Alain. 25:1530; 27:3158
Touring Club de Brasil. 20:2082; 27:2986
Touring y Automóvil Club del Perú. 25:2332
Tourinho, Eduardo. 16:2066; 28:1272
Tourinho, Luis Carlos. 10:2288
Tourinho, Nazareno. 25:4730
Tourinho, Octávio de Campos. 17:1880
Tourtellot, Margaret. 10:3701
Tous, Alfonso L. 5:1866
Toussaint, Antonio. 26:163
Toussaint, Manuel. 1:1071; 2:376, 377; 3:414, 415, 450; 4:17, 484, 485; 543-545, 2727, 2728; 5:673-676, 766, 2408, 3559; 6:720, 758, 760-761, 792, 2067, 3950; 7:4503; 8:604, 742, 756-758, 9:683, 742, 743; 10:169, 595, 3588; 11:505, 512, 537, 538; 12:565, 598, 599; 13:1132, 1166; 14:720, 729-732, 1908; 16:195, 513; 17:443, 18:443, 487; 19:4646, 5107; 20:985-988, 2529; 21:928; 23:5123; 25:1171, 1172; 28:207
Tovar, Antonio. 17:2263; 20:727a; 25:3080; 26:1387; 27:1397a, 1493, 1493a; 28:861k, 1648
Tovar, Jair. 14:57
Tovar, Ramón A. 27:3576
Tovar Ariza, Rafael. 4:2929; 7:2162; 10:2002; 12:333
Tovar Godínez, Luis de. 11:2052
Tovar Gutzlaff, Carlos. 24:4867
Tovar Lange, Silvestre. 7:5186; 17:2754
Tovar Mozo, Wenceslao. 25:4105
Tovar Villa, Raúl. 26:1131
Tovar y Ramírez, Enrique Demetrio. 1:956; 7:4485; 8:94; 9:2628, 3908, 4082; 10:2858, 2947; 11:1531-1533, 2395, 2924-2926, 2954; 12:679, 1943, 2375, 2376; 13:1465
Tovares, Odorico. 2:2916
Towle, Margaret Ashley. 18:222, 223; 19:489; 24:613
Townsend, Andrés. 27:3536
Townsend, Francis Edward. 20:4113
Townsend, William Cameron. 6:3798, 18:1600, 1970; 19:1915; 24:1342
Townsend Ezcurra, Andrés. 3:3222, 4:4087; 18:1987; 19:3681a; 22:3078; 25:2843
Toynbee, Arnold J. 3:2933b; 15:2961; 27:1809
Tozzer, Alfred Marston. 1:2327; 2:40; 3:80, 103; 7:264, 265, 278, 2981; 21:66
Tozzi, César, pseud. 23:5498
Traba, Marta. 23:1466; 24:445; 28:260
Trabajo. Boletín de la Secretaría del Trabajo, Santo Domingo. 16:2388
Trabalho e Seguro Social, Rio de Janeiro. 15:2035
Trabanino, J. Guillermo. 24:3515
Tracy, D. W. 5:3322
Traeuber, Irene B. 8:1029a
Trager, George L. 3:155; 11:394; 14:523
Traibel Nelcis, José María. 13:1423; 17:1823
Trancoso, F. D. F. C. 13:1726
Trappen, Friedel. 28:802a
Trask, Willard R. 22:5843
Trattner, Ernest R. 6:4475
Traub Borges do Amaral, Serafina. See Amaral, Serafina Traub Borges do.
Traucki, Boris. 9:1361
Travada y Córdova, Ventura. 24:4121
Travadelo, Delia A. 28:1649
Travassos, Mário. 1:1296; 7:1708, 1709, 2434, 2436; 8:2591; 13:1008
Travassos, Nelson Palma. 10:3863; 22:5559; 25:4755, 4756; 26:2015; 28:2681
Travassos, Renato. 12:2935; 23:5448; 25:2199f

Travassos dos Santos, Plínio. *See* Santos, Plínio Travassos dos.
Travel in Brazil, Rio de Janeiro. 7:660
Traven, Bruno. 4:4016; 6:4181; 17:2422
Traversari, Pedro Pablo. 9:1911, 17:2863
Traverso, Julio, h. 10:4196
Traversoni, Alfredo. 21:2337
Travieso, Carlos. 3:2320
Travieso, Carmen Clements. 9:3152
Travis, Martin B. 19:573; 22:2704, 4023
Trebbi del Trevigiano, Romolo. 22:375
Trechmann, C. T. 7:2212
Tredici, J. 9:4987
Treharne, Bryceson. 9:4669
Trejo, Amador B. 10:1759
Trejo, Antonio de. 12:1705
Trejo, Arnulfo D. 27:1810
Trejo, Juan Carlos. 24:1713
Trejo, Mario. 25:4583
Trejo, Oswaldo. 18:2556
Trejo, Pedro de. 6:3913
Trejo, Wonfilio. 25:5381; 26:2337-2339
Trejo Dueñes, Arnulfo. 22:3052; 23:4482; 25:3967
Trejos, José Francisco. 3:1585
Trejos, Juan. 4:1419; 7:2123; 8:1176; 10:1959; 27:2736
Trejos Fernández, José Joaquín. 22:5894; 27:2488
Trelles, Carlos M. 1:1915, 1990, 2:15; 3:1431ᵅ; 4:35, 36, 3777, 3866
Trelles, J. O. 18:400
Trelles, Rafael. 1:2244
Trembley, William A. 24:4047; 25:3389; 28:93
Trend, John Brande. 7:235; 8:605; 12:1944, 1945; 14:2028; 17:1753; 18:2645
Trendall, Alfredo. 28:3368
Trens, Manuel Bartolomé. 8:2873; 13:1347; 15:1622; 16:1814, 1815, 1816; 17:1696; 19:3371; 20:2361; 21:2564-2566; 22:2964, 2981; 23:3191
Trent, Christopher. 22:25
Trent, Sarah. 8:4457
Trenti Rocamora, José Luis. 10:2998, 3019; 11:82; 12:2391; 2426a, 2427; 13:2034a, 2060, 2071-2075, 2133; 14:679, 1992-1994, 2633; 15:1600, 2173; 2180, 2181, 2213; 2797; 16:2518, 2557, 3220
Tresguerras, Francisco Eduardo. 28:622a, 1733
Trespailhie, Orestes L. 4:40, 3175; 7:2287
Treutlein, Theodore E. 3:2365; 4:2729; 5:2442; 11:1986; 14:1922; 15:1477
Treves, Renato. 5:4447; 6:5056; 7:5686; 10:4612; 12:3479, 3515, 3516
Treviño, C. A. 27:1571
Treviño, Jorge A. 24:4861
Treviño, Ricardo. 18:2282
Treviño, Víctor L. 19:6105
Treviño Garza, Leopoldo. 4:2404
Trevisan, Dalton. 22:5522; 28:2562-2564
Trevisán, Egidio C. 1:364; 2:746; 6:3018; 8:1555, 1583; 9:1411; 10:1189, 1190; 11:975; 12:908, 909, 3041; 16:852
Trevisán, Lázaro S. 1:1616
Trevithick, Francis. 4:3036
Trevor, J. C. 4:380
Trewhela, H. 3:1788
Tri, Segundo A. 6:5091; 8:4919; 25:3666
Triana, José. 26:1885; 28:2203; 2336, 2337
Triana, Rodrigo de, *pseud. See* Chávez González, Rodrigo A.
Trianes, Francisco J. 4:933; 5:4175
Trías, Manuel B. 17:2947
Trías, Ramón. 12:1893
Trías, Vivian. 25:3715; 27:2890

Trías Monge, José. 9:3909
Tribe, Edgardo R. 10:1191
Los Tribunales, México. 1:1891
Tricart, Jean. 22:2559; 23:2730-2732; 24:3074; 25:2421, 2422; 27:1980
Tricentenario da Restauração Pernambucana. Comissão Organizadora e Executiva. 19:1254, 1266
Triffin, Robert. 10:862, 1069, 1070; 11:808; 12:975; 19:5554; 22:1413
Trifilo, S. Samuel. 24:4299, 4300
Trigo, Antonio P. 11:904
Trigo, Ciro Félix. 6:3439; 12:3066; 14:3208; 16:1339; 22:4546; 25:4019
Trigo Paz, Heriberto. 24:5408
Trigo Viara, Félix. 10:3980
Trigona, G. 17:1273
Trigueiro, Durmeval. 27:2643
Trigueiro, Osvaldo. 18:1188; 23:2897
Trigueros, Eduardo. 4:4460; 7:5311
Trigueros, Roberto. 20:2573
Trigueros de León, Ricardo. 20:3834
Trik, Aubrey S. 5:247; 19:196; 25:172; 27:396
Trilho Otero, Darcy. *See* Otero, Darcy Trilho.
Trimborn, Hermann. 1:47, 48; 2:279, 1780, 1781; 5:502; 7:557; 9:220, 563; 10:413; 14:375, 540, 541; 15:263, 264; 16:291, 292; 17:196; 18:307; 19:783; 20:728, 2483; 22:31, 32; 23:21, 525; 24:513; 25:710; 27:181, 529, 661, 1138
Trimestral, Santa Fe, Argentina. 16:72
Trimestre de Barómetros Económicos, México. 12:778; 13:491
El Trimestre Estadístico del Ecuador. 11:1057; 14:1078
Trinidad, Eduardo de. 7:4279
Trinidad, Luis de. 22:5179
Trinidad. Census Office. 19:6296, 6297
Trinidad. Lands and Surveys Department. 27:2792
Trinidad and Tobago. Central Statistical Office. 20:5018
Trinidad and Tobago. National Planning Commission. 27:3485
Trinidad and Tobago Year Book. 7:1299
Trinidade, Henrique Golland, *Arbp.* 7:5551
Trinidade, José Augusto. 3:626
Trinidade, Mário. 15:734
Trinidade, Nicéa Maggessi. 27:2987
Trinidade, Raymundo Octávio da. 9:897, 3386; 11:2618; 12:697, 698; 14:699; 17:507, 1881; 18:550; 20:1170; 22:1316, 3822, 3823; 23:1564
Trinidade Negrão, Maria José da. *See* Negrão, Maria José da Trinidade.
Tripoli, César. 3:2910; 13:1736
Tripoli, Vicente. 28:1143
Trippe, Juan T. 7:871
Tristán, Flora. 12:2149; 14:71
Tristán, Lucía. 19:2881
Tristán Rossi, Francisco. 9:4586; 10:4193
Trivelli Franzolini, Hugo. 7:1471
Tro, Rodolfo. 16:1458, 1879; 17:3104
Trobo, Claudio. 28:2068, 2069
Troconis, Teresa. 13:1964
Troconis Guerrero, Luis. 26:1055
Troconis Santaella, Miguel. 22:3581
Troiani, C. 6:4852
Troike, Rudolph C. 27:1494
Troll, Carl. 1:529, 638; 3:272, 1789; 23:2630
Tromp, Solco Walle. 20:1962
Tronchon, Henri. 3:2799; 4:2028
Troncoso, A. 2:2025
Troncoso, Jesús María. 5:2853; 7:2826
Troncoso, Óscar A. 22:2645

Troncoso de la Concha, Manuel de Jesús. 4: 4299; 9:2842; 12:89a; 16:1687; 17:3025; 18: 2024; 25:3390
Troncoso Muñoz, Víctor. 11:1300; 13:724
Troncoso Rojas, Hernán. 13:2408; 15:2634
Troncoso Sánchez, Pedro. 6:5012; 12:2978; 20:2362, 4870d; 28:821a
Tropical Forest Experiment Station, Rio Piedras. 12:1353
Trossero, Luis van. 26:1648
Trostiné, Rodolfo. 11:2326; 14:650, 2244; 16: 487; 18:475, 476
Trotier, Arnold H. 19:6449
Trotta, Frederico. 27:3653
Trotter, Mildred. 9:609; 20:800
Trotter, Reginald G. 6:3829
Trotz, Joachim. 28:476
Trouillot, Ernst. 19:5394; 20:2345; 22:5587
Trouillot, Hénock. 13:2364; 14:339; 16:1459; 19:3398a; 20:421, 2345; 21:468, 2635; 22:442, 2304; 25:3433; 26:2152
Trovão de Campos, Maria Jacinta. See Campos, Maria Jacinta Trovão de.
Trubshaw, J. D. 25:2239; 27:2745
Truda, Leonardo. 4:669
True, C. Allen, 3:2468
True, David O. 20:2558; 21:2479
Trueba, Alfonso. 23:3340
Trueba, Eugenio. 20:3992
Trueba, Joaquín L. 5:2907
Trueba Barrera, Jorge. 27:3732
Trueba Urbina, Alberto. 7:4310; 8:2791; 10: 2370, 3438, 3439; 14:2457; 16:2415, 2416, 2978; 21:2274; 24:3763
Trueblood, E. G. 6:3027
Trueblood, Howard J. 3:519; 5:814, 815; 6: 901, 2211; 10:863
Truesdell, Leon E. 9:1160
Trujillo, Alejandro E. 26:1056
Trujillo, Diego de. 14:1966
Trujillo, Guillermo R. 26:1711
Trujillo, León. 26:847a
Trujillo Durán, Guillermo. 21:4132
Trujillo Ferrari, Alfonso. See Ferrari, Alfonso Trujillo.
Trujillo Gómez, Rafael. 19:5525
Trujillo Gurría, Francisco. 12:2026
Trujillo Molina, Héctor B. 24:4069
Trujillo Molina, Rafael Leonidas. 2:1512; 3: 1992, 1993; 4:1717, 2351, 2355, 3126, 3702; 6:2646; 13:1088; 14:1635; 16:1391, 1891; 17:1325, 1326; 18:2184; 19:2912; 21:2266; 22:3048; 23:2924; 25:2808; 28: 822
Trujillo, Peru (City). Junta del Cuarto Centenario de la Fundación de Trujillo. 1:894
Trujillo, Venezuela (State). Secretaría General de Gobierno. 3:2102; 4:2474; 5:2217; 6: 2753; 7:2757-2759; 9:2584
Trulson, Martha F. 20:797; 22:991; 23:1295
Trumpy, D. 9:2099
Truslow, Francis Adams. 17:617
Truyol Serra, Antonio. 21:2426
Try Ellis, W. Ch. de la. 25:3368
Tschebotareff, Valentine P. 7:1181
Tschiffely, Aimé Felix. 6:213; 14:87
Tschopik, Harry, Jr. 12:348, 465; 13:359; 964; 14:549; 16:318; 17:373; 18:362; 20: 2003
Tschopik, Marion H. 12:349
Tschopp, H. J. 11:1709
Tschudi, J. J. von. 19:4078
Tsuda, Masao. 27:4330
Tuchman, Barbara, 22:3049
Tucker, Henry. 23:128
Tucker, William T. 20:2283

Tuckman, William. 11:3839
Tucumán. Cabildo. 12:1926
Tucumán (Province). Comisión Asesora y Despachos Aprobados. 7:1438
Tucumán (Province). Consejo General de Educación. 10:1480
Tucumán (Province). Estación Experimental Agrícola. 19:1403
Tucumán (Province). Laws, statutes, etc. 14: 3124
Tucumán (Province). Ministerio de Hacienda. 4:1246
Tude de Sousa, Fernando. See Sousa, Fernando Tude de.
Tudela, Ricardo. 11:3303
Tudela Bueso, Juan Pérez. 28:922
Tudela de la Orden, José. 12:236, 1839a; 14: 254-256; 19:686, 3090, 3194; 22:592; 24: 1158; 25:695, 1129, 1173; 26:164
Tudela y Varela, Francisco. 10:1313
Tudisco, Anthony. 19:3194a; 20:2484, 2485, 3746; 21:2480
Tugwell, Rexford Guy. 8:2390, 2391
Tulane University. Middle American Research Institute. 16:1688
Tull, John Frederick. 25:4389, 4599
Tullio, Claudio. 1:1679
Tumba Ortega, Alejandro. 8:95, 9:96; 10:4310, 11:49; 27:69
Tumin, Melvin M. 12:269; 15:406; 17:287; 18: 3249; 20:4976; 21:469; 22:443; 22:1112, 4199
Tumminelli, Mary M. E. Huggins. 7:1837
Tunc, André. 21:4512
Tunc, Suzanne. 21:4512
Tunnermann Bernheim, Carlos. 22:4643; 27: 2489
Túpac Amarú, Juan Bautista. 7:3113
Tupac Yupanqui Martínez, Demetrio. 24:1344
Tupí Caldas, J. A. L. 6:2512, 3555a; 9:1987
Tupinambá, Marcelo. 7:5463
Turah, Richard. 4:373
Turano, Armando Luis. 27:3213
Turanzas del Valle, S. 24:2891
Turath, Richard. 3:294
Turbay, Gabriel. 4:2324
Turbay, Juan José. 10:2348
Turbay Ayala, Julio César. 25:2761
Turcios R., Salvador. 9:3181
Turenne de Pres, François M. 14:340
Turgueneff, Ivan. 7:5099; 8:4458
Turgueneff Cajuerio, Ivan. See Cajuerio, Ivan Turgueneff.
Turin, G. 14:3452
Turks and Caicos Islands. Annual Report on the Social and Economic Progress. 6:1159
Turlington, Edgar Willis. 6:983; 9:3511; 22: 2624
Turnage, W. V. 7:2115
Turnbull, Conchita. 7:312
Turnbull, Eleanor L. 7:4811
Turneaure, F. S. 1:639; 13:922a
Turner, Charles William. 11:2654
Turner, Daymond. 26:83, 84, 387a; 28:1722
Turner, Domingo Henrique. 17:2717; 27:3338
Turner, E. E. 8:2570
Turner, Glen D. 21:716
Turner, John Kenneth. 19:1916; 28:667a
Turner, Lorenzo D. 8:2034
Turner, Mary C. 26:57
Turner, P. E. 3:1133b; 6:1163, 2331, 2332; 7: 2213
Turner, R. G. 22:96
Turner, Robert K. 18:2211
Turner, Timothy G. 1:1072

Turner Morales, David. 22:1503; 23:1838, 4521
Turner Morales, Jorge. 21:4623
Turnier, Alain. 25:1614
Turrado, E. 1:810
Turrent Rozas, Eduardo. 28:1878
Tuya, Ángel de. 2:234; 3:351; 15:146
Tweedy, Maureen. 24:6414
Tyler, S. Lyman. 22:2965
Tyler, Victor Morris. 22:2966
Tylor, Elizabeth M. 15:2827
Tymen de Jong, Casper. 21:2836
Tyndale-Biscoe, J. S. 25:324
Tyre, Carl A. 5:3729

U.S.S.R. Ministerstvo Vneshnei Torgovli SSSR. Nauchnoissledovatel'skii kon' iunkturnyi institut. 23:1729
Ubaldo Genta, Edgardo. 14:2000
Ubbelohde-Doering, Heinrich. 17:232, 233; 18:224-226; 20:380; 22:376, 377; 23: 157, 210, 526, 1388
Ubico, Jorge. 1:1105, 1106; 2:1520; 3:2007, 2008; 4:2363; 5:2115; 6:2656; 7:2658-2660; 8:2761; 9:2499
Ubidia Rubio, Luis Enrique. 17:1627
Ubilluz, Edmundo. 10:4096; 22:2453
Uceda Castañeda, Carlos E. 21:2276
Ucha, Antonio. 1:1536, 1670
Ucha, Selva E. 15:1031
Uchmany, Eva Alexandra. 27:984
Uchôa, Nicanor. 8:1825, 2592
Uchôa Barreira, Dolor. See Barreira, Dolor Uchôa.
Uchôa Cavalcanti Neto, João. See Cavalcanti Neto, João Uchôa.
Uchôa Leite, Sebastião. See Leite, Sebastião Uchôa.
Ucko, E. 12:2064a
Udaondo, Enrique. 2:2070; 3:2670; 4:54a; 5:2647, 3019; 8:2457, 2874; 11:2177, 2462; 13:77
Udick, Bernice. 12:2726; 15:2427; 17:2508
Üke, Jean. 23:11
Üke, Tugrul. 23:211
Uexküll, Thure von. 19:5832
Ugalde, E. L. 21:812
Ugalde, Martín de. 21:942; 22:4962
Ugarriza Aráoz, Manuel de. 15:260
Ugarte, Ángel. 7:4377
Ugarte, Floro M. 17:2825
Ugarte, Juan de. 24:3795
Ugarte, Luis Ángel. 7:4383; 18:2292 20: 3566
Ugarte, Manuel. 5:3869; 6:4117, 4153; 7: 4805; 9:3910; 10:1760; 13:2134; 19: 2869, 5108
Ugarte, Mario León. 8:3857
Ugarte, Salvador. 9:2698; 13:448; 15:364; 16:1017, 1549
Ugarte, Valentín. 19:2525
Ugarte C., Enrique. 2:1389
Ugarte Chamorro, Guillermo. 23:5383; 24: 5660
Ugarte de Brusiloff, María. 8:521; 9:2843
Ugarte Eléspuru, Juan Manuel. 12:668
Ugarte Pelayo, Alirio. 27:3582
Ugarte R., Miguel Ángel de. 20:3993
Ugarte Solar, Juan. 21:3559
Ugarte y Ch., Miguel A. 13:2698
Ugarteche, Félix de. 7:4562; 9:97

Ugarteche, Pedro. 7:2340; 8:96; 9: 3336; 19:2017; 25:2861
Ugartemendía, Hugo. 15:1017
Ugolotti Dansay, Humberto. 27:3537
Uhden, Richard. 4:2598
Uhle, Max. 1:73; 2:199, 235; 3:231, 237; 6:461, 560; 7:266; 9:408; 14:441; 17: 234; 23:527
Uhler, John E. 6:3719
Uhrhan, Evelyn E. 24:5573
Uhse, Bodo. 26:238
Uhthoff, Enrique. 15:2445
Ukers, William H. 1:187; 2:465
Ulate, Otilio. 17:1374; 18:705
Uldall, Elizabeth. 20:728a
Ulhôa Canto, Gilberto de. See Canto, Gilberto de Ulhôa.
Ulhôa Cintra, A. B. de. See Cintra, A. B. de Ulhôa.
Ulled, Armando. 7:1391
Ulles, Mário. 20:4353
Ullman, James Ramsey. 4:1959
Ulloa, Antonio de. 10:2490
Ulloa, Bolívar. 7:3549; 20:2045b
Ulloa, Gonzalo. 27:2885
Ulloa, José Ángel. 15:876
Ulloa, Luis. 2:1624, 1950; 8:2875
Ulloa, Salvador. 23:2523, 2539
Ulloa Ortiz, Berta. 18:3313; 19:3371a; 24: 3997; 26:687a, 687b
Ulloa Santamaría, Armando G. 9:1250, 14: 1031
Ulloa Suárez, Julia. 25:105
Ulloa y Sotomayer, Alberto. 4:3586; 5: 3106; 7:3815; 8:3358, 3645; 9:3337, 3478, 3512; 15:1769, 1784; 16:1976; 19:5573; 20:1349; 22:4680; 28:1048a
Ulloa Zamora, Alfonso. 25:4276
Ulrich, Carolyn F. 5:197
Ulrich, Otto Willi. 4:103
Ulrich Caldas, Ney. See Caldas, Ney Ulrich.
Ulsing, Tor. 19:226; 20:729
Umaña Bernal, José. 3:1912; 16:2734; 22: 2719
Umaña Rocha, Alberto. 6:3463
Umlauf, Charles. 28:2536
Umlauff, Teresa. 3:2730a, 2730b
Umphrey, George W. 9:3911, 3938
Una Tapada. See Aramburu, Sara.
Unamuno y Jugo, Miguel de. 7:5100; 8: 4111; 10:4613; 13:2152; 20:3857; 23:5104
Unanue, José Hipólito. 6:2426; 10:2831
Unceín Tamayo, Luis Alberto. 26:848; 28:884a
Unda Briceño, Hugo. 20:4991
Underhill, John Garrett. 6:4180
Underwood, Edna Worthley. 2:2672-2675, 2804
Underwood, Frances W. 24:773
Undreiner, George J. 13:1348
Undurraga, Antonio de. 4:4064; 8:4157; 9:4084, 4085; 11:3135; 13:2220; 17:2509; 19:5109; 22:5180, 5424; 23:5109; 24:5460, 5574, 5575; 28:2040
Unger, Tomás. 27:2273
A União, Órgão Oficial do Estado de Paraíba. 5:2241
Unión Cívica Radical (Argentina). 9:2414
Unión de Profesores de Chile. Convención Nacional, *VII, Santiago de Chile*, 1946. 12:1164
Unión de Trabajadores de Colombia. 24: 2000
Unión de Universidades Latinoamericanas. 19:2018

Unión Democrática Antinazista Dominicana. 9:2495; 10:3298
Unión Democrática Centroamericana. Departamento Editorial. 9:3479; 11:2693
Unión Industrial Argentina. 7:1370; 12:3328, 3329
Unión Industrial Argentina. Asesoría de Asuntos Económicos. 7:3917, 3930, 3954, 3972
Unión Interamericana del Caribe. 6:3757-3759
Unión Nacional de Colegios Católicos, Santo Domingo. 18:1129
Unión Nacional de Periodistas del Ecuador. 12:90; 17:992
Unión Nacional de Productores de Azúcar (*México*). 16:1017a; 17:951; 22:1804
Unión Nacional Paraguaya. 24:3589
Unión Revolucionaria (*Cuba*). 5:2100
United Fruit Company. 6:914; 10:1011
United Fruit Company. Middle American Information Bureau. 13:169; 14:25
United Nations. 15:93; 16:2271
United Nations. Center for Industrial Development. 27:2168
United Nations. Commission on International Commodity Trade. 23:1705
United Nations. Committee on Economic Cooperation in Central America. 23:1706-1709
United Nations. Conference on the Law of the Sea, *Geneva, 1958*. 23:4664
United Nations. Department of Economic Affairs. 13:449, 450; 14:875; 15:646; 16:615; 17:709, 736; 18:773; 19:1368-1370, 6041; 23:1710; 27:4200
United Nations, Department of Economic and Social Affairs. 24:6226; 27:2044, 2328b, 2988
United Nations. Department of Public Information. 19:4212; 21:1262
United Nations. Department of Social Affairs. 18:2243
United Nations. Economic and Social Council. 13:451; 15:645, 645a; 17:551-553, 621; 22:1405
United Nations. Economic and Social Council. Transport and Communications Commission. 15:1004
United Nations. Economic Commission for Latin America. 15:645b, 645c, 1003; 16:616, 631, 640, 645, 746; 17:549, 550, 554, 557-561, 589a, 642a, 774, 775, 908, 909, 2013; 18:598, 599; 19:1371-1374; 20:1261; 21:1257, 1263, 1264, 1500, 1501; 22:1426, 1473; 23:1711-1723, 2631; 24:1969, 1969a, 2087, 2088, 2816; 25:1490-1493, 1591, 1744, 2222; 27:1812-1812m, 1918c, 2168a, 2380-2380c, 2698-2698c, 2988a, 4071a, 4201
United Nations. Economic Commission for Latin America. Committee on Economic Cooperation in Central America. 27:1981-1981b
United Nations. Educational, Scientific and Cultural Organization. 16:1035; 18:528, 1024, 1100, 2986, 3219; 19:2019, 2058, 2082, 6450; 20:1660; 22:1907; 24:3463; 27:70, 70a, 2205, 2411-2411b, 2506, 2528, 2549
United Nations. Educational, Scientific and Cultural Organization. Field Science Cooperation Office for Latin America. 15:1018-1020; 16:15a, 73-76; 17:3105

United Nations. Educational, Scientific and Cultural Organization. General Conference. 15:1020a
United Nations. Food and Agriculture Organizations. 14:876; 15:990; 16:646; 18:586; 24:2816
United Nations. Interim Commission for the International Trade Organization. 14:877
United Nations. Mission of Technical Assistance to Bolivia. 18:650
United Nations. Mission of Technical Assistance to Haiti. 15:854
United Nations. Office of Public Information. 25:1494, 2673, 3111
United Nations. Population Division. 19:1917
United Nations. Secretariat. Committee for the Standardization of Geographic Names. 15:1134
United Nations. Secretariat. Department of Economic Affairs. 16:1131
United Nations. Secretariat. Department of Social Affairs. 17:2029
United Nations. Secretary-General. 17:562, 563
United Nations. Statistical Office. 16:52f; 17:564, 3071; 19:6306
United Nations. Technical Assistance Administration. 17:643, 674; 18:747, 774, 3270, 3271
United Nations. Technical Assistance Board. 27:1812n
United Nations. Technical Assistance Mission. Scientific, Technical and Economics Documentation Centre. 19:6451
United Nations Conference on Trade and Development, *Geneva, 1964*. 27:1813, 1813a, 1856
United Nations Documents (Index). 25:24
United States. Advisory Committee on Voluntary Foreign Aid. 18:2180a
United States. Air University. Library, *Maxwell Air Force Base, Ala.* 26:87
United States. Army. Foreign Area Studies Division. 26:1135a
United States. Army. General staff. 1:533
United States. Army. Corps of Engineers. 10:1881
United States. Board on Geographic Names. 12:1280, 1300, 1304, 1318, 1362, 1412, 1439; 13:800, 802, 805, 817, 840, 851, 868, 872; 14:1375, 1398, 1494, 1511; 15:1180; 20:1963, 1964, 1971, 2025, 2033, 2046b
United States. Bureau of Employment Security. Farm Placement Service. 21:3520
United States. Bureau of Foreign and Domestic Commerce. 1:1907-1909; 4:606, 3562; 5:816, 817, 1182, 1349; 6:902, 915, 2427; 7:873, 874; 8:1030; 9:2117b; 10:864, 879, 934; 23:1724
United States. Bureau of Foreign Commerce. 21:2160
United States. Bureau of Insular Affairs. 22:6411-6413
United States. Bureau of Labor Statistics. 7:872, 1019; 10:3313; 11:2762; 19:4317; 20:3524, 3525; 24:2001, 2002; 27:1982a
United States. Bureau of Labor Statistics. Division of Foreign Labor Conditions. 21:3521, 3521a
United States. Bureau of the Census. 6:1032, 1131, 1165; 8:1029a, 1305, 1319; 9:1027, 1027a, 1161, 2151; 10:1282, 1859-1863, 1867-1870; 11:1552-1556; 14:

878; 15:94; 16:52g; 17:639, 3072; 19: 6298, 6299; 20:1972; 22:2306
United States. Commercial Intelligence Division. Bureau of Foreign and Domestic Commerce. 5:171
United States. Committee on Instructional Materials. 19:2003
United States. Congress. 17:710, 1946
United States. Congress. House. 18:2181; 27:1815, 1815a
United States. Congress. House. Committee on Agriculture. 25:1531, 1532
Unied States. Congress. House. Committee on Education and Labor. 16:2445
United States. Congress. House. Committee on Expenditures in the Executive Departments. 17:1981
United States. Congress. House. Committee on Foreign Affairs. 18:2181; 21:3440; 22:4038; 23:2832-2834; 24:1970, 3464; 25:2675, 2676; 27:3159-3159b
United States. Congress. House. Committee on Interior and Insular Affairs. 18:1602
United States. Congress. House. Select Committee on Communist Aggression. 19:4255
United States. Congress. Joint Economic Committee. 24:2817; 25:1495-1497; 27:1815b, 1815c, 1982
United States. Congress. Senate. 18:2218; 19:1375, 23:1726, 2839
United States. Congress. Senate. Committee on Agriculture and Forestry. 19:4318
United States. Congress. Senate. Committee on Appropriations. 23:2835; 25:2677, 2678
United States. Congress. Senate. Committee on Armed Services. 27:3446c
United States. Congress. Senate. Committee on Foreign Relations. 7:875; 18:2219 19:4256; 23:2836, 2837; 24:3465, 3466; 25: 1498, 1499, 2679, 2680, 2805; 27:1815d-1815f, 3446b, 3446c, 3486, 3506
United States. Congress. Senate. Committee on Interior and Insular Affairs. 18:1603; 19:2957
United States. Congress. Senate. Committee on Interstate and Foreign Commerce. 23:1725
United States. Congress. Senate. Committee on Labor and Public Welfare. Subcommittee on Labor and Labor-Management Relations. 18:2305
United States. Congress. Senate. Committee on Public Works. 27:1815g, 2715
United States. Congress. Senate. Committee on the Judiciary. 23:2838; 24:3467; 25: 2681; 27:2412, 2699, 3159c, 3446d
United States. Congress. Senate. Subcommittee of the Committee on Agriculture and Forestry. 16:911
United States. Congress. Senate. Subcommittee on Disarmament. 23:2840
United States. Department of Agriculture. 24:2818; 25:2223; 17:2294
United States. Department of Agriculture. Foreign Agriculture Service. 27:2294
United States. Department of Agriculture. Mission to Bolivia. 27:2206
United States. Department of Commerce. 7:1054, 1064, 1078, 1095, 1242, 1255; 12:1272, 1288, 1301, 1305, 1311, 1335, 1336, 1363; 21:1265, 1334, 1348; 25:**1616**, 1621
United States. Department of Commerce. Resources and Trade Development Mission to Peru. 27:2282

United States. Department of Defense. Documentation Center for Scientific and Technical Information. 27:71
United States. Department of Health, Education and Welfare. National Center for Health Statistics. 27:1546
United States. Department of Labor. 20: 3526
United States. Department of Labor. Wages and Hours Division. 6:117, 1129; 7:**1155**, 1156; 8:1477, 1478; 17:637
United States. Department of Labor. Women's Bureau. 8:1507
United States. Department of State. 2:2369, 2370; 4:3563; 5:3399; 7:3759; 8:1476, 3634; 9:186, 1307, 1771; 10:990, 1031; 12:2257, 2284; 14:1084, 2370; 15:1135, 1917; 16:2255, 2256, 2304, 2305; 17:1952, 1988, 1994; 18:816, 2220, 2221, 2283, 2284; 19:1461, 4246, 4257, 4258, 4274; 21: 2269; 22:4039; 23:2841, 2842, 2918; 25: 2682; 27:3159d
United States. Department of State. Bureau of Educational and Cultural Affairs. 28: 94
United States. Department of State. Bureau of Intelligence and Research. 20: 24; 25:25, 26; 26:88; 27:71a, 71b
United States. Department of State. Division of Cultural Relations. 6:4868, 4869
United States. Department of State. Division of Library and Reference Services. 16:617, 618; 17:3098
United States. Department of State. External Research Staff. 28:94a
United States. Department of State. Office of the Geographer. 8:3634
United States. Department of State. Office of the Legal Adviser. 14:2415
United States. Department of the Army. 26:89; 28:852
United States. Department of the Interior. 2:587; 17:1947
United States. Department of the Interior. Geological Survey. 8:2211
United States. Department of the Interior. Office of Geography. 19:2549
United States. Federal Reserve System. Board of Governors. 10:1283
United States. Foreign Agricultural Service. 23:1727
United States. Foreign Areas Studies Division. 25:3357, 3429, 3730
United States. General Accounting Office. 17:1948
United States. Geological Survey. 1:532; **11**: 1568; 18:1263a
United States. Hydrographic Office. 9:2168
United States. Interdepartmental Committee on Nutrition for National Defense. 23: 1296
United States. Interdepartmental Committee on Scientific and Cultural Cooperation. 14:2416
United States. International Cooperation Administration. 27:1815h
United States. International Cooperation Administration. Operations Mission to Paraguay. 20:2037a
United States. International Cooperation Administration. Southern Peru Regional Development Project. 23:2632
United States. International Cooperation Administration in Latin America. 20:1363
United States. Library of Congress, *Washington, D. C.* 5:2400

United States. Library of Congress. Census Library Project. 19:6307, 6308
United States. Library of Congress. Division of Bibliography. 9:97a
United States. Library of Congress. Hispanic Foundation. 28:94b
United States. Library of Congress. Law Library. 8:48
U. S. Library of Congress. Law Library. Hispanic Law Division. 25:4006; 28:94c
United States. Library of Congress. Music Division. 22:5709
United States. Library of Congress. Recording Laboratory. 9:4722
United States. Library of Congress. Union Catalog Division. 20:5027
United States. Military Assistance Institute. 26:90
United States. National Archives. 17:1936; 22:6400-6408, 6414, 6415; 25:15
United States. National Gallery of Art. 12:631; 20:1032
United States. National Policy Committee, *Washington, D. C.* 9:1010
United States. Office of Business Economics. 21:1506
United States. Office of Foreign Agricultural Relations. 8:1039; 12:1337; 17:564a, 622; 18:794
United States. Office of Geography. 21:1968, 2043; 22:2307
United States. Office of Inter-American Affairs. Research Division. 11:1871, 1902, 1908, 1915-1917
United States. Office of Price Administration. 9:1057
United States. Office of Price Administration. Foreign Information Branch. 9:1501
United States, Office of the Coordinator of Inter-American Affairs. 9:1051; 10:1965; 11:108, 109, 732, 2861; 13:1821
United States. Post Office Department. 2:1274
United States. President's Materials Policy Commission. 18:600
United States. President's Music Committee of the People-to-People Program. 24:5910
United States. Public Health Service. Bureau of State Services. 19:4418
Unied States. Social Security Administration. Bureau of Research and Statistics. 13:1851
Uniter States. Social Security Administration. Division of Program Research. 24:6227
United States. Soil Conservation Mission to Venezuela. 9:1220; 10:1902
United States. Special Mexican Claims Commission. 14:2417
United States. Tariff Commission. 6:903; 7:236, 876, 877, 910, 2116, 2124, 2131, 2136, 2138, 2145, 2147, 2163, 2176, 2188, 2193, 2196; 8:1031; 9:1028, 1070; 11:801, 802, 815, 823, 842, 875-877, 895-898, 976, 977, 1000, 1036-1038, 1058, 1059, 1069, 1070, 1094, 1095, 1108, 1163; 12:779, 780, 798, 802, 813, 818, 821, 846, 923, 963, 976, 1031, 1273, 1313, 1367, 1368, 1493; 13:503, 507, 512, 517, 531, 532, 913; 14:898, 1415; 15:675, 855, 864, 865, 873, 877, 881, 896, 918-920, 938-940, 947, 952 962, 973, 991, 992; 16:877; 23:1728
United States. Temporary National Economic Committee. 7:869a
United States. Treasury Department. 13:452

United States. *Treaties, etc.* 1:1711; 1713, 1718, 1719, 1724; 2:2431, 2432, 2439i; 8:1257, 1295; 11:840; 13:735; 15:1960-1983, 2097; 16:2272-2291, 2417
United States. War Department. 10:1927
United States-Cuban Sugar Council. 14:920; 18:716
Universal Book Service, *New York.* 7:133
Universidad Austral de Chile, *Valdivia.* 27:2858a
Universidad Autónoma de San Luis Potosí. Biblioteca. 15:26
Universidad Católica "Andrés Bello," *Caracas.* 24:2003
Universidad Católica de Chile. Biblioteca Central. 24:4323
Universidad Católica del Perú, *Lima.* 6:2442; 23:528
Universidad Central de Venezuela, *Caracas.* 13:761
Universidad Central de Venezuela. Centro de Estudios Literarios. 28:1763
Universidad Central de Venezuela. Escuela de Biblioteconomía y Archivos. 27:1382; 28:95, 95a
Universidad Central de Venezuela. Facultad de Humanidades y Educación. 20:5028-5032
Universidad Central de Venezuela. Instituto de Investigaciones Económicas. 23:1856
Universidad Central del Ecuador, *Quito.* 20:3527
Universidad Central del Ecuador. Escuela de Bellas Artes. 23:1472
Universidad Central del Ecuador. Facultad de Estudios Administrativos. 27:3456
Universidad Central del Ecuador. Instituto de Investigaciones Económicas. 20:1333
Universidad de Antioquia, *Medellín.* 8:1356; 23:1467; 26:85
Universidad de Barcelona. Centro de Estudios Históricos Internacionales. 19:3091
Universidad de Chihuahua. 24:3751
Universidad de Chile. *Santiago de Chile.* 18:3253; 19:2059; 21:4708; 24:2972
Universidad de Chile. Biblioteca Central. Centro de Información Bibliográfica. 19:6452
Universidad de Chile. Departamento de Extensión Cultural. 19:2002
Universidad de Chile. Departamento de Extensión Universitaria. 10:307
Universidad de Chile. Escuela de Invierno. 23:1350; 24:1719
Universidad de Chile. Facultad de Bellas Artes. 10:663, 4441; 21:958
Universidad de Chile. Facultad de Ciencias Jurídicas y Sociales, 16:2949
Universidad de Chile. Facultad de Ciencias y Artes Musicales. 24:5913
Universidad de Chile. Instituto de Economía. 21:1324; 22:1467, 1468; 23:1822; 24:1971, 2021; 25:1680, 1693, 1695, 1696, 5631, 5632; 27:2237-2237d
Universidad de Chile. Instituto de Extensión de Artes Plasticas. 22:1120-1122
Universidad de Chile. Instituto de Investigaciones Folklórico-Musicales. 9:4693; 10:4390
Universidad de Chile. Instituto de Investigaciones Musicales. 13:2689; 16:3180; 21:4227, 4228
Universidad de Chile. Instituto de Literatura Chilena. 28:2041
Universidad de Chile. Instituto de Organización y Administración de Empresas. 27:2237e
Universidad de Chile. Instituto Pedagógico. 23:2597, 4844

Universidad de Chile. Observatorio Astronómico Nacional. 8:2515; 14:1495
Universidad de Chile. Seminario de Derecho Público. 8:2718
Universidad de Concepción. 25:4420
Universidad de Costa Rica. *Ciudad Universitaria Rodrigo Facio.* 18:1120; 19:2092; 21:1707-1709; 25:1597; 26:85a
Universidad de Costa Rica. Biblioteca. 27:72; 28:97
Universidad de Guayaquil. Instituto de Investigaciones Económicas y Políticas. 20:1334
Universidad de Honduras, *Tegucigalpa.* 23:6417
Universidad de La Habana, *La Habana.* 8:1959; 9:1145; 2844; 23:2269
Universidad de La Habana. Facultad de Ciencias Sociales y Derecho Público. 9:2844; 17:1944
Universidad de la República del Uruguay, *Montevideo.* 15:1114; 23:1502; 25:4532
Universidad de la República del Uruguay. Biblioteca. 8:4718; 10:4316; 11:3749
Universidad de la República del Uruguay. Facultad de Derecho y Ciencias Sociales. 9:2550; 22:4504; 23:4662
Universidad de la República del Uruguay. Facultad de Medicina. Biblioteca: 11:3750; 12:3332
Universidad de la República del Uruguay. Facultad de Veterinaria. Biblioteca. 10:4317
Universidad de la República del Uruguay. Instituto de Electrotécnica. 11:3751
Universidad de la República del Uruguay. Instituto de Investigaciones Geográficas. 15:1225
Universidad de la República del Uruguay. Instituto de Investigaciones Históricas. 20:2798, 3082
Universidad de Madrid. *Madrid.* 18:3284
Universidad de Nuevo León, *Monterrey.* 21:3830; 22:4831
Universidad de Nuevo León. Centro de Investigaciones Económicas. 27:1929
Universidad de Puerto Rico, *Río Piedras.* 19:2086
Universidad de Puerto Rico. Colegio de Ciencias Sociales. 20:5073
Universidad de Puerto Rico. Consejo Superior de Enseñanza. 13:673; 17:1018; 19:4551
Universidad de San Carlos. *Guatemala (City).* 11:110; 13:739; 16:2558; 19:2093; 20:1713; 27:2490
Universidad de San Carlos. Facultad de Humanidades. 19:2094
Universidad de San Carlos. Instituto de Investigaciones y Mejoramiento Educativo. 27:2490
Universidad de Santo Domingo. 12:1176
Universidad de Santo Domingo. Biblioteca. 12:50
Universidad de Santo Domingo. Facultad de Filosofía. Sección de Linguística y Folklore. 10:1680, 1681
Universidad de Santo Domingo. Instituto Cartográfico. 25:2248; 27:2793
Universidad de Santo Domingo. Instituto Geográfico y Geológico. 15:1171
Universidad de Santo Tomás de Villanueva, *La Habana.* 20:1710
Universidad de Sevilla. Facultad de Filosofía y Letras. 27:182
Universidad de Yucatán, *Mérida.* 5:1548
Universidad del Azuay, *Cuenca.* 21:1720; 23:6413

Universidad del Valle, *Cali.* 21:1705
Universidad Interamericana, *Panama.* 10:1682
Universidad Michoacana de San Nicolás de Hildalgo. 20:2861
Universidad Michoacana de San Nicolás de Hildalgo. Departamento de Extensión Universitaria. 13:745
Universidad Mayor de San Andrés, *La Paz.* Biblioteca. 23:6400
Universidad Mayor de San Francisco Xavier, *Sucre, Bolivia.* 21:1718
Universidad Mayor de San Simón, *Cochabamba.* 27:2207
Universidad Nacional Autónoma de México, *México.* 3:1458; 8:590; 10:134; 13:2385; 15:1098; 19:1918; 2083
Universidad Nacional Autónoma de México. Consejo Técnico de Humanidades. 28:3260
Universidad Nacional Autónoma de México. Dirección General de Difusión Cultural. 21:3831; 27:255
Universidad Nacional Autónoma de México. Dirección General de Publicaciones. 28:97a, 1810
Universidad Nacional Autónoma de México. Escuela Nacional de Arquitectura. 25:1237
Universidad Nacional Autónoma de México. Escuela Nacional de Economía 19:1876-1878; 22:2702
Universidad Nacional Autónoma de México. Facultad de Derecho. 24:3580; 26:645
Universidad Nacionl Autónoma de México. Facultad de Filosofía y Letras. 7:198, 28:668
Universidad Nacional Autónoma de México. Galería del Arte. 3:448
Universidad Nacional Autónoma de México. Instituto de Geofísica. 23:2535
Universidad Nacional Autónoma de México. Instituto de Geología. 11:1598
Universidad Nacional Autónoma de México. Instituto de Investigaciones Económicas. 10:935, 1613
Universidad Nacional Autónoma de México. Instituto de Investigaciones Estéticas. 17:2275; 21:928
Universidad Nacional Autónoma de México. Instituto de Investigaciones Sociales. 18:296; 19:6023; 25:27
Universidad Nacional de Buenos Aires. Centro de Investigación Permanente de Derecho Financiero. 4:982
Universidad Nacional de Buenos Aires. Centro de Investigación Permanente del Petróleo. 4:1003; 5:1236
Universidad Nacional de Buenos Aires. Departamento de Acción Social Universitaria. 13:1466; 14:1050, 1604
Universidad Nacional de Buenos Aires. Facultad de Agronomía y Veterinaria. 5:1404
Universidad Nacional de Buenos Aires. Facultad de Ciencias Económicas. 5:1246, 1405, 1407; 10:1193; 17:776; 19:1404, 1405
Universidad Nacional de Buenos Aires. Facultad de Derecho y Ciencias Sociales. 6:4522
Universidad Nacional de Buenos Aires. Facultad de Filosofía y Letras. 5:212, 3636; 21:2301; 28:950a, 3216
Universidad Nacional de Buenos Aires. Grupo Bibliográfico Argentino. 28:96
Universidad Nacional de Buenos Aires. Instituto Bibliotecológico. 12:3277-3280; 16:3
Universidad Nacional de Buenos Aires. Instituto de Economía. 5:1406; 17:523

Universidad Nacional de Buenos Aires. Instituto de Economía Bancaria. 2:437; 3:785; 4:605, 957; 17:777, 778; 23:1810
Universidad Nacional de Buenos Aires. Instituto de Economía de los Transportes. 6:1478, 1619
Universidad Nacional de Buenos Aires. Instituto de Filosofía. 14:3471
Universidad Nacional de Buenos Aires. Instituto de Finanzas Argentinas. 8:1556-1558
Universidad Nacional de Buenos Aires. Instituto de Historia Argentina "Doctor Emilio Ravignani". 26:917; 28:961
Universidad Nacional de Buenos Aires. Instituto de Investigaciones de Derecho Político, Constitucional y de la Administración. 15:2647
Universidad Nacional de Buenos Aires. Instituto de Sociedades Comerciales y Seguros. 4:1054
Universidad Nacional de Buenos Aires. Instituto de Sociología. 19:6022
Universidad Nacional de Colombia. *Bogotá.* 3:1422, 1424; 5:1534; 19:2063
Universidad Nacional de Córdoba. 7:5149, 5654; 17:2737
Universidad Nacional de Córdoba. Biblioteca Mayor. 1:2256; 6:4760; 9:4
Universidad Nacional de Córdoba. Centro de Estudios de Filosofía y Humanidades. 9:4924
Universidad Nacional de Córdoba. Escuela de Artes. 28:255
Universidad Nacional de Córdoba. Facultad de Ciencias Económicas. 9:1029; 17:779, 1784
Universidad Nacional de Córdoba. Facultad de Derecho y Ciencias Sociales. 16:2950
Universidad Nacional de Córdoba. Instituto de Estadística. 6:1465; 8:3872
Universidad Nacional de Córdoba. Instituto de Estudios Americanistas. 10:1481
Universidad Nacional de Córdoba. Instituto de Humanidades. 7:1896
Universidad Nacional de Cuyo, *Mendoza.* 6:2020; 21:2002
Universidad Nacional de Cuyo. Facultad de Filosofía y Letras. 22:4351; 26:85b; 27:73
Universidad Nacional de Cuyo. Instituto de Investigaciones Históricas. 10:2859; 23:3612
Universidad Nacional de Eva Perón. Departamento de Historia. 21:2302
Universidad Nacional de La Plata. 4:1041, 3243; 6:1496; 8:2876; 9:188; 11:2499; 17:2036a; 28:3261
Universidad Nacional de La Plata. Biblioteca. 13:2
Universidad Nacional de La Plata. Departamento de Letras. 28:1021a, 2340
Universidad Nacional de La Plata. Facultad de Ciencias Fisicomatemáticas. 6:1496
Universidad Nacional de La Plata. Facultad de Ciencias Jurídicas y Sociales, 1:1522; 22: 1458; 23:4505, 4506
Universidad Nacional de la Plata. Instituto de Historia Argentina "Ricardo Levene". 24: 4301; 28:1160
Universidad Nacional de México. See Universidad Nacional Autónoma de México.
Universidad Nacional de Tucumán. 4:3, 1818; 5:1451-1453; 14:1223; 17:3099
Universidad Nacional de Tucumán. Biblioteca. 1:1258
Universidad Nacional del Litoral, *Rosario.* 5:97; 27:1816
Universidad Nacional del Litoral, *Rosario.* Facultad de Ciencias Eccfnómicas, Comerciales y Políticas. 6:1389; 9:1412; 11:3664

Universidad Nacional del Litoral, *Rosario.* Facultad de Filosofía y Letras. 23:4845; 28:1811
Universidad Nacional del Litoral, *Rosario.* Instituto de Derecho Internacional. 22:4677
Universidad Nacional del Litoral, *Rosario.* Instituto de Investigaciones Económicos. 4:934
Universidad Nacional del Litoral. *Santa Fe.* 24:4800; 25:3651, 4007, 4030, 4031
Universidad Nacional de Litoral, *Santa Fe.* Facultad de Ciencias Jurídicas y Sociales 3:823; 6:4763; 8:2618; 9:2415, 4603; 24:4302
Universidad Nacional del Zulia, *Maracaibo.* Facultad de Ciencias Médicas. 19:2095
Universidad Nacional Mayor de San Marcos. *Lima.* 14:1297; 15:30; 17:1016
Universidad Nacional Mayor de San Marcos. Biblioteca Central. 11:3732; 22:6283
Universidad Naciontl Mayor de San Marcos. Departamento de Extensón Universitária. 26:1034
Universidad Nacional Mayor de San Marcos. Departamento de Geografía. 27:2886, 2886a
Universidad Nacional Mayor de San Marcos. Escuela de Altos Estudios. 20:25
Universidad Nacional Mayor de San Marcos. Instituto de Etnología y Arqueología y Centro de Estudiantes de Antropología. 23:410
Universidad Obrera de México. 4:1390, 3647
Universidad Pedagógica de Colombia,. *Bogotá.* 19:2064
Universidad Popular, *La Habana.* 25:2804
Universidad Técnica del Estado, *Santiago de Chile.* 19:2060
Universidad Técnica Federico Santa María, *Valparaiso.* 14:1260
Universidad Tomás Frías, *Potosí.* 23:6407
La Universidad y el Pueblo, Lima. 28:98
Universidade Católica do Rio Grande de Sul, *Pôrto Alegre.* 22:3824
Universidade da Bahia, *Salvador.* 19:1240; 22:1317; 26:2916
Universidade da Bahia. Faculdade de Filosofia. 19:6726
Universidade de Minas Gerais, *Belo Horizonte.* 6:1989; 25:1271
Universidade de Minas Gerais. Escola de Arquitectura. 26:310
Universidade de Minas Gerais. Faculdade de Ciências Econômicas. 22:6002
Universidade de Pôrto Alegre. 5:1519
Universidade de São Paulo. 5:1520; 6:1990; 8:3592; 17:3082; 19:6453
Universidade de São Paulo. Faculdade de Filosofia, Ciências e Letras. 24:14; 26:85c; 27:74
Universidade de São Paulo. Instituto de Pesquisas Tecnológicas. 18:896
Universidade do Brazil, *Rio de Janeiro.* 17:1061
Universidade do Brasil. Centro de Pesquisas de Geografia do Brasil. 23:6211, 6212
Universidade do Brasil. Escola Nacional de Música. 20:4715
Universidade do Ceará, *Fortaleza.* 25: 2199g; 27:2645
Universidade do Ceará. Instituto de Pesquisas Econômicas. 27:2989
Universidade, Pôrto Alegre. 27:2528a
Universitas, Bogotá. 17:3193
Université de Paris. Institut des Hautes Études de l'Amerique Latine. 21:1507

University of California, *Berkeley.* Bancroft Library. 26:85d; 27:75
University of California. Center of Latin American Studies. 24:2820
University of California. Committee on International Relations. 5:198
University of California. Institute of International Studies. 27:95
University of California, *Los Angeles.* Committee on Latin American Studies. 23:2451
University of Chicago. Research Center in Economic Development and Cultural Change. 24:1997
University of Florida, *Gainesville.* Libraries. 26:85e
University of Miami, *Coral Gables.* Cuban Economic Research Project. 27:2038
University of Minnesota. Library. 20:2486
University of Puerto Rico. *See also* Universidad de Puerto Rico.
University of Puerto Rico, *Río Piedras.* 16:1379; 17:1017, 1019
University of Tennessee, *Knoxville.* 27:2492
University of Texas, *Austin.* 26:2196a
University of Texas. Institute of Latin American Studies. 8:3632; 9:189; 15:108; 16:932; 18:1676; 25:22
University of Texas. Library. 20:2862; 26:85f
University of Tokyo. Scientific Expedition to the Andes. 24:572
University Place Book Shop, *New York.* 7:134
El Universo, Guayaquil. 2:846
Unsain, Alejandro M. 1:1537, 1671; 7:3905, 3906, 3955; 9:3582, 3760; 11:2778; 13:2571; 18:2248
Unterkircher, Franz. 23:912
Untiveros, Fidel. 23:411
Unzer de Almeida, Vicente. *See* Almeida, Vicente Unzer de.
Unzueta Oblitas, Mireya. 16:2340
Upchurch, Harley M. 27:4060
Upgren, Arthur R. 7:780; 8:1032
Uphof, J. C. Th. 5:1733
Uprimny, Leopoldo. 6:1220; 9:3083; 20:2363
Upson, Arthur 13:457
Upson, Jessamine. 27:1496
Upton, T. Graydon. 24:3468
Uralde, Amílcar. 22:5181
Uranga, Emilio. 11:3949; 12:3498; 15:2918; 17:2925; 22:5859, 5873
Uranga H., Javier. 7:1020, 4337; 9:2740
Urban, C. Stanley. 21:2940
Urban, P. 26:86
Urbandt, Ismael. 7:3939, 3940
Urbaneja Achelpohl, Luis Manuel. 3:3275
Urbano, Jorge d'. 6:4891
Urbanski, Edmund Stephen. 27:183
Urbina, Antonio de. 11:2327
Urbina, Luis Gonzaga. 12:2482, 2483, 2591, 2670; 13:2221; 26:1536
Urbina Bólland, Salvador. 28:668a
Urcelay Emparanza, Esteban. 14:3227
Urcullo Reyes, Jaime. 24:4851
Urcuyo Gallegos, Gabriel. 15:1992; 16:2692
Urdaneta, A. 4:2970; 5:2739
Urdaneta, Rafael. 27:2811
Urdanivia, Fernando D. 6:2693
Urdanivia Díaz, Jorge. 24:6261
Ure, Ernesto J. 8:4618; 9:4530; 16:3076
Urech, Edouard E. 22:1666
Urelo, A. G. 6:3178
Ureña, Emigdio. 7:2125
Ureña de Henríquez, Salomé. 16:2735
Ureña Morales, Gabriel. 12:1840; 27:2737
Ureta, Alberto. 3:3322
Ureta del Solar, Guillermo. 4:1174, 1175

Ureta Martínez, Horacio. 16:1236; 20:2047
Ureta Sáenz Peña, L. 9:3759
Urfé, Odilio. 23:5729
Urguidi, José Macedonio. 3:1842; 10:2440, 3223a
Uriarte, Amanda Cajina. 9:2383
Uriarte, Buenaventura. 6:2428, 2429
Uriarte, Carlos A. 12:998, 1440
Uriarte, Fernando. 15:2340
Uriarte, Juan Ramón. 11:3090
Uribe, Ángel. 20:2487
Uribe, Gustavo. 7:1880, 1881
Uribe, Joaquín Antonio. 22:4832
Uribe, Maximiliano. 3:1990
Uribe, Silvano E. 13:825
Uribe Aldana, Gustavo. 2:651
Uribe Botero, Eduardo. 4:2327; 8:1395
Uribe Cualla, Guillermo. 1:1802; 2:3114; 17:2768
Uribe de Fernández de Córdoba, Susana. 18:261; 19:3372; 20:246, 21:2841; 24:3906; 25:3257, 3258; 26:583; 28:99, 495
Uribe Durán, Juan. 4:2314; 8:1497
Uribe-Echevarría, Juan. 2:2792; 3:3439; 11:3398; 13:2128; 15:2259; 19:4785; 26:2207
Uribe Echeverri, Carlos. 2:652; 4:1653; 7:1893
Uribe Escobar, Ricardo. 24:6324
Uribe Herrera, Armando. 14:3321
Uribe-Holguín, Guillermo. 5:4329; 6:4859; 7:5569
Uribe-Holguín, Ricardo. 9:4559
Uribe Isaza, Baltasar. 7:4765
Uribe Márquez, Jorge. 3:1927
Uribe Misas, Alfonso. 21:2263; 27:3896
Uribe Moll, Armando. 13:725
Uribe Muñoz, Bernardo. 19:5110
Uribe Piedrahita, César. 8:406; 9:3985
Uribe Ramírez, Enrique. 7:1212, 1235
Uribe Romo, Emilio. 9:1071; 12:1841
Uribe Uribe, Lorenzo. 19:3432
Uribe Uribe, Rafael. 18:696, 897; 26:1388
Uribe Vargas, Diego. 22:4020
Uribe Villegas, Óscar. 18:3239; 19:6106, 6107; 20:4920, 4992; 21:4944, 4945; 22:6055; 27:1547
Uriburu, Alberto E. 1:1376
Uriburu, José Evaristo. 14:1744, 2073
Uricoechea, Ezequiel. 2:195
Uriel García, José. 28:160
Urien, Enrique César. 5:1183
Urien, Julio César. 24:3469
Uriona, Noel C. 16:1194
Uriondo, Mario Ernesto. 15:251
Urioste, Antero. 9:98; 13:37
Urioste, Ovidio. 18:2091
Urioste-Herrero. 20:729a
Urizar, Rogelio. 8:472
Urquhart, D. H. 19:2666
Urquía, Carlos Enrique. 24:5461
Urquiaga y Vento. Juana. 19:3092
Urquidi, Carlos Walter. 6:4720; 13:2377; 14:1607; 19:5585; 21:1318; 25:4104
Urquidi, Guillermo. 18:2859; 22:2388
Urquidi, José Macedonio. 3:1842; 7:5313; 9:3513; 10:2440, 3223a; 12:3244
Urquidi, Marjory M. 27:1045. 1817q, 1783
Urquidi, Víctor L. 8:1114; 9:1030, 1072; 11:732a; 12:781; 17:952, 953; 18:999; 19:1903, 1998a; 20:1567; 22:1427, 1805; 23:2080, 2081; 24:1972, 1973, 2124, 2153; 25:1500, 1501; 27:985, 1817-1817d
Urquidi Morales, Arturo. 5:452; 6:1507; 7:1461; 19:6024; 20:4943; 27:2208, 3897
Urquiza, Concha. 12:2671
Urquiza, Eduardo de. 18:2087

Urquiza, Justo J. de. 25:3604
Urquizo, Francisco Luis. 1:1073; 11:2274; 20:2863; 23:3298, 3341; 24:3998; 26:688
Urra Fuentes, Armando. 6:2430; 10:2860; 12:1407
Urrea, Blas. 3:2034; 17:1949
Urriola, Cristóbal A. de. 16:2447
Urriolagoitia H., Mamerto. 16:1338
Urrutia, Alberto F. 9:3946
Urrutia, Carlos Gustavo. 11:1255
Urrutia, Francisco José. 7:3226, 3790
Urrutia, Honorato Hernán. 6:4631
Urrutia, Manuel J. 25:471
Urrutia, Uldarico. 5:2044a
Urrutia Aparicio, Carlos. 24:3470
Urrutia Artieda, María Alex. 6:4118
Urrutia Blondel, Jorge. 4:1907; 26:2208
Urrutia Infante, Zenón. 22:3415
Urrutia Lleó, Manuel. 27:3447
Urrutia Millán, Rafael. 19:1972, 1999; 23: 2024; 24:2154; 25:1582
Urrutia Peña, María. 10:3400
Urrutia Rodríguez, Francisco. 25:4154
Urrutia y Montoya, Ignacio José de. 28:1734
Urstein, Mauricio. 4:4435
Ursúa, Francisco A. 4:3564; 18:2973
Urteaga, Horacio H. 2:1782, 2505; 3:2321; 4:55, 104, 3793; 5:422, 2600-2602; 7: 2340, 4541; 8:2930, 3067, 3068; 9:3775; 10:2716; 13:1429
Urteaga M., Miguel. 12:51
Urteaga Portocarrero, Solón. 23:529
Urtecho, José Andrés. 3:2994
Urtubey, Agustín de. 10:2861
Uruchurtu Gil, Alfredo. 15:2098
Urueta, Margarita. 11:3342
Uruguaiana. Prefeitura Municipal. 9:2455
Uruguay. Administración de los Ferrocarriles del Estado. 2:907, 908; 4:1198
Uruguay. Administración Nacional de Combustibles, Alcóhol y Portland. 2:909; 3:980; 4:1199, 1200
Uruguay. Administración Nacional de Puertos. 2:910, 911; 4:1201, 1202; 7:1550, 1579
Uruguay. Archivo General de la Nación. 6:620a; 8:491, 492; 11:464
Uruguay. Archivo Histórico. 1:2340
Uruguay. Archivo Histórico Diplomático. 5: 3090
Uruguay. Asamblea General. 18:2889
Uruguay. Biblioteca del Poder Legislativo. 4:4308a, 4538; 6:4777, 4816-4818; 14:26; 15:40; 20:2234; 25:1
Uruguay. Biblioteca Nacional. Montevideo. 8:4714; 12:3330, 3331; 13:38; 25:1251; 26:1185
Uruguay. Caja Nacional de Ahorro Postal. 4:1206
Uruguay. Cámara de Diputados. Biblioteca. 11:3672
Uruguay. Cámara de Representantes. 3:2066; 4:1207; 13:1519
Uruguay. Cámara de Senadores. 3:2067
Uruguay. Centro de Estadística Nacional y Comercio Internacional del Uruguay. 23:2636
Uruguay. Comisión Honoraria del Contralor de Exportaciones e Importaciones. 17:715
Uruguay. Comisión Nacional Archivo Artigas. 18:2126; 20:3083; 28:1031
Uruguay. Comisión Nacional Contra el Analfabetismo. 4:1810
Uruguay. Comisión Nacional de Bellas Artes. 8:614a, 681a; 10:618; 11:662; 25:1256; 26:249-254, 342
Uruguay. Comisión Nacional de Turismo. 21:2058; 22:2461
Uruguay. Consejo Nacional de Enseñanza Primaria y Normal. 4:1811; 14:1319
Uruguay. Consejo Nacional de Enseñanza Secundaria. 20:1722
Uruguay. Consejo Nacional de Gobierno. 25:2851
Uruguay. Constitution. 1:1434; 8:2807; 9:2547; 12:1593, 3079; 18:2887
Uruguay. Contaduría General. 4:1208, 1209; 7:1552
Uruguay. Contralor de Exportaciones e Importaciones. 7:1581; 8:1744; 11:1103; 15:966, 967; 18:795, 796
Uruguay. Corte Electoral. 5:2228
Uruguay. Delegación Permanente en las Naciones Unidas. Oficina de Información y Prensa. 16:800
Uruguay. Dirección de Agronomía. 5:1379-1381; 9:1599; 18:797, 798
Uruguay. Dirección de Agronomía. Sección de Economía y Estadística Agraria. 4: 1219; 18:798
Uruguay. Dirección de Crédito Público. 1:488; 3:957; 4:1211; 5:1382; 6:1610, 1611; 12:1004a; 14:1086; 17:716
Uruguay. Dirección de Enseñanza Industrial. 2:1193
Uruguay. Dirección de Estadística Económica. 6:1636
Uruguay. Dirección de Ganadería. 7:1553
Uruguay. Dirección General de Aduanas. 7:1554
Uruguay. Dirección General de Estadística. 3:958; 4:1212, 1213, 1266; 5:1383, 1384, 1427; 6:1612; 7:1555, 1556; 8:1747; 19:6300; 27:2295
Uruguay. Dirección General de Institutos Penales. 17:3052
Uruguay. Dirección General del Registro del Estado. 4:1267
Uruguay. Federación Rural. 5:1385
Uruguay. Frigorífico Nacional. 5:1386
Uruguay. Instituto de Economía, Finanzas y Administración. 10:1317
Uruguay. Instituto Geológico del Uruguay. 22:2462
Uruguay. Instituto Nacional de Investigaciones y Archivos Literarios. 20:3855
Uruguay. Instituto Nacional del Trabajo. 4:1217
Uruguay. Laws, statutes, etc. 1:496, 1436, 1597, 1706, 1901, 1904; 2:923a, 926a-927, 3049; 9:3749, 3750, 4591; 10:4164; 12:1595; 13:2587; 14:3273; 14:1109; 17:1360; 18:2851, 2930; 22:4557; 25:4119-4121
Uruguay. Ministerio de Ganadería y Agricultura. 2:915a; 3:959; 5:1428; 9:1540; 13:967; 16:806; 17:719, 720; 27:2295a
Uruguay. Ministerio de Hacienda. 1:491, 492; 2:916; 3:960; 4:1220; 5:1387, 1429; 6:1613; 7:1558; 8:1748; 17:721; 18:799; 27:2295b, 2295d
Uruguay. Ministerio de Industrias y Trabajo. 2:917
Uruguay. Ministerio de Industrias y Trabajo. Instituto de Teoría y Política Económicas. 22:1511
Uruguay. Ministerio de Industrias y Trabajo. Instituto Nacional del Trabajo y Servicios Anexados. 2:918-923
Uruguay. Ministerio de Instrucción Pública y Previsión Social. 2:1544; 10:3472; 12:3430

Uruguay. Ministerio de Instrucción Pública y Previsión Social. Biblioteca Artígas. 28:125
Uruguay. Ministerio de Obras Públicas. Dirección de Topografía. 19:2550; 20:2047a
Uruguay. Ministerio de Relaciones Exteriores. 5:3284; 6:3207, 3830; 12:3251; 16:805
Uruguay. Ministerio de Salud Pública. 4:1221, 1221a
Uruguay. Ministerio del Interior. 3:2069
Uruguay. Secretaría del Senado. 25:4130
Uruguay. Servicio Geográfico Militar. 24:3004a
Uruguay. Servicio Hidrográfico. 4:2119a
Uruguay. Servicio Metereológico. División de Climatología. 21:2059
Uruguay. *Treaties, etc.* 1:495
Uruguayan Institute of International Law. 22:4057
Urzaiz Rodríguez, Eduardo. 11:3012
Urzúa Álvarez, Waldo. 2:1486; 18:2557; 21:4007
Urzua Barros, Carlos. 4:1094
Urzua H., Horacio. 3:1790
Urzúa Macías, Efraín. 20:4496
Uscátegui Mendoza, Néstor. 21:566; 25:567; 27:1289
Usigli, Rodolfo. 4:538, 3984; 6:4119; 10:3680; 11:3343; 12:2768a; 13:2237, 2238; 15:2446, 2455; 17:2564; 18:2700, 2714; 20:4235; 22:5332, 5333; 24:5641, 5642; 28:2338, 2339
Uslar, M. von 1:1074
Uslar Pietri, Arturo. 2:2653; 3:3223, 3383; 5:3873; 6:4154; 7:1256, 1276, 4410; 11:899; 13:2135; 14:2613, 2723, 2804, 2805; 15:2309; 16:3335; 17:1846, 2367; 18:2427; 19:4783; 20:3107, 3856, 4089; 21:943, 3845, 4006; 24:4833, 4834, 5334; 23:1857, 5347; 24:4188, 6094; 25:3538; 26:186, 961
Uslar Pietri, Juan. 20:3108; 28:1057a
Ussher, Santiago M. 21:3094
Ussía, J. 6:5088
Ustinov, V. A. 25:635, 636, 696
Uteda, Juan M. 9:3229
Utitz, Emil. 16:3325
Utley, John H. 18:2369
Utrera, Cipriano de, *Brother*. 13:1370; 14:1810, 1909; 1923; 15:1486, 1521; 16:1585, 1586, 1629, 1642, 1689; 17:1560-1562, 2321; 18:1799b, 1799c; 19:3399; 20:2364, 2589, 2590; 21:2632; 23:3427
Utria, Rubén Darío. 24:6205
Utset, Bernardo. 19:275
Utting, Matti Johns. 10:2491
Uzal, Francisco Hipólito. 27:3214
Uzcátegui, Emilio. 1:1583; 2:1177; 15:1086; 19:5746; 20:4524; 22:1959; 25:2097
Uzcátegui, Maruja de. 18:2272
Uzcátegui R., Leónidas. 12:862
Uzcátegui Urdaneta, Mariano. 20:4601; 24:4892
Uzcátegui y Lezama, Ángel. 1:1805; 2:542b; 4:1505

V OSA. *See* Venezuelan Oil Scouting Agency.
Vaca, Manuel C. de. 10:3266
Vaca Guzmán, J. S. 3:1462
Vaca Guzmán, Santiago. 5:3730
Vaca Orozco, Alfonso. 20:1568
Vacarezza, A. 3:1521a
Vacas Galindo, Enrique. 2:2417; 5:2578
Vacas Gómez, Humberto. 11:526; 12:559, 2672; 21:3846
Vaccarezza, Rodolfo A. 7:3941
Vaccaro, Hugo. 14:610
Vaccaro, Juan Miguel. 7:1430; 8:1528
Vaccaro, Severo. 12:2484
Vadell, Natalio Abel. 15:583; 16:1754
Vageler, Paulo. 4:2033a, 2055; 19:2630; 21:5018
Vail, R. W. G. 28:86
Vaillancourt, S. E. Émile. 12:2261
Vaillant, George C. 1:56-58; 2:45, 46, 108; 3:104, 105; 4:105, 121; 5:223, 224, 235-237, 263; 6:233, 258, 278-279, 294; 7:279, 280, 330; 8:165; 9:197, 255, 256, 282; 18:297; 25:697; 27:256
Vaillant, Suzannah B. 25:697; 27:256
Vaisse, Emilio. 9:3961
Vaitsman, Maurício. 23:2898; 24:3512
Val, Gorki del. 9:1923
Val, Waldir Ribeiro do. 20:4354; 23:6200; 25:4624, 4734; 26:2067
Valadão, Haroldo. 18:1189
Valadares, José. 12:685
Valadés, Adrián. 21:2842; 28:495a
Valadés, Edmundo. 20:3994
Valadés, José C. 2:1975, 2118; 3:2600; 4:2926, 3091; 5:2908; 7:3398; 14:2125; 19:3661; 21:2843; 24:3999; 28:713
Valadés, Juan. 25:3040
Valandro, Leonel. 10:3919, 3924
Valbuena, Martiniano. 13:1643
Valbuena, Briones, Ángel. 3:3065a; 18:2609a; 24:5482; 25:4277, 4553
Valbuena Prat, Ángel. 4:4101; 19:5296
Valcárcel, Gustavo. 14:2886; 17:2423; 18:2647; 14:5462; 26:1537
Valcárcel, Jorge A. 20:3567
Valcárcel, Luis E. 2:236-240; 3:273-277, 3224; 4:317-319, 408; 5:423, 486, 487, 1584, 2629-2631, 3584; 6:561, 3045; 7:570; 8:436, 2204; 9:220a, 534; 535, 2287; 11:111; 12:350, 466-468, 1200, 14:550; 15:305, 306; 16:401; 18:1889, 2428; 19:372; 20:381, 575, 21:3706; 22:3464; 25:400-402, 595; 26:1610; 28:125a
Valcárcel, Teodoro. 5:4339; 11:3850
Valcárcel Esparza, Carlos Daniel. 5:2628, 3583; 8:435, 2039; 10:2688, 3589; 11:2195-2197; 13:1405, 1406, 1436; 14:1967; 15:1404, 1577-1579; 16:1738, 1977; 17:1628; 18:1888; 19:43, 3464; 20:2768-2768b, 3719; 21:2750, 2751; 23:3042, 3658; 24:4088, 5051; 25:3501, 3556; 28:922a
Valda de Jaimes Freyre, María Luisa. 27:1195
Valdeblánquez, José María. 26:809; 28:1037
Valdelomar, Abraham. 13:2136; 23:5158
Valderrama, Esteban. 16:533
Valderrama, G. E. 6:2212; 8:2516
Valderrama, Jerónimo. 25:3147
Valderrama, Mariano. 6:1599
Valderrama Andrade, Carlos. 26:2254
Valderrama Benítez, Ernesto. 6:2276; 14:1935
Valderrama Mérida, Guillermo. 6:1508
Valderrama Ordóñez, Carlos. 18:2268
Valderrama Romero, Renato. 15:921

Valderrama y Peña, Esteban. 24:1723
Valdés, Alejandro. 3:890
Valdés, Antonio José. 28:803
Valdés, Camilo A. 12:803
Valdés, Candelaria. 24:274
Valdés, Carlos. 19:4950
Valdés, Carmen. 20:1033
Valdés, Hernán. 28:2173
Valdés, Ignacio de J., Jr. 19:4951
Valdés, Manuel M. 5:2800, 3443
Valdés, Miguel Ángel. 10:1589
Valdés, M. Salvador. 10:3049
Valdés, Octaviano. 5:3870; 8:3895; 9:836; 12:1842; 13:2222; 20:3747
Valdés A., Benjamín. 9:3306
Valdés Blanco, Pedro. 8:4562
Valdés Bonaches, Juan. 4:1506
Valdés-Castillo Moreira, Esteban. 21:2929
Valdés Costa, Ramón. 19:5460; 25:4120; 27:1818
Valdés de Guerra, Carmen. 25:5234
Valdes de la Paz, Osvaldo. 7:1862
Valdés Herrera, Ramón María. 2:542c
Valdés Larrain, Luis. 6:2599
Valdés Miranda, Carlos. 7:3367
Valdés Mora, M. 2:542a
Valdés Morandé, Salvador. 25:1193a
Valdés Olascoaga, Estanislao. 26:1183; 27:3542
Valdés Oliva, Arturo. 20:2883; 23:3376
Valdés Otero, Estanislao. 19:5598a
Valdés-Rodríguez, José Manuel. 4:3932; 13:2253; 27:2493
Valdés Rodríguez, Manuel. 15:1082
Valdés V., Ramiro B. 4:4343
Valdez, Alfredo. 14:1654
Valdez, Vicente. 10:3336; 11:2797; 15:2032; 19:4427
Valdez de la Torre, Esperanza. 8:3359
Valdez Mora, Mario. 14:3145
Valdez Tudela, Napoleón. 3:947a; 7:4356; 24:6272
Valdiosera, Ramón. 15:78
Valdivia, Aniceto. 22:4823
Valdivia, Juan Gualberto. 24:4390
Valdivia, Luis de. 6:505
Valdivia, Pedro de. 6:3028; 7:3096; 11:2161; 16:1742, 20:2778a; 24:4128
Valdivia Altamirano, Augusto. 1:1390
Valdivia Altamirano, Juan. 14:3281; 15:2739
Valdivia Dávila, Víctor. 9:2288
Valdivia V., Luis. 23:1297
Valdivieso, Eulogio R. 4:245
Valdivieso, José. 6:4656; 7:5267
Valdivieso, Mercedes. 26:1675; 28:2042, 2043
Valdivieso Alcalde, Jaime. 17:675
Valdivieso Montaño, A. 19:3920
Valdizán Gamio, José. 25:3752
Valdovinos, Arnaldo. 11:112
Valdovinos, Carlos. 3:3755
Valdovinos Garza, José. 18:2558
Vale, J. Rodrigues. 9:1674
Valega, José M. 5:2603; 6:3179; 7:3114, 3227; 8:2930, 3128; 11:2298, 2554, 3586; 12:2150, 3124; 14:3160, 3259, 3275; 26:811
Valença, Alberto. 5:638
Valença de Mello, Antônio. *See* Mello, Antônio Valença de.
Valencia, Gerardo. 11:3166; 12:2767; 13:2239
Valencia, Guillermo. 2:2815; 3:2322; 5:3818; 17:2510; 19:4784
Valencia, J. I. 27:1563

Valencia, Luis Emiro. 25:2683
Valencia, María. 2:352
Valencia Avaria, Luis. 9:3129, 3307; 17:1317; 23:3736; 25:3698; 28:1003a
Valencia Cabrera, Pastor. 24:4122
Valencia Cárdenas, José. 5:1350; 10:1314; 11:1096; 12:1441
Valencia M., Miguel. 8:1357
Valencia Quintero, Libardo. 10:2003
Valencia Rangel, Francisco. 9:2070-2073
Valencia Restrepo, Ricardo. 2:655
Valencia Vega, Alipio. 19:2886, 5488; 23:3727; 28:998a
Valencia Zea, Arturo. 11:3572; 15:2700
Valente, Ernesto Gurgel. 7:1689
Valente, Nautilde Batista da Costa. 18:3240
Valente, Oswaldo. 5:600
Valente, Valentim. 15:1883
Valente, Waldemar. 21:4726; 22:3892; 28:1360
Valenti Costa, Pedro. 12:3435
Valentié, María Eugenia. 18:3077; 19:5824; 20:4829; 21:4861; 22:5926
Valentine, Wilbur G. 2:1251, 1298
Valentini, E. E. 5:264; 7:2079; 8:2301
Valentini, F. J. J. 9:2677, 2677a
Valenzuela, Eduardo. 9:1179
Valenzuela, José Antonio. 8:1115
Valenzuela, Juan. 11:207, 209, 210
Valenzuela, Pedro. 8:2652
Valenzuela, Ricardo. 26:1157
Valenzuela, Rodolfo Guillermo. 16:1335
Valenzuela, Salvador. 17:3156
Valenzuela, Víctor M. 23:5840; 24:5128a, 5306; 26:1538
Valenzuela Donoso, Guillermo. 12:2592
Valenzuela Iglesia, Enrique. 2:844a
Valenzuela Kunckel de Sánchez, María. 16:2425
Valenzuela Montenegro, Carlos. 10:1265
Valenzuela Reyna, Gilberto. 24:4032; 25:3360
Valenzuela Rodarte, Alberto. 24:5012; 25:4235; 26:510, 689, 1445-1447
Valenzuela Rojas, Bernardo. 27:1274
Valera, Blas. 11:2983
Valera, Raúl. 12:2593
Valera Pérez, Consuelo. 13:2176
Valera Villanueva, Luis. 24:5277
Valerga, Antonio. 18:2215
Valerga Aráoz, Guillermo F. 10:2704
Valerio, Gianina. 24:4546
Valerio, Manuel. 10:3743
Valerius, Victor. 14:2493; 17:2047
Valero, Samuel. 8:1274
Valero Silva, José. 18:1972; 19:3211; 28:669
Valéry, Paul. 6:5093; 13:2212; 14:2946
Válgoma y Díaz-Varela, Delmiro de la. 17:1546
Valho, Pedro. 5:4116
Valiente, Camilo. 19:6095
Vall Serra G., Isabel. 14:2514
Valladão, Alfredo. 3:2894; 6:3556, 3688; 8:3457, 4261; 11:2593; 15:1076; 16:2067; 20:3239, 3269; 23:3970
Valladão, Haroldo. 2:3138; 3:3667, 3772; 4:4463; 6:1991; 4673; 7:5308; 13: 2592; 14:3297; 17:2790; 27:3853
Valladares, Abel Arturo. 4:1980a; 5:1734, 2443, 2801
Valladares, Clarival do Prado. 28:377
Valladares, Faustino C. 10:961
Valladares, Gizella. 18:529

Valladares, José. 14:651; 17:488, 489, 508; 18:529, 577; 19:1214, 1240; 20:1190; 21:1193; 22:1305; 23:1552
Valladares, Juan B. 13:1167; 14:1910
Valladares, Manuel. 3:3100, 5:2444
Valladares, Santiago. 7:5183
Valladares, V. 6:3780
Valladares C., Alberto. 8:4605
Valladares Campos, Jorge. 26:884
Valladares Castillo, Julio. 15:2078
Valladares Ribeiro, Benedicto. *See* Ribeiro, Benedicto Valladares.
Vallalón Galdames, Alberto. 11:3769
Vallandro, Leonel. 6:4475; 7:5042, 5045, 5072, 5103; 19:5219
Vallandro, Lino. 19:5219
Vallarino, Juan Carlos. 4:1224
Vallarino D., Jorge. 7:4258
Vallarino Jiménez, José. 9:3084
Vallarta, Ignacio L. 28:669a
Valldeperes, Manuel. 22:1111; 28:2261
Valle, Adrián Del. 4:37; 9:4646; 11:2414
Valle, Alfonso. 10:275, 1841; 14:2608
Valle, Alfredo del. 7:615
Valle, Argentino. 7:5446
Valle, Aristóbulo del. 6:3340
Valle, Arnaldo del. 8:97, 2517; 13:2624
Valle, Cipriano. 9:283
Valle, Cyro de Freitas. 17:1312
Valle, Enrique R. del. 24:4793, 4794
Valle, Francisco G. del 5:2830
Valle, J. Rodrigues. 3:1865; 11:1185
Valle, José. 8:1473; 9:1122
Valle, José Cecilio del. 6:3250; 22:1428
Valle, José María del. 12:1705a
Valle, Juvencio. 7:4765a; 21:4125
Valle, Luis Arturo del. 24:702
Valle, Manuel M. 8:2257; 13:360; 19:912
Valle, Miguel. 3:627, 628, 703; 4:730, 731
Valle, Rafael Heliodoro. 1:668, 811, 1005; 2:430, 492a, 1625, 1975a, 2141, 2439g, 2445, 2624; 3:27, 61, 81, 164, 2164; 4:38, 2520, 3092, 3093, 3814; 5:155, 214-216, 2831, 3575, 3637, 3638, 3770; 6: 159-159b, 225, 2801; 7:199, 281, 2924, 2982, 3188, 3368, 4766; 8:98, 99, 160, 2877; 9:99, 2678, 3182, 3560, 4023; 10: 63, 136, 2778, 3654; 11:50, 1947, 2275, 2398, 2399; 12:52, 1951, 2045, 2727; 13:39, 2161; 14:1745, 1911, 2131, 2724, 2839, 2840; 15:41, 128, 1705, 2428; 16:1460, 1643, 1817, 2596, 2597, 2778; 17:50, 1445; 18:1973, 2429, 3272; 19: 3372a, 4696; 20:2365, 3680, 3681; 21: 3847; 22:4752; 23:5198, 5891; 25:6425, 26:712, 1827; 28:2174
Valle, Rosamel del. 12:2594; 15:2383
Valle, Sergio. 5:1521
Valle-Arizpe, Artemio de. 2:1871; 5:2445, 2909, 3616; 8:606; 13:1349, 1350; 15: 118, 569; 16:77, 1818; 17:2424; 19:3373, 3373a; 20:2559; 21:4008; 23:3192, 5019; 26:125
Valle C., Ángel. 9:1352
Valle Caviedes, Juan del. 10:3505; 13:2044
Valle Herra, Ramona del. 28:1084
Valle Huaita, Carlos. 10:2089
Valle Llano, Antonio. 16:1644
Valle Matheu, Jorge del. 5:336; 9:2845; 17: 2980; 21:1964, 2270
Valle Moré, José G. del. 9:4519; 11:3577
Valle O., Elena. 2:1951
El Valle. Gaceta Departamental del Valle del Cauca. 5:2265
Valle del Cauca (Department). Contraloría. 4:1654, 1655; 5:1110

Valle del Cauca (Department). Dirección Departamental de Estadística. 6:1235, 1236
Valle del Cauca (Department). Dirección General de Educación Pública. 3:1425
Valle del Cauca (Department). *Laws, statutes, etc.* 1:1868
Valle del Cauca (Department). Oficina de Turismo. 20:1986
Valle del Cauca (Department). Secretaría de Agricultura y Fomento. 4:1656; 6: 1237; 9:1299, 1300
Valle del Cauca (Department). Secretaría de Gobierno. 3:1964; 4:2334; 5:2068; 6: 2622; 7:2621
Valle del Cauca (Department). Secretaría de Hacienda. 2:653; 4:1657; 6:1238
Valle del Cauca (Department). Secretaría de Obras Públicas. 2:654; 4:1658
Vallecillo, Carlos. 11:1606
Vallejo, Alejandro. 2:2654; 4:2883; 6:4789; 16:1964
Vallejo, Antonio R. 4:3679; 22:3001; 23:3377
Vallejo César. *See* Vallejo, César Abraham.
Vallejo, César Abraham. 5:706; 9:4108a; 14:2806; 15:2384; 24:5129, 5463-5463b; 25:4358; 26:1757
Vallejo, E. S. P. 6:2431
Vallejo, Gonzalo. 7:2890
Vallejo, José. 4:368
Vallejo, José Joaquín. 4:3271
Vallejo, Santiago. 18:2125; 22:933
Vallejo Fonseca, José A. 22:3466; 28:995a
Vallejo Larrea, Gustavo. 5:3074
Vallejo y Arizmendi, Jorge. 13:2469, 2529
Vallejos, M. A. Raúl. 25:3326
Vallejos Freire, Germán. 2:3139
Vallenilla, Luis. 27:3577
Vallenilla Lanz, Laureano. 4:1697; 14: 2807; 18:2147; 20:3109; 25:3781; 27: 3578
Vallenilla Lanz, Laureano, h. 21:4009
Vallery-Radot, Pasteur. 24:6424
Valles, Roberto. 11:1997, 14:77, 78
Valli, Giorgio. 22:1120
Vallim Pereira de Sousa, Everardo. *See* Sousa, Everardo Vallim Pereira de.
Vallines Batlle, Mercedes. 18:2559
Vallmitjana, Abel. 13:2705
Valloton, Henry. 11:1803
Valois Arce, Daniel. 19:3418
Valsecchi, Francisco. 4:1247
Valtierra, Ángel. 13:1706; 20:2737, 2737a
Valtón, Emilio. 1:1916; 5:2446; 18:1295, 2045; 19:4647
Valverde, Antonio L. 6:3280
Valverde, Emilio F. 8:4607; 15:2693; 17:2749
Valverde, José María. 15:2429
Valverde, Orlando. 8:2571. 10:1850, 2223; 14:1559; 18:1471, 1534; 19:2724; 20: 2121, 2138; 22:2560; 23:2734; 24:6426; 25:2423-2425; 27:2990, 2990a
Valverde, Roberto L. 12:910, 1442; 14: 1085
Valverde, Sebastián Emilio. 4:2761; 10: 1727
Valverde, Trajano de Miranda. 14:3272; 15: 2734; 27:3769
Valverde, Víctor Manuel. 27:986
Valverde, Zelio, *Livreiro* Editor, *Rio de Janeiro.* 6:90
Valverde Barrenechea, Cecilia. 23:4846
Valverde Téllez, Emeterio. 15:52
Vamireh Chacon, *pseud.* 28:1400, 1400a
Vampré, João. 3:1689

Van Acker, Leonardo. 9:4945; 19: 5737; 21:4804
Van Aken, Mark J. 28:720
Van Alstyne, Richard W. 2:2143, 2449; 10: 3224
Vanasco, Alberto. 25:4583
Vanasco, Luis Ángel. 9:3284
Vance, Ethel. 9:4389
Vance, John T. 3:2208, 3623; 5:4266; 9:4431
Vandellós, José Antonio. 4:1698; 6:1249, 1268; 7:1277; 8:1455; 9:1218; 12:863
Van den Berghe, Pierre L. 27:4202
Vandercammen, Edmond. 24:4431
Vandercook, John W. 6:226; 10:2948
Van der Kroef, Justus M. 16:1531
Van de Velde, Henriette Romeike. 5:746
Van de Velde, Paul. 1:168; 5:746
Van Doren, Carl. 9:4388
Vanegas, H. 27:1562
Vanegas Lasprilla, Santiago. 19:5563
Vanegas Ramírez, Pablo. 10:1071; 11:878
Vanger, Milton I. 22:2625; 26:1187
Van Horne, John 2:2482; 3:3066; 5:3617; 6:3951; 8:3931, 3932; 22:4753
Vanicóre, Clóris. 28:2659, 2660
Van Leisen, Herbert. 16:2068
Van Loon, Hendrik Willem. 6:4476; 7:5101, 5102; 11:2243
Van Luijk, J. Benigno. 24:4102
Vann, John H. 27:2991
Van Paassen, Pierre. 7:5103
Van Peenen, H. J. 25:737, 738
Van Riper, George. 18:133
Van Royen, William. 4:1518, 1915, 1916, 1998
Van Sickle (Paul G.) Corporation. 16:831
Van Stan, Ina. 19:485, 486; 21:339; 22: 378; 23:532, 533; 24:615, 616; 27:662-664
Van Swieten, G. 10:237
Van Teutem, Onno. 24:1974
Van Wynen, Donald. 27:1497, 1497a
Van Wynen, Mabel Garrard de. 27:1497, 1497a
Van Zanen, G. E. 27:1572
Vanzolini, P. E. 23:777
Vao Gogo, *pseud.* See Fernandes, Millôr.
Vaquero, Joaquín, 12:578-580
Vaquero Dávila, Jesús. 4:486; 5:676a; 14: 1757
Vara, Armida de la. 28:1792a
Varallanos, José. 3:3323; 6:562, 3046; 7: 5359; 10:1710; 12:1906, 2981; 13:2625; 25:2333, 3753; 27:1356
Varangot, Carlos Jorge. 13:2541; 18:2980b; 19:5553
Varani, José. 11:3893
Varas, Antonio. 8:3324
Varas, José Miguel. 18:1576
Varas Contreras, Guillermo. 14:3188; 20:4606
Varas Guzmán, Eugenio. 10:2333
Varas Reyes, Víctor. 8:2105; 28:1650
Varejão, Lucillo. 8:852; 23:5499
Varejão, Nestor. 3:3644
Varela, A. H. 1:1179
Varela, Alfredo. 13:1619; 16:2069; 26: 1218
Varela, Blanca. 23:5159
Varela, Casper de Campos. 16:468, 469
Varela, Eliseo. 27:2843a
Varela, I. 26:314
Varela, José Luis. 17:2511
Varela, José Pedro. 28:125
Varela, Juan Cruz. 10:3684, 3685
Varela, Leopoldo. 6:794
Varela, Lorenzo. 20:1034; 21:1159
Varela, Luis V. 11:82

Varela, Maruja. 21:4133
Varela, Víctor Manuel. 2:492b; 3:1032a; 6:990a
Varela Acevedo, Jacobo. 2:1455; 16:2316
Varela de Andrade, T. 4:2436
Varela Domínguez de Ghioldi, Delfina. 6: 4967; 15:1669; 16:3298; 18:3114; 24: 4303; 25:5392
Varela Martínez, Raúl. 6:1185; 8:1370; 9:1301
Varela Rojas, Gustavo. 10:1812
Varela y Morales, Félix. 10:4511; 11:2984, 3868; 18:3064; 25:5315
Varela Zequeira, José. 3:2626; 4:3109; 5:4448
Varella, Luiz Nicolau Fagundes. 9:4293, 4420; 21:4396, 4397
Vareschi, Volkmar. 27:2812, 2812a
Varese, Stéfano. 28:1043a
Vargas, C. F. 18:675
Vargas, Elvira. 4:1391
Vargas, Francisco Alejandro. 12:1879
Vargas, Fulgencio. 3:153; 7:2983, 3310; 8:607; 9:2846; 16:1471; 25:2267
Vargas, Getúlio Dornelles. 2:1477; 3:1398, 1863; 4:1769; 2274-2276; 6:1674, 2591-2594; 9:2456; 10:1343; 13:592; 16:2351; 17:1310, 1313; 18:1571; 19:2900
Vargas, Héctor José. 4:1623; 8:1408
Vargas, J. 2:1456
Vargas, J. Octavio. 7:961
Vargas, José María, *Father.* 1:895; 3:2245, 2246, 2323; 5:2579; 7:3122, 4563; 11: 527, 2199; 14:1968; 16:553; 20:337, 1017, 2769; 21:947; 22:1163, 4522; 26: 854, 1539; 28:161, 904, 904a
Vargas, Marcela S. de. 27:2494
Vargas, Marco Tulio. 6:2986; 8:2878; 13: 1168, 1188; 15:1531, 1532; 16:1461; 17: 1587; 18:1845; 19:3433
Vargas, Moisés. 19:4785
Vargas, Pedro Fermín de. 10:3519; 19: 3434
Vargas, Teófilo. 11:3851
Vargas, Viriato. 9:2457
Vargas A., Pedro J. *See* Álvarez González, Humberto.
Vargas, B., Isaías. 8:354; 21:939
Vargas Barbosa, Getúlio. *See* Barbosa, Getúlio Vargas.
Vargas Barón, Aníbal. 13:2137
Vargas C., César. 2:241; 5:424; 6:2432; 8:2130; 10:1728; 25:403
Vargas Castelazo, Manuel. 20:247
Vargas Contreras, Guillermo. 6:4508
Vargas Coto, Joaquín. 22:3068
Vargas Cuéllar, Guillermo. 15:2064; 16:2382
Vargas do Amaral Peixoto, Alzira. *See* Peixoto, Alzira Vargas do Amaral.
Vargas Echeverría, José María. 25:3434
Vargas Fano, Américo J. 5:425; 6:462, 563
Vargas Gaete, Javier. 17:2817
Vargas Galíndez, Federico G. 10:4017
Vargas Galindo, Carlos, 16:1366
Vargas Gómez, Andrés. 8:1231
Vargas Gómez, Encarnación. 23:4609
Vargas Llosa, Mario. 24:5576
Vargas Lugo, Elisa. 20:989; 26:129
Vargas MacDonald, Antonio. 5:906
Vargas Martínez, Ubaldo. 26:584; 28:2287
Vargas Netto, Manoel. 9:3457; 19:5351
Vargas Páez, Rafael. 4:1659, 3281
Vargas Paul, Guillermo. 11:2570
Vargas Peña, Benjamín. 23:4522
Vargas Prada, Julio. 17:1629
Vargas Rosas, Luis. 11:562
Vargas Sánchez, Ulpiano. 18:2269
Vargas Stoller, Alfredo. 4:2125

Vargas Tamayo, José. 15:2132, 2366; 17:2264
Vargas Tejada, Luis. 2:2761
Vargas Torres, Eliel. 24:2155
Vargas Torres, Ignacio. 5:2574
Vargas Ugarte, Rubén. 1:15, 812, 874, 896, 2271, 2273, 2277-2280; 3:2197, 2351, 2352, 3043; 4:2558, 2884, 3815; 5:2281, 2447, 2604; 6:2957, 2987-2989, 3047; 7:3115, 3116; 8:761, 2878a, 3129, 3954; 9:100, 3775a; 11:546, 2138, 2244; 12:2377; 13:1169, 1234, 2044; 14:742-744, 1969, 1970, 2623, 2658; 15:42, 1580; 16:520, 1739, 2527; 17:1446, 2281, 2673; 18:1677, 1890, 1891, 2430; 19:3465, 3466, 4655, 4690, 4697, 4698; 20:1003-1005, 2770-2770c, 3682; 21:2338, 3168, 3169; 23:3659-3662, 3728; 24:4119, 4123, 4198, 5013; 25:3441; 25:3441; 26:870, 1540; 28:923, 923a, 1043, 1797
Vargas Vila, José María. 1:2077; 24:5276
Vargas y Vargas, Luis. 21:818
Vargas-Zúñiga, Antonio de. 16:1506
Varillas Montenegro, Alberto. 28:1043
Varillos, Juan Antonio. 21:4760
Varner, Jeannette Johnson. 17:1473
Varner, John Grier. 17:1473
Varnhagen, Francisco Adolfo. 2:946; 5:496; 9:3418; 12:2936; 16:2171; 24:4438
Varón, Manuel. 2:760a; 6:1497
Varona, Enrique José. 2:2625; 4:3932a, 3932b; 5:4247; 9:3766; 15:2260, 2884; 17:2880, 2933; 21:3668
Varona, Esteban Antonio de. 22:1107, 1108
Varona Gálbis, Miguel A. 4:4493
Varona Guerrero, Miguel A. 11:2415, 2416; 12:1961
Varrasco, Julio. 4:2240
Varsi, Tomás. 11:2709
Vartanov, Grigorii A. 24:3471
Varzea, Afonso. 7:400, 8:1799, 2543, 2594; 9:2333, 2370-2372; 23:2735
Vasco Muñoz, Gustavo. 21:4621
Vasconcellos, Amílcar. 13:2511; 23:1851
Vasconcellos, César Carneiro Leão de. 16:2975
Vasconcellos, Eduardo P. C. de. 3:2846
Vasconcellos, Henrique Dória de. 3:709, 1664; 7:1727, 1728, 4069
Vasconcellos, Ivolino de. 17:3129
Vasconcellos, J. Freire de. 4:1747
Vasconcellos, José Jaime Ferreira de. 3:3643
Vasconcellos, José Mattos. 1:1666; 3:2143, 3617
Vasconcellos, Manoel de Almeida. 3:2851
Vasconcellos, Marina. 5:562, 1613
Vasconcellos, Mário de. 1:2300
Vasconcellos, Salomão de. 3:2847; 4:3390, 3435; 5:601; 6:665; 7:680, 680a; 10:3158; 13:1702; 14:652, 2272; 18:2166
Vasconcellos, Sylvio de. 18:530, 551; 22:1317a; 25:1272; 26:311; 28:344
Vasconcellos, Vasco Joaquim Smith de. 11:3497; 22:3825
Vasconcellos, Vicente de Paulo Teixeira da Fonseca. 7:547; 11:1565
Vasconcellos Galvão, Sebastião de. See Galvão, Sebastião de Vasconcellos.
Vasconcellos Tôrres, João Batista. See Tôrres João Batista Vasconcellos.
Vasconcelos, Agripa. 18:2782; 23:5500
Vasconcelos, Ary. 23:5584, 5720; 28:3067
Vasconcelos, Décio. 10:1396
Vasconcelos, Diogo de. 14:2315, 2316
Vasconcelos, Dora Alencar. 9:4367; 22:5481; 26:2072a

Vasconcelos, Eduardo. 14:1653
Vasconcelos, Everardo. 15:1884
Vasconcelos, Ivan. 24:5770; 25:4692
Vasconcelos, João. 6:4354
Vasconcelos, José. 1:1075, 1729; 2:2120, 2626; 3:2035, 2601-2605, 2934; 5:2740, 2910, 4449; 6:4177, 4980, 4981; 7:2984, 4486, 5628; 8:4834; 9:3852, 4946; 10:2624, 2893; 11:3221, 3902; 12:2728; 13:2756; 14:2149, 2856; 16:78; 17:2233, 2933, 2935, 2945, 3118; 18:1678, 2518, 3065; 19:3219; 21:4267, 4772; 22:3050, 4835; 23:3342; 24:3991, 4000; 25:5352; 26:618, 690, 2228; 28:713a
Vasconcelos, José Mauro de. 14:3052; 28:2565, 2566
Vasconcelos, Justino. 28:2567
Vasconcelos, Luiz Leite de. 21:1438
Vasconcelos, Manuel Meira de. 8:3408
Vasconcelos, Ramón. 5:2832; 14:3378
Vasconcelos, Roberto Pereira de. 10:4035; 11:3496; 18:2942
Vasconcelos, Simão de. 9:3419
Vasconcelos, Valdemar de. 5:3904; 10:3914
Vasconcelos, Viveiros de. 8:4176
Vasconcelos, Waldo de. 10:3386
Vasconcelos Barros, Edgard de. See Barros, Edgard de Vasconcelos.
Vasconcelos Costa, José Antônio de. See Costa, José Antônio de Vasconcelos.
Vasconcelos Dias, José Milton de. See Dias, José Milton de Vasconcelos.
Vasconcelos Maia, Carlos. See Maia, Carlos Vasconcelos.
Vasconcelos Pedrosa, Manuel Xavier de. See Pedrosa, Manuel Xavier de Vasconcelos.
Vasconcelos Sobrinho, J. 15:1246
Vasconsellos, César A. 6:2377
Vasilieva-Schvede, Olga. 28:2434
Vásquez, Adolfo S. 20:226a
Vásquez, Alejandro A. 8:4576; 18:2907
Vásquez, Aníbal S. 4:3212; 6:3433; 13:1683; 16:1944; 21:3095; 23:3782
Vásquez, Diógenes. 2:870
Vásquez, Emilio. 2:242; 3:278, 279; 5:426; 6:463, 464; 11:1694; 12:3449; 13:2699
Vásquez, Francisco. 1:813; 3:2435; 4:2611; 6:2959; 10:2625
Vásquez, Genaro V. 2:1528a; 6:2958
Vásquez, Ismael. 20:3021
Vásquez, José V. 18:1130, 20:5043; 22:1963
Vásquez, Juan Ernesto. 5:966; 9:1123
Vásquez, Julio. 20:4560; 21:4519
Vásquez, Mario C. 14:28; 24:862, 870; 25:570; 27:1329c, 1329d, 1348, 1357-1357b, 2283, 4111, 4203, 4204
Vásquez, Pedro Tomás. 17:1023
Vásquez, Pura. 23:5160
Vásquez, Rafael. 4:4102; 9:4086
Vásquez, Ramón F. 3:82; 4:2214; 6:4504; 12:2992
Vásquez, Rodolfo I. 4:4295
Vásquez A., Rafael. 16:3204
Vásquez Aguilar, Desiderio. 11:1295
Vásquez Andrade, J. E. . 5:1375
Vásquez Calcerrada, Pablo B. 9:2137; 11:1650; 17:3006; 19:6029
Vásquez de Aguilar, Lorenzo. 13:1296
Vásquez de Arce y Ceballos, Gregorio. 20:952
Vásquez de Tapia, Bernardino. 19:3374
Vásquez del Mercado, Alberto. 13:1190
Vásquez del Mercado, Francisco. 3:1575
Vásquez del Mercado, Óscar. 16:3098; 20:4574

Vásquez Díaz, Manuel. 11:1903; 23:2843
Vásquez Estremadoyro, José. 23:4654
Vásquez Hurtado, José María. 3:3760
Vásquez Pérez, Raúl. 16:2367
Vásquez y Aguilar, Lorenzo. 7:2900
Vassallo, Ángel. 5:4440; 6:4978, 5035-5037; 7:5698; 8:4877; 11:3894, 3950; 21:4846; 24:6056; 25:5403
Vassallo Rojas, Emilio. 9:1483
Vasseur, Álvaro Armando. 28:125
Vattuone, Emilio J. 28:1151
Vaucher, Alfredo Félix. 17:1637
Vaudry, J. 2:2418
Vaughan, Edgar. 28:967
Vaughan, Thomas Wayland. 4:1482; 6:2224
Vauthier, Louis L. 3:391; 9:898; 12:707
Vautier, Ernesto E. 21:4928
Vaval, Duraciné. 14:2052; 15:1522; 18:2025
Vaz, Henrique de Lima. 28:3240
Vaz, Leo. 10:3817
Vaz, Nelson. 24:4795
Vaz, Vasco Soares. 13:678; 20:3578
Vaz de Carvalho, Itala. See Carvalho, Itala Vaz de.
Vaz de Melo, José Quintela. See Melo, José Quintela Vaz de.
Vaz Ferreira, Carlos. 5:4450; 6:5013, 5025, 5057; 11:3895, 3903; 13:2757; 19:5724-5726, 21:4773; 22:5828, 5829; 23:2270; 28:125, 3231
Vaz Ferreira, Eduardo. 14:3237; 22:4579; 23:4576
Vaz Ferreira, María Eugenia. 25:4490; 28:125
Vaz Leão, Ángela. See Leao, Ángela Vaz.
Vaz Pupo, J. See Pupo, J. Vaz.
Vázquez, Abelardo. 24:5464
Vázquez, Adolfo Gonzalo. 24:6285
Vázquez, Ana de. 2:1161
Vázquez, Edmundo. 5:1285
Vázquez, Eduardo. 28:3298
Vázquez, Franco P. 12:1013
Vázquez, Gabino. 1:215; 4:1392
Vázquez, Honorato. 6:2124, 3884
Vázquez, José A. 8:1153
Vázquez, José Antonio. 26:1177
Vázquez, Josefina Zoraida. 24:4001; 26:585; 27:1156, 2478
Vázquez, Juan Adolfo. 5:4460; 7:5697; 10:4597; 11:3942, 3943; 15:2903, 2919; 17:2914; 18:3142; 20:4852, 4874b; 21:4853; 22:5900; 28:3270, 3371, 3372
Vázquez, Juan B. 19:2524
Vázquez, María Esther. 28:2007
Vázquez, Nabor. 9:4803; 10:4470
Vázquez, Ricardo L. 4:1926, 1972a; 10:2492
Vázquez, Secundino. 11:3752; 12:3333
Vázquez Alfaro, Guillermo. 19:3662
Vázquez Amaral, José. 23:5063; 25:4511
Vázquez Arjona, Carlos. 9:3765
Vázquez Basavilbaso, Roberto. 20:930
Vázquez-Bigi, Ángel Manuel. 23:5064; 26:1676
Vázquez Carrizosa, Alfredo. 11:879, 1248; 16:2295
Vázquez Cey, Arturo. 15:2385; 20:4114
Vázquez Cuesta, Pilar. 24:5727
Vázquez de Acuña, Isidoro. 22:3512; 24:3778; 25:3699; 28:937a
Vásquez de Coronado, Juan. 28:730a
Vázquez de Espinosa, Antonio. 8:2931; 9:2741; 10:2543; 14:1791, 1792
Vázquez Gayoso, Jesús. 16:2963
Vázquez Hermosillo, Ramón. 22:4523
Vázquez Islas, Enrique. 17:2425
Vázquez Ledesma. O. 6:3510; 8:3367
Vázquez Lloret, Salvador. 5:4107

Vázquez Machicado, Humberto. 3:2187; 4:3009; 5:2667, 3035; 6:3216, 3217; 7:2341; 9:3130, 3554; 17:2695; 20:2771, 3845; 21:3024, 3106, 3107; 22:3467-3470, 3540, 6056; 23:3613, 3663, 3793, 3794; 24:4082, 5028
Vázquez Machicado, José. 6:3440, 3441; 7:3163, 3505; 9:3130
Vázquez Pérez, Francisco. 11:3655a
Vázquez Santa Ana, Higinio. 6:2105; 16:1819
Vázquez Vela, Gonzalo. 6:2771
Veado, Agripino. 3:1869; 7:5129
Vechsler, M. J. 1:469, 484; 2:792; 3:854
Vecilla de las Heras, Mario J. 18:1782a
Vedder, Alan C. 25:1194
Vedia, Agustín de. 6:3499; 15:1309; 28:125
Vedia y Mitre, Mariano de. 2:1952; 3:2557; 5:2744, 3020; 7:3231, 3404; 3446; 8:3232; 10:3020; 13:1620; 17:1785; 19:3020; 13:1620; 17:1785, 2345; 19:3856; 28:1161
Vega, Alejandro R. 7:4384
Vega, Antonio. 2:2627
Vega, Augusto. 26:786
Vega, Aurelio de la. 16:3185; 22:5710; 23:5710; 28:3014
Vega, Carlos. 3:1522, 1523; 4:564; 6:4874-4876; 7:1970, 5521, 5528; 10:1711-1716, 4415, 4416; 11:1500, 3803, 3804; 12:3382-3384; 14:3357, 3411; 17:2837; 18:2992; 19:5617-5625; 21:4709; 22:5711; 23:5732; 26:2181, 2244; 28:3014a, 3030, 3031
Vega, Ceferino. 26:1178
Vega, Daniel de la. 4:3979; 5:3819; 7:4706
Vega, Fernando de la. 2:2760; 5:3054; 11:2522; 15:2261
Vega, H. A. 10:4107; 11:3488
Vega, J. 9:372
Vega, José. 5:3121
Vega, José de la. 6:3742
Vega, José Ramón. 15:1118
Vega, Juan Carlos de la. 21:3096
Vega, Juan José. 23:4523
Vega, Julio. 4:1780; 7:3760; 16:3362; 19:2061, 6022
Vega, Manuel. 23:4825
Vega, María Mercedes de la. 12:2098, 2099
Vega, Miguel Ángel. 4:3846; 7:4564, 4678; 12:2485; 19:4688; 22:5201; 24:5052; 25:2133f; 26:1541
Vega, Miguel E. 8:48
Vega, Roberto N. 2:1219
Vega, Urvano de la. 25:3667
Vega, Ventura de la. 10:3702
Vega Bolaños, Andrés. 10:2896, 11:2400; 19:3256; 20:2563; 22:3002
Vega Carpio, Lope Félix de. 8:3034; 16:2542; 22:3848
Vega Christie, David. 23:4261
Vega Cobiellas, Ulpiano. 9:3211; 10:2441; 11:1918, 2245; 20:2299; 21:2280; 22:1128; 24:4070
Vega Corral, Antonio. 12:745
Vega Díaz, Dardo de la. 5:3021, 3122; 9:3485; 10:3021; 11:406
Vega Hernández, Jaime. 16:1398
Vega Ibarra, Gustavo. 16:209
Vega Miranda, Gilberto. 11:3790, 3841-3843; 12:3424-3426; 13:2714
Vega Muñoz, René. 16:747
Vega Olvera, Guadalupe. 12:1524
Vega Toral, Tomás. 7:3123

Vega y Kegel, Moisés. 18:3328
Vega y Pagán, Ernesto. 24:4070a
Vegalara, Humberto. 27:2042
Vegas, Armando. 9:2105; 13:762
Vegas, Germán. 4:4348
Vegas, Rafael. 20:1723
Vegas Castillo, Manuel. 8:3197; 9:3338; 21:1904
Vegas García, Manuel I. 10:3087
Vegas García, Ricardo. 5:2465
Vegas León, Guillermo. 21:1349
Vegas Núñez, Gilberto E. 23:5020
Vegas Seminario, Francisco. 12:2595; 20:3995; 24:5278; 26:1614
Vegesack, Siegfried von. 27:1820, 4072a
Vegh, Luis A. 10:1325
Vehils, Rafael. 11:2694
Veiga, A. A. 25:746, 747
Veiga, Albino de Bem. 13:2274
Veiga, Augusto César. 4:1770; 5:1522; 6:1941; 9:2458
Veiga, Gláucio. 16:2862
Veiga, José J. 24:5771
Veiga, Oswaldo Pinto da. 27:2381
Veiga, Vincius da. 9:4294
Veiga, Vinicio da. 5:3246, 3444
Veiga de Castro, F. A. *See* Castro, F. A. Veiga de.
Veiga dos Santos, Arlindo. *See* Santos, Arlindo Veiga dos.
Veintimilla, Marietta de. 20:3058; 21:3145
Veiravé, Alfredo. 24:5465
Veitch, Robert. 12:91
Veitía, Pablo E. 22:2680
Veitía Ferrer, Agustín. 13:1572
Veitía Linaje, José de. 11:1987
Véjar Lacave, Carlos. *See* Cueva, Hermilo de la, *pseud.*
Vejar Vázquez, Octavio. 8:1978, 1979; 10:1471a, 1614, 3225; 14:3327
Vejarano, Jorge Ricardo. 2:2026; 4:2971; 5:2741; 6:3176, 3180; 8:1358; 11:2246; 14:2079
Vekemans, Roger. 27:4073
Vela, Alberto R. 15:1338
Vela, Ángel N. 3:3631; 7:2652; 14:2562
Vela, Arqueles. 11:3222; 15:2262; 19:4786
Vela, David. 1:733, 814; 2:158, 2628; 5:3410; 6:160; 7:267; 9:3803, 3912; 10:3691, 11:239; 16:121; 19:3762; 20:2272; 21:2857; 22:60, 3079; 23:5021; 24:703, 3844, 5014; 27:849
Vela, Eusebio. 14:2624
Vela, Rubén. 22:4963
Vela, Rubín. 27:484
Vela, V. Vicente. 12:1707, 17:1496
Vela González, Francisco. 26:691, 692
Vela Huergo, Julio. 4:1055
Vela Monsalve, Carlos. 19:4319; 27:3160
Velades, José C. 2:2450
Velarde, C. E. 4:2583
Velarde, Fabián. 17:2783
Velarde, Héctor. 1:2029; 4:487, 488; 8:608; 9:802; 12:612; 14:2967; 22:4964; 25:1181
Velarde, Hernán. 18:2610
Velarde B., César Augusto. 20:3079; 21:3025
Velarde Morán, Ernesto A. 11:3542; 13:2472; 15:2666; 16:795; 27:3837
Velarde Núñez, M. Octavio. 11:1734
Velasco, Adolfo. 6:516, 2051a
Velasco, Bartolomé, 26:871; 28:526a, 926a
Velasco, Carlos Eduardo. 12:855
Velasco, Domingos. 1:1395
Velasco, Ermel. 18:1086

Velasco, Gustavo R. 4:4467; 16:1017c, 1017d; 17:954; 19:1919, 1999a; 27:2110
Velasco, José Fernández de. 20:2421
Velasco, Juan de. 12:1894; 24:4124
Velasco, Leopoldo. 10:3022
Velasco, Luis de. 18:1882; 21:2501
Velasco, Matilde Irene. 15:1198; 16:1247; 21:2027; 27:2844, 2844a
Velasco, Napoleón. 20:1078
Velasco Albin, Pedro Enrique. 16:2418
Velasco Astete, Domingo. 22:379, 380
Velasco Ceballos, Rómulo. 2:1872; 3:2436; 9:101; 11:2053; 12:1788; 14:1924
Velasco Farrera, Roldán. 10:1615
Velasco Gil, Carlos M. *See* Gill, Mario, *pseud.*
Velasco Ibarra, José María. 2:2027; 3:2002, 2720; 5:4098; 9:4579; 10:3432; 21:2281; 23:2844; 25:2812, 2813; 27:3457
Velasco Madriñán, Luis Carlos. 5:1535; 24:4346
Velasco Núñez, Manuel D. 22:1000
Velasco Quintanilla, M. 12:107
Velasco Pérez, Carlos. 28:670
Velasco Torres, Raúl. 16:1017e
Velasco Valdés, Miguel. 20:2864; 21:3669; 24:4796; 25:3327; 26:1389
Velasco y Mendoza, Luis. 6:3328; 14:1746; 15:1706
Velásquez, Alberto. 4:3981, 12:2486; 24:5227, 5466; 25:1215
Velásquez, César Vicente. 26:962
Velásquez, Jesús. 18:697
Velásquez, Justo Simon. 22:1164
Velásquez, Ramón J. 24:5035; 28:1058
Velásquez, Rolando. 21:4010; 22:5425
Velásquez Carrasco, Luis. 9:2522
Velásquez Gallardo, Pablo. 13:214, 218; 14:297, 298; 19:687; 27:1930
Velásquez García, José. 4:3744, 3766
Velásquez M., Rogerio. 18:1846; 26:2214; 27:1290-1290g; 28:990a, 1651, 1652, 3086
Velásquez Quevedo, Tulio. 14:606, 618
Velásquez Rodríguez, Héctor. 27:987
Velásquez Toro, Jorge. 6:1193, 1212, 3833; 7:1213; 8:1390
Velaverde, Renato. 8:1261
Velazco, Daniel E. 2:242
Velazco Aragón, Luis. 3:3225
Velázquez, Elpidio G. 7:2677
Velázquez, Ernesto. 6:1603; 7:1549
Velázquez, Gonzalo. 16:16; 17:3106; 18:3314; 19:6454; 22:6286; 26:7; 28:5
Velázquez, Gustavo G. 5:3328
Velázquez, Juan O. 20:3587
Velázquez, Luis Horacio. 15:2310; 18:2567; 19:4952
Velázquez, María del Carmen. 16:1645; 19:3374a; 20:2865; 22:2937; 23:3193, 3428; 24:4002; 25:699; 26:360a, 388; 28:476a
Velázquez, Primo Feliciano. 9:3169; 11:173; 14:1747
Velázquez, Rafael Eladio. 17:2755; 21:2782; 26:91; 28:100, 951; 1032a, 1208
Velázquez, Rafael P. 6:2144
Velázquez Andrade, Manuel. 15:1707
Velázquez Chávez, Agustín. 3:451, 452; 4:516; 5:677; 6:763, 815, 820, 825; 8:796, 827
Velázquez de Gijon, Francisco. 24:3813
Velázquez de León, Joaquín. 15:1679
Velázquez de Rojas, Nancy. 27:4074
Velázquez Fernández, Raúl. 9:1261
Velázquez H., Pedro. 7:2497
Vélez, Bernardo. 12:2100

Vélez, Francisco M. 4:3213
Vélez, Héctor Guillermo. 10:64
Vélez, Jorge. 24:560
Vélez, Juan José. 10:64
Vélez, Martín. 6:1115; 9:1161a, 2137; 11:1650
Vélez Achaval, Eugenio. 16:3026
Vélez Boza, Fermín. 14:2560; 27:1383, 1615
Vélez Correa, Jaime. 23:5816; 25:5353
Vélez de Escalante, Silvestre. 17:1547
Vélez de Piedrahita, Rocío. 28:1926
Vélea García, Jorge. 27:2058
Vélez López, Lizardo. 6:465, 600; 8:473
Vélez Mariconde, A. 3:3662; 4:4422
Vélez-Orozco, A. C. 21:812; 25:805
Vélez Picasso, José M. 6:3952
Vélez Sáenz, Jaime. 17:2896
Vélez Salas, Francisco. 6:1381
Vélez Sársfield, Dalmacio. 10:4060; 17:2736, 18:2903
Vélez Vidal, Carlos. 10:936
Vélez Villaseñor, Enrique. 15:836
Velezmoro, Abigail G. de. 11:51, 52; 3753
Velho, Pedro. 4:811
Velho, Víctor de Britto. 8:4878
Velho da Mota Maia, Manuel A. *See* Maia, Manuel A. Velho da Mota.
Velho Sobrinho, J. F. 3:2801; 6:214
Véliz, Claudio. 25:1697, 2684; 26:1158; 27:2238, 3161
Véliz C., Guido. 27:2859
Véliz Lizárraga, Jesús. 21:4923
Vellard, Jehan Albert. 1:624; 2:328; 3:346, 346a; 4:321; 5:474, 1894; 7:518; 8:303, 2144; 9:454a, 2014; 17:335-337, 411, 1105; 18:401, 402; 19:394, 910; 20:730, 798; 23:1253; 25:596; 27:1196-1196b, 1513, 2846a, 4205
Vellinho, Moysés. 10:3864; 22:3826; 24:4478, 5737, 5738; 25:3803; 26:1219; 28:1273
Velloso, Arthur Versiani. 13:2758, 2759; 20:4830, 4853; 23:5817
Velloso, Aulio L. 27:3665
Velloso, Cleto Seabra. 3:578
Velloso, Luiz Paranhos. 27:2341
Velloso, Lycurgo. 19:5599
Velloso, Wilson. 7:769; 23:5909
Velloso Cardoso de Oliveira, Moacyr. *See* Oliveira, Moacyr Velloso Cardoso de.
Veloso, Arnaud. 11:1782
Veloso, Elisa Dias. 10:1570; 15:1077
Veloso, Henrique P. 13:985-987; 25:2426
Veloso, Natércia Cunha. 16:2915
Veloso, Pedro Belisário. 8:4885
Veloso Galvão, Marília. *See* Galvão, Marília Veloso.
Veloso Novoa, Eugenio. 14:1072
Veloso Versiani dos Anjos, Rui. *See* Anjos, Rui Veloso Varsiani dos.
Veloz, Ramón. 8:1448; 9:1219; 13:580
Veloz Maggiolo, Marcio. 21:4134; 28:1920
Venable, A. L. 5:3445
Venâncio Filho, Francisco. 4:4150, 4202; 5:1523, 1524, 4086; 6:1992, 3663, 4355; 7:1838; 9:1829; 10:1571; 3865; 11:1373, 3399; 12:1218b, 1218y; 15:1899, 2476a; 19:2316
Venasco, Alberto. 28:2096
Vendiver, Frank E. 13:1552
Venegas, J. R. 4:1259
Venegas, Miguel. 10:2626
Venegas Casalvica, C. A. 17:3008
Venegas de los Ríos, Pedro. 6:2853
Venegas Filardo, Pascual. 7:4806; 11:1632; 13:834; 21:4022; 23:3854; 26:1758

Venegas Lagos, Luis. 22:1474
Venegas Leyva, Alicia. 23:2489
Venegas Rodríguez, Rubén. 6:4632
Venezian, Eduardo L. 27:1821
Venezuela. Archivo General de la Nación. 11:467; 13:1170, 1378; 15:1533, 1534; 16:1702; 20:2366; 23:3855
Venezuela. Archivo Nacional (Indexes). 1:2342; 4:2944-2946; 10:2673
Venezuela. Archivo Nacional. Encomiendas (Indexes). 10:2665
Venezuela, Archivo Nacional. Reales Órdenes (Indexes). 5:2730
Venezuela. Archivo Nacional. Reales Provisiones (Indexes). 10:2679
Venezuela. Biblioteca Nacional, *Caracas*. 1:2343; 4:4503; 5:4262; 6:4778, 4779; 9:11; 10:65, 3606; 12:53, 58; 13:40; 14:79; 15:43; 20:5033; 21:5218; 22:6289-6291
Venezuela. Cámara de Diputados. 3:2080
Venezuela. Cámara del Senado. 3:2081; 5:2182
Venezuela. Comisión Editora de las Obras Completas de Andrés Bello. 18:3280
Venezuela. Comisión Encargada de Estudiar el Sistema Fiscal del Distrito Federal. 27:2111
Venezuela. Comisión Indigenista. 20:2367; 23:859
Venezuela. Comisión MAC-IAN-BAP de Promoción de Actividades para Guayana. 27:2111a
Venezuela. Commission to Study the Fiscal System of Venezuela. 23:1854
Venezuela. Congreso Nacional. 5:2698
Venezuela. Consejo de Bienestar Rural. 20:1358, 1359, 1991, 1991a, 4921; 21:1988; 22:2284; 23:2547
Venezuela. Consejo de Economía Nacional. 16:814, 815; 17:726; 18:817
Venezuela. *Constitution*. 2:1597; 11:1904, 1905; 13:1109; 15:1341a, 1350; 27:3654
Venezuela. Corporación Venezolana de Fomento. 14:994; 15:980; 16:816, 817, 1146; 17:727; 18:818, 819; 19:1459; 22:1514
Venezuela. Corte Federal. 27:3698
Venezuela. Dirección de Cartografía Nacional. 16:1160; 17:1097; 21:1989; 24:2915; 27:2813-2813b
Venezuela. Dirección de Comercio Exterior y Consulado. 27:2111b-2111d
Venezuela. Dirección de Cultura. 5:668; 8:797; 9:4716, 4717; 12:3360-3362
Venezuela. Dirección de Economía Agrícola. 6:1251; 14:997
Venezuela. Dirección de Geología. 20:1991b; 21:1996
Venezuela. Dirección de Industria y Comercio. 4:1681; 8:1444
Venezuela. Dirección de Planificación Agropecuaria. 24:2916; 27:2111e
Venezuela. Dirección de Turismo. 22:6146
Venezuela. Dirección de Vialidad. 25:2279
Venezuela. Dirección del Ceremonial y Acervo Histórico de la Nación. Oficina de Compilación, Clasificación y Publicación del Archivo del Libertador. 20:3110
Venezuela. Dirección Forestal y Conservación de Suelos. 13:833
Venezuela. Dirección General de Estadística y Censos. 3:1193-1195; 4:1666, 1677-1680; 5:1118-1124; 6:1251a, 1269, 1276, 1278; 7:1250, 1258, 1261-1263, 1312, 1313; 8:2820; 9:1208; 10:1075, 1076; 1090, 2007, 2008, 2382; 11:885, 886; 12:850;

14:1006; 15:1355; 16:52u, 1165; 18:820; 19:6301-6305; 20:5019; 21:5339-5342; 23:854
Venezuela. Dirección Nacional de Información. 23:1859
Venezuela. Dirección Técnica de Geología. 21:1990
Venezuela. División de Economía Petrolera. 25:1651
Venezuela. Embajada, *Buenos Aires.* 17:1363, 2469
Venezuela. Instituto Agrario Nacional. 18: 821; 19:1463; 27:2111f
Venezuela. Instituto Nacional del Café. 6: 1252; 8:1438
Venezuela. Instituto Técnico de Inmigración y Colonización. 6:1277; 7:1275; 14:998
Venezuela. Instituto Venezolano de los Seguros Sociales. 13:1961; 14:2558; 19: 4468
Venezuela. Junta de Gobierno. 17:1365
Venezuela. Junta Militar de Gobierno. 15: 1342
Venezuela. *Laws, statutes, etc.* 1:659a; 9:4542; 10:3949, 4170; 11:492, 1906, 2867; 12:1596, 3026, 3080, 3228; 13:575, 2439, 2475, 2534; 14:2559, 3231, 3282, 3333; 15:2718, 2736; 16:2437, 2439, 3041, 3065, 3083; 17:2101, 2778; 18:811; 19:4518, 5464, 5574; 20:4560; 21:4557; 22:4666; 24:4911; 25:4112; 27:3699, 3733, 3734, 3752, 3803-3805, 3845, 3898-3900
Venezuela. Ministerio de Agricultura y Cría. 2:660; 3:1199, 1200; 4:1673, 1674; 5: 1126; 6:1254; 7:1259; 10:1077, 1078; 11: 890; 13:571; 14:1001, 1003, 1004; 20: 1359
Venezuela. Ministerio de Comunicaciones. 2:661; 3:1201, 1202
Venezuela. Ministerio de Educación Nacional. 2:1196; 3:1203; 4:1814, 1815; 5:1552, 1553; 12:5334; 13:758; 14:1306, 3402; 18:1115
Venezuela. Ministerio de Fomento. 1:320, 323; 2:662, 663; 3:1204-1207; 4:1675, 1676; 5:1127; 6:1243, 1377; 7:1253; 10:1079; 14:1005; 17:730; 18:822; 27: 2111g
Venezuela. Ministerio de Guerra y Marina. 3:1209, 1210; 4:1682, 1683; 5:1128; 6: 1284
Venezuela. Ministerio de Hacienda. 2:664; 3:1211-1214; 4:1684, 1685; 5:1129-1132; 6:1258, 1259, 1271, 1272; 14:995, 996, 1000, 1007, 1008; 19:3434a, 5463
Venezuela. Ministerio de Justicia. 21:4938
Venezuela. Ministerio de Obras Públicas. 1:540; 3:1215, 1216; 4:1686; 5:1133; 6: 1285; 13:572; 14:1002, 1438; 17:1366, 1367; 20:1991c
Venezuela. Ministerio de Obras Públicas. Comisión Nacional de Vialidad. 16:1149
Venezuela. Ministerio de Relaciones Exteriores. 4:1687; 5:1134; 6:1273, 2737; 7:1265, 1266; 13:1827; 14:2407; 18:1616-1619; 20:3453-3455; 21:3419; 24:4410; 27:76, 3579
Venezuela. Ministerio de Relaciones Interiores. 2:1550; 3:1217, 1218, 2509; 4:1688, 2440, 2962; 5:2187; 8:2827; 9:2571
Venezuela. Ministerio de Sanidad y Asistencia Social. 3:1219, 1220; 4:1689-1691; 5: 1135; 6:1378; 13:1962; 24:6259
Venezuela. Ministerio del Trabajo y de Comunicaciones. 3:1222; 4:1692-1694; 5: 1136-1138; 6:1265; 7:1272

Venezuela. Misión Económica Venezolana. 7:1267
Venezuela. Oficina Central de Coordinación y Planificación (CORDIPLAN). 27:2111h
Venezuela. Oficina Nacional de Información y Publicaciones. 17:1368, 1371; 18:2306
Venezuela. Presidencia de la República. 24:2051; 25:2862; 26:92, 819; 27:3580, 3581, 3901; 28:967a, 1058a
Venezuela. Servicio Informativo Venezolano. 19:1464
Venezuela. Superintendencia de Bancos. 10: 1086; 13:577; 15:989; 16:828; 17:734; 18:823
Venezuela. *Treaties, etc.* 16:2286, 2287
Venezuela. Revista de Informaciones Venezolanas, Caracas. 7:2760; 8:1433
Venezuelan Atlantic Refining Co. 21:1991
Venezuelan Oil Scouting Agency. 21:1995
Venin, V. M. 17:1950
Ventocilla, Eleodoro. 22:3070
Ventura, Ovidio S. 10:3331; 16:3336
Ventura Agudiez, Juan. 28:2390
Ventura Novo, Esteban. 26:777
Venturelli, Ángelo Jayme. 27:1197
Venturelli, José. 14:2876; 24:1657
Venturi, Lionello. 28:228, 228a
Venturi, Maslowa Gomes. 28:2568
Venzano, Rodolfo D. 4:2120
Vera, A. N. 8:2106
Vera, Humberto. 13:726
Vera, Humberto B. 8:4158; 19:4953
Vera, Juan Pablo. 3:215
Vera, Orestes. 10:1576
Vera, Pedro Jorge. 3:3324; 14:2808; 16: 2779; 19:4954; 21:4234; 23:1473
Vera, Pedro José. 25:4348
Vera, Robustiano. 6:416, 4566
Vera, Tobías. 6:2052
Vera Barros, Óscar N. 24:4876
Vera Cruz, Alonso de la, *Brother.* 8:4846; 9:3772
Vera Estañol, Jorge. 22:3051
Vera Lamperein, Lima. 2:825
Vera Peñaloza, Rosario. 8:1934
Vera Portocarrero, Horacio. 24:599
Vera Valenzuela, Mario. 25:1698
Vera Vallejo, Juan Carlos. 9:2956
Vera Vera, Raúl. 8:1687
Veracruz (State). Departamento de Antropología. 17:37
Veracruz (State). *Laws, statutes, etc.* 14: 3155
Veras, Carlos dos Santos. 8:1827
Veras, Humberto de Campos. 1:2206; 2:1705, 1706, 2843, 2844; 3:3478, 3479, 3587-3593; 4:4132-4134; 5:3894; 18:2737; 19: 5238; 28:2667a
Veraz, Justo. 23:3700
Verbitsky, Bernardo. 7:4707; 20:3996; 23: 5022; 24:5467; 26:1649
Verburg, Graciela de. 27:1616
Vercesi, D. R. 9:1604
Verdaguer, José Aníbal. 2:2335
Verdaguer, Roberto. 1:1644; 5:3358
Verdalet, Esteban de, *Brother.* 7:415, 2925
Verde Tello, Pedro A. 18:1561
Verdeja Negra, Santiago. 6:2641
Verdesio, Emilio. 16:1036
Verdesoto de Romo Dávila, Raquel. 17: 993
Verdevoye, Paul. 17:2357; 25:3668; 28: 1162
Verdiales, Francisco. 16:2461
Verdugo Fálquez, Francisco. 15:1708
Verdugo López, Lamberto. 15:1099

Verea de Bernal, Sofía. 25:3262
Vérez de Peraza, Elena Luisa. 17:1497; 26:35; 27:77
Verg, Erik. 28:125b
Vergara, Ignacio. 26:1159
Vergara, José Manuel. 22:4965; 23:5023 26:1677
Vergara, José Ramón. 5:3064
Vergara, Luis A. 7:2592
Vergara, Luiz. 24:4547
Vergara, Mario. 11:2511, 2714
Vergara, Miguel Ángel. 1:897; 2:2071; 4: 2810, 3214; 6:3434; 26:912
Vergara, Pedro. 6:4356; 9:4540; 14:3243, 3244; 15:2710; 19:5534
Vergara, Roberto. 3:889; 9:1484
Vergara, Telmo. 2:2949, 4:4248; 5:3992; 7:4985; 23:5585
Vergara Bianchi, José. 19:630
Vergara Bravo, Carlos. 18:2235
Vergara Lozano, José María. 6:3181
Vergara Robles, Enrique. 8:2204a
Vergara Rodríguez, Aquiles. 17:2818
Vergara Vergara, Sergio. 11:1039; 27: 1822
Vergara Vicuña, Aquiles. 2:2451; 6:3571; 9:3297; 14:2179; 23:3799
Vergara y Lara, Eraclides. 16:1248
Vergara y Velasco, Francisco Javier. 1:2313; 22:2260; 24:4189
Vergara y Vergara, José María. 2:2762; 12: 1946; 22:4754; 24:5053
Verger, Pierre. 11:346; 15:1709; 16:401; 21:5022; 24:774; 28:1322
Verges Vidal, Pedro Luciano. 13:1351; 24: 4071; 26:1586
Vergne Roig, Pedro. 8:1325
Vergolino Dias, Catharina. See Dias, Catharina Vergolino.
Vergueiro, Nicolau Pereira de Campos. 7: 3689
Vergueiro César, Abelardo. See César, Abelardo Vergueiro.
Verhoog, P. 19:3194b
Vérin, Pierre. 22:444; 23:660; 24:775; 25: 325; 27:1113
Veríssimo, Érico Lopes. 1:2223-2225; 2: 2950, 2954; 3:3561, 3562; 4:4248a-4248d; 5:4049, 4050; 6:4388, 4441, 4442, 4470; 7:4939; 8:4313-4315; 9:4265-4267; 10: 3894; 11:3400, 3420; 12:2907, 2908; 13: 2317, 2336; 15:2537; 17:2620, 2621; 19:5297, 5298, 5328; 20:4391; 21:4324, 5039; 24:4003; 25:4693; 26:343; 28:2569
Veríssimo, Inácio José. 5:3247; 7:2585; 14:2176
Veríssimo, Irma. 18:1665
Veríssimo, José. See Matos, José Veríssimo Dias de.
Veríssimo, Luis E. 5:2282
Veríssimo da Costa Pereira, José. See Pereira, José Veríssimo da Costa.
Veríssimo Dias de Matos, José. See Matos, José Veríssimo Dias de.
Veritas, Buenos Aires. 3:747; 5:1184
Verity, D. J. 4:1533
Verlinden, Charles. 16:1515; 17:1498; 18: 1730, 1730a; 19:3194c, 3195, 3195a; 24: 4479
Vermunt, L. W. J. 3:1533, 1610
Verna, Paul. 15:2579
Vernaza, José Ignacio. 1:957; 2:2336; 9: 3085; 14:2196; 16:1740
Verneau, R. 5:531
Vernengo, Roberto. 14:3241; 21:3522
Vernet, E. L. 5:2854

Vernon, Ida Weldon. 13:1437
Vernon, L. G. 27:15
Vernon, Raymond. 27:1931, 1931a, 3507
Verrill, A. Hyatt. 3:60f; 4:252; 19:44
Verrill, Ruth. 19:44
Verschuer, Otmar von. 19:854
Verschueren, J. 14:341, 2140; 15:420; 16: 366
Verschueren, R. 19:3399a
Versiani, Antonio. 26:2017
Versiani dos Anjos, Cyro. See Anjos, Cyro Versiani dos.
Versiani dos Anjos, Rui Veloso. See Anjos, Rui Veloso Versiani dos.
Versiani dos Anjos, Waldemar. See Anjos, Waldemar Versiani dos.
Versiani Velloso, Arthur. See Velloso, Arthur Versiani.
Verweyen, Johannes Maria. 22:5922
Verzura, José Abel. 11:1853
Vescelius, Gary S. 23:412; 27:665
Vespucci, Amerigo. 7:2834; 14:1793; 17: 1499
Vestal, P.A. 4:142
Vetancourt, Agustín de, Brother. 24:1159; 25:4214
Vetancourt, Manuel Norberto. 9:3086
Vetancourt Aristeguieta, Francisco. 11:2247, 2299, 2571; 21:4612
Vetencourt, Roberto. 20:4541
Vetencourt Lares, Pedro. 22:4603
Vetter, Roberto. 16:3106
Veyret, Germaine. 21:2161
Veyret, Paul. 21:2161
Veytía, Mariano. 10:2627
Vezga, Florentino. 2:2027a
Vezga de Troconis-Guerrero, Alicia. 12:1216
Vhay, A. L. Murphy. 5:678
Vhay, David. 5:678
Viado, Manuel de. 7:4115; 8:3681, 3758; 11:2827; 17:2023
Vial, Carlos. 18:676, 2262, 2263
Vial Correa, Gonzalo. 14:2390; 27:850; 28:452a
Vial E., Carlos A. 27:1823
Vial Grez, Andrés. 17:565
Vial Izquierdo, Alfredo. 26:2360
Vial Larraín, Juan de Dios. 22:5901, 5907; 26:2315
Vial V., Benjamín. 16:2372
Viale, César. 3:3746
Vian, Philip. 27:3546
Viana, Aniceito dos Reis Gonçalves. 8: 4395; 11:3401
Viana, Arízio de. 11:1204; 13:623, 1070; 19:1737; 20:2259, 2259a
Viana, Arruda. 16:3002
Viana, Dulcie Kanitz Vicente. 18:1190; 23: 2444
Viana, Francisco Xavier. 28:125
Viana, Gaspar. 9:1830
Viana, João de Segadas. 6:2514; 9:1682
Viana, José de Segadas. 9:3631; 10:3347; 11:2817, 2818
Viana, Luz de, pseud. See Villanueva de Bulnes, Marta.
Viana, Thereza de Jesús Vieira. 23:2899
Viana do Castelo, A. See Castelo, A. de Viana do.
Viana Filho, Luiz. 4:3391, 3512; 6:3604; 8:3553; 9:4219; 12:427, 2193; 15:1825, 1826; 17:1924c; 19:4003, 4031, 5231; 20:3205
Viana Júnior, J. O. Castro. 19:5446, 6447
Viaña R., José Enrique. 20:3726
Vianna, Antônio. 16:2872

Vianna, Ataliba. 6:4563, 4564; 7:5175; 21:4527
Vianna, Carlos de Oliveira. 2:1051-1052
Vianna, Fernando Mendes. 22:5482; 26:2073; 28:2644
Vianna, Francisco José de Oliveira. 3:2780; 4:2017, 3368, 3369; 5:2006a; 9:1698; 11:2801; 12:426a; 15:1298; 17:2048
Vianna, Fructuoso. 6:4850; 15:2829b
Vianna, Godofredo. 5:3993; 13:2360
Vianna, Hélio Fernandes Ferreira. 1:1297; 4:3436, 3437, 3471, 3510, 3511; 6:3603; 8:3460, 3540, 4262; 9:3458-3462; 10: 1364, 3159; 11:2594, 2627, 2637; 12: 59, 1218z; 13:1703; 14:2273, 2317; 15: 1827, 1828; 16:2070, 2162, 2191, 2863; 17:1882, 1883; 21:3343; 22:3827; 24: 4526, 4548, 4549, 6438; 25:3804; 26: 1220, 1221, 1253; 28:1274, 1401
Vianna, Luis. 2:1082
Vianna, Maria Sophia Bulcão. 3:692
Vianna, Nelson. 21:4373; 23:5501
Vianna, Renato Segadas. 19:4320; 20:4423
Vianna, Sylvio Barata. 20:4831; 28:3271
Vianna, Urbino. 1:1343
Vianna, Víctor. 2:2918
Vianna Cannabrava, Euryalo. *See* Cannabrava, Euryalo Vianna.
Vianna Guedes, Paulo Luiz. *See* Guedes, Paulo Luiz Vianna.
Vianna Moog, Clodomir. *See* Moog, Clodomir Vianna.
Vianna Passos, Zoroastro. *See* Passos, Zoroastro Vianna.
Viany, Alex. 9:4341, 4375
Viatte, Auguste. 19:5395
Viau, Alfred. 16:682; 21:2952
Viau, Domingo. 10:619
Viaud, Léonce. 20:452
Vicario, Victoriano. 8:4135
Vicchi, Adolfo A. 4:935, 1727; 7:2516; 8:2644; 9:2402
Vicchi, Oscar D. 10:4029
Vicens, Bartolomé. 4:4414; 7:4403
Vicens, Josefina. 23:5161
Vicéns, Nimia. 23:5161
Vicens de Llave, Juan. 4:4571, 4572; 5:4300; 6:4811; 8:4720, 4721; 10:4318; 11:3754
Vicens Thievent, Lorenzo. 4:4349
Vicéns Vives, Jaime. 14:1794
Vicente, Roberto. 13:2448
Vicente, Segundo, 14:757
Vicente de Carvalho, Maria da Conceição. *See* Carvalho, Maria da Conceição Vicente de.
Vicente Viana, Dulcie Kanitz. *See* Viana, Dulcie Kanitz Vicente.
Vicenzi, Atílio. 19:4434
Vicien, Jorge. 10:1194
Vicilla de las Heras, Delfín. 21:2965
Vicini, José D. 21:1337
Vico, C. M. 1:1778
Vico, Giovanni Battista. 5:4472; 7:5712; 21:4864; 22:5923, 5924
Víctor, Néstor. 4:4207
Victor, René. 6:215, 1098; 10:1032; 15: 2573, 2790
Victoria, Juan. 5:1844
Victoria, Julio César. 10:1195
Victoria, Luiz A. P. 28:1653
Victoria, Marcos. 7:5655; 24:5307; 27: 2442, 3183
Victorica, Ricardo. 6:4547
Victorino, Eduardo. 14:3000
Vicuña, Carlos. 4:3767; 6:3894; 12:1554, 2127

Vicuña, José Miguel. 21:4135; 23:5162; 24: 4327
Vicuña C., Gustavo. 4:1108
Vicuña Cifuentes, Julio. 3:2698; 6:2076, 2100, 4191
Vicuña Luco, Osvaldo. 8:4040; 12:2487
Vicuña Mackenna, Benjamín. 1:1131, 2310; 2:1627, 2072, 2205, 2228, 2229; 3:2699, 2745; 4:2884a, 3010, 3011; 5:3045; 6: 3218, 3455; 7:3097; 8:3325, 4041; 10: 2710; 14:2220; 16:1748; 21:3026
Vicuña Mackenna, Carlos Tomás. 2:1626; 3:2188; 6:3885
Vida Campesina, Bucaramanga. 8:1498
Vidago, J. 28:1654
Vidal, Ademar. 1:2188; 2:2919, 2920; 4: 4208-4210; 5:3959; 6:3605; 8:2572; 9:1705, 1773, 2373; 11:112a, 1140; 16: 2873
Vidal, Alfredo. 3:2324; 7:3275
Vidal, Angel H. 5:3101; 10:3100
Vidal, Arturo L. 17:1111
Vidal, Barros. 6:684; 7:1633, 3690; 9:3387
Vidal, Bento A. Sampaio. 9:1670; 11:1141
Vidal, Carlos. 5:4400
Vidal, E. 27:3215
Vidal, Emeric Essex. 10:3023
Vidal, Esther. 9:2074
Vidal, F. Gavazzo Perry. 8:3019
Vidal, Gerardo. 11:1311
Vidal, Humberto. 10:4539; 18:3104; 26:174
Vidal, Jean-Paul. 24:2951
Vidal, Joaquim A. Sampaio. 3:1867a
Vidal, José Alberto. 27:2842a
Vidal, José María. 1:1252a
Vidal, L. F. 10:865
Vidal, Manuel. 1:1107; 23:3378
Vidal, María Antonia. 9:4024
Vidal, Mercedes Luisa. 21:948; 24:1688
Vidal, Rafael R. 3:3325, 3325a
Vidal, Rodrigo V. 19:1920
Vidal, Salvador. 16:1472; 20:2866; 28:557a
Vidal, Valdomiro Rodrigues. 7:4845; 17:2819
Vidal Armstrong, Mariano. 22:3283
Vidal Cárdenas, Enrique 13:2473
Vidal de Battini, Berta Elena. 9:1992; 11: 1527; 15:2147, 2148; 17:2265; 19:4553, 4554; 20:3683; 22:4352; 25:3968; 28:1655
Vidal de la Torre, Luis. 9:4497
Vidal Gomes, Amynthas. *See* Gomes, Amynthas Vidal.
Vidal Guardiola, Miguel. 11:733
Vidal Larraín, Juan de Dios. 25:5382
Vidal Layseca, Guillermo. 23:4262
Vidal Martínez, Leopoldo. 13:2076; 16:2559
Vidal Muñoz, Santiago. 20:4800; 23:5892
Vidal Peña, Leónidas. 5:3876
Vidal Perdomo, Jaime. 27:2067, 3821
Vidal Vidal, Fernando. 4:1127
Vidal y Saura, Fulgencio. 19:3093
Vidales, Luis. 6:795, 1204; 7:1190, 4204; 8:1423; 9:1175, 2100
Vidales. R. J. 5:1238c, 4176
Vidart, Daniel D. 12:2156; 19:6025; 20: 2047b; 23:6007; 27:1359; 28:1211, 1509, 3032
Vidaurre, Adrián. 1:1108
Vidaurre Retamoso, Enrique. 4:2180; 5:1286; 12:924; 28:1174
Vidaurreta, Augusto. 11:3578; 13:2416
Vidaurreta, José L. 5:362
Vidaurri, Santiago. 12:2013; 14:2151
Videla, Carlos J. 9:1440
Videla, Heriberto. 9:4676

Videla, Horacio. 26:913
Videla, Juan R. 10:2090
Videla, Ricardo. 2:2073; 3:2557a; 8:3296
Videla Escalada, Federico N. 14:3307
Videla Jara, Raúl. 17:676, 3007
Videla Lira, Hernán. 11:1040; 13:1079
Videla Solía, Alfredo. 14:2458
Vides Menéndez, Bernardo. 19:5544
Vidigal, Betty, *pseud. See* Facó, Elizabete.
Vidigal, Geraldo. 18:2814
Vidigal, Luís Eulalio de Bueno. 6:4623; 14:3139
Vidigal de São Payo, Mário do Carmo. *See* São Payo, Mário do Carmo Vidigal.
Vidussi, J. 9:803
Viégas, G. P. 10:1370
Viegas Gago Coutinho, Carlos. *See* Coutinho, Carlos Viegas Gago.
Vieillard-Baron, Alain. 17:1500; 18:1731
Vieira, A. de Queiroz. 7:721
Vieira, A. Paim. 18:556
Vieira, Antônio. 4:3438; 16:2861;
Vieira, Antovila. 8:138
Vieira, Arlindo, *Father.* 2:2921; 3:1477
Vieira, Armando. 4:3392
Vieira, Benjamín. 6:4665
Vieira, Celio Manuel. 28:2646
Vieira, Celso. 1:2141; 2:1656; 5:3248, 3249; 7:4940; 11:2619; 15:1829, 1863
Vieira, Clovis Botelho. 1:1554
Vieira, Dorival Teixeira. 7:1839; 8:1918; 10:1761; 13:616; 14:1143; 17:830; 22:1667; 25:1745, 1746
Vieira, Flávio. 9:1683; 12:1494; 13:1026; 15:1258-1261; 16:1293, 1294; 17:1232-1234; 19:2667
Vieira, Gastão. 9:492; 10:1683
Vieira, Hermes. 7:3691; 15:1830
Vieira, José. 4:3513; 9:4220
Vieira, José Geraldo. 3:3603; 9:4268; 10:3928; 11:3403, 3421; 13:2337, 14:3053; 16:2864, 2895; 17:2622; 20:1191, 1192; 21:1194; 25:4694; 26:314
Vieira, Linneu Maria. 14:1179; 15:716, 722
Vieira, Luiz. 10:2224
Vieira, Manuel Adolfo. 22:4673
Vieira, Maurício Coelho. 25:2427
Vieira, Nuno R. 9:2334
Vieira, Oldegar Franco. 9:1831; 22:6037; 23:4507
Vieira, Paulo Fernandes. 21:4537
Vieira Brandão, José. *See* Brandão, José Vieira.
Vieira da Cunha, Mário Wagner. *See* Cunha, Mário Wagner Vieira da.
Vieira da Cunha, Rui. *See* Cunha, Rui Vieira da.
Vieira da Rosa, José. *See* Rosa, José Vieira da.
Vieira de Gouvêa, Wilson. *See* Gouvêa, Wilson Vieira de.
Vieira de Melo, Antônio. *See* Melo, Antônio Vieira de.
Vieira de Rezende e Silva, Arthur. *See* Silva, Arthur Vieira de Rezende e.
Vieira Ferreira Barcellos, Fernanda Augusta. *See* Barcellos, Fernanda Augusta Vieira Ferreira.
Vieira Ferreira Neto, Fernando Luiz. *See* Ferreira Neto, Fernando Luiz Vieira.
Vieira Méndez, Luz. 6:2021; 11:1256; 22:4016
Vieira Moreno, Rafael. 8:1420
Vieira Neto, Manoel Augusto. 16:2346; 17:2742
Vieira Peixoto, Arthur. *See* Peixoto, Arthur Vieira.

Vieira Pimentel, Alfredo. *See* Pimentel, Alfredo Vieira.
Vieira Pinto, Álvaro. *See* Pinto, Álvaro Vieira.
Vieira Pinto, Maria Magdalena. *See* Pinto, Maria Magdalena Vieira.
Vieira Ramos, Arlindo. *See* Ramos, Arlindo Vieira.
Vieira Ramos, Belisario. *See* Ramos, Belisario Vieira.
Vieira Starling, Leão. *See* Starling, Leão Vieira.
Vieira Viana, Thereza de Jesús. *See* Viana, Thereza de Jesús Vieira.
Vienna. Kunstlerhaus. 23:1393
Vientos Gastón, Nilita. 28:1656
Viera, Carlos Alfredo. 22:1512; 23:2964
Viera, Eduardo A. 27:3552
Viera, Jorge Wilfredo. 28:2247
Viera, Juan de. 18:1783
Viera, Luis Alberto. 22:4580
Viera Altamirano, N. 8:1045; 14:2418
Vieria de Almeida, João. *See* Almeida, João Vieria de.
Viet, Jean. 21:3960
Vieux, Damoclés. 13:2372
Vieyra, Jaime Julio. 19:4955
Vieytes, Hipólito. 21:3097
Viggiano Esaín, Julio. 13:2679; 15:2848; 17:2266; 21:4745; 23:716, 4485; 27:1180; 28:3033
Vigil, Constancio C. 7:5104; 9:3974
Vigil, Francisco. 6:3251
Vigil, José Antonio. 9:3170a
Vigil, Manuel A. 3:947b; 11:2862; 17:2110
Vigil de Quiñones, José María. 20:2488
Vigil Peláez, Eleuterio. 12:92
Vigil Tardón, Joaquín. 10:2372
Vigna, Juan. 11:384
Vignale, Julio César. 13:1684
Vignale, Pedro Juan. 4:3955, 4015; 8:762; 9:2967; 10:296, 297, 597
Vignati, Milcíades Alejo. 2:174-177a, 1899; 3:216; 4:276-280a, 391; 5:378, 379, 447a, 448, 492a, 492b, 515; 6:506-510; 7:529, 590; 10:291, 292, 359-362; 12:108, 515, 546-548; 13:385-394; 19:387, 885; 20:310; 21:2783; 23:1317; 24:525; 26:914; 27:1181
Vigneras, L. A. 19:3196; 3196a; 21:2481; 25:3176; 28:419
Vigness, David M. 19:3663, 3664; 24:4004
Vignolo, Luis H. 23:2965
Vignolo Murphy, Carlos. 9:1527
Vigo, Salvador C. 9:2416; 16:1336, 3024
Vilá, Antonio J. 22:1452
Vila, Marco-Aurelio. 13:835; 14:1400, 1401; 16:1150; 17:1100; 18:1279, 1280; 19:2442-2445, 20:1992-1994; 22:2294, 2295; 24:2917; 26:722; 27:2814-2814d; 28:885a, 885b
Vila, Pablo. 9:2101; 10:2004-2006; 11:1623; 14:1307; 18:1277, 1278; 24:2918; 28:886
Vila, Tomás. 2:830, 1391; 3:884; 8:1676; 19:1415
Vila Aliaga, Bernardino. 2:822; 11:2830; 13:1882
Vila de Folatti Tornadu, Sara Sabor. 22:3513
Vila Echague, Iván. 27:3216
Vila Labra, Óscar. 14:1496
Vila Selma, José. 20:4012
Vila Serrano, Gustavo. 10:3440
Vila Silva, Waldo. 22:1120, 1122
Vilaça, Marcos Vinícios. 27:2992
Vilaire, Jean-Joseph. 23:5667
Vilalba Alvim, Mariana Agostini de. *See* Alvim, Mariana Agostini de Vilalba.
Vilalta, Emiliano. 18:2498

Vilalta, Maruxa. 23:5348; 24:5643, 5644
Vilanova, Antonio. 28:418a
Vilanova, Lourival. 25:2196
Vilanova Monteiro Lopes, Tomás de. *See* Lopes, Tomás de Vilanova Monteiro.
Vilar, Adolfo. 12:1907
Vilardi, Julián A. 6:3019; 9:3131, 3132, 3153; 10:598, 2862
Vilaret, María Aida. 13:679
Vilariño, Idea. 15:2386; 16:2767, 2768; 21:4136
Vilariño de Oliveira, Matilde. 22:4987
Vilas Boas, María Violeta. 18:1191; 23:2445
Vilaseca, Clara. 18:2088
Vilasseca, Juan L. 6:1479
Vilche, Teodoro. 10:3969
Vilches Acuña, Roberto. 4:3705; 8:3326; 15:2341
Vilches B., Ernesto. 13:1057
Vilches González, Isidro Alberto. 12:3216; 14:2521
Vílchez y Cabrera, Carlos de. 14:1841
Vilchis Baz, Carmen. 22:4966
Vilela, A. Lobo. 7:5656
Vilela, Arturo. 7:4807; 8:2518; 19:2870
Vilela, Hugo. 12:2491
Vilela, Luis Felipe. 7:4679; 14:778; 17:1630
Vilela Luz, Nícea. *See* Luz, Nícea Vilela.
Vilela Sousa, Rute. *See* Sousa, Rute Vilela.
Vilella Souto, Maria Stella. *See* Souto, Maria Stella Vilella.
Vileman, Julio. 19:2921
Vilensky Marinot, Edmundo. 17:677
Vilhena, Rodolfo. 24:4797
Vilhena de Morais, Eugenio. *See* Morais, Eugenio Vilhena de.
Villa, Eduardo W. 7:2827; 14:37; 15:1725
Villa, Emílio. 18:583
Villa, Francisco Machado. 18:2898; 23:5544
Villa, Hernando Agudelo. 8:2736
Villa, Itala Fulvia. 11:583
Villa, Josefina A. 21:4848
Villa, Margarita de la. 22:4511
Villa, Mario L. 2:1447; 4:989, 1003; 5:1845
Villa González, León. 8:2792
Villa-Lobos, Heitor. 5:4347; 6:4851, 4861, 4910; 7:5464-5467; 9:4688, 4729; 10:4391; 11:3780; 12:3346; 13:2658-2660; 14:3350; 15:2777-2782, 2829b, 2831-2839, 2849; 16:3168
Villa López, Francisco. 28:2097
Villa Rojas, Alfonso. 1:118; 2:112; 3:162, 201; 4:193; 5:317, 330; 6:378; 11:259, 1395, 1458, 1545; 12:237, 251; 13:215; 14:299; 18:298; 20:472; 24:1160; 25:283, 472; 473; 27:257, 852, 989, 990
Villa Uribe, William. 16:3108
Villa Rica, Brazil. (Câmara Municipal.) 2:1658
Villabella, Manuel. 24:5250
Villablanca, Celestina. 9:1862
Villaça, Antônio Carlos. 26:2037
Villacorta B., Carlos A. 7:331; 8:193
Villacorta Calderón, José Antonio. 1:80, 815-817, 1084; 2:1873; 4:56, 230; 6:2844, 3252; 4914; 7:332, 3189; 8:267, 2879; 10:67, 194; 25:3361
Villacorta Escobar, Manuel. 16:641
Villacreces G., A. 1:470
Villacreces I., Juan B. 14:808
Villacrés Moscoso, Jorge W. 7:2342; 11:2735; 22:1429; 25:2317; 27:2078, 3513; 28:759a
Villafañe, Augusto. 2:1349
Villafañe, Javier. 11:1519, 1520
Villafañe, Segundo O. 25:4390
Villafañe Casal, María Teresa. 28:453
Villafranca, José María. 23:4650

Villafuerte, Carlos. 17:2838; 22:6147
Villafuerte Flores, Carlos. 9:1073; 23:2082
Villagarcía, Benedicto. 18:227
Villagarcía Dasol, R. 1:1257
Villagómez, Agustín D. 1:1595
Villagómez Yépez, Jorge. 12:3517
Villagra, Francisco de. 17:1635
Villagra Caleti, Agustín. 13:170; 15:193; 17:116, 117; 18:101, 102; 19:192; 23:1389; 25:1122
Villagra Cobanera, María Elena. 4:392, 393; 6:609; 13:395
Villagra Marsal, Carlos. 28:2074
Villagrán, Francisco. 16:642; 23:1832
Villagrán Amaya, Víctor. 4:4065
Villagrán Bustamante, Héctor. 4:4088
Villagrán García, José. 26:239
Villalba, Jovito. 27:3582, 3583
Villalba, Miguel A. 13:2444
Villalba, Porfirio. 12:977, 978, 1415; 25:2320
Villalba Muñoz, Alberto. 5:4340
Villalba Villalba, Luis. 11:3869; 26:1054
Villalobos, Héctor Guillermo. 3:3325b; 9:4025; 20:4091, 4115; 22:5110
Villalobos, Ignacio. 14:3249; 27:3753
Villalobos, Julio. 19:6042
Villalobos, Lisandro. 6:2709
Villalobos, Raúl. 8:2298
Villalobos, Rodrigo de. 17:1627
Villalobos, Rosendo. 2:2629
Villalobos Arias, Luis A. 8:1179
Villalobos Avaría, Guillermo. 8:1665
Villalobos Domínguez, C. 5:3323; 19:6042
Villalobos R., Sergio. 18:3315; 21:3123; 22:3480, 4577; 23:3674; 25:3081, 3448, 3559; 26:885; 28:938
Villalpando, José Manuel. 27:2413
Villalpando M., Juan. 16:707
Villalpando Retamojo, Abelardo. 6:1509; 16:2341; 24:2018; 25:2110
Villamanrique, Marqués de. 21:2501
Villamarín, Jorge. 8:1359, 1360, 1371
Villamayor, Jesús M. 22:2705
Villamil, Ángel M. 3:3276
Villamil, José Joaquín. 7:1228
Villamil Castillo, Carlos. 15:2099
Villamil y Pérez, Domingo. 3:3739
Villamizar, Rafael. 4:2972-2974
Villamizar Berti, Arturo. 5:2554; 28:898
Villamor, Germán. 12:2109
Villanova, Manuel. 26:778
Villanueva, Amaro. 7:4487; 25:3969
Villanueva, Ana. 17:3073
Villanueva, Carlos Raúl. 16:481; 26:133; 28:162
Villanueva, Elena. 28:1043a
Villanueva, Elsa. 17:2512
Villanueva, Emilio. 8:763
Villanueva, Javier. 27:2169
Villanueva, Laureano. 11:2248; 20:5044
Villanueva, Margos de. 11:3224; 21:4011
Villanueva, Severo. 6:417
Villanueva, Víctor. 23:2953; 28:1048
Villanueva Berizbeitía, F. 24:4411
Villanueva de Bulnes, Marta. 11:3223
Villanueva-Ucalde, J. 6:564
Villanueva Uralde, F. 18:2050
Villanueva Urteaga, Horacio. 10:2723; 11:3038; 13:1407-1409; 14:745, 746, 1971, 1972; 15:307, 579, 1581; 16:521; 1741; 18:458; 19:3467; 20:1006; 22:3526; 23:3729
Villanueva V., Rogelio. 14:956
Villar, Amado. 28:2150
Villar, Carlos A. 5:1198
Villar, Fred del. 21:4005

Villar, Frederico. 4:728, 2272
Villar, G. E. 9:2041
Villar, Jaime. 24:3845
Villar, María Angélica. 21:4137
Villar, Mary del. 21:4005
Villar Córdova, Pedro E. 2:243, 244; 5:427; 8:283; 9:441; 23:1298; 27:666
Villar L., René del. 21:2036; 25:2314
Villar Pérez, Julián. 18:403
Villarán, Manuel Vicente. 2:3006, 3007; 4:2885; 11:2555; 25:4008; 27:3538; 28:924
Villarán Pasquel, Jorge. 3:3226
Villard, O. G. 3:1129
Villarejo, Avencio. 9:2290; 20:2046; 24:886; 28:924a
Villarejo, José S. 2:2796
Villarello Vélez, Ildefonso. 11:2371; 26:586; 28:670a
Villares, Henrique Dumont. 19:4094
Villaret, Bernard. 23:1390
Villari, Luigi. 7:878
Villarino, María de. 4:3933; 9:3947; 22:5182; 25:4491
Villaroel, Dinka de. 11:3225
Villaroel, Evelio. 15:1100
Villaroel, Gualberto. 6:1510
Villaroel, M. 9:3133
Villaroel Claure, Rigoberto. 3:3227; 18:477; 22:1117; 28:163
Villaronga, Luis. 5:3732
Villarreal, Concha de. 6:935; 2695; 25:4316
Villarreal, Juan Manuel. 17:2426; 20:3997
Villarreal, Ramiro. 23:2536
Villarreal L., Ricardo. 2:493; 6:1313
Villarreal Vara, Félix. 22:5732; 25:5244
Villarroel, Raúl. 7:3738
Villarroel Contreras, Eduardo. 27:3785
Villarroya, Antonio. 22:2200
Villarrubia Norry, M. 4:3215
Villas-Boas, Abelardo. 11:1133, 1164
Villas-Boas, Naylor Bastos. 22:3893
Villasana Haggard, J. 5:2687
Villaseca, Juan Bautista. 21:4138
Villaseñor, Raúl. 19:3197
Villaseñor, Víctor Manuel. 3:1459
Villaseñor Ángeles, Eduardo. 7:879, 880, 983; 9:1052, 1058; 10:866, 867, 937; 11:791; 14:879, 18:1008; 19:1984a, 3665; 20:1569
Villaseñor Bordes, Rubén. 10:2442; 15:1396; 18:1759a; 19:3375; 21:2568; 23:3194; 24:4005; 26:495
Villaseñor Cervantes, José María. 22:4728; 23:3195
Villaseñor y Sánchez, Joseph Antonio. 18:1783a
Villaseñor y Villaseñor, Alejandro. 26:587-589
Villaseñor y Villaseñor, Ramiro. 16:18; 24:4006, 4007, 4810
Villaurrutia, Xavier. 2:353; 4:538, 3985, 4066; 5:717; 6:816, 821, 3914; 7:4767; 9:805, 3950, 3951; 10:3681; 11:564, 3344-3346; 12:626; 13:2240; 14:2887; 16:2794; 18:507; 19:5177, 5178; 26:1923
Villava, Victorián de. 17:1644
Villaveces, Jorge. 28:1037a
Villaveces, Manuel. 2:2028
Villaveces R., Carlos. 18:698; 19:1424, 1425
Villaverde, Aníbal. 12:1160
Villaverde, Cirilo. 19:4555, 4956; 27:2794
Villaverde, M. 2:2306
Villaverde y Álvarez, M. 11:3896
Villavicencia Parada, Ángel. 11:1854
Villavicencio Montúfar, Manuel. 22:2426; 23:2609
Villavicencio, Víctor Modesto. 10:4008; 12:2596
Villavicencio Greenaway, Víctor A. 10:3995

Villazón, David. 21:4012
Villazón Aramburu, Elías. 17:2784
Villeda Morales, Ramón. 25:2817
Villegas, A. Walter. 5:1199, 4177
Villegas, Abelardo. 19:4614; 23:5841, 5842; 24:4008, 6095; 26:2293; 28:3354, 3354a
Villegas, Alfredo G. 7:3492; 8:3227, 3297; 13:1612; 14:2029; 28:215
Villegas, Aquilino. 2:2337; 25:2762
Villegas, Francisco. 20:3684; 26:1390
Villegas, José Andrés. 11:3311
Villegas, Manuel de. 10:4564
Villegas, Silvio. 16:1356
Villegas, Víctor Hugo. 14:2809
Villegas, Víctor Manuel. 20:990; 21:920; 25:1173a, 1282
Villegas Basavilbaso, Benjamín. 2:2074; 6:3435; 7:2828, 3493, 3494; 15:2648; 17:1767; 18:2082; 21:3035; 28:1163
Villegas Basavilbaso, Florencio. 4:281, 282
Villegas de Robles, Margarita. 25:386
Villegas Domínguez, Rodrigo. 26:1023
Villegas García, Leonor. 9:4087
Villegas J., Luis H. 3:1965
Villegas Mora, Javier. 5:3400
Villegas Pulido, G. T. 5:4119, 4120
Villegas Vidal, Juan Carlos. 26:1650, 1886; 28:1955
Villela, Annibal. 22:1668
Villela, Iracema Guimarães. 6:4491
Villela, José. 28:714
Villemor Amaral, Hermano de. See Amaral, Hermano de Villemor.
Villemur Triay, Luis. 11:3756
Villoch, Federico. 11:1639
Villoldo, George A. 12:1338
Villoldo, Juan Antonio. 7:4488
Villoldo, Pedro A. 22:4040
Villone, Vicente Atilio. 20:3685
Villordo, Óscar Hermes. 28:2175
Villoro, Luis. 15:2886, 2904; 18:299; 1974; 19:3666; 20:4885a; 23:5818, 5861; 24:4009, 6016, 6128; 25:5316; 26:2351, 2364; 28:527, 3299
Villota y D., J. Vicente. 12:2966
Vinalesa, José de. 10:414
Viñas, David. 23:5025; 26:1651; 28:2008
Viñas, Ismael. 25:2706
Viñas, Julia MacLean. 6:2433; 9:744
Viñas y Mey, Carmelo. 9:2679
Vinasco Rengifo, Efraín. 19:4321
Vincent, John. 28:3034
Vincent, Joseph E. 23:213
Vincent, Sténio. 4:1527, 2364; 5:1010, 2119, 2855, 7:4269
Vincenzi, Atilio. 22:4584; 25:4139
Vincenzi, Moisés. 5:2915; 26:2316
Vinci, Alfonso. 25:2428, 5747
Vinci, Leonardo da. 9:5000
Vínculo, Santa Fe. 4:4521; 5:4242
Vindel, Francisco. 18:3316; 19:2366, 3375a, 3376; 4689; 20:2560
Vinelli, Paul. 17:594
Vinhaes, Ernesto. 6:4471; 7:4941
Vinhas de Queiroz, Maurício. See Queiroz, Maurício Vinhas de.
Vinicio Rueda, Marco. 5:3871
Viniegra O., Francisco. 16:1017f
Vinisky, Ignacio. 2:760b; 6:4523
Vinnelli-Baptista, B. 4:399
Vinson, G. L. 24:265
Vinton, Kenneth W. 17:118, 119, 1154; 24:433; 27:449, 450
Vinueza, Carlos. 8:1032a
Vío Valdivieso, Fabio. 24:3520

Vío Valdivieso, Rodolfo. 12:3227
Viola, Juan José. 5:1408
Viola, Leonardo. 1:1180
Viola, María Josefa. 6:4120
Violich, Francis J. 8:800, 942; 10:137; 15:2019; 18:2244; 19:6108; 22:2217
Viotti, Hélio Abranches. 25:3818; 28:1323
Viotti, Manuel. 4:4277a; 11:3357; 21:4284; 23:4486
Viotti da Costa, Emília. See Costa, Emília Viotti da.
Viotti de Azevedo, Luis Octávio. See Azevedo, Luis Octávio Viotti de.
Viqueira, Carmen. 19:688, 6081
Virasoro, Manuel. 21:4805
Virasoro, Miguel Ángel. 8:4897; 9:4961, 4962; 10:4550, 4551; 12:3493, 3494; 13:2768; 15:2920, 2921; 19:5822; 22:5869; 24:6017; 26:2270, 2317
Virasoro, Rafael. 5:4429; 6:5014; 15:2924; 20:4777; 21:4774; 22:5870; 24:6040
Viré, Armand. 17:160
Virgil. 9:4390
Virgin Islands. *Annual Report*. 1:289; 2:585; 6:1164, 1353
Virkki, Nilo. 25:474
Virreira Flor, Rodolfo. 14:3174
Viruegas Hernández, Alfredo. 26:693
Visbal, Mauricio N. 8:3150a
Visca, Arturo Sergio. 20:3857; 23:5065; 24:5301
Visca, Carlos. 23:3808; 27:2296
Viscarra, Julio A. 4:2886
Visconti, E. Vitor. 7:5016
Visintin, L. 20:1965
Viso, Julián. 23:4520
Visual, Caracas. 26:260
Vita, Buenaventura N. 4:3216
Vita, José Antonio de. 6:1999; 8:3228; 11:1305
Vita, Luís Washington. 20:4832; 22:4524; 28:1402, 3232, 3272
Vita-Finzi, Claudio. 23:2593; 25:2299; 27:2859a
Vita y Lacerra, Armando de. 20:3998
Vital, Heloísa. 11:1199
Vital-Hawell, Víctor. 24:4010
Vitale, Luis. 27:3361
Vitali, Galileo. 7:2288
Vitalone, Mario C. 16:1039
Viterbo, Camilo. 14:3265
Viterbo, Souza. 28:339
Viteri, Atanasio. 19:5727; 22:4836; 28:2176
Viteri, Eugenia. 28:1929
Viteri, Fernando. 19:874; 22:990
Viteri, Miguel H. 27:3161a
Viteri Cifuentes, Kléber. 22:4644
Viteri Echeverría, Ernesto R. 19:5599a
Viteri Gamboa, Julio. 27:603
Viteri Lafronte, Homero. 17:1951; 18:2226
Vitier, Cintio. 18:2611; 19:5003, 5040; 20:4116; 21:4268; 23:5163; 28:1724, 2098
Vitier, Medardo. 1:2030; 3:3146, 3228; 5:2283, 2922, 3733, 3872; 6:4982-4984; 8:1960, 4094; 9:4920; 10:4511; 11:3091, 3870; 14:3426; 15:2263, 2887; 19:3763; 20:4801; 22:5830; 23:5189; 26:2265
Viton, Alfredo. 8:1543
Vítor, Edgar d'Almeida. 8:4485; 9:4221; 18:2763
Vitor, Manuel. 8:4315a
Vítor, Nestor. See Santos, Nestor Vítor dos.
Vitor, Newton. 7:1729
Vitoria, Marcos. 9:3913
Vitória. (Prefeitura Municipal). 9:2459
Vitta, José. 12:1306
Vittini, Manuel Antonio. 19:2958
Vittone, José Carlos. 7:3800

Vittone, Luis. 24:4245; 26:1179; 28:1209
Vitulo, Alfredo C. 7:3276; 13:1416
Vitureira, Cipriano Santiago. 3:453; 6:796, 4237; 9:846, 15:605; 25:1257; 28:2436
Vivacqua, Attilio. 8:1828
Vivallo Lagos, Marta. 6:2041
Vivanco, Antonio Carlos. 19:6043; 25:2224
Vivanco, Carlos A. 3:2516, 2558; 4:2975; 5:2742; 6:3182; 7:3124, 3228; 8:3131
Vivanco, Ernesto C. 24:4304
Vivanco, Guillermo de. 6:4712
Vivanco, Moisés. 10:4382
Vivanco Cabezón, Raúl. 11:2328
Vivanco Hernández, José Clemente. 3:3620; 10:4043
Vivanco y Díaz, Julián. 14:1748; 16:234; 17:3130; 18:122; 20:2368; 21:3670; 25:3391
Vivante, Armando. 7:507, 575; 8:355, 411; 9:461, 2004; 10:363; 12:351; 21:2028
Vivas, Claudio. 11:3272
Vivas, Eliseo. 12:1727
Vivas, Jorge B. 21:2209
Vivas Maldonado, José Luis. 22:3219; 28:834a
Viveiros, Esther de. 6:4459; 22:3894
Viveiros, Jerônimo de. 16:2163; 19:2317; 21:3283; 23:3971
Viveiros de Castro, Francisco José. See Castro, Francisco José Viveiros de.
Viveiros de Castro, Lauro Sodré. See Castro, Lauro Sodré Viveiros de.
Vivenda, Elisabeth. 3:406
Viver, G. E. 9:1587
Vivern de Sciarrillo, Carmen F. M. 28:3035
Vivero, León de. 4:3614
Vivero, Rodrigo de. 1:1926
Viveros, José. 7:2927
Vives, Josep. 1:16
Vives, Juan Luis. 8:4930; 20:4897
Vives Buchaca, Lorenzo. 9:2680
Vives Estévez, Francisco. 2:3008; 14:3472
Vives Sandoval, Augusto. 19:4469
Vivienda y Planeamiento, Washington, D. C. 18:2238
Vivó, Hugo. 9:1283; 16:673, 2448; 17:623
Vivó Escoto, Jorge Abilio. 4:181a; 6:4772; 7:360, 587; 8:254, 2240; 9:373; 10:153a, 238, 12:1222; 14:1356, 1443; 15:1152; 22:2218, 2275; 23:2541, 2542; 25:2268
Viya, Miko. 22:4837
Vizcaino Velasco, Álvaro. 27:1932
Vizcarra C., Hernán. 8:3877
Vizcarra Fabre, Guillermo. 7:4768
Vizcarra Rozas, Abraham. 6:2101; 7:5613
Vizcarrondo, Carmelina. 4:4067
Vizcarrondo, Ernesto. 24:1569
Vizen, Lev Isaakovich. 28:803a
Vizoso Gorostiaga, Manuel de. 13:1171
Vladimirov, L. S. 24:3472
Vocos, Francisco J. 27:2495
Vocos Lescano, Jorge. 22:5183; 25:4492; 28:2177
Vodánovic Pistelli, Sergio. 15:2055; 24:5645
Vodanovio H., Antonio. 3:3716
Vodnizza Fernández, Juana. 16:748
Voegelin, Carl F. 19:36
Voertman, Robert F. 27:2714
Vogel, Carlos Alfredo. 16:3026; 17:2890; 18:2908
Vogelman, D. G. 14:3481
Vogl, Alberto H. 27:991, 992
Vogt, Evon Z. 19:473; 20:473; 22:33; 24:704, 706; 27:258, 993
Vogt, J. 24:2006
Vogt, William. 5:1371; 12:782, 788, 1290, 1326; 14:1322, 1428; 23:1832
Voigtlander, Maria Leonor. 16:2823

Volastero, Pedro. 7:3564
Volio, Julián. 7:3311; 23:3363
Volkmann, Klaus. *See* Grubbe, Peter, *pseud.*
Volkmann H., Erico. 10:599
Volkov, Aleksandr Vasil'evich. 9:3555a; 17: 3195; 23:1730
Vollan, Odd. 22:1430
Vollenweider, Heinrich. 23:3783
Volosky Blank, Berta. 11:2763
Volpi, Alberto Ezequiel. 25:2707
Volpi, Carlos A. 3:1745; 8:1529; 9:1413
Volski, Estanislao. 10:2493
Volskii, Viktor V. 24:3075
Voltaire. 8:4459; 9:4391; 18:3146; 24:6138
Voltes Bou, Pedro. 21:2482
Volwiler, A. T. 4:3566
Von Hagen, Victor Wolfgang. 3:87, 341, 341a; 4:1932; 5:240, 469; 6:188, 2166, 2256, 2396; 7:402; 8:2302; 9:230, 389; 10:2628; 11: 113; 12:1302; 13:98, 99; 14:72; 15:79; 80, 308-311, 1219; 16:50, 51, 79, 184; 18: 191, 203, 204, 2051; 19:487; 21:340; 22: 612; 23:125, 625, 848; 24:167, 1161; 27: 184, 260, 854, 855, 2766
Von Winning, Hasso. 7:381; 9:272; 12:165; 13:159-161; 14:200; 15:195, 196; 16:220e; 17:122; 20:182, 183; 21:68, 101, 102; 22: 106, 107, 613; 23:214-218; 24:269-271; 25:249-251, 285; 27:393, 402-405, 856
Von Winning, Jean Basford. 16:1646
Voorbeijtel Canneburg, William. 28:453a
Voorhoeve, Jan. 24:4415; 26:261, 808; 27:1313a, 1314, 1498-1498b
Vos, H. C. P. de. 6:1169, 2292
Vossler, Karl. 1:1949; 7:4514; 9:5024
La Voz de San Luis (Indexes). 28:52
Vrastil, Joseph. 16:1647
Vreeland, Mildred. 25:3413; 27:3418, 4144
Vries, Egbert de. 27:4068
Vries, F. P. de. 27:2118
Vsesoiuznaia Gosudarstvennaia Biblioteka Inostrannoi Literatury. 28:2436a
Vuelvas, Luis Matías. 9:1176
Vúletin, Alberto. 14:1477, 23:2587
Vulliamy, Luis. 26:1678

Wachter, Walter. 24:2919
Waddell, David Alan Gilmour. 24:3516, 4033; 25:2815
Wade. Gerald E. 14:2840; 16:2664, 2684
Wade, Kathleen C. 7:200; 8:100
Waden, Carlos de Bonhomme Seymour. 10: 3348; 16:2426
Wadsworth, Frank H. 10:2032; 13:882-884; 14: 1426
Waerum, J. 16:1232
Wätjen, Hermann. 4:3439
Wafer, Lionel. 24:6439
Wagemann, Ernst. 15:647, 1273
Wagenaar Hummelinck, Pieter. *See* Hummelinck, Pieter Wagenaar.
Wagener, Zacharias. 28:350
Waggaman, Mary T. 10:3314
Waggoner, Barbara. 27:2496
Waggoner, George. 27:2496
Wagley, Charles. 6:525; 7:1055, 2132; 8:394, 395; 9:493, 494; 11:358; 12:428, 429; 14: 524, 525, 1567; 15:407, 452, 453; 17:356, 3053, 3054, 3196; 18:341, 3171; 19:45, 791, 2668, 6030; 20:4958; 21:442; 22:2005; 23: 22, 603, 1254, 2752; 24:6415; 25:557, 558; 27:96, 1157, 1253, 2993, 4076, 4264

Wagner, Emile R. 3:217
Wagner, Fernando. 12:2768
Wagner, Fritz. 22:5925
Wagner, Helmuth O. 14:1323
Wagner, Henry R. 3:2437, 2438, 2446, 2606; 5:2448; 6:2960; 7:2985-2987; 8:255, 2991, 2993, 3020; 10:2629; 11:2113-2115, 2363; 12:1789, 2384; 13:1248; 1297; 14:1808; 16:1532; 18:1731a; 21:2483
Wagner, J. S. 3:280
Wagner, João B. S. 26:1199
Wagner, Max Leopold. 1:106; 15:2149; 16: 2511, 2512; 17:2267; 21:3671
Wagner, Moritz. 9:2089; 10:1960
Wagner, Philip L. 22:2276; 25:475; 27:2768
Wagner de Reyna, Alberto. 5:4500; 10:3299; 11:3316; 16:3259, 3267, 3312; 18:3066; 19:5747, 5791; 20:3999, 4802, 4803; 21: 4837; 22:5851; 25:4359; 28:852a, 1048a
Wagner Vieira da Cunha, Mário. *See* Cunha, Mário Wagner Vieira da.
Wahl, Jean. 24:6139
Waibel, Leo. 1:574; 5:1640, 1642, 1655, 1666, 1735; 9:2124; 10:1871; 13:1003; 14:1443, 1560, 1561; 15:1274, 1831; 16:1308, 1315; 19:2698; 22:2561
Wainer, Alberto. 25:4584
Wainer, Jacobo. 9:2384; 13:2449
Waisbard, Roger. 22:2454; 23:2633; 25:597
Waisbard, Simone. 22:2454; 23:2633; 25:597
Waismann, Abraham. 5:4501; 8:4931; 24:6071; 25:5325
Waiss, Elena. 17:2829
Waiss, Óscar. 20:2208; 26:405; 27:3162
Waitz, Paul. 8:2292; 9:2075, 2076, 12:1228
Wajner, Noe. 7:881
Wajntal, A. 27:1550a
Wakefield, A. J. 9:1286
Wakefield, Roberto P. 3:1102
Wald, Arnold. 21:4528; 22:1669
Walde-Waldegg, Hermann von. 2:269, 321; 3: 232, 233; 6:427; 8:396
Waldo, Thayer. 23:2845
Waleffe, Pierre. 13:51
Walford, A. J. 2:2206; 5:3022, 3446; 13:1621
Walker, Edwin F. 9:1937
Walker, Frederick. 3:1145a
Walker, Gilmer E. 27:2382
Walker, Harvey. 11:1859; 13:623, 1070
Walker, Margaret. 20:668a
Walker, Mildred. 7:5105
Walker, Nell. 14:2729
Walker, Strother Holland. 8:1141
Walker Larraín, Horacio. 22:4072
Walker Linares, Francisco. 1:1683; 6:216, 3831; 7:4116, 4121, 4680; 8:4652; 13:2577; 16: 2375
Wallace, Alfred Russel. 5:1953
Wallace, Anthony F. C. 23:23; 24:776
Wallace, D. D. 2:1874
Wallace, Donald O. 19:5440, 5451, 5471-5474; 20:4586-4590
Wallace, Dwight T. 19:464; 24:617, 618; 25: 404; 27:667
Wallace, E. S. 1:1076
Wallace, Edgar. 8:4460
Wallace, Elizabeth. 10:3549
Wallace, Henry A. 6:905; 8:1033
Wallace, Hernán A. 12:2993
Wallace, Irving Speed. 2:494
Wallace, Samuel E. 24:6305; 27:1017, 4094
Wallén, C. C. 22:2277
Wallich, Henry C. 9:1031; 10:868, 869, 1013; 11:734; 14:880; 15:867; 16:674; 17:585; 19:5554; 24:1939
Wallin, Börje. 5:1723

Wallin, Ruth. 27:1393
Wallis, B. Franklin. 14:1498
Wallis, Ethel Emilia. 17:2268; 19:689; 20:731; 21:717
Wallis, Katherine MacGregor. 24:6440
Wallis, Marie Pope. 16:2737
Wallström, Tord. 22:6148
Walmisley-Dresser, Guy. 25:5717
Walpole, Federico. 2:2338
Walsen, Ricardo. 26:1679
Walsh, Donald Devenish. 11:3136; 12:2488; 13:2138
Walsh, Rodolfo J. 23:3784
Walter, H. V. 4:400; 14:368, 619; 20:785; 22:319, 972; 23:530, 531; 24:543; 27:530
Walter, Karolyne. 8:1105
Walters, Paul H. 17:1697
Walters Art Gallery, *Baltimore*. 19:3096
Walther, Ernst L. 27:2170
Walther, Juan Carlos. 13:1622
Walther, K. 1:610a; 6:2378
Wanderley, Allyrio Meira. 6:4357, 4389; 11:3422
Wanderley, Eustórgio. 7:661, 1974; 21:3344
Wanderley, José Guimarães. 18:2819; 28:2661
Wanderley, Rômulo Chaves. 28:2647, 2648
Wanderley Cúrio, Néstor. *See* Cúrio, Néstor Wanderley.
Wanderley de Araújo Pinho, José. *See* Pinho, José Wanderley de Araújo.
Wanderley Menezes, Maria. *See* Menezes, Maria Wanderley.
Wanderley Tôrres, Luis. *See* Tôrres, Luis Wanderley.
Wandke, Alfred. 1:561
Wanken, Fred E. 6:2235
Warburton, Elizabeth Anne. 20:1256
Warburton, Eufemia G. de. 10:3459
Ward, Constance Allen. 8:682a
Ward, Forrest E. 24:4011
Ward, Hortense Warner. 10:1737, 1738
Ward, J. F. 8:1154, 1155
Ward, Robert DeC. 2:1258, 1299
Wardle, H. Newell. 2:245; 6:466, 478; 9:339; 10:333; 17:235
Wardlow, C. W. 7:2117
Ware, Caroline Farrar. 13:1958; 18:3172; 19:4419
Warin, Reinaldo de. 9:4269
Waring, Frank A. 10:870
Waring, Heaton W. 3:1041a
Warkentin, Milton. 13:216; 27:1473a
Warming, Eugene. 13:988
Warmke, Germaine L. 24:2836
Warner, Louis H. 3:2036
Warner, Ralph E. 5:2284, 3638a; 8:62, 4095; 11:3092; 13:2139; 14:2841; 15:2276; 19:4969, 5111
Warner, Ruth E. 9:374a
Warr, James V. 14:1478
Warren, Bruce W. 23:219; 25:246
Warren, Carlos A. 14:1053
Warren, Donald, Jr. 28:1275
Warren, Fintan B. 25:3177; 27:857; 28:574-575
Warren, Harris Gaylord. 4:2731-2733, 2927; 6:3125, 3183; 8:3198; 9:3087; 14:2055; 15:1397; 16:1971; 17:566; 20:3434; 28:1210
Warren, Lella. 7:5106, 8:4461
Warren, Virgil A. 5:3734; 6:4121; 7:4681, 4710; 8:4042
Warshaver, E. 18:3146
Warshaver, R. 14:3455
Warshaw, Jacob. 7:4682
Washburn, Gordon B. 24:208
Washburn, Wilcomb E. 25:3082

Washburne, Carleton. 8:1919
Washburne, Chandler. 25:514
Washburne, Chester W. 6:1753, 2186
Washington, Luis. 10:748, 4512; 15:2888; 16:3238, 3286; 19:5728
Washington, S. Walter. 22:2703, 2720
Washington Foreign Law Society. 23:4524
Wasilevska, Wanda. 25:2806
Wassén, S. Henry. 2:196, 322, 336; 3:344, 345; 4:234, 235; 6:250-252; 7:2928; 10:239; 13:239, 240; 15:194, 265, 414; 16:319; 18:308; 19:422; 20:690; 21:203, 567; 23:317, 318, 612; 24:293, 294, 1162; 27:397, 398, 485, 925, 1158, 1291, 1291a; 28:454
Wasserman, Ursula. 27:1632
Wassermann-San Blas, B. J. 5:434
Wasson, Harold J. 8:984
Wast, Hugo, *pseud*. *See* Martínez Zuviría, Gustavo Adolfo.
Waterhouse, Viola. 16:339, 367; 21:718; 25:728, 3970
Waterman, Richard A. 15:2803; 18:2987
Waterman, Thomas Tileston. 9:745
Waters, David W. 20:2440
Waters, Willard O. 19:3094
Waterston, Albert. 19:1903; 27:1824
Watkins, A. I. 1:1202
Watkins, Frances E. 5:321; 6:379; 8:437; 9:1938; 10:227, 1739, 1740; 11:1433
Watkins, James M. 11:1611; 12:1291
Watkins, James T. 22:2704
Watkins, John V. 18:1264
Watkins, Ralph J. 27:1933
Watson, David J. R. 7:1392
Watson, Guillermo. 3:3920
Watson, James B. 11:359, 1538; 18:342; 19:792
Watson, James E. 28:408a
Watson, Jane. 8:682b, 801, 803, 806, 943
Watson, Virginia Drew. 10:393; 11:360; 13:263; 19:793
Watt, Robert J. 9:3611
Watters, Mary. 1:958; 3:2247; 4:2778, 2779; 13:763; 14:1308; 17:1447
Watts, Alfredo J. 11:1804
Wauchope, Robert. 1:152; 4:143, 1908; 6:296; 7:333; 8:194; 9:344; 13:171; 14:195-198, 257; 15:157, 227; 17:120; 19:92; 20:248; 25:168; 27:185, 186, 261, 262
Waugh, Alec. 4:2002; 14:58; 22:6163; 28:767
Waugh, Evelyn. 5:908
Wauters, Carlos. 3:1746; 6:2379
Wavrin, Robert de. 2:197; 3:286c; 14:469; 17:355; 19:820; 25:405
Waxman, Bruce D. 20:463, 4947
Waxman, Samuel M. 1:1964
Waysmann, Luis. 23:5864
Weasler, George L. 25:1533
Weathers, Kenneth. 12:238
Weathers, Nadine. 13:217; 16:342
Weaver, Agnes Rice. 6:161
Weaver, John C. 7:2058, 2090; 27:2795
Webb, Edith. 11:2116; 14:1912
Webb, Kempton Evans. 22:2562; 23:2736-2738; 27:2994
Weber, Ehrfried. 4:1942, 2181; 12:1408
Weber, Francisco J. 26:694
Weber, Hans. 22:2219
Weber, Richard. 16:218; 18:118; 25:284
Weber, Teodoro F. A. 13:914
Weber de Kurlat, Frida. 3:3229; 6:3886; 7:4489; 21:3742; 24:5054; 26:1415
Weberbauer, August. 2:1392; 8:2519; 9:2291, 2292; 10:2137; 11:1735

Webner, Friedrich. 22:6110
Webster, Arthur. 27:3508
Webster, Charles Kingsley. 4:2908; 10:2761, 2762
Webster, Helen T. 27:264
Weckmann, Luis. 14:1907; 15:1447; 18:1732; 23:3343
Weddell, Alexander W. 5:186, 1846; 6:2380
Weddle, Robert S. 28:557b
Wedel, Waldo R. 18:42
Wedin, Ake. 27:78
Wedovoy, Enrique. 21:2771; 25:3670
Weekly News Sheet, México. 1:1892
Weeks, David. 12:1392; 13:923
Weeks, L. G. 13:893; 14:1447
Wegener, Hans. 4:3440
Wehling, Franz B. H. 3:2935
Weiant, Clarence Wolsey. 9:284; 18:103; 25:477
Weibel, Adele Coulin. 5:679; 6:467; 7:508
Weibel, L. 7:2080
Weidenreich, Franz. 13:380
Weigel, Gustave. 13:2776; 22:2626
Weigle, Juan Carlos. 25:1258
Weil, Félix José. 10:1196; 13:453
Weil, Lucille Kaufman. 20:197
Weil, Simone. 22:5926
Weinberg, Albert K. 1:1744a
Weinberg, Félix. 21:3097; 24:6096; 25:3671; 26:1542; 28:1164
Weinberg, Gregorio. 11:2333; 18:3146; 20:2995; 21:1703, 3732; 22:5886; 26:2261
Weiner, J. S. 27:1617
Weiner, Jacqueline. 17:2659
Weiner, P. L. 17:416
Weinfeld, Abraham C. 4:3645; 5:3401
Weinfeld, Eduardo. 6:1076
Weinstein, Edwin A. 25:507
Weinstock, Herbert. 1:1036; 6:4939, 4940; 8:4787
Weir, Jesús E. 24:1567
Weisberg, Samuel. 22:5134
Weisbord, Albert. 27:3163
Weischet, Wolfgang, 21:2037; 22:2416
Weisinger, Nina Lee. 6:4008; 14:2968
Weismann, Donald. 21:569
Weismann, Elizabeth Wilder. 16:514, 515; 25:1125
Weiss, Alfredo L. 10:1325
Weiss, G. H. 23:5066; 25:4391
Weiss, Ignacio. 10:3024; 12:2101
Weiss, João. 16:1309
Weiss, Pedro H. 15:513; 18:404, 405; 19:905, 913, 914; 22:1001; 23:849; 25:406; 27:1533
Weiss y Sánchez, Joaquín E. 2:378; 10:711; 14:805; 24:1724
Weitlaner, Roberto J. 1:163; 5:322; 6:380; 7:380; 9:375; 10:154; 13:218; 14:199; 16:334; 18:300, 1256; 19:227, 633, 691, 20:731a; 22:837, 934; 23:978; 24:244, 705; 25:419; 27:995, 996, 1426b, 1426c, 1499
Weitlaner de Johnson, Irmgard. 2:86, 127; 9:375; 22:614; 23:1391; 24:266, 267
Weitzel, Robert Boland. 11:174; 12:141; 13:128; 14:258; 15:258; 15:422; 16:219
Weitzman Fliman, Raquel. 12:3211; 13:1907
Weldt, Jorge. 2:270-271
Welker, Juan Carlos. 10:3101; 11:2563
Welker, K. J. 13:922a
Weller, Judith A. 27:1114
Welles, Sumner. 1:1745-1747; 3:2962, 2963, 2973, 2974; 10:3226, 3235; 11:2705; 13:1824; 18:2049
Wellhausen, E. J. 18:1257; 24:2892
Wellisch, Luiz. 2:1022
Wellisch, Mauricio. 6:1922
Wellman, Esther Turner. 2:2630

Wellman, Frederick L. 11:1612
Wells, G. P. 6:4477, 4478
Wells, H. G. 5:4036, 4037; 6:4477, 4478; 7:5107
Wells, Henry. 19:2937; 22:2709; 23:1439, 2846; 27:3164
Wells, J. Robert. 5:411; 8:356, 474
Wells, J. W. 9:2106
Welsh, Doris Varner. 22:2938
Welte, Cecil R. 27:858
Welter, Otto A. 12:1443; 13:965
Wencelblat, Federico Guillermo. 3:769
Wencker, Friedrich. 1:21
Wendel, Guilherme. 18:1499
Wendhold, Lucy L. 3:2447; 21:2576; 23:3140
Wendt, Herbert. 22:1431; 26:99, 361; 28:409
Wenger, Franz. 9:598
Went, L. N. 23:1279; 25:736, 739, 740
Wentzcovitch, Estanislau. 6:1754, 1788; 7:1634, 1710, 1725, 4078
Wenzel, Osvaldo. 11:1041
Wenzel, R. 11:3947
Werden, Eugenio. 18:3091
Werebe, Maria José Garcia. 27:2580
Werfel, Franz. 9:4392
Werlin, Joseph Sidney. 10:3300
Wermenbol, P. Th. A. 27:2995
Wermers, Manuel Maria. 28:1324
Werneck, Francisco José dos Santos. 12:2869
Werneck, Heloisa Cabral da Rocha. 4:4558; 7:5409; 8:4722
Werneck, Paulo. 7:1947
Werneck de Alencar Lima, Mário. See Lima, Mário Werneck de Alencar.
Werneck de Castro, Moacir. See Castro, Moacir Werneck de.
Werneck de Souza, Nelson. See Souza, Nelson Werneck de.
Werneck Sodré, Nelson. See Sodré, Nelson Werneck.
Werner, Kurt Thurmann. 14:2126
Werner, Theodor Gustav. 25:3083, 3392
Wernicke, Edmundo. 1:365; 4:2121, 2596; 5:492; 6:3020; 7:3048; 8:3099; 9:468, 2042; 12:1388
Wernicke, Enrique. 6:4155; 20:4000
Wernicke, Raúl. 7:3940
Wernicke, Rosa. 9:3948
Wernimont, Kenneth. 12:1495
Wershow, Irving R. 25:4278
Werth, Alexandre. 8:4462
Wertheim, Hans. 2:2273
Wertheimer, Oscar von. 8:4463
Wesche, Peter. 26:1391
Wesley, Charles H. 6:906
Wessélly, G., 25:3102
West, Elizabeth H. 27:399
West, Robert Cooper. 7:2988; 14:300, 1357; 15:1523; 16:185; 18:699, 1273, 1274; 21:1979; 24:446; 27:186, 263
West, Seymour. 7:2164
West, Wallace. 8:139
The West India Committee, London. 8:1340
West India Committee Circular, London. 8:1341
West Indies Year Book. 6:1141; 9:189a; 14:73
Westerhead, Richard W. 27:3097
Westerman, George W. 21:2858; 25:2836
Westermann, B. Co., *New York*. 6:99
Westheim, Paul. 9:769, 806; 10:620; 11:655; 12:142; 14:764; 17:477; 20:81, 911; 23:626, 1392; 24:628; 25:1123, 1224, 1242; 26:120, 166; 27:265, 266; 28:146
Westmacott, Michael. 22:2455
Weston, Julian A. 3:339a
Weston, Mary. 11:3746, 3757

Westphalen, Cecília Maria. 26:267
Westphalen, Jürgen. 27:2209, 3072
Wethey, Harold E. 8:764; 11:517; 12:613, 614; 14:747-749; 15:531, 580; 16:491, 522; 17:429; 18:420, 421; 20:1007, 1008; 21:908; 25:1148
Wetmore, Alexander. 7:2133, 2194; 9:2077
Wettstein, Germán. 20:4924
Wey, Walter. 17:2513; 20:4355
Weyer, Edward Moffat. 19:794, 2725; 27:1159
Weyl, Nathaniel. 5:2153, 2911; 23:2919
Weyl, Richard. 6:2315, 2316; 14:1416; 22:2278
Weyl, Sylvia. 5:2153, 2911
Wéyland, Walter Guido. 6:4020; 15:2183; 28:2009, 2383
Weymuller, François. 20:2369
Wharton, Clifton R., Jr. 16:833; 23:2739
Whateley, Luiz Alberto. 4:672; 21:1439
Whatley, W. A. 5:1585; 10:1696
Wheat, Carl Irving. 19:3095; 21:2484
Wheeler, Alva. 27:1500, 1500a
Wheeler, Howard True. 10:1800
Wheeler, Leslie A. 5:818; 7:883, 884; 10:871
Wheeler, Margaret. 27:1500a
Wheeler, Roderick. 15:1558
Wheelhouse, Gladys. 28:268
Wheless, Joseph. 4:1393, 4308
Whetten, Nathan Laselle. 14:975, 1660; 16:3363, 19:1921; 20:463; 4947, 4956; 22:6014; 24:4034, 6325
Whinnery, Sara. 20:479
Whipple, Addison Beecher Colvin. 22:2841
Whishaw, Lorna. 26:695
Whitaker, Arthur Preston. 1:899; 3:2210; 4:2887, 2888; 5:3285; 6:218, 3664; 7:3117, 3164, 3165, 3742; 8:140, 141, 3160; 9:190, 2981, 2982, 3480, 3516, 3541; 10:139, 3227; 11:114; 12:93, 2293; 13:1825; 14:1585, 2419; 16:1462; 17:1448, 1501, 1982; 19:4268; 20:2235, 2489, 3447; 21:3407; 22:2695, 3077; 24:3473, 3712; 25:2685-2687, 3112, 3527, 3536, 5393; 28:477, 1165
Whitaker, Edmur de Aguiar. 9:599; 16:2071
Whitaker, John K. 11:901
Whitaker, John T. 5:186a, 3286
Whitaker, José María. 8:4589
Whitaker, Thomas W. 15:148, 312; 20:180; 24:155
Whitbeck, R. H. 6:2213
White, C. Langdon. 5:1724; 11:978; 16:1212; 17:1164; 24:2925
White, Donald E. 12:1275
White, Horace G., Jr. 5:819
White, I. J. 7:3853, 3878
White, John W. 2:684; 5:3324; 8:142; 9:3481; 11:115, 2702
White, K. J. M. 1:260
White, Leslie A. 9:2848; 23:979
White, Philo. 28:477a
White, Trumbull. 4:1547
White, William C. 17:1070
Whiteford, Andrew Hunter. 24:168; 27:4206, 4207
Whitehead, Alfred North. 7:5729; 10:4615; 15:2962; 20:4898; 24:6140
Whiteleather, Richard T. 11:1657
Whitelow, G. 26:314
Whitfield, F. G. Sarel. 5:1686
Whiting, Alfred F. 10:155
Whiting, F. A., Jr. 6:797; 8:944
Whitman, Walt. 12:2937
Whitney, Anice L. 5:820
Whitson, Agnes M. 14:1670
Whittet, G. S. 20:1069
Whorf, Benjamin Lee. 1:111; 3:154, 155; 8:173; 9:350; 12:239; 20:26, 732-735

Whymper, Edward. 15:81
Wiarda, Howard J. 28:822a
Wickberg, Edgar B. 20:2370
Wicke, Charles R. 21:67; 22:104, 105, 615, 1670; 23:220; 27:400
Wickenden, James. 21:5049; 23:810
Wicker, C. V. 8:4163
Wicker, Mary. 8:4163
Wicker, D. R. 4:2182
Wickham, F. R. 1:1730
Wickizer, Vernon Dale. 9:1032; 11:735; 17:567
Widerspahn, Henrique Oscar. 23:3917
Widman, Dag. 25:397
Widmann, Willy. 15:1226
Wiechers Luna, Rafael. 22:4667
Wied-Neuwied, Maximilian Prinz zu. 6:3665; 19:783
Wiedenfeld, Kurt. 5:958
Wiederspahn, Henrique Oscar. 2:1701; 1702
Wiedner, Donald L. 23:3664
Wierncinski, Andrzej. 27:267
Wiese, John H. 11:1599
Wiesenthal, Alfredo. 24:1800
Wiesner Durán, Eduardo. 27:2042
Wiesse, Carlos. 11:2198; 15:1582
Wiesse, María. 11:2556; 12:2673; 13:2241; 17:2427; 21:974
Wiessing, G. E. 2:1953
Wight, Royce A. 15:676
Wijk H. L. A. van. 13:2024; 23:4483, 4484
Wilbert, Johannes. 20:554, 578, 579; 21:575, 576, 847; 22:935, 1006; 23:863-868, 1250, 1282, 1283; 24:169, 806, 897, 898, 1534, 1565, 1566, 1570; 25:603, 604, 729, 731; 27:1254, 1375, 1384-1384e, 1501, 1501a, 1593-1593b
Wilbur, Ray Lyman. 13:62
Wilcock, Juan Rodolfo. 11:3317; 14:2749
Wilcox, Francis Orlando. 8:3576; 18:2222
Wilcox, O. W. 8:1320
Wilcox, Seb. S. 4:3094; 12:1742
Wild, Payson S., Jr. 5:3403; 6:3800
Wildberger, Arnold. 15:1885
Wilde, Eduardo. 10:3685
Wilde, J. C. de. 7:1393
Wilde, José Antonio. 7:3496; 10:3685; 25:3672
Wilde Cavera, Manuel Fernando. 28:1175
Wilder, Elizabeth. 8:540; 14:649, 654; 15:532
Wilder, Mitchell A. 8:765
Wile, Raymond S. 9:2302
Wilgus, A. Curtis. 1:643, 991, 1144; 2:16, 17, 1618, 1750, 1783; 3:28, 2189, 2639; 2209, 5:156, 2285, 2317; 6:2834; 7:170, 201, 202; 8:101, 2880; 9:102, 2630; 13:1172; 17:3197; 18:601, 2181a; 19:1376, 6455; 20:1262, 2209; 21:3408; 22:2627; 23:2473, 3262; 24:2837; 25:3021, 3369; 26:388a; 28:409a, 714a
Wilhelm, John. 24:6427
Wilhelm, Ottmar. 11:436
Wilhelmy, Herbert. 4:2118; 6:2214, 2214a; 12:1506; 15:1275; 16:1272; 18:1239; 22:2384; 23:2588, 2740; 25:2287; 27:1825, 2821a, 2845
Wilkerson, Loree A. R. 28:804
Wilkes, Josué Teófilo. 1:719; 8:2088; 9:4833, 4838, 4839; 10:4417; 11:3805, 3806; 14:3412; 15:2798; 16:3172; 26:2183
Wilkins, L. A. 1:1731
Wilkinson, Henry C. 16:1587
Will, Robert M. 25:1699; 27:2239; 28:1193
Willamil, F. A. 7:2200
Willard, Theodore Arthur. 6:2953; 7:334
Willcox, Horace. 19:93
Wille, Johannes E. 4:1264; 9:1597

Wille, María Eugenia de. 25:303
Willeke, Venâncio. 22:3828; 23:3918; 28: 1325-1325c, 1403
Willems, Emílio. 5:436; 6:1850, 2515; 7: 1977, 2437, 4070; 8:1854, 2573, 2574, 3541, 10:68, 2225; 11:116, 361, 411, 429, 1374; 12:430, 507; 13:336, 337, 398, 404, 405; 14:526, 620; 15: 454; 16:3328, 3337; 17:407, 2993; 18:343, 344, 3273; 19:795, 6075; 20:4969; 23:24, 778; 25:5645; 27: 1115, 1255, 1292, 4208
Willey, Gordon R. 9:437, 438, 443, 444; 11: 331; 12:310, 311, 352, 353; 13:283, 288, 289, 409; 14:345, 353, 442; 15:239, 240, 280, 328, 329, 426; 16:316; 17:38, 121, 146, 236-238; 18:19, 104; 19:46, 193-195, 280, 373, 488, 489; 20:27, 82-84, 181; 21:12; 22:33, 202; 23:158, 209, 221, 222; 24:170, 227, 706, 1609, 2821; 25:107, 125, 247, 248, 333a, 632, 1124; 27:268-270, 389, 401
Willey, Norman L. 5:323, 2383
William, José Claudio. 23:2271
Williams, A. D. 7:1984
Williams, Abraham. 3:2016; 4:2367; 7:4272
Williams, Alberto. 7:5447, 5529; 9:4748; 11: 3774; 15:2773
Williams, Ann F. 12:240; 14:301
Williams, Benjamin H. 2:2371
Williams, C. H. B. 10:2047
Williams, Donovan. 27:2822
Williams, Edwin Bucher. 3:3112; 4:3867; 5: 3639; 6:4009; 7:4585; 8:3887; 9:3762, 3841; 10:3607; 12:2384a; 13:2275; 15:44; 16:19; 17:3107; 23:4487
Williams, Eric Eustace. 7:911; 8:2262; 10: 876; 16:1880; 18:2037, 3317; 26:2153; 28:842
Williams, Frank E. 6:908, 2213
Williams, Frederick G. 2:1187-1188
Williams, G. 25:3148
Williams, G. J. 1:530, 589; 2:1244
Williams, George Dee. 6:593
Williams, Gerald E. 27:944, 945
Williams, Gertrude. 19:1475
Williams, H. F. 16:1208
Williams, Héctor. 14:2245; 21:3124
Williams, Henry Lionel. 21:5019
Williams, Howel. 18:105, 392, 1258; 27:322
Williams, Joseph J. 5:363
Williams, Juanita H. 4:240
Williams, Judith Blow. 1:1181; 4:2734
Williams, Llewellyn. 2:906, 1393; 6:2290; 7: 2177; 8:2334; 9:2162; 27:2996
Williams, Mary Wilhelmine. 3:1399, 2897; 5: 2286; 7:1294; 8:3542, 11:1948; 28:760
Williams, Maynard Owen. 5:1847
Williams, Ricardo. 4:4372; 6:4536; 15:2727
Williams, Schafer. 19:3376a, 4625
Williams, Stanley T. 1:734
Williams, T. Harry. 20:2809
Williams, William Appleman. 22:4041; 27:3448
Williams Alzaga, Enrique. 20:4013; 26:1005; 28:1022a, 1023
Williams Alzaga, Orlando. 21:1313
Williams García, Roberto. 19:690; 23:627; 27: 860, 997, 998
Williams Book Store, Boston. 7:135-137
Williamson, James Alexander. 4:2735; 16:1533
Williamson, John G. A. 19:3921
Williamson, René de Visme. 15:1920
Williamson, Robert Clifford. 25:5635; 27:2497, 4209, 4210
Williman, Enrique. 24:5468
Williman, José Claudio. 3:1465; 5:1559

Williman, José Claudio, h. 23:1852; 3809
Williner, Gregorio. 14:1984
Willis, Bailey, 13:915
Wills Pradilla, Jorge. 22:4352a
Willson, C. O. 2:1318
Wilmar Sassi, Guido. See Sassi, Guido Wilmar.
Wilson, C. C. 6:2333
Wilson, Charles Morrow. 6:2239; 7:237, 885; 8:143, 9:103, 2163; 10:872, 880, 1928; 13: 799
Wilson, Clotilde. 15:2514; 19:5304
Wilson, D. B. 9:2368
Wilson, Donald V. 21:3543
Wilson, Edmund. 17:2658
Wilson, Elsie A. 16:433
Wilson, Evan M. 3:866
Wilson, G. G. 4:3038
Wilson, H. W. Co., New York. 6:227
Wilson, Iris Higbie. 25:3149; 28:527a, 528
Wilson, Irma. 7:1850
Wilson, Ivan F. 14:1352, 1444
Wilson, J. J. 25:2324
Wilson, James Parker. 9:1484a; 11:1700
Wilson, L. Alice. 5:745
Wilson, Leonard S. 7:886
Wilson, Peter J. 24:846, 1532, 1537; 27:1116, 1117
Wilson, Robert B. 19:47
Wilson, Ruth Danehower. 20:4460
Wilson, Samuel. 12:1843
Wilson, William E. 5:3736
Wilson, William Jerome. 6:2835, 2836; 7:2865, 2866
Wilson Costa, J. See Costa, J. Wilson.
Wilson Mendes Melo, João. See Melo, João Wilson Mendes.
Wimbush, A. 2:567
Winans, Roger S. 13:361
Winant, John G. 7:887, 3873
Wincklemann, Johann Joaquim. 23:1408
Windelband, Wilhelm. 6:5067; 7:5696; 8: 4923, 4932, 4933; 9:5001, 5002, 5025; 15: 2963; 17:2972; 20:4899; 22:5927
Wing, Elisabeth S. 25:315
Winizky, Ignacio. 2:760b; 6:4523; 12:3179; 17: 2759
Winkler, Emil. 5:3576
Winkler, Max. 1:332; 5:821, 3359
Winnick, Charles. 20:28
Winnie, William W., Jr. 22:2279
Winocour, Jack. 18:1562
Winsberg, Morton D. 27:4211; 28:1166
Winship, Blanton. 2:1535; 4:3115
Winston, Clara. 28:409
Winston, Richard. 28:409
Winter, Calvert J. 2:2631
Winter, Heinrich. 13:1235
Winter, Howard D. 20:184-186
Winter, Siegfried Martin. 15:1226; 17:3157
Winternitz, A. C. 23:1454
Winters, Donald H. 27:1983
Winters, Howard D. 23:186; 24:246; 27:370
Winther, Oscar Osbun. 1:1077
Winz, Antônio Pimentel. 25:1283; 28:1276
Winzerling, E. O. 12:1844; 20:187
Wionczek, Miguel S. 20:1570; 23:2080; 27: 1826, 1826a
Wirth, D. Mauro. 9:495; 16:391
Wirth, John D. 28:1404
Wirz, Paul. 17:161
Wisdom, Charles. 6:393; 25:478
Wise, George S. 17:1846; 18:1975
Wise, Jennings Cropper. 12:1707a, 1727a
Wise, Mary Ruth. 22:936; 27:1390, 1488, 1502
Wise, Murray M. 6:162; 7:203, 204

Wishart, P. J. 20:780; 22:969; 23:1301
Wiszniewski, Waclaw. 5:1789
Withers, William. 27:1827
Witkop, Carl J., Jr. 27:1618
Witt, Lawrence W. 9:1774
Witte, Edwin Emil. 17:2094
Wittenborn and Company, *New York.* 7:138
Witter, José Sebastião. 28:1277
Wittich, Ernst. 1:1930; 2:128, 1875; 4:2736, 3847; 5:2318
Wittkower, E. D. 27:1118
Wittmer, Margret. 24:2952; 25:5748
Wiznitzer, Arnold. 20:3259; 21:3310; 22:3856; 23:3933
Wölken, Karl. 27:2845a
Wogan, Daniel. 7:4565; 14:2609, 2725, 2981; 16:2809; 21:2924; 24:4798
Wójcik, Wladyslav. 25:3866
Wokittel, Roberto. 23:2490
Wolberg, Isaac. 26:1543
Wold, Ruth. 26:1448
Woldert, Albert. 1:818
Wolf, Ben. 11:610-612, 656
Wolf, Charles, Jr. 27:1828, 3166, 3166a
Wolf, Edwin. 13:2039
Wolf, Eric R. 16:324; 19:48, 692, 3377; 20: 85, 87, 237, 474, 21:54, 402, 418, 433, 443, 444, 12:159, 980; 24:707, 1141, 1142; 27:861
Wolf, Ernesto. 11:3547
Wolf, Ferdinand. 20:4356
Wolf, Gerhard. 3:159
Wolf, H. 2:2452
Wolf, Kathleen. 18:326
Wolf, R. 2:2452
Wolf, Wilhelm. 28:1278
Wolf Management Engineering Company, *firm.* 27:1984
Wolfe, A. B. 11:707
Wolfe, Bertram David. 3:478; 5:716, 726; 8: 682c; 14:841; 26:240
Wolfe, Gregory B. 27:1977, 2496
Wolfenson, Enrique. 21:2240
Wolff, Hans. 18:2370
Wolff, Inge. 20:2779, 3025; 26:872; 28:454a, 927
Wollaston, Nicholas. 27:3167
Wollebaek, Alf. 3:1600
Wollet de Mello, Lúcia. *See* Mello, Lucia Wollet de.
Wolnitzky B., Alfredo. 9:1578
Wolodarsky, Solly. 24:5636
Wolpe, Hans. 21:2485
Wolter del Río, Germán. 3:1103
Wonderly, William L. 12:241-243; 13:219; 15:392; 17:288; 19:693
Wonsewer, Israel. 20:1351, 1352; 23:1853
Wood, Bryce. 6:2579; 7:1393; 10:3300a; 12: 2298; 13:1777; 14:2433; 15:1909; 24:3474; 27:1829, 2122, 3106, 3168
Wood, G. A. Ross. 19:2666
Wood, Harold A. 27:2796
Wood, James E., Jr. 28:410, 496a
Wood, Minter. 5:2449
Wood, R. Cecil. 4:1960
Wood, Raymund F. 23:3131
Wood, Walter A., Jr. 6:2277; 7:2054, 2165
Woodbridge, Benjamin Mather, Jr. 18:2764; 19:5300; 20:4357; 21:4325
Woodbridge, Hensley Charles. 14:578; 16:1516; 18:2371; 19:5301; 20:3686; 21:3672; 22: 2924; 24:4799; 28:1793
Woodbury, George. 17:1502
Woodbury, Natalie F. S. 19:196
Woodbury, Richard B. 14:201; 19:196; 24: 228; 25:170

Woodbury, Robert Morse. 8:3689, 3690
Woodcock, George. 20:3270
Woodford, A. O. 4:1917
Woodford, Archer. 18:2408
Woodford, Irene Briggs. 19:94
Woodman, Lyman L. 16:1820
Woodring, W. P. 10:2027
Woods, Katherine. 23:3123; 25:569; 27:2869a
Woodson, C. G. 1:720
Woodward, Arthur. 1:153
Woodward, Laura A. 7:5410
Woodward, Ralph Lee, Jr. 25:2816, 3362; 27: 2039, 3449; 28:731, 731a
Woody, T. B. 6:3710
Woolrich B., Manuel A. 14:1358; 18:3318; 24: 4012
Woolsey, A. W. 6:4122
Woolsey, Lester H. 1:1769; 2:495, 2453; 3: 3023; 4:3646
Wooster, Julia L. 9:1053, 1059
Worcester, Donald Emmet. 7:2989; 11:2117, 2118; 17:1523; 21:2339; 25:3560; 27:2860
Work, Samuel H. 12:1307
World Conference of the Society for International Development, *VI, Washington, D. C., 1964.* 27:1830
World Power Conference, *III, Washington, D. C. 1936.* 2:462
World Power Conference. Comité Argentino. 4: 1056
Wormington, Hannah M. 19:855
Wormser, Richard S., *New York.* 7:139
Wray, Donald E. 11:232
Wren, P. C. 8:4465
Wright, Alberto Eduardo. 15:1663
Wright, Almon R. 3:2671; 4:2584, 3012, 3217; 7:647; 19:3682
Wright, Charles Will. 5:1287; 6:1511, 2381, 2382, 2434, 2435, 3832
Wright, Doris Marion. 19:3377a
Wright, Harold Bell. 7:5108
Wright, Harry Bernard. 5:520; 6:596; 8:461
Wright, Ione Stuessy. 5:2319; 11:1988
Wright, Irene A. 1:900; 17:1503
Wright, J. Leitch, Jr. 24:3799, 3800
Wright, James. 26:1757
Wright, John Kirtland. 7:2058, 2090; 18:1240
Wright, John R. 24:2807
Wright, L. A. 7:2343
Wright, Leavitt O. 3:3440-3442, 13:2023
Wright, Louis B. 19:3198
Wright, Norman P. 23:981
Wright, Quincy. 2:2372; 25:2807; 27:3450
Wright, Richard. 7:5109
Wright, Stillman. 4:2057
Wright, Theodore Paul, Jr. 22:4042; 23:2920; 27:3169
Wright, Tomás Carlos. 15:1663
Wright, William P. 11:1633
Wrigley, Ernest. 2:747
Wroth, Lawrence C. 7:2880, 12:54; 13:1236; 16:1534; 18:1732a, 1784
Wrzos, Conrad. 24:3513
Wünsche, Bruno. 2:568
Würth, Thiago M. 7:1840; 10:1572
Würth Rojas, Ernesto. 26:1160
Wules, Alexandre. 28:325
Wunder, G. 2:2230
Wurfel, Seymour W. 27:2068
Wurm, A. 6:2436
Wurmb, Ingrid von. 22:2278
Wustmann, Erich. 21:5040; 22:465; 23:779, 780; 24:887
Wustmann, Ingrid. 27:1160
Wuthan, A. von. 1:819
Wuthenau, Alexander von. 6:764; 8:609

Wyatt, James Larkin. 16:2810
Wyckoff, Theodore. 23:2847, 2848
Wygard, Edward J. 27:2079
Wyld Ospina, Carlos. 2:2655; 4:1845; 12:1845; 23:5026; 24:5228
Wyler, Marcus. 1:1397
Wylie, Kathryn H. 7:1199; 8:1090, 1343, 1372, 1440, 1441, 2221, 2224; 9:1074, 1265, 1272; 10:881, 978, 1093; 11:803; 12:746, 751, 783, 804, 964, 965, 1274, 1314; 13:492, 493, 796; 23:1731
Wyllie, John Cook. 19:5005
Wyllys, Rufus Kay. 1:820-821
Wyma, Lucille Pitkin de. 27:1503
Wyma, Richard. 27:1503
Wyndham, H. A. 1:721
Wynne, William H. 17:2787
Wythe, George. 2:755; 3:520, 521; 6:909; 8:1034, 9:1033; 10:873; 11:736, 737; 12:747; 13:454, 455; 15:648, 676; 17:955; 24:1975

Xalambrí, Arturo E. 4:4068; 11:3758; 12:3334
Xammar, Luis Fabio. 3:3326; 4:4089; 6:3982, 4123-4125; 7:4683; 8:4043; 9:4088; 4089; 10:3590, 3591, 3655, 4319; 11:2985, 2986, 3093, 3137, 3138, 3167, 3759; 13:2061; 16:2780
Xavier, Alcindo da Cunha. 22:2650
Xavier, Berenice. 5:4033; 19:4005
Xavier, Bonifácio dos Santos. 27:3666
Xavier, Braulio. 7:4986; 8:4316
Xavier, Carlos. 4:4436; 7:5282; 8:4626
Xavier, Elcio. 17:2644
Xavier, Livio. 8:4443, 4445; 9:4328
Xavier, Rafael. 4:673; 7:1759; 12:1032, 1115; 18:1500, 1535
Xavier, Raúl S. 2:2922
Xenofonte. 7:5110
Ximénez, Francisco. 10:276, 2640
Ximeno y Torriente, José Manuel de. 1:822; 2:1628
Xirau, Joaquín. 6:5015, 5016; 7:5657, 5728; 8:4917, 4946; 10:4614, 4615; 11:3897, 3977; 12:3495, 3503
Xirau, Ramón. 16:3260; 17:2956; 18:3092; 19:5792; 20:4147; 23:5906; 25:4392, 4512; 28:3233
Xisto, Pedro. 25:4625
Xiu, Gaspar Antonio. 7:2907

Yabar Moreno, Jorge. 23:534
Yaben, Jacinto R. 3:2568, 2672; 4:3013; 5:186b, 198a; 6:219; 11:2574; 14:2074, 2075; 15:1736; 16:1945; 17:1767
Yacovleff, Eugenio. 2:246, 331
Yadarola, Mauricio L. 27:3806
Yakovlev Baldin, Valentín. 21:3848
Yamamoto, Makiko. 27:4331
Yamini Tabush, Vera. 17:2945
Yancey, Myra. 7:4684; 8:3968
Yanes, Antonio R. 2:1954
Yanes, Francisco Javier. 14:2056; 15:1646; 24:4164
Yáñez, Agustín. 5:2450; 6:3915; 7:2835, 2990; 8:232, 2089, 2932; 11:2959, 3331; 13:1553; 14:1289, 2118, 2119, 2810; 15:1097, 2432; 16:80, 1796, 1821, 2599; 17:1464, 1698, 2902; 24:3951; 25:3285, 4317, 4318; 26:590; 27:777, 862, 863, 2498; 28:629, 671, 1879, 1880
Yáñez, D. 8:4934
Yáñez, Eliodoro. 10:2334
Yáñez, Enrique. 18:508; 21:905
Yánez, Iván. 25:1685
Yáñez, Rubén. 28:2307
Yáñez Bianchi de Echeverría, María Flora. 2:2656; 8:4066; 11:3226; 26:1680
Yáñez Caviedes, Víctor. 8:1628; 11:1001
Yáñez-Pérez, Luis. 21:1509; 22:1806
Yáñez Ruiz, Manuel. 22:616; 23:2083, 3196
Yang, Hsin-Pao. 18:3163
Yankas, Lautaro, *pseud*. 7:4685; 9:684; 11:3227; 12:643; 14:2811; 22:4967; 23:5067; 25:4421; 26:1681
Yankovic Garafulic, Boris. 10:3315
Yantis, George Davenport. 19:4615
Yantorno, Juan Antonio. 16:1337
Yapuguai, Nicolás. 17:357
Yaquián Otero, Carlos Rafael. 19:5526
Yaracuy (State). Secretaría General de Gobierno. 4:2476; 6:2755; 7:2762; 8:2841
Yarborough, Lavinia Williams. 23:5730
Yarza, José. 18:1847
Yates, Donald A. 25:4366, 4393; 28:1986, 2276
Ybarra, Thomas Russell. 5:186c, 3287; 8:3199; 13:74
Ybarra y Bergé, Javier de. 13:1371
Ybot León, Antonio. 14:1795; 19:3198a; 26:389
Ycaza Tigerino, Julio César. 8:4564; 14:2371, 2391; 16:2769; 18:2182, 3228; 19:716; 21:3401; 23:6008; 24:5483; 25:3113
Yde, Jens. 2:66; 4:144; 8:195; 22:466; 23:811
Ydígoras Fuentes, Miguel. 24:3470; 27:3324, 3339
Yearbook, Inter-American Institute of Musical Research, New Orleans. 28:3015
Year Book of Caribbean Research, Port-of-Spain. 16:20
Year Book of the West Indies and Countries of the Caribbean. 17:3198
Yeats, Elen F. 17:2450
Yelvington, Henry. 10:1686
Yeomans, William. 20:188
Yepes, Antonio. 5:3526
Yepes, Jesús María. 1:1770; 2:2373, 2398-2401; 3:2936, 2964-2966; 4:3593; 13:1783, 1814; 20:3419; 21:3422; 22:4020; 23:4488; 24:3564; 25:3537
Yepes, José. 9:2207
Yepes del Pozo, Juan. 15:119, 1559; 20:4926, 4970; 21:4940
Yepes Trujillo, Luis. 11:2128
Yepes Zuluaga, Horacio. 23:4263
Yépez Arangua, Edgar. 9:537
Yépez La Rosa, Rafael. 6:4774
Yépez Miranda, Alfredo. 3:3067; 6:2077, 3983; 10:3657; 12:2428, 2429; 14:443, 2659, 2842; 22:4714; 25:3022; 26:1610
Yepez T., Ginés Gerardo. 24:2920
Yépez Z., César. 26:1037
Yeroví Indaburú, Clemente. 15:948
Yescas Peralta, Pedro. 19:694, 6087; 24:6326
Yevreinov, E. V. 24:1163
Yglesias Hogan, Rubén. 3:2618; 8:268; 9:2849; 21:212
Yglesias R., Eduardo. 19:2096
Ygobone, Aquiles D. 9:3287; 11:980; 12:1650, 1650a
Yllanes Ramos, Fernando. 7:4311, 10:3316
Yllezcas, Eliseo. 8:4606
Ymaz, Esteban. 19:5429

Ymeri, Fabián S. 28:1657
Ynsfrán, Edgar. 14:2246
Ynsfrán, Pablo Max. 16:1972; 23:3804; 24: 4321; 26:1504; 28:1991
Yokoyama, Matagiro. 4:1973
Yorio, Aquiles. 8:4577; 9:4507
Yoshino, Saburô. 27:4332
Yoshioka, Minoru. 28:767a
Youmans, Charles Leroy. 12:118
Young, Chester W. 9:1156; 16:690
Young, Claudio. 28:3325
Young, Ernest. 5:187
Young, Evie Fountain, Jr. 23:2554
Young, Frank W. 24:708; 25:479, 27:999
Young, G. B. 9:3517
Young, Jordan M. 27:3309, 3309a; 28:1405
Young, Juan Raúl. 26:1887
Young, Maurice de. 22:445; 23:6317, 6318
Young, Otis E. 18:1976; 19:3367; 28:478
Young, Philip D. 27:1296
Young, R. T. 5:834, 967
Young, Robert W. 10:263
Young, Ruth C. 24:708; 25:479
Young, Stephen M. 25:2678
Youngblood, Jack. 23:2921
Youngs, Marian A. 23:6316
Yovera Zapata, José A. 12:999
Ypersele de Strihou, Jacques van. 27:1819
Ypiranga Monteiro, Mário. *See* Monteiro, Mário Ypiranga.
Ypsilantis, George. 10:600
Yrarrázaval Concha, Eduardo. 23:2849
Yrarrázaval Larrain, José Miguel. 6:3456; 11:2927; 17:1797; 19:3817; 28:1194
Yrarrázaval Family. 15:1586
Yriart, Juan Felipe. 9:1552a; 15:974; 17:1983
Yribarren, Alfredo. A. 3:2325
Yrigoyen, Hipólito. 22:3534
Ysalgué de Massip, Sarah E. 5:1771; 17:1084; 21:1901
Ysava, José María. 7:2744
Ysita, Eugene. 10:938; 11:792, 880, 1042; 14:1089
Ysunza Useta, Salvador. 28:671a, 672
Yucatan (State). *Constitution.* 4:2411, 2412
Yucatan. *Laws, statutes, etc.* 3:3724
Yuengling, David G. 7:3380, 3401
Yuncker, T. G. 4:1981; 6:2257
Yunque, Álvaro, *pseud.* 7:4686; 8:3241, 4159; 9:4026; 12:2102, 2744; 18:2612, 2701; 20: 4228; 21:3098; 22:3528; 24:3701; 25:4394; 28:2010
Yurchenco, Henrietta. 9:4804; 12:3422
Yuri, Mário. 24:6291
Yurkievich, Saúl. 23:5208

Zabala, Bruno de. 16:1751
Zabala, Rómulo. 2:1955; 5:2744; 7:3231, 3404; 8:3232; 9:2957
Zabeleta, Julio. 16:1201
Zabaleta Pintado, Agustín. 18:2950
Zacs, Vera. 26:1594
Zaehnsdorf, Carlos M. 5:1848
Záferson Macedo, S. 9:1598
Zaffanella, Marino J. R. 16:1194
Zahar Vergara, Alfonso. 12:3518; 13:1352; 15:2888a
Zahrzewski, G. 27:2414
Zalamea, Alberto. 24:3524
Zalamea, Jorge. 2:2763; 3:1426; 4:1660; 6:1205; 7:1214; 8:682d, 1391; 24:5577; 28:2144
Zalamea, Luis. 22:5184

Zalaya, José M. 11:1608
Zalazar, Roberto. 28:1167
Zalba, Hilario A. 11:584
Zalce, Alfredo. 12:662
Zaldívar, Enrique. 27:3902
Zaldívar, L. R. 15:2723
Zaldívar G., Sergio. 24:1687
Zaldívar Guzmán, Raúl. 27:3340; 28:760a
Zaldumbide, Gonzalo. 3:2721; 6:3059, 3184; 9:3763, 3776, 3804; 14:2728; 15:2245; 16: 2685; 17:2322; 21:4013; 25:4279; 26:1500b, 1545
Zalecki, Gustavo. 4:694, 695; 12:1081
Zalles, Eduardo. 6:1633
Zallez, Juan María. 9:3298
Zaluar, Augusto-Emílio. 19:4079
Zamacois, Eduardo. 8:4466
Zamacola y Jauregui, Juan Domingo de. 24: 4125
Zamalloa Armejo, Raúl. 25:3503; 28:1043, 1043a
Zamarripa M., Florencio. 24:4013
Zambelli, Hugo. 14:2941
Zambianchi, Federico. 2:1465; 7:2509, 2764
Zamboni, Humberto. 20:2236
Zamboni, Malleen. 18:2017
Zambrana y Vázquez, Antonio. 17:2428; 22:3247
Zambrana Yáñez, Manuel. 27:2210
Zambrano, David, h. 21:4172
Zambrano, Domingo. 16:1852
Zambrano, José Luis. 22:4511
Zambrano, María. 27:864
Zambrano, Miguel Ángel. 17:3008; 22:5185; 26:1759
Zambrano, P. Francisco. 28:528a
Zamora, Antonio. 20:3687; 23:4549
Zamora, Fernando. 8:1116; 10:874; 16:1017g; 18:1009; 20:1571; 21:1508
Zamora, Francisco. 5:948; 15:837; 19:1922; 22:1432
Zamora, Juan Clemente. 4:3110; 5:2101, 3383; 6:2530, 2531; 7:2498, 13:1085
Zamora, María Josefa Canellada. 24:4799a
Zamora Arévalo, R. 3:2089; 6:2728
Zamora Arrieta, A. 7:1462
Zamora Briones, Serafín. 26:2340
Zamora Castellanos, Pedro. 1:919; 2:1830; 7:2134; 11:2119
Zamora Elizondo, Hernán. 11:1880, 2928; 18:2372; 28:1658
Zamora Lucas, Florentino. 18:3299
Zamora Millán, Fernando. 8:1116; 21:1508
Zamora Pallares, Dionisia. 22:4719
Zamora Plowes, Leopoldo. 11:3228
Zamora Torres, Víctor. 3:3621
Zamora Vicente, Alonso. 15:2150, 2151; 21:3673; 24:4799a; 25:3971
Zamorano, Agustín Juan Vicente. 22:3052
Zamorano, Mariano. 22:2385; 25:2297; 27:2701
Zamorano Baier, Antonio. 5:3046; 12:2729
Zamudio G., Daniel. 16:3221; 25:5227
Zamudio Silva, Jorge R. 6:3219, 4985; 10:2705, 3025, 4513; 11:2178
Zamudio Zamora, José. 11:2329; 13:1520; 15:1745; 18:3319; 21:3967; 22:2220, 4741, 5202; 24:3732
Zañartú, José. 22:5143
Zañartú, Mario. 25:3019; 27:2702
Zañartú, Sady. 1:2031; 2:2764; 4:3272; 5:3771; 6:4156; 15:2311; 18:2105
Zañartú Irigoyen, Hugo. 9:4492
Zañartú Prieto, Enrique. 4:1069a
Zandrino, M. A. 25:742
Zanela, Catalina. 16:2770

Zanetta, Alberto. 9:1414
Zanetti, Ely. 20:4885b
Zani, Giselda. 10:621; 11:3139
Zanini, Alda Fuscaldo. 7:4846
Zanotti, Isidoro. 12:1496; 14:2385; 21:1440
Zantwijk, Rudolf A. M. van. 22:611; 23:628, 977; 24:709; 25:698; 27:848
Zapata, Antonio S. de. 6:1109; 7:1142
Zapata, F. 2:542d
Zapata, José M. 16:3391
Zapata, Ramón. 2:1956; 3:1427, 2189a; 4:2889; 8:3200
Zapata, Rosaura. 10:1616
Zapata Álvarez, Ricardo. 7:1867
Zapata Ballón, Ernesto. 19:4420
Zapata C., Adrián. 15:1124
Zapata Casanova, Felipe. 26:779
Zapata Cesti, Víctor Armando. 15:1398
Zapata Cuencar, Heriberto. 26:2215; 28:3087
Zapata Gollán, Agustín. 4:2890; 7:3087, 3088; 8:3100; 10:365; 11:350; 13:310, 1425; 15:484, 1601; 17:1652; 20:931; 21:3099; 23:3692
Zapata Olivella, Delia. 27:1293; 28:3088
Zapata Olivella, Manuel. 14:2812; 26:1595
Zapata Sanjinés, Roberto. 7:5324; 14:2482; 17:2696
Zapata Vidaurre, Francisco. 11:1097
Zapater Equioiz, Horacio. 16:114; 23:784
Zapatero, Juan Manuel. 19:3378; 23:3429; 28:768, 804a, 842a, 899
Zapatta Alvarado, Franyo. 25:1534
Zapatta Silva, F. 10:3050
Zapiola, Federico. 20:3020
Zapiola, José. 12:2128
Zappacosta, María E. 16:2513; 23:4489, 4490
Zaragoza, Ignacio. 26:591; 28:672a
Zaragoza, Silvestre de, *Brother*. 24:4103
Zárate, Agustín de. 2:1898; 10:2724
Zárate, Armando. 25:700
Zárate, B. 2:1394
Zárate, Enrique Carlos. 3:815, 1808
Zárate, Fidel A. 7:1942; 10:3088; 19:2935; 23:4226
Zárate, Gerónimo de. 16:1690
Zárate, Julio. 16:1648; 17:1444
Zárate, Luis Carlos. 27:3846
Zárate, Manuel F. 19:4559; 23:661; 28:3130
Zárate, Martha. 23:1293
Zárate Aquino, Manuel. 25:1156
Zárate Lescano, José. 22:4073
Zaraza, Lorenzo A. 3:3277
Zarco, Francisco. 2:2121; 20:2867; 21:2844; 23:3236
Zarco Cuevas, Julián. 3:360
Zardoya, Concha. 19:5112
Zariate M., Gover. 1:2337
Zárraga, Ángel. 9:807, 808, 837
Zárraga, Guillermo. 14:2743
Zarrilli, Humberto. 12:2744; 15:2387; 18:2702, 3034
Zarur, Jorge. 7:2369; 8:1920; 9:2311; 10:2226, 2290; 12:1231; 13:777, 1004; 14:1324
Zás, José Encarnación de. 18:2134
Zas, Lubrano. 26:1651a
Zauchinger, Adela. 3:1741; 4:390
Zavala, Lauro José. 27:187, 844
Zavala, Jesús. 3:3230; 4:4090; 6:4010; 9:4017, 4090; 11:3305; 12:2432, 2492; 18:2599, 2647a
Zavala, Lorenzo de. 15:1623; 16:1822, 1823; 17:1668
Zavala, Rómulo. 4:2891
Zavala, Silvio A. 1:722, 723; 2:1783a; 3:2211-2213; 4:2737-2739, 3094a; 5:2451; 6:2886, 2961; 7:2929, 2991; 9:2681; 10:2494-2497, 2630; 11:2054, 2120; 12:1708-1710, 1790, 1863d, 1863e; 13:1237, 1298, 1353, 1354, 2735; 14:1749; 15:393, 1399, 1448; 16:1535, 1649; 17:143, 289, 1449; 18:1733a, 1784a; 19:3097, 3162, 3199; 20:2490, 2491; 21:2486; 22:2813, 5426; 23:3344, 3345; 24:3739; 25:2429, 3084-3088, 3150; 26:390, 391; 27:1161; 28:455, 455a, 529-530, 860b
Zavala Baquerizo, Jorge E. 27:3735
Zavala Flores, Ernesto. 17:956
Zavala Loaiza, Carlos. 3:3688a; 7:5306; 13:2432
Zavala Muñiz, Justino. 11:2564
Zavala Ortiz, Miguel Ángel. 27:2171
Zavala Ortiz, Ricardo. 18:863, 1564
Zavala Oyague, Carlos. 17:1450
Zavala Paz, José. 19:6627; 25:5718
Zavala Rodríguez, Carlos Juan. 13:2542; 27:3759, 3807
Zavaleta, Armando M. 4:3146
Zavaleta, Carlos Eduardo. 20:4001, 4002; 22:4968; 26:1615
Zavalía, Alberto de. 26:1888, 1889
Zavalía, Carlos de. 14:2471
Zavalía, Clodomiro. 3:3615; 4:4331; 5:2960, 4227; 7:2526, 5199
Zavalza Escandón, Luis. 17:2429
Zavattini, Cesare. 20:4236
Zawadsky, Alonso. 4:2892
Zawadsky, Jorge. 8:4160
Zawadzky C., Alfonso. 1:901, 902; 2:1957, 1958; 3:2353, 2354; 5:128; 9:3088
Zayas, José M., Jr. 6:4812
Zayas-Bazán y Perdomo, Héctor. 10:4207; 12:121, 290
Zayas Jarero, Pablo. 3:2469
Zayas y Alfonso, Alfredo. 23:3433
Zaydín, Ramón. 8:1253
Zea, Leopoldo. 6:5017; 7:5629; 8:4847-4850, 4879; 9:4921; 10:140, 4514, 4515, 4534; 11:3871, 3872, 3898; 12:94, 3480; 13:2736-2738; 14:3427, 3441; 15:2889, 2892, 2905; 16:3299, 3313; 17:860, 2925, 2935; 18:3067; 19:1900, 5723, 5729, 5730, 5765, 5778; 20:1717, 4271, 4755, 4804, 4870e, 4870f; 21:4775, 4813; 22:5887; 23:3346, 5819, 5843; 24:3584, 3747, 6041; 25:2688, 5317, 5318; 26:2266; 27:97, 3170; 28:3355
Zea González, Emilio. 12:2299
Zea Ruano, Rafael. 26:1587; 28:1920a
Zeballos, Estanislao S. 9:3288; 25:3673, 3674
Zeceña, Mariano. 21:2859
Zechlin, Egmonto. 1:735
Zegarra, Enrique. 7:4368
Zegarra, Jorge M. 3:1791
Zegarra Farfán, Germán. 21:4736
Zegarra Russo, Juan. 14:29
Zegers de la Fuente, Roberto. 20:1040
Zegers Navarrete, Eduardo. 21:4139
Zegpi Barra, Dionel. 15:922
Zeidenfelt, Alex. 16:656
Zeil, Werner. 23:2599, 2600; 27:2860a
Zeinstejer, Felipe. 22:5186
Zeisman, James M. 24:434
Zeitlin, Israel. *See* Tiempo, César, *pseud.*
Zeitlin, Jake. 7:140
Zeitlin, Maurice. 26:780
Zela Koort, Juan Gmo. 15:149
Zelaya, Antonio. 4:3680; 10:141, 948
Zelaya, Juan Ángel. 7:1065, 1066; 8:1200
Zelaya Cardosa, José María. 7:4342
Zelaya Goodman, Chester J. 28:761
Zeledón, M. González. 1:223
Zeledón, Marco Tulio. 7:2627, 3312; 11:1880; 12:3069; 15:1929; 16:1394

Zeledón, Ricardo. 10:3744, 3745
Zelinsky, Wilbur. 16:116; 18:1679; 27:4077
Zeller, L. 7:5658
Zeller, Richard. 27:604
Zeman, Jaromir V. 3:1747
Zeña, Agustín-León. 22:2456
Zena, Paul J. 13:2406
Zéndegui, Guillermo de. 5:2102; 19:3764; 26: 1392
Zendejas, Francisco. 21:4235
Zender, Jacobo. 6:1581
Zenea, Juan Clemente. 2:2765
Zéner, Carlos. 28:1881
Zengotita, Juan de. 15:1408
Zenha, Edmundo. 14:2318
Zenha Machado, F. See Machado, F. Zenha.
Zeno, Francisco M. 1:196; 14:1750
Zeno de Matos, Elena. 21:2965
Zeno Gandía, Manuel. 23:5027; 25:4340
Zentz, George H. 11:3057
Zepahua, Apolinar. 22:937
Zepeda, Eraclio. 23:5028
Zepeda, Jorge Federico. 1:2107
Zepeda, José Gerardo. 27:1935
Zepeda Perry, Gregorio. 17:678
Zepeda Turcios, Roberto. 17:2430
Zéphir, Jacques J. 28:1658a
Zequeira y Arango, Manuel Tiburcio de. 28: 1735
Zerbino Cavajani, Roberto. 10:4098
Zerda, Wellington. 3:1362a; 14:1579
Zérega-Fombona, Alberto. 3:2517; 23:3720
Zerón, José, h. 12:2597; 24:5229
Zerón Medina, Fausto. 18:2499
Zerón Zapata, Miguel. 12:1857
Zerries, Otto. 19:762, 763; 22:467, 468; 23: 331, 869, 1285; 24:710, 899; 25:515, 516, 559, 605; 27:188, 406, 1162-1162b, 1256
Zertuche, Albino, h. 11:738
Zertuche, Francisco M. 16:2537; 20:2562; 25:4209
Zespo, Emanuel. 17:357a; 18:2828
Zetina de Jóseph, Guadalupe. 21:3506
Zeuner, Ernst. 5:4050
Zevada, Ricardo J. 23:2070; 25:1583, 1584
Zevallos, Óscar Noé. 24:4126; 28:1042a
Zevallos Menéndez, Carlos. 22:336; 23:446; 24: 571; 27:605
Zevallos Quiñones, Jorge. 6:2102, 3916; 8:3072; 9:2918, 2919, 3089, 3829; 10:2138, 2690; 12:478, 1908; 13:41; 14:30; 15:45; 20: 2738
Zevallos Reyre, Francisco. 13:2465
Zevi, Bruno. 28:363
Zhitlovsky, J. 7:5404
Zier, Julian G. 4:607; 5:822, 823; 7:888
Zies, E. G. 1:575
Zikmund, Miroslav. 21:5030; 22:6122; 24:2938
Zilio, Giovanni Meo. 22:4353-4355
Zilli, Juan. 9:2078; 25:2147
Zilvete Arce, Pedro. 11:1855; 13:1685
Zimbeck, Antonio, Jr. 11:211
Zimmerman, Arthur F. 4:2893; 11:2500; 15: 1021
Zimmerman, Irene. 24:17; 25:2225
Zimmermann, Erich W. 7:1295
Zimmermann, Günter. 2:109, 272; 20:249, 249a, 735a-736a; 22:128; 23:982; 24:295, 25:723; 27:865, 866
Zimmermann, Josef. 22:2563; 23:2741; 27:2997
Zimmern, Nathalie H. 10:601, 602; 14:750, 751; 15:313
Zina Fernández, Romeo. 20:3084
Zincunegui Tercero, Leopoldo. 2:2122
Zingg, Robert Mowry. 1:121; 4:214, 1878; 5:265 1580; 7:356; 8:256

Zingoni, Carmelo V. 1:2262; 11:1257
Zink, Sidney. 8:2595; 9:1664
Zinner, Ernst. 1:736
Zinny, Antonio. 3:1289b; 6:3530; 8:3298
Zipfel y García, Carlos. 21:3743
Zipperer, Martin. 17:831
Zippermann, Charles C. 10:3658
Zirión, Grace H. de. 28:745
Zito Poretti, L. G. 5:1409
Zobrozek, Jerzy. 9:1832
Zocchi, Juan. 12:636
Zoéga, Rudolf. 25:5749
Zoff, Otto. 8:4467; 23:1497
Zola, Emile. 8:4468, 4469; 9:4394
Zolezzi Carniglia, Guido. 7:3098; 10:396
Zolko, Gregorio. 24:1800
Zolotarevskaia, I. A. 23:20; 27:129b
El Zonda (1839). 5:2923
Zook, David H., Jr. 24:4321; 27:3458; 28:1042
Zoppis Bracci, Luigi. 22:2280
Zorilla, Manuel M. 9:3289
Zorrilla, Reginaldo Martín. 13:2177
Zorrilla de San Martín, Juan. 28:1031a
Zorita, Alonso de. 8:3022; 27:867
Zorraquín Becú, Horacio. 9:2390; 26:915
Zorraquín Becú, Ricardo. 5:3023; 7:3497; 12:1927; 14:1796, 1802, 2006; 19:3857, 3858; 20:2799; 21:4511; 23:3693, 4517; 24:4246; 25:3525, 3572; 28:1023a
Zorrilla, Enrique. 24:6441
Zorrilla, Frank. 16:700
Zorrilla, José. 2:2977; 20:3859
Zorrilla Concha, Enrique. 8:3107
Zorrilla de San Martín, José Luis. 8:647
Zorrilla de San Martín, Juan. 20:3409, 3857, 4117, 4594; 28:125
Zorrilla M., Melissa. 22:938
Zorrilla Vázquez, Emilio M. 23:2084
Zozaya, Ricardo. 9:4808
Zubarán, Jovita. 24:1164; 25:286
Zuber, Christian. 25:5750
Zubiate, Benjamín. 3:930
Zubiaurre, Antonio de. 26:1016
Zubieta, Pedro A. 1:2314
Zubillaga, Félix. 4:2740; 6:2962; 7:2992; 12: 1791; 19:3199a; 23:881, 3141
Zubillaga, José P. 7:4399
Zubillaga Perera, Cecilio. 8:3371; 9:3364; 16:81
Zubiri, Javier. 5:4453
Zubizarreta, Carlos. 6:4126; 26:1180
Zubov, A. Aleksandrovich. 27:1275
Zucchi, A. 27:674
Zucchi, Hernán. 20:4854; 24:6074
Zuccolotto, Afranio. 22:5483
Zuckerman, Lydia. 28:1882
Zuculín, Bruno. 5:1849; 16:82
Zuffardi, Piero. 10:1856, 2091
Zufriategui, Martiniano. 1:1821
Zuidema, Reiner T. 23:850; 27:668, 669, 1358, 1358a
Zuill, William Sears. 18:1799d
Zuleta, M. 1:1565
Zuleta Álvarez, Enrique. 23:5820
Zulia (State). Secretaría General. 4:1718; 5: 2219
Zuliaca Gárate, Román. 5:2452, 3560
Zuloaga, Guillermo. 3:1593; 6:2187; 22:2296
Zuloaga, Manuel Antonio. 9:191; 11:3637
Zuloaga, Pedro. 7:947; 10:890
Zuloaga Villalón, Antonio. 3:890; 9:4555
Zuluaga, Rosa Mercedes. 22:3514; 28:951a
Zuluaga Aristizabal, Célimo. 20:5060
Zuluaga Z., Jaime A. 5:1111; 6:910, 1213-1215; 8:1373
Zulueta, Luis de. 5:2632, 2833

Zum Felde, Alberto. 1:2108; 5:2180, 3737; 7: 3559, 4687; 9:192, 221; 10:3704; 3794; 11:2565, 3262; 12:1525; 19:4787; 23:5068
Zumalacárregui, Leopoldo. 13:1238
Zumarán Arocena, Carlos. 2:3093
Zumárraga, Juan de, Brother. 8:499, 3023; 15:2182
Zumeta, César. 26:406, 407
Zúñiga, Neptalí. 9:2631; 13:1649
Zuñiga, Olivia. 17:2431; 19:4957; 28:295
Zúñiga Huete, Ángel. 4:2368; 5:2125; 9:2506, 2507; 11:1889; 13:1565; 15:1348
Zúñiga Montúfar. Tobías. 18:1988
Zuñiga Salinas, Manuel. 18:2373
Zúñiga T., Rafael A. 8:1180
Zuñiga Tristén, Virginia. 9:4768; 24:4799b

Zúñiga y Acevedo, Gaspar de. 5:2331; 21:2501
Zúñiga Zeledón, José Daniel. 7:5468; 9:4696; 10:4373
Zuno, José Guadalupe. 18:301; 19:4958; 20: 991, 1070, 2284, 2868; 21:910, 969, 2845; 22:1146; 23:1409, 1498; 25:1243; 26:241
Zurbano Mier, Casto. 1:1420
Zurbarán, Juana. 26:781
Zurcher, Harry A. 14:893; 19:5576; 23:4620
Zurita, Alonso de. 7:2969; 25:701; 28:530a
Zuviri, X. 7:5720
Zuzunaga, Carlos. 13:362
Zweig, Stefan. 4:2599; 7:238; 8:4263-4265
Zwick, F. 3:1656
Zymelman, Manuel. 27:1832; 4078